山东经济普查年鉴 2018

Shandong Economic Census Yearbook

第二产业卷|下

山东省第四次经济普查领导小组办公室 编著

中国统计出版社
China Statistics Press

图书在版编目（CIP）数据

山东经济普查年鉴. 2018. 第二产业卷. 下 / 山东省第四次经济普查领导小组办公室编著. -- 北京 : 中国统计出版社, 2021.1
ISBN 978-7-5037-9020-1

Ⅰ. ①山… Ⅱ. ①山… Ⅲ. ①经济－普查－山东－2018－年鉴②第二产业－经济－普查－山东－2018－年鉴 Ⅳ. ①F127.52-54②F427.52-54

中国版本图书馆 CIP 数据核字(2021)第 016485 号

山东经济普查年鉴—2018/第二产业卷（下）

作　　者/山东省第四次经济普查领导小组办公室
责任编辑/冯燕玲
执行编辑/邢　玥
装帧设计/麦德森文化传媒
出版发行/中国统计出版社
通信地址/北京市丰台区西三环南路甲 6 号　邮政编码/100073
电　　话/邮购（010）63376909　书店（010）68783171
网　　址/http://www.zgtjcbs.com/
印　　刷/山东麦德森文化传媒有限公司
经　　销/新华书店
开　　本/880mm×1230mm　1/16
字　　数/1210 千字
印　　张/38
版　　别/2021 年 1 月第 1 版
版　　次/2021 年 1 月第 1 次印刷
定　　价/880.00 元（全四册）

本书附同版本 CD-ROM 一张，光盘内容以书面文字为准。
如有印装差错，由本社发行部调换。

编者说明

为方便社会各界共同分享山东省第四次经济普查成果，充分开发利用普查资料，根据第四次经济普查结果，汇编成《山东经济普查年鉴—2018》一书。全书共三卷四册，即综合卷、第二产业卷和第三产业卷，并随书配送同版本光盘一张。《综合卷》分三篇：第一篇为“综合篇”，第二篇为“企业篇”，第三篇为“文化及相关产业篇”。《第二产业卷》按内容分为上、下两册。上册两篇：第一篇为“工业企业生产经营及财务状况篇”，第二篇为“主要工业产品产量篇”。下册两篇：第一篇为“规模以上工业企业科技情况篇”，第二篇为“建筑业企业生产经营及账务状况篇”。《第三产业卷》分六篇：第一篇为“批发和零售业企业基本情况及财务状况篇”，第二篇为“住宿和餐饮业企业基本情况及财务状况篇”，第三篇为“房地产开发经营业生产经营及财务状况篇”，第四篇为“服务业企业财务状况篇”，第五篇为“服务业行政事业及非企业法人单位篇”，第六篇为“企业信息化和电子商务交易情况篇”。为使读者能够更好地使用本资料，现对有关情况做如下说明：

一、第四次经济普查的标准时点为 2018 年 12 月 31 日，时期资料为 2018 年度；

二、综合卷中综合篇和企业篇汇总表，均不包含少量无分组标识的单位数据，其中单位数包含兼营二、三产业的农、林、牧、渔业法人单位，从业人员数不包含兼营二、三产业的农、林、牧、渔业法人单位，不包含人民银行、银保监会、证监会监管的金融业以及铁路运输部门单位数据；

三、本资料建筑业按法人单位注册地，其他行业按法人单位经营地进行汇总；

四、本资料对部分数据由于计量单位取舍不同或四舍五入而产生的误差数均未作机械调整；

五、表中空格表示该项统计指标数值为零、不足最小单位、数据不详或无该项数据，“#”表示其中的主要项；

六、为了更准确地使用本年鉴，每卷后附有该卷详细的指标解释。

希望此书能使社会各界对山东省第四次经济普查成果有一个全面的了解，更愿本书的内容，能为社会经济研究工作者提供有价值的参考。

山东省第四次经济普查资料是全省普查工作者共同辛勤工作的成果，也是广大普查对象积极支持配合的结果。在此，我们向全省所有普查工作者、普查对象和所有参与和支持普查工作的人员致以崇高的敬意和衷心的感谢！

山东省第四次经济普查领导小组办公室

2020 年 11 月

第二产业卷（下） 目录

第一篇 规模以上工业企业科技情况篇

A. 企业 R&D 及相关活动主要指标

B. 基本情况

C. 企业 R&D 人员情况

D. 企业 R&D 经费支出情况

1. 内部支出

第二篇 建筑业企业生产经营及财务状况篇

附　录

第1篇

规模以上工业企业科技情况篇

A.企业R&D及相关活动主要指标

1-A-1 企业R&D及相关活动主要指标

主要指标	单位	总计	大型	中型	小微型
基本情况					
有R&D活动的企业	个	7984	507	1323	6154
有研发机构的企业	个	2734	321	589	1824
有新产品销售的企业	个	4742	407	930	3405
R&D人员情况					
R&D人员合计	人	388403	184970	89594	113839
#女性	人	94915	45970	22827	26118
#研究人员	人	132370	72478	27380	32512
#全时人员	人	284062	134052	65269	84741
R&D人员折合全时当量	人年	236515	113802	53841	68872
R&D经费情况					
R&D经费内部支出	万元	14184975	8310878	2814358	3059739
按支出用途分					
1.日常性支出	万元	12918617	7620118	2572254	2726245
#人员劳务费	万元	3391785	2077158	650881	663745
2.资产性支出	万元	1266358	690761	242104	333494
#仪器和设备	万元	1242571	678733	238001	325836
按资金来源分					
政府资金	万元	304941	171557	70463	62920
企业资金	万元	13547087	7883178	2711059	2952850
国外资金	万元	72266	55151	10132	6984
其他资金	万元	260682	200992	22705	36985
R&D经费外部支出	万元	826189	594359	137739	94092
#对境内研究机构支出	万元	255625	164023	69621	21981
对境内高等学校支出	万元	132703	104174	12911	15618
对境外支出	万元	141548	115563	12794	13191
R&D项目情况					
项目数	项	46625	13955	10704	21966
参加项目人员	人	358119	172941	82165	103013
项目人员折合全时当量	人年	218925	106888	49444	62593
项目经费内部支出	万元	13454296	7834130	2688901	2931266

1-A-1　续表

主要指标	单位	总计	大型	中型	小微型
企业办研发机构情况					
机构数	个	4087	802	1013	2272
机构人员数	人	192313	112651	41724	37938
#博士	人	5038	2773	1048	1217
硕士	人	33543	23944	5086	4513
机构经费支出	万元	6792649	4758451	1169303	864895
仪器和设备原价	万元	5663017	3603092	1104575	955350
#进口	万元	1196686	902945	180915	112826
新产品开发及生产情况					
新产品开发项目数	项	40440	11119	9336	19985
新产品开发经费支出	万元	11608192	6647916	2326193	2634084
新产品销售收入	万元	152465038	108809077	25335767	18320195
#新产品出口	万元	19738909	14289735	3520155	1929019
自主知识产权及相关情况					
专利申请数	件	60928	33793	10129	17006
#发明专利	件	31329	21382	3803	6144
有效发明专利数	件	63496	30138	12703	20655
#境外授权	件	2220	1807	186	227
拥有注册商标数	件	50136	28293	10697	11146
#境外注册	件	10295	8684	1015	596
形成国家或行业标准数	项	2602	1193	727	682
政府相关政策落实情况					
来自政府部门的研究开发经费	万元	386464	163665	151315	71484
研究开发费用加计扣除减免税	万元	605312	379360	120115	105837
高新技术企业减免税	万元	1018259	737665	178486	102107
技术获取和技术改造情况					
引进技术经费支出	万元	118311	103253	11662	3397
消化吸收经费支出	万元	35764	32925	1496	1343
购买国内技术经费支出	万元	416723	352536	50181	14006
技术改造经费支出	万元	2362576	1837939	350532	174106

1-A-2 分登记注册类型企业R&D

主要指标	单位	内资企业	国有企业	集体企业
基本情况				
有R&D活动的企业	个	7323	14	24
有研发机构的企业	个	2500	10	8
有新产品销售的企业	个	4326	10	11
R&D人员情况				
R&D人员合计	人	346114	2094	864
#女性	人	83518	266	238
#研究人员	人	118733	957	249
#全时人员	人	252420	1349	560
R&D人员折合全时当量	人年	207898	1142	629
R&D经费情况				
R&D经费内部支出	万元	12655847	62318	33122
按支出用途分				
1.日常性支出	万元	11511551	58247	27373
#人员劳务费	万元	2990747	14945	4307
2.资产性支出	万元	1144296	4072	5749
#仪器和设备	万元	1121803	3825	5682
按资金来源分				
政府资金	万元	288207	1525	61
企业资金	万元	12048569	60751	32405
国外资金	万元	67565		
其他资金	万元	251506	42	656
R&D经费外部支出	万元	741890	7101	340
#对境内研究机构支出	万元	212287	301	115
对境内高等学校支出	万元	129838	286	93
对境外支出	万元	130363	6030	
R&D项目情况				
项目数	项	41620	213	99
参加项目人员	人	318904	1953	797
项目人员折合全时当量	人年	192202	1065	582
项目经费内部支出	万元	11975705	60411	30742

及相关活动主要指标

股份合作企业	联营企业	有限责任公司	股份有限公司	私营企业	其他企业	港澳台商投资企业	外商投资企业
8		1926	583	4768		223	438
1		738	278	1465		85	149
5		1215	427	2658		141	275
217		161482	66806	114651		12775	29514
52		37874	17220	27868		2907	8490
52		58483	25792	33200		3404	10233
184		114581	51188	84558		9111	22531
145		97721	39144	69116		8695	19922
5074		6230275	2506431	3818627		459036	1070092
4724		5676196	2344078	3400933		433047	974019
1652		1482135	768320	719389		108700	292338
350		554078	162353	417695		25990	96073
350		543286	159733	408928		25729	95038
45		120492	98738	67348		4100	12634
4956		6003094	2255598	3691765		451556	1046962
6		44227	4821	18510		1260	3442
68		62462	147274	41004		2121	7055
		298967	332379	103104		41049	43250
		124541	57589	29741		22742	20596
		64008	44760	20691		1176	1689
		22733	86552	15048		2850	8336
26		16846	6402	18034		1793	3212
201		149979	61525	104449		11776	27439
137		90797	36423	63198		8078	18645
5074		5956278	2257040	3666161		443481	1035110

1-A-2 续表

主要指标	单位	内资企业	国有企业	集体企业
企业办研发机构情况				
机构数	个	3757	21	9
机构人员数	人	175186	1611	491
#博士	人	4655	20	14
硕士	人	30191	213	50
机构经费支出	万元	6095910	38717	12452
仪器和设备原价	万元	5041051	42841	61024
#进口	万元	1029089	2712	30651
新产品开发及生产情况				
新产品开发项目数	项	36150	216	63
新产品开发经费支出	万元	10446995	54662	19923
新产品销售收入	万元	134166429	783378	125390
#新产品出口	万元	15267738	79139	23416
自主知识产权及相关情况				
专利申请数	件	57499	469	21
#发明专利	件	29867	217	14
有效发明专利数	件	58417	1102	44
#境外授权	件	1988	3	
拥有注册商标数	件	40124	635	4
#境外注册	件	7098	140	
形成国家或行业标准数	项	2357	78	2
政府相关政策落实情况				
来自政府部门的研究开发经费	万元	369413	1570	30
研究开发费用加计扣除减免税	万元	538568	3978	21
高新技术企业减免税	万元	870857	2060	270
技术获取和技术改造情况				
引进技术经费支出	万元	107558		
消化吸收经费支出	万元	35483		
购买国内技术经费支出	万元	381860	20	12
技术改造经费支出	万元	2253276	13030	6839

股份合作企业	联营企业	有限责任公司	股份有限公司	私营企业	其他企业	港澳台商投资企业	外商投资企业
1		1178	555	1993		105	225
68		85687	40862	46467		4843	12284
		2117	1078	1426		90	293
7		15404	8642	5875		409	2943
1039		3135331	1433861	1474510		170201	526538
1392		2507929	1070387	1357479		232692	389274
		438226	213429	344072		41171	126425
20		14288	5450	16113		1247	3043
4087		4927185	2198650	3242488		293296	867901
10145		61823769	36132353	35291393		4803910	13494700
627		5929755	4261999	4972804		532958	3938213
17		22926	19809	14257		1192	2237
4		12860	11492	5280		475	987
16		21667	17758	17830		1254	3825
		680	1156	149		37	195
7		15469	10559	13450		1897	8115
		3612	2201	1145		277	2920
4		907	562	804		74	171
45		193230	104810	69727		3196	13855
56		262521	139220	132772		23919	42824
213		364319	330205	173791		63700	83702
		25657	72467	9434		4455	6298
		11603	16926	6954			281
		304981	49788	27059		29119	5745
5		1465353	395746	372304		28185	81116

1—A—3 制造业企业R&D

主要指标	单位	制造业合 计	农副食品加 工 业	食 品制造业	酒、饮料和精制茶制 造 业	烟 草制品业	纺织业
基本情况							
有R&D活动的企业	个	7777	450	227	74	3	250
有研发机构的企业	个	2679	168	100	38	2	69
有新产品销售的企业	个	4694	268	152	50	2	128
R&D人员情况							
R&D人员合计	人	365422	12366	8442	3474	209	13127
#女性	人	91089	4173	2775	1023	46	5674
#研究人员	人	123235	4080	2220	1304	102	2820
#全时人员	人	270209	9476	6157	2614	147	9951
R&D人员折合全时当量	人年	223300	7313	5082	2182	78	8006
R&D经费情况							
R&D经费内部支出	万元	13331763	556176	242853	133294	5892	337095
按支出用途分							
1.日常性支出	万元	12122187	506566	220311	125982	5869	294632
#人员劳务费	万元	3136675	98905	56839	29093	2354	82518
2.资产性支出	万元	1209576	49610	22542	7312	23	42463
#仪器和设备	万元	1187298	48263	21717	7126	23	41644
按资金来源分							
政府资金	万元	272985	9367	5711	2457		3735
企业资金	万元	12730154	540340	235254	128431	5892	330740
国外资金	万元	71213	3420	501	1312		599
其他资金	万元	257411	3049	1387	1094		2022
R&D经费外部支出	万元	749570	13412	3748	4092	591	4303
#对境内研究机构支出	万元	232689	2985	1479	2088	20	1547
对境内高等学校支出	万元	102408	4665	1290	1158	54	2586
对境外支出	万元	141548	2789	110	534		16
R&D项目情况							
项目数	项	44687	1915	1242	479	14	1092
参加项目人员	人	336804	11300	7796	3259	179	12026
项目人员折合全时当量	人年	206709	6655	4732	2071	67	7365
项目经费内部支出	万元	12703932	533840	230754	114699	714	314305

及相关活动主要指标

纺　织服装、服饰业	皮革、毛皮、羽毛及其制品和制鞋业	木材加工和木、竹、藤、棕、草制品业	家　具制造业	造纸及纸制品业	印刷和记录媒介复制业	文教、工美、体育和娱乐用品制造业	石油、煤炭及其他燃料加工业	化学原料和化学制品制造业	医　药制造业
84	47	197	66	106	77	218	81	945	350
24	16	33	16	39	21	65	45	363	174
41	27	115	36	73	50	104	37	502	210
4377	1501	1867	1251	6595	1744	6246	5677	38685	26512
2364	699	481	387	1398	502	1896	1269	8672	11304
1095	280	570	298	1645	476	1665	1836	12533	10536
2066	1249	1210	948	4067	1291	3904	3331	27134	20593
2662	785	988	842	4064	1149	3964	3447	23516	17465
151772	54544	71686	23739	423166	38957	158500	542631	1703747	943642
137877	49903	64117	22665	362895	32005	146849	488218	1550969	840085
33880	11177	13023	6803	39863	10599	36698	52197	328234	269286
13894	4641	7568	1074	60271	6951	11651	54413	152778	103557
13591	4592	7421	1037	59896	6862	11189	53059	150908	101056
5511	269	847	73	1233	391	12104	1946	31652	34049
146233	54242	69187	20110	418493	37825	142975	508897	1642668	904416
	33	242	59	1035	31	772		1811	1917
29		1411	3498	2405	710	2650	31788	27617	3260
2051	778	283	129	3260	477	2915	32553	56296	185667
526	589	149	26	662	258	499	13849	21637	107010
482	189	43	3	2468	38	2034	4081	10632	13568
156		7				44	11545	2959	18105
407	126	367	149	525	257	758	672	5556	4020
3938	1335	1698	1144	6102	1591	5657	5125	35819	24762
2405	711	896	781	3748	1050	3658	3113	21779	16368
143575	50549	65536	23245	411770	37991	153360	496468	1631975	922053

1-A-3 续表 1

主要指标	单位	制造业合计	农副食品加工业	食品制造业	酒、饮料和精制茶制造业	烟草制品业	纺织业
企业办研发机构情况							
机构数	个	3967	215	138	61	5	107
机构人员数	人	180297	5867	5169	2288	156	5466
#博士	人	4660	255	158	68	7	99
硕士	人	31209	936	482	237	47	292
机构经费支出	万元	6299359	179096	128391	75029	16882	87516
仪器和设备原价	万元	5454746	154204	132020	53190	13909	112369
#进口	万元	1174034	47537	16835	15779	12727	34949
新产品开发及生产情况							
新产品开发项目数	项	39550	1668	1054	400	21	929
新产品开发经费支出	万元	11140746	450421	170855	102453	8209	290395
新产品销售收入	万元	148641828	4195024	1790765	1115336	44035	2830145
#新产品出口	万元	19694195	497230	313045	91661	15273	1251980
自主知识产权及相关情况							
专利申请数	件	58415	1114	738	203	75	656
#发明专利	件	30229	399	384	110	24	271
有效发明专利数	件	61085	1124	996	214	154	602
#境外授权	件	2202		13			6
拥有注册商标数	件	50042	2253	1812	3496	1188	1722
#境外注册	件	10295	121	80	817	213	868
形成国家或行业标准数	项	2309	115	51	25	6	55
政府相关政策落实情况							
来自政府部门的研究开发经费	万元	354751	6343	13063	2047		3642
研究开发费用加计扣除减免税	万元	586286	4542	6841	587		10434
高新技术企业减免税	万元	997581	6245	13577	1227		5619
技术获取和技术改造情况							
引进技术经费支出	万元	118311	725		418		62
消化吸收经费支出	万元	35764	937		576		119
购买国内技术经费支出	万元	408693	1863	3309	917		317
技术改造经费支出	万元	2087277	37656	57355	14464	43380	41602

纺　织服装、服饰业	皮革、毛皮、羽毛及其制品和制鞋业	木材加工和木、竹、藤、棕、草制品业	家　具制造业	造纸及纸制品业	印刷和记录媒介复制业	文教、工美、体育和娱乐用品制造业	石油、煤炭及其他燃料加工业	化学原料和化学制品制造业	医　药制造业
41	18	40	28	63	30	89	66	532	306
1848	732	497	272	2890	671	2341	3444	18061	16320
39	16	21	19	84	18	39	52	504	713
359	13	35	44	145	38	159	323	2763	5683
76660	23590	10083	3922	144301	21384	39240	222048	799787	714068
120987	10501	52659	2884	74945	33637	50122	495296	471332	557768
86837	1519	39966	115	28920	1173	13653	35210	62222	193326
400	110	285	128	392	220	661	423	4047	3800
216463	44858	56932	21620	288779	40011	121715	261275	1178061	854590
2803891	467344	542969	48653	5125670	324021	1095091	7161068	14803150	8401356
898062	51924	22321	4499	221243	34805	345036	11625	1485047	757011
160	65	116	100	383	267	804	522	4163	2146
56	15	72	31	130	85	190	219	2489	1289
170	71	90	75	756	235	702	821	6558	5780
10		1		6		14	1	119	183
1187	141	78	63	543	81	653	231	8565	10795
53	15	16	5	19	3	129	18	1503	736
45	4	25	4	18	10	35	25	340	222
5500	214	293	73	1473	384	11962	1703	117922	32517
71		2072	42	19495	2200	16287	8191	54273	88826
579		81	5	28009	2725	3971	15818	133788	202061
2144		1		1992		1967	15214	8525	6798
634		1		1707		305	1767	674	7807
2000		66	10	4191	5	1019	11467	7046	81821
9344	75	1078	113	20116	3455	21426	291173	159698	212408

1-A-3 续表 2

主要指标	单位	化学纤维制造业	橡胶和塑料制品业	非金属矿物制品业	黑色金属冶炼和压延加工业	有色金属冶炼和压延加工业	金属制品业
基本情况							
有R&D活动的企业	个	20	388	598	69	125	419
有研发机构的企业	个	7	115	194	24	66	117
有新产品销售的企业	个	16	216	289	44	98	250
R&D人员情况							
R&D人员合计	人	1275	14668	17285	10294	13880	13507
#女性	人	393	4243	3426	1305	3156	2397
#研究人员	人	487	4178	4362	3598	2874	3613
#全时人员	人	942	10591	12378	6445	8804	9851
R&D人员折合全时当量	人年	945	9324	10512	5807	8911	8311
R&D经费情况							
R&D经费内部支出	万元	60069	525291	548092	779614	1005451	359695
按支出用途分							
1.日常性支出	万元	52820	472633	492676	721135	939809	319941
#人员劳务费	万元	9705	85762	108775	65173	134965	80990
2.资产性支出	万元	7249	52657	55416	58478	65642	39754
#仪器和设备	万元	7234	52008	53341	57822	64737	39226
按资金来源分							
政府资金	万元	1293	1855	18456	750	3171	3587
企业资金	万元	58436	514921	522084	770892	962104	352321
国外资金	万元		785	2197		38041	600
其他资金	万元	340	7730	5355	7972	2134	3186
R&D经费外部支出	万元	411	18870	6616	4081	1722	3651
#对境内研究机构支出	万元		10479	1350	1890	730	725
对境内高等学校支出	万元	411	2379	1763	983	612	2251
对境外支出	万元		1940	818			5
R&D项目情况							
项目数	项	156	1692	2422	1092	1429	1909
参加项目人员	人	1050	13119	15885	9680	13166	12256
项目人员折合全时当量	人年	773	8371	9660	5471	8445	7585
项目经费内部支出	万元	58977	500796	530892	770598	977631	350629

通用设备制造业	专用设备制造业	汽车制造业	铁路、船舶、航空航天和其他运输设备制造业	电气机械和器材制造业	计算机、通信和其他电子设备制造业	仪器仪表制造业	其他制造业	废弃资源综合利用业	金属制品、机械和设备修理业
815	711	357	125	518	253	177	8	17	2
255	236	122	36	179	84	64	2	3	2
532	466	249	76	358	171	121	8	4	1
31563	25966	24582	9511	26312	37278	6284	289	222	433
5771	4447	4279	1617	6266	9931	1027	108	45	15
10810	8709	8229	3715	10260	17894	2815	48	59	124
23502	19735	18792	8044	19865	31353	5157	258	155	199
19564	16681	15254	5137	11924	24493	4292	166	121	314
774273	616890	822244	282503	985863	1038147	127430	3808	8779	5926
716323	566894	721222	263133	929394	943151	119401	3740	6708	4263
226695	184359	210172	107241	269139	515649	61355	1271	1011	2948
57950	49996	101021	19370	56469	94996	8029	68	2072	1663
56768	48977	99023	19155	54820	94273	7874	59	1956	1640
25474	21584	6899	10052	38848	25269	5846	20	409	130
743165	590062	807003	271388	816092	997621	120460	3788	8320	5796
1568	2091	6791	906	2415	3860	228			
4066	3153	1551	156	128507	11397	895		50	
64138	16430	43621	102170	78467	94842	1976	245	1777	
4443	1379	8053	10949	14217	24205	703	245		
4779	1397	2639	13937	17277	10176	473		42	
35214	9002	4376	30196	15168	8566				
4345	3957	2536	958	3485	2007	1013	26	39	42
29185	24012	22945	8759	23425	34800	5896	268	197	430
18130	15483	14230	4798	10842	22903	4042	157	109	312
733076	584462	759685	227606	956539	984083	119980	3788	8453	5902

1-A-3 续表 3

主要指标	单位	化学纤维制造业	橡胶和塑料制品业	非金属矿物制品业	黑色金属冶炼和压延加工业	有色金属冶炼和压延加工业	金属制品业
企业办研发机构情况							
机构数	个	13	166	284	27	100	169
机构人员数	人	820	6320	6795	3244	7700	4564
#博士	人	19	69	263	85	105	96
硕士	人	204	471	782	505	340	395
机构经费支出	万元	36210	216387	183027	325319	545979	100472
仪器和设备原价	万元	36447	220668	215478	155981	420426	134531
#进口	万元	8745	87885	62793	21560	117232	34153
新产品开发及生产情况							
新产品开发项目数	项	151	1590	2089	712	838	1657
新产品开发经费支出	万元	57215	484360	431101	546589	619116	301381
新产品销售收入	万元	441323	4938414	3748722	4920214	17450251	3474087
#新产品出口	万元	101970	1811706	531160	103070	1762873	943288
自主知识产权及相关情况							
专利申请数	件	53	1443	1711	1134	716	1566
#发明专利	件	30	479	620	515	265	437
有效发明专利数	件	201	1486	2447	1231	848	1965
#境外授权	件	1	38	5			14
拥有注册商标数	件	121	1904	1259	157	638	754
#境外注册	件	23	443	342	45	132	166
形成国家或行业标准数	项	11	140	118	37	60	102
政府相关政策落实情况							
来自政府部门的研究开发经费	万元	1286	1694	17726	740	3034	11420
研究开发费用加计扣除减免税	万元	978	14011	25184	27771	20887	14487
高新技术企业减免税	万元	1665	33903	33007	39716	30268	24118
技术获取和技术改造情况							
引进技术经费支出	万元		4920	2627	1773	490	10
消化吸收经费支出	万元		2691	2494		301	35
购买国内技术经费支出	万元		5149	3447	6609	246	1259
技术改造经费支出	万元	6316	39629	157678	176349	141769	56311

通用设备制造业	专用设备制造业	汽车制造业	铁路、船舶、航空航天和其他运输设备制造业	电气机械和器材制造业	计算机、通信和其他电子设备制造业	仪器仪表制造业	其他制造业	废弃资源综合利用业	金属制品、机械和设备修理业
363	369	173	52	261	144	96	2	5	4
16741	13255	10814	6152	9846	24160	3334	38	34	458
268	234	129	114	345	774	65		2	
2455	2132	948	1895	2138	6681	669	6	12	20
353917	332019	353059	282290	317577	645899	58225	938	1007	5039
314418	315374	288275	53748	260688	661160	32721	170	2686	6153
59346	51943	56791	7712	35561	34537	1226		320	3464
4072	3829	2483	889	3385	2134	1096	22	23	42
723710	622055	823963	274084	959773	1044672	130363	3175	6562	5990
9184531	6803948	12774954	4639510	15063193	13553763	758693	64071	41363	36275
707362	1266528	1067110	445644	1910671	2916689	52052	54565		18746
4828	4801	2443	1498	12180	13142	1336	17	16	19
1711	1574	768	772	7139	9677	457	6	6	9
4772	4884	2366	2471	7103	11305	1549	41	29	39
48	90	13	85	676	859	20			
3124	2338	3411	218	1646	1253	408	1	1	1
1131	768	1890	29	355	348	27			
181	228	68	19	216	70	75			4
22296	18729	6463	13330	34622	20470	5242	25	409	130
50703	35192	21927	7437	37927	107716	7479	9	46	672
108859	55292	41239	58896	87434	54296	14114	9	512	546
49000	991	705	4828	7431	7686	5			
6773		1524	2	1889	5528				
10303	1173	3735	5	9072	253472	183		10	
94214	47515	198898	9120	59620	182137	3282	253	1	842

1−A−4 分地区企业R&D

主要指标	单位	济南市	青岛市	淄博市	枣庄市	东营市	烟台市
基本情况							
有R&D活动的企业	个	675	1202	1040	309	127	638
有研发机构的企业	个	221	359	386	80	65	209
有新产品销售的企业	个	471	737	543	138	78	383
R&D人员情况							
R&D人员合计	人	56476	64657	36031	8201	11062	40080
#女性	人	13615	16773	8873	1619	3246	10428
#研究人员	人	23665	23126	9704	2731	4886	14155
#全时人员	人	43443	49894	25510	5668	7629	29398
R&D人员折合全时当量	人年	35533	37059	23420	5225	6574	24942
R&D经费情况							
R&D经费内部支出	万元	1584886	2032195	1196142	312038	611532	1772540
按支出用途分							
1.日常性支出	万元	1404776	1895467	1071580	270587	585488	1619227
#人员劳务费	万元	568287	657617	246306	59825	125760	436830
2.资产性支出	万元	180110	136728	124562	41451	26044	153313
#仪器和设备	万元	178211	134349	121930	40835	24992	151387
按资金来源分							
政府资金	万元	47042	65117	21928	2941	26544	27110
企业资金	万元	1517515	1827994	1162673	307920	569780	1702854
国外资金	万元	1122	9042	1312	99	208	35487
其他资金	万元	19208	130042	10229	1079	15001	7089
R&D经费外部支出	万元	58023	232525	46845	7557	33520	49762
#对境内研究机构支出	万元	11882	66892	21524	2017	10320	9848
对境内高等学校支出	万元	17330	36359	8818	2511	10448	6166
对境外支出	万元	2798	47057	4207	0	1201	6457
R&D项目情况							
项目数	项	6086	7937	5243	1031	1185	4803
参加项目人员	人	52815	58068	33244	7498	10386	36964
项目人员折合全时当量	人年	33264	33812	21556	4797	6166	23081
项目经费内部支出	万元	1519815	1917078	1153395	279918	507989	1729417

及相关活动主要指标

潍坊市	济宁市	泰安市	威海市	日照市	临沂市	德州市	聊城市	滨州市	菏泽市
554	524	290	287	273	826	590	146	168	335
203	187	75	106	75	265	163	56	96	188
346	322	177	209	122	464	295	107	141	209
28592	20159	15806	20214	9932	23450	17737	12582	15596	7828
6755	3948	3070	5009	2337	5475	4768	2721	4474	1804
9514	6939	4841	7504	3093	7802	5027	3836	3020	2527
20944	13735	10797	15422	6889	17379	12607	9104	10102	5541
18264	12139	8968	12449	5304	14574	10479	7276	9806	4505
1169185	877591	638232	576759	455407	980849	646713	568125	516315	246467
1061638	809156	594663	523495	401462	878194	589127	547911	454967	210879
266022	180133	108521	157525	57704	199459	105737	80247	91708	50104
107547	68435	43569	53264	53945	102654	57586	20215	61348	35588
105950	66226	42599	51813	53374	100267	56210	19675	59744	35010
19647	14385	7942	32818	3672	11330	9413	5632	6046	3373
1144700	857966	629497	540757	448357	930345	630224	549171	498098	229236
2265	1224	29	1708	101	3085	1041	13065	1059	1423
2574	4015	763	1476	3278	36089	6036	258	11112	12435
139367	58821	10575	29968	5792	83571	8792	14840	2633	43600
9448	8259	5291	13703	981	57724	3325	6625	646	27144
4234	18831	2414	4068	570	6403	3556	4854	886	5256
57969	9432	1663	2649	1238	3986	92			2799
2383	2496	2051	2554	1444	3079	2364	1618	1229	1122
26040	18888	14713	18659	9270	21710	16270	11808	14567	7219
16675	11435	8399	11462	4960	13570	9603	6855	9123	4166
1079374	834843	613466	552735	448240	945881	631642	536046	471409	233049

1-A-4 续表 1

主要指标	单位	济南市	青岛市	淄博市	枣庄市	东营市	烟台市
企业办研发机构情况							
机构数	个	334	462	594	114	121	306
机构人员数	人	30960	29165	16083	3411	9040	21421
#博士	人	460	1126	425	124	384	451
硕士	人	6701	7188	1994	324	1681	3592
机构经费支出	万元	990955	1113524	487465	101997	383867	850376
仪器和设备原价	万元	932558	659007	423220	56834	653490	751282
#进口	万元	115424	113334	63899	7569	62325	310109
新产品开发及生产情况							
新产品开发项目数	项	5375	7069	4002	695	929	4210
新产品开发经费支出	万元	1380698	1815661	872912	162668	343033	1486018
新产品销售收入	万元	20239343	29311008	9110074	1324268	6773563	17399068
#新产品出口	万元	1484274	4931406	1098744	209792	102748	5151873
自主知识产权及相关情况							
专利申请数	件	13950	17111	3084	860	1680	3121
#发明专利	件	8500	9934	1483	387	832	1617
有效发明专利数	件	10160	14067	5063	998	2011	5262
#境外授权	件	88	1241	58	2	27	152
拥有注册商标数	件	8742	8233	4189	384	983	5067
#境外注册	件	2803	1343	963	19	354	938
形成国家或行业标准数	项	467	349	253	26	299	196
政府相关政策落实情况							
来自政府部门的研究开发经费	万元	135897	70281	21014	1465	26245	30633
研究开发费用加计扣除减免税	万元	73021	132282	48441	5172	14518	57955
高新技术企业减免税	万元	126186	220523	51059	6348	9959	128443
技术获取和技术改造情况							
引进技术经费支出	万元	4966	18862	4336		16584	9684
消化吸收经费支出	万元	142	10378	2027		954	917
购买国内技术经费支出	万元	14728	263732	6774	4645	4347	5632
技术改造经费支出	万元	639603	138544	338851	121366	102345	126623

潍坊市	济宁市	泰安市	威海市	日照市	临沂市	德州市	聊城市	滨州市	菏泽市
362	247	142	180	117	455	219	82	138	214
17587	8166	5801	10805	4274	11046	6463	7310	5516	5265
303	177	103	219	132	425	239	172	116	182
2706	1359	611	1356	447	2978	804	714	435	653
587816	412631	88102	288632	122221	474886	186730	365910	211345	126194
360085	267357	103720	309994	126816	346431	207812	178625	189446	96343
113889	86771	17327	88162	13103	107127	27107	29047	18542	22952
2699	2570	1723	2483	1386	2509	1840	1019	980	951
1178199	833969	467017	523277	420708	785215	502942	317326	345893	172658
13597139	10423611	3646567	5146360	2455855	8541512	4163211	9468999	9745147	1119314
1748277	889978	223782	984538	131907	610645	313524	819726	910733	126963
6202	3057	1391	3204	872	1936	1688	1174	931	667
3030	931	405	1132	358	943	670	421	383	303
9187	2748	1910	3084	370	2873	2078	1648	1294	743
362	26	29	119		68	16	8	20	4
6129	1908	1039	1958	732	4957	1740	1555	1822	698
2005	204	239	314	103	506	214	141	71	78
213	76	77	116	42	153	166	50	92	27
15675	14370	5105	31336	2918	9853	7589	5993	4598	3491
51289	19861	20066	57724	6726	47309	26170	7027	26118	11631
131820	38810	54254	75895	21625	78978	23317	28464	13005	9574
47065	1389	245	8060	1894	1210	315			3704
5333	374	5	7254	23	7883	407		17	50
13955	15635	2617	6496	2526	37162	979	3095	531	33869
194165	215720	80079	87920	45102	116849	36697	39514	51680	27517

B.基本情况

1−B−1 分登记注册类型企业基本情况

单位：个

登记注册类型	有R&D活动的企业	有研发机构的企业	有新产品销售的企业
总 计	**7984**	**2734**	**4742**
内资企业	**7323**	**2500**	**4326**
国有企业	14	10	10
集体企业	24	8	11
股份合作企业	8	1	5
联营企业			
集体联营企业			
有限责任公司	1926	738	1215
国有独资公司	97	57	58
其他有限责任公司	1829	681	1157
股份有限公司	583	278	427
私营企业	4768	1465	2658
私营独资企业	113	17	52
私营合伙企业	6	1	4
私营有限责任公司	4276	1300	2348
私营股份有限公司	373	147	254
其他企业			
港、澳、台商投资企业	**223**	**85**	**141**
合资经营企业	109	47	73
合作经营企业	3	1	1
港、澳、台商独资经营企业	98	30	58
港、澳、台商投资股份有限公司	7	5	6
其他港、澳、台投资企业	6	2	3
外商投资企业	**438**	**149**	**275**
中外合资经营企业	241	80	156
中外合作经营企业	12	1	6
外资企业	164	58	98
外商投资股份有限公司	14	8	12
其他外商投资企业	7	2	3

1-B-2　分登记注册类型大中型企业基本情况

单位：个

登记注册类型	有R&D活动的企业	有研发机构的企业	有新产品销售的企业
总　计	**1830**	**910**	**1337**
内资企业	**1574**	**796**	**1155**
国有企业	7	6	7
集体企业	8	4	5
股份合作企业	2	1	2
有限责任公司	701	346	496
国有独资公司	72	51	50
其他有限责任公司	629	295	446
股份有限公司	273	170	224
私营企业	583	269	421
私营独资企业	3		4
私营合伙企业			
私营有限责任公司	492	220	349
私营股份有限公司	88	49	68
港、澳、台商投资企业	**92**	**39**	**55**
合资经营企业	46	24	28
合作经营企业	2		
港、澳、台商独资经营企业	35	9	20
港、澳、台商投资股份有限公司	6	4	5
其他港、澳、台投资企业	3	2	2
外商投资企业	**164**	**75**	**127**
中外合资经营企业	80	39	68
中外合作经营企业	6	1	5
外资企业	65	29	44
外商投资股份有限公司	12	6	10
其他外商投资企业	1		

1-B-3 分行业企业基本情况

单位：个

行 业	代码	有R&D活动的企业	有研发机构的企业	有新产品销售的企业
总 计	**00**	**7984**	**2734**	**4742**
采矿业	**B**	**94**	**31**	**29**
煤炭开采和洗选业	06	43	14	12
烟煤和无烟煤开采洗选	061	41	13	11
褐煤开采洗选	062	1	1	1
其他煤炭采选	069	1		
石油和天然气开采业	07	1	1	1
石油开采	071	1	1	1
天然气开采	072			
黑色金属矿采选业	08	9	4	1
#铁矿采选	081	9	4	1
锰矿、铬矿采选	082			
有色金属矿采选业	09	26	9	7
常用有色金属矿采选	091			
贵金属矿采选	092	25	9	6
稀有稀土金属矿采选	093	1		1
非金属矿采选业	10	12	2	7
土砂石开采	101	7	2	2
化学矿开采	102			
采盐	103	2		2
石棉及其他非金属矿采选	109	3		3
开采专业及辅助性活动	11	2	1	1
#石油和天然气开采专业及辅助性活动	112	2	1	1
制造业	**C**	**7777**	**2679**	**4694**
农副食品加工业	13	450	168	268
谷物磨制	131	56	20	39
饲料加工	132	98	35	51
植物油加工	133	31	11	15
制糖业	134	3		1
屠宰及肉类加工	135	83	30	52
水产品加工	136	40	23	25
蔬菜、菌类、水果和坚果加工	137	79	27	49
其他农副食品加工	139	60	22	36
食品制造业	14	227	100	152
焙烤食品制造	141	20	10	14
糖果、巧克力及蜜饯制造	142	6	3	4
方便食品制造	143	13	3	9
乳制品制造	144	15	5	7
罐头食品制造	145	16	9	10
调味品、发酵制品制造	146	45	19	30
其他食品制造	149	112	51	78
酒、饮料和精制茶制造业	15	74	38	50
酒的制造	151	51	30	36
饮料制造	152	19	8	11
精制茶加工	153	4		3

1-B-3　续表 1　　　　　　　　　　　　　　　　　　　　　　　　　单位：个

行　业	代码	有R&D活动的企业	有研发机构的企业	有新产品销售的企业
烟草制品业	16	3	2	2
烟叶复烤	161			
卷烟制造	162	1	1	1
其他烟草制品制造	169	2	1	1
纺织业	17	250	69	128
棉纺织及印染精加工	171	168	48	78
毛纺织及染整精加工	172	10	8	7
麻纺织及染整精加工	173	1		1
丝绢纺织及印染精加工	174			
化纤织造及印染精加工	175	4		3
针织或钩针编织物及其制品制造	176	11	1	3
家用纺织制成品制造	177	25	7	19
产业用纺织制成品制造	178	31	5	17
纺织服装、服饰业	18	84	24	41
机织服装制造	181	43	15	22
针织或钩针编织服装制造	182	35	6	15
服饰制造	183	6	3	4
皮革、毛皮、羽毛及其制品和制鞋业	19	47	16	27
皮革鞣制加工	191	6	4	4
皮革制品制造	192	14	5	7
毛皮鞣制及制品加工	193	3		1
羽毛(绒)加工及制品制造	194	3		2
制鞋业	195	21	7	13
木材加工和木、竹、藤、棕、草制品业	20	197	33	115
木材加工	201	19	6	12
人造板制造	202	162	23	96
木质制品制造	203	16	4	7
竹、藤、棕、草等制品制造	204			
家具制造业	21	66	16	36
木质家具制造	211	55	9	28
竹、藤家具制造	212	1	1	
金属家具制造	213	4	2	4
塑料家具制造	214			
其他家具制造	219	6	4	4
造纸和纸制品业	22	106	39	73
纸浆制造	221	2	2	2
造纸	222	76	30	53
纸制品制造	223	28	7	18
印刷和记录媒介复制业	23	77	21	50
印刷	231	74	19	49
装订及印刷相关服务	232	2	2	1
记录媒介复制	233	1		
文教、工美、体育和娱乐用品制造业	24	218	65	104
文教办公用品制造	241	16	4	10
乐器制造	242	2	1	1
工艺美术及礼仪用品制造	243	120	38	54
体育用品制造	244	51	14	25
玩具制造	245	18	5	11
游艺器材及娱乐用品制造	246	11	3	3
石油、煤炭及其他燃料加工业	25	81	45	37

1-B-3 续表 2

单位：个

行 业	代码	有R&D活动的企业	有研发机构的企业	有新产品销售的企业
精炼石油产品制造	251	62	39	30
煤炭加工	252	16	6	6
核燃料加工	253			
生物质燃料加工	254	3		1
化学原料和化学制品制造业	26	945	363	502
基础化学原料制造	261	233	100	106
肥料制造	262	63	26	39
农药制造	263	48	20	31
涂料、油墨、颜料及类似产品制造	264	50	13	27
合成材料制造	265	155	68	96
专用化学产品制造	266	373	120	192
炸药、火工及焰火产品制造	267	5	3	3
日用化学产品制造	268	18	13	8
医药制造业	27	350	174	210
化学药品原料药制造	271	81	43	45
化学药品制剂制造	272	55	32	39
中药饮片加工	273	17	10	11
中成药生产	274	40	18	18
兽用药品制造	275	31	18	23
生物药品制品制造	276	75	29	43
卫生材料及医药用品制造	277	43	22	26
药用辅料及包装材料	278	8	2	5
化学纤维制造业	28	20	7	16
纤维素纤维原料及纤维制造	281	4	2	3
合成纤维制造	282	14	3	11
生物基材料制造	283	2	2	2
橡胶和塑料制品业	29	388	115	216
橡胶制品业	291	121	46	81
塑料制品业	292	267	69	135
非金属矿物制品业	30	598	194	289
水泥、石灰和石膏制造	301	49	15	14
石膏、水泥制品及类似制品制造	302	97	20	34
砖瓦、石材等建筑材料制造	303	103	36	43
玻璃制造	304	22	9	12
玻璃制品制造	305	38	9	24
玻璃纤维和玻璃纤维增强塑料制品制造	306	72	24	41
陶瓷制品制造	307	93	32	55
耐火材料制品制造	308	55	19	24
石墨及其他非金属矿物制品制造	309	69	30	42
黑色金属冶炼和压延加工业	31	69	24	44
炼铁	311	1		
炼钢	312	2	1	1
钢压延加工	313	58	21	39
铁合金冶炼	314	8	2	4
有色金属冶炼和压延加工业	32	125	66	98
常用有色金属冶炼	321	17	11	12
贵金属冶炼	322	7	2	2
稀有稀土金属冶炼	323	1	1	1
有色金属合金制造	324	20	10	16
有色金属压延加工	325	80	42	67
金属制品业	33	419	117	250

1-B-3　续表 3　　　　单位：个

行　业	代码	有R&D活动的企业	有研发机构的企业	有新产品销售的企业
结构性金属制品制造	331	90	26	53
金属工具制造	332	29	8	18
集装箱及金属包装容器制造	333	47	12	27
金属丝绳及其制品制造	334	11	4	7
建筑、安全用金属制品制造	335	33	9	25
金属表面处理及热处理加工	336	13	7	7
搪瓷制品制造	337	5	1	3
金属制日用品制造	338	11	5	7
铸造及其他金属制品制造	339	180	45	103
通用设备制造业	34	815	255	532
锅炉及原动设备制造	341	120	43	73
金属加工机械制造	342	185	54	127
物料搬运设备制造	343	41	9	22
泵、阀门、压缩机及类似机械制造	344	136	45	100
轴承、齿轮和传动部件制造	345	61	19	34
烘炉、风机、包装等设备制造	346	133	42	96
文化、办公用机械制造	347	4	3	5
通用零部件制造	348	94	29	51
其他通用设备制造业	349	41	11	24
专用设备制造业	35	711	236	466
采矿、冶金、建筑专用设备制造	351	213	73	144
化工、木材、非金属加工专用设备制造	352	95	28	66
食品、饮料、烟草及饲料生产专用设备制造	353	31	9	19
印刷、制药、日化及日用品生产专用设备制造	354	34	9	17
纺织、服装和皮革加工专用设备制造	355	30	11	23
电子和电工机械专用设备制造	356	38	12	21
农、林、牧、渔专用机械制造	357	69	28	50
医疗仪器设备及器械制造	358	56	16	38
环保、邮政、社会公共服务及其他专用设备制造	359	145	50	88
汽车制造业	36	357	122	249
汽车整车制造	361	33	12	21
汽车用发动机制造	362	6	2	5
改装汽车制造	363	38	13	36
低速汽车制造	364	4	2	3
电车制造	365	6		3
汽车车身、挂车制造	366	27	10	18
汽车零部件及配件制造	367	243	83	163
铁路、船舶、航空航天和其他运输设备制造业	37	125	36	76
铁路运输设备制造	371	43	11	29
城市轨道交通设备制造	372	1	1	1
船舶及相关装置制造	373	53	14	30
航空、航天器及设备制造	374	2		
摩托车制造	375	7	3	5
自行车和残疾人座车制造	376	3	1	2
助动车制造	377	8	2	3
非公路休闲车及零配件制造	378	1		1
潜水救捞及其他未列明运输设备制造	379	7	4	5
电气机械和器材制造业	38	518	179	358
电机制造	381	69	23	48
输配电及控制设备制造	382	212	76	155
电线、电缆、光缆及电工器材制造	383	93	29	65

1-B-3 续表 4

单位：个

行 业	代码	有R&D活动的企业	有研发机构的企业	有新产品销售的企业
电池制造	384	36	15	21
家用电力器具制造	385	32	13	24
非电力家用器具制造	386	35	12	22
照明器具制造	387	21	8	14
其他电气机械及器材制造	389	20	3	9
计算机、通信和其他电子设备制造业	39	253	84	171
计算机制造	391	22	12	20
通信设备制造	392	27	6	14
广播电视设备制造	393	6	4	3
雷达及配套设备制造	394	1		
非专业视听设备制造	395	10	5	10
智能消费设备制造	396	12	4	9
电子器件制造	397	70	24	52
电子元件及电子专用材料制造	398	87	27	54
其他电子设备制造	399	18	2	9
仪器仪表制造业	40	177	64	121
通用仪器仪表制造	401	110	37	77
专用仪器仪表制造	402	41	13	26
钟表与计时仪器制造	403	5	5	5
光学仪器制造	404	8	4	5
衡器制造	405	6	2	4
其他仪器仪表制造业	409	7	3	4
其他制造业	41	8	2	8
日用杂品制造	411	2	1	3
核辐射加工	412			
其他未列明制造业	419	6	1	5
废弃资源综合利用业	42	17	3	4
金属废料和碎屑加工处理	421	5		1
非金属废料和碎屑加工处理	422	12	3	3
金属制品、机械和设备修理业	43	2	2	1
#金属制品修理	431			
通用设备修理	432			
专用设备修理	433			
铁路、船舶、航空航天等运输设备修理	434	2	2	1
电气设备修理	435			
其他机械和设备修理业	439			
电力、热力、燃气及水生产和供应业	**D**	**113**	**24**	**19**
电力、热力生产和供应业	44	75	16	12
电力生产	441	59	11	7
电力供应	442			1
热力生产和供应	443	16	5	4
燃气生产和供应业	45	15	2	3
燃气生产和供应业	451	12		1
生物质燃气生产和供应业	452	3	2	2
水的生产和供应业	46	23	6	4
自来水生产和供应	461	7	3	1
污水处理及其再生利用	462	15	3	3
海水淡化处理	463	1		
其他水的处理、利用与分配	469			

1-B-4　分行业大中型企业基本情况

单位：个

行　业	代码	有R&D活动的企业	有研发机构的企业	有新产品销售的企业
总　计	**00**	**1830**	**910**	**1337**
采矿业	**B**	**67**	**25**	**20**
煤炭开采和洗选业	06	38	13	10
#烟煤和无烟煤开采洗选	061	36	12	9
石油和天然气开采业	07	1	1	1
石油开采	071	1	1	1
天然气开采	072			
黑色金属矿采选业	08	6	1	1
铁矿采选	081	6	1	1
锰矿、铬矿采选	082			
有色金属矿采选业	09	18	9	5
常用有色金属矿采选	091			
贵金属矿采选	092	17	9	4
稀有稀土金属矿采选	093	1		1
非金属矿采选业	10	2		2
土砂石开采	101			
化学矿开采	102			
采盐	103	2		2
石棉及其他非金属矿采选	109			
开采专业及辅助性活动	11	2	1	1
#石油和天然气开采专业及辅助性活动	112	2	1	1
制造业	**C**	**1731**	**881**	**1310**
农副食品加工业	13	106	45	80
谷物磨制	131	3	1	3
饲料加工	132	8	4	6
植物油加工	133	9	3	6
制糖业	134	2		
屠宰及肉类加工	135	43	16	33
水产品加工	136	18	12	15
蔬菜、菌类、水果和坚果加工	137	8	2	5
其他农副食品加工	139	15	7	12
食品制造业	14	54	33	38
焙烤食品制造	141	5	3	3
糖果、巧克力及蜜饯制造	142			
方便食品制造	143	2	2	2
乳制品制造	144	7	3	3
罐头食品制造	145	6	5	5
调味品、发酵制品制造	146	13	9	10
其他食品制造	149	21	11	15
酒、饮料和精制茶制造业	15	27	22	21
酒的制造	151	22	19	18
饮料制造	152	5	3	3
精制茶加工	153			

1-B-4 续表 1

单位：个

行 业	代码	有R&D活动的企业	有研发机构的企业	有新产品销售的企业
烟草制品业	16	1	1	1
烟叶复烤	161			
卷烟制造	162	1	1	1
其他烟草制品制造	169			
纺织业	17	79	35	60
棉纺织及印染精加工	171	56	26	43
毛纺织及染整精加工	172	4	4	4
麻纺织及染整精加工	173			
丝绢纺织及印染精加工	174			
化纤织造及印染精加工	175	2		2
针织或钩针编织物及其制品制造	176	1		1
家用纺织制成品制造	177	13	5	9
产业用纺织制成品制造	178	3		1
纺织服装、服饰业	18	31	15	21
机织服装制造	181	16	10	12
针织或钩针编织服装制造	182	14	4	8
服饰制造	183	1	1	1
皮革、毛皮、羽毛及其制品和制鞋业	19	12	4	12
皮革鞣制加工	191	3	2	3
皮革制品制造	192	2	1	2
毛皮鞣制及制品加工	193			
羽毛(绒)加工及制品制造	194			1
制鞋业	195	7	1	6
木材加工和木、竹、藤、棕、草制品业	20	21	4	16
木材加工	201			1
人造板制造	202	20	4	15
木质制品制造	203	1		
竹、藤、棕、草等制品制造	204			
家具制造业	21	8	1	5
木质家具制造	211	6		5
竹、藤家具制造	212			
金属家具制造	213	1		
塑料家具制造	214			
其他家具制造	219	1	1	
造纸和纸制品业	22	37	19	28
纸浆制造	221	1	1	1
造纸	222	33	17	26
纸制品制造	223	3	1	1
印刷和记录媒介复制业	23	11	5	9
印刷	231	11	5	9
装订及印刷相关服务	232			
文教、工美、体育和娱乐用品制造业	24	42	19	28
文教办公用品制造	241	2		2
乐器制造	242	1		1
工艺美术及礼仪用品制造	243	28	12	19
体育用品制造	244	9	6	5
玩具制造	245	1	1	
游艺器材及娱乐用品制造	246	1		1
石油、煤炭及其他燃料加工业	25	40	27	21

1-B-4　续表 2　　　　单位：个

行　业	代码	有R&D活动的企业	有研发机构的企业	有新产品销售的企业
#精炼石油产品制造	251	28	23	17
煤炭加工	252	12	4	4
化学原料和化学制品制造业	26	186	110	120
基础化学原料制造	261	66	34	36
肥料制造	262	17	8	14
农药制造	263	12	7	8
涂料、油墨、颜料及类似产品制造	264	4	3	4
合成材料制造	265	29	20	23
专用化学产品制造	266	51	34	31
炸药、火工及焰火产品制造	267	3	2	2
日用化学产品制造	268	4	2	2
医药制造业	27	123	71	81
化学药品原料药制造	271	32	23	24
化学药品制剂制造	272	31	21	24
中药饮片加工	273	4	2	3
中成药生产	274	17	9	6
兽用药品制造	275	4	2	3
生物药品制品制造	276	18	8	8
卫生材料及医药用品制造	277	15	5	11
药用辅料及包装材料	278	2	1	2
化学纤维制造业	28	6	5	5
纤维素纤维原料及纤维制造	281	3	2	3
合成纤维制造	282	1	1	1
生物基材料制造	283	2	2	1
橡胶和塑料制品业	29	65	29	49
橡胶制品业	291	52	27	41
塑料制品业	292	13	2	8
非金属矿物制品业	30	109	53	66
水泥、石灰和石膏制造	301	17	9	4
石膏、水泥制品及类似制品制造	302	4	2	3
砖瓦、石材等建筑材料制造	303	9	3	6
玻璃制造	304	4	2	2
玻璃制品制造	305	16	5	12
玻璃纤维和玻璃纤维增强塑料制品制造	306	13	10	9
陶瓷制品制造	307	22	10	16
耐火材料制品制造	308	8	5	4
石墨及其他非金属矿物制品制造	309	16	7	10
黑色金属冶炼和压延加工业	31	29	19	22
炼铁	311	1		
炼钢	312	1	1	1
钢压延加工	313	24	16	20
铁合金冶炼	314	3	2	1
有色金属冶炼和压延加工业	32	50	36	43
常用有色金属冶炼	321	11	10	11
贵金属冶炼	322	3	1	1
稀有稀土金属冶炼	323	1	1	1
有色金属合金制造	324	7	3	4
有色金属压延加工	325	28	21	26
金属制品业	33	82	31	60

1-B-4 续表 3

单位：个

行 业	代码	有R&D活动的企业	有研发机构的企业	有新产品销售的企业
结构性金属制品制造	331	12	3	4
金属工具制造	332	6	3	4
集装箱及金属包装容器制造	333	9	5	7
金属丝绳及其制品制造	334	6	2	4
建筑、安全用金属制品制造	335	8	3	6
金属表面处理及热处理加工	336	2	1	2
搪瓷制品制造	337			
金属制日用品制造	338	2	2	2
铸造及其他金属制品制造	339	37	12	31
通用设备制造业	34	160	84	135
锅炉及原动设备制造	341	37	19	29
金属加工机械制造	342	26	16	22
物料搬运设备制造	343	5	2	4
泵、阀门、压缩机及类似机械制造	344	29	16	27
轴承、齿轮和传动部件制造	345	14	6	12
烘炉、风机、包装等设备制造	346	28	15	24
文化、办公用机械制造	347	1	1	1
通用零部件制造	348	15	8	12
其他通用设备制造业	349	5	1	4
专用设备制造业	35	105	58	95
采矿、冶金、建筑专用设备制造	351	43	24	40
化工、木材、非金属加工专用设备制造	352	8	6	7
食品、饮料、烟草及饲料生产专用设备制造	353	3	2	1
印刷、制药、日化及日用品生产专用设备制造	354	4	2	4
纺织、服装和皮革加工专用设备制造	355	6	3	5
电子和电工机械专用设备制造	356	3	3	3
农、林、牧、渔专用机械制造	357	11	6	13
医疗仪器设备及器械制造	358	12	3	9
环保、邮政、社会公共服务及其他专用设备制造	359	15	9	13
汽车制造业	36	113	51	98
汽车整车制造	361	24	10	18
汽车用发动机制造	362	3	2	2
改装汽车制造	363	15	8	16
低速汽车制造	364	1	1	1
电车制造	365	2		
汽车车身、挂车制造	366	5	4	5
汽车零部件及配件制造	367	63	26	56
铁路、船舶、航空航天和其他运输设备制造业	37	40	19	36
铁路运输设备制造	371	16	8	15
城市轨道交通设备制造	372			
船舶及相关装置制造	373	13	6	13
航空、航天器及设备制造	374			
摩托车制造	375	6	2	4
自行车和残疾人座车制造	376	1	1	1
助动车制造	377	1		
非公路休闲车及零配件制造	378	1		1
潜水救捞及其他未列明运输设备制造	379	2	2	2
电气机械和器材制造业	38	100	50	90
电机制造	381	17	10	17
输配电及控制设备制造	382	36	17	34

1-B-4　续表 4　　单位：个

行　业	代码	有R&D活动的企业	有研发机构的企业	有新产品销售的企业
电线、电缆、光缆及电工器材制造	383	21	12	21
电池制造	384	6	2	3
家用电力器具制造	385	11	7	10
非电力家用器具制造	386	4	1	3
照明器具制造	387	4	1	2
其他电气机械及器材制造	389	1		
计算机、通信和其他电子设备制造业	39	68	22	48
计算机制造	391	9	6	8
通信设备制造	392	8	2	3
广播电视设备制造	393	1		
雷达及配套设备制造	394			
非专业视听设备制造	395	6	5	6
智能消费设备制造	396	5		4
电子器件制造	397	15	3	12
电子元件及电子专用材料制造	398	22	6	15
其他电子设备制造	399	2		
仪器仪表制造业	40	24	12	20
通用仪器仪表制造	401	12	5	10
专用仪器仪表制造	402	7	2	5
钟表与计时仪器制造	403	2	2	2
光学仪器制造	404	1	1	1
衡器制造	405	1	1	1
其他仪器仪表制造业	409	1	1	1
其他制造业	41	1		1
#日用杂品制造	411	1		1
其他未列明制造业	419			
废弃资源综合利用业	42			
金属废料和碎屑加工处理	421			
非金属废料和碎屑加工处理	422			
金属制品、机械和设备修理业	43	1	1	1
#铁路、船舶、航空航天等运输设备修理	434			
其他机械和设备修理业	439	1	1	1
电力、热力、燃气及水生产和供应业	**D**	**32**	**4**	**7**
电力、热力生产和供应业	44	24	4	7
电力生产	441	18	1	3
电力供应	442			1
热力生产和供应	443	6	3	3
燃气生产和供应业	45	5		
燃气生产和供应业	451	5		
水的生产和供应业	46	3		
#自来水生产和供应	461	3		
污水处理及其再生利用	462			

1−B−5　分行业内资企业基本情况

单位：个

行　业	代码	有R&D活动的企业	有研发机构的企业	有新产品销售的企业
总　计	**00**	**7323**	**2500**	**4326**
采矿业	**B**	**91**	**31**	**29**
煤炭开采和洗选业	06	42	14	12
烟煤和无烟煤开采洗选	061	40	13	11
褐煤开采洗选	062	1	1	1
其他煤炭采选	069	1		
石油和天然气开采业	07	1	1	1
石油开采	071	1	1	1
天然气开采	072			
黑色金属矿采选业	08	9	4	1
#铁矿采选	081	9	4	1
锰矿、铬矿采选	082			
有色金属矿采选业	09	24	9	7
常用有色金属矿采选	091			
贵金属矿采选	092	23	9	6
稀有稀土金属矿采选	093	1		1
非金属矿采选业	10	12	2	7
土砂石开采	101	7	2	2
化学矿开采	102			
采盐	103	2		2
石棉及其他非金属矿采选	109	3		3
开采专业及辅助性活动	11	2	1	1
#石油和天然气开采专业及辅助性活动	112	2	1	1
制造业	**C**	**7137**	**2448**	**4279**
农副食品加工业	13	401	153	237
谷物磨制	131	50	20	35
饲料加工	132	93	34	50
植物油加工	133	29	11	15
制糖业	134	3		1
屠宰及肉类加工	135	72	27	45
水产品加工	136	32	21	21
蔬菜、菌类、水果和坚果加工	137	66	22	38
其他农副食品加工	139	56	18	32
食品制造业	14	198	85	133
焙烤食品制造	141	18	8	14
糖果、巧克力及蜜饯制造	142	5	3	3
方便食品制造	143	12	3	9
乳制品制造	144	11	4	4
罐头食品制造	145	15	9	10
调味品、发酵制品制造	146	37	14	24
其他食品制造	149	100	44	69
酒、饮料和精制茶制造业	15	65	32	43
酒的制造	151	47	27	32
饮料制造	152	14	5	8
精制茶加工	153	4		3

1-B-5　续表 1　　单位：个

行　业	代码	有R&D活动的企业	有研发机构的企业	有新产品销售的企业
烟草制品业	16	3	2	2
烟叶复烤	161			
卷烟制造	162	1	1	1
其他烟草制品制造	169	2	1	1
纺织业	17	227	58	109
棉纺织及印染精加工	171	156	43	69
毛纺织及染整精加工	172	9	7	6
麻纺织及染整精加工	173			
丝绢纺织及印染精加工	174			
化纤织造及印染精加工	175	4		3
针织或钩针编织物及其制品制造	176	11	1	3
家用纺织制成品制造	177	20	5	14
产业用纺织制成品制造	178	27	2	14
纺织服装、服饰业	18	77	23	39
机织服装制造	181	38	14	20
针织或钩针编织服装制造	182	33	6	15
服饰制造	183	6	3	4
皮革、毛皮、羽毛及其制品和制鞋业	19	38	15	23
皮革鞣制加工	191	5	3	3
皮革制品制造	192	8	5	5
毛皮鞣制及制品加工	193	3		1
羽毛(绒)加工及制品制造	194	3		2
制鞋业	195	19	7	12
木材加工和木、竹、藤、棕、草制品业	20	194	31	113
木材加工	201	18	5	11
人造板制造	202	160	22	95
木质制品制造	203	16	4	7
竹、藤、棕、草等制品制造	204			
家具制造业	21	59	16	34
木质家具制造	211	49	9	26
竹、藤家具制造	212	1	1	
金属家具制造	213	3	2	4
塑料家具制造	214			
其他家具制造	219	6	4	4
造纸和纸制品业	22	98	36	67
纸浆制造	221	2	2	2
造纸	222	69	27	48
纸制品制造	223	27	7	17
印刷和记录媒介复制业	23	69	17	44
印刷	231	67	15	43
装订及印刷相关服务	232	2	2	1
记录媒介复制	233			
文教、工美、体育和娱乐用品制造业	24	193	55	90
文教办公用品制造	241	12	3	7
乐器制造	242	2	1	1
工艺美术及礼仪用品制造	243	109	33	48
体育用品制造	244	43	10	21
玩具制造	245	17	5	10
游艺器材及娱乐用品制造	246	10	3	3
石油、煤炭及其他燃料加工业	25	76	42	34

1-B-5 续表 2

单位：个

行 业	代码	有R&D活动的企业	有研发机构的企业	有新产品销售的企业
精炼石油产品制造	251	58	37	27
煤炭加工	252	15	5	6
核燃料加工	253			
生物质燃料加工	254	3		1
化学原料和化学制品制造业	26	882	339	471
基础化学原料制造	261	221	94	103
肥料制造	262	57	25	36
农药制造	263	46	19	30
涂料、油墨、颜料及类似产品制造	264	46	13	25
合成材料制造	265	142	60	88
专用化学产品制造	266	348	113	178
炸药、火工及焰火产品制造	267	5	3	3
日用化学产品制造	268	17	12	8
医药制造业	27	311	160	187
化学药品原料药制造	271	73	39	38
化学药品制剂制造	272	49	30	36
中药饮片加工	273	16	10	10
中成药生产	274	35	14	17
兽用药品制造	275	29	17	22
生物药品制品制造	276	66	27	38
卫生材料及医药用品制造	277	36	21	22
药用辅料及包装材料	278	7	2	4
化学纤维制造业	28	16	6	14
纤维素纤维原料及纤维制造	281	3	2	3
合成纤维制造	282	11	2	9
生物基材料制造	283	2	2	2
橡胶和塑料制品业	29	362	106	200
橡胶制品业	291	114	43	77
塑料制品业	292	248	63	123
非金属矿物制品业	30	570	182	271
水泥、石灰和石膏制造	301	47	14	14
石膏、水泥制品及类似制品制造	302	97	20	34
砖瓦、石材等建筑材料制造	303	98	34	40
玻璃制造	304	21	9	11
玻璃制品制造	305	36	9	23
玻璃纤维和玻璃纤维增强塑料制品制造	306	72	24	40
陶瓷制品制造	307	85	28	50
耐火材料制品制造	308	50	17	21
石墨及其他非金属矿物制品制造	309	64	27	38
黑色金属冶炼和压延加工业	31	66	23	42
炼铁	311	1		
炼钢	312	2	1	1
钢压延加工	313	55	20	37
铁合金冶炼	314	8	2	4
有色金属冶炼和压延加工业	32	115	60	89
常用有色金属冶炼	321	15	9	10
贵金属冶炼	322	7	2	2
稀有稀土金属冶炼	323	1	1	1
有色金属合金制造	324	20	9	15
有色金属压延加工	325	72	39	61
金属制品业	33	387	107	225

1-B-5 续表 3

单位：个

行 业	代码	有R&D活动的企业	有研发机构的企业	有新产品销售的企业
结构性金属制品制造	331	87	25	51
金属工具制造	332	25	6	14
集装箱及金属包装容器制造	333	42	11	23
金属丝绳及其制品制造	334	8	2	4
建筑、安全用金属制品制造	335	32	8	24
金属表面处理及热处理加工	336	13	7	7
搪瓷制品制造	337	5	1	3
金属制日用品制造	338	10	4	6
铸造及其他金属制品制造	339	165	43	93
通用设备制造业	34	757	235	491
锅炉及原动设备制造	341	111	40	67
金属加工机械制造	342	175	51	122
物料搬运设备制造	343	35	8	18
泵、阀门、压缩机及类似机械制造	344	122	39	88
轴承、齿轮和传动部件制造	345	61	19	33
烘炉、风机、包装等设备制造	346	120	38	87
文化、办公用机械制造	347	4	3	5
通用零部件制造	348	89	26	47
其他通用设备制造业	349	40	11	24
专用设备制造业	35	673	219	433
采矿、冶金、建筑专用设备制造	351	203	64	132
化工、木材、非金属加工专用设备制造	352	92	27	64
食品、饮料、烟草及饲料生产专用设备制造	353	28	8	17
印刷、制药、日化及日用品生产专用设备制造	354	31	7	14
纺织、服装和皮革加工专用设备制造	355	29	10	22
电子和电工机械专用设备制造	356	36	12	20
农、林、牧、渔专用机械制造	357	62	26	44
医疗仪器设备及器械制造	358	53	16	36
环保、邮政、社会公共服务及其他专用设备制造	359	139	49	84
汽车制造业	36	317	111	223
汽车整车制造	361	32	12	21
汽车用发动机制造	362	6	2	5
改装汽车制造	363	35	12	32
低速汽车制造	364	4	2	3
电车制造	365	6		3
汽车车身、挂车制造	366	24	9	17
汽车零部件及配件制造	367	210	74	142
铁路、船舶、航空航天和其他运输设备制造业	37	105	32	62
铁路运输设备制造	371	36	9	23
城市轨道交通设备制造	372	1	1	1
船舶及相关装置制造	373	47	14	26
航空、航天器及设备制造	374	1		
摩托车制造	375	2	1	2
自行车和残疾人座车制造	376	3	1	2
助动车制造	377	8	2	3
非公路休闲车及零配件制造	378	1		1
潜水救捞及其他未列明运输设备制造	379	6	4	4
电气机械和器材制造业	38	478	166	329
电机制造	381	59	20	39
输配电及控制设备制造	382	201	73	145
电线、电缆、光缆及电工器材制造	383	86	27	61

1—B—5　续表 4

单位：个

行　业	代码	有R&D活动的企业	有研发机构的企业	有新产品销售的企业
电池制造	384	32	11	19
家用电力器具制造	385	29	12	22
非电力家用器具制造	386	33	12	21
照明器具制造	387	20	8	14
其他电气机械及器材制造	389	18	3	8
计算机、通信和其他电子设备制造业	39	209	71	148
计算机制造	391	19	11	17
通信设备制造	392	24	6	12
广播电视设备制造	393	5	4	3
雷达及配套设备制造	394	1		
非专业视听设备制造	395	6	3	6
智能消费设备制造	396	9	4	7
电子器件制造	397	59	18	46
电子元件及电子专用材料制造	398	72	23	48
其他电子设备制造	399	14	2	9
仪器仪表制造业	40	167	61	116
通用仪器仪表制造	401	105	36	74
专用仪器仪表制造	402	40	13	25
钟表与计时仪器制造	403	4	4	4
光学仪器制造	404	6	3	5
衡器制造	405	6	2	4
其他仪器仪表制造业	409	6	3	4
其他制造业	41	6	1	6
日用杂品制造	411			1
核辐射加工	412			
其他未列明制造业	419	6	1	5
废弃资源综合利用业	42	17	3	4
金属废料和碎屑加工处理	421	5		1
非金属废料和碎屑加工处理	422	12	3	3
金属制品、机械和设备修理业	43	1	1	
#金属制品修理	431			
通用设备修理	432			
专用设备修理	433			
铁路、船舶、航空航天等运输设备修理	434	1	1	
电气设备修理	435			
其他机械和设备修理业	439			
电力、热力、燃气及水生产和供应业	**D**	**95**	**21**	**18**
电力、热力生产和供应业	44	68	15	11
电力生产	441	52	10	6
电力供应	442			1
热力生产和供应	443	16	5	4
燃气生产和供应业	45	8	2	3
燃气生产和供应业	451	5		1
生物质燃气生产和供应业	452	3	2	2
水的生产和供应业	46	19	4	4
自来水生产和供应	461	6	2	1
污水处理及其再生利用	462	12	2	3
海水淡化处理	463	1		
其他水的处理、利用与分配	469			

1-B-6　分行业港澳台商投资企业基本情况

单位：个

行　业	代码	有R&D活动的企业	有研发机构的企业	有新产品销售的企业
总　计	**00**	**223**	**85**	**141**
采矿业	**B**	**1**		
制造业	**C**	**210**	**83**	**140**
农副食品加工业	13	11	5	10
#谷物磨制	131	1		1
饲料加工	132	2		1
植物油加工	133	1		
屠宰及肉类加工	135	2		
水产品加工	136			
蔬菜、菌类、水果和坚果加工	137	5	3	6
其他农副食品加工	139		2	2
食品制造业	14	8	3	6
焙烤食品制造	141			
糖果、巧克力及蜜饯制造	142	1		1
方便食品制造	143			
乳制品制造	144			
罐头食品制造	145			
调味品、发酵制品制造	146	3	1	2
其他食品制造	149	4	2	3
酒、饮料和精制茶制造业	15	4	1	2
酒的制造	151	2	1	2
饮料制造	152	2		
精制茶加工	153			
纺织业	17	12	7	10
棉纺织及印染精加工	171	7	3	5
毛纺织及染整精加工	172	1	1	1
麻纺织及染整精加工	173	1		1
丝绢纺织及印染精加工	174			
化纤织造及印染精加工	175			
针织或钩针编织物及其制品制造	176			
家用纺织制成品制造	177	1	1	1
产业用纺织制成品制造	178	2	2	2
纺织服装、服饰业	18	1		

1-B-6 续表 1

单位：个

行　业	代码	有R&D活动的企业	有研发机构的企业	有新产品销售的企业
机织服装制造	181			
针织或钩针编织服装制造	182	1		
服饰制造	183			
皮革、毛皮、羽毛及其制品和制鞋业	19	2	1	2
#皮革鞣制加工	191	1	1	1
皮革制品制造	192			
制鞋业	195	1		1
木材加工和木、竹、藤、棕、草制品业	20	1	1	1
#木材加工	201			
人造板制造	202	1	1	1
木质制品制造	203			
家具制造业	21	2		2
#木质家具制造	211	2		2
金属家具制造	213			
其他家具制造	219			
造纸和纸制品业	22	6	2	4
#造纸	222	5	2	3
纸制品制造	223	1		1
印刷和记录媒介复制业	23	2	1	1
#印刷	231	2	1	1
文教、工美、体育和娱乐用品制造业	24	9	3	4
文教办公用品制造	241	1	1	1
乐器制造	242			
工艺美术及礼仪用品制造	243	4	2	2
体育用品制造	244	2		
玩具制造	245	1		1
游艺器材及娱乐用品制造	246	1		
石油、煤炭及其他燃料加工业	25	1	1	
精炼石油产品制造	251			
煤炭加工	252	1	1	
化学原料和化学制品制造业	26	20	9	9
#基础化学原料制造	261	4	2	1
肥料制造	262	2		
农药制造	263			
涂料、油墨、颜料及类似产品制造	264			
合成材料制造	265	7	5	5
专用化学产品制造	266	7	2	3
日用化学产品制造	268			
医药制造业	27	15	6	7

1-B-6　续表 2

单位：个

行　业	代码	有R&D活动的企业	有研发机构的企业	有新产品销售的企业
化学药品原料药制造	271	2	1	2
化学药品制剂制造	272	3	2	1
中药饮片加工	273			
中成药生产	274	3	2	
兽用药品制造	275			
生物药品制品制造	276	4	1	1
卫生材料及医药用品制造	277	2		2
药用辅料及包装材料	278	1		1
化学纤维制造业	28	3	1	2
纤维素纤维原料及纤维制造	281	1		
合成纤维制造	282	2	1	2
橡胶和塑料制品业	29	10	3	8
橡胶制品业	291	2	1	1
塑料制品业	292	8	2	7
非金属矿物制品业	30	14	6	9
水泥、石灰和石膏制造	301	1	1	
石膏、水泥制品及类似制品制造	302			
砖瓦、石材等建筑材料制造	303	3	2	2
玻璃制造	304			
玻璃制品制造	305	2		1
玻璃纤维和玻璃纤维增强塑料制品制造	306			1
陶瓷制品制造	307	5	2	3
耐火材料制品制造	308	2	1	1
石墨及其他非金属矿物制品制造	309	1		1
黑色金属冶炼和压延加工业	31			
#钢压延加工	313			
铁合金冶炼	314			
有色金属冶炼和压延加工业	32	8	4	7
#常用有色金属冶炼	321	1	1	1
有色金属合金制造	324		1	1
有色金属压延加工	325	7	2	5
金属制品业	33	11	4	9
结构性金属制品制造	331			
金属工具制造	332	1	1	1
集装箱及金属包装容器制造	333	1	1	1
金属丝绳及其制品制造	334	3	2	2
建筑、安全用金属制品制造	335			
金属表面处理及热处理加工	336			

1-B-6 续表 3

单位：个

行 业	代码	有R&D活动的企业	有研发机构的企业	有新产品销售的企业
搪瓷制品制造	337			
金属制日用品制造	338			
铸造及其他金属制品制造	339	6		5
通用设备制造业	34	14	7	12
锅炉及原动设备制造	341	3	2	3
金属加工机械制造	342			
物料搬运设备制造	343	1		1
泵、阀门、压缩机及类似机械制造	344	3	1	3
轴承、齿轮和传动部件制造	345			
烘炉、风机、包装等设备制造	346	4	2	3
文化、办公用机械制造	347			
通用零部件制造	348	2	2	2
其他通用设备制造业	349	1		
专用设备制造业	35	14	7	10
采矿、冶金、建筑专用设备制造	351	3	3	2
化工、木材、非金属加工专用设备制造	352	2	1	1
食品、饮料、烟草及饲料生产专用设备制造	353	2	1	2
印刷、制药、日化及日用品生产专用设备制造	354	2	1	2
纺织、服装和皮革加工专用设备制造	355			
电子和电工机械专用设备制造	356			
农、林、牧、渔专用机械制造	357	4	1	3
医疗仪器设备及器械制造	358			
环保、邮政、社会公共服务及其他专用设备制造	359	1		
汽车制造业	36	12	1	9
#汽车整车制造	361	1		
改装汽车制造	363	1		2
汽车车身、挂车制造	366			
汽车零部件及配件制造	367	10	1	7
铁路、船舶、航空航天和其他运输设备制造业	37	5	2	2
#铁路运输设备制造	371	2	1	1
船舶及相关装置制造	373	1		
航空、航天器及设备制造	374	1		
摩托车制造	375			
自行车和残疾人座车制造	376			
助动车制造	377			
电气机械和器材制造业	38			
电机制造	381	2		3
输配电及控制设备制造	382	1	1	2

1-B-6　续表 4

单位：个

行　业	代码	有R&D活动的企业	有研发机构的企业	有新产品销售的企业
电线、电缆、光缆及电工器材制造	383	1		
电池制造	384	2	2	1
家用电力器具制造	385	1		1
非电力家用器具制造	386			
照明器具制造	387	1		
其他电气机械及器材制造	389	1		
计算机、通信和其他电子设备制造业	39	12	3	5
#计算机制造	391			1
通信设备制造	392	1		
广播电视设备制造	393	1		
非专业视听设备制造	395	1		1
智能消费设备制造	396			
电子器件制造	397	4	2	2
电子元件及电子专用材料制造	398	5	1	1
其他电子设备制造	399			
仪器仪表制造业	40	3	1	1
#通用仪器仪表制造	401	2		
专用仪器仪表制造	402			
钟表与计时仪器制造	403	1	1	1
光学仪器制造	404			
其他仪器仪表制造业	409			
其他制造业	41			
日用杂品制造	411			
其他未列明制造业	419			
废弃资源综合利用业	42			
金属废料和碎屑加工处理	421			
非金属废料和碎屑加工处理	422			
金属制品、机械和设备修理业	43	1	1	1
#铁路、船舶、航空航天等运输设备修理	434	1	1	1
电力、热力、燃气及水生产和供应业	**D**	**12**	**2**	**1**
电力、热力生产和供应业	44	6	1	1
电力生产	441	6	1	1
热力生产和供应	443			
燃气生产和供应业	45	4		
燃气生产和供应业	451	4		
水的生产和供应业	46	2	1	
#自来水生产和供应	461	1	1	
污水处理及其再生利用	462	1		

1-B-7 分行业外商投资企业基本情况

单位：个

行 业	代码	有R&D活动的企业	有研发机构的企业	有新产品销售的企业
总 计	**00**	**438**	**149**	**275**
采矿业	**B**	**2**		
黑色金属矿采选业	08			
有色金属矿采选业	09	2		
#常用有色金属矿采选	091			
非金属矿采选业	10			
#土砂石开采	101			
制造业	**C**	**430**	**148**	**275**
农副食品加工业	13	38	10	21
谷物磨制	131	5		3
饲料加工	132	3	1	
植物油加工	133	1		
屠宰及肉类加工	135	9	3	7
水产品加工	136	8	2	4
蔬菜、菌类、水果和坚果加工	137	8	2	5
其他农副食品加工	139	4	2	2
食品制造业	14	21	12	13
焙烤食品制造	141	2	2	
糖果、巧克力及蜜饯制造	142			
方便食品制造	143	1		
乳制品制造	144	4	1	3
罐头食品制造	145	1		
调味品、发酵制品制造	146	5	4	4
其他食品制造	149	8	5	6
酒、饮料和精制茶制造业	15	5	5	5
#酒的制造	151	2	2	2
饮料制造	152	3	3	3
纺织业	17	11	4	9
#棉纺织及印染精加工	171	5	2	4
毛纺织及染整精加工	172			
丝绢纺织及印染精加工	174			
化纤织造及印染精加工	175			
针织或钩针编织物及其制品制造	176			
家用纺织制成品制造	177	4	1	4
产业用纺织制成品制造	178	2	1	1
纺织服装、服饰业	18	6	1	2
机织服装制造	181	5	1	2
针织或钩针编织服装制造	182	1		
服饰制造	183			

1-B-7　续表 1　　　　单位：个

行　业	代码	有R&D活动的企业	有研发机构的企业	有新产品销售的企业
皮革、毛皮、羽毛及其制品和制鞋业	19	7		2
#皮革鞣制加工	191			
皮革制品制造	192	6		2
羽毛(绒)加工及制品制造	194			
制鞋业	195	1		
木材加工和木、竹、藤、棕、草制品业	20	2	1	1
#人造板制造	202	1		
木质制品制造	203			
家具制造业	21	5		
木质家具制造	211	4		
金属家具制造	213	1		
塑料家具制造	214			
其他家具制造	219			
造纸和纸制品业	22	2	1	2
#造纸	222	2	1	2
纸制品制造	223			
印刷和记录媒介复制业	23	6	3	5
#印刷	231	5	3	5
文教、工美、体育和娱乐用品制造业	24	16	7	10
文教办公用品制造	241	3		2
乐器制造	242			
工艺美术及礼仪用品制造	243	7	3	4
体育用品制造	244	6	4	4
玩具制造	245			
游艺器材及娱乐用品制造	246			
石油、煤炭及其他燃料加工业	25	4	2	3
精炼石油产品制造	251	4	2	3
煤炭加工	252			
化学原料和化学制品制造业	26	43	15	22
基础化学原料制造	261	8	4	2
肥料制造	262	4	1	3
农药制造	263	2	1	1
涂料、油墨、颜料及类似产品制造	264	4		2
合成材料制造	265	6	3	3
专用化学产品制造	266	18	5	11
日用化学产品制造	268	1	1	
医药制造业	27	24	8	16
化学药品原料药制造	271	6	3	5
化学药品制剂制造	272	3		2

1-B-7 续表 2

单位：个

行 业	代码	有R&D活动的企业	有研发机构的企业	有新产品销售的企业
中药饮片加工	273	1		1
中成药生产	274	2	2	1
兽用药品制造	275	2	1	1
生物药品制品制造	276	5	1	4
卫生材料及医药用品制造	277	5	1	2
药用辅料及包装材料	278			
化学纤维制造业	28	1		
#纤维素纤维原料及纤维制造	281			
合成纤维制造	282	1		
橡胶和塑料制品业	29	16	6	8
橡胶制品业	291	5	2	3
塑料制品业	292	11	4	5
非金属矿物制品业	30	14	6	9
水泥、石灰和石膏制造	301	1		
石膏、水泥制品及类似制品制造	302			
砖瓦、石材等建筑材料制造	303	2		1
玻璃制造	304	1		1
玻璃制品制造	305			
玻璃纤维和玻璃纤维增强塑料制品制造	306			
陶瓷制品制造	307	3	2	2
耐火材料制品制造	308	3	1	2
石墨及其他非金属矿物制品制造	309	4	3	3
黑色金属冶炼和压延加工业	31	3	1	2
#炼钢	311			
钢压延加工	313	3	1	2
铁合金冶炼	314			
有色金属冶炼和压延加工业	32	2	2	2
常用有色金属冶炼	321	1	1	1
贵金属冶炼	322			
稀有稀土金属冶炼	323			
有色金属合金制造	324			
有色金属压延加工	325	1	1	1
金属制品业	33	21	6	16
#结构性金属制品制造	331	3	1	2
金属工具制造	332	3	1	3
集装箱及金属包装容器制造	333	4		3
金属丝绳及其制品制造	334			1
建筑、安全用金属制品制造	335	1	1	1
金属表面处理及热处理加工	336			
金属制日用品制造	338	1	1	1
铸造及其他金属制品制造	339	9	2	5

1-B-7　续表 3　　　　单位：个

行　业	代码	有R&D活动的企业	有研发机构的企业	有新产品销售的企业
通用设备制造业	34	44	13	29
锅炉及原动设备制造	341	6	1	3
金属加工机械制造	342	10	3	5
物料搬运设备制造	343	5	1	3
泵、阀门、压缩机及类似机械制造	344	11	5	9
轴承、齿轮和传动部件制造	345			1
烘炉、风机、包装等设备制造	346	9	2	6
文化、办公用机械制造	347			
通用零部件制造	348	3	1	2
其他通用设备制造业	349			
专用设备制造业	35	24	10	23
采矿、冶金、建筑专用设备制造	351	7	6	10
化工、木材、非金属加工专用设备制造	352	1		1
食品、饮料、烟草及饲料生产专用设备制造	353	1		
印刷、制药、日化及日用品生产专用设备制造	354	1	1	1
纺织、服装和皮革加工专用设备制造	355	1	1	1
电子和电工机械专用设备制造	356	2		1
农、林、牧、渔专用机械制造	357	3	1	3
医疗仪器设备及器械制造	358	3		2
环保、邮政、社会公共服务及其他专用设备制造	359	5	1	4
汽车制造业	36	28	10	17
#汽车整车制造	361			
汽车用发动机制造	362			
改装汽车制造	363	2	1	2
汽车车身、挂车制造	366	3	1	1
汽车零部件及配件制造	367	23	8	14
铁路、船舶、航空航天和其他运输设备制造业	37	15	2	12
铁路运输设备制造	371	5	1	5
城市轨道交通设备制造	372			
船舶及相关装置制造	373	5		4
航空、航天器及设备制造	374			
摩托车制造	375	4	1	2
自行车和残疾人座车制造	376			
助动车制造	377			
非公路休闲车及零配件制造	378			
潜水救捞及其他未列明运输设备制造	379	1		1
电气机械和器材制造业	38	31	10	22
电机制造	381	8	3	6

1-B-7 续表 4

单位：个

行 业	代码	有R&D活动的企业	有研发机构的企业	有新产品销售的企业
输配电及控制设备制造	382	10	2	8
电线、电缆、光缆及电工器材制造	383	6	2	4
电池制造	384	2	2	1
家用电力器具制造	385	2	1	1
非电力家用器具制造	386	2		1
照明器具制造	387			
其他电气机械及器材制造	389	1		1
计算机、通信和其他电子设备制造业	39	32	10	18
#计算机制造	391	3	1	2
通信设备制造	392	2		2
广播电视设备制造	393			
非专业视听设备制造	395	3	2	3
智能消费设备制造	396	3		2
电子器件制造	397	7	4	4
电子元件及电子专用材料制造	398	10	3	5
其他电子设备制造	399	4		
仪器仪表制造业	40	7	2	4
通用仪器仪表制造	401	3	1	3
专用仪器仪表制造	402	1		1
钟表与计时仪器制造	403			
光学仪器制造	404	2	1	
衡器制造	405			
其他仪器仪表制造业	409	1		
其他制造业	41	2	1	2
日用杂品制造	411	2	1	2
其他未列明制造业	419			
废弃资源综合利用业	42			
金属废料和碎屑加工处理	421			
非金属废料和碎屑加工处理	422			
金属制品、机械和设备修理业	43			
#铁路、船舶、航空航天等运输设备修理	434			
电力、热力、燃气及水生产和供应业	**D**	**6**	**1**	
电力、热力生产和供应业	44	1		
#电力生产	441	1		
燃气生产和供应业	45	3		
燃气生产和供应业	451	3		
水的生产和供应业	46	2	1	
#自来水生产和供应	461			
污水处理及其再生利用	462	2	1	

1-B-8　各地区企业基本情况

单位：个

地　区	有R&D活动的企业	有研发机构的企业	有新产品销售的企业
全　省	**7984**	**2734**	**4742**
济南市	675	221	471
青岛市	1202	359	737
淄博市	1040	386	543
枣庄市	309	80	138
东营市	127	65	78
烟台市	638	209	383
潍坊市	554	203	346
济宁市	524	187	322
泰安市	290	75	177
威海市	287	106	209
日照市	273	75	122
临沂市	826	265	464
德州市	590	163	295
聊城市	146	56	107
滨州市	168	96	141
菏泽市	335	188	209

1-B-9　各地区大中型企业基本情况

单位：个

地　区	有R&D活动的企业	有研发机构的企业	有新产品销售的企业
全　省	**1830**	**910**	**1337**
济南市	151	75	111
青岛市	236	114	176
淄博市	187	110	132
枣庄市	52	20	31
东营市	49	31	33
烟台市	190	92	140
潍坊市	170	86	130
济宁市	97	45	69
泰安市	97	38	67
威海市	96	51	78
日照市	48	22	28
临沂市	170	79	128
德州市	109	47	73
聊城市	50	27	42
滨州市	75	38	66
菏泽市	53	35	33

1-B-10 各地区内资企业基本情况

单位：个

地区	有R&D活动的企业	有研发机构的企业	有新产品销售的企业
全省	**7323**	**2500**	**4326**
济南市	620	199	435
青岛市	981	287	596
淄博市	989	363	510
枣庄市	296	76	130
东营市	119	61	72
烟台市	539	178	328
潍坊市	514	189	319
济宁市	511	177	311
泰安市	275	73	168
威海市	245	93	182
日照市	253	70	110
临沂市	794	253	444
德州市	566	155	284
聊城市	140	55	102
滨州市	160	93	132
菏泽市	321	178	203

1-B-11 各地区港澳台商投资企业基本情况

单位：个

地区	有R&D活动的企业	有研发机构的企业	有新产品销售的企业
全省	**223**	**85**	**141**
济南市	16	7	12
青岛市	61	22	41
淄博市	23	10	14
枣庄市	11	4	8
东营市	5	3	4
烟台市	24	7	11
潍坊市	15	7	11
济宁市	3	1	2
泰安市	5		2
威海市	12	4	9
日照市	8	2	5
临沂市	15	7	10
德州市	8	3	4
聊城市	4	1	3
滨州市	4		2
菏泽市	9	7	3

1-B-12　各地区外商投资企业基本情况

单位：个

地　区	有R&D活动的企业	有研发机构的企业	有新产品销售的企业
全　省	**438**	**149**	**275**
济南市	39	15	24
青岛市	160	50	100
淄博市	28	13	19
枣庄市	2		
东营市	3	1	2
烟台市	75	24	44
潍坊市	25	7	16
济宁市	10	9	9
泰安市	10	2	7
威海市	30	9	18
日照市	12	3	7
临沂市	17	5	10
德州市	16	5	7
聊城市	2		2
滨州市	4	3	7
菏泽市	5	3	3

C.企业R&D人员情况

1-C-1 分登记注册类型企业R&D人员情况

登记注册类型	R&D人员合计（人）	#女性	#研究人员	#全时人员	R&D人员折合全时当量（人年）
总　计	**388403**	**94915**	**132370**	**284062**	**236515**
内资企业	**346114**	**83518**	**118733**	**252420**	**207898**
国有企业	2094	266	957	1349	1142
集体企业	864	238	249	560	629
股份合作企业	217	52	52	184	145
联营企业					
国有联营企业					
集体联营企业					
国有与集体联营企业					
其他联营企业					
有限责任公司	161482	37874	58483	114581	97721
国有独资公司	35091	6163	14472	23610	20272
其他有限责任公司	126391	31711	44011	90971	77449
股份有限公司	66806	17220	25792	51188	39144
私营企业	114651	27868	33200	84558	69116
私营独资企业	781	192	189	495	418
私营合伙企业	56	19	27	43	40
私营有限责任公司	96158	23097	27886	71086	58422
私营股份有限公司	17656	4560	5098	12934	10236
其他企业					
港、澳、台商投资企业	**12775**	**2907**	**3404**	**9111**	**8695**
合资经营企业	6902	1508	1978	4825	4744
合作经营企业	94	11	28	66	86
港、澳、台商独资经营企业	4506	1093	1057	3331	2900
港、澳、台商投资股份有限公司	834	228	240	656	573
其他港、澳、台投资企业	439	67	101	233	391
外商投资企业	**29514**	**8490**	**10233**	**22531**	**19922**
中外合资经营企业	14188	4339	5335	11442	9234
中外合作经营企业	685	115	279	564	450
外资企业	11341	3159	3875	7650	7950
外商投资股份有限公司	3058	814	669	2657	2098
其他外商投资企业	242	63	75	218	190

1-C-2　分登记注册类型大中型企业R&D人员情况

登记注册类型	R&D人员合计(人)	#女性	#研究人员	#全时人员	R&D人员折合全时当量(人年)
总　计	**274564**	**68797**	**99858**	**199321**	**167643**
内资企业	**242106**	**59638**	**89164**	**174892**	**145362**
国有企业	1954	241	904	1259	1042
集体企业	542	142	161	372	437
股份合作企业	75	8	35	60	58
联营企业					
国有联营企业					
集体联营企业					
国有与集体联营企业					
其他联营企业					
有限责任公司	133968	31533	50290	94050	81624
国有独资公司	34565	6051	14280	23235	19925
其他有限责任公司	99403	25482	36010	70815	61698
股份有限公司	56765	15122	22783	43637	32707
私营企业	48802	12592	14991	35514	29496
私营独资企业	19	4	7	15	12
私营合伙企业					
私营有限责任公司	37278	9420	11684	27081	22912
私营股份有限公司	11505	3168	3300	8418	6572
其他企业					
港、澳、台商投资企业	**9768**	**2274**	**2534**	**6786**	**6778**
合资经营企业	5255	1149	1486	3572	3681
合作经营企业	41	6	22	37	37
港、澳、台商独资经营企业	3257	837	709	2340	2141
港、澳、台商投资股份有限公司	822	227	233	645	561
其他港、澳、台投资企业	393	55	84	192	359
外商投资企业	**22690**	**6885**	**8160**	**17643**	**15503**
中外合资经营企业	10500	3389	4089	8451	7108
中外合作经营企业	543	87	249	480	354
外资企业	8588	2611	3173	6041	5930
外商投资股份有限公司	2987	782	643	2606	2077
其他外商投资企业	72	16	6	65	34

1－C－3 分行业企业R&D人员情况

行业	代码	R&D人员合计（人）	#女性	#研究人员	#全时人员	R&D人员折合全时当量（人年）
总　计	**00**	**388403**	**94915**	**132370**	**284062**	**236515**
采矿业	**B**	**20008**	**3304**	**8118**	**12161**	**11524**
煤炭开采和洗选业	06	9620	638	3972	5435	5701
烟煤和无烟煤开采洗选	061	9151	622	3758	5079	5311
褐煤开采洗选	062	403	16	201	356	335
其他煤炭采选	069					
石油和天然气开采业	07	4393	1844	2231	3515	2786
石油开采	071	4393	1844	2231	3515	2786
天然气开采	072					
黑色金属矿采选业	08	469	25	109	313	282
铁矿采选	081	469	25	109	313	282
锰矿、铬矿采选	082					
其他黑色金属矿采选	089					
有色金属矿采选业	09	3396	488	915	1917	1709
常用有色金属矿采选	091					
贵金属矿采选	092	3351	485	892	1876	1677
稀有稀土金属矿采选	093	45	3	23	41	32
非金属矿采选业	10	187	27	69	150	77
土砂石开采	101	58	14	22	48	48
化学矿开采	102					
采盐	103	110	5	44	84	15
石棉及其他非金属矿采选	109	19	8	3	18	14
开采专业及辅助性活动	11	1936	281	822	830	964
煤炭开采和洗选专业及辅助性活动	111					
石油和天然气开采专业及辅助性活动	112	1936	281	822	830	964
其他开采专业及辅助性活动	119					
其他采矿业	12	7	1		1	5
其他采矿业	120	7	1		1	5
制造业	**C**	**365422**	**91089**	**123235**	**270209**	**223300**
农副食品加工业	13	12366	4173	4080	9476	7313
谷物磨制	131	735	252	195	606	404
饲料加工	132	1676	554	573	1196	1083
植物油加工	133	1550	511	538	1235	996
制糖业	134	191	59	32	172	144
屠宰及肉类加工	135	3307	1244	1075	2595	1881
水产品加工	136	2087	778	892	1572	1143
蔬菜、菌类、水果和坚果加工	137	1116	422	321	825	590
其他农副食品加工	139	1704	353	454	1275	1072
食品制造业	14	8442	2775	2220	6157	5082
焙烤食品制造	141	499	167	140	381	367
糖果、巧克力及蜜饯制造	142	62	28	23	39	35
方便食品制造	143	260	117	48	198	130
乳制品制造	144	756	332	165	561	375
罐头食品制造	145	609	186	123	437	325
调味品、发酵制品制造	146	2598	530	663	1702	1574
其他食品制造	149	3658	1415	1058	2839	2276
酒、饮料和精制茶制造业	15	3474	1023	1304	2614	2182
酒的制造	151	3096	896	1183	2318	1935
饮料制造	152	350	118	114	278	231
精制茶加工	153	28	9	7	18	15

1-C-3　续表 1

行　业	代码	R&D人员合计(人)	#女性	#研究人员	#全时人员	R&D人员折合全时当量(人年)
烟草制品业	16	209	46	102	147	78
烟叶复烤	161					
卷烟制造	162	190	39	93	130	70
其他烟草制品制造	169	19	7	9	17	8
纺织业	17	13127	5674	2820	9951	8006
棉纺织及印染精加工	171	9004	4029	1625	7111	5401
毛纺织及染整精加工	172	381	132	83	301	245
麻纺织及染整精加工	173	17	7	10	15	5
丝绢纺织及印染精加工	174					
化纤织造及印染精加工	175	59	32	7	41	43
针织或钩针编织物及其制品制造	176	134	49	27	107	86
家用纺织制成品制造	177	3013	1304	951	1997	1904
产业用纺织制成品制造	178	519	121	117	379	322
纺织服装、服饰业	18	4377	2364	1095	2066	2662
机织服装制造	181	1832	1019	770	1220	1072
针织或钩针编织服装制造	182	2403	1241	291	722	1560
服饰制造	183	142	104	34	124	31
皮革、毛皮、羽毛及其制品和制鞋业	19	1501	699	280	1249	785
皮革鞣制加工	191	220	58	71	153	153
皮革制品制造	192	276	166	71	231	212
毛皮鞣制及制品加工	193	48	7	8	35	8
羽毛(绒)加工及制品制造	194	10	4	6	9	5
制鞋业	195	947	464	124	821	406
木材加工和木、竹、藤、棕、草制品业	20	1867	481	570	1210	988
木材加工	201	189	77	85	149	120
人造板制造	202	1437	353	426	914	760
木质制品制造	203	241	51	59	147	107
竹、藤、棕、草等制品制造	204					
家具制造业	21	1251	387	298	948	842
木质家具制造	211	1088	347	252	830	750
竹、藤家具制造	212	7	2	4	6	6
金属家具制造	213	42	13	10	19	8
塑料家具制造	214					
其他家具制造	219	114	25	32	93	78
造纸和纸制品业	22	6595	1398	1645	4067	4064
纸浆制造	221	28	25	2	26	7
造纸	222	5975	1242	1470	3590	3776
纸制品制造	223	592	131	173	451	281
印刷和记录媒介复制业	23	1744	502	476	1291	1149
印刷	231	1655	482	456	1221	1087
装订及印刷相关服务	232	72	17	18	55	47
记录媒介复制	233	17	3	2	15	15
文教、工美、体育和娱乐用品制造业	24	6246	1896	1665	3904	3964
文教办公用品制造	241	497	148	146	396	286
乐器制造	242	28	9	11	23	6
工艺美术及礼仪用品制造	243	2740	1056	790	1899	1594
体育用品制造	244	2491	531	549	1187	1836
玩具制造	245	253	110	76	220	120
游艺器材及娱乐用品制造	246	237	42	93	179	121
石油、煤炭及其他燃料加工业	25	5677	1269	1836	3331	3447

1-C-3 续表 2

行　业	代码	R&D人员合计（人）	#女性	#研究人员	#全时人员	R&D人员折合全时当量（人年）
精炼石油产品制造	251	4163	913	1439	2195	2638
煤炭加工	252	1490	352	390	1116	802
核燃料加工	253					
生物质燃料加工	254	24	4	7	20	7
化学原料和化学制品制造业	26	38685	8672	12533	27134	23516
基础化学原料制造	261	11531	2562	3922	7815	7194
肥料制造	262	3502	787	1052	2469	2157
农药制造	263	2127	614	673	1579	1331
涂料、油墨、颜料及类似产品制造	264	1097	294	282	831	590
合成材料制造	265	8006	1793	2722	6440	5109
专用化学产品制造	266	11508	2409	3542	7393	6579
炸药、火工及焰火产品制造	267	242	50	78	73	166
日用化学产品制造	268	672	163	262	534	388
医药制造业	27	26512	11304	10536	20593	17465
化学药品原料药制造	271	6498	2392	2547	5019	3998
化学药品制剂制造	272	7743	3624	3292	5804	5306
中药饮片加工	273	428	204	141	340	303
中成药生产	274	3372	1706	1540	2801	2446
兽用药品制造	275	1225	482	578	1012	545
生物药品制品制造	276	3701	1529	1381	2751	2294
卫生材料及医药用品制造	277	3328	1263	1004	2744	2439
药用辅料及包装材料	278	217	104	53	122	134
化学纤维制造业	28	1275	393	487	942	945
纤维素纤维原料及纤维制造	281	653	249	269	489	480
合成纤维制造	282	500	123	150	344	359
生物基材料制造	283	122	21	68	109	105
橡胶和塑料制品业	29	14668	4243	4178	10591	9324
橡胶制品业	291	10156	2982	2920	7205	6767
塑料制品业	292	4512	1261	1258	3386	2557
非金属矿物制品业	30	17285	3426	4362	12378	10512
水泥、石灰和石膏制造	301	1492	266	344	1123	967
石膏、水泥制品及类似制品制造	302	1923	249	539	1395	1169
砖瓦、石材等建筑材料制造	303	1932	422	633	1440	1276
玻璃制造	304	630	123	185	407	396
玻璃制品制造	305	2026	504	319	1468	1284
玻璃纤维和玻璃纤维增强塑料制品制造	306	2404	531	801	1679	1468
陶瓷制品制造	307	2510	569	590	1755	1693
耐火材料制品制造	308	1308	286	245	952	556
石墨及其他非金属矿物制品制造	309	3060	476	706	2159	1704
黑色金属冶炼和压延加工业	31	10294	1305	3598	6445	5807
炼铁	311	116	4	46	9	65
炼钢	312	382	18	31	344	272
钢压延加工	313	9416	1240	3435	5797	5172
铁合金冶炼	314	380	43	86	295	299
有色金属冶炼和压延加工业	32	13880	3156	2874	8804	8911
常用有色金属冶炼	321	5413	1690	646	2493	3197
贵金属冶炼	322	805	150	192	676	579
稀有稀土金属冶炼	323	101	25	27	85	65
有色金属合金制造	324	966	189	172	527	630
有色金属压延加工	325	6595	1102	1837	5023	4440
金属制品业	33	13507	2397	3613	9851	8311

1-C-3 续表 3

行 业	代码	R&D人员合计（人）	#女性	#研究人员	#全时人员	R&D人员折合全时当量（人年）
结构性金属制品制造	331	2104	442	509	1700	1442
金属工具制造	332	828	121	229	605	482
集装箱及金属包装容器制造	333	1626	228	485	959	870
金属丝绳及其制品制造	334	925	59	137	573	720
建筑、安全用金属制品制造	335	1644	376	514	1156	963
金属表面处理及热处理加工	336	229	39	51	187	148
搪瓷制品制造	337	44	6	14	37	36
金属制日用品制造	338	194	54	58	162	104
铸造及其他金属制品制造	339	5913	1072	1616	4472	3548
通用设备制造业	34	31563	5771	10810	23502	19564
锅炉及原动设备制造	341	8758	1692	3293	6647	5392
金属加工机械制造	342	6723	968	2192	4888	3862
物料搬运设备制造	343	875	94	278	683	525
泵、阀门、压缩机及类似机械制造	344	3998	720	1343	2838	2339
轴承、齿轮和传动部件制造	345	2146	409	559	1704	1609
烘炉、风机、包装等设备制造	346	5493	1256	1958	4183	3686
文化、办公用机械制造	347	536	67	215	480	203
通用零部件制造	348	1900	407	493	1148	1185
其他通用设备制造业	349	1134	158	479	931	763
专用设备制造业	35	25966	4447	8709	19735	16681
采矿、冶金、建筑专用设备制造	351	8797	1434	3233	6749	5140
化工、木材、非金属加工专用设备制造	352	2924	476	983	2256	2056
食品、饮料、烟草及饲料生产专用设备制造	353	665	82	115	486	499
印刷、制药、日化及日用品生产专用设备制造	354	828	107	237	606	500
纺织、服装和皮革加工专用设备制造	355	1036	208	326	797	750
电子和电工机械专用设备制造	356	1315	268	376	1155	1045
农、林、牧、渔专用机械制造	357	3484	346	865	2339	2303
医疗仪器设备及器械制造	358	2902	867	1190	2057	1912
环保、邮政、社会公共服务及其他专用设备制造	359	4015	659	1384	3290	2477
汽车制造业	36	24582	4279	8229	18792	15254
汽车整车制造	361	10608	1792	4195	8108	6384
汽车用发动机制造	362	671	134	345	596	407
改装汽车制造	363	2373	398	788	1736	1633
低速汽车制造	364	844	294	453	757	449
电车制造	365	210	22	77	180	72
汽车车身、挂车制造	366	809	123	171	665	558
汽车零部件及配件制造	367	9067	1516	2200	6750	5751
铁路、船舶、航空航天和其他运输设备制造业	37	9511	1617	3715	8044	5137
铁路运输设备制造	371	6049	1079	2699	5365	3247
城市轨道交通设备制造	372	61	2	12	29	58
船舶及相关装置制造	373	2432	317	682	1863	1286
航空、航天器及设备制造	374	43	7	18	39	30
摩托车制造	375	308	107	110	250	236
自行车和残疾人座车制造	376	138	21	77	93	46
助动车制造	377	222	48	34	195	66
非公路休闲车及零配件制造	378	47	2	9	28	35
潜水救捞及其他未列明运输设备制造	379	211	34	74	182	132
电气机械和器材制造业	38	26312	6266	10260	19865	11924
电机制造	381	2638	622	930	2087	1703
输配电及控制设备制造	382	8333	1538	3149	6434	5122
电线、电缆、光缆及电工器材制造	383	3351	695	1049	2272	1964

1-C-3 续表 4

行　业	代码	R&D人员合计（人）	#女性	#研究人员	#全时人员	R&D人员折合全时当量（人年）
电池制造	384	1347	292	428	999	596
家用电力器具制造	385	8879	2768	4227	6753	1386
非电力家用器具制造	386	727	165	239	577	532
照明器具制造	387	528	101	107	332	305
其他电气机械及器材制造	389	509	85	131	411	315
计算机、通信和其他电子设备制造业	39	37278	9931	17894	31353	24493
计算机制造	391	17192	4626	9449	15394	10854
通信设备制造	392	1110	181	475	910	754
广播电视设备制造	393	206	33	107	185	144
雷达及配套设备制造	394	2		1	2	2
非专业视听设备制造	395	5382	1284	2478	4602	3462
智能消费设备制造	396	4616	1519	2029	2822	3344
电子器件制造	397	3419	853	1404	2890	2088
电子元件及电子专用材料制造	398	4568	1225	1641	3882	3289
其他电子设备制造	399	783	210	310	666	557
仪器仪表制造业	40	6284	1027	2815	5157	4292
通用仪器仪表制造	401	3943	655	1759	3215	2715
专用仪器仪表制造	402	1472	235	668	1252	1081
钟表与计时仪器制造	403	140	19	57	109	74
光学仪器制造	404	340	53	159	274	193
衡器制造	405	203	34	98	146	104
其他仪器仪表制造业	409	186	31	74	161	125
其他制造业	41	289	108	48	258	166
日用杂品制造	411	212	92	33	191	139
核辐射加工	412					
其他未列明制造业	419	77	16	15	67	28
废弃资源综合利用业	42	222	45	59	155	121
金属废料和碎屑加工处理	421	37	6	12	31	24
非金属废料和碎屑加工处理	422	185	39	47	124	97
金属制品、机械和设备修理业	43	433	15	124	199	314
金属制品修理	431					
通用设备修理	432					
专用设备修理	433					
铁路、船舶、航空航天等运输设备修理	434	433	15	124	199	314
电气设备修理	435					
仪器仪表修理	436					
其他机械和设备修理业	439					
电力、热力、燃气及水生产和供应业	**D**	**2973**	**522**	**1017**	**1692**	**1691**
电力、热力生产和供应业	44	2319	351	774	1223	1293
电力生产	441	1899	259	667	919	1027
电力供应	442					
热力生产和供应	443	420	92	107	304	266
燃气生产和供应业	45	231	68	79	142	154
燃气生产和供应业	451	200	53	68	125	136
生物质燃气生产和供应业	452	31	15	11	17	18
水的生产和供应业	46	423	103	164	327	244
自来水生产和供应	461	162	38	61	133	100
污水处理及其再生利用	462	256	64	101	189	140
海水淡化处理	463	5	1	2	5	4
其他水的处理、利用与分配	469					

1－C－4　分行业大中型企业R&D人员情况

行　业	代码	R&D人员合计（人）	#女性	#研究人员	#全时人员	R&D人员折合全时当量（人年）
总　计	**00**	**274564**	**68797**	**99858**	**199321**	**167643**
采矿业	**B**	**19547**	**3226**	**7986**	**11815**	**11524**
煤炭开采和洗选业	06	9563	617	3951	5393	5701
烟煤和无烟煤开采洗选	061	9094	601	3737	5037	5311
褐煤开采洗选	062	403	16	201	356	335
其他煤炭采选	069	66		13		
石油和天然气开采业	07	4393	1844	2231	3515	2786
石油开采	071	4393	1844	2231	3515	2786
天然气开采	072					
黑色金属矿采选业	08	348	18	78	211	282
铁矿采选	081	348	18	78	211	282
锰矿、铬矿采选	082					
其他黑色金属矿采选	089					
有色金属矿采选业	09	3197	461	860	1782	1709
常用有色金属矿采选	091					
贵金属矿采选	092	3152	458	837	1741	1677
稀有稀土金属矿采选	093	45	3	23	41	32
非金属矿采选业	10	110	5	44	84	77
土砂石开采	101					48
化学矿开采	102					
采盐	103	110	5	44	84	15
石棉及其他非金属矿采选	109					14
开采专业及辅助性活动	11	1936	281	822	830	964
煤炭开采和洗选专业及辅助性活动	111					
石油和天然气开采专业及辅助性活动	112	1936	281	822	830	964
其他开采专业及辅助性活动	119					
其他采矿业	12					5
其他采矿业	120					5
制造业	**C**	**253470**	**65319**	**91303**	**186731**	**223300**
农副食品加工业	13	7727	2632	2743	6015	7313
谷物磨制	131	167	60	32	151	404
饲料加工	132	445	157	145	317	1083
植物油加工	133	1133	383	423	904	996
制糖业	134	179	58	30	161	144
屠宰及肉类加工	135	2760	1079	953	2162	1881
水产品加工	136	1627	611	739	1237	1143
蔬菜、菌类、水果和坚果加工	137	182	59	69	134	590
其他农副食品加工	139	1234	225	352	949	1072
食品制造业	14	5402	1593	1384	3883	5082
焙烤食品制造	141	288	94	44	208	367
糖果、巧克力及蜜饯制造	142					35
方便食品制造	143	171	64	33	121	130
乳制品制造	144	598	256	128	481	375
罐头食品制造	145	296	57	82	176	325
调味品、发酵制品制造	146	2173	350	558	1422	1574
其他食品制造	149	1876	772	539	1475	2276
酒、饮料和精制茶制造业	15	2781	761	1071	2082	2182
酒的制造	151	2628	719	1010	1963	1935
饮料制造	152	153	42	61	119	231
精制茶加工	153					15

1-C-4 续表 1

行业	代码	R&D人员合计（人）	#女性	#研究人员	#全时人员	R&D人员折合全时当量（人年）
烟草制品业	16	190	39	93	130	70
烟叶复烤	161					
卷烟制造	162	190	39	93	130	70
其他烟草制品制造	169					
纺织业	17	10542	4791	2283	8099	6609
棉纺织及印染精加工	171	7437	3462	1314	6009	4660
毛纺织及染整精加工	172	305	101	65	262	212
麻纺织及染整精加工	173					
丝绢纺织及印染精加工	174					
化纤织造及印染精加工	175	17	16		15	11
针织或钩针编织物及其制品制造	176	25	9	1	23	16
家用纺织制成品制造	177	2725	1191	892	1763	1684
产业用纺织制成品制造	178	33	12	11	27	26
纺织服装、服饰业	18	3595	1905	839	1445	2229
机织服装制造	181	1417	770	607	893	790
针织或钩针编织服装制造	182	2148	1110	219	525	1430
服饰制造	183	30	25	13	27	9
皮革、毛皮、羽毛及其制品和制鞋业	19	1071	537	164	936	506
皮革鞣制加工	191	163	36	55	127	113
皮革制品制造	192	115	104	27	104	107
毛皮鞣制及制品加工	193					
羽毛(绒)加工及制品制造	194					
制鞋业	195	793	397	82	705	286
木材加工和木、竹、藤、棕、草制品业	20	407	100	119	319	258
木材加工	201					
人造板制造	202	392	94	114	314	258
木质制品制造	203	15	6	5	5	1
竹、藤、棕、草等制品制造	204					
家具制造业	21	252	74	79	183	191
木质家具制造	211	210	62	66	154	172
竹、藤家具制造	212					
金属家具制造	213	17	6	5	6	1
塑料家具制造	214					
其他家具制造	219	25	6	8	23	18
造纸和纸制品业	22	5128	1082	1327	3081	3131
纸浆制造	221	24	23	1	22	4
造纸	222	4923	1020	1267	2929	3038
纸制品制造	223	181	39	59	130	89
印刷和记录媒介复制业	23	633	176	207	451	444
印刷	231	633	176	207	451	444
装订及印刷相关服务	232					
记录媒介复制	233					
文教、工美、体育和娱乐用品制造业	24	3015	1068	996	2138	1785
文教办公用品制造	241	151	36	51	136	59
乐器制造	242	24	8	10	19	3
工艺美术及礼仪用品制造	243	1769	681	524	1215	1042
体育用品制造	244	1052	338	406	756	670
玩具制造	245	12	4	4	11	6
游艺器材及娱乐用品制造	246	7	1	1	1	5
石油、煤炭及其他燃料加工业	25	4924	1110	1640	2726	2914

1-C-4　续表 2

行　业	代码	R&D人员合计（人）	#女性	#研究人员	#全时人员	R&D人员折合全时当量（人年）
精炼石油产品制造	251	3600	779	1313	1760	2222
煤炭加工	252	1324	331	327	966	692
核燃料加工	253					
生物质燃料加工	254					
化学原料和化学制品制造业	26	25281	5190	8431	17196	15466
基础化学原料制造	261	8574	1832	3058	5673	5331
肥料制造	262	2689	534	756	1881	1697
农药制造	263	1424	428	450	1042	912
涂料、油墨、颜料及类似产品制造	264	439	104	116	367	200
合成材料制造	265	5588	1160	1969	4614	3749
专用化学产品制造	266	5968	1007	1865	3268	3228
炸药、火工及焰火产品制造	267	216	47	68	56	142
日用化学产品制造	268	383	78	149	295	208
医药制造业	27	21031	9107	8565	16426	13939
化学药品原料药制造	271	5176	1964	2089	4030	3178
化学药品制剂制造	272	7151	3373	3048	5343	4965
中药饮片加工	273	234	119	85	200	177
中成药生产	274	2941	1498	1412	2463	2150
兽用药品制造	275	795	327	414	666	272
生物药品制品制造	276	1937	782	668	1394	1109
卫生材料及医药用品制造	277	2700	1002	819	2262	2010
药用辅料及包装材料	278	97	42	30	68	79
化学纤维制造业	28	829	281	347	623	635
纤维素纤维原料及纤维制造	281	634	248	265	472	475
合成纤维制造	282	73	12	14	42	55
生物基材料制造	283	122	21	68	109	105
橡胶和塑料制品业	29	9746	3092	2839	6839	6577
橡胶制品业	291	8817	2678	2628	6157	5967
塑料制品业	292	929	414	211	682	610
非金属矿物制品业	30	9621	1917	2456	6722	5859
水泥、石灰和石膏制造	301	925	154	229	719	579
石膏、水泥制品及类似制品制造	302	512	27	201	309	326
砖瓦、石材等建筑材料制造	303	643	164	240	467	426
玻璃制造	304	256	33	67	150	167
玻璃制品制造	305	1685	396	249	1215	1090
玻璃纤维和玻璃纤维增强塑料制品制造	306	1378	347	550	971	861
陶瓷制品制造	307	1633	350	380	1114	1187
耐火材料制品制造	308	643	157	124	457	151
石墨及其他非金属矿物制品制造	309	1946	289	416	1320	1072
黑色金属冶炼和压延加工业	31	9538	1207	3425	5891	5378
炼铁	311	116	4	46	9	65
炼钢	312	329	2	20	296	267
钢压延加工	313	8780	1173	3284	5337	4762
铁合金冶炼	314	313	28	75	249	285
有色金属冶炼和压延加工业	32	11930	2745	2476	7529	7699
常用有色金属冶炼	321	5276	1670	615	2377	3118
贵金属冶炼	322	677	129	148	578	528
稀有稀土金属冶炼	323	101	25	27	85	65
有色金属合金制造	324	578	94	99	351	378
有色金属压延加工	325	5298	827	1587	4138	3610
金属制品业	33	7232	1330	2186	5059	4739

1-C-4 续表 3

行业	代码	R&D人员合计（人）	#女性	#研究人员	#全时人员	R&D人员折合全时当量（人年）
结构性金属制品制造	331	775	181	195	609	555
金属工具制造	332	340	64	119	292	203
集装箱及金属包装容器制造	333	880	93	346	418	511
金属丝绳及其制品制造	334	854	43	111	525	679
建筑、安全用金属制品制造	335	1203	299	409	811	663
金属表面处理及热处理加工	336	65	10	12	58	37
搪瓷制品制造	337					
金属制日用品制造	338	81	25	28	65	48
铸造及其他金属制品制造	339	3034	615	966	2281	2042
通用设备制造业	34	19193	3664	7342	14186	12177
锅炉及原动设备制造	341	6784	1378	2761	5090	4189
金属加工机械制造	342	3802	560	1318	2659	2251
物料搬运设备制造	343	313	25	111	220	219
泵、阀门、压缩机及类似机械制造	344	2012	357	865	1502	1251
轴承、齿轮和传动部件制造	345	1229	258	352	971	898
烘炉、风机、包装等设备制造	346	3339	812	1311	2509	2333
文化、办公用机械制造	347	457	49	191	411	141
通用零部件制造	348	778	165	211	401	534
其他通用设备制造业	349	479	60	222	423	361
专用设备制造业	35	13707	2495	5109	10520	8908
采矿、冶金、建筑专用设备制造	351	5749	980	2330	4531	3323
化工、木材、非金属加工专用设备制造	352	1381	242	498	1038	1099
食品、饮料、烟草及饲料生产专用设备制造	353	200	17	20	156	172
印刷、制药、日化及日用品生产专用设备制造	354	281	24	118	193	199
纺织、服装和皮革加工专用设备制造	355	572	125	190	443	503
电子和电工机械专用设备制造	356	770	195	183	689	673
农、林、牧、渔专用机械制造	357	1168	152	399	785	609
医疗仪器设备及器械制造	358	1841	480	787	1207	1269
环保、邮政、社会公共服务及其他专用设备制造	359	1745	280	584	1478	1062
汽车制造业	36	19052	3363	6850	14618	12039
汽车整车制造	361	10250	1771	4123	7966	6264
汽车用发动机制造	362	600	127	309	540	357
改装汽车制造	363	1705	245	614	1195	1125
低速汽车制造	364	795	283	432	716	431
电车制造	365	110	11	56	99	16
汽车车身、挂车制造	366	416	70	83	346	290
汽车零部件及配件制造	367	5176	856	1233	3756	3555
铁路、船舶、航空航天和其他运输设备制造业	37	7715	1341	3178	6622	4042
铁路运输设备制造	371	5461	986	2514	4870	2817
城市轨道交通设备制造	372					
船舶及相关装置制造	373	1602	185	431	1240	843
航空、航天器及设备制造	374					
摩托车制造	375	296	106	106	239	236
自行车和残疾人座车制造	376	124	18	71	82	36
助动车制造	377	99	27	18	89	16
非公路休闲车及零配件制造	378	47	2	9	28	35
潜水救捞及其他未列明运输设备制造	379	86	17	29	74	59
电气机械和器材制造业	38	17302	4477	7597	13060	6576
电机制造	381	1477	408	566	1124	1038
输配电及控制设备制造	382	4425	761	1996	3537	2750

1-C-4　续表 4

行　业	代码	R&D人员合计(人)	#女性	#研究人员	#全时人员	R&D人员折合全时当量(人年)
电线、电缆、光缆及电工器材制造	383	1788	422	644	1244	1056
电池制造	384	472	95	114	296	135
家用电力器具制造	385	8516	2690	4122	6455	1164
非电力家用器具制造	386	302	75	127	251	224
照明器具制造	387	240	14	13	83	135
其他电气机械及器材制造	389	82	12	15	70	73
计算机、通信和其他电子设备制造业	39	32694	8816	16239	27617	21478
计算机制造	391	16855	4569	9286	15103	10618
通信设备制造	392	548	104	217	453	349
广播电视设备制造	393	20	4	11	18	20
雷达及配套设备制造	394					
非专业视听设备制造	395	5308	1273	2440	4538	3398
智能消费设备制造	396	4498	1474	1983	2752	3279
电子器件制造	397	2206	547	978	1921	1279
电子元件及电子专用材料制造	398	2946	740	1166	2550	2270
其他电子设备制造	399	313	105	158	282	265
仪器仪表制造业	40	2368	331	1200	1989	1704
通用仪器仪表制造	401	1329	205	699	1092	1006
专用仪器仪表制造	402	681	72	337	594	511
钟表与计时仪器制造	403	70	9	17	46	37
光学仪器制造	404	107	16	61	96	87
衡器制造	405	115	17	66	104	52
其他仪器仪表制造业	409	66	12	20	57	12
其他制造业	41	182	81	21	164	131
日用杂品制造	411	182	81	21	164	131
核辐射加工	412					
其他未列明制造业	419					
废弃资源综合利用业	42					
金属废料和碎屑加工处理	421					
非金属废料和碎屑加工处理	422					
金属制品、机械和设备修理业	43	382	14	97	182	267
金属制品修理	431					
通用设备修理	432					
专用设备修理	433					
铁路、船舶、航空航天等运输设备修理	434	382	14	97	182	267
电气设备修理	435					
仪器仪表修理	436					
其他机械和设备修理业	439					
电力、热力、燃气及水生产和供应业	**D**	**1547**	**252**	**569**	**775**	**836**
电力、热力生产和供应业	44	1373	210	515	657	729
电力生产	441	1190	154	438	544	641
电力供应	442					
热力生产和供应	443	183	56	77	113	89
燃气生产和供应业	45	96	28	27	52	72
燃气生产和供应业	451	96	28	27	52	72
水的生产和供应业	46	78	14	27	66	35
自来水生产和供应	461	78	14	27	66	35
污水处理及其再生利用	462					
其他水的处理、利用与分配	469					

1-C-5　分行业内资企业R&D人员情况

行　业	代码	R&D人员合计（人）	#女性	#研究人员	#全时人员	R&D人员折合全时当量（人年）
总　计	**00**	**346114**	**83518**	**118733**	**252420**	**207898**
采矿业	**B**	**19671**	**3276**	**7975**	**11989**	**11454**
煤炭开采和洗选业	06	9334	625	3841	5291	5657
烟煤和无烟煤开采洗选	061	8865	609	3627	4935	5267
褐煤开采洗选	062	403	16	201	356	335
其他煤炭采选	069	66		13		55
石油和天然气开采业	07	4393	1844	2231	3515	2786
石油开采	071	4393	1844	2231	3515	2786
天然气开采	072					
黑色金属矿采选业	08	469	25	109	313	282
铁矿采选	081	469	25	109	313	282
锰矿、铬矿采选	082					
其他黑色金属矿采选	089					
有色金属矿采选业	09	3345	473	903	1889	1683
常用有色金属矿采选	091					
贵金属矿采选	092	3300	470	880	1848	1651
稀有稀土金属矿采选	093	45	3	23	41	32
非金属矿采选业	10	187	27	69	150	77
土砂石开采	101	58	14	22	48	48
化学矿开采	102					
采盐	103	110	5	44	84	15
石棉及其他非金属矿采选	109	19	8	3	18	14
开采专业及辅助性活动	11	1936	281	822	830	964
煤炭开采和洗选专业及辅助性活动	111					
石油和天然气开采专业及辅助性活动	112	1936	281	822	830	964
其他开采专业及辅助性活动	119					
其他采矿业	12	7	1		1	5
其他采矿业	120	7	1		1	5
制造业	**C**	**323716**	**79793**	**109827**	**238919**	**194898**
农副食品加工业	13	10176	3549	3257	7658	6077
谷物磨制	131	646	209	163	525	359
饲料加工	132	1575	481	544	1131	992
植物油加工	133	1517	508	524	1216	992
制糖业	134	191	59	32	172	144
屠宰及肉类加工	135	2601	1052	808	1977	1508
水产品加工	136	1360	582	553	986	796
蔬菜、菌类、水果和坚果加工	137	903	335	265	654	469
其他农副食品加工	139	1383	323	368	997	816
食品制造业	14	6096	2060	1668	4342	3715
焙烤食品制造	141	325	112	132	270	212
糖果、巧克力及蜜饯制造	142	59	26	21	36	32
方便食品制造	143	251	110	46	190	121
乳制品制造	144	385	188	114	244	174
罐头食品制造	145	599	178	117	429	323
调味品、发酵制品制造	146	1629	312	461	1020	1055
其他食品制造	149	2848	1134	777	2153	1798
酒、饮料和精制茶制造业	15	2746	775	1034	2014	1574
酒的制造	151	2497	684	950	1817	1414
饮料制造	152	221	82	77	179	145
精制茶加工	153	28	9	7	18	15

1-C-5　续表 1

行　业	代码	R&D人员合计(人)	#女性	#研究人员	#全时人员	R&D人员折合全时当量(人年)
烟草制品业	16	209	46	102	147	78
烟叶复烤	161					
卷烟制造	162	190	39	93	130	70
其他烟草制品制造	169	19	7	9	17	8
纺织业	17	9769	4452	2385	7230	5620
棉纺织及印染精加工	171	6197	3018	1325	4793	3394
毛纺织及染整精加工	172	347	114	76	296	224
麻纺织及染整精加工	173					
丝绢纺织及印染精加工	174					
化纤织造及印染精加工	175	59	32	7	41	43
针织或钩针编织物及其制品制造	176	134	49	27	107	86
家用纺织制成品制造	177	2599	1136	860	1661	1599
产业用纺织制成品制造	178	433	103	90	332	274
纺织服装、服饰业	18	4239	2301	1060	1991	2587
机织服装制造	181	1751	958	736	1151	998
针织或钩针编织服装制造	182	2346	1239	290	716	1558
服饰制造	183	142	104	34	124	31
皮革、毛皮、羽毛及其制品和制鞋业	19	1267	599	215	1083	649
皮革鞣制加工	191	156	48	38	115	111
皮革制品制造	192	165	103	57	143	138
毛皮鞣制及制品加工	193	48	7	8	35	8
羽毛(绒)加工及制品制造	194	10	4	6	9	5
制鞋业	195	888	437	106	781	387
木材加工和木、竹、藤、棕、草制品业	20	1758	438	508	1119	909
木材加工	201	149	51	62	113	84
人造板制造	202	1368	336	387	859	718
木质制品制造	203	241	51	59	147	107
竹、藤、棕、草等制品制造	204					
家具制造业	21	1105	326	251	849	783
木质家具制造	211	959	292	210	737	691
竹、藤家具制造	212	7	2	4	6	6
金属家具制造	213	25	7	5	13	7
塑料家具制造	214					
其他家具制造	219	114	25	32	93	78
造纸和纸制品业	22	5627	1140	1417	3387	3471
纸浆制造	221	28	25	2	26	7
造纸	222	5042	991	1246	2942	3209
纸制品制造	223	557	124	169	419	255
印刷和记录媒介复制业	23	1371	391	372	1030	946
印刷	231	1299	374	354	975	899
装订及印刷相关服务	232	72	17	18	55	47
记录媒介复制	233					
文教、工美、体育和娱乐用品制造业	24	4622	1619	1450	3162	2589
文教办公用品制造	241	270	78	65	203	186
乐器制造	242	28	9	11	23	6
工艺美术及礼仪用品制造	243	2329	923	716	1541	1224
体育用品制造	244	1535	480	497	1020	933
玩具制造	245	233	90	74	205	119
游艺器材及娱乐用品制造	246	227	39	87	170	120
石油、煤炭及其他燃料加工业	25	5505	1237	1779	3177	3318

1-C-5 续表 2

行业	代码	R&D人员合计(人)	#女性	#研究人员	#全时人员	R&D人员折合全时当量(人年)
精炼石油产品制造	251	4041	885	1388	2086	2537
煤炭加工	252	1440	348	384	1071	774
核燃料加工	253					
生物质燃料加工	254	24	4	7	20	7
化学原料和化学制品制造业	26	36147	8028	11738	25143	21894
基础化学原料制造	261	10892	2397	3745	7393	6864
肥料制造	262	3375	748	986	2359	2077
农药制造	263	2043	582	635	1503	1309
涂料、油墨、颜料及类似产品制造	264	1071	285	271	811	577
合成材料制造	265	7168	1576	2539	5741	4480
专用化学产品制造	266	10699	2234	3230	6743	6043
炸药、火工及焰火产品制造	267	242	50	78	73	166
日用化学产品制造	268	657	156	254	520	377
医药制造业	27	20919	9044	8072	15970	13198
化学药品原料药制造	271	4925	1872	1749	3665	2614
化学药品制剂制造	272	7192	3308	3039	5368	5010
中药饮片加工	273	413	203	140	337	299
中成药生产	274	1422	772	560	1140	931
兽用药品制造	275	1056	428	488	859	471
生物药品制品制造	276	3141	1358	1306	2414	1883
卫生材料及医药用品制造	277	2600	1021	741	2088	1889
药用辅料及包装材料	278	170	82	49	99	103
化学纤维制造业	28	1141	372	460	845	850
纤维素纤维原料及纤维制造	281	634	248	265	472	475
合成纤维制造	282	385	103	127	264	270
生物基材料制造	283	122	21	68	109	105
橡胶和塑料制品业	29	14198	4151	4034	10222	9058
橡胶制品业	291	9923	2941	2829	7029	6645
塑料制品业	292	4275	1210	1205	3193	2413
非金属矿物制品业	30	16145	3087	4020	11530	9728
水泥、石灰和石膏制造	301	1432	263	335	1087	917
石膏、水泥制品及类似制品制造	302	1923	249	539	1395	1169
砖瓦、石材等建筑材料制造	303	1570	286	511	1174	966
玻璃制造	304	553	104	162	341	347
玻璃制品制造	305	1956	470	304	1405	1221
玻璃纤维和玻璃纤维增强塑料制品制造	306	2404	531	801	1679	1468
陶瓷制品制造	307	2094	452	453	1449	1462
耐火材料制品制造	308	1260	275	233	913	530
石墨及其他非金属矿物制品制造	309	2953	457	682	2087	1647
黑色金属冶炼和压延加工业	31	10068	1264	3521	6262	5768
炼铁	311	116	4	46	9	65
炼钢	312	382	18	31	344	272
钢压延加工	313	9190	1199	3358	5614	5133
铁合金冶炼	314	380	43	86	295	299
有色金属冶炼和压延加工业	32	12532	3022	2658	7999	7667
常用有色金属冶炼	321	5175	1670	599	2404	2979
贵金属冶炼	322	805	150	192	676	579
稀有稀土金属冶炼	323	101	25	27	85	65
有色金属合金制造	324	966	189	172	527	630
有色金属压延加工	325	5485	988	1668	4307	3414
金属制品业	33	11701	2129	3109	8587	7231

1-C-5　续表 3

行　业	代码	R&D人员合计(人)	#女性	#研究人员	#全时人员	R&D人员折合全时当量(人年)
结构性金属制品制造	331	2065	438	498	1664	1423
金属工具制造	332	631	94	183	428	341
集装箱及金属包装容器制造	333	1334	217	348	916	686
金属丝绳及其制品制造	334	440	33	62	243	344
建筑、安全用金属制品制造	335	1531	351	450	1059	913
金属表面处理及热处理加工	336	229	39	51	187	148
搪瓷制品制造	337	44	6	14	37	36
金属制日用品制造	338	125	32	35	107	59
铸造及其他金属制品制造	339	5302	919	1468	3946	3282
通用设备制造业	34	29776	5482	10158	22148	18520
锅炉及原动设备制造	341	8412	1642	3203	6356	5178
金属加工机械制造	342	6545	946	2112	4745	3750
物料搬运设备制造	343	814	87	256	628	486
泵、阀门、压缩机及类似机械制造	344	3495	634	1198	2522	2062
轴承、齿轮和传动部件制造	345	2146	409	559	1704	1609
烘炉、风机、包装等设备制造	346	4923	1162	1694	3716	3371
文化、办公用机械制造	347	536	67	215	480	203
通用零部件制造	348	1776	381	445	1071	1100
其他通用设备制造业	349	1129	154	476	926	760
专用设备制造业	35	23700	4109	7878	17902	15238
采矿、冶金、建筑专用设备制造	351	7741	1330	2818	5838	4464
化工、木材、非金属加工专用设备制造	352	2788	452	946	2134	1949
食品、饮料、烟草及饲料生产专用设备制造	353	597	79	99	442	456
印刷、制药、日化及日用品生产专用设备制造	354	686	90	176	506	407
纺织、服装和皮革加工专用设备制造	355	1006	206	323	770	738
电子和电工机械专用设备制造	356	1296	261	373	1138	1032
农、林、牧、渔专用机械制造	357	3061	285	698	2015	2045
医疗仪器设备及器械制造	358	2632	753	1104	1871	1751
环保、邮政、社会公共服务及其他专用设备制造	359	3893	653	1341	3188	2397
汽车制造业	36	22324	3950	7554	17001	13681
汽车整车制造	361	10592	1791	4194	8094	6368
汽车用发动机制造	362	671	134	345	596	407
改装汽车制造	363	2023	349	630	1460	1377
低速汽车制造	364	844	294	453	757	449
电车制造	365	210	22	77	180	72
汽车车身、挂车制造	366	736	118	152	599	515
汽车零部件及配件制造	367	7248	1242	1703	5315	4493
铁路、船舶、航空航天和其他运输设备制造业	37	8819	1496	3430	7463	4621
铁路运输设备制造	371	5671	1013	2530	5045	2907
城市轨道交通设备制造	372	61	2	12	29	58
船舶及相关装置制造	373	2328	300	645	1788	1245
航空、航天器及设备制造	374	13	2	1	12	7
摩托车制造	375	185	79	75	139	162
自行车和残疾人座车制造	376	138	21	77	93	46
助动车制造	377	222	48	34	195	66
非公路休闲车及零配件制造	378	47	2	9	28	35
潜水救捞及其他未列明运输设备制造	379	154	29	47	134	95
电气机械和器材制造业	38	24619	5896	9606	18570	10912
电机制造	381	2139	487	768	1675	1390
输配电及控制设备制造	382	7956	1470	2980	6107	4883
电线、电缆、光缆及电工器材制造	383	3133	660	966	2122	1841

1-C-5 续表 4

行业	代码	R&D人员合计（人）	#女性	#研究人员	#全时人员	R&D人员折合全时当量（人年）
电池制造	384	1186	279	357	920	501
家用电力器具制造	385	8706	2696	4136	6665	1306
非电力家用器具制造	386	585	131	193	449	420
照明器具制造	387	485	101	107	293	302
其他电气机械及器材制造	389	429	72	99	339	269
计算机、通信和其他电子设备制造业	39	31197	7832	15494	27295	20246
计算机制造	391	16903	4550	9369	15188	10669
通信设备制造	392	988	149	428	800	672
广播电视设备制造	393	186	29	96	167	124
雷达及配套设备制造	394	2		1	2	2
非专业视听设备制造	395	5077	1192	2356	4361	3242
智能消费设备制造	396	915	149	470	787	756
电子器件制造	397	3012	710	1263	2529	1845
电子元件及电子专用材料制造	398	3752	985	1390	3175	2682
其他电子设备制造	399	362	68	121	286	253
仪器仪表制造业	40	5590	936	2496	4554	3773
通用仪器仪表制造	401	3572	592	1576	2886	2450
专用仪器仪表制造	402	1279	230	579	1078	895
钟表与计时仪器制造	403	76	11	43	65	40
光学仪器制造	404	278	39	127	219	160
衡器制造	405	203	34	98	146	104
其他仪器仪表制造业	409	182	30	73	160	124
其他制造业	41	77	16	15	67	28
日用杂品制造	411					
核辐射加工	412					
其他未列明制造业	419	77	16	15	67	28
废弃资源综合利用业	42	222	45	59	155	121
金属废料和碎屑加工处理	421	37	6	12	31	24
非金属废料和碎屑加工处理	422	185	39	47	124	97
金属制品、机械和设备修理业	43	51	1	27	17	47
金属制品修理	431					
通用设备修理	432					
专用设备修理	433					
铁路、船舶、航空航天等运输设备修理	434	51	1	27	17	47
电气设备修理	435					
仪器仪表修理	436					
其他机械和设备修理业	439					
电力、热力、燃气及水生产和供应业	**D**	**2727**	**449**	**931**	**1512**	**1547**
电力、热力生产和供应业	44	2231	334	748	1146	1245
电力生产	441	1811	242	641	842	979
电力供应	442					
热力生产和供应	443	420	92	107	304	266
燃气生产和供应业	45	149	39	51	91	106
燃气生产和供应业	451	118	24	40	74	87
生物质燃气生产和供应业	452	31	15	11	17	18
水的生产和供应业	46	347	76	132	275	196
自来水生产和供应	461	121	24	43	96	59
污水处理及其再生利用	462	221	51	87	174	133
海水淡化处理	463	5	1	2	5	4
其他水的处理、利用与分配	469					

1-C-6　分行业港澳台商投资企业R&D人员情况

行　业	代码	R&D人员合计(人)	#女性	#研究人员	#全时人员	R&D人员折合全时当量(人年)
总　计	**00**	**12775**	**2907**	**3404**	**9111**	**8695**
采矿业	**B**	**286**	**13**	**131**	**144**	**44**
煤炭开采和洗选业	06	286	13	131	144	44
烟煤和无烟煤开采洗选	061	286	13	131	144	44
褐煤开采洗选	062					
石油和天然气开采业	07					
石油开采	071					
天然气开采	072					
黑色金属矿采选业	08					
铁矿采选	081					
有色金属矿采选业	09					
常用有色金属矿采选	091					
贵金属矿采选	092					
非金属矿采选业	10					
土砂石开采	101					
化学矿开采	102					
采盐	103					
石棉及其他非金属矿采选	109					
开采专业及辅助性活动	11					
石油和天然气开采专业及辅助性活动	112					
制造业	**C**	**12294**	**2835**	**3204**	**8817**	**8533**
农副食品加工业	13	368	108	118	292	268
谷物磨制	131	4	2	2	4	4
饲料加工	132	61	46	10	31	51
植物油加工	133	8	2	2	7	3
制糖业	134					
屠宰及肉类加工	135	230	36	78	207	170
水产品加工	136					
蔬菜、菌类、水果和坚果加工	137	65	22	26	43	40
其他农副食品加工	139					
食品制造业	14	765	131	169	507	395
焙烤食品制造	141					
糖果、巧克力及蜜饯制造	142	3	2	2	3	3
方便食品制造	143					
乳制品制造	144					
罐头食品制造	145					
调味品、发酵制品制造	146	613	88	112	370	310
其他食品制造	149	149	41	55	134	82
酒、饮料和精制茶制造业	15	104	31	51	57	75
酒的制造	151	60	24	35	17	38
饮料制造	152	44	7	16	40	37
精制茶加工	153					
烟草制品业	16					
烟叶复烤	161					
其他烟草制品制造	169					
纺织业	17	1124	528	118	785	820
棉纺织及印染精加工	171	829	422	63	573	640

1-C-6 续表 1

行 业	代码	R&D人员合计(人)	#女性	#研究人员	#全时人员	R&D人员折合全时当量(人年)
毛纺织及染整精加工	172	34	18	7	5	20
麻纺织及染整精加工	173	17	7	10	15	5
丝绢纺织及印染精加工	174					
化纤织造及印染精加工	175					
针织或钩针编织物及其制品制造	176					
家用纺织制成品制造	177	184	68	24	166	124
产业用纺织制成品制造	178	60	13	14	26	30
纺织服装、服饰业	18	50				1
机织服装制造	181					
针织或钩针编织服装制造	182	50				1
服饰制造	183					
皮革、毛皮、羽毛及其制品和制鞋业	19	91	26	48	54	60
皮革鞣制加工	191	64	10	33	38	42
皮革制品制造	192					
毛皮鞣制及制品加工	193					
羽毛(绒)加工及制品制造	194					
制鞋业	195	27	16	15	16	18
木材加工和木、竹、藤、棕、草制品业	20	39	13	22	30	38
木材加工	201					
人造板制造	202	39	13	22	30	38
木质制品制造	203					
竹、藤、棕、草等制品制造	204					
家具制造业	21	76	40	28	68	48
木质家具制造	211	76	40	28	68	48
竹、藤家具制造	212					
金属家具制造	213					
塑料家具制造	214					
其他家具制造	219					
造纸和纸制品业	22	491	71	91	251	285
纸浆制造	221					
造纸	222	456	64	87	219	260
纸制品制造	223	35	7	4	32	26
印刷和记录媒介复制业	23	220	69	56	139	94
印刷	231	220	69	56	139	94
装订及印刷相关服务	232					
记录媒介复制	233					
文教、工美、体育和娱乐用品制造业	24	146	65	34	100	75
文教办公用品制造	241	42	15	11	26	23
乐器制造	242					
工艺美术及礼仪用品制造	243	51	22	11	40	37
体育用品制造	244	23	5	4	10	14
玩具制造	245	20	20	2	15	1
游艺器材及娱乐用品制造	246	10	3	6	9	1
石油、煤炭及其他燃料加工业	25	50	4	6	45	28
精炼石油产品制造	251					
煤炭加工	252	50	4	6	45	28
生物质燃料加工	253					
化学原料和化学制品制造业	26	841	186	225	701	550

1-C-6　续表 2

行　业	代码	R&D人员合计(人)	#女性	#研究人员	#全时人员	R&D人员折合全时当量(人年)
基础化学原料制造	261	194	19	56	170	71
肥料制造	262	41	13	20	35	16
农药制造	263					
涂料、油墨、颜料及类似产品制造	264					
合成材料制造	265	408	121	99	324	326
专用化学产品制造	266	198	33	50	172	136
炸药、火工及焰火产品制造	267					
日用化学产品制造	268					
医药制造业	27	1712	592	574	1293	1174
化学药品原料药制造	271	177	36	78	134	137
化学药品制剂制造	272	345	183	158	251	191
中药饮片加工	273					
中成药生产	274	270	138	120	186	187
兽用药品制造	275					
生物药品制品制造	276	326	70	26	206	219
卫生材料及医药用品制造	277	547	143	188	493	409
药用辅料及包装材料	278	47	22	4	23	31
化学纤维制造业	28	107	18	21	73	68
纤维素纤维原料及纤维制造	281	19	1	4	17	5
合成纤维制造	282	88	17	17	56	62
橡胶和塑料制品业	29	257	37	92	226	121
橡胶制品业	291	138	19	66	121	57
塑料制品业	292	119	18	26	105	63
非金属矿物制品业	30	619	222	167	491	482
水泥、石灰和石膏制造	301	53	2	8	30	43
石膏、水泥制品及类似制品制造	302					
砖瓦、石材等建筑材料制造	303	334	133	110	257	286
玻璃制造	304					
玻璃制品制造	305	70	34	15	63	63
玻璃纤维和玻璃纤维增强塑料制品制造	306					
陶瓷制品制造	307	138	49	27	120	74
耐火材料制品制造	308	15	3	4	13	9
石墨及其他非金属矿物制品制造	309	9	1	3	8	6
黑色金属冶炼和压延加工业	31					
炼铁	311					
炼钢	312					
钢压延加工	313					
铁合金冶炼	314					
有色金属冶炼和压延加工业	32	1255	106	191	726	1178
常用有色金属冶炼	321	201	4	28	60	196
贵金属冶炼	322					
稀有稀土金属冶炼	323					
有色金属合金制造	324					
有色金属压延加工	325	1054	102	163	666	982
金属制品业	33	814	86	135	599	592
结构性金属制品制造	331					
金属工具制造	332	16	1	5	14	1
集装箱及金属包装容器制造	333	53	5	6	29	50

1-C-6 续表 3

行 业	代码	R&D人员合计（人）	#女性	#研究人员	#全时人员	R&D人员折合全时当量（人年）
金属丝绳及其制品制造	334	485	26	75	330	376
建筑、安全用金属制品制造	335					
金属表面处理及热处理加工	336					
搪瓷制品制造	337					
金属制日用品制造	338					
铸造及其他金属制品制造	339	260	54	49	226	165
通用设备制造业	34	345	54	111	238	242
锅炉及原动设备制造	341	106	9	36	83	90
金属加工机械制造	342					
物料搬运设备制造	343	14	1	4	13	9
泵、阀门、压缩机及类似机械制造	344	55	10	10	27	28
轴承、齿轮和传动部件制造	345					
烘炉、风机、包装等设备制造	346	89	12	32	74	61
文化、办公用机械制造	347					
通用零部件制造	348	76	18	26	36	51
其他通用设备制造业	349	5	4	3	5	3
专用设备制造业	35	723	92	285	577	508
采矿、冶金、建筑专用设备制造	351	148	21	80	129	118
化工、木材、非金属加工专用设备制造	352	105	16	25	94	81
食品、饮料、烟草及饲料生产专用设备制造	353	39	2	8	35	39
印刷、制药、日化及日用品生产专用设备制造	354	83	4	33	63	56
纺织、服装和皮革加工专用设备制造	355					
电子和电工机械专用设备制造	356					
农、林、牧、渔专用机械制造	357	330	48	130	240	213
医疗仪器设备及器械制造	358					
环保、邮政、社会公共服务及其他专用设备制造	359	18	1	9	16	1
汽车制造业	36	561	101	160	456	429
汽车整车制造	361	16	1	1	14	16
汽车用发动机制造	362					
改装汽车制造	363	264	46	110	238	217
汽车车身、挂车制造	366					
汽车零部件及配件制造	367	281	54	49	204	196
铁路、船舶、航空航天和其他运输设备制造业	37	211	41	73	184	157
铁路运输设备制造	371	93	17	45	81	82
城市轨道交通设备制造	372					
船舶及相关装置制造	373	19	1	2	14	4
航空、航天器及设备制造	374	30	5	17	27	23
摩托车制造	375	69	18	9	62	47
自行车和残疾人座车制造	376					
助动车制造	377					
非公路休闲车及零配件制造	378					
潜水救捞及其他未列明运输设备制造	379					
电气机械和器材制造业	38	340	46	108	238	210
电机制造	381	104	21	35	94	86
输配电及控制设备制造	382	12	1	5	11	9
电线、电缆、光缆及电工器材制造	383	17	5	3	12	13
电池制造	384	114	8	45	37	55
家用电力器具制造	385	30	7	12	27	30

1-C-6 续表 4

行 业	代码	R&D人员合计（人）	#女性	#研究人员	#全时人员	R&D人员折合全时当量（人年）
非电力家用器具制造	386					
照明器具制造	387	43			39	3
其他电气机械及器材制造	389	20	4	8	18	15
计算机、通信和其他电子设备制造业	39	398	130	133	334	259
计算机制造	391					
通信设备制造	392	73	14	19	66	67
广播电视设备制造	393	20	4	11	18	20
雷达及配套设备制造	394					
非专业视听设备制造	395	91	37	44	74	37
智能消费设备制造	396					
电子器件制造	397	39	14	7	35	38
电子元件及电子专用材料制造	398	175	61	52	141	96
其他电子设备制造	399					
仪器仪表制造业	40	205	24	91	171	110
通用仪器仪表制造	401	141	16	77	127	76
专用仪器仪表制造	402					
钟表与计时仪器制造	403	64	8	14	44	34
光学仪器制造	404					
衡器制造	405					
其他仪器仪表制造业	409					
其他制造业	41					
日用杂品制造	411					
其他未列明制造业	419					
废弃资源综合利用业	12					
金属废料和碎屑加工处理	421					
非金属废料和碎屑加工处理	422					
金属制品、机械和设备修理业	43	382	14	97	182	267
金属制品修理	431					
通用设备修理	432					
专用设备修理	433					
铁路、船舶、航空航天等运输设备修理	434	382	14	97	182	267
电气设备修理	435					
仪器仪表修理	436					
其他机械和设备修理业	439					
电力、热力、燃气及水生产和供应业	**D**	**195**	**59**	**69**	**150**	**118**
电力、热力生产和供应业	44	83	16	23	72	47
电力生产	441	83	16	23	72	47
电力供应	442					
热力生产和供应	443					
燃气生产和供应业	45	54	22	18	26	28
燃气生产和供应业	451	54	22	18	26	28
生物质燃气生产和供应业	452					
水的生产和供应业	46	58	21	28	52	43
自来水生产和供应	461	41	14	18	37	41
污水处理及其再生利用	462	17	7	10	15	2
海水淡化处理	463					
其他水的处理、利用与分配	469					

1-C-7　分行业外商投资企业R&D人员情况

行　业	代码	R&D人员合计（人）	#女性	#研究人员	#全时人员	R&D人员折合全时当量（人年）
总　计	**00**	**29514**	**8490**	**10233**	**22531**	**19922**
采矿业	**B**	**51**	**15**	**12**	**28**	**26**
煤炭开采和洗选业	06					
烟煤和无烟煤开采洗选	061					
石油和天然气开采业	07					
石油开采	071					
天然气开采	072					
黑色金属矿采选业	08					
铁矿采选	081					
锰矿、铬矿采选	082					
有色金属矿采选业	09	51	15	12	28	26
常用有色金属矿采选	091					
贵金属矿采选	092	51	15	12	28	26
稀有稀土金属矿采选	093					
非金属矿采选业	10					
土砂石开采	101					
化学矿开采	102					
采盐	103					
石棉及其他非金属矿采选	109					
开采专业及辅助性活动	11					
石油和天然气开采专业及辅助性活动	112					
制造业	**C**	**29412**	**8461**	**10204**	**22473**	**19869**
农副食品加工业	13	1822	516	705	1526	968
谷物磨制	131	85	41	30	77	41
饲料加工	132	40	27	19	34	39
植物油加工	133	25	1	12	12	1
制糖业	134					
屠宰及肉类加工	135	476	156	189	411	203
水产品加工	136	727	196	339	586	347
蔬菜、菌类、水果和坚果加工	137	148	65	30	128	82
其他农副食品加工	139	321	30	86	278	256
食品制造业	14	1581	584	383	1308	972
焙烤食品制造	141	174	55	8	111	155
糖果、巧克力及蜜饯制造	142					
方便食品制造	143	9	7	2	8	9
乳制品制造	144	371	144	51	317	201
罐头食品制造	145	10	8	6	8	3
调味品、发酵制品制造	146	356	130	90	312	208
其他食品制造	149	661	240	226	552	396
酒、饮料和精制茶制造业	15	624	217	219	543	533
酒的制造	151	539	188	198	484	484
饮料制造	152	85	29	21	59	49
精制茶加工	153					
烟草制品业	16					
其他烟草制品制造	169					
纺织业	17	2234	694	317	1936	1565

1-C-7　续表 1

行　业	代码	R&D人员合计（人）	#女性	#研究人员	#全时人员	R&D人员折合全时当量（人年）
棉纺织及印染精加工	171	1978	589	237	1745	1366
毛纺织及染整精加工	172					
麻纺织及染整精加工	173					
丝绢纺织及印染精加工	174					
化纤织造及印染精加工	175					
针织或钩针编织物及其制品制造	176					
家用纺织制成品制造	177	230	100	67	170	181
产业用纺织制成品制造	178	26	5	13	21	18
纺织服装、服饰业	18	88	63	35	75	75
机织服装制造	181	81	61	34	69	74
针织或钩针编织服装制造	182	7	2	1	6	1
服饰制造	183					
皮革、毛皮、羽毛及其制品和制鞋业	19	143	74	17	112	75
皮革鞣制加工	191					
皮革制品制造	192	111	63	14	88	74
毛皮鞣制及制品加工	193					
羽毛(绒)加工及制品制造	194					
制鞋业	195	32	11	3	24	1
木材加工和木、竹、藤、棕、草制品业	20	70	30	40	61	41
木材加工	201					
人造板制造	202	30	4	17	25	5
木质制品制造	203					
竹、藤、棕、草等制品制造	204					
家具制造业	21	70	21	19	31	12
木质家具制造	211	53	15	14	25	11
金属家具制造	213	17	6	5	6	1
塑料家具制造	214					
其他家具制造	219					
造纸和纸制品业	22	477	187	137	429	307
纸浆制造	221					
造纸	222	477	187	137	429	307
纸制品制造	223					
印刷和记录媒介复制业	23	153	42	48	122	109
印刷	231	136	39	46	107	94
装订及印刷相关服务	232					
记录媒介复制	233					
文教、工美、体育和娱乐用品制造业	24	1478	212	181	642	1299
文教办公用品制造	241	185	55	70	167	77
乐器制造	242					
工艺美术及礼仪用品制造	243	360	111	63	318	333
体育用品制造	244	933	46	48	157	889
玩具制造	245					
游艺器材及娱乐用品制造	246					
石油、煤炭及其他燃料加工业	25	122	28	51	109	102
精炼石油产品制造	251	122	28	51	109	102
煤炭加工	252					
生物质燃料加工	254					
化学原料和化学制品制造业	26	1697	458	570	1290	1072

1-C-7 续表 2

行　业	代码	R&D人员合计（人）	#女性	#研究人员	#全时人员	R&D人员折合全时当量（人年）
基础化学原料制造	261	445	146	121	252	259
肥料制造	262	86	26	46	75	64
农药制造	263	84	32	38	76	22
涂料、油墨、颜料及类似产品制造	264	26	9	11	20	14
合成材料制造	265	430	96	84	375	303
专用化学产品制造	266	611	142	262	478	400
炸药、火工及焰火产品制造	267					
日用化学产品制造	268	15	7	8	14	11
医药制造业	27	3881	1668	1890	3330	3092
化学药品原料药制造	271	1396	484	720	1220	1247
化学药品制剂制造	272	206	133	95	185	104
中药饮片加工	273	15	1	1	3	4
中成药生产	274	1680	796	860	1475	1329
兽用药品制造	275	169	54	90	153	75
生物药品制品制造	276	234	101	49	131	192
卫生材料及医药用品制造	277	181	99	75	163	141
药用辅料及包装材料	278					
化学纤维制造业	28	27	3	6	24	27
纤维素纤维原料及纤维制造	281					
合成纤维制造	282	27	3	6	24	27
生物基材料制造	283					
橡胶和塑料制品业	29	213	55	52	143	145
橡胶制品业	291	95	22	25	55	65
塑料制品业	292	118	33	27	88	81
非金属矿物制品业	30	521	117	175	357	303
水泥、石灰和石膏制造	301	7	1	1	6	6
石膏、水泥制品及类似制品制造	302					
砖瓦、石材等建筑材料制造	303	28	3	12	9	24
玻璃制造	304	77	19	23	66	49
玻璃制品制造	305					
玻璃纤维和玻璃纤维增强塑料制品制造	306					
陶瓷制品制造	307	278	68	110	186	156
耐火材料制品制造	308	33	8	8	26	18
石墨及其他非金属矿物制品制造	309	98	18	21	64	50
黑色金属冶炼和压延加工业	31	226	41	77	183	39
炼铁	311					
炼钢	312					
钢压延加工	313	226	41	77	183	39
铁合金冶炼	314					
有色金属冶炼和压延加工业	32	93	28	25	79	67
常用有色金属冶炼	321	37	16	19	29	22
贵金属冶炼	322					
稀有稀土金属冶炼	323					
有色金属合金制造	324					
有色金属压延加工	325	56	12	6	50	45
金属制品业	33	992	182	369	665	489
结构性金属制品制造	331	39	4	11	36	19
金属工具制造	332	181	26	41	163	140

1-C-7　续表 3

行　业	代码	R&D人员合计(人)	#女性	#研究人员	#全时人员	R&D人员折合全时当量(人年)
集装箱及金属包装容器制造	333	239	6	131	14	135
金属丝绳及其制品制造	334					
建筑、安全用金属制品制造	335	113	25	64	97	50
金属表面处理及热处理加工	336					
搪瓷制品制造	337					
金属制日用品制造	338	69	22	23	55	45
铸造及其他金属制品制造	339	351	99	99	300	100
通用设备制造业	34	1442	235	541	1116	802
锅炉及原动设备制造	341	240	41	54	208	123
金属加工机械制造	342	178	22	80	143	111
物料搬运设备制造	343	47	6	18	42	30
泵、阀门、压缩机及类似机械制造	344	448	76	135	289	249
轴承、齿轮和传动部件制造	345					
烘炉、风机、包装等设备制造	346	481	82	232	393	254
文化、办公用机械制造	347					
通用零部件制造	348	48	8	22	41	34
其他通用设备制造业	349					
专用设备制造业	35	1543	246	546	1256	935
采矿、冶金、建筑专用设备制造	351	908	83	335	782	558
化工、木材、非金属加工专用设备制造	352	31	8	12	28	25
食品、饮料、烟草及饲料生产专用设备制造	353	29	1	8	9	4
印刷、制药、日化及日用品生产专用设备制造	354	59	13	28	37	37
纺织、服装和皮革加工专用设备制造	355	30	2	3	27	12
电子和电工机械专用设备制造	356	19	7	3	17	14
农、林、牧、渔专用机械制造	357	93	13	37	84	44
医疗仪器设备及器械制造	358	270	114	86	186	161
环保、邮政、社会公共服务及其他专用设备制造	359	104	5	34	86	79
汽车制造业	36	1697	228	515	1335	1144
汽车整车制造	361					
汽车用发动机制造	362					
改装汽车制造	363	86	3	48	38	39
低速汽车制造	364					
汽车车身、挂车制造	365	73	5	19	66	43
汽车零部件及配件制造	366	1538	220	448	1231	1062
铁路、船舶、航空航天和其他运输设备制造业	37	481	80	212	397	359
铁路运输设备制造	371	285	49	124	239	258
城市轨道交通设备制造	372					
船舶及相关装置制造	373	85	16	35	61	37
航空、航天器及设备制造	374					
摩托车制造	375	54	10	26	49	28
自行车和残疾人座车制造	376					
助动车制造	377					
非公路休闲车及零配件制造	378					
潜水救捞及其他未列明运输设备制造	379	57	5	27	48	37
电气机械和器材制造业	38	1353	324	546	1057	801
电机制造	381	395	114	127	318	227
输配电及控制设备制造	382	365	67	164	316	230

1-C-7 续表 4

行　业	代码	R&D人员合计（人）	#女性	#研究人员	#全时人员	R&D人员折合全时当量（人年）
电线、电缆、光缆及电工器材制造	383	201	30	80	138	110
电池制造	384	47	5	26	42	40
家用电力器具制造	385	143	65	79	61	51
非电力家用器具制造	386	142	34	46	128	112
照明器具制造	387					
其他电气机械及器材制造	389	60	9	24	54	31
计算机、通信和其他电子设备制造业	39	5683	1969	2267	3724	3989
计算机制造	391	289	76	80	206	185
通信设备制造	392	49	18	28	44	15
广播电视设备制造	393					
雷达及配套设备制造	394					
非专业视听设备制造	395	214	55	78	167	183
智能消费设备制造	396	3701	1370	1559	2035	2587
电子器件制造	397	368	129	134	326	205
电子元件及电子专用材料制造	398	641	179	199	566	510
其他电子设备制造	399	421	142	189	380	304
仪器仪表制造业	40	489	67	228	432	409
通用仪器仪表制造	401	230	47	106	202	190
专用仪器仪表制造	402	193	5	89	174	185
钟表与计时仪器制造	403					
光学仪器制造	404	62	14	32	55	33
衡器制造	405					
其他仪器仪表制造业	409	4	1	1	1	1
其他制造业	41	212	92	33	191	139
日用杂品制造	411	212	92	33	191	139
其他未列明制造业	419					
废弃资源综合利用业	42					
金属废料和碎屑加工处理	421					
非金属废料和碎屑加工处理	422					
金属制品、机械和设备修理业	43					
金属制品修理	431					
通用设备修理	432					
专用设备修理	433					
铁路、船舶、航空航天等运输设备修理	434					
其他机械和设备修理业	439					
电力、热力、燃气及水生产和供应业	**D**	**51**	**14**	**17**	**30**	**27**
电力、热力生产和供应业	44	5	1	3	5	1
电力生产	441	5	1	3	5	1
电力供应	442					
热力生产和供应	443					
燃气生产和供应业	45	28	7	10	25	21
燃气生产和供应业	451	28	7	10	25	21
水的生产和供应业	46	18	6	4		5
自来水生产和供应	461					
污水处理及其再生利用	462	18	6	4		5
其他水的处理、利用与分配	469					

1－C－8　各地区企业R&D人员情况

地　区	R&D人员合计(人)	#女性	#研究人员	#全时人员	R&D人员折合全时当量(人年)
全　省	**388403**	**94915**	**132370**	**284062**	**236515**
济南市	56476	13615	23665	43443	35533
青岛市	64657	16773	23126	49894	37059
淄博市	36031	8873	9704	25510	23420
枣庄市	8201	1619	2731	5668	5225
东营市	11062	3246	4886	7629	6574
烟台市	40080	10428	14155	29398	24942
潍坊市	28592	6755	9514	20944	18264
济宁市	20159	3948	6939	13735	12139
泰安市	15806	3070	4841	10797	8968
威海市	20214	5009	7504	15422	12449
日照市	9932	2337	3093	6889	5304
临沂市	23450	5475	7802	17379	14574
德州市	17737	4768	5027	12607	10479
聊城市	12582	2721	3836	9104	7276
滨州市	15596	4474	3020	10102	9806
菏泽市	7828	1804	2527	5541	4505

1－C－9　各地区大中型企业R&D人员情况

地　区	R&D人员合计(人)	#女性	#研究人员	#全时人员	R&D人员折合全时当量(人年)
全　省	**274564**	**68797**	**99858**	**199321**	**167643**
济南市	43992	10890	19286	33771	27758
青岛市	43314	12045	17096	33710	24069
淄博市	23417	5954	6663	16052	15273
枣庄市	4512	839	1709	2983	3281
东营市	9446	2859	4408	6484	5580
烟台市	29299	7720	10775	21371	18383
潍坊市	20460	4934	7301	15089	13235
济宁市	14188	2602	5254	9336	8516
泰安市	11106	2083	3559	7403	6224
威海市	15870	3933	6189	12123	9870
日照市	5878	1453	2179	3862	2943
临沂市	13655	3210	5000	10417	8780
德州市	10824	3121	3107	7730	6564
聊城市	10788	2339	3448	7714	6163
滨州市	13582	3937	2453	8555	8633
菏泽市	4233	878	1431	2721	2371

1-C-10 各地区内资企业R&D人员情况

地 区	R&D人员合计(人)	#女性	#研究人员	#全时人员	R&D人员折合全时当量(人年)
全 省	**346114**	**83518**	**118733**	**252420**	**207898**
济南市	53673	13024	22808	41331	33776
青岛市	54734	14374	20051	42752	30146
淄博市	31442	7376	8866	21760	20172
枣庄市	7257	1420	2536	5012	4573
东营市	10756	3190	4763	7364	6353
烟台市	31412	7662	10811	23290	19388
潍坊市	26472	6293	8880	19535	17106
济宁市	19939	3890	6872	13556	11968
泰安市	15102	2817	4647	10203	8543
威海市	16938	4045	6271	12723	10456
日照市	9195	2078	2882	6255	4872
临沂市	19413	4316	5897	13984	11256
德州市	16799	4455	4806	11911	9923
聊城市	11327	2625	3646	8358	6066
滨州市	14741	4341	2890	9487	9208
菏泽市	6914	1612	2107	4899	4092

1-C-11 各地区港澳台商投资企业R&D人员情况

地 区	R&D人员合计(人)	#女性	#研究人员	#全时人员	R&D人员折合全时当量(人年)
全 省	**12775**	**2907**	**3404**	**9111**	**8695**
济南市	869	142	235	536	563
青岛市	2628	669	836	2058	1757
淄博市	1342	583	264	953	1009
枣庄市	855	131	188	576	591
东营市	231	35	82	204	192
烟台市	843	188	250	688	532
潍坊市	1267	193	307	750	754
济宁市	41	5	8	22	27
泰安市	198	60	22	160	158
威海市	1038	242	351	879	673
日照市	159	30	33	133	89
临沂市	890	242	283	669	574
德州市	128	47	49	67	86
聊城市	1229	92	181	723	1192
滨州市	415	97	35	239	251
菏泽市	642	151	280	454	247

1-C-12 各地区外商投资企业R&D人员情况

地 区	R&D人员合计(人)	#女性	#研究人员	#全时人员	R&D人员折合全时当量(人年)
全 省	**29514**	**8490**	**10233**	**22531**	**19922**
济南市	1934	449	622	1576	1194
青岛市	7295	1730	2239	5084	5155
淄博市	3247	914	574	2797	2239
枣庄市	89	68	7	80	60
东营市	75	21	41	61	29
烟台市	7825	2578	3094	5420	5022
潍坊市	853	269	327	659	403
济宁市	179	53	59	157	144
泰安市	506	193	172	434	267
威海市	2238	722	882	1820	1320
日照市	578	229	178	501	343
临沂市	3147	917	1622	2726	2743
德州市	810	266	172	629	471
聊城市	26	4	9	23	18
滨州市	440	36	95	376	347
菏泽市	272	41	140	188	165

D.企业R&D经费支出情况

1.内部支出

1-D-1.1　分登记注册类型企业R&D经费内部支出情况

单位：万元

登记注册类型	R&D经费内部支出	日常性支出	#人员劳务费	资产性支出	#仪器和设备	#政府资金	#企业资金
总　计	**14184975**	**12918617**	**3391785**	**1266358**	**1242571**	**304941**	**13547087**
内资企业	**12655847**	**11511551**	**2990747**	**1144296**	**1121803**	**288207**	**12048569**
国有企业	62318	58247	14945	4072	3825	1525	60751
集体企业	33122	27373	4307	5749	5682	61	32405
股份合作企业	5074	4724	1652	350	350	45	4956
联营企业							
国有联营企业							
集体联营企业							
国有与集体联营企业							
其他联营企业							
有限责任公司	6230275	5676196	1482135	554078	543286	120492	6003094
国有独资公司	1318875	1217611	394102	101264	99818	21873	1290057
其他有限责任公司	4911400	4458585	1088033	452815	443468	98619	4713037
股份有限公司	2506431	2344078	768320	162353	159733	98738	2255598
私营企业	3818627	3400933	719389	417695	408928	67348	3691765
私营独资企业	24104	20051	3915	4053	4021	414	22934
私营合伙企业	2329	2329	318			208	2122
私营有限责任公司	3145649	2800384	587962	345266	337283	53674	3036362
私营股份有限公司	646545	578169	127194	68376	67624	13052	630348
其他企业							
港、澳、台商投资企业	**459036**	**433047**	**108700**	**25990**	**25729**	**4100**	**451556**
合资经营企业	265119	250483	56721	14636	14495	1578	262929
合作经营企业	2192	1827	574	366	346		2192
港、澳、台商独资经营企业	131893	123287	37039	8606	8526	2317	127825
港、澳、台商投资股份有限公司	25214	23564	9299	1650	1631	197	24001
其他港、澳、台投资企业	34618	33886	5067	732	732	9	34609
外商投资企业	**1070092**	**974019**	**292338**	**96073**	**95038**	**12634**	**1046962**
中外合资经营企业	643195	568559	145061	74635	74126	9484	631493
中外合作经营企业	45272	42798	10291	2474	2430	470	44523
外资企业	296231	283867	107284	12363	12054	617	288148
外商投资股份有限公司	80901	74649	27473	6252	6080	2063	78548
其他外商投资企业	4494	4146	2229	348	348		4250

1-D-1.2　分登记注册类型大中型企业R&D经费内部支出情况

单位：万元

登记注册类型	R&D经费内部支出	日常性支出		资产性支出		#政府资金	#企业资金
			#人员劳务费		#仪器和设备		
总　计	**11125237**	**10192372**	**2728040**	**932865**	**916735**	**242020**	**10594237**
内资企业	**9849051**	**9012881**	**2394599**	**836170**	**821062**	**232769**	**9337729**
国有企业	59902	55948	14199	3954	3715	1515	58387
集体企业	20240	14901	2800	5339	5327	30	20210
股份合作企业	1095	1068	785	27	27	40	1049
联营企业							
国有联营企业							
集体联营企业							
国有与集体联营企业							
其他联营企业							
有限责任公司	5490165	5008204	1317001	481961	472996	106738	5284297
国有独资公司	1306131	1206619	389849	99512	98093	21620	1278152
其他有限责任公司	4184034	3801585	927153	382449	374903	85118	4006145
股份有限公司	2250700	2106327	699535	144373	142006	87460	2011785
私营企业	2026950	1826434	360279	200516	196993	36988	1962001
私营独资企业	909	638	82	271	271		909
私营合伙企业							
私营有限责任公司	1532870	1376379	268648	156491	153383	27329	1479207
私营股份有限公司	493171	449417	91550	43755	43339	9659	481886
其他企业							
港、澳、台商投资企业	**363630**	**347888**	**87732**	**15741**	**15581**	**2222**	**359668**
合资经营企业	212679	204880	45629	7799	7733	1107	211322
合作经营企业	1355	1335	217	20			1355
港、澳、台商独资经营企业	92195	86293	27957	5903	5842	980	90743
港、澳、台商投资股份有限公司	24278	22990	9124	1288	1274	136	23126
其他港、澳、台投资企业	33123	32391	4805	732	732		33123
外商投资企业	**912556**	**831603**	**245709**	**80953**	**80092**	**7029**	**896840**
中外合资经营企业	540916	476876	117591	64040	63662	4232	535546
中外合作经营企业	40824	38401	9292	2423	2379	470	40075
外资企业	249675	241415	91079	8261	7986	319	242372
外商投资股份有限公司	80585	74355	27330	6230	6065	2009	78290
其他外商投资企业	557	557	418				557

1-D-1.3 分行业企业R&D经费内部支出情况

单位：万元

行业	代码	R&D经费内部支出	日常性支出	#人员劳务费	资产性支出	#仪器和设备	#政府资金	#企业资金
总计	**00**	**14184975**	**12918617**	**3391785**	**1266358**	**1242571**	**304941**	**13547087**
采矿业	**B**	**743578**	**700461**	**233979**	**43117**	**41765**	**29266**	**712172**
煤炭开采和洗选业	06	383751	361374	118126	22377	21245	3487	379166
烟煤和无烟煤开采洗选	061	374142	353618	115932	20523	19423	3487	369557
褐煤开采洗选	062	7635	5781	1863	1854	1822		7635
其他煤炭采选	069	1974	1974	332				1974
石油和天然气开采业	07	119258	115430	67706	3828	3823	21341	97917
石油开采	071	119258	115430	67706	3828	3823	21341	97917
天然气开采	072							
黑色金属矿采选业	08	16116	13957	3846	2159	2122	270	15846
铁矿采选	081	16116	13957	3846	2159	2122	270	15846
锰矿、铬矿采选	082							
其他黑色金属矿采选	089							
有色金属矿采选业	09	176504	164321	29492	12184	12009	686	174814
常用有色金属矿采选	091							
贵金属矿采选	092	174967	163709	29252	11258	11083	686	173276
稀有稀土金属矿采选	093	1538	612	240	925	925		1538
非金属矿采选业	10	7772	5580	848	2192	2190	183	7552
土砂石开采	101	3220	2548	294	673	673		3183
化学矿开采	102							
采盐	103	1750	1750	371			183	1567
石棉及其他非金属矿采选	109	2802	1282	183	1520	1518		2802
开采专业及辅助性活动	11	40144	39768	13939	377	377	3298	36846
煤炭开采和洗选专业及辅助性活动	111							
石油和天然气开采专业及辅助性活动	112	40144	39768	13939	377	377	3298	36846
其他开采专业及辅助性活动	119							
其他采矿业	12	32	32	23				32
其他采矿业	120	32	32	23				32
制造业	**C**	**13331763**	**12122187**	**3136675**	**1209576**	**1187298**	**272985**	**12730154**
农副食品加工业	13	556176	506566	98905	49610	48263	9367	540340
谷物磨制	131	32431	28839	4034	3592	3509	1401	30636
饲料加工	132	55550	49604	9854	5947	5846	477	54459
植物油加工	133	89061	76524	14750	12537	11915	774	87725
制糖业	134	9623	9587	911	35	35	45	9578
屠宰及肉类加工	135	165744	160452	35076	5292	5032	1663	161874
水产品加工	136	74221	63710	15768	10511	10374	2695	70193
蔬菜、菌类、水果和坚果加工	137	32237	26742	5066	5494	5409	1365	30531
其他农副食品加工	139	97309	91108	13445	6201	6144	948	95344
食品制造业	14	242853	220311	56839	22542	21717	5711	235254
焙烤食品制造	141	9259	7973	2685	1286	1255	33	8564
糖果、巧克力及蜜饯制造	142	3081	2321	447	760	752		2835

1-D-1.3　续表 1

单位：万元

行　业	代码	R&D经费内部支出	日常性支出	#人员劳务费	资产性支出	#仪器和设备	#政府资金	#企业资金
方便食品制造	143	9368	8605	2570	763	708	56	9312
乳制品制造	144	14421	12577	3500	1845	1845	330	14091
罐头食品制造	145	14674	13808	3544	866	694		14674
调味品、发酵制品制造	146	90642	83144	19282	7498	7478	900	89268
其他食品制造	149	101408	91883	24811	9525	8986	4391	96510
酒、饮料和精制茶制造业	15	133294	125982	29093	7312	7126	2457	128431
酒的制造	151	123772	118233	26989	5539	5395	2099	119479
饮料制造	152	9267	7506	1933	1762	1719	357	8782
精制茶加工	153	255	243	172	12	12	1	171
烟草制品业	16	5892	5869	2354	23	23		5892
烟叶复烤	161							
卷烟制造	162	5591	5568	2094	23	23		5591
其他烟草制品制造	169	301	301	260				301
纺织业	17	337095	294632	82518	42463	41644	3735	330740
棉纺织及印染精加工	171	232578	206610	59336	25968	25444	2580	228305
毛纺织及染整精加工	172	12409	11093	3002	1316	1306	323	12086
麻纺织及染整精加工	173	805	805	87				805
丝绢纺织及印染精加工	174							
化纤织造及印染精加工	175	3636	3610	712	26	26	130	3102
针织或钩针编织物及其制品制造	176	7286	6311	1067	976	950		7286
家用纺织制成品制造	177	58472	51156	15509	7316	7116	700	57261
产业用纺织制成品制造	178	21910	15049	2805	6861	6802	3	21895
纺织服装、服饰业	18	151772	137877	33880	13894	13591	5511	146233
机织服装制造	181	94164	87799	19192	6364	6124	4080	90083
针织或钩针编织服装制造	182	55559	48245	13978	7313	7258	1420	54110
服饰制造	183	2049	1833	710	217	209	10	2039
皮革、毛皮、羽毛及其制品和制鞋业	19	54544	49903	11177	4641	4592	269	54242
皮革鞣制加工	191	15978	14194	2541	1783	1750	101	15856
皮革制品制造	192	6893	5337	1618	1556	1554		6893
毛皮鞣制及制品加工	193	1079	1079	327			15	1064
羽毛(绒)加工及制品制造	194	234	204	77	30	30		222
制鞋业	195	30361	29089	6614	1272	1259	153	30208
木材加工和木、竹、藤、棕、草制品业	20	71686	64117	13023	7568	7421	847	69187
木材加工	201	6579	6059	1212	520	512	320	6245
人造板制造	202	58019	52538	10223	5481	5351	524	55948
木质制品制造	203	7088	5520	1588	1568	1558	3	6993
竹、藤、棕、草等制品制造	204							
家具制造业	21	23739	22665	6803	1074	1037	73	20110
木质家具制造	211	19451	18725	5484	726	695	28	16764
竹、藤家具制造	212	143	106	47	38	37		143
金属家具制造	213	1026	976	409	50	50		1026
塑料家具制造	214							
其他家具制造	219	3118	2859	863	260	256	45	2176

1-D-1.3 续表 2

单位：万元

行业	代码	R&D经费内部支出	日常性支出	#人员劳务费	资产性支出	#仪器和设备	#政府资金	#企业资金
造纸和纸制品业	22	423166	362895	39863	60271	59896	1233	418493
纸浆制造	221	2003	1992	200	11	10		2003
造纸	222	403668	345863	36867	57805	57447	1092	400040
纸制品制造	223	17495	15040	2796	2455	2440	141	16451
印刷和记录媒介复制业	23	38957	32005	10599	6951	6862	391	37825
印刷	231	37732	30801	10224	6931	6842	358	36634
装订及印刷相关服务	232	786	786	295				786
记录媒介复制	233	439	418	80	20	20	33	406
文教、工美、体育和娱乐用品制造业	24	158500	146849	36698	11651	11189	12104	142975
文教办公用品制造	241	5831	5250	2647	581	579	279	5513
乐器制造	242	972	881	141	90	90		972
工艺美术及礼仪用品制造	243	64809	58520	16819	6289	6190	556	61351
体育用品制造	244	76897	73335	14914	3561	3226	11239	65176
玩具制造	245	4227	3819	1022	407	391	30	4197
游艺器材及娱乐用品制造	246	5766	5043	1155	724	713		5766
石油、煤炭及其他燃料加工业	25	542631	488218	52197	54413	53059	1946	508897
精炼石油产品制造	251	425766	381945	43944	43821	42671	1941	398928
煤炭加工	252	116203	105791	8173	10413	10210	5	109308
核燃料加工	253							
生物质燃料加工	254	661	483	80	179	179		661
化学原料和化学制品制造业	26	1703747	1550969	328234	152778	150908	31652	1642668
基础化学原料制造	261	598525	549758	87949	48766	48459	3927	589895
肥料制造	262	179069	160250	24566	18819	18089	3215	165651
农药制造	263	59357	56515	15414	2842	2829	1272	58082
涂料、油墨、颜料及类似产品制造	264	32439	27934	7713	4505	4484	2089	29728
合成材料制造	265	411104	363970	92075	47134	46730	14769	389892
专用化学产品制造	266	398557	369911	93452	28646	28274	5403	385790
炸药、火工及焰火产品制造	267	6562	5317	1184	1245	1226	498	6064
日用化学产品制造	268	18134	17313	5881	821	819	480	17566
医药制造业	27	943642	840085	269286	103557	101056	34049	904416
化学药品原料药制造	271	227177	208352	68254	18826	18218	4826	221658
化学药品制剂制造	272	352146	304871	87561	47275	46117	16401	334684
中药饮片加工	273	6779	6699	2592	80	78	170	6394
中成药生产	274	112562	99293	40128	13269	13128	3076	108536
兽用药品制造	275	22726	20184	11326	2542	2526	985	21631
生物药品制品制造	276	127471	115130	28377	12341	11832	3999	122380
卫生材料及医药用品制造	277	91700	82803	30100	8897	8831	4579	86065
药用辅料及包装材料	278	3081	2754	948	328	326	14	3067
化学纤维制造业	28	60069	52820	9705	7249	7234	1293	58436
纤维素纤维原料及纤维制造	281	18202	16738	5230	1464	1453	50	17813
合成纤维制造	282	27839	26584	3628	1255	1255	505	27334
生物基材料制造	283	14027	9498	847	4530	4527	738	13290

1-D-1.3　续表 3　单位：万元

行　业	代码	R&D经费内部支出	日常性支出	#人员劳务费	资产性支出	#仪器和设备	#政府资金	#企业资金
橡胶和塑料制品业	29	525291	472633	85762	52657	52008	1855	514921
橡胶制品业	291	406430	363341	61773	43090	42652	882	400550
塑料制品业	292	118861	109293	23990	9568	9357	973	114372
非金属矿物制品业	30	548092	492676	108775	55416	53341	18456	522084
水泥、石灰和石膏制造	301	59256	52117	8247	7138	6111		58886
石膏、水泥制品及类似制品制造	302	73352	66442	14801	6910	6782	270	71813
砖瓦、石材等建筑材料制造	303	65016	59321	12745	5695	5660	1598	60851
玻璃制造	304	18521	17043	4917	1478	1424	106	18339
玻璃制品制造	305	51661	34373	9926	17288	17228	268	51077
玻璃纤维和玻璃纤维增强塑料制品制造	306	70513	66142	17361	4371	4087	957	69154
陶瓷制品制造	307	45513	39081	12807	6432	6366	3789	40243
耐火材料制品制造	308	25674	23287	5479	2388	2383	215	24616
石墨及其他非金属矿物制品制造	309	138586	134870	22492	3716	3302	11254	127107
黑色金属冶炼和压延加工业	31	779614	721135	65173	58478	57822	750	770892
炼铁	311	3854	3725	1254	129	122		3854
炼钢	312	35502	35402	2690	100	100		35502
钢压延加工	313	707240	649290	58780	57949	57304	750	698518
铁合金冶炼	314	33018	32718	2449	300	296		33018
有色金属冶炼和压延加工业	32	1005451	939809	134965	65642	64737	3171	962104
常用有色金属冶炼	321	348823	328649	34840	20174	20150	1070	340724
贵金属冶炼	322	74974	72446	9529	2528	2503	400	74574
稀有稀土金属冶炼	323	2544	2481	814	62	61		2544
有色金属合金制造	324	40418	37332	4544	3086	3086	589	39830
有色金属压延加工	325	538692	498901	85238	39792	38937	1113	504433
金属制品业	33	359695	319941	80990	39754	39226	3587	352321
结构性金属制品制造	331	45516	40899	9830	4617	4577	241	45176
金属工具制造	332	19351	16602	6003	2750	2712	444	18299
集装箱及金属包装容器制造	333	45238	39661	10039	5577	5550	175	44798
金属丝绳及其制品制造	334	33736	24224	5290	9511	9463	147	33589
建筑、安全用金属制品制造	335	45142	44157	10771	985	964	169	44807
金属表面处理及热处理加工	336	7579	7135	1844	444	438	79	7500
搪瓷制品制造	337	937	937	495				886
金属制日用品制造	338	6861	5498	1150	1363	1348	9	6454
铸造及其他金属制品制造	339	155335	140829	35569	14506	14174	2324	150812
通用设备制造业	34	774273	716323	226695	57950	56768	25474	743165
锅炉及原动设备制造	341	259778	247323	81426	12455	12176	13224	244741
金属加工机械制造	342	149053	137200	44038	11853	11591	6698	141270
物料搬运设备制造	343	34475	31751	5487	2724	2622	232	34188
泵、阀门、压缩机及类似机械制造	344	102787	90473	25960	12315	12104	2097	99518
轴承、齿轮和传动部件制造	345	42105	36092	10184	6013	5928	144	41868
烘炉、风机、包装等设备制造	346	108391	102998	32157	5393	5251	1228	106071
文化、办公用机械制造	347	7407	6952	3278	455	452	734	6673

1-D-1.3 续表 4

单位：万元

行　业	代码	R&D经费内部支出	日常性支出	#人员劳务费	资产性支出	#仪器和设备	#政府资金	#企业资金
通用零部件制造	348	50758	45582	17168	5176	5089	722	49792
其他通用设备制造业	349	19519	17952	6997	1568	1556	397	19045
专用设备制造业	35	616890	566894	184359	49996	48977	21584	590062
采矿、冶金、建筑专用设备制造	351	243747	223277	58363	20471	20141	6465	234102
化工、木材、非金属加工专用设备制造	352	58040	55234	22660	2806	2783	334	57409
食品、饮料、烟草及饲料生产专用设备制造	353	11173	7526	2426	3648	3567	293	10852
印刷、制药、日化及日用品生产专用设备制造	354	14450	13492	5061	958	845	369	14069
纺织、服装和皮革加工专用设备制造	355	25768	22849	8647	2919	2915	1140	24628
电子和电工机械专用设备制造	356	39318	36732	13131	2586	2576	676	38484
农、林、牧、渔专用机械制造	357	65002	57748	20223	7254	7200	7692	56472
医疗仪器设备及器械制造	358	70331	66628	22128	3702	3409	2429	67672
环保、邮政、社会公共服务及其他专用设备制造	359	89062	83410	31721	5652	5542	2184	86374
汽车制造业	36	822244	721222	210172	101021	99023	6899	807003
汽车整车制造	361	422085	366762	107539	55323	54650	3588	414594
汽车用发动机制造	362	29925	29254	3868	671	451	80	29845
改装汽车制造	363	52917	50305	18737	2612	2541	634	52232
低速汽车制造	364	36394	34488	11901	1906	1798	1345	35049
电车制造	365	5843	5622	2493	221	212	38	5806
汽车车身、挂车制造	366	14936	13007	3839	1929	1632	69	14780
汽车零部件及配件制造	367	260144	221784	61796	38360	37739	1145	254697
铁路、船舶、航空航天和其他运输设备制造业	37	282503	263133	107241	19370	19155	10052	271388
铁路运输设备制造	371	189213	180233	83019	8981	8860	9375	178971
城市轨道交通设备制造	372	624	471	95	153	150	40	584
船舶及相关装置制造	373	70693	63990	16637	6703	6625	626	70040
航空、航天器及设备制造	374	951	951	548			12	939
摩托车制造	375	7270	5661	2032	1609	1609		7137
自行车和残疾人座车制造	376	3143	2463	964	680	674		3142
助动车制造	377	3138	3114	2408	24	24		3103
非公路休闲车及零配件制造	378	1107	597	95	510	510		1107
潜水救捞及其他未列明运输设备制造	379	6365	5655	1442	710	703		6365
电气机械和器材制造业	38	985863	929394	269139	56469	54820	38848	816092
电机制造	381	52606	47810	16654	4796	4666	2582	49507
输配电及控制设备制造	382	212249	200298	66114	11951	11811	3244	207521
电线、电缆、光缆及电工器材制造	383	174740	157608	19025	17132	16779	3730	169731
电池制造	384	50386	45660	8089	4726	4661	589	49527
家用电力器具制造	385	451844	439933	147490	11911	11014	28412	296770
非电力家用器具制造	386	20812	19142	5121	1670	1629	137	20615
照明器具制造	387	13972	11008	3567	2964	2964	110	13748
其他电气机械及器材制造	389	9254	7935	3080	1319	1298	44	8673
计算机、通信和其他电子设备制造业	39	1038147	943151	515649	94996	94273	25269	997621
计算机制造	391	402083	347234	241346	54849	54768	5462	386723
通信设备制造	392	22758	22183	11087	575	570	579	21847

1-D-1.3　续表 5　　　　　　　　　　　　　单位：万元

行　业	代码	R&D经费内部支出	日常性支出	#人员劳务费	资产性支出	#仪器和设备	#政府资金	#企业资金
广播电视设备制造	393	5030	4902	2120	129	129	252	4778
雷达及配套设备制造	394	160	160	64				160
非专业视听设备制造	395	215740	202990	99560	12750	12581	7773	204326
智能消费设备制造	396	97986	97339	53489	647	647	91	97831
电子器件制造	397	79454	69387	27460	10067	9641	7463	71011
电子元件及电子专用材料制造	398	200767	185000	74323	15767	15731	3242	197203
其他电子设备制造	399	14168	13956	6201	212	208	408	13743
仪器仪表制造业	40	127430	119401	61355	8029	7874	5846	120460
通用仪器仪表制造	401	71459	66387	36598	5072	4979	2431	68437
专用仪器仪表制造	402	40944	39243	17780	1701	1663	2354	38139
钟表与计时仪器制造	403	1765	1735	1029	30	30	156	1526
光学仪器制造	404	5207	4405	2281	802	792	834	4372
衡器制造	405	4982	4694	2260	288	275	48	4935
其他仪器仪表制造业	409	3073	2937	1406	137	137	23	3051
其他制造业	41	3808	3740	1271	68	59	20	3788
日用杂品制造	411	2767	2756	933	11	11		2767
核辐射加工	412							
其他未列明制造业	419	1041	984	338	57	48	20	1021
废弃资源综合利用业	42	8779	6708	1011	2072	1956	409	8320
金属废料和碎屑加工处理	421	2794	1816	361	978	891		2794
非金属废料和碎屑加工处理	422	5985	4892	650	1093	1066	409	5526
金属制品、机械和设备修理业	43	5926	4263	2948	1663	1640	130	5796
金属制品修理	431							
通用设备修理	432							
专用设备修理	433							
铁路、船舶、航空航天等运输设备修理	434	5926	4263	2948	1663	1640	130	5796
电气设备修理	435							
仪器仪表修理	436							
其他机械和设备修理业	439							
电力、热力、燃气及水生产和供应业	**D**	**109635**	**95969**	**21131**	**13665**	**13508**	**2690**	**104761**
电力、热力生产和供应业	44	91773	79965	15346	11808	11666	1012	88914
电力生产	441	73249	66029	12027	7219	7089	1012	71918
电力供应	442							
热力生产和供应	443	18524	13936	3319	4589	4576		16996
燃气生产和供应业	45	6885	6575	2202	310	307	191	6411
燃气生产和供应业	451	6443	6135	2068	308	305	50	6110
生物质燃气生产和供应业	452	443	440	134	2	2	141	301
水的生产和供应业	46	10976	9429	3583	1548	1536	1487	9436
自来水生产和供应	461	1682	1294	620	388	376		1682
污水处理及其再生利用	462	9191	8032	2890	1160	1160	1487	7651
海水淡化处理	463	103	103	74				103
其他水的处理、利用与分配	469							

1-D-1.4 分行业大中型企业R&D经费内部支出情况

单位：万元

行业	代码	R&D经费内部支出	日常性支出	#人员劳务费	资产性支出	#仪器和设备	#政府资金	#企业资金
总　计	**00**	**11125237**	**10192372**	**2728040**	**932865**	**916735**	**242020**	**10594237**
采矿业	**B**	**707446**	**666928**	**231288**	**40518**	**39168**	**29231**	**676113**
煤炭开采和洗选业	06	374974	352621	117854	22353	21221	3454	370422
烟煤和无烟煤开采洗选	061	365365	344866	115660	20499	19398	3454	360813
褐煤开采洗选	062	7635	5781	1863	1854	1822		7635
其他煤炭采选	069	1974	1974	332				1974
石油和天然气开采业	07	119258	115430	67706	3828	3823	21341	97917
石油开采	071	119258	115430	67706	3828	3823	21341	97917
天然气开采	072							
黑色金属矿采选业	08	8059	6241	3274	1817	1779	270	7789
铁矿采选	081	8059	6241	3274	1817	1779	270	7789
锰矿、铬矿采选	082							
其他黑色金属矿采选	089							
有色金属矿采选业	09	163261	151118	28144	12144	11969	685	161572
常用有色金属矿采选	091							
贵金属矿采选	092	161724	150505	27904	11218	11043	685	160034
稀有稀土金属矿采选	093	1538	612	240	925	925		1538
非金属矿采选业	10	1750	1750	371			183	1567
土砂石开采	101							
化学矿开采	102							
采盐	103	1750	1750	371			183	1567
石棉及其他非金属矿采选	109							
开采专业及辅助性活动	11	40144	39768	13939	377	377	3298	36846
煤炭开采和洗选专业及辅助性活动	111							
石油和天然气开采专业及辅助性活动	112	40144	39768	13939	377	377	3298	36846
其他开采专业及辅助性活动	119							
其他采矿业	12							
其他采矿业	120							
制造业	**C**	**10349333**	**9465519**	**2485200**	**883814**	**869070**	**212790**	**9851194**
农副食品加工业	13	396215	365868	72480	30347	29421	7589	384654
谷物磨制	131	5422	5179	730	244	194	1230	4192
饲料加工	132	11622	10050	1951	1572	1568	56	11566
植物油加工	133	72669	61596	11332	11073	10457	659	72010
制糖业	134	9417	9417	803				9417
屠宰及肉类加工	135	152361	148209	32964	4152	3985	1387	148974
水产品加工	136	57199	50175	12723	7023	6959	2695	53338
蔬菜、菌类、水果和坚果加工	137	8299	6540	1153	1759	1758	980	7319
其他农副食品加工	139	79226	74703	10825	4524	4499	583	77837
食品制造业	14	166089	152357	40318	13732	13475	1120	163868
焙烤食品制造	141	3836	3821	1723	16	16		3387
糖果、巧克力及蜜饯制造	142							
方便食品制造	143	5491	5099	1907	393	370	46	5445
乳制品制造	144	9387	8717	2847	670	670	180	9207
罐头食品制造	145	8697	7956	1997	741	581		8697
调味品、发酵制品制造	146	83634	76435	17217	7199	7183	854	82395
其他食品制造	149	55043	50330	14628	4713	4655	40	54737
酒、饮料和精制茶制造业	15	113299	109364	26350	3936	3815	1919	109439
酒的制造	151	110677	106841	25164	3836	3742	1883	106892
饮料制造	152	2622	2522	1186	100	73	36	2547
精制茶加工	153							

1-D-1.4 续表 1

单位：万元

行 业	代码	R&D经费内部支出	日常性支出	#人员劳务费	资产性支出	#仪器和设备	#政府资金	#企业资金
烟草制品业	16	5591	5568	2094	23	23		5591
烟叶复烤	161							
卷烟制造	162	5591	5568	2094	23	23		5591
其他烟草制品制造	169							
纺织业	17	236202	211948	67440	24254	23876	3548	231163
棉纺织及印染精加工	171	167514	151895	50065	15618	15429	2526	164424
毛纺织及染整精加工	172	10715	9620	2653	1095	1094	323	10393
麻纺织及染整精加工	173							
丝绢纺织及印染精加工	174							
化纤织造及印染精加工	175	2075	2075	120				1671
针织或钩针编织物及其制品制造	176	1669	1020	128	649	649		1669
家用纺织制成品制造	177	53996	47104	14382	6892	6704	700	52785
产业用纺织制成品制造	178	233	233	92				221
纺织服装、服饰业	18	134746	122407	29984	12339	12052	5410	129308
机织服装制造	181	83842	78500	17112	5342	5108	4000	79842
针织或钩针编织服装制造	182	50639	43642	12779	6997	6944	1410	49201
服饰制造	183	265	265	94				265
皮革、毛皮、羽毛及其制品和制鞋业	19	32889	30520	8278	2369	2356	214	32675
皮革鞣制加工	191	8672	7624	2333	1048	1048	61	8611
皮革制品制造	192	1164	888	518	276	276		1164
毛皮鞣制及制品加工	193							
羽毛(绒)加工及制品制造	194							
制鞋业	195	23053	22008	5428	1044	1031	153	22900
木材加工和木、竹、藤、棕、草制品业	20	18938	17338	3843	1600	1598	114	18612
木材加工	201							
人造板制造	202	17188	15588	3199	1600	1598	114	16861
木质制品制造	203	1751	1751	645				1751
竹、藤、棕、草等制品制造	204							
家具制造业	21	5600	5426	1849	173	173	27	4243
木质家具制造	211	3483	3309	1282	173	173	27	2736
竹、藤家具制造	212							
金属家具制造	213	762	762	324				762
塑料家具制造	214							
其他家具制造	219	1355	1355	242				745
造纸和纸制品业	22	372632	319837	32314	52795	52566	1116	369594
纸浆制造	221	1859	1859	161				1859
造纸	222	366222	313474	31706	52747	52518	1091	363951
纸制品制造	223	4552	4505	447	48	48	24	3785
印刷和记录媒介复制业	23	11094	9662	4564	1432	1349	311	10783
印刷	231	11094	9662	4564	1432	1349	311	10783
装订及印刷相关服务	232							
记录媒介复制	233							
文教、工美、体育和娱乐用品制造业	24	107994	102431	24450	5563	5234	11715	94546
文教办公用品制造	241	1543	1373	1037	171	171		1543
乐器制造	242	127	127	108				127
工艺美术及礼仪用品制造	243	40882	38108	11881	2774	2771	499	38649
体育用品制造	244	63427	60894	11377	2533	2207	11216	52211
玩具制造	245	636	550	34	86	86		636
游艺器材及娱乐用品制造	246	1380	1380	12				1380
石油、煤炭及其他燃料加工业	25	508819	456222	47432	52597	52036	1889	475612

1-D-1.4 续表 2

单位：万元

行 业	代码	R&D经费内部支出	日常性支出	#人员劳务费	资产性支出	#仪器和设备	#政府资金	#企业资金
精炼石油产品制造	251	401537	359333	40647	42204	41847	1884	375225
煤炭加工	252	107282	96889	6786	10393	10190	5	100387
核燃料加工	253							
生物质燃料加工	254							
化学原料和化学制品制造业	26	1243249	1135025	243743	108224	106944	24608	1194125
基础化学原料制造	261	486355	451224	70040	35130	34961	2919	479713
肥料制造	262	153415	137227	19429	16188	15476	2415	141046
农药制造	263	43154	41249	11257	1904	1893	1024	42130
涂料、油墨、颜料及类似产品制造	264	9509	8939	3293	570	562	2081	7429
合成材料制造	265	338719	295801	77999	42918	42674	13487	319093
专用化学产品制造	266	194889	184268	57463	10621	10501	1908	188279
炸药、火工及焰火产品制造	267	5207	4715	1021	492	476	495	4712
日用化学产品制造	268	12002	11602	3243	400	400	280	11722
医药制造业	27	817418	732031	233855	85386	83534	29113	785820
化学药品原料药制造	271	199777	183366	60769	16412	15994	4164	195412
化学药品制剂制造	272	341390	296690	83951	44700	43544	15730	324625
中药饮片加工	273	3270	3250	1697	20	20	17	3253
中成药生产	274	101911	90114	38125	11798	11702	2487	98748
兽用药品制造	275	16905	15417	9469	1488	1488	793	16112
生物药品制品制造	276	75828	70281	13248	5547	5383	1689	73975
卫生材料及医药用品制造	277	77209	71875	26202	5333	5315	4234	72568
药用辅料及包装材料	278	1128	1040	394	89	89		1128
化学纤维制造业	28	32782	26790	6358	5992	5979	788	31655
纤维素纤维原料及纤维制造	281	16955	15493	5113	1463	1453	50	16565
合成纤维制造	282	1800	1800	398				1800
生物基材料制造	283	14027	9498	847	4530	4527	738	13290
橡胶和塑料制品业	29	387722	346638	61624	41084	40683	601	382023
橡胶制品业	291	369805	329809	56178	39996	39598	601	364525
塑料制品业	292	17917	16829	5446	1088	1084		17498
非金属矿物制品业	30	335855	305505	68282	30350	28622	16180	315770
水泥、石灰和石膏制造	301	37654	33507	4960	4147	3193		37285
石膏、水泥制品及类似制品制造	302	26178	26011	7207	167	165	50	26128
砖瓦、石材等建筑材料制造	303	24856	23993	6025	863	845	378	23461
玻璃制造	304	8146	7786	1972	361	310	100	8046
玻璃制品制造	305	44956	28386	8533	16570	16543	248	44393
玻璃纤维和玻璃纤维增强塑料制品制造	306	44021	41633	12556	2388	2118	899	42719
陶瓷制品制造	307	27071	23101	8408	3970	3921	3289	22748
耐火材料制品制造	308	11122	11009	2219	113	113	90	10491
石墨及其他非金属矿物制品制造	309	111852	110080	16403	1772	1413	11126	100500
黑色金属冶炼和压延加工业	31	742326	688164	61701	54163	53608	538	734064
炼铁	311	3854	3725	1254	129	122		3854
炼钢	312	35199	35099	2461	100	100		35199
钢压延加工	313	675123	621420	55827	53703	53156	538	666861
铁合金冶炼	314	28150	27920	2160	230	230		28150
有色金属冶炼和压延加工业	32	924427	867574	123516	56852	56020	2569	882418
常用有色金属冶炼	321	344457	324606	34009	19851	19826	1070	336358
贵金属冶炼	322	67969	67523	7993	446	429	400	67569
稀有稀土金属冶炼	323	2544	2481	814	62	61		2544
有色金属合金制造	324	25674	24755	2964	920	920	140	25534
有色金属压延加工	325	483783	448210	77736	35574	34784	959	450414

1-D-1.4　续表 3　　　　　　　　　　　　　　　　　　　　单位：万元

行　业	代码	R&D经费内部支出	日常性支出	#人员劳务费	资产性支出	#仪器和设备	#政府资金	#企业资金
金属制品业	33	211857	191128	48641	20729	20457	729	209636
结构性金属制品制造	331	11475	11089	2841	386	382	113	11362
金属工具制造	332	7182	6783	3242	399	393		7115
集装箱及金属包装容器制造	333	27924	23940	6291	3984	3981	150	27774
金属丝绳及其制品制造	334	29475	19973	5016	9501	9453	50	29425
建筑、安全用金属制品制造	335	35865	35515	8692	350	349		35860
金属表面处理及热处理加工	336	4029	3866	1167	163	163		4029
搪瓷制品制造	337							
金属制日用品制造	338	659	633	226	26	26		659
铸造及其他金属制品制造	339	95248	89329	21167	5919	5710	416	93412
通用设备制造业	34	496348	470002	161884	26345	25957	21771	473438
锅炉及原动设备制造	341	210708	203176	71802	7532	7419	12467	197427
金属加工机械制造	342	81405	78663	27957	2742	2695	5795	75610
物料搬运设备制造	343	16729	14853	2092	1876	1792	12	16717
泵、阀门、压缩机及类似机械制造	344	57073	50989	15695	6084	6031	1660	55372
轴承、齿轮和传动部件制造	345	23092	19399	5655	3693	3627	70	22979
烘炉、风机、包装等设备制造	346	71769	69771	22020	1999	1980	427	71120
文化、办公用机械制造	347	5218	4788	2621	430	430	734	4484
通用零部件制造	348	21873	20651	10789	1222	1214	564	21292
其他通用设备制造业	349	8482	7713	3255	769	769	44	8438
专用设备制造业	35	348060	321283	110303	26776	26203	11584	333635
采矿、冶金、建筑专用设备制造	351	174135	159056	42181	15080	14904	5356	166360
化工、木材、非金属加工专用设备制造	352	24514	24102	12524	413	411	20	24494
食品、饮料、烟草及饲料生产专用设备制造	353	1725	1305	524	420	342	13	1712
印刷、制药、日化及日用品生产专用设备制造	354	4922	4878	1844	44	44	143	4779
纺织、服装和皮革加工专用设备制造	355	14067	12945	5999	1122	1122	844	13223
电子和电工机械专用设备制造	356	26370	26334	9729	36	36	316	26055
农、林、牧、渔专用机械制造	357	26306	22702	8705	3604	3583	3253	22985
医疗仪器设备及器械制造	358	35076	32532	12630	2543	2311	1299	33777
环保、邮政、社会公共服务及其他专用设备制造	359	40944	37429	16169	3515	3449	341	40250
汽车制造业	36	701789	618049	179634	83740	82137	6155	688122
汽车整车制造	361	415666	360669	105811	54997	54536	3576	408188
汽车用发动机制造	362	28028	27450	3053	578	358	80	27948
改装汽车制造	363	35051	33166	14653	1885	1834	512	34519
低速汽车制造	364	35479	33727	11615	1753	1650	1345	34134
电车制造	365	4649	4649	2196				4649
汽车车身、挂车制造	366	5650	5042	2046	607	328	30	5620
汽车零部件及配件制造	367	177267	153346	40261	23921	23431	612	173065
铁路、船舶、航空航天和其他运输设备制造业	37	241171	223728	94330	17443	17245	9549	230645
铁路运输设备制造	371	174119	165486	77492	8634	8516	9274	164000
城市轨道交通设备制造	372							
船舶及相关装置制造	373	49949	44268	10910	5681	5605	275	49674
航空、航天器及设备制造	374							
摩托车制造	375	7161	5594	2021	1567	1567		7028
自行车和残疾人座车制造	376	2537	2135	889	403	397		2537
助动车制造	377	2117	2117	2011				2117
非公路休闲车及零配件制造	378	1107	597	95	510	510		1107
潜水救捞及其他未列明运输设备制造	379	4181	3531	912	649	649		4181
电气机械和器材制造业	38	765790	727562	217686	38229	37023	35045	602422
电机制造	381	28654	25360	8933	3295	3260	832	27822

1-D-1.4 续表 4

单位：万元

行业	代码	R&D经费内部支出	日常性支出	#人员劳务费	资产性支出	#仪器和设备	#政府资金	#企业资金
输配电及控制设备制造	382	127051	121647	43666	5404	5384	2435	123898
电线、电缆、光缆及电工器材制造	383	129156	113609	10741	15547	15296	3381	124791
电池制造	384	24232	23751	3929	482	482	35	24197
家用电力器具制造	385	439601	429722	145824	9879	8994	28293	284787
非电力家用器具制造	386	8955	8689	3087	266	263	70	8885
照明器具制造	387	5810	3221	921	2589	2589		5711
其他电气机械及器材制造	389	2332	1564	585	768	755		2332
计算机、通信和其他电子设备制造业	39	928908	844577	477634	84331	83711	15413	899469
计算机制造	391	394090	339462	237031	54629	54551	4934	379258
通信设备制造	392	10542	10266	6205	276	272	373	9890
广播电视设备制造	393	955	955	170				955
雷达及配套设备制造	394							
非专业视听设备制造	395	209510	197060	98744	12450	12281	6159	200268
智能消费设备制造	396	95507	95197	52597	310	310		95507
电子器件制造	397	51655	45424	17824	6231	5866	3183	47708
电子元件及电子专用材料制造	398	161510	151091	62162	10419	10417	765	160745
其他电子设备制造	399	5139	5123	2902	16	14		5139
仪器仪表制造业	40	55047	52630	31612	2417	2405	3046	51517
通用仪器仪表制造	401	28299	26908	17402	1391	1385	637	27261
专用仪器仪表制造	402	20766	19862	9938	904	897	2054	18712
钟表与计时仪器制造	403	930	930	599				847
光学仪器制造	404	1785	1785	1230			290	1495
衡器制造	405	2496	2481	2126	15	15	43	2453
其他仪器仪表制造业	409	772	664	318	108	108	23	750
其他制造业	41	2146	2146	492				2146
日用杂品制造	411	2146	2146	492				2146
核辐射加工	412							
其他未列明制造业	419							
废弃资源综合利用业	42							
金属废料和碎屑加工处理	421							
非金属废料和碎屑加工处理	422							
金属制品、机械和设备修理业	43	4330	3738	2510	592	569	130	4200
金属制品修理	431							
通用设备修理	432							
专用设备修理	433							
铁路、船舶、航空航天等运输设备修理	434	4330	3738	2510	592	569	130	4200
电气设备修理	435							
仪器仪表修理	436							
其他机械和设备修理业	439							
电力、热力、燃气及水生产和供应业	**D**	**68458**	**59925**	**11551**	**8533**	**8497**		**66930**
电力、热力生产和供应业	44	66435	58318	10720	8116	8086		64906
电力生产	441	52875	48274	8807	4601	4574		52875
电力供应	442							
热力生产和供应	443	13560	10045	1913	3515	3511		12032
燃气生产和供应业	45	1233	1048	650	185	182		1233
燃气生产和供应业	451	1233	1048	650	185	182		1233
水的生产和供应业	46	790	558	181	232	230		790
自来水生产和供应	461	790	558	181	232	230		790
污水处理及其再生利用	462							
其他水的处理、利用与分配	469							

1-D-1.5　分行业内资企业R&D经费内部支出情况

单位：万元

行　业	代码	R&D经费内部支出	日常性支出	#人员劳务费	资产性支出	#仪器和设备	#政府资金	#企业资金
总　计	**00**	**12655847**	**11511551**	**2990747**	**1144296**	**1121803**	**288207**	**12048569**
采矿业	**B**	**734893**	**691776**	**231068**	**43117**	**41765**	**29266**	**703487**
煤炭开采和洗选业	06	376989	354612	115639	22377	21245	3487	372405
烟煤和无烟煤开采洗选	061	367380	346857	113445	20523	19423	3487	362796
褐煤开采洗选	062	7635	5781	1863	1854	1822		7635
其他煤炭采选	069	1974	1974	332				1974
石油和天然气开采业	07	119258	115430	67706	3828	3823	21341	97917
石油开采	071	119258	115430	67706	3828	3823	21341	97917
天然气开采	072							
黑色金属矿采选业	08	16116	13957	3846	2159	2122	270	15846
铁矿采选	081	16116	13957	3846	2159	2122	270	15846
锰矿、铬矿采选	082							
其他黑色金属矿采选	089							
有色金属矿采选业	09	174581	162397	29068	12184	12009	686	172890
常用有色金属矿采选	091							
贵金属矿采选	092	173043	161785	28827	11258	11083	686	171352
稀有稀土金属矿采选	093	1538	612	240	925	925		1538
非金属矿采选业	10	7772	5580	848	2192	2190	183	7552
土砂石开采	101	3220	2548	294	673	673		3183
化学矿开采	102							
采盐	103	1750	1750	371			183	1567
石棉及其他非金属矿采选	109	2802	1282	183	1520	1518		2802
开采专业及辅助性活动	11	40144	39768	13939	377	377	3298	36846
煤炭开采和洗选专业及辅助性活动	111							
石油和天然气开采专业及辅助性活动	112	40144	39768	13939	377	377	3298	36846
其他开采专业及辅助性活动	119							
其他采矿业	12	32	32	23				32
其他采矿业	120	32	32	23				32
制造业	**C**	**11820363**	**10731301**	**2740318**	**1089063**	**1068075**	**257264**	**11248135**
农副食品加工业	13	467917	424579	75767	43338	42071	6599	455447
谷物磨制	131	30013	26685	3542	3329	3245	1396	28364
饲料加工	132	52602	47282	9346	5320	5228	477	51511
植物油加工	133	88869	76363	14637	12506	11883	774	87532
制糖业	134	9623	9587	911	35	35	45	9578
屠宰及肉类加工	135	128209	123242	23136	4967	4707	1438	124573
水产品加工	136	45305	37765	10058	7540	7448	1585	42387
蔬菜、菌类、水果和坚果加工	137	25152	21695	3973	3457	3397	180	24632
其他农副食品加工	139	88144	81959	10164	6185	6128	705	86870
食品制造业	14	166290	149838	38353	16452	15687	5501	159521
焙烤食品制造	141	7143	5857	1752	1286	1255	33	6448
糖果、巧克力及蜜饯制造	142	2943	2183	420	760	752		2697

1-D-1.5 续表 1

单位：万元

行业	代码	R&D经费内部支出	日常性支出	#人员劳务费	资产性支出	#仪器和设备	#政府资金	#企业资金
方便食品制造	143	9229	8466	2479	763	708	56	9173
乳制品制造	144	7362	6480	1260	882	882	200	7162
罐头食品制造	145	14524	13658	3472	866	694		14524
调味品、发酵制品制造	146	55357	49759	13114	5598	5579	900	54247
其他食品制造	149	69732	63435	15856	6297	5818	4311	65271
酒、饮料和精制茶制造业	15	99275	92523	20397	6752	6618	2382	94773
酒的制造	151	92044	86967	19153	5077	4952	2061	88075
饮料制造	152	6976	5312	1072	1664	1654	321	6527
精制茶加工	153	255	243	172	12	12	1	171
烟草制品业	16	5892	5869	2354	23	23		5892
烟叶复烤	161							
卷烟制造	162	5591	5568	2094	23	23		5591
其他烟草制品制造	169	301	301	260				301
纺织业	17	274261	236490	59325	37770	36958	3176	268476
棉纺织及印染精加工	171	179679	157778	39397	21901	21377	2021	175965
毛纺织及染整精加工	172	11593	10374	2860	1219	1216	323	11270
麻纺织及染整精加工	173							
丝绢纺织及印染精加工	174							
化纤织造及印染精加工	175	3636	3610	712	26	26	130	3102
针织或钩针编织物及其制品制造	176	7286	6311	1067	976	950		7286
家用纺织制成品制造	177	52751	45719	13197	7032	6832	700	51540
产业用纺织制成品制造	178	19315	12699	2093	6616	6557	3	19312
纺织服装、服饰业	18	150100	136205	32865	13894	13591	5511	144561
机织服装制造	181	92930	86566	18508	6364	6124	4080	88850
针织或钩针编织服装制造	182	55120	47807	13646	7313	7258	1420	53671
服饰制造	183	2049	1833	710	217	209	10	2039
皮革、毛皮、羽毛及其制品和制鞋业	19	47300	43115	8820	4185	4136	218	47049
皮革鞣制加工	191	11372	10045	1284	1327	1293	50	11301
皮革制品制造	192	5601	4045	866	1556	1554		5601
毛皮鞣制及制品加工	193	1079	1079	327			15	1064
羽毛(绒)加工及制品制造	194	234	204	77	30	30		222
制鞋业	195	29015	27743	6266	1272	1259	153	28862
木材加工和木、竹、藤、棕、草制品业	20	64836	57419	11297	7418	7271	687	62497
木材加工	201	5136	4668	976	469	462	273	4850
人造板制造	202	52612	47231	8733	5381	5251	411	50655
木质制品制造	203	7088	5520	1588	1568	1558	3	6993
竹、藤、棕、草等制品制造	204							
家具制造业	21	21801	20852	5973	949	913	73	18171
木质家具制造	211	18275	17673	4978	602	571	28	15587
竹、藤家具制造	212	143	106	47	38	37		143
金属家具制造	213	264	214	85	50	50		264
塑料家具制造	214							
其他家具制造	219	3118	2859	863	260	256	45	2176

1-D-1.5 续表 2

单位：万元

行业	代码	R&D经费内部支出	日常性支出	#人员劳务费	资产性支出	#仪器和设备	#政府资金	#企业资金
造纸和纸制品业	22	287543	258501	34872	29042	28675	1216	282887
纸浆制造	221	2003	1992	200	11	10		2003
造纸	222	268281	241705	32096	26576	26225	1075	264669
纸制品制造	223	17259	14804	2576	2455	2440	141	16215
印刷和记录媒介复制业	23	31452	25214	7906	6238	6149	354	30357
印刷	231	30666	24428	7610	6238	6149	354	29571
装订及印刷相关服务	232	786	786	295				786
记录媒介复制	233							
文教、工美、体育和娱乐用品制造业	24	143955	133577	31404	10378	9916	12104	128516
文教办公用品制造	241	2840	2601	1314	240	238	279	2522
乐器制造	242	972	881	141	90	90		972
工艺美术及礼仪用品制造	243	56773	51037	14143	5736	5637	556	53402
体育用品制造	244	73508	70326	13749	3181	2846	11239	61787
玩具制造	245	4155	3747	953	407	391	30	4125
游艺器材及娱乐用品制造	246	5708	4985	1104	724	713		5708
石油、煤炭及其他燃料加工业	25	536439	483015	50959	53424	52071	1946	502705
精炼石油产品制造	251	421888	378698	42904	43190	42040	1941	395050
煤炭加工	252	113890	103834	7975	10055	9852	5	106994
核燃料加工	253							
生物质燃料加工	254	661	483	80	179	179		661
化学原料和化学制品制造业	26	1585294	1442893	305254	142401	140623	31190	1529104
基础化学原料制造	261	566382	523355	82307	43027	42720	3899	557781
肥料制造	262	174338	156367	23546	17971	17244	3215	161146
农药制造	263	57297	54527	14896	2770	2757	1272	56021
涂料、油墨、颜料及类似产品制造	264	31987	27537	7515	4450	4429	2089	29275
合成材料制造	265	376653	330884	85106	45769	45397	14504	355707
专用化学产品制造	266	354217	327840	85046	26377	26059	5234	345819
炸药、火工及焰火产品制造	267	6562	5317	1184	1245	1226	498	6064
日用化学产品制造	268	17859	17066	5653	793	791	480	17290
医药制造业	27	720015	640185	195334	79829	77419	30816	684187
化学药品原料药制造	271	152651	140942	42237	11709	11104	3235	148776
化学药品制剂制造	272	326052	283025	82152	43028	41877	16257	308734
中药饮片加工	273	6736	6656	2573	80	78	170	6352
中成药生产	274	40376	37016	12340	3360	3297	2114	37337
兽用药品制造	275	19998	17907	9959	2092	2076	805	19083
生物药品制品制造	276	104821	93002	24256	11819	11312	3886	99886
卫生材料及医药用品制造	277	66551	59137	20977	7414	7349	4337	61204
药用辅料及包装材料	278	2829	2501	839	328	326	14	2815
化学纤维制造业	28	53473	46226	8706	7247	7234	1293	51841
纤维素纤维原料及纤维制造	281	16955	15493	5113	1463	1453	50	16565
合成纤维制造	282	22491	21236	2745	1255	1255	505	21986
生物基材料制造	283	14027	9498	847	4530	4527	738	13290

1-D-1.5 续表 3

单位：万元

行 业	代码	R&D经费内部支出	日常性支出	#人员劳务费	资产性支出	#仪器和设备	#政府资金	#企业资金
橡胶和塑料制品业	29	511009	459010	81793	51999	51362	1855	500660
橡胶制品业	291	399210	356371	59568	42839	42401	882	393329
塑料制品业	292	111800	102640	22224	9160	8961	973	107331
非金属矿物制品业	30	517692	465574	100461	52118	50071	18065	493159
水泥、石灰和石膏制造	301	57606	50665	7876	6941	5913		57237
石膏、水泥制品及类似制品制造	302	73352	66442	14801	6910	6782	270	71813
砖瓦、石材等建筑材料制造	303	51261	46271	8539	4990	4968	1478	48295
玻璃制造	304	17210	15732	4597	1478	1424	106	17028
玻璃制品制造	305	50821	33534	9550	17288	17228	268	50238
玻璃纤维和玻璃纤维增强塑料制品制造	306	70513	66142	17361	4371	4087	957	69154
陶瓷制品制造	307	36407	32317	10718	4090	4038	3518	31408
耐火材料制品制造	308	25052	22717	5213	2335	2330	215	23997
石墨及其他非金属矿物制品制造	309	135469	131754	21807	3716	3302	11254	123990
黑色金属冶炼和压延加工业	31	773669	715224	63903	58445	57788	715	764982
炼铁	311	3854	3725	1254	129	122		3854
炼钢	312	35502	35402	2690	100	100		35502
钢压延加工	313	701295	643379	57510	57916	57271	715	692608
铁合金冶炼	314	33018	32718	2449	300	296		33018
有色金属冶炼和压延加工业	32	822488	757358	123363	65130	64235	2971	779401
常用有色金属冶炼	321	234667	214777	32796	19890	19865	870	226768
贵金属冶炼	322	74974	72446	9529	2528	2503	400	74574
稀有稀土金属冶炼	323	2544	2481	814	62	61		2544
有色金属合金制造	324	40418	37332	4544	3086	3086	589	39830
有色金属压延加工	325	469886	430321	75681	39565	38719	1113	435686
金属制品业	33	317806	281232	69477	36574	36254	3482	310538
结构性金属制品制造	331	44331	39728	9687	4603	4563	241	43992
金属工具制造	332	16222	13778	4619	2444	2412	444	15170
集装箱及金属包装容器制造	333	33655	28429	7822	5227	5204	175	33215
金属丝绳及其制品制造	334	22927	14986	2836	7941	7941	147	22781
建筑、安全用金属制品制造	335	42702	41797	10026	906	884	169	42367
金属表面处理及热处理加工	336	7579	7135	1844	444	438	79	7500
搪瓷制品制造	337	937	937	495				886
金属制日用品制造	338	6434	5097	1013	1337	1322	9	6027
铸造及其他金属制品制造	339	143019	129346	31137	13673	13489	2219	138602
通用设备制造业	34	725020	669279	211062	55741	54580	25331	695329
锅炉及原动设备制造	341	249579	237820	78870	11759	11486	13224	234957
金属加工机械制造	342	140324	128471	41694	11853	11591	6698	132560
物料搬运设备制造	343	32422	29698	4990	2724	2622	217	32158
泵、阀门、压缩机及类似机械制造	344	86814	75837	21186	10978	10781	2036	83648
轴承、齿轮和传动部件制造	345	42105	36092	10184	6013	5928	144	41868
烘炉、风机、包装等设备制造	346	98905	93512	27643	5393	5251	1219	97383
文化、办公用机械制造	347	7407	6952	3278	455	452	734	6673

1-D-1.5 续表 4

单位：万元

行 业	代码	R&D经费内部支出	日常性支出	#人员劳务费	资产性支出	#仪器和设备	#政府资金	#企业资金
通用零部件制造	348	47955	42954	16228	5001	4914	664	47047
其他通用设备制造业	349	19509	17942	6989	1568	1556	397	19035
专用设备制造业	35	535400	495443	160313	39957	38970	20951	509332
采矿、冶金、建筑专用设备制造	351	189034	177073	46461	11961	11648	5936	179918
化工、木材、非金属加工专用设备制造	352	56103	53303	21425	2800	2777	334	55473
食品、饮料、烟草及饲料生产专用设备制造	353	9624	6299	2102	3325	3246	293	9302
印刷、制药、日化及日用品生产专用设备制造	354	11347	10431	3707	916	802	354	10981
纺织、服装和皮革加工专用设备制造	355	24864	21945	8065	2919	2915	1140	23724
电子和电工机械专用设备制造	356	38488	35918	12790	2570	2560	676	37654
农、林、牧、渔专用机械制造	357	54124	47691	16178	6432	6386	7677	45610
医疗仪器设备及器械制造	358	66539	62837	20344	3702	3409	2379	63930
环保、邮政、社会公共服务及其他专用设备制造	359	85279	79946	29242	5333	5227	2161	82741
汽车制造业	36	749562	650632	185793	98931	97212	6832	736691
汽车整车制造	361	421205	365882	107457	55323	54650	3588	413715
汽车用发动机制造	362	29925	29254	3868	671	451	80	29845
改装汽车制造	363	43758	41335	12675	2423	2352	634	43073
低速汽车制造	364	36394	34488	11901	1906	1798	1345	35049
电车制造	365	5843	5622	2493	221	212	38	5806
汽车车身、挂车制造	366	13311	11495	3336	1816	1519	69	13155
汽车零部件及配件制造	367	199126	162555	44065	36571	36230	1078	196049
铁路、船舶、航空航天和其他运输设备制造业	37	262223	243581	99800	18642	18443	10052	251241
铁路运输设备制造	371	176990	168551	78105	8439	8327	9375	166747
城市轨道交通设备制造	372	624	471	95	153	150	40	584
船舶及相关装置制造	373	68354	61753	15849	6601	6522	626	67701
航空、航天器及设备制造	374	102	102	57			12	90
摩托车制造	375	3067	1522	1084	1544	1544		3067
自行车和残疾人座车制造	376	3143	2463	964	680	674		3142
助动车制造	377	3138	3114	2408	24	24		3103
非公路休闲车及零配件制造	378	1107	597	95	510	510		1107
潜水救捞及其他未列明运输设备制造	379	5700	5008	1143	692	692		5700
电气机械和器材制造业	38	938726	884285	251985	54441	52817	37017	771473
电机制造	381	42039	38042	12637	3997	3871	2549	38974
输配电及控制设备制造	382	200009	188502	61487	11508	11368	1681	196874
电线、电缆、光缆及电工器材制造	383	171406	154326	17874	17080	16727	3680	166475
电池制造	384	44723	40731	6456	3992	3948	475	44248
家用电力器具制造	385	443403	431491	144983	11911	11014	28412	288328
非电力家用器具制造	386	15712	14042	2787	1670	1629	67	15585
照明器具制造	387	12985	10021	3115	2964	2964	110	12860
其他电气机械及器材制造	389	8449	7130	2646	1319	1298	44	8129
计算机、通信和其他电子设备制造业	39	887889	801176	449418	86713	86238	20826	853097
计算机制造	391	394687	340864	237812	53823	53741	5436	379352
通信设备制造	392	18870	18295	8378	575	570	579	18237

1-D-1.5 续表 5

单位：万元

行业	代码	R&D经费内部支出	日常性支出	#人员劳务费	资产性支出	#仪器和设备	#政府资金	#企业资金
广播电视设备制造	393	4075	3946	1950	129	129	252	3823
雷达及配套设备制造	394	160	160	64				160
非专业视听设备制造	395	205565	193115	96900	12450	12281	6159	195765
智能消费设备制造	396	14675	14338	11458	337	337	91	14520
电子器件制造	397	58975	55243	22031	3732	3553	4787	53972
电子元件及电子专用材料制造	398	185210	169739	68533	15471	15434	3114	182021
其他电子设备制造	399	5672	5476	2292	196	194	408	5247
仪器仪表制造业	40	111625	103791	51579	7833	7678	5672	105313
通用仪器仪表制造	401	63803	58927	32614	4876	4783	2420	61194
专用仪器仪表制造	402	34243	32542	12837	1701	1663	2354	31438
钟表与计时仪器制造	403	938	908	509	30	30	156	782
光学仪器制造	404	4644	3842	1977	802	792	672	3973
衡器制造	405	4982	4694	2260	288	275	48	4935
其他仪器仪表制造业	409	3014	2878	1381	137	137	23	2992
其他制造业	41	1041	984	338	57	48	20	1021
日用杂品制造	411							
核辐射加工	412							
其他未列明制造业	419	1041	984	338	57	48	20	1021
废弃资源综合利用业	42	8779	6708	1011	2072	1956	409	8320
金属废料和碎屑加工处理	421	2794	1816	361	978	891		2794
非金属废料和碎屑加工处理	422	5985	4892	650	1093	1066	409	5526
金属制品、机械和设备修理业	43	1596	525	438	1071	1071		1596
金属制品修理	431							
通用设备修理	432							
专用设备修理	433							
铁路、船舶、航空航天等运输设备修理	434	1596	525	438	1071	1071		1596
电气设备修理	435							
仪器仪表修理	436							
其他机械和设备修理业	439							
电力、热力、燃气及水生产和供应业	**D**	**100591**	**88475**	**19362**	**12116**	**11963**	**1678**	**96947**
电力、热力生产和供应业	44	85539	74950	14706	10589	10449		83691
电力生产	441	67014	61014	11387	6001	5872		66695
电力供应	442							
热力生产和供应	443	18524	13936	3319	4589	4576		16996
燃气生产和供应业	45	5472	5196	1797	275	273	191	5216
燃气生产和供应业	451	5029	4756	1663	273	270	50	4914
生物质燃气生产和供应业	452	443	440	134	2	2	141	301
水的生产和供应业	46	9580	8329	2860	1252	1242	1487	8040
自来水生产和供应	461	1271	939	287	332	322		1271
污水处理及其再生利用	462	8206	7286	2499	920	920	1487	6666
海水淡化处理	463	103	103	74				103
其他水的处理、利用与分配	469							

1-D-1.6　分行业港澳台商投资企业R&D经费内部支出情况

单位：万元

行　业	代码	R&D经费内部支出	日常性支出	#人员劳务费	资产性支出	#仪器和设备	#政府资金	#企业资金
总　计	**00**	**459036**	**433047**	**108700**	**25990**	**25729**	**4100**	**451556**
采矿业	**B**	**6761**	**6761**	**2487**				**6761**
煤炭开采和洗选业	06	6761	6761	2487				6761
烟煤和无烟煤开采洗选	061	6761	6761	2487				6761
褐煤开采洗选	062							
石油和天然气开采业	07							
石油开采	071							
天然气开采	072							
黑色金属矿采选业	08							
铁矿采选	081							
有色金属矿采选业	09							
常用有色金属矿采选	091							
贵金属矿采选	092							
非金属矿采选业	10							
土砂石开采	101							
化学矿开采	102							
采盐	103							
石棉及其他非金属矿采选	109							
开采专业及辅助性活动	11							
石油和天然气开采专业及辅助性活动	112							
制造业	**C**	**446451**	**421197**	**104966**	**25254**	**24999**	**3088**	**439982**
农副食品加工业	13	19968	18321	5152	1647	1645	1185	18768
谷物磨制	131	33	33	20				18
饲料加工	132	776	776	90				776
植物油加工	133	36	36	25				36
制糖业	134							
屠宰及肉类加工	135	14024	13988	4471	35	35		14024
水产品加工	136							
蔬菜、菌类、水果和坚果加工	137	5100	3488	547	1612	1610	1185	3915
其他农副食品加工	139							
食品制造业	14	31763	29237	5018	2526	2493	50	31449
焙烤食品制造	141							
糖果、巧克力及蜜饯制造	142	138	138	28				138
方便食品制造	143							
乳制品制造	144							
罐头食品制造	145							
调味品、发酵制品制造	146	22934	21224	2197	1709	1709		22670
其他食品制造	149	8691	7875	2794	816	784	50	8641
酒、饮料和精制茶制造业	15	3023	2805	968	218	195		3023
酒的制造	151	2051	1898	614	153	150		2051
饮料制造	152	972	908	354	65	45		972
精制茶加工	153							
烟草制品业	16							
烟叶复烤	161							
其他烟草制品制造	169							
纺织业	17	23991	23378	6475	613	606		23991

1-D-1.6 续表 1

单位：万元

行　业	代码	R&D经费内部支出	日常性支出	#人员劳务费	资产性支出	#仪器和设备	#政府资金	#企业资金
棉纺织及印染精加工	171	18707	18250	4683	458	458		18707
毛纺织及染整精加工	172	816	719	142	97	90		816
麻纺织及染整精加工	173	805	805	87				805
丝绢纺织及印染精加工	174							
化纤织造及印染精加工	175							
针织或钩针编织物及其制品制造	176							
家用纺织制成品制造	177	1971	1971	1184				1971
产业用纺织制成品制造	178	1693	1634	379	59	59		1693
纺织服装、服饰业	18	339	339	285				339
机织服装制造	181							
针织或钩针编织服装制造	182	339	339	285				339
服饰制造	183							
皮革、毛皮、羽毛及其制品和制鞋业	19	5006	4550	1400	457	457	51	4955
皮革鞣制加工	191	4606	4150	1258	457	457	51	4555
皮革制品制造	192							
毛皮鞣制及制品加工	193							
羽毛(绒)加工及制品制造	194							
制鞋业	195	400	400	143				400
木材加工和木、竹、藤、棕、草制品业	20	4499	4399	1330	100	100	80	4419
木材加工	201							
人造板制造	202	4499	4399	1330	100	100	80	4419
木质制品制造	203							
竹、藤、棕、草等制品制造	204							
家具制造业	21	665	541	336	125	125		665
木质家具制造	211	665	541	336	125	125		665
竹、藤家具制造	212							
金属家具制造	213							
塑料家具制造	214							
其他家具制造	219							
造纸和纸制品业	22	29022	27919	2249	1102	1095	1	29021
纸浆制造	221							
造纸	222	28785	27683	2028	1102	1095	1	28784
纸制品制造	223	236	236	221				236
印刷和记录媒介复制业	23	3240	3063	1201	177	177		3240
印刷	231	3240	3063	1201	177	177		3240
装订及印刷相关服务	232							
记录媒介复制	233							
文教、工美、体育和娱乐用品制造业	24	2876	2367	708	509	509		2789
文教办公用品制造	241	558	388	158	170	170		558
乐器制造	242							
工艺美术及礼仪用品制造	243	1613	1290	332	323	323		1526
体育用品制造	244	575	559	99	16	16		575
玩具制造	245	72	72	68				72
游艺器材及娱乐用品制造	246	58	58	51				58
石油、煤炭及其他燃料加工业	25	2314	1956	198	358	358		2314
精炼石油产品制造	251							
煤炭加工	252	2314	1956	198	358	358		2314
生物质燃料加工	254							

1-D-1.6　续表 2　　　　单位：万元

行　业	代码	R&D经费内部支出	日常性支出	#人员劳务费	资产性支出	#仪器和设备	#政府资金	#企业资金
化学原料和化学制品制造业	26	53158	47709	7353	5449	5445	120	53038
基础化学原料制造	261	14712	10279	1320	4433	4433		14712
肥料制造	262	706	616	276	90	90		706
农药制造	263							
涂料、油墨、颜料及类似产品制造	264							
合成材料制造	265	21298	20582	3983	716	716	120	21178
专用化学产品制造	266	16443	16232	1775	210	206		16443
炸药、火工及焰火产品制造	267							
日用化学产品制造	268							
医药制造业	27	62585	59282	15730	3304	3294	966	61566
化学药品原料药制造	271	9257	8729	1321	529	527	792	8412
化学药品制剂制造	272	16133	15102	3793	1031	1024	144	15989
中药饮片加工	273							
中成药生产	274	2824	2407	1037	418	417	15	2809
兽用药品制造	275							
生物药品制品制造	276	14253	13887	1831	366	366	15	14238
卫生材料及医药用品制造	277	19864	18904	7639	960	960		19864
药用辅料及包装材料	278	253	253	109				253
化学纤维制造业	28	6071	6069	629	2			6071
纤维素纤维原料及纤维制造	281	1247	1245	117	2			1247
合成纤维制造	282	4823	4823	512				4823
橡胶和塑料制品业	29	9194	8801	2537	393	393		9194
橡胶制品业	291	4463	4463	1428				4463
塑料制品业	292	4731	4338	1108	393	393		4731
非金属矿物制品业	30	16930	16109	5466	821	794	120	15794
水泥、石灰和石膏制造	301	1057	1057	339				1057
石膏、水泥制品及类似制品制造	302							
砖瓦、石材等建筑材料制造	303	12645	11975	3852	671	657	120	11509
玻璃制造	304							
玻璃制品制造	305	839	839	377				839
玻璃纤维和玻璃纤维增强塑料制品制造	306							
陶瓷制品制造	307	1465	1353	664	112	99		1465
耐火材料制品制造	308	468	429	176	39	39		468
石墨及其他非金属矿物制品制造	309	456	456	58				456
黑色金属冶炼和压延加工业	31							
炼铁	311							
炼钢	312							
钢压延加工	313							
铁合金冶炼	314							
有色金属冶炼和压延加工业	32	83087	82578	10902	509	500		83028
常用有色金属冶炼	321	16545	16261	1809	284	284		16545
贵金属冶炼	322							
稀有稀土金属冶炼	323							
有色金属合金制造	324							
有色金属压延加工	325	66542	66317	9093	225	215		66483
金属制品业	33	16870	14584	5381	2286	2232		16870
结构性金属制品制造	331							
金属工具制造	332	1446	1140	171	306	300		1446

1-D-1.6 续表 3

单位：万元

行　业	代码	R&D经费内部支出	日常性支出	#人员劳务费	资产性支出	#仪器和设备	#政府资金	#企业资金
集装箱及金属包装容器制造	333	837	492	357	346	346		837
金属丝绳及其制品制造	334	10809	9239	2454	1570	1522		10809
建筑、安全用金属制品制造	335							
金属表面处理及热处理加工	336							
搪瓷制品制造	337							
金属制日用品制造	338							
铸造及其他金属制品制造	339	3778	3714	2399	65	65		3778
通用设备制造业	34	11091	10113	2732	977	966	98	9887
锅炉及原动设备制造	341	4883	4268	1129	615	609		4555
金属加工机械制造	342							
物料搬运设备制造	343	470	470	109			10	460
泵、阀门、压缩机及类似机械制造	344	1450	1087	349	362	357	61	1389
轴承、齿轮和传动部件制造	345							
烘炉、风机、包装等设备制造	346	2330	2330	534			9	1543
文化、办公用机械制造	347							
通用零部件制造	348	1948	1948	604			18	1930
其他通用设备制造业	349	10	10	8				10
专用设备制造业	35	14937	13888	7213	1049	1036	31	14906
采矿、冶金、建筑专用设备制造	351	3819	3641	1701	179	173		3819
化工、木材、非金属加工专用设备制造	352	1695	1689	1032	6	6		1695
食品、饮料、烟草及饲料生产专用设备制造	353	1118	1021	209	98	97		1118
印刷、制药、日化及日用品生产专用设备制造	354	1159	1159	765	1	1	15	1144
纺织、服装和皮革加工专用设备制造	355							
电子和电工机械专用设备制造	356							
农、林、牧、渔专用机械制造	357	6768	6002	3345	766	759	16	6752
医疗仪器设备及器械制造	358							
环保、邮政、社会公共服务及其他专用设备制造	359	377	377	161				377
汽车制造业	36	14178	13628	7418	550	550	30	13611
汽车整车制造	361	879	879	82				879
汽车用发动机制造	362							
改装汽车制造	363	8058	7882	5719	176	176		8058
汽车车身、挂车制造	366							
汽车零部件及配件制造	367	5241	4867	1617	374	374	30	4674
铁路、船舶、航空航天和其他运输设备制造业	37	6663	6245	3027	418	409		6663
铁路运输设备制造	371	3018	2722	1755	296	287		3018
城市轨道交通设备制造	372							
船舶及相关装置制造	373	380	280	143	100	100		380
航空、航天器及设备制造	374	849	849	491				849
摩托车制造	375	2417	2394	639	23	23		2417
自行车和残疾人座车制造	376							
助动车制造	377							
非公路休闲车及零配件制造	378							
潜水救捞及其他未列明运输设备制造	379							
电气机械和器材制造业	38	9722	8748	3694	974	954	227	9366
电机制造	381	2336	2045	1280	291	291		2336
输配电及控制设备制造	382	811	811	230			115	666
电线、电缆、光缆及电工器材制造	383	309	309	78				309
电池制造	384	4796	4113	1319	682	663	112	4684

1-D-1.6　续表 4　　　　单位：万元

行　业	代码	R&D经费内部支出	日常性支出	#人员劳务费	资产性支出	#仪器和设备	#政府资金	#企业资金
家用电力器具制造	385	258	258	141				258
非电力家用器具制造	386							
照明器具制造	387	987	987	452				888
其他电气机械及器材制造	389	225	225	194				225
计算机、通信和其他电子设备制造业	39	7350	7250	3353	99	99		7318
计算机制造	391							
通信设备制造	392	676	676	399				676
广播电视设备制造	393	955	955	170				955
雷达及配套设备制造	394							
非专业视听设备制造	395	2252	2252	1143				2252
智能消费设备制造	396							
电子器件制造	397	1262	1198	505	65	64		1235
电子元件及电子专用材料制造	398	2204	2170	1137	35	35		2200
其他电子设备制造	399							
仪器仪表制造业	40	3581	3581	1703				3498
通用仪器仪表制造	401	2754	2754	1182				2754
专用仪器仪表制造	402							
钟表与计时仪器制造	403	827	827	521				745
光学仪器制造	404							
衡器制造	405							
其他仪器仪表制造业	409							
其他制造业	41							
日用杂品制造	411							
其他未列明制造业	419							
废弃资源综合利用业	42							
金属废料和碎屑加工处理	421							
非金属废料和碎屑加工处理	422							
金属制品、机械和设备修理业	43	4330	3738	2510	592	569	130	4200
金属制品修理	431							
通用设备修理	432							
专用设备修理	433							
铁路、船舶、航空航天等运输设备修理	434	4330	3738	2510	592	569	130	4200
电气设备修理	435							
仪器仪表修理	436							
其他机械和设备修理业	439							
电力、热力、燃气及水生产和供应业	**D**	**5824**	**5089**	**1246**	**735**	**731**	**1012**	**4812**
电力、热力生产和供应业	44	4674	4036	616	638	636	1012	3662
电力生产	441	4674	4036	616	638	636	1012	3662
电力供应	442							
热力生产和供应	443							
燃气生产和供应业	45	571	561	270	10	10		571
燃气生产和供应业	451	571	561	270	10	10		571
生物质燃气生产和供应业	452							
水的生产和供应业	46	579	492	361	87	85		579
自来水生产和供应	461	411	354	332	56	54		411
污水处理及其再生利用	462	169	138	29	31	31		169
海水淡化处理	463							
其他水的处理、利用与分配	469							

1-D-1.7　分行业外商投资企业R&D经费内部支出情况

单位：万元

行　业	代码	R&D经费内部支出	日常性支出	#人员劳务费	资产性支出	#仪器和设备	#政府资金	#企业资金
总　计	**00**	**1070092**	**974019**	**292338**	**96073**	**95038**	**12634**	**1046962**
采矿业	**B**	**1924**	**1924**	**424**				**1924**
煤炭开采和洗选业	06							
烟煤和无烟煤开采洗选	061							
石油和天然气开采业	07							
石油开采	071							
天然气开采	072							
黑色金属矿采选业	08							
铁矿采选	081							
锰矿、铬矿采选	082							
有色金属矿采选业	09	1924	1924	424				1924
常用有色金属矿采选	091							
贵金属矿采选	092	1924	1924	424				1924
稀有稀土金属矿采选	093							
非金属矿采选业	10							
土砂石开采	101							
化学矿开采	102							
采盐	103							
石棉及其他非金属矿采选	109							
开采专业及辅助性活动	11							
石油和天然气开采专业及辅助性活动	112							
制造业	**C**	**1064949**	**969690**	**291391**	**95259**	**94224**	**12634**	**1042037**
农副食品加工业	13	68291	63666	17986	4625	4547	1582	66124
谷物磨制	131	2385	2122	472	263	263	5	2254
饲料加工	132	2173	1546	419	627	618		2173
植物油加工	133	157	125	88	32	32		157
制糖业	134							
屠宰及肉类加工	135	23512	23222	7469	290	290	225	23278
水产品加工	136	28915	25945	5710	2971	2926	1110	27805
蔬菜、菌类、水果和坚果加工	137	1985	1559	547	426	402		1985
其他农副食品加工	139	9165	9149	3282	17	17	243	8474
食品制造业	14	44800	41236	13467	3564	3537	160	44284
焙烤食品制造	141	2116	2116	933				2116
糖果、巧克力及蜜饯制造	142							
方便食品制造	143	139	139	91				139
乳制品制造	144	7059	6096	2240	963	963	130	6929
罐头食品制造	145	150	150	72				150
调味品、发酵制品制造	146	12351	12161	3971	191	189		12351
其他食品制造	149	22984	20573	6161	2411	2385	30	22598
酒、饮料和精制茶制造业	15	30996	30654	7728	342	313	75	30635
酒的制造	151	29677	29368	7222	309	293	39	29353
饮料制造	152	1319	1286	507	33	20	36	1283
精制茶加工	153							
烟草制品业	16							
其他烟草制品制造	169							
纺织业	17	38844	34764	16718	4080	4080	559	38272

1-D-1.7　续表 1　　　　单位：万元

行　业	代码	R&D经费内部支出	日常性支出	#人员劳务费	资产性支出	#仪器和设备	#政府资金	#企业资金
棉纺织及印染精加工	171	34191	30582	15257	3610	3610	559	33632
毛纺织及染整精加工	172							
麻纺织及染整精加工	173							
丝绢纺织及印染精加工	174							
化纤织造及印染精加工	175							
针织或钩针编织物及其制品制造	176							
家用纺织制成品制造	177	3750	3466	1128	284	284		3750
产业用纺织制成品制造	178	902	716	333	187	187		890
纺织服装、服饰业	18	1333	1333	731				1333
机织服装制造	181	1233	1233	683				1233
针织或钩针编织服装制造	182	100	100	48				100
服饰制造	183							
皮革、毛皮、羽毛及其制品和制鞋业	19	2238	2238	957				2238
皮革鞣制加工	191							
皮革制品制造	192	1292	1292	752				1292
毛皮鞣制及制品加工	193							
羽毛(绒)加工及制品制造	194							
制鞋业	195	947	947	205				947
木材加工和木、竹、藤、棕、草制品业	20	2350	2299	396	51	50	80	2271
木材加工	201	1443	1392	237	51	50	47	1396
人造板制造	202	908	908	159			33	875
木质制品制造	203							
竹、藤、棕、草等制品制造	204							
家具制造业	21	1273	1273	493				1273
木质家具制造	211	511	511	169				511
金属家具制造	213	762	762	324				762
塑料家具制造	214							
其他家具制造	219							
造纸和纸制品业	22	106602	76475	2743	30127	30127	16	106586
纸浆制造	221							
造纸	222	106602	76475	2743	30127	30127	16	106586
纸制品制造	223							
印刷和记录媒介复制业	23	4266	3729	1493	537	537	37	4228
印刷	231	3827	3310	1413	517	516	4	3823
装订及印刷相关服务	232							
记录媒介复制	233	439	418	80	20	20	33	406
文教、工美、体育和娱乐用品制造业	24	11670	10905	4585	765	765		11670
文教办公用品制造	241	2432	2262	1175	171	171		2432
乐器制造	242							
工艺美术及礼仪用品制造	243	6424	6193	2344	231	231		6424
体育用品制造	244	2814	2450	1066	364	363		2814
玩具制造	245							
游艺器材及娱乐用品制造	246							
石油、煤炭及其他燃料加工业	25	3878	3247	1040	631	631		3878
精炼石油产品制造	251	3878	3247	1040	631	631		3878
煤炭加工	252							
生物质燃料加工	254							
化学原料和化学制品制造业	26	65295	60367	15627	4927	4841	342	60526

1-D-1.7 续表 2

单位：万元

行业	代码	R&D经费内部支出	日常性支出	#人员劳务费	资产性支出	#仪器和设备	#政府资金	#企业资金
基础化学原料制造	261	17430	16124	4322	1306	1306	28	17402
肥料制造	262	4025	3267	745	758	755		3798
农药制造	263	2061	1989	518	72	72		2061
涂料、油墨、颜料及类似产品制造	264	452	397	198	55	55		452
合成材料制造	265	13153	12504	2987	650	617	145	13008
专用化学产品制造	266	27898	25839	6630	2059	2008	169	23529
炸药、火工及焰火产品制造	267							
日用化学产品制造	268	275	247	227	28	28		275
医药制造业	27	161042	140618	58223	20424	20344	2267	158663
化学药品原料药制造	271	65269	58681	24696	6588	6588	800	64469
化学药品制剂制造	272	9961	6744	1616	3217	3216		9961
中药饮片加工	273	43	43	19				43
中成药生产	274	69361	59871	26750	9491	9414	947	68390
兽用药品制造	275	2728	2278	1367	450	450	180	2548
生物药品制品制造	276	8396	8240	2290	156	154	99	8256
卫生材料及医药用品制造	277	5285	4762	1484	522	522	242	4997
药用辅料及包装材料	278							
化学纤维制造业	28	525	525	371				525
纤维素纤维原料及纤维制造	281							
合成纤维制造	282	525	525	371				525
生物基材料制造	283							
橡胶和塑料制品业	29	5088	4822	1433	265	253		5068
橡胶制品业	291	2758	2507	776	250	250		2758
塑料制品业	292	2330	2315	657	15	3		2310
非金属矿物制品业	30	13470	10993	2848	2477	2476	271	13132
水泥、石灰和石膏制造	301	593	395	32	198	198		593
石膏、水泥制品及类似制品制造	302							
砖瓦、石材等建筑材料制造	303	1111	1075	354	35	35		1048
玻璃制造	304	1311	1311	320				1311
玻璃制品制造	305							
玻璃纤维和玻璃纤维增强塑料制品制造	306							
陶瓷制品制造	307	7640	5410	1424	2230	2230	271	7369
耐火材料制品制造	308	154	140	90	14	14		150
石墨及其他非金属矿物制品制造	309	2661	2661	627				2661
黑色金属冶炼和压延加工业	31	5944	5911	1270	33	33	35	5909
炼铁	311							
炼钢	312							
钢压延加工	313	5944	5911	1270	33	33	35	5909
铁合金冶炼	314							
有色金属冶炼和压延加工业	32	99876	99873	700	2	2	200	99676
常用有色金属冶炼	321	97611	97611	236			200	97411
贵金属冶炼	322							
稀有稀土金属冶炼	323							
有色金属合金制造	324							
有色金属压延加工	325	2265	2262	464	2	2		2265
金属制品业	33	25018	24125	6132	893	740	105	24913
结构性金属制品制造	331	1185	1171	143	14	14		1185
金属工具制造	332	1684	1684	1213				1684

1-D-1.7　续表 3

单位：万元

行业	代码	R&D经费内部支出	日常性支出	#人员劳务费	资产性支出	#仪器和设备	#政府资金	#企业资金
集装箱及金属包装容器制造	333	10746	10741	1860	5			10746
金属丝绳及其制品制造	334							
建筑、安全用金属制品制造	335	2440	2360	745	80	80		2440
金属表面处理及热处理加工	336							
搪瓷制品制造	337							
金属制日用品制造	338	427	401	138	26	26		427
铸造及其他金属制品制造	339	8538	7769	2033	769	620	105	8433
通用设备制造业	34	38162	36931	12901	1231	1223	45	37949
锅炉及原动设备制造	341	5316	5235	1426	81	81		5229
金属加工机械制造	342	8729	8729	2345				8710
物料搬运设备制造	343	1583	1583	389			5	1570
泵、阀门、压缩机及类似机械制造	344	14523	13549	4425	975	966		14481
轴承、齿轮和传动部件制造	345							
烘炉、风机、包装等设备制造	346	7155	7155	3980				7144
文化、办公用机械制造	347							
通用零部件制造	348	855	680	336	175	175	40	815
其他通用设备制造业	349							
专用设备制造业	35	66553	57564	16833	8989	8972	602	65824
采矿、冶金、建筑专用设备制造	351	50894	42564	10202	8331	8320	529	50365
化工、木材、非金属加工专用设备制造	352	242	242	202				242
食品、饮料、烟草及饲料生产专用设备制造	353	431	206	115	225	225		431
印刷、制药、日化及日用品生产专用设备制造	354	1944	1902	588	42	42		1944
纺织、服装和皮革加工专用设备制造	355	904	904	582				904
电子和电工机械专用设备制造	356	830	813	342	16	16		830
农、林、牧、渔专用机械制造	357	4110	4055	700	56	55		4110
医疗仪器设备及器械制造	358	3792	3792	1784			50	3742
环保、邮政、社会公共服务及其他专用设备制造	359	3406	3087	2318	319	315	23	3256
汽车制造业	36	58503	56962	16960	1541	1261	37	56700
汽车整车制造	361							
汽车用发动机制造	362							
改装汽车制造	363	1101	1088	342	13	13		1101
低速汽车制造	364							
汽车车身、挂车制造	366	1625	1512	503	113	113		1625
汽车零部件及配件制造	367	55777	54362	16115	1414	1135	37	53974
铁路、船舶、航空航天和其他运输设备制造业	37	13617	13308	4414	310	303		13484
铁路运输设备制造	371	9206	8960	3159	247	246		9206
城市轨道交通设备制造	372							
船舶及相关装置制造	373	1960	1957	646	3	3		1960
航空、航天器及设备制造	374							
摩托车制造	375	1786	1744	309	42	42		1653
自行车和残疾人座车制造	376							
助动车制造	377							
非公路休闲车及零配件制造	378							
潜水救捞及其他未列明运输设备制造	379	665	647	299	18	12		665
电气机械和器材制造业	38	37415	36361	13461	1054	1049	1604	35254
电机制造	381	8231	7724	2737	507	504	34	8197
输配电及控制设备制造	382	11429	10985	4397	443	443	1448	9981

1-D-1.7 续表 4

单位：万元

行 业	代码	R&D经费内部支出	日常性支出	#人员劳务费	资产性支出	#仪器和设备	#政府资金	#企业资金
电线、电缆、光缆及电工器材制造	383	3025	2973	1073	52	52	50	2948
电池制造	384	866	815	314	51	50	2	595
家用电力器具制造	385	8184	8184	2366				8184
非电力家用器具制造	386	5101	5101	2335			70	5031
照明器具制造	387							
其他电气机械及器材制造	389	580	580	240				319
计算机、通信和其他电子设备制造业	39	142909	134725	62878	8184	7936	4443	137206
计算机制造	391	7396	6369	3533	1027	1027	26	7370
通信设备制造	392	3213	3213	2309				2934
广播电视设备制造	393							
雷达及配套设备制造	394							
非专业视听设备制造	395	7923	7623	1517	300	300	1614	6309
智能消费设备制造	396	83311	83001	42031	310	310		83311
电子器件制造	397	19217	12947	4925	6270	6024	2676	15804
电子元件及电子专用材料制造	398	13353	13092	4654	261	261	128	12982
其他电子设备制造	399	8496	8480	3909	16	14		8496
仪器仪表制造业	40	12225	12029	8073	196	196	175	11650
通用仪器仪表制造	401	4902	4706	2802	196	196	12	4490
专用仪器仪表制造	402	6701	6701	4943				6701
钟表与计时仪器制造	403							
光学仪器制造	404	563	563	303			163	400
衡器制造	405							
其他仪器仪表制造业	409	59	59	25				59
其他制造业	41	2767	2756	933	11	11		2767
日用杂品制造	411	2767	2756	933	11	11		2767
其他未列明制造业	419							
废弃资源综合利用业	42							
金属废料和碎屑加工处理	421							
非金属废料和碎屑加工处理	422							
金属制品、机械和设备修理业	43							
金属制品修理	431							
通用设备修理	432							
专用设备修理	433							
铁路、船舶、航空航天等运输设备修理	434							
其他机械和设备修理业	439							
电力、热力、燃气及水生产和供应业	**D**	**3220**	**2406**	**523**	**814**	**814**		**3002**
电力、热力生产和供应业	44	1561	980	25	581	581		1561
电力生产	441	1561	980	25	581	581		1561
电力供应	442							
热力生产和供应	443							
燃气生产和供应业	45	842	818	136	24	24		624
燃气生产和供应业	451	842	818	136	24	24		624
水的生产和供应业	46	817	608	362	209	209		817
自来水生产和供应	461							
污水处理及其再生利用	462	817	608	362	209	209		817
其他水的处理、利用与分配	469							

1-D-1.8 各地区企业R&D经费内部支出情况

单位：万元

地 区	R&D经费内部支出	日常性支出	#人员劳务费	资产性支出	#仪器和设备	#政府资金	#企业资金
全 省	**14184975**	**12918617**	**3391785**	**1266358**	**1242571**	**304941**	**13547087**
济南市	1584886	1404776	568287	180110	178211	47042	1517515
青岛市	2032195	1895467	657617	136728	134349	65117	1827994
淄博市	1196142	1071580	246306	124562	121930	21928	1162673
枣庄市	312038	270587	59825	41451	40835	2941	307920
东营市	611532	585488	125760	26044	24992	26544	569780
烟台市	1772540	1619227	436830	153313	151387	27110	1702854
潍坊市	1169185	1061638	266022	107547	105950	19647	1144700
济宁市	877591	809156	180133	68435	66226	14385	857966
泰安市	638232	594663	108521	43569	42599	7942	629497
威海市	576759	523495	157525	53264	51813	32818	540757
日照市	455407	401462	57704	53945	53374	3672	448357
临沂市	980849	878194	199459	102654	100267	11330	930345
德州市	646713	589127	105737	57586	56210	9413	630224
聊城市	568125	547911	80247	20215	19675	5632	549171
滨州市	516315	454967	91708	61348	59744	6046	498098
菏泽市	246467	210879	50104	35588	35010	3373	229236

1-D-1.9 各地区大中型企业R&D经费内部支出情况

单位：万元

地 区	R&D经费内部支出	日常性支出	#人员劳务费	资产性支出	#仪器和设备	#政府资金	#企业资金
全 省	**11125237**	**10192372**	**2728040**	**932865**	**916735**	**242020**	**10594237**
济南市	1328066	1170374	484310	157692	156212	36424	1273069
青岛市	1555290	1459496	524551	95794	93805	57276	1362178
淄博市	853627	764539	179194	89088	86986	13866	830143
枣庄市	195949	177920	41791	18029	17914	1843	193849
东营市	562455	542242	114781	20213	19944	25858	521674
烟台市	1452295	1324888	363403	127407	125729	22512	1392435
潍坊市	924295	850644	220753	73651	72988	11815	909482
济宁市	689826	636361	147811	53465	51545	11986	676185
泰安市	509549	474653	84915	34896	34064	6707	502248
威海市	466836	422145	128996	44691	43429	30352	434010
日照市	368202	323875	39697	44327	43990	2038	365471
临沂市	616093	558268	139528	57825	56565	6037	585323
德州市	450173	419811	70036	30362	30150	4564	441460
聊城市	528483	512687	73045	15796	15325	5159	510002
滨州市	474404	418270	82102	56134	54657	5126	457472
菏泽市	149694	136200	33128	13494	13432	459	139235

1-D-1.10 各地区内资企业R&D经费内部支出情况

单位：万元

地 区	R&D经费内部支出	日常性支出	#人员劳务费	资产性支出	#仪器和设备	#政府资金	#企业资金
全 省	**12655847**	**11511551**	**2990747**	**1144296**	**1121803**	**288207**	**12048569**
济南市	1518271	1342971	544781	175300	173607	45529	1452988
青岛市	1783152	1659247	573063	123906	121635	61659	1584262
淄博市	1074592	960327	210282	114265	111709	18106	1046149
枣庄市	294260	253144	54934	41116	40505	2821	290378
东营市	506051	480186	122529	25865	24819	26311	464532
烟台市	1513718	1374858	342341	138860	137048	25560	1449073
潍坊市	1070926	970345	251887	100582	99004	18321	1048631
济宁市	870662	802523	178336	68139	65932	14378	851052
泰安市	618317	578999	104777	39318	38372	7869	609656
威海市	481304	439903	126103	41401	40309	31516	447372
日照市	344011	320576	53992	23435	22864	3626	337007
临沂市	768554	685381	130043	83173	80811	10015	719865
德州市	627550	572182	99900	55368	54034	8891	611598
聊城市	474254	454326	69219	19927	19387	5622	455309
滨州市	493578	432723	86214	60855	59518	6006	475679
菏泽市	216647	183861	42348	32786	32249	1975	205020

1-D-1.11 各地区港澳台商投资企业R&D经费内部支出情况

单位：万元

地 区	R&D经费内部支出	日常性支出	#人员劳务费	资产性支出	#仪器和设备	#政府资金	#企业资金
全 省	**459036**	**433047**	**108700**	**25990**	**25729**	**4100**	**451556**
济南市	21276	18589	7363	2687	2644	1128	20148
青岛市	63110	59407	24772	3703	3668	95	62724
淄博市	41883	40248	10994	1635	1608	306	40418
枣庄市	16818	16518	4566	300	295	120	16644
东营市	6561	6383	2767	179	173		6561
烟台市	26877	25297	8469	1580	1572		26000
潍坊市	69087	64427	6372	4660	4641	672	68087
济宁市	827	816	297	10	10		827
泰安市	2255	1955	662	300	300		2255
威海市	33892	30919	12298	2972	2924	115	33746
日照市	3847	3753	806	94	94	30	3817
临沂市	43522	39087	10991	4435	4432	104	43068
德州市	4044	3025	780	1019	988	173	3857
聊城市	93482	93198	10867	284	284	10	93472
滨州市	12364	12346	2016	18	18		12087
菏泽市	19193	17079	4680	2114	2078	1347	17845

1-D-1.12 各地区外商投资企业R&D经费内部支出情况

单位：万元

地 区	R&D经费内部支出	日常性支出	#人员劳务费	资产性支出	#仪器和设备	#政府资金	#企业资金
全 省	**1070092**	**974019**	**292338**	**96073**	**95038**	**12634**	**1046962**
济南市	45339	43216	16144	2123	1959	385	44379
青岛市	185933	176814	59781	9119	9046	3363	181008
淄博市	79667	71005	25029	8663	8613	3516	76105
枣庄市	961	925	325	35	35		897
东营市	98919	98919	464			233	98686
烟台市	231946	219073	86020	12873	12767	1550	227781
潍坊市	29172	26866	7764	2306	2305	653	27983
济宁市	6103	5817	1500	286	284	7	6088
泰安市	17660	13709	3083	3951	3927	73	17587
威海市	61564	52673	19125	8891	8580	1187	59639
日照市	107549	77133	2906	30416	30416	16	107533
临沂市	168773	153726	58425	15047	15024	1210	167413
德州市	15119	13921	5056	1198	1188	350	14770
聊城市	390	386	161	3	3		390
滨州市	10373	9899	3478	474	208	40	10333
菏泽市	10627	9938	3076	688	683	50	6371

2.外部支出

1-D-2.1　分登记注册类型企业R&D经费外部支出情况

单位：万元

登记注册类型	R&D经费外部支出	#对境内研究机构支出	#对境内高等学校支出
总　计	**826189**	**255625**	**132703**
内资企业	**741890**	**212287**	**129838**
国有企业	7101	301	286
集体企业	340	115	93
股份合作企业			
联营企业			
国有联营企业			
集体联营企业			
国有与集体联营企业			
其他联营企业			
有限责任公司	298967	124541	64008
国有独资公司	103657	40651	25980
其他有限责任公司	195310	83890	38029
股份有限公司	332379	57589	44760
私营企业	103104	29741	20691
私营独资企业	215	9	148
私营合伙企业	25	5	6
私营有限责任公司	83627	26279	16102
私营股份有限公司	19237	3449	4436
其他企业			
港、澳、台商投资企业	**41049**	**22742**	**1176**
合资经营企业	38973	22496	286
合作经营企业			
港、澳、台商独资经营企业	2075	246	890
港、澳、台商投资股份有限公司			
其他港、澳、台投资企业			
外商投资企业	**43250**	**20596**	**1689**
中外合资经营企业	37875	18667	1511
中外合作经营企业	694	351	69
外资企业	4562	1543	67
外商投资股份有限公司	119	35	41
其他外商投资企业			

1-D-2.2　分登记注册类型大中型企业R&D经费外部支出情况

单位：万元

登记注册类型	R&D经费外部支出	#对境内研究机构支出	#对境内高等学校支出
总　计	**732097**	**233644**	**117086**
内资企业	**661260**	**191944**	**114555**
国有企业	7092	292	286
集体企业	340	115	93
股份合作企业			
联营企业			
集体联营企业			
其他联营企业			
有限责任公司	273006	115967	60122
国有独资公司	102784	39848	25960
其他有限责任公司	170222	76119	34163
股份有限公司	316733	56654	44063
私营企业	64089	18916	9991
私营独资企业			
私营合伙企业			
私营有限责任公司	49472	16254	6125
私营股份有限公司	14617	2663	3866
其他企业			
港、澳、台商投资企业	**32943**	**22567**	**993**
合资经营企业	31852	22496	173
合作经营企业			
港、澳、台商独资经营企业	1091	71	820
港、澳、台商投资股份有限公司			
其他港、澳、台投资企业			
外商投资企业	**37895**	**19133**	**1537**
中外合资经营企业	33983	17936	1364
中外合作经营企业	566	223	69
外资企业	3228	940	64
外商投资股份有限公司	118	35	40
其他外商投资企业			

1-D-2.3 分行业企业R&D经费外部支出情况

单位：万元

行业	代码	R&D经费外部支出	#对境内研究机构支出	#对境内高等学校支出
总　计	**00**	**826189**	**255625**	**132703**
采矿业	**B**	**61525**	**10656**	**30003**
煤炭开采和洗选业	06	36849	6538	20016
烟煤和无烟煤开采洗选	061	36819	6529	20016
褐煤开采洗选	062	30	9	
其他煤炭采选	069			
石油和天然气开采业	07	13779	1981	7038
石油开采	071	13779	1981	7038
天然气开采	072			
黑色金属矿采选业	08	1384	1322	51
铁矿采选	081	1384	1322	51
锰矿、铬矿采选	082			
其他黑色金属矿采选	089			
有色金属矿采选业	09	4720	815	2194
常用有色金属矿采选	091			
贵金属矿采选	092	4720	815	2194
稀有稀土金属矿采选	093			
非金属矿采选业	10	290		290
土砂石开采	101	286		286
化学矿开采	102			
采盐	103			
石棉及其他非金属矿采选	109	4		4
开采专业及辅助性活动	11	4503		415
煤炭开采和洗选专业及辅助性活动	111			
石油和天然气开采专业及辅助性活动	112	4503		415
其他开采专业及辅助性活动	119			
其他采矿业	12			
其他采矿业	120			
制造业	**C**	**749570**	**232689**	**102408**
农副食品加工业	13	13412	2985	4665
谷物磨制	131	315	162	125
饲料加工	132	722	12	318
植物油加工	133	755	208	547
制糖业	134			
屠宰及肉类加工	135	6974	1288	951
水产品加工	136	1233	179	609
蔬菜、菌类、水果和坚果加工	137	1278	196	1012
其他农副食品加工	139	2136	940	1101
食品制造业	14	3748	1479	1290
焙烤食品制造	141	125	2	1
糖果、巧克力及蜜饯制造	142	36	36	
方便食品制造	143			
乳制品制造	144	25		
罐头食品制造	145			
调味品、发酵制品制造	146	735	529	159
其他食品制造	149	2827	912	1131
酒、饮料和精制茶制造业	15	4092	2088	1158
酒的制造	151	3895	2068	1131
饮料制造	152	87	20	27
精制茶加工	153	110		

1-D-2.3　续表 1　　　　单位：万元

行　业	代码	R&D经费外部支出	#对境内研究机构支出	#对境内高等学校支出
烟草制品业	16	591	20	54
烟叶复烤	161			
卷烟制造	162	543	20	5
其他烟草制品制造	169	49		49
纺织业	17	4303	1547	2586
棉纺织及印染精加工	171	1775	960	792
毛纺织及染整精加工	172	575	427	107
麻纺织及染整精加工	173			
丝绢纺织及印染精加工	174			
化纤织造及印染精加工	175	150		150
针织或钩针编织物及其制品制造	176	15	15	
家用纺织制成品制造	177	1750	140	1528
产业用纺织制成品制造	178	37	6	9
纺织服装、服饰业	18	2051	526	482
机织服装制造	181	1762	494	414
针织或钩针编织服装制造	182	158	33	67
服饰制造	183	132		
皮革、毛皮、羽毛及其制品和制鞋业	19	778	589	189
皮革鞣制加工	191	60		60
皮革制品制造	192	175	175	
毛皮鞣制及制品加工	193			
羽毛(绒)加工及制品制造	194	429	300	129
制鞋业	195	114	114	
木材加工和木、竹、藤、棕、草制品业	20	283	149	43
木材加工	201			
人造板制造	202	283	149	43
木质制品制造	203			
竹、藤、棕、草等制品制造	204			
家具制造业	21	129	26	3
木质家具制造	211			
竹、藤家具制造	212			
金属家具制造	213	3		3
塑料家具制造	214			
其他家具制造	219	126	26	
造纸和纸制品业	22	3260	662	2468
纸浆制造	221			
造纸	222	3229	631	2468
纸制品制造	223	30	30	
印刷和记录媒介复制业	23	477	258	38
印刷	231	477	258	38
装订及印刷相关服务	232			
记录媒介复制	233			
文教、工美、体育和娱乐用品制造业	24	2915	499	2034
文教办公用品制造	241	54		35
乐器制造	242			
工艺美术及礼仪用品制造	243	1493	238	1055
体育用品制造	244	1288	261	864
玩具制造	245			
游艺器材及娱乐用品制造	246	80		80
石油、煤炭及其他燃料加工业	25	32553	13849	4081

1-D-2.3 续表 2

单位：万元

行 业	代码	R&D经费外部支出	#对境内研究机构支出	#对境内高等学校支出
精炼石油产品制造	251	31634	13251	3999
煤炭加工	252	919	598	82
核燃料加工	253			
生物质燃料加工	254			
化学原料和化学制品制造业	26	56296	21637	10632
基础化学原料制造	261	20752	4312	2575
肥料制造	262	2022	979	432
农药制造	263	3216	1403	1135
涂料、油墨、颜料及类似产品制造	264			
合成材料制造	265	7165	1577	1253
专用化学产品制造	266	22450	13289	5127
炸药、火工及焰火产品制造	267	556	53	
日用化学产品制造	268	134	24	109
医药制造业	27	185667	107010	13568
化学药品原料药制造	271	67987	51491	1946
化学药品制剂制造	272	74401	35888	6341
中药饮片加工	273	127	27	100
中成药生产	274	23287	13526	2810
兽用药品制造	275	1567	273	369
生物药品制品制造	276	15058	3666	1077
卫生材料及医药用品制造	277	3232	2139	918
药用辅料及包装材料	278	8		7
化学纤维制造业	28	411		411
纤维素纤维原料及纤维制造	281	400		400
合成纤维制造	282	11		11
生物基材料制造	283			
橡胶和塑料制品业	29	18870	10479	2379
橡胶制品业	291	17216	9552	2134
塑料制品业	292	1654	927	246
非金属矿物制品业	30	6616	1350	1763
水泥、石灰和石膏制造	301	1169	382	287
石膏、水泥制品及类似制品制造	302	704	158	247
砖瓦、石材等建筑材料制造	303	191	35	113
玻璃制造	304	900	570	110
玻璃制品制造	305	93	30	
玻璃纤维和玻璃纤维增强塑料制品制造	306	766	72	87
陶瓷制品制造	307	345		195
耐火材料制品制造	308	949	46	80
石墨及其他非金属矿物制品制造	309	1500	58	646
黑色金属冶炼和压延加工业	31	4081	1890	983
炼铁	311			
炼钢	312			
钢压延加工	313	4062	1890	983
铁合金冶炼	314	19		
有色金属冶炼和压延加工业	32	1722	730	612
常用有色金属冶炼	321	755	104	370
贵金属冶炼	322	224	224	
稀有稀土金属冶炼	323	32		32
有色金属合金制造	324	3		3
有色金属压延加工	325	708	403	207
金属制品业	33	3651	725	2251

1-D-2.3　续表 3　　　　单位：万元

行　业	代码	R&D经费外部支出	#对境内研究机构支出	#对境内高等学校支出
结构性金属制品制造	331	2		
金属工具制造	332	158	26	100
集装箱及金属包装容器制造	333	810	247	66
金属丝绳及其制品制造	334	50	30	
建筑、安全用金属制品制造	335	64		64
金属表面处理及热处理加工	336	66	58	9
搪瓷制品制造	337			
金属制日用品制造	338			
铸造及其他金属制品制造	339	2501	365	2012
通用设备制造业	34	64138	4443	4779
锅炉及原动设备制造	341	47113	363	904
金属加工机械制造	342	738	232	411
物料搬运设备制造	343	867	147	
泵、阀门、压缩机及类似机械制造	344	725	32	137
轴承、齿轮和传动部件制造	345	705	25	79
烘炉、风机、包装等设备制造	346	9414	3493	2838
文化、办公用机械制造	347	3669		10
通用零部件制造	348	662	101	339
其他通用设备制造业	349	244	51	60
专用设备制造业	35	16430	1379	1397
采矿、冶金、建筑专用设备制造	351	2045	612	287
化工、木材、非金属加工专用设备制造	352	216	146	18
食品、饮料、烟草及饲料生产专用设备制造	353	29	29	
印刷、制药、日化及日用品生产专用设备制造	354	20		20
纺织、服装和皮革加工专用设备制造	355	418	255	111
电子和电工机械专用设备制造	356	113		
农、林、牧、渔专用机械制造	357	9192	105	267
医疗仪器设备及器械制造	358	2608	182	366
环保、邮政、社会公共服务及其他专用设备制造	359	1789	50	327
汽车制造业	36	43621	8053	2639
汽车整车制造	361	25758	6358	1979
汽车用发动机制造	362	1895	38	46
改装汽车制造	363	519	309	152
低速汽车制造	364	1073		
电车制造	365			
汽车车身、挂车制造	366	112	1	31
汽车零部件及配件制造	367	14265	1348	432
铁路、船舶、航空航天和其他运输设备制造业	37	102170	10949	13937
铁路运输设备制造	371	98068	9395	13644
城市轨道交通设备制造	372	50		50
船舶及相关装置制造	373	3648	1536	239
航空、航天器及设备制造	374			
摩托车制造	375	232	18	4
自行车和残疾人座车制造	376	46		
助动车制造	377			
非公路休闲车及零配件制造	378			
潜水救捞及其他未列明运输设备制造	379	126		
电气机械和器材制造业	38	78467	14217	17277
电机制造	381	439	46	26
输配电及控制设备制造	382	10752	959	411
电线、电缆、光缆及电工器材制造	383	2658	1497	768

1-D-2.3 续表 4 单位：万元

行业	代码	R&D经费外部支出	#对境内研究机构支出	#对境内高等学校支出
电池制造	384	164	1	155
家用电力器具制造	385	63538	11328	15740
非电力家用器具制造	386	696	356	157
照明器具制造	387	179	30	15
其他电气机械及器材制造	389	41		5
计算机、通信和其他电子设备制造业	39	94842	24205	10176
计算机制造	391	11097	15	8715
通信设备制造	392	1042	8	
广播电视设备制造	393			
雷达及配套设备制造	394			
非专业视听设备制造	395	29161	23925	89
智能消费设备制造	396	3108		
电子器件制造	397	2433	11	30
电子元件及电子专用材料制造	398	45619	239	1320
其他电子设备制造	399	2381	7	21
仪器仪表制造业	40	1976	703	473
通用仪器仪表制造	401	934	141	294
专用仪器仪表制造	402	336	35	163
钟表与计时仪器制造	403	73		
光学仪器制造	404	90		
衡器制造	405	4	4	
其他仪器仪表制造业	409	539	523	16
其他制造业	41	245	245	
日用杂品制造	411			
核辐射加工	412			
其他未列明制造业	419	245	245	
废弃资源综合利用业	42	1777		42
金属废料和碎屑加工处理	421	1335		
非金属废料和碎屑加工处理	422	442		42
金属制品、机械和设备修理业	43			
金属制品修理	431			
通用设备修理	432			
专用设备修理	433			
铁路、船舶、航空航天等运输设备修理	434			
电气设备修理	435			
仪器仪表修理	436			
其他机械和设备修理业	439			
电力、热力、燃气及水生产和供应业	**D**	**15095**	**12279**	**292**
电力、热力生产和供应业	44	14706	12279	292
电力生产	441	14331	12279	292
电力供应	442			
热力生产和供应	443	375		
燃气生产和供应业	45			
燃气生产和供应业	451			
生物质燃气生产和供应业	452			
水的生产和供应业	46	389		
自来水生产和供应	461	372		
污水处理及其再生利用	462	17		
海水淡化处理	463			
其他水的处理、利用与分配	464			

1-D-2.4　分行业大中型企业R&D经费外部支出情况

单位：万元

行　业	代码	R&D经费外部支出	#对境内研究机构支出	#对境内高等学校支出
总　计	**00**	**732097**	**233644**	**117086**
采矿业	**B**	**61210**	**10631**	**29713**
煤炭开采和洗选业	06	36841	6530	20016
烟煤和无烟煤开采洗选	061	36811	6521	20016
褐煤开采洗选	062	30	9	
其他煤炭采选	069			
石油和天然气开采业	07	13779	1981	7038
石油开采	071	13779	1981	7038
天然气开采	072			
黑色金属矿采选业	08	1368	1305	51
铁矿采选	081	1368	1305	51
锰矿、铬矿采选	082			
其他黑色金属矿采选	089			
有色金属矿采选业	09	4720	815	2194
常用有色金属矿采选	091			
贵金属矿采选	092	4720	815	2194
稀有稀土金属矿采选	093			
非金属矿采选业	10			
土砂石开采	101			
化学矿开采	102			
采盐	103			
石棉及其他非金属矿采选	109			
开采专业及辅助性活动	11	4503		415
煤炭开采和洗选专业及辅助性活动	111			
石油和天然气开采专业及辅助性活动	112	4503		415
其他开采专业及辅助性活动	119			
其他采矿业	12			
其他采矿业	120			
制造业	**C**	**656162**	**210734**	**87373**
农副食品加工业	13	10769	2227	3383
谷物磨制	131	41	8	5
饲料加工	132	16		16
植物油加工	133	27		27
制糖业	134			
屠宰及肉类加工	135	6955	1270	951
水产品加工	136	1034	141	496
蔬菜、菌类、水果和坚果加工	137	800		800
其他农副食品加工	139	1896	809	1087
食品制造业	14	2544	1048	995
焙烤食品制造	141	104		
糖果、巧克力及蜜饯制造	142			
方便食品制造	143			
乳制品制造	144			
罐头食品制造	145			
调味品、发酵制品制造	146	586	519	20
其他食品制造	149	1855	529	975
酒、饮料和精制茶制造业	15	3790	2015	1039
酒的制造	151	3730	1995	1039
饮料制造	152	60	20	
精制茶加工	153			

1-D-2.4 续表 1

单位：万元

行业	代码	R&D经费外部支出	#对境内研究机构支出	#对境内高等学校支出
烟草制品业	16	543	20	5
烟叶复烤	161			
卷烟制造	162	543	20	5
其他烟草制品制造	169			
纺织业	17	4030	1441	2427
棉纺织及印染精加工	171	1627	878	726
毛纺织及染整精加工	172	575	427	107
麻纺织及染整精加工	173			
丝绢纺织及印染精加工	174			
化纤织造及印染精加工	175	100		100
针织或钩针编织物及其制品制造	176			
家用纺织制成品制造	177	1706	137	1493
产业用纺织制成品制造	178	22		
纺织服装、服饰业	18	2051	526	482
机织服装制造	181	1762	494	414
针织或钩针编织服装制造	182	158	33	67
服饰制造	183	132		
皮革、毛皮、羽毛及其制品和制鞋业	19	144	114	30
皮革鞣制加工	191	30		30
皮革制品制造	192			
毛皮鞣制及制品加工	193			
羽毛(绒)加工及制品制造	194			
制鞋业	195	114	114	
木材加工和木、竹、藤、棕、草制品业	20	84	22	22
木材加工	201			
人造板制造	202	84	22	22
木质制品制造	203			
竹、藤、棕、草等制品制造	204			
家具制造业	21			
木质家具制造	211			
竹、藤家具制造	212			
金属家具制造	213			
塑料家具制造	214			
其他家具制造	219			
造纸和纸制品业	22	1511	531	950
纸浆制造	221			
造纸	222	1511	531	950
纸制品制造	223			
印刷和记录媒介复制业	23	218		38
印刷	231	218		38
装订及印刷相关服务	232			
记录媒介复制	233			
文教、工美、体育和娱乐用品制造业	24	1253	397	766
文教办公用品制造	241			
乐器制造	242			
工艺美术及礼仪用品制造	243	310	137	84
体育用品制造	244	942	261	682
玩具制造	245			
游艺器材及娱乐用品制造	246			
石油、煤炭及其他燃料加工业	25	32519	13827	4070

1-D-2.4　续表 2

单位：万元

行　业	代码	R&D经费外部支出	#对境内研究机构支出	#对境内高等学校支出
精炼石油产品制造	251	31608	13236	3988
煤炭加工	252	912	591	82
核燃料加工	253			
生物质燃料加工	254			
化学原料和化学制品制造业	26	41404	17668	6281
基础化学原料制造	261	14563	3774	1361
肥料制造	262	1441	570	260
农药制造	263	1768	804	851
涂料、油墨、颜料及类似产品制造	264			
合成材料制造	265	6823	1531	1039
专用化学产品制造	266	16175	10939	2691
炸药、火工及焰火产品制造	267	554	51	
日用化学产品制造	268	80		80
医药制造业	27	165894	100081	11573
化学药品原料药制造	271	63184	49451	1483
化学药品制剂制造	272	71619	33945	6200
中药饮片加工	273	27	27	
中成药生产	274	21608	12439	2789
兽用药品制造	275	1327	242	181
生物药品制品制造	276	5962	2458	355
卫生材料及医药用品制造	277	2168	1520	567
药用辅料及包装材料	278			
化学纤维制造业	28	400		400
纤维素纤维原料及纤维制造	281	400		400
合成纤维制造	282			
生物基材料制造	283			
橡胶和塑料制品业	29	15673	8037	2134
橡胶制品业	291	15673	8037	2134
塑料制品业	292			
非金属矿物制品业	30	4705	608	1111
水泥、石灰和石膏制造	301	769	82	187
石膏、水泥制品及类似制品制造	302	66	50	
砖瓦、石材等建筑材料制造	303	26	11	4
玻璃制造	304	730	400	110
玻璃制品制造	305			
玻璃纤维和玻璃纤维增强塑料制品制造	306	674		74
陶瓷制品制造	307	319		170
耐火材料制品制造	308	817	7	
石墨及其他非金属矿物制品制造	309	1305	58	566
黑色金属冶炼和压延加工业	31	3102	933	980
炼铁	311			
炼钢	312			
钢压延加工	313	3102	933	980
铁合金冶炼	314			
有色金属冶炼和压延加工业	32	1293	374	539
常用有色金属冶炼	321	755	104	370
贵金属冶炼	322			
稀有稀土金属冶炼	323	32		32
有色金属合金制造	324			
有色金属压延加工	325	505	270	137

1-D-2.4 续表 3

单位：万元

行 业	代码	R&D经费外部支出	#对境内研究机构支出	#对境内高等学校支出
金属制品业	33	2850	426	1948
结构性金属制品制造	331			
金属工具制造	332	26	26	
集装箱及金属包装容器制造	333	601	100	25
金属丝绳及其制品制造	334			
建筑、安全用金属制品制造	335	64		64
金属表面处理及热处理加工	336			
搪瓷制品制造	337			
金属制日用品制造	338			
铸造及其他金属制品制造	339	2159	300	1859
通用设备制造业	34	50331	3646	3806
锅炉及原动设备制造	341	38677	323	819
金属加工机械制造	342	585	169	368
物料搬运设备制造	343	10		
泵、阀门、压缩机及类似机械制造	344	68		68
轴承、齿轮和传动部件制造	345	86		51
烘炉、风机、包装等设备制造	346	8425	3078	2382
文化、办公用机械制造	347	2295		10
通用零部件制造	348	125	77	48
其他通用设备制造业	349	60		60
专用设备制造业	35	3669	691	1089
采矿、冶金、建筑专用设备制造	351	1274	405	241
化工、木材、非金属加工专用设备制造	352	67	55	6
食品、饮料、烟草及饲料生产专用设备制造	353			
印刷、制药、日化及日用品生产专用设备制造	354	20		20
纺织、服装和皮革加工专用设备制造	355	53		53
电子和电工机械专用设备制造	356			
农、林、牧、渔专用机械制造	357	344	42	267
医疗仪器设备及器械制造	358	604	182	345
环保、邮政、社会公共服务及其他专用设备制造	359	1307	7	156
汽车制造业	36	43067	7867	2572
汽车整车制造	361	25758	6358	1979
汽车用发动机制造	362	1895	38	46
改装汽车制造	363	324	128	137
低速汽车制造	364	1073		
电车制造	365			
汽车车身、挂车制造	366			
汽车零部件及配件制造	367	14018	1343	410
铁路、船舶、航空航天和其他运输设备制造业	37	99018	10295	13534
铁路运输设备制造	371	96618	8918	13344
城市轨道交通设备制造	372			
船舶及相关装置制造	373	2045	1359	189
航空、航天器及设备制造	374			
摩托车制造	375	228	18	
自行车和残疾人座车制造	376			
助动车制造	377			
非公路休闲车及零配件制造	378			
潜水救捞及其他未列明运输设备制造	379	126		
电气机械和器材制造业	38	72744	13448	16944
电机制造	381	266		

1-D-2.4　续表 4

单位：万元

行　业	代码	R&D经费外部支出	#对境内研究机构支出	#对境内高等学校支出
输配电及控制设备制造	382	6185	605	303
电线、电缆、光缆及电工器材制造	383	2188	1148	745
电池制造	384			
家用电力器具制造	385	63525	11316	15740
非电力家用器具制造	386	499	349	142
照明器具制造	387	80	30	15
其他电气机械及器材制造	389			
计算机、通信和其他电子设备制造业	39	91740	23925	10108
计算机制造	391	10666		8700
通信设备制造	392	113		
广播电视设备制造	393			
雷达及配套设备制造	394			
非专业视听设备制造	395	29127	23925	89
智能消费设备制造	396	3108		
电子器件制造	397	1380		
电子元件及电子专用材料制造	398	45366		1319
其他电子设备制造	399	1980		
仪器仪表制造业	40	815	566	151
通用仪器仪表制造	401	179	37	141
专用仪器仪表制造	402	23	6	10
钟表与计时仪器制造	403			
光学仪器制造	404	90		
衡器制造	405			
其他仪器仪表制造业	409	523	523	
其他制造业	41			
日用杂品制造	411			
核辐射加工	412			
其他未列明制造业	419			
废弃资源综合利用业	42			
金属废料和碎屑加工处理	421			
非金属废料和碎屑加工处理	422			
金属制品、机械和设备修理业	43			
金属制品修理	431			
通用设备修理	432			
专用设备修理	433			
铁路、船舶、航空航天等运输设备修理	434			
电气设备修理	435			
仪器仪表修理	436			
其他机械和设备修理业	439			
电力、热力、燃气及水生产和供应业	**D**	**14726**	**12279**	
电力、热力生产和供应业	44	14404	12279	
电力生产	441	14029	12279	
电力供应	442			
热力生产和供应	443	375		
燃气生产和供应业	45			
燃气生产和供应业	451			
水的生产和供应业	46	322		
自来水生产和供应	461	322		
污水处理及其再生利用	462			
其他水的处理、利用与分配	469			

1-D-2.5　分行业内资企业R&D经费外部支出情况

单位：万元

行　业	代码	R&D经费外部支出	#对境内研究机构支出	#对境内高等学校支出
总　计	**00**	**741890**	**212287**	**129838**
采矿业	**B**	**60881**	**10656**	**30003**
煤炭开采和洗选业	06	36205	6538	20016
烟煤和无烟煤开采洗选	061	36175	6529	20016
褐煤开采洗选	062	30	9	
其他煤炭采选	069			
石油和天然气开采业	07	13779	1981	7038
石油开采	071	13779	1981	7038
天然气开采	072			
黑色金属矿采选业	08	1384	1322	51
铁矿采选	081	1384	1322	51
锰矿、铬矿采选	082			
其他黑色金属矿采选	089			
有色金属矿采选业	09	4720	815	2194
常用有色金属矿采选	091			
贵金属矿采选	092	4720	815	2194
稀有稀土金属矿采选	093			
非金属矿采选业	10	290		290
土砂石开采	101	286		286
化学矿开采	102			
采盐	103			
石棉及其他非金属矿采选	109	4		4
开采专业及辅助性活动	11	4503		415
煤炭开采和洗选专业及辅助性活动	111			
石油和天然气开采专业及辅助性活动	112	4503		415
其他开采专业及辅助性活动	119			
其他采矿业	12			
其他采矿业	120			
制造业	**C**	**665915**	**189352**	**99544**
农副食品加工业	13	11260	2688	3390
谷物磨制	131	226	100	125
饲料加工	132	722	12	318
植物油加工	133	755	208	547
制糖业	134			
屠宰及肉类加工	135	6682	1288	951
水产品加工	136	470	84	205
蔬菜、菌类、水果和坚果加工	137	275	62	142
其他农副食品加工	139	2131	935	1101
食品制造业	14	2460	928	844
焙烤食品制造	141	125	2	1
糖果、巧克力及蜜饯制造	142	36	36	
方便食品制造	143			
乳制品制造	144	25		
罐头食品制造	145			
调味品、发酵制品制造	146	670	464	159
其他食品制造	149	1604	427	685
酒、饮料和精制茶制造业	15	3873	1930	1111
酒的制造	151	3676	1910	1084
饮料制造	152	87	20	27
精制茶加工	153	110		

1-D-2.5　续表 1　　　　单位：万元

行　业	代码	R&D经费外部支出	#对境内研究机构支出	#对境内高等学校支出
烟草制品业	16	591	20	54
烟叶复烤	161			
卷烟制造	162	543	20	5
其他烟草制品制造	169	49		49
纺织业	17	4204	1529	2550
棉纺织及印染精加工	171	1700	942	757
毛纺织及染整精加工	172	575	427	107
麻纺织及染整精加工	173			
丝绢纺织及印染精加工	174			
化纤织造及印染精加工	175	150		150
针织或钩针编织物及其制品制造	176	15	15	
家用纺织制成品制造	177	1749	140	1526
产业用纺织制成品制造	178	16	6	9
纺织服装、服饰业	18	2051	526	482
机织服装制造	181	1762	494	414
针织或钩针编织服装制造	182	158	33	67
服饰制造	183	132		
皮革、毛皮、羽毛及其制品和制鞋业	19	778	589	189
皮革鞣制加工	191	60		60
皮革制品制造	192	175	175	
毛皮鞣制及制品加工	193			
羽毛(绒)加工及制品制造	194	429	300	129
制鞋业	195	114	114	
木材加工和木、竹、藤、棕、草制品业	20	203	129	23
木材加工	201			
人造板制造	202	203	129	23
木质制品制造	203			
竹、藤、棕、草等制品制造	204			
家具制造业	21	129	26	3
木质家具制造	211			
竹、藤家具制造	212			
金属家具制造	213	3		3
塑料家具制造	214			
其他家具制造	219	126	26	
造纸和纸制品业	22	3260	662	2468
纸浆制造	221			
造纸	222	3229	631	2468
纸制品制造	223	30	30	
印刷和记录媒介复制业	23	476	258	38
印刷	231	476	258	38
装订及印刷相关服务	232			
记录媒介复制	233			
文教、工美、体育和娱乐用品制造业	24	2771	499	2001
文教办公用品制造	241	2		2
乐器制造	242			
工艺美术及礼仪用品制造	243	1449	238	1055
体育用品制造	244	1240	261	864
玩具制造	245			
游艺器材及娱乐用品制造	246	80		80
石油、煤炭及其他燃料加工业	25	32380	13676	4081

1-D-2.5 续表 2

单位：万元

行业	代码	R&D经费外部支出	#对境内研究机构支出	#对境内高等学校支出
精炼石油产品制造	251	31634	13251	3999
煤炭加工	252	746	425	82
核燃料加工	253			
生物质燃料加工	254			
化学原料和化学制品制造业	26	54333	21271	10572
基础化学原料制造	261	19618	4312	2561
肥料制造	262	2022	979	432
农药制造	263	2450	1037	1135
涂料、油墨、颜料及类似产品制造	264			
合成材料制造	265	7103	1577	1208
专用化学产品制造	266	22450	13289	5127
炸药、火工及焰火产品制造	267	556	53	
日用化学产品制造	268	134	24	109
医药制造业	27	133608	66905	12882
化学药品原料药制造	271	57026	42372	1724
化学药品制剂制造	272	49733	13862	6341
中药饮片加工	273	127	27	100
中成药生产	274	9839	4576	2495
兽用药品制造	275	1567	273	369
生物药品制品制造	276	12268	3666	1027
卫生材料及医药用品制造	277	3040	2128	818
药用辅料及包装材料	278	8		7
化学纤维制造业	28	411		411
纤维素纤维原料及纤维制造	281	400		400
合成纤维制造	282	11		11
生物基材料制造	283			
橡胶和塑料制品业	29	18870	10479	2379
橡胶制品业	291	17216	9552	2134
塑料制品业	292	1654	927	246
非金属矿物制品业	30	6360	1180	1753
水泥、石灰和石膏制造	301	1169	382	287
石膏、水泥制品及类似制品制造	302	704	158	247
砖瓦、石材等建筑材料制造	303	191	35	113
玻璃制造	304	730	400	110
玻璃制品制造	305	30	30	
玻璃纤维和玻璃纤维增强塑料制品制造	306	766	72	87
陶瓷制品制造	307	335		185
耐火材料制品制造	308	936	46	80
石墨及其他非金属矿物制品制造	309	1500	58	646
黑色金属冶炼和压延加工业	31	4081	1890	983
炼铁	311			
炼钢	312			
钢压延加工	313	4062	1890	983
铁合金冶炼	314	19		
有色金属冶炼和压延加工业	32	1722	730	612
常用有色金属冶炼	321	755	104	370
贵金属冶炼	322	224	224	
稀有稀土金属冶炼	323	32		32
有色金属合金制造	324	3		3
有色金属压延加工	325	708	403	207
金属制品业	33	3549	725	2188

1-D-2.5　续表 3

单位：万元

行　业	代码	R&D经费外部支出	#对境内研究机构支出	#对境内高等学校支出
结构性金属制品制造	331	2		
金属工具制造	332	158	26	100
集装箱及金属包装容器制造	333	810	247	66
金属丝绳及其制品制造	334	50	30	
建筑、安全用金属制品制造	335			
金属表面处理及热处理加工	336	66	58	9
搪瓷制品制造	337			
金属制日用品制造	338			
铸造及其他金属制品制造	339	2462	365	2012
通用设备制造业	34	54452	4292	4772
锅炉及原动设备制造	341	38813	363	904
金属加工机械制造	342	694	232	404
物料搬运设备制造	343	217	147	
泵、阀门、压缩机及类似机械制造	344	184	32	137
轴承、齿轮和传动部件制造	345	705	25	79
烘炉、风机、包装等设备制造	346	9263	3342	2838
文化、办公用机械制造	347	3669		10
通用零部件制造	348	662	101	339
其他通用设备制造业	349	244	51	60
专用设备制造业	35	14894	1142	1294
采矿、冶金、建筑专用设备制造	351	926	375	205
化工、木材、非金属加工专用设备制造	352	216	146	18
食品、饮料、烟草及饲料生产专用设备制造	353	29	29	
印刷、制药、日化及日用品生产专用设备制造	354			
纺织、服装和皮革加工专用设备制造	355	418	255	111
电子和电工机械专用设备制造	356	113		
农、林、牧、渔专用机械制造	357	8795	105	267
医疗仪器设备及器械制造	358	2608	182	366
环保、邮政、社会公共服务及其他专用设备制造	359	1789	50	327
汽车制造业	36	33160	7532	2639
汽车整车制造	361	25758	6358	1979
汽车用发动机制造	362	1895	38	46
改装汽车制造	363	519	309	152
低速汽车制造	364	1073		
电车制造	365			
汽车车身、挂车制造	366	112	1	31
汽车零部件及配件制造	367	3804	826	432
铁路、船舶、航空航天和其他运输设备制造业	37	101560	10823	13933
铁路运输设备制造	371	98068	9395	13644
城市轨道交通设备制造	372	50		50
船舶及相关装置制造	373	3189	1427	239
航空、航天器及设备制造	374			
摩托车制造	375	81		
自行车和残疾人座车制造	376	46		
助动车制造	377			
非公路休闲车及零配件制造	378			
潜水救捞及其他未列明运输设备制造	379	126		
电气机械和器材制造业	38	77689	13808	17200
电机制造	381	251	46	26
输配电及控制设备制造	382	10692	899	411
电线、电缆、光缆及电工器材制造	383	2563	1497	768

1-D-2.5 续表 4

单位：万元

行业	代码	R&D经费外部支出	#对境内研究机构支出	#对境内高等学校支出
电池制造	384	164	1	155
家用电力器具制造	385	63538	11328	15740
非电力家用器具制造	386	262	7	80
照明器具制造	387	179	30	15
其他电气机械及器材制造	389	41		5
计算机、通信和其他电子设备制造业	39	92829	24205	10176
计算机制造	391	11095	15	8715
通信设备制造	392	1042	8	
广播电视设备制造	393			
雷达及配套设备制造	394			
非专业视听设备制造	395	29159	23925	89
智能消费设备制造	396	3108		
电子器件制造	397	2433	11	30
电子元件及电子专用材料制造	398	45590	239	1320
其他电子设备制造	399	402	7	21
仪器仪表制造业	40	1940	667	473
通用仪器仪表制造	401	898	105	294
专用仪器仪表制造	402	336	35	163
钟表与计时仪器制造	403	73		
光学仪器制造	404	90		
衡器制造	405	4	4	
其他仪器仪表制造业	409	539	523	16
其他制造业	41	245	245	
日用杂品制造	411			
核辐射加工	412			
其他未列明制造业	419	245	245	
废弃资源综合利用业	42	1777		42
金属废料和碎屑加工处理	421	1335		
非金属废料和碎屑加工处理	422	442		42
金属制品、机械和设备修理业	43			
金属制品修理	431			
通用设备修理	432			
专用设备修理	433			
铁路、船舶、航空航天等运输设备修理	434			
电气设备修理	435			
仪器仪表修理	436			
其他机械和设备修理业	439			
电力、热力、燃气及水生产和供应业	**D**	**15095**	**12279**	**292**
电力、热力生产和供应业	44	14706	12279	292
电力生产	441	14331	12279	292
电力供应	442			
热力生产和供应	443	375		
燃气生产和供应业	45			
燃气生产和供应业	451			
生物质燃气生产和供应业	452			
水的生产和供应业	46	389		
自来水生产和供应	461	372		
污水处理及其再生利用	462	17		
海水淡化处理	463			
其他水的处理、利用与分配	469			

1-D-2.6　分行业港澳台商投资企业R&D经费外部支出情况

单位：万元

行　业	代码	R&D经费外部支出	#对境内研究机构支出	#对境内高等学校支出
总　计	**00**	**41049**	**22742**	**1176**
采矿业	**B**	**644**		
煤炭开采和洗选业	06	644		
烟煤和无烟煤开采洗选	061	644		
褐煤开采洗选	062			
石油和天然气开采业	07			
石油开采	071			
天然气开采	072			
黑色金属矿采选业	08			
铁矿采选	081			
有色金属矿采选业	09			
常用有色金属矿采选	091			
贵金属矿采选	092			
非金属矿采选业	10			
土砂石开采	101			
化学矿开采	102			
采盐	103			
石棉及其他非金属矿采选	109			
开采专业及辅助性活动	11			
石油和天然气开采专业及辅助性活动	112			
制造业	**C**	**40405**	**22742**	**1176**
农副食品加工业	13	1185	24	870
谷物磨制	131			
饲料加工	132			
植物油加工	133			
制糖业	134			
屠宰及肉类加工	135	292		
水产品加工	136			
蔬菜、菌类、水果和坚果加工	137	894	24	870
其他农副食品加工	139			
食品制造业	14	344	124	20
焙烤食品制造	141			
糖果、巧克力及蜜饯制造	142			
方便食品制造	143			
乳制品制造	144			
罐头食品制造	145			
调味品、发酵制品制造	146			
其他食品制造	149	344	124	20
酒、饮料和精制茶制造业	15	123	123	
酒的制造	151	123	123	
饮料制造	152			
精制茶加工	153			
烟草制品业	16			
烟叶复烤	161			
其他烟草制品制造	169			
纺织业	17			

1-D-2.6 续表 1

单位：万元

行　业	代码	R&D经费外部支出	#对境内研究机构支出	#对境内高等学校支出
棉纺织及印染精加工	171			
毛纺织及染整精加工	172			
麻纺织及染整精加工	173			
丝绢纺织及印染精加工	174			
化纤织造及印染精加工	175			
针织或钩针编织物及其制品制造	176			
家用纺织制成品制造	177			
产业用纺织制成品制造	178			
纺织服装、服饰业	18			
机织服装制造	181			
针织或钩针编织服装制造	182			
服饰制造	183			
皮革、毛皮、羽毛及其制品和制鞋业	19			
皮革鞣制加工	191			
皮革制品制造	192			
毛皮鞣制及制品加工	193			
羽毛(绒)加工及制品制造	194			
制鞋业	195			
木材加工和木、竹、藤、棕、草制品业	20	80	20	20
木材加工	201			
人造板制造	202	80	20	20
木质制品制造	203			
竹、藤、棕、草等制品制造	204			
家具制造业	21			
木质家具制造	211			
竹、藤家具制造	212			
金属家具制造	213			
塑料家具制造	214			
其他家具制造	219			
造纸和纸制品业	22			
纸浆制造	221			
造纸	222			
纸制品制造	223			
印刷和记录媒介复制业	23			
印刷	231			
装订及印刷相关服务	232			
记录媒介复制	233			
文教、工美、体育和娱乐用品制造业	24	52		33
文教办公用品制造	241	52		33
乐器制造	242			
工艺美术及礼仪用品制造	243			
体育用品制造	244			
玩具制造	245			
游艺器材及娱乐用品制造	246			
石油、煤炭及其他燃料加工业	25	173	173	
精炼石油产品制造	251			
煤炭加工	252	173	173	
生物质燃料加工	254			

1-D-2.6 续表 2

单位：万元

行 业	代码	R&D经费外部支出	#对境内研究机构支出	#对境内高等学校支出
化学原料和化学制品制造业	26	77		60
基础化学原料制造	261	15		15
肥料制造	262			
农药制造	263			
涂料、油墨、颜料及类似产品制造	264			
合成材料制造	265	62		45
专用化学产品制造	266			
炸药、火工及焰火产品制造	267			
日用化学产品制造	268			
医药制造业	27	30289	22127	143
化学药品原料药制造	271	369	369	
化学药品制剂制造	272	24064	21422	
中药饮片加工	273			
中成药生产	274	3066	337	94
兽用药品制造	275			
生物药品制品制造	276	2709		49
卫生材料及医药用品制造	277	82		
药用辅料及包装材料	278			
化学纤维制造业	28			
纤维素纤维原料及纤维制造	281			
合成纤维制造	282			
橡胶和塑料制品业	29			
橡胶制品业	291			
塑料制品业	292			
非金属矿物制品业	30	86		10
水泥、石灰和石膏制造	301			
石膏、水泥制品及类似制品制造	302			
砖瓦、石材等建筑材料制造	303			
玻璃制造	304			
玻璃制品制造	305	63		
玻璃纤维和玻璃纤维增强塑料制品制造	306			
陶瓷制品制造	307	10		10
耐火材料制品制造	308	13		
石墨及其他非金属矿物制品制造	309			
黑色金属冶炼和压延加工业	31			
炼铁	311			
炼钢	312			
钢压延加工	313			
铁合金冶炼	314			
有色金属冶炼和压延加工业	32			
常用有色金属冶炼	321			
贵金属冶炼	322			
稀有稀土金属冶炼	323			
有色金属合金制造	324			
有色金属压延加工	325			
金属制品业	33			
结构性金属制品制造	331			
金属工具制造	332			

1-D-2.6 续表 3

单位：万元

行 业	代码	R&D经费外部支出	#对境内研究机构支出	#对境内高等学校支出
集装箱及金属包装容器制造	333			
金属丝绳及其制品制造	334			
建筑、安全用金属制品制造	335			
金属表面处理及热处理加工	336			
搪瓷制品制造	337			
金属制日用品制造	338			
铸造及其他金属制品制造	339			
通用设备制造业	34	7060	151	
锅炉及原动设备制造	341	6875		
金属加工机械制造	342			
物料搬运设备制造	343	34		
泵、阀门、压缩机及类似机械制造	344			
轴承、齿轮和传动部件制造	345			
烘炉、风机、包装等设备制造	346	151	151	
文化、办公用机械制造	347			
通用零部件制造	348			
其他通用设备制造业	349			
专用设备制造业	35	747		20
采矿、冶金、建筑专用设备制造	351	355		
化工、木材、非金属加工专用设备制造	352			
食品、饮料、烟草及饲料生产专用设备制造	353			
印刷、制药、日化及日用品生产专用设备制造	354	20		20
纺织、服装和皮革加工专用设备制造	355			
电子和电工机械专用设备制造	356			
农、林、牧、渔专用机械制造	357	372		
医疗仪器设备及器械制造	358			
环保、邮政、社会公共服务及其他专用设备制造	359			
汽车制造业	36			
汽车整车制造	361			
汽车用发动机制造	362			
改装汽车制造	364			
汽车车身、挂车制造	366			
汽车零部件及配件制造	367			
铁路、船舶、航空航天和其他运输设备制造业	37			
铁路运输设备制造	371			
城市轨道交通设备制造	372			
船舶及相关装置制造	373			
航空、航天器及设备制造	374			
摩托车制造	375			
自行车和残疾人座车制造	376			
助动车制造	377			
非公路休闲车及零配件制造	378			
潜水救捞及其他未列明运输设备制造	379			
电气机械和器材制造业	38	189		
电机制造	381	189		
输配电及控制设备制造	382			
电线、电缆、光缆及电工器材制造	383			
电池制造	384			

1-D-2.6　续表 4　　单位：万元

行　业	代码	R&D经费外部支出	#对境内研究机构支出	#对境内高等学校支出
家用电力器具制造	385			
非电力家用器具制造	386			
照明器具制造	387			
其他电气机械及器材制造	389			
计算机、通信和其他电子设备制造业	39			
计算机制造	391			
通信设备制造	392			
广播电视设备制造	393			
雷达及配套设备制造	394			
非专业视听设备制造	395			
智能消费设备制造	396			
电子器件制造	397			
电子元件及电子专用材料制造	398			
其他电子设备制造	399			
仪器仪表制造业	40			
通用仪器仪表制造	401			
专用仪器仪表制造	402			
钟表与计时仪器制造	403			
光学仪器制造	404			
衡器制造	405			
其他仪器仪表制造业	409			
其他制造业	41			
日用杂品制造	411			
其他未列明制造业	419			
废弃资源综合利用业	42			
金属废料和碎屑加工处理	421			
非金属废料和碎屑加工处理	422			
金属制品、机械和设备修理业	43			
金属制品修理	431			
通用设备修理	432			
专用设备修理	433			
铁路、船舶、航空航天等运输设备修理	434			
电气设备修理	435			
仪器仪表修理	436			
其他机械和设备修理业	439			
电力、热力、燃气及水生产和供应业	**D**			
电力、热力生产和供应业	44			
电力生产	441			
电力供应	442			
热力生产和供应	443			
燃气生产和供应业	45			
燃气生产和供应业	451			
生物质燃气生产和供应业	452			
水的生产和供应业	46			
自来水生产和供应	461			
污水处理及其再生利用	462			
海水淡化处理	463			
其他水的处理、利用与分配	469			

1-D-2.7 分行业外商投资企业R&D经费外部支出情况

单位：万元

行业	代码	R&D经费外部支出	#对境内研究机构支出	#对境内高等学校支出
总计	**00**	**43250**	**20596**	**1689**
采矿业	**B**			
煤炭开采和洗选业	06			
烟煤和无烟煤开采洗选	061			
石油和天然气开采业	07			
石油开采	071			
天然气开采	072			
黑色金属矿采选业	08			
铁矿采选	081			
锰矿、铬矿采选	082			
有色金属矿采选业	09			
常用有色金属矿采选	091			
贵金属矿采选	092			
稀有稀土金属矿采选	093			
非金属矿采选业	10			
土砂石开采	101			
化学矿开采	102			
采盐	103			
石棉及其他非金属矿采选	109			
开采专业及辅助性活动	11			
石油和天然气开采专业及辅助性活动	112			
制造业	**C**	**43250**	**20596**	**1689**
农副食品加工业	13	967	272	405
谷物磨制	131	89	62	
饲料加工	132			
植物油加工	133			
制糖业	134			
屠宰及肉类加工	135	1		1
水产品加工	136	763	96	404
蔬菜、菌类、水果和坚果加工	137	110	110	
其他农副食品加工	139	5	5	
食品制造业	14	944	427	426
焙烤食品制造	141			
糖果、巧克力及蜜饯制造	142			
方便食品制造	143			
乳制品制造	144			
罐头食品制造	145			
调味品、发酵制品制造	146	65	65	
其他食品制造	149	879	362	426
酒、饮料和精制茶制造业	15	96	35	47
酒的制造	151	96	35	47
饮料制造	152			
精制茶加工	153			
烟草制品业	16			
其他烟草制品制造	169			
纺织业	17	99	18	36

1-D-2.7　续表 1

单位：万元

行　业	代码	R&D经费外部支出	#对境内研究机构支出	#对境内高等学校支出
棉纺织及印染精加工	171	75	18	34
毛纺织及染整精加工	172			
麻纺织及染整精加工	173			
丝绢纺织及印染精加工	174			
化纤织造及印染精加工	175			
针织或钩针编织物及其制品制造	176			
家用纺织制成品制造	177	2		2
产业用纺织制成品制造	178	22		
纺织服装、服饰业	18			
机织服装制造	181			
针织或钩针编织服装制造	182			
服饰制造	183			
皮革、毛皮、羽毛及其制品和制鞋业	19			
皮革鞣制加工	191			
皮革制品制造	192			
毛皮鞣制及制品加工	193			
羽毛(绒)加工及制品制造	194			
制鞋业	195			
木材加工和木、竹、藤、棕、草制品业	20			
木材加工	201			
人造板制造	202			
木质制品制造	203			
竹、藤、棕、草等制品制造	204			
家具制造业	21			
木质家具制造	211			
金属家具制造	213			
塑料家具制造	214			
其他家具制造	219			
造纸和纸制品业	22			
纸浆制造	221			
造纸	222			
纸制品制造	223			
印刷和记录媒介复制业	23	1		
印刷	231	1		
装订及印刷相关服务	232			
记录媒介复制	233			
文教、工美、体育和娱乐用品制造业	24	92		
文教办公用品制造	241			
乐器制造	242			
工艺美术及礼仪用品制造	243	44		
体育用品制造	244	48		
玩具制造	245			
游艺器材及娱乐用品制造	246			
石油、煤炭及其他燃料加工业	25			
精炼石油产品制造	251			
煤炭加工	252			
生物质燃料加工	254			
化学原料和化学制品制造业	26	1885	366	

1-D-2.7 续表 2

单位：万元

行 业	代码	R&D经费外部支出	#对境内研究机构支出	#对境内高等学校支出
基础化学原料制造	261	1120		
肥料制造	262			
农药制造	263	766	366	
涂料、油墨、颜料及类似产品制造	264			
合成材料制造	265			
专用化学产品制造	266			
炸药、火工及焰火产品制造	267			
日用化学产品制造	268			
医药制造业	27	21770	17978	542
化学药品原料药制造	271	10593	8751	222
化学药品制剂制造	272	604	604	
中药饮片加工	273			
中成药生产	274	10382	8614	221
兽用药品制造	275			
生物药品制品制造	276	81		
卫生材料及医药用品制造	277	110	10	100
药用辅料及包装材料	278			
化学纤维制造业	28			
纤维素纤维原料及纤维制造	281			
合成纤维制造	282			
生物基材料制造	283			
橡胶和塑料制品业	29			
橡胶制品业	291			
塑料制品业	292			
非金属矿物制品业	30	170	170	
水泥、石灰和石膏制造	301			
石膏、水泥制品及类似制品制造	302			
砖瓦、石材等建筑材料制造	303			
玻璃制造	304	170	170	
玻璃制品制造	305			
玻璃纤维和玻璃纤维增强塑料制品制造	306			
陶瓷制品制造	307			
耐火材料制品制造	308			
石墨及其他非金属矿物制品制造	309			
黑色金属冶炼和压延加工业	31			
炼铁	311			
炼钢	312			
钢压延加工	313			
铁合金冶炼	314			
有色金属冶炼和压延加工业	32			
常用有色金属冶炼	321			
贵金属冶炼	322			
稀有稀土金属冶炼	323			
有色金属合金制造	324			
有色金属压延加工	325			
金属制品业	33	103		64
结构性金属制品制造	331			

1-D-2.7　续表 3　　单位：万元

行　业	代码	R&D经费外部支出	#对境内研究机构支出	#对境内高等学校支出
金属工具制造	332			
集装箱及金属包装容器制造	333			
金属丝绳及其制品制造	334			
建筑、安全用金属制品制造	335	64		64
金属表面处理及热处理加工	336			
搪瓷制品制造	337			
金属制日用品制造	338			
铸造及其他金属制品制造	339	39		
通用设备制造业	34	2626		6
锅炉及原动设备制造	341	1425		
金属加工机械制造	342	44		6
物料搬运设备制造	343	616		
泵、阀门、压缩机及类似机械制造	344	541		
轴承、齿轮和传动部件制造	345			
烘炉、风机、包装等设备制造	346			
文化、办公用机械制造	347			
通用零部件制造	348			
其他通用设备制造业	349			
专用设备制造业	35	789	237	82
采矿、冶金、建筑专用设备制造	351	764	237	82
化工、木材、非金属加工专用设备制造	352			
食品、饮料、烟草及饲料生产专用设备制造	353			
印刷、制药、日化及日用品生产专用设备制造	354			
纺织、服装和皮革加工专用设备制造	355			
电子和电工机械专用设备制造	356			
农、林、牧、渔专用机械制造	357	25		
医疗仪器设备及器械制造	358			
环保、邮政、社会公共服务及其他专用设备制造	359			
汽车制造业	36	10461	521	
汽车整车制造	361			
汽车用发动机制造	362			
改装汽车制造	363			
低速汽车制造	364			
汽车车身、挂车制造	366			
汽车零部件及配件制造	367	10461	521	
铁路、船舶、航空航天和其他运输设备制造业	37	610	126	4
铁路运输设备制造	371			
城市轨道交通设备制造	372			
船舶及相关装置制造	373	459	108	
航空、航天器及设备制造	374			
摩托车制造	375	151	18	4
自行车和残疾人座车制造	376			
助动车制造	377			
非公路休闲车及零配件制造	378			
潜水救捞及其他未列明运输设备制造	379			
电气机械和器材制造业	38	589	409	77
电机制造	381			

1-D-2.7 续表 4

单位：万元

行　业	代码	R&D经费外部支出	#对境内研究机构支出	#对境内高等学校支出
输配电及控制设备制造	382	60	60	
电线、电缆、光缆及电工器材制造	383	95		
电池制造	384			
家用电力器具制造	385			
非电力家用器具制造	386	434	349	77
照明器具制造	387			
其他电气机械及器材制造	389			
计算机、通信和其他电子设备制造业	39	2013		
计算机制造	391	2		
通信设备制造	392			
广播电视设备制造	393			
雷达及配套设备制造	394			
非专业视听设备制造	395	2		
智能消费设备制造	396			
电子器件制造	397			
电子元件及电子专用材料制造	398	29		
其他电子设备制造	399	1980		
仪器仪表制造业	40	36	36	
通用仪器仪表制造	401	36	36	
专用仪器仪表制造	402			
钟表与计时仪器制造	403			
光学仪器制造	404			
衡器制造	405			
其他仪器仪表制造业	409			
其他制造业	41			
日用杂品制造	411			
其他未列明制造业	419			
废弃资源综合利用业	42			
金属废料和碎屑加工处理	421			
非金属废料和碎屑加工处理	422			
金属制品、机械和设备修理业	43			
金属制品修理	431			
通用设备修理	432			
专用设备修理	433			
铁路、船舶、航空航天等运输设备修理	434			
其他机械和设备修理业	439			
电力、热力、燃气及水生产和供应业	**D**			
电力、热力生产和供应业	44			
电力生产	441			
电力供应	442			
热力生产和供应	443			
燃气生产和供应业	45			
燃气生产和供应业	451			
水的生产和供应业	46			
自来水生产和供应	461			
污水处理及其再生利用	462			
其他水的处理、利用与分配	469			

1-D-2.8　各地区企业R&D经费外部支出情况

单位：万元

地　区	R&D经费外部支出	#对境内研究机构支出	#对境内高等学校支出
全　省	**826189**	**255625**	**132703**
济南市	58023	11882	17330
青岛市	232525	66892	36359
淄博市	46845	21524	8818
枣庄市	7557	2017	2511
东营市	33520	10320	10448
烟台市	49762	9848	6166
潍坊市	139367	9448	4234
济宁市	58821	8259	18831
泰安市	10575	5291	2414
威海市	29968	13703	4068
日照市	5792	981	570
临沂市	83571	57724	6403
德州市	8792	3325	3556
聊城市	14840	6625	4854
滨州市	2633	646	886
菏泽市	43600	27144	5256

1-D-2.9　各地区大中型企业R&D经费外部支出情况

单位：万元

地　区	R&D经费外部支出	#对境内研究机构支出	#对境内高等学校支出
全　省	**732097**	**233644**	**117086**
济南市	50984	10583	16203
青岛市	221956	64383	35191
淄博市	38509	18685	6774
枣庄市	6691	1830	1956
东营市	32702	10189	10227
烟台市	37177	7928	5714
潍坊市	118571	8519	3385.8
济宁市	54487	6676	17590
泰安市	8334	4205	2196
威海市	24792	11194	3760
日照市	3999.9	780.4	469.6
临沂市	74204	54635	2777
德州市	4414	929	2501
聊城市	14375	6299	4780
滨州市	1681	497	678
菏泽市	39221	26314	2884

1-D-2.10 各地区内资企业R&D经费外部支出情况

单位：万元

地 区	R&D经费外部支出	#对境内研究机构支出	#对境内高等学校支出
全 省	**741890**	**212287**	**129838**
济南市	56137	11864	16402
青岛市	227684	65822	36135
淄博市	46633	21501	8770
枣庄市	6861	1939	2491
东营市	33520	10320	10448
烟台市	35735	8764	6030
潍坊市	129088	8955	3953
济宁市	58400	8259	18830
泰安市	10475	5230	2414
威海市	28421	12913	3664
日照市	5315	872	570
临沂市	61624	40065	5837
德州市	8570	3296	3464
聊城市	14806	6625	4854
滨州市	2633	646	886
菏泽市	15989	5219	5092

1-D-2.11 各地区港澳台商投资企业R&D经费外部支出情况

单位：万元

地 区	R&D经费外部支出	#对境内研究机构支出	#对境内高等学校支出
全 省	**41049**	**22742**	**1176**
济南市	1034		845
青岛市	448	24	33
淄博市	106		30
枣庄市	696	78	20
东营市			
烟台市	2893	204	29
潍坊市	7243	369	
济宁市	372		
泰安市			
威海市	82		
日照市			
临沂市	529	143	55
德州市			
聊城市	34		
滨州市			
菏泽市	27612	21925	164

1-D-2.12　各地区外商投资企业R&D经费外部支出情况

单位：万元

地　区	R&D经费外部支出	#对境内研究机构支出	#对境内高等学校支出
全　省	**43250**	**20596**	**1689**
济南市	852	18	84
青岛市	4392	1046	191
淄博市	106	23	18
枣庄市			
东营市			
烟台市	11134	879	107
潍坊市	3035	125	281
济宁市	49	1	1
泰安市	100	61	
威海市	1465	790	404
日照市	476	108	
临沂市	21418	17516	511
德州市	223	29	93
聊城市			
滨州市			
菏泽市			

E.企业R&D项目情况

1-E-1　分登记注册类型企业全部R&D项目情况

登记注册类型	项目数(项)	参加项目人员(人)	项目人员折合全时当量(人年)	项目经费内部支出(万元)
总　计	**46625**	**358119**	**218925**	**13454296**
内资企业	**41620**	**318904**	**192202**	**11975705**
国有企业	213	1953	1065	60411
集体企业	99	797	582	30742
股份合作企业	26	201	137	5074
联营企业				
国有联营企业				
集体联营企业				
国有与集体联营企业				
其他联营企业				
有限责任公司	16846	149979	90797	5956278
国有独资公司	3100	32664	18869	1247128
其他有限责任公司	13746	117315	71928	4709150
股份有限公司	6402	61525	36423	2257040
私营企业	18034	104449	63198	3666161
私营独资企业	147	712	384	22656
私营合伙企业	10	49	35	1976
私营有限责任公司	15485	87539	53428	3019344
私营股份有限公司	2392	16149	9352	622185
其他企业				
港、澳、台商投资企业	**1793**	**11776**	**8078**	**443481**
合资经营企业	1013	6456	4474	254328
合作经营企业	8	82	75	2067
港、澳、台商独资经营企业	530	4039	2609	128433
港、澳、台商投资股份有限公司	92	769	537	24481
其他港、澳、台投资企业	150	430	383	34172
外商投资企业	**3212**	**27439**	**18645**	**1035110**
中外合资经营企业	1859	13151	8627	630688
中外合作经营企业	109	649	429	39624
外资企业	964	10540	7412	285600
外商投资股份有限公司	252	2887	2004	74704
其他外商投资企业	28	212	173	4493

1－E－2　分登记注册类型大中型企业全部R&D项目情况

登记注册类型	项目数(项)	参加项目人员(人)	项目人员折合全时当量(人年)	项目经费内部支出(万元)
总　计	**24659**	**255106**	**156332**	**10523031**
内资企业	**21387**	**224769**	**135373**	**9289669**
国有企业	183	1833	980	58156
集体企业	49	501	405	18415
股份合作企业	11	69	54	1095
联营企业				
国有联营企业				
集体联营企业				
国有与集体联营企业				
其他联营企业				
有限责任公司	11570	125033	76127	5256174
国有独资公司	3027	32181	18549	1234697
其他有限责任公司	8543	92852	57578	4021477
股份有限公司	4622	52436	30592	2007662
私营企业	4952	44897	27214	1948168
私营独资企业	4	17	11	909
私营合伙企业				
私营有限责任公司	3823	34393	21246	1470223
私营股份有限公司	1125	10487	5958	477036
其他企业				
港、澳、台商投资企业	**1227**	**9070**	**6336**	**350480**
合资经营企业	727	4981	3504	203542
合作经营企业	4	40	36	1230
港、澳、台商独资经营企业	260	2904	1916	89463
港、澳、台商投资股份有限公司	91	757	525	23551
其他港、澳、台投资企业	145	388	354	32694
外商投资企业	**2045**	**21267**	**14624**	**882882**
中外合资经营企业	1155	9852	6731	532006
中外合作经营企业	79	515	338	35181
外资企业	571	8027	5546	240741
外商投资股份有限公司	239	2823	1986	74398
其他外商投资企业	1	50	23	557

1-E-3　分行业企业全部R&D项目情况

行　业	代码	项目数（项）	参加项目人员（人）	项目人员折合全时当量（人年）	项目经费内部支出（万元）
总　计	**00**	**46625**	**358119**	**218925**	**13454296**
采矿业	**B**	**1560**	**18646**	**10699**	**646433**
煤炭开采和洗选业	06	693	9018	5317	363150
烟煤和无烟煤开采洗选	061	646	8579	4952	353729
褐煤开采洗选	062	40	382	318	7447
其他煤炭采选	069				
石油和天然气开采业	07	382	4108	2605	47343
石油开采	071	382	4108	2605	47343
天然气开采	072				
黑色金属矿采选业	08	52	410	241	14198
铁矿采选	081	52	410	241	14198
锰矿、铬矿采选	082				
其他黑色金属矿采选	089				
有色金属矿采选业	09	298	3037	1518	175640
常用有色金属矿采选	091				
贵金属矿采选	092	292	2997	1489	174103
稀有稀土金属矿采选	093	6	40	28	1538
非金属矿采选业	10	24	170	68	5926
土砂石开采	101	8	53	44	3220
化学矿开采	102				
采盐	103	8	100	11	1662
石棉及其他非金属矿采选	109	8	17	12	1044
开采专业及辅助性活动	11	104	1896	945	40144
煤炭开采和洗选专业及辅助性活动	111				
石油和天然气开采专业及辅助性活动	112	104	1896	945	40144
其他开采专业及辅助性活动	119				
其他采矿业	12	7	7	5	32
其他采矿业	120	7	7	5	32
制造业	**C**	**44687**	**336804**	**206709**	**12703932**
农副食品加工业	13	1915	11300	6655	533840
谷物磨制	131	97	678	371	32000
饲料加工	132	306	1479	945	53908
植物油加工	133	194	1420	903	79289
制糖业	134	32	168	127	9623
屠宰及肉类加工	135	471	2990	1693	162630
水产品加工	136	389	1978	1083	70425
蔬菜、菌类、水果和坚果加工	137	202	987	522	30928
其他农副食品加工	139	224	1600	1011	95036
食品制造业	14	1242	7796	4732	230754
焙烤食品制造	141	57	439	328	8660
糖果、巧克力及蜜饯制造	142	17	58	32	3049
方便食品制造	143	18	234	119	8351
乳制品制造	144	84	646	331	12320
罐头食品制造	145	60	547	294	13799
调味品、发酵制品制造	146	350	2463	1499	89057
其他食品制造	149	656	3409	2128	95518
酒、饮料和精制茶制造业	15	479	3259	2071	114699
酒的制造	151	413	2915	1846	105316
饮料制造	152	59	319	211	9139
精制茶加工	153	7	25	14	244

1-E-3　续表 1

行　业	代码	项目数(项)	参加项目人员(人)	项目人员折合全时当量(人年)	项目经费内部支出(万元)
烟草制品业	16	14	179	67	714
烟叶复烤	161				
卷烟制造	162	12	163	60	625
其他烟草制品制造	169	2	16	7	89
纺织业	17	1092	12026	7365	314305
棉纺织及印染精加工	171	698	8313	4985	214752
毛纺织及染整精加工	172	55	362	231	11391
麻纺织及染整精加工	173	7	17	5	805
丝绢纺织及印染精加工	174				
化纤织造及印染精加工	175	9	58	42	3516
针织或钩针编织物及其制品制造	176	15	113	71	7088
家用纺织制成品制造	177	195	2684	1735	55237
产业用纺织制成品制造	178	113	479	296	21517
纺织服装、服饰业	18	407	3938	2405	143575
机织服装制造	181	171	1585	921	88241
针织或钩针编织服装制造	182	227	2241	1455	53953
服饰制造	183	9	112	28	1381
皮革、毛皮、羽毛及其制品和制鞋业	19	126	1335	711	50549
皮革鞣制加工	191	33	204	142	14749
皮革制品制造	192	23	257	200	6575
毛皮鞣制及制品加工	193	3	38	7	1064
羽毛(绒)加工及制品制造	194	3	10	5	234
制鞋业	195	64	826	357	27928
木材加工和木、竹、藤、棕、草制品业	20	367	1698	896	65536
木材加工	201	28	167	107	6491
人造板制造	202	297	1306	687	52338
木质制品制造	203	42	225	102	6708
竹、藤、棕、草等制品制造	204				
家具制造业	21	149	1144	781	23245
木质家具制造	211	112	993	695	19323
竹、藤家具制造	212	1	7	6	142
金属家具制造	213	4	38	7	887
塑料家具制造	214				
其他家具制造	219	32	106	73	2893
造纸和纸制品业	22	525	6102	3748	411770
纸浆制造	221	4	26	7	1885
造纸	222	440	5559	3494	392706
纸制品制造	223	81	517	247	17179
印刷和记录媒介复制业	23	257	1591	1050	37991
印刷	231	245	1511	994	36767
装订及印刷相关服务	232	9	64	42	786
记录媒介复制	233	3	16	14	439
文教、工美、体育和娱乐用品制造业	24	758	5657	3658	153360
文教办公用品制造	241	70	463	269	5505
乐器制造	242	5	21	5	972
工艺美术及礼仪用品制造	243	378	2422	1420	61772
体育用品制造	244	260	2335	1747	75399
玩具制造	245	21	202	102	4171
游艺器材及娱乐用品制造	246	24	214	114	5543
石油、煤炭及其他燃料加工业	25	672	5125	3113	496468

1-E-3 续表 2

行　业	代码	项目数（项）	参加项目人员（人）	项目人员折合全时当量（人年）	项目经费内部支出（万元）
精炼石油产品制造	251	540	3807	2421	390972
煤炭加工	252	129	1299	685	104835
核燃料加工	253				
生物质燃料加工	254	3	19	6	661
化学原料和化学制品制造业	26	5556	35819	21779	1631975
基础化学原料制造	261	1473	10720	6689	571849
肥料制造	262	417	3169	1974	173710
农药制造	263	361	2003	1257	58370
涂料、油墨、颜料及类似产品制造	264	193	995	541	30758
合成材料制造	265	1097	7455	4749	393498
专用化学产品制造	266	1868	10674	6084	380461
炸药、火工及焰火产品制造	267	35	222	152	6543
日用化学产品制造	268	112	581	335	16786
医药制造业	27	4020	24762	16368	922053
化学药品原料药制造	271	901	6146	3814	222991
化学药品制剂制造	272	1207	7265	4969	344105
中药饮片加工	273	86	406	287	6654
中成药生产	274	408	3195	2330	107694
兽用药品制造	275	172	1142	507	21897
生物药品制品制造	276	664	3441	2156	124464
卫生材料及医药用品制造	277	531	2984	2192	91169
药用辅料及包装材料	278	51	183	113	3080
化学纤维制造业	28	156	1050	773	58977
纤维素纤维原料及纤维制造	281	69	481	348	17264
合成纤维制造	282	71	461	333	27688
生物基材料制造	283	16	108	92	14025
橡胶和塑料制品业	29	1692	13119	8371	500796
橡胶制品业	291	813	9057	6052	387873
塑料制品业	292	879	4062	2319	112923
非金属矿物制品业	30	2422	15885	9660	530892
水泥、石灰和石膏制造	301	136	1324	843	56970
石膏、水泥制品及类似制品制造	302	308	1765	1082	71800
砖瓦、石材等建筑材料制造	303	317	1788	1183	62693
玻璃制造	304	87	583	369	17953
玻璃制品制造	305	174	1947	1237	49933
玻璃纤维和玻璃纤维增强塑料制品制造	306	351	2204	1334	67828
陶瓷制品制造	307	370	2294	1547	43809
耐火材料制品制造	308	262	1163	503	23841
石墨及其他非金属矿物制品制造	309	417	2817	1562	136067
黑色金属冶炼和压延加工业	31	1092	9680	5471	770598
炼铁	311	32	114	64	3848
炼钢	312	48	376	269	35430
钢压延加工	313	971	8826	4847	702513
铁合金冶炼	314	41	364	291	28809
有色金属冶炼和压延加工业	32	1429	13166	8445	977631
常用有色金属冶炼	321	346	5290	3123	329021
贵金属冶炼	322	65	735	532	74710
稀有稀土金属冶炼	323	37	99	64	2542
有色金属合金制造	324	111	905	592	40138
有色金属压延加工	325	870	6137	4134	531220
金属制品业	33	1909	12256	7585	350629

1-E-3　续表 3

行　业	代码	项目数(项)	参加项目人员(人)	项目人员折合全时当量(人年)	项目经费内部支出(万元)
结构性金属制品制造	331	347	1871	1284	44881
金属工具制造	332	121	712	414	18211
集装箱及金属包装容器制造	333	213	1504	831	44227
金属丝绳及其制品制造	334	68	859	670	33395
建筑、安全用金属制品制造	335	193	1506	877	44472
金属表面处理及热处理加工	336	53	203	129	7276
搪瓷制品制造	337	7	38	31	786
金属制日用品制造	338	49	185	98	6829
铸造及其他金属制品制造	339	858	5378	3252	150552
通用设备制造业	34	4345	29185	18130	733076
锅炉及原动设备制造	341	951	8062	4983	245908
金属加工机械制造	342	1005	6309	3644	135664
物料搬运设备制造	343	160	808	482	32109
泵、阀门、压缩机及类似机械制造	344	616	3675	2136	98958
轴承、齿轮和传动部件制造	345	254	1962	1486	39185
烘炉、风机、包装等设备制造	346	825	5059	3400	106207
文化、办公用机械制造	347	35	504	190	7398
通用零部件制造	348	264	1715	1073	48364
其他通用设备制造业	349	235	1091	735	19283
专用设备制造业	35	3957	24012	15483	584462
采矿、冶金、建筑专用设备制造	351	1349	8141	4791	226521
化工、木材、非金属加工专用设备制造	352	432	2749	1951	54173
食品、饮料、烟草及饲料生产专用设备制造	353	119	616	464	10868
印刷、制药、日化及日用品生产专用设备制造	354	157	761	454	14158
纺织、服装和皮革加工专用设备制造	355	165	933	672	24885
电子和电工机械专用设备制造	356	169	1244	988	38801
农、林、牧、渔专用机械制造	357	393	3083	2046	60127
医疗仪器设备及器械制造	358	412	2726	1799	68133
环保、邮政、社会公共服务及其他专用设备制造	359	761	3759	2318	86796
汽车制造业	36	2536	22945	14230	759685
汽车整车制造	361	642	10006	6004	388717
汽车用发动机制造	362	59	627	382	21274
改装汽车制造	363	345	2220	1521	49471
低速汽车制造	364	66	802	428	36262
电车制造	365	17	192	65	2358
汽车车身、挂车制造	366	152	744	514	14496
汽车零部件及配件制造	367	1255	8354	5316	247107
铁路、船舶、航空航天和其他运输设备制造业	37	958	8759	4798	227606
铁路运输设备制造	371	552	5579	3051	138903
城市轨道交通设备制造	372	3	56	54	621
船舶及相关装置制造	373	264	2247	1187	69242
航空、航天器及设备制造	374	4	41	29	951
摩托车制造	375	57	289	224	6021
自行车和残疾人座车制造	376	26	134	44	2010
助动车制造	377	24	171	52	3017
非公路休闲车及零配件制造	378	1	45	33	1107
潜水救捞及其他未列明运输设备制造	379	27	197	124	5735
电气机械和器材制造业	38	3485	23425	10842	956539
电机制造	381	394	2349	1509	47474
输配电及控制设备制造	382	1367	7727	4753	206715
电线、电缆、光缆及电工器材制造	383	499	3127	1843	163553

1-E-3 续表 4

行　业	代码	项目数（项）	参加项目人员（人）	项目人员折合全时当量（人年）	项目经费内部支出（万元）
电池制造	384	182	1247	549	49391
家用电力器具制造	385	662	7360	1134	448451
非电力家用器具制造	386	156	653	473	19858
照明器具制造	387	97	499	288	11879
其他电气机械及器材制造	389	128	463	293	9219
计算机、通信和其他电子设备制造业	39	2007	34800	22903	984083
计算机制造	391	381	16050	10138	398599
通信设备制造	392	192	1054	717	22142
广播电视设备制造	393	27	183	132	4914
雷达及配套设备制造	394	1	2	2	120
非专业视听设备制造	395	428	5106	3289	205340
智能消费设备制造	396	87	4303	3145	97589
电子器件制造	397	355	3244	1983	76710
电子元件及电子专用材料制造	398	438	4104	2960	164809
其他电子设备制造	399	98	754	538	13861
仪器仪表制造业	40	1013	5896	4042	119980
通用仪器仪表制造	401	638	3652	2531	66832
专用仪器仪表制造	402	249	1416	1039	38563
钟表与计时仪器制造	403	16	135	72	1674
光学仪器制造	404	37	316	180	5122
衡器制造	405	32	196	100	4729
其他仪器仪表制造业	409	41	181	121	3060
其他制造业	41	26	268	157	3788
日用杂品制造	411	14	209	137	2767
核辐射加工	412				
其他未列明制造业	419	12	59	20	1021
废弃资源综合利用业	42	39	197	109	8453
金属废料和碎屑加工处理	421	11	31	21	2520
非金属废料和碎屑加工处理	422	28	166	88	5934
金属制品、机械和设备修理业	43	42	430	312	5902
金属制品修理	431				
通用设备修理	432				
专用设备修理	433				
铁路、船舶、航空航天等运输设备修理	434	42	430	312	5902
电气设备修理	435				
仪器仪表修理	436				
其他机械和设备修理业	439				
电力、热力、燃气及水生产和供应业	**D**	**378**	**2669**	**1517**	**103931**
电力、热力生产和供应业	44	296	2092	1169	87237
电力生产	441	251	1729	942	69308
电力供应	442				
热力生产和供应	443	45	363	226	17929
燃气生产和供应业	45	22	198	132	6882
燃气生产和供应业	451	14	168	115	6440
生物质燃气生产和供应业	452	8	30	18	443
水的生产和供应业	46	60	379	216	9812
自来水生产和供应	461	14	136	79	1418
污水处理及其再生利用	462	44	238	134	8304
海水淡化处理	463	2	5	4	90
其他水的处理、利用与分配	469				

1-E-4　分行业大中型企业全部R&D项目情况

行　业	代码	项目数(项)	参加项目人员(人)	项目人员折合全时当量(人年)	项目经费内部支出(万元)
总　计	**00**	**24659**	**255106**	**156332**	**10523031**
采矿业	**B**	**1483**	**18252**	**10495**	**612489**
煤炭开采和洗选业	06	687	8973	5299	354376
烟煤和无烟煤开采洗选	061	640	8534	4934	344955
褐煤开采洗选	062	40	382	318	7447
其他煤炭采选	069	7	57	47	1974
石油和天然气开采业	07	382	4108	2605	47343
石油开采	071	382	4108	2605	47343
天然气开采	072				
黑色金属矿采选业	08	25	308	180	6387
铁矿采选	081	25	308	180	6387
锰矿、铬矿采选	082				
其他黑色金属矿采选	089				
有色金属矿采选业	09	277	2867	1454	162577
常用有色金属矿采选	091				
贵金属矿采选	092	271	2827	1425	161039
稀有稀土金属矿采选	093	6	40	28	1538
非金属矿采选业	10	8	100	11	1662
土砂石开采	101				
化学矿开采	102				
采盐	103	8	100	11	1662
石棉及其他非金属矿采选	109				
开采专业及辅助性活动	11	104	1896	945	40144
煤炭开采和洗选专业及辅助性活动	111				
石油和天然气开采专业及辅助性活动	112	104	1896	945	40144
其他开采专业及辅助性活动	119				
其他采矿业	12				
其他采矿业	120				
制造业	**C**	**23000**	**235451**	**145077**	**9846297**
农副食品加工业	13	1126	7132	4314	379379
谷物磨制	131	14	156	123	5347
饲料加工	132	54	378	262	11429
植物油加工	133	131	1042	714	64604
制糖业	134	30	157	119	9417
屠宰及肉类加工	135	410	2516	1434	149374
水产品加工	136	317	1555	823	53879
蔬菜、菌类、水果和坚果加工	137	24	160	88	7859
其他农副食品加工	139	146	1168	753	77470
食品制造业	14	602	5084	3060	159036
焙烤食品制造	141	29	265	213	3623
糖果、巧克力及蜜饯制造	142				
方便食品制造	143	7	160	82	5469
乳制品制造	144	56	506	264	7572
罐头食品制造	145	34	275	184	8537
调味品、发酵制品制造	146	267	2103	1298	82393
其他食品制造	149	209	1775	1019	51443
酒、饮料和精制茶制造业	15	365	2645	1758	95963
酒的制造	151	347	2499	1644	93389
饮料制造	152	18	146	114	2575
精制茶加工	153				

1-E-4 续表 1

行 业	代码	项目数（项）	参加项目人员（人）	项目人员折合全时当量（人年）	项目经费内部支出（万元）
烟草制品业	16	12	163	60	625
烟叶复烤	161				
卷烟制造	162	12	163	60	625
其他烟草制品制造	169				
纺织业	17	719	9736	6127	216732
棉纺织及印染精加工	171	518	6942	4333	152042
毛纺织及染整精加工	172	45	291	200	9863
麻纺织及染整精加工	173				
丝绢纺织及印染精加工	174				
化纤织造及印染精加工	175	2	17	11	2075
针织或钩针编织物及其制品制造	176	3	22	14	1669
家用纺织制成品制造	177	148	2433	1544	50872
产业用纺织制成品制造	178	3	31	24	211
纺织服装、服饰业	18	320	3279	2034	127478
机织服装制造	181	120	1220	675	77946
针织或钩针编织服装制造	182	196	2031	1351	49266
服饰制造	183	4	28	9	265
皮革、毛皮、羽毛及其制品和制鞋业	19	70	964	465	29343
皮革鞣制加工	191	19	155	108	7477
皮革制品制造	192	7	111	103	1164
毛皮鞣制及制品加工	193				
羽毛(绒)加工及制品制造	194				
制鞋业	195	44	698	255	20702
木材加工和木、竹、藤、棕、草制品业	20	80	361	229	15184
木材加工	201				
人造板制造	202	79	350	229	13785
木质制品制造	203	1	11	1	1398
竹、藤、棕、草等制品制造	204				
家具制造业	21	35	235	179	5380
木质家具制造	211	22	196	161	3482
竹、藤家具制造	212				
金属家具制造	213	1	15	1	713
塑料家具制造	214				
其他家具制造	219	12	24	18	1185
造纸和纸制品业	22	338	4793	2911	362950
纸浆制造	221	3	22	4	1742
造纸	222	316	4621	2835	356656
纸制品制造	223	19	150	72	4552
印刷和记录媒介复制业	23	61	577	407	10318
印刷	231	61	577	407	10318
装订及印刷相关服务	232				
记录媒介复制	233				
文教、工美、体育和娱乐用品制造业	24	356	2693	1608	104804
文教办公用品制造	241	9	140	55	1255
乐器制造	242	3	17	2	127
工艺美术及礼仪用品制造	243	218	1562	924	38513
体育用品制造	244	122	958	618	62948
玩具制造	245	1	10	5	636
游艺器材及娱乐用品制造	246	3	6	4	1326
石油、煤炭及其他燃料加工业	25	540	4458	2629	465744

1-E-4　续表 2

行　业	代码	项目数(项)	参加项目人员(人)	项目人员折合全时当量(人年)	项目经费内部支出(万元)
精炼石油产品制造	251	435	3307	2045	369082
煤炭加工	252	105	1151	584	96662
核燃料加工	253				
生物质燃料加工	254				
化学原料和化学制品制造业	26	2545	23707	14511	1188231
基础化学原料制造	261	810	8041	4995	463875
肥料制造	262	205	2434	1552	148484
农药制造	263	194	1368	875	42941
涂料、油墨、颜料及类似产品制造	264	38	407	186	8889
合成材料制造	265	530	5262	3527	323628
专用化学产品制造	266	703	5666	3070	183224
炸药、火工及焰火产品制造	267	27	198	130	5191
日用化学产品制造	268	38	331	176	11999
医药制造业	27	2722	19720	13114	801788
化学药品原料药制造	271	610	4946	3067	197263
化学药品制剂制造	272	1049	6724	4650	333516
中药饮片加工	273	32	225	170	3260
中成药生产	274	293	2801	2060	97479
兽用药品制造	275	62	757	265	16816
生物药品制品制造	276	257	1784	1046	75179
卫生材料及医药用品制造	277	399	2402	1793	77146
药用辅料及包装材料	278	20	81	64	1128
化学纤维制造业	28	88	645	489	31831
纤维素纤维原料及纤维制造	281	63	465	343	16018
合成纤维制造	282	9	72	54	1788
生物基材料制造	283	16	108	92	14025
橡胶和塑料制品业	29	724	8746	5902	369922
橡胶制品业	291	610	7872	5336	352726
塑料制品业	292	114	874	566	17196
非金属矿物制品业	30	1030	8934	5427	325911
水泥、石灰和石膏制造	301	75	805	487	36000
石膏、水泥制品及类似制品制造	302	77	500	319	26176
砖瓦、石材等建筑材料制造	303	55	612	403	24738
玻璃制造	304	18	240	159	7840
玻璃制品制造	305	136	1631	1058	43717
玻璃纤维和玻璃纤维增强塑料制品制造	306	146	1267	788	41534
陶瓷制品制造	307	158	1507	1089	26386
耐火材料制品制造	308	138	566	134	9513
石墨及其他非金属矿物制品制造	309	227	1806	991	110007
黑色金属冶炼和压延加工业	31	962	9007	5095	738044
炼铁	311	32	114	64	3848
炼钢	312	36	326	265	35199
钢压延加工	313	862	8262	4488	670848
铁合金冶炼	314	32	305	278	28150
有色金属冶炼和压延加工业	32	1028	11378	7332	899732
常用有色金属冶炼	321	305	5167	3052	325155
贵金属冶炼	322	45	620	484	67850
稀有稀土金属冶炼	323	37	99	64	2542
有色金属合金制造	324	43	542	351	25395
有色金属压延加工	325	598	4950	3382	478790

1-E-4 续表 3

行 业	代码	项目数（项）	参加项目人员（人）	项目人员折合全时当量（人年）	项目经费内部支出（万元）
金属制品业	33	686	6603	4357	205440
结构性金属制品制造	331	56	666	479	11396
金属工具制造	332	43	280	160	6236
集装箱及金属包装容器制造	333	92	836	498	27291
金属丝绳及其制品制造	334	54	792	632	29332
建筑、安全用金属制品制造	335	115	1126	620	35507
金属表面处理及热处理加工	336	14	62	35	3810
搪瓷制品制造	337				
金属制日用品制造	338	19	78	46	645
铸造及其他金属制品制造	339	293	2763	1886	91223
通用设备制造业	34	1866	17967	11416	471222
锅炉及原动设备制造	341	621	6342	3929	198713
金属加工机械制造	342	406	3611	2141	75274
物料搬运设备制造	343	52	297	209	15055
泵、阀门、压缩机及类似机械制造	344	227	1840	1126	55652
轴承、齿轮和传动部件制造	345	92	1137	842	21226
烘炉、风机、包装等设备制造	346	314	3115	2178	70740
文化、办公用机械制造	347	23	432	134	5218
通用零部件制造	348	87	724	504	20862
其他通用设备制造业	349	44	469	354	8482
专用设备制造业	35	1479	12904	8441	328180
采矿、冶金、建筑专用设备制造	351	706	5380	3139	160549
化工、木材、非金属加工专用设备制造	352	105	1327	1059	23869
食品、饮料、烟草及饲料生产专用设备制造	353	20	191	164	1434
印刷、制药、日化及日用品生产专用设备制造	354	26	275	195	4868
纺织、服装和皮革加工专用设备制造	355	63	527	463	13465
电子和电工机械专用设备制造	356	42	738	646	26370
农、林、牧、渔专用机械制造	357	116	1047	554	22996
医疗仪器设备及器械制造	358	197	1745	1205	33767
环保、邮政、社会公共服务及其他专用设备制造	359	204	1674	1017	40862
汽车制造业	36	1552	17945	11320	644773
汽车整车制造	361	631	9686	5898	382521
汽车用发动机制造	362	53	565	336	19491
改装汽车制造	363	234	1621	1065	32343
低速汽车制造	364	62	759	412	35376
电车制造	365	2	103	15	1172
汽车车身、挂车制造	366	67	395	279	5322
汽车零部件及配件制造	367	503	4816	3316	168548
铁路、船舶、航空航天和其他运输设备制造业	37	616	7163	3815	187798
铁路运输设备制造	371	410	5062	2669	124168
城市轨道交通设备制造	372				
船舶及相关装置制造	373	109	1505	786	48908
航空、航天器及设备制造	374				
摩托车制造	375	56	280	224	5913
自行车和残疾人座车制造	376	24	122	35	1404
助动车制造	377	10	70	12	2117
非公路休闲车及零配件制造	378	1	45	33	1107
潜水救捞及其他未列明运输设备制造	379	6	79	55	4181
电气机械和器材制造业	38	1647	15169	5928	743495
电机制造	381	190	1308	913	24698

1-E-4　续表 4

行　业	代码	项目数 (项)	参加项目人员 (人)	项目人员折合全时当量 (人年)	项目经费内部支出 (万元)
输配电及控制设备制造	382	571	4090	2544	124904
电线、电缆、光缆及电工器材制造	383	194	1709	1010	118946
电池制造	384	27	444	125	24232
家用电力器具制造	385	583	7029	935	436326
非电力家用器具制造	386	48	270	195	8137
照明器具制造	387	15	238	134	3933
其他电气机械及器材制造	389	19	81	72	2319
计算机、通信和其他电子设备制造业	39	1165	30586	20097	878364
计算机制造	391	328	15732	9914	390868
通信设备制造	392	74	521	333	10538
广播电视设备制造	393	2	20	20	850
雷达及配套设备制造	394				
非专业视听设备制造	395	417	5037	3229	199110
智能消费设备制造	396	59	4227	3089	95124
电子器件制造	397	114	2119	1233	49570
电子元件及电子专用材料制造	398	159	2623	2019	127298
其他电子设备制造	399	12	307	260	5006
仪器仪表制造业	40	226	2298	1653	52181
通用仪器仪表制造	401	120	1282	970	27146
专用仪器仪表制造	402	68	669	501	19467
钟表与计时仪器制造	403	2	66	35	839
光学仪器制造	404	6	104	84	1714
衡器制造	405	22	112	50	2257
其他仪器仪表制造业	409	8	65	11	759
其他制造业	41	7	180	130	2146
日用杂品制造	411	7	180	130	2146
核辐射加工	412				
其他未列明制造业	419				
废弃资源综合利用业	42				
金属废料和碎屑加工处理	421				
非金属废料和碎屑加工处理	422				
金属制品、机械和设备修理业	43	33	379	265	4307
金属制品修理	431				
通用设备修理	432				
专用设备修理	433				
铁路、船舶、航空航天等运输设备修理	434	33	379	265	4307
电气设备修理	435				
仪器仪表修理	436				
其他机械和设备修理业	439				
电力、热力、燃气及水生产和供应业	**D**	**176**	**1403**	**760**	**64244**
电力、热力生产和供应业	44	159	1256	671	62478
电力生产	441	127	1084	588	49496
电力供应	442				
热力生产和供应	443	32	172	82	12982
燃气生产和供应业	45	7	77	58	1230
燃气生产和供应业	451	7	77	58	1230
水的生产和供应业	46	10	70	31	537
自来水生产和供应	461	10	70	31	537
污水处理及其再生利用	462				
其他水的处理、利用与分配	469				

1-E-5 分行业内资企业全部R&D项目情况

行业	代码	项目数（项）	参加项目人员（人）	项目人员折合全时当量（人年）	项目经费内部支出（万元）
总计	**00**	**41620**	**318904**	**192202**	**11975705**
采矿业	**B**	**1496**	**18326**	**10633**	**637824**
煤炭开采和洗选业	06	631	8747	5276	356464
烟煤和无烟煤开采洗选	061	584	8308	4910	347043
褐煤开采洗选	062	40	382	318	7447
其他煤炭采选	069	7	57	47	1974
石油和天然气开采业	07	382	4108	2605	47343
石油开采	071	382	4108	2605	47343
天然气开采	072				
黑色金属矿采选业	08	52	410	241	14198
铁矿采选	081	52	410	241	14198
锰矿、铬矿采选	082				
其他黑色金属矿采选	089				
有色金属矿采选业	09	296	2988	1493	173717
常用有色金属矿采选	091				
贵金属矿采选	092	290	2948	1465	172179
稀有稀土金属矿采选	093	6	40	28	1538
非金属矿采选业	10	24	170	68	5926
土砂石开采	101	8	53	44	3220
化学矿开采	102				
采盐	103	8	100	11	1662
石棉及其他非金属矿采选	109	8	17	12	1044
开采专业及辅助性活动	11	104	1896	945	40144
煤炭开采和洗选专业及辅助性活动	111				
石油和天然气开采专业及辅助性活动	112	104	1896	945	40144
其他开采专业及辅助性活动	119				
其他采矿业	12	7	7	5	32
其他采矿业	120	7	7	5	32
制造业	**C**	**39780**	**298110**	**180167**	**11242642**
农副食品加工业	13	1523	9264	5506	449664
谷物磨制	131	86	596	330	29822
饲料加工	132	292	1389	865	50969
植物油加工	133	191	1389	899	79097
制糖业	134	32	168	127	9623
屠宰及肉类加工	135	318	2344	1353	125569
水产品加工	136	248	1284	752	43526
蔬菜、菌类、水果和坚果加工	137	176	803	416	24694
其他农副食品加工	139	180	1291	764	86366
食品制造业	14	1005	5588	3438	158535
焙烤食品制造	141	49	274	181	6544
糖果、巧克力及蜜饯制造	142	14	55	30	2911
方便食品制造	143	17	226	111	8212
乳制品制造	144	63	310	144	5661
罐头食品制造	145	59	542	293	13671
调味品、发酵制品制造	146	263	1546	1008	54982
其他食品制造	149	540	2635	1670	66554
酒、饮料和精制茶制造业	15	374	2556	1481	86013
酒的制造	151	330	2330	1336	78888
饮料制造	152	37	201	131	6881
精制茶加工	153	7	25	14	244

1-E-5　续表 1

行　业	代码	项目数(项)	参加项目人员(人)	项目人员折合全时当量(人年)	项目经费内部支出(万元)
烟草制品业	16	14	179	67	714
烟叶复烤	161				
卷烟制造	162	12	163	60	625
其他烟草制品制造	169	2	16	7	89
纺织业	17	844	8933	5172	251943
棉纺织及印染精加工	171	518	5705	3121	162160
毛纺织及染整精加工	172	50	330	212	10726
麻纺织及染整精加工	173				
丝绢纺织及印染精加工	174				
化纤织造及印染精加工	175	9	58	42	3516
针织或钩针编织物及其制品制造	176	15	113	71	7088
家用纺织制成品制造	177	158	2330	1477	49532
产业用纺织制成品制造	178	94	397	250	18922
纺织服装、服饰业	18	392	3809	2336	141903
机织服装制造	181	158	1512	854	87008
针织或钩针编织服装制造	182	225	2185	1454	53514
服饰制造	183	9	112	28	1381
皮革、毛皮、羽毛及其制品和制鞋业	19	108	1130	593	44239
皮革鞣制加工	191	25	142	101	10949
皮革制品制造	192	16	154	131	5388
毛皮鞣制及制品加工	193	3	38	7	1064
羽毛(绒)加工及制品制造	194	3	10	5	234
制鞋业	195	61	786	349	26604
木材加工和木、竹、藤、棕、草制品业	20	353	1597	824	60937
木材加工	201	24	129	72	5050
人造板制造	202	287	1243	650	49180
木质制品制造	203	42	225	102	6708
竹、藤、棕、草等制品制造	204				
家具制造业	21	135	1014	727	21373
木质家具制造	211	99	878	642	18164
竹、藤家具制造	212	1	7	6	142
金属家具制造	213	3	23	7	174
塑料家具制造	214				
其他家具制造	219	32	106	73	2893
造纸和纸制品业	22	457	5167	3173	276286
纸浆制造	221	4	26	7	1885
造纸	222	375	4657	2944	257459
纸制品制造	223	78	484	223	16942
印刷和记录媒介复制业	23	220	1263	876	30535
印刷	231	211	1199	834	29749
装订及印刷相关服务	232	9	64	42	786
记录媒介复制	233				
文教、工美、体育和娱乐用品制造业	24	650	4139	2356	139228
文教办公用品制造	241	52	249	175	2803
乐器制造	242	5	21	5	972
工艺美术及礼仪用品制造	243	348	2072	1097	53793
体育用品制造	244	202	1402	864	72023
玩具制造	245	20	188	101	4099
游艺器材及娱乐用品制造	246	23	207	113	5538
石油、煤炭及其他燃料加工业	25	649	4959	2988	490289

1-E-5 续表 2

行　业	代码	项目数（项）	参加项目人员（人）	项目人员折合全时当量（人年）	项目经费内部支出（万元）
精炼石油产品制造	251	518	3689	2323	387106
煤炭加工	252	128	1251	659	102521
核燃料加工	253				
生物质燃料加工	254	3	19	6	661
化学原料和化学制品制造业	26	5118	33502	20295	1517635
基础化学原料制造	261	1403	10121	6373	541136
肥料制造	262	389	3066	1906	169121
农药制造	263	331	1941	1243	56310
涂料、油墨、颜料及类似产品制造	264	184	972	529	30307
合成材料制造	265	943	6695	4181	360456
专用化学产品制造	266	1727	9918	5586	337252
炸药、火工及焰火产品制造	267	35	222	152	6543
日用化学产品制造	268	106	567	324	16511
医药制造业	27	3308	19400	12248	702615
化学药品原料药制造	271	709	4608	2455	148472
化学药品制剂制造	272	1073	6753	4695	321608
中药饮片加工	273	81	392	283	6620
中成药生产	274	275	1327	864	35948
兽用药品制造	275	145	980	434	19258
生物药品制品制造	276	605	2899	1757	101816
卫生材料及医药用品制造	277	377	2304	1677	66064
药用辅料及包装材料	278	43	137	83	2827
化学纤维制造业	28	130	922	681	52395
纤维素纤维原料及纤维制造	281	63	465	343	16018
合成纤维制造	282	51	349	246	22352
生物基材料制造	283	16	108	92	14025
橡胶和塑料制品业	29	1607	12734	8141	488057
橡胶制品业	291	786	8887	5955	381962
塑料制品业	292	821	3847	2186	106095
非金属矿物制品业	30	2279	14809	8918	501148
水泥、石灰和石膏制造	301	130	1266	796	55425
石膏、水泥制品及类似制品制造	302	308	1765	1082	71800
砖瓦、石材等建筑材料制造	303	279	1448	893	48951
玻璃制造	304	76	507	320	16781
玻璃制品制造	305	167	1881	1178	49093
玻璃纤维和玻璃纤维增强塑料制品制造	306	351	2204	1334	67828
陶瓷制品制造	307	329	1897	1325	35101
耐火材料制品制造	308	252	1120	479	23218
石墨及其他非金属矿物制品制造	309	387	2721	1511	132951
黑色金属冶炼和压延加工业	31	1078	9467	5434	764654
炼铁	311	32	114	64	3848
炼钢	312	48	376	269	35430
钢压延加工	313	957	8613	4810	696568
铁合金冶炼	314	41	364	291	28809
有色金属冶炼和压延加工业	32	1112	11836	7214	795109
常用有色金属冶炼	321	273	5056	2908	215294
贵金属冶炼	322	65	735	532	74710
稀有稀土金属冶炼	323	37	99	64	2542
有色金属合金制造	324	111	905	592	40138
有色金属压延加工	325	626	5041	3117	462424
金属制品业	33	1708	10667	6624	309341

1-E-5　续表 3

行　业	代码	项目数(项)	参加项目人员(人)	项目人员折合全时当量(人年)	项目经费内部支出(万元)
结构性金属制品制造	331	339	1834	1266	43696
金属工具制造	332	107	567	312	15087
集装箱及金属包装容器制造	333	157	1226	657	32663
金属丝绳及其制品制造	334	48	424	332	22639
建筑、安全用金属制品制造	335	185	1411	835	42361
金属表面处理及热处理加工	336	53	203	129	7276
搪瓷制品制造	337	7	38	31	786
金属制日用品制造	338	33	119	55	6402
铸造及其他金属制品制造	339	779	4845	3007	138430
通用设备制造业	34	4026	27554	17184	689335
锅炉及原动设备制造	341	909	7753	4791	236038
金属加工机械制造	342	949	6143	3540	129785
物料搬运设备制造	343	143	751	445	30367
泵、阀门、压缩机及类似机械制造	344	532	3206	1881	84288
轴承、齿轮和传动部件制造	345	254	1962	1486	39185
烘炉、风机、包装等设备制造	346	730	4536	3115	97003
文化、办公用机械制造	347	35	504	190	7398
通用零部件制造	348	240	1611	1002	45998
其他通用设备制造业	349	234	1088	733	19273
专用设备制造业	35	3589	21959	14153	510330
采矿、冶金、建筑专用设备制造	351	1171	7179	4161	177627
化工、木材、非金属加工专用设备制造	352	407	2623	1852	52275
食品、饮料、烟草及饲料生产专用设备制造	353	100	553	423	9319
印刷、制药、日化及日用品生产专用设备制造	354	125	625	365	11055
纺织、服装和皮革加工专用设备制造	355	160	904	661	24580
电子和电工机械专用设备制造	356	159	1225	974	37972
农、林、牧、渔专用机械制造	357	328	2721	1819	49819
医疗仪器设备及器械制造	358	399	2482	1653	64543
环保、邮政、社会公共服务及其他专用设备制造	359	740	3647	2244	83139
汽车制造业	36	2260	20843	12751	689487
汽车整车制造	361	641	9990	5988	387838
汽车用发动机制造	362	59	627	382	21274
改装汽车制造	363	301	1898	1283	40324
低速汽车制造	364	66	802	428	36262
电车制造	365	17	192	65	2358
汽车车身、挂车制造	366	146	688	481	12904
汽车零部件及配件制造	367	1030	6646	4124	188526
铁路、船舶、航空航天和其他运输设备制造业	37	831	8107	4307	209028
铁路运输设备制造	371	485	5217	2726	126737
城市轨道交通设备制造	372	3	56	54	621
船舶及相关装置制造	373	243	2154	1150	66903
航空、航天器及设备制造	374	3	12	6	102
摩托车制造	375	24	176	154	2833
自行车和残疾人座车制造	376	26	134	44	2010
助动车制造	377	24	171	52	3017
非公路休闲车及零配件制造	378	1	45	33	1107
潜水救捞及其他未列明运输设备制造	379	22	142	88	5700
电气机械和器材制造业	38	3256	21993	9995	911513
电机制造	381	333	1910	1228	37853
输配电及控制设备制造	382	1300	7392	4553	194644
电线、电缆、光缆及电工器材制造	383	460	2938	1741	160389

1-E-5 续表 4

行　业	代码	项目数(项)	参加项目人员(人)	项目人员折合全时当量(人年)	项目经费内部支出(万元)
电池制造	384	170	1106	464	43750
家用电力器具制造	385	645	7262	1086	440009
非电力家用器具制造	386	133	540	389	15539
照明器具制造	387	95	456	285	10916
其他电气机械及器材制造	389	120	389	250	8414
计算机、通信和其他电子设备制造业	39	1763	29128	18933	835092
计算机制造	391	347	15793	9974	391203
通信设备制造	392	181	938	639	18254
广播电视设备制造	393	25	163	112	4064
雷达及配套设备制造	394	1	2	2	120
非专业视听设备制造	395	404	4818	3082	195455
智能消费设备制造	396	45	863	740	14635
电子器件制造	397	317	2867	1756	56477
电子元件及电子专用材料制造	398	371	3338	2387	149387
其他电子设备制造	399	72	346	242	5498
仪器仪表制造业	40	931	5284	3576	104176
通用仪器仪表制造	401	575	3357	2313	59178
专用仪器仪表制造	402	240	1226	857	31862
钟表与计时仪器制造	403	15	71	37	847
光学仪器制造	404	29	257	149	4559
衡器制造	405	32	196	100	4729
其他仪器仪表制造业	409	40	177	120	3001
其他制造业	41	12	59	20	1021
日用杂品制造	411				
核辐射加工	412				
其他未列明制造业	419	12	59	20	1021
废弃资源综合利用业	42	39	197	109	8453
金属废料和碎屑加工处理	421	11	31	21	2520
非金属废料和碎屑加工处理	422	28	166	88	5934
金属制品、机械和设备修理业	43	9	51	47	1595
金属制品修理	431				
通用设备修理	432				
专用设备修理	433				
铁路、船舶、航空航天等运输设备修理	434	9	51	47	1595
电气设备修理	435				
仪器仪表修理	436				
其他机械和设备修理业	439				
电力、热力、燃气及水生产和供应业	**D**	**344**	**2468**	**1402**	**95240**
电力、热力生产和供应业	44	276	2015	1126	81051
电力生产	441	231	1652	900	63122
电力供应	442				
热力生产和供应	443	45	363	226	17929
燃气生产和供应业	45	15	136	96	5469
燃气生产和供应业	451	7	106	78	5026
生物质燃气生产和供应业	452	8	30	18	443
水的生产和供应业	46	53	317	180	8720
自来水生产和供应	461	13	107	50	1010
污水处理及其再生利用	462	38	205	127	7620
海水淡化处理	463	2	5	4	90
其他水的处理、利用与分配	469				

1-E-6　分行业港澳台商投资企业全部R&D项目情况

行　业	代码	项目数(项)	参加项目人　员(人)	项目人员折合全时当量(人年)	项目经费内部支出(万元)
总　计	**00**	**1793**	**11776**	**8078**	**443481**
采矿业	**B**	**62**	**271**	**42**	**6686**
煤炭开采和洗选业	06	62	271	42	6686
烟煤和无烟煤开采洗选	061	62	271	42	6686
褐煤开采洗选	062				
石油和天然气开采业	07				
石油开采	071				
天然气开采	072				
黑色金属矿采选业	08				
铁矿采选	081				
有色金属矿采选业	09				
常用有色金属矿采选	091				
贵金属矿采选	092				
非金属矿采选业	10				
土砂石开采	101				
化学矿开采	102				
采盐	103				
石棉及其他非金属矿采选	109				
开采专业及辅助性活动	11				
石油和天然气开采专业及辅助性活动	112				
制造业	**C**	**1705**	**11346**	**7943**	**431022**
农副食品加工业	13	37	326	234	19591
谷物磨制	131	1	4	4	33
饲料加工	132	11	52	43	776
植物油加工	133	1	8	3	36
制糖业	134				
屠宰及肉类加工	135	14	209	150	14024
水产品加工	136				
蔬菜、菌类、水果和坚果加工	137	10	53	33	4723
其他农副食品加工	139				
食品制造业	14	99	731	379	30715
焙烤食品制造	141				
糖果、巧克力及蜜饯制造	142	3	3	3	138
方便食品制造	143				
乳制品制造	144				
罐头食品制造	145				
调味品、发酵制品制造	146	43	587	297	22151
其他食品制造	149	53	141	79	8426
酒、饮料和精制茶制造业	15	23	97	70	3000
酒的制造	151	17	55	34	2048
饮料制造	152	6	42	36	953
精制茶加工	153				
烟草制品业	16				
烟叶复烤	161				
其他烟草制品制造	169				
纺织业	17	91	958	700	23577
棉纺织及印染精加工	171	61	694	540	18444

1-E-6 续表 1

行 业	代码	项目数(项)	参加项目人员(人)	项目人员折合全时当量(人年)	项目经费内部支出(万元)
毛纺织及染整精加工	172	5	32	19	665
麻纺织及染整精加工	173	7	17	5	805
丝绢纺织及印染精加工	174				
化纤织造及印染精加工	175				
针织或钩针编织物及其制品制造	176				
家用纺织制成品制造	177	9	159	107	1970
产业用纺织制成品制造	178	9	56	28	1693
纺织服装、服饰业	18	1	50	1	339
机织服装制造	181				
针织或钩针编织服装制造	182	1	50	1	339
服饰制造	183				
皮革、毛皮、羽毛及其制品和制鞋业	19	10	72	48	4177
皮革鞣制加工	191	8	62	41	3800
皮革制品制造	192				
毛皮鞣制及制品加工	193				
羽毛(绒)加工及制品制造	194				
制鞋业	195	2	10	7	377
木材加工和木、竹、藤、棕、草制品业	20	4	34	33	2250
木材加工	201				
人造板制造	202	4	34	33	2250
木质制品制造	203				
竹、藤、棕、草等制品制造	204				
家具制造业	21	8	69	43	665
木质家具制造	211	8	69	43	665
竹、藤家具制造	212				
金属家具制造	213				
塑料家具制造	214				
其他家具制造	219				
造纸和纸制品业	22	33	461	269	28883
纸浆制造	221				
造纸	222	30	428	245	28646
纸制品制造	223	3	33	24	236
印刷和记录媒介复制业	23	12	193	79	3196
印刷	231	12	193	79	3196
装订及印刷相关服务	232				
记录媒介复制	233				
文教、工美、体育和娱乐用品制造业	24	16	131	71	2822
文教办公用品制造	241	4	41	22	558
乐器制造	242				
工艺美术及礼仪用品制造	243	7	48	35	1613
体育用品制造	244	3	21	13	575
玩具制造	245	1	14	1	72
游艺器材及娱乐用品制造	246	1	7	1	5
石油、煤炭及其他燃料加工业	25	1	48	27	2314
精炼石油产品制造	251				
煤炭加工	252	1	48	27	2314
生物质燃料加工	254				
化学原料和化学制品制造业	26	192	793	532	51591

1-E-6　续表 2

行　业	代码	项目数(项)	参加项目人员(人)	项目人员折合全时当量(人年)	项目经费内部支出(万元)
基础化学原料制造	261	24	171	66	13306
肥料制造	262	9	31	15	620
农药制造	263				
涂料、油墨、颜料及类似产品制造	264				
合成材料制造	265	132	400	320	21247
专用化学产品制造	266	27	191	131	16418
炸药、火工及焰火产品制造	267				
日用化学产品制造	268				
医药制造业	27	292	1609	1106	58580
化学药品原料药制造	271	38	171	133	9255
化学药品制剂制造	272	84	315	175	12537
中药饮片加工	273				
中成药生产	274	29	253	175	2461
兽用药品制造	275				
生物药品制品制造	276	39	314	212	14253
卫生材料及医药用品制造	277	94	510	382	19820
药用辅料及包装材料	278	8	46	30	253
化学纤维制造业	28	22	102	66	6057
纤维素纤维原料及纤维制造	281	6	16	5	1246
合成纤维制造	282	16	86	61	4811
橡胶和塑料制品业	29	30	195	98	7981
橡胶制品业	291	7	90	39	3250
塑料制品业	292	23	105	59	4731
非金属矿物制品业	30	57	576	450	16714
水泥、石灰和石膏制造	301	5	51	42	952
石膏、水泥制品及类似制品制造	302				
砖瓦、石材等建筑材料制造	303	29	313	267	12631
玻璃制造	304				
玻璃制品制造	305	7	66	59	839
玻璃纤维和玻璃纤维增强塑料制品制造	306				
陶瓷制品制造	307	9	124	68	1368
耐火材料制品制造	308	6	14	9	468
石墨及其他非金属矿物制品制造	309	1	8	5	456
黑色金属冶炼和压延加工业	31				
炼铁	311				
炼钢	312				
钢压延加工	313				
铁合金冶炼	314				
有色金属冶炼和压延加工业	32	305	1240	1167	82647
常用有色金属冶炼	321	67	200	195	16116
贵金属冶炼	322				
稀有稀土金属冶炼	323				
有色金属合金制造	324				
有色金属压延加工	325	238	1040	972	66531
金属制品业	33	49	739	536	16790
结构性金属制品制造	331				
金属工具制造	332	1	15	1	1440
集装箱及金属包装容器制造	333	4	42	39	837

1-E-6 续表 3

行　业	代码	项目数（项）	参加项目人员（人）	项目人员折合全时当量（人年）	项目经费内部支出（万元）
金属丝绳及其制品制造	334	20	435	338	10756
建筑、安全用金属制品制造	335				
金属表面处理及热处理加工	336				
搪瓷制品制造	337				
金属制日用品制造	338				
铸造及其他金属制品制造	339	24	247	158	3757
通用设备制造业	34	83	315	221	10498
锅炉及原动设备制造	341	17	100	85	4874
金属加工机械制造	342				
物料搬运设备制造	343	6	14	9	436
泵、阀门、压缩机及类似机械制造	344	16	52	27	1444
轴承、齿轮和传动部件制造	345				
烘炉、风机、包装等设备制造	346	26	76	50	2219
文化、办公用机械制造	347				
通用零部件制造	348	17	70	47	1515
其他通用设备制造业	349	1	3	2	10
专用设备制造业	35	120	654	470	14290
采矿、冶金、建筑专用设备制造	351	24	143	114	3694
化工、木材、非金属加工专用设备制造	352	19	97	75	1657
食品、饮料、烟草及饲料生产专用设备制造	353	8	37	37	1118
印刷、制药、日化及日用品生产专用设备制造	354	22	81	54	1159
纺织、服装和皮革加工专用设备制造	355				
电子和电工机械专用设备制造	356				
农、林、牧、渔专用机械制造	357	43	279	189	6286
医疗仪器设备及器械制造	358				
环保、邮政、社会公共服务及其他专用设备制造	359	4	17	1	377
汽车制造业	36	63	536	410	13867
汽车整车制造	361	1	16	16	879
汽车用发动机制造	362				
改装汽车制造	363	31	249	205	8046
汽车车身、挂车制造	366				
汽车零部件及配件制造	367	31	271	189	4942
铁路、船舶、航空航天和其他运输设备制造业	37	34	199	147	6491
铁路运输设备制造	371	10	86	76	2968
城市轨道交通设备制造	372				
船舶及相关装置制造	373	6	18	4	380
航空、航天器及设备制造	374	1	29	23	849
摩托车制造	375	17	66	45	2294
自行车和残疾人座车制造	376				
助动车制造	377				
非公路休闲车及零配件制造	378				
潜水救捞及其他未列明运输设备制造	379				
电气机械和器材制造业	38	35	308	189	8856
电机制造	381	13	100	83	1514
输配电及控制设备制造	382	6	12	9	811
电线、电缆、光缆及电工器材制造	383	4	16	12	309
电池制造	384	4	98	48	4777
家用电力器具制造	385	1	21	21	258

1-E-6 续表 4

行 业	代码	项目数(项)	参加项目人员(人)	项目人员折合全时当量(人年)	项目经费内部支出(万元)
非电力家用器具制造	386				
照明器具制造	387	2	43	3	963
其他电气机械及器材制造	389	5	18	13	225
计算机、通信和其他电子设备制造业	39	38	377	247	7244
计算机制造	391				
通信设备制造	392	1	70	64	676
广播电视设备制造	393	2	20	20	850
雷达及配套设备制造	394				
非专业视听设备制造	395	1	89	37	2252
智能消费设备制造	396				
电子器件制造	397	9	38	37	1262
电子元件及电子专用材料制造	398	25	160	89	2204
其他电子设备制造	399				
仪器仪表制造业	40	17	154	85	3581
通用仪器仪表制造	401	16	90	50	2754
专用仪器仪表制造	402				
钟表与计时仪器制造	403	1	64	34	827
光学仪器制造	404				
衡器制造	405				
其他仪器仪表制造业	409				
其他制造业	41				
日用杂品制造	411				
其他未列明制造业	419				
废弃资源综合利用业	42				
金属废料和碎屑加工处理	421				
非金属废料和碎屑加工处理	422				
金属制品、机械和设备修理业	43	33	379	265	4307
金属制品修理	431				
通用设备修理	432				
专用设备修理	433				
铁路、船舶、航空航天等运输设备修理	434	33	379	265	4307
电气设备修理	435				
仪器仪表修理	436				
其他机械和设备修理业	439				
电力、热力、燃气及水生产和供应业	**D**	**26**	**159**	**94**	**5773**
电力、热力生产和供应业	44	19	72	42	4625
电力生产	441	19	72	42	4625
电力供应	442				
热力生产和供应	443				
燃气生产和供应业	45	4	42	21	571
燃气生产和供应业	451	4	42	21	571
生物质燃气生产和供应业	452				
水的生产和供应业	46	3	45	31	577
自来水生产和供应	461	1	29	29	408
污水处理及其再生利用	462	2	16	2	169
海水淡化处理	463				
其他水的处理、利用与分配	469				

1-E-7 分行业外商投资企业全部R&D项目情况

行业	代码	项目数（项）	参加项目人员（人）	项目人员折合全时当量（人年）	项目经费内部支出（万元）
总计	**00**	**3212**	**27439**	**18645**	**1035110**
采矿业	**B**	**2**	**49**	**25**	**1924**
煤炭开采和洗选业	06				
烟煤和无烟煤开采洗选	061				
石油和天然气开采业	07				
石油开采	071				
天然气开采	072				
黑色金属矿采选业	08				
铁矿采选	081				
锰矿、铬矿采选	082				
有色金属矿采选业	09	2	49	25	1924
常用有色金属矿采选	091				
贵金属矿采选	092				
稀有稀土金属矿采选	093				
非金属矿采选业	10				
土砂石开采	101				
化学矿开采	102				
采盐	103				
石棉及其他非金属矿采选	109				
开采专业及辅助性活动	11				
石油和天然气开采专业及辅助性活动	112				
制造业	**C**	**3202**	**27348**	**18599**	**1030267**
农副食品加工业	13	355	1710	915	64585
谷物磨制	131	10	78	37	2146
饲料加工	132	3	38	37	2164
植物油加工	133	2	23	1	156
制糖业	134				
屠宰及肉类加工	135	139	437	189	23038
水产品加工	136	141	694	331	26900
蔬菜、菌类、水果和坚果加工	137	16	131	73	1511
其他农副食品加工	139	44	309	247	8670
食品制造业	14	138	1477	915	41504
焙烤食品制造	141	8	165	147	2116
糖果、巧克力及蜜饯制造	142				
方便食品制造	143	1	8	8	139
乳制品制造	144	21	336	186	6658
罐头食品制造	145	1	5	1	128
调味品、发酵制品制造	146	44	330	194	11924
其他食品制造	149	63	633	379	20538
酒、饮料和精制茶制造业	15	82	606	520	25685
酒的制造	151	66	530	476	24380
饮料制造	152	16	76	44	1305
精制茶加工	153				
烟草制品业	16				
其他烟草制品制造	169				
纺织业	17	157	2135	1493	38785

1-E-7　续表 1

行　业	代码	项目数(项)	参加项目人员(人)	项目人员折合全时当量(人年)	项目经费内部支出(万元)
棉纺织及印染精加工	171	119	1914	1324	34148
毛纺织及染整精加工	172				
麻纺织及染整精加工	173				
丝绢纺织及印染精加工	174				
化纤织造及印染精加工	175				
针织或钩针编织物及其制品制造	176				
家用纺织制成品制造	177	28	195	151	3735
产业用纺织制成品制造	178	10	26	18	902
纺织服装、服饰业	18	14	79	67	1333
机织服装制造	181	13	73	67	1233
针织或钩针编织服装制造	182	1	6	1	100
服饰制造	183				
皮革、毛皮、羽毛及其制品和制鞋业	19	8	133	70	2133
皮革鞣制加工	191				
皮革制品制造	192	7	103	69	1186
毛皮鞣制及制品加工	193				
羽毛(绒)加工及制品制造	194				
制鞋业	195	1	30	1	947
木材加工和木、竹、藤、棕、草制品业	20	10	67	39	2349
木材加工	201	4	38	35	1442
人造板制造	202	6	29	5	908
木质制品制造	203				
竹、藤、棕、草等制品制造	204				
家具制造业	21	6	61	11	1207
木质家具制造	211	5	46	10	493
金属家具制造	213	1	15	1	713
塑料家具制造	214				
其他家具制造	219				
造纸和纸制品业	22	35	474	305	106601
纸浆制造	221				
造纸	222	35	474	305	106601
纸制品制造	223				
印刷和记录媒介复制业	23	25	135	95	4260
印刷	231	22	119	81	3822
装订及印刷相关服务	232				
记录媒介复制	233	3	16	14	439
文教、工美、体育和娱乐用品制造业	24	92	1387	1231	11310
文教办公用品制造	241	14	173	72	2144
乐器制造	242				
工艺美术及礼仪用品制造	243	23	302	288	6366
体育用品制造	244	55	912	870	2800
玩具制造	245				
游艺器材及娱乐用品制造	246				
石油、煤炭及其他燃料加工业	25	22	118	98	3865
精炼石油产品制造	251	22	118	98	3865
煤炭加工	252				
生物质燃料加工	254				
化学原料和化学制品制造业	26	246	1524	952	62749

1-E-7 续表 2

行　业	代码	项目数（项）	参加项目人　员（人）	项目人员折合全时当量（人年）	项目经费内部支出（万元）
基础化学原料制造	261	46	428	249	17407
肥料制造	262	19	72	54	3969
农药制造	263	30	62	14	2060
涂料、油墨、颜料及类似产品制造	264	9	23	11	451
合成材料制造	265	22	360	248	11795
专用化学产品制造	266	114	565	366	26791
炸药、火工及焰火产品制造	267				
日用化学产品制造	268	6	14	10	275
医药制造业	27	420	3753	3013	160859
化学药品原料药制造	271	154	1367	1227	65264
化学药品制剂制造	272	50	197	99	9960
中药饮片加工	273	5	14	4	34
中成药生产	274	104	1615	1291	69285
兽用药品制造	275	27	162	72	2639
生物药品制品制造	276	20	228	187	8394
卫生材料及医药用品制造	277	60	170	133	5284
药用辅料及包装材料	278				
化学纤维制造业	28	4	26	26	525
纤维素纤维原料及纤维制造	281				
合成纤维制造	282	4	26	26	525
生物基材料制造	283				
橡胶和塑料制品业	29	55	190	132	4759
橡胶制品业	291	20	80	58	2661
塑料制品业	292	35	110	75	2098
非金属矿物制品业	30	86	500	292	13030
水泥、石灰和石膏制造	301	1	7	6	593
石膏、水泥制品及类似制品制造	302				
砖瓦、石材等建筑材料制造	303	9	27	23	1110
玻璃制造	304	11	76	49	1172
玻璃制品制造	305				
玻璃纤维和玻璃纤维增强塑料制品制造	306				
陶瓷制品制造	307	32	273	153	7340
耐火材料制品制造	308	4	29	15	154
石墨及其他非金属矿物制品制造	309	29	88	46	2661
黑色金属冶炼和压延加工业	31	14	213	37	5944
炼铁	311				
炼钢	312				
钢压延加工	313	14	213	37	5944
铁合金冶炼	314				
有色金属冶炼和压延加工业	32	12	90	65	99876
常用有色金属冶炼	321	6	34	20	97611
贵金属冶炼	322				
稀有稀土金属冶炼	323				
有色金属合金制造	324				
有色金属压延加工	325	6	56	45	2264
金属制品业	33	152	850	425	24498
结构性金属制品制造	331	8	37	18	1185
金属工具制造	332	13	130	101	1684

1-E-7 续表 3

行 业	代码	项目数(项)	参加项目人员(人)	项目人员折合全时当量(人年)	项目经费内部支出(万元)
集装箱及金属包装容器制造	333	52	236	134	10728
金属丝绳及其制品制造	334				
建筑、安全用金属制品制造	335	8	95	42	2111
金属表面处理及热处理加工	336				
搪瓷制品制造	337				
金属制日用品制造	338	16	66	43	427
铸造及其他金属制品制造	339	55	286	87	8365
通用设备制造业	34	236	1316	725	33242
锅炉及原动设备制造	341	25	209	106	4996
金属加工机械制造	342	56	166	104	5879
物料搬运设备制造	343	11	43	27	1306
泵、阀门、压缩机及类似机械制造	344	68	417	228	13226
轴承、齿轮和传动部件制造	345				
烘炉、风机、包装等设备制造	346	69	447	235	6985
文化、办公用机械制造	347				
通用零部件制造	348	7	34	24	850
其他通用设备制造业	349				
专用设备制造业	35	248	1399	860	59843
采矿、冶金、建筑专用设备制造	351	154	819	516	45200
化工、木材、非金属加工专用设备制造	352	6	29	24	242
食品、饮料、烟草及饲料生产专用设备制造	353	11	26	4	431
印刷、制药、日化及日用品生产专用设备制造	354	10	55	35	1944
纺织、服装和皮革加工专用设备制造	355	5	29	11	305
电子和电工机械专用设备制造	356	10	19	14	829
农、林、牧、渔专用机械制造	357	22	83	38	4022
医疗仪器设备及器械制造	358	13	244	146	3590
环保、邮政、社会公共服务及其他专用设备制造	359	17	95	72	3280
汽车制造业	36	213	1566	1069	56331
汽车整车制造	361				
汽车用发动机制造	362				
改装汽车制造	363	13	73	33	1101
低速汽车制造	364				
汽车车身、挂车制造	366	6	56	33	1592
汽车零部件及配件制造	367	194	1437	1003	53639
铁路、船舶、航空航天和其他运输设备制造业	37	93	453	343	12086
铁路运输设备制造	371	57	276	249	9198
城市轨道交通设备制造	372				
船舶及相关装置制造	373	15	75	33	1960
航空、航天器及设备制造	374				
摩托车制造	375	16	47	26	894
自行车和残疾人座车制造	376				
助动车制造	377				
非公路休闲车及零配件制造	378				
潜水救捞及其他未列明运输设备制造	379	5	55	36	35
电气机械和器材制造业	38	194	1124	658	36170
电机制造	381	48	339	199	8107
输配电及控制设备制造	382	61	323	192	11260

1-E-7 续表 4

行 业	代码	项目数（项）	参加项目人员（人）	项目人员折合全时当量（人年）	项目经费内部支出（万元）
电线、电缆、光缆及电工器材制造	383	35	173	90	2856
电池制造	384	8	43	37	865
家用电力器具制造	385	16	77	27	8184
非电力家用器具制造	386	23	113	85	4319
照明器具制造	387				
其他电气机械及器材制造	389	3	56	29	580
计算机、通信和其他电子设备制造业	39	206	5295	3724	141747
计算机制造	391	34	257	164	7396
通信设备制造	392	10	46	14	3213
广播电视设备制造	393				
雷达及配套设备制造	394				
非专业视听设备制造	395	23	199	170	7633
智能消费设备制造	396	42	3440	2406	82954
电子器件制造	397	29	339	189	18971
电子元件及电子专用材料制造	398	42	606	485	13218
其他电子设备制造	399	26	408	296	8363
仪器仪表制造业	40	65	458	382	12223
通用仪器仪表制造	401	47	205	168	4900
专用仪器仪表制造	402	9	190	183	6701
钟表与计时仪器制造	403				
光学仪器制造	404	8	59	31	563
衡器制造	405				
其他仪器仪表制造业	409	1	4	1	59
其他制造业	41	14	209	137	2767
日用杂品制造	411	14	209	137	2767
其他未列明制造业	419				
废弃资源综合利用业	42				
金属废料和碎屑加工处理	421				
非金属废料和碎屑加工处理	422				
金属制品、机械和设备修理业	43				
金属制品修理	431				
通用设备修理	432				
专用设备修理	433				
铁路、船舶、航空航天等运输设备修理	434				
其他机械和设备修理业	439				
电力、热力、燃气及水生产和供应业	**D**	**8**	**42**	**21**	**2919**
电力、热力生产和供应业	44	1	5	1	1561
电力生产	441	1	5	1	1561
电力供应	442				
热力生产和供应	443	3	20	15	842
燃气生产和供应业	45	3	20	15	842
燃气生产和供应业	451				
水的生产和供应业	46	4	17	5	516
自来水生产和供应	461				
污水处理及其再生利用	462	4	17	5	516
其他水的处理、利用与分配	469				

1-E-8　各地区企业全部R&D项目情况

地　区	项目数（项）	参加项目人　员（人）	项目人员折合全时当量（人年）	项目经费内部支出（万元）
全　省	**46625**	**358119**	**218925**	**13454296**
济南市	6086	52815	33264	1519815
青岛市	7937	58068	33812	1917078
淄博市	5243	33244	21556	1153395
枣庄市	1031	7498	4797	279918
东营市	1185	10386	6166	507989
烟台市	4803	36964	23081	1729417
潍坊市	2383	26040	16675	1079374
济宁市	2496	18888	11435	834843
泰安市	2051	14713	8399	613466
威海市	2554	18659	11462	552735
日照市	1444	9270	4960	448240
临沂市	3079	21710	13570	945881
德州市	2364	16270	9603	631642
聊城市	1618	11808	6855	536046
滨州市	1229	14567	9123	471409
菏泽市	1122	7219	4166	233049

1-E-9　各地区大中型企业全部R&D项目情况

地　区	项目数（项）	参加项目人员（人）	项目人员折合全时当量（人年）	项目经费内部支出（万元）
全　省	**24659**	**255106**	**156332**	**10523031**
济南市	3363	41309	26074	1281642
青岛市	3883	39052	22098	1455738
淄博市	2553	21865	14206	821277
枣庄市	450	4088	2975	170338
东营市	855	8884	5244	463528
烟台市	2491	27248	17165	1417128
潍坊市	1268	18858	12221	851973
济宁市	1174	13497	8131	654776
泰安市	1130	10443	5907	487581
威海市	1590	14647	9072	448862
日照市	716	5594	2807	364502
临沂市	1625	12798	8299	595188
德州市	1149	9980	6038	440391
聊城市	1147	10194	5846	498073
滨州市	827	12753	8063	431903
菏泽市	438	3896	2187	140132

1-E-10　各地区内资企业全部R&D项目情况

地　区	项目数(项)	参加项目人　　员(人)	项目人员折合全时当量(人年)	项目经费内部支出(万元)
全　省	**41620**	**318904**	**192202**	**11975705**
济南市	5645	50183	31612	1458313
青岛市	6669	49138	27514	1682734
淄博市	4865	28955	18525	1033429
枣庄市	946	6647	4204	262943
东营市	1139	10096	5958	402562
烟台市	4109	28980	17946	1473987
潍坊市	2168	24073	15582	985100
济宁市	2439	18688	11280	828003
泰安市	1927	14050	7995	594311
威海市	2119	15586	9591	461252
日照市	1371	8559	4543	336868
临沂市	2550	17823	10358	742927
德州市	2279	15439	9100	613172
聊城市	1263	10559	5650	442638
滨州市	1169	13766	8566	449202
菏泽市	962	6362	3778	208267

1-E-11 各地区港澳台商投资企业全部R&D项目情况

地 区	项目数（项）	参加项目人员（人）	项目人员折合全时当量（人年）	项目经费内部支出（万元）
全 省	**1793**	**11776**	**8078**	**443481**
济南市	139	840	542	19904
青岛市	377	2371	1605	61556
淄博市	125	1188	895	40644
枣庄市	81	770	538	16486
东营市	33	220	182	6534
烟台市	143	769	488	25985
潍坊市	95	1167	705	67593
济宁市	6	37	25	826
泰安市	24	189	150	2254
威海市	164	950	618	33799
日照市	17	149	85	3847
临沂市	75	792	506	40092
德州市	14	115	81	3711
聊城市	346	1226	1189	93019
滨州市	25	401	243	12100
菏泽市	129	592	227	15131

1-E-12　各地区外商投资企业全部R&D项目情况

地　区	项目数 (项)	参加项目人员 (人)	项目人员折合全时当量 (人年)	项目经费内部支出 (万元)
全　省	**3212**	**27439**	**18645**	**1035110**
济南市	302	1792	1111	41599
青岛市	891	6559	4693	172789
淄博市	253	3101	2136	79322
枣庄市	4	81	55	490
东营市	13	70	27	98893
烟台市	551	7215	4646	229446
潍坊市	120	800	389	26680
济宁市	51	163	131	6014
泰安市	100	474	253	16901
威海市	271	2123	1253	57684
日照市	56	562	331	107524
临沂市	454	3095	2706	162862
德州市	71	716	423	14760
聊城市	9	23	16	390
滨州市	35	400	314	10107
菏泽市	31	265	161	9651

F.企业办研发机构情况

1-F-1 分登记注册类型企业办研发机构情况

登记注册类型	机构数（个）	机构人员数（人）	#博士	#硕士	机构经费支出（万元）	仪器和设备原价（万元）
总　计	**4087**	**192313**	**5038**	**33543**	**6792649**	**5663017**
内资企业	**3757**	**175186**	**4655**	**30191**	**6095910**	**5041051**
国有企业	21	1611	20	213	38717	42841
集体企业	9	491	14	50	12452	61024
股份合作企业	1	68		7	1039	1392
联营企业						
国有联营企业						
集体联营企业						
国有与集体联营企业						
其他联营企业						
有限责任公司	1178	85687	2117	15404	3135331	2507929
国有独资公司	147	21042	826	5523	967525	549040
其他有限责任公司	1031	64645	1291	9881	2167806	1958889
股份有限公司	555	40862	1078	8642	1433861	1070387
私营企业	1993	46467	1426	5875	1474510	1357479
私营独资企业	20	182	7	18	3255	1358
私营合伙企业	1	43	2	2	689	1152
私营有限责任公司	1721	36740	1083	4205	1146702	1029356
私营股份有限公司	251	9502	334	1650	323864	325612
其他企业						
港、澳、台商投资企业	**105**	**4843**	**90**	**409**	**170201**	**232692**
合资经营企业	59	2839	60	228	112741	84111
合作经营企业	1	42	1	1	535	1806
港、澳、台商独资经营企业	34	1270	21	99	32873	104250
港、澳、台商投资股份有限公司	6	456	7	37	15244	33711
其他港、澳、台投资企业	5	236	1	44	8808	8814
外商投资企业	**225**	**12284**	**293**	**2943**	**526538**	**389274**
中外合资经营企业	135	8072	225	2515	379297	290300
中外合作经营企业	1	375	11	86	44569	18748
外资企业	74	3174	32	267	81612	62572
外商投资股份有限公司	13	641	25	75	20498	17492
其他外商投资企业	2	22			563	162

1-F-2　分登记注册类型大中型企业办研发机构情况

登记注册类型	机构数（个）	机构人员数（人）	#博士	#硕士	机构经费支出（万元）	仪器和设备原价（万元）
总　计	**1815**	**154375**	**3821**	**29030**	**5927754**	**4707667**
内资企业	**1614**	**140387**	**3500**	**25980**	**5329338**	**4251884**
国有企业	17	1486	20	199	37732	41087
集体企业	5	433	13	46	11640	60482
股份合作企业	1	68		7	1039	1392
联营企业						
国有联营企业						
集体联营企业						
国有与集体联营企业						
其他联营企业						
有限责任公司	677	76444	1866	14050	2928579	2301573
国有独资公司	137	20833	816	5471	964432	547877
其他有限责任公司	540	55611	1050	8579	1964147	1753696
股份有限公司	404	36702	937	8144	1321757	968111
私营企业	510	25254	664	3534	1028592	879240
私营独资企业						
私营合伙企业						
私营有限责任公司	400	18272	425	2157	753350	604638
私营股份有限公司	110	6982	239	1377	275242	274602
其他企业						
港、澳、台商投资企业	**56**	**3622**	**68**	**309**	**114357**	**109463**
合资经营企业	34	2118	47	166	70915	55986
合作经营企业						
港、澳、台商独资经营企业	12	814	14	63	19670	11151
港、澳、台商投资股份有限公司	5	454	6	36	14963	33512
其他港、澳、台投资企业	5	236	1	44	8808	8814
外商投资企业	**145**	**10366**	**253**	**2741**	**484059**	**346321**
中外合资经营企业	89	7117	212	2409	353531	264895
中外合作经营企业	1	375	11	86	44569	18748
外资企业	44	2398	16	193	66421	46588
外商投资股份有限公司	11	476	14	53	19538	16090
其他外商投资企业						

1-F-3 分行业企业办研发机构情况

行业	代码	机构数(个)	机构人员数(人)	#博士	#硕士	机构经费支出(万元)	仪器和设备原价(万元)
总计	**00**	**4087**	**192313**	**5038**	**33543**	**6792649**	**5663017**
采矿业	**B**	**91**	**11555**	**359**	**2254**	**485520**	**202965**
煤炭开采和洗选业	06	37	4741	90	734	258953	70266
烟煤和无烟煤开采洗选	061	36	4199	78	704	256373	55263
褐煤开采洗选	062	1	542	12	30	2580	15003
其他煤炭采选	069						
石油和天然气开采业	07	28	5107	254	1167	90691	84414
石油开采	071	28	5107	254	1167	90691	84414
天然气开采	072						
黑色金属矿采选业	08	6	151	5	16	7803	2033
铁矿采选	081	6	151	5	16	7803	2033
锰矿、铬矿采选	082						
其他黑色金属矿采选	089						
有色金属矿采选业	09	9	1373	8	292	125563	40187
常用有色金属矿采选	091						
贵金属矿采选	092	9	1373	8	292	125563	40187
稀有稀土金属矿采选	093						
非金属矿采选业	10	2	8			1371	625
土砂石开采	101	2	8			1371	625
化学矿开采	102						
采盐	103						
石棉及其他非金属矿采选	109						
开采专业及辅助性活动	11	9	175	2	45	1140	5440
煤炭开采和洗选专业及辅助性活动	111						
石油和天然气开采专业及辅助性活动	112	9	175	2	45	1140	5440
其他开采专业及辅助性活动	119						
其他采矿业	12						
其他采矿业	120						
制造业	**C**	**3967**	**180297**	**4660**	**31209**	**6299359**	**5454746**
农副食品加工业	13	215	5867	255	936	179096	154204
谷物磨制	131	21	307	13	40	10420	12155
饲料加工	132	46	977	45	258	23985	12633
植物油加工	133	13	347	12	40	9045	7242
制糖业	134						
屠宰及肉类加工	135	32	1452	49	220	67768	52096
水产品加工	136	46	1701	99	251	37486	40223
蔬菜、菌类、水果和坚果加工	137	33	368	16	31	5434	10457
其他农副食品加工	139	24	715	21	96	24956	19398
食品制造业	14	138	5169	158	482	128391	132020
焙烤食品制造	141	10	301	1	14	5078	4050
糖果、巧克力及蜜饯制造	142	3	30	3	3	1901	1552
方便食品制造	143	4	156	19	34	436	3820
乳制品制造	144	6	535	5	23	6579	13535
罐头食品制造	145	14	325	22	23	3818	10835
调味品、发酵制品制造	146	31	1731	22	141	61855	46993
其他食品制造	149	70	2091	86	244	48723	51236
酒、饮料和精制茶制造业	15	61	2288	68	237	75029	53190
酒的制造	151	53	2087	68	224	71326	48761
饮料制造	152	8	201		13	3703	4429
精制茶加工	153						

1-F-3　续表 1

行　业	代码	机构数(个)	机构人员数(人)			机构经费支出(万元)	仪器和设备原价(万元)
				#博士	#硕士		
烟草制品业	16	5	156	7	47	16882	13909
烟叶复烤	161						
卷烟制造	162	1	136	5	42	16881	13574
其他烟草制品制造	169	4	20	2	5	1	335
纺织业	17	107	5466	99	292	87516	112369
棉纺织及印染精加工	171	74	3586	52	153	54182	79774
毛纺织及染整精加工	172	15	471	19	28	11359	12784
麻纺织及染整精加工	173						
丝绢纺织及印染精加工	174						
化纤织造及印染精加工	175						
针织或钩针编织物及其制品制造	176	1	4			59	19
家用纺织制成品制造	177	10	1293	28	105	18700	14848
产业用纺织制成品制造	178	7	112		6	3218	4944
纺织服装、服饰业	18	41	1848	39	359	76660	120987
机织服装制造	181	27	1479	28	327	45980	85223
针织或钩针编织服装制造	182	10	333	10	30	30204	32617
服饰制造	183	4	36	1	2	477	3147
皮革、毛皮、羽毛及其制品和制鞋业	19	18	732	16	13	23590	10501
皮革鞣制加工	191	6	141	8	5	4931	5239
皮革制品制造	192	5	167		4	2065	1197
毛皮鞣制及制品加工	193						
羽毛(绒)加工及制品制造	194						
制鞋业	195	7	424	8	4	16594	4065
木材加工和木、竹、藤、棕、草制品业	20	40	497	21	35	10083	52659
木材加工	201	7	49	3	5	1513	1156
人造板制造	202	29	363	14	28	7837	48180
木质制品制造	203	4	85	4	2	734	3322
竹、藤、棕、草等制品制造	204						
家具制造业	21	28	272	19	44	3922	2884
木质家具制造	211	15	185	13	29	2548	835
竹、藤家具制造	212	1	7		2	66	37
金属家具制造	213	2	18		3	198	29
塑料家具制造	214						
其他家具制造	219	10	62	6	10	1109	1984
造纸和纸制品业	22	63	2890	84	145	144301	74945
纸浆制造	221	2	31			144	35
造纸	222	51	2670	82	133	141056	68943
纸制品制造	223	10	189	2	12	3101	5967
印刷和记录媒介复制业	23	30	671	18	38	21384	33637
印刷	231	25	629	15	36	20017	32592
装订及印刷相关服务	232	5	42	3	2	1366	1045
记录媒介复制	233						
文教、工美、体育和娱乐用品制造业	24	89	2341	39	159	39240	50122
文教办公用品制造	241	5	77	1	4	609	227
乐器制造	242	4	3			6	6
工艺美术及礼仪用品制造	243	50	1239	22	70	21413	31560
体育用品制造	244	22	930	16	84	15586	16767
玩具制造	245	5	36			792	431
游艺器材及娱乐用品制造	246	3	56		1	835	1132
石油、煤炭及其他燃料加工业	25	66	3444	52	323	222048	495296

1-F-3 续表 2

行　业	代码	机构数（个）	机构人员数（人）	#博士	#硕士	机构经费支出（万元）	仪器和设备原价（万元）
精炼石油产品制造	251	59	3103	43	287	193183	480542
煤炭加工	252	7	341	9	36	28865	14753
核燃料加工	253						
生物质燃料加工	254						
化学原料和化学制品制造业	26	532	18061	504	2763	799787	471332
基础化学原料制造	261	135	5116	107	701	243459	100648
肥料制造	262	34	897	37	103	49874	14889
农药制造	263	32	1171	31	194	36468	17152
涂料、油墨、颜料及类似产品制造	264	18	574	10	69	14325	18525
合成材料制造	265	93	4719	168	1002	264454	172980
专用化学产品制造	266	193	5074	140	628	175156	135284
炸药、火工及焰火产品制造	267	8	107	3	10	2621	4886
日用化学产品制造	268	19	403	8	56	13431	6969
医药制造业	27	306	16320	713	5683	714068	557768
化学药品原料药制造	271	86	4972	205	1887	218775	159883
化学药品制剂制造	272	57	5092	210	1508	296107	182129
中药饮片加工	273	13	292	12	44	5701	3026
中成药生产	274	36	2648	94	1259	101669	91982
兽用药品制造	275	26	666	45	231	10687	10651
生物药品制品制造	276	46	1883	128	564	68322	82246
卫生材料及医药用品制造	277	39	719	17	188	12493	26815
药用辅料及包装材料	278	3	48	2	2	313	1038
化学纤维制造业	28	13	820	19	204	36210	36447
纤维素纤维原料及纤维制造	281	2	419	14	166	17064	17664
合成纤维制造	282	3	232	3	31	9876	17399
生物基材料制造	283	8	169	2	7	9270	1383
橡胶和塑料制品业	29	166	6320	69	471	216387	220668
橡胶制品业	291	73	5290	48	358	192634	199637
塑料制品业	292	93	1030	21	113	23753	21031
非金属矿物制品业	30	284	6795	263	782	183027	215478
水泥、石灰和石膏制造	301	18	534	24	71	23273	24645
石膏、水泥制品及类似制品制造	302	23	365	13	32	7335	11263
砖瓦、石材等建筑材料制造	303	45	977	24	124	28212	28711
玻璃制造	304	14	344	15	34	5149	5415
玻璃制品制造	305	10	413	6	16	6982	38964
玻璃纤维和玻璃纤维增强塑料制品制造	306	42	1196	34	130	32889	27058
陶瓷制品制造	307	55	993	64	168	15441	26291
耐火材料制品制造	308	28	551	24	30	9920	10531
石墨及其他非金属矿物制品制造	309	49	1422	59	177	53826	42601
黑色金属冶炼和压延加工业	31	27	3244	85	505	325319	155981
炼铁	311						
炼钢	312	1	146			35950	2744
钢压延加工	313	24	2712	85	503	289163	139702
铁合金冶炼	314	2	386		2	206	13535
有色金属冶炼和压延加工业	32	100	7700	105	340	545979	420426
常用有色金属冶炼	321	29	1652	30	142	310131	117662
贵金属冶炼	322	4	582	2	21	69244	4736
稀有稀土金属冶炼	323	1	99		8	3148	1846
有色金属合金制造	324	18	338	22	15	9348	8624
有色金属压延加工	325	48	5029	51	154	154108	287558
金属制品业	33	169	4564	96	395	100472	134531

1-F-3　续表 3

行　业	代码	机构数（个）	机构人员数（人）	#博士	#硕士	机构经费支出（万元）	仪器和设备原价（万元）
结构性金属制品制造	331	31	649	9	25	12479	12170
金属工具制造	332	11	401	10	48	9090	2508
集装箱及金属包装容器制造	333	21	643	4	89	10327	14967
金属丝绳及其制品制造	334	5	191	2	16	8542	5812
建筑、安全用金属制品制造	335	9	381	7	37	8150	8899
金属表面处理及热处理加工	336	7	102	1	16	3609	1653
搪瓷制品制造	337	1	20		2	18	21
金属制日用品制造	338	6	146	1	5	1874	2084
铸造及其他金属制品制造	339	78	2031	62	157	46383	86417
通用设备制造业	34	363	16741	268	2455	353917	314418
锅炉及原动设备制造	341	68	6346	57	1451	153287	91878
金属加工机械制造	342	90	3102	101	391	57291	72043
物料搬运设备制造	343	13	374	4	39	7114	7694
泵、阀门、压缩机及类似机械制造	344	54	1689	18	154	39248	48731
轴承、齿轮和传动部件制造	345	22	758	25	62	11424	16482
烘炉、风机、包装等设备制造	346	62	2981	37	243	57589	45964
文化、办公用机械制造	347	3	511		29	8745	3362
通用零部件制造	348	39	786	25	62	14059	23879
其他通用设备制造业	349	12	194	1	24	5161	4386
专用设备制造业	35	369	13255	234	2132	332019	315374
采矿、冶金、建筑专用设备制造	351	125	4730	90	1199	143194	115914
化工、木材、非金属加工专用设备制造	352	36	2066	14	198	29968	38439
食品、饮料、烟草及饲料生产专用设备制造	353	10	277	8	3	2651	4213
印刷、制药、日化及日用品生产专用设备制造	354	13	238	2	16	5235	6338
纺织、服装和皮革加工专用设备制造	355	14	541	20	34	13335	14562
电子和电工机械专用设备制造	356	24	1006	21	156	32064	38886
农、林、牧、渔专用机械制造	357	41	1443	29	119	43681	20656
医疗仪器设备及器械制造	358	25	1334	14	208	26529	36591
环保、邮政、社会公共服务及其他专用设备制造	359	81	1620	36	199	35362	39775
汽车制造业	36	173	10814	129	948	353059	288275
汽车整车制造	361	29	4994	48	667	205137	118669
汽车用发动机制造	362	6	480	11	47	27726	12467
改装汽车制造	363	18	753	9	49	11504	14425
低速汽车制造	364	2	792		2	14578	1853
电车制造	365						
汽车车身、挂车制造	366	12	482	11	21	6953	3133
汽车零部件及配件制造	367	106	3313	50	162	87162	137728
铁路、船舶、航空航天和其他运输设备制造业	37	52	6152	114	1895	282290	53748
铁路运输设备制造	371	19	4810	80	1711	247562	33432
城市轨道交通设备制造	372	1	6			521	150
船舶及相关装置制造	373	20	758	33	170	25807	10626
航空、航天器及设备制造	374						
摩托车制造	375	3	230		5	3655	4748
自行车和残疾人座车制造	376	3	150	1	1	244	2936
助动车制造	377	2	39			474	43
非公路休闲车及零配件制造	378						
潜水救捞及其他未列明运输设备制造	379	4	159		8	4027	1813
电气机械和器材制造业	38	261	9846	345	2138	317577	260688
电机制造	381	34	1273	23	167	17749	35908
输配电及控制设备制造	382	106	2968	67	404	83448	109100
电线、电缆、光缆及电工器材制造	383	46	1929	77	154	68747	70863

1-F-3 续表 4

行　业	代码	机构数（个）	机构人员数（人）			机构经费支出（万元）	仪器和设备原价（万元）
				#博士	#硕士		
电池制造	384	17	747	78	104	17783	10899
家用电力器具制造	385	25	2440	79	1271	121658	28640
非电力家用器具制造	386	17	219	14	16	2970	2533
照明器具制造	387	9	204	3	15	3952	1740
其他电气机械及器材制造	388	7	66	4	7	1270	1007
计算机、通信和其他电子设备制造业	39	144	24160	774	6681	645899	661160
计算机制造	391	19	15589	125	3972	351507	448237
通信设备制造	392	18	392	9	66	5008	3416
广播电视设备制造	393	4	113	1	90	2991	333
雷达及配套设备制造	394						
非专业视听设备制造	395	18	4887	595	2122	219782	158071
智能消费设备制造	396	5	65	2	12	489	8504
电子器件制造	397	39	1966	25	307	34915	17642
电子元件及电子专用材料制造	398	39	1085	14	108	30546	24434
其他电子设备制造	399	2	63	3	4	661	522
仪器仪表制造业	40	96	3334	65	669	58225	32721
通用仪器仪表制造	401	49	2109	38	541	33459	24215
专用仪器仪表制造	402	21	607	5	67	16218	3563
钟表与计时仪器制造	403	11	150	10	21	1646	3142
光学仪器制造	404	5	65	5	8	1246	1024
衡器制造	405	5	280	5	25	3728	176
其他仪器仪表制造业	409	5	123	2	7	1928	602
其他制造业	41	2	38		6	938	170
日用杂品制造	411	1	29		3	631	102
核辐射加工	412						
其他未列明制造业	419	1	9		3	307	68
废弃资源综合利用业	42	5	34	2	12	1007	2686
金属废料和碎屑加工处理	421						
非金属废料和碎屑加工处理	422	5	34	2	12	1007	2686
金属制品、机械和设备修理业	43	4	458		20	5039	6153
金属制品修理	431						
通用设备修理	432						
专用设备修理	433						
铁路、船舶、航空航天等运输设备修理	434	4	458		20	5039	6153
电气设备修理	435						
仪器仪表修理	436						
其他机械和设备修理业	439						
电力、热力、燃气及水生产和供应业	**D**	**29**	**461**	**19**	**80**	**7771**	**5306**
电力、热力生产和供应业	44	18	296	14	28	5409	4153
电力生产	441	12	193	2	12	3282	2322
电力供应	442						
热力生产和供应	443	6	103	12	16	2127	1831
燃气生产和供应业	45	5	36	2	13	146	162
燃气生产和供应业	451						
生物质燃气生产和供应业	452	5	36	2	13	146	162
水的生产和供应业	46	6	129	3	39	2216	991
自来水生产和供应	461	3	60	2	1	566	488
污水处理及其再生利用	462	3	69	1	38	1650	503
海水淡化处理	463						
其他水的处理、利用与分配	469						

1-F-4　分行业大中型企业办研发机构情况

行　业	代码	机构数（个）	机构人员数（人）			机构经费支出（万元）	仪器和设备原价（万元）
				#博士	#硕士		
总　计	**00**	**1815**	**154375**	**3821**	**29030**	**5927754**	**4707667**
采矿业	**B**	**84**	**11456**	**359**	**2253**	**476398**	**200725**
煤炭开采和洗选业	06	36	4725	90	734	258534	70236
烟煤和无烟煤开采洗选	061	35	4183	78	704	255954	55233
褐煤开采洗选	062						
其他煤炭采选	069						
石油和天然气开采业	07	28	5107	254	1167	90691	84414
石油开采	071	28	5107	254	1167	90691	84414
天然气开采	072						
黑色金属矿采选业	08	2	76	5	15	470	448
铁矿采选	081	2	76	5	15	470	448
锰矿、铬矿采选	082						
其他黑色金属矿采选	089						
有色金属矿采选业	09	9	1373	8	292	125563	40187
常用有色金属矿采选	091						
贵金属矿采选	092	9	1373	8	292	125563	40187
稀有稀土金属矿采选	093						
非金属矿采选业	10						
土砂石开采	101						
化学矿开采	102						
采盐	103						
石棉及其他非金属矿采选	109						
开采专业及辅助性活动	11	9	175	2	45	1140	5440
煤炭开采和洗选专业及辅助性活动	111						
石油和天然气开采专业及辅助性活动	112	9	175	2	45	1140	5440
其他开采专业及辅助性活动	119						
其他采矿业	12						
其他采矿业	120						
制造业	**C**	**1726**	**142821**	**3454**	**26770**	**5450128**	**4505220**
农副食品加工业	13	80	3764	165	629	125583	112954
谷物磨制	131	1	54	5	14	2455	1541
饲料加工	132	8	428	20	116	7621	4562
植物油加工	133	3	93	5	13	769	2636
制糖业	134						
屠宰及肉类加工	135	18	1102	34	183	61773	49974
水产品加工	136	34	1453	87	218	32799	35605
蔬菜、菌类、水果和坚果加工	137	7	79	3	7	391	2116
其他农副食品加工	139	9	555	11	78	19775	16520
食品制造业	14	61	3896	105	355	102018	92317
焙烤食品制造	141	3	214		6	3117	2607
糖果、巧克力及蜜饯制造	142						
方便食品制造	143	3	153	18	33	400	3615
乳制品制造	144	4	452	2	18	6076	12084
罐头食品制造	145	9	224	21	18	3139	10295
调味品、发酵制品制造	146	21	1618	22	133	60755	45203
其他食品制造	149	21	1235	42	147	28532	18514
酒、饮料和精制茶制造业	15	45	2038	64	216	70932	48228
酒的制造	151	42	1886	64	206	68331	45403
饮料制造	152	3	152		10	2601	2825
精制茶加工	153						

1-F-4 续表 1

行业	代码	机构数（个）	机构人员数（人）	#博士	#硕士	机构经费支出（万元）	仪器和设备原价（万元）
烟草制品业	16	1	136	5	42	16881	13574
烟叶复烤	161						
卷烟制造	162	1	136	5	42	16881	13574
其他烟草制品制造	169						
纺织业	17	66	4913	92	254	76924	101772
棉纺织及印染精加工	171	48	3242	47	129	49308	75964
毛纺织及染整精加工	172	11	427	19	28	10319	11460
麻纺织及染整精加工	173						
丝绢纺织及印染精加工	174						
化纤织造及印染精加工	175						
针织或钩针编织物及其制品制造	176						
家用纺织制成品制造	177	7	1244	26	97	17296	14348
产业用纺织制成品制造	178						
纺织服装、服饰业	18	30	1723	37	335	73754	119423
机织服装制造	181	21	1385	27	306	43414	83950
针织或钩针编织服装制造	182	8	313	10	27	29938	32453
服饰制造	183	1	25		2	402	3020
皮革、毛皮、羽毛及其制品和制鞋业	19	5	536	7	4	19246	8034
皮革鞣制加工	191	3	106	4	4	3856	4197
皮革制品制造	192	1	82			652	276
毛皮鞣制及制品加工	193						
羽毛(绒)加工及制品制造	194						
制鞋业	195	1	348	3		14738	3560
木材加工和木、竹、藤、棕、草制品业	20	4	158	8	17	3568	46442
木材加工	201						
人造板制造	202	4	158	8	17	3568	46442
木质制品制造	203						
竹、藤、棕、草等制品制造	204						
家具制造业	21	4	18	2	4	670	450
木质家具制造	211						
竹、藤家具制造	212						
金属家具制造	213						
塑料家具制造	214						
其他家具制造	219	4	18	2	4	670	450
造纸和纸制品业	22	40	2511	83	131	135113	68565
纸浆制造	221	1	27			117	9
造纸	222	37	2406	82	129	133409	64927
纸制品制造	223	2	78	1	2	1587	3629
印刷和记录媒介复制业	23	9	388	7	12	11705	23571
印刷	231	9	388	7	12	11705	23571
装订及印刷相关服务	232						
记录媒介复制	233						
文教、工美、体育和娱乐用品制造业	24	34	1519	26	103	29460	37811
文教办公用品制造	241						
乐器制造	242						
工艺美术及礼仪用品制造	243	19	783	12	27	16432	23541
体育用品制造	244	14	726	14	76	12478	14185
玩具制造	245	1	10			550	86
游艺器材及娱乐用品制造	246						
石油、煤炭及其他燃料加工业	25	48	3222	50	312	211350	486537

1-F-4　续表 2

行　业	代码	机构数（个）	机构人员数（人）	#博士	#硕士	机构经费支出（万元）	仪器和设备原价（万元）
精炼石油产品制造	251	43	2959	43	279	184910	473483
煤炭加工	252	5	263	7	33	26439	13054
核燃料加工	253						
生物质燃料加工	254						
化学原料和化学制品制造业	26	209	13309	329	2093	667472	358196
基础化学原料制造	261	60	3960	79	585	205904	69766
肥料制造	262	11	548	15	65	44300	8936
农药制造	263	17	886	22	148	30261	13807
涂料、油墨、颜料及类似产品制造	264	7	371	7	55	8419	10848
合成材料制造	265	32	3658	122	802	229851	144990
专用化学产品制造	266	73	3602	78	407	136506	100637
炸药、火工及焰火产品制造	267	7	96	3	7	2324	4786
日用化学产品制造	268	2	188	3	24	9907	4426
医药制造业	27	164	13584	541	4972	645921	486841
化学药品原料药制造	271	61	4435	175	1797	209083	145366
化学药品制剂制造	272	44	4763	193	1451	290394	174737
中药饮片加工	273	2	198	3	35	3408	1668
中成药生产	274	22	2474	88	1232	97758	86843
兽用药品制造	275	3	331	22	120	6978	7566
生物药品制品制造	276	13	910	53	210	31961	48501
卫生材料及医药用品制造	277	18	438	7	126	6218	21140
药用辅料及包装材料	278	1	35		1	120	1019
化学纤维制造业	28	11	661	16	174	28223	24081
纤维素纤维原料及纤维制造	281	2	419	14	166	17064	17664
合成纤维制造	282	1	73		1	1890	5034
生物基材料制造	283	8	169	2	7	9270	1383
橡胶和塑料制品业	29	55	4914	42	335	188569	195982
橡胶制品业	291	53	4889	42	331	187431	194644
塑料制品业	292	2	25		4	1138	1338
非金属矿物制品业	30	111	4423	139	488	136676	155996
水泥、石灰和石膏制造	301	12	383	16	58	16710	18378
石膏、水泥制品及类似制品制造	302	5	180	6	20	4085	8000
砖瓦、石材等建筑材料制造	303	8	425	9	47	20480	20400
玻璃制造	304	2	208	13	27	4331	2477
玻璃制品制造	305	6	362	3	12	6233	37940
玻璃纤维和玻璃纤维增强塑料制品制造	306	21	937	25	102	26475	23360
陶瓷制品制造	307	27	753	43	130	11960	19007
耐火材料制品制造	308	11	349	2	17	5065	5630
石墨及其他非金属矿物制品制造	309	19	826	22	75	41336	20806
黑色金属冶炼和压延加工业	31	22	3154	84	504	316486	124676
炼铁	311						
炼钢	312	1	146			35950	2744
钢压延加工	313	19	2622	84	502	280330	108397
铁合金冶炼	314	2	386		2	206	13535
有色金属冶炼和压延加工业	32	62	6951	81	300	516788	315125
常用有色金属冶炼	321	28	1643	30	142	309567	117634
贵金属冶炼	322	3	537	2	21	67151	4059
稀有稀土金属冶炼	323	1	99		8	3148	1846
有色金属合金制造	324	5	197	1	3	4304	3775
有色金属压延加工	325	25	4475	48	126	132619	187811

1-F-4 续表 3

行 业	代码	机构数(个)	机构人员数(人)	#博士	#硕士	机构经费支出(万元)	仪器和设备原价(万元)
金属制品业	33	57	2822	54	265	64028	100626
结构性金属制品制造	331	4	144	4	7	949	3784
金属工具制造	332	3	232	8	17	5192	1448
集装箱及金属包装容器制造	333	14	476		83	8303	9865
金属丝绳及其制品制造	334	2	158		14	4660	3546
建筑、安全用金属制品制造	335	3	294	5	26	6099	7758
金属表面处理及热处理加工	336	1	53		10	2056	1142
搪瓷制品制造	337						
金属制日用品制造	338	3	124		5	1013	1830
铸造及其他金属制品制造	339	27	1341	37	103	35758	71254
通用设备制造业	34	157	13020	188	2155	272873	213926
锅炉及原动设备制造	341	41	5809	55	1412	128284	77191
金属加工机械制造	342	40	2142	81	303	43091	40808
物料搬运设备制造	343	3	194	1	8	4604	5134
泵、阀门、压缩机及类似机械制造	344	21	1005		92	28256	23142
轴承、齿轮和传动部件制造	345	8	524	19	49	7150	12297
烘炉、风机、包装等设备制造	346	32	2405	14	208	46620	32337
文化、办公用机械制造	347	1	431		29	7118	3234
通用零部件制造	348	9	455	18	44	5589	17529
其他通用设备制造业	349	2	55		10	2162	2254
专用设备制造业	35	142	8952	166	1707	243591	231760
采矿、冶金、建筑专用设备制造	351	62	3744	68	1101	125461	97555
化工、木材、非金属加工专用设备制造	352	10	1570	10	135	24120	28795
食品、饮料、烟草及饲料生产专用设备制造	353	2	131	4	1	824	859
印刷、制药、日化及日用品生产专用设备制造	354	6	95	2	8	2852	723
纺织、服装和皮革加工专用设备制造	355	6	325	18	19	8852	4054
电子和电工机械专用设备制造	356	11	798	16	123	29766	33085
农、林、牧、渔专用机械制造	357	9	449	21	32	10142	8271
医疗仪器设备及器械制造	358	10	1045	6	173	21347	34660
环保、邮政、社会公共服务及其他专用设备制造	359	26	795	21	115	20228	23759
汽车制造业	36	94	9140	103	885	328880	249327
汽车整车制造	361	27	4978	45	663	204304	118311
汽车用发动机制造	362	6	480	11	47	27726	12467
改装汽车制造	363	13	591	1	42	10001	11266
低速汽车制造	364	1	767			14527	1650
电车制造	365						
汽车车身、挂车制造	366	5	369	9	19	4609	1463
汽车零部件及配件制造	367	42	1955	37	114	67714	104170
铁路、船舶、航空航天和其他运输设备制造业	37	32	5812	114	1852	269437	49968
铁路运输设备制造	371	16	4733	80	1705	242844	32699
城市轨道交通设备制造	372						
船舶及相关装置制造	373	9	569	33	134	19544	7982
航空、航天器及设备制造	374						
摩托车制造	375	2	222		4	3583	4625
自行车和残疾人座车制造	376	3	150	1	1	244	2936
助动车制造	377						
非公路休闲车及零配件制造	378						
潜水救捞及其他未列明运输设备制造	379	2	138		8	3223	1725
电气机械和器材制造业	38	95	6519	183	1743	247347	189078
电机制造	381	19	865	18	81	10933	25824

1-F-4　续表 4

行　业	代码	机构数（个）	机构人员数（人）	#博士	#硕士	机构经费支出（万元）	仪器和设备原价（万元）
输配电及控制设备制造	382	29	1728	23	293	58510	84768
电线、电缆、光缆及电工器材制造	383	23	1283	55	93	58167	49331
电池制造	384	2	231	1	6	1991	1691
家用电力器具制造	385	16	2319	76	1266	116997	27027
非电力家用器具制造	386	4	87	8		721	421
照明器具制造	387	2	6	2	4	29	16
其他电气机械及器材制造	389						
计算机、通信和其他电子设备制造业	39	63	22598	727	6368	611746	628525
计算机制造	391	13	15400	125	3947	348890	446995
通信设备制造	392	10	236		39	3835	2617
广播电视设备制造	393						
雷达及配套设备制造	394						
非专业视听设备制造	395	18	4887	595	2122	219782	158071
智能消费设备制造	396						
电子器件制造	397	12	1403	3	202	19851	5389
电子元件及电子专用材料制造	398	10	672	4	58	19388	15454
其他电子设备制造	399						
仪器仪表制造业	40	23	1733	36	501	30587	17923
通用仪器仪表制造	401	9	1107	25	426	20058	13377
专用仪器仪表制造	402	4	269	1	34	5896	1568
钟表与计时仪器制造	403	3	79	8	16	1140	2301
光学仪器制造	404	1	1		1	230	21
衡器制造	405	3	207		22	2560	121
其他仪器仪表制造业	409	3	70	2	2	703	535
其他制造业	41						
日用杂品制造	411						
核辐射加工	412						
其他未列明制造业	419						
废弃资源综合利用业	42						
金属废料和碎屑加工处理	421						
非金属废料和碎屑加工处理	422						
金属制品、机械和设备修理业	43	2	407		14	4302	3513
金属制品修理	431						
通用设备修理	432						
专用设备修理	433						
铁路、船舶、航空航天等运输设备修理	434	2	407		14	4302	3513
电气设备修理	435						
仪器仪表修理	436						
其他机械和设备修理业	439						
电力、热力、燃气及水生产和供应业	**D**	**5**	**98**	**8**	**7**	**1229**	**1722**
电力、热力生产和供应业	44	5	98	8	7	1229	1722
电力生产	441	1	36			112	596
电力供应	442						
热力生产和供应	443	4	62	8	7	1117	1125

1-F-5 分行业内资企业办研发机构情况

行业	代码	机构数（个）	机构人员数（人）	#博士	#硕士	机构经费支出（万元）	仪器和设备原价（万元）
总　计	**00**	**3757**	**175186**	**4655**	**30191**	**6095910**	**5041051**
采矿业	**B**	**91**	**11555**	**359**	**2254**	**485520**	**202965**
煤炭开采和洗选业	06	37	4741	90	734	258953	70266
烟煤和无烟煤开采洗选	061	36	4199	78	704	256373	55263
褐煤开采洗选	062	1	542	12	30	2580	15003
其他煤炭采选	069						
石油和天然气开采业	07	28	5107	254	1167	90691	84414
石油开采	071	28	5107	254	1167	90691	84414
天然气开采	072						
黑色金属矿采选业	08	6	151	5	16	7803	2033
铁矿采选	081	6	151	5	16	7803	2033
锰矿、铬矿采选	082						
其他黑色金属矿采选	089						
有色金属矿采选业	09	9	1373	8	292	125563	40187
常用有色金属矿采选	091						
贵金属矿采选	092	9	1373	8	292	125563	40187
稀有稀土金属矿采选	093						
非金属矿采选业	10	2	8			1371	625
土砂石开采	101	2	8			1371	625
化学矿开采	102						
采盐	103						
石棉及其他非金属矿采选	109						
开采专业及辅助性活动	11	9	175	2	45	1140	5440
煤炭开采和洗选专业及辅助性活动	111						
石油和天然气开采专业及辅助性活动	112	9	175	2	45	1140	5440
其他开采专业及辅助性活动	119						
其他采矿业	12						
其他采矿业	120						
制造业	**C**	**3640**	**163245**	**4277**	**27862**	**5604242**	**4833574**
农副食品加工业	13	194	4619	200	773	140345	132912
谷物磨制	131	21	307	13	40	10420	12155
饲料加工	132	45	949	45	250	23447	12030
植物油加工	133	13	347	12	40	9045	7242
制糖业	134						
屠宰及肉类加工	135	29	1240	37	190	64341	51274
水产品加工	136	40	1169	68	194	18228	26725
蔬菜、菌类、水果和坚果加工	137	28	309	12	26	4519	9715
其他农副食品加工	139	18	298	13	33	10345	13772
食品制造业	14	114	3459	143	331	84292	93329
焙烤食品制造	141	8	136	1	12	2960	2107
糖果、巧克力及蜜饯制造	142	3	30	3	3	1901	1552
方便食品制造	143	4	156	19	34	436	3820
乳制品制造	144	5	326	5	23	3308	5416
罐头食品制造	145	14	325	22	23	3818	10835
调味品、发酵制品制造	146	23	1211	22	104	45026	34180
其他食品制造	149	57	1275	71	132	26842	35418
酒、饮料和精制茶制造业	15	55	2018	60	196	69808	44351
酒的制造	151	50	1907	60	190	68225	42921
饮料制造	152	5	111		6	1583	1429
精制茶加工	153						

1-F-5　续表 1

行　业	代码	机构数（个）	机构人员数（人）	#博士	#硕士	机构经费支出（万元）	仪器和设备原价（万元）
烟草制品业	16	5	156	7	47	16882	13909
烟叶复烤	161						
卷烟制造	162	1	136	5	42	16881	13574
其他烟草制品制造	169	4	20	2	5	1	335
纺织业	17	86	4441	91	258	59056	98953
棉纺织及印染精加工	171	63	2886	44	135	31718	73828
毛纺织及染整精加工	172	14	439	19	28	10634	11570
麻纺织及染整精加工	173						
丝绢纺织及印染精加工	174						
化纤织造及印染精加工	175						
针织或钩针编织物及其制品制造	176	1	4			59	19
家用纺织制成品制造	177	6	1103	28	95	16295	13322
产业用纺织制成品制造	178	2	9			351	213
纺织服装、服饰业	18	40	1839	39	359	76424	120985
机织服装制造	181	26	1470	28	327	45743	85222
针织或钩针编织服装制造	182	10	333	10	30	30204	32617
服饰制造	183	4	36	1	2	477	3147
皮革、毛皮、羽毛及其制品和制鞋业	19	16	651	14	9	20154	7126
皮革鞣制加工	191	4	60	6	1	1495	1864
皮革制品制造	192	5	167		4	2065	1197
毛皮鞣制及制品加工	193						
羽毛(绒)加工及制品制造	194						
制鞋业	195	7	424	8	4	16594	4065
木材加工和木、竹、藤、棕、草制品业	20	37	430	10	19	9243	51959
木材加工	201	5	32			973	956
人造板制造	202	28	313	6	17	7537	47680
木质制品制造	203	4	85	4	2	734	3322
竹、藤、棕、草等制品制造	204						
家具制造业	21	28	272	19	44	3922	2884
木质家具制造	211	15	185	13	29	2548	835
竹、藤家具制造	212	1	7		2	66	37
金属家具制造	213	2	18		3	198	29
塑料家具制造	214						
其他家具制造	219	10	62	6	10	1109	1984
造纸和纸制品业	22	60	2766	84	145	138450	72919
纸浆制造	221	2	31			144	35
造纸	222	48	2546	82	133	135205	66917
纸制品制造	223	10	189	2	12	3101	5967
印刷和记录媒介复制业	23	26	537	13	28	15601	29381
印刷	231	21	495	10	26	14235	28336
装订及印刷相关服务	232	5	42	3	2	1366	1045
记录媒介复制	233						
文教、工美、体育和娱乐用品制造业	24	76	2039	39	147	35379	48712
文教办公用品制造	241	4	36	1	2	186	167
乐器制造	242	4	3			6	6
工艺美术及礼仪用品制造	243	42	1098	22	64	19709	30851
体育用品制造	244	18	810	16	80	13853	16126
玩具制造	245	5	36			792	431
游艺器材及娱乐用品制造	246	3	56		1	835	1132
石油、煤炭及其他燃料加工业	25	59	3313	47	301	216575	488999

1-F-5 续表 2

行业	代码	机构数（个）	机构人员数（人）	#博士	#硕士	机构经费支出（万元）	仪器和设备原价（万元）
精炼石油产品制造	251	53	2989	43	275	190144	475446
煤炭加工	252	6	324	4	26	26430	13553
核燃料加工	253						
生物质燃料加工	254						
化学原料和化学制品制造业	26	500	16626	487	2611	739105	426425
基础化学原料制造	261	126	4757	101	651	226379	88848
肥料制造	262	33	857	37	98	49506	14457
农药制造	263	31	1136	31	194	35358	16931
涂料、油墨、颜料及类似产品制造	264	18	574	10	69	14325	18525
合成材料制造	265	81	4245	162	947	247532	157241
专用化学产品制造	266	185	4560	135	590	150228	118738
炸药、火工及焰火产品制造	267	8	107	3	10	2621	4886
日用化学产品制造	268	18	390	8	52	13157	6799
医药制造业	27	268	12578	559	3616	536741	383001
化学药品原料药制造	271	68	3553	135	897	142874	79800
化学药品制剂制造	272	55	4907	198	1477	281995	175184
中药饮片加工	273	13	292	12	44	5701	3026
中成药生产	274	23	883	38	297	17400	15207
兽用药品制造	275	24	483	30	169	9627	8951
生物药品制品制造	276	44	1720	127	542	66689	73866
卫生材料及医药用品制造	277	38	692	17	188	12141	25930
药用辅料及包装材料	278	3	48	2	2	313	1038
化学纤维制造业	28	12	747	19	203	34320	31413
纤维素纤维原料及纤维制造	281	2	419	14	166	17064	17664
合成纤维制造	282	2	159	3	30	7987	12366
生物基材料制造	283	8	169	2	7	9270	1383
橡胶和塑料制品业	29	157	6083	69	451	210172	214378
橡胶制品业	291	70	5190	48	349	189227	196795
塑料制品业	292	87	893	21	102	20946	17583
非金属矿物制品业	30	272	6116	241	719	165870	184158
水泥、石灰和石膏制造	301	17	499	24	68	23231	23845
石膏、水泥制品及类似制品制造	302	23	365	13	32	7335	11263
砖瓦、石材等建筑材料制造	303	43	706	18	101	17078	8507
玻璃制造	304	14	344	15	34	5149	5415
玻璃制品制造	305	10	413	6	16	6982	38964
玻璃纤维和玻璃纤维增强塑料制品制造	306	42	1196	34	130	32889	27058
陶瓷制品制造	307	51	696	50	134	11200	18801
耐火材料制品制造	308	26	540	23	28	9582	10146
石墨及其他非金属矿物制品制造	309	46	1357	58	176	52425	40159
黑色金属冶炼和压延加工业	31	26	3108	85	495	322726	154221
炼铁	311						
炼钢	312	1	146			35950	2744
钢压延加工	313	23	2576	85	493	286570	137942
铁合金冶炼	314	2	386		2	206	13535
有色金属冶炼和压延加工业	32	89	7394	100	306	435688	317204
常用有色金属冶炼	321	23	1444	25	114	206417	95894
贵金属冶炼	322	4	582	2	21	69244	4736
稀有稀土金属冶炼	323	1	99		8	3148	1846
有色金属合金制造	324	17	333	22	15	9083	8597
有色金属压延加工	325	44	4936	51	148	147797	206131
金属制品业	33	153	3983	90	364	86695	127150

1-F-5　续表 3

行　业	代码	机构数（个）	机构人员数（人）			机构经费支出（万元）	仪器和设备原价（万元）
				#博士	#硕士		
结构性金属制品制造	331	29	629	9	25	12219	12026
金属工具制造	332	9	320	10	48	7827	1774
集装箱及金属包装容器制造	333	20	601	3	88	9793	13161
金属丝绳及其制品制造	334	3	33	2	2	3882	2266
建筑、安全用金属制品制造	335	8	295	6	32	6692	8507
金属表面处理及热处理加工	336	7	102	1	16	3609	1653
搪瓷制品制造	337	1	20		2	18	21
金属制日用品制造	338	4	84	1		1822	1982
铸造及其他金属制品制造	339	72	1899	58	151	40835	85760
通用设备制造业	34	343	15989	261	2386	315181	272206
锅炉及原动设备制造	341	65	6190	56	1436	132512	81915
金属加工机械制造	342	87	3016	101	387	56509	66637
物料搬运设备制造	343	12	346	4	39	6864	7594
泵、阀门、压缩机及类似机械制造	344	48	1492	17	144	30001	37789
轴承、齿轮和传动部件制造	345	22	758	25	62	11424	16482
烘炉、风机、包装等设备制造	346	58	2776	34	214	52318	43716
文化、办公用机械制造	347	3	511		29	8745	3362
通用零部件制造	348	36	706	23	51	11647	10326
其他通用设备制造业	349	12	194	1	24	5161	4386
专用设备制造业	35	344	12121	212	1957	268509	284447
采矿、冶金、建筑专用设备制造	351	110	3804	70	1048	86123	87441
化工、木材、非金属加工专用设备制造	352	35	2038	14	197	29574	37731
食品、饮料、烟草及饲料生产专用设备制造	353	9	252	8	3	2010	4000
印刷、制药、日化及日用品生产专用设备制造	354	9	172	1	10	2999	6292
纺织、服装和皮革加工专用设备制造	355	13	535	20	28	12854	14167
电子和电工机械专用设备制造	356	24	1006	21	156	32064	38886
农、林、牧、渔专用机械制造	357	39	1408	29	119	43043	20257
医疗仪器设备及器械制造	358	25	1334	14	208	26529	36591
环保、邮政、社会公共服务及其他专用设备制造	359	80	1572	35	188	33313	39082
汽车制造业	36	160	10119	119	896	341436	255507
汽车整车制造	361	29	4994	48	667	205137	118669
汽车用发动机制造	362	6	480	11	47	27726	12467
改装汽车制造	363	17	728	9	49	11065	14204
低速汽车制造	364	2	792		2	14578	1853
电车制造	365						
汽车车身、挂车制造	366	11	397	11	21	6813	2333
汽车零部件及配件制造	367	95	2728	40	110	76118	105981
铁路、船舶、航空航天和其他运输设备制造业	37	48	5958	113	1884	275459	51152
铁路运输设备制造	371	17	4692	79	1701	243197	32374
城市轨道交通设备制造	372	1	6			521	150
船舶及相关装置制造	373	20	758	33	170	25807	10626
航空、航天器及设备制造	374						
摩托车制造	375	1	154		4	1189	3210
自行车和残疾人座车制造	376	3	150	1	1	244	2936
助动车制造	377	2	39			474	43
非公路休闲车及零配件制造	378						
潜水救捞及其他未列明运输设备制造	379	4	159		8	4027	1813
电气机械和器材制造业	38	243	9161	328	2060	298781	239434
电机制造	381	26	1073	20	145	13354	33648
输配电及控制设备制造	382	103	2893	67	398	79287	95332
电线、电缆、光缆及电工器材制造	383	44	1850	65	140	67733	70486

1-F-5 续表 4

行业	代码	机构数（个）	机构人员数（人）	#博士	#硕士	机构经费支出（万元）	仪器和设备原价（万元）
电池制造	384	13	486	76	93	15079	9075
家用电力器具制造	385	24	2370	79	1246	115135	25614
非电力家用器具制造	386	17	219	14	16	2970	2533
照明器具制造	387	9	204	3	15	3952	1740
其他电气机械及器材制造	389	7	66	4	7	1270	1007
计算机、通信和其他电子设备制造业	39	129	23551	772	6634	632640	651617
计算机制造	391	18	15577	125	3972	351150	446614
通信设备制造	392	18	392	9	66	5008	3416
广播电视设备制造	393	4	113	1	90	2991	333
雷达及配套设备制造	394						
非专业视听设备制造	395	16	4657	595	2122	215993	156548
智能消费设备制造	396	5	65	2	12	489	8504
电子器件制造	397	31	1795	23	282	32576	15820
电子元件及电子专用材料制造	398	35	889	14	86	23772	19859
其他电子设备制造	399	2	63	3	4	661	522
仪器仪表制造业	40	92	3077	54	602	52739	29450
通用仪器仪表制造	401	48	1959	35	475	29063	22520
专用仪器仪表制造	402	21	607	5	67	16218	3563
钟表与计时仪器制造	403	9	86	2	20	681	1891
光学仪器制造	404	4	22	5	8	1121	698
衡器制造	405	5	280	5	25	3728	176
其他仪器仪表制造业	409	5	123	2	7	1928	602
其他制造业	41	1	9		3	307	68
日用杂品制造	411						
核辐射加工	412						
其他未列明制造业	419	1	9		3	307	68
废弃资源综合利用业	42	5	34	2	12	1007	2686
金属废料和碎屑加工处理	421						
非金属废料和碎屑加工处理	422	5	34	2	12	1007	2686
金属制品、机械和设备修理业	43	2	51		6	737	2640
金属制品修理	431						
通用设备修理	432						
专用设备修理	433						
铁路、船舶、航空航天等运输设备修理	434	2	51		6	737	2640
电气设备修理	435						
仪器仪表修理	436						
其他机械和设备修理业	439						
电力、热力、燃气及水生产和供应业	**D**	**26**	**386**	**19**	**75**	**6148**	**4512**
电力、热力生产和供应业	44	17	263	14	26	4202	3919
电力生产	441	11	160	2	10	2075	2088
电力供应	442						
热力生产和供应	443	6	103	12	16	2127	1831
燃气生产和供应业	45	5	36	2	13	146	162
燃气生产和供应业	451						
生物质燃气生产和供应业	452	5	36	2	13	146	162
水的生产和供应业	46	4	87	3	36	1801	430
自来水生产和供应	461	2	31	2	1	164	212
污水处理及其再生利用	462	2	56	1	35	1637	218
海水淡化处理	463						
其他水的处理、利用与分配	469						

1-F-6 分行业港澳台商投资企业办研发机构情况

行 业	代码	机构数（个）	机构人员数（人）	#博士	#硕士	机构经费支出（万元）	仪器和设备原价（万元）
总 计	**00**	**105**	**4843**	**90**	**409**	**170201**	**232692**
采矿业	**B**						
煤炭开采和洗选业	06						
烟煤和无烟煤开采洗选	061						
褐煤开采洗选	062						
石油和天然气开采业	07						
石油开采	071						
天然气开采	072						
黑色金属矿采选业	08						
铁矿采选	081						
有色金属矿采选业	09						
常用有色金属矿采选	091						
贵金属矿采选	092						
非金属矿采选业	10						
土砂石开采	101						
化学矿开采	102						
采盐	103						
石棉及其他非金属矿采选	109						
开采专业及辅助性活动	11						
石油和天然气开采专业及辅助性活动	112						
制造业	**C**	**103**	**4781**	**90**	**407**	**168592**	**232182**
农副食品加工业	13	5	64	6	7	1817	1278
谷物磨制	131						
饲料加工	132						
植物油加工	133						
制糖业	134						
屠宰及肉类加工	135						
水产品加工	136						
蔬菜、菌类、水果和坚果加工	137	3	23	4	3	415	613
其他农副食品加工	139	2	41	2	4	1402	665
食品制造业	14	5	250	3	39	11532	6603
焙烤食品制造	141						
糖果、巧克力及蜜饯制造	142						
方便食品制造	143						
乳制品制造	144						
罐头食品制造	145						
调味品、发酵制品制造	146	1	165		5	4692	4825
其他食品制造	149	4	85	3	34	6839	1778
酒、饮料和精制茶制造业	15	1	49		10	350	720
酒的制造	151	1	49		10	350	720
饮料制造	152						
精制茶加工	153						
烟草制品业	16						
烟叶复烤	161						
其他烟草制品制造	169						
纺织业	17	12	574	1	17	16610	8910
棉纺织及印染精加工	171	5	303	1	9	11819	2318

1-F-6 续表 1

行　业	代码	机构数（个）	机构人员数（人）	#博士	#硕士	机构经费支出（万元）	仪器和设备原价（万元）
毛纺织及染整精加工	172	1	32			725	1214
麻纺织及染整精加工	173						
丝绢纺织及印染精加工	174						
化纤织造及印染精加工	175						
针织或钩针编织物及其制品制造	176						
家用纺织制成品制造	177	2	159		6	2000	1212
产业用纺织制成品制造	178	4	80		2	2066	4166
纺织服装、服饰业	18						
机织服装制造	181						
针织或钩针编织服装制造	182						
服饰制造	183						
皮革、毛皮、羽毛及其制品和制鞋业	19	2	81	2	4	3435	3375
皮革鞣制加工	191	2	81	2	4	3435	3375
皮革制品制造	192						
毛皮鞣制及制品加工	193						
羽毛(绒)加工及制品制造	194						
制鞋业	195						
木材加工和木、竹、藤、棕、草制品业	20	1	50	8	11	300	500
木材加工	201						
人造板制造	202	1	50	8	11	300	500
木质制品制造	203						
竹、藤、棕、草等制品制造	204						
家具制造业	21						
木质家具制造	211						
竹、藤家具制造	212						
金属家具制造	213						
塑料家具制造	214						
其他家具制造	219						
造纸和纸制品业	22	2	69			4001	246
纸浆制造	221						
造纸	222	2	69			4001	246
纸制品制造	223						
印刷和记录媒介复制业	23	1	90	3	2	2948	2902
印刷	231	1	90	3	2	2948	2902
装订及印刷相关服务	232						
记录媒介复制	233						
文教、工美、体育和娱乐用品制造业	24	3	62		7	773	410
文教办公用品制造	241	1	41		2	423	60
乐器制造	242						
工艺美术及礼仪用品制造	243	2	21		5	350	350
体育用品制造	244						
玩具制造	245						
游艺器材及娱乐用品制造	246						
石油、煤炭及其他燃料加工业	25	1	17	5	10	2435	1200
精炼石油产品制造	251						
煤炭加工	252	1	17	5	10	2435	1200
生物质燃料加工	253						
化学原料和化学制品制造业	26	12	529	7	51	22117	17279

1-F-6　续表 2

行　业	代码	机构数(个)	机构人员数(人)	#博士	#硕士	机构经费支　出(万元)	仪器和设备原价(万元)
基础化学原料制造	261	2	93	2	4	5451	4994
肥料制造	262						
农药制造	263						
涂料、油墨、颜料及类似产品制造	264						
合成材料制造	265	8	305	1	41	7506	6368
专用化学产品制造	266	2	131	4	6	9160	5918
炸药、火工及焰火产品制造	267						
日用化学产品制造	268						
医药制造业	27	12	464	24	65	25366	23539
化学药品原料药制造	271	7	108	11	16	5572	13405
化学药品制剂制造	272	2	185	12	31	14112	6944
中药饮片加工	273						
中成药生产	274	2	150		11	5309	2591
兽用药品制造	275						
生物药品制品制造	276	1	21	1	7	373	600
卫生材料及医药用品制造	277						
药用辅料及包装材料	278						
化学纤维制造业	28	1	73		1	1890	5034
纤维素纤维原料及纤维制造	281						
合成纤维制造	282	1	73		1	1890	5034
橡胶和塑料制品业	29	3	116		7	4143	3553
橡胶制品业	291	1	80		5	2361	1300
塑料制品业	292	2	36		2	1782	2253
非金属矿物制品业	30	6	387	9	28	12514	21356
水泥、石灰和石膏制造	301	1	35		3	42	800
石膏、水泥制品及类似制品制造	302						
砖瓦、石材等建筑材料制造	303	2	271	6	23	11135	20204
玻璃制造	304						
玻璃制品制造	305						
玻璃纤维和玻璃纤维增强塑料制品制造	306						
陶瓷制品制造	307	2	75	2		1031	219
耐火材料制品制造	308	1	6	1	2	307	134
石墨及其他非金属矿物制品制造	309						
黑色金属冶炼和压延加工业	31						
炼铁	311						
炼钢	312						
钢压延加工	313						
铁合金冶炼	314						
有色金属冶炼和压延加工业	32	5	266		25	10302	89513
常用有色金属冶炼	321	1	173		23	6103	8367
贵金属冶炼	322						
稀有稀土金属冶炼	323						
有色金属合金制造	324	1	5			265	27
有色金属压延加工	325	3	88		2	3934	81119
金属制品业	33	4	215	1	15	5495	5852
结构性金属制品制造	331						
金属工具制造	332	1	15			300	500
集装箱及金属包装容器制造	333	1	42	1	1	535	1806

1-F-6 续表 3

行　业	代码	机构数（个）	机构人员数（人）	#博士	#硕士	机构经费支出（万元）	仪器和设备原价（万元）
金属丝绳及其制品制造	334	2	158		14	4660	3546
建筑、安全用金属制品制造	335						
金属表面处理及热处理加工	336						
搪瓷制品制造	337						
金属制日用品制造	338						
铸造及其他金属制品制造	339						
通用设备制造业	34	7	241	4	31	23655	22435
锅炉及原动设备制造	341	2	116	1	15	18975	9428
金属加工机械制造	342						
物料搬运设备制造	343						
泵、阀门、压缩机及类似机械制造	344	1	2	1	1	281	199
轴承、齿轮和传动部件制造	345						
烘炉、风机、包装等设备制造	346	2	57	2	9	2206	675
文化、办公用机械制造	347						
通用零部件制造	348	2	66		6	2193	12133
其他通用设备制造业	349						
专用设备制造业	35	7	298	6	48	7335	6797
采矿、冶金、建筑专用设备制造	351	3	209	6	46	5608	5522
化工、木材、非金属加工专用设备制造	352	1	28		1	394	708
食品、饮料、烟草及饲料生产专用设备制造	353	1	25			641	213
印刷、制药、日化及日用品生产专用设备制造	354	1	16		1	242	4
纺织、服装和皮革加工专用设备制造	355						
电子和电工机械专用设备制造	356						
农、林、牧、渔专用机械制造	357	1	20			450	350
医疗仪器设备及器械制造	358						
环保、邮政、社会公共服务及其他专用设备制造	359						
汽车制造业	36	1	20		1	569	1641
汽车整车制造	361						
汽车用发动机制造	362						
改装汽车制造	363						
汽车车身、挂车制造	366						
汽车零部件及配件制造	367	1	20		1	569	1641
铁路、船舶、航空航天和其他运输设备制造业	37	2	127	1	5	2653	1894
铁路运输设备制造	371	1	59	1	5	259	479
城市轨道交通设备制造	372						
船舶及相关装置制造	373						
航空、航天器及设备制造	374						
摩托车制造	375	1	68			2394	1415
自行车和残疾人座车制造	376						
助动车制造	377						
非公路休闲车及零配件制造	378						
潜水救捞及其他未列明运输设备制造	379						
电气机械和器材制造业	38	3	225	2	8	1939	1795
电机制造	381						
输配电及控制设备制造	382	1	6			50	104
电线、电缆、光缆及电工器材制造	383						
电池制造	384	2	219	2	8	1889	1691
家用电力器具制造	385						

1-F-6　续表 4

行　业	代码	机构数（个）	机构人员数（人）	#博士	#硕士	机构经费支　出（万元）	仪 器 和设备原价（万元）
非电力家用器具制造	386						
照明器具制造	387						
其他电气机械及器材制造	389						
计算机、通信和其他电子设备制造业	39	3	43			1147	587
计算机制造	391						
通信设备制造	392						
广播电视设备制造	393						
雷达及配套设备制造	394						
非专业视听设备制造	395						
智能消费设备制造	396						
电子器件制造	397	2	19			869	100
电子元件及电子专用材料制造	398	1	24			279	487
其他电子设备制造	399						
仪器仪表制造业	40	2	64	8	1	965	1251
通用仪器仪表制造	401						
专用仪器仪表制造	402						
钟表与计时仪器制造	403	2	64	8	1	965	1251
光学仪器制造	404						
衡器制造	405						
其他仪器仪表制造业	409						
其他制造业	41						
日用杂品制造	411						
其他未列明制造业	419						
废弃资源综合利用业	42						
金属废料和碎屑加工处理	421						
非金属废料和碎屑加工处理	422						
金属制品、机械和设备修理业	43	2	407		14	4302	3513
金属制品修理	431						
通用设备修理	432						
专用设备修理	433						
铁路、船舶、航空航天等运输设备修理	434	2	407		14	4302	3513
电气设备修理	435						
仪器仪表修理	436						
其他机械和设备修理业	439						
电力、热力、燃气及水生产和供应业	**D**	**2**	**62**		**2**	**1609**	**510**
电力、热力生产和供应业	44	1	33		2	1207	234
电力生产	441	1	33		2	1207	234
电力供应	442						
热力生产和供应	443						
燃气生产和供应业	45						
燃气生产和供应业	451						
生物质燃气生产和供应业	452						
水的生产和供应业	46	1	29			402	276
自来水生产和供应	461	1	29			402	276
污水处理及其再生利用	461						
海水淡化处理	462						
其他水的处理、利用与分配	469						

1-F-7 分行业外商投资企业办研发机构情况

行业	代码	机构数（个）	机构人员数（人）	#博士	#硕士	机构经费支出（万元）	仪器和设备原价（万元）
总计	**00**	**225**	**12284**	**293**	**2943**	**526538**	**389274**
采矿业	**B**						
煤炭开采和洗选业	06						
烟煤和无烟煤开采洗选	061						
石油和天然气开采业	07						
石油开采	071						
天然气开采	072						
黑色金属矿采选业	08						
铁矿采选	081						
锰矿、铬矿采选	082						
有色金属矿采选业	09						
常用有色金属矿采选	091						
贵金属矿采选	092						
稀有稀土金属矿采选	093						
非金属矿采选业	10						
土砂石开采	101						
化学矿开采	102						
采盐	103						
石棉及其他非金属矿采选	109						
开采专业及辅助性活动	11						
石油和天然气开采专业及辅助性活动	111						
制造业	**C**	**224**	**12271**	**293**	**2940**	**526525**	**388989**
农副食品加工业	13	16	1184	49	156	36934	20014
谷物磨制	131						
饲料加工	132	1	28		8	538	603
植物油加工	133						
制糖业	134						
屠宰及肉类加工	135	3	212	12	30	3427	822
水产品加工	136	6	532	31	57	19259	13499
蔬菜、菌类、水果和坚果加工	137	2	36		2	500	129
其他农副食品加工	139	4	376	6	59	13210	4961
食品制造业	14	19	1460	12	112	32568	32087
焙烤食品制造	141	2	165		2	2118	1942
糖果、巧克力及蜜饯制造	142						
方便食品制造	143						
乳制品制造	144	1	209			3271	8118
罐头食品制造	145						
调味品、发酵制品制造	146	7	355		32	12137	7987
其他食品制造	149	9	731	12	78	15041	14040
酒、饮料和精制茶制造业	15	5	221	8	31	4871	8119
酒的制造	151	2	131	8	24	2751	5120
饮料制造	152	3	90		7	2121	3000
精制茶加工	153						
烟草制品业	16						
其他烟草制品制造	169						
纺织业	17	9	451	7	17	11850	4506

1-F-7　续表 1

行　业	代码	机构数（个）	机构人员数（人）	#博士	#硕士	机构经费支出（万元）	仪器和设备原价（万元）
棉纺织及印染精加工	171	6	397	7	9	10645	3628
毛纺织及染整精加工	172						
麻纺织及染整精加工	173						
丝绢纺织及印染精加工	174						
化纤织造及印染精加工	175						
针织或钩针编织物及其制品制造	176						
家用纺织制成品制造	177	2	31		4	404	314
产业用纺织制成品制造	178	1	23		4	801	565
纺织服装、服饰业	18	1	9			237	1
机织服装制造	181	1	9			237	1
针织或钩针编织服装制造	182						
服饰制造	183						
皮革、毛皮、羽毛及其制品和制鞋业	19						
皮革鞣制加工	191						
皮革制品制造	192						
毛皮鞣制及制品加工	193						
羽毛(绒)加工及制品制造	194						
制鞋业	195						
木材加工和木、竹、藤、棕、草制品业	20	2	17	3	5	540	200
木材加工	201	2	17	3	5	540	200
人造板制造	202						
木质制品制造	203						
竹、藤、棕、草等制品制造	204						
家具制造业	21						
木质家具制造	211						
金属家具制造	212						
塑料家具制造	213						
其他家具制造	219						
造纸和纸制品业	22	1	55			1850	1780
纸浆制造	221						
造纸	222	1	55			1850	1780
纸制品制造	223						
印刷和记录媒介复制业	23	3	44	2	8	2835	1355
印刷	231	3	44	2	8	2835	1355
装订及印刷相关服务	232						
记录媒介复制	233						
文教、工美、体育和娱乐用品制造业	24	10	240		5	3087	1001
文教办公用品制造	241						
乐器制造	242						
工艺美术及礼仪用品制造	243	6	120		1	1354	360
体育用品制造	244	4	120		4	1733	641
玩具制造	245						
游艺器材及娱乐用品制造	246						
石油、煤炭及其他燃料加工业	25	6	114		12	3038	5096
精炼石油产品制造	251	6	114		12	3038	5096
煤炭加工	252						
生物质燃料加工	253						
化学原料和化学制品制造业	26	20	906	10	101	38565	27629

1-F-7 续表 2

行 业	代码	机构数（个）	机构人员数（人）	#博士	#硕士	机构经费支出（万元）	仪器和设备原价（万元）
基础化学原料制造	261	7	266	4	46	11629	6806
肥料制造	262	1	40		5	369	432
农药制造	263	1	35			1110	221
涂料、油墨、颜料及类似产品制造	264						
合成材料制造	265	4	169	5	14	9416	9372
专用化学产品制造	266	6	383	1	32	15768	10629
炸药、火工及焰火产品制造	267						
日用化学产品制造	268	1	13		4	274	170
医药制造业	27	26	3278	130	2002	151961	151228
化学药品原料药制造	271	11	1311	59	974	70329	66679
化学药品制剂制造	272						
中药饮片加工	273						
中成药生产	274	11	1615	56	951	78960	74184
兽用药品制造	275	2	183	15	62	1060	1700
生物药品制品制造	276	1	142		15	1260	7780
卫生材料及医药用品制造	277	1	27			352	886
药用辅料及包装材料	278						
化学纤维制造业	28						
纤维素纤维原料及纤维制造	281						
合成纤维制造	282						
生物基材料制造	283						
橡胶和塑料制品业	29	6	121		13	2072	2737
橡胶制品业	291	2	20		4	1046	1542
塑料制品业	292	4	101		9	1026	1195
非金属矿物制品业	30	6	292	13	35	4643	9964
水泥、石灰和石膏制造	301						
石膏、水泥制品及类似制品制造	302						
砖瓦、石材等建筑材料制造	303						
玻璃制造	304						
玻璃制品制造	305						
玻璃纤维和玻璃纤维增强塑料制品制造	306						
陶瓷制品制造	307	2	222	12	34	3210	7271
耐火材料制品制造	308	1	5			32	251
石墨及其他非金属矿物制品制造	309	3	65	1	1	1401	2442
黑色金属冶炼和压延加工业	31	1	136		10	2593	1760
炼铁	311						
炼钢	312						
钢压延加工	313	1	136		10	2593	1760
铁合金冶炼	314						
有色金属冶炼和压延加工业	32	6	40	5	9	99989	13709
常用有色金属冶炼	321	5	35	5	5	97611	13401
贵金属冶炼	322						
稀有稀土金属冶炼	323						
有色金属合金制造	324						
有色金属压延加工	325	1	5		4	2378	308
金属制品业	33	12	366	5	16	8282	1529
结构性金属制品制造	331	2	20			260	144
金属工具制造	332	1	66			964	233

1-F-7　续表 3

行　业	代码	机构数（个）	机构人员数（人）	#博士	#硕士	机构经费支出（万元）	仪器和设备原价（万元）
集装箱及金属包装容器制造	333						
金属丝绳及其制品制造	334						
建筑、安全用金属制品制造	335	1	86	1	5	1458	393
金属表面处理及热处理加工	336						
搪瓷制品制造	337						
金属制日用品制造	338	2	62		5	52	102
铸造及其他金属制品制造	339	6	132	4	6	5548	658
通用设备制造业	34	13	511	3	38	15082	19778
锅炉及原动设备制造	341	1	40			1801	535
金属加工机械制造	342	3	86		4	782	5406
物料搬运设备制造	343	1	28			250	100
泵、阀门、压缩机及类似机械制造	344	5	195		9	8966	10743
轴承、齿轮和传动部件制造	345						
烘炉、风机、包装等设备制造	346	2	148	1	20	3065	1573
文化、办公用机械制造	347						
通用零部件制造	348	1	14	2	5	220	1420
其他通用设备制造业	349						
专用设备制造业	35	18	836	16	127	56174	24131
采矿、冶金、建筑专用设备制造	351	12	717	14	105	51463	22951
化工、木材、非金属加工专用设备制造	352						
食品、饮料、烟草及饲料生产专用设备制造	353						
印刷、制药、日化及日用品生产专用设备制造	354	3	50	1	5	1994	42
纺织、服装和皮革加工专用设备制造	355	1	6		6	481	396
电子和电工机械专用设备制造	356						
农、林、牧、渔专用机械制造	357	1	15			188	50
医疗仪器设备及器械制造	358						
环保、邮政、社会公共服务及其他专用设备制造	359	1	48	1	11	2049	693
汽车制造业	36	12	675	10	51	11054	31127
汽车整车制造	361						
汽车用发动机制造	362						
改装汽车制造	363	1	25			439	221
低速汽车制造	364						
汽车车身、挂车制造	366	1	85			140	800
汽车零部件及配件制造	367	10	565	10	51	10475	30106
铁路、船舶、航空航天和其他运输设备制造业	37	2	67		6	4179	702
铁路运输设备制造	371	1	59		5	4106	579
城市轨道交通设备制造	372						
船舶及相关装置制造	373						
航空、航天器及设备制造	374						
摩托车制造	375	1	8		1	72	123
自行车和残疾人座车制造	376						
助动车制造	377						
非公路休闲车及零配件制造	378						
潜水救捞及其他未列明运输设备制造	379						
电气机械和器材制造业	38	15	460	15	70	16858	19459
电机制造	381	8	200	3	22	4394	2260
输配电及控制设备制造	382	2	69		6	4111	13663

1-F-7 续表 4

行业	代码	机构数（个）	机构人员数（人）	#博士	#硕士	机构经费支出（万元）	仪器和设备原价（万元）
电线、电缆、光缆及电工器材制造	383	2	79	12	14	1014	376
电池制造	384	2	42		3	815	133
家用电力器具制造	385	1	70		25	6524	3026
非电力家用器具制造	386						
照明器具制造	387						
其他电气机械及器材制造	389						
计算机、通信和其他电子设备制造业	39	12	566	2	47	12111	8956
计算机制造	391	1	12			356.6	1622.5
通信设备制造	392						
广播电视设备制造	393						
雷达及配套设备制造	394						
非专业视听设备制造	395	2	230			3789	1523
智能消费设备制造	396						
电子器件制造	397	6	152	2	25	1470	1722
电子元件及电子专用材料制造	398	3	172		22	6495	4088
其他电子设备制造	399						
仪器仪表制造业	40	2	193	3	66	4521	2021
通用仪器仪表制造	401	1	150	3	66	4396	1695
专用仪器仪表制造	402						
钟表与计时仪器制造	403						
光学仪器制造	404	1	43			126	326
衡器制造	405						
其他仪器仪表制造业	409						
其他制造业	41	1	29		3	631	102
日用杂品制造	411	1	29		3	631	102
其他未列明制造业	419						
废弃资源综合利用业	42						
金属废料和碎屑加工处理	421						
非金属废料和碎屑加工处理	422						
金属制品、机械和设备修理业	43						
金属制品修理	431						
通用设备修理	432						
专用设备修理	433						
铁路、船舶、航空航天等运输设备修理	434						
其他机械和设备修理业	439						
电力、热力、燃气及水生产和供应业	**D**	**1**	**13**		**3**	**13**	**285**
电力、热力生产和供应业	44						
电力生产	441						
电力供应	442						
热力生产和供应	443						
燃气生产和供应业	45						
燃气生产和供应业	451						
水的生产和供应业	46	1	13		3	13	285
自来水生产和供应	461						
污水处理及其再生利用	462	1	13		3	13	285
其他水的处理、利用与分配	469						

1-F-8 各地区企业办研发机构情况

地 区	机构数（个）	机构人员数（人）			机构经费支出（万元）	仪器和设备原价（万元）
			#博士	#硕士		
全 省	**4087**	**192313**	**5038**	**33543**	**6792649**	**5663017**
济南市	334	30960	460	6701	990955	932558
青岛市	462	29165	1126	7188	1113524	659007
淄博市	594	16083	425	1994	487465	423220
枣庄市	114	3411	124	324	101997	56834
东营市	121	9040	384	1681	383867	653490
烟台市	306	21421	451	3592	850376	751282
潍坊市	362	17587	303	2706	587816	360085
济宁市	247	8166	177	1359	412631	267357
泰安市	142	5801	103	611	88102	103720
威海市	180	10805	219	1356	288632	309994
日照市	117	4274	132	447	122221	126816
临沂市	455	11046	425	2978	474886	346431
德州市	219	6463	239	804	186730	207812
聊城市	82	7310	172	714	365910	178625
滨州市	138	5516	116	435	211345	189446
菏泽市	214	5265	182	653	126194	96343

1-F-9 各地区大中型企业办研发机构情况

地　区	机构数（个）	机构人员数（人）			机构经费支　出（万元）	仪 器 和设备原价（万元）
			#博士	#硕士		
全　省	**1815**	**154375**	**3821**	**29030**	**5927754**	**4707667**
济南市	140	26645	364	6054	904182	828680
青岛市	200	22753	980	6416	961865	526754
淄博市	247	11439	279	1546	385955	326957
枣庄市	40	2492	74	248	88232	39980
东营市	76	8255	346	1565	364774	629991
烟台市	160	18092	363	3251	773009	686133
潍坊市	191	13820	223	2337	491039	286127
济宁市	84	6234	121	1134	363593	220149
泰安市	88	4882	73	511	71037	86421
威海市	112	9482	191	1248	260952	191888
日照市	47	3161	71	344	103694	86069
临沂市	178	8053	284	2577	384057	268356
德州市	90	4874	164	521	149599	163567
聊城市	47	6695	162	671	350369	141203
滨州市	62	4280	61	279	193049	167705
菏泽市	53	3218	65	328	82347	57689

1-F-10 各地区内资企业办研发机构情况

地区	机构数（个）	机构人员数（人）			机构经费支出（万元）	仪器和设备原价（万元）
			#博士	#硕士		
全省	**3757**	**175186**	**4655**	**30191**	**6095910**	**5041051**
济南市	305	29346	450	6616	960080	888804
青岛市	386	26112	1086	6916	1023742	584459
淄博市	556	14121	384	1871	421728	370763
枣庄市	110	3149	124	322	96444	53363
东营市	112	8798	373	1638	281142	634635
烟台市	263	18841	386	3129	774430	674692
潍坊市	331	16234	267	2503	528801	321945
济宁市	237	7958	175	1313	407481	259441
泰安市	134	5699	100	609	85020	101702
威海市	159	9844	184	1249	257377	207733
日照市	112	4198	128	442	119809	123463
临沂市	423	7775	313	1102	292182	210608
德州市	209	6018	232	774	178939	195346
聊城市	81	7137	172	691	359807	170258
滨州市	135	5223	111	422	204987	162231
菏泽市	204	4733	170	594	103940	81609

1−F−11 各地区港澳台商投资企业办研发机构情况

地 区	机构数（个）	机构人员数（人）	#博士	#硕士	机构经费支出（万元）	仪器和设备原价（万元）
全 省	**105**	**4843**	**90**	**409**	**170201**	**232692**
济南市	8	641		21	8072	8202
青岛市	22	907	17	67	29090	25085
淄博市	14	813	20	48	31846	29977
枣庄市	4	262		2	5553	3471
东营市	4	207	6	38	5114	5454
烟台市	9	278	3	53	13083	19107
潍坊市	14	487	13	41	34536	28361
济宁市	1	6			50	104
泰安市						
威海市	8	264	1	42	8713	84157
日照市	2	43	4	5	1767	3050
临沂市	8	543	12	27	10418	8674
德州市	3	37	2	3	1075	1464
聊城市	1	173		23	6103	8367
滨州市						
菏泽市	7	182	12	39	14782	7219

1-F-12　各地区外商投资企业办研发机构情况

地　区	机构数（个）	机构人员数（人）	#博士	#硕士	机构经费支　出（万元）	仪 器 和设备原价（万元）
全　省	**225**	**12284**	**293**	**2943**	**526538**	**389274**
济南市	21	973	10	64	22804	35551
青岛市	54	2146	23	205	60691	49463
淄博市	24	1149	21	75	33890	22480
枣庄市						
东营市	5	35	5	5	97611	13401
烟台市	34	2302	62	410	62863	57483
潍坊市	17	866	23	162	24479	9779
济宁市	9	202	2	46	5100	7812
泰安市	8	102	3	2	3081	2018
威海市	13	697	34	65	22542	18104
日照市	3	33			644	303
临沂市	24	2728	100	1849	172286	127149
德州市	7	408	5	27	6716	11002
聊城市						
滨州市	3	293	5	13	6358	27214
菏泽市	3	350		20	7473	7515

G.企业新产品开发及销售情况

1-G-1 分登记注册类型企业新产品开发及销售情况

单位：万元

登记注册类型	新产品开发项目数(项)	新产品开发经费支出	新产品销售收入	#出口
总　计	**40440**	**11608192**	**152465038**	**19738909**
内资企业	**36150**	**10446995**	**134166429**	**15267738**
国有企业	216	54662	783378	79139
集体企业	63	19923	125390	23416
股份合作企业	20	4087	10145	627
联营企业				
国有联营企业				
集体联营企业				
国有与集体联营企业				
其他联营企业				
有限责任公司	14288	4927185	61823769	5929755
国有独资公司	2454	1012973	16336328	863044
其他有限责任公司	11834	3914212	45487442	5066711
股份有限公司	5450	2198650	36132353	4261999
私营企业	16113	3242488	35291393	4972804
私营独资企业	87	14148	250884	353
私营合伙企业	3	278	2440	
私营有限责任公司	13959	2709881	28980392	3887087
私营股份有限公司	2064	518182	6057678	1085364
其他企业				
港、澳、台商投资企业	**1247**	**293296**	**4803910**	**532958**
合资经营企业	730	164737	3255367	365119
合作经营企业	3	1256	7650	5041
港、澳、台商独资经营企业	417	101966	1138198	103574
港、澳、台商投资股份有限公司	79	20542	319452	59224
其他港、澳、台投资企业	18	4796	83243	
外商投资企业	**3043**	**867901**	**13494700**	**3938213**
中外合资经营企业	1776	477288	6595211	1289425
中外合作经营企业	112	49094	1880660	1063451
外资企业	894	263797	3892684	1330853
外商投资股份有限公司	245	73924	1117213	249113
其他外商投资企业	16	3798	8931	5372

1-G-2 分登记注册类型大中型企业新产品开发及销售情况

单位：万元

登记注册类型	新产品开发项目数(项)	新产品开发经费支出	新产品销售收入	#出口
总计	**20455**	**8974109**	**134144843**	**17809890**
内资企业	**17846**	**8047535**	**117658610**	**13713148**
国有企业	192	53412	782327	79139
集体企业	34	13796	82774	23287
股份合作企业	11	1095	6054	27
联营企业				
国有联营企业				
集体联营企业				
国有与集体联营企业				
其他联营企业				
有限责任公司	9486	4317729	56897591	5508775
国有独资公司	2387	1002525	16280432	862531
其他有限责任公司	7099	3315205	40617159	4646244
股份有限公司	3784	1979723	33831962	4098240
私营企业	4339	1681780	26057902	4003680
私营独资企业	1	123	24591	
私营合伙企业				
私营有限责任公司	3367	1290824	20979689	3141600
私营股份有限公司	971	390833	5053622	862080
其他企业				
港、澳、台商投资企业	**730**	**206908**	**3802915**	**418405**
合资经营企业	438	115997	2487634	277142
合作经营企业	3	1256		
港、澳、台商独资经营企业	199	67082	913407	82039
港、澳、台商投资股份有限公司	78	19602	318731	59224
其他港、澳、台投资企业	12	2970	83143	
外商投资企业	**1879**	**719666**	**12683318**	**3678337**
中外合资经营企业	1089	382574	6109796	1126177
中外合作经营企业	87	45376	1880295	1063451
外资企业	488	218264	3579046	1240445
外商投资股份有限公司	214	72895	1114181	248265
其他外商投资企业	1	557		

1-G-3　分行业企业新产品开发及销售情况

单位：万元

行　业	代码	新产品开发项目数（项）	新产品开发经费支出	新产品销售收入	#出口
总　计	**00**	**40440**	**11608192**	**152465038**	**19738909**
采矿业	**B**	**716**	**402782**	**3668443**	**44715**
煤炭开采和洗选业	06	385	258739	2320470	44616
烟煤和无烟煤开采洗选	061	376	257535	2188780	44616
褐煤开采洗选	062	7	1053	131691	
其他煤炭采选	069	2	151		
石油和天然气开采业	07	96	20264	7200	
石油开采	071	96	20264	7200	
天然气开采	072				
黑色金属矿采选业	08	5	1842	2333	
铁矿采选	081	5	1842	2333	
锰矿、铬矿采选	082				
其他黑色金属矿采选	089				
有色金属矿采选业	09	112	75979	1295487	99
常用有色金属矿采选	091				
贵金属矿采选	092	107	74679	1294311	99
稀有稀土金属矿采选	093	5	1300	1176	
非金属矿采选业	10	13	6285	41453	
土砂石开采	101	4	2421	3010	
化学矿开采	102				
采盐	103	2	1658	33997	
石棉及其他非金属矿采选	109	7	2207	4446	
开采专业及辅助性活动	11	105	39674	1500	
煤炭开采和洗选专业及辅助性活动	111				
石油和天然气开采专业及辅助性活动	112	105	39674	1500	
其他开采专业及辅助性活动	119				
其他采矿业	12				
其他采矿业	120				
制造业	**C**	**39550**	**11140746**	**148641828**	**19694195**
农副食品加工业	13	1668	450421	4195024	497230
谷物磨制	131	94	29174	216982	29715
饲料加工	132	315	46643	398587	43148
植物油加工	133	112	50866	1168443	5092
制糖业	134	33	9674	2444	
屠宰及肉类加工	135	430	139949	1156162	196839
水产品加工	136	308	57558	499376	80010
蔬菜、菌类、水果和坚果加工	137	181	27165	115714	88228
其他农副食品加工	139	195	89393	637317	54197
食品制造业	14	1054	170855	1790765	313045
焙烤食品制造	141	56	7871	26297	510
糖果、巧克力及蜜饯制造	142	16	3073	21795	
方便食品制造	143	16	7410	91088	
乳制品制造	144	72	12681	9560	
罐头食品制造	145	44	11553	73537	22630
调味品、发酵制品制造	146	246	42945	860519	173220
其他食品制造	149	604	85321	707969	116684
酒、饮料和精制茶制造业	15	400	102453	1115336	91661
酒的制造	151	335	92322	1045397	72486
饮料制造	152	56	9278	69723	19175
精制茶加工	153	9	853	216	

1-G-3　续表 1　　单位：万元

行　业	代码	新产品开发项目数(项)	新产品开发经费支出	新产品销售收入	#出口
烟草制品业	16	21	8209	44035	15273
烟叶复烤	161				
卷烟制造	162	15	7472	43974	15273
其他烟草制品制造	169	6	737	61	
纺织业	17	929	290395	2830145	1251980
棉纺织及印染精加工	171	542	194665	1600545	784727
毛纺织及染整精加工	172	55	12096	132913	2795
麻纺织及染整精加工	173	7	805	260	260
丝绢纺织及印染精加工	174	1	815		
化纤织造及印染精加工	175	6	1290	4211	241
针织或钩针编织物及其制品制造	176	11	4709	20626	1877
家用纺织制成品制造	177	199	55618	917867	416225
产业用纺织制成品制造	178	108	20398	153723	45856
纺织服装、服饰业	18	400	216463	2803891	898062
机织服装制造	181	221	172487	2226798	466671
针织或钩针编织服装制造	182	171	42352	574449	429391
服饰制造	183	8	1624	2644	2000
皮革、毛皮、羽毛及其制品和制鞋业	19	110	44858	467344	51924
皮革鞣制加工	191	15	9700	65819	35377
皮革制品制造	192	21	6079	36898	9759
毛皮鞣制及制品加工	193	3	1079	4890	
羽毛(绒)加工及制品制造	194	2	114	38872	
制鞋业	195	69	27887	320865	6788
木材加工和木、竹、藤、棕、草制品业	20	285	56932	542969	22321
木材加工	201	30	6435	23187	595
人造板制造	202	215	42866	501403	20452
木质制品制造	203	40	7631	18379	1274
竹、藤、棕、草等制品制造	204				
家具制造业	21	128	21620	48653	4499
木质家具制造	211	96	17901	37298	4499
竹、藤家具制造	212				
金属家具制造	213	4	1026	3220	
塑料家具制造	214				
其他家具制造	219	28	2693	8135	
造纸和纸制品业	22	392	288779	5125670	221243
纸浆制造	221	3	1811	12939	
造纸	222	323	271531	5014385	218208
纸制品制造	223	66	15437	98345	3035
印刷和记录媒介复制业	23	220	40011	324021	34805
印刷	231	208	37779	315848	34805
装订及印刷相关服务	232	10	1881	8173	
记录媒介复制	233	2	351		
文教、工美、体育和娱乐用品制造业	24	661	121715	1095091	345036
文教办公用品制造	241	62	5679	56942	23087
乐器制造	242	5	972	332	
工艺美术及礼仪用品制造	243	311	48204	480488	172125
体育用品制造	244	238	56434	545272	142922
玩具制造	245	21	4654	5016	763
游艺器材及娱乐用品制造	246	24	5773	7042	6139
石油、煤炭及其他燃料加工业	25	423	261275	7161068	11625

1-G-3 续表 2

单位：万元

行 业	代码	新产品开发项目数(项)	新产品开发经费支出	新产品销售收入	#出口
精炼石油产品制造	252	392	239177	6580900	4800
煤炭加工	252	29	21473	579819	6825
核燃料加工	253				
生物质燃料加工	254	2	625	350	
化学原料和化学制品制造业	26	4047	1178061	14803150	1485047
基础化学原料制造	261	799	335597	5026459	322722
肥料制造	262	302	124357	2095829	21911
农药制造	263	306	46895	665784	174323
涂料、油墨、颜料及类似产品制造	264	183	28376	217540	2970
合成材料制造	265	837	319646	4379412	432465
专用化学产品制造	266	1507	303487	2345134	507682
炸药、火工及焰火产品制造	267	24	3489	26463	6159
日用化学产品制造	268	89	16214	46529	16815
医药制造业	27	3800	854590	8401356	757011
化学药品原料药制造	271	720	183586	2232632	426358
化学药品制剂制造	272	1143	334071	3494602	128514
中药饮片加工	273	81	7473	90135	5439
中成药生产	274	407	103934	818874	72989
兽用药品制造	275	185	22461	176901	31219
生物药品制品制造	276	625	103856	550043	49070
卫生材料及医药用品制造	277	592	96698	1013825	43422
药用辅料及包装材料	278	47	2511	24344	
化学纤维制造业	28	151	57215	441323	101970
纤维素纤维原料及纤维制造	281	71	20314	182087	42799
合成纤维制造	282	76	29111	253132	59171
生物基材料制造	283	4	7790	6104	
橡胶和塑料制品业	29	1590	484360	4938414	1811706
橡胶制品业	291	784	377593	4063377	1693290
塑料制品业	292	806	106768	875038	118416
非金属矿物制品业	30	2089	431101	3748722	531160
水泥、石灰和石膏制造	301	77	31690	180569	
石膏、水泥制品及类似制品制造	302	248	57805	396317	1281
砖瓦、石材等建筑材料制造	303	302	67630	506593	25834
玻璃制造	304	79	15286	130407	33337
玻璃制品制造	305	138	39153	359720	93812
玻璃纤维和玻璃纤维增强塑料制品制造	306	301	60070	538455	87904
陶瓷制品制造	307	382	51086	340336	73753
耐火材料制品制造	308	240	20717	68854	7189
石墨及其他非金属矿物制品制造	309	322	87665	1227470	208049
黑色金属冶炼和压延加工业	31	712	546589	4920214	103070
炼铁	311	5	814		
炼钢	312	29	16506	563728	
钢压延加工	313	672	521734	3918627	103070
铁合金冶炼	314	6	7535	437859	
有色金属冶炼和压延加工业	32	838	619116	17450251	1762873
常用有色金属冶炼	321	167	147504	11190074	950084
贵金属冶炼	322	34	34020	100414	16852
稀有稀土金属冶炼	323	9	588	58040	62
有色金属合金制造	324	110	30959	785909	9542
有色金属压延加工	325	518	406045	5315814	786333
金属制品业	33	1657	301381	3474087	943288

1-G-3　续表 3

单位：万元

行　业	代码	新产品开发项目数(项)	新产品开发经费支出	新产品销售收入	#出口
结构性金属制品制造	331	292	37384	391667	19498
金属工具制造	332	125	20100	114309	39337
集装箱及金属包装容器制造	333	190	35888	599448	391978
金属丝绳及其制品制造	334	68	31803	234586	19072
建筑、安全用金属制品制造	335	168	40600	455963	243072
金属表面处理及热处理加工	336	42	5572	217580	973
搪瓷制品制造	337	4	479	4871	3649
金属制日用品制造	338	54	7053	46397	7717
铸造及其他金属制品制造	339	714	122502	1409266	217992
通用设备制造业	34	4072	723710	9184531	707362
锅炉及原动设备制造	341	890	275074	5072753	57308
金属加工机械制造	342	1016	135761	746553	75643
物料搬运设备制造	343	163	33844	142155	10429
泵、阀门、压缩机及类似机械制造	344	590	85854	967475	160160
轴承、齿轮和传动部件制造	345	221	36854	228995	25098
烘炉、风机、包装等设备制造	346	698	78059	1427177	320129
文化、办公用机械制造	347	30	7856	109056	6756
通用零部件制造	348	229	50183	279910	37115
其他通用设备制造业	349	235	20224	210457	14724
专用设备制造业	35	3829	622055	6803948	1266528
采矿、冶金、建筑专用设备制造	351	1366	264494	3148721	569554
化工、木材、非金属加工专用设备制造	352	383	49776	554357	139167
食品、饮料、烟草及饲料生产专用设备制造	353	112	11169	39028	14247
印刷、制药、日化及日用品生产专用设备制造	354	163	13079	101424	16390
纺织、服装和皮革加工专用设备制造	355	153	26373	245571	34343
电子和电工机械专用设备制造	356	172	39945	579169	371265
农、林、牧、渔专用机械制造	357	425	75189	997507	46313
医疗仪器设备及器械制造	358	449	68489	472244	46648
环保、邮政、社会公共服务及其他专用设备制造	359	606	73542	665927	28602
汽车制造业	36	2483	823963	12774954	1067110
汽车整车制造	361	650	438680	8241778	152186
汽车用发动机制造	362	70	31789	544752	20144
改装汽车制造	363	334	48124	1085697	45967
低速汽车制造	364	67	36641	211895	900
电车制造	365	14	5274	11583	235
汽车车身、挂车制造	366	142	12502	117288	15808
汽车零部件及配件制造	367	1206	250953	2561961	831870
铁路、船舶、航空航天和其他运输设备制造业	37	889	274084	4639510	445644
铁路运输设备制造	371	507	179721	3539870	151850
城市轨道交通设备制造	372	3	626	2000	
船舶及相关装置制造	373	221	70375	789125	273114
航空、航天器及设备制造	374	7	1179		
摩托车制造	375	74	8479	149128	8563
自行车和残疾人座车制造	376	25	2949	43655	
助动车制造	377	23	3274	21985	
非公路休闲车及零配件制造	378	1	1107	5900	
潜水救捞及其他未列明运输设备制造	379	28	6375	87847	12117
电气机械和器材制造业	38	3385	959773	15063193	1910671
电机制造	381	398	50128	538672	115453
输配电及控制设备制造	382	1318	206254	2378462	131883
电线、电缆、光缆及电工器材制造	383	488	173142	1529475	105124

1-G-3 续表 4

单位：万元

行　业	代码	新产品开发项目数(项)	新产品开发经费支出	新产品销售收入	#出口
电池制造	384	176	38077	263084	4186
家用电力器具制造	385	658	453225	10070310	1505061
非电力家用器具制造	386	140	17239	145417	1764
照明器具制造	387	96	14699	107572	47200
其他电气机械及器材制造	389	111	7010	30202	
计算机、通信和其他电子设备制造业	39	2134	1044672	13553763	2916689
计算机制造	391	399	398656	5453559	529692
通信设备制造	392	235	29486	969588	914869
广播电视设备制造	393	37	5926	55104	6672
雷达及配套设备制造	394	1	160		
非专业视听设备制造	395	451	215367	3987738	234153
智能消费设备制造	396	96	100177	1755380	924629
电子器件制造	397	420	88886	507460	162107
电子元件及电子专用材料制造	398	411	192309	763094	144360
其他电子设备制造	399	84	13705	61840	207
仪器仪表制造业	40	1096	130363	758693	52052
通用仪器仪表制造	401	723	76563	563851	32799
专用仪器仪表制造	402	234	38341	126117	12485
钟表与计时仪器制造	403	19	2299	20576	5041
光学仪器制造	404	42	5852	13372	98
衡器制造	405	26	3707	9361	1630
其他仪器仪表制造业	409	52	3602	25416	
其他制造业	41	22	3175	64071	54565
日用杂品制造	411	11	2306	54665	54565
核辐射加工	412				
其他未列明制造业	419	11	870	9406	
废弃资源综合利用业	42	23	6562	41363	
金属废料和碎屑加工处理	421	3	1426	34604	
非金属废料和碎屑加工处理	422	20	5136	6758	
金属制品、机械和设备修理业	43	42	5990	36275	18746
金属制品修理	431				
通用设备修理	432				
专用设备修理	433	1	262		
铁路、船舶、航空航天等运输设备修理	434	41	5729	36275	18746
电气设备修理	435				
仪器仪表修理	436				
其他机械和设备修理业	439				
电力、热力、燃气及水生产和供应业	**D**	**174**	**64665**	**154768**	
电力、热力生产和供应业	44	124	51277	132378	
电力生产	441	108	40743	41987	
电力供应	442	2	3247	860	
热力生产和供应	443	14	7286.7	89531.4	
燃气生产和供应业	45	33	6569	4637	
燃气生产和供应业	451	23	6148	2049	
生物质燃气生产和供应业	452	10	421	2588	
水的生产和供应业	46	17	6819	17753	
自来水生产和供应	461	5	608	1000	
污水处理及其再生利用	462	11	6154	16753	
海水淡化处理	463	1	58		
其他水的处理、利用与分配	469				

1-G-4　分行业大中型企业新产品开发及销售情况

单位：万元

行　业	代码	新产品开发项目数(项)	新产品开发经费支出	新产品销售收入	#出口
总　计	**00**	**20455**	**8974109**	**134144843**	**17809890**
采矿业	**B**	**698**	**385278**	**3624632**	**44715**
煤炭开采和洗选业	06	381	250045	2286650	44616
烟煤和无烟煤开采洗选	061	372	248840	2154959	44616
褐煤开采洗选	062	7	1053	131691	
其他煤炭采选	069	2	151		
石油和天然气开采业	07	96	20264	7200	
石油开采	071	96	20264	7200	
天然气开采	072				
黑色金属矿采选业	08	4	1079	2333	
铁矿采选	081	4	1079	2333	
锰矿、铬矿采选	082				
其他黑色金属矿采选	089				
有色金属矿采选业	09	110	72560	1292952	99
常用有色金属矿采选	091				
贵金属矿采选	092	105	71259	1291776	99
稀有稀土金属矿采选	093	5	1300	1176	
非金属矿采选业	10	2	1658	33997	
土砂石开采	101				
化学矿开采	102				
采盐	103	2	1658	33997	
石棉及其他非金属矿采选	109				
开采专业及辅助性活动	11	105	39674	1500	
煤炭开采和洗选专业及辅助性活动	111				
石油和天然气开采专业及辅助性活动	112	105	39674	1500	
其他开采专业及辅助性活动	119				
其他采矿业	12				
其他采矿业	120				
制造业	**C**	**19677**	**8543806**	**130403257**	**17765175**
农副食品加工业	13	926	320992	3376467	374591
谷物磨制	131	13	7426	61538	
饲料加工	132	87	10083	137220	42304
植物油加工	133	62	39549	977556	
制糖业	134	30	9417		
屠宰及肉类加工	135	363	129436	1134621	196839
水产品加工	136	240	46098	465032	67795
蔬菜、菌类、水果和坚果加工	137	11	5198	16287	13455
其他农副食品加工	139	120	73787	584214	54197
食品制造业	14	470	107002	1468820	263484
焙烤食品制造	141	28	3791	3875	
糖果、巧克力及蜜饯制造	142				
方便食品制造	143	6	5081	88850	
乳制品制造	144	53	9042	1812	
罐头食品制造	145	20	6591	69193	21980
调味品、发酵制品制造	146	179	37350	829557	170025
其他食品制造	149	184	45147	475533	71480
酒、饮料和精制茶制造业	15	286	83289	1057802	90813
酒的制造	151	266	80456	1010461	72486
饮料制造	152	20	2833	47342	18328
精制茶加工	153				

1-G-4 续表 1

单位：万元

行 业	代码	新产品开发项目数(项)	新产品开发经费支出	新产品销售收入	#出口
烟草制品业	16	15	7472	43974	15273
烟叶复烤	161				
卷烟制造	162	15	7472	43974	15273
其他烟草制品制造	169				
纺织业	17	592	206389	2491176	1195103
棉纺织及印染精加工	171	400	143671	1476754	780078
毛纺织及染整精加工	172	43	10351	117310	2795
麻纺织及染整精加工	173				
丝绢纺织及印染精加工	174				
化纤织造及印染精加工	175	1	55	1061	241
针织或钩针编织物及其制品制造	176	1	189	2619	1877
家用纺织制成品制造	177	147	52123	893283	410062
产业用纺织制成品制造	178			150	50
纺织服装、服饰业	18	327	200685	2773147	885036
机织服装制造	181	177	162035	2205087	460974
针织或钩针编织服装制造	182	148	38498	567870	424062
服饰制造	183	2	152	190	
皮革、毛皮、羽毛及其制品和制鞋业	19	64	26680	401741	44282
皮革鞣制加工	191	7	3346	56773	35359
皮革制品制造	192	6	913	8233	5285
毛皮鞣制及制品加工	193				
羽毛(绒)加工及制品制造	194			38854	
制鞋业	195	51	22421	297881	3638
木材加工和木、竹、藤、棕、草制品业	20	72	17163	178301	18936
木材加工	201	2	520	4472	
人造板制造	202	68	14136	173829	18936
木质制品制造	203	2	2507		
竹、藤、棕、草等制品制造	204				
家具制造业	21	30	8213	16506	2867
木质家具制造	211	20	6513	16506	2867
竹、藤家具制造	212				
金属家具制造	213	1	762		
塑料家具制造	214				
其他家具制造	219	9	938		
造纸和纸制品业	22	259	254764	4819936	214238
纸浆制造	221	2	1667	7703	
造纸	222	238	248544	4784459	213959
纸制品制造	223	19	4552	27774	280
印刷和记录媒介复制业	23	52	12343	187326	20919
印刷	231	52	12343	187326	20919
装订及印刷相关服务	232				
记录媒介复制	233				
文教、工美、体育和娱乐用品制造业	24	275	74989	946801	272486
文教办公用品制造	241	9	1543	27068	18226
乐器制造	242	3	127	332	
工艺美术及礼仪用品制造	243	149	27484	408774	130888
体育用品制造	244	110	43820	510449	123207
玩具制造	245	1	636		
游艺器材及娱乐用品制造	246	3	1380	179	166
石油、煤炭及其他燃料加工业	25	318	232183	7104335	4800

1-G-4　续表 2

单位：万元

行　业	代码	新产品开发项目数(项)	新产品开发经费支出	新产品销售收入	#出口
精炼石油产品制造	251	296	211811	6538052	4800
煤炭加工	252	22	20372	566283	
核燃料加工	253				
生物质燃料加工	254				
化学原料和化学制品制造业	26	1695	830271	11853465	1196193
基础化学原料制造	261	410	268550	4356210	280785
肥料制造	262	110	103059	2000077	17541
农药制造	263	171	34287	487361	122908
涂料、油墨、颜料及类似产品制造	264	32	8060	68356	2260
合成材料制造	265	366	251731	3621421	367845
专用化学产品制造	266	551	150055	1256291	382110
炸药、火工及焰火产品制造	267	17	2515	23622	6159
日用化学产品制造	268	38	12017	40128	16585
医药制造业	27	2505	735445	7628605	701403
化学药品原料药制造	271	540	165039	2105863	411603
化学药品制剂制造	272	966	323048	3403437	114748
中药饮片加工	273	25	3385	79467	5439
中成药生产	274	265	91484	763764	72989
兽用药品制造	275	57	16386	150714	31219
生物药品制品制造	276	201	52835	156882	22252
卫生材料及医药用品制造	277	431	82141	950637	43153
药用辅料及包装材料	278	20	1128	17841	
化学纤维制造业	28	78	28690	227157	61031
纤维素纤维原料及纤维制造	281	66	19119	182087	42799
合成纤维制造	282	9	1800	39198	18232
生物基材料制造	283	3	7771	5871	
橡胶和塑料制品业	29	706	357897	4142978	1675361
橡胶制品业	291	590	342979	3963905	1640360
塑料制品业	292	116	14918	179073	35001
非金属矿物制品业	30	879	254126	2683851	368005
水泥、石灰和石膏制造	301	34	16064	134407	
石膏、水泥制品及类似制品制造	302	70	25529	168045	581
砖瓦、石材等建筑材料制造	303	72	29243	343686	16165
玻璃制造	304	13	5950	68033	8097
玻璃制品制造	305	102	32902	320421	81810
玻璃纤维和玻璃纤维增强塑料制品制造	306	133	37909	374653	73097
陶瓷制品制造	307	171	33104	271872	69236
耐火材料制品制造	308	124	8707	35459	6274
石墨及其他非金属矿物制品制造	309	160	64718	967277	112745
黑色金属冶炼和压延加工业	31	609	525170	4637940	102559
炼铁	311	5	814		
炼钢	312	17	16203	563728	
钢压延加工	313	582	500961	3637605	102559
铁合金冶炼	314	5	7192	436607	
有色金属冶炼和压延加工业	32	496	552395	16600825	1733503
常用有色金属冶炼	321	136	144122	11189418	950084
贵金属冶炼	322	30	33468	42856	16852
稀有稀土金属冶炼	323	9	588	58040	62
有色金属合金制造	324	42	16747	684108	3584
有色金属压延加工	325	279	357470	4626404	762921

1-G-4 续表 3

单位：万元

行业	代码	新产品开发项目数（项）	新产品开发经费支出	新产品销售收入	#出口
金属制品业	33	605	178489	2577632	794848
结构性金属制品制造	331	54	12889	120899	3463
金属工具制造	332	46	8525	51613	28835
集装箱及金属包装容器制造	333	80	21527	458868	341029
金属丝绳及其制品制造	334	56	27987	193305	19072
建筑、安全用金属制品制造	335	92	29793	399686	242947
金属表面处理及热处理加工	336	10	3014	206664	973
搪瓷制品制造	337				
金属制日用品制造	338	26	1244	28758	2000
铸造及其他金属制品制造	339	241	73512	1117839	156529
通用设备制造业	34	1776	481391	7453645	578566
锅炉及原动设备制造	341	613	243395	4569372	21024
金属加工机械制造	342	417	67463	411453	52821
物料搬运设备制造	343	53	16841	86235	3707
泵、阀门、压缩机及类似机械制造	344	214	46649	759997	154827
轴承、齿轮和传动部件制造	345	90	19221	125061	20748
烘炉、风机、包装等设备制造	346	247	52486	1132778	297283
文化、办公用机械制造	347	18	4860	90890	
通用零部件制造	348	80	21995	162260	21655
其他通用设备制造业	349	44	8482	115600	6500
专用设备制造业	35	1501	373726	4669215	1107141
采矿、冶金、建筑专用设备制造	351	709	195226	2738142	525423
化工、木材、非金属加工专用设备制造	352	119	22233	276509	102766
食品、饮料、烟草及饲料生产专用设备制造	353	19	1631	5799	
印刷、制药、日化及日用品生产专用设备制造	354	25	4123	47595	10158
纺织、服装和皮革加工专用设备制造	355	68	15116	126656	24532
电子和电工机械专用设备制造	356	43	26943	499656	355764
农、林、牧、渔专用机械制造	357	126	32796	235243	43505
医疗仪器设备及器械制造	358	220	38952	392940	33694
环保、邮政、社会公共服务及其他专用设备制造	359	172	36706	346676	11300
汽车制造业	36	1512	702100	11836479	955052
汽车整车制造	361	632	432540	8234700	152186
汽车用发动机制造	362	61	29373	531079	20144
改装汽车制造	363	220	29597	845938	38263
低速汽车制造	364	62	35548	198927	
电车制造	365	1	4533		
汽车车身、挂车制造	366	56	5354	80568	2205
汽车零部件及配件制造	367	480	165155	1945268	742255
铁路、船舶、航空航天和其他运输设备制造业	37	564	236508	4388766	414828
铁路运输设备制造	371	354	164588	3393812	151561
城市轨道交通设备制造	372				
船舶及相关装置制造	373	95	53495	723872	254706
航空、航天器及设备制造	374				
摩托车制造	375	74	8479	149123	8561
自行车和残疾人座车制造	376	24	2541	43405	
助动车制造	377	10	2117		
非公路休闲车及零配件制造	378	1	1107	5900	
潜水救捞及其他未列明运输设备制造	379	6	4181	72654	
电气机械和器材制造业	38	1601	749310	13317446	1729059
电机制造	381	196	28050	344822	81722

1-G-4　续表 4　　　　单位：万元

行　业	代码	新产品开发项目数(项)	新产品开发经费支出	新产品销售收入	#出口
输配电及控制设备制造	382	514	120910	1486411	49326
电线、电缆、光缆及电工器材制造	383	205	130536	1226551	93931
电池制造	384	28	12523	134136	3900
家用电力器具制造	385	584	441751	10000037	1498416
非电力家用器具制造	386	42	7838	84994	1764
照明器具制造	387	21	6345	40494	
其他电气机械及器材制造	389	11	1358		
计算机、通信和其他电子设备制造业	39	1205	921745	12973026	2851484
计算机制造	391	346	384311	5426781	529692
通信设备制造	392	65	10180	924044	913000
广播电视设备制造	393	1	843		
雷达及配套设备制造	394				
非专业视听设备制造	395	440	209351	3977070	227082
智能消费设备制造	396	61	97139	1750676	924316
电子器件制造	397	124	55100	352044	140129
电子元件及电子专用材料制造	398	156	159682	542412	117266
其他电子设备制造	399	12	5140		
仪器仪表制造业	40	220	58102	463411	28362
通用仪器仪表制造	401	126	32302	343295	17247
专用仪器仪表制造	402	55	19463	85069	5946
钟表与计时仪器制造	403	5	1463	10720	5041
光学仪器制造	404	6	1785	10735	98
衡器制造	405	20	2317	3177	30
其他仪器仪表制造业	409	8	772	10415	
其他制造业	41	7	2146	46207	46207
日用杂品制造	411	7	2146	46207	46207
核辐射加工	412				
其他未列明制造业	419				
废弃资源综合利用业	42				
金属废料和碎屑加工处理	421				
非金属废料和碎屑加工处理	422				
金属制品、机械和设备修理业	43	32	4133	36275	18746
金属制品修理	431				
通用设备修理	432				
专用设备修理	433				
铁路、船舶、航空航天等运输设备修理	434	32	4133	36275	18746
电气设备修理	435				
仪器仪表修理	436				
其他机械和设备修理业	439				
电力、热力、燃气及水生产和供应业	**D**	**80**	**45025**	**116955**	
电力、热力生产和供应业	44	64	41445	116955	
电力生产	441	52	32185	32649	
电力供应	442	2	3247	860	
热力生产和供应	443	10	6013	83446	
燃气生产和供应业	45	12	3253		
燃气生产和供应业	451	12	3253		
水的生产和供应业	46	4	328		
自来水生产和供应	461	4	328		
污水处理及其再生利用	462				
其他水的处理、利用与分配	469				

1-G-5 分行业内资企业新产品开发及销售情况

单位：万元

行业	代码	新产品开发项目数(项)	新产品开发经费支出	新产品销售收入	#出口
总 计	**00**	**36150**	**10446995**	**134166429**	**15267738**
采矿业	**B**	**712**	**401165**	**3668443**	**44715**
煤炭开采和洗选业	06	382	258520	2320470	44616
烟煤和无烟煤开采洗选	061	373	257315	2188780	44616
褐煤开采洗选	062	7	1053	131691	
其他煤炭采选	069	2	151		
石油和天然气开采业	07	96	20264	7200	
石油开采	071	96	20264	7200	
天然气开采	072				
黑色金属矿采选业	08	5	1842	2333	
铁矿采选	081	5	1842	2333	
锰矿、铬矿采选	082				
其他黑色金属矿采选	089				
有色金属矿采选业	09	111	74582	1295487	99
常用有色金属矿采选	091				
贵金属矿采选	092	106	73281	1294311	99
稀有稀土金属矿采选	093	5	1300	1176	
非金属矿采选业	10	13	6285	41453	
土砂石开采	101	4	2421	3010	
化学矿开采	102				
采盐	103	2	1658	33997	
石棉及其他非金属矿采选	109	7	2207	4446	
开采专业及辅助性活动	11	105	39674	1500	
煤炭开采和洗选专业及辅助性活动	111				
石油和天然气开采专业及辅助性活动	112	105	39674	1500	
其他开采专业及辅助性活动	119				
其他采矿业	12				
其他采矿业	120				
制造业	**C**	**35282**	**9985709**	**130348563**	**15223024**
农副食品加工业	13	1281	365678	3112754	463047
谷物磨制	131	82	26718	186874	29715
饲料加工	132	298	45005	392481	37748
植物油加工	133	111	50716	1168443	5092
制糖业	134	33	9674	2444	
屠宰及肉类加工	135	260	103999	680834	188517
水产品加工	136	190	31212	203617	75050
蔬菜、菌类、水果和坚果加工	137	154	22149	106959	80343
其他农副食品加工	139	153	76205	371102	46581
食品制造业	14	850	114241	1172778	181356
焙烤食品制造	141	48	5755	26297	510
糖果、巧克力及蜜饯制造	142	13	2942	19567	
方便食品制造	143	15	7271	91088	
乳制品制造	144	51	5622	7807	
罐头食品制造	145	44	11553	73537	22630
调味品、发酵制品制造	146	184	23865	616137	96042
其他食品制造	149	495	57233	338347	62173
酒、饮料和精制茶制造业	15	304	71644	448608	72486
酒的制造	151	260	63906	422852	72486
饮料制造	152	35	6885	25540	
精制茶加工	153	9	853	216	

1-G-5　续表 1　　单位：万元

行　业	代码	新产品开发项目数(项)	新产品开发经费支出	新产品销售收入	#出口
烟草制品业	16	21	8209	44035	15273
烟叶复烤	161				
卷烟制造	162	15	7472	43974	15273
其他烟草制品制造	169	6	737	61	
纺织业	17	706	233747	2038309	709417
棉纺织及印染精加工	171	390	146956	979541	356786
毛纺织及染整精加工	172	50	11275	122275	2795
麻纺织及染整精加工	173				
丝绢纺织及印染精加工	174	1	815		
化纤织造及印染精加工	175	6	1290	4211	241
针织或钩针编织物及其制品制造	176	11	4709	20626	1877
家用纺织制成品制造	177	161	51160	792335	316419
产业用纺织制成品制造	178	87	17543	119321	31299
纺织服装、服饰业	18	385	214138	2799365	893536
机织服装制造	181	207	170501	2222272	462145
针织或钩针编织服装制造	182	170	42014	574449	429391
服饰制造	183	8	1624	2644	2000
皮革、毛皮、羽毛及其制品和制鞋业	19	101	42109	420165	16189
皮革鞣制加工	191	14	9020	25001	2723
皮革制品制造	192	15	5039	33538	9679
毛皮鞣制及制品加工	193	3	1079	4890	
羽毛(绒)加工及制品制造	194	2	114	38872	
制鞋业	195	67	26858	317865	3788
木材加工和木、竹、藤、棕、草制品业	20	270	49326	516319	22321
木材加工	201	26	4992	22537	595
人造板制造	202	205	37459	475403	20452
木质制品制造	203	39	6875	18379	1274
竹、藤、棕、草等制品制造	204				
家具制造业	21	116	18062	39932	4499
木质家具制造	211	85	15105	28577	4499
竹、藤家具制造	212				
金属家具制造	213	3	264	3220	
塑料家具制造	214				
其他家具制造	219	28	2693	8135	
造纸和纸制品业	22	341	197974	3941020	217198
纸浆制造	221	3	1811	12939	
造纸	222	275	180962	3829794	214164
纸制品制造	223	63	15201	98286	3035
印刷和记录媒介复制业	23	187	32225	262982	34038
印刷	231	177	30344	254809	34038
装订及印刷相关服务	232	10	1881	8173	
记录媒介复制	233				
文教、工美、体育和娱乐用品制造业	24	570	108908	963435	237905
文教办公用品制造	241	44	2689	29265	4861
乐器制造	242	5	972	332	
工艺美术及礼仪用品制造	243	282	40808	400116	105430
体育用品制造	244	196	54144	522227	121275
玩具制造	245	20	4582	4453	200
游艺器材及娱乐用品制造	246	23	5715	7042	6139
石油、煤炭及其他燃料加工业	25	405	259798	7152574	11625

1-G-5 续表 2

单位：万元

行业	代码	新产品开发项目数(项)	新产品开发经费支出	新产品销售收入	#出口
精炼石油产品制造	251	374	237699	6572405	4800
煤炭加工	252	29	21473	579819	6825
核燃料加工	253				
生物质燃料加工	254	2	625	350	
化学原料和化学制品制造业	26	3763	1109843	14098539	1215810
基础化学原料制造	261	771	328097	4732183	169846
肥料制造	262	274	119625	2087688	18231
农药制造	263	277	44841	624356	132896
涂料、油墨、颜料及类似产品制造	264	170	27017	215406	2970
合成材料制造	265	779	304322	4265012	407882
专用化学产品制造	266	1385	266515	2100903	461011
炸药、火工及焰火产品制造	267	24	3489	26463	6159
日用化学产品制造	268	83	15938	46529	16815
医药制造业	27	3125	664774	6782633	520677
化学药品原料药制造	271	562	129029	1492923	274844
化学药品制剂制造	272	1015	308638	3417167	128514
中药饮片加工	273	77	7433	89555	5439
中成药生产	274	281	34129	564473	3219
兽用药品制造	275	173	21599	171801	31219
生物药品制品制造	276	571	92322	524969	39320
卫生材料及医药用品制造	277	407	69366	499693	38122
药用辅料及包装材料	278	39	2258	22051	
化学纤维制造业	28	123	49903	397319	78933
纤维素纤维原料及纤维制造	281	66	19119	182087	42799
合成纤维制造	282	53	22994	209128	36134
生物基材料制造	283	4	7790	6104	
橡胶和塑料制品业	29	1493	468391	4732407	1788573
橡胶制品业	291	757	370372	4024499	1675048
塑料制品业	292	736	98018	707908	113525
非金属矿物制品业	30	1955	402479	3571948	458130
水泥、石灰和石膏制造	301	76	31403	180569	
石膏、水泥制品及类似制品制造	302	248	57805	396317	1281
砖瓦、石材等建筑材料制造	303	265	54057	462192	10106
玻璃制造	304	74	14383	98841	10902
玻璃制品制造	305	131	38314	351320	85412
玻璃纤维和玻璃纤维增强塑料制品制造	306	301	60070	537243	87692
陶瓷制品制造	307	336	42320	261532	55887
耐火材料制品制造	308	230	20095	67020	6954
石墨及其他非金属矿物制品制造	309	294	84033	1216914	199896
黑色金属冶炼和压延加工业	31	703	543798	4892978	102559
炼铁	311	5	814		
炼钢	312	29	16506	563728	
钢压延加工	313	663	518943	3891391	102559
铁合金冶炼	314	6	7535	437859	
有色金属冶炼和压延加工业	32	794	607362	14240675	1731208
常用有色金属冶炼	321	161	140371	9369521	950084
贵金属冶炼	322	34	34020	100414	16852
稀有稀土金属冶炼	323	9	588	58040	62
有色金属合金制造	324	103	30697	782295	9542
有色金属压延加工	325	487	401686	3930404	754667
金属制品业	33	1476	264558	2917315	570389

1-G-5　续表 3　　　　　　　　　　　　　　　　　　　　　　　　　　单位：万元

行　业	代码	新产品开发项目数(项)	新产品开发经费支出	新产品销售收入	#出口
结构性金属制品制造	331	284	36199	387267	16598
金属工具制造	332	111	16966	108105	35331
集装箱及金属包装容器制造	333	138	25139	281921	77864
金属丝绳及其制品制造	334	45	22255	76962	
建筑、安全用金属制品制造	335	160	38160	433667	239728
金属表面处理及热处理加工	336	42	5572	217580	973
搪瓷制品制造	337	4	479	4871	3649
金属制日用品制造	338	41	6742	44397	5717
铸造及其他金属制品制造	339	651	113045	1362546	190530
通用设备制造业	34	3815	694712	8308321	574673
锅炉及原动设备制造	341	853	268865	4753922	50967
金属加工机械制造	342	966	132214	735625	74631
物料搬运设备制造	343	145	31877	137526	8915
泵、阀门、压缩机及类似机械制造	344	521	76719	685940	52761
轴承、齿轮和传动部件制造	345	220	36464	228659	24843
烘炉、风机、包装等设备制造	346	630	72053	1224795	309542
文化、办公用机械制造	347	30	7856	109056	6756
通用零部件制造	348	215	48442	222343	31534
其他通用设备制造业	349	235	20224	210457	14724
专用设备制造业	35	3436	527307	5315276	1040676
采矿、冶金、建筑专用设备制造	351	1164	198396	1951184	383843
化工、木材、非金属加工专用设备制造	352	369	48334	544150	137316
食品、饮料、烟草及饲料生产专用设备制造	353	93	9619	38763	14247
印刷、制药、日化及日用品生产专用设备制造	354	132	10775	66925	5720
纺织、服装和皮革加工专用设备制造	355	147	24933	244736	33508
电子和电工机械专用设备制造	356	161	39048	567706	370489
农、林、牧、渔专用机械制造	357	359	63174	849944	26763
医疗仪器设备及器械制造	358	428	63849	432491	46284
环保、邮政、社会公共服务及其他专用设备制造	359	583	69179	619377	22507
汽车制造业	36	2253	764609	12194601	955638
汽车整车制造	361	649	437801	8241778	152186
汽车用发动机制造	362	70	31789	544752	20144
改装汽车制造	363	315	45656	895235	45617
低速汽车制造	364	67	36641	211895	900
电车制造	365	14	5274	11583	235
汽车车身、挂车制造	366	136	10877	117250	15770
汽车零部件及配件制造	367	1002	196573	2172108	720787
铁路、船舶、航空航天和其他运输设备制造业	37	757	249941	4233461	381999
铁路运输设备制造	371	449	169507	3332051	129394
城市轨道交通设备制造	372	3	626	2000	
船舶及相关装置制造	373	197	63173	702863	242499
航空、航天器及设备制造	374	3	102		
摩托车制造	375	33	3499	44643	2502
自行车和残疾人座车制造	376	25	2949	43655	
助动车制造	377	23	3274	21985	
非公路休闲车及零配件制造	378	1	1107	5900	
潜水救捞及其他未列明运输设备制造	379	23	5705	80365	7604
电气机械和器材制造业	38	3175	915269	14693762	1777961
电机制造	381	340	41323	326241	39267
输配电及控制设备制造	382	1251	194449	2323446	115016
电线、电缆、光缆及电工器材制造	383	457	170432	1506261	82064

1-G-5 续表 4 单位：万元

行业	代码	新产品开发项目数(项)	新产品开发经费支出	新产品销售收入	#出口
电池制造	384	163	32928	251920	3900
家用电力器具制造	385	649	445722	10053368	1490514
非电力家用器具制造	386	120	12942	96008	
照明器具制造	387	89	10687	107572	47200
其他电气机械及器材制造	389	106	6785	28946	
计算机、通信和其他电子设备制造业	39	1801	880421	10336887	1101541
计算机制造	391	344	381321	5426596	522873
通信设备制造	392	165	19752	55844	1362
广播电视设备制造	393	36	5084	55104	6672
雷达及配套设备制造	394	1	160		
非专业视听设备制造	395	420	204013	3588839	206802
智能消费设备制造	396	54	16865	173720	169329
电子器件制造	397	376	67374	337428	62146
电子元件及电子专用材料制造	398	344	180513	637516	132150
其他电子设备制造	399	61	5340	61840	207
仪器仪表制造业	40	1031	116945	668618	44585
通用仪器仪表制造	401	677	71295	515132	31097
专用仪器仪表制造	402	225	31640	92114	10105
钟表与计时仪器制造	403	18	1472	13222	1655
光学仪器制造	404	34	5289	13372	98
衡器制造	405	26	3707	9361	1630
其他仪器仪表制造业	409	51	3542	25416	
其他制造业	41	12	921	10189	783
日用杂品制造	411	1	51	783	783
核辐射加工	412				
其他未列明制造业	419	11	870	9406	
废弃资源综合利用业	42	23	6562	41363	
金属废料和碎屑加工处理	421	3	1426	34604	
非金属废料和碎屑加工处理	422	20	5136	6758	
金属制品、机械和设备修理业	43	10	1857		
金属制品修理	431				
通用设备修理	432				
专用设备修理	433	1	262		
铁路、船舶、航空航天等运输设备修理	434	9	1596		
电气设备修理	435				
仪器仪表修理	436				
其他机械和设备修理业	439				
电力、热力、燃气及水生产和供应业	**D**	**156**	**60121**	**149423**	
电力、热力生产和供应业	44	117	47718	127033	
电力生产	441	101	37184	36641	
电力供应	442	2	3247	860	
热力生产和供应	443	14	7287	89531	
燃气生产和供应业	45	22	5584	4637	
燃气生产和供应业	451	12	5163	2049	
生物质燃气生产和供应业	452	10	421	2588	
水的生产和供应业	46	17	6819	17753	
自来水生产和供应	461	5	608	1000	
污水处理及其再生利用	462	11	6154	16753	
海水淡化处理	463	1	58		
其他水的处理、利用与分配	469				

1-G-6　分行业港澳台商投资企业新产品开发及销售情况

单位：万元

行　业	代码	新产品开发项目数(项)	新产品开发经费支出	新产品销售收入	#出口
总　计	**00**	**1247**	**293296**	**4803910**	**532958**
采矿业	**B**	**3**	**219**		
煤炭开采和洗选业	06	3	219		
烟煤和无烟煤开采洗选	061	3	219		
褐煤开采洗选	062				
石油和天然气开采业	07				
石油开采	071				
天然气开采	072				
黑色金属矿采选业	08				
铁矿采选	081				
有色金属矿采选业	09				
常用有色金属矿采选	091				
贵金属矿采选	092				
非金属矿采选业	10				
土砂石开采	101				
化学矿开采	102				
采盐	103				
石棉及其他非金属矿采选	109				
开采专业及辅助性活动	11				
石油和天然气开采专业及辅助性活动	112				
制造业	**C**	**1229**	**289260**	**4798565**	**532958**
农副食品加工业	13	39	18793	23352	5678
谷物磨制	131	2	71	3146	
饲料加工	132	10	751	6106	5400
植物油加工	133				
制糖业	134				
屠宰及肉类加工	135	13	13515		
水产品加工	136				
蔬菜、菌类、水果和坚果加工	137	9	3335	649	278
其他农副食品加工	139	5	1122	13451	
食品制造业	14	71	15945	134890	77003
焙烤食品制造	141				
糖果、巧克力及蜜饯制造	142	3	131	2228	
方便食品制造	143				
乳制品制造	144				
罐头食品制造	145				
调味品、发酵制品制造	146	20	7694	130152	76905
其他食品制造	149	48	8119	2510	98
酒、饮料和精制茶制造业	15	20	2237	8989	
酒的制造	151	18	1824	8989	
饮料制造	152	2	413		
精制茶加工	153				
烟草制品业	16				
烟叶复烤	161				
其他烟草制品制造	169				
纺织业	17	84	20656	232967	136193

1-G-6 续表 1

单位：万元

行业	代码	新产品开发项目数(项)	新产品开发经费支出	新产品销售收入	#出口
棉纺织及印染精加工	171	56	16314	163669	100371
毛纺织及染整精加工	172	5	820	10638	
麻纺织及染整精加工	173	7	805	260	260
丝绢纺织及印染精加工	174				
化纤织造及印染精加工	175				
针织或钩针编织物及其制品制造	176				
家用纺织制成品制造	177	4	639	40866	24375
产业用纺织制成品制造	178	12	2078	17535	11187
纺织服装、服饰业	18	1	339		
机织服装制造	181				
针织或钩针编织服装制造	182	1	339		
服饰制造	183				
皮革、毛皮、羽毛及其制品和制鞋业	19	2	763	43819	35655
皮革鞣制加工	191	1	681	40819	32655
皮革制品制造	192				
毛皮鞣制及制品加工	193				
羽毛(绒)加工及制品制造	194				
制鞋业	195	1	82	3000	3000
木材加工和木、竹、藤、棕、草制品业	20	5	5255	26000	
木材加工	201				
人造板制造	202	4	4499	26000	
木质制品制造	203	1	756		
竹、藤、棕、草等制品制造	204				
家具制造业	21	9	2443	8721	
木质家具制造	211	9	2443	8721	
竹、藤家具制造	212				
金属家具制造	213				
塑料家具制造	214				
其他家具制造	219				
造纸和纸制品业	22	26	24868	161173	4044
纸浆制造	221				
造纸	222	23	24632	161114	4044
纸制品制造	223	3	236	59	
印刷和记录媒介复制业	23	13	3422	11790	764
印刷	231	13	3422	11790	764
装订及印刷相关服务	232				
记录媒介复制	233				
文教、工美、体育和娱乐用品制造业	24	16	2805	8757	7648
文教办公用品制造	241	4	558	608	
乐器制造	242				
工艺美术及礼仪用品制造	243	8	1658	7586	7086
体育用品制造	244	2	459		
玩具制造	245	1	72	563	563
游艺器材及娱乐用品制造	246	1	58		
石油、煤炭及其他燃料加工业	25				
精炼石油产品制造	251				
煤炭加工	252				
生物质燃料加工	254				

1-G-6 续表 2　　单位：万元

行　业	代码	新产品开发项目数(项)	新产品开发经费支出	新产品销售收入	#出口
化学原料和化学制品制造业	26	79	22967	222877	39145
基础化学原料制造	261	3	301	92984	13841
肥料制造	262	9	706		
农药制造	263				
涂料、油墨、颜料及类似产品制造	264				
合成材料制造	265	44	5816	76211	24583
专用化学产品制造	266	23	16144	53683	720
炸药、火工及焰火产品制造	267				
日用化学产品制造	268				
医药制造业	27	285	48848	732715	4515
化学药品原料药制造	271	11	3981	172381	4515
化学药品制剂制造	272	78	15472	69805	
中药饮片加工	273				
中成药生产	274	26	2484		
兽用药品制造	275				
生物药品制品制造	276	38	3965	998	
卫生材料及医药用品制造	277	124	22693	487238	
药用辅料及包装材料	278	8	253	2293	
化学纤维制造业	28	25	6911	44004	23037
纤维素纤维原料及纤维制造	281	5	1195		
合成纤维制造	282	20	5716	44004	23037
橡胶和塑料制品业	29	34	9467	156637	9030
橡胶制品业	291	7	4463	27380	9030
塑料制品业	292	27	5004	129257	
非金属矿物制品业	30	55	15864	74965	45447
水泥、石灰和石膏制造	301	1	287		
石膏、水泥制品及类似制品制造	302				
砖瓦、石材等建筑材料制造	303	29	12654	41122	15729
玻璃制造	304				
玻璃制品制造	305	7	839	8400	8400
玻璃纤维和玻璃纤维增强塑料制品制造	306			1212	212
陶瓷制品制造	307	10	853	19308	17866
耐火材料制品制造	308	6	468	802	225
石墨及其他非金属矿物制品制造	309	2	763	4122	3016
黑色金属冶炼和压延加工业	31				
炼铁	311				
炼钢	312				
钢压延加工	313				
铁合金冶炼	314				
有色金属冶炼和压延加工业	32	38	4654	1425656	211
常用有色金属冶炼	321	5	1698	80294	
贵金属冶炼	322				
稀有稀土金属冶炼	323				
有色金属合金制造	324	7	262	3614	
有色金属压延加工	325	26	2693	1341748	211
金属制品业	33	34	10160	134165	41717
结构性金属制品制造	331				
金属工具制造	332	1	1450	3000	3000

1-G-6 续表 3

单位：万元

行 业	代码	新产品开发项目数(项)	新产品开发经费支出	新产品销售收入	#出口
集装箱及金属包装容器制造	333			7650	5041
金属丝绳及其制品制造	334	19	7048	103303	19072
建筑、安全用金属制品制造	335				
金属表面处理及热处理加工	336				
搪瓷制品制造	337				
金属制日用品制造	338				
铸造及其他金属制品制造	339	14	1662	20213	14604
通用设备制造业	34	55	6375	368783	4591
锅炉及原动设备制造	341	7	1960	292173	4258
金属加工机械制造	342				
物料搬运设备制造	343	8	493	2478	
泵、阀门、压缩机及类似机械制造	344	16	1453	6671	
轴承、齿轮和传动部件制造	345	1	391		
烘炉、风机、包装等设备制造	346	13	817	20652	
文化、办公用机械制造	347				
通用零部件制造	348	10	1261	46810	333
其他通用设备制造业	349				
专用设备制造业	35	123	16281	220572	32555
采矿、冶金、建筑专用设备制造	351	31	4280	81611	12938
化工、木材、非金属加工专用设备制造	352	14	1442	6505	
食品、饮料、烟草及饲料生产专用设备制造	353	8	1119	265	
印刷、制药、日化及日用品生产专用设备制造	354	22	1159	744	512
纺织、服装和皮革加工专用设备制造	355				
电子和电工机械专用设备制造	356				
农、林、牧、渔专用机械制造	357	44	7905	131447	19106
医疗仪器设备及器械制造	358				
环保、邮政、社会公共服务及其他专用设备制造	359	4	377		
汽车制造业	36	41	6982	241577	33634
汽车整车制造	361	1	879		
汽车用发动机制造	362				
改装汽车制造	363	6	1368	187567	350
汽车车身、挂车制造	364				
汽车零部件及配件制造	366	34	4735	54010	33284
铁路、船舶、航空航天和其他运输设备制造业	37	32	6333	84238	865
铁路运输设备制造	371	7	2479	55990	865
城市轨道交通设备制造	372				
船舶及相关装置制造	373	6	380		
航空、航天器及设备制造	374	4	1078		
摩托车制造	375	15	2396	28248	
自行车和残疾人座车制造	376				
助动车制造	377				
非公路休闲车及零配件制造	378				
潜水救捞及其他未列明运输设备制造	379				
电气机械和器材制造业	38	39	12159	36037	8013
电机制造	381	14	2881	30643	3730
输配电及控制设备制造	382	6	376	160	
电线、电缆、光缆及电工器材制造	383				
电池制造	384	6	4406	951	

1-G-6　续表 4　　　　单位：万元

行　业	代码	新产品开发项目数(项)	新产品开发经费支出	新产品销售收入	#出口
家用电力器具制造	385	1	258	4283	4283
非电力家用器具制造	386				
照明器具制造	387	7	4012		
其他电气机械及器材制造	389	5	225		
计算机、通信和其他电子设备制造业	39	53	16972	352252	1080
计算机制造	391	7	9348	109	
通信设备制造	392	1	676		
广播电视设备制造	393	1	843		
雷达及配套设备制造	394				
非专业视听设备制造	395	1	2252	313800	
智能消费设备制造	396				
电子器件制造	397	12	1494	13489	260
电子元件及电子专用材料制造	398	31	2359	24854	821
其他电子设备制造	399				
仪器仪表制造业	40	17	3581	7354	3386
通用仪器仪表制造	401	16	2754		
专用仪器仪表制造	402				
钟表与计时仪器制造	403	1	827	7354	3386
光学仪器制造	404				
衡器制造	405				
其他仪器仪表制造业	409				
其他制造业	41	1	50		
日用杂品制造	411	1	50		
其他未列明制造业	419				
废弃资源综合利用业	42				
金属废料和碎屑加工处理	421				
非金属废料和碎屑加工处理	422				
金属制品、机械和设备修理业	43	32	4133	36275	18746
金属制品修理	431				
通用设备修理	432				
专用设备修理	433				
铁路、船舶、航空航天等运输设备修理	434	32	4133	36275	18746
电气设备修理	435				
仪器仪表修理	436				
其他机械和设备修理业	439				
电力、热力、燃气及水生产和供应业	**D**	**15**	**3818**	**5345**	
电力、热力生产和供应业	44	7	3559	5345	
电力生产	441	7	3559	5345	
电力供应	442				
热力生产和供应	443				
燃气生产和供应业	45	8	258		
燃气生产和供应业	451	8	258		
生物质燃气生产和供应业	452				
水的生产和供应业	46				
自来水生产和供应	461				
污水处理及其再生利用	462				
海水淡化处理	463				
其他水的处理、利用与分配	469				

1-G-7 分行业外商投资企业新产品开发及销售情况

单位：万元

行业	代码	新产品开发项目数(项)	新产品开发经费支出	新产品销售收入	#出口
总　计	**00**	**3043**	**867901**	**13494700**	**3938213**
采矿业	**B**	**1**	**1398**		
煤炭开采和洗选业	06				
烟煤和无烟煤开采洗选	061				
石油和天然气开采业	07				
石油开采	071				
天然气开采	072				
黑色金属矿采选业	08				
铁矿采选	081				
锰矿、铬矿采选	082				
有色金属矿采选业	09	1	1398		
常用有色金属矿采选	091				
贵金属矿采选	092	1	1398		
稀有稀土金属矿采选	093				
非金属矿采选业	10				
土砂石开采	101				
化学矿开采	102				
采盐	103				
石棉及其他非金属矿采选	109				
开采专业及辅助性活动	11				
石油和天然气开采专业及辅助性活动	111				
制造业	**C**	**3039**	**865777**	**13494700**	**3938213**
农副食品加工业	13	348	65950	1058918	28505
谷物磨制	131	10	2385	26963	
饲料加工	132	7	887		
植物油加工	133	1	150		
制糖业	134				
屠宰及肉类加工	135	157	22435	475327	8322
水产品加工	136	118	26346	295759	4960
蔬菜、菌类、水果和坚果加工	137	18	1681	8105	7607
其他农副食品加工	139	37	12066	252764	7616
食品制造业	14	133	40669	483097	54686
焙烤食品制造	141	8	2116		
糖果、巧克力及蜜饯制造	142				
方便食品制造	143	1	139		
乳制品制造	144	21	7059	1754	
罐头食品制造	145				
调味品、发酵制品制造	146	42	11386	114231	273
其他食品制造	149	61	19969	367112	54413
酒、饮料和精制茶制造业	15	76	28572	657739	19175
酒的制造	151	57	26592	613556	
饮料制造	152	19	1980	44183	19175
精制茶加工	153				
烟草制品业	16				
其他烟草制品制造	169				
纺织业	17	139	35992	558869	406370

1-G-7　续表 1　　　　单位：万元

行　业	代码	新产品开发项目数(项)	新产品开发经费支出	新产品销售收入	#出口
棉纺织及印染精加工	171	96	31395	457335	327570
毛纺织及染整精加工	172				
麻纺织及染整精加工	173				
丝绢纺织及印染精加工	174				
化纤织造及印染精加工	175				
针织或钩针编织物及其制品制造	176				
家用纺织制成品制造	177	34	3819	84666	75432
产业用纺织制成品制造	178	9	777	16868	3369
纺织服装、服饰业	18	14	1986	4526	4526
机织服装制造	181	14	1986	4526	4526
针织或钩针编织服装制造	182				
服饰制造	183				
皮革、毛皮、羽毛及其制品和制鞋业	19	7	1987	3360	80
皮革鞣制加工	191				
皮革制品制造	192	6	1040	3360	80
毛皮鞣制及制品加工	193				
羽毛(绒)加工及制品制造	194				
制鞋业	195	1	947		
木材加工和木、竹、藤、棕、草制品业	20	10	2351	650	
木材加工	201	4	1443	650	
人造板制造	202	6	908		
木质制品制造	203				
竹、藤、棕、草等制品制造	204				
家具制造业	21	3	1115		
木质家具制造	211	2	353		
金属家具制造	213	1	762		
塑料家具制造	214				
其他家具制造	219				
造纸和纸制品业	22	25	65938	1023477	
纸浆制造	221				
造纸	222	25	65938	1023477	
纸制品制造	223				
印刷和记录媒介复制业	23	20	4364	49250	3
印刷	231	18	4013	49250	3
装订及印刷相关服务	232				
记录媒介复制	233	2	351		
文教、工美、体育和娱乐用品制造业	24	75	10002	122900	99482
文教办公用品制造	241	14	2432	27068	18226
乐器制造	242				
工艺美术及礼仪用品制造	243	21	5738	72786	59609
体育用品制造	244	40	1832	23045	21647
玩具制造	245				
游艺器材及娱乐用品制造	246				
石油、煤炭及其他燃料加工业	25	18	1477	8495	
精炼石油产品制造	251	18	1477	8495	
煤炭加工	252				
生物质燃料加工	254				
化学原料和化学制品制造业	26	205	45252	481733	230092

1-G-7 续表 2

单位：万元

行业	代码	新产品开发项目数（项）	新产品开发经费支出	新产品销售收入	#出口
基础化学原料制造	261	25	7198	201292	139034
肥料制造	262	19	4027	8142	3680
农药制造	263	29	2054	41428	41428
涂料、油墨、颜料及类似产品制造	264	13	1360	2134	0
合成材料制造	265	14	9508	38189	
专用化学产品制造	266	99	20829	190549	45951
炸药、火工及焰火产品制造	267				
日用化学产品制造	268	6	275		
医药制造业	27	390	140968	886009	231819
化学药品原料药制造	271	147	50576	567328	146998
化学药品制剂制造	272	50	9961	7630	
中药饮片加工	273	4	40	581	
中成药生产	274	100	67321	254401	69771
兽用药品制造	275	12	861	5100	
生物药品制品制造	276	16	7570	24076	9751
卫生材料及医药用品制造	277	61	4639	26895	5300
药用辅料及包装材料	278				
化学纤维制造业	28	3	401		
纤维素纤维原料及纤维制造	281				
合成纤维制造	282	3	401		
生物基材料制造	283				
橡胶和塑料制品业	29	63	6503	49370	14103
橡胶制品业	291	20	2758	11498	9212
塑料制品业	292	43	3745	37873	4892
非金属矿物制品业	30	79	12758	101809	27582
水泥、石灰和石膏制造	301				
石膏、水泥制品及类似制品制造	302				
砖瓦、石材等建筑材料制造	303	8	918	3280	
玻璃制造	304	5	903	31567	22435
玻璃制品制造	305				
玻璃纤维和玻璃纤维增强塑料制品制造	306				
陶瓷制品制造	307	36	7913	59496	
耐火材料制品制造	308	4	154	1032	10
石墨及其他非金属矿物制品制造	309	26	2870	6434	5137
黑色金属冶炼和压延加工业	31	9	2791	27236	511
炼铁	311				
炼钢	312				
钢压延加工	313	9	2791	27236	511
铁合金冶炼	314				
有色金属冶炼和压延加工业	32	6	7101	1783920	31455
常用有色金属冶炼	321	1	5435	1740259	
贵金属冶炼	322				
稀有稀土金属冶炼	323				
有色金属合金制造	324				
有色金属压延加工	325	5	1666	43662	31455
金属制品业	33	147	26664	422606	331182
结构性金属制品制造	331	8	1185	4400	2900
金属工具制造	332	13	1684	3204	1007

1-G-7　续表 3　　　　单位：万元

行　业	代码	新产品开发项目数(项)	新产品开发经费支出	新产品销售收入	#出口
集装箱及金属包装容器制造	333	52	10749	309878	309073
金属丝绳及其制品制造	334	4	2501	54322	
建筑、安全用金属制品制造	335	8	2440	22295	3344
金属表面处理及热处理加工	336				
搪瓷制品制造	337				
金属制日用品制造	338	13	311	2000	2000
铸造及其他金属制品制造	339	49	7795	26507	12858
通用设备制造业	34	202	22623	507427	128098
锅炉及原动设备制造	341	30	4249	26658	2083
金属加工机械制造	342	50	3547	10928	1012
物料搬运设备制造	343	10	1475	2152	1514
泵、阀门、压缩机及类似机械制造	344	53	7683	274864	107399
轴承、齿轮和传动部件制造	345			336	255
烘炉、风机、包装等设备制造	346	55	5190	181730	10587
文化、办公用机械制造	347				
通用零部件制造	348	4	480	10758	5248
其他通用设备制造业	349				
专用设备制造业	35	270	78467	1268100	193297
采矿、冶金、建筑专用设备制造	351	171	61818	1115926	172773
化工、木材、非金属加工专用设备制造	352			3703	1851
食品、饮料、烟草及饲料生产专用设备制造	353	11	432		
印刷、制药、日化及日用品生产专用设备制造	354	9	1145	33754	10158
纺织、服装和皮革加工专用设备制造	355	6	1439	835	835
电子和电工机械专用设备制造	356	11	897	11464	776
农、林、牧、渔专用机械制造	357	22	4111	16116	444
医疗仪器设备及器械制造	358	21	4640	39753	364
环保、邮政、社会公共服务及其他专用设备制造	359	19	3986	46550	6096
汽车制造业	36	189	52372	338776	77838
汽车整车制造	361				
汽车用发动机制造	362				
改装汽车制造	363	13	1101	2895	
低速汽车制造	364				
汽车车身、挂车制造	366	6	1626	38	38
汽车零部件及配件制造	367	170	49645	335843	77800
铁路、船舶、航空航天和其他运输设备制造业	37	100	17810	321812	62780
铁路运输设备制造	371	51	7734	151830	21591
城市轨道交通设备制造	372				
船舶及相关装置制造	373	18	6822	86262	30614
航空、航天器及设备制造	374				
摩托车制造	375	26	2584	76238	6061
自行车和残疾人座车制造	376				
助动车制造	377				
非公路休闲车及零配件制造	378				
潜水救捞及其他未列明运输设备制造	379	5	670	7483	4514
电气机械和器材制造业	38	171	32346	333395	124697
电机制造	381	44	5923	181788	72457
输配电及控制设备制造	382	61	11429	54856	16867

1-G-7 续表 4

单位：万元

行　业	代码	新产品开发项目数(项)	新产品开发经费支出	新产品销售收入	#出口
电线、电缆、光缆及电工器材制造	383	31	2710	23214	23060
电池制造	384	7	743	10214	286
家用电力器具制造	385	8	7245	12658	10263
非电力家用器具制造	386	20	4297	49409	1764
照明器具制造	387				
其他电气机械及器材制造	389			1255	
计算机、通信和其他电子设备制造业	39	280	147280	2864624	1814068
计算机制造	391	48	7987	26854	6819
通信设备制造	392	69	9059	913745	913507
广播电视设备制造	393				
雷达及配套设备制造	394				
非专业视听设备制造	395	30	9102	85099	27351
智能消费设备制造	396	42	83311	1581660	755300
电子器件制造	397	32	20019	156543	99701
电子元件及电子专用材料制造	398	36	9438	100724	11389
其他电子设备制造	399	23	8365		
仪器仪表制造业	40	48	9838	82721	4081
通用仪器仪表制造	401	30	2515	48718	1701
专用仪器仪表制造	402	9	6701	34002	2380
钟表与计时仪器制造	403				
光学仪器制造	404	8	563		
衡器制造	405				
其他仪器仪表制造业	409	1	59		
其他制造业	41	9	2204	53883	53782
日用杂品制造	411	9	2204	53883	53782
其他未列明制造业	419				
废弃资源综合利用业	42				
金属废料和碎屑加工处理	421				
非金属废料和碎屑加工处理	422				
金属制品、机械和设备修理业	43				
金属制品修理	431				
通用设备修理	432				
专用设备修理	433				
铁路、船舶、航空航天等运输设备修理	434				
其他机械和设备修理业	439				
电力、热力、燃气及水生产和供应业	**D**	**3**	**726**		
电力、热力生产和供应业	44				
电力生产	441				
电力供应	442				
热力生产和供应	443				
燃气生产和供应业	45	3	726		
燃气生产和供应业	451	3	726		
水的生产和供应业	46				
自来水生产和供应	461				
污水处理及其再生利用	462				
其他水的处理、利用与分配	469				

1-G-8　各地区企业新产品开发及销售情况

单位：万元

地　区	新产品开发项目数(项)	新产品开发经费支出	新产品销售收入	#出口
全　省	**40440**	**11608192**	**152465038**	**19738909**
济南市	5375	1380698	20239343	1484274
青岛市	7069	1815661	29311008	4931406
淄博市	4002	872912	9110074	1098744
枣庄市	695	162668	1324268	209792
东营市	929	343033	6773563	102748
烟台市	4210	1486018	17399068	5151873
潍坊市	2699	1178199	13597139	1748277
济宁市	2570	833969	10423611	889978
泰安市	1723	467017	3646567	223782
威海市	2483	523277	5146360	984538
日照市	1386	420708	2455855	131907
临沂市	2509	785215	8541512	610645
德州市	1840	502942	4163211	313524
聊城市	1019	317326	9468999	819726
滨州市	980	345893	9745147	910733
菏泽市	951	172658	1119314	126963

1-G-9 各地区大中型企业新产品开发及销售情况

单位：万元

地区	新产品开发项目数(项)	新产品开发经费支出	新产品销售收入	#出口
全省	**20455**	**8974109**	**134144843**	**17809890**
济南市	2811	1142142	18317997	1367175
青岛市	3530	1413888	26039047	4308393
淄博市	1936	617998	7601483	1006972
枣庄市	294	90174	1056905	168301
东营市	562	286819	6520348	69718
烟台市	2064	1218475	15118023	4827674
潍坊市	1346	904566	11246833	1607453
济宁市	1165	653052	9359880	839872
泰安市	900	353620	2908828	162550
威海市	1554	422814	4532807	882604
日照市	623	329013	2067466	82248
临沂市	1327	495752	7003538	502690
德州市	864	355842	3363569	195195
聊城市	553	283994	9083023	816747
滨州市	592	308007	9247203	867229
菏泽市	334	97955	677894	105069

1-G-10　各地区内资企业新产品开发及销售情况

单位：万元

地　区	新产品开发项目数(项)	新产品开发经费支出	新产品销售收入	#出口
全　省	**36150**	**10446995**	**134166429**	**15267738**
济南市	4974	1315711	19697393	1380867
青岛市	5965	1606757	26210868	3884212
淄博市	3671	775877	8220582	571743
枣庄市	650	148890	1119691	190560
东营市	885	329350	4873193	73098
烟台市	3558	1237211	13355155	3195547
潍坊市	2487	1099402	12347284	1512897
济宁市	2490	823399	10334501	879474
泰安市	1607	447927	3551352	216306
威海市	1960	425683	4063371	845964
日照市	1306	347326	1335423	113366
临沂市	2022	594476	6231460	274435
德州市	1777	488047	4115376	307556
聊城市	989	314143	8091258	819724
滨州市	933	333163	9581385	900804
菏泽市	876	159635	1038137	101186

1-G-11 各地区港澳台商投资企业新产品开发及销售情况

单位：万元

地 区	新产品开发项目数（项）	新产品开发经费支出	新产品销售收入	#出口
全 省	**1247**	**293296**	**4803910**	**532958**
济南市	138	29098	103903	27599
青岛市	324	49231	809967	177653
淄博市	123	36604	181608	81955
枣庄市	43	13628	204577	19232
东营市	31	4132	105789	29650
烟台市	129	25262	457375	47892
潍坊市	80	49442	656448	67735
济宁市	7	2579	2700	350
泰安市	16	1849	593	
威海市	184	30907	579413	9502
日照市	20	3935	66125	8550
临沂市	57	28335	237244	62840
德州市	11	3702	15456	
聊城市	13	2191	1371280	
滨州市	13	2780	4029	
菏泽市	58	9624	7405	

1-G-12　各地区外商投资企业新产品开发及销售情况

单位：万元

地　区	新产品开发项目数(项)	新产品开发经费支出	新产品销售收入	#出口
全　省	**3043**	**867901**	**13494700**	**3938213**
济南市	263	35889	438046	75808
青岛市	780	159673	2290173	869541
淄博市	208	60432	707885	445047
枣庄市	2	151		
东营市	13	9552	1794580	
烟台市	523	223545	3586539	1908434
潍坊市	132	29355	593408	167645
济宁市	73	7991	86410	10154
泰安市	100	17241	94622	7476
威海市	339	66687	503576	129072
日照市	60	69446	1054308	9991
临沂市	430	162404	2072808	273370
德州市	52	11193	32379	5968
聊城市	17	992	6462	2
滨州市	34	9950	159734	9929
菏泽市	17	3400	73772	25777

H.企业自主知识产权及相关情况

1-H-1 分登记注册类型企业自主知识产权及相关情况

登记注册类型	专利申请数（件）	#发明专利	有效发明专利数（件）	拥有注册商标数（件）	形成国家或行业标准数（项）
总　计	**60928**	**31329**	**63496**	**50136**	**2602**
内资企业	**57499**	**29867**	**58417**	**40124**	**2357**
国有企业	469	217	1102	635	78
集体企业	21	14	44	4	2
股份合作企业	17	4	16	7	4
联营企业					
国有联营企业					
集体联营企业					
国有与集体联营企业					
其他联营企业					
有限责任公司	22926	12860	21667	15469	907
国有独资公司	4416	2409	6624	4369	150
其他有限责任公司	18510	10451	15043	11100	757
股份有限公司	19809	11492	17758	10559	562
私营企业	14257	5280	17830	13450	804
私营独资企业	39	14	23	5	1
私营合伙企业			99		
私营有限责任公司	12076	4435	14257	9850	551
私营股份有限公司	2142	831	3451	3595	252
其他企业					
港、澳、台商投资企业	**1192**	**475**	**1254**	**1897**	**74**
合资经营企业	753	345	747	1365	52
合作经营企业	12	2	3		
港、澳、台商独资经营企业	329	87	422	222	16
港、澳、台商投资股份有限公司	70	33	71	224	6
其他港、澳、台投资企业	28	8	11	86	
外商投资企业	**2237**	**987**	**3825**	**8115**	**171**
中外合资经营企业	1275	681	2667	4745	115
中外合作经营企业	140	61	245	675	6
外资企业	596	113	656	631	44
外商投资股份有限公司	215	125	244	2063	6
其他外商投资企业	11	7	13	1	

1-H-2　分登记注册类型大中型企业自主知识产权及相关情况

登记注册类型	专　利申请数(件)	#发明专利	有效发明专　利　数(件)	拥有注册商　标　数(件)	形成国家或行业标准数(项)
总　计	**43922**	**25185**	**42841**	**38990**	**1920**
内资企业	**41925**	**24308**	**39298**	**30015**	**1714**
国有企业	467	216	1091	608	74
集体企业	10	5	23	1	
股份合作企业	11	1	1	4	3
联营企业					
国有联营企业					
集体联营企业					
国有与集体联营企业					
其他联营企业					
有限责任公司	19036	11450	16490	12698	719
国有独资公司	4309	2349	6582	4356	149
其他有限责任公司	14727	9101	9908	8342	570
股份有限公司	18000	10862	15084	9320	507
私营企业	4401	1774	6609	7384	411
私营独资企业					
私营合伙企业					
私营有限责任公司	3191	1239	4466	4398	209
私营股份有限公司	1210	535	2143	2986	202
其他企业					
港、澳、台商投资企业	**556**	**197**	**835**	**1722**	**52**
合资经营企业	300	120	552	1275	37
合作经营企业	3	2			
港、澳、台商独资经营企业	156	35	202	138	9
港、澳、台商投资股份有限公司	69	32	70	223	6
其他港、澳、台投资企业	28	8	11	86	
外商投资企业	**1441**	**680**	**2708**	**7253**	**154**
中外合资经营企业	785	423	1976	4223	101
中外合作经营企业	132	58	198	570	6
外资企业	311	71	309	512	41
外商投资股份有限公司	205	121	225	1948	6
其他外商投资企业	8	7			

1-H-3 分行业企业自主知识产权及相关情况

行业	代码	专利申请数（件）	#发明专利	有效发明专利数（件）	拥有注册商标数（件）	形成国家或行业标准数（项）
总计	**00**	**60928**	**31329**	**63496**	**50136**	**2602**
采矿业	**B**	**1894**	**826**	**1332**	**56**	**232**
煤炭开采和洗选业	06	815	286	449	12	7
烟煤和无烟煤开采洗选	061	794	266	427	12	7
褐煤开采洗选	062	19	18	22		
其他煤炭采选	069	2	2			
石油和天然气开采业	07	611	346	495	6	212
石油开采	071	611	346	495	6	212
天然气开采	072					
黑色金属矿采选业	08	60	40	14	4	2
铁矿采选	081	60	40	14	4	2
锰矿、铬矿采选	082					
其他黑色金属矿采选	089					
有色金属矿采选业	09	101	30	92	28	5
常用有色金属矿采选	091					
贵金属矿采选	092	91	30	92	28	5
稀有稀土金属矿采选	093	10				
非金属矿采选业	10	9	9	13	5	
土砂石开采	101				2	
化学矿开采	102					
采盐	103	9	9	13	2	
石棉及其他非金属矿采选	109				1	
开采专业及辅助性活动	11	291	115	269	1	6
煤炭开采和洗选专业及辅助性活动	111					
石油和天然气开采专业及辅助性活动	112	291	115	269	1	6
其他开采专业及辅助性活动	119					
其他采矿业	12	7				
其他采矿业	120	7				
制造业	**C**	**58415**	**30229**	**61085**	**50042**	**2309**
农副食品加工业	13	1114	399	1124	2253	115
谷物磨制	131	75	11	47	148	5
饲料加工	132	204	56	270	245	1
植物油加工	133	111	38	113	376	14
制糖业	134	21	3	21	1	2
屠宰及肉类加工	135	134	65	98	470	17
水产品加工	136	220	102	263	398	29
蔬菜、菌类、水果和坚果加工	137	155	56	129	340	9
其他农副食品加工	139	194	68	183	275	38
食品制造业	14	738	384	996	1812	51
焙烤食品制造	141	26	8	37	66	1
糖果、巧克力及蜜饯制造	142	3	3	1	11	
方便食品制造	143	4	4	2	208	7
乳制品制造	144	54	3	30	75	
罐头食品制造	145	50	15	60	45	3
调味品、发酵制品制造	146	154	80	217	426	22
其他食品制造	149	447	271	649	981	18
酒、饮料和精制茶制造业	15	203	110	214	3496	25
酒的制造	151	183	97	178	3280	21
饮料制造	152	16	9	33	211	1
精制茶加工	153	4	4	3	5	3

1-H-3　续表 1

行　业	代码	专　利 申请数 (件)	#发明专利	有　效 发　明 专利数 (件)	拥　有 注　册 商标数 (件)	形成国家 或行业 标准数 (项)
烟草制品业	16	75	24	154	1188	6
烟叶复烤	161					
卷烟制造	162	71	24	142	1188	3
其他烟草制品制造	169	4		12		3
纺织业	17	656	271	602	1722	55
棉纺织及印染精加工	171	376	195	367	1252	37
毛纺织及染整精加工	172	52	21	34	39	
麻纺织及染整精加工	173	1	1	2	10	
丝绢纺织及印染精加工	174					
化纤织造及印染精加工	175	13	3			
针织或钩针编织物及其制品制造	176	1	1		1	
家用纺织制成品制造	177	126	25	119	365	12
产业用纺织制成品制造	178	87	25	80	55	6
纺织服装、服饰业	18	160	56	170	1187	45
机织服装制造	181	104	27	115	1004	9
针织或钩针编织服装制造	182	40	15	26	179	36
服饰制造	183	16	14	29	4	
皮革、毛皮、羽毛及其制品和制鞋业	19	65	15	71	141	4
皮革鞣制加工	191	4	4	13	12	2
皮革制品制造	192	24	6	10	7	1
毛皮鞣制及制品加工	193					
羽毛(绒)加工及制品制造	194					
制鞋业	195	37	5	48	122	1
木材加工和木、竹、藤、棕、草制品业	20	116	72	90	78	25
木材加工	201	6	4	4	4	
人造板制造	202	67	33	56	67	25
木质制品制造	203	43	35	30	7	
竹、藤、棕、草等制品制造	204					
家具制造业	21	100	31	75	63	4
木质家具制造	211	82	24	69	56	4
竹、藤家具制造	212					
金属家具制造	213	2	2	3	1	
塑料家具制造	214					
其他家具制造	219	16	5	3	6	
造纸和纸制品业	22	383	130	756	543	18
纸浆制造	221	1		3	2	
造纸	222	325	110	671	484	17
纸制品制造	223	57	20	82	57	1
印刷和记录媒介复制业	23	267	85	235	81	10
印刷	231	261	84	226	80	10
装订及印刷相关服务	232	6	1	2	1	
记录媒介复制	233			7		
文教、工美、体育和娱乐用品制造业	24	804	190	702	653	35
文教办公用品制造	241	108	23	130	185	1
乐器制造	242				21	
工艺美术及礼仪用品制造	243	426	80	149	166	15
体育用品制造	244	222	63	374	274	19
玩具制造	245	34	16	39	7	
游艺器材及娱乐用品制造	246	14	8	10		
石油、煤炭及其他燃料加工业	25	522	219	821	231	25

1-H-3 续表 2

行业	代码	专利申请数(件)	#发明专利	有效发明专利数(件)	拥有注册商标数(件)	形成国家或行业标准数(项)
精炼石油产品制造	252	425	185	772	212	24
煤炭加工	252	97	34	37	19	1
核燃料加工	253					
生物质燃料加工	254			12		
化学原料和化学制品制造业	26	4163	2489	6558	8565	340
基础化学原料制造	261	1003	463	1706	1963	59
肥料制造	262	214	112	554	1267	13
农药制造	263	208	152	460	3167	29
涂料、油墨、颜料及类似产品制造	264	112	90	247	134	25
合成材料制造	265	1124	815	1557	944	121
专用化学产品制造	266	1437	825	1915	913	89
炸药、火工及焰火产品制造	267	7	2	18	7	
日用化学产品制造	268	58	30	101	170	4
医药制造业	27	2146	1289	5780	10795	222
化学药品原料药制造	271	503	399	1475	3324	39
化学药品制剂制造	272	337	233	1795	3206	88
中药饮片加工	273	72	32	63	702	1
中成药生产	274	237	153	735	1190	10
兽用药品制造	275	88	49	309	268	19
生物药品制品制造	276	321	205	801	1184	46
卫生材料及医药用品制造	277	552	212	571	914	19
药用辅料及包装材料	278	36	6	31	7	
化学纤维制造业	28	53	30	201	121	11
纤维素纤维原料及纤维制造	281	13	11	96	68	5
合成纤维制造	282	34	15	93	32	5
生物基材料制造	283	6	4	12	21	1
橡胶和塑料制品业	29	1443	479	1486	1904	140
橡胶制品业	291	939	319	918	1680	95
塑料制品业	292	504	160	568	224	45
非金属矿物制品业	30	1711	620	2447	1259	118
水泥、石灰和石膏制造	301	45	11	15	11	6
石膏、水泥制品及类似制品制造	302	123	46	221	104	14
砖瓦、石材等建筑材料制造	303	326	152	832	383	25
玻璃制造	304	47	7	73	44	6
玻璃制品制造	305	153	42	132	56	8
玻璃纤维和玻璃纤维增强塑料制品制造	306	290	127	295	275	10
陶瓷制品制造	307	263	81	374	244	18
耐火材料制品制造	308	112	34	94	15	7
石墨及其他非金属矿物制品制造	309	352	120	411	127	24
黑色金属冶炼和压延加工业	31	1134	515	1231	157	37
炼铁	311	3	2			
炼钢	312	5				
钢压延加工	313	1077	495	1189	157	36
铁合金冶炼	314	49	18	42		1
有色金属冶炼和压延加工业	32	716	265	848	638	60
常用有色金属冶炼	321	102	57	272	280	9
贵金属冶炼	322	36	14	32	33	8
稀有稀土金属冶炼	323			4	1	1
有色金属合金制造	324	118	51	136	24	9
有色金属压延加工	325	460	143	404	300	33
金属制品业	33	1566	437	1965	754	102

1-H-3　续表 3

行　业	代码	专　利申请数(件)	#发明专利	有　效发　明专利数(件)	拥　有注　册商标数(件)	形成国家或行业标准数(项)
结构性金属制品制造	331	325	88	348	57	12
金属工具制造	332	142	29	117	62	4
集装箱及金属包装容器制造	333	217	61	205	40	10
金属丝绳及其制品制造	334	46	16	122	5	1
建筑、安全用金属制品制造	335	131	33	152	268	23
金属表面处理及热处理加工	336	33	7	49	12	3
搪瓷制品制造	337	6	2	14	1	
金属制日用品制造	338	39	10	23	49	
铸造及其他金属制品制造	339	627	191	935	260	49
通用设备制造业	34	4828	1711	4772	3124	181
锅炉及原动设备制造	341	1771	724	1314	1785	43
金属加工机械制造	342	914	327	938	414	58
物料搬运设备制造	343	243	57	313	55	1
泵、阀门、压缩机及类似机械制造	344	463	183	524	131	35
轴承、齿轮和传动部件制造	345	169	59	313	126	10
烘炉、风机、包装等设备制造	346	770	210	699	340	32
文化、办公用机械制造	347	124	23	127	18	
通用零部件制造	348	177	61	193	71	1
其他通用设备制造业	349	197	67	351	184	1
专用设备制造业	35	4801	1574	4884	2338	228
采矿、冶金、建筑专用设备制造	351	1795	612	1454	1211	72
化工、木材、非金属加工专用设备制造	352	526	169	518	280	6
食品、饮料、烟草及饲料生产专用设备制造	353	72	28	112	29	10
印刷、制药、日化及日用品生产专用设备制造	354	117	34	176	29	6
纺织、服装和皮革加工专用设备制造	355	187	68	247	65	30
电子和电工机械专用设备制造	356	185	89	247	134	20
农、林、牧、渔专用机械制造	357	598	165	436	141	21
医疗仪器设备及器械制造	358	438	155	724	234	17
环保、邮政、社会公共服务及其他专用设备制造	359	883	254	970	215	46
汽车制造业	36	2443	768	2366	3411	68
汽车整车制造	361	765	255	897	2492	35
汽车用发动机制造	362	114	17	79	251	
改装汽车制造	363	314	103	186	115	5
低速汽车制造	364	111	11	3	129	
电车制造	365	95	54		24	
汽车车身、挂车制造	366	116	42	104	93	1
汽车零部件及配件制造	367	928	286	1097	307	27
铁路、船舶、航空航天和其他运输设备制造业	37	1498	772	2471	218	19
铁路运输设备制造	371	1063	636	1825	28	12
城市轨道交通设备制造	372	3	3	3	3	
船舶及相关装置制造	373	361	117	546	66	6
航空、航天器及设备制造	374	15	1	27	2	
摩托车制造	375	19	7	35	9	
自行车和残疾人座车制造	376	6	1		94	
助动车制造	377	1		11		
非公路休闲车及零配件制造	378				4	
潜水救捞及其他未列明运输设备制造	379	30	7	24	12	1
电气机械和器材制造业	38	12180	7139	7103	1646	216
电机制造	381	269	94	397	44	37
输配电及控制设备制造	382	1278	457	1777	375	45
电线、电缆、光缆及电工器材制造	383	405	137	379	174	40

1-H-3 续表 4

行　业	代码	专　利申请数（件）	#发明专利	有　效发　明专利数（件）	拥　有注　册商标数（件）	形成国家或行业标准数（项）
电池制造	384	180	75	313	111	3
家用电力器具制造	385	9781	6319	4007	678	38
非电力家用器具制造	386	116	23	156	239	53
照明器具制造	387	106	12	35	14	
其他电气机械及器材制造	389	45	22	39	11	
计算机、通信和其他电子设备制造业	39	13142	9677	11305	1253	70
计算机制造	391	8150	6482	1421	738	25
通信设备制造	392	215	67	425	68	2
广播电视设备制造	393	32	12	26	2	
雷达及配套设备制造	394					
非专业视听设备制造	395	1713	1343	3582	114	23
智能消费设备制造	396	251	14	386	19	
电子器件制造	397	1076	387	1078	83	3
电子元件及电子专用材料制造	398	1587	1334	4220	204	17
其他电子设备制造	399	118	38	167	25	
仪器仪表制造业	40	1336	457	1549	408	75
通用仪器仪表制造	401	670	228	1053	282	51
专用仪器仪表制造	402	465	187	151	78	13
钟表与计时仪器制造	403	33	6	94	25	2
光学仪器制造	404	85	19	178	1	
衡器制造	405	50	7	21	15	1
其他仪器仪表制造业	409	33	10	52	7	8
其他制造业	41	17	6	41	1	
日用杂品制造	411	6		36		
核辐射加工	412					
其他未列明制造业	419	11	6	5	1	
废弃资源综合利用业	42	16	6	29	1	
金属废料和碎屑加工处理	421	7		4		
非金属废料和碎屑加工处理	422	9	6	25	1	
金属制品、机械和设备修理业	43	19	9	39	1	4
金属制品修理	431					
通用设备修理	432					
专用设备修理	433	3	1			
铁路、船舶、航空航天等运输设备修理	434	16	8	39	1	4
电气设备修理	435					
仪器仪表修理	436					
其他机械和设备修理业	439					
电力、热力、燃气及水生产和供应业	**D**	**619**	**274**	**1079**	**38**	**61**
电力、热力生产和供应业	44	517	243	999	33	59
电力生产	441	229	52	159	33	
电力供应	442	217	179	816		59
热力生产和供应	443	71	12	24		
燃气生产和供应业	45	19	5	11		1
燃气生产和供应业	451	11	2	2		1
生物质燃气生产和供应业	452	8	3	9		
水的生产和供应业	46	83	26	69	5	1
自来水生产和供应	461	2	1		1	
污水处理及其再生利用	462	79	25	69	4	1
海水淡化处理	463	2				
其他水的处理、利用与分配	469					

1-H-4 分行业大中型企业自主知识产权及相关情况

行业	代码	专利申请数(件)	#发明专利	有效发明专利数(件)	拥有注册商标数(件)	形成国家或行业标准数(项)
总 计	**00**	**43922**	**25185**	**42841**	**38990**	**1920**
采矿业	**B**	**1885**	**824**	**1331**	**51**	**232**
煤炭开采和洗选业	06	813	284	448	10	7
烟煤和无烟煤开采洗选	061	792	264	426	10	7
褐煤开采洗选	062	19	18	22		
其他煤炭采选	069	2	2			
石油和天然气开采业	07	611	346	495	6	212
石油开采	071	611	346	495	6	212
天然气开采	072					
黑色金属矿采选业	08	60	40	14	4	2
铁矿采选	081	60	40	14	4	2
锰矿、铬矿采选	082					
其他黑色金属矿采选	089					
有色金属矿采选业	09	101	30	92	28	5
常用有色金属矿采选	091					
贵金属矿采选	092	91	30	92	28	5
稀有稀土金属矿采选	093	10				
非金属矿采选业	10	9	9	13	2	
土砂石开采	101					
化学矿开采	102					
采盐	103	9	9	13	2	
石棉及其他非金属矿采选	109					
开采专业及辅助性活动	11	291	115	269	1	6
煤炭开采和洗选专业及辅助性活动	111					
石油和天然气开采专业及辅助性活动	112	291	115	269	1	6
其他开采专业及辅助性活动	119					
其他采矿业	12					
其他采矿业	120					
制造业	**C**	**41621**	**24148**	**40585**	**38908**	**1628**
农副食品加工业	13	611	228	599	1132	86
谷物磨制	131	34	2	28	47	
饲料加工	132	115	23	125	109	1
植物油加工	133	68	22	73	284	13
制糖业	134	14	1	11	1	2
屠宰及肉类加工	135	108	53	70	169	15
水产品加工	136	157	78	191	265	26
蔬菜、菌类、水果和坚果加工	137	16	7	16	96	3
其他农副食品加工	139	99	42	85	161	26
食品制造业	14	318	158	423	1234	40
焙烤食品制造	141	5		1	18	
糖果、巧克力及蜜饯制造	142					
方便食品制造	143	2	2	2	205	7
乳制品制造	144	49	1	29	28	
罐头食品制造	145	14	2	27	16	2
调味品、发酵制品制造	146	86	53	143	377	21
其他食品制造	149	162	100	221	590	10
酒、饮料和精制茶制造业	15	136	74	169	3071	17
酒的制造	151	135	73	156	3007	16
饮料制造	152	1	1	13	64	1
精制茶加工	153					

1-H-4 续表 1

行 业	代码	专利申请数（件）	#发明专利	有效发明专利数（件）	拥有注册商标数（件）	形成国家或行业标准数（项）
烟草制品业	16	71	24	142	1188	3
烟叶复烤	161					
卷烟制造	162	71	24	142	1188	3
其他烟草制品制造	169					
纺织业	17	434	207	438	1480	47
棉纺织及印染精加工	171	303	168	316	1192	35
毛纺织及染整精加工	172	52	21	33	38	
麻纺织及染整精加工	173					
丝绢纺织及印染精加工	174					
化纤织造及印染精加工	175					
针织或钩针编织物及其制品制造	176					
家用纺织制成品制造	177	79	18	89	250	12
产业用纺织制成品制造	178					
纺织服装、服饰业	18	132	37	123	1165	45
机织服装制造	181	92	22	86	987	9
针织或钩针编织服装制造	182	40	15	26	177	36
服饰制造	183			11	1	
皮革、毛皮、羽毛及其制品和制鞋业	19	37	5	61	114	2
皮革鞣制加工	191			13	5	1
皮革制品制造	192					
毛皮鞣制及制品加工	193					
羽毛(绒)加工及制品制造	194					
制鞋业	195	37	5	48	109	1
木材加工和木、竹、藤、棕、草制品业	20	40	20	30	30	20
木材加工	201			1	1	
人造板制造	202	40	20	29	29	20
木质制品制造	203					
竹、藤、棕、草等制品制造	204					
家具制造业	21	34	5	22	34	1
木质家具制造	211	24	2	22	34	1
竹、藤家具制造	212					
金属家具制造	213					
塑料家具制造	214					
其他家具制造	219	10	3			
造纸和纸制品业	22	288	103	667	495	17
纸浆制造	221	1		3	2	
造纸	222	282	99	638	478	17
纸制品制造	223	5	4	26	15	
印刷和记录媒介复制业	23	57	20	36	30	9
印刷	231	57	20	36	30	9
装订及印刷相关服务	232					
记录媒介复制	233					
文教、工美、体育和娱乐用品制造业	24	426	83	296	367	26
文教办公用品制造	241	6	1	45	75	
乐器制造	242				21	
工艺美术及礼仪用品制造	243	309	60	90	89	14
体育用品制造	244	111	22	161	182	12
玩具制造	245					
游艺器材及娱乐用品制造	246					
石油、煤炭及其他燃料加工业	25	440	189	629	159	24

1-H-4　续表 2

行　业	代码	专　利 申请数 (件)	#发明专利	有　效 发　明 专利数 (件)	拥　有 注　册 商标数 (件)	形成国家 或行业 标准数 (项)
精炼石油产品制造	251	351	159	600	140	23
煤炭加工	252	89	30	29	19	1
核燃料加工	253					
生物质燃料加工	254					
化学原料和化学制品制造业	26	2482	1644	4216	6080	237
基础化学原料制造	261	652	318	1400	1795	47
肥料制造	262	122	58	405	854	10
农药制造	263	140	116	295	1767	22
涂料、油墨、颜料及类似产品制造	264	45	42	152	55	8
合成材料制造	265	808	675	1135	849	98
专用化学产品制造	266	698	424	774	593	48
炸药、火工及焰火产品制造	267	5	1	17	7	
日用化学产品制造	268	12	10	38	160	4
医药制造业	27	1396	957	4619	8913	162
化学药品原料药制造	271	407	342	1343	3206	38
化学药品制剂制造	272	259	185	1634	2930	74
中药饮片加工	273	5	5	43	575	1
中成药生产	274	176	126	663	1071	10
兽用药品制造	275	44	34	219	132	8
生物药品制品制造	276	150	109	319	301	18
卫生材料及医药用品制造	277	340	155	383	693	13
药用辅料及包装材料	278	15	1	15	5	
化学纤维制造业	28	19	15	110	90	6
纤维素纤维原料及纤维制造	281	13	11	96	68	5
合成纤维制造	282			4	1	
生物基材料制造	283	6	4	10	21	1
橡胶和塑料制品业	29	768	233	789	1590	95
橡胶制品业	291	747	223	672	1552	88
塑料制品业	292	21	10	117	38	7
非金属矿物制品业	30	819	261	936	816	59
水泥、石灰和石膏制造	301	21	7	8	6	
石膏、水泥制品及类似制品制造	302	19	7	65	94	
砖瓦、石材等建筑材料制造	303	107	52	169	219	10
玻璃制造	304	10		14	7	
玻璃制品制造	305	104	39	96	31	6
玻璃纤维和玻璃纤维增强塑料制品制造	306	138	62	84	256	8
陶瓷制品制造	307	181	41	198	162	13
耐火材料制品制造	308	39	13	47	10	6
石墨及其他非金属矿物制品制造	309	200	40	255	31	16
黑色金属冶炼和压延加工业	31	1056	487	1149	127	35
炼铁	311	3	2			
炼钢	312	5				
钢压延加工	313	1012	478	1137	127	35
铁合金冶炼	314	36	7	12		
有色金属冶炼和压延加工业	32	455	167	526	446	38
常用有色金属冶炼	321	81	45	259	268	9
贵金属冶炼	322	27	13	12	31	6
稀有稀土金属冶炼	323			4	1	1
有色金属合金制造	324	83	25	67	3	2
有色金属压延加工	325	264	84	184	143	20

1-H-4 续表 3

行业	代码	专利申请数(件)	#发明专利	有效发明专利数(件)	拥有注册商标数(件)	形成国家或行业标准数(项)
金属制品业	33	612	175	887	530	66
结构性金属制品制造	331	56	19	142	5	6
金属工具制造	332	60	17	47	43	3
集装箱及金属包装容器制造	333	93	28	124	34	10
金属丝绳及其制品制造	334	44	15	117	4	1
建筑、安全用金属制品制造	335	78	18	120	244	21
金属表面处理及热处理加工	336	6	1	1	2	
搪瓷制品制造	337					
金属制日用品制造	338	26	5	1	46	
铸造及其他金属制品制造	339	249	72	335	152	25
通用设备制造业	34	2535	943	2260	2573	118
锅炉及原动设备制造	341	1416	641	1019	1717	38
金属加工机械制造	342	370	95	357	257	41
物料搬运设备制造	343	48	13	51	18	1
泵、阀门、压缩机及类似机械制造	344	191	44	266	65	20
轴承、齿轮和传动部件制造	345	84	33	124	98	3
烘炉、风机、包装等设备制造	346	252	75	250	244	14
文化、办公用机械制造	347	83	19	7		
通用零部件制造	348	58	12	108	39	1
其他通用设备制造业	349	33	11	78	135	
专用设备制造业	35	2080	708	1786	1583	136
采矿、冶金、建筑专用设备制造	351	1084	385	740	1035	48
化工、木材、非金属加工专用设备制造	352	153	61	93	62	2
食品、饮料、烟草及饲料生产专用设备制造	353	14	5	29		1
印刷、制药、日化及日用品生产专用设备制造	354	30	4	24	16	3
纺织、服装和皮革加工专用设备制造	355	77	30	55	40	6
电子和电工机械专用设备制造	356	84	48	123	124	18
农、林、牧、渔专用机械制造	357	90	34	164	95	18
医疗仪器设备及器械制造	358	247	77	323	137	15
环保、邮政、社会公共服务及其他专用设备制造	359	301	64	235	74	25
汽车制造业	36	1726	550	1544	3200	56
汽车整车制造	361	751	241	897	2481	35
汽车用发动机制造	362	108	16	66	250	
改装汽车制造	363	193	56	99	76	1
低速汽车制造	364	111	11	3	129	
电车制造	365	52	52		6	
汽车车身、挂车制造	366	22	8	47	59	1
汽车零部件及配件制造	367	489	166	432	199	19
铁路、船舶、航空航天和其他运输设备制造业	37	1239	721	2190	139	17
铁路运输设备制造	371	991	616	1733	10	12
城市轨道交通设备制造	372					
船舶及相关装置制造	373	224	93	417	24	5
航空、航天器及设备制造	374					
摩托车制造	375	19	7	35	9	
自行车和残疾人座车制造	376				90	
助动车制造	377					
非公路休闲车及零配件制造	378				4	
潜水救捞及其他未列明运输设备制造	379	5	5	5	2	
电气机械和器材制造业	38	10742	6695	5513	1207	168
电机制造	381	79	32	221	31	30

1-H-4　续表 4

行　业	代码	专　利 申请数 (件)	#发明专利	有　效 发　明 专利数 (件)	拥　有 注　册 商标数 (件)	形成国家 或行业 标准数 (项)
输配电及控制设备制造	382	620	249	913	182	31
电线、电缆、光缆及电工器材制造	383	188	69	160	79	28
电池制造	384	74	30	172	79	
家用电力器具制造	385	9716	6308	3966	652	38
非电力家用器具制造	386	43	5	77	178	41
照明器具制造	387	22	2	4	6	
其他电气机械及器材制造	389					
计算机、通信和其他电子设备制造业	39	12111	9221	9831	1003	57
计算机制造	391	7902	6310	1211	650	25
通信设备制造	392	74	20	206	12	
广播电视设备制造	393	3	2			
雷达及配套设备制造	394					
非专业视听设备制造	395	1702	1340	3576	109	23
智能消费设备制造	396	238	10	356	10	
电子器件制造	397	737	266	519	49	
电子元件及电子专用材料制造	398	1442	1273	3955	173	9
其他电子设备制造	399	13		8		
仪器仪表制造业	40	547	214	556	111	37
通用仪器仪表制造	401	257	92	280	88	18
专用仪器仪表制造	402	186	107	56	7	9
钟表与计时仪器制造	403	9	1	42	6	2
光学仪器制造	404	47	5	151		
衡器制造	405	37	6	17	9	
其他仪器仪表制造业	409	11	3	10	1	8
其他制造业	41					
日用杂品制造	411					
核辐射加工	412					
其他未列明制造业	419					
废弃资源综合利用业	42					
金属废料和碎屑加工处理	421					
非金属废料和碎屑加工处理	422					
金属制品、机械和设备修理业	43	10	4	38	1	4
金属制品修理	431					
通用设备修理	432					
专用设备修理	433					
铁路、船舶、航空航天等运输设备修理	434	10	4	38	1	4
电气设备修理	435					
仪器仪表修理	436					
其他机械和设备修理业	439					
电力、热力、燃气及水生产和供应业	**D**	**416**	**213**	**925**	**31**	**60**
电力、热力生产和供应业	44	408	212	925	31	59
电力生产	441	130	23	87	31	
电力供应	442	217	179	816		59
热力生产和供应	443	61	10	22		
燃气生产和供应业	45	8	1			1
燃气生产和供应业	451	8	1			1
水的生产和供应业	46					
自来水生产和供应	461					
污水处理及其再生利用	462					
其他水的处理、利用与分配	469					

1-H-5 分行业内资企业自主知识产权及相关情况

行业	代码	专利申请数(件)	#发明专利	有效发明专利数(件)	拥有注册商标数(件)	形成国家或行业标准数(项)
总 计	**00**	**57499**	**29867**	**58417**	**40124**	**2357**
采矿业	**B**	**1881**	**823**	**1328**	**53**	**232**
煤炭开采和洗选业	06	802	283	445	9	7
烟煤和无烟煤开采洗选	061	781	263	423	9	7
褐煤开采洗选	062	19	18	22		
其他煤炭采选	069	2	2			
石油和天然气开采业	07	611	346	495	6	212
石油开采	071	611	346	495	6	212
天然气开采	072					
黑色金属矿采选业	08	60	40	14	4	2
铁矿采选	081	60	40	14	4	2
锰矿、铬矿采选	082					
其他黑色金属矿采选	089					
有色金属矿采选业	09	101	30	92	28	5
常用有色金属矿采选	091					
贵金属矿采选	092	91	30	92	28	5
稀有稀土金属矿采选	093	10				
非金属矿采选业	10	9	9	13	5	
土砂石开采	101				2	
化学矿开采	102					
采盐	103	9	9	13	2	
石棉及其他非金属矿采选	109				1	
开采专业及辅助性活动	11	291	115	269	1	6
煤炭开采和洗选专业及辅助性活动	111					
石油和天然气开采专业及辅助性活动	112	291	115	269	1	6
其他开采专业及辅助性活动	119					
其他采矿业	12	7				
其他采矿业	120	7				
制造业	**C**	**55047**	**28785**	**56033**	**40033**	**2065**
农副食品加工业	13	930	318	896	1886	75
谷物磨制	131	55	8	47	148	5
饲料加工	132	188	56	257	175	1
植物油加工	133	111	38	113	376	14
制糖业	134	21	3	21	1	2
屠宰及肉类加工	135	101	51	85	355	17
水产品加工	136	161	71	113	282	19
蔬菜、菌类、水果和坚果加工	137	133	40	92	292	7
其他农副食品加工	139	160	51	168	257	10
食品制造业	14	623	310	794	1173	32
焙烤食品制造	141	26	8	37	66	1
糖果、巧克力及蜜饯制造	142	3	3	1	11	
方便食品制造	143	4	4	2	208	7
乳制品制造	144	45	3	7	58	
罐头食品制造	145	50	15	60	45	3
调味品、发酵制品制造	146	121	65	171	313	10
其他食品制造	149	374	212	516	472	11
酒、饮料和精制茶制造业	15	141	66	145	2490	24
酒的制造	151	124	56	126	2300	20
饮料制造	152	13	6	16	185	1
精制茶加工	153	4	4	3	5	3

1-H-5　续表 1

行　业	代码	专　利申请数（件）	#发明专利	有　效发　明专利数（件）	拥　有注　册商标数（件）	形成国家或行业标准数（项）
烟草制品业	16	75	24	154	1188	6
烟叶复烤	161					
卷烟制造	162	71	24	142	1188	3
其他烟草制品制造	169	4		12		3
纺织业	17	545	226	488	573	33
棉纺织及印染精加工	171	295	155	285	254	20
毛纺织及染整精加工	172	52	21	33	38	
麻纺织及染整精加工	173					
丝绢纺织及印染精加工	174					
化纤织造及印染精加工	175	13	3			
针织或钩针编织物及其制品制造	176	1	1		1	
家用纺织制成品制造	177	106	24	107	251	12
产业用纺织制成品制造	178	78	22	63	29	1
纺织服装、服饰业	18	147	56	154	1183	45
机织服装制造	181	91	27	99	1000	9
针织或钩针编织服装制造	182	40	15	26	179	36
服饰制造	183	16	14	29	4	
皮革、毛皮、羽毛及其制品和制鞋业	19	50	15	69	140	4
皮革鞣制加工	191	4	4	11	12	2
皮革制品制造	192	9	6	10	7	1
毛皮鞣制及制品加工	193					
羽毛(绒)加工及制品制造	194					
制鞋业	195	37	5	48	121	1
木材加工和木、竹、藤、棕、草制品业	20	104	65	77	78	20
木材加工	201	1	1	4	4	
人造板制造	202	60	29	43	67	20
木质制品制造	203	43	35	30	7	
竹、藤、棕、草等制品制造	204					
家具制造业	21	86	31	58	31	3
木质家具制造	211	68	24	52	24	3
竹、藤家具制造	212					
金属家具制造	213	2	2	3	1	
塑料家具制造	214					
其他家具制造	219	16	5	3	6	
造纸和纸制品业	22	330	112	737	449	16
纸浆制造	221	1		3	2	
造纸	222	285	96	653	390	15
纸制品制造	223	44	16	81	57	1
印刷和记录媒介复制业	23	217	68	167	74	10
印刷	231	211	67	165	73	10
装订及印刷相关服务	232	6	1	2	1	
记录媒介复制	233					
文教、工美、体育和娱乐用品制造业	24	733	166	604	528	35
文教办公用品制造	241	84	19	85	98	1
乐器制造	242				21	
工艺美术及礼仪用品制造	243	403	71	132	138	15
体育用品制造	244	200	52	340	264	19
玩具制造	245	34	16	39	7	
游艺器材及娱乐用品制造	246	12	8	8		
石油、煤炭及其他燃料加工业	25	518	215	803	182	25

1-H-5 续表 2

行业	代码	专利申请数(件)	#发明专利	有效发明专利数(件)	拥有注册商标数(件)	形成国家或行业标准数(项)
精炼石油产品制造	251	421	181	756	163	24
煤炭加工	252	97	34	35	19	1
核燃料加工	253					
生物质燃料加工	254			12		
化学原料和化学制品制造业	26	3967	2357	6115	7063	330
基础化学原料制造	261	977	449	1587	921	54
肥料制造	262	210	108	540	1265	13
农药制造	263	205	149	446	3097	29
涂料、油墨、颜料及类似产品制造	264	109	87	247	134	25
合成材料制造	265	1085	805	1461	827	120
专用化学产品制造	266	1316	727	1715	642	85
炸药、火工及焰火产品制造	267	7	2	18	7	
日用化学产品制造	268	58	30	101	170	4
医药制造业	27	1742	989	4288	7281	169
化学药品原料药制造	271	321	222	762	735	17
化学药品制剂制造	272	313	209	1584	2840	71
中药饮片加工	273	72	32	63	702	1
中成药生产	274	190	119	367	979	4
兽用药品制造	275	73	41	288	163	15
生物药品制品制造	276	302	191	744	1173	44
卫生材料及医药用品制造	277	437	169	462	683	17
药用辅料及包装材料	278	34	6	18	6	
化学纤维制造业	28	53	30	171	117	11
纤维素纤维原料及纤维制造	281	13	11	96	68	5
合成纤维制造	282	34	15	63	28	5
生物基材料制造	283	6	4	12	21	1
橡胶和塑料制品业	29	1370	459	1423	1876	140
橡胶制品业	291	906	309	907	1656	95
塑料制品业	292	464	150	516	220	45
非金属矿物制品业	30	1596	583	2279	973	112
水泥、石灰和石膏制造	301	44	11	11	9	6
石膏、水泥制品及类似制品制造	302	123	46	221	104	14
砖瓦、石材等建筑材料制造	303	285	123	744	210	21
玻璃制造	304	47	7	70	32	6
玻璃制品制造	305	147	42	124	42	8
玻璃纤维和玻璃纤维增强塑料制品制造	306	290	127	295	275	10
陶瓷制品制造	307	204	76	328	181	16
耐火材料制品制造	308	111	33	92	13	7
石墨及其他非金属矿物制品制造	309	345	118	394	107	24
黑色金属冶炼和压延加工业	31	1134	515	1230	157	37
炼铁	311	3	2			
炼钢	312	5				
钢压延加工	313	1077	495	1188	157	36
铁合金冶炼	314	49	18	42		1
有色金属冶炼和压延加工业	32	626	225	812	620	57
常用有色金属冶炼	321	73	38	253	279	6
贵金属冶炼	322	36	14	32	33	8
稀有稀土金属冶炼	323			4	1	1
有色金属合金制造	324	114	47	132	14	9
有色金属压延加工	325	403	126	391	293	33
金属制品业	33	1395	399	1768	632	92

1-H-5 续表 3

行业	代码	专利申请数(件)	#发明专利	有效发明专利数(件)	拥有注册商标数(件)	形成国家或行业标准数(项)
结构性金属制品制造	331	320	88	338	57	12
金属工具制造	332	117	20	84	59	4
集装箱及金属包装容器制造	333	183	57	132	40	10
金属丝绳及其制品制造	334	21	16	110	2	1
建筑、安全用金属制品制造	335	103	26	114	228	23
金属表面处理及热处理加工	336	33	7	49	12	3
搪瓷制品制造	337	6	2	14	1	
金属制日用品制造	338	31	9	22	3	
铸造及其他金属制品制造	339	581	174	905	230	39
通用设备制造业	34	4486	1589	4578	3028	180
锅炉及原动设备制造	341	1676	695	1290	1772	43
金属加工机械制造	342	861	321	900	380	58
物料搬运设备制造	343	219	54	296	53	1
泵、阀门、压缩机及类似机械制造	344	389	140	490	112	35
轴承、齿轮和传动部件制造	345	169	59	313	126	10
烘炉、风机、包装等设备制造	346	686	177	632	331	32
文化、办公用机械制造	347	124	23	127	18	
通用零部件制造	348	165	53	179	52	
其他通用设备制造业	349	197	67	351	184	1
专用设备制造业	35	4487	1480	4496	1746	199
采矿、冶金、建筑专用设备制造	351	1627	551	1316	666	55
化工、木材、非金属加工专用设备制造	352	516	165	505	279	6
食品、饮料、烟草及饲料生产专用设备制造	353	62	20	84	28	6
印刷、制药、日化及日用品生产专用设备制造	354	102	33	125	22	3
纺织、服装和皮革加工专用设备制造	355	172	62	247	65	30
电子和电工机械专用设备制造	356	185	89	236	134	20
农、林、牧、渔专用机械制造	357	551	164	381	112	21
医疗仪器设备及器械制造	358	419	147	722	227	17
环保、邮政、社会公共服务及其他专用设备制造	359	853	249	880	213	41
汽车制造业	36	2236	732	2259	3365	67
汽车整车制造	361	765	255	897	2492	35
汽车用发动机制造	362	114	17	79	251	
改装汽车制造	363	294	94	177	115	5
低速汽车制造	364	111	11	3	129	
电车制造	365	95	54		24	
汽车车身、挂车制造	366	100	39	102	93	1
汽车零部件及配件制造	367	757	262	1001	261	26
铁路、船舶、航空航天和其他运输设备制造业	37	1394	743	2234	201	18
铁路运输设备制造	371	1022	626	1752	26	12
城市轨道交通设备制造	372	3	3	3	3	
船舶及相关装置制造	373	330	101	442	61	6
航空、航天器及设备制造	374				2	
摩托车制造	375	14	7	21	7	
自行车和残疾人座车制造	376	6	1		94	
助动车制造	377	1		11		
非公路休闲车及零配件制造	378				4	
潜水救捞及其他未列明运输设备制造	379	18	5	5	4	
电气机械和器材制造业	38	12018	7106	6894	1441	183
电机制造	381	239	82	363	43	35
输配电及控制设备制造	382	1232	453	1727	357	45
电线、电缆、光缆及电工器材制造	383	385	133	329	174	40

1-H-5 续表 4

行 业	代码	专利申请数(件)	#发明专利	有效发明专利数(件)	拥有注册商标数(件)	形成国家或行业标准数(项)
电池制造	384	161	70	305	32	2
家用电力器具制造	385	9764	6317	3985	667	38
非电力家用器具制造	386	91	21	118	143	23
照明器具制造	387	106	12	35	14	
其他电气机械及器材制造	389	40	18	32	11	
计算机、通信和其他电子设备制造业	39	12751	9457	10957	1191	69
计算机制造	391	7905	6298	1355	720	25
通信设备制造	392	170	61	263	38	2
广播电视设备制造	393	29	10	26	2	
雷达及配套设备制造	394					
非专业视听设备制造	395	1705	1342	3581	114	23
智能消费设备制造	396	251	14	386	19	
电子器件制造	397	1045	381	1035	82	3
电子元件及电子专用材料制造	398	1548	1313	4177	191	16
其他电子设备制造	399	98	38	134	25	
仪器仪表制造业	40	1251	432	1348	365	73
通用仪器仪表制造	401	611	207	920	244	49
专用仪器仪表制造	402	446	183	120	78	13
钟表与计时仪器制造	403	33	6	68	21	2
光学仪器制造	404	78	19	167		
衡器制造	405	50	7	21	15	1
其他仪器仪表制造业	409	33	10	52	7	8
其他制造业	41	17	6	5	1	
日用杂品制造	411	6				
核辐射加工	412					
其他未列明制造业	419	11	6	5	1	
废弃资源综合利用业	42	16	6	29	1	
金属废料和碎屑加工处理	421	7		4		
非金属废料和碎屑加工处理	422	9	6	25	1	
金属制品、机械和设备修理业	43	9	5	1		
金属制品修理	431					
通用设备修理	432					
专用设备修理	433	3	1			
铁路、船舶、航空航天等运输设备修理	434	6	4	1		
电气设备修理	435					
仪器仪表修理	436					
其他机械和设备修理业	439					
电力、热力、燃气及水生产和供应业	**D**	**571**	**259**	**1056**	**38**	**60**
电力、热力生产和供应业	44	487	231	982	33	59
电力生产	441	199	40	142	33	
电力供应	442	217	179	816		59
热力生产和供应	443	71	12	24		
燃气生产和供应业	45	16	4	9		
燃气生产和供应业	451	8	1			
生物质燃气生产和供应业	452	8	3	9		
水的生产和供应业	46	68	24	65	5	1
自来水生产和供应	461				1	
污水处理及其再生利用	462	66	24	65	4	1
海水淡化处理	463	2				
其他水的处理、利用与分配	469					

1−H−6　分行业港澳台商投资企业自主知识产权及相关情况

行　业	代码	专　利申请数(件)	#发明专利	有　效发　明专利数(件)	拥　有注　册商标数(件)	形成国家或行业标准数(项)
总　计	**00**	**1192**	**475**	**1254**	**1897**	**74**
采矿业	**B**	**13**	**3**	**4**	**3**	
煤炭开采和洗选业	06	13	3	4	3	
烟煤和无烟煤开采洗选	061	13	3	4	3	
褐煤开采洗选	062					
石油和天然气开采业	07					
石油开采	071					
天然气开采	072					
黑色金属矿采选业	08					
铁矿采选	081					
有色金属矿采选业	09					
常用有色金属矿采选	091					
贵金属矿采选	092					
非金属矿采选业	10					
土砂石开采	101					
化学矿开采	102					
采盐	103					
石棉及其他非金属矿采选	109					
开采专业及辅助性活动	11					
石油和天然气开采专业及辅助性活动	112					
制造业	**C**	**1141**	**458**	**1230**	**1894**	**74**
农副食品加工业	13	58	23	52	80	8
谷物磨制	131					
饲料加工	132	13		13	42	
植物油加工	133					
制糖业	134					
屠宰及肉类加工	135	22	11			
水产品加工	136					
蔬菜、菌类、水果和坚果加工	137	14	8	37	33	2
其他农副食品加工	139	9	4	2	5	6
食品制造业	14	32	20	74	471	4
焙烤食品制造	141					
糖果、巧克力及蜜饯制造	142					
方便食品制造	143					
乳制品制造	144					
罐头食品制造	145					
调味品、发酵制品制造	146	14	7	27	10	4
其他食品制造	149	18	13	47	461	
酒、饮料和精制茶制造业	15			2	16	
酒的制造	151			2	16	
饮料制造	152					
精制茶加工	153					
烟草制品业	16					
烟叶复烤	161					
其他烟草制品制造	169					
纺织业	17	22	9	49	33	3

1-H-6　续表 1

行　业	代码	专　利 申请数 (件)	#发明专利	有　效 发　明 专利数 (件)	拥　有 注　册 商标数 (件)	形成国家 或行业 标准数 (项)
棉纺织及印染精加工	171	15	6	35	17	3
毛纺织及染整精加工	172			1	1	
麻纺织及染整精加工	173	1	1	2	10	
丝绢纺织及印染精加工	174					
化纤织造及印染精加工	175					
针织或钩针编织物及其制品制造	176					
家用纺织制成品制造	177	3	1	3	5	
产业用纺织制成品制造	178	3	1	8		
纺织服装、服饰业	18					
机织服装制造	181					
针织或钩针编织服装制造	182					
服饰制造	183					
皮革、毛皮、羽毛及其制品和制鞋业	19			2		
皮革鞣制加工	191			2		
皮革制品制造	192					
毛皮鞣制及制品加工	193					
羽毛(绒)加工及制品制造	194					
制鞋业	195					
木材加工和木、竹、藤、棕、草制品业	20	6	3	3		4
木材加工	201					
人造板制造	202	6	3	3		4
木质制品制造	203					
竹、藤、棕、草等制品制造	204					
家具制造业	21	13		16	32	1
木质家具制造	211	13		16	32	1
竹、藤家具制造	212					
金属家具制造	213					
塑料家具制造	214					
其他家具制造	219					
造纸和纸制品业	22	40	11	10	7	
纸浆制造	221					
造纸	222	27	7	9	7	
纸制品制造	223	13	4	1		
印刷和记录媒介复制业	23	16	6	3	1	
印刷	231	16	6	3	1	
装订及印刷相关服务	232					
记录媒介复制	233					
文教、工美、体育和娱乐用品制造业	24	26	9	2	13	
文教办公用品制造	241	18	3		12	
乐器制造	242					
工艺美术及礼仪用品制造	243	4	4		1	
体育用品制造	244	2	2			
玩具制造	245					
游艺器材及娱乐用品制造	246	2		2		
石油、煤炭及其他燃料加工业	25			2		
精炼石油产品制造	251					
煤炭加工	252			2		
生物质燃料加工	254					

1-H-6　续表 2

行　业	代码	专　利申请数(件)	#发明专利	有　效发　明专利数(件)	拥　有注　册商标数(件)	形成国家或行业标准数(项)
化学原料和化学制品制造业	26	64	15	122	109	4
基础化学原料制造	261	10	2	11	2	2
肥料制造	262					
农药制造	263					
涂料、油墨、颜料及类似产品制造	264					
合成材料制造	265	33	8	86	105	1
专用化学产品制造	266	21	5	25	2	1
炸药、火工及焰火产品制造	267					
日用化学产品制造	268					
医药制造业	27	114	60	342	676	22
化学药品原料药制造	271	3	3	37	9	2
化学药品制剂制造	272	21	21	172	366	17
中药饮片加工	273					
中成药生产	274	9	1	60	138	
兽用药品制造	275					
生物药品制品制造	276	6	1	28	7	1
卫生材料及医药用品制造	277	73	34	32	155	2
药用辅料及包装材料	278	2		13	1	
化学纤维制造业	28			7	4	
纤维素纤维原料及纤维制造	281					
合成纤维制造	282			7	4	
橡胶和塑料制品业	29	39	7	24	16	
橡胶制品业	291	25	3	4	15	
塑料制品业	292	14	4	20	1	
非金属矿物制品业	30	95	28	86	232	3
水泥、石灰和石膏制造	301	1		4	2	
石膏、水泥制品及类似制品制造	302					
砖瓦、石材等建筑材料制造	303	37	28	69	172	3
玻璃制造	304					
玻璃制品制造	305	6		8	14	
玻璃纤维和玻璃纤维增强塑料制品制造	306					
陶瓷制品制造	307	51		5	33	
耐火材料制品制造	308				1	
石墨及其他非金属矿物制品制造	309				10	
黑色金属冶炼和压延加工业	31					
炼铁	311					
炼钢	312					
钢压延加工	313					
铁合金冶炼	314					
有色金属冶炼和压延加工业	32	76	28	22	17	
常用有色金属冶炼	321	15	7	5		
贵金属冶炼	322					
稀有稀土金属冶炼	323					
有色金属合金制造	324	4	4	4	10	
有色金属压延加工	325	57	17	13	7	
金属制品业	33	38	7	57	16	9
结构性金属制品制造	331					
金属工具制造	332	6	1	28	1	

1-H-6 续表 3

行业	代码	专利申请数（件）	#发明专利	有效发明专利数（件）	拥有注册商标数（件）	形成国家或行业标准数（项）
集装箱及金属包装容器制造	333	9		3		
金属丝绳及其制品制造	334	3		12	1	
建筑、安全用金属制品制造	335					
金属表面处理及热处理加工	336					
搪瓷制品制造	337					
金属制日用品制造	338					
铸造及其他金属制品制造	339	20	6	14	14	9
通用设备制造业	34	131	43	41	24	1
锅炉及原动设备制造	341	89	29	20	1	
金属加工机械制造	342					
物料搬运设备制造	343	4	1	2		
泵、阀门、压缩机及类似机械制造	344	1	1	1	3	
轴承、齿轮和传动部件制造	345					
烘炉、风机、包装等设备制造	346	32	8	7	2	
文化、办公用机械制造	347					
通用零部件制造	348	5	4	11	18	1
其他通用设备制造业	349					
专用设备制造业	35	62	8	110	57	8
采矿、冶金、建筑专用设备制造	351	13	3	38	26	4
化工、木材、非金属加工专用设备制造	352	10	4		1	
食品、饮料、烟草及饲料生产专用设备制造	353	1		1	1	4
印刷、制药、日化及日用品生产专用设备制造	354	5	1	49	4	
纺织、服装和皮革加工专用设备制造	355					
电子和电工机械专用设备制造	356					
农、林、牧、渔专用机械制造	357	33		22	25	
医疗仪器设备及器械制造	358					
环保、邮政、社会公共服务及其他专用设备制造	359					
汽车制造业	36	28	9	26	2	1
汽车整车制造	361					
汽车用发动机制造	362					
改装汽车制造	363	20	9	9		
汽车车身、挂车制造	364					
汽车零部件及配件制造	366	8		17	2	1
铁路、船舶、航空航天和其他运输设备制造业	37	20	4	44		
铁路运输设备制造	371	1	1	9		
城市轨道交通设备制造	372					
船舶及相关装置制造	373	3	3	9		
航空、航天器及设备制造	374	14		26		
摩托车制造	375	2				
自行车和残疾人座车制造	376					
助动车制造	377					
非公路休闲车及零配件制造	378					
潜水救捞及其他未列明运输设备制造	379					
电气机械和器材制造业	38	38	11	44	81	1
电机制造	381	19	4	6	1	
输配电及控制设备制造	382			2		
电线、电缆、光缆及电工器材制造	383	2	2	9		
电池制造	384	7	3	2	77	1

1-H-6　续表 4

行　业	代码	专　利申请数(件)	#发明专利	有　效发　明专利数(件)	拥　有注　册商标数(件)	形成国家或行业标准数(项)
家用电力器具制造	385	10	2	22	3	
非电力家用器具制造	386					
照明器具制造	387					
其他电气机械及器材制造	389			3		
计算机、通信和其他电子设备制造业	39	211	153	23	1	1
计算机制造	391	177	150			
通信设备制造	392					
广播电视设备制造	393	3	2			
雷达及配套设备制造	394					
非专业视听设备制造	395					
智能消费设备制造	396					
电子器件制造	397	16	1	23		
电子元件及电子专用材料制造	398	15			1	1
其他电子设备制造	399					
仪器仪表制造业	40	2		29	5	
通用仪器仪表制造	401	2		3	1	
专用仪器仪表制造	402					
钟表与计时仪器制造	403			26	4	
光学仪器制造	404					
衡器制造	405					
其他仪器仪表制造业	409					
其他制造业	41					
日用杂品制造	411					
其他未列明制造业	419					
废弃资源综合利用业	42					
金属废料和碎屑加工处理	421					
非金属废料和碎屑加工处理	422					
金属制品、机械和设备修理业	43	10	4	38	1	4
金属制品修理	431					
通用设备修理	432					
专用设备修理	433					
铁路、船舶、航空航天等运输设备修理	434	10	4	38	1	4
电气设备修理	435					
仪器仪表修理	436					
其他机械和设备修理业	439					
电力、热力、燃气及水生产和供应业	**D**	**38**	**14**	**20**		
电力、热力生产和供应业	44	30	12	17		
电力生产	441	30	12	17		
电力供应	442					
热力生产和供应	443					
燃气生产和供应业	45					
燃气生产和供应业	451					
生物质燃气生产和供应业	452					
水的生产和供应业	46	8	2	3		
自来水生产和供应	461	2	1			
污水处理及其再生利用	462	6	1	3		
海水淡化处理	463					
其他水的处理、利用与分配	469					

1-H-7 分行业外商投资企业自主知识产权及相关情况

行业	代码	专利申请数(件)	#发明专利	有效发明专利数(件)	拥有注册商标数(件)	形成国家或行业标准数(项)
总计	**00**	**2237**	**987**	**3825**	**8115**	**171**
采矿业	**B**					
煤炭开采和洗选业	06					
烟煤和无烟煤开采洗选	061					
石油和天然气开采业	07					
石油开采	071					
天然气开采	072					
黑色金属矿采选业	08					
铁矿采选	081					
锰矿、铬矿采选	082					
有色金属矿采选业	09					
常用有色金属矿采选	091					
贵金属矿采选	092					
稀有稀土金属矿采选	093					
非金属矿采选业	10					
土砂石开采	101					
化学矿开采	102					
采盐	103					
石棉及其他非金属矿采选	109					
开采专业及辅助性活动	11					
石油和天然气开采专业及辅助性活动	111					
制造业	**C**	**2227**	**986**	**3822**	**8115**	**170**
农副食品加工业	13	126	58	176	287	32
谷物磨制	131	20	3			
饲料加工	132	3			28	
植物油加工	133					
制糖业	134					
屠宰及肉类加工	135	11	3	13	115	
水产品加工	136	59	31	150	116	10
蔬菜、菌类、水果和坚果加工	137	8	8		15	
其他农副食品加工	139	25	13	13	13	22
食品制造业	14	83	54	128	168	15
焙烤食品制造	141					
糖果、巧克力及蜜饯制造	142					
方便食品制造	143					
乳制品制造	144	9		23	17	
罐头食品制造	145					
调味品、发酵制品制造	146	19	8	19	103	8
其他食品制造	149	55	46	86	48	7
酒、饮料和精制茶制造业	15	62	44	67	990	1
酒的制造	151	59	41	50	964	1
饮料制造	152	3	3	17	26	
精制茶加工	153					
烟草制品业	16					
其他烟草制品制造	169					
纺织业	17	89	36	65	1116	19

1-H-7 续表 1

行业	代码	专利申请数(件)	#发明专利	有效发明专利数(件)	拥有注册商标数(件)	形成国家或行业标准数(项)
棉纺织及印染精加工	171	66	34	47	981	14
毛纺织及染整精加工	172					
麻纺织及染整精加工	173					
丝绢纺织及印染精加工	174					
化纤织造及印染精加工	175					
针织或钩针编织物及其制品制造	176					
家用纺织制成品制造	177	17		9	109	
产业用纺织制成品制造	178	6	2	9	26	5
纺织服装、服饰业	18	13		16	4	
机织服装制造	181	13		16	4	
针织或钩针编织服装制造	182					
服饰制造	183					
皮革、毛皮、羽毛及其制品和制鞋业	19	15			1	
皮革鞣制加工	191					
皮革制品制造	192	15				
毛皮鞣制及制品加工	193					
羽毛(绒)加工及制品制造	194					
制鞋业	195				1	
木材加工和木、竹、藤、棕、草制品业	20	6	4	10		1
木材加工	201	5	3			
人造板制造	202	1	1	10		1
木质制品制造	203					
竹、藤、棕、草等制品制造	204					
家具制造业	21	1		1		
木质家具制造	211	1		1		
金属家具制造	213					
塑料家具制造	214					
其他家具制造	219					
造纸和纸制品业	22	13	7	9	87	2
纸浆制造	221					
造纸	222	13	7	9	87	2
纸制品制造	223					
印刷和记录媒介复制业	23	34	11	65	6	
印刷	231	34	11	58	6	
装订及印刷相关服务	232					
记录媒介复制	233			7		
文教、工美、体育和娱乐用品制造业	24	45	15	96	112	
文教办公用品制造	241	6	1	45	75	
乐器制造	242					
工艺美术及礼仪用品制造	243	19	5	17	27	
体育用品制造	244	20	9	34	10	
玩具制造	245					
游艺器材及娱乐用品制造	246					
石油、煤炭及其他燃料加工业	25	4	4	16	49	
精炼石油产品制造	251	4	4	16	49	
煤炭加工	252					
生物质燃料加工	254					
化学原料和化学制品制造业	26	132	117	321	1393	6

1-H-7 续表 2

行业	代码	专利申请数（件）	#发明专利	有效发明专利数（件）	拥有注册商标数（件）	形成国家或行业标准数（项）
基础化学原料制造	261	16	12	108	1040	3
肥料制造	262	4	4	14	2	
农药制造	263	3	3	14	70	
涂料、油墨、颜料及类似产品制造	264	3	3			
合成材料制造	265	6	2	10	12	
专用化学产品制造	266	100	93	175	269	3
炸药、火工及焰火产品制造	267					
日用化学产品制造	268					
医药制造业	27	290	240	1150	2838	31
化学药品原料药制造	271	179	174	676	2580	20
化学药品制剂制造	272	3	3	39		
中药饮片加工	273					
中成药生产	274	38	33	308	73	6
兽用药品制造	275	15	8	21	105	4
生物药品制品制造	276	13	13	29	4	1
卫生材料及医药用品制造	277	42	9	77	76	
药用辅料及包装材料	278					
化学纤维制造业	28			23		
纤维素纤维原料及纤维制造	281					
合成纤维制造	282			23		
生物基材料制造	283					
橡胶和塑料制品业	29	34	13	39	12	
橡胶制品业	291	8	7	7	9	
塑料制品业	292	26	6	32	3	
非金属矿物制品业	30	20	9	82	54	3
水泥、石灰和石膏制造	301					
石膏、水泥制品及类似制品制造	302					
砖瓦、石材等建筑材料制造	303	4	1	19	1	1
玻璃制造	304			3	12	
玻璃制品制造	305					
玻璃纤维和玻璃纤维增强塑料制品制造	306					
陶瓷制品制造	307	8	5	41	30	2
耐火材料制品制造	308	1	1	2	1	
石墨及其他非金属矿物制品制造	309	7	2	17	10	
黑色金属冶炼和压延加工业	31			1		
炼铁	311					
炼钢	312					
钢压延加工	313			1		
铁合金冶炼	314					
有色金属冶炼和压延加工业	32	14	12	14	1	3
常用有色金属冶炼	321	14	12	14	1	3
贵金属冶炼	322					
稀有稀土金属冶炼	323					
有色金属合金制造	324					
有色金属压延加工	325					
金属制品业	33	133	31	140	106	1
结构性金属制品制造	331	5		10		
金属工具制造	332	19	8	5	2	

1-H-7　续表 3

行　业	代码	专　利申请数(件)	#发明专利	有　效发　明专利数(件)	拥　有注　册商标数(件)	形成国家或行业标准数(项)
集装箱及金属包装容器制造	333	25	4	70		
金属丝绳及其制品制造	334	22			2	
建筑、安全用金属制品制造	335	28	7	38	40	
金属表面处理及热处理加工	336					
搪瓷制品制造	337					
金属制日用品制造	338	8	1	1	46	
铸造及其他金属制品制造	339	26	11	16	16	1
通用设备制造业	34	211	79	153	72	
锅炉及原动设备制造	341	6		4	12	
金属加工机械制造	342	53	6	38	34	
物料搬运设备制造	343	20	2	15	2	
泵、阀门、压缩机及类似机械制造	344	73	42	33	16	
轴承、齿轮和传动部件制造	345					
烘炉、风机、包装等设备制造	346	52	25	60	7	
文化、办公用机械制造	347					
通用零部件制造	348	7	4	3	1	
其他通用设备制造业	349					
专用设备制造业	35	252	86	278	535	21
采矿、冶金、建筑专用设备制造	351	155	58	100	519	13
化工、木材、非金属加工专用设备制造	352			13		
食品、饮料、烟草及饲料生产专用设备制造	353	9	8	27		
印刷、制药、日化及日用品生产专用设备制造	354	10		2	3	3
纺织、服装和皮革加工专用设备制造	355	15	6			
电子和电工机械专用设备制造	356			11		
农、林、牧、渔专用机械制造	357	14	1	33	4	
医疗仪器设备及器械制造	358	19	8	2	7	
环保、邮政、社会公共服务及其他专用设备制造	359	30	5	90	2	5
汽车制造业	36	179	27	81	44	
汽车整车制造	361					
汽车用发动机制造	362					
改装汽车制造	363					
低速汽车制造	364					
汽车车身、挂车制造	366	16	3	2		
汽车零部件及配件制造	367	163	24	79	44	
铁路、船舶、航空航天和其他运输设备制造业	37	84	25	193	17	1
铁路运输设备制造	371	40	9	64	2	
城市轨道交通设备制造	372					
船舶及相关装置制造	373	28	13	95	5	
航空、航天器及设备制造	374	1	1	1		
摩托车制造	375	3		14	2	
自行车和残疾人座车制造	376					
助动车制造	377					
非公路休闲车及零配件制造	378					
潜水救捞及其他未列明运输设备制造	379	12	2	19	8	1
电气机械和器材制造业	38	124	22	165	124	32
电机制造	381	11	8	28		2
输配电及控制设备制造	382	46	4	48	18	

1-H-7 续表 4

行业	代码	专利申请数（件）	#发明专利	有效发明专利数（件）	拥有注册商标数（件）	形成国家或行业标准数（项）
电线、电缆、光缆及电工器材制造	383	18	2	41		
电池制造	384	12	2	6	2	
家用电力器具制造	385	7			8	
非电力家用器具制造	386	25	2	38	96	30
照明器具制造	387					
其他电气机械及器材制造	389	5	4	4		
计算机、通信和其他电子设备制造业	39	180	67	325	61	
计算机制造	391	68	34	66	18	
通信设备制造	392	45	6	162	30	
广播电视设备制造	393					
雷达及配套设备制造	394					
非专业视听设备制造	395	8	1	1		
智能消费设备制造	396					
电子器件制造	397	15	5	20	1	
电子元件及电子专用材料制造	398	24	21	43	12	
其他电子设备制造	399	20		33		
仪器仪表制造业	40	83	25	172	38	2
通用仪器仪表制造	401	57	21	130	37	2
专用仪器仪表制造	402	19	4	31		
钟表与计时仪器制造	403					
光学仪器制造	404	7		11	1	
衡器制造	405					
其他仪器仪表制造业	409					
其他制造业	41			36		
日用杂品制造	411			36		
其他未列明制造业	419					
废弃资源综合利用业	42					
金属废料和碎屑加工处理	421					
非金属废料和碎屑加工处理	422					
金属制品、机械和设备修理业	43					
金属制品修理	431					
通用设备修理	432					
专用设备修理	433					
铁路、船舶、航空航天等运输设备修理	434					
其他机械和设备修理业	439					
电力、热力、燃气及水生产和供应业	**D**	**10**	**1**	**3**		**1**
电力、热力生产和供应业	44					
电力生产	441					
电力供应	442					
热力生产和供应	443					
燃气生产和供应业	45	3	1	2		1
燃气生产和供应业	451	3	1	2		1
水的生产和供应业	46	7		1		
自来水生产和供应	461					
污水处理及其再生利用	462	7		1		
其他水的处理、利用与分配	469					

1-H-8　各地区企业自主知识产权及相关情况

地　区	专　利申请数(件)	#发明专利	有效发明专　利　数(件)	拥有注册商　标　数(件)	形成国家或行业标准数(项)
全　省	**60928**	**31329**	**63496**	**50136**	**2602**
济南市	13950	8500	10160	8742	467
青岛市	17111	9934	14067	8233	349
淄博市	3084	1483	5063	4189	253
枣庄市	860	387	998	384	26
东营市	1680	832	2011	983	299
烟台市	3121	1617	5262	5067	196
潍坊市	6202	3030	9187	6129	213
济宁市	3057	931	2748	1908	76
泰安市	1391	405	1910	1039	77
威海市	3204	1132	3084	1958	116
日照市	872	358	370	732	42
临沂市	1936	943	2873	4957	153
德州市	1688	670	2078	1740	166
聊城市	1174	421	1648	1555	50
滨州市	931	383	1294	1822	92
菏泽市	667	303	743	698	27

1-H-9 各地区大中型企业自主知识产权及相关情况

地 区	专 利申请数(件)	#发明专利	有效发明专 利 数(件)	拥有注册商 标 数(件)	形成国家或行业标准数(项)
全 省	**43922**	**25185**	**42841**	**38990**	**1920**
济南市	11545	7575	6456	6658	375
青岛市	13753	8930	10473	5666	237
淄博市	1921	955	3223	3265	172
枣庄市	499	253	475	185	16
东营市	1419	687	1590	811	273
烟台市	1878	1153	3190	4244	144
潍坊市	4169	2339	7083	5355	165
济宁市	1626	483	1595	1326	49
泰安市	776	212	983	735	55
威海市	2349	857	2058	1623	95
日照市	577	240	164	534	28
临沂市	1055	608	1997	4510	110
德州市	672	250	1234	923	97
聊城市	825	295	1100	1129	44
滨州市	617	248	864	1608	50
菏泽市	241	100	356	418	10

1-H-10　各地区内资企业自主知识产权及相关情况

地　区	专　利申请数(件)	#发明专利	有效发明专利数(件)	拥有注册商标数(件)	形成国家或行业标准数(项)
全　省	**57499**	**29867**	**58417**	**40124**	**2357**
济南市	13561	8313	9808	8235	430
青岛市	16231	9675	12889	6355	310
淄博市	2887	1386	4798	2989	236
枣庄市	782	380	922	349	26
东营市	1609	810	1933	953	285
烟台市	2739	1429	4343	3880	169
潍坊市	5924	2900	8862	4882	178
济宁市	3002	913	2616	1851	71
泰安市	1357	395	1839	1030	74
威海市	2806	981	2677	1612	104
日照市	840	340	348	644	39
临沂市	1548	658	1895	1960	113
德州市	1618	639	1960	1522	163
聊城市	1115	398	1629	1551	48
滨州市	862	371	1253	1813	85
菏泽市	618	279	645	498	26

1-H-11 各地区港澳台商投资企业自主知识产权及相关情况

地　区	专　利申请数(件)	#发明专利	有效发明专 利 数(件)	拥有注册商 标 数(件)	形成国家或行业标准数(项)
全　省	**1192**	**475**	**1254**	**1897**	**74**
济南市	211	169	63	298	5
青岛市	298	64	466	215	23
淄博市	61	29	121	209	6
枣庄市	74	5	76	35	
东营市	32	8	54	27	10
烟台市	63	19	100	507	3
潍坊市	138	47	77	25	15
济宁市	5	5	47	7	
泰安市	4		7	2	
威海市	136	48	52	268	2
日照市	13	7	8	1	1
临沂市	47	26	33	96	7
德州市	8	5	6	4	1
聊城市	59	23	17	1	
滨州市	3	1	36	2	
菏泽市	40	19	91	200	1

1-H-12　各地区外商投资企业自主知识产权及相关情况

地　区	专　利申请数(件)	#发明专利	有效发明专利数(件)	拥有注册商标数(件)	形成国家或行业标准数(项)
全　省	**2237**	**987**	**3825**	**8115**	**171**
济南市	178	18	289	209	32
青岛市	582	195	712	1663	16
淄博市	136	68	144	991	11
枣庄市	4	2			
东营市	39	14	24	3	4
烟台市	319	169	819	680	24
潍坊市	140	83	248	1222	20
济宁市	50	13	85	50	5
泰安市	30	10	64	7	3
威海市	262	103	355	78	10
日照市	19	11	14	87	2
临沂市	341	259	945	2901	33
德州市	62	26	112	214	2
聊城市			2	3	2
滨州市	66	11	5	7	7
菏泽市	9	5	7		

Ⅰ.企业政府相关政策落实情况

1–Ⅰ–1　分登记注册类型企业政府相关政策落实情况

单位：万元

登记注册类型	来自政府部门的研究开发经费	研究开发费用加计扣除减免税	高新技术企业减免税
总　计	**386464**	**605312**	**1018259**
内资企业	**369413**	**538568**	**870857**
国有企业	1570	3978	2060
集体企业	30	21	270
股份合作企业	45	56	213
联营企业			
国有联营企业			
集体联营企业			
国有与集体联营企业			
其他联营企业			
有限责任公司	193230	262521	364319
国有独资公司	20740	89517	74521
其他有限责任公司	172490	173005	289799
股份有限公司	104810	139220	330205
私营企业	69727	132772	173791
私营独资企业	90	25	
私营合伙企业			
私营有限责任公司	56534	111111	133468
私营股份有限公司	13103	21636	40323
其他企业			
港、澳、台商投资企业	**3196**	**23919**	**63700**
合资经营企业	1468	17101	45886
合作经营企业		4	52
港、澳、台商独资经营企业	1532	5921	9813
港、澳、台商投资股份有限公司	197	894	7950
其他港、澳、台投资企业			
外商投资企业	**13855**	**42824**	**83702**
中外合资经营企业	12182	19105	56070
中外合作经营企业	470	1229	12210
外资企业	495	19959	11734
外商投资股份有限公司	709	2474	3680
其他外商投资企业		58	8

1-I-2　分登记注册类型大中型企业政府相关政策落实情况

单位：万元

登记注册类型	来自政府部门的研究开发经费	研究开发费用加计扣除减免税	高新技术企业减免税
总　计	**314980**	**499475**	**916151**
内资企业	**305050**	**442972**	**786620**
国有企业	1560	3954	2060
集体企业		21	249
股份合作企业	40	56	141
联营企业			
国有联营企业			
集体联营企业			
国有与集体联营企业			
其他联营企业			
有限责任公司	182481	234658	337856
国有独资公司	20487	89188	74399
其他有限责任公司	161994	145470	263457
股份有限公司	85644	120645	314801
私营企业	35325	83637	131513
私营独资企业			
私营合伙企业			
私营有限责任公司	25692	67402	100279
私营股份有限公司	9632	16234	31234
其他企业			
港、澳、台商投资企业	**1242**	**18477**	**54700**
合资经营企业	1107	14506	39090
合作经营企业		4	
港、澳、台商独资经营企业		3074	7661
港、澳、台商投资股份有限公司	136	894	7950
其他港、澳、台投资企业			
外商投资企业	**8688**	**38026**	**74832**
中外合资经营企业	7265	16603	53267
中外合作经营企业	470	1134	11921
外资企业	299	18030	5956
外商投资股份有限公司	654	2259	3680
其他外商投资企业			8

1-I-3 分行业企业政府相关政策落实情况

单位：万元

行 业	代码	来自政府部门的研究开发经费	研究开发费用加计扣除减免税	高新技术企业减免税
总 计	**00**	**386464**	**605312**	**1018259**
采矿业	**B**	**28269**	**18325**	**19287**
煤炭开采和洗选业	06	2529	11096	13279
烟煤和无烟煤开采洗选	061	2529	10684	13279
褐煤开采洗选	062			
其他煤炭采选	069		412	
石油和天然气开采业	07	21341	5343	
石油开采	071	21341	5343	
天然气开采	072			
黑色金属矿采选业	08	270	33	
铁矿采选	081	270	33	
锰矿、铬矿采选	082			
其他黑色金属矿采选	089			
有色金属矿采选业	09	649	1854	6009
常用有色金属矿采选	091			
贵金属矿采选	092	649	1793	6009
稀有稀土金属矿采选	093		60	
非金属矿采选业	10	183		
土砂石开采	101			
化学矿开采	102			
采盐	103	183		
石棉及其他非金属矿采选	109			
开采专业及辅助性活动	11	3298		
煤炭开采和洗选专业及辅助性活动	111			
石油和天然气开采专业及辅助性活动	112	3298		
其他开采专业及辅助性活动	119			
其他采矿业	12			
其他采矿业	120			
制造业	**C**	**354751**	**586286**	**997581**
农副食品加工业	13	6343	4542	6245
谷物磨制	131	70	75	
饲料加工	132	474	1524	4698
植物油加工	133	790	555	692
制糖业	134	45		
屠宰及肉类加工	135	1018	575	7
水产品加工	136	2695	311	207
蔬菜、菌类、水果和坚果加工	137	324	604	236
其他农副食品加工	139	928	899	405
食品制造业	14	13063	6841	13577
焙烤食品制造	141	5	9	
糖果、巧克力及蜜饯制造	142		123	
方便食品制造	143	46	163	46
乳制品制造	144	330		
罐头食品制造	145	130		
调味品、发酵制品制造	146	730	1075	2891
其他食品制造	149	11822	5471	10640
酒、饮料和精制茶制造业	15	2047	587	1227
酒的制造	151	1690	384	162
饮料制造	152	357	203	1065
精制茶加工	153	1		

1-I-3　续表 1　　单位：万元

行　业	代码	来自政府部门的研究开发经费	研究开发费用加计扣除减免税	高新技术企业减免税
烟草制品业	16			
烟叶复烤	161			
卷烟制造	162			
其他烟草制品制造	169			
纺织业	17	3642	10434	5619
棉纺织及印染精加工	171	2543	9128	2666
毛纺织及染整精加工	172	396	21	299
麻纺织及染整精加工	173			
丝绢纺织及印染精加工	174			
化纤织造及印染精加工	175		3	
针织或钩针编织物及其制品制造	176		229	5
家用纺织制成品制造	177	700	389	390
产业用纺织制成品制造	178	3	663	2259
纺织服装、服饰业	18	5500	71	579
机织服装制造	181	4080	51	51
针织或钩针编织服装制造	182	1420		528
服饰制造	183		20	
皮革、毛皮、羽毛及其制品和制鞋业	19	214		
皮革鞣制加工	191	61		
皮革制品制造	192			
毛皮鞣制及制品加工	193			
羽毛(绒)加工及制品制造	194			
制鞋业	195	153		
木材加工和木、竹、藤、棕、草制品业	20	293	2072	81
木材加工	201	80		
人造板制造	202	210	2043	51
木质制品制造	203	3	29	29
竹、藤、棕、草等制品制造	204			
家具制造业	21	73	42	5
木质家具制造	211	28	42	5
竹、藤家具制造	212			
金属家具制造	213			
塑料家具制造	214			
其他家具制造	219	45		
造纸和纸制品业	22	1473	19495	28009
纸浆制造	221			
造纸	222	1391	19052	27756
纸制品制造	223	82	443	253
印刷和记录媒介复制业	23	384	2200	2725
印刷	231	351	2200	2711
装订及印刷相关服务	232			
记录媒介复制	233	33		14
文教、工美、体育和娱乐用品制造业	24	11962	16287	3971
文教办公用品制造	241	279	216	247
乐器制造	242			
工艺美术及礼仪用品制造	243	549	940	264
体育用品制造	244	11124	14603	3441
玩具制造	245	10	3	
游艺器材及娱乐用品制造	246		526	20
石油、煤炭及其他燃料加工业	25	1703	8191	15818

1-I-3 续表 2

单位：万元

行　业	代码	来自政府部门的研究开发经费	研究开发费用加计扣除减免税	高新技术企业减免税
精炼石油产品制造	252	1698	6968	15818
煤炭加工	252	5	1223	
核燃料加工	253			
生物质燃料加工	254			
化学原料和化学制品制造业	26	117922	54273	133788
基础化学原料制造	261	3211	7693	17695
肥料制造	262	2944	2667	17362
农药制造	263	1272	2164	8570
涂料、油墨、颜料及类似产品制造	264	2081	1460	947
合成材料制造	265	102346	23192	62915
专用化学产品制造	266	5171	15620	20110
炸药、火工及焰火产品制造	267	498	119	32
日用化学产品制造	268	400	1358	6157
医药制造业	27	32517	88826	202061
化学药品原料药制造	271	3927	34399	35537
化学药品制剂制造	272	16391	23201	74459
中药饮片加工	273	196	182	2280
中成药生产	274	3102	7065	34307
兽用药品制造	275	743	2382	10019
生物药品制品制造	276	3658	10133	24279
卫生材料及医药用品制造	277	4493	10983	20974
药用辅料及包装材料	278	6	481	205
化学纤维制造业	28	1286	978	1665
纤维素纤维原料及纤维制造	281	50		
合成纤维制造	282	505	978	1665
生物基材料制造	283	731		
橡胶和塑料制品业	29	1694	14011	33903
橡胶制品业	291	789	10272	31194
塑料制品业	292	906	3740	2709
非金属矿物制品业	30	17726	25184	33007
水泥、石灰和石膏制造	301		340	252
石膏、水泥制品及类似制品制造	302	56	1263	1229
砖瓦、石材等建筑材料制造	303	1732	2283	5312
玻璃制造	304	100	2088	60
玻璃制品制造	305	245	2219	7840
玻璃纤维和玻璃纤维增强塑料制品制造	306	945	1278	12022
陶瓷制品制造	307	3841	2734	1803
耐火材料制品制造	308	215	232	160
石墨及其他非金属矿物制品制造	309	10592	12747	4332
黑色金属冶炼和压延加工业	31	740	27771	39716
炼铁	311			
炼钢	312		2789	
钢压延加工	313	740	6284	27118
铁合金冶炼	314		18698	12598
有色金属冶炼和压延加工业	32	3034	20887	30268
常用有色金属冶炼	321	1070	8736	6203
贵金属冶炼	322	400	920	4720
稀有稀土金属冶炼	323			
有色金属合金制造	324	449	1565	189
有色金属压延加工	325	1116	9665	19156
金属制品业	33	11420	14487	24118

1-I-3 续表 3 单位：万元

行 业	代码	来自政府部门的研究开发经费	研究开发费用加计扣除减免税	高新技术企业减免税
结构性金属制品制造	331	178	2913	482
金属工具制造	332	364	781	690
集装箱及金属包装容器制造	333	175	4034	2312
金属丝绳及其制品制造	334	147	401	
建筑、安全用金属制品制造	335	169	2252	10028
金属表面处理及热处理加工	336	79	30	122
搪瓷制品制造	337			
金属制日用品制造	338	7	7	
铸造及其他金属制品制造	339	10302	4069	10483
通用设备制造业	34	22296	50703	108859
锅炉及原动设备制造	341	11390	24198	78313
金属加工机械制造	342	6160	6226	10709
物料搬运设备制造	343	200	4543	501
泵、阀门、压缩机及类似机械制造	344	1630	3657	4365
轴承、齿轮和传动部件制造	345	87	1618	1878
烘炉、风机、包装等设备制造	346	1044	4605	9035
文化、办公用机械制造	347	734	3656	490
通用零部件制造	348	690	1591	1946
其他通用设备制造业	349	361	608	1623
专用设备制造业	35	18729	35192	55292
采矿、冶金、建筑专用设备制造	351	5930	13535	19790
化工、木材、非金属加工专用设备制造	352	228	3707	9901
食品、饮料、烟草及饲料生产专用设备制造	353	235	430	372
印刷、制药、日化及日用品生产专用设备制造	354	281	879	1085
纺织、服装和皮革加工专用设备制造	355	1140	686	890
电子和电工机械专用设备制造	356	764	2229	6251
农、林、牧、渔专用机械制造	357	6926	2296	2040
医疗仪器设备及器械制造	358	1979	6327	7319
环保、邮政、社会公共服务及其他专用设备制造	359	1246	5102	7645
汽车制造业	36	6463	21927	41239
汽车整车制造	361	3575	9524	17418
汽车用发动机制造	362	80	2108	1113
改装汽车制造	363	494	1048	9203
低速汽车制造	364	1345	1451	3554
电车制造	365	38		
汽车车身、挂车制造	366	69	1077	865
汽车零部件及配件制造	367	863	6718	9086
铁路、船舶、航空航天和其他运输设备制造业	37	13330	7437	58896
铁路运输设备制造	371	9375	5194	56338
城市轨道交通设备制造	372	40		
船舶及相关装置制造	373	3915	1974	2555
航空、航天器及设备制造	374			
摩托车制造	375		269	3
自行车和残疾人座车制造	376			
助动车制造	377			
非公路休闲车及零配件制造	378			
潜水救捞及其他未列明运输设备制造	379			
电气机械和器材制造业	38	34622	37927	87434
电机制造	381	2337	1412	1185
输配电及控制设备制造	382	1889	10374	15848
电线、电缆、光缆及电工器材制造	383	1637	2530	5646

1-I-3 续表 4

单位：万元

行业	代码	来自政府部门的研究开发经费	研究开发费用加计扣除减免税	高新技术企业减免税
电池制造	384	132	5747	5338
家用电力器具制造	385	28312	14404	58470
非电力家用器具制造	386	110	2551	75
照明器具制造	387	162	345	318
其他电气机械及器材制造	389	44	564	555
计算机、通信和其他电子设备制造业	39	20470	107716	54296
计算机制造	391	1040	18094	20633
通信设备制造	392	406	4495	1923
广播电视设备制造	393	252	297	103
雷达及配套设备制造	394			
非专业视听设备制造	395	7767	65834	27426
智能消费设备制造	396	450	7542	3
电子器件制造	397	6781	5849	1608
电子元件及电子专用材料制造	398	3366	5490	2436
其他电子设备制造	399	408	116	164
仪器仪表制造业	40	5242	7479	14114
通用仪器仪表制造	401	2138	4838	5250
专用仪器仪表制造	402	2043	1896	7907
钟表与计时仪器制造	403	156	84	120
光学仪器制造	404	834	184	45
衡器制造	405	48	287	196
其他仪器仪表制造业	409	23	190	597
其他制造业	41	25	9	9
日用杂品制造	411			
核辐射加工	412			
其他未列明制造业	419	25	9	9
废弃资源综合利用业	42	409	46	512
金属废料和碎屑加工处理	421		20	404
非金属废料和碎屑加工处理	422	409	26	108
金属制品、机械和设备修理业	43	130	672	546
金属制品修理	431			
通用设备修理	432			
专用设备修理	433			
铁路、船舶、航空航天等运输设备修理	434	130	672	546
电气设备修理	435			
仪器仪表修理	436			
其他机械和设备修理业	439			
电力、热力、燃气及水生产和供应业	**D**	**3443**	**700**	**1391**
电力、热力生产和供应业	44	1255	237	661
电力生产	441	1225	82	661
电力供应	442	30	155	
热力生产和供应	443			
燃气生产和供应业	45	702	188	
燃气生产和供应业	451			
生物质燃气生产和供应业	452	702	188	
水的生产和供应业	46	1487	276	730
自来水生产和供应	461			
污水处理及其再生利用	462	1487	276	730
海水淡化处理	463			
其他水的处理、利用与分配	469			

1-I-4　分行业大中型企业政府相关政策落实情况

单位：万元

行　业	代码	来自政府部门的研究开发经费	研究开发费用加计扣除减免税	高新技术企业减免税
总　计	**00**	**314980**	**499475**	**916151**
采矿业	**B**	**28236**	**18325**	**19287**
煤炭开采和洗选业	06	2496	11096	13279
烟煤和无烟煤开采洗选	061	2496	10684	13279
褐煤开采洗选	062			
其他煤炭采选	069		412	
石油和天然气开采业	07	21341	5343	
石油开采	071	21341	5343	
天然气开采	072			
黑色金属矿采选业	08	270	33	
铁矿采选	081	270	33	
锰矿、铬矿采选	082			
其他黑色金属矿采选	089			
有色金属矿采选业	09	649	1854	6009
常用有色金属矿采选	091			
贵金属矿采选	092	649	1793	6009
稀有稀土金属矿采选	093		60	
非金属矿采选业	10	183		
土砂石开采	101			
化学矿开采	102			
采盐	103	183		
石棉及其他非金属矿采选	109			
开采专业及辅助性活动	11	3298		
煤炭开采和洗选专业及辅助性活动	111			
石油和天然气开采专业及辅助性活动	112	3298		
其他开采专业及辅助性活动	119			
其他采矿业	12			
其他采矿业	120			
制造业	**C**	**286713**	**480920**	**896203**
农副食品加工业	13	4670	1184	886
谷物磨制	131		75	
饲料加工	132	56	293	180
植物油加工	133	675	453	580
制糖业	134			
屠宰及肉类加工	135	682	146	7
水产品加工	136	2695	217	98
蔬菜、菌类、水果和坚果加工	137			21
其他农副食品加工	139	563		
食品制造业	14	970	2313	11247
焙烤食品制造	141		9	
糖果、巧克力及蜜饯制造	142			
方便食品制造	143	46	163	46
乳制品制造	144	180		
罐头食品制造	145			
调味品、发酵制品制造	146	704	926	2891
其他食品制造	149	40	1215	8310
酒、饮料和精制茶制造业	15	1519	476	1130
酒的制造	151	1483	370	162
饮料制造	152	36	106	968
精制茶加工	153			

1-I-4 续表 1

单位：万元

行　业	代码	来自政府部门的研究开发经费	研究开发费用加计扣除减免税	高新技术企业减免税
烟草制品业	16			
烟叶复烤	161			
卷烟制造	162			
其他烟草制品制造	169			
纺织业	17	3620	8663	3138
棉纺织及印染精加工	171	2524	8253	2474
毛纺织及染整精加工	172	396	21	299
麻纺织及染整精加工	173			
丝绢纺织及印染精加工	174			
化纤织造及印染精加工	175			
针织或钩针编织物及其制品制造	176			
家用纺织制成品制造	177	700	389	365
产业用纺织制成品制造	178			
纺织服装、服饰业	18	5410	51	579
机织服装制造	181	4000	51	51
针织或钩针编织服装制造	182	1410		528
服饰制造	183			
皮革、毛皮、羽毛及其制品和制鞋业	19	214		
皮革鞣制加工	191	61		
皮革制品制造	192			
毛皮鞣制及制品加工	193			
羽毛(绒)加工及制品制造	194			
制鞋业	195	153		
木材加工和木、竹、藤、棕、草制品业	20	114	2043	51
木材加工	201			
人造板制造	202	114	2043	51
木质制品制造	203			
竹、藤、棕、草等制品制造	204			
家具制造业	21	27	18	
木质家具制造	211	27	18	
竹、藤家具制造	212			
金属家具制造	213			
塑料家具制造	214			
其他家具制造	219			
造纸和纸制品业	22	1415	18030	27706
纸浆制造	221			
造纸	222	1390	17852	27469
纸制品制造	223	24	179	237
印刷和记录媒介复制业	23	311	1483	2113
印刷	231	311	1483	2113
装订及印刷相关服务	232			
记录媒介复制	233			
文教、工美、体育和娱乐用品制造业	24	11600	14824	3641
文教办公用品制造	241		48	161
乐器制造	242			
工艺美术及礼仪用品制造	243	499	554	238
体育用品制造	244	11101	14222	3242
玩具制造	245			
游艺器材及娱乐用品制造	246			
石油、煤炭及其他燃料加工业	25	1646	8046	15516

1-I-4　续表 2　　　　单位：万元

行　业	代码	来自政府部门的研究开发经费	研究开发费用加计扣除减免税	高新技术企业减免税
精炼石油产品制造	251	1642	6823	15516
煤炭加工	252	5	1223	
核燃料加工	253			
生物质燃料加工	254			
化学原料和化学制品制造业	26	112210	40099	118795
基础化学原料制造	261	2754	5024	15898
肥料制造	262	2515	1866	16998
农药制造	263	1024	1756	6542
涂料、油墨、颜料及类似产品制造	264	2081	198	555
合成材料制造	265	101154	19222	60429
专用化学产品制造	266	1908	10834	13682
炸药、火工及焰火产品制造	267	495	117	30
日用化学产品制造	268	280	1082	4662
医药制造业	27	27848	79995	192466
化学药品原料药制造	271	3275	32703	35241
化学药品制剂制造	272	15720	22204	72897
中药饮片加工	273	17	87	2206
中成药生产	274	2487	6096	33008
兽用药品制造	275	613	2005	9812
生物药品制品制造	276	1689	6633	19060
卫生材料及医药用品制造	277	4047	10200	20074
药用辅料及包装材料	278		68	169
化学纤维制造业	28	781	200	
纤维素纤维原料及纤维制造	281	50		
合成纤维制造	282		200	
生物基材料制造	283	731		
橡胶和塑料制品业	29	556	10470	31981
橡胶制品业	291	556	9817	30796
塑料制品业	292		653	1185
非金属矿物制品业	30	15522	20345	29358
水泥、石灰和石膏制造	301		337	
石膏、水泥制品及类似制品制造	302	50	726	20
砖瓦、石材等建筑材料制造	303	378	1437	4799
玻璃制造	304	100	1815	
玻璃制品制造	305	245	1738	7776
玻璃纤维和玻璃纤维增强塑料制品制造	306	899	571	12001
陶瓷制品制造	307	3281	2176	1622
耐火材料制品制造	308	90		69
石墨及其他非金属矿物制品制造	309	10479	11545	3072
黑色金属冶炼和压延加工业	31	538	26770	39716
炼铁	311			
炼钢	312		2789	
钢压延加工	313	538	6283	27118
铁合金冶炼	314		17698	12598
有色金属冶炼和压延加工业	32	2458	18859	29268
常用有色金属冶炼	321	1070	8736	6203
贵金属冶炼	322	400	822	4720
稀有稀土金属冶炼	323			
有色金属合金制造	324			
有色金属压延加工	325	988	9301	18346

1-I-4 续表 3

单位：万元

行 业	代码	来自政府部门的研究开发经费	研究开发费用加计扣除减免税	高新技术企业减免税
金属制品业	33	614	8495	21150
结构性金属制品制造	331	113	923	171
金属工具制造	332		523	257
集装箱及金属包装容器制造	333	150	2054	1534
金属丝绳及其制品制造	334	50	401	
建筑、安全用金属制品制造	335		1901	10005
金属表面处理及热处理加工	336		16	
搪瓷制品制造	337			
金属制日用品制造	338		2	
铸造及其他金属制品制造	339	301	2675	9183
通用设备制造业	34	19490	39552	96004
锅炉及原动设备制造	341	11255	23456	72869
金属加工机械制造	342	5372	3009	9685
物料搬运设备制造	343		3155	350
泵、阀门、压缩机及类似机械制造	344	1170	1943	2009
轴承、齿轮和传动部件制造	345	70	404	1058
烘炉、风机、包装等设备制造	346	281	3284	7396
文化、办公用机械制造	347	734	2960	
通用零部件制造	348	564	1057	1668
其他通用设备制造业	349	44	284	970
专用设备制造业	35	11100	24474	44067
采矿、冶金、建筑专用设备制造	351	4973	11793	18736
化工、木材、非金属加工专用设备制造	352	45	2424	8348
食品、饮料、烟草及饲料生产专用设备制造	353	13	113	262
印刷、制药、日化及日用品生产专用设备制造	354	60	141	487
纺织、服装和皮革加工专用设备制造	355	844	424	428
电子和电工机械专用设备制造	356	473	1205	5837
农、林、牧、渔专用机械制造	357	3128	775	1804
医疗仪器设备及器械制造	358	1299	5492	5224
环保、邮政、社会公共服务及其他专用设备制造	359	266	2107	2941
汽车制造业	36	5876	18585	38273
汽车整车制造	361	3563	9350	17418
汽车用发动机制造	362	80	1815	821
改装汽车制造	363	449	916	8537
低速汽车制造	364	1345	1451	3554
电车制造	365			
汽车车身、挂车制造	366	30	389	80
汽车零部件及配件制造	367	409	4664	7864
铁路、船舶、航空航天和其他运输设备制造业	37	12838	6419	54540
铁路运输设备制造	371	9274	4475	52201
城市轨道交通设备制造	372			
船舶及相关装置制造	373	3564	1675	2336
航空、航天器及设备制造	374			
摩托车制造	375		269	3
自行车和残疾人座车制造	376			
助动车制造	377			
非公路休闲车及零配件制造	378			
潜水救捞及其他未列明运输设备制造	379			
电气机械和器材制造业	38	31440	24920	74982
电机制造	381	737	686	700

1-I-4　续表 4　　　　单位：万元

行　业	代码	来自政府部门的研究开发经费	研究开发费用加计扣除减免税	高新技术企业减免税
输配电及控制设备制造	382	1050	5787	12108
电线、电缆、光缆及电工器材制造	383	1381	1464	3898
电池制造	384		364	
家用电力器具制造	385	28203	14126	58098
非电力家用器具制造	386	70	2282	
照明器具制造	387		211	178
其他电气机械及器材制造	389			
计算机、通信和其他电子设备制造业	39	10859	101162	51281
计算机制造	391	512	17874	20341
通信设备制造	392	200	2861	950
广播电视设备制造	393		4	
雷达及配套设备制造	394			
非专业视听设备制造	395	6153	65759	27385
智能消费设备制造	396		7490	
电子器件制造	397	3165	4551	760
电子元件及电子专用材料制造	398	829	2623	1846
其他电子设备制造	399			
仪器仪表制造业	40	2940	2840	7912
通用仪器仪表制造	401	637	1636	1783
专用仪器仪表制造	402	1947	649	5596
钟表与计时仪器制造	403		52	
光学仪器制造	404	290	162	26
衡器制造	405	43	268	196
其他仪器仪表制造业	409	23	73	311
其他制造业	41			
日用杂品制造	411			
核辐射加工	412			
其他未列明制造业	419			
废弃资源综合利用业	42			
金属废料和碎屑加工处理	421			
非金属废料和碎屑加工处理	422			
金属制品、机械和设备修理业	43	130	604	403
金属制品修理	431			
通用设备修理	432			
专用设备修理	433			
铁路、船舶、航空航天等运输设备修理	434	130	604	403
电气设备修理	435			
仪器仪表修理	436			
其他机械和设备修理业	439			
电力、热力、燃气及水生产和供应业	**D**	**30**	**230**	**661**
电力、热力生产和供应业	44	30	230	661
电力生产	441		75	661
电力供应	442	30	155	
热力生产和供应	443			
燃气生产和供应业	45			
燃气生产和供应业	451			
水的生产和供应业	46			
自来水生产和供应	461			
污水处理及其再生利用	462			
其他水的处理、利用与分配	469			

1-I-5　分行业内资企业政府相关政策落实情况

单位：万元

行　业	代码	来自政府部门的研究开发经费	研究开发费用加计扣除减免税	高新技术企业减免税
总　计	**00**	**369413**	**538568**	**870857**
采矿业	**B**	**28269**	**16858**	**19287**
煤炭开采和洗选业	06	2529	9629	13279
烟煤和无烟煤开采洗选	061	2529	9217	13279
褐煤开采洗选	062			
其他煤炭采选	069		412	
石油和天然气开采业	07	21341	5343	
石油开采	071	21341	5343	
天然气开采	072			
黑色金属矿采选业	08	270	33	
铁矿采选	081	270	33	
锰矿、铬矿采选	082			
其他黑色金属矿采选	089			
有色金属矿采选业	09	649	1854	6009
常用有色金属矿采选	091			
贵金属矿采选	092	649	1793	6009
稀有稀土金属矿采选	093		60	
非金属矿采选业	10	183		
土砂石开采	101			
化学矿开采	102			
采盐	103	183		
石棉及其他非金属矿采选	109			
开采专业及辅助性活动	11	3298		
煤炭开采和洗选专业及辅助性活动	111			
石油和天然气开采专业及辅助性活动	112	3298		
其他开采专业及辅助性活动	119			
其他采矿业	12			
其他采矿业	120			
制造业	**C**	**338907**	**521010**	**850179**
农副食品加工业	13	4576	3979	6141
谷物磨制	131	65	75	
饲料加工	132	474	1524	4698
植物油加工	133	790	555	692
制糖业	134	45		
屠宰及肉类加工	135	793	360	7
水产品加工	136	1585	200	104
蔬菜、菌类、水果和坚果加工	137	119	367	235
其他农副食品加工	139	705	899	405
食品制造业	14	12853	5070	4690
焙烤食品制造	141	5	9	
糖果、巧克力及蜜饯制造	142		123	
方便食品制造	143	46	163	46
乳制品制造	144	200		
罐头食品制造	145	130		
调味品、发酵制品制造	146	730	463	2774
其他食品制造	149	11742	4311	1870
酒、饮料和精制茶制造业	15	1973	278	259
酒的制造	151	1651	176	162
饮料制造	152	321	102	97
精制茶加工	153	1		

1-I-5　续表 1　　　　单位：万元

行　业	代码	来自政府部门的研究开发经费	研究开发费用加计扣除减免税	高新技术企业减免税
烟草制品业	16			
烟叶复烤	161			
卷烟制造	162			
其他烟草制品制造	169			
纺织业	17	3083	6888	2430
棉纺织及印染精加工	171	1983	5615	128
毛纺织及染整精加工	172	396	21	299
麻纺织及染整精加工	173			
丝绢纺织及印染精加工	174			
化纤织造及印染精加工	175		3	
针织或钩针编织物及其制品制造	176		229	5
家用纺织制成品制造	177	700	389	365
产业用纺织制成品制造	178	3	630	1633
纺织服装、服饰业	18	5500	71	579
机织服装制造	181	4080	51	51
针织或钩针编织服装制造	182	1420		528
服饰制造	183		20	
皮革、毛皮、羽毛及其制品和制鞋业	19	163		
皮革鞣制加工	191	10		
皮革制品制造	192			
毛皮鞣制及制品加工	193			
羽毛(绒)加工及制品制造	194			
制鞋业	195	153		
木材加工和木、竹、藤、棕、草制品业	20	133	2072	81
木材加工	201	33		
人造板制造	202	97	2043	51
木质制品制造	203	3	29	29
竹、藤、棕、草等制品制造	204			
家具制造业	21	73	42	5
木质家具制造	211	28	42	5
竹、藤家具制造	212			
金属家具制造	213			
塑料家具制造	214			
其他家具制造	219	45		
造纸和纸制品业	22	1456	19178	13032
纸浆制造	221			
造纸	222	1374	18926	12779
纸制品制造	223	82	251	253
印刷和记录媒介复制业	23	347	1461	2500
印刷	231	347	1461	2500
装订及印刷相关服务	232			
记录媒介复制	233			
文教、工美、体育和娱乐用品制造业	24	11962	16088	3655
文教办公用品制造	241	279	168	76
乐器制造	242			
工艺美术及礼仪用品制造	243	549	940	264
体育用品制造	244	11124	14452	3295
玩具制造	245	10	3	
游艺器材及娱乐用品制造	246		526	20
石油、煤炭及其他燃料加工业	25	1703	8135	15818

1-I-5 续表 2

单位：万元

行业	代码	来自政府部门的研究开发经费	研究开发费用加计扣除减免税	高新技术企业减免税
精炼石油产品制造	251	1698	6912	15818
煤炭加工	252	5	1223	
核燃料加工	253			
生物质燃料加工	254			
化学原料和化学制品制造业	26	117460	45103	131419
基础化学原料制造	261	3183	7363	17347
肥料制造	262	2944	2667	17362
农药制造	263	1272	2164	8570
涂料、油墨、颜料及类似产品制造	264	2081	1460	947
合成材料制造	265	102081	21711	61842
专用化学产品制造	266	5002	8261	19162
炸药、火工及焰火产品制造	267	498	119	32
日用化学产品制造	268	400	1358	6157
医药制造业	27	29479	69676	143407
化学药品原料药制造	271	2335	22993	18520
化学药品制剂制造	272	16247	22802	65214
中药饮片加工	273	196	182	2280
中成药生产	274	2140	3849	21845
兽用药品制造	275	743	2107	10019
生物药品制品制造	276	3560	8251	20820
卫生材料及医药用品制造	277	4251	9012	4503
药用辅料及包装材料	278	6	481	205
化学纤维制造业	28	1286	326	1235
纤维素纤维原料及纤维制造	281	50		
合成纤维制造	282	505	326	1235
生物基材料制造	283	731		
橡胶和塑料制品业	29	1694	13250	33213
橡胶制品业	291	789	10272	31194
塑料制品业	292	906	2978	2018
非金属矿物制品业	30	17335	24601	30043
水泥、石灰和石膏制造	301		340	
石膏、水泥制品及类似制品制造	302	56	1263	1229
砖瓦、石材等建筑材料制造	303	1612	1971	2842
玻璃制造	304	100	2088	60
玻璃制品制造	305	245	2219	7840
玻璃纤维和玻璃纤维增强塑料制品制造	306	945	1278	12022
陶瓷制品制造	307	3570	2583	1679
耐火材料制品制造	308	215	232	160
石墨及其他非金属矿物制品制造	309	10592	12627	4213
黑色金属冶炼和压延加工业	31	705	27771	39716
炼铁	311			
炼钢	312		2789	
钢压延加工	313	705	6284	27118
铁合金冶炼	314		18698	12598
有色金属冶炼和压延加工业	32	2834	20887	30268
常用有色金属冶炼	321	870	8736	6203
贵金属冶炼	322	400	920	4720
稀有稀土金属冶炼	323			
有色金属合金制造	324	449	1565	189
有色金属压延加工	325	1116	9665	19156
金属制品业	33	11315	13431	22939

1-I-5 续表 3

单位：万元

行 业	代码	来自政府部门的研究开发经费	研究开发费用加计扣除减免税	高新技术企业减免税
结构性金属制品制造	331	178	2913	482
金属工具制造	332	364	776	679
集装箱及金属包装容器制造	333	175	3365	2260
金属丝绳及其制品制造	334	147	401	
建筑、安全用金属制品制造	335	169	2041	10028
金属表面处理及热处理加工	336	79	30	122
搪瓷制品制造	337			
金属制日用品制造	338	7	5	
铸造及其他金属制品制造	339	10197	3900	9368
通用设备制造业	34	22162	49192	99305
锅炉及原动设备制造	341	11390	24099	74018
金属加工机械制造	342	6160	6194	10685
物料搬运设备制造	343	185	4531	418
泵、阀门、压缩机及类似机械制造	344	1569	3247	1547
轴承、齿轮和传动部件制造	345	87	1618	1878
烘炉、风机、包装等设备制造	346	1044	3867	7905
文化、办公用机械制造	347	734	3656	490
通用零部件制造	348	632	1373	742
其他通用设备制造业	349	361	608	1623
专用设备制造业	35	18215	32298	37044
采矿、冶金、建筑专用设备制造	351	5446	12276	6402
化工、木材、非金属加工专用设备制造	352	228	3380	9653
食品、饮料、烟草及饲料生产专用设备制造	353	235	430	372
印刷、制药、日化及日用品生产专用设备制造	354	266	810	681
纺织、服装和皮革加工专用设备制造	355	1140	686	890
电子和电工机械专用设备制造	356	764	2173	6216
农、林、牧、渔专用机械制造	357	6911	1899	479
医疗仪器设备及器械制造	358	1979	5772	5126
环保、邮政、社会公共服务及其他专用设备制造	359	1246	4871	7226
汽车制造业	36	6396	20059	28800
汽车整车制造	361	3575	9524	17418
汽车用发动机制造	362	80	2108	1113
改装汽车制造	363	494	1048	2122
低速汽车制造	364	1345	1451	3554
电车制造	365	38		
汽车车身、挂车制造	366	69	1077	865
汽车零部件及配件制造	367	796	4851	3729
铁路、船舶、航空航天和其他运输设备制造业	37	10041	6989	56042
铁路运输设备制造	371	9375	5016	53487
城市轨道交通设备制造	372	40		
船舶及相关装置制造	373	626	1974	2555
航空、航天器及设备制造	374			
摩托车制造	375			
自行车和残疾人座车制造	376			
助动车制造	377			
非公路休闲车及零配件制造	378			
潜水救捞及其他未列明运输设备制造	379			
电气机械和器材制造业	38	34323	33372	86465
电机制造	381	2303	1122	427
输配电及控制设备制造	382	1805	9135	15636
电线、电缆、光缆及电工器材制造	383	1637	2280	5646

1-I-5 续表 4

单位：万元

行业	代码	来自政府部门的研究开发经费	研究开发费用加计扣除减免税	高新技术企业减免税
电池制造	384	20	5698	5338
家用电力器具制造	385	28312	14404	58470
非电力家用器具制造	386	40	269	75
照明器具制造	387	162	345	318
其他电气机械及器材制造	389	44	119	555
计算机、通信和其他电子设备制造业	39	16340	95582	52815
计算机制造	391	1014	17445	19305
通信设备制造	392	406	3248	1923
广播电视设备制造	393	252	294	103
雷达及配套设备制造	394			
非专业视听设备制造	395	6153	64973	27426
智能消费设备制造	396	450	52	3
电子器件制造	397	4316	5636	1608
电子元件及电子专用材料制造	398	3341	3819	2282
其他电子设备制造	399	408	116	164
仪器仪表制造业	40	5068	5092	7613
通用仪器仪表制造	401	2126	2929	3878
专用仪器仪表制造	402	2043	1468	2778
钟表与计时仪器制造	403	156	33	120
光学仪器制造	404	672	184	45
衡器制造	405	48	287	196
其他仪器仪表制造业	409	23	190	597
其他制造业	41	25	9	9
日用杂品制造	411			
核辐射加工	412			
其他未列明制造业	419	25	9	9
废弃资源综合利用业	42	409	46	512
金属废料和碎屑加工处理	421		20	404
非金属废料和碎屑加工处理	422	409	26	108
金属制品、机械和设备修理业	43		68	144
金属制品修理	431			
通用设备修理	432			
专用设备修理	433			
铁路、船舶、航空航天等运输设备修理	434		68	144
电气设备修理	435			
仪器仪表修理	436			
其他机械和设备修理业	439			
电力、热力、燃气及水生产和供应业	**D**	**2236**	**700**	**1391**
电力、热力生产和供应业	44	48	237	661
电力生产	441	18	82	661
电力供应	442	30	155	
热力生产和供应	443			
燃气生产和供应业	45	702	188	
燃气生产和供应业	451			
生物质燃气生产和供应业	452	702	188	
水的生产和供应业	46	1487	276	730
自来水生产和供应	461			
污水处理及其再生利用	462	1487	276	730
海水淡化处理	463			
其他水的处理、利用与分配	469			

1-I-6　分行业港澳台商投资企业政府相关政策落实情况

单位：万元

行　业	代码	来自政府部门的研究开发经费	研究开发费用加计扣除减免税	高新技术企业减免税
总　计	**00**	**3196**	**23919**	**63700**
采矿业	**B**		**1467**	
煤炭开采和洗选业	06		1467	
烟煤和无烟煤开采洗选	061		1467	
褐煤开采洗选	062			
石油和天然气开采业	07			
石油开采	071			
天然气开采	072			
黑色金属矿采选业	08			
铁矿采选	081			
有色金属矿采选业	09			
常用有色金属矿采选	091			
贵金属矿采选	092			
非金属矿采选业	10			
土砂石开采	101			
化学矿开采	102			
采盐	103			
石棉及其他非金属矿采选	109			
开采专业及辅助性活动	11			
石油和天然气开采专业及辅助性活动	112			
制造业	**C**	**1989**	**22452**	**63700**
农副食品加工业	13	205	89	1
谷物磨制	131			
饲料加工	132			
植物油加工	133			
制糖业	134			
屠宰及肉类加工	135			
水产品加工	136			
蔬菜、菌类、水果和坚果加工	137	205	89	1
其他农副食品加工	139			
食品制造业	14	50	514	8412
焙烤食品制造	141			
糖果、巧克力及蜜饯制造	142			
方便食品制造	143			
乳制品制造	144			
罐头食品制造	145			
调味品、发酵制品制造	146			117
其他食品制造	149	50	514	8295
酒、饮料和精制茶制造业	15		13	
酒的制造	151		13	
饮料制造	152			
精制茶加工	153			
烟草制品业	16			
烟叶复烤	161			
其他烟草制品制造	169			
纺织业	17		2242	1005

1-I-6 续表 1

单位：万元

行　业	代码	来自政府部门的研究开发经费	研究开发费用加计扣除减免税	高新技术企业减免税
棉纺织及印染精加工	171		2209	492
毛纺织及染整精加工	172			
麻纺织及染整精加工	173			
丝绢纺织及印染精加工	174			
化纤织造及印染精加工	175			
针织或钩针编织物及其制品制造	176			
家用纺织制成品制造	177			
产业用纺织制成品制造	178		32	512
纺织服装、服饰业	18			
机织服装制造	181			
针织或钩针编织服装制造	182			
服饰制造	183			
皮革、毛皮、羽毛及其制品和制鞋业	19	51		
皮革鞣制加工	191	51		
皮革制品制造	192			
毛皮鞣制及制品加工	193			
羽毛(绒)加工及制品制造	194			
制鞋业	195			
木材加工和木、竹、藤、棕、草制品业	20	80		
木材加工	201			
人造板制造	202	80		
木质制品制造	203			
竹、藤、棕、草等制品制造	204			
家具制造业	21			
木质家具制造	211			
竹、藤家具制造	212			
金属家具制造	213			
塑料家具制造	214			
其他家具制造	219			
造纸和纸制品业	22	1	318	150
纸浆制造	221			
造纸	222	1	126	150
纸制品制造	223		191	
印刷和记录媒介复制业	23		534	
印刷	231		534	
装订及印刷相关服务	232			
记录媒介复制	233			
文教、工美、体育和娱乐用品制造业	24			10
文教办公用品制造	241			10
乐器制造	242			
工艺美术及礼仪用品制造	243			
体育用品制造	244			
玩具制造	245			
游艺器材及娱乐用品制造	246			
石油、煤炭及其他燃料加工业	25			
精炼石油产品制造	251			
煤炭加工	252			
生物质燃料加工	254			

1-I-6 续表 2

单位：万元

行 业	代码	来自政府部门的研究开发经费	研究开发费用加计扣除减免税	高新技术企业减免税
化学原料和化学制品制造业	26	120	530	3
基础化学原料制造	261			
肥料制造	262			
农药制造	263			
涂料、油墨、颜料及类似产品制造	264			
合成材料制造	265	120	530	3
专用化学产品制造	266			
炸药、火工及焰火产品制造	267			
日用化学产品制造	268			
医药制造业	27	951	10716	32443
化学药品原料药制造	271	792	6777	5828
化学药品制剂制造	272	144	211	9245
中药饮片加工	273			
中成药生产	274	15	138	1557
兽用药品制造	275			
生物药品制品制造	276		1790	3459
卫生材料及医药用品制造	277		1800	12355
药用辅料及包装材料	278			
化学纤维制造业	28		653	431
纤维素纤维原料及纤维制造	281			
合成纤维制造	282		653	431
橡胶和塑料制品业	29		737	641
橡胶制品业	291			
塑料制品业	292		737	641
非金属矿物制品业	30	120	317	2738
水泥、石灰和石膏制造	301			252
石膏、水泥制品及类似制品制造	302			
砖瓦、石材等建筑材料制造	303	120	312	2410
玻璃制造	304			
玻璃制品制造	305			
玻璃纤维和玻璃纤维增强塑料制品制造	306			
陶瓷制品制造	307		5	76
耐火材料制品制造	308			
石墨及其他非金属矿物制品制造	309			
黑色金属冶炼和压延加工业	31			
炼铁	311			
炼钢	312			
钢压延加工	313			
铁合金冶炼	314			
有色金属冶炼和压延加工业	32			
常用有色金属冶炼	321			
贵金属冶炼	322			
稀有稀土金属冶炼	323			
有色金属合金制造	324			
有色金属压延加工	325			
金属制品业	33		69	190
结构性金属制品制造	331			
金属工具制造	332			

1-I-6 续表 3

单位：万元

行　业	代码	来自政府部门的研究开发经费	研究开发费用加计扣除减免税	高新技术企业减免税
集装箱及金属包装容器制造	333			52
金属丝绳及其制品制造	334			
建筑、安全用金属制品制造	335			
金属表面处理及热处理加工	336			
搪瓷制品制造	337			
金属制日用品制造	338			
铸造及其他金属制品制造	339		69	138
通用设备制造业	34	89	444	6103
锅炉及原动设备制造	341			4043
金属加工机械制造	342			
物料搬运设备制造	343	10	12	83
泵、阀门、压缩机及类似机械制造	344	61		
轴承、齿轮和传动部件制造	345			
烘炉、风机、包装等设备制造	346		213	773
文化、办公用机械制造	347			
通用零部件制造	348	18	219	1204
其他通用设备制造业	349			
专用设备制造业	35	31	793	2114
采矿、冶金、建筑专用设备制造	351			163
化工、木材、非金属加工专用设备制造	352		327	248
食品、饮料、烟草及饲料生产专用设备制造	353			
印刷、制药、日化及日用品生产专用设备制造	354	15	69	172
纺织、服装和皮革加工专用设备制造	355			
电子和电工机械专用设备制造	356			
农、林、牧、渔专用机械制造	357	16	397	1531
医疗仪器设备及器械制造	358			
环保、邮政、社会公共服务及其他专用设备制造	359			
汽车制造业	36	30		7275
汽车整车制造	361			
汽车用发动机制造	362			
改装汽车制造	363			7082
汽车车身、挂车制造	364			
汽车零部件及配件制造	366	30		193
铁路、船舶、航空航天和其他运输设备制造业	37		269	327
铁路运输设备制造	371			324
城市轨道交通设备制造	372			
船舶及相关装置制造	373			
航空、航天器及设备制造	374			
摩托车制造	375		269	3
自行车和残疾人座车制造	376			
助动车制造	377			
非公路休闲车及零配件制造	378			
潜水救捞及其他未列明运输设备制造	379			
电气机械和器材制造业	38	132	49	
电机制造	381			
输配电及控制设备制造	382	20		
电线、电缆、光缆及电工器材制造	383			
电池制造	384	112	49	

1-I-6 续表 4

单位：万元

行 业	代码	来自政府部门的研究开发经费	研究开发费用加计扣除减免税	高新技术企业减免税
家用电力器具制造	385			
非电力家用器具制造	386			
照明器具制造	387			
其他电气机械及器材制造	389			
计算机、通信和其他电子设备制造业	39		1879	84
计算机制造	391			
通信设备制造	392		233	
广播电视设备制造	393		4	
雷达及配套设备制造	394			
非专业视听设备制造	395		658	
智能消费设备制造	396			
电子器件制造	397		60	
电子元件及电子专用材料制造	398		925	84
其他电子设备制造	399			
仪器仪表制造业	40		1684	1373
通用仪器仪表制造	401		1632	1373
专用仪器仪表制造	402			
钟表与计时仪器制造	403		52	
光学仪器制造	404			
衡器制造	405			
其他仪器仪表制造业	409			
其他制造业	41			
日用杂品制造	411			
其他未列明制造业	419			
废弃资源综合利用业	42			
金属废料和碎屑加工处理	421			
非金属废料和碎屑加工处理	422			
金属制品、机械和设备修理业	43	130	604	403
金属制品修理	431			
通用设备修理	432			
专用设备修理	433			
铁路、船舶、航空航天等运输设备修理	434	130	604	403
电气设备修理	435			
仪器仪表修理	436			
其他机械和设备修理业	439			
电力、热力、燃气及水生产和供应业	**D**	**1207**		
电力、热力生产和供应业	44	1207		
电力生产	441	1207		
电力供应	442			
热力生产和供应	443			
燃气生产和供应业	45			
燃气生产和供应业	451			
生物质燃气生产和供应业	452			
水的生产和供应业	46			
自来水生产和供应	461			
污水处理及其再生利用	462			
海水淡化处理	463			
其他水的处理、利用与分配	469			

1–I–7 分行业外商投资企业政府相关政策落实情况

单位：万元

行业	代码	来自政府部门的研究开发经费	研究开发费用加计扣除减免税	高新技术企业减免税
总计	**00**	**13855**	**42824**	**83702**
采矿业	**B**			
煤炭开采和洗选业	06			
烟煤和无烟煤开采洗选	061			
石油和天然气开采业	07			
石油开采	071			
天然气开采	072			
黑色金属矿采选业	08			
铁矿采选	081			
锰矿、铬矿采选	082			
有色金属矿采选业	09			
常用有色金属矿采选	091			
贵金属矿采选	092			
稀有稀土金属矿采选	093			
非金属矿采选业	10			
土砂石开采	101			
化学矿开采	102			
采盐	103			
石棉及其他非金属矿采选	109			
开采专业及辅助性活动	11			
石油和天然气开采专业及辅助性活动	111			
制造业	**C**	**13855**	**42824**	**83702**
农副食品加工业	13	1562	474	103
谷物磨制	131	5		
饲料加工	132			
植物油加工	133			
制糖业	134			
屠宰及肉类加工	135	225	215	
水产品加工	136	1110	112	103
蔬菜、菌类、水果和坚果加工	137		147	
其他农副食品加工	139	223		
食品制造业	14	160	1257	476
焙烤食品制造	141			
糖果、巧克力及蜜饯制造	142			
方便食品制造	143			
乳制品制造	144	130		
罐头食品制造	145			
调味品、发酵制品制造	146		612	
其他食品制造	149	30	646	476
酒、饮料和精制茶制造业	15	75	296	968
酒的制造	151	39	194	
饮料制造	152	36	101	968
精制茶加工	153			
烟草制品业	16			
其他烟草制品制造	169			
纺织业	17	559	1305	2185

1-I-7　续表 1　　　　单位：万元

行　业	代码	来自政府部门的研究开发经费	研究开发费用加计扣除减免税	高新技术企业减免税
棉纺织及印染精加工	171	559	1305	2046
毛纺织及染整精加工	172			
麻纺织及染整精加工	173			
丝绢纺织及印染精加工	174			
化纤织造及印染精加工	175			
针织或钩针编织物及其制品制造	176			
家用纺织制成品制造	177			25
产业用纺织制成品制造	178			114
纺织服装、服饰业	18			
机织服装制造	181			
针织或钩针编织服装制造	182			
服饰制造	183			
皮革、毛皮、羽毛及其制品和制鞋业	19			
皮革鞣制加工	191			
皮革制品制造	192			
毛皮鞣制及制品加工	193			
羽毛(绒)加工及制品制造	194			
制鞋业	195			
木材加工和木、竹、藤、棕、草制品业	20	80		
木材加工	201	47		
人造板制造	202	33		
木质制品制造	203			
竹、藤、棕、草等制品制造	204			
家具制造业	21			
木质家具制造	211			
金属家具制造	213			
塑料家具制造	214			
其他家具制造	219			
造纸和纸制品业	22	16		14828
纸浆制造	221			
造纸	222	16		14828
纸制品制造	223			
印刷和记录媒介复制业	23	37	205	225
印刷	231	4	205	211
装订及印刷相关服务	232			
记录媒介复制	233	33		14
文教、工美、体育和娱乐用品制造业	24		199	307
文教办公用品制造	241		48	161
乐器制造	242			
工艺美术及礼仪用品制造	243			
体育用品制造	244		151	146
玩具制造	245			
游艺器材及娱乐用品制造	246			
石油、煤炭及其他燃料加工业	25		56	
精炼石油产品制造	251		56	
煤炭加工	252			
生物质燃料加工	254			
化学原料和化学制品制造业	26	342	8640	2365

1-I-7 续表 2

单位：万元

行 业	代码	来自政府部门的研究开发经费	研究开发费用加计扣除减免税	高新技术企业减免税
基础化学原料制造	261	28	330	348
肥料制造	262			
农药制造	263			
涂料、油墨、颜料及类似产品制造	264			
合成材料制造	265	145	951	1070
专用化学产品制造	266	169	7359	948
炸药、火工及焰火产品制造	267			
日用化学产品制造	268			
医药制造业	27	2087	8434	26211
化学药品原料药制造	271	800	4629	11189
化学药品制剂制造	272		189	
中药饮片加工	273			
中成药生产	274	947	3078	10905
兽用药品制造	275		275	
生物药品制品制造	276	99	92	
卫生材料及医药用品制造	277	242	171	4117
药用辅料及包装材料	278			
化学纤维制造业	28			
纤维素纤维原料及纤维制造	281			
合成纤维制造	282			
生物基材料制造	283			
橡胶和塑料制品业	29		25	49
橡胶制品业	291			
塑料制品业	292		25	49
非金属矿物制品业	30	271	266	227
水泥、石灰和石膏制造	301			
石膏、水泥制品及类似制品制造	302			
砖瓦、石材等建筑材料制造	303			60
玻璃制造	304			
玻璃制品制造	305			
玻璃纤维和玻璃纤维增强塑料制品制造	306			
陶瓷制品制造	307	271	146	48
耐火材料制品制造	308			
石墨及其他非金属矿物制品制造	309		120	119
黑色金属冶炼和压延加工业	31	35		
炼铁	311			
炼钢	312			
钢压延加工	313	35		
铁合金冶炼	314			
有色金属冶炼和压延加工业	32	200		
常用有色金属冶炼	321	200		
贵金属冶炼	322			
稀有稀土金属冶炼	323			
有色金属合金制造	324			
有色金属压延加工	325			
金属制品业	33	105	987	989
结构性金属制品制造	331			
金属工具制造	332		5	11

1–I–7　续表 3

单位：万元

行　业	代码	来自政府部门的研究开发经费	研究开发费用加计扣除减免税	高新技术企业减免税
集装箱及金属包装容器制造	333		669	
金属丝绳及其制品制造	334			
建筑、安全用金属制品制造	335		212	
金属表面处理及热处理加工	336			
搪瓷制品制造	337			
金属制日用品制造	338		2	
铸造及其他金属制品制造	339	105	100	978
通用设备制造业	34	45	1067	3451
锅炉及原动设备制造	341		99	252
金属加工机械制造	342		33	24
物料搬运设备制造	343	5		
泵、阀门、压缩机及类似机械制造	344		411	2818
轴承、齿轮和传动部件制造	345			
烘炉、风机、包装等设备制造	346		525	357
文化、办公用机械制造	347			
通用零部件制造	348	40		
其他通用设备制造业	349			
专用设备制造业	35	483	2101	16134
采矿、冶金、建筑专用设备制造	351	483	1259	13226
化工、木材、非金属加工专用设备制造	352			
食品、饮料、烟草及饲料生产专用设备制造	353			
印刷、制药、日化及日用品生产专用设备制造	354			232
纺织、服装和皮革加工专用设备制造	355			
电子和电工机械专用设备制造	356		56	34
农、林、牧、渔专用机械制造	357			30
医疗仪器设备及器械制造	358		555	2194
环保、邮政、社会公共服务及其他专用设备制造	359		230	419
汽车制造业	36	37	1868	5164
汽车整车制造	361			
汽车用发动机制造	362			
改装汽车制造	363			
低速汽车制造	364			
汽车车身、挂车制造	366			
汽车零部件及配件制造	367	37	1868	5164
铁路、船舶、航空航天和其他运输设备制造业	37	3289	179	2527
铁路运输设备制造	371		179	2527
城市轨道交通设备制造	372			
船舶及相关装置制造	373	3289		
航空、航天器及设备制造	374			
摩托车制造	375			
自行车和残疾人座车制造	376			
助动车制造	377			
非公路休闲车及零配件制造	378			
潜水救捞及其他未列明运输设备制造	379			
电气机械和器材制造业	38	167	4506	969
电机制造	381	34	290	758
输配电及控制设备制造	382	64	1239	211

1-I-7 续表 4

单位：万元

行　业	代码	来自政府部门的研究开发经费	研究开发费用加计扣除减免税	高新技术企业减免税
电线、电缆、光缆及电工器材制造	383		249	
电池制造	384			
家用电力器具制造	385			
非电力家用器具制造	386	70	2282	
照明器具制造	387			
其他电气机械及器材制造	389		445	
计算机、通信和其他电子设备制造业	39	4131	10256	1397
计算机制造	391	26	649	1328
通信设备制造	392		1015	
广播电视设备制造	393			
雷达及配套设备制造	394			
非专业视听设备制造	395	1614	203	
智能消费设备制造	396		7490	
电子器件制造	397	2466	153	
电子元件及电子专用材料制造	398	25	746	69
其他电子设备制造	399			
仪器仪表制造业	40	175	704	5129
通用仪器仪表制造	401	12	277	
专用仪器仪表制造	402		427	5129
钟表与计时仪器制造	403			
光学仪器制造	404	163		
衡器制造	405			
其他仪器仪表制造业	409			
其他制造业	41			
日用杂品制造	411			
其他未列明制造业	419			
废弃资源综合利用业	42			
金属废料和碎屑加工处理	421			
非金属废料和碎屑加工处理	422			
金属制品、机械和设备修理业	43			
金属制品修理	431			
通用设备修理	432			
专用设备修理	433			
铁路、船舶、航空航天等运输设备修理	434			
其他机械和设备修理业	439			
电力、热力、燃气及水生产和供应业	**D**			
电力、热力生产和供应业	44			
电力生产	441			
电力供应	442			
热力生产和供应	443			
燃气生产和供应业	45			
燃气生产和供应业	451			
水的生产和供应业	46			
自来水生产和供应	461			
污水处理及其再生利用	462			
其他水的处理、利用与分配	469			

1-I-8　各地区企业政府相关政策落实情况

单位：万元

地　区	来自政府部门的研究开发经费	研究开发费用加计扣除减免税	高新技术企业减免税
全　省	**386464**	**605312**	**1018259**
济南市	135897	73021	126186
青岛市	70281	132282	220523
淄博市	21014	48441	51059
枣庄市	1465	5172	6348
东营市	26245	14518	9959
烟台市	30633	57955	128443
潍坊市	15675	51289	131820
济宁市	14370	19861	38810
泰安市	5105	20066	54254
威海市	31336	57724	75895
日照市	2918	6726	21625
临沂市	9853	47309	78978
德州市	7589	26170	23317
聊城市	5993	7027	28464
滨州市	4598	26118	13005
菏泽市	3491	11631	9574

1-I-9 各地区大中型企业政府相关政策落实情况

单位：万元

地 区	来自政府部门的研究开发经费	研究开发费用加计扣除减免税	高新技术企业减免税
全 省	**314980**	**499475**	**916151**
济南市	117427	57641	110073
青岛市	54904	106502	192672
淄博市	13149	37764	44799
枣庄市	840	4239	5003
东营市	25154	12855	9499
烟台市	26179	46251	115780
潍坊市	10163	46866	119849
济宁市	12250	15522	35113
泰安市	3896	15499	52075
威海市	29621	52714	68922
日照市	1989	4800	21347
临沂市	6045	44122	77088
德州市	3550	15743	17204
聊城市	5575	5973	26620
滨州市	3781	22070	11497
菏泽市	459	10915	8610

1-I-10　各地区内资企业政府相关政策落实情况

单位：万元

地　区	来自政府部门的研究开发经费	研究开发费用加计扣除减免税	高新技术企业减免税
全　省	**369413**	**538568**	**870857**
济南市	135395	68143	119646
青岛市	68438	121678	195177
淄博市	17192	44544	45593
枣庄市	1345	5037	3978
东营市	26012	14514	9796
烟台市	25840	44592	112350
潍坊市	14553	43256	121186
济宁市	14345	19747	38589
泰安市	5032	18764	54116
威海市	30149	53361	54821
日照市	2872	6726	6797
临沂市	8582	39795	45385
德州市	7169	25134	23023
聊城市	5983	6867	28381
滨州市	4558	23581	7979
菏泽市	1948	2828	4041

1-I-11　各地区港澳台商投资企业政府相关政策落实情况

单位：万元

地　区	来自政府部门的研究开发经费	研究开发费用加计扣除减免税	高新技术企业减免税
全　省	**3196**	**23919**	**63700**
济南市	148	1613	2548
青岛市	95	5987	13931
淄博市	306	2107	2183
枣庄市	120	136	2370
东营市			163
烟台市		2358	11142
潍坊市	672	6810	10383
济宁市	20		
泰安市		69	138
威海市		1800	12830
日照市	30		
临沂市	80		117
德州市	173	52	
聊城市	10	12	83
滨州市		1371	2282
菏泽市	1543	1605	5533

1−I−12　各地区外商投资企业政府相关政策落实情况

单位：万元

地　区	来自政府部门的研究开发经费	研究开发费用加计扣除减免税	高新技术企业减免税
全　省	**13855**	**42824**	**83702**
济南市	355	3264	3992
青岛市	1749	4617	11416
淄博市	3516	1790	3283
枣庄市			
东营市	233	4	
烟台市	4793	11006	4951
潍坊市	451	1223	252
济宁市	5	114	221
泰安市	73	1233	
威海市	1187	2563	8244
日照市	16		14828
临沂市	1190	7514	33476
德州市	247	984	294
聊城市		147	
滨州市	40	1166	2745
菏泽市		7198	

J.企业技术获取和技术改造情况

1−J−1 分登记注册类型企业技术获取和技术改造情况

单位：万元

登记注册类型	引进技术经费支出	消化吸收经费支出	购买国内技术经费支出	技术改造经费支出
总　计	**118311**	**35764**	**416723**	**2362576**
内资企业	**107558**	**35483**	**381860**	**2253276**
国有企业			20	13030
集体企业			12	6839
股份合作企业				5
联营企业				
国有联营企业				
集体联营企业				
国有与集体联营企业				
其他联营企业				
有限责任公司	25657	11603	304981	1465353
国有独资公司	9757	6162	267393	607158
其他有限责任公司	15900	5441	37588	858195
股份有限公司	72467	16926	49788	395746
私营企业	9434	6954	27059	372304
私营独资企业			9	421
私营合伙企业				4
私营有限责任公司	9310	6954	22329	260562
私营股份有限公司	124		4721	111316
其他企业				
港、澳、台商投资企业	**4455**		**29119**	**28185**
合资经营企业	4405		29119	15184
合作经营企业				380
港、澳、台商独资经营企业	51			7672
港、澳、台商投资股份有限公司				4949
其他港、澳、台投资企业				
外商投资企业	**6298**	**281**	**5745**	**81116**
中外合资经营企业	3510		5276	67645
中外合作经营企业			466	1704
外资企业	2733	105	3	4276
外商投资股份有限公司	55	177		7491
其他外商投资企业				

1–J–2 分登记注册类型大中型企业技术获取和技术改造情况

单位：万元

登记注册类型	引进技术经费支出	消化吸收经费支出	购买国内技术经费支出	技术改造经费支出
总　计	**114914**	**34421**	**402717**	**2188471**
内资企业	**105453**	**34321**	**367954**	**2090346**
国有企业			20	12880
集体企业				6489
股份合作企业				
联营企业				
国有联营企业				
集体联营企业				
国有与集体联营企业				
其他联营企业				
有限责任公司	25548	11554	302253	1425876
国有独资公司	9757	6162	266813	606163
其他有限责任公司	15791	5392	35440	819713
股份有限公司	72189	16891	49570	374287
私营企业	7716	5876	16110	270813
私营独资企业				
私营合伙企业				
私营有限责任公司	7675	5876	11659	183344
私营股份有限公司	41		4451	87469
其他企业				
港、澳、台商投资企业	**4405**		**29119**	**20298**
合资经营企业	4405		29119	11944
合作经营企业				380
港、澳、台商独资经营企业				3026
港、澳、台商投资股份有限公司				4949
其他港、澳、台投资企业				
外商投资企业	**5057**	**100**	**5645**	**77827**
中外合资经营企业	3505		5176	65623
中外合作经营企业			466	1704
外资企业	1552	100	3	3253
外商投资股份有限公司				7247
其他外商投资企业				

1-J-3 分行业企业技术获取和技术改造情况

单位：万元

行业	代码	引进技术经费支出	消化吸收经费支出	购买国内技术经费支出	技术改造经费支出
总 计	**00**	**118311**	**35764**	**416723**	**2362576**
采矿业	**B**			**7720**	**247450**
煤炭开采和洗选业	06			7720	225890
烟煤和无烟煤开采洗选	061			7720	224274
褐煤开采洗选	062				1617
其他煤炭采选	069				
石油和天然气开采业	07				1014
石油开采	071				1014
天然气开采	072				
黑色金属矿采选业	08				492
铁矿采选	081				492
锰矿、铬矿采选	082				
其他黑色金属矿采选	089				
有色金属矿采选业	09				19044
常用有色金属矿采选	091				
贵金属矿采选	092				19044
稀有稀土金属矿采选	093				
非金属矿采选业	10				1010
土砂石开采	101				
化学矿开采	102				
采盐	103				890
石棉及其他非金属矿采选	109				120
开采专业及辅助性活动	11				
煤炭开采和洗选专业及辅助性活动	111				
石油和天然气开采专业及辅助性活动	112				
其他开采专业及辅助性活动	119				
其他采矿业	12				
其他采矿业	120				
制造业	**C**	**118311**	**35764**	**408693**	**2087277**
农副食品加工业	13	725	937	1863	37656
谷物磨制	131			60	1397
饲料加工	132			340	494
植物油加工	133				6847
制糖业	134				50
屠宰及肉类加工	135	672	924	633	4919
水产品加工	136	27		586	15148
蔬菜、菌类、水果和坚果加工	137			138	2377
其他农副食品加工	139	27	13	107	6425
食品制造业	14			3309	57355
焙烤食品制造	141			21	186
糖果、巧克力及蜜饯制造	142				57
方便食品制造	143				1209
乳制品制造	144				6121
罐头食品制造	145				14689
调味品、发酵制品制造	146			705	26780
其他食品制造	149			2583	8315
酒、饮料和精制茶制造业	15	418	576	917	14464
酒的制造	151	418	576	917	13256
饮料制造	152				1209
精制茶加工	153				

1-J-3　续表 1　　　　单位：万元

行　　业	代码	引进技术经费支出	消化吸收经费支出	购买国内技术经费支出	技术改造经费支出
烟草制品业	16				43380
烟叶复烤	161				
卷烟制造	162				43253
其他烟草制品制造	169				127
纺织业	17	62	119	317	41602
棉纺织及印染精加工	171		17	17	4347
毛纺织及染整精加工	172				1678
麻纺织及染整精加工	173				
丝绢纺织及印染精加工	174				
化纤织造及印染精加工	175				
针织或钩针编织物及其制品制造	176			11	38
家用纺织制成品制造	177		103		32774
产业用纺织制成品制造	178	62		289	2764
纺织服装、服饰业	18	2144	634	2000	9344
机织服装制造	181	2144	634	2000	8900
针织或钩针编织服装制造	182				432
服饰制造	183				12
皮革、毛皮、羽毛及其制品和制鞋业	19				75
皮革鞣制加工	191				75
皮革制品制造	192				
毛皮鞣制及制品加工	193				
羽毛(绒)加工及制品制造	194				
制鞋业	195				
木材加工和木、竹、藤、棕、草制品业	20	1	1	66	1078
木材加工	201				
人造板制造	202	1	1	66	1018
木质制品制造	203				60
竹、藤、棕、草等制品制造	204				
家具制造业	21			10	113
木质家具制造	211			10	113
竹、藤家具制造	212				
金属家具制造	213				
塑料家具制造	214				
其他家具制造	219				
造纸和纸制品业	22	1992	1707	4191	20116
纸浆制造	221				
造纸	222	1972	1704	4183	19816
纸制品制造	223	20	3	8	301
印刷和记录媒介复制业	23			5	3455
印刷	231			5	3455
装订及印刷相关服务	232				
记录媒介复制	233				
文教、工美、体育和娱乐用品制造业	24	1967	305	1019	21426
文教办公用品制造	241				1003
乐器制造	242				
工艺美术及礼仪用品制造	243	1767	5	264	17270
体育用品制造	244	200	300	740	2678
玩具制造	245			15	451
游艺器材及娱乐用品制造	246				24
石油、煤炭及其他燃料加工业	25	15214	1767	11467	291173

1-J-3 续表 2

单位：万元

行 业	代码	引进技术经费支出	消化吸收经费支出	购买国内技术经费支出	技术改造经费支出
精炼石油产品制造	252	15214	1767	7063	243320
煤炭加工	252			4404	47853
核燃料加工	253				
生物质燃料加工	254				
化学原料和化学制品制造业	26	8525	674	7046	159698
基础化学原料制造	261	2723	410	2304	55501
肥料制造	262	288		1170	30244
农药制造	263			468	5979
涂料、油墨、颜料及类似产品制造	264			1082	2875
合成材料制造	265	4930	263	150	32206
专用化学产品制造	266	584		1323	24548
炸药、火工及焰火产品制造	267				2305
日用化学产品制造	268			550	6041
医药制造业	27	6798	7807	81821	212408
化学药品原料药制造	271	2737	7807	31896	65530
化学药品制剂制造	272	3738		37998	126170
中药饮片加工	273			303	312
中成药生产	274	241		5438	2697
兽用药品制造	275			1307	729
生物药品制品制造	276	83		2824	5477
卫生材料及医药用品制造	277			2055	11495
药用辅料及包装材料	278				
化学纤维制造业	28				6316
纤维素纤维原料及纤维制造	281				343
合成纤维制造	282				5973
生物基材料制造	283				
橡胶和塑料制品业	29	4920	2691	5149	39629
橡胶制品业	291	4552	2655	4992	33839
塑料制品业	292	368	36	158	5790
非金属矿物制品业	30	2627	2494	3447	157678
水泥、石灰和石膏制造	301			200	10279
石膏、水泥制品及类似制品制造	302			40	7946
砖瓦、石材等建筑材料制造	303		652	55	8279
玻璃制造	304	150	1560	637	1263
玻璃制品制造	305	2411	282	820	28849
玻璃纤维和玻璃纤维增强塑料制品制造	306	65		706	62549
陶瓷制品制造	307				11586
耐火材料制品制造	308			537	3497
石墨及其他非金属矿物制品制造	309			452	23432
黑色金属冶炼和压延加工业	31	1773		6609	176349
炼铁	311				1058
炼钢	312				2265
钢压延加工	313	1773		6609	173025
铁合金冶炼	314				
有色金属冶炼和压延加工业	32	490	301	246	141769
常用有色金属冶炼	321				97497
贵金属冶炼	322				33627
稀有稀土金属冶炼	323				
有色金属合金制造	324				2099
有色金属压延加工	325	490	301	246	8545
金属制品业	33	10	35	1259	56311

1-J-3　续表 3　　单位：万元

行　业	代码	引进技术经费支出	消化吸收经费支出	购买国内技术经费支出	技术改造经费支出
结构性金属制品制造	331				709
金属工具制造	332			20	3610
集装箱及金属包装容器制造	333				5442
金属丝绳及其制品制造	334				100
建筑、安全用金属制品制造	335				24314
金属表面处理及热处理加工	336				
搪瓷制品制造	337				30
金属制日用品制造	338			300	300
铸造及其他金属制品制造	339	10	35	939	21807
通用设备制造业	34	49000	6773	10303	94214
锅炉及原动设备制造	341	45920	6666	9469	28032
金属加工机械制造	342	723		119	23465
物料搬运设备制造	343				124
泵、阀门、压缩机及类似机械制造	344	236		623	10449
轴承、齿轮和传动部件制造	345	3			18619
烘炉、风机、包装等设备制造	346	2120	107	41	8209
文化、办公用机械制造	347				
通用零部件制造	348			42	5273
其他通用设备制造业	349			9	43
专用设备制造业	35	991		1173	47515
采矿、冶金、建筑专用设备制造	351	34		771	16882
化工、木材、非金属加工专用设备制造	352			10	15168
食品、饮料、烟草及饲料生产专用设备制造	353				11
印刷、制药、日化及日用品生产专用设备制造	354				316
纺织、服装和皮革加工专用设备制造	355				2115
电子和电工机械专用设备制造	356	945		110	37
农、林、牧、渔专用机械制造	357	9		209	1260
医疗仪器设备及器械制造	358			64	5692
环保、邮政、社会公共服务及其他专用设备制造	359	4		10	6035
汽车制造业	36	705	1524	3735	198898
汽车整车制造	361			1591	138721
汽车用发动机制造	362	41	1252	306	736
改装汽车制造	363	401	14	3	10256
低速汽车制造	364	58	23	457	2576
电车制造	365				
汽车车身、挂车制造	366			55	783
汽车零部件及配件制造	367	205	235	1323	45826
铁路、船舶、航空航天和其他运输设备制造业	37	4828	2	5	9120
铁路运输设备制造	371	1489			3416
城市轨道交通设备制造	372				100
船舶及相关装置制造	373	116	2	5	3758
航空、航天器及设备制造	374				
摩托车制造	375	3224			1456
自行车和残疾人座车制造	376				
助动车制造	377				
非公路休闲车及零配件制造	378				
潜水救捞及其他未列明运输设备制造	379				390
电气机械和器材制造业	38	7431	1889	9072	59620
电机制造	381	289	5	192	6705
输配电及控制设备制造	382	185	50	1079	6156
电线、电缆、光缆及电工器材制造	383	200		171	16405

1-J-3 续表 4

单位：万元

行 业	代码	引进技术经费支出	消化吸收经费支出	购买国内技术经费支出	技术改造经费支出
电池制造	384			3518	2967
家用电力器具制造	385	6758	1835	2547	24673
非电力家用器具制造	386			1564	2464
照明器具制造	387				220
其他电气机械及器材制造	389				30
计算机、通信和其他电子设备制造业	39	7686	5528	253472	182137
计算机制造	391				154660
通信设备制造	392				
广播电视设备制造	393				
雷达及配套设备制造	394				
非专业视听设备制造	395	7637	5528	253297	13955
智能消费设备制造	396			132	
电子器件制造	397	49			373
电子元件及电子专用材料制造	398			43	13098
其他电子设备制造	399				50
仪器仪表制造业	40	5		183	3282
通用仪器仪表制造	401			111	2100
专用仪器仪表制造	402	5		60	323
钟表与计时仪器制造	403				259
光学仪器制造	404				230
衡器制造	405			12	370
其他仪器仪表制造业	409				
其他制造业	41				253
日用杂品制造	411				
核辐射加工	412				
其他未列明制造业	419				253
废弃资源综合利用业	42			10	1
金属废料和碎屑加工处理	421				
非金属废料和碎屑加工处理	422			10	1
金属制品、机械和设备修理业	43				842
金属制品修理	431				
通用设备修理	432				
专用设备修理	433				
铁路、船舶、航空航天等运输设备修理	434				842
电气设备修理	435				
仪器仪表修理	436				
其他机械和设备修理业	439				
电力、热力、燃气及水生产和供应业	**D**			**310**	**27849**
电力、热力生产和供应业	44			300	27849
电力生产	441			300	12657
电力供应	442				
热力生产和供应	443				15192
燃气生产和供应业	45				
燃气生产和供应业	451				
生物质燃气生产和供应业	452				
水的生产和供应业	46			10	
自来水生产和供应	461				
污水处理及其再生利用	462			10	
海水淡化处理	463				
其他水的处理、利用与分配	469				

1–J–4　分行业大中型企业技术获取和技术改造情况

单位：万元

行　业	代码	引进技术经费支出	消化吸收经费支出	购买国内技术经费支出	技术改造经费支出
总　计	**00**	**114914**	**34421**	**402717**	**2188471**
采矿业	**B**			**7720**	**246964**
煤炭开采和洗选业	06			7720	225524
烟煤和无烟煤开采洗选	061			7720	223908
褐煤开采洗选	062				1617
其他煤炭采选	069				
石油和天然气开采业	07				1014
石油开采	071				1014
天然气开采	072				
黑色金属矿采选业	08				492
铁矿采选	081				492
锰矿、铬矿采选	082				
其他黑色金属矿采选	089				
有色金属矿采选业	09				19044
常用有色金属矿采选	091				
贵金属矿采选	092				19044
稀有稀土金属矿采选	093				
非金属矿采选业	10				890
土砂石开采	101				
化学矿开采	102				
采盐	103				890
石棉及其他非金属矿采选	109				
开采专业及辅助性活动	11				
煤炭开采和洗选专业及辅助性活动	111				
石油和天然气开采专业及辅助性活动	112				
其他开采专业及辅助性活动	119				
其他采矿业	12				
其他采矿业	120				
制造业	**C**	**114914**	**34421**	**394697**	**1916254**
农副食品加工业	13	617	747	1522	29613
谷物磨制	131				
饲料加工	132			220	374
植物油加工	133				4843
制糖业	134				
屠宰及肉类加工	135	617	747	630	4367
水产品加工	136			586	14290
蔬菜、菌类、水果和坚果加工	137				249
其他农副食品加工	139			86	5490
食品制造业	14			3267	43026
焙烤食品制造	141				
糖果、巧克力及蜜饯制造	142				
方便食品制造	143				1208
乳制品制造	144				
罐头食品制造	145				14689
调味品、发酵制品制造	146			705	26623
其他食品制造	149			2562	507
酒、饮料和精制茶制造业	15	416	576	905	11016
酒的制造	151	416	576	905	9845
饮料制造	152				1170
精制茶加工	153				

1-J-4 续表 1

单位：万元

行业	代码	引进技术经费支出	消化吸收经费支出	购买国内技术经费支出	技术改造经费支出
烟草制品业	16				43253
烟叶复烤	161				
卷烟制造	162				43253
其他烟草制品制造	169				
纺织业	17		119	17	38729
棉纺织及印染精加工	171		17	17	3921
毛纺织及染整精加工	172				1678
麻纺织及染整精加工	173				
丝绢纺织及印染精加工	174				
化纤织造及印染精加工	175				
针织或钩针编织物及其制品制造	176				
家用纺织制成品制造	177		103		32692
产业用纺织制成品制造	178				438
纺织服装、服饰业	18	2144	634	2000	9158
机织服装制造	181	2144	634	2000	8749
针织或钩针编织服装制造	182				409
服饰制造	183				
皮革、毛皮、羽毛及其制品和制鞋业	19				75
皮革鞣制加工	191				75
皮革制品制造	192				
毛皮鞣制及制品加工	193				
羽毛(绒)加工及制品制造	194				
制鞋业	195				
木材加工和木、竹、藤、棕、草制品业	20				
木材加工	201				
人造板制造	202				
木质制品制造	203				
竹、藤、棕、草等制品制造	204				
家具制造业	21				
木质家具制造	211				
竹、藤家具制造	212				
金属家具制造	213				
塑料家具制造	214				
其他家具制造	219				
造纸和纸制品业	22	1972	1704	4037	19528
纸浆制造	221				
造纸	222	1972	1704	4037	19454
纸制品制造	223				74
印刷和记录媒介复制业	23				3400
印刷	231				3400
装订及印刷相关服务	232				
记录媒介复制	233				
文教、工美、体育和娱乐用品制造业	24	1767	5	632	17542
文教办公用品制造	241				58
乐器制造	242				
工艺美术及礼仪用品制造	243	1767	5	132	15456
体育用品制造	244			500	2028
玩具制造	245				
游艺器材及娱乐用品制造	246				
石油、煤炭及其他燃料加工业	25	15214	1767	11457	290288

1-J-4　续表 2　　　　　单位：万元

行　业	代码	引进技术经费支出	消化吸收经费支出	购买国内技术经费支出	技术改造经费支出
精炼石油产品制造	251	15214	1767	7053	243123
煤炭加工	252			4404	47165
核燃料加工	253				
生物质燃料加工	254				
化学原料和化学制品制造业	26	8152	263	4112	127974
基础化学原料制造	261	2638		2134	46710
肥料制造	262			605	25148
农药制造	263			468	5127
涂料、油墨、颜料及类似产品制造	264				1629
合成材料制造	265	4930	263	100	31370
专用化学产品制造	266	584		805	12531
炸药、火工及焰火产品制造	267				2305
日用化学产品制造	268				3155
医药制造业	27	6376	7757	80781	200226
化学药品原料药制造	271	2317	7757	31521	59388
化学药品制剂制造	272	3738		37823	124800
中药饮片加工	273				
中成药生产	274	241		5438	1403
兽用药品制造	275			1265	621
生物药品制品制造	276	81		2725	2612
卫生材料及医药用品制造	277			2010	11403
药用辅料及包装材料	278				
化学纤维制造业	28				410
纤维素纤维原料及纤维制造	281				343
合成纤维制造	282				67
生物基材料制造	283				
橡胶和塑料制品业	29	4552	2655	4926	33161
橡胶制品业	291	4552	2655	4926	33161
塑料制品业	292				
非金属矿物制品业	30	2627	2494	3114	136740
水泥、石灰和石膏制造	301				7479
石膏、水泥制品及类似制品制造	302				7105
砖瓦、石材等建筑材料制造	303		652		4092
玻璃制造	304	150	1560	637	728
玻璃制品制造	305	2411	282	820	27918
玻璃纤维和玻璃纤维增强塑料制品制造	306	65		700	62431
陶瓷制品制造	307				11055
耐火材料制品制造	308			534	2019
石墨及其他非金属矿物制品制造	309			424	13913
黑色金属冶炼和压延加工业	31	1773		4353	173235
炼铁	311				1058
炼钢	312				2265
钢压延加工	313	1773		4353	169911
铁合金冶炼	314				
有色金属冶炼和压延加工业	32			246	135881
常用有色金属冶炼	321				97497
贵金属冶炼	322				33473
稀有稀土金属冶炼	323				
有色金属合金制造	324				
有色金属压延加工	325			246	4910

1-J-4 续表 3

单位：万元

行业	代码	引进技术经费支出	消化吸收经费支出	购买国内技术经费支出	技术改造经费支出
金属制品业	33			1100	50217
结构性金属制品制造	331				458
金属工具制造	332				1578
集装箱及金属包装容器制造	333				5382
金属丝绳及其制品制造	334				
建筑、安全用金属制品制造	335				23557
金属表面处理及热处理加工	336				
搪瓷制品制造	337				
金属制日用品制造	338			300	300
铸造及其他金属制品制造	339			800	18942
通用设备制造业	34	48031	6773	10114	80053
锅炉及原动设备制造	341	45920	6666	9390	25814
金属加工机械制造	342			56	19195
物料搬运设备制造	343				
泵、阀门、压缩机及类似机械制造	344			585	4893
轴承、齿轮和传动部件制造	345				18377
烘炉、风机、包装等设备制造	346	2111	107	41	7554
文化、办公用机械制造	347				
通用零部件制造	348			42	4221
其他通用设备制造业	349				
专用设备制造业	35	945		836	40924
采矿、冶金、建筑专用设备制造	351			771	14456
化工、木材、非金属加工专用设备制造	352				14398
食品、饮料、烟草及饲料生产专用设备制造	353				
印刷、制药、日化及日用品生产专用设备制造	354				313
纺织、服装和皮革加工专用设备制造	355				2074
电子和电工机械专用设备制造	356	945			
农、林、牧、渔专用机械制造	357			65	786
医疗仪器设备及器械制造	358				5620
环保、邮政、社会公共服务及其他专用设备制造	359				3277
汽车制造业	36	700	1512	3441	188623
汽车整车制造	361			1591	138721
汽车用发动机制造	362	41	1252	306	736
改装汽车制造	363	401	14	3	2993
低速汽车制造	364	58	23	457	2541
电车制造	365				
汽车车身、挂车制造	366			52	753
汽车零部件及配件制造	367	200	223	1032	42879
铁路、船舶、航空航天和其他运输设备制造业	37	4828	2	5	8810
铁路运输设备制造	371	1489			3365
城市轨道交通设备制造	372				
船舶及相关装置制造	373	116	2	5	3752
航空、航天器及设备制造	374				
摩托车制造	375	3224			1456
自行车和残疾人座车制造	376				
助动车制造	377				
非公路休闲车及零配件制造	378				
潜水救捞及其他未列明运输设备制造	379				237
电气机械和器材制造业	38	7166	1885	4486	50803
电机制造	381	106			5781

1-J-4　续表 4

单位：万元

行　业	代码	引进技术经费支出	消化吸收经费支出	购买国内技术经费支出	技术改造经费支出
输配电及控制设备制造	382	102	50	210	2951
电线、电缆、光缆及电工器材制造	383	200		164	15581
电池制造	384				779
家用电力器具制造	385	6758	1835	2547	24136
非电力家用器具制造	386			1564	1564
照明器具制造	387				10
其他电气机械及器材制造	389				
计算机、通信和其他电子设备制造业	39	7637	5528	253297	181441
计算机制造	391				154660
通信设备制造	392				
广播电视设备制造	393				
雷达及配套设备制造	394				
非专业视听设备制造	395	7637	5528	253297	13955
智能消费设备制造	396				
电子器件制造	397				
电子元件及电子专用材料制造	398				12825
其他电子设备制造	399				
仪器仪表制造业	40			50	1290
通用仪器仪表制造	401				1240
专用仪器仪表制造	402			50	50
钟表与计时仪器制造	403				
光学仪器制造	404				
衡器制造	405				
其他仪器仪表制造业	409				
其他制造业	41				
日用杂品制造	411				
核辐射加工	412				
其他未列明制造业	419				
废弃资源综合利用业	42				
金属废料和碎屑加工处理	421				
非金属废料和碎屑加工处理	422				
金属制品、机械和设备修理业	43				842
金属制品修理	431				
通用设备修理	432				
专用设备修理	433				
铁路、船舶、航空航天等运输设备修理	434				842
电气设备修理	435				
仪器仪表修理	436				
其他机械和设备修理业	439				
电力、热力、燃气及水生产和供应业	**D**			**300**	**25252**
电力、热力生产和供应业	44			300	25252
电力生产	441			300	10060
电力供应	442				
热力生产和供应	443				15192
燃气生产和供应业	45				
燃气生产和供应业	451				
水的生产和供应业	46				
自来水生产和供应	461				
污水处理及其再生利用	462				
其他水的处理、利用与分配	469				

1—J—5 分行业内资企业技术获取和技术改造情况

单位：万元

行业	代码	引进技术经费支出	消化吸收经费支出	购买国内技术经费支出	技术改造经费支出
总　计	**00**	**107558**	**35483**	**381860**	**2253276**
采矿业	**B**			**7720**	**247450**
煤炭开采和洗选业	06			7720	225890
烟煤和无烟煤开采洗选	061			7720	224274
褐煤开采洗选	062				1617
其他煤炭采选	069				
石油和天然气开采业	07				1014
石油开采	071				1014
天然气开采	072				
黑色金属矿采选业	08				492
铁矿采选	081				492
锰矿、铬矿采选	082				
其他黑色金属矿采选	089				
有色金属矿采选业	09				19044
常用有色金属矿采选	091				
贵金属矿采选	092				19044
稀有稀土金属矿采选	093				
非金属矿采选业	10				1010
土砂石开采	101				
化学矿开采	102				
采盐	103				890
石棉及其他非金属矿采选	109				120
开采专业及辅助性活动	11				
煤炭开采和洗选专业及辅助性活动	111				
石油和天然气开采专业及辅助性活动	112				
其他开采专业及辅助性活动	119				
其他采矿业	12				
其他采矿业	120				
制造业	**C**	**107558**	**35483**	**373830**	**1977977**
农副食品加工业	13	670	760	1277	27206
谷物磨制	131			60	1397
饲料加工	132			340	494
植物油加工	133				6847
制糖业	134				50
屠宰及肉类加工	135	617	747	633	4713
水产品加工	136	27			5370
蔬菜、菌类、水果和坚果加工	137			138	1911
其他农副食品加工	139	27	13	107	6425
食品制造业	14			797	51859
焙烤食品制造	141			21	186
糖果、巧克力及蜜饯制造	142				57
方便食品制造	143				1209
乳制品制造	144				6121
罐头食品制造	145				14689
调味品、发酵制品制造	146			705	21604
其他食品制造	149			71	7995
酒、饮料和精制茶制造业	15	416	576	917	8013
酒的制造	151	416	576	917	7966
饮料制造	152				47
精制茶加工	153				

1-J-5　续表 1

单位：万元

行　业	代码	引进技术经费支出	消化吸收经费支出	购买国内技术经费支出	技术改造经费支出
烟草制品业	16				43380
烟叶复烤	161				
卷烟制造	162				43253
其他烟草制品制造	169				127
纺织业	17	62	119	317	40698
棉纺织及印染精加工	171		17	17	3514
毛纺织及染整精加工	172				1678
麻纺织及染整精加工	173				
丝绢纺织及印染精加工	174				
化纤织造及印染精加工	175				
针织或钩针编织物及其制品制造	176			11	38
家用纺织制成品制造	177		103		32774
产业用纺织制成品制造	178	62		289	2695
纺织服装、服饰业	18	2144	634	2000	9329
机织服装制造	181	2144	634	2000	8885
针织或钩针编织服装制造	182				432
服饰制造	183				12
皮革、毛皮、羽毛及其制品和制鞋业	19				
皮革鞣制加工	191				
皮革制品制造	192				
毛皮鞣制及制品加工	193				
羽毛(绒)加工及制品制造	194				
制鞋业	195				
木材加工和木、竹、藤、棕、草制品业	20	1	1	66	645
木材加工	201				
人造板制造	202	1	1	66	585
木质制品制造	203				60
竹、藤、棕、草等制品制造	204				
家具制造业	21			10	113
木质家具制造	211			10	113
竹、藤家具制造	212				
金属家具制造	213				
塑料家具制造	214				
其他家具制造	219				
造纸和纸制品业	22	1992	1707	4191	20116
纸浆制造	221				
造纸	222	1972	1704	4183	19816
纸制品制造	223	20	3	8	301
印刷和记录媒介复制业	23				3070
印刷	231				3070
装订及印刷相关服务	232				
记录媒介复制	233				
文教、工美、体育和娱乐用品制造业	24	1967	305	1019	20518
文教办公用品制造	241				595
乐器制造	242				
工艺美术及礼仪用品制造	243	1767	5	264	16770
体育用品制造	244	200	300	740	2678
玩具制造	245			15	451
游艺器材及娱乐用品制造	246				24
石油、煤炭及其他燃料加工业	25	15214	1767	11467	291086

1-J-5 续表 2

单位：万元

行业	代码	引进技术经费支出	消化吸收经费支出	购买国内技术经费支出	技术改造经费支出
精炼石油产品制造	251	15214	1767	7063	243233
煤炭加工	252			4404	47853
核燃料加工	253				
生物质燃料加工	254				
化学原料和化学制品制造业	26	8525	674	6993	151921
基础化学原料制造	261	2723	410	2304	48483
肥料制造	262	288		1170	30165
农药制造	263			468	5759
涂料、油墨、颜料及类似产品制造	264			1082	2875
合成材料制造	265	4930	263	100	31799
专用化学产品制造	266	584		1320	24497
炸药、火工及焰火产品制造	267				2305
日用化学产品制造	268			550	6041
医药制造业	27	3601	7807	52514	164200
化学药品原料药制造	271	2737	7807	31753	18400
化学药品制剂制造	272	821		14351	126170
中药饮片加工	273			303	312
中成药生产	274	41		2616	2697
兽用药品制造	275			1307	229
生物药品制品制造	276	2		174	4899
卫生材料及医药用品制造	277			2010	11495
药用辅料及包装材料	278				
化学纤维制造业	28				6250
纤维素纤维原料及纤维制造	281				343
合成纤维制造	282				5907
生物基材料制造	283				
橡胶和塑料制品业	29	4638	2691	5149	39629
橡胶制品业	291	4552	2655	4992	33839
塑料制品业	292	86	36	158	5790
非金属矿物制品业	30	2627	2494	3447	151053
水泥、石灰和石膏制造	301			200	9510
石膏、水泥制品及类似制品制造	302			40	7946
砖瓦、石材等建筑材料制造	303		652	55	4599
玻璃制造	304	150	1560	637	1027
玻璃制品制造	305	2411	282	820	28849
玻璃纤维和玻璃纤维增强塑料制品制造	306	65		706	62549
陶瓷制品制造	307				10218
耐火材料制品制造	308			537	2925
石墨及其他非金属矿物制品制造	309			452	23432
黑色金属冶炼和压延加工业	31	1773		6609	175985
炼铁	311				1058
炼钢	312				2265
钢压延加工	313	1773		6609	172662
铁合金冶炼	314				
有色金属冶炼和压延加工业	32	490	301	246	140615
常用有色金属冶炼	321				97377
贵金属冶炼	322				33627
稀有稀土金属冶炼	323				
有色金属合金制造	324				2099
有色金属压延加工	325	490	301	246	7511
金属制品业	33	10	35	959	53454

1-J-5 续表 3

单位：万元

行业	代码	引进技术经费支出	消化吸收经费支出	购买国内技术经费支出	技术改造经费支出
结构性金属制品制造	331				709
金属工具制造	332			20	3610
集装箱及金属包装容器制造	333				5442
金属丝绳及其制品制造	334				100
建筑、安全用金属制品制造	335				24314
金属表面处理及热处理加工	336				
搪瓷制品制造	337				30
金属制日用品制造	338				
铸造及其他金属制品制造	339	10	35	939	19249
通用设备制造业	34	46932	6773	10303	93042
锅炉及原动设备制造	341	45920	6666	9469	27680
金属加工机械制造	342	6		119	23465
物料搬运设备制造	343				85
泵、阀门、压缩机及类似机械制造	344	236		623	10405
轴承、齿轮和传动部件制造	345	3			18619
烘炉、风机、包装等设备制造	346	767	107	41	7881
文化、办公用机械制造	347				
通用零部件制造	348			42	4863
其他通用设备制造业	349			9	43
专用设备制造业	35	991		707	44908
采矿、冶金、建筑专用设备制造	351	34		305	14656
化工、木材、非金属加工专用设备制造	352			10	15096
食品、饮料、烟草及饲料生产专用设备制造	353				11
印刷、制药、日化及日用品生产专用设备制造	354				316
纺织、服装和皮革加工专用设备制造	355				2115
电子和电工机械专用设备制造	356	945		110	37
农、林、牧、渔专用机械制造	357	9		209	951
医疗仪器设备及器械制造	358			64	5692
环保、邮政、社会公共服务及其他专用设备制造	359	4		10	6035
汽车制造业	36	500	1424	3665	191804
汽车整车制造	361			1591	138721
汽车用发动机制造	362	41	1252	306	736
改装汽车制造	363	401	14	3	10256
低速汽车制造	364	58	23	457	2576
电车制造	365				
汽车车身、挂车制造	366			55	783
汽车零部件及配件制造	367		135	1253	38732
铁路、船舶、航空航天和其他运输设备制造业	37	116	2	5	7126
铁路运输设备制造	371				1576
城市轨道交通设备制造	372				100
船舶及相关装置制造	373	116	2	5	3758
航空、航天器及设备制造	374				
摩托车制造	375				1456
自行车和残疾人座车制造	376				
助动车制造	377				
非公路休闲车及零配件制造	378				
潜水救捞及其他未列明运输设备制造	379				237
电气机械和器材制造业	38	7249	1885	7508	57285
电机制造	381	106		192	5934
输配电及控制设备制造	382	185	50	1079	6156
电线、电缆、光缆及电工器材制造	383	200		171	16405

1-J-5 续表 4 单位：万元

行 业	代码	引进技术经费支出	消化吸收经费支出	购买国内技术经费支出	技术改造经费支出
电池制造	384			3518	2967
家用电力器具制造	385	6758	1835	2547	24673
非电力家用器具制造	386				900
照明器具制造	387				220
其他电气机械及器材制造	389				30
计算机、通信和其他电子设备制造业	39	7637	5528	253472	181137
计算机制造	391				154660
通信设备制造	392				
广播电视设备制造	393				
雷达及配套设备制造	394				
非专业视听设备制造	395	7637	5528	253297	12955
智能消费设备制造	396			132	
电子器件制造	397				373
电子元件及电子专用材料制造	398			43	13098
其他电子设备制造	399				50
仪器仪表制造业	40	5		183	3282
通用仪器仪表制造	401			111	2100
专用仪器仪表制造	402	5		60	323
钟表与计时仪器制造	403				259
光学仪器制造	404				230
衡器制造	405			12	370
其他仪器仪表制造业	409				
其他制造业	41				253
日用杂品制造	411				
核辐射加工	412				
其他未列明制造业	419				253
废弃资源综合利用业	42			10	1
金属废料和碎屑加工处理	421				
非金属废料和碎屑加工处理	422			10	1
金属制品、机械和设备修理业	43				
金属制品修理	431				
通用设备修理	432				
专用设备修理	433				
铁路、船舶、航空航天等运输设备修理	434				
电气设备修理	435				
仪器仪表修理	436				
其他机械和设备修理业	439				
电力、热力、燃气及水生产和供应业	**D**			**310**	**27849**
电力、热力生产和供应业	44			300	27849
电力生产	441			300	12657
电力供应	442				
热力生产和供应	443				15192
燃气生产和供应业	45				
燃气生产和供应业	451				
生物质燃气生产和供应业	452				
水的生产和供应业	46			10	
自来水生产和供应	461				
污水处理及其再生利用	462			10	
海水淡化处理	463				
其他水的处理、利用与分配	469				

1-J-6　分行业港澳台商投资企业技术获取和技术改造情况

单位：万元

行　业	代码	引进技术经费支出	消化吸收经费支出	购买国内技术经费支出	技术改造经费支出
总　计	**00**	**4455**		**29119**	**28185**
采矿业	**B**				
煤炭开采和洗选业	06				
烟煤和无烟煤开采洗选	061				
褐煤开采洗选	062				
石油和天然气开采业	07				
石油开采	071				
天然气开采	072				
黑色金属矿采选业	08				
铁矿采选	081				
有色金属矿采选业	09				
常用有色金属矿采选	091				
贵金属矿采选	092				
非金属矿采选业	10				
土砂石开采	101				
化学矿开采	102				
采盐	103				
石棉及其他非金属矿采选	109				
开采专业及辅助性活动	11				
石油和天然气开采专业及辅助性活动	112				
制造业	**C**	**4455**		**29119**	**28185**
农副食品加工业	13				401
谷物磨制	131				
饲料加工	132				
植物油加工	133				
制糖业	134				
屠宰及肉类加工	135				
水产品加工	136				
蔬菜、菌类、水果和坚果加工	137				401
其他农副食品加工	139				
食品制造业	14				4665
焙烤食品制造	141				
糖果、巧克力及蜜饯制造	142				
方便食品制造	143				
乳制品制造	144				
罐头食品制造	145				
调味品、发酵制品制造	146				4665
其他食品制造	149				
酒、饮料和精制茶制造业	15	2			560
酒的制造	151	2			180
饮料制造	152				380
精制茶加工	153				
烟草制品业	16				
烟叶复烤	161				
其他烟草制品制造	169				
纺织业	17				70

1-J-6 续表 1

单位：万元

行 业	代码	引进技术经费支出	消化吸收经费支出	购买国内技术经费支出	技术改造经费支出
棉纺织及印染精加工	171				
毛纺织及染整精加工	172				
麻纺织及染整精加工	173				
丝绢纺织及印染精加工	174				
化纤织造及印染精加工	175				
针织或钩针编织物及其制品制造	176				
家用纺织制成品制造	177				
产业用纺织制成品制造	178				70
纺织服装、服饰业	18				
机织服装制造	181				
针织或钩针编织服装制造	182				
服饰制造	183				
皮革、毛皮、羽毛及其制品和制鞋业	19				75
皮革鞣制加工	191				75
皮革制品制造	192				
毛皮鞣制及制品加工	193				
羽毛(绒)加工及制品制造	194				
制鞋业	195				
木材加工和木、竹、藤、棕、草制品业	20				
木材加工	201				
人造板制造	202				
木质制品制造	203				
竹、藤、棕、草等制品制造	204				
家具制造业	21				
木质家具制造	211				
竹、藤家具制造	212				
金属家具制造	213				
塑料家具制造	214				
其他家具制造	219				
造纸和纸制品业	22				
纸浆制造	221				
造纸	222				
纸制品制造	223				
印刷和记录媒介复制业	23				330
印刷	231				330
装订及印刷相关服务	232				
记录媒介复制	233				
文教、工美、体育和娱乐用品制造业	24				850
文教办公用品制造	241				350
乐器制造	242				
工艺美术及礼仪用品制造	243				500
体育用品制造	244				
玩具制造	245				
游艺器材及娱乐用品制造	246				
石油、煤炭及其他燃料加工业	25				
精炼石油产品制造	251				
煤炭加工	252				
生物质燃料加工	254				

1-J-6　续表 2　　　　单位：万元

行　业	代码	引进技术经费支出	消化吸收经费支出	购买国内技术经费支出	技术改造经费支出
化学原料和化学制品制造业	26				1762
基础化学原料制造	261				1582
肥料制造	262				
农药制造	263				
涂料、油墨、颜料及类似产品制造	264				
合成材料制造	265				179
专用化学产品制造	266				
炸药、火工及焰火产品制造	267				
日用化学产品制造	268				
医药制造业	27	2916		29119	8643
化学药品原料药制造	271				8417
化学药品制剂制造	272	2916		23647	
中药饮片加工	273				
中成药生产	274			2822	
兽用药品制造	275				
生物药品制品制造	276			2650	225
卫生材料及医药用品制造	277				
药用辅料及包装材料	278				
化学纤维制造业	28				67
纤维素纤维原料及纤维制造	281				
合成纤维制造	282				67
橡胶和塑料制品业	29				
橡胶制品业	291				
塑料制品业	292				
非金属矿物制品业	30				5024
水泥、石灰和石膏制造	301				769
石膏、水泥制品及类似制品制造	302				
砖瓦、石材等建筑材料制造	303				3680
玻璃制造	304				
玻璃制品制造	305				
玻璃纤维和玻璃纤维增强塑料制品制造	306				
陶瓷制品制造	307				4
耐火材料制品制造	308				572
石墨及其他非金属矿物制品制造	309				
黑色金属冶炼和压延加工业	31				
炼铁	311				
炼钢	312				
钢压延加工	313				
铁合金冶炼	314				
有色金属冶炼和压延加工业	32				1034
常用有色金属冶炼	321				
贵金属冶炼	322				
稀有稀土金属冶炼	323				
有色金属合金制造	324				
有色金属压延加工	325				1034
金属制品业	33				560
结构性金属制品制造	331				
金属工具制造	332				

1-J-6 续表 3

单位：万元

行　业	代码	引进技术经费支出	消化吸收经费支出	购买国内技术经费支出	技术改造经费支出
集装箱及金属包装容器制造	333				
金属丝绳及其制品制造	334				
建筑、安全用金属制品制造	335				
金属表面处理及热处理加工	336				
搪瓷制品制造	337				
金属制日用品制造	338				
铸造及其他金属制品制造	339				560
通用设备制造业	34				543
锅炉及原动设备制造	341				352
金属加工机械制造	342				
物料搬运设备制造	343				
泵、阀门、压缩机及类似机械制造	344				
轴承、齿轮和传动部件制造	345				
烘炉、风机、包装等设备制造	346				
文化、办公用机械制造	347				
通用零部件制造	348				191
其他通用设备制造业	349				
专用设备制造业	35				782
采矿、冶金、建筑专用设备制造	351				401
化工、木材、非金属加工专用设备制造	352				72
食品、饮料、烟草及饲料生产专用设备制造	353				
印刷、制药、日化及日用品生产专用设备制造	354				
纺织、服装和皮革加工专用设备制造	355				
电子和电工机械专用设备制造	356				
农、林、牧、渔专用机械制造	357				309
医疗仪器设备及器械制造	358				
环保、邮政、社会公共服务及其他专用设备制造	359				
汽车制造业	36				189
汽车整车制造	361				
汽车用发动机制造	362				
改装汽车制造	363				
汽车车身、挂车制造	364				
汽车零部件及配件制造	366				189
铁路、船舶、航空航天和其他运输设备制造业	37	1489			1789
铁路运输设备制造	371	1489			1789
城市轨道交通设备制造	372				
船舶及相关装置制造	373				
航空、航天器及设备制造	374				
摩托车制造	375				
自行车和残疾人座车制造	376				
助动车制造	377				
非公路休闲车及零配件制造	378				
潜水救捞及其他未列明运输设备制造	379				
电气机械和器材制造业	38				
电机制造	381				
输配电及控制设备制造	382				
电线、电缆、光缆及电工器材制造	383				
电池制造	384				

1-J-6　续表 4　　单位：万元

行　业	代码	引进技术经费支出	消化吸收经费支出	购买国内技术经费支出	技术改造经费支出
家用电力器具制造	385				
非电力家用器具制造	386				
照明器具制造	387				
其他电气机械及器材制造	389				
计算机、通信和其他电子设备制造业	39	49			
计算机制造	391				
通信设备制造	392				
广播电视设备制造	393				
雷达及配套设备制造	394				
非专业视听设备制造	395				
智能消费设备制造	396				
电子器件制造	397	49			
电子元件及电子专用材料制造	398				
其他电子设备制造	399				
仪器仪表制造业	40				
通用仪器仪表制造	401				
专用仪器仪表制造	402				
钟表与计时仪器制造	403				
光学仪器制造	404				
衡器制造	405				
其他仪器仪表制造业	409				
其他制造业	41				
日用杂品制造	411				
其他未列明制造业	419				
废弃资源综合利用业	42				
金属废料和碎屑加工处理	421				
非金属废料和碎屑加工处理	422				
金属制品、机械和设备修理业	43				842
金属制品修理	431				
通用设备修理	432				
专用设备修理	433				
铁路、船舶、航空航天等运输设备修理	434				842
电气设备修理	435				
仪器仪表修理	436				
其他机械和设备修理业	439				
电力、热力、燃气及水生产和供应业	**D**				
电力、热力生产和供应业	44				
电力生产	441				
电力供应	442				
热力生产和供应	443				
燃气生产和供应业	45				
燃气生产和供应业	451				
生物质燃气生产和供应业	452				
水的生产和供应业	46				
自来水生产和供应	461				
污水处理及其再生利用	462				
海水淡化处理	463				
其他水的处理、利用与分配	469				

1-J-7　分行业外商投资企业技术获取和技术改造情况

单位：万元

行　业	代码	引进技术经费支出	消化吸收经费支出	购买国内技术经费支出	技术改造经费支出
总　计	**00**	**6298**	**281**	**5745**	**81116**
采矿业	**B**				
煤炭开采和洗选业	06				
烟煤和无烟煤开采洗选	061				
石油和天然气开采业	07				
石油开采	071				
天然气开采	072				
黑色金属矿采选业	08				
铁矿采选	081				
锰矿、铬矿采选	082				
有色金属矿采选业	09				
常用有色金属矿采选	091				
贵金属矿采选	092				
稀有稀土金属矿采选	093				
非金属矿采选业	10				
土砂石开采	101				
化学矿开采	102				
采盐	103				
石棉及其他非金属矿采选	109				
开采专业及辅助性活动	11				
石油和天然气开采专业及辅助性活动	111				
制造业	**C**	**6298**	**281**	**5745**	**81116**
农副食品加工业	13	55	177	586	10049
谷物磨制	131				
饲料加工	132				
植物油加工	133				
制糖业	134				
屠宰及肉类加工	135	55	177		206
水产品加工	136			586	9778
蔬菜、菌类、水果和坚果加工	137				66
其他农副食品加工	139				
食品制造业	14			2512	831
焙烤食品制造	141				
糖果、巧克力及蜜饯制造	142				
方便食品制造	143				
乳制品制造	144				
罐头食品制造	145				
调味品、发酵制品制造	146				511
其他食品制造	149			2512	320
酒、饮料和精制茶制造业	15				5892
酒的制造	151				5110
饮料制造	152				782
精制茶加工	153				
烟草制品业	16				
其他烟草制品制造	169				
纺织业	17				833

1−J−7　续表 1　　　　单位：万元

行　业	代码	引进技术经费支出	消化吸收经费支出	购买国内技术经费支出	技术改造经费支出
棉纺织及印染精加工	171				833
毛纺织及染整精加工	172				
麻纺织及染整精加工	173				
丝绢纺织及印染精加工	174				
化纤织造及印染精加工	175				
针织或钩针编织物及其制品制造	176				
家用纺织制成品制造	177				
产业用纺织制成品制造	178				
纺织服装、服饰业	18				16
机织服装制造	181				16
针织或钩针编织服装制造	182				
服饰制造	183				
皮革、毛皮、羽毛及其制品和制鞋业	19				
皮革鞣制加工	191				
皮革制品制造	192				
毛皮鞣制及制品加工	193				
羽毛(绒)加工及制品制造	194				
制鞋业	195				
木材加工和木、竹、藤、棕、草制品业	20				433
木材加工	201				
人造板制造	202				433
木质制品制造	203				
竹、藤、棕、草等制品制造	204				
家具制造业	21				
木质家具制造	211				
金属家具制造	213				
塑料家具制造	214				
其他家具制造	219				
造纸和纸制品业	22				
纸浆制造	221				
造纸	222				
纸制品制造	223				
印刷和记录媒介复制业	23			5	56
印刷	231			5	56
装订及印刷相关服务	232				
记录媒介复制	233				
文教、工美、体育和娱乐用品制造业	24				58
文教办公用品制造	241				58
乐器制造	242				
工艺美术及礼仪用品制造	243				
体育用品制造	244				
玩具制造	245				
游艺器材及娱乐用品制造	246				
石油、煤炭及其他燃料加工业	25				87
精炼石油产品制造	251				87
煤炭加工	252				
生物质燃料加工	254				
化学原料和化学制品制造业	26			53	6015

1-J-7 续表 2

单位：万元

行 业	代码	引进技术经费支出	消化吸收经费支出	购买国内技术经费支出	技术改造经费支出
基础化学原料制造	261				5436
肥料制造	262				79
农药制造	263				221
涂料、油墨、颜料及类似产品制造	264				
合成材料制造	265			50	228
专用化学产品制造	266			3	51
炸药、火工及焰火产品制造	267				
日用化学产品制造	268				
医药制造业	27	281		189	39566
化学药品原料药制造	271			144	38713
化学药品制剂制造	272				
中药饮片加工	273				
中成药生产	274	200			
兽用药品制造	275				500
生物药品制品制造	276	81			353
卫生材料及医药用品制造	277			45	
药用辅料及包装材料	278				
化学纤维制造业	28				
纤维素纤维原料及纤维制造	281				
合成纤维制造	282				
生物基材料制造	283				
橡胶和塑料制品业	29	282			
橡胶制品业	291				
塑料制品业	292	282			
非金属矿物制品业	30				1601
水泥、石灰和石膏制造	301				
石膏、水泥制品及类似制品制造	302				
砖瓦、石材等建筑材料制造	303				
玻璃制造	304				236
玻璃制品制造	305				
玻璃纤维和玻璃纤维增强塑料制品制造	306				
陶瓷制品制造	307				1365
耐火材料制品制造	308				
石墨及其他非金属矿物制品制造	309				
黑色金属冶炼和压延加工业	31				363
炼铁	311				
炼钢	312				
钢压延加工	313				363
铁合金冶炼	314				
有色金属冶炼和压延加工业	32				120
常用有色金属冶炼	321				120
贵金属冶炼	322				
稀有稀土金属冶炼	323				
有色金属合金制造	324				
有色金属压延加工	325				
金属制品业	33			300	2298
结构性金属制品制造	331				

1-J-7　续表 3　　　　单位：万元

行　业	代码	引进技术经费支出	消化吸收经费支出	购买国内技术经费支出	技术改造经费支出
金属工具制造	332				
集装箱及金属包装容器制造	333				
金属丝绳及其制品制造	334				
建筑、安全用金属制品制造	335				
金属表面处理及热处理加工	336				
搪瓷制品制造	337				
金属制日用品制造	338			300	300
铸造及其他金属制品制造	339				1998
通用设备制造业	34	2069			629
锅炉及原动设备制造	341				
金属加工机械制造	342	717			
物料搬运设备制造	343				39
泵、阀门、压缩机及类似机械制造	344				44
轴承、齿轮和传动部件制造	345				
烘炉、风机、包装等设备制造	346	1352			327
文化、办公用机械制造	347				
通用零部件制造	348				220
其他通用设备制造业	349				
专用设备制造业	35			466	1824
采矿、冶金、建筑专用设备制造	351			466	1824
化工、木材、非金属加工专用设备制造	352				
食品、饮料、烟草及饲料生产专用设备制造	353				
印刷、制药、日化及日用品生产专用设备制造	354				
纺织、服装和皮革加工专用设备制造	355				
电子和电工机械专用设备制造	356				
农、林、牧、渔专用机械制造	357				
医疗仪器设备及器械制造	358				
环保、邮政、社会公共服务及其他专用设备制造	359				
汽车制造业	36	205	100	70	6905
汽车整车制造	361				
汽车用发动机制造	362				
改装汽车制造	363				
低速汽车制造	364				
汽车车身、挂车制造	366				
汽车零部件及配件制造	367	205	100	70	6905
铁路、船舶、航空航天和其他运输设备制造业	37	3224			205
铁路运输设备制造	371				51
城市轨道交通设备制造	372				
船舶及相关装置制造	373				
航空、航天器及设备制造	374				
摩托车制造	375	3224			
自行车和残疾人座车制造	376				
助动车制造	377				
非公路休闲车及零配件制造	378				
潜水救捞及其他未列明运输设备制造	379				154
电气机械和器材制造业	38	182	5	1564	2335
电机制造	381	182	5		771

1-J-7 续表 4

单位：万元

行 业	代码	引进技术经费支出	消化吸收经费支出	购买国内技术经费支出	技术改造经费支出
输配电及控制设备制造	382				
电线、电缆、光缆及电工器材制造	383				
电池制造	384				
家用电力器具制造	385				
非电力家用器具制造	386			1564	1564
照明器具制造	387				
其他电气机械及器材制造	389				
计算机、通信和其他电子设备制造业	39				1000
计算机制造	391				
通信设备制造	392				
广播电视设备制造	393				
雷达及配套设备制造	394				
非专业视听设备制造	395				1000
智能消费设备制造	396				
电子器件制造	397				
电子元件及电子专用材料制造	398				
其他电子设备制造	399				
仪器仪表制造业	40				
通用仪器仪表制造	401				
专用仪器仪表制造	402				
钟表与计时仪器制造	403				
光学仪器制造	404				
衡器制造	405				
其他仪器仪表制造业	409				
其他制造业	41				
日用杂品制造	411				
其他未列明制造业	419				
废弃资源综合利用业	42				
金属废料和碎屑加工处理	421				
非金属废料和碎屑加工处理	422				
金属制品、机械和设备修理业	43				
金属制品修理	431				
通用设备修理	432				
专用设备修理	433				
铁路、船舶、航空航天等运输设备修理	434				
其他机械和设备修理业	439				
电力、热力、燃气及水生产和供应业	**D**				
电力、热力生产和供应业	44				
电力生产	441				
电力供应	442				
热力生产和供应	443				
燃气生产和供应业	45				
燃气生产和供应业	451				
水的生产和供应业	46				
自来水生产和供应	461				
污水处理及其再生利用	462				
其他水的处理、利用与分配	469				

1-J-8　各地区企业技术获取和技术改造情况

单位：万元

地　区	引进技术经费支出	消化吸收经费支出	购买国内技术经费支出	技术改造经费支出
全　省	**118311**	**35764**	**416723**	**2362576**
济南市	4966	142	14728	639603
青岛市	18862	10378	263732	138544
淄博市	4336	2027	6774	338851
枣庄市			4645	121366
东营市	16584	954	4347	102345
烟台市	9684	917	5632	126623
潍坊市	47065	5333	13955	194165
济宁市	1389	374	15635	215720
泰安市	245	5	2617	80079
威海市	8060	7254	6496	87920
日照市	1894	23	2526	45102
临沂市	1210	7883	37162	116849
德州市	315	407	979	36697
聊城市			3095	39514
滨州市		17	531	51680
菏泽市	3704	50	33869	27517

1-J-9 各地区大中型企业技术获取和技术改造情况

单位：万元

地区	引进技术经费支出	消化吸收经费支出	购买国内技术经费支出	技术改造经费支出
全省	**114914**	**34421**	**402717**	**2188471**
济南市	4391	142	14363	628446
青岛市	17807	10362	262026	119952
淄博市	4240	1582	6285	313294
枣庄市			3200	102733
东营市	16584	954	4347	98683
烟台市	9085	439	4465	105610
潍坊市	47065	5333	13613	188860
济宁市	1267	324	11837	212271
泰安市	245	5	2577	78371
威海市	8034	7254	6049	85510
日照市	1894	23	2492	36065
临沂市	938	7879	34472	97905
德州市	81	107	384	20946
聊城市			3095	38088
滨州市		17	524	47612
菏泽市	3284		32989	14123

1-J-10　各地区内资企业技术获取和技术改造情况

单位：万元

地　区	引进技术经费支出	消化吸收经费支出	购买国内技术经费支出	技术改造经费支出
全　省	**107558**	**35483**	**381860**	**2253276**
济南市	1460	142	13094	625424
青岛市	16472	10374	260912	124693
淄博市	4336	2027	6774	334019
枣庄市			4645	119316
东营市	16584	954	4347	101186
烟台市	7822	640	2937	124842
潍坊市	47065	5333	13955	180107
济宁市	1389	374	15491	215633
泰安市	245	5	2617	79907
威海市	8060	7254	5859	77477
日照市	1894	23	2526	44413
临沂市	1210	7883	36697	71950
德州市	234	407	979	35938
聊城市			3095	39514
滨州市		17	531	51461
菏泽市	788	50	7401	27398

1－J－11　各地区港澳台商投资企业技术获取和技术改造情况

单位：万元

地　　区	引进技术经费支出	消化吸收经费支出	购买国内技术经费支出	技术改造经费支出
全　省	**4455**		**29119**	**28185**
济南市				2065
青岛市	1491			5640
淄博市				3758
枣庄市				2050
东营市				606
烟台市	49		2650	483
潍坊市				8122
济宁市				
泰安市				
威海市				164
日照市				689
临沂市				4563
德州市				
聊城市				
滨州市				
菏泽市	2916		26469	45

1-J-12 各地区外商投资企业技术获取和技术改造情况

单位：万元

地 区	引进技术经费支出	消化吸收经费支出	购买国内技术经费支出	技术改造经费支出
全 省	**6298**	**281**	**5745**	**81116**
济南市	3506		1634	12114
青岛市	899	5	2820	8212
淄博市				1073
枣庄市				
东营市				553
烟台市	1813	277	45	1299
潍坊市				5936
济宁市			144	87
泰安市				173
威海市			636	10279
日照市				
临沂市			466	40337
德州市	81			759
聊城市				
滨州市				220
菏泽市				74

第2篇

建筑业企业生产经营及财务状况篇

A.全社会建筑业企业

2-A-1 各地区全社会建筑业企业个数

单位：个

分 组	合计	总承包和专业承包企业	劳务分包企业	资质以外企业
全 省	**124512**	**7233**	**220**	**117059**
济南市	13419	652	17	12750
青岛市	27159	711	77	26371
淄博市	5884	444	15	5425
枣庄市	2175	240	5	1930
东营市	4026	304		3722
烟台市	14523	827	17	13679
潍坊市	15278	600	3	14675
济宁市	7096	549	10	6537
泰安市	4692	372		4319
威海市	5094	459	7	4628
日照市	5530	322	6	5202
临沂市	3920	470	19	3431
德州市	4356	282	2	4072
聊城市	3223	279		2943
滨州市	3834	307	4	3523
菏泽市	4303	415	36	3852

2-A-2　各地区全社会建筑业企业期末人数

单位：人

分　组	合计	总承包和专业承包企业	劳务分包企业	资质以外企业
全　省	**3455969**	**2456236**	**32687**	**967046**
济南市	538200	384839	5846	147515
青岛市	422806	235734	13458	173614
淄博市	317558	287481	2109	27968
枣庄市	130382	109606	878	19898
东营市	86551	63576		22975
烟台市	294362	177424	619	116319
潍坊市	269163	180584	96	88483
济宁市	242343	177915	2523	61905
泰安市	272688	236833	32	35823
威海市	107435	64777	309	42349
日照市	92964	61639	1225	30100
临沂市	202041	163185	2573	36283
德州市	110536	72847	92	37597
聊城市	88503	68362	6	20135
滨州市	70583	48585	23	21975
菏泽市	209854	123029	2718	84107

2-A-3 各地区全社会建筑业企业资产总计

单位：亿元

分 组	合计	总承包和专业承包企业	劳务分包企业	资质以外企业
全 省	**20089.3**	**13906.6**	**42.9**	**6139.8**
济南市	4524.9	3114.4	5.4	1405.2
青岛市	3833.5	2541.3	24.7	1267.5
淄博市	888.8	714.3	1.5	173.0
枣庄市	477.6	348.6	0.2	128.8
东营市	644.3	473.8		170.6
烟台市	1449.1	914.4	1.1	533.7
潍坊市	1361.5	999.4	0.1	362.0
济宁市	1187.9	970.9	1.5	215.4
泰安市	1116.7	578.1	0.0	538.6
威海市	665.4	392.9	2.0	270.6
日照市	773.9	543.6	2.0	228.3
临沂市	1223.6	1001.3	0.8	221.6
德州市	460.4	362.5	0.4	97.5
聊城市	484.2	323.4		160.8
滨州市	480.8	258.6	0.7	221.4
菏泽市	516.7	369.1	2.6	145.0

2-A-4　各地区全社会建筑业企业负债合计

单位：亿元

分　组	合计	总承包和专业承包企业	劳务分包企业	资质以外企业
全　省	**13401.7**	**10102.4**	**31.8**	**3267.5**
济南市	3169.7	2440.8	4.7	724.3
青岛市	2723.9	1968.9	19.9	735.1
淄博市	592.3	464.9	0.8	126.6
枣庄市	279.0	231.5	0.0	47.5
东营市	482.6	353.1		129.5
烟台市	839.3	601.4	0.6	237.2
潍坊市	898.4	671.7	0.0	226.7
济宁市	767.9	686.4	0.7	80.8
泰安市	717.1	420.7	0.0	296.3
威海市	381.9	269.8	1.7	110.4
日照市	544.1	403.8	1.7	138.7
临沂市	817.6	694.4	0.2	123.1
德州市	269.7	233.6	0.2	35.9
聊城市	302.0	226.8		75.2
滨州市	315.9	184.0	0.6	131.3
菏泽市	300.3	250.7	0.6	49.0

2–A–5 各行业全社会建筑业企业个数

单位：个

分 组	代码	合计	总承包和专业承包企业	劳务分包企业	资质以外企业
总 计	**00**	**124512**	**7233**	**220**	**117059**
房屋建筑业	47	27066	3585	105	23376
土木工程建筑业	48	26968	1697	14	25257
铁路、道路、隧道和桥梁工程建筑	481	9988	871	5	9112
水利和水运工程建筑	482	1428	240		1188
海洋工程建筑	483	84	2		82
工矿工程建筑	484	376	95		281
架线和管道工程建筑	485	2121	204		1916
建筑安装业	49	22076	869	27	21180
建筑装饰装修和其他建筑业	50	48402	1082	74	47246

2–A–6 各行业全社会建筑业企业期末人数

单位：人

分 组	代码	合计	总承包和专业承包企业	劳务分包企业	资质以外企业
总 计	**00**	**3455969**	**2456236**	**32687**	**967046**
房屋建筑业	47	2021238	1767187	20812	233239
土木工程建筑业	48	658851	412814	1191	244846
铁路、道路、隧道和桥梁工程建筑	481	331472	232215	254	99003
水利和水运工程建筑	482	61470	50231		11239
海洋工程建筑	483	1036	302		734
工矿工程建筑	484	50258	46045		4213
架线和管道工程建筑	485	72288	46398	30	25860
建筑安装业	49	354759	182910	2061	169788
建筑装饰装修和其他建筑业	50	421121	93325	8623	319173

2–A–7　各行业全社会建筑业企业资产总计

单位：亿元

分　组	代码	合计	总承包和专业承包企业	劳务分包企业	资质以外企业
总　计	**00**	**20089.3**	**13906.6**	**42.9**	**6139.8**
房屋建筑业	47	8293.4	7132.8	22.8	1137.9
土木工程建筑业	48	8297.9	5445.0	0.7	2852.2
铁路、道路、隧道和桥梁工程建筑	481	4894.7	3390.4	0.1	1504.2
水利和水运工程建筑	482	1006.6	714.9		291.7
海洋工程建筑	483	7.2	4.5		2.7
工矿工程建筑	484	292.7	279.0		13.7
架线和管道工程建筑	485	714.2	513.9	0.4	199.9
建筑安装业	49	1739.2	724.1	6.0	1009.0
建筑装饰装修和其他建筑业	50	1758.9	604.8	13.4	1140.7

2–A–8　各行业全社会建筑业企业负债合计

单位：亿元

分　组	代码	合计	总承包和专业承包企业	劳务分包企业	资质以外企业
总　计	**00**	**13401.7**	**10102.4**	**31.8**	**3267.5**
房屋建筑业	47	5742.0	5091.3	17.4	633.3
土木工程建筑业	48	5611.0	4126.5	0.4	1484.1
铁路、道路、隧道和桥梁工程建筑	481	3266.0	2549.2	0.1	716.7
水利和水运工程建筑	482	705.4	553.4		152.0
海洋工程建筑	483	4.2	2.7		1.5
工矿工程建筑	484	223.9	214.9		9.1
架线和管道工程建筑	485	540.4	393.5	0.2	146.7
建筑安装业	49	1049.5	487.8	5.3	556.5
建筑装饰装修和其他建筑业	50	999.2	396.9	8.8	593.6

B. 总承包和专业承包建筑业企业

1. 综合

2-B-1.1 按经济类型划分的总承包和专业承包企业主要经济指标

分 组	单位	合 计	内资	国有	集体	港澳台商投资	外商投资
企业个数	个	6858	6844	319	328	3	11
固定资产原价	亿元	1500.4	1493.0	211.3	43.4	1.7	5.7
固定资产净值	亿元	795.1	790.7	115.8	22.9	0.8	3.6
总台数	万台	70.0	70.0	4.6	5.0		
净值	亿元	354.9	353.8	43.5	14.7	0.8	0.3
总功率	万千瓦	1751.5	1749.4	167.3	72.9	0.6	1.5
建筑业总产值	亿元	11939.8	11917.9	1502.8	257.1	15.4	6.5
本年折旧	亿元	101.2	100.8	12.4	2.3	0.1	0.2
应付职工薪酬	亿元	1803.5	1801.2	150.6	53.2	0.4	1.9
主营业务税金及附加	亿元	93.1	93.1	6.5	5.0	0.0	0.0
房屋施工面积	万平方米	77477.1	77475.8	6326.1	2585.4	1.3	
房屋竣工面积	万平方米	21799.9	21799.2	1209.6	1057.9	0.7	
利润总额	亿元	403.0	401.6	46.0	10.8	0.2	1.2
税金总额	亿元	368.4	368.1	34.6	12.8	0.1	0.2
技术装备率	元/人	11326.0	11297.0	18142.0	12783.0	123698.0	28389.0
动力装备率	千瓦时/人	5.6	5.6	7.0	6.3	10.3	12.1
房屋建筑面积竣工率	%	28.1	28.1	19.1	40.9	54.0	
产值利润率	%	3.4	3.4	3.1	4.2	1.4	18.0
产值利税率	%	6.5	6.5	5.4	9.2	1.7	21.5

2-B-1.2 总承包和专业承包企业主要经济指标完成情况

分 组	单位	总计
企业个数	个	6858
从事建筑业活动的平均人数	万人	329.3
签订合同额	亿元	23103.0
本年新签合同额	亿元	14019.1
建筑业总产值	亿元	11939.8
建筑工程产值	亿元	10225.7
安装工程产值	亿元	1447.6
其他产值	亿元	266.5
竣工产值	亿元	5507.4
固定资产原价	亿元	1500.4
固定资产净值	亿元	795.1
总台数	万台	70.0
净值	亿元	354.9
总功率	万千瓦	1751.5
本年折旧	亿元	101.2
应付职工薪酬	亿元	1803.5
主营业务税金及附加	亿元	93.1
房屋施工面积	万平方米	77477.1
房屋竣工面积	万平方米	21799.9
实收资本	亿元	2219.4
资产总计	亿元	13906.6
负债合计	亿元	10102.4
利润总额	亿元	403.0
税金总额	亿元	368.4
按总产值计算的劳动生产率	元/人	362565.0
技术装备率	元/人	11326.0
动力装备率	千瓦时/人	5.6
人均利税	元/人	23424.0
房屋建筑面积竣工率	%	28.1
资产负债率	%	72.6
产值利润率	%	3.4
产值利税率	%	6.5

注：本表数据为所有具有资质等级的有工作量的施工总承包、专业承包建筑业企业(不含劳务分包企业)数据。

2-B-1.3 各地区总承包和专业承包企业签订合同情况

单位：万元

分组	签订合同额	上年结转合同额	本年新签合同额
全省	**231030280.2**	**90839087.4**	**140191192.8**
济南市	69675407.0	32146136.2	37529270.8
青岛市	47186211.1	20388909.2	26797301.9
淄博市	13796117.5	4078263.5	9717854.0
枣庄市	4660119.0	1501661.5	3158457.5
东营市	4070962.5	1512582.1	2558380.4
烟台市	9963289.1	2997111.9	6966177.2
潍坊市	14352575.0	4966576.7	9385998.3
济宁市	11009384.0	3978709.2	7030674.8
泰安市	11675119.2	3134868.9	8540250.3
威海市	4443796.3	1707295.4	2736500.9
日照市	7170680.5	2684566.3	4486114.2
临沂市	13829952.7	4739637.4	9090315.3
德州市	6182123.7	2210508.3	3971615.4
聊城市	5917808.5	2526099.8	3391708.7
滨州市	2387436.0	784434.1	1603001.9
菏泽市	4709298.1	1481726.9	3227571.2

2-B-1.4　各地区总承包和专业承包企业承包工程完成情况

单位：万元

分　组	直接从建设单位承揽工程完成的产值			从建设单位以外承揽工程完成的产值
		自行完成施工产值	分包出去工程的产值	
全　省	**118848001.5**	**117754547.5**	**1093454.0**	**1643300.5**
济南市	28764539.3	28706950.2	57589.1	283372.7
青岛市	22656938.8	22252321.2	404617.6	259654.9
淄博市	8743480.6	8613615.7	129864.9	167917.4
枣庄市	2722032.2	2710842.0	11190.2	62830.0
东营市	2183348.1	2167844.4	15503.7	50481.4
烟台市	6938338.9	6882387.7	55951.2	85325.8
潍坊市	8640764.4	8562789.4	77975.0	50529.2
济宁市	5975101.8	5866154.7	108947.1	117227.4
泰安市	7582265.2	7548244.7	34020.5	265483.9
威海市	2823374.2	2804380.7	18993.5	28514.6
日照市	3809404.1	3773706.4	35697.7	47443.5
临沂市	8485668.3	8470121.9	15546.4	80755.6
德州市	2871832.1	2772088.8	99743.3	43954.7
聊城市	2445455.2	2437810.5	7644.7	61488.3
滨州市	1355666.7	1336448.6	19218.1	29368.1
菏泽市	2849791.6	2848840.6	951.0	8953.0

2-B-1.5 各地区总承包和专业承包企业建筑业总产值和竣工产值

单位：万元

分 组	建筑业总产值	#装饰装修产值	#在外省完成的产值	按构成分组 建筑工程产值	安装工程产值	其他产值	竣工产值
全 省	**119397848.0**	**7092162.3**	**22872366.5**	**102257177.8**	**14475791.4**	**2664878.8**	**55073913.8**
济南市	28990322.9	1066075.0	9501241.3	25783310.5	2460621.0	746391.4	9348563.8
青岛市	22511976.1	2357685.4	4630183.7	20256072.7	1814902.8	441000.6	8941793.0
淄博市	8781533.1	406844.8	1046346.1	7244186.8	1360399.8	176946.5	4720511.2
枣庄市	2773672.0	341575.7	412932.0	2386580.2	342643.2	44448.6	1537932.3
东营市	2218325.8	53232.7	426271.4	1592674.1	511087.2	114564.5	1381595.7
烟台市	6967713.5	435434.7	282644.5	6007226.8	730816.5	229670.2	4111352.4
潍坊市	8613318.6	1020856.6	217147.7	7374073.2	1043956.4	195289.0	4384056.3
济宁市	5983382.1	224010.0	1032150.9	5201437.9	631658.0	150286.2	2991086.0
泰安市	7813728.6	136722.9	3984604.1	3826396.6	3902433.8	84898.2	4301908.5
威海市	2832895.3	90775.3	52239.5	2553640.9	208553.1	70701.3	1512817.3
日照市	3821149.9	297961.4	445330.3	3634698.1	123574.9	62876.9	1785684.2
临沂市	8550877.5	388917.4	542775.9	7903649.4	589347.7	57880.4	4816640.1
德州市	2816043.5	113380.0	120933.6	2530043.9	221376.9	64622.7	1099211.8
聊城市	2499298.8	60408.4	109776.2	2237872.8	226810.3	34615.7	1410801.3
滨州市	1365816.7	25584.9	22099.3	1155811.5	132560.3	77444.9	970996.4
菏泽市	2857793.6	72697.1	45690.0	2569502.4	175049.5	113241.7	1758963.5

2-B-1.6　各地区总承包和专业承包企业房屋建筑面积

分　组	房屋施工面积（万平方米）	#新开工面积	房屋竣工面积（万平方米）	房屋建筑面积竣工率（%）
全　省	**77477.1**	**33530.8**	**21799.9**	**28.1**
济南市	13394.4	5071.6	2700.2	20.2
青岛市	15165.8	5545.7	3025.7	20.0
淄博市	7028.2	2915.3	2220.4	31.6
枣庄市	2224.3	1092.4	858.9	38.6
东营市	398.6	237.8	223.8	56.1
烟台市	4146.5	2180.4	1577.0	38.0
潍坊市	7824.6	3095.2	2045.1	26.1
济宁市	4556.2	2295.9	1421.7	31.2
泰安市	2115.2	1145.0	1018.7	48.2
威海市	2230.3	1095.1	657.3	29.5
日照市	2141.4	1147.2	659.7	30.8
临沂市	7850.0	3154.9	2728.9	34.8
德州市	2259.0	1174.6	599.4	26.5
聊城市	2735.2	1283.8	605.5	22.1
滨州市	1084.7	621.8	433.9	40.0
菏泽市	2322.6	1474.1	1023.5	44.1

2-B-1.7 各地区按主要用途分的总承包

分组	合计	住宅房屋	商业及服务用房屋					
				商厦房屋（批发和零售用房）	宾馆用房屋（住宿用房）	餐饮用房屋（餐饮用房）	商务会展用房屋	其他商业及服务用房屋（居民服务业用房）
全　省	**21799.9**	**15008.8**	**1346.6**	**713.2**	**53.6**	**17.5**	**47.4**	**515.0**
济南市	2700.2	1667.4	139.8	28.3	10.9	3.1	11.4	86.1
青岛市	3025.7	1911.9	206.8	67.8	11.8	0.3	7.7	119.1
淄博市	2220.4	1542.7	118.5	30.8	0.5	0.6	19.1	67.5
枣庄市	858.9	615.2	65.6	37.5	0.2	3.7	0.1	24.2
东营市	223.8	140.7	4.3		0.3	0.5		3.6
烟台市	1577.0	1222.3	28.2	9.6	2.4	0.3		15.9
潍坊市	2045.1	1416.3	111.6	23.2	13.5		7.0	67.9
济宁市	1421.7	915.0	61.1	12.0		3.3		45.8
泰安市	1018.7	787.8	33.8	15.1	3.8	1.4	1.8	11.7
威海市	657.3	403.6	37.8	14.5		2.9	0.3	20.1
日照市	659.7	555.0	19.5	18.2	0.1	0.1	0.1	1.1
临沂市	2728.9	1790.5	439.0	416.7		0.5		21.7
德州市	599.4	419.8	24.3	4.7	0.1	0.1		19.3
聊城市	605.5	495.5	5.6		0.4			5.2
滨州市	433.9	263.7	13.5	10.2	1.2	0.4		1.7
菏泽市	1023.5	861.5	37.1	24.6	8.3	0.2		4.0

和专业承包企业房屋竣工面积

单位：万平方米

办公用房屋	科研、教育、医疗用房屋	科学研究用房屋	教育用房屋	医疗用房屋(卫生医疗用房)	文化、体育、娱乐用房屋	厂房及建筑物	#厂房	仓库	其他未列明的房屋建筑物
1205.9	**1297.2**	**45.8**	**970.1**	**281.2**	**201.6**	**2342.3**	**1481.6**	**134.1**	**263.3**
350.1	210.3	13.4	185.0	11.9	80.3	190.1	165.1	14.0	48.3
198.1	181.1	17.2	119.5	44.3	57.4	394.7	265.3	11.4	64.3
169.4	96.1	0.1	64.7	31.4	2.9	242.1	167.0	37.6	11.0
21.2	65.8	0.4	60.2	5.2	0.4	79.7	48.2	1.8	9.2
18.8	5.3		5.0	0.3		46.2	28.0	7.0	1.4
35.9	71.4	0.9	34.5	36.1	0.1	209.8	133.6	5.8	3.6
70.8	117.7	0.3	76.9	40.5	8.0	270.8	180.8	16.0	33.9
22	82.5	1.6	72.9	8.0	1.9	287.7	96.9	16.1	35.3
34.8	40.9	2.7	34.3	3.9	2.2	110.1	30.1	5.3	3.9
5.7	65.1	3.8	48.8	12.5	14.6	99.1	76.6	5.5	26.0
4.9	28.8	0.1	27.6	1.1	0.2	49.8	46.0	0.7	0.9
127.7	189.6	2.9	112.0	74.8	25.1	152.6	110.9	1.8	2.6
35.4	35.6	0.4	34.3	0.8	0.8	79.6	44.7	1.1	2.8
23.4	28.1	1	26.9	0.1	5.0	40.3	31.1	5.2	2.4
69.9	15.7	0.3	15.0	0.5	1.1	60.9	45.2	2.8	6.4
17.7	63.1	0.8	52.6	9.7	1.7	28.8	12.1	2.2	11.4

2-B-1.8 各地区按主要用途分的总承包

分 组	合计	住宅房屋	商业及服务用房屋	商厦房屋（批发和零售用房）	宾馆用房屋（住宿用房）	餐饮用房屋（餐饮用房）	商务会展用房屋	其他商业及服务用房屋（居民服务业用房）
全 省	**34452089.9**	**23279910.0**	**2360635.5**	**1093436.6**	**132851.0**	**24033.7**	**150577.7**	**959736.5**
济南市	4568186.6	2723726.7	230638.6	34831.7	15834.1	3017.6	24000.6	152954.6
青岛市	5733129.8	3447687.2	570858.9	148575.6	64812.8	1203.3	73713.2	282554.0
淄博市	3726138.4	2498065.5	199943.3	44595.5	1235.6	1798.0	35328.7	116985.5
枣庄市	1049220.5	809756.4	40723.5	12268.8	150.0	1795.0	100.0	26409.7
东营市	353028.5	236102.7	5916.7		289.0	658.5		4969.2
烟台市	2404885.7	1835331.9	44801.7	8620.9	3966.6	507.1		31707.1
潍坊市	3383200.1	2373522.7	170215.0	30034.4	23310.5		14149.0	102721.1
济宁市	1884899.7	1275851.6	119815.4	16861.1		6006.0		96948.3
泰安市	1475803.5	1147014.7	66555.5	28162.9	7258.4	2388.0	2084.0	26662.2
威海市	1143317.0	666818.3	63634.3	20121.0		3662.7	1149.2	38701.4
日照市	961748.3	806656.9	30187.8	28689.3	40.0	40.0	40.0	1378.5
临沂市	4215124.9	2830970.7	698774.2	670975.1	9.0	965.8	9.0	26815.3
德州市	859645.7	549653.9	37673.9	4934.6	73.0	132.0		32534.3
聊城市	796756.5	637566.6	9120.2		514.0			8606.2
滨州市	616055.5	355084.0	18522.8	11813.0	2073.4	1650.0	4.0	2982.4
菏泽市	1280949.2	1086100.2	53253.7	32952.7	13284.6	209.7		6806.7

和专业承包企业房屋竣工价值

单位：万元

办公用房屋	科研、教育、医疗用房屋	科学研究用房屋	教育用房屋	医疗用房屋(卫生医疗用房)	文化、体育、娱乐用房屋	厂房及建筑物	#厂房	仓库	其他未列明的房屋建筑物
1916084.8	**2448590.9**	**104237.3**	**1770590.5**	**573763.1**	**701698.2**	**3085428.9**	**1990814.6**	**193547.2**	**466194.4**
341949.5	408850.2	46418.9	333970.1	28461.2	435992.9	312794.1	259640.9	15087.2	99147.4
472929.9	391496.2	30452.3	252697.0	108346.9	138040.9	567703.0	362103.8	32253.8	112159.9
267169.8	188902.3	123.5	132774.5	56004.3	7983.5	490487.6	338037.2	57311.4	16275.0
25589.1	67520.3	1169.6	57938.7	8412.0	621.0	95435.1	59268.5	1240.2	8334.9
23895.5	17827.1	116.3	17089.5	621.3	82.6	56493.1	38872.1	9576.2	3134.6
55605.5	167509.7	1615.2	85272.1	80622.4	143.7	286579.9	188573.1	8840.1	6073.2
140813.0	284930.4	400.0	178033.1	106497.3	21387.1	294243.0	181571.0	24785.4	73303.5
26329.3	127168.3	1607.9	112874.4	12686.0	7218.0	263512.1	73639.2	17364.0	47641.0
53982.0	68134.0	4261.0	57290.1	6582.9	2347.8	110210.4	30218.3	7792.6	19766.5
10218.0	146723.0	7347.0	119878.4	19497.6	44211.0	154049.3	131901.2	6324.7	51338.4
5935.7	39112.0	20.0	37014.0	2078.0	50.0	77809.8	72853.7	481.0	1515.1
169509.3	306094.4	7317.4	171063.8	127713.2	28977.6	175494.5	134387.0	1672.0	3632.2
99575.9	89601.4	494.2	87654.2	1453.0	650.0	79249.6	46136.0	1322.0	1919.0
48289.3	45906.2	1509.2	44213.7	183.3	10862.8	37419.2	27354.5	4865.2	2727.0
151592.8	25109.1	333.7	24145.1	630.3	858.8	53740.2	36281.1	1973.1	9174.7
22700.2	73706.3	1051.1	58681.8	13973.4	2270.5	30208.0	9977.0	2658.3	10052.0

2-B-1.9 各地区总承包和专业承包企业施工机械设备情况

分 组	年末自有施工机械设备总台数（台）	年末自有施工机械设备总功率（千瓦）	年末自有施工机械设备净值（万元）	技术装备率（元/人）	动力装备率（千瓦/人）
全 省	**700274**	**17515029**	**3549369.5**	**11326**	**5.6**
济南市	67969	3159188	428832.3	19379	11.5
青岛市	63939	1980006	403867.1	7610	3.7
淄博市	71037	1507702	338329.9	12483	5.6
枣庄市	46503	761925	137209.1	12684	7.0
东营市	23315	770124	148831.7	24284	12.6
烟台市	67972	1544488	312722.6	16811	8.3
潍坊市	53066	1213427	287674.8	15425	6.5
济宁市	53226	965451	250176.2	12695	4.9
泰安市	73833	1089154	253854.7	7741	3.3
威海市	27283	909770	128576.1	19144	13.5
日照市	16166	562272	122163.8	17881	8.2
临沂市	44111	1122498	239525.9	9292	4.4
德州市	12974	314781	75155.0	10291	4.3
聊城市	16630	420972	118320.7	16885	6.0
滨州市	18980	449631	147474.9	31055	9.5
菏泽市	43270	743640	156654.7	12212	5.8

2-B-1.10　各地区总承包和专业承包企业建筑材料消耗情况

分　组	钢材(吨)	木材(立方米)	水泥(吨)	平板玻璃		铝材(吨)
				重量箱	平方米	
全　省	**40466540**	**22316320**	**91183126**	**8769152**	**57422613**	**1724234**
济南市	6024213	2364349	12502550	2033440	5277304	158674
青岛市	4664883	2179778	11421916	287385	2815624	79368
淄博市	5776802	1361787	8473636	925712	7384014	206897
枣庄市	1385922	1251387	3734250	469036	5315308	80137
东营市	915422	335745	2321830	320298	1361096	138740
烟台市	1933652	1368005	6200055	632554	4996321	80248
潍坊市	3877144	2891155	7585308	858757	7352928	120878
济宁市	3430609	1304566	6157873	669052	5492872	135186
泰安市	1753722	686267	4258664	679627	2461179	131495
威海市	764678	593417	5077592	124798	978741	27363
日照市	1923526	467390	2943096	167461	940479	68315
临沂市	3340459	3988886	9878250	375680	4720049	224210
德州市	735257	1480026	1967052	362928	1232191	107668
聊城市	1243858	469177	3149178	420670	2973297	44638
滨州市	941828	970709	2035391	137778	1775022	45089
菏泽市	1754565	603676	3476485	303976	2346188	75328

2-B-1.11 各地区总承包和专业承包企业主要生产效益指标

分 组	企业个数（个）	从事建筑业活动的平均人数（人）	按总产值计算的劳动生产率（元/人）	人均竣工产值（元/人）	人均施工面积（平方米/人）	人均竣工面积（平方米/人）
全 省	**6858**	**3293146**	**362565**	**167238**	**235.3**	**66.2**
济南市	625	542610	534276	172289	246.9	49.8
青岛市	665	588244	382698	152008	257.8	51.4
淄博市	438	267757	327967	176298	262.5	82.9
枣庄市	239	115764	239597	132851	192.1	74.2
东营市	291	63723	348120	216813	62.6	35.1
烟台市	810	209190	333081	196537	198.2	75.4
潍坊市	573	195034	441632	224784	401.2	104.9
济宁市	525	197923	302309	151124	230.2	71.8
泰安市	343	326805	239095	131635	64.7	31.2
威海市	406	69547	407335	217524	320.7	94.5
日照市	308	71359	535483	250240	300.1	92.5
临沂市	453	305205	280168	157817	257.2	89.4
德州市	249	77784	362034	141316	290.4	77.1
聊城市	262	84066	297302	167821	325.4	72.0
滨州市	286	50310	271480	193003	215.6	86.2
菏泽市	385	127825	223571	137607	181.7	80.1

2-B-1.12　各地区总承包和专业承包企业营业收入

单位：万元

分　组	营业收入	建筑业企业在境外完成的营业收入	企业总产值	建筑业总产值
全　省	**117781613.7**	**2763271.8**	**127851823.1**	**119397848.0**
济南市	28444982.9	602029.6	29435595.0	28990322.9
青岛市	22460739.0	1716990.9	25195701.9	22511976.1
淄博市	8604335.7	22482.7	9485087.9	8781533.1
枣庄市	3196079.5	5176.3	3017798.9	2773672.0
东营市	2583524.3	37972.3	2305854.2	2218325.8
烟台市	6972420.6	316117.4	7971722.9	6967713.5
潍坊市	8494115.8		9616790.1	8613318.6
济宁市	6162822.0	14950.8	6612671.2	5983382.1
泰安市	7493305.2	31744.7	8080666.9	7813728.6
威海市	2690525.4	5412.8	2985765.8	2832895.3
日照市	3466315.0	8094.3	3886953.3	3821149.9
临沂市	7275304.8		9224391.4	8550877.5
德州市	2768836.5		3014519.5	2816043.5
聊城市	2607872.1		2580806.7	2499298.8
滨州市	1571742.5	2300.0	1496656.4	1365816.7
菏泽市	2988692.4		2940841.0	2857793.6

2-B-1.13 各地区总承包和专业承包企业资产构成

单位：万元

分 组	资产总计	#流动资产	#存货
全 省	**139066060.8**	**116026810.2**	**23819645.0**
济南市	31143797.5	25935212.5	5218108.5
青岛市	25412638.3	21104028.1	3314310.9
淄博市	7142830.8	6031571.1	1190068.1
枣庄市	3486066.7	2845579.4	325406.5
东营市	4737554.2	4169371.3	603904.1
烟台市	9143594.1	7590082.5	1452110.9
潍坊市	9994252.8	8282027.7	1975949.5
济宁市	9709386.8	8478373.5	2089574.5
泰安市	5781161.9	4746199.9	1239116.9
威海市	3928922.8	3176473.3	835738.2
日照市	5435765.5	4492104.5	1030585.7
临沂市	10013284.3	8380282.4	2471633.3
德州市	3624908.8	3039998.3	477149.9
聊城市	3234447.7	2832028.5	528828.4
滨州市	2586162.0	2060045.7	446942.9
菏泽市	3691286.6	2863431.5	620216.7

2-B-1.14　各地区总承包和专业承包企业固定资产情况

单位：万元

分　组	固定资产原价	累计折旧	#本年折旧	在建工程
全　省	**15003967.4**	**6796523.5**	**1011706.8**	**890331.5**
济南市	2374457.3	1213132.0	196192.3	128753.5
青岛市	2006537.8	1030306.8	127807.2	177595.0
淄博市	1120441.6	531069.8	59578.6	66580.2
枣庄市	498490.9	174627.2	32653.1	13097.2
东营市	608570.2	345560.1	41080.1	24217.6
烟台市	1397249.2	677184.3	84886.1	78572.8
潍坊市	1174895.8	448126.5	86306.5	38345.7
济宁市	941232.2	437667.6	67546.3	71459.9
泰安市	975055.8	366841.5	68824.8	53376.2
威海市	625629.4	297361.2	43044.3	53865.4
日照市	521922.3	245065.6	40432.4	38763.5
临沂市	1041606.3	434475.9	64087.4	56418.3
德州市	426530.1	159835.4	30327.8	12571.9
聊城市	334294.8	138428.7	21830.1	32973.1
滨州市	444061.8	151380.9	19086.3	37350.9
菏泽市	512991.9	145460.0	28023.5	6390.3

2-B-1.15 各地区总承包和专业承包企业负债及所有者权益

单位：万元

分 组	负债合计	#流动负债	#应付账款	所有者权益	#实收资本
全 省	**101024187.2**	**93532885.4**	**36574929.8**	**38041873.5**	**22193595.8**
济南市	24407945.7	22931391.2	10797235.4	6735851.8	3923217.8
青岛市	19688715.9	17842400.7	7598188.0	5723922.4	3257540.5
淄博市	4649308.6	4401417.8	1614148.3	2493522.2	1311329.3
枣庄市	2315341.2	2108493.5	702750.4	1170725.5	585970.5
东营市	3531108.2	3403483.3	1566529.3	1206445.9	822262.8
烟台市	6013977.4	5652670.3	2044166.9	3129616.7	1712942.7
潍坊市	6716626.9	6150530.8	1915204.4	3277625.9	1429351.9
济宁市	6864249.4	6394046.2	1764163.9	2845137.4	1672894.0
泰安市	4207367.5	3951008.0	1690115.3	1573794.4	939570.5
威海市	2697759.5	2559046.1	1114894.8	1231163.3	632316.1
日照市	4037731.1	3768300.6	1148621.5	1398034.4	954243.5
临沂市	6943562.4	6153972.6	2054508.1	3069721.9	1356178.7
德州市	2335801.7	2182691.0	902646.4	1289107.1	644820.3
聊城市	2267958.5	2087079.3	679002.2	966489.2	1683556.6
滨州市	1840108.9	1763038.8	518780.0	746053.1	554019.0
菏泽市	2506624.3	2183315.2	463974.9	1184662.3	713381.6

2-B-1.16 各地区总承包和专业承包企业实收资本

单位：万元

分 组	实收资本	国家资本	集体资本	法人资本	个人资本	港澳台资本	外商资本
全 省	**22193595.8**	**4579922.8**	**1315703.0**	**7576767.4**	**8700296.8**	**3886.4**	**17019.4**
济南市	3923217.8	1926744.6	196415.2	970894.0	825711.8		3452.2
青岛市	3257540.5	745589.4	140723.2	1025369.9	1345775.0		83.0
淄博市	1311329.3	129265.0	83459.3	383744.2	711844.3	3016.5	
枣庄市	585970.5	64683.3	51202.4	191436.9	278447.9	100.0	100.0
东营市	822262.8	113326.7	50943.7	235468.0	422524.4		
烟台市	1712942.7	101234.7	111021.1	675670.6	822615.4	608.9	1792.0
潍坊市	1429351.9	194404.9	57607.1	449720.3	725284.2	1.0	2334.4
济宁市	1672894.0	245452.5	166313.5	564116.8	690011.2		7000.0
泰安市	939570.5	205520.9	117159.8	253797.4	361861.2		1231.2
威海市	632316.1	15558.9	58116.4	250837.9	307802.9		
日照市	954243.5	332909.8	18884.5	225281.3	377167.3		0.6
临沂市	1356178.7	78323.3	50727.6	540635.3	686492.5		
德州市	644820.3	112753.1	110695.2	178156.7	243215.3		
聊城市	1683556.6	138181.9	19276.4	1164944.2	360128.1		1026.0
滨州市	554019.0	113147.4	55534.0	157807.3	227370.3	160.0	
菏泽市	713381.6	62826.4	27623.6	308886.6	314045.0		

2-B-1.17 各地区总承包和专业承包企业收入情况

单位：万元

分　组	主营业务收入	#主营业务成本	#主营业务税金及附加	其他业务收入	#其他业务成本	#其他业务利润
全　省	**116133558.7**	**105710704.2**	**931169.7**	**1648055.0**	**2272743.8**	**89617.7**
济南市	28272868.1	26046374.1	119462.2	172114.8	443168.9	32955.7
青岛市	22176282.1	20598231.9	129523.5	284456.9	254462.4	33548.4
淄博市	8345414.8	7757932.9	86432.4	258920.9	207568.9	9533.7
枣庄市	3164878.0	2753537.0	84811.9	31201.5	29998.5	1880.2
东营市	2506055.4	2287899.7	22504.1	77468.9	89100.3	-14072.4
烟台市	6887994.4	6022621.6	101873.1	84426.2	75978.5	4905.0
潍坊市	8352982.9	7537149.8	87661.8	141132.9	135726.5	395.0
济宁市	5979427.2	5424231.4	59664.8	183394.8	142564.0	3033.2
泰安市	7458459.3	6397150.5	71146.0	34845.9	530767.8	827.1
威海市	2628386.2	2344318.5	24689.4	62139.2	69707.3	2328.8
日照市	3369209.1	3069029.5	18150.0	97105.9	89773.8	2183.7
临沂市	7230610.8	6511519.3	55232.8	44694.0	41962.3	1545.3
德州市	2724228.5	2479926.6	27208.3	44608.0	32188.6	3879.2
聊城市	2512473.3	2337956.8	13571.3	95398.8	94500.9	3864.2
滨州市	1536471.8	1390832.0	15498.1	35270.7	34939.9	2804.1
菏泽市	2987816.8	2751992.6	13740.0	875.6	335.2	6.5

2-B-1.18　各地区总承包和专业承包企业费用情况

单位：万元

分　组	管理费用	销售费用	财务费用	#利息收入	#利息支出
全　省	**3698215.9**	**297678.5**	**882933.6**	**113455.6**	**675173.6**
济南市	811702.2	67544.5	127369.3	29358.9	143023.7
青岛市	667695.2	32527.1	218489.7	54350.9	203956.3
淄博市	267678.3	20411.5	41173.4	2165.3	29068.6
枣庄市	107349.9	14112.3	16126.8	658.1	7327.4
东营市	115899.8	5210.7	32881.0	1210.3	18203.1
烟台市	278658.9	39171.3	84953.4	8862.1	54490.0
潍坊市	195065.0	12994.1	57505.4	4848.4	37737.3
济宁市	228856.9	17269.7	75518.1	790.5	44103.1
泰安市	252416.8	38465.5	25839.0	-119.6	14179.7
威海市	125456.4	5348.0	16179.9	3296.3	5754.4
日照市	107087.1	5124.3	42644.3	2844.4	32072.6
临沂市	249627.8	13635.7	61397.3	1688.6	24489.7
德州市	88262.2	5091.5	23236.3	888.1	20264.2
聊城市	75022.2	1596.6	24296.9	1351.1	20209.3
滨州市	63379.9	7483.7	8171.2	1150.8	8338.1
菏泽市	64057.3	11692.0	27151.6	111.4	11956.1

2-B-1.19 各地区总承包和专业承包企业利润及税金情况

单位：万元

分 组	利润总额	税金总额	#主营业务税金及附加	#应交增值税
全 省	**4030203.9**	**3683791.8**	**931169.7**	**2752622.1**
济南市	849398.9	695945.4	119462.2	576483.2
青岛市	549339.4	520442.9	129523.5	390919.4
淄博市	223290.3	326572.3	86432.4	240139.9
枣庄市	189671.6	183713.9	84811.9	98902.0
东营市	56248.8	91299.4	22504.1	68795.3
烟台市	385733.8	280927.9	101873.1	179054.8
潍坊市	463711.8	287828.8	87661.8	200167.0
济宁市	226152.7	195968.2	59664.8	136303.4
泰安市	184341.0	314428.5	71146.0	243282.5
威海市	113980.1	86991.8	24689.4	62302.4
日照市	124936.9	105646.1	18150.0	87496.1
临沂市	318208.8	252170.0	55232.8	196937.2
德州市	114079.1	103588.2	27208.3	76379.9
聊城市	60898.0	82479.3	13571.3	68908.0
滨州市	51549.1	53128.5	15498.1	37630.4
菏泽市	118663.6	102660.6	13740.0	88920.6

2-B-1.20 各地区总承包和专业承包企业应收工程款及企业亏损情况

分 组	应收工程款(万元)	企业个数(个)	亏损企业个数(个)	亏损企业的比重(%)
全 省	**37580381**	**6858**	**1100**	**16.0**
济南市	7271347	625	91	14.6
青岛市	7454475	665	103	15.5
淄博市	2774203	438	103	23.5
枣庄市	1034846	239	24	10.0
东营市	1625589	291	104	35.7
烟台市	2722375	810	63	7.8
潍坊市	3081321	573	79	13.8
济宁市	2267746	525	58	11.0
泰安市	1835451	343	69	20.1
威海市	960869	406	67	16.5
日照市	1120029	308	63	20.5
临沂市	2045890	453	70	15.5
德州市	1170118	249	35	14.1
聊城市	796434	262	81	30.9
滨州市	690347	286	67	23.4
菏泽市	729343	385	23	6.0

2-B-1.21 各地区总承包和专业承包企业主要经济效益指标

分组	产值利润率(%)	产值利税率(%)	资本利润率(%)	资本利税率(%)	人均利润(元/人)	人均利税(元/人)	资产负债率(%)
全省	**3.4**	**6.5**	**18.2**	**34.8**	**12238**	**23424**	**72.6**
济南市	2.9	5.3	21.7	39.4	15654	28480	78.4
青岛市	2.4	4.8	16.9	32.8	9339	18186	77.5
淄博市	2.5	6.3	17.0	41.9	8339	20536	65.1
枣庄市	6.8	13.5	32.4	63.7	16384	32254	66.4
东营市	2.5	6.7	6.8	17.9	8827	23155	74.5
烟台市	5.5	9.6	22.5	38.9	18439	31869	65.8
潍坊市	5.4	8.7	32.4	52.6	23776	38534	67.2
济宁市	3.8	7.1	13.5	25.2	11426	21328	70.7
泰安市	2.4	6.4	19.6	53.1	5641	15262	72.8
威海市	4.0	7.1	18.0	31.8	16389	28897	68.7
日照市	3.3	6.0	13.1	24.2	17508	32313	74.3
临沂市	3.7	6.7	23.5	42.1	10426	18688	69.3
德州市	4.1	7.7	17.7	33.8	14666	27984	64.4
聊城市	2.4	5.7	3.6	8.5	7244	17055	70.1
滨州市	3.8	7.7	9.3	18.9	10246	20807	71.2
菏泽市	4.2	7.7	16.6	31.0	9283	17315	67.9

2.按经济类型分组

2-B-2.1 各地区国有总承包和专业承包企业签订合同情况

单位：万元

分 组	签订合同额	上年结转合同额	本年新签合同额
全 省	**33775449.2**	**15340755.8**	**18434693.4**
济南市	20398663.3	10436134.2	9962529.1
青岛市	4445104.0	1946404.7	2498699.3
淄博市	377840.9	74084.9	303756.0
枣庄市	332184.8	129948.0	202236.8
东营市	100626.9	17494.4	83132.5
烟台市	229514.8	35521.1	193993.7
潍坊市	229813.4	24843.4	204970.0
济宁市	2659860.9	940942.8	1718918.1
泰安市	692897.5	213577.3	479320.2
威海市	46303.9	8067.3	38236.6
日照市	1400613.4	616275.3	784338.1
临沂市	279378.5	63769.7	215608.8
德州市	993585.9	223395.3	770190.6
聊城市	358091.2	169301.5	188789.7
滨州市	453150.0	150489.4	302660.6
菏泽市	777819.8	290506.5	487313.3

2-B-2.2 各地区国有总承包和专业承包企业承包工程完成情况

单位：万元

分　组	直接从建设单位承揽工程完成的产值	自行完成施工产值	分包出去工程的产值	从建设单位以外承揽工程完成的产值
全　省	**14800943.5**	**14748737.6**	**52205.9**	**279641.3**
济南市	8068683.2	8064806.3	3876.9	156436.6
青岛市	1889133.2	1889033.4	99.8	25667.8
淄博市	304497.4	286077.4	18420.0	35200.0
枣庄市	212150.8	212150.8		
东营市	67239.6	67239.6		
烟台市	217047.0	207239.9	9807.1	21274.2
潍坊市	156017.4	151892.9	4124.5	945.9
济宁市	1490254.8	1490254.8		3226.2
泰安市	333391.1	333361.1	30.0	60.0
威海市	34305.7	34305.7		
日照市	634136.5	619085.0	15051.5	15582.4
临沂市	220993.3	220197.2	796.1	796.1
德州市	305792.9	305792.9		
聊城市	182438.4	182438.4		20399.1
滨州市	218667.6	218667.6		53.0
菏泽市	466194.6	466194.6		

2-B-2.3　各地区国有总承包和专业承包总产值和竣工产值

单位：万元

分　组	建筑业总产值	#装饰装修产　值	#在外省完成的产值	按构成分组			竣工产值
				建筑工程产　值	安装工程产　值	其他产值	
全　省	**15028378.9**	**224371.4**	**4143482.0**	**12834983.1**	**1833429.2**	**359966.6**	**5520900.5**
济南市	8221242.9	166998.4	2789682.1	7163916.3	963989.0	93337.6	2717490.7
青岛市	1914701.2	12325.6	477122.7	1397499.6	479774.9	37426.7	703305.0
淄博市	321277.4	3158.9	86554.1	248156.3	72446.8	674.3	192877.6
枣庄市	212150.8	16709.5	533.3	181660.8	29875.0	615.0	150867.7
东营市	67239.6			67239.6			58960.5
烟台市	228514.1		28560.8	194993.3	7297.0	26223.8	143560.7
潍坊市	152838.8		29238.0	126138.3	6040.5	20660.0	47379.8
济宁市	1493481.0	5724.5	593729.9	1268397.7	142078.5	83004.8	468956.4
泰安市	333421.1	6056.2	67007.7	289232.8	33987.7	10200.6	211643.7
威海市	34305.7			16385.2	17920.5		19919.7
日照市	634667.4	2373.0	13960.0	577349.4	18727.8	38590.2	50791.9
临沂市	220993.3	20.0		218256.2	2731.8	5.3	85999.0
德州市	305792.9			301715.7	4077.2		100625.9
聊城市	202837.5		29864.4	202622.0		215.5	189381.7
滨州市	218720.6		1100.0	192567.3	12615.5	13537.8	229443.2
菏泽市	466194.6	11005.3	26129.0	388852.6	41867.0	35475.0	149697.0

2-B-2.4 各地区国有总承包和专业承包企业房屋建筑面积

分组	房屋施工面积(万平方米)	#新开工面积	房屋竣工面积(万平方米)	房屋建筑面积竣工率(%)
全省	**6326.1**	**2218.3**	**1209.6**	**19.1**
济南市	3993.1	1250.6	664.2	16.6
青岛市	888.9	423.5	113.6	12.8
淄博市	109	51.8	25.3	23.2
枣庄市	115.5	50.1	49.3	42.7
东营市	2.5	1.8	0.4	14.5
烟台市	11.1	11.1	11.1	100
潍坊市				
济宁市	470.5	158.1	112	23.8
泰安市	51.5	25.4	21.1	40.9
威海市	7.5	5.6		
日照市	233.3		7.6	3.2
临沂市	47.4	26.2	11.9	25
德州市	52.7	26.9	26.8	50.9
聊城市	1.3	0.1	0.3	20.1
滨州市	123.4	83.3	76.5	62
菏泽市	218.5	103.8	89.7	41.1

2-B-2.5　各地区按主要用途分的国有总承包和专业承包企业房屋竣工面积

单位：万平方米

分　组	合计	住宅房屋	商业及服务用房屋	办公用房　屋	科研、教育、医疗用房屋	文化、体育、娱乐用房屋	厂房及建筑物	仓库	其他未列明的房屋建筑物
全　省	**1209.6**	**729.1**	**87.2**	**273.4**	**34.3**	**3.1**	**66.9**	**6.0**	**9.5**
济南市	664.2	359.4	32.6	204.3	18.5		41.2	2.6	5.5
青岛市	113.6	85.2	18.5	2.5	2.2		5.2		
淄博市	25.3	17.5			2.0	0.4	2.6	2.8	
枣庄市	49.3	48.3		0.6			0.4		
东营市	0.4	0.4							
烟台市	11.1	11.1							
潍坊市									
济宁市	112.0	79.1	29.3		1.1	1.6	0.8		
泰安市	21.1	6.4		0.2	1.0	0.1	12.9	0.5	
威海市									
日照市	7.6	7.6							
临沂市	11.9	10.8				1.0			
德州市	26.8	20.0	6.9						
聊城市	0.3			0.3					
滨州市	76.5	15.8		60.0			0.8		
菏泽市	89.7	67.6		5.5	9.4		3.2	0.1	3.9

2-B-2.6 各地区按主要用途分的国有总承包和专业承包企业房屋竣工价值

单位：万元

分　组	合计	住宅房屋	商业及服务用房屋	办公用房　屋	科研、教育、医疗用房屋	文化、体育、娱乐用房屋	厂房及建筑物	仓库	其他未列明的房屋建筑物
全　省	**1531074.3**	**944591.4**	**180113.8**	**218427.1**	**59801.7**	**13028.4**	**95893.6**	**9036.0**	**10182.3**
济南市	530750.6	337093.0	39212.8	55012.5	28703.0		58406.5	5415.5	6907.3
青岛市	238187.7	141115.8	55505.0	16150.0	10470.0		14946.9		
淄博市	41524.1	28210.0			1715.6	3519.2	5000.0	3079.3	
枣庄市	73434.2	71642.2		1160.0			632.0		
东营市	668.6	668.6							
烟台市	11198.0	11198.0							
潍坊市									
济宁市	251589.8	167050.8	74156.0		2396.0	6746.1	1240.9		
泰安市	21023.2	7422.3		347.9	1484.6	163.1	11093.1	367.2	145.0
威海市									
日照市	8011.1	8011.1							
临沂市	16872.2	14248.2				2600.0		24.0	
德州市	41836.4	30596.4	11240.0						
聊城市	261.0			261.0					
滨州市	158841.9	21516.0		136748.7			577.2		
菏泽市	136875.5	105819.0		8747.0	15032.5		3997.0	150.0	3130.0

2-B-2.7　各地区国有总承包和专业承包企业施工机械设备情况

分　组	总台数（台）	总功率（千瓦）	净值（万元）	技术装备率（元/人）	动力装备率（千瓦/人）
全　省	**45516**	**1672927**	**434552.5**	**18142**	**7.0**
济南市	12420	495127	139891.5	11203	4.0
青岛市	10297	359747	110591.8	32188	10.5
淄博市	2375	67616	15847.9	23864	10.2
枣庄市	3001	39433	16887.3	23001	5.4
东营市	353	12413	1360.4	8487	7.7
烟台市	873	97481	14102.3	28657	19.8
潍坊市	1653	50936	9511.6	28572	15.3
济宁市	4111	145700	30485.9	19370	9.3
泰安市	1518	84005	17823.9	29095	13.7
威海市	372	5734	245.8	2652	6.2
日照市	397	22665	6010.4	11545	4.4
临沂市	1443	41265	8455.0	14080	6.9
德州市	1297	100073	10761.1	29909	27.8
聊城市	1662	66949	24284.2	70125	19.3
滨州市	1883	49974	22971.7	43889	9.5
菏泽市	1126	28579	4901.7	4822	2.8

2-B-2.8 各地区国有总承包和专业承包企业主要生产效益指标

分 组	企业个数（个）	从事建筑业活动的平均人数（人）	按总产值计算的劳动生产率（元/人）	人均竣工产值（元/人）	人均施工面积（平方米/人）	人均竣工面积（平方米/人）
全 省	**319**	**243083**	**618241**	**227120**	**260.2**	**49.8**
济南市	46	125015	658379	217373	319.4	53.1
青岛市	28	33199	576735	211845	267.7	34.2
淄博市	17	6944	462669	277762	156.9	36.4
枣庄市	18	8018	264593	188161	144.1	61.5
东营市	6	1462	459915	403287	16.8	2.4
烟台市	22	5394	423645	266149	20.6	20.6
潍坊市	16	3393	450453	139640		
济宁市	26	15737	949025	297996	298.9	71.2
泰安市	16	6804	490037	311058	75.8	31.0
威海市	7	1081	317352	184271	69.8	
日照市	16	5230	1213513	97116	446.0	14.5
临沂市	31	6710	329349	128165	70.6	17.7
德州市	20	4785	639066	210294	110.1	56.0
聊城市	17	4601	440855	411610	2.8	0.6
滨州市	17	4488	487345	511237	274.9	170.5
菏泽市	16	10222	456070	146446	213.7	87.7

2-B-2.9　各地区国有总承包和专业承包企业营业收入

单位：万元

分　组	营业收入	企业总产值	
			建筑业总产值
全　省	**16146127.3**	**15523546.4**	**15028378.9**
济南市	7612382.7	8242700.3	8221242.9
青岛市	3241652.0	2141235.4	1914701.2
淄博市	452330.5	467806.7	321277.4
枣庄市	217247.5	217647.8	212150.8
东营市	109636.5	67239.6	67239.6
烟台市	254352.1	228813.7	228514.1
潍坊市	163651.7	156667.5	152838.8
济宁市	1675802.2	1548521.6	1493481.0
泰安市	353881.4	349925.8	333421.1
威海市	25132.9	36567.9	34305.7
日照市	654987.3	640854.8	634667.4
临沂市	189873.5	221397.1	220993.3
德州市	317103.2	309955.6	305792.9
聊城市	228355.6	204069.3	202837.5
滨州市	256419.4	219118.8	218720.6
菏泽市	393318.8	471024.5	466194.6

2-B-2.10　各地区国有总承包和专业承包企业资产构成

单位：万元

分　组	资产总计		
		流动资产合计	
			存货
全　省	**20768506.6**	**17029240.2**	**3337694.1**
济南市	7008940.6	5848325.1	1066105.4
青岛市	5027467.4	3947066.3	765095.1
淄博市	414183.1	320300.6	12825.7
枣庄市	379986.6	343897.3	34533.8
东营市	304254.2	272347.1	136499.4
烟台市	682129.6	599581.8	79575.3
潍坊市	529261.5	355766.7	8135.2
济宁市	2307756.8	2115759.9	532077.2
泰安市	410469.2	299844.9	100674.9
威海市	96729.2	45349.2	26552.8
日照市	1269577	914322.6	187627.3
临沂市	397849.7	332548.7	96503.8
德州市	546597.8	454892.4	66448.3
聊城市	432380.7	370336.2	79165.5
滨州市	417968.4	360912.3	57464.5
菏泽市	542954.8	447989.1	88409.9

2-B-2.11 各地区国有总承包和专业承包企业固定资产情况

单位：万元

分组	固定资产原价	累计折旧	本年折旧	在建工程
全省	**2113183.2**	**953282.6**	**124247.2**	**176421.5**
济南市	584715.2	280321.0	43416.7	46496.3
青岛市	411585.5	222882.7	20931.8	55430.8
淄博市	71827.5	25371.9	4341.4	31900.5
枣庄市	39965.6	7745.0	2305.2	164.0
东营市	13743.6	6288.3	981.7	93.4
烟台市	115130.4	54520.3	6896.1	9788.3
潍坊市	164673.3	21186.9	2435.6	
济宁市	216581.8	126063.2	13750.9	6288.2
泰安市	77037.9	40233.5	3874.9	1290.8
威海市	30992.7	12301.2	1094.1	
日照市	117529.7	44254.0	7374.8	13013.5
临沂市	50448.2	20258.6	2711.3	3811.3
德州市	55745.9	21213.0	4267.7	891.9
聊城市	65797.5	26230.4	3254.5	4376.3
滨州市	65033.1	34872.7	2515.4	1132.0
菏泽市	32375.3	9539.9	4095.1	1744.2

2-B-2.12 各地区国有总承包和专业承包企业负债及所有者权益

单位：万元

分 组	负债合计	流动负债合计	应付账款	所有者权益合计	实收资本
全 省	**16245180.2**	**14956369.1**	**6382231.4**	**4523326.4**	**2916584.6**
济南市	5915325.7	5618261.6	2826286.9	1093614.9	745651.6
青岛市	4048631.1	3473060.1	1538010.0	978836.3	500846.8
淄博市	253836.0	241289.5	141082.4	160347.1	109674.0
枣庄市	300479.1	185233.6	34729.1	79507.5	41999.3
东营市	246452.6	245867.3	73849.2	57801.6	18749.4
烟台市	488091.0	469111.6	227665.6	194038.6	81439.9
潍坊市	440831.7	396192.3	88718.0	88429.8	85963.1
济宁市	1562474.3	1557382.5	573369.3	745282.5	497034.8
泰安市	252917.9	244239.3	121961.6	157551.3	146739.1
威海市	80749.9	59679.0	9032.6	15979.3	8780.6
日照市	846109.7	764052.1	148675.3	423467.3	325669.7
临沂市	352103.4	332882.5	93256.3	45746.3	51329.4
德州市	345803.1	331160.0	132243.7	200794.7	70555.1
聊城市	318263.1	288500.3	130027.2	114117.6	111137.0
滨州市	312573.5	308412.9	124752.1	105394.9	82223.2
菏泽市	480538.1	441044.5	118572.1	62416.7	38791.6

2-B-2.13 各地区国有总承包和专业承包企业实收资本

单位：万元

分 组	实收资本	国家资本	集体资本	法人资本	个人资本
全 省	**2916584.6**	**2442739.4**	**900.5**	**464024.9**	**1919.8**
济南市	745651.6	713287.2		32364.4	
青岛市	500846.8	491215.2		9631.6	
淄博市	109674.0	109299.1		374.9	
枣庄市	41999.3	39837.2		2162.1	
东营市	18749.4	18749.4			
烟台市	81439.9	73341.1	898.8	7200.0	
潍坊市	85963.1	85368.2	1.7	592.2	1.0
济宁市	497034.8	191475.8		298559.0	
泰安市	146739.1	115934.8		30804.3	
威海市	8780.6	7270.6		1510.0	
日照市	325669.7	283169.7		42500.0	
临沂市	51329.4	44583.6		5157.0	1588.8
德州市	70555.1	68455.1		2100.0	
聊城市	111137.0	94737.0		16400.0	
滨州市	82223.2	82223.2			
菏泽市	38791.6	23792.2		14669.4	330.0

2-B-2.14　各地区国有总承包和专业承包企业收入情况

单位：万元

分　组	主营业务收入	主营业务成本	主营业务税金及附加	其他业务收入	其他业务成本	其他业务利润
全　省	**15834003.2**	**14665752.7**	**64618.9**	**312124.1**	**272655.1**	**25271.9**
济南市	7589878.9	7065707.2	21180.8	22503.8	15331.7	11659.4
青岛市	3118168.4	2950936.0	4050.4	123483.6	100228.9	12486.5
淄博市	345993.5	308461.4	5318.2	106337.0	104063.4	-467.4
枣庄市	211647.5	179891.6	4958.2	5600.0	4004.0	
东营市	109509.4	96042.9	1513.4	127.1		127.1
烟台市	249223.7	212621.8	1422.0	5128.4	4801.9	-91.3
潍坊市	163070.8	153814.3	1516.3	580.9	580.1	
济宁市	1634402.6	1522651.9	6310.0	41399.6	32688.0	331.5
泰安市	353256.3	308078.0	5906.1	625.1	6009.5	
威海市	24816.1	21956.4	162.7	316.8		303.1
日照市	654560.5	578267.2	3063.8	426.8	305.1	419.2
临沂市	189193.3	165955.7	1478.4	680.2	780.8	129.2
德州市	316788.9	289063.7	1371.2	314.3		217.3
聊城市	228026.9	210196.8	1078.6	328.7	593.3	51.5
滨州市	252609.0	228337.6	2229.5	3810.4	3260.1	105.8
菏泽市	392857.4	373770.2	3059.3	461.4	8.3	

2-B-2.15 各地区国有总承包和专业承包企业费用情况

单位：万元

分 组	管理费用	销售费用	财务费用		
				利息收入	利息支出
全 省	**562448.9**	**21501.6**	**115817.5**	**23416.4**	**112783.8**
济南市	251746.1	6363.3	18348.4	5447.3	26935.8
青岛市	111905.8	5324.8	36085.5	18014.9	31882.5
淄博市	12861.3	3039.7	1168.5	123.0	485.4
枣庄市	8562.7	1712.3	1496.1	-15.9	994.7
东营市	4990.0		2063.5	163.5	1664.3
烟台市	13702.8	211.5	-679.9	-3.3	1250.1
潍坊市	8299.6	288.5	-50.6	430.9	61.5
济宁市	58396.5	1071.8	23304.4	-1709.1	20006.9
泰安市	20846.7	2404.9	4653.2	-6.5	4783.7
威海市	2263.2	488.8	-3.6	0.5	
日照市	13236.9	66.3	10250.6	398.6	10011.3
临沂市	16739.5	102.7	3957.8	505.7	1233.5
德州市	11739.7	48.9	3836.1	-90.8	3863.0
聊城市	8108.9	46.5	6695.6	64.6	6879.4
滨州市	13727.5	206.9	2294.1	83.8	2354.5
菏泽市	5321.7	124.7	2397.8	9.2	377.2

2-B-2.16　各地区国有总承包和专业承包企业利润及税金情况

单位：万元

分　组	利润总额	税金总额	主营业务税金及附加	应交增值税
全　省	**459955.7**	**345603.9**	**64618.9**	**280985.0**
济南市	192246.3	152896.4	21180.8	131715.6
青岛市	72192.3	20014.6	4050.4	15964.2
淄博市	16689.7	13633.0	5318.2	8314.8
枣庄市	16524.7	10624.3	4958.2	5666.1
东营市	4209.0	3614.9	1513.4	2101.5
烟台市	28576.0	8078.1	1422.0	6656.1
潍坊市	-264.4	5814.6	1516.3	4298.3
济宁市	41257.0	39487.6	6310.0	33177.6
泰安市	9961.2	12178.6	5906.1	6272.5
威海市	255.9	756.9	162.7	594.2
日照市	49289.0	30290.7	3063.8	27226.9
临沂市	1564.2	7620.3	1478.4	6141.9
德州市	11510.6	7195.5	1371.2	5824.3
聊城市	2272.8	8809.6	1078.6	7731.0
滨州市	5619.6	7775.0	2229.5	5545.5
菏泽市	8051.8	16813.8	3059.3	13754.5

2-B-2.17　各地区国有总承包和专业承包企业应收工程款及企业亏损情况

分　组	应收工程款(万元)	企业个数(个)	亏损企业个数(个)	亏损企业比重(%)
全　省	**4695494.5**	**319**	**61**	**13.0**
济南市	1933598.3	46	6	13.0
青岛市	741534.4	28	4	14.3
淄博市	147134.2	17	6	35.3
枣庄市	41889.3	18	2	11.1
东营市	51336.9	6	1	16.7
烟台市	176565.8	22	5	22.7
潍坊市	92928.0	16	8	50.0
济宁市	581316.0	26	0	0.0
泰安市	102952.0	16	5	31.3
威海市	5395.9	7	2	28.6
日照市	283160.2	16	2	12.5
临沂市	81407.3	31	9	29.0
德州市	123989.8	20	3	15.0
聊城市	114455.4	17	4	23.5
滨州市	137176.7	17	3	17.6
菏泽市	80654.3	16	1	6.3

2-B-2.18　各地区国有总承包和专业承包企业主要经济效益指标

分　组	产值利润率(%)	产值利税率(%)	资本利润率(%)	资本利税率(%)	人均利润(元/人)	人均利税(元/人)	资产负债率(%)
全　省	**3.1**	**5.4**	**15.8**	**27.6**	**18922.0**	**33139.0**	**78.2**
济南市	2.3	4.2	25.8	46.3	15504.0	27826.0	84.4
青岛市	3.8	4.8	14.4	18.4	21745.0	27774.0	80.5
淄博市	5.2	9.4	15.2	27.6	24035.0	43667.0	61.3
枣庄市	7.8	12.8	39.3	64.6	20610.0	33860.0	79.1
东营市	6.3	11.6	22.4	41.7	28789.0	53515.0	81.0
烟台市	12.5	16.0	35.1	45.0	52977.0	67953.0	71.6
潍坊市	-0.2	3.6	-0.3	6.5	-779.0	16358.0	83.3
济宁市	2.8	5.4	8.3	16.2	26217.0	51309.0	67.7
泰安市	3.0	6.6	6.8	15.1	14640.0	32539.0	61.6
威海市	0.7	3.0	2.9	11.5	2367.0	9369.0	83.5
日照市	7.8	12.5	15.1	24.4	94243.0	152160.0	66.6
临沂市	0.7	4.2	3.0	17.9	2331.0	13688.0	88.5
德州市	3.8	6.1	16.3	26.5	24056.0	39093.0	63.3
聊城市	1.1	5.5	2.0	10.0	4940.0	24087.0	73.6
滨州市	2.6	6.1	6.8	16.3	12521.0	29845.0	74.8
菏泽市	1.7	5.3	20.8	64.1	7877.0	24326.0	88.5

2-B-2.19 各地区集体总承包和专业承包企业签订合同情况

单位：万元

分 组	签订合同额		
		上年结转合同额	本年新签合同额
全 省	**4127729.0**	**1422032.6**	**2705696.4**
济南市	273019.5	87321.3	185698.2
青岛市	80867.1	54482.0	26385.1
淄博市	96819.8	47306.3	49513.5
枣庄市	558026.2	186208.9	371817.3
东营市	15455.6	439.3	15016.3
烟台市	217197.5	43353.9	173843.6
潍坊市	605452.9	260775.8	344677.1
济宁市	699690.1	262626.9	437063.2
泰安市	362231.1	102871.5	259359.6
威海市	96290.4	31470.2	64820.2
日照市	15185.3	2331.0	12854.3
临沂市	249322.1	124423.1	124899.0
德州市	229839.5	48810.5	181029.0
聊城市	35883.9	21171.0	14712.9
滨州市	274843.6	94202.4	180641.2
菏泽市	317604.4	54238.5	263365.9

2-B-2.20　各地区集体总承包和专业承包企业承包工程完成情况

单位：万元

分　组	直接从建设单位承揽工程完成的产值	自行完成施工产值	分包出去工程的产值	从建设单位以外承揽工程完成的产值
全　省	**2568979.8**	**2558261.1**	**10718.7**	**12259.8**
济南市	187454.3	187454.3		
青岛市	50186.2	50186.2		
淄博市	53298.1	53298.1		
枣庄市	337524.2	331374.2	6150.0	5950.0
东营市	14762.9	14762.9		
烟台市	150340.7	149960.7	380.0	380.0
潍坊市	320614.0	320614.0		
济宁市	467411.0	466801.0	610.0	1825.0
泰安市	277394.8	274596.1	2798.7	3498.8
威海市	65204.3	65204.3		
日照市	14990.6	14990.6		
临沂市	152865.4	152085.4	780.0	606.0
德州市	142491.8	142491.8		
聊城市	20564.3	20564.3		
滨州市	104815.8	104815.8		
菏泽市	209061.4	209061.4		

2-B-2.21 各地区集体企业总承包和专业承包总产值和竣工产值

单位：万元

分组	建筑业总产值	装饰装修产值	在外省完成的产值	按构成分组			竣工产值
				建筑工程产值	安装工程产值	其他产值	
全省	**2570520.9**	**115340.6**	**50088.1**	**2409527.0**	**134764.2**	**26229.7**	**1776363.0**
济南市	187454.3	20175.4		184690.4	1336.0	1427.9	83384.0
青岛市	50186.2	2389.7		43007.8	6717.4	461.0	41253.3
淄博市	53298.1	1300.0		42667.2	9746.9	884.0	31107.3
枣庄市	337324.2	29217.1	29068.5	309312.5	15656.8	12354.9	252651.9
东营市	14762.9	769.0		12050.5	599.0	2113.4	13743.3
烟台市	150340.7	332.4		145759.8	2110.9	2470.0	116065.6
潍坊市	320614.0	5077.0		317184.6	3344.2	85.2	250320.4
济宁市	468626.0	30866.6	17000.8	441855.8	26290.5	479.7	229948.7
泰安市	278094.9	14921.6		261128.3	15270.6	1696.0	195342.4
威海市	65204.3	2177.4		59289.5	5828.2	86.6	42837.8
日照市	14990.6	100.0		14786.5	204.1		5870.5
临沂市	152691.4	5302.9	4010.0	140372.4	12136.6	182.4	98640.9
德州市	142491.8	402.3		129095.5	12396.1	1000.2	70260.3
聊城市	20564.3			16371.2	4193.1		15160.0
滨州市	104815.8	1046.4	8.8	97957.0	6858.8		159331.6
菏泽市	209061.4	1262.8		193998.0	12075.0	2988.4	170445.0

2-B-2.22　各地区集体总承包和专业承包企业房屋建筑面积

分　组	房屋施工面积（万平方米）	新开工面积（万平方米）	房屋竣工面积（万平方米）	房屋建筑面积竣工率（%）
全　省	**2585.4**	**1366.5**	**1057.9**	**40.9**
济南市	92.1	53.7	31.2	33.9
青岛市	45.1	13.2	21.2	47.0
淄博市	51.2	37.9	17.7	34.5
枣庄市	302.3	171.1	102.3	33.8
东营市	11.5	2.4	10.6	92.2
烟台市	92.3	61.9	48.1	52.1
潍坊市	539.0	202.1	127.3	23.6
济宁市	356.8	196.4	137.5	38.5
泰安市	276.6	135.1	183.4	66.3
威海市	44.9	27.2	21.3	47.4
日照市	11.1	10.1	9.6	86.7
临沂市	158.9	77.0	75.1	47.3
德州市	132.1	81.9	42.8	32.4
聊城市	32.2	13.6	8.8	27.4
滨州市	209.3	98.5	90.5	43.2
菏泽市	237.8	184.4	130.5	54.9

2-B-2.23 各地区按主要用途分的集体总承包

分组	房屋竣工面积	住宅房屋	商业及服务用房屋	办公用房屋
全省	**1057.9**	**808.8**	**28.2**	**32.0**
济南市	31.2	23.2		0.7
青岛市	21.2	16.0	0.4	
淄博市	17.7	16.4		0.7
枣庄市	102.3	79.2	0.6	6.3
东营市	10.6	5.5	1.1	1.8
烟台市	48.1	40.8	1.7	0.6
潍坊市	127.3	103.8	2.2	1.2
济宁市	137.5	104.9	2.5	1.2
泰安市	183.4	148.4	8.9	4.8
威海市	21.3	9.1	2.7	0.8
日照市	9.6	3.2		0.9
临沂市	75.1	54.1	0.3	1.2
德州市	42.8	30.4	3.5	1.5
聊城市	8.8	7.8		
滨州市	90.5	65.4	2.9	3.3
菏泽市	130.5	100.5	1.5	7.0

和专业承包企业房屋竣工面积

单位：万平方米

科研、教育、医疗用房屋	文化、体育、娱乐用房屋	厂房及建筑物	仓库	其他未列明的房屋建筑物
63.3	**2.2**	**104.7**	**3.9**	**14.7**
4.5		2.8		0.1
0.3		4.4		
		0.6		
4.1	0.1	8.2	0.3	3.6
		2.1		0.2
1.7		2.4	0.9	
2.9		17.3		
0.7		26.9		1.4
7.9	0.5	9.6	2.1	0.9
		8.7		
5.0		0.5		
11.0		6.6		1.9
0.8	0.8	5.2		0.5
1.0				
8.1	0.8	4.7	0.4	4.7
15.2		4.7	0.3	1.3

2-B-2.24 各地区按主要用途分的集体总承包

分 组	房屋竣工价值	住宅房屋	商业及服务用房屋	办公用房屋
全 省	**1488159.5**	**1151213.9**	**36924.6**	**40669.8**
济南市	57112.7	39527.9		886.0
青岛市	34664.8	28949.0	640.0	
淄博市	24972.1	22811.3		501.9
枣庄市	151472.4	120824.4	555.0	6900.1
东营市	13728.5	6716.4	1138.3	1979.0
烟台市	63507.5	52547.5	2492.9	966.6
潍坊市	238872.9	207116.4	2769.0	1334.0
济宁市	180666.8	124822.2	3864.5	1505.6
泰安市	226614.8	187680.0	12470.8	4197.1
威海市	30369.1	14520.3	2284.0	1261.5
日照市	10261.1	2615.1		846.0
临沂市	94248.5	69897.4	349.2	1560.3
德州市	59917.2	45270.7	3480.8	3320.8
聊城市	10723.2	9214.0		
滨州市	142574.1	101197.2	5135.5	7794.2
菏泽市	148453.8	117504.1	1744.6	7616.7

和专业承包企业房屋竣工价值

单位：万元

科研、教育、医疗用房屋	文化、体育、娱乐用房屋	厂房及建筑物	仓库	其他未列明的房屋建筑物
90742.2	**1843.0**	**141608.1**	**4514.9**	**20643.0**
14168.3		2200.6		329.9
608.0		4467.8		
		1658.9		
5548.9	110.0	12208.0	255.0	5071.0
19.3		3532.7		342.8
2678.0		3512.5	1310.0	
5362.2		22291.3		
1052.3		47477.2		1945.0
9450.3	491.0	9184.8	2133.8	1007.0
		12303.3		
5000.0		1800.0		
12498.6		6953.0		2990.0
1231.8	650.0	5322.4		640.7
1509.2				
15341.0	592.0	4908.0	491.9	7114.3
16274.3		3787.6	324.2	1202.3

2-B-2.25 各地区集体总承包和专业承包企业施工机械设备情况

分 组	总台数(台)	总功率(千瓦)	净值(万元)	技术装备率(元/人)	动力装备率(千瓦时/人)
全 省	**50206**	**729368**	**147409.0**	**12783**	**6.3**
济南市	2465	35811	8611.4	13796	5.7
青岛市	1073	18325	2901.5	9882	6.2
淄博市	2913	32075	6591.4	19094	9.3
枣庄市	6849	90795	21447.6	13267	5.6
东营市	298	7011	1409.8	12898	6.4
烟台市	3355	91558	18063.7	24735	12.5
潍坊市	3699	32475	8407.7	6353	2.5
济宁市	6978	53085	11738.5	7331	3.3
泰安市	8551	106354	22596.6	11626	5.5
威海市	1113	11421	4328.5	11281	3.0
日照市	277	49113	324.1	3938	59.7
临沂市	2309	22507	6484.3	8751	3.0
德州市	1683	20188	8316.4	21172	5.1
聊城市	597	10710	1430.2	33183	24.8
滨州市	3313	41585	13185.5	30097	9.5
菏泽市	4733	106355	11571.8	13412	12.3

2-B-2.26　各地区集体总承包和专业承包企业主要生产效益指标

分　组	企业个数（个）	从事建筑业活动的平均人数（人）	按总产值计算的劳动生产率（元/人）	人均竣工产值（元/人）	人均施工面积（平方米/人）	人均竣工面积（平方米/人）
全　省	**328**	**120963**	**212505**	**146852**	**213.7**	**87.5**
济南市	29	6211	300311	134252	148.3	50.2
青岛市	15	3015	166455	136827	149.5	70.2
淄博市	14	3662	145544	84946	139.9	48.3
枣庄市	31	17413	193720	145094	173.6	58.8
东营市	7	1134	130184	121193	32.4	93.7
烟台市	25	6243	240815	185913	147.8	77.0
潍坊市	20	15582	205759	160647	345.9	81.7
济宁市	40	16554	283089	138908	215.5	83.1
泰安市	49	20183	137787	96786	137.1	90.8
威海市	22	3869	168530	110721	116.2	55.0
日照市	6	781	191941	75166	141.6	122.7
临沂市	22	7941	192282	124217	200.2	94.6
德州市	9	4232	336701	166022	312.1	101.1
聊城市	2	842	244232	180048	382.3	104.7
滨州市	20	4525	231637	352114	462.5	199.9
菏泽市	17	8776	238219	194217	271.0	148.7

2-B-2.27 各地区集体总承包和专业承包企业营业收入

单位：万元

分 组	营业收入	企业总产值	
			建筑业总产值
全 省	**2418271.1**	**3016994.0**	**2570520.9**
济南市	187928.9	221649.1	187454.3
青岛市	71975.4	50386.6	50186.2
淄博市	60971.0	71095.4	53298.1
枣庄市	340127.8	392836.0	337324.2
东营市	15988.7	14762.9	14762.9
烟台市	160663.9	151210.5	150340.7
潍坊市	260906.5	320614.0	320614.0
济宁市	352526.7	700118.7	468626.0
泰安市	271933.3	323709.6	278094.9
威海市	62361.2	66185.7	65204.3
日照市	9335.9	22910.6	14990.6
临沂市	137185.1	152733.2	152691.4
德州市	127855.9	179391.7	142491.8
聊城市	28157.6	20564.3	20564.3
滨州市	123718.3	119764.3	104815.8
菏泽市	206634.9	209061.4	209061.4

2-B-2.28　各地区集体总承包和专业承包企业资产构成

单位：万元

分　组	资产总计	流动资产合计	存货
全　省	**2929978.5**	**2471170.9**	**626043.4**
济南市	333718.3	293574.3	149290.3
青岛市	47342.4	33984.8	9301.8
淄博市	81205.0	59602.0	3429.6
枣庄市	315910.8	260592.5	20443.0
东营市	37369.7	33556.8	1278.7
烟台市	123107.7	88339.7	19283.8
潍坊市	261245.3	231788.4	59968.5
济宁市	408313.5	341524.1	55663.8
泰安市	443031.4	366145.6	118193.0
威海市	162027.1	135230.7	41119.0
日照市	16089.1	14621.5	2345.1
临沂市	263110.6	240365.9	105866.6
德州市	101002.6	84842.3	3322.6
聊城市	10206.5	9474.1	77.6
滨州市	203365.6	185769.8	26947.8
菏泽市	122932.9	91758.4	9512.2

2-B-2.29 各地区集体总承包和专业承包企业固定资产情况

单位：万元

分 组	固定资产原价	累计折旧	本年折旧	在建工程
全 省	**434194.1**	**203572.1**	**23368.2**	**22758.5**
济南市	24652.8	7938.6	1086.8	271.1
青岛市	9398.6	5433.6	391.5	1093.3
淄博市	17363.5	6171.7	229.0	34.2
枣庄市	65036.2	29023.0	2466.2	1304.9
东营市	5446.5	2789.3	591.0	1008.5
烟台市	62820.2	40975.3	1542.5	43.4
潍坊市	24894.8	10943.2	1442.1	94.5
济宁市	42251.0	20501.5	3677.6	3614.3
泰安市	64068.5	23199.5	4545.7	5802.8
威海市	18540.9	11217.9	1462.4	768.3
日照市	2199.9	875.6	61.1	11.9
临沂市	28724.4	11157.4	1461.2	642.7
德州市	11720.0	3096.7	754.2	176.3
聊城市	1140.4	407.9	92.9	0.0
滨州市	24579.3	11642.6	1611.6	7811.0
菏泽市	31357.1	18198.3	1952.4	81.3

2-B-2.30　各地区集体总承包和专业承包企业负债及所有者权益

单位：万元

分　组	负债合计	流动负债合计	应付账款	所有者权益合计	实收资本
全　省	**2162570.3**	**1983214.6**	**580570.2**	**767408.2**	**478571.5**
济南市	290012.5	280910.2	57944.7	43705.8	51794.2
青岛市	22527.3	22210.4	6173.0	24815.1	14196.5
淄博市	51863.6	27266.7	8411.8	29341.4	23304.5
枣庄市	222988.9	178147.4	71927.6	92921.9	39695.7
东营市	26882.6	26769.7	20552.9	10487.1	7757.7
烟台市	57702.7	43804.4	31664.0	65405.0	33484.2
潍坊市	214279.6	204986.7	50591.6	46965.7	26654.4
济宁市	303434.1	294412.9	93363.8	104879.4	60078.2
泰安市	319653.1	277383.9	56987.3	123378.3	88490.1
威海市	117752.8	110015.2	24556.3	44274.3	21064.7
日照市	11511.5	10492.5	7559.5	4577.6	3773.9
临沂市	218117.5	213701.0	55193.5	44993.1	22854.1
德州市	68121.4	67837.2	36442.9	32881.2	24047.3
聊城市	9089.6	9089.6	4224.1	1116.9	585.8
滨州市	141573.6	133052.6	39885.0	61792.0	37893.5
菏泽市	87059.5	83134.2	15092.2	35873.4	22896.7

2-B-2.31 各地区集体总承包和专业承包企业实收资本

单位：万元

分 组	实收资本	国家资本	集体资本	法人资本	个人资本
全 省	**478571.5**	**3222.2**	**414387.0**	**40023.3**	**20939.0**
济南市	51794.2	65.0	46644.2	342.0	4743.0
青岛市	14196.5		10489.2	1167.0	2540.3
淄博市	23304.5		20855.0	823.2	1626.3
枣庄市	39695.7	672.9	36972.7	2050.1	
东营市	7757.7		6862.3	229.4	666.0
烟台市	33484.2		26137.2	7008.0	339.0
潍坊市	26654.4	2200.0	21891.9	2562.5	
济宁市	60078.2		56256.2	3622.0	200.0
泰安市	88490.1		85974.1	2516.0	
威海市	21064.7		15206.7	3858.0	2000.0
日照市	3773.9		1560.0	1913.9	300.0
临沂市	22854.1		17299.4	3137.3	2417.4
德州市	24047.3	282.3	23765.0		
聊城市	585.8		585.8		
滨州市	37893.5	2.0	25851.5	5933.0	6107.0
菏泽市	22896.7		18035.8	4860.9	

2-B-2.32　各地区集体总承包和专业承包企业收入情况

单位：万元

分　组	主营业务收入	主营业务成本	主营业务税金及附加	其他业务收入	其他业务成本	其他业务利润
全　省	**2383302.0**	**2123818.6**	**49690.2**	**34969.1**	**35046.0**	**326.0**
济南市	187918.0	168823.1	3903.2	10.9	100.0	10.9
青岛市	71975.4	65992.6	1914.4			
淄博市	57363.9	52259.6	1220.7	3607.1	3395.0	
枣庄市	332930.8	290481.6	9608.1	7197.0	9576.1	89.4
东营市	15988.7	13779.5	136.1			
烟台市	160360.5	135071.1	3891.3	303.4	200.0	94.3
潍坊市	260882.7	236461.6	5048.0	23.8	51.9	
济宁市	351405.8	315770.8	10751.1	1120.9	1675.3	-55.9
泰安市	269808.2	232476.0	6213.9	2125.1	1829.9	91.1
威海市	43914.2	37089.2	548.6	18447.0	16780.1	19.5
日照市	9335.9	7955.8	155.7			
临沂市	137169.5	123802.0	2108.8	15.6	12.4	
德州市	127441.5	120821.9	1084.0	414.4	0.8	58.2
聊城市	28157.6	27359.0	95.4			
滨州市	122014.4	109999.1	2201.3	1703.9	1424.5	18.5
菏泽市	206634.9	185675.7	809.6			

2-B-2.33 各地区集体总承包和专业承包企业费用情况

单位：万元

分 组	管理费用	销售费用	财务费用		
				利息收入	利息支出
全 省	**77722.5**	**11923.3**	**10792.0**	**1483.6**	**6694.6**
济南市	6307.0	1432.4	2285.1	349.2	2385.7
青岛市	1927.6	81.8	67.4	-0.9	0.0
淄博市	1520.8	847.0	21.4	1.9	11.5
枣庄市	11460.3	1976.2	586.3	53.5	197.9
东营市	1734.9	94.1	76.1	-0.1	77.4
烟台市	2743.0	392.0	343.3	15.0	118.4
潍坊市	4140.4	316.8	1212.1	66.5	1181.9
济宁市	10719.6	1530.0	1039.6	-2.6	180.2
泰安市	13918.7	2028.6	3041.3	77.2	996.3
威海市	4649.1	86.0	516.2	7.9	509.7
日照市	966.6	78.8	28.7	-5.6	13.6
临沂市	5474.8	512.3	1010.7	3.3	913.5
德州市	2451.1	135.2	-33.4	-0.3	18.4
聊城市	533.6	0.0	-2.1	-1.4	0.0
滨州市	4469.9	784.0	-816.5	899.0	37.8
菏泽市	4705.1	1628.1	1415.8	21.0	52.3

2-B-2.34　各地区集体总承包和专业承包企业利润及税金情况

单位：万元

分　组	利润总额	税金总额	主营业务税金及附加	应交增值税
全　省	**108436.0**	**127767.5**	**49690.2**	**78077.3**
济南市	4758.2	9542.0	3903.2	5638.8
青岛市	1802.0	4105.7	1914.4	2191.3
淄博市	1587.3	2792.2	1220.7	1571.5
枣庄市	15560.2	20888.8	9608.1	11280.7
东营市	-89.7	417.0	136.1	280.9
烟台市	18000.0	11926.2	3891.3	8034.9
潍坊市	13449.2	11874.0	5048.0	6826.0
济宁市	13742.8	21570.3	10751.1	10819.2
泰安市	10159.4	15475.7	6213.9	9261.8
威海市	2638.9	2239.3	548.6	1690.7
日照市	162.3	348.6	155.7	192.9
临沂市	3927.5	6668.0	2108.8	4559.2
德州市	3424.1	4588.9	1084.0	3504.9
聊城市	180.6	991.3	95.4	895.9
滨州市	6726.3	6578.1	2201.3	4376.8
菏泽市	12406.9	7761.4	809.6	6951.8

2-B-2.35 各地区集体总承包和专业承包企业应收工程款及企业亏损情况

分 组	应收工程款（万元）	企业个数（个）	亏损企业个数（个）	亏损企业比重（%）
全 省	**833454.3**	**328**	**55**	**16.8**
济南市	59257.0	29	7	24.1
青岛市	14486.7	15	3	20.0
淄博市	40469.6	14	2	14.3
枣庄市	109295.3	31	3	9.7
东营市	15717.4	7	5	71.4
烟台市	27571.0	25	1	4.0
潍坊市	99707.5	20	3	15.0
济宁市	107895.9	40	2	5.0
泰安市	113611.2	49	15	30.6
威海市	32687.0	22	4	18.2
日照市	7835.5	6		
临沂市	76674.3	22	4	18.2
德州市	58242.9	9		
聊城市	4307.0	2	1	50.0
滨州市	42243.2	20	3	15.0
菏泽市	23452.8	17	2	11.8

2-B-2.36　各地区集体总承包和专业承包企业主要经济效益指标

分　组	产值利润率(%)	产值利税率(%)	资本利润率(%)	资本利税率(%)	人均利润(元/人)	人均利税(元/人)	资产负债率(%)
全　省	**4.2**	**9.2**	**22.7**	**49.4**	**8964.0**	**19527.0**	**73.8**
济南市	2.5	7.6	9.2	27.6	7661.0	23024.0	86.9
青岛市	3.6	11.8	12.7	41.6	5977.0	19594.0	47.6
淄博市	3.0	8.2	6.8	18.8	4335.0	11959.0	63.9
枣庄市	4.6	10.8	39.2	91.8	8936.0	20932.0	70.6
东营市	-0.6	2.2	-1.2	4.2	-791.0	2886.0	71.9
烟台市	12.0	19.9	53.8	89.4	28832.0	47936.0	46.9
潍坊市	4.2	7.9	50.5	95.0	8631.0	16252.0	82.0
济宁市	2.9	7.5	22.9	58.8	8302.0	21332.0	74.3
泰安市	3.7	9.2	11.5	29.0	5034.0	12701.0	72.2
威海市	4.0	7.5	12.5	23.2	6821.0	12608.0	72.7
日照市	1.1	3.4	4.3	13.5	2078.0	6542.0	71.5
临沂市	2.6	6.9	17.2	46.4	4946.0	13343.0	82.9
德州市	2.4	5.6	14.2	33.3	8091.0	18934.0	67.4
聊城市	0.9	5.7	30.8	200.1	2145.0	13918.0	89.1
滨州市	6.4	12.7	17.8	35.1	14865.0	29402.0	69.6
菏泽市	5.9	9.6	54.2	88.1	14137.0	22981.0	70.8

2-B-2.37 各地区私营总承包和专业承包企业签订合同情况

单位：万元

分 组	签订合同额	上年结转合同额	本年新签合同额
全 省	**50332349.7**	**15192939.8**	**35139409.9**
济南市	3600571.6	1109507.7	2491063.9
青岛市	12153270.5	4168505.3	7984765.2
淄博市	2994906.7	986825.0	2008081.7
枣庄市	915851.1	182548.9	733302.2
东营市	1273654.3	444452.4	829201.9
烟台市	4762409.7	1284173.0	3478236.7
潍坊市	5945285.2	1878055.1	4067230.1
济宁市	3474060.8	1054236.3	2419824.5
泰安市	3914146.7	689129.3	3225017.4
威海市	1662668.2	714779.2	947889.0
日照市	2156543.8	555074.7	1601469.1
临沂市	2671009.5	723341.9	1947667.6
德州市	1066960.5	268886.9	798073.6
聊城市	1922429.6	674463.8	1247965.8
滨州市	458570.7	186468.7	272102.0
菏泽市	1360010.8	272491.6	1087519.2

2-B-2.38　各地区私营总承包和专业承包企业承包工程完成情况

单位：万元

分　组	直接从建设单位承揽工程完成的产值	自行完成施工产值	分包出去工程的产值	从建设单位以外承揽工程完成的产值
全　省	**32016320.9**	**31786416.6**	**229904.3**	**667863.9**
济南市	2155193.0	2147888.1	7304.9	46030.5
青岛市	8053262.7	8013203.0	40059.7	122794.5
淄博市	1902724.4	1898407.9	4316.5	43730.8
枣庄市	535537.3	532650.1	2887.2	9151.1
东营市	713020.0	701710.2	11309.8	42012.7
烟台市	3625886.5	3605236.5	20650.0	41456.5
潍坊市	3366135.0	3349189.1	16945.9	20133.2
济宁市	2072974.0	2025331.2	47642.8	52255.0
泰安市	3168968.6	3139422.6	29546.0	158379.1
威海市	1052486.7	1042496.1	9990.6	18381.3
日照市	1049933.6	1035349.4	14584.2	22561.5
临沂市	1519808.4	1515483.7	4324.7	24405.4
德州市	660671.0	656104.1	4566.9	23333.2
聊城市	888754.7	886181.6	2573.1	27193.3
滨州市	280808.6	267606.6	13202.0	14721.0
菏泽市	970156.4	970156.4		1324.8

2-B-2.39 各地区私营总承包和专业承包企业建筑业总产值和竣工产值

单位：万元

分组	建筑业总产值	装饰装修产值	在外省完成的产值	按构成分组 建筑工程产值	安装工程产值	其他产值	竣工产值
全省	**32454280.5**	**2966409.8**	**3613985.9**	**26550129.5**	**5167793.3**	**736357.7**	**17697333.8**
济南市	2193918.6	338237.6	71742.1	1826863.2	305587.0	61468.4	1225147.1
青岛市	8135997.5	1355188.2	926524.3	7366747.9	668960.4	100289.2	3549568.3
淄博市	1942138.7	144261.3	52588.1	1506947.3	303290.7	131900.7	937675.5
枣庄市	541801.2	66639.9	29666.4	452955.6	71044.6	17801.0	358931.2
东营市	743722.9	30893.9	3750.6	615135.1	81232.3	47355.5	388947.8
烟台市	3646693.0	239903.6	170167.1	3123731.1	397085.9	125876.0	2117669.4
潍坊市	3369322.3	416161.7	95232.5	2762790.5	526769.3	79762.5	2039301.6
济宁市	2077586.2	125997.2	277554.9	1853701.2	190168.4	33716.6	1147971.1
泰安市	3297801.7	25817.6	1821984.6	1225437.5	2068104.4	4259.8	2037439.0
威海市	1060877.4	36521.5	20784.9	903140.3	104233.9	53503.2	469682.6
日照市	1057910.9	62834.0	4272.1	1011845.1	35486.1	10579.7	758232.3
临沂市	1539889.1	58328.2	68467.3	1412179.4	107923.2	19786.5	873865.7
德州市	679437.3	19609.2	8828.9	569507.7	99840.5	10089.1	381522.6
聊城市	913374.9	12738.6	50938.9	777240.1	121755.0	14379.8	513007.9
滨州市	282327.6	5159.0	1489.0	240301.5	27409.9	14616.2	180176.1
菏泽市	971481.2	28118.3	9994.2	901606.0	58901.7	10973.5	718195.6

2-B-2.40　各地区私营总承包和专业承包企业房屋建筑面积

分　组	房屋施工面积（万平方米）	新开工面积（万平方米）	房屋竣工面积（万平方米）	房屋建筑面积竣工率(%)
全　省	**22868.7**	**11282.6**	**7560.4**	**33.1**
济南市	1181.5	708.6	394.2	33.4
青岛市	5394.8	1877.4	1280.5	23.7
淄博市	1489.4	717.0	518.1	34.8
枣庄市	579.8	383.7	250.9	43.3
东营市	235.6	157.9	138.0	58.6
烟台市	1991.5	1254.0	984.8	49.4
潍坊市	3850.7	1546.9	1062.5	27.6
济宁市	1862.6	900.1	598.3	32.1
泰安市	793.6	424.7	378.7	47.7
威海市	699.3	353.3	191.8	27.4
日照市	1135.7	674.8	322.3	28.4
临沂市	1017.0	641.9	416.8	41.0
德州市	619.5	400.7	218.5	35.3
聊城市	923.5	564.9	278.3	30.1
滨州市	212.9	114.4	87.0	40.9
菏泽市	881.4	562.1	439.8	49.9

2-B-2.41 各地区按主要用途分的私营总承包

分 组	房屋竣工面积	住宅房屋	商业及服务用房屋	办公用房屋
全 省	**7560.4**	**5323.2**	**269.4**	**252.7**
济南市	394.2	229.8	18.6	12.6
青岛市	1280.5	794.0	93.7	91.9
淄博市	518.1	404.5	26.8	27.0
枣庄市	250.9	179.9	6.7	8.4
东营市	138.0	73.9	2.8	15.0
烟台市	984.8	802.4	16.9	23.2
潍坊市	1062.5	727.0	26.6	27.9
济宁市	598.3	297.0	4.0	9.9
泰安市	378.7	298.1	2.6	9.0
威海市	191.8	134.2	0.3	2.8
日照市	322.3	262.8	18.7	1.8
临沂市	416.8	310.7	16.6	7.4
德州市	218.5	146.9	7.6	11.5
聊城市	278.3	236.9	5.4	1.8
滨州市	87.0	50.5	5.6	0.7
菏泽市	439.8	374.9	16.7	1.8

和专业承包企业房屋竣工面积

单位：万平方米

科研、教育、医疗用房屋	文化、体育、娱乐用房屋	厂房及建筑物	仓库	其他未列明的房屋建筑物
364.1	**44.9**	**1168.9**	**39.0**	**98.3**
69.0	0.5	56.3	6.5	1.0
47.4	36.8	207.1	4.0	5.7
3.1	1.1	51.3	0.2	4.1
12.7		38.1	1.5	3.7
4.8		35.9	4.4	1.2
12.4	0.1	125.7	3.6	0.5
65.8	4.0	176.4	9.4	25.4
42.3		213.3	2.2	29.6
12.6	0.3	54.4		1.6
5.4		28.5	0.2	20.5
16.8	0.2	21.0	0.1	0.9
14.4	0.6	65.2	1.7	0.3
11.4		40.6	0.3	0.2
13.4	0.4	17.9	2.5	
1.1	0.3	27.4	1.4	
31.3	0.6	9.9	1.0	3.7

2-B-2.42 各地区按主要用途分的私营总承包

分 组	房屋竣工价值	住宅	商业及服务用房屋	办公用房屋
全 省	**11185307.5**	**8012790.5**	**467424.3**	**522674.6**
济南市	562545.7	366160.8	29810.8	24147.9
青岛市	2300566.4	1387175.5	211066.1	250157.9
淄博市	681933.4	513683.5	43330.9	31493.1
枣庄市	254839.1	201828.5	3632.5	9917.9
东营市	214889.1	129383.2	3801.7	19228.9
烟台市	1463671.6	1205509.0	29712.1	33200.9
潍坊市	1731254.7	1238990.4	32814.6	43428.0
济宁市	684273.2	407948.8	6296.2	12105.9
泰安市	522435.0	407580.1	9808.2	13425.8
威海市	261162.6	183343.0	188.3	4316.3
日照市	615857.7	513540.4	28637.8	2440.0
临沂市	579046.0	475475.6	19369.1	10933.4
德州市	360962.3	198566.7	8997.9	61173.6
聊城市	333913.0	275223.3	8782.4	3707.4
滨州市	95517.8	60450.8	8763.1	970.8
菏泽市	522439.9	447930.9	22412.6	2026.8

和专业承包企业房屋竣工价值

单位：万元

科研、教育、医疗用房屋	文化、体育、娱乐用房屋	厂房及建筑物	仓库	其他未列明的房屋建筑物
570425.6	**91945.3**	**1288302.0**	**43564.5**	**188180.7**
61623.0	983.9	69656.6	4601.3	5561.4
67076.1	79328.8	289473.5	5614.9	10673.6
4863.8	3212.0	79113.0	136.5	6100.6
8926.6		27767.9	713.0	2052.7
16781.4	82.6	39654.6	3259.4	2697.3
30000.8	143.7	158105.8	5902.1	1097.2
137992.0	4880.8	195819.3	12938.7	64390.9
68226.5	68.2	153554.7	2758.4	33314.5
24333.3	681.2	50506.4		16100.0
8069.4		24705.7	200.0	40339.9
23231.0	50.0	46393.4	50.0	1515.1
13380.0	519.4	57418.3	1608.0	342.2
49426.4		42071.8	402.0	323.9
21837.0	759.8	20183.3	3419.8	
1211.7	260.8	23019.5	821.3	19.8
33446.6	974.1	10858.2	1139.1	3651.6

2-B-2.43 各地区私营总承包和专业承包企业施工机械设备情况

分 组	总台数 (台)	总功率 (千瓦)	净值 (万元)	技术装备率 (元/人)	动力装备率 (千瓦时/人)
全 省	**236137**	**6170501**	**1247294**	**11830**	**5.9**
济南市	12837	1302739	55967	7525	17.5
青岛市	23623	569271	158475	7863	2.8
淄博市	15812	390407	76984	11814	6.0
枣庄市	7438	145858	42787	17488	6.0
东营市	7899	245846	66198	27678	10.3
烟台市	44123	842905	190506	15948	7.1
潍坊市	24769	543088	134108	14651	5.9
济宁市	15567	295447	83845	11370	4.0
泰安市	23242	402284	84302	5455	2.6
威海市	15180	391052	78889	22053	10.9
日照市	6672	127960	38703	15556	5.1
临沂市	14207	313572	86098	18101	6.6
德州市	4258	106511	26853	10888	4.3
聊城市	5342	110150	37556	12466	3.7
滨州市	5275	99549	25476	25498	10.0
菏泽市	9893	283862	60548	11517	5.4

2-B-2.44　各地区私营总承包和专业承包企业主要生产效益指标

分　组	企业个数(个)	从事建筑业活动的平均人数(人)	按总产值计算的劳动生产率(元/人)	人均竣工产值(元/人)	人均施工面积(平方米/人)	人均竣工面积(平方米/人)
全　省	**3688**	**1087734**	**298366**	**162699**	**210.2**	**69.5**
济南市	272	71274	294977	171893	165.8	55.3
青岛市	416	220333	369259	161100	244.8	58.1
淄博市	232	64618	300557	145111	230.5	80.2
枣庄市	93	25771	210237	139277	225.0	97.4
东营市	181	25260	294427	153978	93.3	54.6
烟台市	569	123228	295931	171850	161.6	79.9
潍坊市	328	94411	356878	216003	407.9	112.5
济宁市	293	76227	272553	150599	244.3	78.5
泰安市	175	154633	213266	131760	51.3	24.5
威海市	230	36711	288981	127941	190.5	52.3
日照市	112	24068	439551	315038	471.9	133.9
临沂市	204	48434	317936	180424	210.0	86.1
德州市	130	25501	266436	149611	242.9	85.7
聊城市	133	33769	270477	151917	273.5	82.4
滨州市	95	11004	256568	163737	193.5	79.0
菏泽市	225	52492	185072	136820	167.9	83.8

2-B-2.45 各地区私营总承包和专业承包企业营业收入

单位：万元

分组	营业收入	建筑业企业在境外完成的营业收入	企业总产值	建筑业总产值
全省	**31733439.2**	**49571.9**	**34332265.9**	**32454280.5**
济南市	2348231.6	1192.4	2224048.1	2193918.6
青岛市	7889895.1	14583.7	8346035.4	8135997.5
淄博市	1837529.5	50.4	2024672.7	1942138.7
枣庄市	558261.3	223.7	581501.0	541801.2
东营市	841721.3	1941.3	781223.8	743722.9
烟台市	3606914.0		3790889.9	3646693.0
潍坊市	3000314.4		3802616.9	3369322.3
济宁市	2031442.0	8311.4	2213856.7	2077586.2
泰安市	3064204.0	23269.0	3415078.6	3297801.7
威海市	1018293.4		1118127.9	1060877.4
日照市	846772.0		1078531.6	1057910.9
临沂市	1653952.5		1945401.8	1539889.1
德州市	793567.4		720029.3	679437.3
聊城市	912454.9		964111.7	913374.9
滨州市	347956.2		325060.4	282327.6
菏泽市	981929.6		1001080.1	971481.2

2-B-2.46　各地区私营总承包和专业承包企业资产构成

单位：万元

分　组	资产总计	流动资产合计	存货
全　省	**34157600.4**	**27936493.5**	**6045801.7**
济南市	2432922.3	2085930.2	329268.7
青岛市	6618869.0	5306130.6	854698.8
淄博市	1910771.8	1611199.1	502561.8
枣庄市	614781.2	423588.6	80311.7
东营市	1610941.0	1375271.9	268523.2
烟台市	4200389.7	3287112.9	698970.1
潍坊市	3847318.9	3141247.0	831591.2
济宁市	2345490.5	1950342.6	315168.8
泰安市	2190310.3	1940246.5	544859.0
威海市	1581657.2	1288768.3	290982.2
日照市	1252811.5	1094806.8	298772.7
临沂市	2345014.3	1864613.1	464395.3
德州市	904300.8	733104.9	132791.9
聊城市	1002429.0	880438.7	186194.3
滨州市	441226.3	350066.8	81926.8
菏泽市	858366.6	603625.5	164785.2

2-B-2.47 各地区私营总承包和专业承包企业固定资产情况

单位：万元

分 组	固定资产原价	累计折旧	本年折旧	在建工程
全 省	**4485940.3**	**1898766.8**	**311785.2**	**318201.8**
济南市	309794.8	142113.6	22697.9	10175.7
青岛市	563874.7	257274.1	33275.1	61545.6
淄博市	315888.7	151375.9	17978.4	16281.4
枣庄市	108478.3	33480.2	5301.7	3240.7
东营市	194031.6	99198.2	17153.4	10149.2
烟台市	745220.6	355371.9	46190	44573.1
潍坊市	468159.2	187022.3	46664.1	27333.3
济宁市	279793.4	118748.4	19061.8	41542.4
泰安市	248474.5	88811.2	27557.2	20308.6
威海市	271263.9	136536.9	17371.7	37683.1
日照市	90996.6	34961.6	8194.1	8488.9
临沂市	353521.4	134624.5	17198.9	16949.7
德州市	133094.3	46169.1	10042.6	4895.8
聊城市	111174.7	46850.8	9812.3	11384
滨州市	80283.1	27120.4	4099.2	2860.4
菏泽市	211890.5	39107.7	9186.8	789.9

2-B-2.48　各地区私营总承包和专业承包企业负债及所有者权益

单位：万元

分　组	负债合计	流动负债合计	应付账款	所有者权益合计	实收资本
全　省	**21101152.4**	**19702886.0**	**6653906.1**	**13056447.9**	**8597916.6**
济南市	1332090.8	1239123.6	469946.2	1100831.5	668726.2
青岛市	4277460.0	3888383.3	1522739.2	2341409.0	1364970.9
淄博市	1234453.8	1161823.4	392847.1	676318.0	457911.2
枣庄市	304313.3	294964.8	80789.0	310467.9	189664.0
东营市	1106490.1	1084398.5	421281.2	504450.8	340195.0
烟台市	2387483.0	2242316.7	710336.5	1812906.7	976757.4
潍坊市	2423129.2	2222330.1	643567.9	1424189.7	621245.0
济宁市	1442502.6	1361436.9	416049.1	902987.9	561970.0
泰安市	1584972.2	1531126.5	621002.4	605338.1	357342.7
威海市	956898.0	912104.7	316881.1	624759.2	298348.5
日照市	903360.3	860032.8	239834.0	349451.2	243943.9
临沂市	1296879.4	1229878.4	296289.0	1048134.9	531067.7
德州市	554192.5	507423.4	167006.6	350108.3	252282.1
聊城市	654328.5	637646.2	180240.1	348100.5	1271966.3
滨州市	260269.0	252697.3	97693.1	180957.3	122227.4
菏泽市	382329.7	277199.4	77403.6	476036.9	339298.3

2-B-2.49 各地区私营总承包和专业承包企业实收资本

单位：万元

分 组	实收资本	国家资本	集体资本	法人资本	个人资本
全 省	**8597916.6**	**6694.5**	**46505.0**	**3510802.8**	**5033635.4**
济南市	668726.2	375.0	4502.0	256569.6	407279.6
青岛市	1364970.9		3314.0	484321.3	877335.6
淄博市	457911.2	401.0	226.0	148355.2	308929.0
枣庄市	189664.0		100.0	68414.2	121149.8
东营市	340195.0		622.3	109428.4	230144.3
烟台市	976757.4	45.6	7425.2	354535.4	614472.3
潍坊市	621245.0	570.0	16285.2	168696.0	435693.8
济宁市	561970.0		568.0	155089.6	406312.4
泰安市	357342.7	1300.6	9294.3	141687.7	205060.1
威海市	298348.5		432.1	97351.1	200565.3
日照市	243943.9	4002.1		54831.7	185110.1
临沂市	531067.7			114053.2	417014.5
德州市	252282.1		2099.8	85835.3	164347.0
聊城市	1271966.3			1090981.5	180984.8
滨州市	122227.4	0.2	0.3	45114.4	77112.5
菏泽市	339298.3		1635.8	135538.2	202124.3

2–B–2.50　各地区私营总承包和专业承包企业收入情况

单位：万元

分　组	主营业务收入	主营业务成本	主营业务税金及附加	其他业务收入	其他业务成本	其他业务利润
全　省	**31352422.8**	**27808788.3**	**328510.9**	**381016.4**	**883263.4**	**9078.6**
济南市	2338702.4	2113203.8	22054.9	9529.2	8381.4	-1.8
青岛市	7807533.8	7201539.8	76053.9	82361.3	116539.8	2062.5
淄博市	1810349.8	1674621.1	14929.1	27179.7	22341.5	205.7
枣庄市	549562.8	463062.5	18553.6	8698.5	8341.8	26.6
东营市	806239.9	735376.4	8578.9	35481.4	28075.8	175.1
烟台市	3549505.6	3067247.4	63994.3	57408.4	48269.5	824.1
潍坊市	2977864.1	2646671.5	25285.4	22450.3	21651.9	347.5
济宁市	2002713.6	1794289.7	18520.2	28728.4	26035.7	1429.9
泰安市	3045549.4	2261873.9	29930.6	18654.6	511335.9	557.0
威海市	979890.5	851414.2	10771.8	38402.9	48310.8	507.5
日照市	828944.9	748523.9	4570.5	17827.1	20357.9	148.4
临沂市	1648698.2	1486001.0	13816.0	5254.3	2107.6	1156.7
德州市	770893.1	695403.9	9257.0	22674.3	15522.4	1594.1
聊城市	907928.1	860274.5	4570.8	4526.8	4267.5	2.7
滨州市	346443.9	316116.6	3495.5	1512.3	1397.3	41.6
菏泽市	981602.7	893168.1	4128.4	326.9	326.6	1.0

2-B-2.51 各地区私营总承包和专业承包企业费用情况

单位：万元

分 组	管理费用	销售费用	财务费用		
				利息支出	利息收入
全 省	**1109904.3**	**133763.7**	**251445.8**	**128211.1**	**9521.7**
济南市	92934.0	19156.6	17450.7	7345.3	-64.5
青岛市	222700.3	12015.9	50442.1	35202.6	2573.9
淄博市	67130.1	7143.1	11034.9	4974.8	81.7
枣庄市	24661.5	3639.9	3409.3	1549.5	53.3
东营市	45853.4	3604.3	11968.9	7336.0	127.5
烟台市	146157.1	25173.2	40712.8	14298.8	4102.6
潍坊市	106851.7	8551.9	23103.0	11796.5	653.4
济宁市	69107.3	6929.6	21287.1	2440.9	293.8
泰安市	128765.0	28419.9	6141.2	3188.5	348.6
威海市	46338.1	2303.4	11238.4	3017.7	337.3
日照市	33247.3	1569.0	11568.1	9045.7	40.1
临沂市	46427.0	4387.6	17718.3	13505.0	723.9
德州市	21908.8	2717.9	8946.4	6688.6	151.9
聊城市	25376.0	704.0	7991.9	5028.5	-37.4
滨州市	11032.7	1760.4	2320.5	1586.9	117.7
菏泽市	21414.0	5687.0	6112.2	1205.8	17.9

2-B-2.52　各地区私营总承包和专业承包企业利润及税金情况

单位：万元

分　组	利润总额	税金总额	主营业务税金及附加	应交增值税
全　省	**1251458.1**	**1173406.2**	**328510.9**	**844895.3**
济南市	84095.7	86317.2	22054.9	64262.3
青岛市	224696.5	248093.1	76053.9	172039.2
淄博市	43124.6	74793.7	14929.1	59864.6
枣庄市	36196.4	32288.5	18553.6	13734.9
东营市	11517.3	29893.7	8578.9	21314.8
烟台市	212047.6	167026.2	63994.3	103031.9
潍坊市	165412.8	112560.7	25285.4	87275.3
济宁市	97350.9	63117.0	18520.2	44596.8
泰安市	108722.7	136282.4	29930.6	106351.8
威海市	53187.3	36894.2	10771.8	26122.4
日照市	20872.5	17496.8	4570.5	12926.3
临沂市	82876.2	58636.7	13816.0	44820.7
德州市	39978.0	36351.8	9257.0	27094.8
聊城市	9039.8	26278.2	4570.8	21707.4
滨州市	11664.7	12332.9	3495.5	8837.4
菏泽市	50675.1	35043.1	4128.4	30914.7

2-B-2.53 各地区私营总承包和专业承包企业应收工程款及企业亏损情况

分 组	应收工程款(万元)	企业个数(个)	亏损企业个数(个)	亏损企业比重(%)
全 省	**9723401.0**	**3688**	**554**	**15.0**
济南市	744503.8	272	36	13.2
青岛市	2004803.3	416	62	14.9
淄博市	612268.0	232	68	29.3
枣庄市	161621.6	93	12	12.9
东营市	544998.7	181	66	36.5
烟台市	1164627.9	569	38	6.7
潍坊市	992579.7	328	38	11.6
济宁市	615824.5	293	35	11.9
泰安市	806254.5	175	26	14.9
威海市	435171.9	230	33	14.3
日照市	260545.3	112	22	19.6
临沂市	511019.7	204	31	15.2
德州市	253062.4	130	19	14.6
聊城市	270974.4	133	40	30.1
滨州市	137488.8	95	20	21.1
菏泽市	207656.5	225	8	3.6

2-B-2.54 各地区私营总承包和专业承包企业主要经济效益指标

分 组	产值利润率 (%)	产值利税率 (%)	资本利润率 (%)	资本利税率 (%)	人均利润 (元/人)	人均利税 (元/人)	资产负债率 (%)
全 省	**3.9**	**7.5**	**14.6**	**28.2**	**11505**	**22293**	**61.8**
济南市	3.8	7.8	12.6	25.5	11799	23910	54.8
青岛市	2.8	5.8	16.5	34.6	10198	21458	64.6
淄博市	2.2	6.1	9.4	25.8	6674	18249	64.6
枣庄市	6.7	12.6	19.1	36.1	14045	26574	49.5
东营市	1.5	5.6	3.4	12.2	4560	16394	68.7
烟台市	5.8	10.4	21.7	38.8	17208	30762	56.8
潍坊市	4.9	8.3	26.6	44.7	17521	29443	63.0
济宁市	4.7	7.7	17.3	28.6	12771	21051	61.5
泰安市	3.3	7.4	30.4	68.6	7031	15844	72.4
威海市	5.0	8.5	17.8	30.2	14488	24538	60.5
日照市	2.0	3.6	8.6	15.7	8672	15942	72.1
临沂市	5.4	9.2	15.6	26.6	17111	29218	55.3
德州市	5.9	11.2	15.8	30.3	15677	29932	61.3
聊城市	1.0	3.9	0.7	2.8	2677	10459	65.3
滨州市	4.1	8.5	9.5	19.6	10600	21808	59.0
菏泽市	5.2	8.8	14.9	25.3	9654	16330	44.5

2-B-2.55 各地区股份制总承包和专业承包企业签订合同情况

单位：万元

分 组	签订合同额	上年结转合同额	本年新签合同额
全 省	**142378837.2**	**58684058.2**	**83694779.0**
济南市	45391476.5	20512044.8	24879431.7
青岛市	30491233.3	14219517.2	16271716.1
淄博市	10036603.6	2815145.8	7221457.8
枣庄市	2854056.9	1002955.7	1851101.2
东营市	2681225.7	1050196.0	1631029.7
烟台市	4733702.4	1631766.9	3101935.5
潍坊市	7561663.5	2798382.4	4763281.1
济宁市	4175772.2	1720903.2	2454869.0
泰安市	6660068.1	2098636.5	4561431.6
威海市	2638533.8	952978.7	1685555.1
日照市	3598338.0	1510885.3	2087452.7
临沂市	10629255.6	3828102.7	6801152.9
德州市	3891737.8	1669415.6	2222322.2
聊城市	3586645.0	1660713.5	1925931.5
滨州市	1194661.7	347923.6	846738.1
菏泽市	2253863.1	864490.3	1389372.8

2-B-2.56　各地区股份制总承包和专业承包企业承包工程完成情况

单位：万元

分　组	直接从建设单位承揽工程完成的产值	自行完成施工产值	分包出去工程的产值	从建设单位以外承揽工程完成的产值
全　省	**69241506.5**	**68440881.4**	**800625.1**	**661824.8**
济南市	18333823.3	18287416.0	46407.3	80905.6
青岛市	12650499.6	12286041.5	364458.1	111192.6
淄博市	6335720.3	6228591.9	107128.4	88986.6
枣庄市	1636819.9	1634666.9	2153.0	47728.9
东营市	1388325.6	1384131.7	4193.9	8468.7
烟台市	2936739.0	2911624.9	25114.1	11490.9
潍坊市	4797998.0	4741093.4	56904.6	18463.6
济宁市	1944462.0	1883767.7	60694.3	59921.2
泰安市	3784305.5	3782659.7	1645.8	103546.0
威海市	1671377.5	1662374.6	9002.9	10133.3
日照市	2110343.4	2104281.4	6062.0	9299.6
临沂市	6591014.2	6581368.6	9645.6	54948.1
德州市	1762876.4	1667700.0	95176.4	20621.5
聊城市	1342707.9	1337636.3	5071.6	13895.9
滨州市	750114.7	744098.6	6016.1	14594.1
菏泽市	1204379.2	1203428.2	951.0	7628.2

2-B-2.57 各地区股份制总承包和专业承包企业建筑业总产值和竣工产值

单位：万元

分 组	建筑业总产值	#装饰装修产值	#在外省完成的产值	按构成分组			竣工产值
				建筑工程产值	安装工程产值	其他产值	
全 省	**69102706.2**	**3763350.1**	**15006962.6**	**60243550.3**	**7327817.6**	**1531338.3**	**29899438.0**
济南市	18368321.6	529092.7	6628892.2	16599380.6	1178783.5	590157.5	5314082.0
青岛市	12397234.1	987781.9	3226536.7	11435034.9	659375.5	302823.7	4647666.4
淄博市	6317578.5	258124.6	866505.5	5299175.6	974915.4	43487.5	3411610.4
枣庄市	1682395.8	229009.2	353663.8	1442651.3	226066.8	13677.7	775481.5
东营市	1392600.4	21569.8	422520.8	898248.9	429255.9	65095.6	919944.1
烟台市	2923115.8	184079.2	77692.0	2523692.7	324322.7	75100.4	1726126.3
潍坊市	4759557.0	599617.9	92677.2	4167959.8	507802.4	83794.8	2044794.5
济宁市	1943688.9	61421.7	143865.3	1637483.2	273120.6	33085.1	1144209.8
泰安市	3886205.7	89927.5	2095611.8	2032392.8	1785071.1	68741.8	1845298.7
威海市	1672507.9	52076.4	31454.6	1574825.9	80570.5	17111.5	980377.2
日照市	2113581.0	232654.4	427098.2	2030717.1	69156.9	13707.0	970789.5
临沂市	6636316.7	325266.3	470298.6	6132841.4	465569.1	37906.2	3757147.5
德州市	1688321.5	93368.5	112104.7	1529725.0	105063.1	53533.4	546803.0
聊城市	1351532.2	47669.8	28972.9	1230649.6	100862.2	20020.4	693251.7
滨州市	758692.7	19379.5	19501.5	623725.7	85676.1	49290.9	401229.5
菏泽市	1211056.4	32310.7	9566.8	1085045.8	62205.8	63804.8	720625.9

2-B-2.58　各地区股份制总承包和专业承包企业房屋建筑面积

分　组	房屋施工面积（万平方米）	#新开工面积（万平方米）	房屋竣工面积（万平方米）	房屋建筑面积竣工率（%）
全　省	**45679.8**	**18659.4**	**11971.3**	**26.2**
济南市	8127.6	3058.7	1610.6	19.8
青岛市	8837.1	3231.6	1610.5	18.2
淄博市	5378.6	2108.5	1659.4	30.9
枣庄市	1226.6	487.5	456.4	37.2
东营市	156.9	75.7	74.8	47.7
烟台市	2051.7	853.4	533.1	26.0
潍坊市	3435.0	1346.2	855.3	24.9
济宁市	1866.4	1041.2	573.8	30.7
泰安市	977.6	556.4	435.6	44.6
威海市	1478.5	708.9	444.2	30.0
日照市	761.4	462.2	320.3	42.1
临沂市	6626.7	2409.8	2225.1	33.6
德州市	1454.7	665.2	311.3	21.4
聊城市	1778.2	705.2	318.1	17.9
滨州市	537.9	325.0	179.3	33.3
菏泽市	985.0	623.8	363.6	36.9

2-B-2.59 各地区按主要用途分的股份制总承包和专业承包企业房屋竣工面积

单位：万平方米

地　区	合计	住宅房屋	商业及服务用房屋	办公用房屋	科研、教育、医疗用房屋	文化、体育、娱乐用房屋	厂房及建筑物	仓库	其他未列明的房屋建筑物
全　省	**11971.3**	**8147.1**	**961.8**	**647.7**	**835.4**	**151.4**	**1001.8**	**85.2**	**140.9**
济南市	1610.6	1055.0	88.6	132.5	118.3	79.7	90.0	4.8	41.6
青岛市	1610.5	1016.8	94.2	103.8	131.1	20.6	178.0	7.5	58.6
淄博市	1659.4	1104.3	91.7	141.8	91.0	1.4	187.6	34.6	7.0
枣庄市	456.4	307.8	58.4	5.8	49.0	0.3	33.0	0.1	1.9
东营市	74.8	60.9	0.4	2.0	0.5		8.3	2.6	
烟台市	533.1	368.0	9.6	12.1	57.3		81.7	1.3	3.1
潍坊市	855.3	585.5	82.9	41.7	49.0	4.0	77.1	6.6	8.5
济宁市	573.8	434.0	25.4	11.0	38.4	0.2	46.7	13.9	4.4
泰安市	435.6	334.9	22.3	20.8	19.3	1.3	33.1	2.6	1.4
威海市	444.2	260.2	34.8	2.1	59.7	14.6	62.0	5.4	5.5
日照市	320.3	281.5	0.9	2.2	6.9		28.3	0.6	
临沂市	2225.1	1414.9	422.1	119.1	164.2	23.6	80.8		0.4
德州市	311.3	222.4	6.3	22.5	23.4		33.8	0.8	2.1
聊城市	318.1	250.9	0.3	21.3	13.6	4.6	22.4	2.7	2.4
滨州市	179.3	131.4	5.0	5.8	6.5		28.0	1.0	1.6
菏泽市	363.6	318.6	18.9	3.3	7.2	1.1	11.0	0.9	2.5

2-B-2.60 各地区按主要用途分的股份制总承包和专业承包企业房屋竣工价值

单位：万元

分 组	合计	住宅房屋	商业及服务用房屋	办公用房屋	科研、教育、医疗用房屋	文化、体育、娱乐用房屋	厂房及建筑物	仓库	其他未列明的房屋建筑物
全 省	**20246732.6**	**13170498.2**	**1676172.8**	**1134313.3**	**1727621.4**	**594881.5**	**1559625.2**	**136431.8**	**247188.4**
济南市	3417777.6	1980945.0	161615.0	261903.1	304355.9	435009.0	182530.4	5070.4	86348.8
青岛市	3159710.9	1890446.9	303647.8	206622.0	313342.1	58712.1	258814.8	26638.9	101486.3
淄博市	2977708.8	1933360.7	156612.4	235174.8	182322.9	1252.3	404715.7	54095.6	10174.4
枣庄市	569474.8	415461.3	36536.0	7611.1	53044.8	511.0	54827.2	272.2	1211.2
东营市	123742.3	99334.5	976.7	2687.6	1026.4		13305.8	6316.8	94.5
烟台市	866508.6	566077.4	12596.7	21438.0	134830.9		124961.6	1628.0	4976.0
潍坊市	1413072.5	927415.9	134631.4	96051.0	141576.2	16506.3	76132.4	11846.7	8912.6
济宁市	768369.9	576029.8	35498.7	12717.8	55493.5	403.7	61239.3	14605.6	12381.5
泰安市	705730.5	544332.3	44276.5	36011.2	32865.8	1012.5	39426.1	5291.6	2514.5
威海市	851785.3	468955.0	61162.0	4640.2	138653.6	44211.0	117040.3	6124.7	10998.5
日照市	327618.4	282490.3	1550.0	2649.7	10881.0		29616.4	431.0	
临沂市	3524958.2	2271349.5	679055.9	157015.6	280215.8	25858.2	111123.2	40.0	300.0
德州市	396929.8	275220.1	13955.2	35081.5	38943.2		31855.4	920.0	954.4
聊城市	451859.3	353129.3	337.8	44320.9	22560.0	10103.0	17235.9	1445.4	2727.0
滨州市	218305.7	171104.0	4624.2	6079.1	8556.4	6.0	25235.5	659.9	2040.6
菏泽市	473180.0	414846.2	29096.5	4309.7	8952.9	1296.4	11565.2	1045.0	2068.1

2-B-2.61 各地区股份制总承包和专业承包企业施工机械设备情况

分 组	总台数（台）	总功率（千瓦）	净值（万元）	技术装备率（元/人）	动力装备率（千瓦/人）
全 省	**367863**	**8920730**	**1708979.0**	**9923**	**5.2**
济南市	39348	1319401	223803.3	6450	3.8
青岛市	28946	1032663	131898.6	4524	3.5
淄博市	49877	1012264	231559.4	11860	5.2
枣庄市	29215	485839	56086.9	9317	8.1
东营市	14765	504854	79863.5	23033	14.6
烟台市	19571	511761	89942.7	16595	9.4
潍坊市	22915	580145	134418.0	17155	7.4
济宁市	26570	471219	124106.6	13552	5.1
泰安市	40349	489477	127780.2	8689	3.3
威海市	10618	501563	45112.6	16943	18.8
日照市	8820	362534	77126.2	20616	9.7
临沂市	26152	745154	138489.0	7039	3.8
德州市	5736	88009	29225.0	7156	2.2
聊城市	9009	233113	54150.9	15076	6.5
滨州市	8454	257890	85783.2	30817	9.3
菏泽市	27518	324844	79632.9	13993	5.7

2-B-2.62　各地区股份制总承包和专业承包企业主要生产效益指标

分　组	企业个数(个)	从事建筑业活动的平均人数(人)	按总产值计算的劳动生产率(元/人)	人均竣工产值(元/人)	人均施工面积(平方米/人)	人均竣工面积(平方米/人)
全　省	**2505**	**1838593**	**375846**	**162621**	**248.4**	**65.1**
济南市	275	339409	544186	156569	239.5	47.5
青岛市	204	331411	374074	140239	266.7	48.6
淄博市	174	191999	329042	177689	280.1	86.4
枣庄市	97	64562	260586	120114	190.0	70.7
东营市	97	35867	388268	256488	43.7	20.9
烟台市	191	74162	394153	232751	276.7	71.9
潍坊市	207	81600	583279	250588	421.0	104.8
济宁市	166	89405	217403	127981	208.8	64.2
泰安市	99	144380	269165	127808	67.7	30.2
威海市	147	27886	599766	351566	530.2	159.3
日照市	174	41280	512011	235172	184.4	77.6
临沂市	195	242065	274154	155212	273.8	91.9
德州市	90	43266	390219	126382	336.2	71.9
聊城市	109	44719	302228	155024	397.6	71.1
滨州市	153	30247	250832	132651	177.8	59.3
菏泽市	127	56335	214974	127918	174.8	64.5

2-B-2.63 各地区股份制总承包和专业承包企业营业收入

单位：万元

分组	营业收入	建筑业企业在境外完成的营业收入	企业总产值	建筑业总产值
全省	**67284891.2**	**1027691.3**	**74736985.9**	**69102706.2**
济南市	18277805.6	261877.6	18727812.0	18368321.6
青岛市	11238622.0	359147.1	14644187.4	12397234.1
淄博市	6153385.1	22432.3	6774272.7	6317578.5
枣庄市	2080442.9	4952.6	1825814.1	1682395.8
东营市	1616177.8	36031.0	1442627.9	1392600.4
烟台市	2931855.2	316117.4	3781758.9	2923115.8
潍坊市	5058256.7		5325905.2	4759557.0
济宁市	2103051.1	2850.5	2150174.2	1943688.9
泰安市	3785386.3	8475.7	3973678.3	3886205.7
威海市	1584737.9	5412.8	1764884.3	1672507.9
日照市	1955219.8	8094.3	2144656.3	2113581.0
临沂市	5293549.9		6903872.3	6636316.7
德州市	1530310.0		1805142.9	1688321.5
聊城市	1426893.2		1381071.5	1351532.2
滨州市	842388.6	2300.0	831452.9	758692.7
菏泽市	1406809.1		1259675.0	1211056.4

2-B-2.64　各地区股份制总承包和专业承包企业资产构成

单位：万元

分　组	资产总计	#流动资产	#存货
全　省	**80969498.7**	**68412924.8**	**13791860.4**
济南市	21345996.9	17694096.0	3672091.3
青岛市	13673928.3	11803111.5	1683646.9
淄博市	4637267.0	3949327.2	671251.0
枣庄市	2175388.1	1817501.0	190118.0
东营市	2784989.3	2488195.5	197602.8
烟台市	4115546.6	3594195.6	650895.8
潍坊市	5346925.4	4545028.2	1076072.5
济宁市	4647826.0	4070746.9	1186664.7
泰安市	2708548.2	2121098.7	469580.8
威海市	2088509.3	1707125.1	477084.2
日照市	2897287.9	2468353.6	541840.6
临沂市	7006161.1	5941833.0	1804461.1
德州市	2073007.6	1767158.7	274587.1
聊城市	1780333.3	1564209.5	259825.2
滨州市	1520751.4	1160885.8	278629.0
菏泽市	2167032.3	1720058.5	357509.4

2-B-2.65 各地区股份制总承包和专业承包企业固定资产情况

单位：万元

分 组	固定资产原价	累计折旧	#本年折旧	在建工程
全 省	**7895415.7**	**3710608.5**	**548954.6**	**370905.4**
济南市	1451881.5	781793.4	128660.6	71810.4
青岛市	983814.8	536253.0	72039.5	57849.7
淄博市	699630.7	339766.4	35844.0	17995.5
枣庄市	285010.8	104379.0	22580.0	8387.6
东营市	395348.5	237284.3	22354.0	12966.5
烟台市	469690.2	223150.6	30069.0	24168.0
潍坊市	512982.8	226017.9	35600.3	10917.9
济宁市	402606.0	172354.5	31056.0	20015.0
泰安市	579592.1	210855.3	32624.8	25974.0
威海市	304831.9	137305.2	23116.1	15414.0
日照市	311196.1	164974.4	24802.4	17249.2
临沂市	607580.1	267330.0	42634.6	35014.5
德州市	225969.9	89356.6	15263.3	6607.9
聊城市	153854.8	63512.1	8660.7	17212.8
滨州市	274056.5	77661.7	10860.1	25547.5
菏泽市	237369.0	78614.1	12789.2	3774.9

2-B-2.66　各地区股份制总承包和专业承包企业负债及所有者权益

单位：万元

分　组	负债合计	#流动负债	#应付账款	所有者权益	#实收资本
全　省	**61340116.2**	**56744851.7**	**22907105.2**	**19629382.5**	**10162318.3**
济南市	16856370.0	15778949.1	7438575.5	4489626.9	2452490.1
青岛市	11312474.9	10431208.3	4519023.4	2361453.4	1376777.3
淄博市	3022513.8	2913916.8	1060252.1	1614753.2	708373.6
枣庄市	1487559.9	1450147.7	515304.7	687828.2	314611.5
东营市	2151282.9	2046447.8	1050846.0	633706.4	455560.7
烟台市	3066270.5	2883007.5	1063856.9	1049276.1	616421.8
潍坊市	3633382.5	3322017.8	1128759.1	1713542.9	691470.1
济宁市	3555838.4	3180813.9	681381.7	1091987.6	553811.0
泰安市	2031550.4	1879984.4	883585.2	676997.8	337862.0
威海市	1542358.8	1477247.2	764424.8	546150.5	304122.3
日照市	2276749.6	2133723.2	752552.7	620538.3	380856.0
临沂市	5076052.3	4377100.9	1609717.6	1930108.8	750188.7
德州市	1367684.7	1276270.4	566953.2	705322.9	297935.8
聊城市	1279839.6	1145405.5	362540.2	500493.7	298367.5
滨州市	1123490.9	1066674.1	256425.1	397260.5	311074.9
菏泽市	1556697.0	1381937.1	252907.0	610335.3	312395.0

2-B-2.67 各地区股份制总承包和专业承包企业实收资本

单位：万元

分 组	实收资本	国家资本	集体资本	法人资本	个人资本
全 省	**10162318.3**	**2124236.7**	**853910.5**	**3546582.8**	**3637386.0**
济南市	2452490.1	1213017.4	145269.0	681618.0	412585.7
青岛市	1376777.3	254374.2	126920.0	529584.0	465899.1
淄博市	708373.6	19564.9	62378.3	225141.4	401289.0
枣庄市	314611.5	24173.2	14129.7	118810.5	157298.1
东营市	455560.7	94577.3	43459.1	125810.2	191714.1
烟台市	616421.8	27848.0	76559.9	304209.8	207804.1
潍坊市	691470.1	106266.7	19428.3	276184.0	289589.4
济宁市	553811.0	53976.7	109489.3	106846.2	283498.8
泰安市	337862.0	85695.5	21891.4	78787.1	151488.0
威海市	304122.3	8288.3	42477.6	148118.8	105237.6
日照市	380856.0	45738.0	17324.5	126035.7	191757.2
临沂市	750188.7	33739.7	33428.2	417549.0	265471.8
德州市	297935.8	44015.7	84830.4	90221.4	78868.3
聊城市	298367.5	43444.9	18690.6	57088.7	179143.3
滨州市	311074.9	30482.0	29682.2	106759.9	144150.8
菏泽市	312395.0	39034.2	7952.0	153818.1	111590.7

2-B-2.68　各地区股份制总承包和专业承包企业收入情况

单位：万元

分　组	主营业务收入	#主营业务成本	#主营业务税金及附加	其他业务收入	#其他业务成本	#其他业务利润
全　省	**66384035.0**	**60946791.4**	**487491.8**	**900856.2**	**1075182.8**	**54806.0**
济南市	18137775.9	16682634.5	72218.9	140029.7	419355.8	21246.0
青岛市	11178427.7	10379615.0	47406.7	60194.3	31493.1	18999.4
淄博市	6031588.0	5629288.9	64774.4	121797.1	77769.0	9795.4
枣庄市	2070736.9	1820101.3	51692.0	9706.0	8076.6	1764.2
东营市	1574317.4	1442700.9	12275.7	41860.4	61024.5	-14374.6
烟台市	2910805.4	2591176.7	32479.2	21049.8	22311.2	4077.9
潍坊市	4940178.8	4489859.2	55776.0	118077.9	113442.6	47.5
济宁市	1990905.2	1791519.0	24083.5	112145.9	82165.0	1327.7
泰安市	3771945.2	3578280.2	28911.7	13441.1	11592.5	179.0
威海市	1579765.4	1433858.7	13206.3	4972.5	4616.4	1498.7
日照市	1876367.8	1734282.6	10360.0	78852.0	69110.8	1616.1
临沂市	5254815.3	4735064.1	37824.3	38734.6	39061.5	250.2
德州市	1509105.0	1374637.1	15496.1	21205.0	16665.4	2009.6
聊城市	1336434.7	1229120.9	7714.5	90458.5	89640.1	3725.2
滨州市	814144.5	735273.7	7529.8	28244.1	28858.0	2638.2
菏泽市	1406721.8	1299378.6	5742.7	87.3	0.3	5.5

2-B-2.69 各地区股份制总承包和专业承包企业费用情况

单位：万元

分 组	管理费用	销售费用	财务费用	#利息收入	#利息支出
全 省	**1939446.9**	**130399.8**	**501126.2**	**78785.0**	**423633.4**
济南市	459448.4	40592.2	89137.0	23626.9	106212.3
青岛市	328559.2	15103.5	131666.9	33514.5	136400.0
淄博市	183863.7	9381.7	25842.2	1958.7	20490.5
枣庄市	62665.4	6783.9	10635.1	567.2	4585.3
东营市	63321.5	1512.3	18772.5	919.4	9125.4
烟台市	115372.9	13394.6	44574.0	4747.5	38822.7
潍坊市	75454.0	3806.4	33181.7	3697.6	24697.4
济宁市	90633.5	7738.3	29887.0	2208.4	21475.1
泰安市	88101.1	5612.1	11823.2	-539.0	5090.0
威海市	72206.0	2469.8	4428.9	2950.6	2227.0
日照市	59636.3	3410.2	20796.9	2411.3	13002.0
临沂市	180828.5	8618.3	38710.4	455.7	8837.7
德州市	52162.6	2189.5	10487.2	827.3	9694.2
聊城市	40468.5	807.5	9591.6	1325.3	8301.4
滨州市	34108.8	4727.3	4365.8	50.3	4351.6
菏泽市	32616.5	4252.2	17225.8	63.3	10320.8

2-B-2.70　各地区股份制总承包和专业承包企业利润及税金情况

单位：万元

分　组	利润总额	税金总额	#主营业务税金及附加	#应交增值税
全　省	**2196458.9**	**2033659.0**	**487491.8**	**1546167.2**
济南市	567184.7	446753.1	72218.9	374534.2
青岛市	241427.3	247478.3	47406.7	200071.6
淄博市	160465.8	235163.4	64774.4	170389.0
枣庄市	121390.3	119912.3	51692.0	68220.3
东营市	40612.2	57373.8	12275.7	45098.1
烟台市	125606.5	93387.8	32479.2	60908.6
潍坊市	284917.8	157213.9	55776.0	101437.9
济宁市	73802.0	71793.3	24083.5	47709.8
泰安市	55285.6	149872.5	28911.7	120960.8
威海市	57898.0	47101.4	13206.3	33895.1
日照市	54613.1	57510.0	10360.0	47150.0
临沂市	229971.7	179202.8	37824.3	141378.5
德州市	59166.4	55452.0	15496.1	39955.9
聊城市	49108.8	46038.3	7714.5	38323.8
滨州市	27478.9	26363.8	7529.8	18834.0
菏泽市	47529.8	43042.3	5742.7	37299.6

2-B-2.71　各地区股份制总承包和专业承包企业应收工程款及企业亏损情况

分　组	应收工程款(万元)	企业个数(个)	亏损企业个数(个)	亏损企业比重(%)
全　省	**22220347.2**	**2505**	**427**	**17.0**
济南市	4526225.1	275	42	15.3
青岛市	4685222.9	204	33	16.2
淄博市	1909006.2	174	27	15.5
枣庄市	722039.3	97	7	7.2
东营市	1013535.5	97	32	33.0
烟台市	1345296.7	191	19	9.9
潍坊市	1889032.8	207	30	14.5
济宁市	962709.3	166	21	12.7
泰安市	803272.8	99	22	22.2
威海市	487614.2	147	28	19.0
日照市	568488.1	174	39	22.4
临沂市	1376788.8	195	25	12.8
德州市	734822.5	90	13	14.4
聊城市	405578.7	109	36	33.0
滨州市	373134.8	153	41	26.8
菏泽市	417579.5	127	12	9.4

2-B-2.72 各地区股份制总承包和专业承包企业主要经济效益指标

分 组	产值利润率 (%)	产值利税率 (%)	资本利润率 (%)	资本利税率 (%)	人均利润 (元/人)	人均利税 (元/人)	资产负债率 (%)
全 省	**3.2**	**6.1**	**21.6**	**41.6**	**11946**	**23007**	**75.8**
济南市	3.1	5.5	23.1	41.3	16711	29874	79.0
青岛市	1.9	3.9	17.5	35.5	7285	14752	82.7
淄博市	2.5	6.3	22.7	55.9	8358	20606	65.2
枣庄市	7.2	14.3	38.6	76.7	18802	37375	68.4
东营市	2.9	7.0	8.9	21.5	11323	27319	77.2
烟台市	4.3	7.5	20.4	35.5	16937	29529	74.5
潍坊市	6.0	9.3	41.2	63.9	34916	54183	68.0
济宁市	3.8	7.5	13.3	26.3	8255	16285	76.5
泰安市	1.4	5.3	16.4	60.7	3829	14210	75.0
威海市	3.5	6.3	19.0	34.5	20762	37653	73.8
日照市	2.6	5.3	14.3	29.4	13230	27162	78.6
临沂市	3.5	6.2	30.7	54.5	9500	16903	72.5
德州市	3.5	6.8	19.9	38.5	13675	26492	66.0
聊城市	3.6	7.0	16.5	31.9	10982	21277	71.9
滨州市	3.6	7.1	8.8	17.3	9085	17801	73.9
菏泽市	3.9	7.5	15.2	29.0	8437	16077	71.8

2-B-2.73 各地区外商投资总承包和专业承包企业签订合同情况

单位：万元

分组	签订合同额	上年结转合同额	本年新签合同额
全 省	**63173.8**	**7595.2**	**55578.6**
济南市	3116.1	128.2	2987.9
青岛市	15736.2		15736.2
淄博市			
枣庄市			
东营市			
烟台市	15464.7	2297.0	13167.7
潍坊市	10360.0	4520.0	5840.0
济宁市			
泰安市	2751.0	200.0	2551.0
威海市			
日照市			
临沂市	987.0		987.0
德州市			
聊城市	14758.8	450.0	14308.8
滨州市			
菏泽市			

2-B-2.74　各地区外商投资总承包和专业承包企业承包工程完成情况

单位：万元

分　组	直接从建设单位承揽工程完成的产值	自行完成施工产值	从建设单位以外承揽工程完成的产值
全　省	**42847.4**	**42847.4**	**21710.7**
济南市	10925.5	10925.5	
青岛市	13857.1	13857.1	
淄博市			
枣庄市			
东营市			
烟台市	2915.7	2915.7	10724.2
潍坊市			10986.5
济宁市			
泰安市	3172.2	3172.2	
威海市			
日照市			
临沂市	987.0	987.0	
德州市			
聊城市	10989.9	10989.9	
滨州市			
菏泽市			

2-B-2.75 各地区外商投资总承包和专业承包企业建筑业总产值和竣工产值

单位：万元

分组	建筑业总产值	装饰装修产值	在外省完成的产值	按构成分组			竣工产值
				建筑工程产值	安装工程产值	其他产值	
全省	**64558.1**	**14230.4**	**17149.5**	**41584.5**	**11987.1**	**10986.5**	**8939.6**
济南市	10925.5	3110.9	10924.9		10925.5		
青岛市	13857.1			13782.5	74.6		
淄博市							
枣庄市							
东营市							
烟台市	13639.9	11119.5	6224.6	13639.9			2520.4
潍坊市	10986.5					10986.5	2260.0
济宁市							
泰安市	3172.2			3172.2			3172.2
威海市							
日照市							
临沂市	987.0				987.0		987.0
德州市							
聊城市	10989.9			10989.9			
滨州市							
菏泽市							

2-B-2.76　各地区外商投资总承包和专业承包企业施工机械设备情况

分　组	总台数 (套)	总功率 (千瓦)	净值 (万元)
全　省	**258**	**14613.0**	**3423.7**
济南市	28	330.0	130.2
青岛市			
淄博市			
枣庄市			
东营市			
烟台市	45	490.0	18.6
潍坊市	30	6783.0	1229.4
济宁市			
泰安市	135	6960.0	1145.6
威海市			
日照市			
临沂市			
德州市			
聊城市	20	50.0	899.9
滨州市			
菏泽市			

2-B-2.77　各地区外商投资总承包和专业承包企业主要生产效益指标

分　组	企业个数（个）	从事建筑业活动的平均人数（人）	按总产值计算的劳动生产率（元/人）	人均竣工产值（元/人）
全　省	**11**	**1278**	**505149.0**	**69949.9**
济南市	2	541	201950.0	
青岛市	2	286	484514.0	
淄博市				
枣庄市				
东营市				
烟台市	2	137	995613.0	183970.8
潍坊市	2	48	2288854.0	470833.3
济宁市				
泰安市	1	76	417395.0	417394.7
威海市				
日照市				
临沂市	1	55	179455.0	179454.5
德州市				
聊城市	1	135	814067.0	
滨州市				
菏泽市				

2-B-2.78　各地区外商投资总承包和专业承包企业营业收入

单位：万元

分　组	营业收入	企业总产值	建筑业总产值
全　省	**69194.6**	**64558.1**	**64558.1**
济南市	10461.4	10925.5	10925.5
青岛市	18594.5	13857.1	13857.1
淄博市			
枣庄市			
东营市			
烟台市	13225.4	13639.9	13639.9
潍坊市	10986.5	10986.5	10986.5
济宁市			
泰安市	3172.2	3172.2	3172.2
威海市			
日照市			
临沂市	743.8	987.0	987.0
德州市			
聊城市	12010.8	10989.9	10989.9
滨州市			
菏泽市			

2-B-2.79 各地区外商投资总承包和专业承包企业资产构成

单位：万元

分 组	资产总计	流动资产合计	存货
全 省	**105961.6**	**60863.7**	**9545.8**
济南市	14661.6	5806.3	394.2
青岛市	45031.2	13734.9	1568.3
淄博市			
枣庄市			
东营市			
烟台市	19543.9	18802.7	3221.4
潍坊市	9501.7	8197.4	182.1
济宁市			
泰安市	6976.4	5830.7	207.5
威海市			
日照市			
临沂市	1148.6	921.7	406.5
德州市			
聊城市	9098.2	7570.0	3565.8
滨州市			
菏泽市			

2-B-2.80　各地区外商投资总承包和专业承包企业固定资产情况

单位：万元

分　组	固定资产原价	累计折旧	本年折旧	在建工程
全　省	**56474.4**	**20740.7**	**2057.6**	**1675.7**
济南市	3259.6	889.1	324.3	
青岛市	37864.2	8463.4	1169.3	1675.6
淄博市				
枣庄市				
东营市				
烟台市	2967.3	2506.8	162.1	
潍坊市	4185.7	2956.2	164.4	
济宁市				
泰安市	4538.0	3392.3	146.4	
威海市				
日照市				
临沂市	1332.2	1105.4	81.4	0.1
德州市				
聊城市	2327.4	1427.5	9.7	
滨州市				
菏泽市				

2-B-2.81 各地区外商投资总承包和专业承包企业负债及所有者权益

单位：万元

分 组	负债合计	流动负债合计	应付账款	所有者权益合计	实收资本
全 省	**63720.5**	**63636.4**	**30590.5**	**42241.1**	**16122.4**
济南市	6937.1	6937.1	2395.7	7724.5	3455.7
青岛市	27622.6	27538.6	12242.4	17408.6	749.0
淄博市					
枣庄市					
东营市					
烟台市	13300.9	13300.8	9946.8	6243.0	3838.4
潍坊市	5003.9	5003.9	3567.8	4497.8	4019.3
济宁市					
泰安市	4008.5	4008.5	415.5	2967.9	1821.2
威海市					
日照市					
临沂市	409.8	409.8	51.7	738.8	738.8
德州市					
聊城市	6437.7	6437.7	1970.6	2660.5	1500.0
滨州市					
菏泽市					

2-B-2.82 各地区外商投资总承包和专业承包企业实收资本

单位：万元

分 组	实收资本	国家资本	集体资本	法人资本	个人资本	港澳台资本	外商资本
全 省	**16122.4**	**590.0**		**5760.8**	**3.5**		**9768.1**
济南市	3455.7				3.5		3452.2
青岛市	749.0			666.0			83.0
淄博市							
枣庄市							
东营市							
烟台市	3838.4			2196.4			1642.0
潍坊市	4019.3			1685.6			2333.7
济宁市							
泰安市	1821.2	590.0					1231.2
威海市							
日照市							
临沂市	738.8			738.8			
德州市							
聊城市	1500.0			474.0			1026.0
滨州市							
菏泽市							

2-B-2.83 各地区外商投资总承包和专业承包企业收入情况

单位：万元

分 组	主营业务收入	主营业务成本	主营业务税金及附加	其他业务收入	其他业务成本	其他业务利润
全 省	**50105.4**	**44386.2**	**386.5**	**19089.2**	**6596.5**	**135.2**
济南市	10420.2	8017.2	82.2	41.2		41.2
青岛市	176.8	148.5	98.1	18417.7	6200.6	
淄博市						
枣庄市						
东营市						
烟台市	12689.2	11651.1	41.4	536.2	395.9	
潍坊市	10986.5	10343.2	36.1			
济宁市						
泰安市	3172.2	2524.1	11.4			
威海市						
日照市						
临沂市	734.5	696.5	5.3	9.3		9.2
德州市						
聊城市	11926.0	11005.6	112.0	84.8		84.8
滨州市						
菏泽市						

2-B-2.84　各地区外商投资总承包和专业承包企业费用情况

单位：万元

分　组	管理费用	销售费用	财务费用		
				利息收入	利息支出
全　省	**5701.2**	**85.0**	**577.7**	**248.8**	**737.0**
济南市	1131.7		145.1		144.6
青岛市	2602.3	1.1	227.8	248.5	471.2
淄博市					
枣庄市					
东营市					
烟台市	565.8		4.4	0.3	
潍坊市	319.3	30.5	59.2		
济宁市					
泰安市	388.9		121.2		121.2
威海市					
日照市					
临沂市	158.0	14.8	0.1		
德州市					
聊城市	535.2	38.6	19.9		
滨州市					
菏泽市					

2-B-2.85　各地区外商投资总承包和专业承包企业利润及税金情况

单位：万元

分　组	利润总额	税金总额	主营业务税金及附加	应交增值税
全　省	**11645.4**	**2239.8**	**386.5**	**1853.3**
济南市	1089.8	294.5	82.2	212.3
青岛市	9221.3	751.2	98.1	653.1
淄博市				
枣庄市				
东营市				
烟台市	869.0	317.8	41.4	276.4
潍坊市	196.4	365.6	36.1	329.5
济宁市				
泰安市	103.7	106.6	11.4	95.2
威海市				
日照市				
临沂市		42.2	5.3	36.9
德州市				
聊城市	296.0	361.9	112.0	249.9
滨州市				
菏泽市				

2-B-2.86　各地区外商投资总承包和专业承包企业应收工程款及企业亏损情况

分　组	应收工程款（万元）	企业个数（个）	亏损企业个数（个）	亏损企业比重（%）
全　省	**31496.3**	**11**	**2**	**18.2**
济南市	2893.7	2		
青岛市	8427.3	2	1	50.0
淄博市				
枣庄市				
东营市				
烟台市	7107.6	2		
潍坊市	7073.3	2		
济宁市				
泰安市	4876.4	1		
威海市				
日照市				
临沂市		1	1	100.0
德州市				
聊城市	1118.0	1		
滨州市				
菏泽市				

2-B-2.87 各地区外商投资总承包和专业承包企业主要经济效益指标

分 组	产值利润率(%)	产值利税率(%)	资本利润率(%)	资本利税率(%)	人均利润(元/人)	人均利税(元/人)	资产负债率(%)
全 省	**18.0**	**21.5**	**72.2**	**86.1**	**91122.1**	**108647.9**	**60.1**
济南市	10.0	12.7	31.5	40.1	20144.2	25587.8	47.3
青岛市	66.5	72.0	1231.1	1331.4	322423.1	348688.8	61.3
淄博市							
枣庄市							
东营市							
烟台市	6.4	8.7	22.6	30.9	63430.7	86627.7	68.1
潍坊市	1.8	5.1	4.9	14.0	40916.7	117083.3	52.7
济宁市							
泰安市	3.3	6.6	5.7	11.5	13644.7	27671.1	57.5
威海市							
日照市							
临沂市	-13.3	-9.0	-17.7	-12.0	-23781.8	-16109.1	35.7
德州市							
聊城市	2.7	6.0	19.7	43.9	21925.9	48733.3	70.8
滨州市							
菏泽市							

3.按行业分组

2-B-3.1　各行业总承包和专业承包企业签订合同情况

单位：万元

分　组	代码	签订合同额	上年结转合同额	本年新签合同额
总　计	**00**	**231030280.2**	**90839087.4**	**140191192.8**
房屋建筑业	47	139901313.8	55878552.3	84022761.5
土木工程建筑业	48	74014039.5	31544859.8	42469179.7
铁路、道路、隧道和桥梁工程建筑	481	53665304.6	24261311.4	29403993.2
水利和水运工程建筑	482	8121778.9	3112225.8	5009553.1
海洋工程建筑	483	18000.0	4000.0	14000.0
工矿工程建筑	484	2700014.5	657933.7	2042080.8
架线和管道工程建筑	485	5811211.7	1999622.2	3811589.5
建筑安装业	49	10342325.3	2161297.7	8181027.6
建筑装饰装修和其他建筑业	50	6772601.6	1254377.6	5518224.0

2-B-3.2　各行业总承包和专业承包企业承包工程完成情况

单位：万元

分　组	代码	直接从建设单位承揽工程完成的产值	自行完成施工产值	分包出去工程的产值	从建设单位以外承揽工程完成的产值
总　计	**00**	**118848001.5**	**117754547.5**	**1093454.0**	**1643300.5**
房屋建筑业	47	72487330.3	72145409.2	341921.1	541404.0
土木工程建筑业	48	33463047.3	33150212.9	312834.4	563023.3
铁路、道路、隧道和桥梁工程建筑	481	22520778.1	22426854.9	93923.2	331622.0
水利和水运工程建筑	482	3938333.6	3922099.3	16234.3	46522.3
海洋工程建筑	483	18375.3	15689.6	2685.7	2685.7
工矿工程建筑	484	1803877.4	1716837.2	87040.2	82809.2
架线和管道工程建筑	485	3253944.0	3214312.0	39632.0	43234.2
建筑安装业	49	7406396.4	7017180.3	389216.1	417077.4
建筑装饰装修和其他建筑业	50	5491227.5	5441745.1	49482.4	121795.8

2-B-3.3 各行业总承包和专业承包企业建筑业总产值和竣工产值

单位：万元

分组	代码	建筑业总产值	装饰装修产值	在外省完成的产值
总 计	**00**	**119397848.0**	**7092162.3**	**22872366.5**
房屋建筑业	47	72686813.2	3475731.8	7729401.0
土木工程建筑业	48	33713236.2	206583.0	11273418.0
铁路、道路、隧道和桥梁工程建筑	481	22758476.9	113557.5	8234307.8
水利和水运工程建筑	482	3968621.6	57249.6	890980.5
海洋工程建筑	483	18375.3		
工矿工程建筑	484	1799646.4	9288.8	740195.2
架线和管道工程建筑	485	3257546.2	5888.5	1094946.9
建筑安装业	49	7434257.7	80410.4	2908642.8
建筑装饰装修和其他建筑业	50	5563540.9	3329437.1	960904.7

2-B-3.3 续表

单位：万元

建筑工程产值	安装工程产值	其他产值	竣工产值	代码
102257177.8	**14475791.4**	**2664878.8**	**55073913.8**	**00**
66604174.4	5057682.4	1024956.4	37241627.8	47
28874147.5	3684388.1	1154700.6	10512468.3	48
21945745.0	158336.4	654395.5	5762865.5	481
3689410.7	199692.1	79518.8	1221017.3	482
7901.0		10474.3	4946.8	483
700369.6	980226.3	119050.5	859423.5	484
1256213.2	1872550.0	128783.0	1749714.4	485
2060188.3	5203776.6	170292.8	4526128.9	49
4718667.6	529944.3	314929.0	2793688.8	50

2–B–3.4　各行业总承包和专业承包企业房屋建筑面积

分　组	代码	房屋施工面积（万平方米）	房屋新开工面积（万平方米）	房屋竣工面积（万平方米）	房屋建筑面积竣工率（%）
总　计	**00**	**77477.1**	**33530.8**	**21799.9**	**28.1**
房屋建筑业	47	74055.4	31988.4	20944.2	28.3
土木工程建筑业	48	1853.3	701.5	436.5	23.6
铁路、道路、隧道和桥梁工程建筑	481	646.4	306.5	167.5	25.9
水利和水运工程建筑	482	416.2	61.4	81.7	19.6
海洋工程建筑	483				
工矿工程建筑	484	175.5	37.4	22.6	12.9
架线和管道工程建筑	485	181.7	87.7	63.8	35.1
建筑安装业	49	1386.9	764.0	334.5	24.1
建筑装饰装修和其他建筑业	50	181.4	76.9	84.7	46.7

2–B–3.5　各行业总承包和专业承包企业施工机械设备情况

分　组	总台数（台）	总功率（千瓦）	净值（万元）	技术装备率（元/人）	动力装备率（千瓦时/人）
总　计	**700274**	**17515029**	**3549369.5**	**11326**	**5.6**
房屋建筑业	435069	8500792	1799932.5	8271	3.9
土木工程建筑业	164398	7398913	1448365.7	299115	88.9
铁路、道路、隧道和桥梁工程建筑	63535	4993322	895424.3	26789	14.9
水利和水运工程建筑	21046	805804	229520	30844	10.8
海洋工程建筑	75	5800	4027.1	136976	19.7
工矿工程建筑	23810	635596	143456.7	34038	15.1
架线和管道工程建筑	34193	619913	81742.6	10959	8.3
建筑安装业	70787	984237	190516	7118	3.7
建筑装饰装修和其他建筑业	30020	631087	110555.3	8885	5.1

2-B-3.6 按主要用途分的各行业总承包和专业承包企业房屋竣工面积

单位：万平方米

分 组	代码	房屋竣工面积	住宅房屋	商业及服务用房屋	办公用房屋
总 计	**00**	**21799.9**	**15008.8**	**1346.6**	**1205.9**
房屋建筑业	47	20944.2	14600.1	1285.8	1176.2
土木工程建筑业	48	436.5	197.6	18.6	26.1
铁路、道路、隧道和桥梁工程建筑	481	167.5	83.6	1.0	8.9
水利和水运工程建筑	482	81.7	31.0	14.0	12.4
海洋工程建筑	483				
工矿工程建筑	484	22.6	9.7		0.4
架线和管道工程建筑	485	63.8	11.7		0.7
建筑安装业	49	334.5	163.9	25.7	2.5
建筑装饰装修和其他建筑业	50	84.7	47.2	16.5	1.1

2-B-3.6 续表

单位：万平方米

科研、教育、医疗用房屋	文化、体育、娱乐用房屋	厂房及建筑物	仓库	其他未列明的房屋建筑物	代码
1297.2	**201.6**	**2342.3**	**134.1**	**263.3**	**00**
1248.6	200.5	2078.7	126.9	227.5	47
43.4	0.7	114.6	5.3	30.1	48
9.7		32.4	2.3	29.5	481
2.5		21.6		0.2	482
					483
3.5	0.4	5.7	2.9		484
20.7		30.4	0.1	0.2	485
3.8	0.4	131.7	1.9	4.5	49
1.4		17.3		1.1	50

2-B-3.7　按主要用途分的各行业总承包和专业承包企业房屋竣工价值

单位：万元

分组	代码	房屋竣工价值	住宅房屋	商业及服务用房屋	办公用房屋
总　计	**00**	**34452089.9**	**23279910.0**	**2360635.5**	**1916084.8**
房屋建筑业	47	33018483.2	22657331.0	2201917.9	1808079.4
土木工程建筑业	48	863045.1	295176.9	64307.6	102843.4
铁路、道路、隧道和桥梁工程建筑	481	343662.4	113408.9	1828.3	60970.6
水利和水运工程建筑	482	165135.3	47187.0	56424.0	34678.3
海洋工程建筑	483				
工矿工程建筑	484	39906.7	17510.0		884.0
架线和管道工程建筑	485	159172.7	27625.0		1250.4
建筑安装业	49	454365.1	259473.7	69166.0	2807.3
建筑装饰装修和其他建筑业	50	116196.5	67928.4	25244.0	2354.7

2-B-3.7　续表

单位：万元

科研、教育、医疗用房屋	文化、体育、娱乐用房屋	厂房及建筑物	仓库	其他未列明的房屋建筑物	代码
2448590.9	**701698.2**	**3085428.9**	**193547.2**	**466194.4**	**00**
2304875.2	697197.8	2798780.4	182341.7	367959.8	47
137961.2	4200.4	159116.6	9418.3	90020.7	48
46301.8		25833.1	6091.2	89228.5	481
11040.0		15375.2	24.0	406.8	482
					483
5895.6	3519.2	8935.4	3162.5		484
61626.0		68345.4	140.6	185.3	485
4843.5	276.0	109489.5	1763.2	6545.9	49
911.0	24.0	18042.4	24.0	1668.0	50

2-B-3.8 按主要用途分的各行业总承包和专业承包企业主要生产效益指标

分 组	代码	企业个数（个）	从事建筑业活动的平均人数（人）
总 计	**00**	**6858**	**3293146**
房屋建筑业	47	3415	2309608
土木工程建筑业	48	1618	587943
铁路、道路、隧道和桥梁工程建筑	481	827	345114
水利和水运工程建筑	482	236	83798
海洋工程建筑	483	2	293
工矿工程建筑	484	91	41411
架线和管道工程建筑	485	197	76216
建筑安装业	49	828	263253
建筑装饰装修和其他建筑业	50	997	132342

2-B-3.8 续表

按总产值计算的劳动生产率（元/人）	人均竣工产值（元/人）	人均施工面积（平方米/人）	人均竣工面积（平方米/人）	代码
362565	**167238**	**235.3**	**66.2**	**00**
314715	161247	320.6	90.7	47
3950885	1648556	326.2	72.9	48
659448	166984	18.7	4.9	481
473594	145710	49.7	9.8	482
627143	168833			483
434582	207535	42.4	5.4	484
427410	229573	23.8	8.4	485
282400	171931	52.7	12.7	49
420391	211096	13.7	6.4	50

2-B-3.9　按主要用途分的各行业总承包和专业承包企业营业收入

单位：万元

分　组	代码	营业收入	建筑业企业在境外完成的营业收入	企业总产值	建筑业总产值
总　计	**00**	**117781613.7**	**2763271.8**	**127851823.1**	**119397848.0**
房屋建筑业	47	67294607.8	722855.3	79482723.1	72686813.2
土木工程建筑业	48	36674431.1	1923982.6	34888828.0	33713236.2
铁路、道路、隧道和桥梁工程建筑	481	22832190.2	256859.3	23017805.8	22758476.9
水利和水运工程建筑	482	4247264.2	14570.0	4065646.1	3968621.6
海洋工程建筑	483	24722.9		18375.3	18375.3
工矿工程建筑	484	2412041.2	152936.5	2214107.4	1799646.4
架线和管道工程建筑	485	3759928.7	295230.8	3448688.4	3257546.2
建筑安装业	49	7911971.8	108810.5	7642251.9	7434257.7
建筑装饰装修和其他建筑业	50	5900603.0	7623.4	5838020.1	5563540.9

2-B-3.10　各行业总承包和专业承包企业资产构成

单位：万元

分　组	代码	资产总计	流动资产合计	存货
总　计	**00**	**139066060.8**	**116026810.2**	**23819645.0**
房屋建筑业	47	71327542.6	61345441.9	13611974.1
土木工程建筑业	48	54449636.0	43570673.3	8120259.5
铁路、道路、隧道和桥梁工程建筑	481	33904442.5	26779918.7	5009203.4
水利和水运工程建筑	482	7149251.7	5986273.4	868938.4
海洋工程建筑	483	45183.4	31493.2	236.5
工矿工程建筑	484	2789872.8	2385117.0	255392.7
架线和管道工程建筑	485	5138524.5	4282008.0	1014266.7
建筑安装业	49	7241279.9	6144753.9	1112787.7
建筑装饰装修和其他建筑业	50	6047602.3	4965941.1	974623.7

2-B-3.11 各行业总承包和专业承包企业固定资产情况

单位：万元

分 组	代码	固定资产原价	累计折旧	本年折旧	在建工程
总 计	**00**	**15003967.4**	**6796523.5**	**1011706.8**	**890331.5**
房屋建筑业	47	6661666.5	2741661.9	420532.7	435155.5
土木工程建筑业	48	6495514.1	3377246.1	468924.6	315522.1
铁路、道路、隧道和桥梁工程建筑	481	3893910.5	2128376.7	284351.5	180337.7
水利和内河港口工程建筑	482	881229.1	400346.6	44982.5	61345.1
海洋工程建筑	483	42330.7	33339.4	1071.3	
工矿工程建筑	484	494367.2	291346.6	34082.7	39311.3
架线和管道工程建筑	485	738143.7	336208.7	60628.0	21100.7
其他土木工程建筑	489	250306.8	103370.3	20923.2	12901.7
建筑安装业	49	890830.9	370255.4	62782.3	64750.7
建筑装饰业和其他建筑业	50	955955.9	307360.1	59467.2	74903.2

2-B-3.12 各行业总承包和专业承包企业负债及所有者权益

单位：万元

分 组	代码	负债合计	流动负债合计	应付账款	所有者权益合计	实收资本
总 计	**00**	**101024187.2**	**93532885.4**	**36574929.8**	**38041873.5**	**22193595.8**
房屋建筑业	47	50912724.0	47158795.7	17793925.1	20414818.6	10616999.4
土木工程建筑业	48	41265347.7	38131453.0	15273825.7	13184288.3	8977732.7
铁路、道路、隧道和桥梁工程建筑	481	25491925.1	23921640.7	9520187.6	8412517.4	5984436.1
水利和水运工程建筑	482	5533856.1	4947299.6	1830076.5	1615395.6	1122888.5
海洋工程建筑	483	26563.1	17635.1	16800.5	18620.3	6198.0
工矿工程建筑	484	2148503.7	2111490.3	1076946.3	641369.1	419203.0
架线和管道工程建筑	485	3934899.5	3536895.9	1608027.8	1203625.0	800650.4
建筑安装业	49	4877542.3	4553900.7	2283623.5	2363737.6	1405568.0
建筑装饰装修和其他建筑业	50	3968573.2	3688736.0	1223555.5	2079029.0	1193295.7

2-B-3.13　各行业总承包和专业承包企业实收资本

单位：万元

分　组	代码	实收资本	国家资本	集体资本
总　计	**00**	**22193595.8**	**4579922.8**	**1315703.0**
房屋建筑业	47	10616999.4	737139.4	843863.0
土木工程建筑业	48	8977732.7	3640261.8	354136.5
铁路、道路、隧道和桥梁工程建筑	481	5984436.1	2156700.6	154420.3
水利和水运工程建筑	482	1122888.5	786750.6	11631.2
海洋工程建筑	483	6198.0		
工矿工程建筑	484	419203.0	176209.3	3934.0
架线和管道工程建筑	485	800650.4	377598.3	143988.6
建筑安装业	49	1405568.0	151618.9	92649.7
建筑装饰装修和其他建筑业	50	1193295.7	50902.7	25053.8

2-B-3.13　续表

单位：万元

法人资本	个人资本	港澳台资本	外商资本	代码
7576767.4	**8700296.8**	**3886.4**	**17019.4**	**00**
3695033.4	5339777.0	160.0	1026.6	47
2943464.9	2033157.1	3017.5	3694.9	48
2267059.8	1403238.9	3016.5		481
196530.1	127976.6			482
	6198.0			483
136560.3	102499.4			484
130122.7	147707.9	1.0	1231.9	485
488144.9	664882.3	100.0	8172.2	49
450124.2	662480.4	608.9	4125.7	50

2-B-3.14 各行业总承包和专业承包企业收入情况

单位：万元

分 组	代码	主营业务收入	主营业务成本	主营业务税金及附加
总 计	**00**	**116133558.7**	**105710704.2**	**931169.7**
房屋建筑业	47	66573793.5	61078690.3	673409.0
土木工程建筑业	48	36066418.1	33029547.2	158451.4
铁路、道路、隧道和桥梁工程建筑	481	22570286.1	20859402.3	88169.7
水利和水运工程建筑	482	4143425.7	3738703.2	20688.9
海洋工程建筑	483	24722.9	22973.3	147.8
工矿工程建筑	484	2246187.7	2047890.5	11093.4
架线和管道工程建筑	485	3699730.4	3277030.9	21225.9
建筑安装业	49	7707532.3	6443488.0	55451.1
建筑装饰装修和其他建筑业	50	5785814.8	5158978.7	43858.2

2-B-3.14 续表

单位：万元

其他业务收入	其他业务成本	其他业务利润	代码
1648055.0	**2272743.8**	**89617.7**	**00**
720814.3	939199.2	50078.3	47
608013.0	597743.4	31703.8	48
261904.1	248807.8	30725.2	481
103838.5	111341.4	4565.0	482
			483
165853.5	183783.6	-12939.6	484
60198.3	43131.8	3740.2	485
204439.5	637097.5	5407.2	49
114788.2	98703.7	2428.4	50

2-B-3.15　各行业总承包和专业承包企业费用情况

单位：万元

分　组	代码	管理费用	销售费用
总　计	**00**	**3698215.9**	**297678.5**
房屋建筑业	47	1584565.0	108388.8
土木工程建筑业	48	1424846.7	81070.5
铁路、道路、隧道和桥梁工程建筑	481	656956.9	34918.2
水利和水运工程建筑	482	172417.6	4146.8
海洋工程建筑	483	2510.8	
工矿工程建筑	484	115698.3	4959.1
架线和管道工程建筑	485	278532.5	22106.9
建筑安装业	49	417707.2	63780.4
建筑装饰装修和其他建筑业	50	271097.0	44438.8

2-B-3.15　续表

单位：万元

财务费用			代码
	利息收入	利息支出	
882933.6	**113455.6**	**675173.6**	**00**
479859.9	59516.6	340503.5	47
326850.6	48915.3	291759.0	48
225085.3	19189.8	192786.2	481
37803.9	16369.9	28942.0	482
260.3			483
13994.3	2199.2	8411.3	484
18742.9	5028.7	23406.4	485
35292.3	3645.3	23406.0	49
40930.8	1378.4	19505.1	50

2-B-3.16 各行业总承包和专业承包企业利润及税金情况

单位：万元

分 组	代码	利润总额	税金总额	主营业务税金及附加	应交增值税
总 计	**00**	**4030203.9**	**3683791.8**	**931169.7**	**2752622.1**
房屋建筑业	47	2412614.1	2407341.1	673409.0	1733932.1
土木工程建筑业	48	1091724.0	823122.9	158451.4	664671.5
铁路、道路、隧道和桥梁工程建筑	481	683712.8	405747.7	88169.7	317578.0
水利和水运工程建筑	482	165804.2	162385.9	20688.9	141697.0
海洋工程建筑	483	523.0	657.9	147.8	510.1
工矿工程建筑	484	42294.4	80836.5	11093.4	69743.1
架线和管道工程建筑	485	107727.7	113069.1	21225.9	91843.2
建筑安装业	49	282685.7	286639.4	55451.1	231188.3
建筑装饰装修和其他建筑业	50	243180.1	166688.4	43858.2	122830.2

2-B-3.17 各行业总承包和专业承包企业应收工程款及企业亏损情况

分 组	代码	应收工程款（万元）	企业个数（个）	亏损企业个数（个）	亏损企业比重(%)
总 计	**00**	**37580381.3**	**6858**	**1100**	**16.0**
房屋建筑业	47	20673327.3	3415	501	14.7
土木工程建筑业	48	12630369.7	1618	319	19.7
铁路、道路、隧道和桥梁工程建筑	481	7719043.6	827	181	21.9
水利和水运工程建筑	482	1976410.6	236	46	19.5
海洋工程建筑	483	4394.0	2		
工矿工程建筑	484	1034707.3	91	16	17.6
架线和管道工程建筑	485	1023887.1	197	32	16.2
建筑安装业	49	2285905.2	828	129	15.6
建筑装饰装修和其他建筑业	50	1990779.1	997	151	15.1

2-B-3.18　各行业总承包和专业承包企业主要经济效益指标

分组	代码	产值利润率 (%)	产值利税率 (%)	资本利润率 (%)
总　计	**00**	**3.4**	**6.5**	**18.2**
房屋建筑业	47	3.3	6.6	22.7
土木工程建筑业	48	3.2	5.7	12.2
铁路、道路、隧道和桥梁工程建筑	481	3.0	4.8	11.4
水利和水运工程建筑	482	4.2	8.3	14.8
海洋工程建筑	483	2.8	6.4	8.4
工矿工程建筑	484	2.4	6.8	10.1
架线和管道工程建筑	485	3.3	6.8	13.5
建筑安装业	49	3.8	7.7	20.1
建筑装饰装修和其他建筑业	50	4.4	7.4	20.4

2-B-3.18　续表

资本利税率 (%)	人均利润 (元/人)	人均利税 (元/人)	资产负债率 (%)	代码
34.8	**12238**	**23424**	**72.6**	**00**
45.4	10446	20869	71.4	47
21.3	18569	32569	75.9	48
18.2	19811	31568	75.2	481
29.2	19786	39164	77.4	482
19.1	17850	40304	58.8	483
29.4	10213	29734	77.0	484
27.6	14135	28970	76.6	485
40.5	10738	21627	67.4	49
34.3	18375	30970	65.6	50

4.按中央、地方分组

2-B-4.1 各地区中央总承包和专业承包企业签订合同情况

单位：万元

分 组	签订合同额	上年结转合同额	本年新签合同额
全 省	**64791487.9**	**32328811.2**	**32462676.7**
济南市	41957808.7	20607842.9	21349965.8
青岛市	16735352.9	8221059.0	8514293.9
淄博市	513788.3	162230.0	351558.3
枣庄市	15125.0	200.0	14925.0
东营市	1293125.3	587636.8	705488.5
烟台市	125833.3	33639.0	92194.3
潍坊市	3175.9		3175.9
济宁市	1048310.3	418418.5	629891.8
泰安市	1272240.0	1112376.0	159864.0
威海市			
日照市	1407529.8	941428.7	466101.1
临沂市	24956.6	9974.0	14982.6
德州市	229960.6	174979.6	54981.0
聊城市	104488.0	34407.7	70080.3
滨州市	48555.0	21513.0	27042.0
菏泽市	11238.2	3106.0	8132.2

2-B-4.2　各地区中央总承包和专业承包企业承包工程完成情况

单位：万元

分　组	直接从建设单位承揽工程完成的产值			从建设单位以外承揽工程完成的产值
		自行完成施工产值	分包出去工程的产值	
全　省	**22494124.8**	**22121989.0**	**372135.8**	**85769.7**
济南市	14720926.0	14720926.0		
青岛市	5003325.4	4696502.0	306823.4	61777.4
淄博市	238611.7	182021.4	56590.3	8826.0
枣庄市	14925.0	14925.0		
东营市	630385.4	630385.4		
烟台市	107110.9	98388.8	8722.1	11940.1
潍坊市	3175.9	3175.9		
济宁市	541452.4	541452.4		3226.2
泰安市	424215.9	424215.9		
威海市				
日照市	635097.4	635097.4		
临沂市	13292.8	13292.8		
德州市	65011.6	65011.6		
聊城市	56586.5	56586.5		
滨州市	32979.6	32979.6		
菏泽市	7028.3	7028.3		

2-B-4.3 各地区中央总承包和专业承包企业建筑业总产值和竣工产值

单位：万元

分组	建筑业总产值	装饰装修产值	在外省完成的产值	按构成分组			竣工产值
				建筑工程产值	安装工程产值	其他产值	
全省	**22207758.7**	**253128.3**	**11836685.7**	**19688790.1**	**2207295.6**	**311673.0**	**5773315.2**
济南市	14720926.0	231360.6	7716334.8	13300416.0	1157576.0	262934.0	3791274.5
青岛市	4758279.4		2448246.4	4113262.8	617341.8	27674.8	1100700.1
淄博市	190847.4	11542.1	58910.0	105031.9	79459.9	6355.6	65140.0
枣庄市	14925.0		6381.0	14925.0			
东营市	630385.4	6519.4	408006.8	302001.7	322326.3	6057.4	261574.5
烟台市	110328.9		28560.8	102943.6	7385.3		62645.1
潍坊市	3175.9				3175.9		3175.9
济宁市	544678.6	3628.2	356979.1	525613.2	19065.4		9345.2
泰安市	424215.9	78.0	394477.9	423250.9	965.0		6560.0
威海市							
日照市	635097.4		391657.5	635097.4			393640.4
临沂市	13292.8			13292.8			25645.1
德州市	65011.6			65011.6			
聊城市	56586.5		27131.4	56586.5			39856.3
滨州市	32979.6			24328.4		8651.2	9671.3
菏泽市	7028.3			7028.3			4086.8

2-B-4.4　各地区中央总承包和专业承包企业房屋建筑面积

分　组	房屋施工面积（万平方米）	新开工面积（万平方米）	房屋竣工面积（万平方米）	房屋建筑面积竣工率（%）
全　省	**9037.1**	**2426.4**	**1113.2**	**12.3**
济南市	6027.0	1571.1	922.0	15.3
青岛市	2906.8	826.7	161.6	5.6
淄博市	20.6	4.0	3.1	15.2
枣庄市				
东营市	7.3	2.0	3.9	53.5
烟台市				
潍坊市				
济宁市	49.5	11.2	5.8	11.7
泰安市	8.8	5.8	3.5	39.7
威海市				
日照市	5.4	5.4	1.5	28.6
临沂市	11.7	0.3	11.7	100.0
德州市				
聊城市				
滨州市				
菏泽市				

2-B-4.5 各地区按主要用途分的中央总承包

分 组	房屋竣工面积	住宅房屋	商业及服务用房屋	办公用房屋
全 省	**1113.2**	**629.3**	**29.1**	**253.4**
济南市	922.0	508.0	0.7	250.9
青岛市	161.6	95.8	28.4	2.5
淄博市	3.1	1.7		
枣庄市				
东营市	3.9	2.0		
烟台市				
潍坊市				
济宁市	5.8	5.0		
泰安市	3.5	3.5		
威海市				
日照市	1.5	1.5		
临沂市	11.7	11.7		
德州市				
聊城市				
滨州市				
菏泽市				

和专业承包企业房屋建筑竣工面积

单位：万平方米

科研、教育、医疗用房屋	文化、体育、娱乐用房屋	厂房及建筑物	仓库	其他未列明的房屋建筑物
57.0	**76.7**	**44.3**	**1.6**	**21.9**
54.8	69.7	35.0	1.6	1.4
2.2	7.0	5.2		20.5
		1.5		
		1.9		
		0.8		

2-B-4.6 各地区按主要用途分的中央总承包

分 组	房屋竣工价值	住宅房屋	商业及服务用房屋	办公用房屋
全 省	**2011359.6**	**925389.2**	**141715.0**	**177137.5**
济南市	1491145.6	691250.2	977.8	160987.5
青岛市	465167.6	187224.4	140737.2	16150.0
淄博市	6410.4	2215.0		
枣庄市				
东营市	6292.5	3597.0		
烟台市				
潍坊市				
济宁市	9295.2	8054.3		
泰安市	6560.0	6560.0		
威海市				
日照市	4568.0	4568.0		
临沂市	21920.3	21920.3		
德州市				
聊城市				
滨州市				
菏泽市				

和专业承包企业房屋竣工价值

单位：万元

科研、教育、医疗用房屋	文化、体育、娱乐用房屋	厂房及建筑物	仓库	其他未列明的房屋建筑物
168377.0	**440094.1**	**88000.6**	**3638.5**	**67007.7**
157907.0	409382.0	64921.9	3638.5	2080.7
10470.0	30712.1	14946.9		64927.0
		4195.4		
		2695.5		
		1240.9		

2-B-4.7 各地区中央总承包和专业承包企业施工机械设备情况

分　组	总台数 (台)	总功率 (千瓦)	净值 (万元)	技术装备率 (元/人)	动力装备率 (千瓦时/人)
全　省	**40813**	**1912349**	**382525.7**	**12039**	**6.0**
济南市	12896	678321	125632.2	5867	3.2
青岛市	19248	612413	158928.1	21460	8.3
淄博市	1566	45660	7127.6	19717	12.6
枣庄市	32	2200	1500.0	53381	7.8
东营市	3883	265214	39454.1	33959	22.8
烟台市	16	66091	3654.5	15800	28.6
潍坊市	87	4074	1095.4	47626	17.7
济宁市	506	23479	2382.7	8721	8.6
泰安市	844	67205	16896.3	62509	24.9
威海市					
日照市	1070	120230	19785.9	69133	42.0
临沂市	178	3989	406.6	10268	10.1
德州市					
聊城市	178	4876	143.6	2054	7.0
滨州市	201	17821	3416.8	26904	14.0
菏泽市	108	776	2101.9	175158	6.5

2-B-4.8 各地区中央总承包和专业承包企业主要生产效益指标

分 组	企业个数（个）	从事建筑业活动的平均人数（人）	按总产值计算的劳动生产率（元/人）	人均竣工产值（元/人）	人均施工面积（平方米/人）	人均竣工面积（平方米/人）
全 省	**74**	**330956**	**671018**	**174444**	**273.1**	**33.6**
济南市	23	218864	672606	173225	275.4	42.1
青岛市	12	81968	580505	134284	354.6	19.7
淄博市	5	3638	524594	179054	56.6	8.6
枣庄市	1					
东营市	5	11760	536042	222427	6.2	3.3
烟台市	3	2384	462789	262773		
潍坊市	1					
济宁市	5	2813	1936291	33221	176.0	20.7
泰安市	2	2699	1571752	24305	32.7	13.0
威海市						
日照市	3	3107	2044086	1266947	17.4	5.0
临沂市	2	385	345268	666106	303.1	303.1
德州市	3	703	924774			
聊城市	2	736	768838	541526		
滨州市	5	1278	258056	75675		
菏泽市	2	107	656850	381944		

2-B-4.9 各地区中央总承包和专业承包企业营业收入

单位：万元

分组	营业收入	建筑业企业在境外完成的营业收入	企业总产值	建筑业总产值
全省	**24298337.0**	**2058794.3**	**22599495.4**	**22207758.7**
济南市	14999018.2	577215.8	14854763.7	14720926.0
青岛市	6375612.5	1433664.3	4999441.7	4758279.4
淄博市	264907.5		204032.1	190847.4
枣庄市	14724.9		14925.0	14925.0
东营市	650722.8	36031.0	630385.4	630385.4
烟台市	167384.5		110328.9	110328.9
潍坊市	3175.9		3175.9	3175.9
济宁市	618861.2	3788.9	544678.6	544678.6
泰安市	424082.9		426867.9	424215.9
威海市				
日照市	596895.7	8094.3	635097.4	635097.4
临沂市	18763.8		13292.8	13292.8
德州市	65029.4		65011.6	65011.6
聊城市	54626.4		56586.5	56586.5
滨州市	38109.6		33879.6	32979.6
菏泽市	6421.7		7028.3	7028.3

2-B-4.10　各地区中央总承包和专业承包企业资产构成

单位：万元

分　组	资产总计	流动资产合计	存货
全　省	**24677686.4**	**20358488.4**	**2921202.5**
济南市	14193140.8	11628649.0	1814987.2
青岛市	7078409.8	5848974.8	912009.3
淄博市	273579.1	246368.3	14584.9
枣庄市	6853.8	6020.9	543.8
东营市	854353.9	789526.5	9398.3
烟台市	606707.9	536029.2	33702.0
潍坊市	4495.0	3738.6	1735.7
济宁市	420268.0	347585.5	35765.9
泰安市	429655.7	325735.5	53764.8
威海市			
日照市	561294.1	445933.1	24951.5
临沂市	31994.8	31274.3	1275.9
德州市	86705.8	65089.8	8844.0
聊城市	57288.3	36973.9	4126.6
滨州市	64561.5	42483.9	5499.0
菏泽市	8377.9	4105.1	13.6

2-B-4.11 各地区中央总承包和专业承包企业固定资产情况

单位：万元

分 组	固定资产原价	累计折旧		在建工程
			本年折旧	
全 省	**2473833.2**	**1484268.5**	**199901.3**	**57967.9**
济南市	1042750.8	582156.2	80485.0	31608.3
青岛市	760715.6	471912.0	59569.6	5668.1
淄博市	28310.4	17830.2	1124.1	3690.6
枣庄市	1022.4	389.3	46.4	
东营市	164235.5	109765.1	7831.0	3896.4
烟台市	105413.7	50068.8	13412.6	212.2
潍坊市	175.4	21.1	1.1	
济宁市	127354.3	86474.7	9654.8	1058.0
泰安市	102304.7	68054.3	12239.7	6553.4
威海市				
日照市	96362.1	69319.4	10349.5	4171.9
临沂市	1959.6	1283.0	161.1	
德州市	20465.7	13499.2	908.6	199.4
聊城市	11604.2	5985.4	628.5	
滨州市	4694.7	3469.3	171.7	135.3
菏泽市	6464.1	4040.5	3317.6	774.3

2-B-4.12　各地区中央总承包和专业承包企业负债及所有者权益

单位：万元

分　组	负债合计	流动负债合计	应付账款	所有者权益合计	实收资本
全　省	**20744166.0**	**19581276.2**	**9629820.1**	**3933520.4**	**2444451.0**
济南市	11933838.5	11283915.7	5559993.9	2259302.3	1520432.2
青岛市	6042307.2	5581428.5	2571983.4	1036102.6	519879.6
淄博市	217691.6	209942.8	123475.3	55887.5	31481.0
枣庄市	4490.0	4490.0	1585.6	2363.8	204.0
东营市	745203.8	737025.2	383956.2	109150.1	57226.9
烟台市	436100.8	425462.3	171508.4	170607.1	83770.1
潍坊市	4341.5	4341.5	220.0	153.5	153.5
济宁市	352566.7	345682.7	208335.8	67701.3	37219.6
泰安市	346648.5	346251.5	247710.4	83007.2	71200.0
威海市					
日照市	497625.8	492749.9	289769.6	63668.3	56975.0
临沂市	23172.6	23172.6	5776.3	8822.2	4391.6
德州市	59869.3	56856.0	17292.7	26836.5	16819.0
聊城市	32140.0	32140.0	21129.2	25148.3	21330.0
滨州市	45113.4	34761.2	24690.1	19448.1	18223.8
菏泽市	3056.3	3056.3	2393.2	5321.6	5144.7

2-B-4.13 各地区中央总承包和专业承包企业实收资本

单位：万元

分　组	实收资本	国家资本	集体资本	法人资本	个人资本
全　省	**2444451.0**	**2155304.5**	**44745.1**	**218002.9**	**26398.5**
济南市	1520432.2	1462150.8		55345.9	2935.5
青岛市	519879.6	392879.6		127000.0	
淄博市	31481.0	23708.5			7772.5
枣庄市	204.0	104.0	100.0		
东营市	57226.9	48809.9		2091.0	6326.0
烟台市	83770.1	50000.0	33770.1		
潍坊市	153.5	153.5			
济宁市	37219.6	36587.6		632.0	
泰安市	71200.0	71000.0	200.0		
威海市					
日照市	56975.0	30300.0	10675.0	16000.0	
临沂市	4391.6	4391.6			
德州市	16819.0	16819.0			
聊城市	21330.0	8130.0		13200.0	
滨州市	18223.8	5125.3		3734.0	9364.5
菏泽市	5144.7	5144.7			

2-B-4.14　各地区中央总承包和专业承包企业收入情况

单位：万元

分　组	主营业务收入	主营业务成本	主营业务税金及附加	其他业务收入	其他业务成本	其他业务利润
全　省	**24169915.7**	**22798912.3**	**54483.2**	**128421.3**	**128901.3**	**-6096.7**
济南市	14968737.0	14199938.1	34333.5	30281.2	25309.2	10572.5
青岛市	6300946.7	5897886.2	10313.8	74665.8	62068.2	-1167.4
淄博市	254947.5	236022.2	846.7	9960.0	9263.2	157.9
枣庄市	14724.9	11897.3	109.2			
东营市	642943.6	594070.4	1892.5	7779.2	25256.4	-15564.3
烟台市	167384.5	136461.7	1186.2			
潍坊市	3175.9	2947.1	11.0			
济宁市	617498.4	584642.8	2640.5	1362.8	3189.1	-60.2
泰安市	422781.5	403539.9	1238.0	1301.4	922.9	46.5
威海市						
日照市	595329.3	562087.4	1200.0	1566.4	2851.2	-1306.0
临沂市	18756.0	18502.9	39.0	7.8		7.8
德州市	64240.1	60991.9	136.0	789.3		789.3
聊城市	54626.4	47559.6	280.7			
滨州市	37402.2	36286.8	217.3	707.4	41.1	427.2
菏泽市	6421.7	6078.0	38.8			

2-B-4.15 各地区中央总承包和专业承包企业费用情况

单位：万元

分 组	管理费用	销售费用	财务费用		
				利息收入	利息支出
全 省	**636480.2**	**31782.3**	**115620.4**	**55893.7**	**129393.8**
济南市	338177.8	25031.2	55257.6	33073.5	70877.1
青岛市	204403.6	5419.6	47965.3	21490.8	45807.9
淄博市	11353.1	81.2	1466.3	177.9	1064.4
枣庄市	1453.5	266.8	155.3	0.5	147.0
东营市	20025.3	193.0	9119.4	365.2	3002.7
烟台市	13074.7	6.1	-1256.0	-539.6	1317.2
潍坊市	200.2		0.1		
济宁市	16698.7	0.1	1244.7	425.1	436.4
泰安市	6573.4	23.6	1650.2	438.4	1292.0
威海市					
日照市	10728.2	647.4	5624.5	392.5	5307.2
临沂市	989.2		-68.9	61.8	
德州市	9416.4	105.7	-5604.4	6.2	62.4
聊城市	2042.5	0.1	78.4	-10.6	79.5
滨州市	1259.3	3.8	-15.9	11.3	
菏泽市	84.3	3.7	3.8	0.7	

2-B-4.16　各地区中央总承包和专业承包企业利润及税金情况

单位：万元

分　组	利润总额	税金总额	主营业务税金及附加	应交增值税
全　省	**548627.2**	**438740.5**	**54483.2**	**384257.3**
济南市	332390.9	302366.9	34333.5	268033.4
青岛市	134064.4	68560.9	10313.8	58247.1
淄博市	5029.5	5689.6	846.7	4842.9
枣庄市	805.3	910.8	109.2	801.6
东营市	21938.5	24352.3	1892.5	22459.8
烟台市	23995.0	7238.0	1186.2	6051.8
潍坊市	9.0	77.0	11.0	66.0
济宁市	8898.2	14624.6	2640.5	11984.1
泰安市	9168.9	1257.7	1238.0	19.7
威海市				
日照市	8200.6	8547.6	1200.0	7347.6
临沂市	-820.1	241.7	39.0	202.7
德州市	-184.2	956.7	136.0	820.7
聊城市	4663.4	2181.7	280.7	1901.0
滨州市	255.2	1331.0	217.3	1113.7
菏泽市	212.6	404.0	38.8	365.2

2-B-4.17 各地区中央总承包和专业承包企业应收工程款及企业亏损情况

分 组	应收工程款(万元)	企业个数(个)	亏损企业个数	亏损企业比重(%)
全 省	**4644656**	**74**	**8**	**10.8**
济南市	2143485	23	1	4.3
青岛市	1476694	12	1	8.3
淄博市	164125	5		
枣庄市		1		
东营市	243043	5	1	20.0
烟台市	210673	3	1	33.3
潍坊市		1		
济宁市	118823	5	1	20.0
泰安市	123756	2		
威海市				
日照市	108023	3		
临沂市	5687	2	1	50.0
德州市	17888	3	2	66.7
聊城市	13646	2		
滨州市	11988	5		
菏泽市	2751	2		

2-B-4.18　各地区中央总承包和专业承包企业主要经济效益指标

分　组	产值利润率(%)	产值利税率(%)	资本利润率(%)	资本利税率(%)	人均利润(元/人)	人均利税(元/人)	资产负债率(%)
全　省	**2.5**	**4.4**	**22.4**	**40.4**	**16577.0**	**29834.0**	**84.1**
济南市	2.3	4.3	21.9	41.7	15187.0	29002.0	84.1
青岛市	2.8	4.3	25.8	39.0	16356.0	24720.0	85.4
淄博市	2.6	5.6	16.0	34.0	13825.0	29464.0	79.6
枣庄市	5.4	11.5	394.8	841.2	28864.0	61509.0	65.5
东营市	3.5	7.3	38.3	80.9	18655.0	39363.0	87.2
烟台市	21.7	28.3	28.6	37.3	100650.0	131011.0	71.9
潍坊市	0.3	2.7	5.9	56.0	383.0	3660.0	96.6
济宁市	1.6	4.3	23.9	63.2	31632.0	83622.0	83.9
泰安市	2.2	2.5	12.9	14.6	33971.0	38631.0	80.7
威海市							
日照市	1.3	2.6	14.4	29.4	26394.0	53905.0	88.7
临沂市	-6.2	-4.4	-18.7	-13.2	-21301.0	-15023.0	72.4
德州市	-0.3	1.2	-1.1	4.6	-2620.0	10989.0	69.0
聊城市	8.2	12.1	21.9	32.1	63361.0	93004.0	56.1
滨州市	0.8	4.8	1.4	8.7	1997.0	12412.0	69.9
菏泽市	3.0	8.8	4.1	12.0	19869.0	57626.0	36.5

2-B-4.19 各地区地方总承包和专业承包企业签订合同情况

单位：万元

分组	签订合同额		
		上年结转合同额	本年新签合同额
全　省	**166238792.3**	**58510276.2**	**107728516.1**
济南市	27717598.3	11538293.3	16179305.0
青岛市	30450858.2	12167850.2	18283008.0
淄博市	13282329.2	3916033.5	9366295.7
枣庄市	4644994.0	1501461.5	3143532.5
东营市	2777837.2	924945.3	1852891.9
烟台市	9837455.8	2963472.9	6873982.9
潍坊市	14349399.1	4966576.7	9382822.4
济宁市	9961073.7	3560290.7	6400783.0
泰安市	10402879.2	2022492.9	8380386.3
威海市	4443796.3	1707295.4	2736500.9
日照市	5763150.7	1743137.6	4020013.1
临沂市	13804996.1	4729663.4	9075332.7
德州市	5952163.1	2035528.7	3916634.4
聊城市	5813320.5	2491692.1	3321628.4
滨州市	2338881.0	762921.1	1575959.9
菏泽市	4698059.9	1478620.9	3219439.0

2-B-4.20　各地区地方总承包和专业承包企业承包工程完成情况

单位：万元

分　组	直接从建设单位承揽工程完成的产值	自行完成施工产值	分包出去工程的产值	从建设单位以外承揽工程完成的产值
全　省	**96353876.7**	**95632558.5**	**721318.2**	**1557530.8**
济南市	14043613.3	13986024.2	57589.1	283372.7
青岛市	17653613.4	17555819.2	97794.2	197877.5
淄博市	8504868.9	8431594.3	73274.6	159091.4
枣庄市	2707107.2	2695917.0	11190.2	62830.0
东营市	1552962.7	1537459.0	15503.7	50481.4
烟台市	6831228.0	6783998.9	47229.1	73385.7
潍坊市	8637588.5	8559613.5	77975.0	50529.2
济宁市	5433649.4	5324702.3	108947.1	114001.2
泰安市	7158049.3	7124028.8	34020.5	265483.9
威海市	2823374.2	2804380.7	18993.5	28514.6
日照市	3174306.7	3138609.0	35697.7	47443.5
临沂市	8472375.5	8456829.1	15546.4	80755.6
德州市	2806820.5	2707077.2	99743.3	43954.7
聊城市	2388868.7	2381224.0	7644.7	61488.3
滨州市	1322687.1	1303469.0	19218.1	29368.1
菏泽市	2842763.3	2841812.3	951.0	8953.0

2-B-4.21 各地区地方总承包和专业承包企业建筑业总产值和竣工产值

单位：万元

分组	建筑业总产值	装饰装修产值	在外省完成的产值	按构成分组			竣工产值
				建筑工程产值	安装工程产值	其他产值	
全省	**97190089.3**	**6839034.0**	**11035680.8**	**82568387.7**	**12268495.8**	**2353205.8**	**49300598.6**
济南市	14269396.9	834714.4	1784906.5	12482894.5	1303045.0	483457.4	5557289.3
青岛市	17753696.7	2357685.4	2181937.3	16142809.9	1197561.0	413325.8	7841092.9
淄博市	8590685.7	395302.7	987436.1	7139154.9	1280939.9	170590.9	4655371.2
枣庄市	2758747.0	341575.7	406551.0	2371655.2	342643.2	44448.6	1537932.3
东营市	1587940.4	46713.3	18264.6	1290672.4	188760.9	108507.1	1120021.2
烟台市	6857384.6	435434.7	254083.7	5904283.2	723431.2	229670.2	4048707.3
潍坊市	8610142.7	1020856.6	217147.7	7374073.2	1040780.5	195289.0	4380880.4
济宁市	5438703.5	220381.8	675171.8	4675824.7	612592.6	150286.2	2981740.8
泰安市	7389512.7	136644.9	3590126.2	3403145.7	3901468.8	84898.2	4295348.5
威海市	2832895.3	90775.3	52239.5	2553640.9	208553.1	70701.3	1512817.3
日照市	3186052.5	297961.4	53672.8	2999600.7	123574.9	62876.9	1392043.8
临沂市	8537584.7	388917.4	542775.9	7890356.6	589347.7	57880.4	4790995.0
德州市	2751031.9	113380.0	120933.6	2465032.3	221376.9	64622.7	1099211.8
聊城市	2442712.3	60408.4	82644.8	2181286.3	226810.3	34615.7	1370945.0
滨州市	1332837.1	25584.9	22099.3	1131483.1	132560.3	68793.7	961325.1
菏泽市	2850765.3	72697.1	45690.0	2562474.1	175049.5	113241.7	1754876.7

2-B-4.22　各地区地方总承包和专业承包企业房屋建筑面积

分　组	房屋施工面积（万平方米）	新开工面积（万平方米）	房屋竣工面积（万平方米）	房屋建筑面积竣工率（%）
全　省	**68440.0**	**31104.4**	**20686.7**	**30.2**
济南市	7367.5	3500.5	1778.2	24.1
青岛市	12258.9	4719.0	2864.1	23.4
淄博市	7007.6	2911.3	2217.3	31.6
枣庄市	2224.3	1092.4	858.9	38.6
东营市	391.3	235.8	219.9	56.2
烟台市	4146.5	2180.4	1577.0	38.0
潍坊市	7824.6	3095.2	2045.1	26.1
济宁市	4506.7	2284.7	1415.9	31.4
泰安市	2106.4	1139.3	1015.2	48.2
威海市	2230.3	1095.1	657.3	29.5
日照市	2136.0	1141.8	658.2	30.8
临沂市	7838.4	3154.5	2717.2	34.7
德州市	2259.0	1174.6	599.4	26.5
聊城市	2735.2	1283.8	605.5	22.1
滨州市	1084.7	621.8	433.9	40.0
菏泽市	2322.6	1474.1	1023.5	44.1

2-B-4.23 各地区按主要用途分的地方总承包

分 组	房屋竣工面积	住宅房屋	商业及服务用房屋	办公用房屋
全 省	**20686.7**	**14379.6**	**1317.5**	**952.5**
济南市	1778.2	1159.4	139.1	99.2
青岛市	2864.1	1816.1	178.4	195.6
淄博市	2217.3	1541.0	118.5	169.4
枣庄市	858.9	615.2	65.6	21.2
东营市	219.9	138.7	4.3	18.8
烟台市	1577.0	1222.3	28.2	35.9
潍坊市	2045.1	1416.3	111.6	70.8
济宁市	1415.9	910.0	61.1	22.0
泰安市	1015.2	784.3	33.8	34.8
威海市	657.3	403.6	37.8	5.7
日照市	658.2	553.5	19.5	4.9
临沂市	2717.2	1778.8	439.0	127.7
德州市	599.4	419.8	24.3	35.4
聊城市	605.5	495.5	5.6	23.4
滨州市	433.9	263.7	13.5	69.9
菏泽市	1023.5	861.5	37.1	17.7

和专业承包企业房屋竣工面积

单位：万平方米

科研、教育、医疗用房屋	文化、体育、娱乐用房屋	厂房及建筑物	仓库	其他未列明的房屋建筑物
1240.2	**124.9**	**2298.0**	**132.5**	**241.4**
155.6	10.5	155.1	12.4	46.9
178.8	50.4	389.5	11.4	43.8
96.1	2.9	240.7	37.6	11.0
65.8	0.4	79.7	1.8	9.2
5.3		44.3	7.0	1.4
71.4	0.1	209.8	5.8	3.6
117.7	8.0	270.8	16.0	33.9
82.5	1.9	287.0	16.1	35.3
40.9	2.2	110.1	5.3	3.9
65.1	14.6	99.1	5.5	26.0
28.8	0.2	49.8	0.7	0.9
189.6	25.1	152.6	1.8	2.6
35.6	0.8	79.6	1.1	2.8
28.1	5.0	40.3	5.2	2.4
15.7	1.1	60.9	2.8	6.4
63.1	1.7	28.8	2.2	11.4

2-B-4.24 各地区按主要用途分的地方总承包

分 组	房屋竣工价值	住宅房屋	商业及服务用房屋	办公用房屋
全 省	**32440730.3**	**22354520.8**	**2218920.5**	**1738947.3**
济南市	3077041.0	2032476.5	229660.8	180962.0
青岛市	5267962.2	3260462.8	430121.7	456779.9
淄博市	3719728.0	2495850.5	199943.3	267169.8
枣庄市	1049220.5	809756.4	40723.5	25589.1
东营市	346736.0	232505.7	5916.7	23895.5
烟台市	2404885.7	1835331.9	44801.7	55605.5
潍坊市	3383200.1	2373522.7	170215.0	140813.0
济宁市	1875604.5	1267797.3	119815.4	26329.3
泰安市	1469243.5	1140454.7	66555.5	53982.0
威海市	1143317.0	666818.3	63634.3	10218.0
日照市	957180.3	802088.9	30187.8	5935.7
临沂市	4193204.6	2809050.4	698774.2	169509.3
德州市	859645.7	549653.9	37673.9	99575.9
聊城市	796756.5	637566.6	9120.2	48289.3
滨州市	616055.5	355084.0	18522.8	151592.8
菏泽市	1280949.2	1086100.2	53253.7	22700.2

和专业承包企业房屋建筑竣工价值

单位：万元

科研、教育、医疗用房屋	文化、体育、娱乐用房屋	厂房及建筑物	仓库	其他未列明的房屋建筑物
2280213.9	**261604.1**	**2997428.3**	**189908.7**	**399186.7**
250943.2	26610.9	247872.2	11448.7	97066.7
381026.2	107328.8	552756.1	32253.8	47232.9
188902.3	7983.5	486292.2	57311.4	16275.0
67520.3	621.0	95435.1	1240.2	8334.9
17827.1	82.6	53797.6	9576.2	3134.6
167509.7	143.7	286579.9	8840.1	6073.2
284930.4	21387.1	294243.0	24785.4	73303.5
127168.3	7218.0	262271.2	17364.0	47641.0
68134.0	2347.8	110210.4	7792.6	19766.5
146723.0	44211.0	154049.3	6324.7	51338.4
39112.0	50.0	77809.8	481.0	1515.1
306094.4	28977.6	175494.5	1672.0	3632.2
89601.4	650.0	79249.6	1322.0	1919.0
45906.2	10862.8	37419.2	4865.2	2727.0
25109.1	858.8	53740.2	1973.1	9174.7
73706.3	2270.5	30208.0	2658.3	10052.0

2-B-4.25 各地区地方总承包和专业承包企业施工机械设备情况

分组	总台数（台）	总功率（千瓦）	净值（万元）	技术装备率（元/人）	动力装备率（千瓦时/人）
全省	**659461**	**15602680**	**3166844**	**11245**	**5.5**
济南市	55073	2480867	303200	8947	7.3
青岛市	44691	1367593	244939	5364	3.0
淄博市	69471	1462042	331202	12385	5.5
枣庄市	46471	759725	135709	12578	7.0
东营市	19432	504910	109378	22021	10.2
烟台市	67956	1478397	309068	16823	8.0
潍坊市	52979	1209353	286579	15385	6.5
济宁市	52720	941972	247794	12751	4.8
泰安市	72989	1021949	236958	7286	3.1
威海市	27283	909770	128576	19144	13.5
日照市	15096	442042	102378	15640	6.8
临沂市	43933	1118509	239119	9290	4.3
德州市	12974	314781	75155	10392	4.4
聊城市	16452	416096	118177	17035	6.0
滨州市	18779	431810	144058	31169	9.3
菏泽市	43162	742864	154553	12060	5.8

2-B-4.26　各地区地方总承包和专业承包企业主要生产效益指标

分　组	企业个数(个)	从事建筑业活动的平均人数(人)	按总产值计算的劳动生产率(元/人)	人均竣工产值(元/人)	人均施工面积(平方米/人)	人均竣工面积(平方米/人)
全　省	**6784**	**2962190**	**328102**	**166433**	**231.0**	**69.8**
济南市	602	323746	421057	171656	227.6	54.9
青岛市	653	506276	350672	154878	242.1	56.6
淄博市	433	264119	325258	176260	265.3	84.0
枣庄市	238	115485	238884	133172	192.6	74.4
东营市	286	51963	305591	215542	75.3	42.3
烟台市	807	206806	331585	195773	200.5	76.3
潍坊市	572	194799	442001	224892	401.7	105.0
济宁市	520	195110	278751	152824	231.0	72.6
泰安市	341	324106	227997	132529	65.0	31.3
威海市	406	69547	407335	217524	320.7	94.5
日照市	305	68252	466807	203956	313.0	96.4
临沂市	451	304820	280086	157175	257.1	89.1
德州市	246	77081	356901	142605	293.1	77.8
聊城市	260	83330	293137	164520	328.2	72.7
滨州市	281	49032	271830	196061	221.2	88.5
菏泽市	383	127718	223208	137402	181.9	80.1

2-B-4.27 各地区地方总承包和专业承包企业营业收入

单位：万元

分 组	营业收入	建筑业企业在境外完成的营业收入	企业总产值	建筑业总产值
全 省	**93483276.7**	**704477.5**	**105252327.7**	**97190089.3**
济南市	13445964.7	24813.8	14580831.3	14269396.9
青岛市	16085126.5	283326.6	20196260.2	17753696.7
淄博市	8339428.2	22482.7	9281055.8	8590685.7
枣庄市	3181354.6	5176.3	3002873.9	2758747.0
东营市	1932801.5	1941.3	1675468.8	1587940.4
烟台市	6805036.1	316117.4	7861394.0	6857384.6
潍坊市	8490939.9		9613614.2	8610142.7
济宁市	5543960.8	11161.9	6067992.6	5438703.5
泰安市	7069222.3	31744.7	7653799.0	7389512.7
威海市	2690525.4	5412.8	2985765.8	2832895.3
日照市	2869419.3		3251855.9	3186052.5
临沂市	7256541.0		9211098.6	8537584.7
德州市	2703807.1		2949507.9	2751031.9
聊城市	2553245.7		2524220.2	2442712.3
滨州市	1533632.9	2300.0	1462776.8	1332837.1
菏泽市	2982270.7		2933812.7	2850765.3

2-B-4.28 各地区地方总承包和专业承包企业资产构成

单位：万元

分组	资产总计	流动资产合计	存货
全 省	**114388374.4**	**95668321.8**	**20898442.5**
济南市	16950656.7	14306563.5	3403121.3
青岛市	18334228.5	15255053.3	2402301.6
淄博市	6869251.7	5785202.8	1175483.2
枣庄市	3479212.9	2839558.5	324862.7
东营市	3883200.3	3379844.8	594505.8
烟台市	8536886.2	7054053.3	1418408.9
潍坊市	9989757.8	8278289.1	1974213.8
济宁市	9289118.8	8130788.0	2053808.6
泰安市	5351506.2	4420464.4	1185352.1
威海市	3928922.8	3176473.3	835738.2
日照市	4874471.4	4046171.4	1005634.2
临沂市	9981289.5	8349008.1	2470357.4
德州市	3538203.0	2974908.5	468305.9
聊城市	3177159.4	2795054.6	524701.8
滨州市	2521600.5	2017561.8	441443.9
菏泽市	3682908.7	2859326.4	620203.1

2-B-4.29 各地区地方总承包和专业承包企业固定资产情况

单位：万元

分　组	固定资产原价	累计折旧	本年折旧	在建工程
全　省	**12530134.2**	**5312255.0**	**811805.5**	**832363.6**
济南市	1331706.5	630975.8	115707.3	97145.2
青岛市	1245822.2	558394.8	68237.6	171926.9
淄博市	1092131.2	513239.6	58454.5	62889.6
枣庄市	497468.5	174237.9	32606.7	13097.2
东营市	444334.7	235795.0	33249.1	20321.2
烟台市	1291835.5	627115.5	71473.5	78360.6
潍坊市	1174720.4	448105.4	86305.4	38345.7
济宁市	813877.9	351192.9	57891.5	70401.9
泰安市	872751.1	298787.2	56585.1	46822.8
威海市	625629.4	297361.2	43044.3	53865.4
日照市	425560.2	175746.2	30082.9	34591.6
临沂市	1039646.7	433192.9	63926.3	56418.3
德州市	406064.4	146336.2	29419.2	12372.5
聊城市	322690.6	132443.3	21201.6	32973.1
滨州市	439367.1	147911.6	18914.6	37215.6
菏泽市	506527.8	141419.5	24705.9	5616.0

2-B-4.30 各地区地方总承包和专业承包企业负债及所有者权益

单位：万元

分 组	负债合计	流动负债合计	应付账款	所有者权益合计	实收资本
全 省	**80280021.2**	**73951609.2**	**26945109.7**	**34108353.1**	**19749144.8**
济南市	12474107.2	11647475.5	5237241.5	4476549.5	2402785.6
青岛市	13646408.7	12260972.2	5026204.6	4687819.8	2737660.9
淄博市	4431617.0	4191475.0	1490673.0	2437634.7	1279848.3
枣庄市	2310851.2	2104003.5	701164.8	1168361.7	585766.5
东营市	2785904.4	2666458.1	1182573.1	1097295.8	765035.9
烟台市	5577876.6	5227208.0	1872658.5	2959009.6	1629172.6
潍坊市	6712285.4	6146189.3	1914984.4	3277472.4	1429198.4
济宁市	6511682.7	6048363.5	1555828.1	2777436.1	1635674.4
泰安市	3860719.0	3604756.5	1442404.9	1490787.2	868370.5
威海市	2697759.5	2559046.1	1114894.8	1231163.3	632316.1
日照市	3540105.3	3275550.7	858851.9	1334366.1	897268.5
临沂市	6920389.8	6130800.0	2048731.8	3060899.7	1351787.1
德州市	2275932.4	2125835.0	885353.7	1262270.6	628001.3
聊城市	2235818.5	2054939.3	657873.0	941340.9	1662226.6
滨州市	1794995.5	1728277.6	494089.9	726605.0	535795.2
菏泽市	2503568.0	2180258.9	461581.7	1179340.7	708236.9

2-B-4.31 各地区地方总承包和专业承包企业实收资本

单位：万元

分 组	实收资本	国家资本	集体资本	法人资本	个人资本	港澳台资本	外商资本
全 省	**19749144.8**	**2424618.3**	**1270957.9**	**7358764.5**	**8673898.3**	**3886.4**	**17019.4**
济南市	2402785.6	464593.8	196415.2	915548.1	822776.3		3452.2
青岛市	2737660.9	352709.8	140723.2	898369.9	1345775.0		83.0
淄博市	1279848.3	105556.5	83459.3	383744.2	704071.8	3016.5	
枣庄市	585766.5	64579.3	51102.4	191436.9	278447.9	100.0	100.0
东营市	765035.9	64516.8	50943.7	233377.0	416198.4		
烟台市	1629172.6	51234.7	77251.0	675670.6	822615.4	608.9	1792.0
潍坊市	1429198.4	194251.4	57607.1	449720.3	725284.2	1.0	2334.4
济宁市	1635674.4	208864.9	166313.5	563484.8	690011.2		7000.0
泰安市	868370.5	134520.9	116959.8	253797.4	361861.2		1231.2
威海市	632316.1	15558.9	58116.4	250837.9	307802.9		
日照市	897268.5	302609.8	8209.5	209281.3	377167.3		0.6
临沂市	1351787.1	73931.7	50727.6	540635.3	686492.5		
德州市	628001.3	95934.1	110695.2	178156.7	243215.3		
聊城市	1662226.6	130051.9	19276.4	1151744.2	360128.1		1026.0
滨州市	535795.2	108022.1	55534.0	154073.3	218005.8	160.0	
菏泽市	708236.9	57681.7	27623.6	308886.6	314045.0		

2-B-4.32　各地区地方总承包和专业承包企业收入情况

单位：万元

分　组	主营业务收入	主营业务成本	主营业务税金及附加	其他业务收入	其他业务成本	其他业务利润
全　省	**91963643.0**	**82911791.9**	**876686.5**	**1519633.7**	**2143842.5**	**95714.4**
济南市	13304131.1	11846436.0	85128.7	141833.6	417859.7	22383.2
青岛市	15875335.4	14700345.7	119209.7	209791.1	192394.2	34715.8
淄博市	8090467.3	7521910.7	85585.7	248960.9	198305.7	9375.8
枣庄市	3150153.1	2741639.7	84702.7	31201.5	29998.5	1880.2
东营市	1863111.8	1693829.3	20611.6	69689.7	63843.9	1491.9
烟台市	6720609.9	5886159.9	100686.9	84426.2	75978.5	4905.0
潍坊市	8349807.0	7534202.7	87650.8	141132.9	135726.5	395.0
济宁市	5361928.8	4839588.6	57024.3	182032.0	139374.9	3093.4
泰安市	7035677.8	5993610.6	69908.0	33544.5	529844.9	780.6
威海市	2628386.2	2344318.5	24689.4	62139.2	69707.3	2328.8
日照市	2773879.8	2506942.1	16950.0	95539.5	86922.6	3489.7
临沂市	7211854.8	6493016.4	55193.8	44686.2	41962.3	1537.5
德州市	2659988.4	2418934.7	27072.3	43818.7	32188.6	3089.9
聊城市	2457846.9	2290397.2	13290.6	95398.8	94500.9	3864.2
滨州市	1499069.6	1354545.2	15280.8	34563.3	34898.8	2376.9
菏泽市	2981395.1	2745914.6	13701.2	875.6	335.2	6.5

2-B-4.33 各地区地方总承包和专业承包企业费用情况

单位：万元

分组	管理费用	销售费用	财务费用		
				利息收入	利息支出
全省	**3061735.7**	**265896.2**	**767313.2**	**57561.9**	**545779.8**
济南市	473524.4	42513.3	72111.7	-3714.6	72146.6
青岛市	463291.6	27107.5	170524.4	32860.1	158148.4
淄博市	256325.2	20330.3	39707.1	1987.4	28004.2
枣庄市	105896.4	13845.5	15971.5	657.6	7180.4
东营市	95874.5	5017.7	23761.6	845.1	15200.4
烟台市	265584.2	39165.2	86209.4	9401.7	53172.8
潍坊市	194864.8	12994.1	57505.3	4848.4	37737.3
济宁市	212158.2	17269.6	74273.4	365.4	43666.7
泰安市	245843.4	38441.9	24188.8	-558.0	12887.7
威海市	125456.4	5348.0	16179.9	3296.3	5754.4
日照市	96358.9	4476.9	37019.8	2451.9	26765.4
临沂市	248638.6	13635.7	61466.2	1626.8	24489.7
德州市	78845.8	4985.8	28840.7	881.9	20201.8
聊城市	72979.7	1596.5	24218.5	1361.7	20129.8
滨州市	62120.6	7479.9	8187.1	1139.5	8338.1
菏泽市	63973.0	11688.3	27147.8	110.7	11956.1

2-B-4.34　各地区地方总承包和专业承包企业利润及税金情况

单位：万元

分　组	利润总额	税金总额	主营业务税金及附加	应交增值税
全　省	**3481577**	**3245051**	**876687**	**2368365**
济南市	517008	393579	85129	308450
青岛市	415275	451882	119210	332672
淄博市	218261	320883	85586	235297
枣庄市	188866	182803	84703	98100
东营市	34310	66947	20612	46336
烟台市	361739	273690	100687	173003
潍坊市	463703	287752	87651	200101
济宁市	217255	181344	57024	124319
泰安市	175172	313171	69908	243263
威海市	113980	86992	24689	62302
日照市	116736	97099	16950	80149
临沂市	319029	251928	55194	196735
德州市	114263	102632	27072	75559
聊城市	56235	80298	13291	67007
滨州市	51294	51798	15281	36517
菏泽市	118451	102257	13701	88555

2-B-4.35 各地区地方总承包和专业承包企业应收工程款及企业亏损情况

分 组	应收工程款（万元）	企业个数（个）	亏损企业个数（个）	亏损企业比重（%）
全 省	**32935725**	**6784**	**1092**	**16.1**
济南市	5127861	602	90	15.0
青岛市	5977780	653	102	15.6
淄博市	2610078	433	103	23.8
枣庄市	1032568	238	24	10.1
东营市	1382546	286	103	36.0
烟台市	2511703	807	62	7.7
潍坊市	3079525	572	79	13.8
济宁市	2148922	520	57	11.0
泰安市	1711695	341	69	20.2
威海市	960869	406	67	16.5
日照市	1012006	305	63	20.7
临沂市	2040203	451	69	15.3
德州市	1152229	246	33	13.4
聊城市	782788	260	81	31.2
滨州市	678359	281	67	23.8
菏泽市	726592	383	23	6.0

2-B-4.36　各地区地方总承包和专业承包企业主要经济效益指标

分　组	产值利润率(%)	产值利税率(%)	资本利润率(%)	资本利税率(%)	人均利润(元/人)	人均利税(元/人)	资产负债率(%)
全　省	**3.6**	**6.9**	**17.6**	**34.1**	**11753**	**22708**	**70.2**
济南市	3.6	6.4	21.5	37.9	15970	28127	73.6
青岛市	2.3	4.9	15.2	31.7	8203	17128	74.4
淄博市	2.5	6.3	17.1	42.1	8264	20413	64.5
枣庄市	6.8	13.5	32.2	63.5	16354	32183	66.4
东营市	2.2	6.4	4.5	13.2	6603	19486	71.7
烟台市	5.3	9.3	22.2	39.0	17492	30726	65.3
潍坊市	5.4	8.7	32.4	52.6	23804	38576	67.2
济宁市	4.0	7.3	13.3	24.4	11135	20429	70.1
泰安市	2.4	6.6	20.2	56.2	5405	15067	72.1
威海市	4.0	7.1	18.0	31.8	16389	28897	68.7
日照市	3.7	6.7	13.0	23.8	17104	31330	72.6
临沂市	3.7	6.7	23.6	42.2	10466	18731	69.3
德州市	4.2	7.9	18.2	34.5	14824	28139	64.3
聊城市	2.3	5.6	3.4	8.2	6748	16385	70.4
滨州市	3.8	7.7	9.6	19.2	10461	21025	71.2
菏泽市	4.2	7.7	16.7	31.2	9274	17281	68.0

C.总承包建筑业企业

2-C-1 各地区总承包建筑业企业签订合同情况

单位：万元

分 组	签订合同额	上年结转合同额	本年新签合同额
全 省	**218399415.9**	**88397198.4**	**130002217.5**
济南市	67244696.7	31589255.3	35655441.4
青岛市	44607817.7	19900272.1	24707545.6
淄博市	13001945.9	3839013.9	9162932
枣庄市	4201407.8	1436723.7	2764684.1
东营市	3893675	1490730	2402945
烟台市	8674052.9	2785383.3	5888669.6
潍坊市	13710742.7	4867527.5	8843215.2
济宁市	9861598.5	3792500.6	6069097.9
泰安市	11203455.3	3065041.8	8138413.5
威海市	3995234.4	1635541.9	2359692.5
日照市	6760702.1	2641476.4	4119225.7
临沂市	13150306.1	4577828.7	8572477.4
德州市	5899109.1	2174186.6	3724922.5
聊城市	5518612.5	2411625.5	3106987
滨州市	2128354.1	733439.7	1394914.4
菏泽市	4547705.1	1456651.4	3091053.7

2-C-2　各地区总承包建筑业企业承包工程完成情况

单位：万元

分　组	直接从建设单位承揽工程完成的产值			从建设单位以外承揽工程完成的产值
		自行完成施工产值	分包出去工程的产值	
全　省	**109094030.3**	**108143591.0**	**950439.3**	**1251992.1**
济南市	26971989.6	26918138.1	53851.5	216100.9
青岛市	20418246.5	20030675.1	387571.4	186458.1
淄博市	8237718.7	8116123.8	121594.9	133305.5
枣庄市	2366993.7	2357198.4	9795.3	58128.3
东营市	2042979.6	2031498.3	11481.3	45383.0
烟台市	5933422.2	5885100.1	48322.1	49113.3
潍坊市	8100756.6	8029113.9	71642.7	32850.0
济宁市	5145408.4	5071717.6	73690.8	67794.5
泰安市	7197486.3	7190097.5	7388.8	222441.5
威海市	2426475.4	2409425.2	17050.2	21377.4
日照市	3455241.2	3435509.5	19731.7	30675.5
临沂市	8006170.7	7994689.7	11481.0	74489.5
德州市	2654099.3	2558972.9	95126.4	39015.1
聊城市	2244023.5	2241467.2	2556.3	41746.6
滨州市	1162076.9	1143873.0	18203.9	24159.9
菏泽市	2730941.7	2729990.7	951.0	8953.0

2-C-3 各地区总承包企业建筑业总产值和竣工产值

单位：万元

分 组	建筑业总产值	装饰装修产值	在外省完成的产值	按构成分组			竣工产值
				建筑工程产值	安装工程产值	其他产值	
全 省	**109395583.1**	**3738394.7**	**21509553.4**	**95310536.7**	**12113002.8**	**1972043.6**	**49543884.2**
济南市	27134239.0	639161.0	9380617.5	24591885.5	2053238.0	489115.5	8370210.8
青岛市	20217133.2	753239.1	4122720.1	18290555.2	1556461.3	370116.7	7977754.9
淄博市	8249429.3	298771.1	975900.2	7005218.0	1112851.5	131359.8	4396532.0
枣庄市	2415326.7	202187.6	321350.2	2100559.3	282996.7	31770.7	1322570.5
东营市	2076881.3	18887.6	424169.1	1532021.2	463756.9	81103.2	1279009.5
烟台市	5934213.4	201845.6	176284.7	5357058.8	434233.0	142921.6	3442522.6
潍坊市	8061963.9	946816.6	165534.4	7051350.4	853191.0	157422.5	4046306.5
济宁市	5139512.1	103543.8	778343.5	4531756.1	471590.4	136165.6	2413447.2
泰安市	7412539.0	84543.5	3908482.1	3618809.0	3722304.8	71425.2	4064300.4
威海市	2430802.6	50792.0	36717.5	2317113.9	77948.3	35740.4	1323920.4
日照市	3466185.0	44162.1	442010.1	3356267.6	85475.2	24442.2	1693321.4
临沂市	8069179.2	186711.2	533142.5	7544129.9	472908.0	52141.3	4464955.9
德州市	2597988.0	95380.0	111921.9	2397121.3	145346.9	55519.8	947194.9
聊城市	2283213.8	37050.9	73758.0	2106617.9	153612.4	22983.5	1284691.9
滨州市	1168032.9	20046.1	15301.6	1024623.4	80671.3	62738.2	844129.4
菏泽市	2738943.7	55256.5	43300.0	2485449.2	146417.1	107077.4	1673015.9

2-C-4　各地区总承包建筑业企业房屋建筑面积

分组	房屋施工面积（万平方米）	新开工面积（万平方米）	房屋竣工面积（万平方米）	房屋建筑面积竣工率（%）
全省	**76155**	**32784**	**21208**	**27.8**
济南市	13368	5048	2690	53.3
青岛市	15025	5504	2994	19.9
淄博市	7018	2908	2216	31.6
枣庄市	2112	1022	818	38.7
东营市	399	238	223	56.0
烟台市	4037	2132	1542	38.2
潍坊市	7703	3041	1981	25.7
济宁市	4350	2161	1306	30.0
泰安市	1920	1048	955	49.7
威海市	2175	1076	636	29.2
日照市	2117	1130	642	30.3
临沂市	7775	3116	2676	34.4
德州市	2195	1128	563	25.7
聊城市	2700	1260	581	21.5
滨州市	971	526	380	39.1
菏泽市	2290	1445	1006	43.9

2-C-5 各地区按主要用途分的

分 组	房屋竣工面积	住宅房屋	商业及服务用房屋	办公用房屋	科研、教育、医疗用房屋
全 省	**21208.0**	**14842.3**	**1325.9**	**1198.6**	**1286.2**
济南市	2690.3	1665.1	139.8	349.0	210.3
青岛市	2994.1	1891.7	204.8	198.1	175.8
淄博市	2215.8	1542.1	118.5	169.4	96.1
枣庄市	818.0	592.3	65.6	20.8	65.3
东营市	223.1	140.7	4.3	18.8	5.3
烟台市	1542.0	1208.1	25.9	35.9	71.4
潍坊市	1981.4	1411.5	111.6	70.2	116.2
济宁市	1305.7	900.2	60.2	22.0	82.5
泰安市	954.8	771.4	31.7	34.3	40.9
威海市	635.9	395.4	37.5	5.7	65.1
日照市	641.9	555.0	19.5	4.2	28.8
临沂市	2675.8	1777.4	430.2	127.7	185.9
德州市	563.3	396.4	24.0	35.3	35.6
聊城市	580.9	495.5	5.6	19.6	28.1
滨州市	379.6	251.1	9.5	69.8	15.7
菏泽市	1005.5	848.3	37.1	17.7	63.1

总承包建筑业企业房屋竣工面积

单位：万平方米

文化、体育、娱乐用房屋	厂房及建筑物	仓库	其他未列明的房屋建筑物
199.3	**1971.3**	**130.1**	**254.2**
80.3	183.5	14.0	48.3
57.4	390.5	11.4	64.3
2.9	239.1	37.4	10.3
0.4	65.4	0.3	7.8
	46.2	7.0	0.7
0.1	192.3	4.9	3.5
8.0	214.4	15.7	33.7
0.2	192.3	16.1	32.1
1.9	67.0	5.3	2.3
14.6	86.1	5.5	26.0
0.2	32.6	0.7	0.9
25.1	125.5	1.7	2.3
0.8	67.3	1.1	2.8
4.7	19.7	5.2	2.4
1.1	24.4	1.7	6.3
1.7	24.7	2.2	10.5

2-C-6 各地区总承包建筑业企业施工机械设备情况

分 组	总台数(台)	总功率(千瓦)	净值(万元)	技术装备率(元/人)	动力装备率(千瓦时/人)
全 省	**618369**	**15909450**	**3217961**	**11164**	**5.5**
济南市	59484	2961661	400576	7816	5.8
青岛市	58557	1895874	388977	8008	3.9
淄博市	62625	1312802	308535	12150	5.2
枣庄市	41829	689582	111265	11388	7.1
东营市	16384	718026	137788	24243	12.6
烟台市	56327	1254944	255642	16193	7.9
潍坊市	47865	1113844	266712	15471	6.5
济宁市	47080	895445	222414	13166	5.3
泰安市	67212	1033704	233204	7380	3.3
威海市	23535	722252	112231	19380	12.5
日照市	14559	547077	117222	18723	8.7
临沂市	38466	1032873	217409	8862	4.2
德州市	11202	271985	60626	9060	4.1
聊城市	15409	390676	111956	17361	6.1
滨州市	16868	362732	124860	30223	8.8
菏泽市	40967	705973	148545	12173	5.8

2-C-7　各地区总承包建筑业企业主要生产效益指标

分　组	企业个数(个)	从事建筑业活动的平均人数(人)	按总产值计算的劳动生产率(元/人)	人均竣工产　值(元/人)	人均施工面　积(平方米/人)	人均竣工面　积(平方米/人)
全　省	**4738**	**3030564**	**360974**	**163481**	**251.3**	**70.0**
济南市	373	501125	529430	167028	266.8	53.7
青岛市	444	539152	374980	147969	278.7	55.5
淄博市	281	250337	329533	175625	280.3	88.5
枣庄市	173	103560	233230	127711	203.9	79.0
东营市	233	59154	351097	216217	67.4	37.7
烟台市	464	180203	329307	191036	224.0	85.6
潍坊市	385	180447	446777	224238	426.9	109.8
济宁市	369	170359	301687	141668	255.4	76.6
泰安市	275	314669	235566	129161	61.0	30.3
威海市	258	59878	405959	221103	363.2	106.2
日照市	248	65461	529504	258676	323.4	98.1
临沂市	335	291477	276838	153184	266.7	91.8
德州市	177	71468	363518	132534	307.2	78.8
聊城市	208	77986	292772	164734	346.2	74.5
滨州市	192	43736	267064	193006	222.0	86.8
菏泽市	323	121552	225331	137638	188.4	82.7

2-C-8 各地区总承包建筑业企业营业收入

单位：万元

分 组	营业收入	建筑业企业在境外完成的营业收入	企业总产值	建筑业总产值
全 省	**106931288.4**	**2743710.1**	**117223095.8**	**109395583.1**
济南市	26438736.8	600556.4	27543750.7	27134239.0
青岛市	20078076.9	1716990.9	22847283.2	20217133.2
淄博市	8007523.5	22482.7	8932000.2	8249429.3
枣庄市	2819331.2	393.7	2650932.6	2415326.7
东营市	2416735.9	36031.0	2162201.6	2076881.3
烟台市	5802081.2	316117.4	6781928.9	5934213.4
潍坊市	7886632.4	0.0	8972458.0	8061963.9
济宁市	5194331.0	5886.2	5653634.5	5139512.1
泰安市	7026466.4	31744.7	7651529.6	7412539.0
威海市	2271609.4	5412.8	2555929.7	2430802.6
日照市	3145137.7	8094.3	3520904.9	3466185.0
临沂市	6776544.4	0.0	8733744.3	8069179.2
德州市	2502020.9	0.0	2783110.6	2597988.0
聊城市	2383099.0	0.0	2348419.3	2283213.8
滨州市	1323254.3	0.0	1265794.0	1168032.9
菏泽市	2859707.4	0.0	2819473.7	2738943.7

2-C-9　各地区总承包建筑业企业资产构成

单位：万元

分　组	资产总计	流动资产合计	存货
全　省	**126965713.6**	**106224658.0**	**22035898.2**
济南市	28986880.4	24136158.6	4929603.4
青岛市	23469296.4	19509373.0	3006865.1
淄博市	6432217.4	5441681.6	1087702.6
枣庄市	3158804.9	2609411.7	280253.9
东营市	4300453.8	3809622.8	586895.8
烟台市	7609150.5	6323474.3	1261588.4
潍坊市	9215785.2	7719727.3	1860094.8
济宁市	8660804.9	7637242.3	1923086.4
泰安市	5406770.4	4461783.7	1194948.7
威海市	3317823.7	2695555.3	728903.0
日照市	5117164.2	4236878.5	989813.8
临沂市	9331017.7	7783759.5	2315824.1
德州市	3318275.5	2808337.6	423153.6
聊城市	2926512.2	2560391.6	489920.3
滨州市	2159078.5	1713509.5	353449.6
菏泽市	3555677.9	2777750.7	603794.7

2-C-10 各地区总承包建筑业企业固定资产情况

单位：万元

分 组	固定资产原价	累计折旧	本年折旧	在建工程
全 省	**13029730.1**	**6042424.4**	**874135.6**	**774376.2**
济南市	2160265.0	1116049.7	167921.8	110909.4
青岛市	1887695.8	981433.8	119854.2	166014.1
淄博市	986740.4	460248.8	45571.4	63382.5
枣庄市	414374.7	149775.9	30140.9	11818.1
东营市	544378.7	316528.8	36303.0	19072.1
烟台市	1068512.5	502310.0	57156.9	64834.9
潍坊市	991309.9	404841.7	79700.6	30971.3
济宁市	803144.2	383763.3	60376.8	45729.8
泰安市	709693.8	341474.7	65293.7	49625.5
威海市	531417.9	248058.4	29848.4	47826.5
日照市	481995.3	228980.5	37598.5	35764.5
临沂市	963202.2	403924.8	60189.8	53133.1
德州市	360713.8	126330.8	23907.8	8505.3
聊城市	305249.6	123837.5	20148.4	30302.9
滨州市	358285.9	120680.5	14736.1	30156.1
菏泽市	462750.4	134185.2	25387.3	6330.1

2-C-11　各地区总承包建筑业企业负债及所有者权益

单位：万元

分　组	负债合计	流动负债合计	应付账款	所有者权益合计	实收资本
全　省	**93289829.7**	**86425347.8**	**33963323.7**	**33675883.9**	**19530623.2**
济南市	22931931.4	21567687.0	10153034.4	6054949.0	3442231.7
青岛市	18400939.6	16622898.7	7197822.6	5068356.8	2999668.0
淄博市	4223312.9	3998106.7	1437460.5	2208904.5	1152596.0
枣庄市	2152327.2	1953539.3	664968.3	1006477.7	495903.1
东营市	3201236.1	3159583.2	1483833.4	1099217.7	727301.6
烟台市	5092822.4	4801015.8	1736461.3	2516328.1	1325004.0
潍坊市	6230724.4	5692642.8	1752462.0	2985060.8	1266428.8
济宁市	6191280.8	5822107.4	1656765.4	2469524.1	1418662.5
泰安市	4002560.3	3754421.9	1605934.5	1404210.1	833266.5
威海市	2286089.2	2169251.0	949433.8	1031734.5	512706.3
日照市	3829073.9	3619225.9	1118228.9	1288090.3	880813.3
临沂市	6459220.3	5690255.5	1831171.9	2871797.4	1224537.5
德州市	2225314.7	2081496.3	857237.4	1092960.8	533136.8
聊城市	2060934.0	1881642.9	635161.1	865578.2	1593496.5
滨州市	1556739.8	1482504.9	432853.0	602338.7	457992.4
菏泽市	2445322.7	2128968.5	450495.2	1110355.2	666878.2

2-C-12 各地区总承包建筑业企业实收资本

单位：万元

分 组	实收资本	国家资本	集体资本	法人资本	个人资本
全 省	**19530623.2**	**4478749.7**	**1119217.3**	**6601304.0**	**7317480.9**
济南市	3442231.7	1889006.5	177745.7	785258.8	587757.7
青岛市	2999668.0	740225.2	130972.2	914101.8	1214368.8
淄博市	1152596.0	128043.1	71517.2	323905.6	626113.6
枣庄市	495903.1	61705.3	49897.4	160599.1	223701.3
东营市	727301.6	113099.3	49709.0	184454.6	380038.7
烟台市	1325004.0	93089.8	57952.3	555137.7	618824.2
潍坊市	1266428.8	189636.3	52620.4	383763.5	640408.6
济宁市	1418662.5	229812.3	124521.1	510064.3	547264.8
泰安市	833266.5	203219.0	111138.3	222507.8	295170.2
威海市	512706.3	13558.9	50311.6	196954.3	251881.5
日照市	880813.3	324759.8	16149.6	203798.5	336104.8
临沂市	1224537.5	70255.9	46337.6	489931.0	618013.0
德州市	533136.8	112153.1	89258.3	144852.6	186872.8
聊城市	1593496.5	138096.9	14178.5	1129970.6	311250.5
滨州市	457992.4	109388.4	49408.8	113865.7	185169.5
菏泽市	666878.2	62699.9	27499.3	282138.1	294540.9

2-C-13 各地区总承包建筑业企业收入情况

单位：万元

分组	主营业务收入	主营业务成本	主营业务税金及附加	其他业务收入	其他业务成本	其他业务利润
全省	**105576028.2**	**96378254.2**	**843784.9**	**1355260.2**	**2026697.1**	**83427.9**
济南市	26304701.8	24281540.9	107913.4	134035.0	411606.2	30631.4
青岛市	19825139.3	18479861.6	116283.5	252937.6	234809.0	32948.2
淄博市	7782200.9	7257045.5	80852.3	225322.6	180365.6	8585.5
枣庄市	2789880.0	2429896.3	76852.1	29451.2	28533.8	1880.3
东营市	2345361.0	2148815.3	21324.1	71374.9	82893.9	-14072.4
烟台市	5748936.7	5054786.2	87415.8	53144.5	49026.2	4374.2
潍坊市	7754608.4	7001683.5	82845.3	132024.0	127645.2	252.3
济宁市	5109786.9	4634491.9	51017.1	84544.1	75042.2	2821.6
泰安市	7009869.7	6025315.8	66802.9	16596.7	495104.9	678.6
威海市	2211994.9	1996283.6	21670.2	59614.5	66531.5	2090.3
日照市	3064093.1	2794976.0	16163.7	81044.6	74814.9	2126.9
临沂市	6733438.2	6080774.4	51436.3	43106.2	40956.4	1335.9
德州市	2458137.8	2252332.6	23400.8	43883.1	32118.4	3594.2
聊城市	2287986.5	2132591.4	12576.7	95112.5	94330.2	3752.3
滨州市	1291055.7	1171004.9	14143.7	32198.6	32583.6	2427.6
菏泽市	2858837.3	2636854.3	13087.0	870.1	335.1	1.0

2-C-14 各地区总承包建筑业企业费用情况

单位：万元

分组	管理费用	销售费用	财务费用		
				利息收入	利息支出
全省	**3110576.9**	**190861.6**	**809718.2**	**112018.1**	**637974.4**
济南市	699843.0	40337.0	118030.8	29145.9	137560.0
青岛市	559503.8	15289.0	201415.9	53362.6	193641.6
淄博市	233583.8	14645.4	37212.4	2117.0	26868.4
枣庄市	93240.7	10152.4	14420.6	231.7	6784.5
东营市	99972.1	4131.3	30979.4	1153.1	16970.1
烟台市	201438.4	20985.8	73245.9	9107.7	49999.0
潍坊市	165247.5	7188.1	55051.3	4715.3	35907.0
济宁市	172459.2	11407.2	71000.1	565.2	42742.0
泰安市	232278.1	28449.0	25225.3	1049.1	13247.0
威海市	91685.3	3325.6	10156.0	3224.4	3554.5
日照市	92871.2	4342.7	39856.1	2739.1	30653.9
临沂市	218166.7	11457.9	59462.4	1845.3	23340.0
德州市	75579.9	2469.1	21304.8	96.7	19279.1
聊城市	64786.2	910.3	20126.3	1344.9	18754.7
滨州市	51021.5	4864.2	5838.5	1214.7	6841.1
菏泽市	58899.5	10906.6	26392.4	105.4	11831.5

2-C-15　各地区总承包建筑业企业利润及税金情况

单位：万元

分　组	利润总额	税金总额		
			主营业务税金及附加	应交增值税
全　省	**3602438.0**	**3340805.2**	**843784.9**	**2497020.3**
济南市	785875.1	633370.6	107913.4	525457.2
青岛市	467479.5	471475.8	116283.5	355192.3
淄博市	205626.9	300145.9	80852.3	219293.6
枣庄市	165289.4	160223.3	76852.1	83371.2
东营市	51320.2	86608.2	21324.1	65284.1
烟台市	332701.7	234653.2	87415.8	147237.4
潍坊市	444769.8	269499.5	82845.3	186654.2
济宁市	187951.2	168218.0	51017.1	117200.9
泰安市	160032.5	296996.8	66802.9	230193.9
威海市	89323.4	73153.7	21670.2	51483.5
日照市	112108.0	97227.3	16163.7	81063.6
临沂市	290504.0	237654.7	51436.3	186218.4
德州市	95694.9	91187.0	23400.8	67786.2
聊城市	57988.5	76699.1	12576.7	64122.4
滨州市	43685.5	45798.1	14143.7	31654.4
菏泽市	112087.4	97894.0	13087.0	84807.0

2-C-16 各地区总承包建筑业企业应收工程款及企业亏损情况

分 组	应收工程款（万元）	企业个数（个）		亏损企业比重（%）
			亏损企业个数（个）	
全 省	**33758191.7**	**4738**	**784**	**16.5**
济南市	6582581.6	373	54	14.5
青岛市	6644635.7	444	65	14.6
淄博市	2486225.5	281	59	21.0
枣庄市	937431.2	173	19	11.0
东营市	1526804.9	233	88	37.8
烟台市	2260632.5	464	28	6.0
潍坊市	2853502.1	385	60	15.6
济宁市	2036805.7	369	36	9.8
泰安市	1692080.8	275	59	21.5
威海市	776198.9	258	45	17.4
日照市	1037007.7	248	53	21.4
临沂市	1855374.9	335	54	16.1
德州市	1085311.1	177	25	14.1
聊城市	713130.0	208	72	34.6
滨州市	578762.8	192	46	24.0
菏泽市	691706.3	323	21	6.5

2-C-17　各地区总承包建筑业企业主要经济效益指标

分　组	产值利润率(%)	产值利税率(%)	资本利润率(%)	资本利税率(%)	人均利润(元/人)	人均利税(元/人)	资产负债率(%)
全　省	**3.3**	**6.3**	**18.4**	**35.6**	**11887**	**22911**	**73.5**
济南市	2.9	5.2	22.8	41.2	15682	28321	79.1
青岛市	2.3	4.6	15.6	31.3	8671	17415	78.4
淄博市	2.5	6.1	17.8	43.9	8214	20204	65.7
枣庄市	6.8	13.5	33.3	65.6	15961	31432	68.1
东营市	2.5	6.6	7.1	19.0	8676	23317	74.4
烟台市	5.6	9.6	25.1	42.8	18463	31484	66.9
潍坊市	5.5	8.9	35.1	56.4	24648	39583	67.6
济宁市	3.7	6.9	13.2	25.1	11033	20907	71.5
泰安市	2.2	6.2	19.2	54.8	5086	14524	74.0
威海市	3.7	6.7	17.4	31.7	14918	27135	68.9
日照市	3.2	6.0	12.7	23.8	17126	31979	74.8
临沂市	3.6	6.5	23.7	43.1	9967	18120	69.2
德州市	3.7	7.2	17.9	35.1	13390	26149	67.1
聊城市	2.5	5.9	3.6	8.5	7436	17271	70.4
滨州市	3.7	7.7	9.5	19.5	9988	20460	72.1
菏泽市	4.1	7.7	16.8	31.5	9221	17275	68.8

2-C-18　各地区按资质等级划分的总承包建筑业企业单位数

分　组	法人单位数（个）				
		特级	一级	二级	三级及以下
全　省	**4738**	**44**	**437**	**1854**	**2403**
济南市	373	15	58	114	186
青岛市	444	13	76	200	155
淄博市	281	6	34	130	111
枣庄市	173		15	75	83
东营市	233		12	94	127
烟台市	464		46	169	248
潍坊市	385	3	31	152	199
济宁市	369		32	105	232
泰安市	275		22	99	154
威海市	258		8	69	180
日照市	248		17	119	112
临沂市	335	2	28	171	134
德州市	177	3	10	68	96
聊城市	208		13	97	98
滨州市	192		12	85	95
菏泽市	323		23	107	193

2-C-19　各地区按资质等级划分的总承包建筑业企业期末人数

分　组	建筑业企业期末人数(人)	特级	一级	二级	三级及以下
全　省	**2882558**	**752447**	**1030642**	**702779**	**396690**
济南市	512518	261114	175269	42690	33445
青岛市	485745	236868	171902	51179	25796
淄博市	253946	88629	90822	58279	16216
枣庄市	97702		37847	38942	20913
东营市	56837		19736	23778	13323
烟台市	157876	4255	48587	66915	38119
潍坊市	172393	31492	33371	68484	39046
济宁市	168936		60173	57769	50994
泰安市	316015		223599	59237	33179
威海市	57910	2289	9130	23378	23113
日照市	62610		19819	29226	13565
临沂市	245318	112801	55529	57139	19849
德州市	66919	14999	13069	23201	15650
聊城市	64488		17622	32819	14047
滨州市	41313		9154	22056	10103
菏泽市	122032		45013	47687	29332

2-C-20 各地区按资质等级划分的总承包企业建筑业总产值

分 组	建筑业总产值（万元）				
		特级	一级	二级	三级及以下
全 省	**109395583.1**	**38871790.0**	**41412005.8**	**19367427.9**	**9744359.4**
济南市	27134239.0	17562474.7	7616889.4	1241858.4	713016.5
青岛市	20217133.2	8290625.1	8453250.5	2297412.6	1175845.0
淄博市	8249429.3	2980956.0	3371072.7	1525575.2	371825.4
枣庄市	2415326.7		1029877.4	1035630.9	349818.4
东营市	2076881.3		916875.5	726448.0	433557.8
烟台市	5934213.4	1168026.0	1796871.7	1962869.0	1006446.7
潍坊市	8061963.9	2805767.0	2343396.9	1977397.9	935402.1
济宁市	5139512.1		2879470.5	1228991.5	1031050.1
泰安市	7412539.0		5971633.5	920388.2	520517.3
威海市	2430802.6	744467.0	433158.5	609658.7	643518.4
日照市	3466185.0		1841624.6	1246156.6	378403.8
临沂市	8069179.2	4458784.5	1832411.3	1373448.8	404534.6
德州市	2597988.0	860689.7	560497.6	641048.0	535752.7
聊城市	2283213.8		883049.6	979749.2	420415.0
滨州市	1168032.9		299124.4	599517.8	269390.7
菏泽市	2738943.7		1182801.7	1001277.1	554864.9

2-C-21　各地区按资质等级划分的总承包建筑业企业签订合同额

分　组	签订合同额（万元）				
		特级	一级	二级	三级及以下
全　省	**218399415.9**	**87495027.7**	**83787589.3**	**31629816.3**	**15486982.6**
济南市	67244696.7	45752641.6	18814440.9	1731609.7	946004.5
青岛市	44607817.7	19257359.0	19255619.5	3857530.2	2237309.0
淄博市	13001945.9	4546914.4	5615254.8	2324985.0	514791.7
枣庄市	4201407.8		1879010.0	1778284.1	544113.7
东营市	3893675.0		1847551.4	1409801.2	636322.4
烟台市	8674052.9	2530462.0	2496248.2	2499648.0	1147694.7
潍坊市	13710742.7	4233700.2	3768173.1	4029103.3	1679766.1
济宁市	9861598.5		6221504.5	2063791.2	1576302.8
泰安市	11203455.3		9044858.0	1385783.9	772813.4
威海市	3995234.4	1265736.0	802942.5	1010126.4	916429.5
日照市	6760702.1		3981306.4	2002134.7	777261.0
临沂市	13150306.1	6974675.0	3546197.8	2043537.3	585896.0
德州市	5899109.1	2933539.5	876145.5	1049635.6	1039788.5
聊城市	5518612.5		2723071.1	1961972.3	833569.1
滨州市	2128354.1		725921.4	972499.1	429933.6
菏泽市	4547705.1		2189344.2	1509374.3	848986.6

2-C-22 各地区按资质等级划分的总承包建筑业企业竣工产值

分 组	竣工产值(万元)				
		特级	一级	二级	三级及以下
全 省	**49543884.2**	**14743750.3**	**18004059.1**	**10974167.8**	**5821907.0**
济南市	8370210.8	4900130.1	2319361.5	759158.9	391560.3
青岛市	7977754.9	3296804.7	2984949.2	1225802.5	470198.5
淄博市	4396532.0	1567108.9	1696468.4	882035.6	250919.1
枣庄市	1322570.5		491647.8	598180.8	232741.9
东营市	1279009.5		531959.8	427170.9	319878.8
烟台市	3442522.6	685721.0	1099545.0	1069245.4	588011.2
潍坊市	4046306.5	1396446.6	850973.1	1210009.5	588877.3
济宁市	2413447.2		1099829.7	653195.0	660422.5
泰安市	4064300.4		3074420.9	595628.8	394250.7
威海市	1323920.4	529254.0	206637.5	291136.4	296892.5
日照市	1693321.4		999411.6	504784.2	189125.6
临沂市	4464955.9	2286417.1	1058045.5	838305.8	282187.5
德州市	947194.9	81867.9	288279.2	314834.6	262213.2
聊城市	1284691.9		419455.8	537592.6	327643.5
滨州市	844129.4		298578.3	389319.7	156231.4
菏泽市	1673015.9		584495.8	677767.1	410753.0

2-C-23　各地区按资质等级划分的总承包建筑业企业房屋施工面积

分 组	房屋施工面积（万平方米）	特级	一级	二级	三级及以下
全 省	**76155.4**	**29931.6**	**23825.7**	**15167.7**	**7230.4**
济南市	13368.0	8667.8	3799.8	534.4	366.1
青岛市	15025.2	7354.4	5355.4	1343.0	972.5
淄博市	7017.7	3449.5	2067.4	1297.6	203.2
枣庄市	2111.8		723.2	1044.4	344.3
东营市	398.6		93.4	233.4	71.9
烟台市	4037.0	1220.3	1116.6	1157.4	542.7
潍坊市	7703.2	2482.1	1987.7	2146.4	1087.0
济宁市	4350.4		2464.9	1086.7	798.8
泰安市	1920.0		816.8	682.4	420.8
威海市	2174.9	893.9	241.0	562.4	477.6
日照市	2117.1		1097.9	703.1	316.2
临沂市	7774.5	4907.1	1115.0	1400.8	351.5
德州市	2195.2	956.5	475.9	440.0	322.8
聊城市	2700.2		1264.0	1131.8	304.4
滨州市	971.0		387.5	451.4	132.1
菏泽市	2290.4		819.2	952.6	518.6

2-C-24 各地区按资质等级划分的总承包建筑业企业房屋竣工面积

分 组	房屋竣工面积（万平方米）				
		特级	一级	二级	三级及以下
全 省	**21208.0**	**6328.9**	**6502.9**	**5575.6**	**2800.6**
济南市	2690.3	1395.8	867.8	248.8	177.9
青岛市	2994.1	1379.9	1053.9	392.2	168.0
淄博市	2215.8	877.4	692.8	545.0	100.7
枣庄市	818.0		227.4	451.8	138.8
东营市	223.1		55.4	108.0	59.7
烟台市	1542.0	199.2	524.9	539.9	277.9
潍坊市	1981.4	566.1	422.8	651.8	340.7
济宁市	1305.7		626.1	310.6	369.0
泰安市	954.8		291.5	382.9	280.4
威海市	635.9	264.5	78.2	158.6	134.7
日照市	641.9		258.2	304.0	79.6
临沂市	2675.8	1581.3	465.8	451.6	177.2
德州市	563.3	64.7	206.5	173.3	118.8
聊城市	580.9		193.4	287.6	99.9
滨州市	379.6		156.6	177.6	45.4
菏泽市	1005.5		381.8	391.9	231.8

2-C-25　各地区按资质等级划分的总承包企业自由施工机械设备台数

分　组	总台数(台)				
		特级	一级	二级	三级及以下
全　省	**618369**	**61034**	**195501**	**239446**	**122388**
济南市	59484	18824	17950	11446	11264
青岛市	58557	13003	29908	10053	5593
淄博市	62625	11089	23512	22311	5713
枣庄市	41829		9114	26906	5809
东营市	16384		6046	5897	4441
烟台市	56327	1468	18425	22132	14302
潍坊市	47865	3163	14869	20134	9699
济宁市	47080		9382	22763	14935
泰安市	67212		34160	24547	8505
威海市	23535	2176	2146	7323	11890
日照市	14559		2915	6674	4970
临沂市	38466	11153	6999	14930	5384
德州市	11202	158	2832	4713	3499
聊城市	15409		3596	8150	3663
滨州市	16868		2641	9656	4571
菏泽市	40967		11006	21811	8150

2-C-26 各地区按资质等级划分的总承包企业自由施工机械设备总功率

分 组	总功率（万千瓦）	特级	一级	二级	三级及以下
全 省	**1590.9**	**194.6**	**504.7**	**617.4**	**274.2**
济南市	296.2	76.2	79.8	124.4	15.8
青岛市	189.6	32.1	107.9	37.5	12.0
淄博市	131.3	27.0	51.9	34.8	17.6
枣庄市	69.0		13.4	47.8	7.8
东营市	71.8		37.4	21.4	13.0
烟台市	125.5	6.0	40.5	45.8	33.2
潍坊市	111.4	5.2	17.7	61.3	27.2
济宁市	89.5		28.1	33.1	28.3
泰安市	103.4		45.5	37.7	20.1
威海市	72.2	5.4	8.7	31.6	26.6
日照市	54.7		22.5	23.1	9.1
临沂市	103.3	37.8	17.2	35.1	13.1
德州市	27.2	5.0	6.1	9.9	6.2
聊城市	39.1		8.4	16.0	14.7
滨州市	36.3		6.1	20.2	10.0
菏泽市	70.6		13.4	37.7	19.4

2-C-27　各地区按资质等级划分的总承包建筑业企业实收资本

分　组	实收资本（万元）	特级	一级	二级	三级及以下
全　省	**19530623.2**	**3275984.0**	**6234045.6**	**5650654.0**	**4369939.6**
济南市	3442231.7	1764325.8	960354.4	412716.1	304835.4
青岛市	2999668.0	711830.0	1285479.0	698265.0	304094.0
淄博市	1152596.0	157316.0	446320.7	357003.0	191956.3
枣庄市	495903.1		143903.0	236349.7	115650.4
东营市	727301.6		239554.8	297703.1	190043.7
烟台市	1325004.0	150313.0	443945.7	467131.2	263614.1
潍坊市	1266428.8	139775.2	316118.9	577309.9	233224.8
济宁市	1418662.5		720323.4	358070.6	340268.5
泰安市	833266.5		359059.3	276604.6	197602.6
威海市	512706.3	32086.0	68442.4	186186.7	225991.2
日照市	880813.3		333079.5	395187.2	152546.6
临沂市	1224537.5	206400.0	362605.0	446450.6	209081.9
德州市	533136.8	113938.0	77973.6	220519.2	120706.0
聊城市	1593496.5		165155.7	244012.0	1184328.8
滨州市	457992.4		123423.3	224412.0	110157.1
菏泽市	666878.2		188306.9	252733.1	225838.2

2-C-28 各地区按资质等级划分的总承包建筑业企业资产

分 组	资产总计（万元）				
		特级	一级	二级	三级及以下
全 省	**126965713.6**	**37763526.5**	**46368481.7**	**28635704.2**	**14198001.2**
济南市	28986880.4	18226883.2	7581420.0	2195732.2	982845.0
青岛市	23469296.4	8856241.4	9645542.3	3353792.4	1613720.3
淄博市	6432217.4	1618380.4	2719010.4	1475966.4	618860.2
枣庄市	3158804.9		1366899.6	1166818.5	625086.8
东营市	4300453.8		1610499.2	1833825.6	856129.0
烟台市	7609150.5	1852000.1	2716648.1	2053881.4	986620.9
潍坊市	9215785.2	2133606.4	2618772.3	3202091.0	1261315.5
济宁市	8660804.9		5481933.5	1812260.4	1366611.0
泰安市	5406770.4		3016093.8	1329810.7	1060865.9
威海市	3317823.7	668656.0	463676.3	1108508.6	1076982.8
日照市	5117164.2		1978564.0	2453471.7	685128.5
临沂市	9331017.7	2977193.0	2972326.2	2574550.9	806947.6
德州市	3318275.5	1430566.0	492019.7	912915.8	482774.0
聊城市	2926512.2		1054929.8	1120342.5	751239.9
滨州市	2159078.5		716331.8	1037503.9	405242.8
菏泽市	3555677.9		1933814.7	1004232.2	617631.0

2-C-29 各地区按资质等级划分的总承包建筑业企业所有者权益

分 组	所有者权益合计(万元)				
		特级	一级	二级	三级及以下
全 省	**33675883.9**	**7707510.9**	**11377106.5**	**9672375.1**	**4918891.4**
济南市	6054949.0	3226075.7	1682901.7	754326.2	391645.4
青岛市	5068356.8	1519356.5	2032703.3	1125073.8	391223.2
淄博市	2208904.5	713022.7	731723.0	535341.7	228817.1
枣庄市	1006477.7		301798.0	528334.8	176344.9
东营市	1099217.7		392288.2	415378.4	291551.1
烟台市	2516328.1	202731.6	988735.5	884803.3	440057.7
潍坊市	2985060.8	753133.8	886987.3	922615.7	422324.0
济宁市	2469524.1		1304294.1	659988.0	505242.0
泰安市	1404210.1		624448.5	405170.0	374591.6
威海市	1031734.5	87715.1	198063.3	401899.7	344056.4
日照市	1288090.3		440379.8	653586.9	194123.6
临沂市	2871797.4	909776.9	774815.5	878661.6	308543.4
德州市	1092960.8	295698.6	215783.9	398057.6	183420.7
聊城市	865578.2		287661.6	358074.5	219842.1
滨州市	602338.7		102115.0	367248.2	132975.5
菏泽市	1110355.2		412407.8	383814.7	314132.7

2-C-30 各地区按资质等级划分的总承包建筑业企业负债

分 组	负债合计（万元）				
		特级	一级	二级	三级及以下
全 省	**93289829.7**	**30056015.6**	**34991375.2**	**18963329.1**	**9279109.8**
济南市	22931931.4	15000807.5	5898518.3	1441406.0	591199.6
青岛市	18400939.6	7336884.9	7612839.0	2228718.6	1222497.1
淄博市	4223312.9	905357.7	1987287.4	940624.7	390043.1
枣庄市	2152327.2		1065101.6	638483.7	448741.9
东营市	3201236.1		1218211.0	1418447.2	564577.9
烟台市	5092822.4	1649268.5	1727912.6	1169078.1	546563.2
潍坊市	6230724.4	1380472.6	1731785.0	2279475.3	838991.5
济宁市	6191280.8		4177639.4	1152272.4	861369.0
泰安市	4002560.3		2391645.3	924640.7	686274.3
威海市	2286089.2	580940.9	265613.0	706608.9	732926.4
日照市	3829073.9		1538184.2	1799884.8	491004.9
临沂市	6459220.3	2067416.1	2197510.7	1695889.3	498404.2
德州市	2225314.7	1134867.4	276235.8	514858.2	299353.3
聊城市	2060934.0		767268.2	762268.0	531397.8
滨州市	1556739.8		614216.8	670255.7	272267.3
菏泽市	2445322.7		1521406.9	620417.5	303498.3

2-C-31 各地区按资质等级划分的总承包建筑业企业营业收入

分 组	营业收入（万元）				
		特级	一级	二级	三级及以下
全 省	**106931288.4**	**36176814.7**	**40446700.6**	**20223449.6**	**10084323.5**
济南市	26438736.8	16769971.4	7573897.7	1350970.4	743897.3
青岛市	20078076.9	8302053.7	7977895.1	2605703.2	1192424.9
淄博市	8007523.5	2713518.7	3315637.8	1543029.0	435338.0
枣庄市	2819331.2		1389605.2	1105768.1	323957.9
东营市	2416735.9		1002738.6	911077.6	502919.7
烟台市	5802081.2	1223427.2	1759221.6	1856248.1	963184.3
潍坊市	7886632.4	2745841.4	2329758.6	1890454.5	920577.9
济宁市	5194331.0		2892160.9	1264109.1	1038061.0
泰安市	7026466.4		5490088.9	930503.8	605873.7
威海市	2271609.4	576087.0	409431.3	656632.2	629458.9
日照市	3145137.7		1659071.5	1148566.5	337499.7
临沂市	6776544.4	3116952.8	1730783.3	1452604.0	476204.3
德州市	2502020.9	728962.5	533245.5	706249.9	533563.0
聊城市	2383099.0		886704.7	1050118.8	446275.5
滨州市	1323254.3		315340.8	694870.7	313042.8
菏泽市	2859707.4		1181119.1	1056543.7	622044.6

2-C-32 各地区按资质等级划分的总承包建筑业企业利税总额

分 组	利税总额（万元）	特级	一级	二级	三级及以下
全 省	**6943243.2**	**2020892.6**	**2391562.0**	**1653263.0**	**877525.6**
济南市	1419245.7	815405.1	431747.3	104469.1	67624.2
青岛市	938955.3	347763.9	319183.8	181229.7	90777.9
淄博市	505772.8	224668.1	153934.3	104655.4	22515.0
枣庄市	325512.7		141513.7	147592.4	36406.6
东营市	137928.4		65387.8	41572.7	30967.9
烟台市	567354.9	54505.1	168716.3	224183.9	119949.6
潍坊市	714269.3	277364.5	207521.1	144764.7	84619.0
济宁市	356169.2		138919.5	110426.0	106823.7
泰安市	457029.3		317783.5	98477.6	40768.2
威海市	162477.1	22832.9	36855.4	40085.2	62703.6
日照市	209335.3		101418.0	80776.2	27141.1
临沂市	528158.7	239678.1	140212.0	106953.4	41315.2
德州市	186881.9	38674.9	41377.5	58201.7	48627.8
聊城市	134687.6		50835.0	66368.8	17483.8
滨州市	89483.6		9667.5	58021.5	21794.6
菏泽市	209981.4		66489.3	85484.7	58007.4

2-C-33 各地区按资质等级划分的总承包建筑业企业利润总额

分 组	利润总额（万元）	特级	一级	二级	三级及以下
全 省	**3602438.0**	**1228097.1**	**1100118.0**	**818459.6**	**455763.3**
济南市	785875.1	515375.8	187993.3	55056.4	27449.6
青岛市	467479.5	199406.8	113788.7	91599.0	62685.0
淄博市	205626.9	92263.7	62022.5	44416.3	6924.4
枣庄市	165289.4		71211.7	76069.7	18008.0
东营市	51320.2		34025.0	5489.8	11805.4
烟台市	332701.7	30754.0	107052.2	127631.5	67264.0
潍坊市	444769.8	215968.3	118408.2	70338.4	40054.9
济宁市	187951.2		68466.3	55889.4	63595.5
泰安市	160032.5		100648.9	49709.8	9673.8
威海市	89323.4	15369.6	22095.1	17098.4	34760.3
日照市	112108.0		55497.6	41563.2	15047.2
临沂市	290504.0	137246.7	83307.1	47583.5	22366.7
德州市	95694.9	21712.2	23683.6	25438.3	24860.8
聊城市	57988.5		24373.6	28452.3	5162.6
滨州市	43685.5		323.6	32231.1	11130.8
菏泽市	112087.4		27220.6	49892.5	34974.3

2-C-34 各地区按资质等级划分的总承包建筑业企业税金总额

分 组	税金总额（万元）				
		特级	一级	二级	三级及以下
全 省	**3340805.2**	**792795.5**	**1291444.0**	**834803.4**	**421762.3**
济南市	633370.6	300029.3	243754.0	49412.7	40174.6
青岛市	471475.8	148357.1	205395.1	89630.7	28092.9
淄博市	300145.9	132404.4	91911.8	60239.1	15590.6
枣庄市	160223.3		70302.0	71522.7	18398.6
东营市	86608.2		31362.8	36082.9	19162.5
烟台市	234653.2	23751.1	61664.1	96552.4	52685.6
潍坊市	269499.5	61396.2	89112.9	74426.3	44564.1
济宁市	168218.0		70453.2	54536.6	43228.2
泰安市	296996.8		217134.6	48767.8	31094.4
威海市	73153.7	7463.3	14760.3	22986.8	27943.3
日照市	97227.3		45920.4	39213.0	12093.9
临沂市	237654.7	102431.4	56904.9	59369.9	18948.5
德州市	91187.0	16962.7	17693.9	32763.4	23767.0
聊城市	76699.1		26461.4	37916.5	12321.2
滨州市	45798.1		9343.9	25790.4	10663.8
菏泽市	97894.0		39268.7	35592.2	23033.1

2-C-35　各地区按资质等级划分的总承包建筑业企业主营业务收入

分　组	主营业务收入（万元）				
		特级	一级	二级	三级及以下
全　省	**105576028.2**	**36000765.4**	**39973352.8**	**19750260.5**	**9851649.5**
济南市	26304701.8	16710742.8	7525927.0	1330612.6	737419.4
青岛市	19825139.3	8254010.2	7844143.2	2562652.2	1164333.7
淄博市	7782200.9	2666869.5	3198645.0	1519156.9	397529.5
枣庄市	2789880.0		1382178.9	1089343.2	318357.9
东营市	2345361.0		994263.0	890918.9	460179.1
烟台市	5748936.7	1212934.3	1757984.2	1819893.1	958125.1
潍坊市	7754608.4	2743225.0	2219524.5	1881924.9	909934.0
济宁市	5109786.9		2870471.1	1216227.7	1023088.1
泰安市	7009869.7		5488860.5	922890.9	598118.3
威海市	2211994.9	574239.8	409431.3	611680.0	616643.8
日照市	3064093.1		1656170.5	1102796.4	305126.2
临沂市	6733438.2	3116952.8	1722202.6	1427812.6	466470.2
德州市	2458137.8	721791.0	525089.1	687384.1	523873.6
聊城市	2287986.5		882797.5	963841.1	441347.9
滨州市	1291055.7		315088.5	666583.2	309384.0
菏泽市	2858837.3		1180575.9	1056542.7	621718.7

2-C-36 各地区按资质等级划分的总承包建筑业企业管理费用

分　组	管理费用（万元）				
		特级	一级	二级	三级及以下
全　省	**3110576.9**	**778466.9**	**1098745.5**	**768641.5**	**464723.0**
济南市	699843.0	372488.5	217068.7	70745.8	39540.0
青岛市	559503.8	171865.7	235542.6	97667.1	54428.4
淄博市	233583.8	63810.4	95712.9	49787.6	24272.9
枣庄市	93240.7		36236.4	40961.3	16043.0
东营市	99972.1		27771.6	46565.3	25635.2
烟台市	201438.4	27986.7	55705.8	78865.0	38880.9
潍坊市	165247.5	30285.5	41558.8	60165.6	33237.6
济宁市	172459.2		82494.1	42277.3	47687.8
泰安市	232278.1		155161.7	37641.8	39474.6
威海市	91685.3	15934.3	9600.7	29257.7	36892.6
日照市	92871.2		40415.3	36835.7	15620.2
临沂市	218166.7	81270.6	44422.0	69249.0	23225.1
德州市	75579.9	14825.2	10216.3	25061.0	25477.4
聊城市	64786.2		14961.7	34341.3	15483.2
滨州市	51021.5		15531.7	24377.7	11112.1
菏泽市	58899.5		16345.2	24842.3	17712.0

2-C-37　各地区按资质等级划分的总承包建筑业企业财务费用

分　组	财务费用（万元）	特级	一级	二级	三级及以下
全　省	**809718.2**	**217467.1**	**356701.9**	**169590.7**	**65958.5**
济南市	118030.8	66018.9	39111.3	4640.5	8260.1
青岛市	201415.9	62103.2	114440.8	21310.2	3561.7
淄博市	37212.4	11144.4	12485.5	11049.6	2532.9
枣庄市	14420.6		5651.3	6622.8	2146.5
东营市	30979.4		13521.9	12446.1	5011.4
烟台市	73245.9	23208.1	25886.9	18489.8	5661.1
潍坊市	55051.3	15141.6	15467.5	18386.1	6056.1
济宁市	71000.1		42205.3	23531.0	5263.8
泰安市	25225.3		9459.2	6044.3	9721.8
威海市	10156.0	-1778.5	2548.7	6544.1	2841.7
日照市	39856.1		22693.2	12806.4	4356.5
临沂市	59462.4	26753.9	23175.7	7650.5	1882.3
德州市	21304.8	14875.5	5853.6	4712.6	-4136.9
聊城市	20126.3		5163.5	7483.5	7479.3
滨州市	5838.5		3106.7	1836.8	895.0
菏泽市	26392.4		15930.8	6036.4	4425.2

2-C-38 各地区按资质等级划分的总承包建筑业企业应收工程款

分 组	应收工程款（万元）				
		特级	一级	二级	三级及以下
全 省	**33758191.7**	**9930524.0**	**12807081.9**	**7648774.3**	**3371811.5**
济南市	6582581.6	3534716.9	2233368.7	516238.3	298257.7
青岛市	6644635.7	2416644.8	2473216.0	1272206.9	482568.0
淄博市	2486225.5	732476.8	1063143.6	521573.8	169031.3
枣庄市	937431.2		560312.4	276818.7	100300.1
东营市	1526804.9		576406.0	660443.9	289955.0
烟台市	2260632.5	772347.0	751371.4	516284.4	220629.7
潍坊市	2853502.1	1126123.3	692822.3	751829.9	282726.6
济宁市	2036805.7		1194217.9	498353.0	344234.8
泰安市	1692080.8		1104088.7	353490.6	234501.5
威海市	776198.9	191433.1	75040.0	289604.5	220121.3
日照市	1037007.7		486793.8	443172.8	107041.1
临沂市	1855374.9	536673.9	607252.4	592587.1	118861.5
德州市	1085311.1	620108.2	118386.7	219443.3	127372.9
聊城市	713130.0		314795.2	276642.3	121692.5
滨州市	578762.8		224001.9	248584.0	106176.9
菏泽市	691706.3		331864.9	211500.8	148340.6

D.专业承包建筑业企业

2-D-1　各地区专业承包建筑业企业签订合同情况

单位：万元

分　组	签订合同额	上年结转合同额	本年新签合同额
全　省	**12630864.3**	**2441889.0**	**10188975.3**
济南市	2430710.3	556880.9	1873829.4
青岛市	2578393.4	488637.1	2089756.3
淄博市	794171.6	239249.6	554922.0
枣庄市	458711.2	64937.8	393773.4
东营市	177287.5	21852.1	155435.4
烟台市	1289236.2	211728.6	1077507.6
潍坊市	641832.3	99049.2	542783.1
济宁市	1147785.5	186208.6	961576.9
泰安市	471663.9	69827.1	401836.8
威海市	448561.9	71753.5	376808.4
日照市	409978.4	43089.9	366888.5
临沂市	679646.6	161808.7	517837.9
德州市	283014.6	36321.7	246692.9
聊城市	399196.0	114474.3	284721.7
滨州市	259081.9	50994.4	208087.5
菏泽市	161593.0	25075.5	136517.5

2-D-2　各地区专业承包建筑业企业承包工程完成情况

单位：万元

分　组	直接从建设单位承揽工程完成的产值	自行完成施工产值	分包出去工程的产值	从建设单位以外承揽工程完成的产值
全　省	**9753971.2**	**9610956.5**	**143014.7**	**391308.4**
济南市	1792549.7	1788812.1	3737.6	67271.8
青岛市	2238692.3	2221646.1	17046.2	73196.8
淄博市	505761.9	497491.9	8270.0	34611.9
枣庄市	355038.5	353643.6	1394.9	4701.7
东营市	140368.5	136346.1	4022.4	5098.4
烟台市	1004916.7	997287.6	7629.1	36212.5
潍坊市	540007.8	533675.5	6332.3	17679.2
济宁市	829693.4	794437.1	35256.3	49432.9
泰安市	384778.9	358147.2	26631.7	43042.4
威海市	396898.8	394955.5	1943.3	7137.2
日照市	354162.9	338196.9	15966	16768.0
临沂市	479497.6	475432.2	4065.4	6266.1
德州市	217732.8	213115.9	4616.9	4939.6
聊城市	201431.7	196343.3	5088.4	19741.7
滨州市	193589.8	192575.6	1014.2	5208.2
菏泽市	118849.9	118849.9		

2-D-3 各地区专业承包建筑业企业建筑业总产值和竣工产值

单位：万元

分 组	建筑业总产值			按构成分组			竣工产值
		装饰装修产值	在外省完成的产值	建筑工程产值	安装工程产值	其他产值	
全 省	**10002264.9**	**3353767.6**	**1362813.1**	**6946641.1**	**2362788.6**	**692835.2**	**5530029.6**
济南市	1856083.9	426914.0	120623.8	1191425.0	407383.0	257275.9	978353.0
青岛市	2294842.9	1604446.3	507463.6	1965517.5	258441.5	70883.9	964038.1
淄博市	532103.8	108073.7	70445.9	238968.8	247548.3	45586.7	323979.2
枣庄市	358345.3	139388.1	91581.8	286020.9	59646.5	12677.9	215361.8
东营市	141444.5	34345.1	2102.3	60652.9	47330.3	33461.3	102586.2
烟台市	1033500.1	233589.1	106359.8	650168.0	296583.5	86748.6	668829.8
潍坊市	551354.7	74040.0	51613.3	322722.8	190765.4	37866.5	337749.8
济宁市	843870.0	120466.2	253807.4	669681.8	160067.6	14120.6	577638.8
泰安市	401189.6	52179.4	76122.0	207587.6	180129.0	13473.0	237608.1
威海市	402092.7	39983.3	15522.0	236527.0	130604.8	34960.9	188896.9
日照市	354964.9	253799.3	3320.2	278430.5	38099.7	38434.7	92362.8
临沂市	481698.3	202206.2	9633.4	359519.5	116439.7	5739.1	351684.2
德州市	218055.5	18000.0	9011.7	132922.6	76030.0	9102.9	152016.9
聊城市	216085.0	23357.5	36018.2	131254.9	73197.9	11632.2	126109.4
滨州市	197783.8	5538.8	6797.7	131188.1	51889.0	14706.7	126867.0
菏泽市	118849.9	17440.6	2390.0	84053.2	28632.4	6164.3	85947.6

2-D-4　各地区专业承包建筑业企业房屋建筑面积

分　组	房屋施工面积（万平方米）	新开工面积（万平方米）	房屋竣工面积（万平方米）	房屋建筑面积竣工率（%）
全　省	**1321.7**	**746.6**	**592.0**	**44.8**
济南市	26.4	23.2	10.0	43.1
青岛市	140.6	41.4	31.6	22.5
淄博市	10.6	6.9	4.6	43.8
枣庄市	112.4	70.7	40.9	36.4
东营市	0.8		0.7	87.5
烟台市	109.5	48.2	35.1	32.0
潍坊市	121.4	54.0	63.7	52.4
济宁市	205.8	135.2	116.1	56.4
泰安市	195.2	97.2	63.9	32.7
威海市	55.3	18.9	21.4	38.6
日照市	24.3	17.2	17.9	73.7
临沂市	75.5	38.5	53.1	70.3
德州市	63.8	46.3	36.1	56.6
聊城市	35.0	24.4	24.7	70.5
滨州市	113.7	95.4	54.3	47.7
菏泽市	32.2	29.1	18.1	56.1

2-D-5 各地区按主要用途分的专业

分 组	房屋竣工面积	住宅房屋	商业及服务用房屋	办公用房屋
全 省	**592.0**	**166.5**	**20.7**	**7.3**
济南市	10.0	2.2		1.1
青岛市	31.6	20.2	2.0	
淄博市	4.6	0.7		0.1
枣庄市	40.9	22.8		0.4
东营市	0.7			
烟台市	35.1	14.2	2.3	0.1
潍坊市	63.7	4.7		0.6
济宁市	116.1	14.8	1.0	
泰安市	63.9	16.3	2.1	0.4
威海市	21.4	8.1	0.3	
日照市	17.9			0.7
临沂市	53.1	13.1	8.8	
德州市	36.1	23.4	0.3	0.1
聊城市	24.7			3.8
滨州市	54.3	12.6	4.1	
菏泽市	18.1	13.2		

承包建筑业企业房屋竣工面积

单位：万平方米

科研、教育、医疗用房屋	文化、体育、娱乐用房屋	厂房及建筑物	仓库	其他未列明的房屋建筑物
11.0	**2.3**	**371.1**	**4.0**	**9.1**
		6.6		
5.2		4.2	0.1	
		3.0	0.1	0.7
0.5		14.2	1.5	1.4
				0.7
		17.5	0.9	0.1
1.5		56.4	0.3	0.2
	1.6	95.4		3.2
	0.3	43.1		1.6
		13.0		
		17.2		
3.7		27.2	0.1	0.3
		12.3		
	0.3	20.6		
		36.5	1.1	0.1
		4.1		0.8

2-D-6　各地区按主要用途分的

分　组	房屋竣工价值	住宅房屋	商业及服务用房屋	办公用房屋
全　省	**598346.8**	**212746.5**	**28996.9**	**9655.2**
济南市	13597.1	2470.0		1020.0
青岛市	17447.6	7451.1	5450.2	
淄博市	6302.5	1034.5		110.0
枣庄市	42683.9	24045.3		391.0
东营市	2083.7			
烟台市	34558.2	17916.4	1620.3	40.0
潍坊市	48369.7	8458.9		980.0
济宁市	102142.5	20090.7	1504.0	8.6
泰安市	82280.2	25708.5	2383.4	468.5
威海市	35280.4	15996.4	1149.2	
日照市	17627.0			660.0
临沂市	48400.8	15380.7	9786.8	41.0
德州市	61128.0	41741.7	205.0	222.0
聊城市	20889.3			5705.9
滨州市	48440.6	19769.5	6898.0	8.2
菏泽市	17115.3	12682.8		

专业承包建筑业企业房屋竣工价值

单位：万元

科研、教育、医疗用房屋	文化、体育、娱乐用房屋	厂房及建筑物	仓库	其他未列明的房屋建筑物
10232.5	**7956.3**	**292537.1**	**3281.8**	**32940.5**
		10107.1		
2019.0		2511.4	15.9	
		4450.0	108.0	600.0
529.0		16334.9	713.0	670.7
				2083.7
13.5		13280.1	1350.7	337.2
4180.0		33730.8	600.0	420.0
	6746.1	62252.0		11541.1
	681.2	36938.6		16100.0
		18134.8		
		16967.0		
3491.0	24.0	19240.1	73.0	364.2
		18959.3		
	505.0	14678.4		
		21268.7	421.2	75.0
		3683.9		748.6

2-D-7 各地区专业承包建筑业企业机械设备情况

分组	总台数（台）	总功率（千瓦）	净值（万元）	技术装备率（元/人）	动力装备率（千瓦时/人）
全省	**81905**	**1605579**	**331408**	**13186**	**6.4**
济南市	8485	197527	28256	6976	4.9
青岛市	5382	84132	14891	3312	1.9
淄博市	8412	194900	29795	17432	11.4
枣庄市	4674	72343	25944	24779	6.9
东营市	6931	52098	11044	24818	11.7
烟台市	11645	289544	57081	20277	10.3
潍坊市	5201	99583	20963	14860	7.1
济宁市	6146	70006	27762	9867	2.5
泰安市	6621	55450	20651	17318	4.6
威海市	3748	187518	16345	17665	20.3
日照市	1607	15195	4942	8656	2.7
临沂市	5645	89625	22117	17745	7.2
德州市	1772	42796	14529	23783	7.0
聊城市	1221	30296	6365	11394	5.4
滨州市	2112	86899	22615	36623	14.1
菏泽市	2303	37667	8109	12985	6.0

2-D-8　各地区专业承包建筑业企业主要生产效益指标

分　组	法人单位数（个）	从事建筑业活动的平均人数（人）	按总产值计算的劳动生产率（元/人）	人均竣工产值（元/人）	人均施工面积（平方米/人）	人均竣工面积（平方米/人）
全　省	**2120**	**262582**	**380920**	**210602**	**50.3**	**22.5**
济南市	252	41485	458247	235833	6.4	2.4
青岛市	221	49092	467458	196374	28.6	6.4
淄博市	157	17420	305456	185981	6.1	2.7
枣庄市	66	12204	293629	176468	92.1	33.5
东营市	58	4569	309574	224527	1.8	1.6
烟台市	346	28987	356539	230734	37.8	12.1
潍坊市	188	14587	377977	231542	83.2	43.6
济宁市	156	27564	306149	209563	74.6	42.1
泰安市	68	12136	330578	195788	160.8	52.6
威海市	148	9669	415858	195363	57.2	22.1
日照市	60	5898	601839	156600	41.1	30.3
临沂市	118	13728	350887	256180	55.0	38.7
德州市	72	6316	345243	240685	101.0	57.1
聊城市	54	6080	355403	207417	57.6	40.6
滨州市	94	6574	300858	192983	173.0	82.6
菏泽市	62	6273	189463	137012	51.3	28.8

2-D-9 各地区专业承包建筑业企业营业收入

单位：万元

分 组	营业收入	建筑业企业在境外完成的营业收入	企业总产值	建筑业总产值
全 省	**10850325.3**	**19561.7**	**10628727.3**	**10002264.9**
济南市	2006246.1	1473.2	1891844.3	1856083.9
青岛市	2382662.1		2348418.7	2294842.9
淄博市	596812.2		553087.7	532103.8
枣庄市	376748.3	4782.6	366866.3	358345.3
东营市	166788.4	1941.3	143652.6	141444.5
烟台市	1170339.4		1189794.0	1033500.1
潍坊市	607483.4		644332.1	551354.7
济宁市	968491.0	9064.6	959036.7	843870.0
泰安市	466838.8		429137.3	401189.6
威海市	418916.0		429836.1	402092.7
日照市	321177.3		366048.4	354964.9
临沂市	498760.4		490647.1	481698.3
德州市	266815.6		231408.9	218055.5
聊城市	224773.1		232387.4	216085.0
滨州市	248488.2	2300.0	230862.4	197783.8
菏泽市	128985.0		121367.3	118849.9

2-D-10　各地区专业承包建筑业企业资产构成

单位：万元

分　组	资产总计	流动资产合计	存货
全　省	**12100347.2**	**9802152.2**	**1783746.8**
济南市	2156917.1	1799053.9	288505.1
青岛市	1943341.9	1594655.1	307445.8
淄博市	710613.4	589889.5	102365.5
枣庄市	327261.8	236167.7	45152.6
东营市	437100.4	359748.5	17008.3
烟台市	1534443.6	1266608.2	190522.5
潍坊市	778467.6	562300.4	115854.7
济宁市	1048581.9	841131.2	166488.1
泰安市	374391.5	284416.2	44168.2
威海市	611099.1	480918.0	106835.2
日照市	318601.3	255226.0	40771.9
临沂市	682266.6	596522.9	155809.2
德州市	306633.3	231660.7	53996.3
聊城市	307935.5	271636.9	38908.1
滨州市	427083.5	346536.2	93493.3
菏泽市	135608.7	85680.8	16422.0

2-D-11 各地区专业承包建筑业企业固定资产情况

单位：万元

分 组	固定资产原价	累计折旧	本年折旧	在建工程
全 省	**1974237.3**	**754099.1**	**137571.2**	**115955.3**
济南市	214192.3	97082.3	28270.5	17844.1
青岛市	118842.0	48873.0	7953.0	11580.9
淄博市	133701.2	70821.0	14007.2	3197.7
枣庄市	84116.2	24851.3	2512.2	1279.1
东营市	64191.5	29031.3	4777.1	5145.5
烟台市	328736.7	174874.3	27729.2	13737.9
潍坊市	183585.9	43284.8	6605.9	7374.4
济宁市	138088.0	53904.3	7169.5	25730.1
泰安市	265362.0	25366.8	3531.1	3750.7
威海市	94211.5	49302.8	13195.9	6038.9
日照市	39927.0	16085.1	2833.9	2999.0
临沂市	78404.1	30551.1	3897.6	3285.2
德州市	65816.3	33504.6	6420.0	4066.6
聊城市	29045.2	14591.2	1681.7	2670.2
滨州市	85775.9	30700.4	4350.2	7194.8
菏泽市	50241.5	11274.8	2636.2	60.2

2-D-12　各地区专业承包建筑业企业负债及所有者权益

单位：万元

分　组	负债合计	流动负债合计	应付账款	所有者权益合计	实收资本
全　省	**7734357.5**	**7107537.6**	**2611606.1**	**4365989.6**	**2662972.6**
济南市	1476014.3	1363704.2	644201.0	680902.8	480986.1
青岛市	1287776.3	1219502.0	400365.4	655565.6	257872.5
淄博市	425995.7	403311.1	176687.8	284617.7	158733.3
枣庄市	163014.0	154954.2	37782.1	164247.8	90067.4
东营市	329872.1	243900.1	82695.9	107228.2	94961.2
烟台市	921155.0	851654.5	307705.6	613288.6	387938.7
潍坊市	485902.5	457888.0	162742.4	292565.1	162923.1
济宁市	672968.6	571938.8	107398.5	375613.3	254231.5
泰安市	204807.2	196586.1	84180.8	169584.3	106304.0
威海市	411670.3	389795.1	165461.0	199428.8	119609.8
日照市	208657.2	149074.7	30392.6	109944.1	73430.2
临沂市	484342.1	463717.1	223336.2	197924.5	131641.2
德州市	110487.0	101194.7	45409.0	196146.3	111683.5
聊城市	207024.5	205436.4	43841.1	100911.0	90060.1
滨州市	283369.1	280533.9	85927.0	143714.4	96026.6
菏泽市	61301.6	54346.7	13479.7	74307.1	46503.4

2-D-13 各地区专业承包建筑业企业实收资本

单位：万元

分 组	实收资本	国家资本	集体资本	法人资本	个人资本
全 省	**2662972.6**	**101173.1**	**196485.7**	**975463.4**	**1382815.9**
济南市	480986.1	37738.1	18669.5	185635.2	237954.1
青岛市	257872.5	5364.2	9751.0	111268.1	131406.2
淄博市	158733.3	1221.9	11942.1	59838.6	85730.7
枣庄市	90067.4	2978.0	1305.0	30837.8	54746.6
东营市	94961.2	227.4	1234.7	51013.4	42485.7
烟台市	387938.7	8144.9	53068.8	120532.9	203791.2
潍坊市	162923.1	4768.6	4986.7	65956.8	84875.6
济宁市	254231.5	15640.2	41792.4	54052.5	142746.4
泰安市	106304.0	2301.9	6021.5	31289.6	66691.0
威海市	119609.8	2000.0	7804.8	53883.6	55921.4
日照市	73430.2	8150.0	2734.9	21482.8	41062.5
临沂市	131641.2	8067.4	4390.0	50704.3	68479.5
德州市	111683.5	600.0	21436.9	33304.1	56342.5
聊城市	90060.1	85.0	5097.9	34973.6	48877.6
滨州市	96026.6	3759.0	6125.2	43941.6	42200.8
菏泽市	46503.4	126.5	124.3	26748.5	19504.1

2-D-14　各地区专业承包建筑业企业收入情况

单位：万元

分　组	主营业务收入	主营业务成本	主营业务税金及附加	其他业务收入	其他业务成本	其他业务利润
全　省	**10557530.5**	**9332450.0**	**87384.8**	**292794.8**	**246046.7**	**6189.8**
济南市	1968166.3	1764833.2	11548.8	38079.8	31562.7	2324.3
青岛市	2351142.8	2118370.3	13240.0	31519.3	19653.4	600.2
淄博市	563213.9	500887.4	5580.1	33598.3	27203.3	948.2
枣庄市	374998.0	323640.7	7959.8	1750.3	1464.7	-0.1
东营市	160694.4	139084.4	1180.0	6094.0	6206.4	
烟台市	1139057.7	967835.4	14457.3	31281.7	26952.3	530.8
潍坊市	598374.5	535466.3	4816.5	9108.9	8081.3	142.7
济宁市	869640.3	789739.5	8647.7	98850.7	67521.8	211.6
泰安市	448589.6	371834.7	4343.1	18249.2	35662.9	148.5
威海市	416391.3	348034.9	3019.2	2524.7	3175.8	238.5
日照市	305116.0	274053.5	1986.3	16061.3	14958.9	56.8
临沂市	497172.6	430744.9	3796.5	1587.8	1005.9	209.4
德州市	266090.7	227594.0	3807.5	724.9	70.2	285.0
聊城市	224486.8	205365.4	994.6	286.3	170.7	111.9
滨州市	245416.1	219827.1	1354.4	3072.1	2356.3	376.5
菏泽市	128979.5	115138.3	653.0	5.5	0.1	5.5

2-D-15　各地区专业承包建筑业企业费用情况

单位：万元

分　组	管理费用	销售费用	财务费用		
				利息收入	利息支出
全　省	**587639.0**	**106816.9**	**73215.4**	**1437.5**	**37199.2**
济南市	111859.2	27207.5	9338.5	213.0	5463.7
青岛市	108191.4	17238.1	17073.8	988.3	10314.7
淄博市	34094.5	5766.1	3961.0	48.3	2200.2
枣庄市	14109.2	3959.9	1706.2	426.4	542.9
东营市	15927.7	1079.4	1901.6	57.2	1233.0
烟台市	77220.5	18185.5	11707.5	-245.6	4491.0
潍坊市	29817.5	5806.0	2454.1	133.1	1830.3
济宁市	56397.7	5862.5	4518.0	225.3	1361.1
泰安市	20138.7	10016.5	613.7	-1168.7	932.7
威海市	33771.1	2022.4	6023.9	71.9	2199.9
日照市	14215.9	781.6	2788.2	105.3	1418.7
临沂市	31461.1	2177.8	1934.9	-156.7	1149.7
德州市	12682.3	2622.4	1931.5	791.4	985.1
聊城市	10236.0	686.3	4170.6	6.2	1454.6
滨州市	12358.4	2619.5	2332.7	-63.9	1497.0
菏泽市	5157.8	785.4	759.2	6.0	124.6

2-D-16　各地区专业承包建筑业企业利润及税金情况

单位：万元

分　组	利润总额	税金总额		
			主营业务税金及附加	应交增值税
全　省	**427765.9**	**342986.6**	**87384.8**	**255601.8**
济南市	63523.8	62574.8	11548.8	51026.0
青岛市	81859.9	48967.1	13240.0	35727.1
淄博市	17663.4	26426.4	5580.1	20846.3
枣庄市	24382.2	23490.6	7959.8	15530.8
东营市	4928.6	4691.2	1180.0	3511.2
烟台市	53032.1	46274.7	14457.3	31817.4
潍坊市	18942.0	18329.3	4816.5	13512.8
济宁市	38201.5	27750.2	8647.7	19102.5
泰安市	24308.5	17431.7	4343.1	13088.6
威海市	24656.7	13838.1	3019.2	10818.9
日照市	12828.9	8418.8	1986.3	6432.5
临沂市	27704.8	14515.3	3796.5	10718.8
德州市	18384.2	12401.2	3807.5	8593.7
聊城市	2909.5	5780.2	994.6	4785.6
滨州市	7863.6	7330.4	1354.4	5976.0
菏泽市	6576.2	4766.6	653.0	4113.6

2-D-17 各地区专业承包建筑业企业应收工程款及企业亏损情况

分组	应收工程款（万元）	企业个数（个）	亏损企业个数（个）	亏损企业比重（%）
全省	**3822189.6**	**2120**	**316**	**14.9**
济南市	688765.1	252	37	14.7
青岛市	809838.9	221	38	17.2
淄博市	287977.4	157	44	28.0
枣庄市	97414.3	66	5	7.6
东营市	98783.6	58	16	27.6
烟台市	461742.8	346	35	10.1
潍坊市	227819.2	188	19	10.1
济宁市	230940.0	156	22	14.1
泰安市	143370.2	68	10	14.7
威海市	184670.1	148	22	14.9
日照市	83021.4	60	10	16.7
临沂市	190515.2	118	16	13.6
德州市	84806.5	72	10	13.9
聊城市	83303.5	54	9	16.7
滨州市	111584.6	94	21	22.3
菏泽市	37636.8	62	2	3.2

2-D-18　各地区专业承包建筑业企业主要经济效益指标

分　组	产值利润率(%)	产值利税率(%)	资本利润率(%)	资本利税率(%)	人均利润(元/人)	人均利税(元/人)	资产负债率(%)
全　省	**4.3**	**7.7**	**16.1**	**28.9**	**16291**	**29353**	**63.9**
济南市	3.4	6.8	13.2	26.2	15312	30396	68.4
青岛市	3.6	5.7	31.7	50.7	16675	26649	66.3
淄博市	3.3	8.3	11.1	27.8	10140	25310	59.9
枣庄市	6.8	13.4	27.1	53.2	19979	39227	49.8
东营市	3.5	6.8	5.2	10.1	10787	21054	75.5
烟台市	5.1	9.6	13.7	25.6	18295	34259	60.0
潍坊市	3.4	6.8	11.6	22.9	12986	25551	62.4
济宁市	4.5	7.8	15.0	25.9	13859	23927	64.2
泰安市	6.1	10.4	22.9	39.3	20030	34394	54.7
威海市	6.1	9.6	20.6	32.2	25501	39813	67.4
日照市	3.6	6.0	17.5	28.9	21751	36025	65.5
临沂市	5.8	8.8	21.0	32.1	20181	30755	71.0
德州市	8.4	14.1	16.5	27.6	29107	48742	36.0
聊城市	1.3	4.0	3.2	9.6	4785	14292	67.2
滨州市	4.0	7.7	8.2	15.8	11962	23112	66.3
菏泽市	5.5	9.5	14.1	24.4	10483	18082	45.2

2-D-19 各地区按资质等级划分的专业承包建筑业企业单位数

分组	法人单位数（个）			
		一级	二级	三级
全 省	**2120**	**267**	**853**	**1000**
济南市	252	45	112	95
青岛市	221	41	98	82
淄博市	157	16	64	77
枣庄市	66	6	29	31
东营市	58	8	23	27
烟台市	346	40	117	189
潍坊市	188	21	84	83
济宁市	156	21	47	88
泰安市	68	9	28	31
威海市	148	11	51	86
日照市	60	12	34	14
临沂市	118	18	60	40
德州市	72	6	29	37
聊城市	54	4	19	31
滨州市	94	6	32	56
菏泽市	62	3	26	33

2-D-20　各地区按资质等级划分的专业承包企业期末人数

分　组	建筑业企业期末人数(人)			
		一级	二级	三级
全　省	**251329**	**88191**	**82929**	**80209**
济南市	40504	16816	12958	10730
青岛市	44955	28629	7929	8397
淄博市	17092	4220	8257	4615
枣庄市	10470	2634	4238	3598
东营市	4450	806	1783	1861
烟台市	28150	6858	8837	12455
潍坊市	14107	2189	5860	6058
济宁市	28135	10579	7338	10218
泰安市	11925	5513	4466	1946
威海市	9253	1335	3566	4352
日照市	5709	1902	2442	1365
临沂市	12464	4967	4690	2807
德州市	6109	439	2518	3152
聊城市	5586	542	3038	2006
滨州市	6175	369	2614	3192
菏泽市	6245	393	2395	3457

2-D-21 各地区按资质等级划分的专业承包建筑业企业建筑业总产值

分 组	建筑业总产值(万元)			
		一级	二级	三级
全 省	**10002264.9**	**4666588.6**	**2911280.4**	**2424395.9**
济南市	1856083.9	992586.7	536212.1	327285.1
青岛市	2294842.9	1688079.1	391633.9	215129.9
淄博市	532103.8	147900.9	216369.5	167833.4
枣庄市	358345.3	164010.6	105200.4	89134.3
东营市	141444.5	37832.4	64679.0	38933.1
烟台市	1033500.1	271791.1	332668.8	429040.2
潍坊市	551354.7	73433.2	254928.4	222993.1
济宁市	843870.0	448658.9	221469.9	173741.2
泰安市	401189.6	202389.3	96793.7	102006.6
威海市	402092.7	126414.3	104134.2	171544.2
日照市	354964.9	216793.3	82082.9	56088.7
临沂市	481698.3	239294.3	136906.1	105497.9
德州市	218055.5	11769.8	116174.4	90111.3
聊城市	216085.0	16439.2	128635.8	71010.0
滨州市	197783.8	15758.9	81597.9	100427.0
菏泽市	118849.9	13436.6	41793.4	63619.9

2-D-22 各地区按资质等级划分的专业承包建筑业企业签订合同额

分 组	签订合同额（万元）	一级	二级	三级
全 省	**12630864.3**	**5775916.7**	**3635935.2**	**3219012.4**
济南市	2430710.3	1320672.2	601447.2	508590.9
青岛市	2578393.4	1850952.6	464509.9	262930.9
淄博市	794171.6	181660.2	303178.2	309333.2
枣庄市	458711.2	194786.8	164128.4	99796.0
东营市	177287.5	42320.0	82541.6	52425.9
烟台市	1289236.2	382482.2	413656.7	493097.3
潍坊市	641832.3	80293.8	286663.7	274874.8
济宁市	1147785.5	592281.6	305736.0	249767.9
泰安市	471663.9	243041.9	100589.4	128032.6
威海市	448561.9	139765.1	108535.6	200261.2
日照市	409978.4	261659.0	92222.7	56096.7
临沂市	679646.6	382568.5	160331.5	136746.6
德州市	283014.6	12748.1	132312.1	137954.4
聊城市	399196.0	49488.1	246029.8	103678.1
滨州市	259081.9	15562.4	123238.4	120281.1
菏泽市	161593.0	25634.2	50814.0	85144.8

2-D-23 各地区按资质等级划分的专业承包建筑业企业竣工产值

分 组	竣工产值（万元）	一级	二级	三级
全 省	**5530029.6**	**2327678.8**	**1691209.8**	**1511141.0**
济南市	978353.0	450963.5	343320.6	184068.9
青岛市	964038.1	762408.0	106725.5	94904.6
淄博市	323979.2	84192.2	130542.0	109245.0
枣庄市	215361.8	63026.7	82083.2	70251.9
东营市	102586.2	28889.2	45336.7	28360.3
烟台市	668829.8	162405.6	223972.0	282452.2
潍坊市	337749.8	58638.9	132076.2	147034.7
济宁市	577638.8	310111.3	135880.3	131647.2
泰安市	237608.1	140332.7	52607.7	44667.7
威海市	188896.9	44583.1	40771.8	103542.0
日照市	92362.8	21837.7	57184.2	13340.9
临沂市	351684.2	165682.6	101003.4	84998.2
德州市	152016.9	12469.8	86977.6	52569.5
聊城市	126109.4	2093.9	65896.3	58119.2
滨州市	126867.0	7986.3	63801.1	55079.6
菏泽市	85947.6	12057.3	23031.2	50859.1

2-D-24 各地区按资质等级划分的专业承包建筑业企业房屋施工面积

分 组	房屋施工面积（万平方米）	一级	二级	三级
全 省	**1321.7**	**319.6**	**432.8**	**569.3**
济南市	26.4	2.6	11.9	12.0
青岛市	140.6	81.3	22.4	36.8
淄博市	10.6	3.5	3.7	3.4
枣庄市	112.4	15.3	26.0	71.1
东营市	0.8			0.8
烟台市	109.5	4.7	18.4	86.4
潍坊市	121.4	17.2	42.0	62.3
济宁市	205.8	106.3	59.7	39.7
泰安市	195.2	52.1	49.3	93.8
威海市	55.3	15.0	20.5	19.9
日照市	24.3	1.5	19.1	3.7
临沂市	75.5	3.0	29.2	43.3
德州市	63.8	0.1	51.3	12.4
聊城市	35.0	1.5	27.9	5.6
滨州市	113.7	11.8	41.2	60.7
菏泽市	32.2	3.7	10.2	18.3

2-D-25 各地区按资质等级划分的专业承包建筑业企业房屋竣工面积

分 组	房屋竣工面积（万平方米）			
		一级	二级	三级
全 省	592.0	177.3	229.1	185.6
济南市	10.0		3.5	6.5
青岛市	31.6	6.5	4.2	21.0
淄博市	4.6	2.1	1.6	0.9
枣庄市	40.9	8.0	14.9	18.0
东营市	0.7			0.7
烟台市	35.1	3.0	15.9	16.2
潍坊市	63.7	13.9	33.7	16.1
济宁市	116.1	77.3	12.6	26.2
泰安市	63.9	38.4	18.6	6.8
威海市	21.4	13.0		8.4
日照市	17.9	1.5	15.7	0.7
临沂市	53.1	2.8	19.0	31.2
德州市	36.1		27.9	8.2
聊城市	24.7	1.5	19.4	3.8
滨州市	54.3	7.6	33.6	13.1
菏泽市	18.1	1.9	8.4	7.8

2-D-26　各地区按资质等级划分的专业承包企业自有施工机械设备台数

分　组	总台数（台）			
		一级	二级	三级
全　省	**81905**	**30101**	**27293**	**24511**
济南市	8485	4215	3143	1127
青岛市	5382	1873	1214	2295
淄博市	8412	2969	3081	2362
枣庄市	4674	1049	1699	1926
东营市	6931	5311	1142	478
烟台市	11645	3211	4479	3955
潍坊市	5201	1047	2590	1564
济宁市	6146	1887	1430	2829
泰安市	6621	4217	2032	372
威海市	3748	731	1273	1744
日照市	1607	679	579	349
临沂市	5645	2448	1755	1442
德州市	1772	119	1037	616
聊城市	1221	127	386	708
滨州市	2112	157	941	1014
菏泽市	2303	61	512	1730

2-D-27 各地区按资质等级划分的专业承包企业自有施工机械设备总功率

分 组	总功率（万千瓦）	一级	二级	三级
全 省	**160.6**	**38.6**	**58.0**	**63.9**
济南市	19.7	2.2	12.2	5.4
青岛市	8.4	3.7	1.6	3.1
淄博市	19.5	3.1	12.5	3.9
枣庄市	7.2	1.3	3.0	2.9
东营市	5.2	1.1	2.6	1.5
烟台市	29.0	7.6	7.4	14.0
潍坊市	10.0	3.5	1.9	4.6
济宁市	7.0	1.3	1.4	4.3
泰安市	5.5	1.9	2.9	0.8
威海市	18.8	9.1	1.3	8.4
日照市	1.5	0.9	0.4	0.2
临沂市	9.0	1.8	4.2	3.0
德州市	4.3	0.4	2.8	1.1
聊城市	3.0	0.1	0.6	2.3
滨州市	8.7	0.4	2.1	6.2
菏泽市	3.8	0.3	1.2	2.3

2-D-28 各地区按资质等级划分的专业承包建筑业企业实收资本

分组	实收资本（万元）	一级	二级	三级
全省	**2662972.6**	**662154.3**	**1022671.7**	**978146.6**
济南市	480986.1	127692.5	168526.9	184766.7
青岛市	257872.5	85817.5	91344.6	80710.4
淄博市	158733.3	37381.4	57849.2	63502.7
枣庄市	90067.4	20376.0	32801.8	36889.6
东营市	94961.2	20009.3	55316.8	19635.1
烟台市	387938.7	96326.9	143085.3	148526.5
潍坊市	162923.1	26816.5	75405.0	60701.6
济宁市	254231.5	86852.8	92574.5	74804.2
泰安市	106304.0	29786.2	34868.4	41649.4
威海市	119609.8	26092.7	30641.9	62875.2
日照市	73430.2	26118.0	35372.9	11939.3
临沂市	131641.2	36547.7	54121.6	40971.9
德州市	111683.5	17187.0	59224.5	35272.0
聊城市	90060.1	10680.0	50619.1	28761.0
滨州市	96026.6	9420.0	22280.5	64326.1
菏泽市	46503.4	5049.8	18638.7	22814.9

2-D-29 各地区按资质等级划分的专业承包建筑业企业资产

分 组	资产总计（万元）			
		一级	二级	三级
全 省	**12100347.2**	**4331771.4**	**3976062.5**	**3792513.3**
济南市	2156917.1	910199.5	538965.4	707752.2
青岛市	1943341.9	1258042.0	388938.6	296361.3
淄博市	710613.4	220825.8	247174.2	242613.4
枣庄市	327261.8	118459.2	123355.3	85447.3
东营市	437100.4	85597.8	273888.3	77614.3
烟台市	1534443.6	353675.2	549413.4	631355.0
潍坊市	778467.6	91571.9	310489.1	376406.6
济宁市	1048581.9	470445.3	366097.5	212039.1
泰安市	374391.5	111012.0	106610.5	156769.0
威海市	611099.1	171932.4	174062.5	265104.2
日照市	318601.3	114226.6	156597.6	47777.1
临沂市	682266.6	294392.9	202191.4	185682.3
德州市	306633.3	51998.8	148943.6	105690.9
聊城市	307935.5	46475.3	166468.3	94991.9
滨州市	427083.5	25318.2	183531.9	218233.4
菏泽市	135608.7	7598.5	39334.9	88675.3

2-D-30 各地区按资质等级划分的专业承包建筑业企业所有者权益

分 组	所有者权益合计(万元)			
		一级	二级	三级
全 省	**4365989.6**	**1329504.6**	**1523938.6**	**1512546.4**
济南市	680902.8	233724.8	219452.5	227725.5
青岛市	655565.6	358442.4	145917.4	151205.8
淄博市	284617.7	95099.4	110030.7	79487.6
枣庄市	164247.8	53053.5	57902.0	53292.3
东营市	107228.2	13276.9	64462.1	29489.2
烟台市	613288.6	147534.8	225278.9	240474.9
潍坊市	292565.1	38457.6	102698.4	151409.1
济宁市	375613.3	130630.2	145586.4	99396.7
泰安市	169584.3	50538.3	58460.6	60585.4
威海市	199428.8	39891.2	48278.9	111258.7
日照市	109944.1	44805.1	50070.0	15069.0
临沂市	197924.5	64108.6	76427.7	57388.2
德州市	196146.3	35439.9	108915.3	51791.1
聊城市	100911.0	8689.1	53648.1	38573.8
滨州市	143714.4	10037.4	34681.3	98995.7
菏泽市	74307.1	5775.4	22128.3	46403.4

2-D-31 各地区按资质等级划分的专业承包建筑业企业负债

分 组	负债合计(万元)	一级	二级	三级
全 省	**7734357.5**	**3002266.8**	**2452123.8**	**2279966.9**
济南市	1476014.3	676474.7	319512.9	480026.7
青岛市	1287776.3	899599.6	243021.2	145155.5
淄博市	425995.7	125726.4	137143.5	163125.8
枣庄市	163014.0	65405.7	65453.3	32155.0
东营市	329872.1	72320.9	209426.1	48125.1
烟台市	921155.0	206140.4	324134.5	390880.1
潍坊市	485902.5	53114.3	207790.7	224997.5
济宁市	672968.6	339815.1	220511.1	112642.4
泰安市	204807.2	60473.7	48149.9	96183.6
威海市	411670.3	132041.2	125783.6	153845.5
日照市	208657.2	69421.5	106527.6	32708.1
临沂市	484342.1	230284.3	125763.7	128294.1
德州市	110487.0	16558.9	40028.3	53899.8
聊城市	207024.5	37786.2	112820.2	56418.1
滨州市	283369.1	15280.8	148850.6	119237.7
菏泽市	61301.6	1823.1	17206.6	42271.9

2-D-32　各地区按资质等级划分的专业承包建筑业企业营业收入

分　组	营业收入(万元)			
		一级	二级	三级
全　省	**10850325.3**	**4825231.0**	**3214876.0**	**2810218.3**
济南市	2006246.1	1029241.6	572517.0	404487.5
青岛市	2382662.1	1735386.4	405196.4	242079.3
淄博市	596812.2	149696.6	261401.5	185714.1
枣庄市	376748.3	167887.3	115112.6	93748.4
东营市	166788.4	38063.3	82086.1	46639.0
烟台市	1170339.4	265191.9	427784.8	477362.7
潍坊市	607483.4	102320.9	260736.1	244426.4
济宁市	968491.0	507050.8	245450.1	215990.1
泰安市	466838.8	196494.3	127452.9	142891.6
威海市	418916.0	102458.9	107571.6	208885.5
日照市	321177.3	184781.9	79455.0	56940.4
临沂市	498760.4	248788.1	145157.7	104814.6
德州市	266815.6	38400.2	128807.3	99608.1
聊城市	224773.1	15003.9	129042.5	80726.7
滨州市	248488.2	24274.9	78350.8	145862.5
菏泽市	128985.0	20190.0	48753.6	60041.4

2-D-33 各地区按资质等级划分的专业承包建筑业企业利税总额

分组	利税总额（万元）			
		一级	二级	三级
全省	**770752.5**	**304822.9**	**252227.0**	**213702.6**
济南市	126098.6	63565.4	41585.3	20947.9
青岛市	130827.0	83801.6	32589.3	14436.1
淄博市	44089.8	10255.2	22659.6	11175.0
枣庄市	47872.8	23355.9	15901.2	8615.7
东营市	9619.8	1677.0	6486.6	1456.2
烟台市	99306.8	23943.5	31095.3	44268.0
潍坊市	37271.3	4372.1	15526.5	17372.7
济宁市	65951.7	29093.4	18626.9	18231.4
泰安市	41740.2	18993.6	14728.3	8018.3
威海市	38494.8	6567.7	7328.0	24599.1
日照市	21247.7	11824.4	4989.3	4434.0
临沂市	42220.1	21356.9	13784.1	7079.1
德州市	30785.4	4025.4	15667.5	11092.5
聊城市	8689.7	-569.8	4658.4	4601.1
滨州市	15194.0	960.1	3150.3	11083.6
菏泽市	11342.8	1600.5	3450.4	6291.9

2-D-34　各地区按资质等级划分的专业承包建筑业企业利润总额

分　组	利润总额（万元）	一级	二级	三级
全　省	**427765.9**	**175660.1**	**139041.1**	**113064.7**
济南市	63523.8	35987.6	18044.1	9492.1
青岛市	81859.9	51605.8	22896.3	7357.8
淄博市	17663.4	6019.1	8123.5	3520.8
枣庄市	24382.2	9967.0	9731.8	4683.4
东营市	4928.6	435.1	4331.2	162.3
烟台市	53032.1	13097.2	16782.6	23152.3
潍坊市	18942.0	2371.0	7609.2	8961.8
济宁市	38201.5	18589.1	10495.3	9117.1
泰安市	24308.5	9168.7	9798.0	5341.8
威海市	24656.7	3770.4	4483.1	16403.2
日照市	12828.9	6821.0	3221.4	2786.5
临沂市	27704.8	14514.6	9121.0	4069.2
德州市	18384.2	2700.3	9446.1	6237.8
聊城市	2909.5	-1056.5	1350.2	2615.8
滨州市	7863.6	533.1	1789.1	5541.4
菏泽市	6576.2	1136.6	1818.2	3621.4

2-D-35 各地区按资质等级划分的专业承包建筑业企业税金总额

分 组	税金总额（万元）			
		一级	二级	三级
全 省	**342986.6**	**129162.8**	**113185.9**	**100637.9**
济南市	62574.8	27577.8	23541.2	11455.8
青岛市	48967.1	32195.8	9693.0	7078.3
淄博市	26426.4	4236.1	14536.1	7654.2
枣庄市	23490.6	13388.9	6169.4	3932.3
东营市	4691.2	1241.9	2155.4	1293.9
烟台市	46274.7	10846.3	14312.7	21115.7
潍坊市	18329.3	2001.1	7917.3	8410.9
济宁市	27750.2	10504.3	8131.6	9114.3
泰安市	17431.7	9824.9	4930.3	2676.5
威海市	13838.1	2797.3	2844.9	8195.9
日照市	8418.8	5003.4	1767.9	1647.5
临沂市	14515.3	6842.3	4663.1	3009.9
德州市	12401.2	1325.1	6221.4	4854.7
聊城市	5780.2	486.7	3308.2	1985.3
滨州市	7330.4	427	1361.2	5542.2
菏泽市	4766.6	463.9	1632.2	2670.5

2-D-36 各地区按资质等级划分的专业承包建筑业企业主营业务收入

分 组	主营业务收入(万元)			
		一级	二级	三级
全 省	**10557530.5**	**4789116.0**	**3051094.3**	**2717320.2**
济南市	1968166.3	1016493.6	555902.2	395770.5
青岛市	2351142.8	1731100.5	380826.3	239216.0
淄博市	563213.9	139030.9	253648.8	170534.2
枣庄市	374998.0	166677.3	115112.6	93208.1
东营市	160694.4	38063.3	81729.0	40902.1
烟台市	1139057.7	261180.5	424331.6	453545.6
潍坊市	598374.5	102309.3	253257.7	242807.5
济宁市	869640.3	507002.7	169641.1	192996.5
泰安市	448589.6	196494.3	117209.8	134885.5
威海市	416391.3	102418.7	106994.7	206977.9
日照市	305116.0	184781.9	63463.5	56870.6
临沂市	497172.6	247707.3	144883.6	104581.7
德州市	266090.7	37700.2	128782.8	99607.7
聊城市	224486.8	14917.7	128908.6	80660.5
滨州市	245416.1	23047.8	77653.9	144714.4
菏泽市	128979.5	20190.0	48748.1	60041.4

2-D-37 各地区按资质等级划分的专业承包建筑业企业管理费用

分组	管理费用(万元)	一级	二级	三级
全省	**587639.0**	**187928.5**	**195762.6**	**203947.9**
济南市	111859.2	41680.2	27611.8	42567.2
青岛市	108191.4	57974.8	28789.5	21427.1
淄博市	34094.5	9686.9	11098.9	13308.7
枣庄市	14109.2	6217.0	3893.5	3998.7
东营市	15927.7	2292.8	7463.0	6171.9
烟台市	77220.5	14479.2	35308.6	27432.7
潍坊市	29817.5	5615.0	11309.7	12892.8
济宁市	56397.7	13699.7	27459.2	15238.8
泰安市	20138.7	5272.9	4503.7	10362.1
威海市	33771.1	8248.8	8617.1	16905.2
日照市	14215.9	3808.9	5357.8	5049.2
临沂市	31461.1	14728.2	6986.9	9746.0
德州市	12682.3	1543.0	6605.9	4533.4
聊城市	10236.0	877.7	4182.5	5175.8
滨州市	12358.4	856.1	4374.8	7127.5
菏泽市	5157.8	947.3	2199.7	2010.8

2-D-38　各地区按资质等级划分的专业承包建筑业企业财务费用

分　组	财务费用（万元）	一级	二级	三级
全　省	**73215.4**	**35229.2**	**19626.0**	**18360.2**
济南市	9338.5	3627.8	1900.6	3810.1
青岛市	17073.8	12771.5	2734.4	1567.9
淄博市	3961.0	1583.0	1260.9	1117.1
枣庄市	1706.2	721.0	605.6	379.6
东营市	1901.6	1093.7	553.8	254.1
烟台市	11707.5	4209.6	3715.1	3782.8
潍坊市	2454.1	523.3	1186.6	744.2
济宁市	4518.0	3089.1	876.9	552.0
泰安市	613.7	770.2	-661.9	505.4
威海市	6023.9	3309.6	417.8	2296.5
日照市	2788.2	922.0	1836.2	30.0
临沂市	1934.9	233.5	975.9	725.5
德州市	1931.5	691.2	853.0	387.3
聊城市	4170.6	1341.2	2560.7	268.7
滨州市	2332.7	334.5	549.8	1448.4
菏泽市	759.2	8.0	260.6	490.6

2-D-39 各地区按资质等级划分的专业承包建筑业企业应收工程款

分 组	应收工程款（万元）			
		一级	二级	三级
全 省	**3822189.6**	**1567013.9**	**1092730.8**	**1162444.9**
济南市	688765.1	331064.4	181850.4	175850.3
青岛市	809838.9	562309.4	129285.9	118243.6
淄博市	287977.4	114821.0	94071.1	79085.3
枣庄市	97414.3	37646.4	33397.0	26370.9
东营市	98783.6	19312.8	50485.4	28985.4
烟台市	461742.8	72176.0	173080.2	216486.6
潍坊市	227819.2	34799.1	97060.4	95959.7
济宁市	230940.0	124059.2	50088.0	56792.8
泰安市	143370.2	41410.6	34373.6	67586.0
威海市	184670.1	48776.1	53745.3	82148.7
日照市	83021.4	43399.8	29195.8	10425.8
临沂市	190515.2	102387.9	40905.6	47221.7
德州市	84806.5	9737.1	43647.8	31421.6
聊城市	83303.5	18461.9	29758.1	35083.5
滨州市	111584.6	5398.6	37965.4	68220.6
菏泽市	37636.8	1253.6	13820.8	22562.4

E.劳务分包建筑业企业

2-E-1　各地区劳务分包建筑业企业生产经营情况

单位：万元

分　组	建筑业总产值	营业收入	主营业务税金及附加	利润总额	应付职工薪酬
全　省	**740154.0**	**737032.9**	**7065.4**	**13100.6**	**218266.3**
济南市	102666.6	93437.4	476.0	1583.2	38975.0
青岛市	478535.6	489429.5	2901.1	3572.9	122107.6
淄博市	15137.6	15105.5	92.0	170.9	9607.7
枣庄市	8596.6	8398.6	335.2	1329.5	3727.7
东营市					
烟台市	4970.7	4970.7	55.2	383.0	2147.5
潍坊市	5094.2	4784.2	105.6	99.4	333.2
济宁市	26367.0	26758.4	355.0	1408.4	11024.0
泰安市	202.8	196.9	0.9	3.6	112.8
威海市	15064.8	12649.8	53.0	555.1	2170.3
日照市	35501.0	35501.0	152.0	202.4	6366.9
临沂市	23544.9	23243.6	2456.8	700.4	12753.1
德州市	970.0	1110.0	4.7	25.8	680.0
聊城市	53.8	53.8	0.2	3.1	15.0
滨州市	6040.0	6040.0	14.0	-130.0	57.6
菏泽市	17408.4	15353.5	63.7	3192.9	8187.9

2-E-2　各地区劳务分包建筑业企业个数和人员情况

单位：人

分　组	企业个数	从事建筑业活动的平均人数	期末人数	#工程技术人员	#现场施工人员
全　省	**220**	**33436**	**32687**	**3783**	**20114**
济南市	17	7446	5846	1192	5228
青岛市	77	13123	13458	1280	7616
淄博市	15	1700	2109	183	891
枣庄市	5	843	878	61	288
东营市					
烟台市	17	504	619	92	373
潍坊市	3	92	96	22	62
济宁市	10	2200	2523	281	1753
泰安市	1				
威海市	7	466	309	59	373
日照市	6	1008	1225	100	906
临沂市	19	3292	2573	153	713
德州市	2	110	92	5	5
聊城市	1				
滨州市	4	8	23		
菏泽市	36	2606	2718	347	1885

附录

主要指标解释

主要指标解释

研究与试验发展(R&D) 指在科学技术领域，为增加知识总量，以及运用这些知识去创造新的应用进行的系统的创造性的活动，包括基础研究、应用研究、试验发展三类活动。国际上通常采用 R&D 活动的规模和强度指标反映一国的科技实力和核心竞争力。

R&D 人员 指参与研究与试验发展项目研究、管理和辅助工作的人员，包括项目(课题)组人员，企业科技行政管理人员和直接为项目(课题)活动提供服务的辅助人员。反映投入从事拥有自主知识产权的研究开发活动的人力规模。

R&D 人员全时当量 指全时人员数加非全时人员按工作量折算为全时人员数的总和。例如：有两个全时人员和三个非全时人员(工作时间分别为 20%、30%和 70%)，则全时当量为 2+0.2+0.3+0.7=3.2 人年。为国际上比较科技人力投入而制定的可比指标。

R&D 经费内部支出 指调查单位用于内部开展 R&D 活动（基础研究、应用研究和试验发展）的实际支出。包括用于 R&D 项目（课题）活动的直接支出，以及间接用于 R&D 活动的管理费、服务费、与 R&D 有关的基本建设支出以及外协加工费等。不包括生产性活动支出、归还贷款支出以及与外单位合作或委托外单位进行 R&D 活动而转拨给对方的经费支出。

R&D 经费支出中政府资金 指 R&D 经费内部支出中来自各级政府部门的各类资金，包括财政科学技术拨款、科学基金、教育等部门事业费以及政府部门预算外资金的实际支出。

R&D 经费支出中企业资金 指 R&D 经费内部支出中来自本企业的自有资金和接受其他企业委托而获得的经费，以及科研院所、高校等事业单位从企业获得的资金的实际支出。

R&D 项目数 指在当年立项并开展研究工作、以前年份立项仍继续进行研究的研发项目（课题）数，包括当年完成和年内研究工作已告失败的研发项目（课题），但不包括委托外单位进行的研发项目（课题）数。

R&D 项目人员全时当量 指实际参加研发项目（课题）活动人员折合的全时当量。

R&D 项目经费支出 指调查单位内部在报告年度进行研发项目（课题）研究和试制等的实际支出。包括劳务费、其他日常支出、固定资产购建费、外协加工费等，不包括委托或与外单位合作进行项目（课题）研究而拨付给对方使用的经费。

新产品销售收入 指报告期企业销售新产品实现的销售收入。新产品是指采用新技术原理、新设计构思研制、生产的全新产品，或在结构、材质、工艺等某一方面比原有产品有明显改进，从而显著提高了产品性能或扩大了使用功能的产品。既包括经政府有关部门认定并在有效期内的新产品，也包括企业自行研制开发，未经政府有关部门认定，从投产之日起一年之内的新产品。

技术改造经费支出 指报告期内企业进行技术改造而发生的费用支出。技术改造指企业在坚持科技进步的前提下，将科技成果应用于生产的各个领域（产品、设备、工艺等），用先进工艺、设备代替落后工艺、设备，实现以内涵为主的扩大再生产，从而提高产品质量、促进产品更新换代、节约能源、降低消耗，全面提高综合经济效益。

购买境内技术经费支出 指报告期内企业购买境内其他单位科技成果的经费支出。包括购买产品设计、工艺流程、图纸、配方、专利、技术诀窍及设备的费用支出。

引进境外技术经费支出 指报告期内企业用于购买国外或港澳台技术的费用支出，包括产品设计、工艺流程、图纸、配方、专利等技术资料的费用支出，以及购买设备、仪器、样机和样件等的费用支出。

引进境外技术的消化吸收经费支出 指报告期内企业引进国外或港澳台技术的消化吸收经费支出。引进技术的消化吸收指对引进技术的掌握、应用、复制而开展的工作，以及在此基础上的创新。引进技术的消化吸收经费支出包括：人员培训费、测绘费、参加消化吸收人员的工资、工装、工艺开发费、必备的配套设备费、翻版费等。

山东经济普查年鉴

Shandong Economic Census Yearbook

2018

第三产业卷

山东省第四次经济普查领导小组办公室　编著

中国统计出版社
China Statistics Press

图书在版编目（CIP）数据

山东经济普查年鉴. 2018. 第三产业卷 / 山东省第四次经济普查领导小组办公室编著. -- 北京 : 中国统计出版社, 2021.1
ISBN 978-7-5037-9020-1

Ⅰ. ①山… Ⅱ. ①山… Ⅲ. ①经济－普查－山东－2018－年鉴②第三产业－经济－普查－山东－2018－年鉴 Ⅳ. ①F127.52-54②F264.1-54

中国版本图书馆 CIP 数据核字(2021)第 016487 号

山东经济普查年鉴—2018/第三产业卷

作　　者/山东省第四次经济普查领导小组办公室
责任编辑/冯燕玲
执行编辑/邢　玥
装帧设计/麦德森文化传媒
出版发行/中国统计出版社
通信地址/北京市丰台区西三环南路甲 6 号　邮政编码/100073
电　　话/邮购（010）63376909　书店（010）68783171
网　　址/http://www.zgtjcbs.com/
印　　刷/山东麦德森文化传媒有限公司
经　　销/新华书店
开　　本/880mm×1230mm　1/16
字　　数/916 千字
印　　张/29
版　　别/2021 年 1 月第 1 版
版　　次/2021 年 1 月第 1 次印刷
定　　价/880.00 元（全四册）

本书附同版本 CD-ROM 一张，光盘内容以书面文字为准。
如有印装差错，由本社发行部调换。

编者说明

为方便社会各界共同分享山东省第四次经济普查成果，充分开发利用普查资料，根据第四次经济普查结果，汇编成《山东经济普查年鉴—2018》一书。全书共三卷四册，即综合卷、第二产业卷和第三产业卷，并随书配送同版本光盘一张。《综合卷》分三篇：第一篇为“综合篇”，第二篇为“企业篇”，第三篇为“文化及相关产业篇”。《第二产业卷》按内容分为上、下两册。上册两篇：第一篇为“工业企业生产经营及财务状况篇”，第二篇为“主要工业产品产量篇”。下册两篇：第一篇为“规模以上工业企业科技情况篇”，第二篇为“建筑业企业生产经营及账务状况篇”。《第三产业卷》分六篇：第一篇为“批发和零售业企业基本情况及财务状况篇”，第二篇为“住宿和餐饮业企业基本情况及财务状况篇”，第三篇为“房地产开发经营业生产经营及财务状况篇”，第四篇为“服务业企业财务状况篇”，第五篇为“服务业行政事业及非企业法人单位篇”，第六篇为“企业信息化和电子商务交易情况篇”。为使读者能够更好地使用本资料，现对有关情况做如下说明：

一、第四次经济普查的标准时点为2018年12月31日，时期资料为2018年度；

二、综合卷中综合篇和企业篇汇总表，均不包含少量无分组标识的单位数据，其中单位数包含兼营二、三产业的农、林、牧、渔业法人单位，从业人员数不包含兼营二、三产业的农、林、牧、渔业法人单位，不包含人民银行、银保监会、证监会监管的金融业以及铁路运输部门单位数据；

三、本资料建筑业按法人单位注册地，其他行业按法人单位经营地进行汇总；

四、本资料对部分数据由于计量单位取舍不同或四舍五入而产生的误差数均未作机械调整；

五、表中空格表示该项统计指标数值为零、不足最小单位、数据不详或无该项数据，“#”表示其中的主要项；

六、为了更准确地使用本年鉴，每卷后附有该卷详细的指标解释。

希望此书能使社会各界对山东省第四次经济普查成果有一个全面的了解，更愿本书的内容，能为社会经济研究工作者提供有价值的参考。

山东省第四次经济普查资料是全省普查工作者共同辛勤工作的成果，也是广大普查对象积极支持配合的结果。在此，我们向全省所有普查工作者、普查对象和所有参与和支持普查工作的人员致以崇高的敬意和衷心的感谢！

山东省第四次经济普查领导小组办公室

2020年11月

第三产业卷　目录

第一篇　批发和零售业企业基本情况及财务状况篇

第二篇　住宿和餐饮业企业基本情况及财务状况篇

第三篇 房地产开发经营业生产经营及财务状况篇

第四篇 服务业企业财务状况篇

第五篇　服务业行政事业及非企业法人单位篇

第六篇　企业信息化和电子商务交易情况篇

附　录

第1篇

批发和零售业企业基本情况及财务状况篇

A. 行业部分

1-A-1　批发业法人企业基本情况

分　组	代码	法人单位数（个）	从业人员期末人数（人）
批发业	**51**	**373983**	**2061047**
按国民经济行业分组			
农、林、牧、渔产品批发	511	22873	137003
谷物、豆及薯类批发	5111	4531	29871
种子批发	5112	1813	11702
畜牧渔业饲料批发	5113	2444	12050
棉、麻批发	5114	679	7843
林业产品批发	5115	5159	29646
牲畜批发	5116	2776	16389
渔业产品批发	5117	563	3010
其他农牧产品批发	5119	4908	26492
食品、饮料及烟草制品批发	512	58076	344920
米、面制品及食用油批发	5121	2978	27622
糕点、糖果及糖批发	5122	1173	6236
果品、蔬菜批发	5123	23383	135382
肉、禽、蛋、奶及水产品批发	5124	6380	40389
盐及调味品批发	5125	1154	10215
营养和保健品批发	5126	1208	7299
酒、饮料及茶叶批发	5127	6532	36142
烟草制品批发	5128	143	17407
其他食品批发	5129	15125	64228
纺织、服装及家庭用品批发	513	43395	228299
纺织品、针织品及原料批发	5131	7072	48778
服装批发	5132	11138	54852
鞋帽批发	5133	1180	6107
化妆品及卫生用品批发	5134	3700	15215
厨具卫具及日用杂品批发	5135	7476	26854
灯具、装饰物品批发	5136	1671	6407
家用视听设备批发	5137	812	5814
日用家电批发	5138	3688	37667
其他家庭用品批发	5139	6658	26605
文化、体育用品及器材批发	514	14611	71500
文具用品批发	5141	6895	27391
体育用品及器材批发	5142	1677	6769
图书批发	5143	583	12298
报刊批发	5144	17	68

1-A-1 续表 1

分 组	代码	法人单位数(个)	从业人员期末人数(人)
音像制品、电子和数字出版物批发	5145	164	727
首饰、工艺品及收藏品批发	5146	3569	16616
乐器批发	5147	169	719
其他文化用品批发	5149	1537	6912
医药及医疗器材批发	515	11819	120435
西药批发	5151	825	41243
中药批发	5152	841	14725
动物用药品批发	5153	540	2752
医疗用品及器材批发	5154	9613	61715
矿产品、建材及化工产品批发	516	106807	600211
煤炭及制品批发	5161	6477	67055
石油及制品批发	5162	5478	59199
非金属矿及制品批发	5163	1226	6767
金属及金属矿批发	5164	15888	92035
建材批发	5165	46525	221391
化肥批发	5166	10462	47615
农药批发	5167	1991	10725
农用薄膜批发	5168	201	768
其他化工产品批发	5169	18559	94656
机械设备、五金产品及电子产品批发	517	81433	404667
农业机械批发	5171	2714	16438
汽车及零配件批发	5172	9196	48526
摩托车及零配件批发	5173	411	1973
五金产品批发	5174	21437	94722
电气设备批发	5175	7318	36212
计算机、软件及辅助设备批发	5176	4688	22008
通讯设备批发	5177	1463	8268
广播影视设备批发	5178	256	1381
其他机械设备及电子产品批发	5179	33950	175139
贸易经纪与代理	518	11375	47550
贸易代理	5181	10141	43928
一般物品拍卖	5182	196	848
艺术品、收藏品拍卖	5183	92	364
艺术品代理	5184	44	152
其他贸易经纪与代理	5189	902	2258
其他批发业	519	23594	106462
再生物资回收与批发	5191	5832	28253
宠物食品用品批发	5192	294	1029

1-A-1　续表 2

分　组	代码	法人单位数(个)	从业人员期末人数(人)
互联网批发	5193	1123	4080
其他未列明批发业	5199	16345	73100
按登记注册类型分组			
内资企业	--	372783	2046115
国有企业	--	462	9581
集体企业	--	941	14795
股份合作企业	--	98	995
联营企业	--	47	415
国有联营企业	--	5	22
集体联营企业	--	21	275
国有与集体联营企业	--	5	16
其他联营企业	--	16	102
有限责任公司	--	21722	231800
国有独资公司	--	199	18189
其他有限责任公司	--	21523	213611
股份有限公司	--	1951	56935
私营企业	--	323831	1606782
私营独资企业	--	20726	84585
私营合伙企业	--	317	1101
私营有限责任公司	--	300985	1496711
私营股份有限公司	--	1803	24385
其他企业	--	23731	124812
港、澳、台商投资企业	--	259	5793
与港澳台商合资经营企业	--	58	1121
与港澳台商合作经营企业	--	3	28
港澳台商独资经营企业	--	183	4525
港澳台商投资股份有限公司	--	9	87
其他港澳台投资企业	--	6	32
外商投资企业	--	941	9139
中外合资经营企业	--	208	2449
中外合作经营企业	--	7	483
外资企业	--	673	5315
外商投资股份有限公司	--	23	456
其他外商投资	--	30	436
按单位规模分组			
大型	--	158	179324
中型	--	2939	197915
小型	--	27112	436410
微型	--	343774	1247398

1-A-2 限额以上批发业法人企业基本情况

分组	代码	法人单位数(个)	从业人员期末人数(人)
批发业	**51**	**8308**	**325784**
按国民经济行业分组			
农、林、牧、渔产品批发	511	529	13366
谷物、豆及薯类批发	5111	174	4062
种子批发	5112	57	2468
畜牧渔业饲料批发	5113	88	1446
棉、麻批发	5114	83	1598
林业产品批发	5115	29	587
牲畜批发	5116	20	729
渔业产品批发	5117	2	88
其他农牧产品批发	5119	76	2388
食品、饮料及烟草制品批发	512	873	65004
米、面制品及食用油批发	5121	116	13512
糕点、糖果及糖批发	5122	27	554
果品、蔬菜批发	5123	273	8973
肉、禽、蛋、奶及水产品批发	5124	142	8386
盐及调味品批发	5125	64	2970
营养和保健品批发	5126	18	1797
酒、饮料及茶叶批发	5127	123	8768
烟草制品批发	5128	20	16780
其他食品批发	5129	90	3264
纺织、服装及家庭用品批发	513	536	31773
纺织品、针织品及原料批发	5131	203	4401
服装批发	5132	127	9968
鞋帽批发	5133	23	1277
化妆品及卫生用品批发	5134	36	2574
厨具卫具及日用杂品批发	5135	29	803
灯具、装饰物品批发	5136	10	153
家用视听设备批发	5137	36	2280
日用家电批发	5138	51	9364
其他家庭用品批发	5139	21	953
文化、体育用品及器材批发	514	212	15225
文具用品批发	5141	89	2255
体育用品及器材批发	5142	13	287
图书批发	5143	17	9252
报刊批发	5144		

1-A-2 续表 1

分　组	代码	法人单位数(个)	从业人员期末人数(人)
音像制品、电子和数字出版物批发	5145	1	41
首饰、工艺品及收藏品批发	5146	55	2748
乐器批发	5147	2	34
其他文化用品批发	5149	35	608
医药及医疗器材批发	515	486	47021
西药批发	5151	228	28167
中药批发	5152	89	9225
动物用药品批发	5153	14	789
医疗用品及器材批发	5154	155	8840
矿产品、建材及化工产品批发	516	4191	103775
煤炭及制品批发	5161	711	15737
石油及制品批发	5162	529	35069
非金属矿及制品批发	5163	56	1094
金属及金属矿批发	5164	1104	15447
建材批发	5165	680	12589
化肥批发	5166	198	6471
农药批发	5167	36	2507
农用薄膜批发	5168	2	27
其他化工产品批发	5169	875	14834
机械设备、五金产品及电子产品批发	517	1219	43209
农业机械批发	5171	137	2729
汽车及零配件批发	5172	303	8139
摩托车及零配件批发	5173	15	428
五金产品批发	5174	164	3788
电气设备批发	5175	103	3690
计算机、软件及辅助设备批发	5176	53	1748
通讯设备批发	5177	42	1576
广播影视设备批发	5178	7	198
其他机械设备及电子产品批发	5179	395	20913
贸易经纪与代理	518	47	809
贸易代理	5181	45	748
一般物品拍卖	5182		
艺术品、收藏品拍卖	5183		
艺术品代理	5184		
其他贸易经纪与代理	5189	2	61
其他批发业	519	215	5602
再生物资回收与批发	5191	129	3086
宠物食品用品批发	5192	5	123

1-A-2 续表 2

分 组	代码	法人单位数（个）	从业人员期末人数（人）
互联网批发	5193	4	97
其他未列明批发业	5199	77	2296
按登记注册类型分组			
内资企业	--	8194	319602
国有企业	--	67	3591
集体企业	--	34	2614
股份合作企业	--	6	142
联营企业	--	1	53
国有联营企业	--		
集体联营企业	--	1	53
国有与集体联营企业	--		
其他联营企业	--		
有限责任公司	--	1575	105082
国有独资公司	--	86	15134
其他有限责任公司	--	1489	89948
股份有限公司	--	142	39522
私营企业	--	6340	168031
私营独资企业	--	66	1118
私营合伙企业	--	3	49
私营有限责任公司	--	6170	162162
私营股份有限公司	--	101	4702
其他企业	--	29	567
港、澳、台商投资企业	--	40	3449
与港澳台商合资经营企业	--	7	617
与港澳台商合作经营企业	--		
港澳台商独资经营企业	--	30	2787
港澳台商投资股份有限公司	--	2	27
其他港澳台投资企业	--	1	18
外商投资企业	--	74	2733
中外合资经营企业	--	23	1041
中外合作经营企业	--	3	456
外资企业	--	47	1208
外商投资股份有限公司	--		
其他外商投资	--	1	28
按单位规模分组			
大型	--	119	116258
中型	--	1842	114852
小型	--	4587	78858
微型	--	1760	15816

1-A-3　批发业法人企业财务状况

单位：亿元

分　组	代码	资产总计	负债合计	营业收入
批发业	**51**	**25210.56**	**18027.10**	**44186.84**
按国民经济行业分组				
农、林、牧、渔产品批发	511	1152.98	635.82	1486.32
谷物、豆及薯类批发	5111	349.35	220.39	468.93
种子批发	5112	122.46	41.91	70.55
畜牧渔业饲料批发	5113	130.79	98.25	219.4
棉、麻批发	5114	112.15	93.97	190.85
林业产品批发	5115	169.20	64.03	186.08
牲畜批发	5116	77.37	23.52	98.78
渔业产品批发	5117	26.50	15.74	41.62
其他农牧产品批发	5119	165.15	78.01	210.10
食品、饮料及烟草制品批发	512	2314.34	1240.82	3749.93
米、面制品及食用油批发	5121	327.29	282.11	706.45
糕点、糖果及糖批发	5122	57.22	35.64	71.13
果品、蔬菜批发	5123	514.31	167.31	842.15
肉、禽、蛋、奶及水产品批发	5124	373.19	245.60	373.95
盐及调味品批发	5125	68.08	35.60	78.80
营养和保健品批发	5126	35.60	26.30	41.94
酒、饮料及茶叶批发	5127	246.02	161.92	335.10
烟草制品批发	5128	281.96	72.85	756.24
其他食品批发	5129	410.66	213.48	544.17
纺织、服装及家庭用品批发	513	1960.30	1531.55	3133.9
纺织品、针织品及原料批发	5131	346.11	277.79	582.09
服装批发	5132	354.66	225.18	502.36
鞋帽批发	5133	22.66	14.21	48.20
化妆品及卫生用品批发	5134	72.64	50.58	98.13
厨具卫具及日用杂品批发	5135	113.13	65.24	149.30
灯具、装饰物品批发	5136	32.09	20.74	35.13
家用视听设备批发	5137	520.50	484.29	792.3
日用家电批发	5138	368.48	308.6	772.43
其他家庭用品批发	5139	130.02	84.92	153.96
文化、体育用品及器材批发	514	648.52	479.61	976.95
文具用品批发	5141	306.64	262.38	537.23
体育用品及器材批发	5142	25.66	15.13	30.96
图书批发	5143	164.00	104.25	151.44
报刊批发	5144	0.38	0.09	1.49

1-A-3 续表 1

单位：亿元

分组	代码	资产总计	负债合计	营业收入
音像制品、电子和数字出版物批发	5145	3.23	1.84	3.13
首饰、工艺品及收藏品批发	5146	107.65	69.72	190.85
乐器批发	5147	1.77	1.02	4.14
其他文化用品批发	5149	39.19	25.18	57.72
医药及医疗器材批发	515	1686.99	1267.19	2039.89
西药批发	5151	960.16	754.37	1116.81
中药批发	5152	237.91	192.22	324.85
动物用药品批发	5153	25.37	15.11	32.04
医疗用品及器材批发	5154	463.56	305.48	566.19
矿产品、建材及化工产品批发	516	12458.32	9467.85	25328.58
煤炭及制品批发	5161	2051.90	1643.82	4712.10
石油及制品批发	5162	3435.71	2582.08	5718.78
非金属矿及制品批发	5163	83.58	63.58	160.91
金属及金属矿批发	5164	2532.11	2023.54	6643.73
建材批发	5165	1983.58	1234.87	2994.76
化肥批发	5166	371.99	226.85	708.62
农药批发	5167	60.01	33.61	101.00
农用薄膜批发	5168	2.51	0.85	8.29
其他化工产品批发	5169	1936.93	1658.66	4280.39
机械设备、五金产品及电子产品批发	517	3283.29	2337.08	4901.00
农业机械批发	5171	89.82	51.11	131.56
汽车及零配件批发	5172	601.49	481.68	1114.98
摩托车及零配件批发	5173	10.79	8.02	20.92
五金产品批发	5174	569.94	362.25	766.87
电气设备批发	5175	465.55	394.47	709.08
计算机、软件及辅助设备批发	5176	155.14	86.34	227.07
通讯设备批发	5177	68.79	44.63	128.18
广播影视设备批发	5178	13.67	9.48	13.08
其他机械设备及电子产品批发	5179	1308.08	899.10	1789.26
贸易经纪与代理	518	766.28	428.14	882.03
贸易代理	5181	740.98	415.42	853.84
一般物品拍卖	5182	7.36	3.16	1.84
艺术品、收藏品拍卖	5183	3.62	1.50	1.00
艺术品代理	5184	0.67	0.26	0.71
其他贸易经纪与代理	5189	13.65	7.81	24.64
其他批发业	519	939.54	639.03	1688.24
再生物资回收与批发	5191	198.03	113.88	588.72
宠物食品用品批发	5192	4.10	2.65	10.16

1-A-3 续表 2

单位：亿元

分 组	代码	资产总计	负债合计	营业收入
互联网批发	5193	31.15	23.66	33.81
其他未列明批发业	5199	706.25	498.83	1055.55
按登记注册类型分组				
内资企业	--	24577.51	17576.50	43352.83
国有企业	--	173.68	147.01	278.59
集体企业	--	155.76	70.22	179.28
股份合作企业	--	4.85	2.69	5.58
联营企业	--	5.65	4.64	4.06
国有联营企业	--	0.02	0.07	0.02
集体联营企业	--	5.25	4.10	3.27
国有与集体联营企业	--	0.13	0.37	0.02
其他联营企业	--	0.24	0.10	0.75
有限责任公司	--	7538.54	5983.99	13882.27
国有独资公司	--	939.13	711.27	2580.07
其他有限责任公司	--	6599.41	5272.73	11302.21
股份有限公司	--	1668.14	1053.65	1768.79
私营企业	--	14696.65	10242.80	26670.91
私营独资企业	--	251.49	74.18	515.98
私营合伙企业	--	9.10	2.70	5.51
私营有限责任公司	--	14265.43	10057.10	25852.88
私营股份有限公司	--	170.64	108.82	296.53
其他企业	--	334.23	71.52	563.36
港、澳、台商投资企业	--	469.15	361.97	484.95
与港澳台商合资经营企业	--	112.41	76.70	49.61
与港澳台商合作经营企业	--	0.08		0.04
港澳台商独资经营企业	--	341.91	271.30	409.03
港澳台商投资股份有限公司	--	1.01	0.89	1.16
其他港澳台投资企业	--	13.74	13.08	25.11
外商投资企业	--	163.90	88.62	349.06
中外合资经营企业	--	63.30	30.52	70.25
中外合作经营企业	--	7.11	6.49	22.27
外资企业	--	76.11	42.72	121.83
外商投资股份有限公司	--	3.48	2.09	2.52
其他外商投资	--	13.89	6.81	132.20
按单位规模分组				
大型	--	4021.11	2977.51	5582.82
中型	--	6539.78	5297.60	14301.27
小型	--	5940.47	4321.85	13999.05
微型	--	8709.20	5430.13	10303.71

1-A-4 限额以上批发业法人企业财务状况

单位：亿元

分 组	代码	资产总计	负债合计	营业收入
批发业	**51**	**11516.82**	**9046.64**	**24234.41**
按国民经济行业分组				
农、林、牧、渔产品批发	511	349.47	233.98	526.19
谷物、豆及薯类批发	5111	182.09	139.75	252.54
种子批发	5112	69.92	23.23	23.23
畜牧渔业饲料批发	5113	26.39	20.43	102.53
棉、麻批发	5114	24.24	16.47	68.23
林业产品批发	5115	14.33	11.68	23.95
牲畜批发	5116	7.94	3.42	6.43
渔业产品批发	5117	1.19	1.10	1.49
其他农牧产品批发	5119	23.37	17.91	47.79
食品、饮料及烟草制品批发	512	1047.93	666.77	2140.48
米、面制品及食用油批发	5121	251.25	233.28	596.68
糕点、糖果及糖批发	5122	31.81	23.02	36.34
果品、蔬菜批发	5123	117.57	58.08	233.92
肉、禽、蛋、奶及水产品批发	5124	175.47	138.63	174.58
盐及调味品批发	5125	23.63	14.13	35.72
营养和保健品批发	5126	16.61	14.81	17.16
酒、饮料及茶叶批发	5127	116.23	90.03	189.64
烟草制品批发	5128	278.82	71.09	751.27
其他食品批发	5129	36.55	23.71	105.16
纺织、服装及家庭用品批发	513	1007.83	868.04	1713.48
纺织品、针织品及原料批发	5131	96.19	82.03	223.36
服装批发	5132	169.12	107.31	233.25
鞋帽批发	5133	6.69	4.82	16.67
化妆品及卫生用品批发	5134	17.94	14.73	32.99
厨具卫具及日用杂品批发	5135	7.94	4.14	16.58
灯具、装饰物品批发	5136	6.49	6.03	2.82
家用视听设备批发	5137	503.74	470.25	769.05
日用家电批发	5138	193.72	174.40	405.48
其他家庭用品批发	5139	6.00	4.34	13.28
文化、体育用品及器材批发	514	400.70	328.56	569.49
文具用品批发	5141	197.41	191.67	291.25
体育用品及器材批发	5142	2.22	1.27	5.09
图书批发	5143	147.44	96.68	133.52
报刊批发	5144			

1-A-4 续表 1

单位：亿元

分 组	代码	资产总计	负债合计	营业收入
音像制品、电子和数字出版物批发	5145	0.51	0.40	0.45
首饰、工艺品及收藏品批发	5146	41.95	30.25	115.15
乐器批发	5147	0.17	0.14	1.34
其他文化用品批发	5149	11.01	8.15	22.70
医药及医疗器材批发	515	1193.59	929.33	1522.40
西药批发	5151	816.72	632.56	998.93
中药批发	5152	212.66	179.44	288.68
动物用药品批发	5153	15.92	11.06	21.68
医疗用品及器材批发	5154	148.29	106.27	213.11
矿产品、建材及化工产品批发	516	6163.75	5060.03	15155.56
煤炭及制品批发	5161	956.14	756.89	2878.04
石油及制品批发	5162	2452.12	1950.73	4490.55
非金属矿及制品批发	5163	40.42	34.21	84.57
金属及金属矿批发	5164	1185.24	1038.97	4293.48
建材批发	5165	395.66	313.25	827.47
化肥批发	5166	149.42	133.83	350.18
农药批发	5167	28.72	18.55	55.29
农用薄膜批发	5168	0.15	0.12	1.87
其他化工产品批发	5169	955.89	813.47	2174.11
机械设备、五金产品及电子产品批发	517	1044.02	810.78	1833.20
农业机械批发	5171	24.11	16.01	43.98
汽车及零配件批发	5172	356.84	310.77	722.28
摩托车及零配件批发	5173	3.71	2.68	10.76
五金产品批发	5174	63.10	42.56	111.76
电气设备批发	5175	119.01	104.68	190.68
计算机、软件及辅助设备批发	5176	48.59	25.16	74.99
通讯设备批发	5177	12.00	7.13	43.31
广播影视设备批发	5178	8.41	6.70	6.46
其他机械设备及电子产品批发	5179	408.23	295.10	628.98
贸易经纪与代理	518	165.44	47.51	179.44
贸易代理	5181	165.10	47.31	178.40
一般物品拍卖	5182			
艺术品、收藏品拍卖	5183			
艺术品代理	5184			
其他贸易经纪与代理	5189	0.33	0.20	1.04
其他批发业	519	144.09	101.64	594.17
再生物资回收与批发	5191	71.29	52.44	253.73
宠物食品用品批发	5192	0.50	0.28	1.94

1-A-4 续表 2

单位：亿元

分 组	代码	资产总计	负债合计	营业收入
互联网批发	5193	1.59	1.50	4.88
其他未列明批发业	5199	70.71	47.42	333.62
按登记注册类型分组				
内资企业	--	11135.72	8764.84	23670.50
国有企业	--	68.99	50.05	97.15
集体企业	--	35.71	31.38	110.01
股份合作企业	--	1.40	1.11	3.33
联营企业	--	4.24	3.81	1.83
国有联营企业	--			
集体联营企业	--	4.24	3.81	1.83
国有与集体联营企业	--			
其他联营企业	--			
有限责任公司	--	5181.92	4187.51	11226.09
国有独资公司	--	754.21	559.99	2373.34
其他有限责任公司	--	4427.71	3627.52	8852.75
股份有限公司	--	1251.90	745.43	1401.42
私营企业	--	4588.87	3744.38	10822.62
私营独资企业	--	6.31	3.74	23.75
私营合伙企业	--	0.58	0.06	0.60
私营有限责任公司	--	4488.55	3676.28	10681.11
私营股份有限公司	--	93.42	64.30	117.16
其他企业	--	2.70	1.17	8.04
港、澳、台商投资企业	--	300.50	235.31	415.37
与港澳台商合资经营企业	--	98.02	66.09	36.74
与港澳台商合作经营企业	--			
港澳台商独资经营企业	--	188.47	155.99	352.82
港澳台商投资股份有限公司	--	0.36	0.24	0.79
其他港澳台投资企业	--	13.65	12.99	25.02
外商投资企业	--	80.60	46.50	148.54
中外合资经营企业	--	34.00	18.78	51.24
中外合作经营企业	--	6.99	6.36	22.17
外资企业	--	39.47	21.28	75.00
外商投资股份有限公司	--			
其他外商投资	--	0.13	0.07	0.13
按单位规模分组				
大型	--	3073.52	2190.06	4366.94
中型	--	4887.98	3933.24	11413.16
小型	--	2548.17	2059.43	6335.98
微型	--	1007.16	863.91	2118.33

1-A-5　零售业法人企业基本情况

分　组	代码	法　人 单位数 (个)	从业人员 期末人数 (人)	批发和零售业年末 零售营业面积 (万平方米)
零售业	**52**	**224400**	**1359030**	**6469.7**
按国民经济行业分组				
综合零售	521	27118	301801	1966.6
百货零售	5211	20174	203235	1383.1
超级市场零售	5212	625	70529	428.4
便利店零售	5213	169	2447	7.5
其他综合零售	5219	6150	25590	147.6
食品、饮料及烟草制品专门零售	522	28139	116801	477.9
粮油零售	5221	1376	6911	39.2
糕点、面包零售	5222	787	5269	9.2
果品、蔬菜零售	5223	5635	24120	162.0
肉、禽、蛋、奶及水产品零售	5224	4176	20821	72.3
营养和保健品零售	5225	1434	4442	10.2
酒、饮料及茶叶零售	5226	4724	18379	65.0
烟草制品零售	5227	474	2255	7.1
其他食品零售	5229	9533	34604	113.0
纺织、服装及日用品专门零售	523	23559	117346	361.2
纺织品及针织品零售	5231	2550	12044	37.0
服装零售	5232	7717	49282	143.3
鞋帽零售	5233	738	8062	13.9
化妆品及卫生用品零售	5234	2716	11816	32.8
厨具卫具及日用杂品零售	5235	1523	5893	20.5
钟表、眼镜零售	5236	2329	8921	22.2
箱包零售	5237	297	925	2.2
自行车等代步设备零售	5238	967	3583	19.1
其他日用品零售	5239	4722	16820	70.2
文化、体育用品及器材专门零售	524	15324	76694	254.6
文具用品零售	5241	4467	17682	62.6
体育用品及器材零售	5242	1655	5871	15.3
图书、报刊零售	5243	944	10219	35.5
音像制品、电子和数字出版物零售	5244	209	979	1.8
珠宝首饰零售	5245	1550	9280	22.9
工艺美术品及收藏品零售	5246	2568	9695	33.1
乐器零售	5247	464	1542	5.7
照相器材零售	5248	141	618	1.2
其他文化用品零售	5249	3326	20808	76.4
医药及医疗器材专门零售	525	16567	129455	284.3
西药零售	5251	9066	97936	203.2
中药零售	5252	868	5031	16.9
动物用药品零售	5253	1027	3380	9.9
医疗用品及器材零售	5254	5442	22484	52.7
保健辅助治疗器材零售	5255	164	624	1.7
汽车、摩托车、零配件和燃料及其他动力销售	526	26930	244999	1706.2
汽车新车零售	5261	10880	150232	921.8
汽车旧车零售	5262	2848	9550	55.5
汽车零配件零售	5263	6338	27390	125.1
摩托车及零配件零售	5264	713	3411	15.1
机动车燃油零售	5265	5779	48597	471.7
机动车燃气零售	5266	330	5651	116.5
机动车充电销售	5267	42	168	0.5
家用电器及电子产品专门零售	527	23803	117173	342.8
家用视听设备零售	5271	1287	18642	91.5
日用家电零售	5272	6223	32015	111.3
计算机、软件及辅助设备零售	5273	5796	24896	45.7

1-A-5 续表

分 组	代码	法 人 单位数 (个)	从业人员 期末人数 (人)	批发和零售业年末 零售营业面积 (万平方米)
通信设备零售	5274	2565	12147	26.5
其他电子产品零售	5279	7932	29473	67.8
五金、家具及室内装饰材料专门零售	528	33924	142997	628.7
五金零售	5281	15125	57057	183.6
灯具零售	5282	931	3428	11.0
家具零售	5283	4539	29152	220.4
涂料零售	5284	610	2360	13.6
卫生洁具零售	5285	463	1661	5.6
木质装饰材料零售	5286	1095	5360	19.8
陶瓷、石材装饰材料零售	5287	1691	6825	36.8
其他室内装饰材料零售	5289	9470	37154	137.9
货摊、无店铺及其他零售业	529	29036	111764	447.4
流动货摊零售	5291	25	70	0.1
互联网零售	5292	7355	28857	50.0
邮购及电视、电话零售	5293	23	835	1.6
自动售货机零售	5294	199	847	1.5
旧货零售	5295	65	314	3.6
生活用燃料零售	5296	2021	13017	140.4
宠物食品用品零售	5297	374	1136	3.1
其他未列明零售业	5299	18974	66688	247.0
按登记注册类型分组				
内资企业	--	224022	1322444	6284.1
国有企业	--	246	8637	17.7
集体企业	--	1037	14910	71.3
股份合作企业	--	104	1285	9.2
联营企业	--	60	419	1.8
国有联营企业	--	4	39	
集体联营企业	--	29	215	0.9
国有与集体联营企业	--	3	34	0.3
其他联营企业	--	24	131	0.6
有限责任公司	--	13667	241951	1231.3
国有独资公司	--	111	3300	11.4
其他有限责任公司	--	13556	238651	1219.9
股份有限公司	--	1766	71648	716.0
私营企业	--	202625	964661	4111.7
私营独资企业	--	23147	81112	533.5
私营合伙企业	--	286	1248	10.7
私营有限责任公司	--	177832	863039	3491.9
私营股份有限公司	--	1360	19262	75.7
其他企业	--	4517	18933	125.1
港、澳、台商投资企业	--	134	26147	96.2
与港澳台商合资经营企业	--	31	2653	15.5
与港澳台商合作经营企业	--	2	50	
港澳台商独资经营企业	--	92	22450	74.7
港澳台商投资股份有限公司	--	5	686	5.0
其他港澳台投资企业	--	4	308	0.9
外商投资企业	--	244	10439	89.4
中外合资经营企业	--	54	4968	52.8
中外合作经营企业	--	4	1256	5.8
外资企业	--	152	3259	27.6
外商投资股份有限公司	--	16	511	1.9
其他外商投资	--	18	445	1.3
按单位规模分组				
大型	--	190	215576	1251.9
中型	--	2132	243834	1028.8
小型	--	17080	311506	1203.4
微型	--	204998	588114	2985.6

1－A－6 限额以上零售业法人企业基本情况

分 组	代码	法 人 单位数 (个)	从业人员 期末人数 (人)	批发和零售业年末 零售营业面积 (万平方米)
零售业	**52**	**7404**	**499907**	**2969.4**
按国民经济行业分组				
综合零售	521	920	191158	1446.2
百货零售	5211	619	122525	1029.5
超级市场零售	5212	242	64344	403.8
便利店零售	5213	6	1859	4.1
其他综合零售	5219	53	2430	8.7
食品、饮料及烟草制品专门零售	522	632	19431	70.5
粮油零售	5221	77	1724	9.8
糕点、面包零售	5222	19	1450	1.4
果品、蔬菜零售	5223	125	3724	19.5
肉、禽、蛋、奶及水产品零售	5224	116	4793	13.1
营养和保健品零售	5225	24	494	0.8
酒、饮料及茶叶零售	5226	143	3204	11.6
烟草制品零售	5227	15	464	1.3
其他食品零售	5229	113	3578	12.9
纺织、服装及日用品专门零售	523	386	33621	84.8
纺织品及针织品零售	5231	56	1034	2.5
服装零售	5232	160	22127	55.7
鞋帽零售	5233	18	4046	5.7
化妆品及卫生用品零售	5234	42	3218	10.4
厨具卫具及日用杂品零售	5235	28	563	1.8
钟表、眼镜零售	5236	14	966	0.9
箱包零售	5237	3	28	0.1
自行车等代步设备零售	5238	19	296	1.5
其他日用品零售	5239	46	1343	6.1
文化、体育用品及器材专门零售	524	337	18308	80.6
文具用品零售	5241	72	2465	12.3
体育用品及器材零售	5242	21	596	0.9
图书、报刊零售	5243	46	5820	25.7
音像制品、电子和数字出版物零售	5244	6	341	0.4
珠宝首饰零售	5245	78	3814	5.4
工艺美术品及收藏品零售	5246	62	1440	5.5
乐器零售	5247	6	47	0.1
照相器材零售	5248	10	123	0.1
其他文化用品零售	5249	36	3662	30.3
医药及医疗器材专门零售	525	384	53226	98.4
西药零售	5251	278	50722	91.3
中药零售	5252	33	1223	4.4
动物用药品零售	5253	5	161	0.1
医疗用品及器材零售	5254	68	1120	2.5
保健辅助治疗器材零售	5255			
汽车、摩托车、零配件和燃料及其他动力销售	526	3067	123942	931.1
汽车新车零售	5261	2172	97326	598.2
汽车旧车零售	5262	13	209	1.0
汽车零配件零售	5263	100	2375	13.1
摩托车及零配件零售	5264	53	850	3.6
机动车燃油零售	5265	637	19439	217.6
机动车燃气零售	5266	91	3736	97.7
机动车充电销售	5267	1	7	
家用电器及电子产品专门零售	527	788	29843	122.3
家用视听设备零售	5271	246	14021	75.1
日用家电零售	5272	243	8168	35.4
计算机、软件及辅助设备零售	5273	156	4275	6.1

1-A-6 续表

分　组	代码	法　人 单位数 (个)	从业人员 期末人数 (人)	批发和零售业年末 零售营业面积 (万平方米)
通信设备零售	5274	95	2528	3.9
其他电子产品零售	5279	48	851	1.8
五金、家具及室内装饰材料专门零售	528	554	17342	91.1
五金零售	5281	246	3403	16.7
灯具零售	5282	11	205	0.7
家具零售	5283	161	11527	56.9
涂料零售	5284	11	143	1.2
卫生洁具零售	5285	8	134	0.5
木质装饰材料零售	5286	26	296	2.8
陶瓷、石材装饰材料零售	5287	30	629	3.7
其他室内装饰材料零售	5289	61	1005	8.6
货摊、无店铺及其他零售业	529	336	13036	44.3
流动货摊零售	5291			
互联网零售	5292	136	6851	6.5
邮购及电视、电话零售	5293	3	751	1.5
自动售货机零售	5294	3	181	0.1
旧货零售	5295	4	66	2.5
生活用燃料零售	5296	141	3893	27.4
宠物食品用品零售	5297	1	12	0.1
其他未列明零售业	5299	48	1282	6.3
按登记注册类型分组				
内资企业	--	7285	465611	2794.5
国有企业	--	32	5315	12.8
集体企业	--	94	4611	26.3
股份合作企业	--	18	609	4.1
联营企业	--	2	70	0.3
国有联营企业	--			
集体联营企业	--	1	56	
国有与集体联营企业	--	1	14	0.2
其他联营企业	--			
有限责任公司	--	1652	176135	971.6
国有独资公司	--	38	2666	9.0
其他有限责任公司	--	1614	173469	962.6
股份有限公司	--	188	62036	663.4
私营企业	--	5263	215963	1114.4
私营独资企业	--	456	6739	64.7
私营合伙企业	--	13	217	2.1
私营有限责任公司	--	4685	195841	1015.0
私营股份有限公司	--	109	13166	32.7
其他企业	--	36	872	1.5
港、澳、台商投资企业	--	72	25368	92.8
与港澳台商合资经营企业	--	14	2498	14.2
与港澳台商合作经营企业	--			
港澳台商独资经营企业	--	51	21903	72.7
港澳台商投资股份有限公司	--	4	661	5.0
其他港澳台投资企业	--	3	306	0.9
外商投资企业	--	47	8928	82.1
中外合资经营企业	--	11	4624	51.6
中外合作经营企业	--	3	1254	5.6
外资企业	--	29	2368	23.1
外商投资股份有限公司	--	2	399	1.4
其他外商投资	--	2	283	0.4
按单位规模分组				
大型	--	180	206099	1249.5
中型	--	1609	190017	920.4
小型	--	3715	90245	612.1
微型	--	1900	13546	187.3

1-A-7　零售业法人企业财务状况

单位：亿元

分　组	代码	资产总计	负债合计	营业收入
零售业	**52**	**7651.83**	**4931.68**	**10741.57**
按国民经济行业分组				
综合零售	521	1893.47	1317.70	2099.71
百货零售	5211	1461.73	1013.89	1457.88
超级市场零售	5212	330.88	250.50	515.38
便利店零售	5213	4.53	2.26	8.78
其他综合零售	5219	96.32	51.06	117.66
食品、饮料及烟草制品专门零售	522	433.03	219.53	500.00
粮油零售	5221	33.21	18.68	47.16
糕点、面包零售	5222	11.41	5.91	13.02
果品、蔬菜零售	5223	75.50	27.96	80.88
肉、禽、蛋、奶及水产品零售	5224	91.47	43.39	106.28
营养和保健品零售	5225	13.56	8.42	14.17
酒、饮料及茶叶零售	5226	80.87	38.87	90.31
烟草制品零售	5227	8.83	4.58	12.05
其他食品零售	5229	118.18	71.72	136.13
纺织、服装及日用品专门零售	523	428.58	252.30	531.05
纺织品及针织品零售	5231	45.52	31.63	63.14
服装零售	5232	208.66	121.38	252.12
鞋帽零售	5233	15.02	7.63	28.92
化妆品及卫生用品零售	5234	28.85	16.00	48.56
厨具卫具及日用杂品零售	5235	42.62	31.39	28.15
钟表、眼镜零售	5236	19.18	10.03	24.48
箱包零售	5237	2.52	1.06	3.74
自行车等代步设备零售	5238	11.54	5.51	16.83
其他日用品零售	5239	54.69	27.66	65.11
文化、体育用品及器材专门零售	524	274.67	133.42	329.53
文具用品零售	5241	51.33	25.95	72.30
体育用品及器材零售	5242	15.04	8.57	18.74
图书、报刊零售	5243	50.21	22.63	56.53
音像制品、电子和数字出版物零售	5244	4.37	2.31	5.60
珠宝首饰零售	5245	58.68	37.39	64.62
工艺美术品及收藏品零售	5246	40.60	18.22	31.67
乐器零售	5247	3.99	1.87	5.07
照相器材零售	5248	1.91	1.16	4.36
其他文化用品零售	5249	48.53	15.31	70.63
医药及医疗器材专门零售	525	534.86	375.53	760.57
西药零售	5251	405.11	308.20	623.36
中药零售	5252	12.65	4.72	19.94
动物用药品零售	5253	6.67	1.57	9.18
医疗用品及器材零售	5254	108.83	60.28	106.14
保健辅助治疗器材零售	5255	1.60	0.76	1.95
汽车、摩托车、零配件和燃料及其他动力销售	526	2231.96	1585.56	4005.70
汽车新车零售	5261	1476.82	1124.05	2786.14
汽车旧车零售	5262	38.96	13.57	43.67
汽车零配件零售	5263	137.40	78.99	173.45
摩托车及零配件零售	5264	15.16	7.39	22.11
机动车燃油零售	5265	509.75	332.28	866.16
机动车燃气零售	5266	52.96	28.87	113.41
机动车充电销售	5267	0.91	0.41	0.77
家用电器及电子产品专门零售	527	562.58	340.12	817.58
家用视听设备零售	5271	110.03	80.44	241.95
日用家电零售	5272	193.40	132.37	229.88
计算机、软件及辅助设备零售	5273	95.56	45.80	137.86

1-A-7 续表

单位：亿元

分 组	代码	资产总计	负债合计	营业收入
通信设备零售	5274	41.43	24.29	77.07
其他电子产品零售	5279	122.17	57.21	130.83
五金、家具及室内装饰材料专门零售	528	680.86	345.58	725.67
五金零售	5281	277.75	150.74	335.77
灯具零售	5282	16.90	7.34	14.49
家具零售	5283	140.26	57.95	123.92
涂料零售	5284	8.33	3.88	13.37
卫生洁具零售	5285	5.96	2.28	6.45
木质装饰材料零售	5286	21.54	13.29	25.15
陶瓷、石材装饰材料零售	5287	27.58	12.10	33.13
其他室内装饰材料零售	5289	182.55	98.01	173.40
货摊、无店铺及其他零售业	529	611.82	361.95	971.76
流动货摊零售	5291	0.16	0.06	0.20
互联网零售	5292	162.00	114.83	409.09
邮购及电视、电话零售	5293	3.61	2.22	5.02
自动售货机零售	5294	2.35	1.21	2.78
旧货零售	5295	2.90	2.14	3.42
生活用燃料零售	5296	134.52	70.90	230.30
宠物食品用品零售	5297	3.07	2.02	3.41
其他未列明零售业	5299	303.22	168.57	317.53
按登记注册类型分组				
内资企业	--	7437.98	4794.95	10323.37
国有企业	--	69.93	56.26	86.33
集体企业	--	65.50	36.32	50.00
股份合作企业	--	5.33	3.56	9.26
联营企业	--	12.48	8.71	1.43
国有联营企业	--	0.08	0.01	0.04
集体联营企业	--	0.39	0.16	0.58
国有与集体联营企业	--	11.59	8.37	0.47
其他联营企业	--	0.42	0.18	0.34
有限责任公司	--	2049.68	1550.03	3147.95
国有独资公司	--	35.78	29.11	48.14
其他有限责任公司	--	2013.90	1520.92	3099.81
股份有限公司	--	1029.62	777.73	1230.88
私营企业	--	4149.88	2347.20	5745.15
私营独资企业	--	225.12	55.55	332.02
私营合伙企业	--	6.70	3.26	5.03
私营有限责任公司	--	3828.66	2239.23	5296.99
私营股份有限公司	--	89.40	49.16	111.11
其他企业	--	55.55	15.14	52.37
港、澳、台商投资企业	--	125.04	79.78	290.22
与港澳台商合资经营企业	--	17.99	11.70	45.05
与港澳台商合作经营企业	--	0.89	0.33	0.39
港澳台商独资经营企业	--	100.98	64.43	233.69
港澳台商投资股份有限公司	--	2.31	1.34	6.17
其他港澳台投资企业	--	2.86	1.98	4.92
外商投资企业	--	88.81	56.95	127.98
中外合资经营企业	--	32.59	19.71	43.81
中外合作经营企业	--	10.06	5.11	14.40
外资企业	--	30.57	22.13	40.21
外商投资股份有限公司	--	11.37	7.75	21.98
其他外商投资	--	4.21	2.25	7.58
按单位规模分组				
大型	--	1988.48	1477.37	2852.90
中型	--	1594.58	1292.08	3026.15
小型	--	1554.83	949.95	2323.05
微型	--	2513.95	1212.28	2539.47

1-A-8 限额以上零售业法人企业财务状况

单位：亿元

分 组	代码	资产总计	负债合计	营业收入
零售业	**52**	**4136.59**	**3130.84**	**6898.72**
按国民经济行业分组				
综合零售	521	1457.77	1102.85	1685.59
百货零售	5211	1135.27	859.98	1165.50
超级市场零售	5212	312.06	235.18	492.03
便利店零售	5213	2.90	1.92	6.82
其他综合零售	5219	7.54	5.76	21.25
食品、饮料及烟草制品专门零售	522	108.83	67.62	176.78
粮油零售	5221	12.33	8.55	23.21
糕点、面包零售	5222	3.10	2.66	3.81
果品、蔬菜零售	5223	15.96	8.33	22.92
肉、禽、蛋、奶及水产品零售	5224	27.06	16.77	47.22
营养和保健品零售	5225	5.70	4.09	5.13
酒、饮料及茶叶零售	5226	26.25	13.75	45.83
烟草制品零售	5227	1.78	0.82	4.20
其他食品零售	5229	16.64	12.64	24.45
纺织、服装及日用品专门零售	523	162.29	98.22	224.06
纺织品及针织品零售	5231	5.03	2.53	15.37
服装零售	5232	106.54	55.17	148.08
鞋帽零售	5233	5.89	4.59	11.35
化妆品及卫生用品零售	5234	7.33	4.28	21.86
厨具卫具及日用杂品零售	5235	24.07	21.87	7.61
钟表、眼镜零售	5236	4.25	3.69	5.20
箱包零售	5237	0.10	0.02	0.19
自行车等代步设备零售	5238	2.63	1.92	3.45
其他日用品零售	5239	6.45	4.14	10.95
文化、体育用品及器材专门零售	524	95.82	58.52	141.48
文具用品零售	5241	8.09	5.05	14.02
体育用品及器材零售	5242	1.88	1.28	4.10
图书、报刊零售	5243	28.74	15.68	41.22
音像制品、电子和数字出版物零售	5244	1.94	0.69	2.91
珠宝首饰零售	5245	35.92	25.27	49.56
工艺美术品及收藏品零售	5246	7.69	3.34	7.55
乐器零售	5247	0.46	0.33	0.58
照相器材零售	5248	0.52	0.40	2.58
其他文化用品零售	5249	10.58	6.47	18.97
医药及医疗器材专门零售	525	342.18	283.85	544.22
西药零售	5251	328.01	275.43	520.31
中药零售	5252	5.76	2.13	11.51
动物用药品零售	5253	0.63	0.20	0.93
医疗用品及器材零售	5254	7.79	6.08	11.47
保健辅助治疗器材零售	5255			
汽车、摩托车、零配件和燃料及其他动力销售	526	1509.93	1206.67	3112.56
汽车新车零售	5261	1113.20	914.98	2280.38
汽车旧车零售	5262	3.74	1.33	1.46
汽车零配件零售	5263	18.87	14.12	38.65
摩托车及零配件零售	5264	5.14	2.81	8.51
机动车燃油零售	5265	331.10	250.65	684.22
机动车燃气零售	5266	37.45	22.59	99.05
机动车充电销售	5267	0.43	0.17	0.29
家用电器及电子产品专门零售	527	190.41	146.95	419.86
家用视听设备零售	5271	91.36	72.56	217.89
日用家电零售	5272	58.00	47.28	109.00
计算机、软件及辅助设备零售	5273	25.12	14.21	48.76

1-A-8 续表 单位：亿元

分 组	代码	资产总计	负债合计	营业收入
通信设备零售	5274	9.76	8.93	30.34
其他电子产品零售	5279	6.17	3.98	13.87
五金、家具及室内装饰材料专门零售	528	117.79	60.18	143.07
五金零售	5281	22.32	15.08	49.45
灯具零售	5282	1.86	1.52	3.21
家具零售	5283	73.03	27.82	64.62
涂料零售	5284	0.77	0.47	3.10
卫生洁具零售	5285	1.16	0.35	1.42
木质装饰材料零售	5286	2.45	1.50	3.86
陶瓷、石材装饰材料零售	5287	5.16	4.25	7.10
其他室内装饰材料零售	5289	11.03	9.20	10.32
货摊、无店铺及其他零售业	529	151.58	105.99	451.10
流动货摊零售	5291			
互联网零售	5292	75.36	58.03	340.94
邮购及电视、电话零售	5293	3.40	2.08	4.88
自动售货机零售	5294	0.93	0.63	1.00
旧货零售	5295	2.17	2.02	2.62
生活用燃料零售	5296	59.07	36.07	91.12
宠物食品用品零售	5297	0.04	0.01	0.15
其他未列明零售业	5299	10.61	7.14	10.38
按登记注册类型分组				
内资企业	--	3946.13	3002.85	6496.03
国有企业	--	31.61	31.93	65.15
集体企业	--	20.93	12.78	22.05
股份合作企业	--	2.86	1.92	7.80
联营企业	--	0.13	0.08	0.42
国有联营企业	--			
集体联营企业	--			
国有与集体联营企业	--	0.13	0.08	0.42
其他联营企业	--			
有限责任公司	--	1556.47	1236.37	2715.26
国有独资公司	--	20.34	15.83	39.75
其他有限责任公司	--	1536.13	1220.54	2675.50
股份有限公司	--	973.88	739.47	1173.96
私营企业	--	1356.80	979.40	2505.27
私营独资企业	--	22.43	10.68	51.43
私营合伙企业	--	0.63	0.28	1.10
私营有限责任公司	--	1269.07	932.03	2364.26
私营股份有限公司	--	64.67	36.41	88.48
其他企业	--	3.45	0.90	6.12
港、澳、台商投资企业	--	117.65	76.59	287.54
与港澳台商合资经营企业	--	16.14	11.06	44.64
与港澳台商合作经营企业	--			
港澳台商独资经营企业	--	97.02	62.68	231.86
港澳台商投资股份有限公司	--	2.30	1.34	6.13
其他港澳台投资企业	--	2.19	1.51	4.90
外商投资企业	--	72.81	51.40	115.15
中外合资经营企业	--	25.89	18.66	42.37
中外合作经营企业	--	10.04	5.11	14.38
外资企业	--	23.57	19.03	34.51
外商投资股份有限公司	--	10.29	7.30	19.99
其他外商投资	--	3.01	1.30	3.91
按单位规模分组				
大型	--	1925.80	1442.00	2801.80
中型	--	1347.71	1100.17	2651.65
小型	--	732.59	501.93	1244.00
微型	--	130.49	86.74	201.28

B. 地区部分

1-B-1　分地区批发业法人企业基本情况

分　组	法人单位数 (个)	从业人员期末人数 (人)
全　省	**373983**	**2061047**
济南市	57625	366663
青岛市	92580	457576
淄博市	21983	66352
枣庄市	7804	57424
东营市	6619	36921
烟台市	37019	253457
潍坊市	33604	147063
济宁市	29438	188287
泰安市	9981	45783
威海市	9147	54390
日照市	9139	35103
临沂市	21755	119194
德州市	9981	84528
聊城市	11323	44295
滨州市	9217	39998
菏泽市	6768	64013

1-B-2 分地区批发业法人企业基本情况(按国民经济行业分)

(农、林、牧、渔产品批发)

分 组	法人单位数(个)	从业人员期末人数(人)
全 省	**22873**	**137003**
济南市	1813	9809
青岛市	3406	18493
淄博市	605	2009
枣庄市	973	6238
东营市	155	820
烟台市	1700	12517
潍坊市	3554	15857
济宁市	2598	18802
泰安市	1096	4805
威海市	371	2724
日照市	757	3216
临沂市	2227	12940
德州市	1410	14769
聊城市	605	3008
滨州市	912	4613
菏泽市	691	6383

1-B-2 续表 1

(食品、饮料及烟草制品批发)

分 组	法人单位数(个)	从业人员期末人数(人)
全 省	**58076**	**344920**
济南市	6119	30906
青岛市	12444	57667
淄博市	2266	7913
枣庄市	1469	10794
东营市	547	2987
烟台市	10032	78970
潍坊市	7249	38493
济宁市	5256	35009
泰安市	1415	7229
威海市	1378	8676
日照市	1382	7847
临沂市	3629	21782
德州市	1436	14199
聊城市	1400	6713
滨州市	1150	5736
菏泽市	904	9999

1-B-2 续表 2

(纺织、服装及家庭用品批发)

分 组	法人单位数(个)	从业人员期末人数(人)
全 省	**43395**	**228299**
济南市	5799	37806
青岛市	17126	88944
淄博市	1581	4421
枣庄市	511	3740
东营市	340	1102
烟台市	3660	21088
潍坊市	3150	13887
济宁市	2184	12112
泰安市	549	2941
威海市	1479	9566
日照市	507	1594
临沂市	3263	12849
德州市	943	6947
聊城市	738	2228
滨州市	924	3555
菏泽市	641	5519

1-B-2 续表 3

(文化、体育用品及器材批发)

分 组	法人单位数(个)	从业人员期末人数(人)
全 省	**14611**	**71500**
济南市	2601	17759
青岛市	5262	20867
淄博市	631	2761
枣庄市	213	1586
东营市	124	446
烟台市	849	4292
潍坊市	763	3033
济宁市	1026	5925
泰安市	251	681
威海市	555	2350
日照市	173	549
临沂市	843	4130
德州市	320	2286
聊城市	279	815
滨州市	528	2383
菏泽市	193	1637

1-B-2 续表 4

(医药及医疗器材批发)

分 组	法人单位数(个)	从业人员期末人数(人)
全 省	**11819**	**120435**
济南市	3861	45020
青岛市	1890	17222
淄博市	774	4162
枣庄市	202	2059
东营市	109	871
烟台市	746	11563
潍坊市	1046	7420
济宁市	808	6391
泰安市	345	2101
威海市	276	4226
日照市	219	1293
临沂市	638	9519
德州市	244	2544
聊城市	223	1783
滨州市	188	1574
菏泽市	250	2687

1-B-2 续表 5

(矿产品、建材及化工产品批发)

分 组	法人单位数(个)	从业人员期末人数(人)
全 省	**106807**	**600211**
济南市	15548	118949
青岛市	19663	102240
淄博市	9297	29442
枣庄市	2608	19984
东营市	3211	14705
烟台市	8849	59294
潍坊市	9971	39662
济宁市	7931	59284
泰安市	4128	19016
威海市	2382	12373
日照市	3546	12200
临沂市	6219	32350
德州市	2735	22516
聊城市	5025	19730
滨州市	3200	13697
菏泽市	2494	24769

1—B—2　续表 6

(机械设备、五金产品及电子产品批发)

分　组	法人单位数(个)	从业人员期末人数(人)
全　省	**81433**	**404667**
济南市	17894	89818
青岛市	22750	104307
淄博市	3754	9902
枣庄市	1141	7449
东营市	1580	14454
烟台市	7445	44863
潍坊市	5051	19161
济宁市	7673	40976
泰安市	1527	6437
威海市	1254	6961
日照市	1182	5367
临沂市	3062	15811
德州市	2212	16531
聊城市	2194	7077
滨州市	1571	5937
菏泽市	1143	9616

1—B—2　续表 7

(贸易经纪与代理业)

分　组	法人单位数(个)	从业人员期末人数(人)
全　省	**11375**	**47550**
济南市	857	3200
青岛市	4038	22271
淄博市	1684	2272
枣庄市	62	352
东营市	180	429
烟台市	1259	5315
潍坊市	933	2557
济宁市	180	891
泰安市	157	447
威海市	669	3484
日照市	424	1027
临沂市	414	2686
德州市	172	933
聊城市	160	816
滨州市	128	428
菏泽市	58	442

1-B-2 续表 8

(其他批发业)

分 组	法人单位数(个)	从业人员期末人数(人)
全 省	**23594**	**106462**
济南市	3133	13396
青岛市	6001	25565
淄博市	1391	3470
枣庄市	625	5222
东营市	373	1107
烟台市	2479	15555
潍坊市	1887	6993
济宁市	1782	8897
泰安市	513	2126
威海市	783	4030
日照市	949	2010
临沂市	1460	7127
德州市	509	3803
聊城市	699	2125
滨州市	616	2075
菏泽市	394	2961

1-B-3　分地区批发业法人企业基本情况(按登记注册类型分)

(内资企业批发)

分　组	法人单位数 (个)	从业人员期末人数 (人)
全　省	**372783**	**2046115**
济南市	57532	363241
青岛市	91837	450889
淄博市	21959	66191
枣庄市	7803	57418
东营市	6618	36919
烟台市	36876	251765
潍坊市	33557	146338
济宁市	29426	187995
泰安市	9967	45072
威海市	9059	53692
日照市	9129	35035
临沂市	21748	119171
德州市	9974	84139
聊城市	11321	44294
滨州市	9211	39959
菏泽市	6766	63997

1-B-3 续表 1

(国有企业批发)

分 组	法人单位数 (个)	从业人员期末人数 (人)
全 省	**462**	**9581**
济南市	90	1877
青岛市	77	985
淄博市	18	300
枣庄市	16	192
东营市	11	351
烟台市	52	890
潍坊市	23	633
济宁市	42	744
泰安市	18	777
威海市	14	283
日照市	18	444
临沂市	19	541
德州市	20	677
聊城市	20	233
滨州市	11	145
菏泽市	13	509

1-B-3　续表 2

(集体企业批发)

分　组	法人单位数(个)	从业人员期末人数(人)
全　省	**941**	**14795**
济南市	96	465
青岛市	106	2494
淄博市	50	341
枣庄市	43	1491
东营市	8	53
烟台市	124	1495
潍坊市	68	1789
济宁市	80	1556
泰安市	31	411
威海市	60	638
日照市	27	402
临沂市	60	1117
德州市	34	452
聊城市	68	928
滨州市	43	331
菏泽市	43	832

1-B-3 续表 3

(股份合作企业批发)

分 组	法人单位数 (个)	从业人员期末人数 (人)
全 省	**98**	**995**
济南市	12	55
青岛市	27	248
淄博市	7	157
枣庄市	1	31
东营市	1	11
烟台市	6	40
潍坊市	4	15
济宁市	9	248
泰安市	6	20
威海市	1	11
日照市	4	10
临沂市	5	49
德州市	2	10
聊城市	1	6
滨州市		
菏泽市	12	84

1-B-3　续表 4

(联营企业批发)

分　组	法人单位数 (个)	从业人员期末人数 (人)
全　省	**47**	**415**
济南市	2	5
青岛市	5	20
淄博市	3	8
枣庄市	5	57
东营市	1	
烟台市	4	67
潍坊市	3	8
济宁市	4	89
泰安市	1	5
威海市	4	18
日照市	2	2
临沂市	1	2
德州市	2	14
聊城市	2	50
滨州市	6	54
菏泽市	2	16

1-B-3 续表 5

(有限责任公司批发)

分 组	法人单位数 (个)	从业人员期末人数 (人)
全 省	**21722**	**231800**
济南市	2811	56499
青岛市	6479	48280
淄博市	734	7754
枣庄市	453	8307
东营市	309	3402
烟台市	2843	23260
潍坊市	2027	19039
济宁市	671	8583
泰安市	612	6972
威海市	581	7403
日照市	1285	6822
临沂市	820	13763
德州市	832	8576
聊城市	499	3762
滨州市	552	4958
菏泽市	214	4420

1-B-3　续表 6

(股份有限公司批发)

分　组	法人单位数 (个)	从业人员期末人数 (人)
全　省	**1951**	**56935**
济南市	328	16955
青岛市	294	13018
淄博市	65	1696
枣庄市	61	1423
东营市	13	133
烟台市	432	13566
潍坊市	157	1641
济宁市	54	2230
泰安市	57	294
威海市	59	576
日照市	151	877
临沂市	103	698
德州市	72	751
聊城市	34	1185
滨州市	18	236
菏泽市	53	1656

1-B-3 续表 7

(私营企业批发)

分 组	法人单位数 (个)	从业人员期末人数 (人)
全 省	**323831**	**1606782**
济南市	52965	282041
青岛市	82382	374163
淄博市	20199	53540
枣庄市	6050	38664
东营市	6191	32728
烟台市	29217	185575
潍坊市	26290	100836
济宁市	26170	158649
泰安市	8354	33902
威海市	8082	43278
日照市	6903	23762
临沂市	18252	88854
德州市	7945	66505
聊城市	10156	35046
滨州市	8285	33021
菏泽市	6390	56218

1-B-3　续表 8

(其他企业批发)

分　组	法人单位数(个)	从业人员期末人数(人)
全　省	**23731**	**124812**
济南市	1228	5344
青岛市	2467	11681
淄博市	883	2395
枣庄市	1174	7253
东营市	84	241
烟台市	4198	26872
潍坊市	4985	22377
济宁市	2396	15896
泰安市	888	2691
威海市	258	1485
日照市	739	2716
临沂市	2488	14147
德州市	1067	7154
聊城市	541	3084
滨州市	296	1214
菏泽市	39	262

1-B-3　续表 9

(港澳台商投资企业批发)

分　组	法人单位数(个)	从业人员期末人数(人)
全　省	**259**	**5793**
济南市	28	2396
青岛市	125	1908
淄博市	7	126
枣庄市	1	6
东营市	1	2
烟台市	46	438
潍坊市	21	359
济宁市	4	21
泰安市	5	44
威海市	9	63
日照市	2	33
临沂市		
德州市	6	370
聊城市		
滨州市	4	27
菏泽市		

1-B-3 续表 10

(外商投资企业批发)

分 组	法人单位数(个)	从业人员期末人数(人)
全 省	**941**	**9139**
济南市	65	1026
青岛市	618	4779
淄博市	17	35
枣庄市		
东营市		
烟台市	97	1254
潍坊市	26	366
济宁市	8	271
泰安市	9	667
威海市	79	635
日照市	8	35
临沂市	7	23
德州市	1	19
聊城市	2	1
滨州市	2	12
菏泽市	2	16

1–B–4　分地区批发业法人企业基本情况(按规模分)

(大型批发业)

分　组	法人单位数 (个)	从业人员期末人数 (人)
全　省	**158**	**179324**
济南市	48	78052
青岛市	33	30567
淄博市	5	3771
枣庄市	4	2264
东营市	4	9425
烟台市	19	20513
潍坊市	10	9647
济宁市	6	3389
泰安市	6	3082
威海市	4	4063
日照市	2	1330
临沂市	4	5870
德州市	1	858
聊城市	6	2422
滨州市	3	1454
菏泽市	3	2617

1-B-4 续表 1

(中型批发)

分 组	法人单位数(个)	从业人员期末人数(人)
全 省	**2939**	**197915**
济南市	508	39961
青岛市	679	50661
淄博市	108	6917
枣庄市	54	4854
东营市	97	4791
烟台市	280	19327
潍坊市	216	14742
济宁市	274	13247
泰安市	86	5074
威海市	75	4497
日照市	68	3716
临沂市	218	11482
德州市	75	7166
聊城市	61	2812
滨州市	83	4771
菏泽市	57	3897

1-B-4　续表 2

(小型批发)

分　组	法人单位数 (个)	从业人员期末人数 (人)
全　省	**27112**	**436410**
济南市	3889	73083
青岛市	6046	93576
淄博市	1241	13347
枣庄市	426	9066
东营市	539	6677
烟台市	4088	68961
潍坊市	1981	29086
济宁市	2372	39612
泰安市	707	9963
威海市	571	10053
日照市	458	6044
临沂市	1166	18831
德州市	889	18259
聊城市	571	6859
滨州市	584	8014
菏泽市	1584	24979

1-B-4 续表 3

(微型批发)

分 组	法人单位数 (个)	从业人员期末人数 (人)
全 省	**343774**	**1247398**
济南市	53180	175567
青岛市	85822	282772
淄博市	20629	42317
枣庄市	7320	41240
东营市	5979	16028
烟台市	32632	144656
潍坊市	31397	93588
济宁市	26786	132039
泰安市	9182	27664
威海市	8497	35777
日照市	8611	24013
临沂市	20367	83011
德州市	9016	58245
聊城市	10685	32202
滨州市	8547	25759
菏泽市	5124	32520

1-B-5　分地区批发业法人企业财务状况

单位：亿元

分　组	资产总计	负债合计	营业收入
全　省	**25210.56**	**18027.10**	**44186.84**
济南市	4889.20	3431.88	6512.65
青岛市	6291.72	4831.66	10829.59
淄博市	1460.32	1203.40	2827.61
枣庄市	335.78	164.58	481.73
东营市	1332.15	1193.10	2522.98
烟台市	2501.35	1679.52	4060.14
潍坊市	1756.36	1319.56	3310.79
济宁市	1086.07	556.07	2287.90
泰安市	542.81	433.35	1267.87
威海市	451.48	279.54	817.35
日照市	1525.23	1154.63	2598.96
临沂市	968.30	469.56	1947.70
德州市	465.60	228.99	809.96
聊城市	477.95	346.29	1489.17
滨州市	833.23	617.70	1371.23
菏泽市	293.01	117.28	1051.21

1-B-6 分地区批发业法人企业财务状况(按国民经济行业分)

(农、林、牧、渔产品批发)

单位：亿元

分 组	资产总计	负债合计	营业收入
全 省	**1152.98**	**635.82**	**1486.32**
济南市	113.57	80.74	82.44
青岛市	256.65	145.42	380.27
淄博市	14.52	7.27	20.88
枣庄市	24.87	5.44	26.63
东营市	11.00	7.23	19.51
烟台市	102.46	36.28	97.17
潍坊市	105.47	56.03	157.68
济宁市	84.79	41.88	110.57
泰安市	54.47	29.43	84.50
威海市	28.47	16.02	13.07
日照市	66.36	53.68	73.19
临沂市	40.30	14.49	78.83
德州市	84.36	39.82	138.99
聊城市	31.93	17.63	45.79
滨州市	96.49	68.43	87.49
菏泽市	37.27	16.04	69.32

1-B-6　续表 1

(食品、饮料及烟草制品批发)　　单位：亿元

分　组	资产总计	负债合计	营业收入
全　省	**2314.34**	**1240.82**	**3749.93**
济南市	316.27	211.68	416.77
青岛市	531.59	317.98	781.91
淄博市	46.48	34.41	68.65
枣庄市	45.00	10.90	70.29
东营市	35.51	21.63	40.83
烟台市	375.46	195.41	809.68
潍坊市	226.52	137.33	401.99
济宁市	157.75	56.66	306.33
泰安市	42.56	21.24	69.41
威海市	55.15	21.69	93.16
日照市	127.40	104.92	108.58
临沂市	169.89	31.77	190.40
德州市	67.72	27.89	110.55
聊城市	29.39	14.73	75.61
滨州市	40.28	17.53	73.98
菏泽市	47.36	15.04	131.81

1-B-6 续表 2

(纺织、服装及家庭用品批发) 单位：亿元

分 组	资产总计	负债合计	营业收入
全 省	**1960.30**	**1531.55**	**3133.90**
济南市	264.92	215.08	366.38
青岛市	1131.07	949.95	1864.18
淄博市	31.44	24.67	45.90
枣庄市	8.24	2.24	15.73
东营市	10.22	9.57	15.92
烟台市	124.79	89.15	179.98
潍坊市	130.96	78.29	171.61
济宁市	40.73	20.67	64.39
泰安市	26.69	24.64	27.69
威海市	70.15	51.59	127.78
日照市	9.36	13.21	11.45
临沂市	43.41	18.63	105.29
德州市	28.19	15.82	56.00
聊城市	8.67	6.17	12.75
滨州市	16.02	6.61	25.21
菏泽市	15.44	5.25	43.63

1-B-6　续表 3

(文化、体育用品及器材批发)　　　　单位：亿元

分　组	资产总计	负债合计	营业收入
全　省	**648.52**	**479.61**	**976.95**
济南市	193.08	129.12	253.18
青岛市	134.36	97.78	194.45
淄博市	24.32	16.97	32.33
枣庄市	4.36	1.62	9.48
东营市	2.59	2.66	2.30
烟台市	14.94	8.58	31.50
潍坊市	186.19	179.70	327.49
济宁市	23.95	11.98	39.74
泰安市	2.60	0.74	3.62
威海市	6.48	3.63	11.96
日照市	2.91	1.86	2.88
临沂市	15.58	6.91	22.81
德州市	11.13	5.13	9.68
聊城市	3.05	2.07	5.79
滨州市	16.99	8.98	18.18
菏泽市	6.00	1.88	11.56

1-B-6 续表 4

(医药及医疗器材批发)

单位：亿元

分 组	资产总计	负债合计	营业收入
全 省	**1686.99**	**1267.19**	**2039.89**
济南市	552.79	440.73	639.55
青岛市	180.13	123.84	262.22
淄博市	47.17	36.24	72.61
枣庄市	36.34	31.57	32.24
东营市	10.42	7.85	11.74
烟台市	497.08	355.19	480.99
潍坊市	77.57	62.82	122.77
济宁市	42.30	30.72	64.46
泰安市	31.30	22.78	33.93
威海市	53.16	40.88	68.28
日照市	8.62	6.37	9.21
临沂市	77.02	60.30	142.67
德州市	16.19	11.42	21.84
聊城市	21.26	16.92	26.70
滨州市	20.59	13.49	17.92
菏泽市	15.05	6.09	32.77

1-B-6　续表 5

(矿产品、建材及化工产品批发)　　单位：亿元

分　组	资产总计	负债合计	营业收入
全　省	**12458.32**	**9467.85**	**25328.58**
济南市	2400.88	1568.93	3444.85
青岛市	2304.17	1862.11	4938.28
淄博市	1165.52	982.88	2216.30
枣庄市	162.61	87.89	249.80
东营市	973.38	930.51	2079.81
烟台市	1039.22	801.36	1883.53
潍坊市	766.74	612.39	1528.07
济宁市	536.21	303.00	1326.81
泰安市	276.46	245.08	902.01
威海市	156.90	106.29	311.88
日照市	1159.51	891.82	2207.67
临沂市	361.56	255.39	983.07
德州市	165.01	85.04	321.35
聊城市	314.33	237.44	1218.50
滨州市	548.76	438.89	1060.73
菏泽市	127.05	58.85	655.93

1-B-6 续表 6

(机械设备、五金产品及电子产品批发)

单位：亿元

分 组	资产总计	负债合计	营业收入
全 省	**3283.29**	**2337.08**	**4901.00**
济南市	901.59	699.47	1146.82
青岛市	1017.73	791.72	1510.39
淄博市	79.25	62.28	104.96
枣庄市	34.18	14.14	38.63
东营市	237.92	167.03	285.68
烟台市	222.19	127.45	414.63
潍坊市	170.97	121.32	309.77
济宁市	164.04	76.35	304.98
泰安市	96.98	81.59	132.62
威海市	42.25	20.36	62.11
日照市	36.54	24.21	67.47
临沂市	82.89	49.05	199.38
德州市	73.71	34.70	117.72
聊城市	36.04	25.18	67.84
滨州市	52.12	30.47	58.70
菏泽市	34.89	11.75	79.28

1-B-6　续表 7

(贸易经纪与代理业)　　　　单位：亿元

分　组	资产总计	负债合计	营业收入
全　省	**766.28**	**428.14**	**882.03**
济南市	30.77	20.88	27.10
青岛市	407.34	282.22	505.31
淄博市	9.04	7.81	23.43
枣庄市	0.87	0.24	1.45
东营市	23.91	21.80	33.09
烟台市	33.08	21.28	35.78
潍坊市	15.32	8.41	25.37
济宁市	5.15	3.34	12.96
泰安市	2.81	2.06	3.23
威海市	18.88	7.68	24.60
日照市	71.62	37.06	54.23
临沂市	134.41	8.06	109.74
德州市	3.23	1.67	4.42
聊城市	2.92	1.92	6.00
滨州市	5.58	3.44	11.30
菏泽市	1.36	0.28	4.04

1-B-6 续表 8

(其他批发业)

单位：亿元

分 组	资产总计	负债合计	营业收入
全 省	**939.54**	**639.03**	**1688.24**
济南市	115.31	65.26	135.56
青岛市	328.70	260.64	392.57
淄博市	42.59	30.89	242.55
枣庄市	19.31	10.52	37.48
东营市	27.18	24.82	34.09
烟台市	92.13	44.83	126.89
潍坊市	76.63	63.26	266.05
济宁市	31.16	11.47	57.67
泰安市	8.93	5.81	10.86
威海市	20.05	11.39	104.51
日照市	42.91	21.50	64.28
临沂市	43.24	24.94	115.52
德州市	16.05	7.50	29.41
聊城市	30.35	24.25	30.19
滨州市	36.41	29.86	17.72
菏泽市	8.59	2.10	22.87

1-B-7 分地区批发业法人企业财务状况(按登记注册类型分)

(内资企业批发) 单位：亿元

分 组	资产总计	负债合计	营业收入
全 省	**24577.51**	**17576.50**	**43352.83**
济南市	4693.71	3289.03	6144.08
青岛市	5952.62	4575.31	10498.09
淄博市	1458.81	1202.46	2809.02
枣庄市	335.74	164.58	481.68
东营市	1332.10	1193.10	2522.98
烟台市	2478.25	1671.85	4035.89
潍坊市	1749.77	1313.03	3299.75
济宁市	1080.12	551.18	2284.20
泰安市	526.17	423.04	1236.99
威海市	429.90	272.93	807.98
日照市	1523.64	1154.31	2591.04
临沂市	968.08	468.17	1944.25
德州市	458.74	225.30	805.37
聊城市	477.94	346.29	1489.10
滨州市	818.98	608.67	1351.46
菏泽市	292.92	117.23	1050.96

1-B-7 续表 1

(国有企业批发)

单位：亿元

分 组	资产总计	负债合计	营业收入
全 省	**173.68**	**147.01**	**278.59**
济南市	72.82	59.78	142.11
青岛市	19.08	26.21	10.26
淄博市	1.02	0.63	0.80
枣庄市	2.23	2.17	1.01
东营市	3.31	3.06	7.16
烟台市	12.69	11.30	11.98
潍坊市	5.77	3.75	3.66
济宁市	5.12	2.69	3.23
泰安市	12.81	11.45	60.48
威海市	8.50	1.99	2.47
日照市	3.63	3.44	5.38
临沂市	2.95	2.48	1.64
德州市	6.21	3.47	13.05
聊城市	1.53	1.36	0.97
滨州市	6.32	5.80	5.36
菏泽市	9.69	7.44	9.01

1-B-7　续表 2

(集体企业批发)　　单位：亿元

分　组	资产总计	负债合计	营业收入
全　省	**155.76**	**70.22**	**179.28**
济南市	7.94	8.23	2.26
青岛市	11.45	12.02	10.45
淄博市	2.58	2.69	5.71
枣庄市	4.87	4.55	6.89
东营市	0.11	0.07	0.28
烟台市	27.53	24.45	53.59
潍坊市	2.72	1.92	3.04
济宁市	4.14	2.24	8.71
泰安市	1.15	0.89	1.32
威海市	4.47	2.71	54.70
日照市	5.91	4.51	18.68
临沂市	76.45	2.75	4.95
德州市	1.17	0.66	1.24
聊城市	2.08	1.20	2.66
滨州市	1.59	0.67	1.50
菏泽市	1.62	0.65	3.32

1-B-7 续表 3

(股份合作企业批发)

单位：亿元

分 组	资产总计	负债合计	营业收入
全 省	**4.85**	**2.69**	**5.58**
济南市	1.29	0.20	0.25
青岛市	0.78	0.74	0.31
淄博市	1.00	1.21	2.08
枣庄市	0.03	0.02	0.02
东营市	0.16	0.04	0.12
烟台市	0.10	0.04	0.30
潍坊市	0.02	0.01	0.01
济宁市	0.43	0.08	0.70
泰安市	0.03	0.01	0.02
威海市			0.03
日照市	0.07	0.01	0.01
临沂市	0.23	0.14	0.05
德州市	0.01		0.02
聊城市	0.49	0.11	1.06
滨州市			
菏泽市	0.22	0.06	0.58

1-B-7　续表 4

(联营企业批发)　　单位：亿元

分　组	资产总计	负债合计	营业收入
全　省	**5.65**	**4.64**	**4.06**
济南市	0.11	0.37	0.02
青岛市	0.06	0.04	0.21
淄博市	0.02	0.01	0.11
枣庄市	0.46	0.07	0.52
东营市			
烟台市	4.28	3.81	1.88
潍坊市	0.01		0.02
济宁市	0.25	0.03	0.53
泰安市			
威海市	0.07	0.03	0.05
日照市			
临沂市	0.01		0.01
德州市	0.01	0.06	
聊城市	0.22	0.15	0.04
滨州市	0.13	0.06	0.61
菏泽市	0.01		0.06

1-B-7 续表 5

(有限责任公司批发)

单位：亿元

分 组	资产总计	负债合计	营业收入
全 省	**7538.54**	**5983.99**	**13882.27**
济南市	1683.46	1311.45	2066.92
青岛市	2151.36	1818.17	3986.68
淄博市	245.05	199.99	831.73
枣庄市	94.84	59.78	117.57
东营市	150.15	135.67	363.20
烟台市	761.70	630.25	1264.15
潍坊市	665.72	546.84	1066.56
济宁市	169.65	117.84	302.91
泰安市	169.67	141.12	422.21
威海市	103.55	72.12	179.73
日照市	426.77	372.17	1343.86
临沂市	377.13	200.25	691.37
德州市	139.68	84.68	190.85
聊城市	61.32	42.25	164.58
滨州市	302.48	237.04	583.75
菏泽市	36.02	14.38	306.19

1-B-7　续表 6

(股份有限公司批发)　　　　单位：亿元

分　组	资产总计	负债合计	营业收入
全　省	**1668.14**	**1053.65**	**1768.79**
济南市	627.42	337.22	251.43
青岛市	213.16	171.12	432.24
淄博市	22.56	11.86	34.79
枣庄市	37.65	21.87	33.75
东营市	25.00	23.30	125.55
烟台市	508.38	326.31	558.52
潍坊市	61.21	27.00	71.53
济宁市	36.45	23.18	72.09
泰安市	0.92	0.65	1.26
威海市	7.01	5.52	11.05
日照市	78.71	65.88	65.18
临沂市	10.88	13.11	21.50
德州市	7.29	4.85	4.52
聊城市	13.27	6.08	38.72
滨州市	1.82	1.80	1.21
菏泽市	16.42	13.89	45.44

1-B-7 续表 7

(私营企业批发)

单位：亿元

分 组	资产总计	负债合计	营业收入
全 省	**14696.65**	**10242.80**	**26670.91**
济南市	2288.46	1569.81	3666.15
青岛市	3511.26	2533.71	5994.63
淄博市	1180.43	984.06	1927.83
枣庄市	178.39	74.49	300.74
东营市	1152.49	1030.76	2025.40
烟台市	1080.60	656.43	2016.94
潍坊市	960.49	725.81	2021.09
济宁市	832.39	398.38	1843.60
泰安市	330.49	266.05	743.62
威海市	300.64	188.70	553.74
日照市	1002.50	707.30	1150.70
临沂市	473.36	245.41	1169.15
德州市	280.27	124.22	549.52
聊城市	394.07	294.41	1270.98
滨州市	502.69	362.58	752.08
菏泽市	228.11	80.69	684.73

1-B-7　续表 8

(其他企业批发)　　单位：亿元

分　组	资产总计	负债合计	营业收入
全　省	**334.23**	**71.52**	**563.36**
济南市	12.22	1.96	14.92
青岛市	45.47	13.31	63.30
淄博市	6.15	2.02	5.97
枣庄市	17.28	1.63	21.19
东营市	0.86	0.20	1.27
烟台市	82.97	19.26	128.52
潍坊市	53.84	7.70	133.84
济宁市	31.69	6.73	52.45
泰安市	11.10	2.87	8.07
威海市	5.66	1.87	6.20
日照市	6.06	0.99	7.23
临沂市	27.07	4.04	55.57
德州市	24.10	7.36	46.16
聊城市	4.96	0.74	10.09
滨州市	3.95	0.72	6.95
菏泽市	0.83	0.12	1.62

1−B−7 续表 9

(港澳台商投资企业批发) 单位：亿元

分 组	资产总计	负债合计	营业收入
全 省	**469.15**	**361.97**	**484.95**
济南市	164.96	126.86	211.72
青岛市	271.54	216.92	218.91
淄博市	1.26	0.70	18.41
枣庄市	0.04		0.06
东营市	0.05		
烟台市	7.64	3.23	6.95
潍坊市	3.89	3.76	8.77
济宁市	0.13	0.02	0.08
泰安市	0.54	0.43	3.70
威海市	5.20	2.13	0.29
日照市	0.50	0.08	5.89
临沂市			
德州市	5.72	3.23	3.68
聊城市			
滨州市	7.68	4.61	6.49
菏泽市			

1-B-7　续表 10

(外商投资企业批发)　　单位：亿元

分组	资产总计	负债合计	营业收入
全　省	**163.90**	**88.62**	**349.06**
济南市	30.52	15.99	156.85
青岛市	67.56	39.43	112.59
淄博市	0.25	0.24	0.18
枣庄市			
东营市			
烟台市	15.47	4.43	17.30
潍坊市	2.70	2.77	2.27
济宁市	5.82	4.87	3.62
泰安市	16.10	9.88	27.18
威海市	16.37	4.47	9.09
日照市	1.09	0.24	2.03
临沂市	0.22	1.39	3.45
德州市	1.14	0.45	0.91
聊城市			0.07
滨州市	6.57	4.41	13.27
菏泽市	0.10	0.05	0.25

1-B-8 分地区批发业法人企业财务状况(按规模分)

(大型批发)

单位：亿元

分 组	资产总计	负债合计	营业收入
全 省	**4021.11**	**2977.51**	**5582.82**
济南市	1550.06	1023.39	1504.73
青岛市	770.13	641.90	1279.96
淄博市	36.66	25.16	107.83
枣庄市	63.90	43.46	83.75
东营市	150.84	95.89	183.08
烟台市	632.14	444.65	1036.75
潍坊市	277.47	263.29	375.02
济宁市	78.06	49.57	130.90
泰安市	121.35	134.00	178.96
威海市	56.45	39.66	87.71
日照市	70.37	61.90	85.13
临沂市	72.17	67.50	218.94
德州市	11.15	3.35	29.08
聊城市	38.78	29.74	129.86
滨州市	62.42	35.74	57.50
菏泽市	29.15	18.31	93.63

1-B-8　续表 1

(中型批发)　　单位：亿元

分　组	资产总计	负债合计	营业收入
全　省	**6539.78**	**5297.60**	**14301.27**
济南市	974.20	769.39	1553.41
青岛市	1718.00	1427.88	3571.48
淄博市	203.25	166.94	918.19
枣庄市	57.09	45.97	88.70
东营市	461.74	464.08	880.53
烟台市	745.36	611.83	1118.17
潍坊市	574.41	461.45	944.48
济宁市	246.70	134.24	765.15
泰安市	92.52	74.59	341.12
威海市	117.34	102.07	364.79
日照市	333.66	347.64	1169.55
临沂市	337.11	147.53	644.15
德州市	87.60	60.90	160.61
聊城市	186.94	138.13	772.48
滨州市	358.41	318.15	631.93
菏泽市	45.43	26.82	376.50

1-B-8 续表 2

(小型批发)

单位：亿元

分 组	资产总计	负债合计	营业收入
全 省	**5940.47**	**4321.85**	**13999.05**
济南市	848.15	606.34	2213.61
青岛市	1551.43	1214.86	3478.33
淄博市	602.54	492.93	988.36
枣庄市	74.19	30.81	132.68
东营市	328.87	298.94	869.49
烟台市	505.22	302.02	1116.80
潍坊市	293.64	202.37	896.82
济宁市	317.67	171.27	819.60
泰安市	171.26	118.70	597.31
威海市	91.19	56.31	172.34
日照市	427.44	380.94	829.03
临沂市	219.78	155.28	604.20
德州市	118.09	54.54	277.15
聊城市	109.29	88.71	332.46
滨州市	180.57	111.36	366.25
菏泽市	101.11	36.48	304.62

1-B-8　续表 3

(微型批发)　　单位：亿元

分　组	资产总计	负债合计	营业收入
全　省	**8709.20**	**5430.13**	**10303.71**
济南市	1516.77	1032.76	1240.91
青岛市	2252.15	1547.03	2499.83
淄博市	617.86	518.36	813.23
枣庄市	140.59	44.35	176.60
东营市	390.69	334.19	589.88
烟台市	618.63	321.02	788.42
潍坊市	610.84	392.44	1094.47
济宁市	443.63	200.99	572.25
泰安市	157.69	106.06	150.48
威海市	186.50	81.51	192.50
日照市	693.76	364.15	515.24
临沂市	339.24	99.25	480.40
德州市	248.76	110.20	343.11
聊城市	142.94	89.71	254.37
滨州市	231.83	152.45	315.54
菏泽市	117.32	35.68	276.47

1-B-9 分地区零售业法人企业基本情况

分　组	法人单位数（个）	从业人员期末人数（人）	批发和零售业年末零售营业面积（万平方米）
全　省	**224400**	**1359030**	**6469.7**
济南市	28932	187222	602.1
青岛市	31283	203478	975.2
淄博市	12590	55269	330.4
枣庄市	5585	37878	175.4
东营市	5538	32600	182.3
烟台市	26545	139764	600.7
潍坊市	20530	103294	703.2
济宁市	19300	135105	466.5
泰安市	9420	51777	217.6
威海市	9250	61458	305.1
日照市	6902	35198	226.1
临沂市	14725	110426	557.5
德州市	8075	57136	265.5
聊城市	6768	33352	224.6
滨州市	8435	43218	256.4
菏泽市	10522	71855	380.9

1-B-10　分地区零售业法人企业基本情况(按国民经济行业分)

(综合零售)

分　组	法人单位数 (个)	从业人员 期末人数 (人)	批发和零售业 年末零售营业面积 (万平方米)
全　省	**27118**	**301801**	**1966.6**
济南市	2069	32238	183.6
青岛市	3725	35360	284.3
淄博市	1199	16165	129.3
枣庄市	976	8332	57.2
东营市	694	9193	30.7
烟台市	3562	29749	220.6
潍坊市	1710	25267	271.9
济宁市	3581	33098	128.1
泰安市	1533	17318	57.9
威海市	1308	16860	154
日照市	860	6353	64.6
临沂市	2234	28358	139.5
德州市	861	11844	48.5
聊城市	723	6848	61.7
滨州市	870	10930	55.5
菏泽市	1213	13888	79.1

1-B-10 续表 1

(食品、饮料及烟草制品专门零售)

分组	法人单位数(个)	从业人员期末人数(人)	批发和零售业年末零售营业面积(万平方米)
全省	**28139**	**116801**	**477.9**
济南市	3677	17902	65.9
青岛市	4523	18111	69.5
淄博市	1650	4525	44.3
枣庄市	599	3694	9.2
东营市	534	1662	11.4
烟台市	4459	18077	55.8
潍坊市	2887	9409	52.0
济宁市	1687	8355	24.4
泰安市	1071	3666	17.5
威海市	1124	5336	19.7
日照市	1164	4143	16.8
临沂市	1520	8196	30.5
德州市	784	4373	19.3
聊城市	721	2209	10.7
滨州市	992	3551	11.4
菏泽市	747	3592	19.5

1-B-10　续表 2

(纺织、服装及日用品专门零售)

分　组	法人单位数(个)	从业人员期末人数(人)	批发和零售业年末零售营业面积(万平方米)
全　省	**23559**	**117346**	**361.2**
济南市	3027	15448	37.4
青岛市	3691	33072	75.1
淄博市	1232	2865	12.0
枣庄市	488	2969	13.1
东营市	393	1486	5.5
烟台市	3490	12928	40.1
潍坊市	2503	9266	36.0
济宁市	1801	8966	27.8
泰安市	609	2563	8.4
威海市	1046	5594	16.5
日照市	467	2003	6.6
临沂市	1509	6560	25.7
德州市	790	4198	14.2
聊城市	516	1627	8.5
滨州市	942	2904	10.8
菏泽市	1055	4897	23.4

1-B-10 续表 3

(文化、体育用品及器材专门零售)

分 组	法人单位数(个)	从业人员期末人数(人)	批发和零售业年末零售营业面积(万平方米)
全 省	**15324**	**76694**	**254.6**
济南市	1923	10824	21.0
青岛市	2114	10432	40.1
淄博市	715	2569	11.8
枣庄市	285	1537	4.4
东营市	290	2066	29.2
烟台市	1475	6813	10.9
潍坊市	1235	3718	13.8
济宁市	1195	6138	15.4
泰安市	515	1962	5.2
威海市	981	3962	9.4
日照市	372	4610	15.7
临沂市	524	2943	12.5
德州市	422	2532	12.5
聊城市	345	1242	6.1
滨州市	593	1903	7.5
菏泽市	2340	13443	39.0

1-B-10　续表 4

(医药及医疗器材专门零售)

分　组	法人单位数 (个)	从业人员 期末人数 (人)	批发和零售业 年末零售营业面积 (万平方米)
全　省	**16567**	**129455**	**284.3**
济南市	2326	18129	28.7
青岛市	1686	17618	42.8
淄博市	705	5659	10.3
枣庄市	274	3407	7.1
东营市	355	2295	4.6
烟台市	1553	12901	18.8
潍坊市	1890	13748	27
济宁市	1007	9084	17.9
泰安市	1171	5817	15.3
威海市	560	5838	8.6
日照市	551	2340	6.3
临沂市	2048	14060	46.8
德州市	520	4053	10.6
聊城市	644	4555	12.3
滨州市	690	3817	8.5
菏泽市	587	6134	18.7

1-B-10 续表 5

(汽车摩托车零配件和燃料及其他动力销售)

分 组	法人单位数(个)	从业人员期末人数(人)	批发和零售业年末零售营业面积(万平方米)
全 省	**26930**	**244999**	**1706.2**
济南市	2762	32776	147.9
青岛市	3313	33277	276.4
淄博市	1119	9242	64.1
枣庄市	874	7119	45.4
东营市	709	6840	48.1
烟台市	2499	19911	131.1
潍坊市	2350	18039	172.4
济宁市	2693	22143	114.2
泰安市	1005	9065	56.8
威海市	908	8497	46.4
日照市	1042	6703	50.8
临沂市	2708	29647	207.5
德州市	1289	12246	84.9
聊城市	1119	7792	71.1
滨州市	1231	9797	101.1
菏泽市	1309	11905	88.3

1-B-10　续表 6

(家用电器及电子产品专门零售)

分　组	法人单位数 (个)	从业人员 期末人数 (人)	批发和零售业 年末零售营业面积 (万平方米)
全　省	**23803**	**117173**	**342.8**
济南市	4423	22441	35.3
青岛市	3363	16075	48.9
淄博市	1227	3928	11.5
枣庄市	696	3610	10.3
东营市	697	2967	12.3
烟台市	2454	11930	28.3
潍坊市	2104	7085	24.3
济宁市	1984	13909	32.9
泰安市	754	3446	10.8
威海市	801	4547	15.5
日照市	592	3444	23.3
临沂市	1114	5734	21.6
德州市	1007	5830	18.3
聊城市	689	2818	12.3
滨州市	1028	3812	11.5
菏泽市	870	5597	26.0

1-B-10 续表 7

(五金家具及室内装饰材料专门零售)

分　组	法人单位数 (个)	从业人员 期末人数 (人)	批发和零售业 年末零售营业面积 (万平方米)
全　省	**33924**	**142997**	**628.7**
济南市	4614	18647	51.1
青岛市	5436	24507	87.9
淄博市	2346	4755	23.2
枣庄市	711	3783	16.9
东营市	1257	3981	32.5
烟台市	3842	16212	54.8
潍坊市	2663	7846	50.6
济宁市	3036	22703	67.9
泰安市	1402	4073	21.6
威海市	1284	5794	18.4
日照市	1068	2876	15.5
临沂市	1642	7707	38.6
德州市	1407	7220	36.4
聊城市	826	2527	23.1
滨州市	1192	3679	30.8
菏泽市	1198	6687	59.2

1-B-10　续表 8

(货摊无店铺及其他零售)

分　组	法人单位数(个)	从业人员期末人数(人)	批发和零售业年末零售营业面积(万平方米)
全　省	**29036**	**111764**	**447.4**
济南市	4111	18817	31.2
青岛市	3432	15026	50.3
淄博市	2397	5561	23.9
枣庄市	682	3427	11.8
东营市	609	2110	8.0
烟台市	3211	11243	40.5
潍坊市	3188	8916	55.2
济宁市	2316	10709	38.1
泰安市	1360	3867	24.1
威海市	1238	5030	16.5
日照市	786	2726	26.5
临沂市	1426	7221	34.9
德州市	995	4840	20.7
聊城市	1185	3734	18.8
滨州市	897	2825	19.2
菏泽市	1203	5712	27.7

1-B-11 分地区零售业法人企业基本情况(按登记注册类型分)

(内资企业零售)

分 组	法人单位数(个)	从业人员期末人数(人)	批发和零售业年末零售营业面积(万平方米)
全 省	**224022**	**1322444**	**6284.1**
济南市	28893	182017	576.1
青岛市	31140	181977	878.7
淄博市	12578	54730	327.9
枣庄市	5577	37212	171.4
东营市	5536	32583	182.3
烟台市	26478	137687	580.2
潍坊市	20513	102532	696.3
济宁市	19291	134330	462.8
泰安市	9410	51188	211.9
威海市	9204	59362	298.1
日照市	6896	34778	225.0
临沂市	14717	109160	548.8
德州市	8074	57133	265.5
聊城市	6765	33098	223.7
滨州市	8430	42811	254.9
菏泽市	10520	71846	380.6

1-B-11　续表 1

(国有企业零售)

分　组	法人单位数 (个)	从业人员 期末人数 (人)	批发和零售业 年末零售营业面积 (万平方米)
全　省	**246**	**8637**	**17.7**
济南市	50	2469	1.5
青岛市	25	295	0.7
淄博市	7	18	
枣庄市	13	127	0.3
东营市	4	2676	0.5
烟台市	37	301	3.6
潍坊市	10	89	0.2
济宁市	14	585	3.1
泰安市	9	17	
威海市	13	104	1.1
日照市	9	568	0.2
临沂市	15	250	1.0
德州市	18	554	2.7
聊城市	8	116	0.2
滨州市	10	367	2.4
菏泽市	4	101	0.1

1-B-11 续表 2

(集体企业零售)

分 组	法人单位数 (个)	从业人员 期末人数 (人)	批发和零售业 年末零售营业面积 (万平方米)
全 省	**1037**	**14910**	**71.3**
济南市	102	981	4.7
青岛市	80	614	1.3
淄博市	55	310	2.0
枣庄市	40	652	1.9
东营市	5	36	0.1
烟台市	109	826	7.3
潍坊市	56	747	6.1
济宁市	88	2093	10.1
泰安市	63	595	2.2
威海市	35	281	1.6
日照市	95	1604	2.8
临沂市	122	4047	19.4
德州市	57	710	3.4
聊城市	35	419	1.9
滨州市	45	286	1.6
菏泽市	50	709	4.9

1-B-11　续表 3

(股份合作企业零售)

分　组	法人单位数(个)	从业人员期末人数(人)	批发和零售业年末零售营业面积(万平方米)
全　省	**104**	**1285**	**9.2**
济南市	20	161	0.5
青岛市	20	485	3.3
淄博市	3	3	
枣庄市			
东营市	2	30	0.2
烟台市	12	43	0.3
潍坊市	8	91	0.2
济宁市	12	306	4.0
泰安市	5	15	
威海市	1	1	
日照市	5	20	0.1
临沂市	2	4	
德州市	3	8	
聊城市	3	30	
滨州市	3	58	0.3
菏泽市	5	30	0.1

1-B-11 续表 4

(联营企业零售)

分 组	法人单位数(个)	从业人员期末人数(人)	批发和零售业年末零售营业面积(万平方米)
全 省	**60**	**419**	**1.8**
济南市	9	75	0.1
青岛市	7	28	0.3
淄博市	1	6	
枣庄市	3	15	0.1
东营市	1	5	
烟台市	5	17	0.1
潍坊市	5	11	0.2
济宁市	4	82	0.1
泰安市	4	10	0.1
威海市	2	9	
日照市	5	11	
临沂市	5	18	0.1
德州市	4	31	0.5
聊城市	1	2	
滨州市	3	43	
菏泽市	1	56	

1-B-11 续表 5

(有限责任公司零售)

分 组	法人单位数(个)	从业人员期末人数(人)	批发和零售业年末零售营业面积(万平方米)
全 省	**13667**	**241951**	**1231.3**
济南市	1539	31436	88.8
青岛市	2170	37280	197.1
淄博市	488	12154	97.2
枣庄市	422	5571	40.9
东营市	262	7264	64.4
烟台市	1637	20784	101.9
潍坊市	1548	19267	103.9
济宁市	513	9185	34.4
泰安市	590	12463	44.5
威海市	666	8150	40.2
日照市	872	12441	97.5
临沂市	839	30648	113.8
德州市	834	12505	52.3
聊城市	394	9139	76.9
滨州市	622	9448	52.5
菏泽市	271	4216	25.0

1-B-11 续表 6

(股份有限公司零售)

分 组	法人单位数(个)	从业人员期末人数(人)	批发和零售业年末零售营业面积(万平方米)
全 省	**1766**	**71648**	**716.0**
济南市	153	18750	145.1
青岛市	131	6341	140.2
淄博市	77	1991	8.9
枣庄市	38	776	4.5
东营市	25	645	2.4
烟台市	429	4156	35.9
潍坊市	149	13663	177.2
济宁市	127	3907	16.2
泰安市	102	1857	4.9
威海市	71	7457	109.1
日照市	112	983	5.4
临沂市	146	2472	9.5
德州市	56	1422	4.1
聊城市	54	795	4.8
滨州市	22	2150	33.9
菏泽市	74	4283	13.9

1-B-11　续表 7

(私营企业零售)

分　组	法人单位数 (个)	从业人员 期末人数 (人)	批发和零售业 年末零售营业面积 (万平方米)
全　省	**202625**	**964661**	**4111.7**
济南市	26462	125736	327.0
青岛市	28041	134435	521.0
淄博市	11544	38901	194.0
枣庄市	4963	29151	117.6
东营市	5220	21889	110.6
烟台市	23559	108719	417.5
潍坊市	18077	66027	389.4
济宁市	18391	117406	390.3
泰安市	8356	35475	149.9
威海市	8282	42699	145.0
日照市	5395	17532	111.5
临沂市	13344	70049	398.3
德州市	7022	41496	200.9
聊城市	6210	22367	139.0
滨州市	7645	30332	163.1
菏泽市	10114	62447	336.6

1-B-11 续表 8

(其他企业零售)

分 组	法人单位数 (个)	从业人员 期末人数 (人)	批发和零售业 年末零售营业面积 (万平方米)
全 省	**4517**	**18933**	**125.1**
济南市	558	2409	8.3
青岛市	666	2499	14.8
淄博市	403	1347	25.8
枣庄市	98	920	6.0
东营市	17	38	4.1
烟台市	690	2841	13.6
潍坊市	660	2637	19.0
济宁市	142	766	4.7
泰安市	281	756	10.3
威海市	134	661	1.0
日照市	403	1619	7.6
临沂市	244	1672	6.7
德州市	80	407	1.4
聊城市	60	230	0.7
滨州市	80	127	1.1
菏泽市	1	4	

1-B-11　续表 9

(港澳台商投资企业零售)

分　组	法人单位数（个）	从业人员期末人数（人）	批发和零售业年末零售营业面积（万平方米）
全　省	**134**	**26147**	**96.2**
济南市	14	1467	6.7
青岛市	41	16690	43.7
淄博市	7	430	1.6
枣庄市	7	597	2.9
东营市			
烟台市	19	1337	10.5
潍坊市	8	736	6.6
济宁市	5	772	3.6
泰安市	4	353	3.1
威海市	11	1445	5.4
日照市	3	417	1.1
临沂市	7	1235	8.6
德州市			
聊城市	3	254	1.0
滨州市	4	407	1.5
菏泽市	1	7	

1-B-11 续表 10

(外商投资企业零售)

分 组	法人单位数（个）	从业人员期末人数（人）	批发和零售业年末零售营业面积（万平方米）
全 省	**244**	**10439**	**89.4**
济南市	25	3738	19.4
青岛市	102	4811	52.8
淄博市	5	109	0.9
枣庄市	1	69	1.1
东营市	2	17	
烟台市	48	740	10.1
潍坊市	9	26	0.4
济宁市	4	3	
泰安市	6	236	2.7
威海市	35	651	1.6
日照市	3	3	
临沂市	1	31	0.1
德州市	1	3	
聊城市			
滨州市	1		
菏泽市	1	2	0.2

1-B-12　分地区零售业法人企业基本情况(按规模分)

(大型零售)

分　组	法人单位数(个)	从业人员期末人数(人)	批发和零售业年末零售营业面积(万平方米)
全　省	**190**	**215576**	**1251.9**
济南市	39	41212	183
青岛市	37	39578	272.9
淄博市	9	11630	82.8
枣庄市	1	598	13.4
东营市	8	8553	35.4
烟台市	11	14427	96.9
潍坊市	13	20889	198.4
济宁市	17	19772	50.1
泰安市	7	9544	21.9
威海市	8	11309	110.2
日照市	6	6478	38.4
临沂市	12	15728	55.8
德州市	6	3502	7.6
聊城市	6	3640	29.9
滨州市	5	4114	50.1
菏泽市	5	4602	5.1

1-B-12 续表 1

(中型零售)

分 组	法人单位数 (个)	从业人员 期末人数 (人)	批发和零售业 年末零售营业面积 (万平方米)
全 省	**2132**	**243834**	**1028.8**
济南市	318	36022	95.5
青岛市	335	37600	188.1
淄博市	104	11670	54.7
枣庄市	60	6552	32.8
东营市	60	5615	34.2
烟台市	177	20150	99.8
潍坊市	179	20090	95.8
济宁市	161	18123	56.2
泰安市	77	10232	28.0
威海市	86	9661	54.4
日照市	55	6924	48.2
临沂市	216	25178	93.0
德州市	83	10736	34.5
聊城市	69	6741	42.3
滨州市	76	10481	32.0
菏泽市	76	8059	39.3

1-B-12 续表 2

(小型零售)

分 组	法人单位数(个)	从业人员期末人数(人)	批发和零售业年末零售营业面积(万平方米)
全 省	**17080**	**311506**	**1203.4**
济南市	1950	36712	105.5
青岛市	2908	50444	152.2
淄博市	445	9643	50.5
枣庄市	563	10611	33.9
东营市	296	5741	33.9
烟台市	2126	35461	111.0
潍坊市	980	18600	119.8
济宁市	1931	34868	105.0
泰安市	453	9665	46.2
威海市	949	16423	44.4
日照市	314	6205	32.8
临沂市	1298	25003	112.4
德州市	900	16674	63.6
聊城市	283	6303	39.0
滨州市	399	8142	49.6
菏泽市	1285	21011	103.6

1-B-12 续表 3

(微型零售)

分 组	法人单位数 (个)	从业人员 期末人数 (人)	批发和零售业 年末零售营业面积 (万平方米)
全 省	**204998**	**588114**	**2985.6**
济南市	26625	73276	218.2
青岛市	28003	75856	362.0
淄博市	12032	22326	142.4
枣庄市	4961	20117	95.2
东营市	5174	12691	78.9
烟台市	24231	69726	293.0
潍坊市	19358	43715	289.2
济宁市	17191	62342	255.2
泰安市	8883	22336	121.4
威海市	8207	24065	96.1
日照市	6527	15591	106.8
临沂市	13199	44517	296.4
德州市	7086	26224	159.8
聊城市	6410	16668	113.5
滨州市	7955	20481	124.6
菏泽市	9156	38183	232.9

1-B-13　分地区零售业法人企业基本情况(按零售业态分)

(有店铺零售)

分　组	法人单位数 (个)	从业人员 期末人数 (人)	批发和零售业 年末零售营业面积 (万平方米)
全　省	**180768**	**1191496**	**6091.3**
济南市	19036	139190	535.1
青岛市	24131	177244	931.9
淄博市	8941	47717	311.8
枣庄市	5064	34566	169.2
东营市	4387	29523	167.3
烟台市	21386	120512	568.5
潍坊市	16101	91961	661.2
济宁市	17947	127886	449.1
泰安市	7825	47723	206.1
威海市	7215	51846	286.8
日照市	5674	31961	215.7
临沂市	13577	102442	536.1
德州市	7019	51803	250.7
聊城市	5425	29726	213.1
滨州市	7133	38557	223.9
菏泽市	9907	68839	365.1

1-B-13 续表 1

(食杂店零售)

分 组	法人单位数 (个)	从业人员 期末人数 (人)	批发和零售业 年末零售营业面积 (万平方米)
全 省	**8593**	**44696**	**291.2**
济南市	805	2986	21.1
青岛市	1593	5846	22.7
淄博市	329	788	2.3
枣庄市	249	1442	4.1
东营市	213	599	1.7
烟台市	1446	5330	18.0
潍坊市	732	12181	161.8
济宁市	661	2869	8.7
泰安市	368	2615	7.3
威海市	441	1904	5.9
日照市	230	803	2.5
临沂市	622	3504	14.6
德州市	288	1276	5.8
聊城市	191	825	2.6
滨州市	201	621	3.6
菏泽市	224	1107	8.4

1-B-13　续表 2

(便利店零售)

分　组	法人单位数(个)	从业人员期末人数(人)	批发和零售业年末零售营业面积(万平方米)
全　省	**17417**	**101857**	**578.5**
济南市	1666	14308	97.9
青岛市	2453	13071	80.4
淄博市	806	2196	11.1
枣庄市	555	3816	23.1
东营市	468	3406	8.4
烟台市	2303	8135	31.8
潍坊市	1250	4651	24.1
济宁市	1681	12852	41.0
泰安市	839	4195	15.6
威海市	830	9238	106.8
日照市	714	5457	22.8
临沂市	1448	9143	48.6
德州市	698	3313	15.6
聊城市	534	2278	15.1
滨州市	460	1975	19.0
菏泽市	712	3823	17.1

1-B-13 续表 3

(折扣店零售)

分 组	法人单位数（个）	从业人员期末人数（人）	批发和零售业年末零售营业面积（万平方米）
全 省	**3217**	**16350**	**92.1**
济南市	306	1685	13.0
青岛市	818	3207	25.6
淄博市	74	148	1.5
枣庄市	92	1030	3.7
东营市	76	230	1.3
烟台市	470	2111	8.6
潍坊市	241	2812	5.6
济宁市	216	1632	9.3
泰安市	137	393	1.3
威海市	118	569	4.7
日照市	106	259	3.6
临沂市	220	894	4.6
德州市	130	666	4.1
聊城市	66	151	2.0
滨州市	53	200	1.3
菏泽市	94	363	1.8

1–B–13　续表 4

(超市零售)

分　组	法人单位数(个)	从业人员期末人数(人)	批发和零售业年末零售营业面积(万平方米)
全　省	**7454**	**72662**	**255.0**
济南市	524	5705	17.1
青岛市	1208	8566	30.1
淄博市	257	2076	10.1
枣庄市	285	3519	13.1
东营市	134	4977	4.1
烟台市	674	3878	13.6
潍坊市	436	3050	14.4
济宁市	903	9287	27.7
泰安市	457	4270	12.5
威海市	209	2823	6.8
日照市	265	1430	5.4
临沂市	744	10015	33.7
德州市	384	2696	12.0
聊城市	182	1806	7.6
滨州市	292	2177	12.5
菏泽市	500	6387	34.5

1-B-13 续表 5

(大型超市零售)

分组	法人单位数(个)	从业人员期末人数(人)	批发和零售业年末零售营业面积(万平方米)
全省	**373**	**121533**	**1176.8**
济南市	26	20449	147.0
青岛市	70	11873	151.5
淄博市	16	7733	60.7
枣庄市	10	1935	33.3
东营市	4	592	10.4
烟台市	32	11769	115.3
潍坊市	29	17311	221.6
济宁市	31	8128	51.3
泰安市	16	4263	18.4
威海市	9	8027	109.6
日照市	23	4900	75.2
临沂市	27	8659	64.6
德州市	25	3712	30.9
聊城市	17	3135	37.7
滨州市	15	4738	20.0
菏泽市	23	4309	29.4

1-B-13　续表 6

(仓储会员店零售)

分　组	法人单位数 (个)	从业人员 期末人数 (人)	批发和零售业 年末零售营业面积 (万平方米)
全　省	**2793**	**15619**	**95.4**
济南市	224	2830	4.0
青岛市	446	1915	10.1
淄博市	139	412	3.0
枣庄市	95	584	1.9
东营市	72	244	2.8
烟台市	334	1725	14.8
潍坊市	214	745	8.3
济宁市	189	1439	8.1
泰安市	172	815	4.6
威海市	126	701	2.8
日照市	106	373	2.3
临沂市	298	1880	18.1
德州市	101	652	6.4
聊城市	88	403	3.0
滨州市	103	427	1.8
菏泽市	86	474	3.5

1-B-13 续表 7

(百货店零售)

分 组	法人单位数 (个)	从业人员 期末人数 (人)	批发和零售业 年末零售营业面积 (万平方米)
全 省	**25855**	**205889**	**1187.4**
济南市	2021	21975	140.5
青岛市	4015	39822	155.9
淄博市	1063	6969	82.6
枣庄市	908	5120	32.8
东营市	812	8161	57.9
烟台市	3318	19551	132.4
潍坊市	1745	19628	224.2
济宁市	3378	25151	81.8
泰安市	1262	8154	27.7
威海市	1378	7573	38.8
日照市	598	3921	28.7
临沂市	1794	12016	42.2
德州市	1026	9014	37.0
聊城市	650	4449	33.6
滨州市	871	5829	31.5
菏泽市	1016	8556	39.9

1-B-13　续表 8

(专业店零售)

分　组	法人单位数(个)	从业人员期末人数(人)	批发和零售业年末零售营业面积(万平方米)
全　省	**69305**	**400255**	**1763.9**
济南市	7817	41523	126.2
青岛市	7640	61175	307.1
淄博市	3438	13695	85.4
枣庄市	2100	13838	59.0
东营市	1441	8848	42.6
烟台市	7644	39320	137.7
潍坊市	6834	32968	163.6
济宁市	8257	54090	169.6
泰安市	3050	14628	67.1
威海市	2218	11626	43.1
日照市	1957	6882	48.0
临沂市	5526	38764	187.4
德州市	2519	16256	76.4
聊城市	2075	10927	63.1
滨州市	3177	13459	68.2
菏泽市	3612	22256	119.5

1-B-13 续表 9

(专卖店零售)

分 组	法人单位数 (个)	从业人员 期末人数 (人)	批发和零售业 年末零售营业面积 (万平方米)
全 省	**53079**	**330065**	**1567.7**
济南市	5648	46585	123.1
青岛市	7835	49825	218.6
淄博市	2984	13054	68.6
枣庄市	1114	7538	40.8
东营市	1245	8120	44.3
烟台市	6209	33822	147.9
潍坊市	5023	25092	159.2
济宁市	3319	26343	98.2
泰安市	2322	11449	64.6
威海市	1944	12399	50.7
日照市	1854	13225	66.2
临沂市	4478	28431	172.7
德州市	2316	16288	82.9
聊城市	1783	8630	52.3
滨州市	2105	10973	74.3
菏泽市	2900	18291	103.3

1-B-13　续表 10

(家居建材商店零售)

分　组	法人单位数(个)	从业人员期末人数(人)	批发和零售业年末零售营业面积(万平方米)
全　省	**8267**	**36587**	**239.7**
济南市	1204	5412	22.0
青岛市	1042	5394	29.3
淄博市	541	1393	11.4
枣庄市	188	1099	6.3
东营市	377	1276	18.7
烟台市	769	3537	15.8
潍坊市	634	1986	13.8
济宁市	772	4448	20.2
泰安市	442	1315	7.4
威海市	410	2174	10.5
日照市	323	1009	5.5
临沂市	479	2321	21.7
德州市	331	1716	10.6
聊城市	213	755	12.9
滨州市	243	1060	8.0
菏泽市	299	1692	25.6

1-B-13 续表 11

(购物中心零售)

分　组	法人单位数 (个)	从业人员 期末人数 (人)	批发和零售业 年末零售营业面积 (万平方米)
全　省	**1477**	**64714**	**482.7**
济南市	172	5153	18.2
青岛市	197	16544	113.7
淄博市	75	2475	20.3
枣庄市	17	309	0.7
东营市	56	610	4.6
烟台市	180	2953	36.4
潍坊市	115	5583	52.1
济宁市	79	3748	21.7
泰安市	60	3732	15.3
威海市	92	9024	124.0
日照市	58	3963	14.6
临沂市	121	2377	10.2
德州市	55	2970	13.4
聊城市	74	1486	20.3
滨州市	55	1485	4.5
菏泽市	71	2302	12.6

1-B-13　续表 12

(厂家直销中心零售)

分　组	法人单位数 (个)	从业人员 期末人数 (人)	批发和零售业 年末零售营业面积 (万平方米)
全　省	**6433**	**47277**	**236.6**
济南市	726	5005	15.0
青岛市	685	5112	31.2
淄博市	304	1294	7.3
枣庄市	110	939	4.0
东营市	144	911	8.1
烟台市	615	4668	19.9
潍坊市	732	4330	39.2
济宁市	354	3733	14.0
泰安市	241	1117	7.0
威海市	180	1510	5.5
日照市	248	1968	10.8
临沂市	354	3017	19.8
德州市	233	1549	16.5
聊城市	178	1401	13.7
滨州市	146	958	4.8
菏泽市	1183	9765	20.0

1-B-13 续表 13

(无店铺零售)

分 组	法人单位数（个）	从业人员期末人数（人）	批发和零售业年末零售营业面积（万平方米）
全 省	**53068**	**218235**	**565.0**
济南市	10639	53576	80.8
青岛市	8562	33128	71.5
淄博市	3931	8538	20.8
枣庄市	687	4556	13.1
东营市	1298	3623	19.3
烟台市	6226	25685	54.7
潍坊市	5075	13812	52.3
济宁市	1875	10288	30.5
泰安市	1947	5102	17.4
威海市	2422	11206	23.5
日照市	1486	4081	17.4
临沂市	1690	11828	37.3
德州市	1354	7017	22.7
聊城市	1566	4387	16.9
滨州市	1469	5275	35.2
菏泽市	2841	16133	51.8

1-B-13　续表 14

(电视购物零售)

分　组	法人单位数(个)	从业人员期末人数(人)	批发和零售业年末零售营业面积(万平方米)
全　省	**265**	**2000**	**8.1**
济南市	31	822	1.5
青岛市	37	168	0.4
淄博市	11	19	
枣庄市	3	7	
东营市	8	35	0.1
烟台市	22	93	3.6
潍坊市	30	112	0.3
济宁市	12	34	0.2
泰安市	17	39	0.2
威海市	15	202	0.3
日照市	9	17	0.1
临沂市	30	176	0.7
德州市	10	54	0.1
聊城市	8	91	0.2
滨州市	10	54	0.1
菏泽市	12	77	0.2

1-B-13 续表 15

(邮购零售)

分　组	法人单位数 (个)	从业人员 期末人数 (人)	批发和零售业 年末零售营业面积 (万平方米)
全　省	**947**	**3319**	**10.0**
济南市	131	457	0.6
青岛市	136	662	2.2
淄博市	45	93	0.2
枣庄市	14	53	0.1
东营市	17	157	0.1
烟台市	92	325	1.0
潍坊市	102	287	0.7
济宁市	52	182	0.3
泰安市	42	70	0.2
威海市	80	226	0.7
日照市	38	80	0.3
临沂市	42	197	2.0
德州市	56	235	0.7
聊城市	45	94	0.1
滨州市	28	84	0.1
菏泽市	27	117	0.6

1-B-13　续表 16

(网上商店零售)

分　组	法人单位数(个)	从业人员期末人数(人)	批发和零售业年末零售营业面积(万平方米)
全　省	**10300**	**50069**	**98.0**
济南市	778	8546	4.9
青岛市	885	4255	9.9
淄博市	506	784	0.9
枣庄市	202	939	1.8
东营市	94	264	0.5
烟台市	690	3759	5.9
潍坊市	929	2447	5.4
济宁市	741	3442	7.7
泰安市	401	1206	2.9
威海市	442	1554	3.4
日照市	159	692	1.6
临沂市	734	4290	8.5
德州市	422	1599	3.0
聊城市	500	1415	1.6
滨州市	271	529	1.2
菏泽市	2546	14348	38.9

1-B-13 续表 17

(自动售货亭零售)

分 组	法人单位数(个)	从业人员期末人数(人)	批发和零售业年末零售营业面积(万平方米)
全 省	**454**	**1793**	**6.9**
济南市	35	90	0.3
青岛市	108	570	3.3
淄博市	12	11	
枣庄市	22	95	0.4
东营市	7	24	
烟台市	39	133	0.3
潍坊市	49	125	0.2
济宁市	10	65	0.1
泰安市	27	74	0.3
威海市	18	87	0.3
日照市	16	61	0.1
临沂市	57	221	0.6
德州市	13	70	0.3
聊城市	11	15	0.1
滨州市	9	12	
菏泽市	21	140	0.4

1－B－13　续表 18

(电话购物零售)

分　组	法人单位数 (个)	从业人员期末人数 (人)	批发和零售业年末零售营业面积 (万平方米)
全　省	**825**	**3467**	**11.0**
济南市	123	554	1.2
青岛市	116	515	2.1
淄博市	75	285	0.2
枣庄市	12	61	0.1
东营市	25	59	0.2
烟台市	84	411	1.0
潍坊市	102	344	1.2
济宁市	18	229	0.6
泰安市	54	173	0.9
威海市	35	86	0.1
日照市	40	116	1.1
临沂市	39	240	1.3
德州市	20	65	0.2
聊城市	34	124	0.2
滨州市	34	138	0.1
菏泽市	14	67	0.6

1-B-13 续表 19

(其他零售)

分 组	法人单位数 (个)	从业人员 期末人数 (人)	批发和零售业 年末零售营业面积 (万平方米)
全 省	**43021**	**168960**	**457.0**
济南市	9902	45226	74.9
青岛市	7695	28326	59.1
淄博市	3449	7809	19.5
枣庄市	488	3641	11.3
东营市	1183	3177	18.7
烟台市	5547	22881	45.2
潍坊市	4159	11466	46.9
济宁市	1151	6856	22.7
泰安市	1601	4043	14.0
威海市	1977	9595	20.0
日照市	1316	3365	15.3
临沂市	947	7453	28.5
德州市	961	5537	19.3
聊城市	1117	3070	15.1
滨州市	1192	4646	33.6
菏泽市	336	1869	12.8

1-B-14　分地区零售业法人企业财务状况

单位：亿元

分　组	资产总计	负债合计	营业收入
全　省	**7651.83**	**4931.68**	**10741.57**
济南市	1406.18	1024.83	1627.03
青岛市	1350.86	928.97	2056.75
淄博市	334.85	250.59	477.92
枣庄市	141.84	64.75	200.57
东营市	282.42	190.87	277.98
烟台市	685.46	397.75	876.51
潍坊市	672.46	497.20	982.93
济宁市	501.01	254.27	801.82
泰安市	237.82	144.61	304.04
威海市	341.35	194.77	508.62
日照市	212.64	145.78	253.74
临沂市	573.05	331.94	1183.07
德州市	276.75	170.05	346.29
聊城市	156.64	106.26	225.21
滨州市	242.29	144.07	266.11
菏泽市	236.21	84.97	352.99

1-B-15　分地区零售业法人企业财务状况(按国民经济行业分)

(综合零售)　　　　单位：亿元

分　组	资产总计	负债合计	营业收入
全　省	**1893.47**	**1317.70**	**2099.71**
济南市	437.92	349.82	300.98
青岛市	348.46	222.28	362.43
淄博市	86.56	51.52	159.33
枣庄市	33.40	22.22	46.07
东营市	37.30	25.15	51.25
烟台市	194.25	141.96	186.76
潍坊市	142.76	113.71	222.32
济宁市	93.56	46.88	144.92
泰安市	58.26	36.06	57.10
威海市	118.08	70.50	198.28
日照市	43.50	33.39	38.27
临沂市	105.63	71.82	133.30
德州市	73.68	60.97	55.56
聊城市	43.55	34.32	45.96
滨州市	44.07	27.19	47.55
菏泽市	32.49	9.91	49.62

1-B-15　续表 1

(食品饮料及烟草制品专门零售)　　单位：亿元

分　组	资产总计	负债合计	营业收入
全　省	**433.03**	**219.53**	**500.00**
济南市	71.42	44.49	78.46
青岛市	82.78	54.24	84.42
淄博市	16.34	9.82	13.65
枣庄市	8.41	1.09	9.65
东营市	8.41	5.65	4.47
烟台市	77.76	35.71	87.03
潍坊市	25.62	10.7	27.50
济宁市	21.89	9.79	40.86
泰安市	12.43	5.22	17.13
威海市	23.09	8.72	28.60
日照市	14.15	6.62	14.13
临沂市	24.27	9.39	38.90
德州市	19.75	8.59	19.78
聊城市	6.34	3.86	6.37
滨州市	10.82	3.45	9.74
菏泽市	9.55	2.18	19.31

1-B-15 续表 2

(纺织服装及日用品专门零售)

单位：亿元

分　组	资产总计	负债合计	营业收入
全　省	**428.58**	**252.30**	**531.05**
济南市	70.60	59.05	83.25
青岛市	114.09	71.24	165.35
淄博市	10.35	7.68	11.14
枣庄市	7.42	2.57	7.98
东营市	8.84	6.33	6.58
烟台市	62.77	15.86	64.62
潍坊市	29.76	20.78	39.41
济宁市	25.63	11.28	33.27
泰安市	6.33	3.84	7.45
威海市	20.82	16.07	29.09
日照市	2.84	1.15	5.37
临沂市	36.94	26.78	27.87
德州市	9.96	3.75	13.84
聊城市	2.92	1.54	4.40
滨州市	8.61	2.20	10.37
菏泽市	10.70	2.16	21.07

1-B-15　续表 3

(文化体育用品及器材专门零售)　　单位：亿元

分　组	资产总计	负债合计	营业收入
全　省	**274.67**	**133.42**	**329.53**
济南市	50.31	32.19	61.26
青岛市	48.88	27.73	54.99
淄博市	10.64	8.75	9.49
枣庄市	5.37	1.11	4.50
东营市	8.81	5.75	10.58
烟台市	21.39	11.24	37.56
潍坊市	19.00	10.18	16.39
济宁市	17.56	6.11	23.88
泰安市	4.40	2.28	10.81
威海市	13.00	6.93	16.92
日照市	12.78	5.80	11.72
临沂市	13.72	6.91	13.89
德州市	12.59	2.36	7.84
聊城市	4.39	1.45	3.84
滨州市	7.06	3.06	5.88
菏泽市	24.79	1.56	39.96

1-B-15 续表 4

(医药及医疗器材专门零售) 单位：亿元

分 组	资产总计	负债合计	营业收入
全 省	**534.86**	**375.53**	**760.57**
济南市	72.13	47.02	91.26
青岛市	55.61	42.61	94.33
淄博市	15.08	13.96	17.83
枣庄市	7.81	4.99	12.04
东营市	4.75	4.09	6.10
烟台市	42.81	22.62	44.09
潍坊市	175.52	159.83	194.52
济宁市	18.45	9.59	29.11
泰安市	11.46	6.02	15.98
威海市	18.74	9.83	27.50
日照市	4.29	2.29	6.20
临沂市	58.7	27.94	158.71
德州市	9.38	4.85	15.76
聊城市	7.61	5.71	12.73
滨州市	5.73	2.35	8.58
菏泽市	26.8	11.84	25.85

1-B-15　续表 5

(汽车摩托车零配件和燃料及其他动力销售)　单位：亿元

分　组	资产总计	负债合计	营业收入
全　省	**2231.96**	**1585.56**	**4005.70**
济南市	350.63	257.88	607.04
青岛市	346.22	300.85	627.68
淄博市	91.03	82.01	163.08
枣庄市	43.16	22.00	75.16
东营市	138.71	90.31	142.31
烟台市	135.06	92.83	247.10
潍坊市	172.61	124.31	346.02
济宁市	154.05	93.83	270.90
泰安市	88.16	61.44	143.39
威海市	83.96	53.09	129.37
日照市	61.38	46.33	114.43
临沂市	245.17	146.12	635.02
德州市	85.50	62.44	147.10
聊城市	58.16	42.38	110.42
滨州市	103.76	73.02	142.44
菏泽市	74.40	36.70	104.23

1-B-15 续表 6

(家用电器及电子产品专门零售)

单位：亿元

分 组	资产总计	负债合计	营业收入
全 省	**562.58**	**340.12**	**817.58**
济南市	136.45	92.75	187.51
青岛市	100.49	61.60	122.31
淄博市	15.13	12.42	24.72
枣庄市	11.20	3.92	17.42
东营市	22.25	15.01	21.82
烟台市	39.48	24.50	70.35
潍坊市	34.80	19.33	37.84
济宁市	57.15	32.12	101.64
泰安市	19.70	7.22	21.72
威海市	16.64	9.68	27.23
日照市	23.61	18.60	21.79
临沂市	25.32	13.58	77.30
德州市	16.55	7.30	23.78
聊城市	8.21	4.99	14.28
滨州市	16.71	7.29	15.49
菏泽市	18.90	9.81	32.38

1-B-15　续表 7

(五金家具及室内装饰材料专门零售)　单位：亿元

分　组	资产总计	负债合计	营业收入
全　省	**680.86**	**345.58**	**725.67**
济南市	99.27	59.02	94.73
青岛市	135.95	67.69	142.57
淄博市	38.15	30.36	26.74
枣庄市	13.59	4.13	14.33
东营市	33.97	24.70	19.98
烟台市	67.05	31.13	79.06
潍坊市	30.80	16.26	38.57
济宁市	78.18	30.22	107.46
泰安市	19.45	14.60	17.84
威海市	25.23	11.02	27.08
日照市	22.00	6.78	16.06
临沂市	38.03	17.11	57.51
德州市	21.48	7.92	29.19
聊城市	9.28	4.50	10.62
滨州市	27.70	15.68	13.48
菏泽市	20.74	4.45	30.45

1-B-15 续表 8

(货摊无店铺及其他零售)

单位：亿元

分组	资产总计	负债合计	营业收入
全省	**611.82**	**361.95**	**971.76**
济南市	117.47	82.59	122.54
青岛市	118.37	80.72	402.67
淄博市	51.58	34.07	51.94
枣庄市	11.48	2.71	13.42
东营市	19.38	13.87	14.89
烟台市	44.88	21.89	59.95
潍坊市	41.58	22.10	60.34
济宁市	34.54	14.45	49.78
泰安市	17.63	7.93	12.62
威海市	21.80	8.92	24.54
日照市	28.10	24.83	25.78
临沂市	25.28	12.29	40.58
德州市	27.86	11.89	33.43
聊城市	16.19	7.51	16.60
滨州市	17.83	9.82	12.57
菏泽市	17.83	6.36	30.12

1-B-16　分地区零售业法人企业财务状况(按登记注册类型分)

(内资企业零售)　　　　单位：亿元

分　组	资产总计	负债合计	营业收入
全　省	**7437.98**	**4794.95**	**10323.37**
济南市	1356.85	996.08	1537.23
青岛市	1253.06	861.36	1857.73
淄博市	330.67	247.57	466.06
枣庄市	139.48	63.76	192.95
东营市	282.02	190.85	277.88
烟台市	658.39	382.23	832.95
潍坊市	667.23	493.63	974.83
济宁市	498.63	253.18	792.39
泰安市	233.90	141.70	298.52
威海市	333.34	189.13	490.81
日照市	211.42	145.15	251.01
临沂市	564.88	326.95	1167.43
德州市	276.75	170.05	346.29
聊城市	156.01	105.90	223.64
滨州市	239.37	142.45	260.72
菏泽市	235.99	84.97	352.94

1-B-16 续表 1

(国有企业零售)

单位：亿元

分　组	资产总计	负债合计	营业收入
全　省	**69.93**	**56.26**	**86.33**
济南市	31.58	13.35	21.19
青岛市	4.42	10.75	2.81
淄博市	0.27	0.23	
枣庄市	0.33	0.16	0.26
东营市	6.76	6.66	9.92
烟台市	5.35	2.81	2.24
潍坊市	0.87	0.59	0.60
济宁市	2.14	3.14	1.87
泰安市	0.02	0.02	0.05
威海市	0.60	0.10	0.27
日照市	7.90	10.82	34.05
临沂市	0.57	0.29	0.77
德州市	4.42	3.87	5.20
聊城市	0.45	0.42	0.43
滨州市	4.19	3.04	6.34
菏泽市	0.06	0.01	0.31

1-B-16　续表 2

(集体企业零售)　　单位：亿元

分　组	资产总计	负债合计	营业收入
全　省	**65.50**	**36.32**	**50.00**
济南市	5.21	3.26	3.84
青岛市	1.40	1.31	1.90
淄博市	1.18	1.05	1.95
枣庄市	3.12	1.45	1.72
东营市	0.86	0.80	0.13
烟台市	14.93	6.21	2.62
潍坊市	2.90	2.10	2.08
济宁市	4.74	2.95	8.29
泰安市	1.61	1.48	1.42
威海市	1.47	0.78	0.77
日照市	2.94	1.51	3.92
临沂市	19.27	11.66	13.89
德州市	1.27	0.54	1.97
聊城市	1.04	0.63	2.62
滨州市	1.78	0.15	0.48
菏泽市	1.81	0.45	2.38

1-B-16 续表 3

(股份合作企业零售)

单位：亿元

分 组	资产总计	负债合计	营业收入
全 省	**5.33**	**3.56**	**9.26**
济南市	0.59	0.43	1.20
青岛市	2.18	1.38	5.40
淄博市	0.04	0.01	0.02
枣庄市			
东营市	0.11	0.05	0.37
烟台市	0.22	0.17	0.46
潍坊市	0.37	0.15	0.50
济宁市	0.48	0.25	0.83
泰安市	0.04	0.02	0.06
威海市			
日照市	0.06	0.02	0.04
临沂市	0.01		0.03
德州市	0.01	0.01	0.01
聊城市	0.05	0.08	0.12
滨州市	1.08	1.00	0.11
菏泽市	0.09		0.09

1-B-16　续表 4

(联营企业零售)　　单位：亿元

分　组	资产总计	负债合计	营业收入
全　省	**12.48**	**8.71**	**1.43**
济南市	11.59	8.35	0.34
青岛市	0.13	0.08	0.43
淄博市			0.01
枣庄市	0.07	0.01	0.06
东营市	0.05		
烟台市	0.04	0.02	0.08
潍坊市	0.02	0.01	0.01
济宁市	0.24	0.14	0.29
泰安市	0.02	0.01	0.01
威海市	0.01		0.01
日照市	0.01		0.03
临沂市	0.05	0.01	0.09
德州市	0.10		0.06
聊城市	0.01	0.01	
滨州市	0.12	0.07	
菏泽市			

1-B-16 续表 5

(有限责任公司零售)

单位：亿元

分 组	资产总计	负债合计	营业收入
全 省	**2049.68**	**1550.03**	**3147.95**
济南市	326.23	251.09	377.12
青岛市	356.62	279.24	730.03
淄博市	109.65	69.10	173.67
枣庄市	34.31	26.77	52.03
东营市	56.53	39.51	66.41
烟台市	107.45	74.58	162.53
潍坊市	276.19	242.32	344.29
济宁市	65.64	46.63	100.43
泰安市	73.53	48.51	62.41
威海市	52.66	43.15	76.40
日照市	86.11	67.07	97.48
临沂市	226.65	155.27	591.18
德州市	108.58	82.00	111.09
聊城市	67.77	53.49	101.79
滨州市	64.81	49.72	68.96
菏泽市	36.95	21.58	32.12

1-B-16　续表 6

(股份有限公司零售)　　单位：亿元

分　组	资产总计	负债合计	营业收入
全　省	**1029.62**	**777.73**	**1230.88**
济南市	395.90	339.16	271.77
青岛市	131.59	110.09	210.45
淄博市	20.35	20.44	18.27
枣庄市	3.30	1.96	3.38
东营市	41.62	14.32	44.03
烟台市	75.89	50.87	45.68
潍坊市	95.66	76.04	221.48
济宁市	30.10	20.75	34.84
泰安市	22.85	12.13	49.79
威海市	111.80	59.86	180.14
日照市	13.49	7.42	16.86
临沂市	14.08	7.19	23.61
德州市	19.73	22.56	42.63
聊城市	5.31	4.50	6.43
滨州市	38.17	26.86	45.98
菏泽市	9.78	3.58	15.52

1-B-16 续表 7

(私营企业零售) 单位：亿元

分 组	资产总计	负债合计	营业收入
全 省	**4149.88**	**2347.20**	**5745.15**
济南市	580.10	379.62	855.12
青岛市	744.95	453.11	896.69
淄博市	196.27	156.32	269.76
枣庄市	97.56	33.35	134.64
东营市	176.06	129.52	156.86
烟台市	444.58	244.12	610.10
潍坊市	286.27	171.76	399.30
济宁市	393.54	178.74	644.26
泰安市	132.96	79.05	183.52
威海市	164.09	84.48	231.27
日照市	97.09	57.52	95.10
临沂市	298.60	151.71	532.04
德州市	141.33	60.65	183.67
聊城市	80.38	46.34	111.74
滨州市	128.83	61.54	138.60
菏泽市	187.26	59.36	302.49

1-B-16　续表 8

(其他企业零售)　　单位：亿元

分　组	资产总计	负债合计	营业收入
全　省	**55.55**	**15.14**	**52.37**
济南市	5.62	0.80	6.64
青岛市	11.77	5.40	10.02
淄博市	2.93	0.42	2.37
枣庄市	0.80	0.06	0.86
东营市	0.03		0.14
烟台市	9.92	3.44	9.24
潍坊市	4.95	0.67	6.57
济宁市	1.75	0.58	1.57
泰安市	2.86	0.48	1.25
威海市	2.70	0.76	1.93
日照市	3.82	0.80	3.52
临沂市	5.67	0.80	5.83
德州市	1.29	0.43	1.66
聊城市	1.02	0.44	0.51
滨州市	0.38	0.05	0.24
菏泽市	0.04		0.02

1-B-16 续表 9

(港澳台商投资企业零售)

单位：亿元

分 组	资产总计	负债合计	营业收入
全 省	**125.04**	**79.78**	**290.22**
济南市	14.96	9.41	39.54
青岛市	62.73	40.91	145.37
淄博市	1.80	1.03	7.51
枣庄市	1.84	0.94	6.40
东营市			
烟台市	16.53	10.45	33.61
潍坊市	3.88	2.94	6.91
济宁市	2.37	1.09	9.44
泰安市	1.93	1.13	2.60
威海市	5.88	4.27	13.54
日照市	1.22	0.63	2.72
临沂市	8.14	4.99	15.59
德州市			
聊城市	0.63	0.37	1.57
滨州市	2.93	1.62	5.40
菏泽市	0.20		0.03

1-B-16　续表 10

(外商投资企业零售)　单位：亿元

分　组	资产总计	负债合计	营业收入
全　省	**88.81**	**56.95**	**127.98**
济南市	34.38	19.33	50.25
青岛市	35.07	26.70	53.65
淄博市	2.38	1.99	4.36
枣庄市	0.53	0.05	1.23
东营市	0.40	0.02	0.10
烟台市	10.54	5.07	9.95
潍坊市	1.35	0.63	1.19
济宁市			
泰安市	1.99	1.78	2.91
威海市	2.13	1.36	4.27
日照市			
临沂市	0.03	0.01	0.05
德州市			
聊城市			
滨州市			
菏泽市	0.01		0.02

1-B-17 分地区零售业法人企业财务状况(按规模分)

(大型零售) 单位：亿元

分 组	资产总计	负债合计	营业收入
全 省	**1988.48**	**1477.37**	**2852.90**
济南市	559.78	441.66	510.34
青岛市	390.00	299.51	563.18
淄博市	55.79	28.52	133.48
枣庄市	7.97	7.88	15.54
东营市	67.55	28.83	85.83
烟台市	100.8	70.29	109.92
潍坊市	268.23	234.55	419.96
济宁市	84.13	50.73	129.35
泰安市	45.98	23.99	61.50
威海市	104.94	58.76	196.40
日照市	29.54	29.56	64.50
临沂市	125.16	81.63	388.42
德州市	53.68	51.38	60.95
聊城市	33.34	27.05	35.49
滨州市	48.90	32.40	59.27
菏泽市	12.68	10.63	18.78

1-B-17　续表 1

(中型零售)　　　　单位：亿元

分　组	资产总计	负债合计	营业收入
全　省	**1594.58**	**1292.08**	**3026.15**
济南市	251.98	209.13	477.61
青岛市	291.34	224.19	759.72
淄博市	94.41	83.71	152.87
枣庄市	28.43	21.73	48.05
东营市	65.34	57.89	87.05
烟台市	156.07	126.75	239.20
潍坊市	120.31	102.50	224.33
济宁市	84.56	65.93	163.62
泰安市	51.52	45.27	93.93
威海市	66.24	52.23	116.88
日照市	56.15	49.89	64.86
临沂市	149.62	109.33	306.90
德州市	68.03	55.69	96.24
聊城市	33.32	27.40	77.33
滨州市	50.06	43.04	76.54
菏泽市	27.20	17.37	41.03

1-B-17 续表 2

(小型零售)

单位：亿元

分　组	资产总计	负债合计	营业收入
全　省	**1554.83**	**949.95**	**2323.05**
济南市	196.43	134.00	311.75
青岛市	230.97	150.21	355.09
淄博市	54.83	41.60	83.52
枣庄市	44.07	20.94	61.74
东营市	48.12	33.11	38.95
烟台市	154.23	81.22	231.09
潍坊市	112.78	74.59	145.67
济宁市	133.72	68.39	257.63
泰安市	65.01	44.75	86.35
威海市	72.01	38.16	90.15
日照市	39.64	32.77	49.82
临沂市	166.12	105.69	286.24
德州市	63.58	30.62	85.17
聊城市	41.19	30.44	61.53
滨州市	47.15	27.98	60.49
菏泽市	84.97	35.46	117.86

1-B-17　续表 3

(微型零售)　　单位：亿元

分　组	资产总计	负债合计	营业收入
全　省	**2513.95**	**1212.28**	**2539.47**
济南市	397.99	240.02	327.33
青岛市	438.55	255.06	378.76
淄博市	129.82	96.76	108.06
枣庄市	61.37	14.20	75.24
东营市	101.40	71.04	66.13
烟台市	274.36	119.48	296.30
潍坊市	171.14	85.57	192.98
济宁市	198.6	69.23	251.22
泰安市	75.31	30.60	62.26
威海市	98.16	45.61	105.19
日照市	87.31	33.56	74.56
临沂市	132.14	35.29	201.51
德州市	91.45	32.36	103.93
聊城市	48.79	21.37	50.87
滨州市	96.18	40.63	69.82
菏泽市	111.35	21.51	175.33

1-B-18 分地区零售业法人企业财务状况(按零售业态分)

(有店铺零售)　　单位：亿元

分 组	资产总计	负债合计	营业收入
全 省	**6493.08**	**4212.50**	**9316.15**
济南市	1078.51	806.00	1305.9
青岛市	1050.02	723.22	1504.17
淄博市	274.91	202.56	422.00
枣庄市	131.35	60.58	182.26
东营市	246.65	164.43	257.53
烟台市	591.81	351.44	769.28
潍坊市	603.21	459.70	923.91
济宁市	466.90	236.42	758.60
泰安市	211.21	126.47	284.19
威海市	303.89	176.54	463.55
日照市	181.47	133.16	225.11
临沂市	541.50	314.57	1114.15
德州市	250.55	162.18	323.96
聊城市	140.84	96.07	208.72
滨州市	203.70	118.06	234.92
菏泽市	216.55	81.12	337.90

1-B-18 续表 1

(食杂店零售)

单位：亿元

分 组	资产总计	负债合计	营业收入
全 省	**170.52**	**117.5**	**258.83**
济南市	22.79	15.84	19.76
青岛市	25.12	20.16	25.48
淄博市	2.64	1.74	2.24
枣庄市	2.41	0.42	3.49
东营市	2.55	1.63	1.58
烟台市	13.87	7.49	21.51
潍坊市	56.65	49.69	131.81
济宁市	6.55	1.94	8.77
泰安市	6.75	5.28	4.40
威海市	8.14	4.27	9.08
日照市	2.17	1.15	2.38
临沂市	6.54	1.85	11.09
德州市	7.45	4.37	8.59
聊城市	1.35	0.48	1.99
滨州市	2.49	0.62	1.76
菏泽市	3.04	0.58	4.88

1-B-18 续表 2

(便利店零售)

单位：亿元

分 组	资产总计	负债合计	营业收入
全 省	**557.57**	**332.52**	**802.66**
济南市	74.13	52.47	133.58
青岛市	102.82	81.76	114.14
淄博市	12.08	7.69	14.62
枣庄市	16.23	9.91	27.35
东营市	73.73	41.37	60.11
烟台市	22.65	10.38	34.78
潍坊市	15.97	5.62	35.94
济宁市	35.9	14.81	54.73
泰安市	28.66	15.71	53.68
威海市	85.23	49.46	150.57
日照市	17.13	9.18	23.95
临沂市	19.02	6.53	33.37
德州市	7.90	2.38	10.31
聊城市	6.61	3.87	11.00
滨州市	27.30	17.29	27.81
菏泽市	12.21	4.10	16.73

1-B-18　续表 3

(折扣店零售)　　单位：亿元

分　组	资产总计	负债合计	营业收入
全　省	**57.60**	**29.61**	**71.07**
济南市	9.84	6.03	10.83
青岛市	14.94	9.40	18.20
淄博市	0.71	0.60	0.89
枣庄市	3.21	1.25	3.84
东营市	1.70	0.65	0.69
烟台市	5.65	2.44	7.16
潍坊市	6.81	4.45	10.66
济宁市	4.25	1.38	5.98
泰安市	0.95	0.42	0.67
威海市	1.45	0.72	2.71
日照市	1.22	0.89	1.99
临沂市	1.99	0.45	3.00
德州市	2.11	0.47	1.96
聊城市	0.32	0.11	0.20
滨州市	0.49	0.17	0.60
菏泽市	1.97	0.15	1.68

1-B-18 续表 4

(超市零售)

单位：亿元

分 组	资产总计	负债合计	营业收入
全 省	**246.82**	**145.13**	**339.57**
济南市	20.50	14.48	37.33
青岛市	43.87	26.27	47.23
淄博市	8.24	7.00	9.11
枣庄市	8.30	4.31	12.00
东营市	13.60	11.00	18.13
烟台市	12.69	7.54	15.85
潍坊市	9.42	6.64	13.83
济宁市	22.21	8.79	39.76
泰安市	15.38	6.04	22.18
威海市	16.54	12.15	27.85
日照市	7.80	5.46	7.34
临沂市	33.95	21.97	43.85
德州市	8.53	2.50	10.44
聊城市	4.22	2.57	5.86
滨州市	6.32	2.30	6.27
菏泽市	15.27	6.12	22.52

1-B-18　续表 5

(大型超市零售)　　单位：亿元

分　组	资产总计	负债合计	营业收入
全　省	**1013.10**	**826.59**	**1196.98**
济南市	362.74	307.96	230.39
青岛市	133.00	107.10	183.99
淄博市	36.06	22.20	103.14
枣庄市	17.57	16.39	25.31
东营市	2.51	2.34	5.17
烟台市	53.26	52.92	75.74
潍坊市	105.15	89.65	186.09
济宁市	36.14	28.27	47.49
泰安市	27.50	21.56	20.66
威海市	75.74	45.50	145.62
日照市	37.09	34.56	31.03
临沂市	48.79	40.43	66.37
德州市	17.64	14.65	16.00
聊城市	30.49	23.63	25.95
滨州市	19.15	15.93	22.23
菏泽市	10.27	3.49	11.80

1-B-18 续表 6

(仓储会员店零售)

单位：亿元

分 组	资产总计	负债合计	营业收入
全 省	**68.83**	**43.28**	**75.95**
济南市	7.72	3.72	10.54
青岛市	7.19	4.04	7.87
淄博市	1.26	0.55	1.99
枣庄市	1.19	0.33	1.60
东营市	1.61	1.41	2.00
烟台市	7.68	4.08	8.33
潍坊市	8.69	6.81	6.53
济宁市	5.68	1.56	9.03
泰安市	2.21	1.03	2.71
威海市	2.74	1.40	1.88
日照市	4.32	9.55	3.72
临沂市	11.67	5.19	10.28
德州市	2.63	1.12	3.11
聊城市	1.31	0.66	3.16
滨州市	1.92	1.58	1.34
菏泽市	1.00	0.26	1.85

1-B-18　续表 7

(百货店零售)　单位：亿元

分　组	资产总计	负债合计	营业收入
全　省	**1309.80**	**898.39**	**1350.59**
济南市	398.10	326.52	236.53
青岛市	200.23	123.35	257.64
淄博市	58.37	36.35	53.78
枣庄市	21.49	12.02	32.28
东营市	40.24	25.99	52.00
烟台市	142.87	97.68	126.80
潍坊市	102.29	79.49	187.27
济宁市	72.42	33.08	111.06
泰安市	25.87	9.81	23.60
威海市	57.45	25.27	71.39
日照市	17.28	14.55	21.36
临沂市	31.46	14.68	42.78
德州市	59.24	50.61	44.16
聊城市	34.56	27.67	31.04
滨州市	27.32	14.45	26.96
菏泽市	20.60	6.88	31.93

1-B-18 续表 8

(专业店零售) 单位：亿元

分 组	资产总计	负债合计	营业收入
全 省	**2110.17**	**1304.32**	**3277.62**
济南市	249.06	180.94	379.75
青岛市	326.50	218.01	527.42
淄博市	72.63	50.88	86.47
枣庄市	49.54	17.96	67.75
东营市	65.68	42.39	65.15
烟台市	164.40	89.71	217.40
潍坊市	294.26	227.48	430.41
济宁市	191.41	94.54	317.84
泰安市	50.03	27.54	83.51
威海市	52.41	29.99	58.71
日照市	49.03	29.69	49.03
临沂市	255.16	142.72	580.66
德州市	73.42	44.35	123.27
聊城市	47.71	30.29	71.49
滨州市	78.08	34.56	89.95
菏泽市	90.84	43.27	128.81

1-B-18 续表 9

(专卖店零售)

单位：亿元

分 组	资产总计	负债合计	营业收入
全 省	**1825.19**	**1189.34**	**3059.4**
济南市	304.31	215.23	528.55
青岛市	273.70	179.14	452.14
淄博市	92.81	83.37	146.71
枣庄市	36.36	18.30	55.21
东营市	70.52	48.34	92.88
烟台市	179.48	98.49	276.57
潍坊市	133.49	96.05	224.43
济宁市	132.6	77.64	229.98
泰安市	63.86	42.96	78.81
威海市	68.26	47.22	116.69
日照市	71.47	50.96	113.61
临沂市	153.12	88.65	349.41
德州市	78.29	46.40	118.85
聊城市	39.24	28.09	75.65
滨州市	64.11	44.09	89.35
菏泽市	63.58	24.42	110.56

1-B-18 续表 10

(家居建材商店零售)

单位：亿元

分 组	资产总计	负债合计	营业收入
全 省	**146.28**	**73.85**	**175.27**
济南市	18.79	10.01	25.02
青岛市	23.70	14.19	30.98
淄博市	6.55	4.17	6.52
枣庄市	5.34	2.51	4.13
东营市	9.05	5.96	4.82
烟台市	10.37	5.45	16.66
潍坊市	8.15	4.67	11.75
济宁市	14.69	6.89	18.80
泰安市	4.68	3.44	3.71
威海市	9.40	4.78	8.56
日照市	7.91	3.00	5.42
临沂市	8.62	2.26	18.72
德州市	6.67	2.40	6.44
聊城市	2.82	0.65	2.31
滨州市	4.32	1.93	3.43
菏泽市	5.23	1.54	7.99

1-B-18　续表 11

(购物中心零售)　　单位：亿元

分　组	资产总计	负债合计	营业收入
全　省	**403.35**	**290.87**	**571.93**
济南市	45.14	39.55	55.33
青岛市	115.83	84.72	175.35
淄博市	5.09	3.65	13.61
枣庄市	0.52	0.21	0.66
东营市	3.74	3.11	3.83
烟台市	18.49	14.41	19.38
潍坊市	45.21	29.59	50.06
济宁市	21.25	14.08	26.90
泰安市	19.37	14.41	13.68
威海市	85.06	54.42	151.54
日照市	7.68	5.23	11.49
临沂市	4.05	3.28	8.50
德州市	10.79	10.12	10.64
聊城市	5.22	4.04	9.11
滨州市	9.90	7.39	10.90
菏泽市	5.99	2.68	10.94

1-B-18 续表 12

(厂家直销中心零售) 单位：亿元

分 组	资产总计	负债合计	营业收入
全 省	**215.62**	**118.03**	**345.39**
济南市	29.68	18.56	41.42
青岛市	25.90	15.83	42.76
淄博市	8.96	6.37	13.23
枣庄市	2.98	1.30	4.43
东营市	7.76	4.67	7.09
烟台市	26.13	11.92	43.75
潍坊市	22.35	16.88	35.15
济宁市	21.82	9.01	33.42
泰安市	6.07	3.43	8.58
威海市	5.88	2.99	11.94
日照市	6.95	5.77	8.29
临沂市	15.9	8.76	37.85
德州市	5.56	2.69	6.57
聊城市	7.83	4.64	13.66
滨州市	4.93	3.60	6.71
菏泽市	16.90	1.61	30.53

1-B-18　续表 13

(无店铺零售)　　单位：亿元

分　组	资产总计	负债合计	营业收入
全　省	**1329.00**	**796.60**	**1689.56**
济南市	349.51	234.88	355.90
青岛市	330.63	221.11	601.09
淄博市	62.45	50.38	59.58
枣庄市	14.70	6.71	25.21
东营市	39.22	28.77	22.60
烟台市	117.34	59.87	141.73
潍坊市	78.81	41.56	77.34
济宁市	48.72	22.11	62.34
泰安市	29.04	19.35	22.80
威海市	43.19	20.20	58.30
日照市	37.54	15.28	32.27
临沂市	42.51	20.57	87.73
德州市	30.78	10.10	30.23
聊城市	19.35	12.65	21.61
滨州市	40.23	26.58	33.81
菏泽市	44.97	6.47	57.01

1-B-18 续表 14

(电视购物零售) 单位：亿元

分 组	资产总计	负债合计	营业收入
全 省	**8.98**	**5.94**	**8.97**
济南市	3.56	2.25	5.48
青岛市	0.92	0.54	0.86
淄博市	0.04	0.05	0.02
枣庄市	0.02		0.02
东营市	0.33	0.33	0.06
烟台市	0.21	0.07	0.45
潍坊市	1.68	1.55	0.34
济宁市	0.22	0.17	0.13
泰安市	0.06	0.02	0.06
威海市	0.38	0.22	0.35
日照市	0.65	0.32	0.06
临沂市	0.43	0.26	0.61
德州市	0.05	0.02	0.06
聊城市	0.08	0.07	0.05
滨州市	0.21	0.04	0.14
菏泽市	0.14	0.02	0.29

1-B-18　续表 15

(邮购零售)　　单位：亿元

分　组	资产总计	负债合计	营业收入
全　省	**11.04**	**5.90**	**12.41**
济南市	1.78	1.31	2.00
青岛市	2.82	1.74	3.54
淄博市	0.11	0.11	0.30
枣庄市	0.15	0.02	0.20
东营市	0.58	0.44	0.77
烟台市	0.88	0.54	1.21
潍坊市	0.99	0.23	0.47
济宁市	0.58	0.23	0.73
泰安市	0.06	0.02	0.04
威海市	0.59	0.18	0.49
日照市	0.25	0.05	0.31
临沂市	0.87	0.56	0.53
德州市	0.69	0.27	0.75
聊城市	0.26	0.10	0.14
滨州市	0.09	0.03	0.35
菏泽市	0.34	0.07	0.58

1-B-18　续表 16

(网上商店零售)　　单位：亿元

分　组	资产总计	负债合计	营业收入
全　省	**216.60**	**136.75**	**494.65**
济南市	66.44	52.84	45.63
青岛市	59.14	51.11	302.87
淄博市	0.96	0.33	1.40
枣庄市	2.08	0.53	3.58
东营市	1.89	2.41	0.75
烟台市	17.99	9.21	25.28
潍坊市	3.91	2.10	7.85
济宁市	10.48	3.84	12.62
泰安市	3.10	1.91	3.04
威海市	5.14	3.04	12.51
日照市	1.66	0.87	2.07
临沂市	9.28	3.48	16.57
德州市	3.69	1.55	5.29
聊城市	2.39	0.80	6.55
滨州市	0.72	0.07	1.30
菏泽市	27.73	2.66	47.35

1-B-18　续表 17

(自动售货亭零售)　　单位：亿元

分　组	资产总计	负债合计	营业收入
全　省	**12.97**	**3.99**	**6.68**
济南市	0.21	0.08	0.31
青岛市	2.25	1.21	2.09
淄博市	0.01		0.01
枣庄市	0.31	0.10	0.32
东营市	0.19	0.04	0.02
烟台市	0.26	0.05	0.55
潍坊市	7.37	1.57	0.66
济宁市	0.13	0.03	0.22
泰安市	0.36	0.27	0.20
威海市	0.24	0.08	0.28
日照市	0.18	0.02	0.09
临沂市	0.39	0.06	0.68
德州市	0.15	0.03	0.12
聊城市	0.04	0.01	0.02
滨州市	0.02		0.03
菏泽市	0.87	0.44	1.06

1-B-18 续表 18

(电话购物零售)

单位：亿元

分 组	资产总计	负债合计	营业收入
全 省	**13.96**	**10.26**	**22.8**
济南市	1.94	1.39	5.52
青岛市	2.39	1.47	2.26
淄博市	0.96	0.67	1.10
枣庄市	0.11	0.01	0.15
东营市	0.24	0.98	0.16
烟台市	3.33	2.85	1.13
潍坊市	0.95	0.59	1.73
济宁市	1.56	1.00	4.80
泰安市	0.59	0.41	0.64
威海市	0.21	0.07	0.34
日照市	0.44	0.29	1.18
临沂市	0.48	0.27	1.04
德州市	0.10	0.04	0.21
聊城市	0.27	0.13	2.03
滨州市	0.18	0.04	0.20
菏泽市	0.19	0.06	0.29

1-B-18　续表 19

(其他零售)　　单位：亿元

分　组	资产总计	负债合计	营业收入
全　省	**1105.42**	**658.72**	**1197.65**
济南市	281.26	180.29	312.39
青岛市	271.10	169.51	297.27
淄博市	61.37	49.90	58.20
枣庄市	12.60	6.26	22.48
东营市	36.58	26.69	21.02
烟台市	104.82	53.36	120.97
潍坊市	66.22	37.09	69.20
济宁市	38.74	18.28	45.33
泰安市	26.24	17.74	20.45
威海市	38.00	18.21	45.52
日照市	34.97	13.95	30.07
临沂市	32.58	16.93	70.97
德州市	27.19	8.75	25.35
聊城市	17.15	11.76	16.21
滨州市	39.22	26.44	32.37
菏泽市	17.34	3.54	9.86

第2篇

住宿和餐饮业企业基本情况及财务状况篇

A. 行业部分

2-A-1　住宿业法人企业基本情况

分　组	代码	法人单位数（个）	从业人员期末人数（人）
住宿业	**61**	**6475**	**137290**
按国民经济行业分组			
旅游饭店	611	1998	87039
一般旅馆	612	3694	43971
经济型连锁酒店	6121	637	10199
其他一般旅馆	6129	3057	33772
民宿服务	613	128	687
露营地服务	614	11	133
其他住宿业	619	644	5460
按登记注册类型分组			
内资企业	--	6433	131958
国有企业	--	158	17834
集体企业	--	74	1529
股份合作企业	--	8	268
联营企业	--	4	181
国有联营企业	--	1	177
集体联营企业	--	2	4
国有与集体联营企业	--	1	
其他联营企业	--		
有限责任公司	--	818	41705
国有独资公司	--	29	4174
其他有限责任公司	--	789	37531
股份有限公司	--	98	3241
私营企业	--	5254	66937
私营独资企业	--	588	3567
私营合伙企业	--	28	129
私营有限责任公司	--	4594	61809
私营股份有限公司	--	44	1432
其他企业	--	19	263
港、澳、台商投资企业	--	23	3606
与港澳台商合资经营企业	--	7	1904
与港澳台商合作经营企业	--		
港澳台商独资经营企业	--	15	1699
港澳台商投资股份有限公司	--		
其他港澳台投资企业	--	1	3
外商投资企业	--	19	1726
中外合资经营企业	--	10	1442
中外合作经营企业	--	1	21
外资企业	--	5	71
外商投资股份有限公司	--	1	55
其他外商投资	--	2	137
按单位规模分组			
大型	--	17	12423
中型	--	181	42494
小型	--	1886	62092
微型	--	4391	20281

2-A-2 限额以上住宿业法人企业基本情况

分 组	代码	法人单位数（个）	从业人员期末人数（人）
住宿业	**61**	**1099**	**91517**
按国民经济行业分组			
旅游饭店	611	635	73031
一般旅馆	612	435	17556
经济型连锁酒店	6121	110	5494
其他一般旅馆	6129	325	12062
民宿服务	613	4	80
露营地服务	614	1	35
其他住宿业	619	24	815
按登记注册类型分组			
内资企业	--	1073	86577
国有企业	--	95	15715
集体企业	--	12	1043
股份合作企业	--	2	241
联营企业	--		
国有联营企业	--		
集体联营企业	--		
国有与集体联营企业	--		
其他联营企业	--		
有限责任公司	--	318	35195
国有独资公司	--	21	4131
其他有限责任公司	--	297	31064
股份有限公司	--	29	2384
私营企业	--	617	31999
私营独资企业	--	29	698
私营合伙企业	--		
私营有限责任公司	--	572	30505
私营股份有限公司	--	16	796
其他企业	--		
港、澳、台商投资企业	--	15	3496
与港澳台商合资经营企业	--	7	1904
与港澳台商合作经营企业	--		
港澳台商独资经营企业	--	8	1592
港澳台商投资股份有限公司	--		
其他港澳台投资企业	--		
外商投资企业	--	11	1444
中外合资经营企业	--	7	1197
中外合作经营企业	--		
外资企业	--	2	55
外商投资股份有限公司	--	1	55
其他外商投资	--	1	137
按单位规模分组			
大型	--	15	11212
中型	--	173	40735
小型	--	809	38434
微型	--	102	1136

2-A-3　住宿业法人企业财务状况

单位：万元

分　组	代码	资产总计	负债合计	营业收入
住宿业	**61**	**6128898.9**	**4444080.5**	**2354087.6**
按国民经济行业分组				
旅游饭店	611	4552269.5	3317122.0	1565610.0
一般旅馆	612	1373864.9	987702.4	704276.8
经济型连锁酒店	6121	300319.6	249405.6	197656.0
其他一般旅馆	6129	1073545.2	738296.8	506620.8
民宿服务	613	18698.8	7720.6	12415.0
露营地服务	614	2646.5	3226.0	1291.1
其他住宿业	619	181419.2	128309.6	70494.7
按登记注册类型分组				
内资企业	--	5648388.1	4069689.9	2220818.4
国有企业	--	821650.9	405662.7	296180.2
集体企业	--	32999.1	23249.5	16816.2
股份合作企业	--	14724.3	12375.3	5573.0
联营企业	--	2831.2	1750.9	2174.3
国有联营企业	--	2808.4	1741.3	2148.3
集体联营企业	--	22.8	9.6	26.0
国有与集体联营企业	--			
其他联营企业	--			
有限责任公司	--	2205918.6	1839997.0	757316.4
国有独资公司	--	259065.8	122028.4	68163.2
其他有限责任公司	--	1946852.8	1717968.6	689153.2
股份有限公司	--	129729.6	74171.1	46924.2
私营企业	--	2428813.9	1710873.1	1093164.3
私营独资企业	--	95537.8	25631.7	59214.9
私营合伙企业	--	2240.7	740.4	1296.0
私营有限责任公司	--	2284309.2	1654883.2	1004627.4
私营股份有限公司	--	46726.2	29617.8	28026.0
其他企业	--	11720.7	1610.3	2669.9
港、澳、台商投资企业	--	443494.9	333464.0	88955.5
与港澳台商合资经营企业	--	210711.3	226415.8	39176.9
与港澳台商合作经营企业	--			
港澳台商独资经营企业	--	232726.6	107013.0	49681.5
港澳台商投资股份有限公司	--			
其他港澳台投资企业	--	56.9	35.1	97.1
外商投资企业	--	37015.9	40926.7	44313.7
中外合资经营企业	--	32749.7	33514.9	36608.8
中外合作经营企业	--	594.8	307.3	187.6
外资企业	--	902.7	427.6	2372.7
外商投资股份有限公司	--	48.4	240.4	588.0
其他外商投资	--	2720.3	6436.4	4556.6
按单位规模分组				
大型	--	816062.2	489314.0	333359.5
中型	--	2392509.9	1849390.0	787746.4
小型	--	2133283.6	1711117.6	950345.1
微型	--	787043.3	394259.0	282636.6

2-A-4 限额以上住宿业法人企业财务状况

单位：万元

分　组	代码	资产总计	负债合计	营业收入
住宿业	**61**	**4470712.1**	**3442673.5**	**1644766.6**
按国民经济行业分组				
旅游饭店	611	3916910.7	2957544.9	1326149.6
一般旅馆	612	492936.7	423237.6	306310.5
经济型连锁酒店	6121	120693.3	128019.2	115702.5
其他一般旅馆	6129	372243.4	295218.4	190608.0
民宿服务	613	4640.4	2388.2	1645.3
露营地服务	614	569.8	519.8	407.3
其他住宿业	619	55654.5	58983.0	10253.9
按登记注册类型分组				
内资企业	--	4030618.0	3086398.6	1520254.2
国有企业	--	748782.6	361034.6	272760.2
集体企业	--	18955.9	14804.2	11746.0
股份合作企业	--	14170.1	12170.8	5372.2
联营企业	--			
国有联营企业	--			
集体联营企业	--			
国有与集体联营企业	--			
其他联营企业	--			
有限责任公司	--	1828366.0	1520136.6	650749.7
国有独资公司	--	256682.7	119379.6	66329.2
其他有限责任公司	--	1571683.3	1400757.0	584420.5
股份有限公司	--	111229.2	62816.5	38003.7
私营企业	--	1309114.2	1115435.9	541622.4
私营独资企业	--	18398.2	10961.9	9779.3
私营合伙企业	--			
私营有限责任公司	--	1254246.9	1079870.7	517123.3
私营股份有限公司	--	36469.1	24603.3	14719.8
其他企业	--			
港、澳、台商投资企业	--	407620.7	319206.1	87207.1
与港澳台商合资经营企业	--	210711.3	226415.8	39176.9
与港澳台商合作经营企业	--			
港澳台商独资经营企业	--	196909.4	92790.3	48030.2
港澳台商投资股份有限公司	--			
其他港澳台投资企业	--			
外商投资企业	--	32473.4	37068.8	37305.3
中外合资经营企业	--	29662.9	30262.2	31069.5
中外合作经营企业	--			
外资企业	--	321.2	209.1	1091.2
外商投资股份有限公司	--	48.4	240.4	588.0
其他外商投资	--	2440.9	6357.1	4556.6
按单位规模分组				
大型	--	766306.5	457440.0	303962.3
中型	--	2338067.1	1830832.1	744711.4
小型	--	1322845.6	1128946.1	578917.2
微型	--	43492.9	25455.3	17175.7

2-A-5　餐饮业法人企业基本情况

分　组	代码	法人单位数（个）	从业人员期末人数（人）	住宿和餐饮业年末餐饮营业面积（万平方米）
餐饮业	**62**	**21744**	**227011**	**937.6**
按国民经济行业分组				
正餐服务	621	17118	186486	811.9
快餐服务	622	2202	22926	70.8
饮料及冷饮服务	623	234	1638	4.2
茶馆服务	6231	37	96	0.9
咖啡馆服务	6232	80	895	2
酒吧服务	6233	33	192	0.6
其他饮料及冷饮服务	6239	84	455	0.7
餐饮配送及外卖送餐服务	624	463	7040	11.7
餐饮配送服务	6241	406	6796	11.4
外卖送餐服务	6242	57	244	0.4
其他餐饮业	629	1727	8921	39
小吃服务	6291	464	1926	7.2
其他未列明餐饮业	6299	1263	6995	31.8
按登记注册类型分组				
内资企业	--	21600	217353	918.8
国有企业	--	73	5960	13.5
集体企业	--	53	752	3.1
股份合作企业	--	5	109	0.3
联营企业	--	4	59	0.1
国有联营企业	--			
集体联营企业	--	3	55	0.1
国有与集体联营企业	--			
其他联营企业	--	1	4	
有限责任公司	--	1859	42937	153.6
国有独资公司	--	27	3104	9.1
其他有限责任公司	--	1832	39833	144.5
股份有限公司	--	195	6493	16.5
私营企业	--	19377	160679	729.4
私营独资企业	--	1999	12604	71.7
私营合伙企业	--	128	1150	2.9
私营有限责任公司	--	17091	144288	644.6
私营股份有限公司	--	159	2637	10.2
其他企业	--	34	364	2.3
港、澳、台商投资企业	--	30	3375	8
与港澳台商合资经营企业	--	9	832	3.1
与港澳台商合作经营企业	--			
港澳台商独资经营企业	--	21	2543	4.9
港澳台商投资股份有限公司	--			
其他港澳台投资企业	--			
外商投资企业	--	114	6283	10.9
中外合资经营企业	--	23	270	1.3
中外合作经营企业	--	4	37	0.1
外资企业	--	82	5945	9.4
外商投资股份有限公司	--	2	2	
其他外商投资	--	3	29	
按单位规模分组				
大型	--	15	17299	28.8
中型	--	159	37064	64.2
小型	--	3583	103347	371.1
微型	--	17987	69301	473.6

2-A-6 限额以上餐饮业法人企业基本情况

分组	代码	法人单位数（个）	从业人员期末人数（人）	住宿和餐饮业年末餐饮营业面积（万平方米）
餐饮业	**62**	**1609**	**108680**	**270.5**
按国民经济行业分组				
正餐服务	621	1498	90058	243.5
快餐服务	622	67	11821	21.2
饮料及冷饮服务	623	6	570	1.0
茶馆服务	6231	1	5	0.1
咖啡馆服务	6232	1	469	0.9
酒吧服务	6233	1	3	0.1
其他饮料及冷饮服务	6239	3	93	
餐饮配送及外卖送餐服务	624	32	4590	3.7
餐饮配送服务	6241	31	4578	3.7
外卖送餐服务	6242	1	12	
其他餐饮业	629	6	1641	1.1
小吃服务	6291	1	46	
其他未列明餐饮业	6299	5	1595	1.0
按登记注册类型分组				
内资企业	--	1579	99693	255.0
国有企业	--	39	4994	8.3
集体企业	--	8	524	1.2
股份合作企业	--	1	86	0.1
联营企业	--			
国有联营企业	--			
集体联营企业	--			
国有与集体联营企业	--			
其他联营企业	--			
有限责任公司	--	385	31272	76.9
国有独资公司	--	14	2668	4.4
其他有限责任公司	--	371	28604	72.4
股份有限公司	--	31	5257	8.8
私营企业	--	1111	57382	159.1
私营独资企业	--	126	2980	9.6
私营合伙企业	--	3	89	0.3
私营有限责任公司	--	957	52599	143.7
私营股份有限公司	--	25	1714	5.5
其他企业	--	4	178	0.6
港、澳、台商投资企业	--	12	3167	6.8
与港澳台商合资经营企业	--	4	711	3.0
与港澳台商合作经营企业	--			
港澳台商独资经营企业	--	8	2456	3.7
港澳台商投资股份有限公司	--			
其他港澳台投资企业	--			
外商投资企业	--	18	5820	8.7
中外合资经营企业	--	7	202	0.9
中外合作经营企业	--			
外资企业	--	11	5618	7.8
外商投资股份有限公司	--			
其他外商投资	--			
按单位规模分组				
大型	--	14	16889	22.0
中型	--	147	34338	59.0
小型	--	1222	55061	171.2
微型	--	226	2392	18.2

2-A-7　餐饮业业法人企业财务状况

单位：万元

分　组	代码	资产总计	负债合计	营业收入
餐饮业	**62**	**5510968.2**	**3591657.6**	**3800420.6**
按国民经济行业分组				
正餐服务	621	4842283.7	3316080.3	2938328.8
快餐服务	622	443612.5	181950.8	580345.5
饮料及冷饮服务	623	31781.6	14608.3	34608.4
茶馆服务	6231	2601.0	623.9	1834.0
咖啡馆服务	6232	21014.9	8267.2	21585.1
酒吧服务	6233	4274.8	3271.1	3364.6
其他饮料及冷饮服务	6239	3891.0	2446.2	7824.7
餐饮配送及外卖送餐服务	624	81338.1	44611.4	137474.1
餐饮配送服务	6241	78656.1	42940.5	133549.3
外卖送餐服务	6242	2682.1	1670.9	3924.8
其他餐饮业	629	111952.2	34406.8	109663.8
小吃服务	6291	20108.0	5810.4	27865.5
其他未列明餐饮业	6299	91844.2	28596.4	81798.3
按登记注册类型分组				
内资企业	--	5266172.3	3367823.1	3485012.1
国有企业	--	118071.1	115991.4	77132.3
集体企业	--	39518.6	44464.7	11128.9
股份合作企业	--	1513.5	339.3	2142.4
联营企业	--	412.5	211.1	1053.9
国有联营企业	--			
集体联营企业	--	380.3	211.1	1000.1
国有与集体联营企业	--			
其他联营企业	--	32.2		53.8
有限责任公司	--	1889797.1	1115876.1	793651.5
国有独资公司	--	297080.4	147322.6	74028.1
其他有限责任公司	--	1592716.7	968553.4	719623.5
股份有限公司	--	87749.1	49801.9	53650.6
私营企业	--	3121978.6	2038107.3	2540670.4
私营独资企业	--	190957.1	51918.1	223616.1
私营合伙企业	--	5799.3	3597.9	12039.8
私营有限责任公司	--	2876669.7	1946967.7	2264780.2
私营股份有限公司	--	48552.5	35623.6	40234.3
其他企业	--	7131.8	3031.5	5582.2
港、澳、台商投资企业	--	139591.0	156607.9	79449.3
与港澳台商合资经营企业	--	84625.1	102778.2	16465.9
与港澳台商合作经营企业	--			
港澳台商独资经营企业	--	54966.0	53829.7	62983.4
港澳台商投资股份有限公司	--			
其他港澳台投资企业	--			
外商投资企业	--	105204.8	67226.5	235959.1
中外合资经营企业	--	10214.0	8572.3	4538.2
中外合作经营企业	--	8035.6	1489.4	654.4
外资企业	--	86574.0	57057.6	230412.3
外商投资股份有限公司	--	2.1	2.0	30.0
其他外商投资	--	379.1	105.3	324.3
按单位规模分组				
大型	--	442416.7	240428.0	480310.9
中型	--	1384638.4	1117006.1	679640.7
小型	--	2106152.5	1498249.6	1675442.2
微型	--	1577760.6	735973.9	965026.8

2−A−8 限额以上餐饮业法人企业财务状况

单位：万元

分组	代码	资产总计	负债合计	营业收入
餐饮业	**62**	**3234097.6**	**2439813.9**	**2065603.8**
按国民经济行业分组				
正餐服务	621	3003073.0	2284676.1	1545637.0
快餐服务	622	159164.0	120240.0	392759.4
饮料及冷饮服务	623	18576.3	5084.7	20251.5
茶馆服务	6231	325.6	8.2	319.9
咖啡馆服务	6232	16186.8	4383.3	17196.8
酒吧服务	6233	1481.2	218.4	725.0
其他饮料及冷饮服务	6239	582.7	474.8	2009.8
餐饮配送及外卖送餐服务	624	46540.5	26968.7	90412.9
餐饮配送服务	6241	46517.8	26959.0	89929.8
外卖送餐服务	6242	22.7	9.7	483.1
其他餐饮业	629	6743.8	2844.4	16543.0
小吃服务	6291	80.0	30.0	328.1
其他未列明餐饮业	6299	6663.8	2814.4	16214.9
按登记注册类型分组				
内资企业	--	3027288.2	2242836.3	1762622.6
国有企业	--	94475.9	81758.2	68092.3
集体企业	--	6810.5	7286.2	8046.5
股份合作企业	--	1153.6	255.5	1319.9
联营企业	--			
国有联营企业	--			
集体联营企业	--			
国有与集体联营企业	--			
其他联营企业	--			
有限责任公司	--	1422404.1	901318.9	592207.7
国有独资公司	--	285973.9	139726.5	66844.3
其他有限责任公司	--	1136430.2	761592.4	525363.4
股份有限公司	--	65657.8	39627.4	33887.9
私营企业	--	1434515.5	1209872.3	1056323.7
私营独资企业	--	43477.8	23251.3	50741.5
私营合伙企业	--	1540.2	1190.3	1027.4
私营有限责任公司	--	1351523.5	1154303.3	976989.1
私营股份有限公司	--	37974.0	31127.4	27565.7
其他企业	--	2270.8	2717.8	2744.6
港、澳、台商投资企业	--	120639.2	141839.3	74677.0
与港澳台商合资经营企业	--	84005.2	102462.3	13467.2
与港澳台商合作经营企业	--			
港澳台商独资经营企业	--	36634.0	39377.0	61209.8
港澳台商投资股份有限公司	--			
其他港澳台投资企业	--			
外商投资企业	--	86170.2	55138.3	228304.2
中外合资经营企业	--	8130.2	5995.3	3540.8
中外合作经营企业	--			
外资企业	--	78040.0	49143.0	224763.4
外商投资股份有限公司	--			
其他外商投资	--			
按单位规模分组				
大型	--	415938.1	194270.3	467455.6
中型	--	1343429.4	1081596.1	636923.2
小型	--	1419013.6	1141139.9	919465.8
微型	--	55716.5	22807.6	41759.2

B. 地区部分

2-B-1　分地区住宿业法人企业基本情况

分　组	法人单位数 (个)	从业人员期末人数 (人)
全　省	**6475**	**137290**
济南市	737	21456
青岛市	1494	29738
淄博市	241	4342
枣庄市	162	3388
东营市	104	2647
烟台市	789	15861
潍坊市	418	11213
济宁市	529	10697
泰安市	288	6131
威海市	337	8017
日照市	252	3998
临沂市	429	6148
德州市	160	3364
聊城市	151	3473
滨州市	155	2495
菏泽市	229	4322

2-B-2 分地区住宿业法人企业基本情况(按国民经济行业分)

(旅游饭店住宿)

分 组	法人单位数 (个)	从业人员期末人数 (人)
全 省	**1998**	**87039**
济南市	149	12448
青岛市	585	22685
淄博市	55	2249
枣庄市	54	2446
东营市	20	1718
烟台市	283	11021
潍坊市	116	6740
济宁市	144	6005
泰安市	120	3849
威海市	185	6814
日照市	109	2949
临沂市	75	2755
德州市	14	701
聊城市	22	1743
滨州市	18	955
菏泽市	49	1961

2-B-2　续表 1

(一般旅馆住宿)

分　组	法人单位数 (个)	从业人员期末人数 (人)
全　省	**3694**	**43971**
济南市	471	8077
青岛市	681	5769
淄博市	158	1814
枣庄市	97	867
东营市	66	799
烟台市	413	3947
潍坊市	253	3982
济宁市	341	4353
泰安市	152	2217
威海市	124	923
日照市	115	903
临沂市	308	2952
德州市	138	2589
聊城市	106	1420
滨州市	109	1264
菏泽市	162	2095

2-B-2 续表 2

(民宿服务住宿)

分 组	法人单位数 (个)	从业人员期末人数 (人)
全 省	**128**	**687**
济南市	11	65
青岛市	46	198
淄博市	3	11
枣庄市	4	9
东营市	1	
烟台市	11	56
潍坊市	5	10
济宁市	15	115
泰安市	1	
威海市	6	38
日照市	3	23
临沂市	11	70
德州市	3	9
聊城市	1	3
滨州市	6	78
菏泽市	1	2

2-B-2　续表 3

(露营地服务住宿)

分　组	法人单位数 (个)	从业人员期末人数 (人)
全　省	**11**	**133**
济南市	1	
青岛市	1	1
淄博市		
枣庄市		
东营市		
烟台市	1	35
潍坊市	5	86
济宁市	1	3
泰安市	1	
威海市	1	8
日照市		
临沂市		
德州市		
聊城市		
滨州市		
菏泽市		

2-B-2 续表 4

(其他住宿)

分 组	法人单位数（个）	从业人员期末人数（人）
全 省	**644**	**5460**
济南市	105	866
青岛市	181	1085
淄博市	25	268
枣庄市	7	66
东营市	17	130
烟台市	81	802
潍坊市	39	395
济宁市	28	221
泰安市	14	65
威海市	21	234
日照市	25	123
临沂市	35	371
德州市	5	65
聊城市	22	307
滨州市	22	198
菏泽市	17	264

2-B-3　分地区住宿业法人企业基本情况(按登记注册类型分)

(内资企业住宿)

分　组	法人单位数 (个)	从业人员期末人数 (人)
全　省	**6433**	**131958**
济南市	731	21001
青岛市	1478	25863
淄博市	240	4292
枣庄市	162	3388
东营市	104	2647
烟台市	781	15600
潍坊市	417	11213
济宁市	527	10403
泰安市	287	6078
威海市	335	8009
日照市	250	3775
临沂市	428	6141
德州市	160	3364
聊城市	151	3473
滨州市	154	2451
菏泽市	228	4260

2-B-3 续表 1

(国有企业住宿)

分 组	法人单位数 (个)	从业人员期末人数 (人)
全 省	**158**	**17834**
济南市	29	5073
青岛市	30	3708
淄博市	6	577
枣庄市	2	33
东营市	4	614
烟台市	29	3286
潍坊市	3	45
济宁市	12	944
泰安市	12	966
威海市	12	1066
日照市	2	45
临沂市	4	146
德州市	9	779
聊城市	3	407
滨州市		
菏泽市	1	145

2-B-3 续表 2

(集体企业住宿)

分 组	法人单位数 (个)	从业人员期末人数 (人)
全 省	**74**	**1529**
济南市	15	341
青岛市	9	35
淄博市	4	33
枣庄市		
东营市		
烟台市	15	475
潍坊市	1	2
济宁市	12	364
泰安市	4	97
威海市	2	23
日照市	1	6
临沂市	4	96
德州市	4	8
聊城市		
滨州市	1	18
菏泽市	2	31

2-B-3 续表 3

(股份合作企业住宿)

分 组	法人单位数 (个)	从业人员期末人数 (人)
全 省	**8**	**268**
济南市	3	253
青岛市	2	4
淄博市		
枣庄市		
东营市		
烟台市	1	3
潍坊市		
济宁市		
泰安市	1	2
威海市		
日照市		
临沂市		
德州市	1	6
聊城市		
滨州市		
菏泽市		

2-B-3　续表 4

(联营企业住宿)

分　组	法人单位数 (个)	从业人员期末人数 (人)
全　省	**4**	**181**
济南市	1	
青岛市	1	177
淄博市		
枣庄市		
东营市		
烟台市	1	
潍坊市		
济宁市		
泰安市		
威海市		
日照市		
临沂市		
德州市		
聊城市		
滨州市		
菏泽市	1	4

2-B-3 续表 5

(有限责任公司住宿)

分 组	法人单位数 (个)	从业人员期末人数 (人)
全 省	**818**	**41705**
济南市	81	8489
青岛市	233	9142
淄博市	23	575
枣庄市	23	683
东营市	13	1057
烟台市	88	4726
潍坊市	60	4009
济宁市	35	2452
泰安市	40	1977
威海市	52	2659
日照市	48	1124
临沂市	42	1174
德州市	32	965
聊城市	18	851
滨州市	16	997
菏泽市	14	825

2-B-3　续表 6

(股份有限公司住宿)

分　组	法人单位数 (个)	从业人员期末人数 (人)
全　省	**98**	**3241**
济南市	10	239
青岛市	19	574
淄博市	6	280
枣庄市	4	255
东营市	1	5
烟台市	13	159
潍坊市	9	399
济宁市	4	499
泰安市	3	21
威海市	4	108
日照市	6	86
临沂市	6	92
德州市	2	14
聊城市	5	92
滨州市	1	20
菏泽市	5	398

2-B-3 续表 7

(私营企业住宿)

分 组	法人单位数 (个)	从业人员期末人数 (人)
全 省	**5254**	**66937**
济南市	587	6428
青岛市	1182	12215
淄博市	201	2827
枣庄市	132	2404
东营市	86	971
烟台市	630	6915
潍坊市	342	6758
济宁市	464	6144
泰安市	227	3015
威海市	265	4153
日照市	193	2514
临沂市	368	4610
德州市	111	1587
聊城市	125	2123
滨州市	136	1416
菏泽市	205	2857

2-B-3　续表 8

(其他企业住宿)

分　组	法人单位数 (个)	从业人员期末人数 (人)
全　省	**19**	**263**
济南市	5	178
青岛市	2	8
淄博市		
枣庄市	1	13
东营市		
烟台市	4	36
潍坊市	2	
济宁市		
泰安市		
威海市		
日照市		
临沂市	4	23
德州市	1	5
聊城市		
滨州市		
菏泽市		

2-B-3 续表 9

(港澳台商投资企业住宿)

分 组	法人单位数 (个)	从业人员期末人数 (人)
全 省	**23**	**3606**
济南市	5	454
青岛市	9	2571
淄博市		
枣庄市		
东营市		
烟台市	3	53
潍坊市		
济宁市	2	294
泰安市	1	53
威海市		
日照市	1	130
临沂市	1	7
德州市		
聊城市		
滨州市	1	44
菏泽市		

2-B-3 续表 10

(外商投资企业住宿)

分 组	法人单位数 (个)	从业人员期末人数 (人)
全 省	**19**	**1726**
济南市	1	1
青岛市	7	1304
淄博市	1	50
枣庄市		
东营市		
烟台市	5	208
潍坊市	1	
济宁市		
泰安市		
威海市	2	8
日照市	1	93
临沂市		
德州市		
聊城市		
滨州市		
菏泽市	1	62

2-B-4 分地区住宿业法人企业基本情况(按规模分)

(大型住宿)

分 组	法人单位数 (个)	从业人员期末人数 (人)
全 省	**17**	**12423**
济南市	7	6653
青岛市	10	5770
淄博市		
枣庄市		
东营市		
烟台市		
潍坊市		
济宁市		
泰安市		
威海市		
日照市		
临沂市		
德州市		
聊城市		
滨州市		
菏泽市		

2-B-4　续表 1

(中型住宿)

分　组	法人单位数 (个)	从业人员期末人数 (人)
全　省	**181**	**42494**
济南市	25	5817
青岛市	48	10738
淄博市	5	1150
枣庄市	3	885
东营市	5	1345
烟台市	29	6147
潍坊市	21	5171
济宁市	9	2421
泰安市	4	1275
威海市	14	3201
日照市	6	1396
临沂市	2	520
德州市	4	943
聊城市	2	613
滨州市	1	238
菏泽市	3	634

2-B-4 续表 2

(小型住宿)

分　组	法人单位数 (个)	从业人员期末人数 (人)
全　省	**1886**	**62092**
济南市	231	6693
青岛市	299	9062
淄博市	62	2294
枣庄市	67	1894
东营市	26	849
烟台市	248	7678
潍坊市	125	4743
济宁市	198	6610
泰安市	84	3781
威海市	97	3697
日照市	57	1869
临沂市	149	4259
德州市	45	1835
聊城市	51	2284
滨州市	49	1633
菏泽市	98	2911

2-B-4　续表 3

(微型住宿)

分　组	法人单位数(个)	从业人员期末人数(人)
全　省	**4391**	**20281**
济南市	474	2293
青岛市	1137	4168
淄博市	174	898
枣庄市	92	609
东营市	73	453
烟台市	512	2036
潍坊市	272	1299
济宁市	322	1666
泰安市	200	1075
威海市	226	1119
日照市	189	733
临沂市	278	1369
德州市	111	586
聊城市	98	576
滨州市	105	624
菏泽市	128	777

2-B-5 分地区住宿业法人企业基本情况(按星级分)

(一星住宿)

分组	法人单位数(个)	从业人员期末人数(人)
全省	**152**	**1043**
济南市	10	81
青岛市	45	433
淄博市	6	12
枣庄市	2	13
东营市	2	12
烟台市	24	192
潍坊市	6	27
济宁市	6	34
泰安市	6	19
威海市	5	27
日照市	8	20
临沂市	18	68
德州市	8	73
聊城市		
滨州市	3	6
菏泽市	3	26

2-B-5　续表 1

(二星住宿)

分　组	法人单位数（个）	从业人员期末人数（人）
全　省	**254**	**3058**
济南市	23	321
青岛市	56	516
淄博市	7	107
枣庄市	9	104
东营市	2	30
烟台市	38	244
潍坊市	15	202
济宁市	10	92
泰安市	14	284
威海市	16	266
日照市	9	103
临沂市	28	364
德州市	3	69
聊城市	4	19
滨州市	14	232
菏泽市	6	105

2-B-5 续表 2

(三星住宿)

分 组	法人单位数（个）	从业人员期末人数（人）
全 省	**662**	**21708**
济南市	52	2417
青岛市	173	3560
淄博市	13	1278
枣庄市	21	954
东营市	16	715
烟台市	98	2908
潍坊市	34	1107
济宁市	37	1441
泰安市	35	1103
威海市	43	1728
日照市	36	663
临沂市	35	1189
德州市	14	329
聊城市	22	900
滨州市	20	580
菏泽市	13	836

2-B-5　续表 3

(四星住宿)

分　组	法人单位数 (个)	从业人员期末人数 (人)
全　省	**243**	**26216**
济南市	32	5358
青岛市	62	5491
淄博市	4	289
枣庄市	5	314
东营市	4	777
烟台市	32	2709
潍坊市	22	3236
济宁市	12	2101
泰安市	14	730
威海市	19	2215
日照市	12	996
临沂市	13	574
德州市	3	354
聊城市	3	380
滨州市	4	302
菏泽市	2	390

2-B-5 续表 4

(五星住宿)

分　组	法人单位数 (个)	从业人员期末人数 (人)
全　省	**83**	**11699**
济南市	8	1591
青岛市	31	4422
淄博市	3	494
枣庄市		
东营市	3	442
烟台市	12	1304
潍坊市	5	1075
济宁市	4	418
泰安市	3	336
威海市	6	742
日照市	2	12
临沂市	2	6
德州市	1	212
聊城市	1	418
滨州市		
菏泽市	2	227

2-B-5　续表 5

(其他住宿)

分　组	法人单位数 (个)	从业人员期末人数 (人)
全　省	**5081**	**73566**
济南市	612	11688
青岛市	1127	15316
淄博市	208	2162
枣庄市	125	2003
东营市	77	671
烟台市	585	8504
潍坊市	336	5566
济宁市	460	6611
泰安市	216	3659
威海市	248	3039
日照市	185	2204
临沂市	333	3947
德州市	131	2327
聊城市	121	1756
滨州市	114	1375
菏泽市	203	2738

2-B-6 分地区住宿业法人企业财务状况

单位：万元

分 组	资产总计	负债合计	营业收入
全 省	**6128898.9**	**4444080.5**	**2354087.6**
济南市	807161.6	642907.3	404518.7
青岛市	1627143.8	1176722.1	692893.8
淄博市	164273.4	209886.8	62961.0
枣庄市	181836.0	81043.4	46506.3
东营市	78311.7	59620.1	34068.3
烟台市	918975.0	553938.9	282111.1
潍坊市	380872.8	342989.2	156369.2
济宁市	468493.9	277361.7	137718.4
泰安市	203004.0	175674.5	88994.5
威海市	448741.1	286509.6	133856.3
日照市	137581.1	118499.3	51974.7
临沂市	226114.4	149616.3	97940.5
德州市	110224.4	87947.2	42692.2
聊城市	83964.2	55806.4	35145.7
滨州市	202034.2	187994.1	30715.0
菏泽市	90167.4	37563.4	55621.9

2-B-7　分地区住宿业法人企业财务状况(按国民经济行业分)

(旅游饭店住宿)　　单位：万元

分　组	资产总计	负债合计	营业收入
全　省	**4552269.5**	**3317122.0**	**1565610.0**
济南市	527548.9	344604.5	243316.0
青岛市	1414156.5	1019186.7	547738.4
淄博市	128059.7	178703.2	35909.2
枣庄市	149151.2	73509.5	31842.1
东营市	37871.7	39170.8	22266.0
烟台市	689016.5	442054.4	196895.4
潍坊市	255477.4	218840.8	100424.6
济宁市	309912.0	177297.1	70611.1
泰安市	164452.3	147603.7	54450.2
威海市	420877.3	271458.7	116967.6
日照市	106955.9	102902.3	40423.9
临沂市	84137.4	61644.3	37282.7
德州市	23195.8	19254.9	8977.7
聊城市	36541.4	24791.8	20960.7
滨州市	162625.5	170862.0	12250.9
菏泽市	42289.9	25237.4	25293.7

2-B-7 续表 1

(一般旅馆住宿) 单位：万元

分 组	资产总计	负债合计	营业收入
全 省	**1373864.9**	**987702.4**	**704276.8**
济南市	257442.1	278657.9	145892.7
青岛市	177247.0	137723.6	123899.3
淄博市	32692.6	26345.5	25568.6
枣庄市	30569.3	7081.3	13676.8
东营市	31233.4	14328.7	10999.0
烟台市	195893.6	95147.4	72802.2
潍坊市	118178.5	117339.5	51090.1
济宁市	151620.7	98476.1	62564.0
泰安市	37519.7	27211.4	34050.9
威海市	18036.1	12260.1	14098.3
日照市	26522.5	13398.4	9866.6
临沂市	96357.6	40310.5	52777.4
德州市	86093.1	68370.2	32822.6
聊城市	38014.3	25752.9	11481.4
滨州市	31827.1	14127.0	14944.8
菏泽市	44617.3	11171.9	27742.2

2-B-7　续表 2

(民俗服务住宿)　　单位：万元

分　组	资产总计	负债合计	营业收入
全　省	**18698.8**	**7720.6**	**12415.0**
济南市	375.5	119.1	1249.1
青岛市	6082.1	3002.2	3412.7
淄博市	274.7	56.2	89.4
枣庄市	655.4	147.2	58.0
东营市			
烟台市	2902.1	775.8	1089.7
潍坊市	40.1	11.4	81.3
济宁市	2853.9	709.8	1999.7
泰安市			
威海市	502.5	311.4	669.2
日照市	435.7	327.0	480.5
临沂市	1600.1	20.7	1502.6
德州市	240.9		440.9
聊城市	1.6		44.3
滨州市	2614.8	2239.6	1265.9
菏泽市	119.4		31.8

2-B-7 续表 3

(露营地服务住宿) 单位：万元

分　组	资产总计	负债合计	营业收入
全　省	**2646.5**	**3226.0**	**1291.1**
济南市	80.0		
青岛市			
淄博市			
枣庄市			
东营市			
烟台市	569.8	519.8	407.3
潍坊市	1791.9	2637.2	710.1
济宁市	21.9	0.5	14.4
泰安市			
威海市	183.0	68.5	159.4
日照市			
临沂市			
德州市			
聊城市			
滨州市			
菏泽市			

2-B-7 续表 4

(其他住宿) 单位：万元

分 组	资产总计	负债合计	营业收入
全 省	**181419.2**	**128309.6**	**70494.7**
济南市	21715.2	19525.8	14060.9
青岛市	29658.2	16809.7	17843.5
淄博市	3246.5	4782.0	1393.9
枣庄市	1460.0	305.5	929.5
东营市	9206.5	6120.6	803.3
烟台市	30592.9	15441.5	10916.5
潍坊市	5385.0	4160.3	4063.1
济宁市	4085.3	878.2	2529.3
泰安市	1032.0	859.4	493.4
威海市	9142.2	2410.9	1961.8
日照市	3667.1	1871.5	1203.7
临沂市	44019.2	47640.8	6377.8
德州市	694.6	322.0	451.0
聊城市	9406.9	5261.7	2659.3
滨州市	4966.8	765.5	2253.4
菏泽市	3140.9	1154.2	2554.2

2−B−8 分地区住宿业法人企业财务状况(按登记注册类型分)

(内资企业住宿) 单位：万元

分 组	资产总计	负债合计	营业收入
全 省	**5648388.1**	**4069689.9**	**2220818.4**
济南市	788100.8	618667.8	395544.2
青岛市	1300572.0	905053.4	586580.4
淄博市	163410.8	209837.1	61973.0
枣庄市	181836.0	81043.4	46506.3
东营市	78311.7	59620.1	34068.3
烟台市	880484.6	533595.9	275851.0
潍坊市	380593.4	342909.9	156369.2
济宁市	380670.4	233378.9	131274.8
泰安市	202001.1	172851.0	88288.5
威海市	448364.3	286346.8	133578.2
日照市	132869.2	108688.8	49267.0
临沂市	226114.4	149616.3	97940.5
德州市	110224.4	87947.2	42692.2
聊城市	83964.2	55806.4	35145.7
滨州市	200760.7	186768.7	30303.7
菏泽市	90110.3	37558.1	55435.4

2-B-8　续表 1

(国有企业住宿)　　单位：万元

分　组	资产总计	负债合计	营业收入
全　省	**821650.9**	**405662.7**	**296180.2**
济南市	262268.1	123183.9	98939.4
青岛市	111654.9	50891.1	76088.6
淄博市	6472.9	6777.4	7304.6
枣庄市	280.0	313.8	300.9
东营市	17463.7	15840.7	4876.4
烟台市	243010.9	95428.0	49369.6
潍坊市	2501.8	3343.8	421.0
济宁市	45056.9	49429.9	10335.1
泰安市	31624.1	19236.5	11736.9
威海市	63363.3	26972.8	21472.1
日照市	1983.9		505.6
临沂市	3517.0	1207.9	2135.4
德州市	17384.6	6214.1	7853.7
聊城市	12880.4	5525.2	3872.1
滨州市			
菏泽市	2188.4	1297.4	968.9

2-B-8 续表 2

(集体企业住宿) 单位：万元

分　组	资产总计	负债合计	营业收入
全　省	**32999.1**	**23249.5**	**16816.2**
济南市	4639.5	5234.8	3993.7
青岛市	1956.4	3089.2	420.2
淄博市	914.5	608.1	160.3
枣庄市			
东营市			
烟台市	9765.2	4179.3	7043.8
潍坊市	9.0	6.4	26.5
济宁市	5289.0	6362.1	2621.0
泰安市	1172.2	961.5	753.3
威海市	1503.4	294.0	243.7
日照市	53.0	48.2	76.3
临沂市	6423.8	2102.8	601.9
德州市	114.1	41.5	199.2
聊城市			
滨州市	502.6	87.3	465.5
菏泽市	656.4	234.4	210.6

2-B-8　续表 3

(股份合作企业住宿)　　单位：万元

分　组	资产总计	负债合计	营业收入
全　省	**14724.3**	**12375.3**	**5573.0**
济南市	14236.8	12316.1	5459.3
青岛市	29.9	4.3	40.4
淄博市			
枣庄市			
东营市			
烟台市	323.9	16.9	5.1
潍坊市			
济宁市			
泰安市	70.0		10.0
威海市			
日照市			
临沂市			
德州市	63.7	38.0	58.1
聊城市			
滨州市			
菏泽市			

2−B−8 续表 4

(联营企业住宿)

单位：万元

分 组	资产总计	负债合计	营业收入
全 省	**2831.2**	**1750.9**	**2174.3**
济南市			
青岛市	2808.4	1741.3	2148.3
淄博市			
枣庄市			
东营市			
烟台市			
潍坊市			
济宁市			
泰安市			
威海市			
日照市			
临沂市			
德州市			
聊城市			
滨州市			
菏泽市	22.8	9.6	26.0

2-B-8　续表 5

(有限责任公司住宿)　　单位：万元

分　组	资产总计	负债合计	营业收入
全　省	**2205918.6**	**1839997.0**	**757316.4**
济南市	245693.7	246217.7	154699.5
青岛市	682193.7	490488.8	238499.6
淄博市	13373.8	17360.1	8405.0
枣庄市	21636.9	21056.3	12165.6
东营市	24630.4	25715.0	17109.3
烟台市	355157.3	262692.2	80389.2
潍坊市	182013.7	162050.2	56830.7
济宁市	77970.4	58292.9	25581.4
泰安市	112938.1	107792.3	30362.9
威海市	157521.3	116865.0	50010.1
日照市	33457.8	30628.3	15677.7
临沂市	49416.5	35928.0	20801.7
德州市	41985.0	52024.3	12267.3
聊城市	22841.1	24424.9	8121.0
滨州市	164799.9	174330.3	12878.5
菏泽市	20288.9	14130.6	13516.6

2-B-8 续表 6

(股份有限公司住宿)

单位：万元

分 组	资产总计	负债合计	营业收入
全 省	**129729.6**	**74171.1**	**46924.2**
济南市	3233.6	2564.3	3677.7
青岛市	36806.4	9685.3	12259.5
淄博市	23783.7	8648.8	5817.0
枣庄市	18331.0	10912.5	4552.0
东营市	1.2	12.9	36.7
烟台市	9738.8	12953.4	1450.1
潍坊市	8374.3	10237.0	3662.9
济宁市	14441.2	9550.8	6564.1
泰安市	461.4	32.2	106.5
威海市	2826.9	4051.9	588.6
日照市	3397.0	958.6	936.7
临沂市	756.7	56.5	572.8
德州市	1528.6	513.4	311.5
聊城市	1161.7	1294.2	1411.5
滨州市	510.5	10.0	24.7
菏泽市	4376.5	2689.3	4952.0

2-B-8 续表 7

(私营企业住宿) 单位：万元

分 组	资产总计	负债合计	营业收入
全 省	**2428813.9**	**1710873.1**	**1093164.3**
济南市	249045.3	228163.7	127403.2
青岛市	464837.3	349120.6	256905.1
淄博市	118865.8	176442.8	40286.1
枣庄市	141076.1	48757.9	29340.1
东营市	36216.4	18051.5	12045.9
烟台市	261215.0	157806.0	137168.3
潍坊市	187694.6	167272.5	95428.1
济宁市	237912.8	109743.2	86173.3
泰安市	55735.3	44828.6	45318.9
威海市	223149.5	138163.1	61263.7
日照市	93977.6	77053.6	32070.7
临沂市	165546.0	110269.1	73412.8
德州市	48936.3	29100.5	21911.1
聊城市	47081.1	24562.1	21741.1
滨州市	34947.6	12341.1	16934.9
菏泽市	62577.2	19196.9	35761.3

2-B-8 续表 8

(其他企业住宿)

单位：万元

分组	资产总计	负债合计	营业收入
全省	**11720.7**	**1610.3**	**2669.9**
济南市	8983.9	987.1	1371.4
青岛市	284.9	32.8	218.5
淄博市			
枣庄市	512.0	3.0	147.8
东营市			
烟台市	1273.6	520.0	425.0
潍坊市			
济宁市			
泰安市			
威海市			
日照市			
临沂市	454.3	52.1	415.9
德州市	212.0	15.3	91.3
聊城市			
滨州市			
菏泽市			

2-B-8　续表 9

(港澳台商投资企业住宿)　　单位：万元

分　组	资产总计	负债合计	营业收入
全　省	**443494.9**	**333464.0**	**88955.5**
济南市	18642.7	24056.2	7968.3
青岛市	297029.7	241238.9	71019.5
淄博市			
枣庄市			
东营市			
烟台市	33589.7	13643.9	690.3
潍坊市			
济宁市	87823.5	43982.8	6443.6
泰安市	1002.9	2823.5	706.0
威海市			
日照市	4132.9	6493.3	1716.6
临沂市			
德州市			
聊城市			
滨州市	1273.5	1225.4	411.3
菏泽市			

2-B-8 续表 10

(外商投资企业住宿) 单位：万元

分 组	资产总计	负债合计	营业收入
全 省	**37015.9**	**40926.7**	**44313.7**
济南市	418.2	183.3	1006.3
青岛市	29542.1	30429.9	35293.9
淄博市	862.6	49.7	988.0
枣庄市			
东营市			
烟台市	4900.7	6699.1	5569.8
潍坊市	279.4	79.3	
济宁市			
泰安市			
威海市	376.8	162.9	278.1
日照市	579.0	3317.2	991.1
临沂市			
德州市			
聊城市			
滨州市			
菏泽市	57.1	5.3	186.5

2-B-9　分地区住宿业法人企业财务状况(按规模分)

(大型住宿)　　单位：万元

分　组	资产总计	负债合计	营业收入
全　省	**816062.2**	**489314.0**	**333359.5**
济南市	263264.8	181550.7	136228.3
青岛市	552797.3	307763.3	197131.2
淄博市			
枣庄市			
东营市			
烟台市			
潍坊市			
济宁市			
泰安市			
威海市			
日照市			
临沂市			
德州市			
聊城市			
滨州市			
菏泽市			

2-B-9 续表 1

(中型住宿) 单位：万元

分 组	资产总计	负债合计	营业收入
全 省	**2392509.9**	**1849390.0**	**787746.4**
济南市	253904.2	188084.8	119965.7
青岛市	517597.7	484584.8	220116.5
淄博市	81064.8	108011.5	19598.0
枣庄市	93791.8	26846.8	13440.2
东营市	45434.8	26148.2	18797.7
烟台市	446931.8	244051.5	111723.4
潍坊市	159981.4	152938.4	87844.1
济宁市	234636.9	146705.8	35703.0
泰安市	101187.7	96864.2	24255.4
威海市	279596.0	186821.7	67536.9
日照市	36246.1	45095.0	21588.2
临沂市	8034.8	9842.3	7108.0
德州市	45969.0	57904.4	13304.4
聊城市	10662.0	5183.5	10197.4
滨州市	66272.0	66169.8	5067.5
菏泽市	11198.9	4137.2	11500.0

2-B-9　续表 2

(小型住宿)　　单位：万元

分　组	资产总计	负债合计	营业收入
全　省	**2133283.6**	**1711117.6**	**950345.1**
济南市	237983.3	231420.5	119902.1
青岛市	354983.9	279387.4	191281.7
淄博市	66539.7	89107.4	37094.3
枣庄市	66894.7	51098.5	24978.1
东营市	19906.1	24218.9	11941.5
烟台市	343569.1	254628.0	133118.4
潍坊市	181543.5	159335.5	58111.9
济宁市	133297.9	88245.6	81563.9
泰安市	83893.7	69896.4	57713.3
威海市	119096.4	67328.7	51615.4
日照市	81203.7	62771.8	22687.5
临沂市	166724.4	119258.8	67385.1
德州市	48474.7	24277.8	20567.7
聊城市	55379.3	42395.3	21242.7
滨州市	114934.8	117691.9	19331.8
菏泽市	58858.2	30055.3	31809.6

2-B-9 续表 3

(微型住宿)

单位：万元

分 组	资产总计	负债合计	营业收入
全 省	**787043.3**	**394259.0**	**282636.6**
济南市	52009.3	41851.3	28422.6
青岛市	201764.8	104986.6	84364.3
淄博市	16668.9	12767.9	6268.7
枣庄市	21149.4	3098.2	8088.1
东营市	12970.8	9253.0	3329.0
烟台市	128474.2	55259.3	37269.3
潍坊市	39347.9	30715.3	10413.2
济宁市	100559.1	42410.3	20451.5
泰安市	17922.6	8914.0	7025.8
威海市	50048.7	32359.2	14704.0
日照市	20131.4	10632.4	7699.0
临沂市	51355.2	20515.3	23447.4
德州市	15780.7	5765.0	8820.1
聊城市	17922.9	8227.7	3705.6
滨州市	20827.3	4132.4	6315.7
菏泽市	20110.2	3371.0	12312.2

2-B-10　分地区住宿业法人企业财务状况(按星级分)

(一星住宿)　　单位：万元

分　组	资产总计	负债合计	营业收入
全　省	**30947.7**	**16872.2**	**19691.8**
济南市	3343.2	1740.9	2003.4
青岛市	11844.9	6403.1	9558.4
淄博市	103.6	75.5	20.4
枣庄市	55.7		231.1
东营市	456.5	451.9	147.5
烟台市	2525.4	1191.7	3140.5
潍坊市	388.8	195.9	291.5
济宁市	860.5	282.8	773.1
泰安市	275.7	134.7	170.5
威海市	361.1	68.9	542.2
日照市	327.9	122.9	93.6
临沂市	1666.3	550.7	1224.9
德州市	6239.1	5124.5	1057.0
聊城市			
滨州市	327.8	1.7	135.4
菏泽市	2171.2	526.9	302.3

2-B-10 续表 1

(二星住宿) 单位：万元

分 组	资产总计	负债合计	营业收入
全 省	**97986.8**	**52313.0**	**54916.2**
济南市	6615.3	2309.5	6365.5
青岛市	9324.7	4438.5	13351.4
淄博市	1624.9	2381.5	2158.0
枣庄市	4485.3	2023.4	1390.9
东营市	2320.1	3654.1	237.0
烟台市	17085.3	3222.3	9679.7
潍坊市	1603.7	2984.3	1954.8
济宁市	1681.5	770.7	1561.3
泰安市	4690.7	3679.7	5038.1
威海市	6511.1	4802.1	1766.6
日照市	2810.6	2223.2	1007.1
临沂市	29758.3	18884.7	4427.4
德州市	1355.0	19.6	533.3
聊城市	246.2	193.9	130.1
滨州市	5578.2	573.5	3615.2
菏泽市	2296.0	151.9	1699.7

2-B-10　续表 2

(三星住宿)　　单位：万元

分　组	资产总计	负债合计	营业收入
全　省	**694130.1**	**460068.2**	**329423.9**
济南市	62849.0	50297.9	39130.2
青岛市	129658.4	80390.3	75843.5
淄博市	21413.0	23460.5	18031.8
枣庄市	43156.7	38203.2	12454.4
东营市	28166.5	11307.9	8457.3
烟台市	86602.5	66973.6	50675.6
潍坊市	36236.6	32163.6	14709.3
济宁市	29642.7	27378.6	15910.7
泰安市	20517.7	17946.0	10754.7
威海市	121655.9	39558.6	26157.4
日照市	26217.6	19190.5	8362.3
临沂市	30509.3	17811.0	21793.3
德州市	6148.3	2262.3	4149.0
聊城市	23590.8	17500.8	8279.9
滨州市	17363.1	9958.6	6321.4
菏泽市	10402.0	5664.9	8393.1

2-B-10 续表 3

(四星住宿)

单位：万元

分 组	资产总计	负债合计	营业收入
全 省	**1323725.8**	**1055841.5**	**461757.4**
济南市	182913.0	117035.4	101563.7
青岛市	323676.7	227139.5	125110.4
淄博市	30572.5	8311.1	5553.6
枣庄市	8894.5	13277.1	5754.2
东营市	24190.0	26804.8	11927.6
烟台市	131474.3	102462.1	47945.8
潍坊市	160619.5	160637.1	49601.2
济宁市	114837.4	97798.2	22929.5
泰安市	20704.7	14384.4	9056.6
威海市	136841.9	104372.8	46345.5
日照市	50116.8	57260.7	14221.7
临沂市	30131.3	21617.4	6468.2
德州市	9445.9	1290.8	3471.7
聊城市	9992.8	7002.6	4122.3
滨州市	82285.9	95784.9	2696.3
菏泽市	7028.8	662.8	4989.2

2-B-10　续表 4

(五星住宿)　　单位：万元

分　组	资产总计	负债合计	营业收入
全　省	**908332.5**	**676609.2**	**280241.8**
济南市	132181.7	40785.8	40618.0
青岛市	401131.8	277683.2	144937.0
淄博市	47451.1	122121.2	6949.1
枣庄市			
东营市	3666.5	2951.3	5066.7
烟台市	99780.4	81040.0	22704.4
潍坊市	12289.3	10383.3	16151.6
济宁市	117721.9	45668.0	12552.8
泰安市	27736.6	27966.8	6166.4
威海市	30568.5	23461.5	12175.3
日照市	549.1	302.4	362.8
临沂市	62.9	12.1	149.2
德州市	21005.5	38740.0	3700.0
聊城市	6430.7	4837.1	7193.1
滨州市			
菏泽市	7756.4	656.4	1515.4

2-B-10 续表 5

(其他住宿) 单位：万元

分 组	资产总计	负债合计	营业收入
全 省	**3073776.0**	**2182376.4**	**1208056.4**
济南市	419259.4	430737.7	214837.8
青岛市	751507.2	580667.5	324093.1
淄博市	63108.4	53537.0	30248.1
枣庄市	125243.8	27539.7	26675.8
东营市	19512.2	14450.1	8232.1
烟台市	581507.2	299049.2	147965.1
潍坊市	169734.8	136625.0	73660.8
济宁市	203749.9	105463.4	83991.1
泰安市	129078.6	111563.0	57808.3
威海市	152802.6	114245.7	46869.4
日照市	57559.1	39399.7	27927.2
临沂市	133986.3	90740.4	63877.5
德州市	66030.6	40509.9	29781.1
聊城市	43703.8	26272.1	15420.2
滨州市	96479.2	81675.3	17946.7
菏泽市	60513.0	29900.5	38722.2

2-B-11　分地区餐饮业法人企业基本情况

分　组	法人单位数(个)	从业人员期末人数(人)	住宿和餐饮业年末餐饮营业面积(万平方米)
全　省	**21744**	**227011**	**937.6**
济南市	3088	35990	124.5
青岛市	4437	43559	145.0
淄博市	1128	10220	52.1
枣庄市	408	5446	24.8
东营市	272	8414	28.0
烟台市	3065	21495	95.8
潍坊市	1634	15150	99.3
济宁市	1907	19111	71.0
泰安市	665	7811	38.5
威海市	796	11396	52.5
日照市	592	4727	23.4
临沂市	1433	15949	69.1
德州市	505	7852	26.8
聊城市	455	6166	25.8
滨州市	559	4927	24.3
菏泽市	800	8798	36.6

2-B-12 分地区餐饮业法人企业基本情况(按国民经济行业分)

(正餐服务餐饮)

分 组	法人单位数 (个)	从业人员期末人数 (人)	住宿和餐饮业年末餐饮营业面积 (万平方米)
全 省	**17118**	**186486**	**811.9**
济南市	2203	27915	102.5
青岛市	3318	27772	110.0
淄博市	901	8755	45.2
枣庄市	336	4922	21.8
东营市	224	7775	25.4
烟台市	2463	18608	84.4
潍坊市	1339	14083	92.8
济宁市	1604	17268	65.0
泰安市	576	7332	37.0
威海市	683	9127	47.6
日照市	466	3982	19.6
临沂市	1167	14154	61.4
德州市	421	7144	24.0
聊城市	350	5628	22.8
滨州市	381	4072	19.3
菏泽市	686	7949	33.1

2-B-12 续表 1

(快餐服务餐饮)

分 组	法人单位数 (个)	从业人员期末人数 (人)	住宿和餐饮业年末餐饮营业面积 (万平方米)
全 省	**2202**	**22926**	**70.8**
济南市	392	5252	12.2
青岛市	431	8864	18.4
淄博市	122	822	2.7
枣庄市	32	250	1.7
东营市	28	498	1.5
烟台市	347	1899	8.0
潍坊市	150	636	3.7
济宁市	183	1182	4.0
泰安市	59	401	1.0
威海市	41	253	3.4
日照市	57	415	1.8
临沂市	81	646	2.8
德州市	42	391	1.8
聊城市	47	226	1.7
滨州市	112	569	3.7
菏泽市	78	622	2.4

2-B-12 续表 2

(饮料及冷饮服务餐饮)

分 组	法人单位数(个)	从业人员期末人数(人)	住宿和餐饮业年末餐饮营业面积(万平方米)
全 省	**234**	**1638**	**4.2**
济南市	50	202	0.5
青岛市	86	924	1.9
淄博市	10	66	0.2
枣庄市	4	25	0.2
东营市	2	50	0.1
烟台市	26	112	0.3
潍坊市	10	47	0.2
济宁市	7	27	0.1
泰安市	2	5	
威海市	6	31	0.1
日照市	6	17	0.1
临沂市	15	96	0.5
德州市	1	23	
聊城市	2		
滨州市	6	11	
菏泽市	1	2	

2-B-12 续表 3

(餐饮配送及外卖送餐服务餐饮)

分 组	法人单位数(个)	从业人员期末人数(人)	住宿和餐饮业年末餐饮营业面积(万平方米)
全 省	**463**	**7040**	**11.7**
济南市	86	998	2.9
青岛市	182	4237	5.5
淄博市	20	250	0.4
枣庄市	3	19	
东营市	1	28	
烟台市	47	225	0.5
潍坊市	20	55	0.3
济宁市	29	265	0.5
泰安市	3	13	0.1
威海市	11	352	0.2
日照市	10	33	0.2
临沂市	13	198	0.4
德州市	10	130	0.2
聊城市	10	129	0.1
滨州市	12	75	0.4
菏泽市	6	33	0.1

2-B-12 续表 4

(其他餐饮)

分 组	法人单位数（个）	从业人员期末人数（人）	住宿和餐饮业年末餐饮营业面积（万平方米）
全 省	**1727**	**8921**	**39.0**
济南市	357	1623	6.4
青岛市	420	1762	9.2
淄博市	75	327	3.7
枣庄市	33	230	1.0
东营市	17	63	0.9
烟台市	182	651	2.6
潍坊市	115	329	2.4
济宁市	84	369	1.4
泰安市	25	60	0.4
威海市	55	1633	1.2
日照市	53	280	1.7
临沂市	157	855	4.1
德州市	31	164	0.8
聊城市	46	183	1.2
滨州市	48	200	0.9
菏泽市	29	192	1.0

2-B-13 分地区餐饮业法人企业基本情况(按登记注册类型分)

(内资企业餐饮)

分 组	法人单位数（个）	从业人员期末人数（人）	住宿和餐饮业年末餐饮营业面积（万平方米）
全 省	**21600**	**217353**	**918.8**
济南市	3077	34325	122.5
青岛市	4353	36676	132.1
淄博市	1124	10218	52.1
枣庄市	408	5446	24.8
东营市	272	8414	28.0
烟台市	3043	21376	95.2
潍坊市	1632	14884	98.5
济宁市	1907	19111	71.0
泰安市	665	7811	38.5
威海市	783	11192	51.6
日照市	587	4435	22.8
临沂市	1431	15800	68.7
德州市	505	7852	26.8
聊城市	454	6088	25.3
滨州市	559	4927	24.3
菏泽市	800	8798	36.6

2-B-13　续表 1

(国有企业餐饮)

分　组	法人单位数 (个)	从业人员期末人数 (人)	住宿和餐饮业年末餐饮营业面积 (万平方米)
全　省	**73**	**5960**	**13.5**
济南市	16	1340	2.9
青岛市	9	555	1.6
淄博市	3	700	0.6
枣庄市	2	35	0.1
东营市			
烟台市	13	445	2.4
潍坊市	4	330	1.8
济宁市	10	1422	2.6
泰安市	4	144	0.2
威海市	3	116	0.3
日照市	1	4	
临沂市	3	435	0.3
德州市	2	65	0.4
聊城市	2	359	0.4
滨州市	1	10	0.1
菏泽市			

2-B-13　续表 2

(集体企业餐饮)

分　组	法人单位数 (个)	从业人员期末人数 (人)	住宿和餐饮业年末餐饮营业面积 (万平方米)
全　省	**53**	**752**	**3.1**
济南市	8	327	0.6
青岛市	10	77	0.4
淄博市	2	13	0.2
枣庄市			
东营市			
烟台市	11	134	0.7
潍坊市	2	41	0.1
济宁市	5	74	0.4
泰安市	2	20	0.1
威海市	2	6	0.4
日照市	4	13	0.1
临沂市	2	5	
德州市	2	25	0.1
聊城市	1	12	
滨州市	2	5	
菏泽市			

2-B-13 续表 3

(股份合作企业餐饮)

分 组	法人单位数 (个)	从业人员期末人数 (人)	住宿和餐饮业年末餐饮营业面积 (万平方米)
全 省	**5**	**109**	**0.3**
济南市	2	86	0.3
青岛市	1	7	
淄博市			
枣庄市			
东营市			
烟台市			
潍坊市			
济宁市			
泰安市			
威海市	1	8	
日照市			
临沂市			
德州市			
聊城市			
滨州市			
菏泽市	1	8	

2-B-13 续表 4

(联营企业餐饮)

分 组	法人单位数 (个)	从业人员期末人数 (人)	住宿和餐饮业年末餐饮营业面积 (万平方米)
全 省	**4**	**59**	**0.1**
济南市			
青岛市			
淄博市			
枣庄市			
东营市			
烟台市	3	55	0.1
潍坊市			
济宁市			
泰安市			
威海市			
日照市			
临沂市	1	4	
德州市			
聊城市			
滨州市			
菏泽市			

2-B-13　续表 5

(有限责任公司餐饮)

分　组	法人单位数 (个)	从业人员期末人数 (人)	住宿和餐饮业年末餐饮营业面积 (万平方米)
全　省	**1859**	**42937**	**153.6**
济南市	217	7664	23.3
青岛市	501	6849	25.2
淄博市	68	1339	6.7
枣庄市	38	1267	3.6
东营市	25	627	2.5
烟台市	200	2519	8.8
潍坊市	183	4481	26.0
济宁市	74	1909	7.6
泰安市	62	1724	5.8
威海市	114	2520	8.0
日照市	79	1142	4.9
临沂市	110	4458	11.3
德州市	65	3125	6.6
聊城市	39	1395	4.4
滨州市	53	1044	6.2
菏泽市	31	874	2.6

2-B-13　续表 6

(股份有限公司餐饮)

分　组	法人单位数 (个)	从业人员期末人数 (人)	住宿和餐饮业年末餐饮营业面积 (万平方米)
全　省	**195**	**6493**	**16.5**
济南市	21	475	1.9
青岛市	23	223	1.0
淄博市	6	85	0.3
枣庄市	2	23	0.2
东营市	3	3576	2.9
烟台市	58	395	1.9
潍坊市	15	197	1.0
济宁市	7	116	0.3
泰安市	7	46	0.1
威海市	9	481	1.8
日照市	14	377	2.2
临沂市	13	400	1.2
德州市	4	17	0.1
聊城市	3	26	1.2
滨州市	4	19	0.2
菏泽市	6	37	0.1

2-B-13 续表 7

(私营企业餐饮)

分 组	法人单位数 (个)	从业人员期末人数 (人)	住宿和餐饮业年末餐饮营业面积 (万平方米)
全 省	**19377**	**160679**	**729.4**
济南市	2810	24422	93.5
青岛市	3808	28965	104.0
淄博市	1044	8071	44.3
枣庄市	364	4092	20.5
东营市	243	4210	22.5
烟台市	2755	17670	81.1
潍坊市	1424	9799	69.3
济宁市	1806	15568	59.7
泰安市	587	5871	32.0
威海市	653	8051	41.1
日照市	485	2876	15.3
临沂市	1298	10462	55.8
德州市	431	4598	19.5
聊城市	409	4296	19.3
滨州市	498	3849	17.9
菏泽市	762	7879	33.9

2-B-13　续表 8

(其他企业餐饮)

分　组	法人单位数(个)	从业人员期末人数(人)	住宿和餐饮业年末餐饮营业面积(万平方米)
全　省	**34**	**364**	**2.3**
济南市	3	11	0.1
青岛市	1		
淄博市	1	10	
枣庄市	2	29	0.5
东营市	1	1	
烟台市	3	158	0.4
潍坊市	4	36	0.2
济宁市	5	22	0.3
泰安市	3	6	0.3
威海市	1	10	
日照市	4	23	0.3
临沂市	4	36	0.1
德州市	1	22	0.1
聊城市			
滨州市	1		
菏泽市			

2-B-13 续表 9

(港澳台商投资企业餐饮)

分 组	法人单位数（个）	从业人员期末人数（人）	住宿和餐饮业年末餐饮营业面积（万平方米）
全 省	**30**	**3375**	**8.0**
济南市	4	1646	1.9
青岛市	15	1117	4.0
淄博市	3	1	
枣庄市			
东营市			
烟台市	2	14	
潍坊市	1	253	0.9
济宁市			
泰安市			
威海市	1	22	
日照市	2	110	0.1
临沂市	1	134	0.5
德州市			
聊城市	1	78	0.5
滨州市			
菏泽市			

2-B-13　续表 10

(外商投资企业餐饮)

分　组	法人单位数 (个)	从业人员期末人数 (人)	住宿和餐饮业年末餐饮营业面积 (万平方米)
全　省	**114**	**6283**	**10.9**
济南市	7	19	0.1
青岛市	69	5766	8.9
淄博市	1	1	
枣庄市			
东营市			
烟台市	20	105	0.5
潍坊市	1	13	
济宁市			
泰安市			
威海市	12	182	0.8
日照市	3	182	0.5
临沂市	1	15	
德州市			
聊城市			
滨州市			
菏泽市			

2-B-14 分地区餐饮业法人企业基本情况(按规模分)

(大型餐饮)

分　组	法人单位数(个)	从业人员期末人数(人)	住宿和餐饮业年末餐饮营业面积(万平方米)
全　省	**15**	**17299**	**28.8**
济南市	3	2675	3.6
青岛市	6	10405	11.6
淄博市			
枣庄市			
东营市	1	410	6.8
烟台市			
潍坊市	1	526	4.7
济宁市			
泰安市	1	482	1.0
威海市	1	1352	0.1
日照市			
临沂市	1	694	0.7
德州市	1	755	0.3
聊城市			
滨州市			
菏泽市			

2-B-14 续表 1

(中型餐饮)

分　组	法人单位数(个)	从业人员期末人数(人)	住宿和餐饮业年末餐饮营业面积(万平方米)
全　省	**159**	**37064**	**64.2**
济南市	32	6650	11.8
青岛市	31	6207	12.1
淄博市	7	2148	4.4
枣庄市	3	778	1.1
东营市	7	4772	5.7
烟台市	9	1903	5.1
潍坊市	10	2101	4.2
济宁市	6	888	1.3
泰安市	6	1408	1.5
威海市	12	2405	4.8
日照市	4	703	0.6
临沂市	13	3494	5.7
德州市	9	1860	2.7
聊城市	6	1169	1.8
滨州市	2	332	0.7
菏泽市	2	246	0.7

2-B-14　续表 2

(小型餐饮)

分　组	法人单位数(个)	从业人员期末人数(人)	住宿和餐饮业年末餐饮营业面积(万平方米)
全　省	**3583**	**103347**	**371.1**
济南市	500	17667	56.7
青岛市	520	14513	45.0
淄博市	140	5017	16.6
枣庄市	107	2852	10.5
东营市	58	2326	7.3
烟台市	490	10911	42.8
潍坊市	244	7665	44.6
济宁市	414	11156	34.0
泰安市	92	3403	11.7
威海市	143	4414	16.5
日照市	79	2351	10.5
临沂市	272	6280	27.0
德州市	119	3270	11.7
聊城市	72	3358	11.7
滨州市	99	2839	9.0
菏泽市	234	5325	15.5

2-B-14　续表 3

(微型餐饮)

分　组	法人单位数(个)	从业人员期末人数(人)	住宿和餐饮业年末餐饮营业面积(万平方米)
全　省	**17987**	**69301**	**473.6**
济南市	2553	8998	52.3
青岛市	3880	12434	76.3
淄博市	981	3055	31.1
枣庄市	298	1816	13.3
东营市	206	906	8.1
烟台市	2566	8681	47.9
潍坊市	1379	4858	45.9
济宁市	1487	7067	35.7
泰安市	566	2518	24.3
威海市	640	3225	31.1
日照市	509	1673	12.3
临沂市	1147	5481	35.7
德州市	376	1967	12.0
聊城市	377	1639	12.4
滨州市	458	1756	14.7
菏泽市	564	3227	20.4

2-B-15 分地区餐饮业法人企业财务状况

单位：万元

分 组	资产总计	负债合计	营业收入
全 省	**5510968.2**	**3591657.6**	**3800420.6**
济南市	714754.6	554102.2	610618.0
青岛市	1103042.8	811942.8	974190.1
淄博市	209666.3	192799.6	133862.0
枣庄市	160291.2	61576.5	75696.2
东营市	110899.6	156291.1	73398.0
烟台市	441214.9	262656.2	433564.8
潍坊市	294736.4	260077.2	204920.6
济宁市	336039.8	116628.0	294678.5
泰安市	222091.1	200901.9	106018.3
威海市	455277.4	345028.3	163582.4
日照市	112207.0	71084.0	65807.7
临沂市	641585.1	160193.0	305533.1
德州市	142901.4	112590.1	112812.9
聊城市	267846.4	124341.3	58910.1
滨州市	176992.4	120672.4	55503.7
菏泽市	121421.8	40773.0	131324.2

2-B-16　分地区餐饮业法人企业财务状况(按国民经济行业分)

(正餐服务餐饮)　　单位：万元

分　组	资产总计	负债合计	营业收入
全　省	**4842283.7**	**3316080.3**	**2938328.8**
济南市	574820.3	475722.1	444100.5
青岛市	875434.0	686949.1	528651.6
淄博市	195236.2	182420.7	113060.3
枣庄市	154467.6	60303.2	68857.9
东营市	103657.1	149159.9	69740.0
烟台市	402174.1	247120.2	362966.2
潍坊市	286313.6	258568.5	193196.3
济宁市	312967.9	113716.4	267763.4
泰安市	218499.9	199506.3	102269.6
威海市	437639.0	333651.2	134269.7
日照市	103046.6	67621.5	55490.6
临沂市	620101.3	152494.4	274596.2
德州市	133283.6	109095.6	102504.4
聊城市	152801.7	123818.2	56074.2
滨州市	167510.0	119037.9	47214.3
菏泽市	104330.8	36895.1	117573.9

2-B-16 续表 1

(快餐服务餐饮) 单位：万元

分 组	资产总计	负债合计	营业收入
全 省	**443612.5**	**181950.8**	**580345.5**
济南市	103789.9	61860.3	110476.7
青岛市	128761.9	81701.1	318521.6
淄博市	8116.2	6005.4	13842.3
枣庄市	2498.5	403.7	3212.9
东营市	2585.4	1669.0	2653.6
烟台市	25396.2	12893.2	52239.7
潍坊市	5009.1	957.2	7341.1
济宁市	12564.6	1439.2	17947.4
泰安市	3087.1	1325.7	3318.0
威海市	4526.5	2072.8	6969.8
日照市	7235.4	2636.8	7786.6
临沂市	7014.9	2830.2	13330.8
德州市	4689.2	1981.1	5717.8
聊城市	112502.2	249.3	1410.3
滨州市	6487.8	1072.3	6271.0
菏泽市	9347.7	2853.6	9305.9

2-B-16　续表 2

(饮料及冷饮服务餐饮)　　单位：万元

分　组	资产总计	负债合计	营业收入
全　省	**31781.6**	**14608.3**	**34608.4**
济南市	821.3	735.9	3114.4
青岛市	22296.3	9523.9	23976.4
淄博市	456.3	432.5	1066.6
枣庄市	462.1	153.3	280.7
东营市	32.7	641.3	160.4
烟台市	1888.6	532.4	1651.8
潍坊市	366.4	127.4	564.3
济宁市	1617.2	239.3	980.6
泰安市	0.5	2.5	12.4
威海市	428.7	272.0	292.7
日照市	585.8	201.7	184.6
临沂市	2600.1	1594.2	2063.0
德州市	94.7	80.1	125.5
聊城市	0.5		
滨州市	120.8	71.8	50.4
菏泽市	9.6	0.1	84.5

2-B-16 续表 3

(餐饮配送及外卖送餐服务餐饮)

单位：万元

分组	资产总计	负债合计	营业收入
全省	**81338.1**	**44611.4**	**137474.1**
济南市	16342.2	8578.2	35682.2
青岛市	37412.2	19544.8	73456.2
淄博市	1869.3	828.4	3296.2
枣庄市	243.3	170.7	90.5
东营市	3991.0	4068.9	631.4
烟台市	1921.9	864.4	4689.4
潍坊市	333.4	61.8	870.1
济宁市	5570.2	791.1	3273.4
泰安市	159.7	5.4	128.3
威海市	5979.5	6791.9	7772.7
日照市	185.6	282.7	285.2
临沂市	4106.3	1600.5	3097.5
德州市	1487.7	881.4	2444.3
聊城市	316.3	12.4	338.9
滨州市	981.9	74.8	549.4
菏泽市	437.7	53.9	868.3

2-B-16 续表 4

(其他餐饮) 单位：万元

分 组	资产总计	负债合计	营业收入
全 省	**111952.2**	**34406.8**	**109663.8**
济南市	18981.0	7205.8	17244.1
青岛市	39138.4	14223.9	29584.4
淄博市	3988.2	3112.5	2596.5
枣庄市	2619.7	545.6	3254.1
东营市	633.4	752.0	212.6
烟台市	9834.1	1246.0	12017.7
潍坊市	2714.0	362.3	2948.8
济宁市	3320.0	442.1	4713.8
泰安市	343.7	62.1	290.0
威海市	6703.7	2240.5	14277.6
日照市	1153.6	341.3	2060.8
临沂市	7762.5	1673.7	12445.5
德州市	3346.2	551.8	2020.9
聊城市	2225.8	261.4	1086.8
滨州市	1892.0	415.5	1418.6
菏泽市	7296.0	970.3	3491.6

2-B-17 分地区餐饮业法人企业财务状况(按登记注册类型分)

(内资企业餐饮) 单位：万元

分 组	资产总计	负债合计	营业收入
全 省	**5266172.3**	**3367823.1**	**3485012.1**
济南市	697813.1	522787.9	576341.6
青岛市	939011.7	690333.7	716150.1
淄博市	193766.3	178999.6	133862.0
枣庄市	160291.2	61576.5	75696.2
东营市	110899.6	156291.1	73398.0
烟台市	439139.5	262336.0	430769.0
潍坊市	271707.8	222723.1	201173.5
济宁市	336039.8	116628.0	294678.5
泰安市	222091.1	200901.9	106018.3
威海市	449826.2	341602.6	160003.9
日照市	100735.3	61738.6	58727.2
临沂市	640193.4	158011.3	300279.0
德州市	142901.4	112590.1	112812.9
聊城市	263341.7	119857.3	58274.1
滨州市	176992.4	120672.4	55503.7
菏泽市	121421.8	40773.0	131324.2

2-B-17　续表 1

(国有企业餐饮)　　单位：万元

分　组	资产总计	负债合计	营业收入
全　省	**118071.1**	**115991.4**	**77132.3**
济南市	24661.4	23631.1	17561.4
青岛市	23982.0	28095.3	10490.9
淄博市	6828.3	7182.1	10687.6
枣庄市	475.0	344.1	117.3
东营市			
烟台市	8990.0	7968.0	6411.6
潍坊市	12106.4	20538.5	6127.9
济宁市	22915.9	21174.7	10620.2
泰安市	1456.8	2069.2	1968.3
威海市	7320.6	1937.7	1849.1
日照市	11.3		37.3
临沂市	4853.1	1643.3	6880.1
德州市	920.7	857.4	352.5
聊城市	3513.6	537.5	3963.0
滨州市	36.1	12.4	65.2
菏泽市			

2-B-17 续表 2

(集体企业餐饮)

单位：万元

分 组	资产总计	负债合计	营业收入
全 省	**39518.6**	**44464.7**	**11128.9**
济南市	4782.7	5151.8	3132.7
青岛市	1456.9	1086.6	3405.4
淄博市	1790.5	4604.4	30.7
枣庄市			
东营市			
烟台市	1521.3	1171.0	2380.2
潍坊市	69.4	33.0	450.3
济宁市	461.9	152.4	740.9
泰安市	96.6	7.1	93.8
威海市	28725.7	31982.5	262.2
日照市			126.4
临沂市	158.2	0.6	73.0
德州市	231.6	100.4	191.7
聊城市	173.1	135.7	15.0
滨州市	50.8	39.1	226.5
菏泽市			

2-B-17　续表 3

(股份合作企业餐饮)　　单位：万元

分　组	资产总计	负债合计	营业收入
全　省	**1513.5**	**339.3**	**2142.4**
济南市	1153.6	255.5	1319.9
青岛市	182.8	82.3	133.8
淄博市			
枣庄市			
东营市			
烟台市			
潍坊市			
济宁市			
泰安市			
威海市	148.5		569.9
日照市			
临沂市			
德州市			
聊城市			
滨州市			
菏泽市	28.5	1.5	118.8

2-B-17 续表 4

(联营企业餐饮)

单位：万元

分 组	资产总计	负债合计	营业收入
全 省	**412.5**	**211.1**	**1053.9**
济南市			
青岛市			
淄博市			
枣庄市			
东营市			
烟台市	380.3	211.1	1000.1
潍坊市			
济宁市			
泰安市			
威海市			
日照市			
临沂市	32.2		53.8
德州市			
聊城市			
滨州市			
菏泽市			

2-B-17　续表 5

(有限责任公司餐饮)　　单位：万元

分　组	资产总计	负债合计	营业收入
全　省	**1889797.1**	**1115876.1**	**793651.5**
济南市	248174.6	154757.1	183081.6
青岛市	204378.1	151338.1	138718.5
淄博市	37626.3	38322.7	20084.1
枣庄市	70611.3	38317.3	15026.6
东营市	18922.4	25716.5	9106.8
烟台市	99417.2	81181.8	55476.4
潍坊市	127331.9	109675.3	63959.7
济宁市	70998.7	25661.8	26535.8
泰安市	103856.7	130364.1	29992.5
威海市	80544.1	65021.9	37535.8
日照市	53656.9	42502.8	18304.7
临沂市	450960.2	75351.3	99279.0
德州市	85812.8	89925.3	52799.8
聊城市	132999.5	14150.5	17614.6
滨州市	92765.6	66912.0	14240.2
菏泽市	11740.8	6677.6	11895.3

2-B-17 续表 6

(股份有限公司餐饮) 单位：万元

分 组	资产总计	负债合计	营业收入
全 省	**87749.1**	**49801.9**	**53650.6**
济南市	2866.9	1961.9	5571.4
青岛市	8565.4	5064.8	3109.0
淄博市	653.4	652.0	1742.0
枣庄市	134.8	11.4	260.6
东营市	1698.0	1331.2	11348.1
烟台市	7770.9	2883.5	9121.0
潍坊市	1983.6	1898.0	2450.4
济宁市	2422.5	532.5	1193.8
泰安市	103.7	147.6	249.6
威海市	30875.5	27519.6	6710.5
日照市	2399.1	1926.3	4418.5
临沂市	23881.7	1812.5	5547.4
德州市	886.7	426.7	752.6
聊城市	3233.4	3606.6	124.2
滨州市	78.5	24.8	224.9
菏泽市	194.9	2.4	826.5

2-B-17　续表 7

(私营企业餐饮)　　单位：万元

分　组	资产总计	负债合计	营业收入
全　省	**3121978.6**	**2038107.3**	**2540670.4**
济南市	415951.2	337030.5	365569.9
青岛市	700446.5	504666.6	560292.5
淄博市	146486.8	128088.5	101317.1
枣庄市	87915.2	22886.7	59957.0
东营市	90278.7	129234.7	52943.1
烟台市	319324.5	166267.7	354282.0
潍坊市	129584.8	90571.9	127010.3
济宁市	238855.6	69085.9	255362.2
泰安市	116276.9	68244.7	72998.9
威海市	301906.2	215140.8	112966.1
日照市	44462.6	17302.4	35471.5
临沂市	159019.9	79161.6	188056.8
德州市	54528.6	21222.7	58655.1
聊城市	123422.1	101427.0	36557.4
滨州市	84061.4	53684.1	40746.8
菏泽市	109457.6	34091.6	118483.6

2-B-17 续表 8

(其他企业餐饮) 单位：万元

分 组	资产总计	负债合计	营业收入
全 省	**7131.8**	**3031.5**	**5582.2**
济南市	222.8		104.7
青岛市			
淄博市	381.0	150.0	0.4
枣庄市	1154.9	17.1	334.7
东营市	0.5	8.7	
烟台市	1735.3	2652.8	2097.7
潍坊市	631.6	6.4	1174.9
济宁市	385.3	20.7	225.6
泰安市	300.5	69.2	715.2
威海市	305.7		110.2
日照市	205.3	7.1	368.7
临沂市	1288.1	42.0	388.8
德州市	521.0	57.5	61.2
聊城市			
滨州市			
菏泽市			

2-B-17　续表 9

(港澳台商投资企业餐饮)　　单位：万元

分　组	资产总计	负债合计	营业收入
全　省	**139591.0**	**156607.9**	**79449.3**
济南市	16870.0	31280.3	33833.1
青岛市	74427.9	67320.1	30796.4
淄博市	15900.0	13800.0	
枣庄市			
东营市			
烟台市	1177.3	28.3	595.3
潍坊市	22979.2	37319.8	3628.4
济宁市			
泰安市			
威海市	801.1	124.0	904.7
日照市	1551.1	69.6	3821.3
临沂市	1379.7	2181.7	5234.1
德州市			
聊城市	4504.7	4484.0	636.0
滨州市			
菏泽市			

2-B-17 续表 10

(外商投资企业餐饮)

单位：万元

分 组	资产总计	负债合计	营业收入
全 省	**105204.8**	**67226.5**	**235959.1**
济南市	71.5	33.9	443.3
青岛市	89603.1	54288.9	227243.6
淄博市			
枣庄市			
东营市			
烟台市	898.2	291.9	2200.6
潍坊市	49.5	34.3	118.7
济宁市			
泰安市			
威海市	4650.0	3301.7	2673.7
日照市	9920.6	9275.8	3259.3
临沂市	12.0		20.0
德州市			
聊城市			
滨州市			
菏泽市			

2-B-18　分地区餐饮业法人企业财务状况(按规模分)

(大型餐饮)　　单位：万元

分　组	资产总计	负债合计	营业收入
全　省	**442416.7**	**240428.0**	**480310.9**
济南市	53717.6	58035.2	62659.0
青岛市	119128.1	69794.6	336021.2
淄博市			
枣庄市			
东营市	26478.6	46157.7	12855.3
烟台市			
潍坊市	3060.9	799.4	10491.0
济宁市			
泰安市	42787.8	41506.8	11116.8
威海市	3613.5	1145.2	11532.2
日照市			
临沂市	172190.4	7779.9	16818.1
德州市	21439.8	15209.2	18817.3
聊城市			
滨州市			
菏泽市			

2-B-18 续表 1

(中型餐饮) 单位：万元

分 组	资产总计	负债合计	营业收入
全 省	**1384638.4**	**1117006.1**	**679640.7**
济南市	218660.6	192320.9	150879.9
青岛市	223003.9	202231.7	138875.5
淄博市	39605.8	39757.5	37036.0
枣庄市	64835.4	21454.5	9937.1
东营市	35361.8	61313.3	28546.2
烟台市	50795.1	68284.2	42835.3
潍坊市	106021.9	120264.9	39122.6
济宁市	35397.4	5226.5	18929.4
泰安市	68907.5	94739.4	24487.2
威海市	126378.3	114520.5	50296.5
日照市	18013.7	11991.3	14403.6
临沂市	287712.9	60336.1	68437.5
德州市	44389.6	64374.2	28917.4
聊城市	40982.2	33842.2	17230.2
滨州市	20965.6	23871.9	4622.5
菏泽市	3606.8	2477.1	5083.8

2-B-18　续表 2

(小型餐饮)　　单位：万元

分　组	资产总计	负债合计	营业收入
全　省	**2106152.5**	**1498249.6**	**1675442.2**
济南市	262733.2	195670.7	290310.6
青岛市	447691.8	351780.9	280532.7
淄博市	94348.1	91836.2	75304.7
枣庄市	59932.4	33695.8	39773.4
东营市	41884.1	41448.1	27048.4
烟台市	228486.5	130572.9	236133.5
潍坊市	122120.7	109150.1	104451.2
济宁市	208814.3	83490.0	177777.9
泰安市	53215.0	37669.1	52621.9
威海市	99857.3	87706.4	62332.3
日照市	49306.7	31547.2	32599.7
临沂市	110197.5	77173.9	125930.5
德州市	46781.4	26260.5	38451.2
聊城市	99348.7	83276.5	32779.0
滨州市	115312.3	89250.7	31525.3
菏泽市	66122.3	27720.5	67869.8

2-B-18 续表 3

(微型餐饮)

单位：万元

分 组	资产总计	负债合计	营业收入
全 省	**1577760.6**	**735973.9**	**965026.8**
济南市	179643.2	108075.4	106768.5
青岛市	313218.9	188135.5	218760.8
淄博市	75712.3	61205.9	21521.3
枣庄市	35523.4	6426.1	25985.7
东营市	7175.1	7372.0	4948.1
烟台市	161933.4	63799.1	154596.0
潍坊市	63532.9	29862.8	50855.8
济宁市	91828.2	27911.5	97971.2
泰安市	57180.7	26986.6	17792.3
威海市	225428.4	141656.2	39421.4
日照市	44886.5	27545.5	18804.4
临沂市	71484.4	14903.2	94347.0
德州市	30290.6	6746.2	26627.0
聊城市	127515.5	7222.6	8901.0
滨州市	40714.5	7549.8	19355.9
菏泽市	51692.7	10575.4	58370.6

第3篇

房地产开发经营业生产经营及财务状况篇

3-1　各地区按登记注册类型

地　区	总　计	内资企业				
			国有企业	集体企业	股份合作企　业	国有联营企　业
全　省	**15311**	**15034**	**107**	**86**	**7**	
济南市	1475	1438	27	4	1	
青岛市	2614	2491	11	12	3	
淄博市	785	771	3	6	3	
枣庄市	320	319	12	5		
东营市	334	331				
烟台市	1801	1763	5	25		
潍坊市	1678	1664	5	2		
济宁市	1016	1011	4	3		
泰安市	646	640	7	7		
威海市	1072	1062	4	17		
日照市	323	319	1			
临沂市	878	865	6	2		
德州市	575	571	8			
聊城市	445	443	5			
滨州市	574	571	7			
菏泽市	775	775	2			

注：本表统计范围为全部房地产开发经营业法人单位。

分房地产开发企业个数

单位：个

集体联营企业	国有与集体联营企业	其他联营企业	国有独资公司	其他有限责任公司	股份有限公司	私营独资企业	私营合伙企业	私营有限责任公司
			268	**4985**	**418**	**7**	**3**	**8946**
			43	574	34	3		732
			68	839	53			1483
			2	204	25			519
			19	106	12			160
			5	113	6			205
			13	550	40			1115
			20	547	62			992
			15	214	22			735
			17	202	10			385
			12	423	43			547
			3	150	12			150
			7	345	35			453
			13	212	22			303
			14	121	18			275
			7	175	13			362
			10	210	11			530

3-1 续表

地　区	私营股份有限公司	其他内资企　业	港、澳、台商投资企　业	合资经营企业(港、澳、台资)	合作经营企业(港、澳、台资)	港、澳、台商独资经营企业
全　省	**206**	**1**	**186**	**73**	**12**	**94**
济南市	19		29	12	2	15
青岛市	21		71	34	8	28
淄博市	9		11			8
枣庄市	5					
东营市	1		2			
烟台市	14		28	7		21
潍坊市	34		12	5		5
济宁市	17		3	2		1
泰安市	12		5			4
威海市	16		8	4		3
日照市	2		2			
临沂市	17		9	4		3
德州市	13		2			2
聊城市	9		2			
滨州市	6	1	2			
菏泽市	11					

单位：个

港、澳、台商投资股份有限公司	其他港、澳、台投资企业	外商投资企业	中外合资经营企业	中外合作经营企业	独资企业	外商投资股份有限公司	其他外商投资企业
1	**6**	**91**	**47**	**8**	**29**	**3**	**4**
		8	4		3		
		52	30	6	13	3	
		3					2
		10	4		6		
	2	2	2				
		2			2		
1		2					
		2					
	2	4	3				
		2					

3-2 各地区按登记注册类型分

地 区	总 计	内资企业	国有企业	集体企业	股份合作企 业	国有联营企 业	集体联营企 业
全 省	**278554**	**270612**	**3385**	**1734**	**200**		
济南市	30881	29393	1109	6	9		
青岛市	41487	38176	124	223	63		
淄博市	11821	11351	20	11	128		
枣庄市	8493	8481	749	155			
东营市	7073	7057		24			
烟台市	31572	30498	84	672			
潍坊市	24303	24034	106	47			
济宁市	17878	17669	115	29			
泰安市	10752	10602	243	159			
威海市	18358	18160	85	360			
日照市	6423	6180	2				
临沂市	20159	19838	172	18			
德州市	15144	15031	288				
聊城市	8650	8611	97	10			
滨州市	7808	7779	158				
菏泽市	17752	17752	33	20			

注：本表统计范围为全部房地产开发经营业法人单位。

房地产开发企业年末从业人数

单位：人

国有与集体联营企业	其他联营企业	国有独资公司	其他有限责任公司	股份有限公司	私营独资企业	私营合伙企业	私营有限责任公司
		9147	**115212**	**9960**	**14**	**3**	**125938**
		2216	15151	1083	3		9457
		2323	15910	1483	8		17658
		56	4374	459			6122
		835	2738	281			3638
		112	3571	123			3166
		278	12847	935			14670
		641	10688	1222			10906
		468	5299	529		3	10819
		396	4711	215			4660
		303	9114	953			7082
		156	3571	243	3		2182
		350	9019	822			9061
		421	6437	605			6772
		343	2834	490			4643
		86	3532	288			3540
		163	5416	229			11562

3-2 续表

地区	私营股份有限公司	其他内资企业	港、澳、台商投资企业	合资经营企业(港、澳、台资)	合作经营企业(港、澳、台资)	港、澳、台商独资经营企业
全省	**4987**	**32**	**5813**	**2142**	**105**	**3416**
济南市	359		1406	453	15	938
青岛市	384		1948	913	84	911
淄博市	181		466		6	459
枣庄市	85					
东营市	61		15			15
烟台市	1012		940	335		605
潍坊市	424		265	100		101
济宁市	407		183	183		
泰安市	218		114	6		108
威海市	263		142	52		80
日照市	23		53	10		43
临沂市	396		157	67		55
德州市	508		56			56
聊城市	194		39	11		28
滨州市	143	32	29	12		17
菏泽市	329					

单位：人

港、澳、台商投资股份有限公司	其他港、澳、台投资企业	外商投资企业	中外合资经营企业	中外合作经营企业	独资企业	外商投资股份有限公司	其他外商投资企业
10	**140**	**2129**	**1113**	**432**	**531**	**17**	**36**
		82	32		26		24
	40	1363	810	387	149	17	
	1	4					4
		12			12		
		1	1				
		134	30		104		
	64	4	4				
		26			26		
		36	36				
10		56	27		29		
		190			182		8
	35	164	161		3		
		57	12	45			

3–3 各地区按登记注册类型分

地区	总计	内资企业				
			国有企业	集体企业	股份合作企业	国有联营企业
全省	**618255896**	**591330103**	**7069581**	**2033542**	**233875**	
济南市	136967153	132103958	1691899	4571		
青岛市	143965762	129164914	223443	819478	31864	
淄博市	19575158	18395875	15027	4385	200401	
枣庄市	15551218	15523118	1692897	57994		
东营市	12504318	12458680		29947		
烟台市	43285884	40505772	159549	421349		
潍坊市	54044830	53467308	146268	29956		
济宁市	33645822	33356434	37678	7425		
泰安市	20935246	20598444	403615	253960		
威海市	27275610	26640282	31944	337915		
日照市	11311193	10997554				
临沂市	37650789	36785366	342949	19130		
德州市	17290163	17211404	1663725			
聊城市	19565926	19554132	381989	15442		
滨州市	11370990	11251027	266198			
菏泽市	13315834	13315834	10602	31990		

注：本表统计范围为全部房地产开发经营业法人单位。

房地产开发企业资产总计

单位：万元

集体联营企业	国有与集体联营企业	其他联营企业	国有独资公司	其他有限责任公司	股份有限公司	私营独资企业	私营合伙企业	私营有限责任公司
			84499884	**302535897**	**20695437**	**128834**	**6339**	**166957456**
			30395967	69705130	2084611	34610		26702062
			26261203	63843099	5586192	94224		31533162
			212380	8536673	854536			8062757
			2769677	7049791	410581			3443356
			438530	7744859	161515			4082344
			1107773	20873364	1375692			16352454
			5052703	27798377	2753638		6146	16984757
			6105305	13726425	1638844		193	10944510
			2450799	11563427	207398			5224221
			1278018	16210496	1126616			7414504
			132966	7090084	367227			3282590
			2914876	19497362	2430816			11203491
			1323980	7980155	612175			5151931
			2093933	9351064	623085			6640071
			342059	5868679	300662			4239079
			1619716	5696913	161850			5696168

3-3 续表

地 区	私营股份有限公司	其他内资企业	港、澳、台商投资企业	合资经营企业(港、澳、台资)	合作经营企业(港、澳、台资)	港、澳、台商独资经营企业
全 省	**7096241**		**19746627**	**8177429**	**769217**	**10396320**
济南市	1483498		4588044	1459838	64340	3063867
青岛市	772249		9284758	5256373	688427	3183651
淄博市	509717		1152436	44320	16450	1091666
枣庄市	98821					
东营市			26191			26191
烟台市	215592		2551304	532111		2019193
潍坊市	695463		558033	260478		222413
济宁市	896054		129535	99951		29584
泰安市	495025		265674	27536		238138
威海市	240789		532770	145822		357239
日照市	122887		48242	35534		12708
临沂市	376743		469093	228397		98193
德州市	479439		8792			8792
聊城市	448549		11794	3894		7900
滨州市	161335		119963	83177		36787
菏泽市	98595					

单位：万元

港、澳、台商投资股份有限公司	其他港、澳、台投资企业	外商投资企业	中外合资经营企业	中外合作经营企业	独资企业	外商投资股份有限公司	其他外商投资企业
	373951	**7179166**	**4917037**	**852499**	**1259797**	**24995**	**124837**
		275150	128148		70627		76376
	156307	5516091	4145104	820821	525171	24995	
		26847					26847
		28100			28100		
		19447	19447				
		228808	58960		169848		
	75141	19489	19489				
		159853			159853		
		71128	71128				
		102558	96734		5825		
		265397			243783		21614
	142503	396330	339739		56591		
		69967	38288	31679			

3−4 房地产开发企业主要指标情况

指　　标	计量单位	2018年	2017年	2018年比2017年增减(%)
企业个数	**个**	**7721**	**7126**	**8.3**
大型企业	个	33	15	120.0
中型企业	个	3258	3109	4.8
小微型企业	个	4430	4002	10.7
资产总计	**亿元**	**54091**	**41760**	**29.5**
大型企业	亿元	3175	896	254.2
中型企业	亿元	31495	26410	19.3
小微型企业	亿元	19422	14454	34.4
房屋建筑面积				
施工面积	万平方米	69102	63563	8.7
#住宅	万平方米	50790	46742	8.7
#办公楼	万平方米	2683	2575	4.2
#商业营业用房	万平方米	7340	7492	-2.0
新开工面积	万平方米	18793	14425	30.3
#住宅	万平方米	13970	10918	27.9
#办公楼	万平方米	616	503	22.6
#商业营业用房	万平方米	1489	1368	8.9
竣工面积	万平方米	10446	8429	23.9
#住宅	万平方米	8010	6406	25.0
#办公楼	万平方米	357	280	27.5
#商业营业用房	万平方米	1070	1028	4.1
房屋竣工价值	**亿元**	**2469**	**1987**	**24.2**
商品房销售				
商品房销售面积	万平方米	13174	12813	2.8
#住宅	万平方米	11529	11201	2.9
#办公楼	万平方米	274	273	0.3
#商业营业用房	万平方米	847	824	2.8
商品房销售额	亿元	9923	8097	22.6
#住宅	亿元	8578	6892	24.5
#办公楼	亿元	300	268	12.1
#商业营业用房	亿元	767	725	5.9
商品房待售面积	万平方米	2691	3257	-17.4
#住宅	万平方米	1469	1945	-24.5
#办公楼	万平方米	205	198	3.2
#商业营业用房	万平方米	738	843	-12.5
负债合计	**亿元**	**44671**	**34196**	**30.6**

注：本表统计范围为有开发经营活动的房地产开发经营业法人单位。

3-5 各地区按资质等级分房地产开发企业个数

单位：个

地 区	总 计	一 级	二 级	三 级	四 级	暂 定	其 他
全 省	**7721**	**141**	**495**	**966**	**1456**	**3903**	**760**
济南市	774	22	54	124	16	467	91
青岛市	1116	16	53	125	49	743	130
淄博市	399	10	31	51	129	126	52
枣庄市	231	4	21	38	37	96	35
东营市	218	6	21	21	48	97	25
烟台市	739	5	25	69	184	369	87
潍坊市	792	26	86	127	281	244	28
济宁市	441	11	42	65	52	201	70
泰安市	305	4	16	36	65	171	13
威海市	555		30	77	202	215	31
日照市	189	5	13	30	36	82	23
临沂市	551	10	43	93	125	245	35
德州市	355	7	22	37	47	218	24
聊城市	299	11	20	25	68	126	49
滨州市	252	2	11	20	70	116	33
菏泽市	505	2	7	28	47	387	34

注：本表统计范围为有开发经营活动的房地产开发经营业法人单位。

3-6 各地区按资质等级分房地产开发企业年末从业人数

单位：人

地 区	总 计	一 级	二 级	三 级	四 级	暂 定	其 他
全 省	**223274**	**12524**	**24302**	**32590**	**35486**	**101354**	**17018**
济南市	24434	1582	2686	3779	201	13435	2751
青岛市	30050	1699	2093	3223	1314	18905	2816
淄博市	10471	842	1407	1627	2589	2933	1073
枣庄市	7361	521	1112	1401	714	2953	660
东营市	6293	696	971	466	1093	2477	590
烟台市	24181	213	1838	3483	7240	10010	1397
潍坊市	19905	2106	3395	3750	4959	5125	570
济宁市	13046	520	2413	2027	1174	5455	1457
泰安市	8649	337	607	1779	1576	4165	185
威海市	14785		1297	2924	4570	5212	782
日照市	5829	701	851	1011	1026	1877	363
临沂市	16952	1247	2695	3082	3242	5937	749
德州市	12958	959	1149	1408	1623	6974	845
聊城市	7648	849	871	1025	1057	2617	1229
滨州市	6100	142	387	651	1710	2644	566
菏泽市	14612	110	530	954	1398	10635	985

注：本表统计范围为有开发经营活动的房地产开发经营业法人单位。

3-7 各地区按资质等级分房地产开发企业资产总计

单位：万元

地 区	总 计	一 级	二 级	三 级	四 级	暂 定	其 他
全 省	**540914019**	**40158854**	**58769664**	**73533193**	**55331099**	**265902497**	**47218713**
济南市	116287419	8233029	7725649	17739194	509166	64897567	17182815
青岛市	130650765	9845961	10646092	10296972	1648812	86008297	12204631
淄博市	17597960	1500878	2873688	2536872	4633791	4558508	1494224
枣庄市	14490789	901761	2540133	1911036	1232717	6703689	1201452
东营市	11566801	1248163	2311959	934487	1965965	4304392	801834
烟台市	37265696	498938	2147976	5564328	7402538	19188893	2463023
潍坊市	45642440	7023277	8677729	6842581	9440085	12626112	1032656
济宁市	28832634	2038778	6482359	4279721	4783535	8950120	2298120
泰安市	15021934	761506	1946911	2659675	2250694	6965495	437653
威海市	24297996		2086104	4685634	5837725	10118099	1570434
日照市	10281304	1248918	1237462	1498934	1886836	3055137	1354018
临沂市	34423763	2680016	4849005	5857300	7528091	12007785	1501566
德州市	14781771	1077609	1554973	3088448	939988	7571948	548805
聊城市	18117596	2828875	2219687	2524535	2148143	6627985	1768373
滨州市	9283408	206065	1016635	1440723	2420664	3440393	758929
菏泽市	12371744	65081	453301	1672755	702349	8878079	600179

注：本表统计范围为有开发经营活动的房地产开发经营业法人单位。

3-8 各地区按用途分房地产开发企业房屋施工面积

单位：平方米

地区	房屋施工面积	住宅	#别墅、高档公寓	办公楼	商业营业用房	其他
全省	**691018852**	**507904902**	**13483877**	**26834404**	**73403594**	**82875952**
济南市	97324982	63972328	2432987	8603953	10182101	14566600
青岛市	103917125	68336033	3771961	6694254	10463466	18423372
淄博市	26929440	19400640	526109	1449198	2995517	3084085
枣庄市	21958099	15624715	87714	271970	3449925	2611489
东营市	13173449	10446844	818547	932261	1088849	705495
烟台市	62071973	47172710	810342	1372621	6268260	7258382
潍坊市	75591731	57893149	798063	1847106	8449492	7401984
济宁市	45748462	34398121	414571	911839	6085872	4352630
泰安市	19876749	15723341	384090	675706	1921111	1556591
威海市	36741023	29492776	950491	798268	3111631	3338348
日照市	16286410	12237882	244926	714342	1279990	2054196
临沂市	57097031	43000503	1264912	774350	6818749	6503429
德州市	28556545	22614615	251725	210020	2685928	3045982
聊城市	31471579	24138315	318678	460590	2929921	3942753
滨州市	16754809	13756206	309722	718204	989549	1290850
菏泽市	37519445	29696724	99039	399722	4683233	2739766

注：本表统计范围为有开发经营活动的房地产开发经营业法人单位。

3-9 各地区按资质等级分房地产开发企业房屋施工面积

单位：平方米

地 区	总 计	一 级	二 级	三 级	四 级	暂 定	其 他
全 省	**691018852**	**44203273**	**67194349**	**101995753**	**91804390**	**335860714**	**49960373**
济南市	97324982	6542568	5083065	14576007	1005621	60972827	9144894
青岛市	103917125	3356957	5771767	8598663	2121591	74439200	9628947
淄博市	26929440	2383522	3654501	4566283	6032295	8348724	1944115
枣庄市	21958099	162931	2447029	3940953	1901175	11493805	2012206
东营市	13173449	1543435	1854228	872255	2749040	5268920	885571
烟台市	62071973	15040	3367409	9931861	13912424	31673587	3171652
潍坊市	75591731	11347744	15086682	14038758	16962395	16736936	1419216
济宁市	45748462	2314272	6382432	7760696	4787328	18541930	5961804
泰安市	19876749	779979	1318026	3530214	4162951	9518237	567342
威海市	36741023		3223521	7406349	10084111	14133989	1893053
日照市	16286410	2415971	3103890	1647841	2902922	4464493	1751293
临沂市	57097031	3918420	7601102	11306822	11535698	20407036	2327953
德州市	28556545	2834235	2357677	3790502	2069015	15997446	1507670
聊城市	31471579	6107573	2970929	3535960	3755241	11610529	3491347
滨州市	16754809	388614	1244809	2283178	5032164	6563095	1242949
菏泽市	37519445	92012	1727282	4209411	2790419	25689960	3010361

注：本表统计范围为有开发经营活动的房地产开发经营业法人单位。

3-10 各地区按用途分房地产开发企业房屋新开工面积

单位：平方米

地区	房屋新开工面积	住宅	#别墅、高档公寓	办公楼	商业营业用房	其他
全省	**187929806**	**139697981**	**3585734**	**6159697**	**14892556**	**27179572**
济南市	27833035	17423086	861766	2844169	2414260	5151520
青岛市	27951317	18480702	598918	1309044	2640497	5521074
淄博市	6897953	5019336	337967	186260	775282	917075
枣庄市	6782614	5113079	1262	19391	654034	996110
东营市	3356811	2895792	100269	110524	165446	185049
烟台市	15249234	12210431	57216	176224	958016	1904563
潍坊市	21004336	16816462	235575	148302	1490624	2548948
济宁市	11672319	9217649	69367	60460	847107	1547103
泰安市	4478105	3668935	49160	85313	272084	451773
威海市	7468658	6343456	538730	154416	339885	630901
日照市	3982548	2914481	185162	244253	249248	574566
临沂市	15541661	11757380	386699	228435	1256952	2298894
德州市	10663823	8356900	66663	33132	892549	1381242
聊城市	7853335	6079710	22146	278697	467258	1027670
滨州市	6154490	4981604	74834	166921	232046	773919
菏泽市	11039567	8418978		114156	1237268	1269165

注：本表统计范围为有开发经营活动的房地产开发经营业法人单位。

3-11 各地区按资质等级分房地产开发企业房屋新开工面积

单位：平方米

地 区	总 计	一 级	二 级	三 级	四 级	暂 定	其 他
全 省	**187929806**	**13141664**	**15772443**	**23626249**	**21072202**	**94114366**	**20202882**
济南市	27833035	2489500	1228496	3452946	634516	16969103	3058474
青岛市	27951317	1872741	1121052	973419	364929	19071672	4547504
淄博市	6897953	414517	810660	1162606	1139748	2416170	954252
枣庄市	6782614	51606	576002	1773226	620609	2258392	1502779
东营市	3356811	209285	696443	244401	539516	1283381	383785
烟台市	15249234		715532	2494283	1704563	8839909	1494947
潍坊市	21004336	3581261	4203710	3425582	4213334	5114681	465768
济宁市	11672319	486904	1254566	1881887	1049117	4763442	2236403
泰安市	4478105	128354	498756	687762	895043	2148898	119292
威海市	7468658		444058	800169	1864001	3554275	806155
日照市	3982548	493513	398153	609448	451760	1414968	614706
临沂市	15541661	994652	1795944	2365874	2270664	7123037	991490
德州市	10663823	851423	790034	1329723	975934	5904068	812641
聊城市	7853335	1410860	526843	623051	1427127	2765676	1099778
滨州市	6154490	90636	397277	534348	2364988	2191485	575756
菏泽市	11039567	66412	314917	1267524	556353	8295209	539152

注：本表统计范围为有开发经营活动的房地产开发经营业法人单位。

3-12 各地区按用途分房地产开发企业房屋竣工面积

单位：平方米

地区	房屋竣工面积	住宅	#别墅、高档公寓	办公楼	商业营业用房	其他
全省	**104460571**	**80099985**	**1971808**	**3567624**	**10700536**	**10092426**
济南市	13040547	9740791	548632	485369	980755	1833632
青岛市	16292779	10898609	727853	1265485	1620045	2508640
淄博市	4367215	3426923		223158	388837	328297
枣庄市	3728661	2945960	30762	3070	414458	365173
东营市	3442054	2672664	105760	176698	337880	254812
烟台市	6715882	4939389	127475	423517	772548	580428
潍坊市	9010946	7175111	27602	199882	820047	815906
济宁市	7576264	5825951	179171	125861	973710	650742
泰安市	3862936	3089519	12342	72036	460521	240860
威海市	4558095	3652118	7765	92607	504260	309110
日照市	2791407	2221900	3269	186206	146379	236922
临沂市	7496491	6078216	113600	80183	723222	614870
德州市	5023504	3986441	4788	43930	660988	332145
聊城市	4709435	3411830		113363	515937	668305
滨州市	2368598	2097740	51504	37101	163026	70731
菏泽市	9475757	7936823	31285	39158	1217923	281853

注：本表统计范围为有开发经营活动的房地产开发经营业法人单位。

3-13 各地区按资质等级分房地产开发企业房屋竣工面积

单位：平方米

地 区	总 计	一 级	二 级	三 级	四 级	暂 定	其 他
全 省	**104460571**	**8313138**	**11975147**	**15834179**	**14856487**	**46683027**	**6798593**
济南市	13040547	2036022	390695	2157297	15985	7789566	650982
青岛市	16292779	968396	1592890	642922	519520	11038661	1530390
淄博市	4367215	919856	1000413	434053	1047947	781182	183764
枣庄市	3728661	111325	411620	988368	636278	1298778	282292
东营市	3442054	647211	666743	288383	840248	898509	100960
烟台市	6715882	15040	272239	506247	2091338	3285896	545122
潍坊市	9010946	1049408	2214345	1790917	2550492	1223745	182039
济宁市	7576264	83516	1579491	1513088	504919	3168370	726880
泰安市	3862936	164670	273817	1233821	583041	1543933	63654
威海市	4558095		355215	786464	1181848	2162634	71934
日照市	2791407	950534	354448	298567	244681	477581	465596
临沂市	7496491	259284	547324	2364181	2176631	1961255	187816
德州市	5023504	336806	582041	775872	457309	2580182	291294
聊城市	4709435	661434	1194315	752021	751668	1318738	31259
滨州市	2368598	84036	213441	308953	472108	1223760	66300
菏泽市	9475757	25600	326110	993025	782474	5930237	1418311

注：本表统计范围为有开发经营活动的房地产开发经营业法人单位。

3-14 各地区按用途分房地产开发企业房屋竣工价值

单位：万元

地 区	房屋竣工价值	住 宅	#别墅、高档公寓	办公楼	商业营业用房	其 他
全 省	**24687643**	**18586990**	**578069**	**1000067**	**2682145**	**2418441**
济南市	3449890	2545870	161413	128322	283671	492027
青岛市	4577037	2843326	242267	433310	546674	753727
淄博市	1002244	765414		57423	104483	74924
枣庄市	827318	671627	3991	901	89378	65412
东营市	904856	701022	21271	46139	95873	61822
烟台市	1737483	1282128	41115	117495	222432	115428
潍坊市	2176729	1695277	8397	62105	219414	199933
济宁市	1795977	1399401	43830	22539	225434	148603
泰安市	762982	641963	8611	5933	76968	38118
威海市	896816	717458	1417	19045	115191	45122
日照市	518849	410478	621	32802	33155	42414
临沂市	1509670	1242158	21080	15974	133317	118221
德州市	1290359	1040176	1432	14376	159758	76049
聊城市	929270	685839		26452	112392	104587
滨州市	596769	526035	16106	10825	43526	16383
菏泽市	1711394	1418818	6518	6426	220479	65671

注：本表统计范围为有开发经营活动的房地产开发经营业法人单位。

3-15 各地区按资质等级分房地产开发企业房屋竣工价值

单位:万元

地区	总计	一级	二级	三级	四级	暂定	其他
全省	**24687643**	**2115281**	**2803229**	**3758554**	**3225723**	**11205050**	**1579806**
济南市	3449890	548684	99975	495782	3000	2159593	142856
青岛市	4577037	290536	414195	175827	192842	3032546	471091
淄博市	1002244	247072	207718	109729	245855	151733	40137
枣庄市	827318	24045	91722	189585	101136	344343	76487
东营市	904856	184214	194288	80314	201653	214109	30278
烟台市	1737483	2707	72135	167659	508492	882576	103914
潍坊市	2176729	288713	553947	452518	562008	295643	23900
济宁市	1795977	23870	331493	463829	81336	695595	199854
泰安市	762982	47854	59911	181752	123604	345361	4500
威海市	896816		79154	167856	241680	388936	19190
日照市	518849	139928	63869	73181	50549	109178	82144
临沂市	1509670	46876	107472	564532	435641	314214	40935
德州市	1290359	100561	160451	213870	112879	635674	66924
聊城市	929270	138449	237272	175771	127011	241767	9000
滨州市	596769	27932	63957	60542	93091	332844	18403
菏泽市	1711394	3840	65670	185807	144946	1060938	250193

注：本表统计范围为有开发经营活动的房地产开发经营业法人单位。

3-16 各地区房地产开发企业建造的房屋面积和造价

地区	房屋施工面积(平方米)	房屋竣工面积(平方米)	房屋竣工价值(万元)	房屋竣工造价(元/平方米)
全省	**691018852**	**104460571**	**24687643**	**2363**
济南市	97324982	13040547	3449890	2646
青岛市	103917125	16292779	4577037	2809
淄博市	26929440	4367215	1002244	2295
枣庄市	21958099	3728661	827318	2219
东营市	13173449	3442054	904856	2629
烟台市	62071973	6715882	1737483	2587
潍坊市	75591731	9010946	2176729	2416
济宁市	45748462	7576264	1795977	2371
泰安市	19876749	3862936	762982	1975
威海市	36741023	4558095	896816	1968
日照市	16286410	2791407	518849	1859
临沂市	57097031	7496491	1509670	2014
德州市	28556545	5023504	1290359	2569
聊城市	31471579	4709435	929270	1973
滨州市	16754809	2368598	596769	2520
菏泽市	37519445	9475757	1711394	1806

注：本表统计范围为有开发经营活动的房地产开发经营业法人单位。

3-17 各地区按用途分房地产开发企业商品房销售面积

单位：平方米

地 区	商品房销售面积	住 宅	#别墅、高档公寓	办公楼	商业营业用房	其 他
全 省	**131738384**	**115292106**	**1914277**	**2742191**	**8471844**	**5232243**
济南市	13474106	10687110	298544	740629	881319	1165048
青岛市	18059680	15785387	509949	759292	1186437	328564
淄博市	5583495	4613026	81418	206911	477257	286301
枣庄市	4245050	3798626	24478	3408	359051	83965
东营市	3108204	2887083	109839	57483	54450	109188
烟台市	11745540	10783750	133555	169679	518853	273258
潍坊市	14005083	12611688	54935	264031	574877	554487
济宁市	9566935	8051756	90603	160693	848929	505557
泰安市	3739988	3283328	20259	10920	413518	32222
威海市	7713424	6975305	90489	99571	497124	141424
日照市	2677739	2528031	46837	14476	68478	66754
临沂市	13576176	11734262	252517	72298	1033574	736042
德州市	8155581	7286423	53527	12148	539768	317242
聊城市	5250338	4389904	62959	80281	319109	461044
滨州市	2984503	2831554	84368	5706	84476	62767
菏泽市	7852542	7044873		84665	614624	108380

注：本表统计范围为有开发经营活动的房地产开发经营业法人单位。

3-18 各地区按资质等级分房地产开发企业商品房销售面积

单位：平方米

地区	总计	一级	二级	三级	四级	暂定	其他
全省	**131738384**	**8230329**	**13354482**	**17191905**	**18596056**	**62945195**	**11420417**
济南市	13474106	809040	980700	1135526	169590	8639919	1739331
青岛市	18059680	481847	885648	1381697	338243	12275102	2697143
淄博市	5583495	752173	815190	997941	1067357	1619648	331186
枣庄市	4245050	134967	801084	798532	493404	1851566	165497
东营市	3108204	494338	432324	264508	560257	1158280	198497
烟台市	11745540	1795	655404	1763324	2784323	5748457	792237
潍坊市	14005083	1825631	3065596	2753642	3161834	2995350	203030
济宁市	9566935	545571	1277375	1264848	887208	4273812	1318121
泰安市	3739988	221685	324776	575800	703321	1861214	53192
威海市	7713424		631112	1124695	2080694	3293222	583701
日照市	2677739	319402	186095	274458	572003	856144	469637
临沂市	13576176	931070	1747053	1907543	2797840	5319417	873253
德州市	8155581	829804	616379	726614	747744	4589091	645949
聊城市	5250338	858674	387056	1102178	805591	1547192	549647
滨州市	2984503	1969	227059	341253	847541	1416027	150654
菏泽市	7852542	22363	321631	779346	579106	5500754	649342

注：本表统计范围为有开发经营活动的房地产开发经营业法人单位。

3-19　各地区按用途分房地产开发企业商品房期房销售面积

单位：平方米

地　区	商品房期房销售面积	住　宅	#别墅、高档公寓	办公楼	商业营业用房	其　他
全　省	**108210509**	**97185452**	**1500687**	**1761487**	**5161641**	**4101929**
济南市	12298527	9939847	275734	637655	682054	1038971
青岛市	16275850	14783154	438283	435895	807614	249187
淄博市	4490548	3997238	35838	113328	261182	118800
枣庄市	2489881	2326249	2158		117602	46030
东营市	2704987	2552455	109839	36812	19483	96237
烟台市	9669159	9122533	95348	117595	267849	161182
潍坊市	11684265	10802762	35577	142088	288744	450671
济宁市	6507187	5686729	66333	63913	489789	266756
泰安市	2669817	2538194	13075		111889	19734
威海市	5528942	4977864	76544	82283	382655	86140
日照市	2210567	2092177	43297	13750	52246	52394
临沂市	11534558	10179114	140711	42257	636822	676365
德州市	7149776	6455999	53527	12148	391428	290201
聊城市	4509449	3815870	62959	44799	252205	396575
滨州市	2393608	2274167	51464	5706	63370	50365
菏泽市	6093388	5641100		13258	336709	102321

注：本表统计范围为有开发经营活动的房地产开发经营业法人单位。

3-20 各地区按用途分房地产开发企业房屋出租面积

单位：平方米

地区	房屋出租面积	住宅	#别墅、高档公寓	办公楼	商业营业用房	其他
全省	**963753**	**37834**		**169755**	**675841**	**80323**
济南市	1794				1794	
青岛市	524535			89186	367444	67905
淄博市	58733			20648	38085	
枣庄市	16767			5200	11567	
东营市	8994	3768		5226		
烟台市	63720			26659	30532	6529
潍坊市	67661	4703			59707	3251
济宁市	76966				76966	
泰安市	29363	29363				
威海市	22091			11834	7619	2638
日照市						
临沂市	84825			11002	73823	
德州市	1677				1677	
聊城市	5475				5475	
滨州市	1152				1152	
菏泽市						

注：本表统计范围为有开发经营活动的房地产开发经营业法人单位。

3-21 各地区按用途分房地产开发企业商品房销售额

单位：万元

地区	商品房销售额	住宅	#别墅、高档公寓	办公楼	商业营业用房	其他
全省	**99232528**	**85778532**	**2508654**	**2999525**	**7672371**	**2782100**
济南市	15489468	12420766	398312	1036815	1206882	825005
青岛市	22829566	19541641	992808	1116935	1781146	389844
淄博市	4247542	3569632	86897	164200	419028	94682
枣庄市	2281497	1994698	20903	815	249307	36677
东营市	1965222	1824830	90479	39683	60575	40134
烟台市	8532376	7838473	145128	123285	442956	127662
潍坊市	8172238	7368285	50637	163792	434127	206034
济宁市	5494341	4536048	67311	107630	527798	322865
泰安市	2361067	2010156	19556	8169	328372	14370
威海市	5274222	4754823	113713	81000	388520	49879
日照市	1937611	1817956	30370	11386	71295	36974
临沂市	7887910	6826429	246905	39441	738712	283328
德州市	4824393	4345332	77587	8116	336166	134779
聊城市	2993594	2523456	106018	56148	257802	156188
滨州市	1654783	1564696	62030	4652	61750	23685
菏泽市	3286698	2841311		37458	367935	39994

注：本表统计范围为有开发经营活动的房地产开发经营业法人单位。

3-22 各地区按资质等级分房地产开发企业商品房销售额

单位：万元

地 区	总 计	一 级	二 级	三 级	四 级	暂 定	其 他
全 省	**99232528**	**6533627**	**9051623**	**11497551**	**10433231**	**52261522**	**9454974**
济南市	15489468	1027920	977991	1133803	166559	10133581	2049614
青岛市	22829566	720468	1012055	1410332	354862	16283050	3048799
淄博市	4247542	642117	587197	714289	702425	1283093	318421
枣庄市	2281497	97398	379262	430970	227883	1045494	100490
东营市	1965222	345872	253510	115351	330824	790953	128712
烟台市	8532376	2372	463656	1133184	1745818	4379841	807505
潍坊市	8172238	1126914	1913926	1609240	1633348	1761472	127338
济宁市	5494341	375129	809282	709589	420687	2492689	686965
泰安市	2361067	132227	220516	331718	396822	1242187	37597
威海市	5274222		473574	869851	1263444	2303142	364211
日照市	1937611	315958	134650	147907	439323	590468	309305
临沂市	7887910	615983	909484	1212058	1300809	3380821	468755
德州市	4824393	572897	364169	451213	441668	2656180	338266
聊城市	2993594	549246	225016	678934	378991	837864	323543
滨州市	1654783	1476	178048	187146	398165	825971	63977
菏泽市	3286698	7650	149287	361966	231603	2254716	281476

注：本表统计范围为有开发经营活动的房地产开发经营业法人单位。

3-23 各地区房地产开发企业商品房待售情况

单位：平方米

地 区	商品房待售面积	#待售1-3年面积	#待售3年以上面积
全 省	**26906523**	**10616842**	**6570355**
济南市	1334090	734188	339408
青岛市	4333422	1579337	1443010
淄博市	726682	231154	213467
枣庄市	2238003	1086667	718202
东营市	396524	118731	63673
烟台市	2123653	888255	294297
潍坊市	3195953	1451422	939972
济宁市	2166857	735014	554582
泰安市	1109604	391526	147445
威海市	3247472	1213026	1048603
日照市	614903	368616	87671
临沂市	1881813	682486	388020
德州市	848244	382719	124820
聊城市	636949	281116	67752
滨州市	553873	206223	127533
菏泽市	1498481	266362	11900

注：本表统计范围为有开发经营活动的房地产开发经营业法人单位。

3-24 各地区按用途分房地产开发企业商品房待售面积

单位：平方米

地区	商品房待售面积	住宅	#别墅、高档公寓	办公楼	商业营业用房	其他
全省	**26906523**	**14685402**	**721458**	**2046542**	**7381227**	**2793352**
济南市	1334090	826249	221884	57425	233038	217378
青岛市	4333422	1621704	176786	913334	1521846	276538
淄博市	726682	302052	9117	70112	319772	34746
枣庄市	2238003	1119374	34683	42017	735734	340878
东营市	396524	212743		82131	63617	38033
烟台市	2123653	1345314	72427	120536	495235	162568
潍坊市	3195953	1240861	19467	150740	1450470	353882
济宁市	2166857	1139538	9095	204105	664045	159169
泰安市	1109604	788327	35705	94607	180996	45674
威海市	3247472	2467741	42545	62403	441402	275926
日照市	614903	362137	3006	24801	118558	109407
临沂市	1881813	682190	61595	120336	628303	450984
德州市	848244	570813	176	12224	162504	102703
聊城市	636949	306399	2878	63010	132723	134817
滨州市	553873	366140	32094	28761	108126	50846
菏泽市	1498481	1333820			124858	39803

注：本表统计范围为有开发经营活动的房地产开发经营业法人单位。

3-25 各地区房地产开发企业土地开发及其购置情况

地 区	待开发土地面积（平方米）	本年土地购置面积（平方米）	本年土地成交价款（万元）
全 省	**33080756**	**27352888**	**9242560**
济南市	3387994	3030403	1858678
青岛市	4874148	3856209	1999147
淄博市	2396192	2055128	784676
枣庄市	630458	1180210	481386
东营市	1655216	847278	159833
烟台市	4826485	2366897	473271
潍坊市	3746108	2739665	714939
济宁市	1459306	1495003	417379
泰安市	2315488	1099966	245929
威海市	2179373	1217475	284356
日照市	1059608	1113074	284694
临沂市	1640666	1236973	356424
德州市	1367615	1763741	430192
聊城市	518850	1065628	337162
滨州市	1023249	857923	186039
菏泽市		1427315	228455

注：本表统计范围为有开发经营活动的房地产开发经营业法人单位。

3-26 各地区房地产开发企业

地 区	主营业务收入总计	土地转让收入
全 省	**75574991**	**1161078**
济南市	12866211	953885
青岛市	16666958	49534
淄博市	3056603	123
枣庄市	1571362	1990
东营市	2159924	
烟台市	7073415	6700
潍坊市	5667507	43616
济宁市	4788927	11055
泰安市	2067348	3108
威海市	3250627	10693
日照市	1529461	10214
临沂市	5484235	62900
德州市	2982334	130
聊城市	2082193	4346
滨州市	1330648	1203
菏泽市	2997238	1581

注：本表统计范围为有开发经营活动的房地产开发经营业法人单位。

主营业务收入及其构成

单位：万元

商品房销售收入	房屋出租收入	其他收入
72365559	**393205**	**1655150**
11629540	90329	192458
16063504	146299	407621
3015089	22597	18795
1529429	5769	34174
2118661	17352	23912
6879622	17170	169922
5441837	20330	161723
4617711	21285	138875
2014868	12190	37183
3095994	8096	135844
1505589	5382	8277
5376067	6854	38415
2910468	6565	65170
2053026	8201	16622
1316265	2214	10967
2797891	2573	195193

3-27 各地区按登记注册类型分

地 区	总 计	内资企业	国有企业	集体企业	股份合作企业	国有联营企业	集体联营企业
全 省	**75574991**	**70343912**	**280538**	**334021**	**22152**		
济南市	12866211	12055487	44330	47			
青岛市	16666958	13810734	5393	23859	24		
淄博市	3056603	2811283	170		22128		
枣庄市	1571362	1571362	135684	4895			
东营市	2159924	2159924					
烟台市	7073415	6265628	679	228742			
潍坊市	5667507	5626048	1766	9637			
济宁市	4788927	4776393	3432	1016			
泰安市	2067348	2067077	34449	42874			
威海市	3250627	3096678	433	22952			
日照市	1529461	1515530					
临沂市	5484235	5198841	1514				
德州市	2982334	2982273	13292				
聊城市	2082193	2082193	33853				
滨州市	1330648	1327221	5089				
菏泽市	2997238	2997238	455				

注：本表统计范围为有开发经营活动的房地产开发经营业法人单位。

房地产开发企业主营业务收入

单位：万元

国有与集体联营企业	其他联营企业	国有独资公司	其他有限责任公司	股份有限公司	私营独资企业	私营合伙企业	私营有限责任公司
		3581658	**40274151**	**3383305**			**21779249**
		1404017	8323419	348239			1856837
		674071	8390622	643289			4012434
		918	985689	150066			1559922
		152272	852402	44430			381124
		70178	1501700	2514			585532
		220099	3526106	422530			1852821
		131497	3148219	381895			1872509
		372798	2077566	241051			1929759
		58854	1159702	60669			653082
		32937	2064591	202757			725662
		3500	1088221	7420			416208
		82010	2834683	585774			1660766
		91996	1616709	107057			1126538
		85295	1022544	83932			849776
		9094	675157	60617			553378
		192122	1006822	41067			1742903

3-27 续表

地　区	私营股份有限公司	其他内资企业	港、澳、台商投资企业	合资经营企业(港、澳、台资)	合作经营企业(港、澳、台资)	港、澳、台商独资经营企业
全　省	**669802**	**19036**	**3531015**	**1583476**	**23206**	**1827300**
济南市	78599		804350	166790	3504	634056
青岛市	61042		1281981	701803	6440	502238
淄博市	92389		245321		13261	232059
枣庄市	556					
东营市						
烟台市	14653		771515	461137		310378
潍坊市	80526		41458	22820		9174
济宁市	150773		3865	3865		
泰安市	57448		271			271
威海市	47347		150601	18561		124338
日照市	182					
临沂市	34094		228227	208501		11360
德州市	26681					
聊城市	6793					
滨州市	4850	19036	3427			3427
菏泽市	13870					

单位：万元

港、澳、台商投资股份有限公司	其他港、澳、台投资企业	外商投资企业	中外合资经营企业	中外合作经营企业	独资企业	外商投资股份有限公司	其他外商投资企业
7702	**89332**	**1700064**	**1439040**	**190949**	**70063**		**12**
		6374	5237		1137		
	71500	1574243	1340540	190949	42754		
		36272	32688		3584		
	9464						
		8669			8669		
7702		3348	3348				
		13932			13920		12
	8367	57167	57167				
		60	60				

3–28 各地区按登记注册类型分

地 区	总 计	内资企业				
			国有企业	集体企业	股份合作企业	国有联营企业
全 省	**446714910**	**429254075**	**4000106**	**1886562**	**145291**	
济南市	96136368	93586064	985624	369	548	
青岛市	105056889	94410770	238703	858236	24861	
淄博市	14872879	14368389	8498	1212	119883	
枣庄市	12738667	12717566	1197001	44042		
东营市	10524623	10502432		29489		
烟台市	31180817	29499487	142042	344019		
潍坊市	35764472	35420311	9270	18048		
济宁市	22845412	22704065	21077	3574		
泰安市	12998885	12841956	317854	243186		
威海市	20210912	19864403	24212	279626		
日照市	8652581	8501783				
临沂市	29620113	28883323	337421	17172		
德州市	12241521	12183012	178641			
聊城市	16355096	16347197	323029	15030		
滨州市	8371990	8279632	208280			
菏泽市	9143687	9143687	8454	32559		

注：本表统计范围为有开发经营活动的房地产开发经营业法人单位。

房地产开发企业负债合计

单位：万元

集体联营企业	国有与集体联营企业	其他联营企业	国有独资公司	其他有限责任公司	股份有限公司	私营独资企业	私营合伙企业	私营有限责任公司
			53299077	**232407036**	**15530202**			**116139909**
			19359923	56373360	1758133			13763631
			17980897	48644441	3489274			22496551
			209467	6623124	756907			6149204
			2257779	6273160	366957			2504567
			419987	6606046	137748			3309161
			854129	16097598	1166209			10746903
			2607966	17043516	2118709			13046580
			3217083	9607094	1346367			7820233
			1085877	7428460	137996			3496435
			418065	12398491	896425			5663115
			122753	5471374	231693			2559709
			1278124	16754746	1689568			8451538
			1096217	6130463	489423			3840902
			1393678	7989643	555557			5749522
			237703	4544445	259011			2820257
			759429	4421077	130225			3721603

3-28 续表

地区	私营股份有限公司	其他内资企业	港、澳、台商投资企业	合资经营企业(港、澳、台资)	合作经营企业(港、澳、台资)	港、澳、台商独资经营企业
全省	**5776460**	**69432**	**12610575**	**6212568**	**640602**	**5416900**
济南市	1344476		2287396	1042116	57691	1187589
青岛市	677807		7071498	4304199	579841	2058958
淄博市	500094		504491		3070	501421
枣庄市	74061					
东营市			22191			22191
烟台市	148586		1524409	334972		1189437
潍坊市	576222		344161	126710		166046
济宁市	688637		13526	13526		
泰安市	132148		96590	19836		76754
威海市	184470		254699	105294		127423
日照市	116254					
临沂市	354755		391358	183319		69419
德州市	447367					
聊城市	320738		7900			7900
滨州市	140504	69432	92358	82596		9762
菏泽市	70341					

单位:万元

港、澳、台商投资股份有限公司	其他港、澳、台投资企业	外商投资企业	中外合资经营企业	中外合作经营企业	独资企业	外商投资股份有限公司	其他外商投资企业
21983	**318523**	**4850260**	**3271669**	**631536**	**837823**	**18653**	**90579**
		262908	127254		64084		71570
	128499	3574622	2594833	601122	360014	18653	
		21100			21100		
		156921	60644		96277		
	51404						
		127821			127821		
		60339	60339				
21983		91810	91810				
		150798			131789		19009
	138620	345432	308694		36739		
		58509	28095	30414			

第4篇

服务业企业财务状况篇

4-1　服务业法人单位基本情况

分　组	法　人 单位数 （个）	从业人员 期末人数 （人）
总　计	**685181**	**8602485**
交通运输、仓储和邮政业	52809	945568
企业	52429	934616
行政事业及非企业法人	380	10952
信息传输、软件和信息技术服务业	58694	493277
企业	58350	487213
行政事业及非企业法人	344	6064
房地产业	36046	505696
企业	35904	503865
行政事业及非企业法人	142	1831
租赁和商务服务业	171365	1203638
企业	167487	1173905
行政事业及非企业法人	3878	29733
科学研究和技术服务业	93477	712825
企业	89384	657752
行政事业及非企业法人	4093	55073
水利、环境和公共设施管理业	10749	256875
企业	9250	214859
行政事业及非企业法人	1499	42016
居民服务、修理和其他服务业	33858	244261
企业	32794	235824
行政事业及非企业法人	1064	8437
教育	43010	1450238
企业	19665	190111
行政事业及非企业法人	23345	1260127
卫生和社会工作	18732	811085
企业	7607	134328
行政事业及非企业法人	11125	676757
文化、体育和娱乐业	37547	231345
企业	33315	178598
行政事业及非企业法人	4232	52747
公共管理、社会保障和社会组织	128894	1747677
企业		
行政事业及非企业法人	128894	1747677

注：不包含金融、铁路等垂直管理部门普查数据。

4–2 交通运输、仓储和邮政业企业法人单位主要指标

分组	代码	法人单位数（个）	资产总计（万元）	负债合计（万元）	营业收入（万元）	从业人员期末人数（人）
交通运输、仓储和邮政业	**G**	**52429**	**129380823**	**73601682**	**51772748**	**934616**
铁路运输业	53	1				
铁路旅客运输	531					
铁路货物运输	532					
铁路运输辅助活动	533	1				
道路运输业	54	32807	63451868	38861946	26083875	587392
城市公共交通运输	541	672	11034487	7778858	806605	101722
公路旅客运输	542	400	3662739	2675685	976418	51340
道路货物运输	543	30453	21721372	13750264	21492271	394252
道路运输辅助活动	544	1282	27033270	14657139	2808582	40078
水上运输业	55	1222	26978215	12775175	4344707	65563
水上旅客运输	551	101	775535	312712	280526	4117
水上货物运输	552	553	2631636	1374745	1228497	14982
水上运输辅助活动	553	568	23571044	11087719	2835684	46464
航空运输业	56	182	7813629	4061813	2533857	23133
航空客货运输	561	53	2377806	1652808	2128807	13619
通用航空服务	562	72	277183	90459	22631	541
航空运输辅助活动	563	57	5158641	2318545	382419	8973
管道运输业	57	46	3434738	1767430	774444	3549
海底管道运输	571	3	504374	375092	57044	198
陆地管道运输	572	43	2930364	1392338	717399	3351
多式联运和运输代理业	58	10165	8919837	4646619	9942355	85250
多式联运	581	51	73802	38497	66382	470
运输代理业	582	10114	8846035	4608122	9875973	84780
装卸搬运和仓储业	59	6836	17339106	10439218	5943174	99785
装卸搬运	591	2752	5780740	2793099	1747267	46809
通用仓储	592	819	2588446	1479386	1317534	16061
低温仓储	593	1105	841884	403471	450827	9293
危险品仓储	594	64	1332754	814146	248636	2486
谷物、棉花等农产品仓储	595	961	4974094	3857409	1517646	13635
中药材仓储	596	9	12838	8381	1104	43
其他仓储业	599	1126	1808349	1083327	660160	11458
邮政业	60	1170	1437239	1047472	2141966	69807
邮政基本服务	601	51	951612	767314	1069006	28998
快递服务	602	1106	483854	279234	1067056	40224
其他寄递服务	609	13	1772	923	5904	585

注：不包含金融、铁路等垂直管理部门普查数据。

4-3　交通运输、仓储和邮政业企业法人单位分地区主要指标

分　组	法　人 单位数 (个)	资产总计 (万元)	负债合计 (万元)	营业收入 (万元)	从业人员 期末人数 (人)
全　省	**52429**	**129380823**	**73601682**	**51772748**	**934616**
济南市	4114	33929542	20210367	7723346	118578
青岛市	13711	33694767	15620260	15396722	200346
淄博市	2538	3442404	2804254	1854849	34183
枣庄市	1046	1080821	640806	653522	21625
东营市	1105	3403430	2505779	1118101	26439
烟台市	4874	14981373	8123039	5175599	81908
潍坊市	4252	4505033	3064447	2747564	58144
济宁市	4921	3686077	1954911	3691814	83218
泰安市	1462	1682548	1261110	778828	22416
威海市	1469	1881773	1045848	1112916	27219
日照市	2179	11387551	6794866	2553861	45391
临沂市	3304	3679636	2574677	2625038	57244
德州市	1847	2023736	955576	1262815	33357
聊城市	1863	2791957	2141137	2090766	45811
滨州市	1709	3881273	2217380	1483959	32607
菏泽市	2035	3328902	1687226	1503048	46130

注：不包含金融、铁路等垂直管理部门普查数据。

4-4 交通运输、仓储和邮政业企业法人单位分登记注册类型主要指标

分 组	法 人 单位数 (个)	资产总计 (万元)	负债合计 (万元)	营业收入 (万元)	从业人员 期末人数 (人)
总 计	**52429**	**129380823**	**73601682**	**51772748**	**934616**
内资企业	**52182**	**121687453**	**70355541**	**48744923**	**909900**
国有企业	313	9229125	6476980	2016501	70729
集体企业	176	236990	199690	112285	5713
股份合作企业	19	25798	14882	11797	301
联营企业	9	10992	6370	3972	210
有限责任公司	4709	64938316	38950751	15699283	271240
股份有限公司	433	18824752	8701673	5203971	52620
私营企业	46290	28333594	15982958	25640834	507738
其他企业	233	87884	22237	56281	1349
港、澳、台商投资企业	**104**	**3584401**	**1715992**	**1127035**	**12492**
外商投资企业	**143**	**4108970**	**1530149**	**1900790**	**12224**

注：不包含金融、铁路等垂直管理部门普查数据。

4-5　信息传输、软件和信息技术服务业企业法人单位主要指标

分　组	代码	法　人单位数（个）	资产总计（万元）	负债合计（万元）	营业收入（万元）	从业人员期末人数（人）
信息传输、软件和信息技术服务业	**I**	**58350**	**46939838**	**24356081**	**27372259**	**487213**
电信、广播电视和卫星传输服务	63	1165	24781317	13759628	13799575	119066
电信	631	1029	23131098	13286079	13607305	116220
广播电视传输服务	632	119	1648505	473107	191320	2767
卫星传输服务	633	17	1714	442	950	79
互联网和相关服务	64	9065	2188911	989558	1748337	57058
互联网接入及相关服务	641	1022	191099	88154	147379	4849
互联网信息服务	642	5054	888947	334035	1060551	36628
互联网平台	643	493	357204	211274	137915	4201
互联网安全服务	644	70	36368	10207	24146	516
互联网数据服务	645	201	258352	146812	72933	1665
其他互联网服务	649	2225	456941	199075	305412	9199
软件和信息技术服务业	65	48120	19969610	9606895	11824346	311089
软件开发	651	27864	10608305	5545842	6519617	178298
集成电路设计	652	202	521393	112140	201173	2572
信息系统集成和物联网技术服务	653	2800	2176058	1407441	1577456	25652
运行维护服务	654	299	353139	35749	124325	2520
信息处理和存储支持服务	655	323	284710	132498	310443	7987
信息技术咨询服务	656	12076	3587286	1749175	2255918	58519
数字内容服务	657	1161	358417	136080	234791	6671
其他信息技术服务业	659	3395	2080302	487970	600623	28870

4–6 信息传输、软件和信息技术服务业企业法人单位分地区主要指标

分组	法人单位数（个）	资产总计（万元）	负债合计（万元）	营业收入（万元）	从业人员期末人数（人）
全省	**58350**	**46939838**	**24356081**	**27372259**	**487213**
济南市	13703	22686591	12193355	11245735	164515
青岛市	14895	9544467	4232188	5369052	96903
淄博市	3066	1017129	694737	728854	25262
枣庄市	885	357794	203990	446195	7811
东营市	1458	1479117	584959	605595	10108
烟台市	5520	2240888	1187770	2051034	35634
潍坊市	4671	1858735	819731	1129479	27760
济宁市	3207	1387331	803914	1241470	23606
泰安市	1358	1270522	702472	728123	13132
威海市	1539	777377	404032	505968	13910
日照市	1336	716794	488528	374000	6119
临沂市	1594	1138710	586792	898367	14209
德州市	1242	880742	576423	467567	10889
聊城市	1211	421200	330137	351147	6279
滨州市	1179	473523	267207	294691	7060
菏泽市	1486	688920	279848	934981	24016

4-7　信息传输、软件和信息技术服务业企业法人单位分登记注册类型主要指标

分　组	法　人 单位数 (个)	资产总计 (万元)	负债合计 (万元)	营业收入 (万元)	从业人员 期末人数 (人)
总　计	**58350**	**46939838**	**24356081**	**27372259**	**487213**
内资企业	**58131**	**37022139**	**17091166**	**22035909**	**430803**
国有企业	71	2088621	1354885	1468052	10251
集体企业	17	17387	9313	3675	112
股份合作企业	5	2750	2569	1609	23
联营企业	1				
有限责任公司	4689	16304187	6954462	9094363	112205
股份有限公司	495	6460802	2394209	2412149	34433
私营企业	52715	12132666	6369918	9040702	273123
其他企业	138	15724	5811	15359	656
港、澳、台商投资企业	**66**	**8497503**	**6478399**	**4109468**	**40236**
外商投资企业	**153**	**1420197**	**786516**	**1226882**	**16174**

4–8 金融业企业法人单位主要指标

分　组	代码	法　人 单位数 (个)	资产总计 (亿元)	营业收入 (亿元)	从业人员 期末人数 (人)
金融业	**J**	**5675**	**132780.2**	**6411.4**	**1966877**
货币金融服务	66	1873	119447.2	3126.6	269808
资本市场服务	67	1752	4538.1	177.4	19463
保险业	68	1426	5979.2	3001.2	1668619
其他金融业	69	714	2815.7	106.2	8987

注：金融业企业法人单位包括人民银行、银保监会、证监会监管的单位和监管范围之外的从事金融业的单位。

4-9　房地产业企业法人单位主要指标

分　组	代码	法　人 单位数 (个)	资产总计 (万元)	负债合计 (万元)	营业收入 (万元)	从业人员 期末人数 (人)
房地产业	**K**	**35904**	**40417682**	**29310310**	**7629627**	**503865**
物业管理	702	18126	9324312	6112746	4095074	369215
房地产中介服务	703	13837	5049834	3668383	2057078	92686
房地产租赁经营	704	2889	17025928	12801796	1241886	35569
其他房地产业	709	1052	9017608	6727384	235589	6395

4-10 房地产业企业法人单位分地区主要指标

分 组	法 人 单位数 (个)	资产总计 (万元)	负债合计 (万元)	营业收入 (万元)	从业人员 期末人数 (人)
全 省	**35904**	**40417682**	**29310310**	**7629627**	**503865**
济南市	5759	13399294	10671101	1723003	103361
青岛市	7440	10316842	6826777	1850278	84091
淄博市	2049	1286246	1099470	194912	23668
枣庄市	727	342711	247297	117768	11698
东营市	738	995548	914908	120724	15351
烟台市	3845	3464035	2176769	906169	44024
潍坊市	2892	3897095	3231055	418689	39678
济宁市	2578	867772	540767	468685	36949
泰安市	1445	608451	404265	154699	25616
威海市	2217	1104351	779689	565256	29020
日照市	764	695920	482770	136385	9227
临沂市	1397	779403	345030	281251	23115
德州市	1041	255685	134142	170619	14427
聊城市	924	1600498	1038656	93850	13429
滨州市	1199	399093	206091	123053	13115
菏泽市	889	404741	211523	304286	17096

4-11　房地产业企业法人单位分登记注册类型主要指标

分　组	法　人 单位数 （个）	资产总计 （万元）	负债合计 （万元）	营业收入 （万元）	从业人员 期末人数 （人）
总　计	**35904**	**40417682**	**29310310**	**7629627**	**503865**
内资企业	**35803**	**38415668**	**28116378**	**7513018**	**502119**
国有企业	224	1487926	1231735	88716	6001
集体企业	404	930356	890366	103541	6873
股份合作企业	57	654764	537098	32603	1056
联营企业	6	7420	7535	1653	105
有限责任公司	4106	16053690	11561155	1913349	119586
股份有限公司	399	1339663	1365859	195899	18274
私营企业	30506	17861554	12485012	5171135	349977
其他企业	101	80296	37619	6122	247
港、澳、台商投资企业	**57**	**1515438**	**936883**	**84041**	**936**
外商投资企业	**44**	**486576**	**257048**	**32568**	**810**

4−12 租赁和商务服务业企业法人单位主要指标

分　组	代码	法　人 单位数 (个)	资产总计 (万元)	负债合计 (万元)	营业收入 (万元)	从业人员 期末人数 (人)
租赁和商务服务业	**L**	**167487**	**437070661**	**230044958**	**36396637**	**1173905**
租赁业	71	17592	9258677	6100581	3170630	95694
机械设备经营租赁	711	17172	9054106	6014849	3116993	93505
文体设备和用品出租	712	390	185548	71594	50056	1976
日用品出租	713	30	19023	14138	3581	213
商务服务业	72	149895	427811984	223944378	33226007	1078211
组织管理服务	721	23663	365079818	192464573	9678930	149389
综合管理服务	722	3732	9012592	5929226	1455850	41854
法律服务	723	3068	557248	263999	697198	27465
咨询与调查	724	53820	27147498	11850146	5912628	237397
广告业	725	28334	3758914	1646630	3677772	129794
人力资源服务	726	13688	3252735	1766156	7195567	279029
安全保护服务	727	1945	707270	324247	905801	104630
会议、展览及相关服务	728	3688	3004846	2044664	656647	19935
其他商务服务业	729	17957	15291063	7654736	3045614	88718

4-13 租赁和商务服务业企业法人单位分地区主要指标

分 组	法 人 单位数 (个)	资产总计 (万元)	负债合计 (万元)	营业收入 (万元)	从业人员 期末人数 (人)
全 省	**167487**	**437070661**	**230044958**	**36396637**	**1173905**
济南市	28548	138132639	70170772	6823958	205191
青岛市	42011	74048822	43871957	9592351	273785
淄博市	7461	26589831	14117698	1298293	46711
枣庄市	2811	4615818	1971583	528332	21927
东营市	3683	11378296	6688260	2205385	50622
烟台市	16967	18033112	7437592	3131746	92941
潍坊市	18217	56890773	31555095	3069075	91976
济宁市	9720	17588727	8936224	2295719	69328
泰安市	5304	13911397	7256944	615966	31997
威海市	6202	17665508	7455871	1520142	50812
日照市	4788	12424874	7775373	760998	24328
临沂市	5620	14390971	7074148	1310500	67221
德州市	4843	3595412	1775317	875821	41082
聊城市	3550	10993785	6882091	442867	28281
滨州市	3650	13946982	5931718	525178	19261
菏泽市	4112	2863714	1144314	1400305	58442

4-14 租赁和商务服务业企业法人单位分登记注册类型主要指标

分 组	法 人 单位数 (个)	资产总计 (万元)	负债合计 (万元)	营业收入 (万元)	从业人员 期末人数 (人)
总 计	**167487**	**4370706611**	**2300449583**	**363966367**	**1173905**
内资企业	**167125**	**433716854**	**228909879**	**36095653**	**1164875**
国有企业	560	25593448	11584848	760339	30256
集体企业	3495	1440857	779493	249867	15354
股份合作企业	77	151440	91192	23778	607
联营企业	38	869910	359006	17262	370
有限责任公司	13529	313857056	169152117	11529820	207749
股份有限公司	1136	7474580	4323021	499133	19793
私营企业	142079	82242680	41910428	22482961	864799
其他企业	6211	2086882	709775	532492	25947
港、澳、台商投资企业	**114**	**1537170**	**760868**	**98227**	**1330**
外商投资企业	**248**	**1816637**	**374212**	**202757**	**7700**

4-15　科学研究和技术服务业企业法人单位主要指标

分　组	代码	法　人单位数(人)	资产总计(万元)	负债合计(万元)	营业收入(万元)	从业人员期末人数(人)
科学研究和技术服务业	**M**	**89384**	**74360949**	**41202951**	**23567240**	**657752**
研究和试验发展	73	12187	6823954	3354282	2737125	69986
自然科学研究和试验发展	731	577	158312	66069	83334	2230
工程和技术研究和试验发展	732	8212	4348609	2278188	1921405	48689
农业科学研究和试验发展	733	1283	665879	392274	230785	6169
医学研究和试验发展	734	2016	1640351	613178	492698	12485
社会人文科学研究	735	99	10803	4574	8902	413
专业技术服务业	74	39275	47935639	28300248	14406766	396135
气象服务	741	68	8400	4134	7053	302
地震服务	742	7	4474	2525	1211	28
海洋服务	743	183	2175726	692086	149662	1208
测绘地理信息服务	744	867	416952	201564	309595	11130
质检技术服务	745	3724	1868659	796916	1275580	55691
环境与生态监测检测服务	746	914	561995	404662	219721	10411
地质勘查	747	728	1957250	1466533	462838	12098
工程技术与设计服务	748	18824	31470934	19507335	8860933	221167
工业与专业设计及其他专业技术服务	749	13960	9471250	5224494	3120174	84100
科技推广和应用服务业	75	37922	19601356	9548421	6423349	191631
技术推广服务	751	32429	15985243	7290625	5735903	167272
知识产权服务	752	1278	136801	52644	135249	5858
科技中介服务	753	470	170606	45249	52261	2280
创业空间服务	754	410	488847	185607	72060	2672
其他科技推广服务业	759	3335	2819858	1974296	427877	13549

4-16 科学研究和技术服务业企业法人单位分地区主要指标

分 组	法 人 单位数 (个)	资产总计 (万元)	负债合计 (万元)	营业收入 (万元)	从业人员 期末人数 (人)
全 省	**89384**	**74360949**	**41202951**	**23567240**	**657752**
济南市	19514	22968563	15283043	6444262	155616
青岛市	20705	11647977	6584734	5468384	140558
淄博市	4188	3173462	2181725	771677	26313
枣庄市	1206	292660	116491	255705	13025
东营市	2588	3202421	1975725	1215341	26389
烟台市	8775	8003764	3833376	2023519	58542
潍坊市	7409	6056486	2691897	1189802	40883
济宁市	4534	3047925	1512486	1076157	34848
泰安市	3306	1646875	834410	548171	20371
威海市	3081	6043216	3017400	1502492	26846
日照市	2366	1283683	551711	358254	13227
临沂市	2762	2004225	726653	788968	26529
德州市	2473	1352660	602784	527282	20644
聊城市	1673	632863	309575	274745	12997
滨州市	3030	2311454	732604	491004	16799
菏泽市	1774	692716	248335	631478	24165

4-17　科学研究和技术服务业企业法人单位分登记注册类型主要指标

分　组	法　人 单位数 （个）	资产总计 （万元）	负债合计 （万元）	营业收入 （万元）	从业人员 期末人数 （人）
总　计	**89384**	**743609487**	**412029507**	**235672398**	**657752**
内资企业	**88960**	**72967344**	**40572502**	**23134574**	**647464**
国有企业	630	2447562	1464183	1134559	24314
集体企业	248	97670	34780	70368	3226
股份合作企业	34	27850	14481	16532	612
联营企业	12	3545	1434	1496	101
有限责任公司	8031	35802677	20915148	5902542	120631
股份有限公司	650	3038823	1347680	1270762	19188
私营企业	74955	30876777	16615214	14232287	456195
其他企业	4400	672440	179583	506029	23197
港、澳、台商投资企业	**118**	**594647**	**196671**	**155722**	**3946**
外商投资企业	**306**	**798958**	**433777**	**276943**	**6342**

4-18 水利、环境和公共设施管理业企业法人单位主要指标

分　组	代码	法　人 单位数 （个）	资产总计 （万元）	负债合计 （万元）	营业收入 （万元）	从业人员 期末人数 （人）
水利、环境和公共设施管理业	**N**	**9250**	**73312200**	**40322591**	**6188934**	**214859**
水利管理业	76	460	11172421	5237120	494687	6852
防洪除涝设施管理	761	42	958769	541091	21885	589
水资源管理	762	144	5227127	2303645	180255	1774
天然水收集与分配	763	63	729435	498369	54487	1381
水文服务	764	20	4743	2723	6460	164
其他水利管理业	769	191	4252346	1891292	231598	2944
生态保护和环境治理业	77	1075	3565686	2145800	594526	12655
生态保护	771	105	795825	463032	77175	2929
环境治理业	772	970	2769861	1682768	517351	9726
公共设施管理业	78	7403	30278295	15612422	2876399	192722
市政设施管理	781	751	17710823	8938753	406899	11627
环境卫生管理	782	820	933293	460641	573593	108972
城乡市容管理	783	86	969444	405421	32300	1859
绿化管理	784	3989	2351902	1497590	1117963	35962
城市公园管理	785	124	522847	198551	74356	2489
游览景区管理	786	1633	7789985	4111467	671287	31813
土地管理业	79	312	28295799	17327249	2223323	2630
土地整治服务	791	105	5036273	2936797	283494	796
土地调查评估服务	792	86	23637	10341	26457	851
土地登记服务	793	12	10555	7800	2010	71
土地登记代理服务	794	25	2548	988	2558	133
其他土地管理服务	799	84	23222786	14371324	1908803	779

4-19　水利、环境和公共设施管理业企业法人单位分地区主要指标

分　组	法　人 单位数 (个)	资产总计 (万元)	负债合计 (万元)	营业收入 (万元)	从业人员 期末人数 (人)
全　省	**9250**	**73312200**	**40322591**	**6188934**	**214859**
济南市	1007	23350394	11844281	1456741	17545
青岛市	1936	6526724	3340688	817136	29692
淄博市	569	1006197	714967	112430	11581
枣庄市	241	2794283	1073805	258301	6024
东营市	260	2504397	1396028	134570	4464
烟台市	772	3511952	2521827	409918	13405
潍坊市	752	18538456	10746735	1455644	60493
济宁市	668	1466625	836828	317042	11954
泰安市	426	1273174	986674	89090	6410
威海市	439	1320890	865329	156120	6447
日照市	456	3820148	2214887	305626	6843
临沂市	549	1915912	1322392	238700	18628
德州市	392	1366881	523962	129693	6729
聊城市	224	1618396	434735	100625	4966
滨州市	308	1605471	1216221	106787	4228
菏泽市	251	692299	283232	100512	5450

4-20 水利、环境和公共设施管理业企业法人单位分登记注册类型主要指标

分组	法人单位数(个)	资产总计(万元)	负债合计(万元)	营业收入(万元)	从业人员期末人数(人)
总计	**9250**	**73312200**	**40322591**	**6188934**	**214859**
内资企业	**9207**	**72814069**	**40049247**	**6128939**	**213906**
国有企业	176	3858781	1480722	342706	9569
集体企业	47	72636	19612	16707	1210
股份合作企业	1	6894	5198	4496	71
联营企业	2	440	198	985	45
有限责任公司	1263	58118643	32844747	3484956	110826
股份有限公司	104	1616429	672974	109158	3884
私营企业	7403	9069551	4994404	2143507	87092
其他企业	211	70696	31392	26425	1209
港、澳、台商投资企业	**22**	**314457**	**154681**	**38360**	**474**
外商投资企业	**21**	**183674**	**118663**	**21635**	**479**

4-21　居民服务、修理和其他服务业企业法人单位主要指标

分　组	代码	法　人 单位数 （个）	资产总计 （万元）	负债合计 （万元）	营业收入 （万元）	从业人员 期末人数 （人）
居民服务、修理和其他服务业	**O**	**32794**	**5369837**	**2796593**	**4032120**	**235824**
居民服务业	80	13307	2228719	1208438	1211666	89678
家庭服务	801	3988	262632	128569	356802	36933
托儿所服务	802	118	7088	2289	10149	665
洗染服务	803	421	100380	57986	64291	3646
理发及美容服务	804	2027	123743	58692	125425	7965
洗浴和保健养生服务	805	2074	390299	235311	171559	11719
摄影扩印服务	806	1450	91214	40823	101377	6771
婚姻服务	807	1354	103220	44621	98433	5566
殡葬服务	808	313	465503	219625	89309	3213
其他居民服务业	809	1562	684639	420523	194320	13200
机动车、电子产品和日用产品修理业	81	13664	2163444	1137144	2047996	73060
汽车、摩托车等修理与维护	811	10245	1530859	790757	1431583	55085
计算机和办公设备维修	812	1376	180269	97831	198232	8064
家用电器修理	813	1647	394400	220123	374464	8204
其他日用产品修理业	819	396	57916	28434	43717	1707
其他服务业	82	5823	977673	451011	772459	73086
清洁服务	821	3605	423954	182157	496849	60070
宠物服务	822	184	16469	5115	11439	643
其他未列明服务业	829	2034	537250	263738	264171	12373

4-22 居民服务、修理和其他服务业企业法人单位分地区主要指标

分　组	法　人 单位数 （个）	资产总计 （万元）	负债合计 （万元）	营业收入 （万元）	从业人员 期末人数 （人）
全　省	**32794**	**5369837**	**2796593**	**4032120**	**235824**
济南市	4339	797704	521831	578046	37657
青岛市	7008	1375047	801776	1021567	41793
淄博市	1595	310966	91442	89714	8973
枣庄市	861	187650	117727	98485	6152
东营市	884	134991	98286	68798	4290
烟台市	3628	497378	241659	532619	24042
潍坊市	2471	387137	227918	219509	11815
济宁市	2720	301767	98081	380210	16943
泰安市	1042	108390	77475	75235	11764
威海市	1080	136522	57368	133548	7663
日照市	993	116642	58640	97908	9128
临沂市	1821	334622	166750	218971	13720
德州市	973	130331	50092	127558	11834
聊城市	1007	149067	93626	63141	9518
滨州市	1167	219030	48633	87991	8013
菏泽市	1205	182593	45289	238820	12519

4-23　居民服务、修理和其他服务业企业法人单位分登记注册类型主要指标

分　组	法　人单位数(个)	资产总计(万元)	负债合计(万元)	营业收入(万元)	从业人员期末人数(人)
总　计	**32794**	**5369837**	**2796593**	**4032120**	**235824**
内资企业	**32744**	**5319528**	**2772640**	**4013149**	**234695**
国有企业	89	40705	35400	28356	1359
集体企业	165	44821	27984	28393	1522
股份合作企业	27	42770	38817	8702	369
联营企业	9	1866	1838	584	37
有限责任公司	2170	1269966	784498	560326	37830
股份有限公司	233	228383	126859	165491	5260
私营企业	29755	3632619	1720415	3203328	186970
其他企业	296	58397	36829	17969	1348
港、澳、台商投资企业	**9**	**39887**	**18219**	**9506**	**409**
外商投资企业	**41**	**10422**	**5734**	**9465**	**720**

4-24　教育企业法人单位主要指标

分　组	代码	法　人 单位数 (个)	资产总计 (万元)	负债合计 (万元)	营业收入 (万元)	从业人员 期末人数 (人)
教育	**P**	**19665**	**5240732**	**2940675**	**2565215**	**190111**
学前教育	831	3594	559887	228432	424033	49015
初等教育	832	269	241115	121834	73239	7143
中等教育	833	230	958331	341719	199053	19315
高等教育	834	16	608853	457603	116516	5233
特殊教育	835	25	7143	1244	7643	536
技能培训、教育辅助及其他教育	839	15531	2865403	1789842	1744732	108869

4-25　教育企业法人单位分地区主要指标

分　组	法　人 单位数 (个)	资产总计 (万元)	负债合计 (万元)	营业收入 (万元)	从业人员 期末人数 (人)
全　省	**19665**	**5240732**	**2940675**	**2565215**	**190111**
济南市	2621	510601	378235	395349	23698
青岛市	3118	978685	591047	504500	27938
淄博市	1149	112812	55829	65243	8736
枣庄市	507	117312	37121	75151	6244
东营市	493	67126	39186	20906	3311
烟台市	1887	415208	193722	264423	15566
潍坊市	1711	432304	229849	130186	11006
济宁市	1710	295888	184658	241040	17306
泰安市	870	306952	502765	51246	6169
威海市	618	261209	110091	106595	8022
日照市	663	137707	50179	44925	5017
临沂市	1558	334617	127935	217066	20784
德州市	855	308062	108649	151329	10021
聊城市	574	178810	84747	55833	7781
滨州市	403	86565	47183	34866	4096
菏泽市	928	696874	199478	206557	14416

4-26 教育企业法人单位分登记注册类型主要指标

分 组	法 人 单位数 (个)	资产总计 (万元)	负债合计 (万元)	营业收入 (万元)	从业人员 期末人数 (人)
总 计	**19665**	**5240732**	**2940675**	**2565215**	**190111**
内资企业	**19640**	**5098581**	**2891752**	**2542571**	**189598**
国有企业	269	395189	227243	118344	8611
集体企业	173	84299	25698	40965	3569
股份合作企业	17	35357	5043	21971	2048
联营企业	26	7202	4146	5750	656
有限责任公司	1303	753272	753430	233686	15083
股份有限公司	194	88492	49443	64368	4749
私营企业	14946	2418762	1050123	1404639	104928
其他企业	2712	1316008	776626	652849	49954
港、澳、台商投资企业	**9**	**114909**	**47264**	**17299**	**301**
外商投资企业	**16**	**27241**	**1658**	**5345**	**212**

4-27　卫生和社会工作企业法人单位主要指标

分　组	代码	法　人 单位数 （个）	资产总计 （万元）	负债合计 （万元）	营业收入 （万元）	从业人员 期末人数 （人）
卫生和社会工作	**Q**	**7607**	**5839369**	**3331991**	**3097089**	**134328**
卫生	84	5821	4839005	2942096	2888488	120108
医院	841	1451	3935950	2418100	2355125	91787
基层医疗卫生服务	842	3832	471209	241341	349994	19686
专业公共卫生服务	843	225	43387	11552	55054	1602
其他卫生活动	849	313	388459	271103	128315	7033
社会工作	85	1786	1000364	389896	208601	14220
提供住宿社会工作	851	1593	968075	376181	185587	12604
不提供住宿社会工作	852	193	32289	13715	23014	1616

4-28　卫生和社会工作企业法人单位分地区主要指标

分　组	法　人 单位数 (个)	资产总计 (万元)	负债合计 (万元)	营业收入 (万元)	从业人员 期末人数 (人)
全　省	**7607**	**5839369**	**3331991**	**3097089**	**134328**
济南市	829	647349	434768	466285	16258
青岛市	1006	703042	497915	395433	16437
淄博市	607	577955	312084	297259	12502
枣庄市	282	153136	100539	124731	5827
东营市	88	238913	172738	201291	5044
烟台市	1080	516166	278776	285005	12079
潍坊市	584	985561	534151	252173	10376
济宁市	342	279571	136901	216189	9574
泰安市	473	176736	91119	126454	6074
威海市	421	219379	105944	101640	4869
日照市	242	72136	45637	21504	2136
临沂市	548	431116	261083	164814	9222
德州市	267	137146	55455	67107	4068
聊城市	225	226094	130240	44701	3851
滨州市	204	110785	36225	41247	2806
菏泽市	409	364284	138417	291258	13205

4-29　卫生和社会工作企业法人单位分登记注册类型主要指标

分　组	法　人 单位数 （个）	资产总计 （万元）	负债合计 （万元）	营业收入 （万元）	从业人员 期末人数 （人）
总　计	**7607**	**5839369**	**3331991**	**3097089**	**134328**
内资企业	**7584**	**5803735**	**3322719**	**3088096**	**133789**
国有企业	160	381792	265899	282938	8578
集体企业	325	230297	109966	197353	5403
股份合作企业	15	32220	30609	21415	1013
联营企业	31	51120	12944	75514	1770
有限责任公司	600	1470724	713922	584323	22046
股份有限公司	80	285124	147804	158824	5026
私营企业	4657	2311592	1411016	1084659	61025
其他企业	1716	1040867	630559	683071	28928
港、澳、台商投资企业	**9**	**3525**	**13**	**94**	**41**
外商投资企业	**14**	**32109**	**9259**	**8900**	**498**

4-30 文化、体育和娱乐业企业法人单位主要指标

分组	代码	法人单位数(个)	资产总计(万元)	负债合计(万元)	营业收入(万元)	从业人员期末人数(人)
文化、体育和娱乐业	**R**	**33315**	**13452518**	**6433679**	**4593672**	**178598**
新闻和出版业	86	234	2865386	883128	1060614	14431
新闻业	861	33	11336	3203	6367	276
出版业	862	201	2854050	879924	1054247	14155
广播、电视、电影和录音制作业	87	3327	1096228	605045	645633	23539
广播	871	94	38718	33073	14190	853
电视	872	43	109083	30948	32202	1768
影视节目制作	873	2479	520303	279932	297739	11887
广播电视集成播控	874	6	10377	2460	8043	303
电影和广播电视节目发行	875	59	63509	32154	38884	564
电影放映	876	577	350951	224966	248363	7951
录音制作	877	69	3287	1512	6213	213
文化艺术业	88	8125	2826890	1038895	879392	40439
文艺创作与表演	881	2026	351882	193449	231973	12458
艺术表演场馆	882	38	358467	144582	80432	2272
图书馆与档案馆	883	76	5782	2671	5661	390
文物及非物质文化遗产保护	884	88	928053	129790	22901	941
博物馆	885	86	252804	81306	46405	888
烈士陵园、纪念馆	886	12	6992	2932	2189	92
群众文体活动	887	898	92396	52032	57198	3294
其他文化艺术业	889	4901	830514	432132	432634	20104
体育	89	2612	1022723	658331	394883	16154
体育组织	891	684	226242	155738	199448	2809
体育场地设施管理	892	113	144668	35847	19788	1271
健身休闲活动	893	1703	644745	463531	168164	11667
其他体育	899	112	7068	3215	7483	407
娱乐业	90	19017	5641291	3248281	1613149	84035
室内娱乐活动	901	7444	984765	557807	538185	26881
游乐园	902	247	1371097	1052614	135437	7813
休闲观光活动	903	2554	2058073	942981	314427	17036
彩票活动	904	11	268	38	742	15
文化体育娱乐活动与经纪代理服务	905	8578	1164436	670807	601338	31075
其他娱乐业	909	183	62652	24033	23021	1215

4−31　文化、体育和娱乐业企业法人单位分地区主要指标

分　组	法　人单位数（个）	资产总计（万元）	负债合计（万元）	营业收入（万元）	从业人员期末人数（人）
全　省	**33315**	**13452518**	**6433679**	**4593672**	**178598**
济南市	5605	3140657	1240728	1067374	27704
青岛市	6424	2787557	1407756	1226839	35541
淄博市	2191	210449	135934	98394	6541
枣庄市	661	227035	91312	80831	4486
东营市	756	135639	103717	47564	3834
烟台市	3396	549214	353748	387147	16000
潍坊市	2642	1476807	471952	215271	12096
济宁市	2090	412896	172822	364473	14420
泰安市	1372	648644	520820	76574	6222
威海市	1405	534896	364110	168817	8050
日照市	889	337050	117398	93552	4266
临沂市	2018	1155889	437527	240990	13574
德州市	966	898207	613347	216026	7325
聊城市	862	473456	220816	42641	4047
滨州市	1017	277206	139831	73919	4315
菏泽市	1021	186916	41862	193262	10177

4-32 文化、体育和娱乐业企业法人单位分登记注册类型主要指标

分　组	法　人单位数（个）	资产总计（万元）	负债合计（万元）	营业收入（万元）	从业人员期末人数（人）
总　计	**33315**	**13452518**	**6433679**	**4593672**	**178598**
内资企业	**33258**	**13327252**	**6356515**	**4515926**	**176236**
国有企业	186	621413	447788	234071	7443
集体企业	45	30127	17312	5878	519
股份合作企业	3	534	257	72	3
联营企业	14	3720	702	1760	67
有限责任公司	2476	5464988	2926534	1020304	30590
股份有限公司	248	1802353	515786	548998	4451
私营企业	29277	5278871	2404598	2642451	129123
其他企业	1009	125246	43538	62391	4040
港、澳、台商投资企业	**16**	**82725**	**54603**	**57806**	**1650**
外商投资企业	**41**	**42541**	**22562**	**19939**	**712**

4-33 国有控股企业分行业主要指标

分 组	代码	法 人 单位数 (个)	资产总计 (万元)	负债合计 (万元)	营业收入 (万元)	从业人员 期末人数 (人)
总 计	**00**	**5363**	**4595942370**	**2464046962**	**412936321**	**607203**
交通运输、仓储和邮政业	**G**	**783**	**77268239**	**42939951**	**15145497**	**238512**
铁路运输业	53	1				
道路运输业	54	285	33456887	20396018	3989009	122820
水上运输业	55	77	21201990	9724000	2486401	39626
航空运输业	56	17	6138291	3048388	2197479	19042
管道运输业	57	16	2784647	1436775	625347	2715
多式联运和运输代理业	58	89	3957311	2049518	2696801	9778
装卸搬运和仓储业	59	265	8773156	5516422	2072796	15312
邮政业	60	33	949765	766820	1069294	29082
信息传输、软件和信息技术服务业	**I**	**284**	**17642413**	**7967554**	**9725854**	**77913**
电信、广播电视和卫星传输服务	63	98	14943641	6572157	8467633	63901
互联网和相关服务	64	26	99403	30813	37458	858
软件和信息技术服务业	65	160	2599369	1364584	1220763	13154
房地产业	**K**	**511**	**8973256**	**6881773**	**508530**	**26387**
物业管理	702	256	1816820	1252722	289381	19587
房地产中介服务	703	33	615951	542546	18882	737
房地产租赁经营	704	175	3907284	3019622	153378	5662
其他房地产业	709	47	2633201	2066883	46889	401
租赁和商务服务业	**L**	**1687**	**284206646**	**149682605**	**8431951**	**119669**
租赁业	71	62	4607197	3708202	298482	2034
商务服务业	72	1625	279599449	145974402	8133469	117635
科学研究和技术服务业	**M**	**1052**	**20700711**	**11270684**	**3501904**	**59016**
研究和试验发展	73	68	995283	654113	43131	1618
专业技术服务业	74	801	15178548	8763399	3355924	51896
科技推广和应用服务业	75	183	4526880	1853172	102848	5502
水利、环境和公共设施管理业	**N**	**419**	**44771483**	**25329615**	**2411340**	**53279**
水利管理业	76	62	10029652	4470838	362905	3503
生态保护和环境治理业	77	37	1103647	544328	96961	1347
公共设施管理业	78	282	17025083	9284897	607409	47712
土地管理业	79	38	16613101	11029552	1344065	717
居民服务、修理和其他服务业	**O**	**123**	**492448**	**305649**	**175438**	**3689**
居民服务业	80	50	364982	209883	44053	1502
机动车、电子产品和日用产品修理业	81	40	69228	52956	107346	1241
其他服务业	89	33	58237	42809	24039	946
教育	**P**	**108**	**181066**	**153040**	**73383**	**4814**
学前教育	831	17	8340	4028	3037	455
初等教育	832	1				
中等教育	833	2				
高等教育	834	1				
特殊教育	835					
技能培训、教育辅助及其他教育	839	87	96898	63738	57919	3803
卫生和社会工作	**Q**	**53**	**528540**	**196843**	**257144**	**7242**
卫生	84	43	517279	195968	249660	6676
社会工作	85	10	11261	874	7483	566
文化、体育和娱乐业	**R**	**343**	**4829435**	**1676984**	**1062592**	**16682**
新闻和出版业	86	62	2430850	613448	774571	6537
广播、电视、电影和录音制作业	87	145	406359	192033	133798	4759
文化艺术业	88	76	1242415	281210	91098	3577
体育	89	15	37250	36999	22589	739
娱乐业	90	45	712560	553294	40535	1070

4-34 非公有控股企业

分　组	代码	法　人 单位数 (个)	资产总计 (万元)
总　计	**00**	**472003**	**347639550**
交通运输、仓储和邮政业	**G**	**51063**	**50109455**
道路运输业	54	32297	28587152
水上运输业	55	1117	5718406
航空运输业	56	162	1639410
管道运输业	57	30	650091
多式联运和运输代理业	58	10057	4929130
装卸搬运和仓储业	59	6267	8113840
邮政业	60	1133	471426
信息传输、软件和信息技术服务业	**I**	**57830**	**29031728**
电信、广播电视和卫星传输服务	63	1056	9806560
互联网和相关服务	64	9015	2081247
软件和信息技术服务业	65	47759	17143921
房地产业	**K**	**34603**	**28808686**
物业管理	702	17579	7163472
房地产中介服务	703	13752	4359722
房地产租赁经营	704	2292	10991026
其他房地产业	709	980	6294466
租赁和商务服务业	**L**	**154269**	**142366417**
租赁业	71	16650	4373636
商务服务业	72	137619	137992781
科学研究和技术服务业	**M**	**83263**	**51433062**
研究和试验发展	73	11810	5653842
专业技术服务业	74	37209	31445941
科技推广和应用服务业	75	34244	14333279
水利、环境和公共设施管理业	**N**	**8473**	**27475984**
水利管理业	76	323	1074215
生态保护和环境治理业	77	1017	2450309
公共设施管理业	78	6896	12281622
土地管理业	79	237	11669838
居民服务、修理和其他服务业	**O**	**32048**	**4680294**
居民服务业	80	12928	1739591
机动车、电子产品和日用产品修理业	81	13477	2072909
其他服务业	82	5643	867794
教育	**P**	**14416**	**2527518**
学前教育	831	1217	165220
初等教育	832	126	55027
中等教育	833	58	99712
高等教育	834	2	26
特殊教育	835	11	487
技能培训、教育辅助及其他教育	839	13002	2207047
卫生和社会工作	**Q**	**4494**	**3361745**
卫生	84	3404	2610141
社会工作	85	1090	751603
文化、体育和娱乐业	**R**	**31544**	**7844662**
新闻和出版业	86	144	116805
广播、电视、电影和录音制作业	87	3153	667711
文化艺术业	88	7700	1510359
体育	89	2356	918418
娱乐业	90	18191	4631370

分行业主要指标

负债合计（万元）	营业收入（万元）	从业人员期末人数（人）	代码
194281582	**118526330**	**3761435**	**00**
29191274	**35793886**	**660176**	**G**
17345529	21525634	437644	54
3022550	1831515	25290	55
1011519	318939	3720	56
330655	149096	834	57
2582231	7202767	73873	58
4633954	3714588	79594	59
264834	1051348	39221	60
16254237	**17454142**	**404545**	**I**
7164171	5305230	54953	63
957077	1707153	56016	64
8132989	10441759	293576	65
20482683	**6796686**	**459210**	**K**
4671581	3679457	340939	702
3063573	2015111	90386	703
8157941	920077	22216	704
4589588	182041	5669	709
74962615	**26316634**	**978152**	**L**
2304189	2765277	88920	71
72658426	23551357	889232	72
28990703	**18590786**	**561024**	**M**
2624165	2594531	66017	73
18908877	10157043	329342	74
7457660	5839212	165665	75
14284350	**3651311**	**154200**	**N**
746229	115631	2704	76
1595926	494358	11138	77
5648403	2171820	138634	78
6293793	869502	1724	79
2347136	**3763858**	**224328**	**O**
897661	1121351	83814	80
1071397	1923142	70734	81
378079	719365	69780	82
1566205	**1368970**	**94521**	**P**
50139	106736	11780	831
19368	10100	736	832
33571	14083	1035	833
90	55	4	834
256	499	41	835
1462780	1237497	80925	839
1947295	**1529448**	**74062**	**Q**
1635439	1417840	66746	84
311856	111608	7316	85
4255085	**3260610**	**151217**	**R**
54999	149395	4169	86
402529	506931	18424	87
744104	767014	34996	88
586996	328905	14426	89
2466457	1508366	79202	90

4-35 规模以上交通运输、仓储和邮政业

分　组	代码	固定资产原价	累计折旧
交通运输、仓储和邮政业	**G**	**39318147**	**12086174**
铁路运输业	53	3270472	326948
铁路旅客运输	531	2999391	245533
铁路货物运输	532	264409	77059
铁路运输辅助活动	533	6671	4356
道路运输业	54	12295034	4842791
城市公共交通运输	541	3556309	848519
公路旅客运输	542	1333906	635079
道路货物运输	543	5477390	2281851
道路运输辅助活动	544	1927429	1077343
水上运输业	55	10495105	3048567
水上旅客运输	551	436230	102245
水上货物运输	552	1643801	650651
水上运输辅助活动	553	8415074	2295671
航空运输业	56	2981879	1027342
航空客货运输	561	1586436	598451
通用航空服务	562	53969	5315
航空运输辅助活动	563	1341473	423576
管道运输业	57	3237987	822010
海底管道运输	571	615101	128724
陆地管道运输	572	2622885	693286
多式联运和运输代理业	58	666566	230123
多式联运	581	11218	2305
运输代理业	582	655348	227819
装卸搬运和仓储业	59	5798300	1499229
装卸搬运	591	2790591	700879
通用仓储	592	895547	217718
低温仓储	593	155030	32468
危险品仓储	594	932181	262117
谷物、棉花等农产品仓储	595	621244	194810
中药材仓储	596		
其他仓储业	599	403708	91237
邮政业	60	572806	289163
邮政基本服务	601	491573	253297
快递服务	602	81233	35867
其他寄递服务	609		

企业法人单位主要指标

单位：万元

资产总计	负债合计	所有者权益合计	营业收入	营业成本	代码
81881432	**46774833**	**35104745**	**32631386**	**28096562**	**G**
4491539	2254824	2236714	403380	385469	53
3782165	1817369	1964795	118523	132942	531
703182	435445	267737	276487	245861	532
6192	2010	4182	8370	6667	533
29583734	19431869	10149000	14349687	12941870	54
8090782	5530902	2559881	616999	1188753	541
2904535	2154004	750531	855679	677102	542
10763666	7574706	3186094	11845429	10501558	543
7824752	4172258	3652494	1031580	574457	544
24399469	11343579	13055890	3589787	2544652	55
648476	236631	411845	236679	166021	551
2243293	1102110	1141184	835150	709238	552
21507700	10004838	11502862	2517958	1669392	553
6724144	3578679	3145465	2487065	2262751	56
2351155	1633488	717667	2115371	1954375	561
68785	45775	23011	12397	10112	562
4304204	1899416	2404787	359297	298265	563
3070095	1620792	1449303	725006	387416	57
504010	374880	129130	56811	27813	571
2566085	1245912	1320173	668195	359603	572
2999675	1923068	1077603	5428607	4978406	58
64578	34191	30388	32582	29396	581
2935096	1888878	1047216	5396025	4949009	582
9887031	6084210	3802835	3944751	3181871	59
3286256	1647088	1639168	1096573	770173	591
1696700	987103	709611	1121939	919617	592
325677	222172	103505	170812	133733	593
1207034	741961	465073	234941	169732	594
2579207	1981700	597507	964292	886035	595
					596
792157	504186	287972	356194	302582	599
725745	537811	187934	1703105	1414127	60
463828	375956	87872	1018279	839295	601
261917	161855	100062	684826	574832	602
					609

4-35 续表

分 组	代码	税金及附加(万元)	销售费用、管理费用、财务费用合计(万元)	投资收益(万元)
交通运输、仓储和邮政业	**G**	**198507**	**3498632**	**668596**
铁路运输业	53	1821	92056	8993
铁路旅客运输	531	330	80570	
铁路货物运输	532	1443	10564	8993
铁路运输辅助活动	533	48	922	
道路运输业	54	90187	1609132	226017
城市公共交通运输	541	5589	256657	-72
公路旅客运输	542	5906	223724	17260
道路货物运输	543	72354	956090	54887
道路运输辅助活动	544	6338	172661	153942
水上运输业	55	42339	565326	329424
水上旅客运输	551	1241	28620	4326
水上货物运输	552	5826	116291	11156
水上运输辅助活动	553	35272	420415	313942
航空运输业	56	8947	235934	26006
航空客货运输	561	1598	164555	18361
通用航空服务	562	6	3760	
航空运输辅助活动	563	7344	67619	7646
管道运输业	57	5408	94497	748
海底管道运输	571	774	17628	
陆地管道运输	572	4634	76869	748
多式联运和运输代理业	58	11781	236923	60237
多式联运	581	318	2441	14
运输代理业	582	11463	234483	60223
装卸搬运和仓储业	59	29213	435517	17168
装卸搬运	591	8678	109686	5548
通用仓储	592	9604	115418	3945
低温仓储	593	948	21135	11
危险品仓储	594	3349	46869	-140
谷物、棉花等农产品仓储	595	3086	107239	7762
中药材仓储	596			
其他仓储业	599	3547	35170	42
邮政业	60	8812	229246	5
邮政基本服务	601	6882	148868	
快递服务	602	1930	80379	5
其他寄递服务	609			

营业利润 (万元)	利润总额 (万元)	应付职工薪酬 (万元)	应交增值税 (万元)	平均用工人数 (人)	代码
2320687	**2461947**	**4562504**	**456525**	**51077**	**G**
-46641	-46089	46393	11227	289	53
-77342	-77254	14338	1259	128	531
29967	30404	29577	9848	147	532
735	761	2478	121	14	533
559022	645772	2233739	286838	32194	54
-330406	-204244	779849	-1500	8432	541
553	11362	267551	15228	4458	542
443162	446411	1016723	242525	17873	543
445713	392244	169616	30584	1432	544
790498	817984	594268	47300	4422	55
60750	62840	28290	5370	313	551
23460	47439	114736	14515	1135	552
706288	707705	451241	27416	2974	553
68717	74809	470323	-17741	2164	56
38237	42759	314104	-11285	1317	561
309	311	3492		16	562
30171	31739	152727	-6456	831	563
252086	253675	43345	40690	308	57
12219	12218	3073	5995	18	571
239867	241457	40273	34695	289	572
271108	276204	242760	28927	2332	58
442	631	893	1447	17	581
270666	275573	241867	27480	2315	582
372832	393087	369008	38536	4613	59
214300	218868	179300	15758	2157	591
83924	84421	89273	10271	1060	592
15190	14777	9311	1948	203	593
13504	14301	16645	3077	180	594
30635	45148	50195	2742	663	595
					596
15280	15571	24284	4740	351	599
53065	46507	562668	20748	4755	60
23751	17073	411722	13434	2756	601
29315	29433	150946	7313	2000	602
					609

4-36 规模以上信息传输、软件和信息技术

分组	代码	固定资产原价	累计折旧	资产总计
信息传输、软件和信息技术服务业	**I**	**39677084**	**24815208**	**31671156**
电信、广播电视和卫星传输服务	63	38633046	24463703	24046276
电信	631	38482788	24398259	22472815
广播电视传输服务	632	150258	65444	1573461
卫星传输服务	633			
互联网和相关服务	64	112482	39362	771565
互联网接入及相关服务	641	7921	4315	37047
互联网信息服务	642	61131	17748	309067
互联网平台	643	35709	14109	173763
互联网安全服务	644			
互联网数据服务	645	1140	295	227428
其他互联网服务	649	6581	2895	24261
软件和信息技术服务业	65	931556	312144	6853315
软件开发	651	473458	154533	4152343
集成电路设计	652	21836	17983	390192
信息系统集成和物联网技术服务	653	187243	34896	1427610
运行维护服务	654	1973	621	7395
信息处理和存储支持服务	655	36735	13387	184196
信息技术咨询服务	656	174631	74842	329791
数字内容服务	657	18195	6450	208541
其他信息技术服务业	659	17486	9431	153248

服务业企业法人单位主要指标

单位：万元

负债合计	所有者权益合计	营业收入	营业成本	代码
16853606	**14817550**	**18828550**	**12416898**	**I**
13347400	10698876	13373537	8641575	63
12904488	9568327	13242521	8546948	631
442912	1130549	131016	94627	632
				633
398680	372885	582092	418682	64
34626	2420	29361	22669	641
138476	170590	381417	307440	642
84217	89546	83568	54549	643
				644
133944	93484	54080	6218	645
7417	16845	33666	27806	649
3107526	3745789	4872921	3356641	65
1789859	2362484	2671456	1727708	651
88270	301921	172469	86922	652
848720	578890	1029331	783764	653
2196	5200	9472	6671	654
82440	101756	269506	217056	655
158422	171369	404394	311568	656
47914	160627	116827	66738	657
89705	63543	199466	156214	659

4-36 续表

分　组	代码	税金及附加（万元）	销售费用、管理费用、财务费用合计（万元）	投资收益（万元）	营业利润（万元）
信息传输、软件和信息技术服务业	**I**	**80641**	**2997728**	**29322**	**3330990**
电信、广播电视和卫星传输服务	63	43202	1830373	1728	2786102
电信	631	42587	1805511	354	2773502
广播电视传输服务	632	614	24863	1374	12601
卫星传输服务	633				
互联网和相关服务	64	3237	101183	1015	60364
互联网接入及相关服务	641	101	6031		553
互联网信息服务	642	2479	57591	999	14676
互联网平台	643	146	27827		1252
互联网安全服务	644				
互联网数据服务	645	308	7726	-19	39756
其他互联网服务	649	204	2008	34	4128
软件和信息技术服务业	65	34202	1066172	26580	484523
软件开发	651	20531	676116	19774	296480
集成电路设计	652	1883	59058	148	32023
信息系统集成和物联网技术服务	653	5950	194738	548	51639
运行维护服务	654	118	1445	38	1284
信息处理和存储支持服务	655	1975	30441	621	21188
信息技术咨询服务	656	1426	53821	306	37274
数字内容服务	657	1367	24715	3737	26725
其他信息技术服务业	659	952	25839	1408	17911

利润总额（万元）	应付职工薪酬（万元）	应交增值税（万元）	平均用工人数（人）	代码
3401783	**2799331**	**579353**	**213154**	**I**
2814304	1781302	380566	111389	63
2796267	1759545	378271	109787	631
18037	21758	2295	1602	632
				633
64765	165211	16308	18164	64
961	2167	345	130	641
16748	142651	12063	15450	642
2769	10008	894	1645	643
				644
40150	6122	1552	573	645
4137	4263	1454	366	649
522714	852818	182480	83601	65
317080	458330	114941	42917	651
32173	29197	12460	1470	652
63078	170694	29478	12367	653
1284	1022	246	231	654
24417	50313	11435	5413	655
37553	39205	4045	4600	656
27525	19166	3156	1630	657
19603	84892	6719	14973	659

4-37 规模以上物业管理和房地产中介

分 组	固定资产原价(万元)	累计折旧(万元)	资产总计(万元)	负债合计(万元)	所有者权益合计(万元)	营业收入(万元)
物业管理和房地产中介服务业	**2127235**	**604196**	**7388332**	**4879609**	**2508703**	**1945426**

4-38 规模以上租赁和商务

分 组	代码	固定资产原价(万元)	累计折旧(万元)	资产总计(万元)	负债合计(万元)	所有者权益合计(万元)	营业收入(万元)
租赁和商务服务业	**L**	**17052955**	**3334417**	**78956995**	**44279545**	**34678463**	**10101370**
租赁业	71	568160	143815	4904400	3844908	1059491	621390
机械设备经营租赁	711	565515	143626	4897663	3844309	1053354	616977
文体设备和用品出租	712	2645	189	6737	599	6138	4413
日用品出租	713						
商务服务业	72	16484795	3190602	74052596	40434637	33618972	9479980
组织管理服务	721	13091414	2269399	59244079	31440859	27803220	2732950
综合管理服务	722	1530341	471171	4775725	3080234	1695490	790304
法律服务	723	35337	11623	117227	70248	46979	153342
咨询与调查	724	257397	75608	2265939	1420427	845512	767939
广告业	725	199665	73324	985708	418618	567090	673072
人力资源服务	726	55522	18948	495152	311848	184319	3008544
安全保护服务	727	138902	51481	354701	178910	175791	479587
会议、展览及相关服务	728	417165	115402	1125098	720302	404796	175986
其他商务服务业	729	759052	103647	4688967	2793192	1895775	698255

服务业企业法人单位主要指标

营业成本(万元)	税金及附加(万元)	销售费用、管理费用、财务费用合计(万元)	投资收益(万元)	营业利润(万元)	利润总额(万元)	应付职工薪酬(万元)	应交增值税(万元)	平均用工人数(人)
1307326	**40793**		**497365**	**110603**	**205122**	**229397**	**676858**	**76094**	**151593**

服务业企业法人单位主要指标

营业成本(万元)	税金及附加(万元)	销售费用、管理费用、财务费用合计(万元)	投资收益(万元)	营业利润(万元)	利润总额(万元)	应付职工薪酬(万元)	应交增值税(万元)	平均用工人数(人)	代码
7956424	**155505**	**2255769**	**831520**	**764840**	**515899**	**2404673**	**226629**	**304621**	**L**
525766	5177	120811	19472	32130	26147	42243	4248	6079	71
523293	5159	120441	19472	30579	24596	42004	4238	5971	711
2473	19	370		1551	1551	238	10	108	712
									713
7430658	150328	2134958	812047	732710	489752	2362431	222381	298542	72
2130863	74199	961445	587315	295772	41112	896530	80141	51444	721
389122	20086	326898	10417	64452	72812	95213	22054	15108	722
87862	1966	34700	94	28908	28891	25219	7956	2607	723
507925	25383	175254	36	65318	68056	127856	19283	14456	724
454623	9021	138336	39645	113015	107329	107809	14235	13996	725
2821146	8346	142610	698	41355	43245	735830	49381	119029	726
356283	1900	93822	342	27790	26496	274218	8357	67960	727
106409	2308	85665	-196	-14061	-14063	24891	5849	3227	728
576424	7119	176228	173697	110160	115874	74866	15125	10715	729

4-39 规模以上科学研究和技术

分 组	代码	固定资产原价	累计折旧	资产总计
科学研究和技术服务业	**M**	**3133205**	**1292265**	**14541551**
研究和试验发展	73	508524	144635	1400369
自然科学研究和试验发展	731	3233	1289	29282
工程和技术研究和试验发展	732	403312	112529	768641
农业科学研究和试验发展	733	33293	9715	95608
医学研究和试验发展	734	68687	21103	506839
社会人文科学研究	735			
专业技术服务业	74	2057393	1005307	11396742
气象服务	741			
地震服务	742			
海洋服务	743	979	703	251149
测绘地理信息服务	744	51285	20613	203340
质检技术服务	745	268896	128275	518692
环境与生态监测检测服务	746	37687	16666	105896
地质勘查	747	356099	242443	277494
工程技术与设计服务	748	1008738	462983	8328715
工业与专业设计及其他专业技术服务	749	333709	133623	1711456
科技推广和应用服务业	75	567288	142323	1744440
技术推广服务	751	486514	126635	1600770
知识产权服务	752	3355	54	5588
科技中介服务	753	24194	5328	71952
创业空间服务	754	48518	9210	56383
其他科技推广服务业	759	4708	1096	9747

服务业企业法人单位主要指标

单位：万元

负债合计	所有者权益合计	营业收入	营业成本	代码
8023175	**6518376**	**8056882**	**5877552**	**M**
671248	729121	732802	464241	73
5212	24070	20429	7323	731
353758	414882	419385	325239	732
34752		84601	60856	733
277525	229313	208386	70824	734
				735
6678516	4718226	6548575	4802067	74
				741
				742
245149	6000	5334	1208	743
95752	107588	131232	72324	744
240910	277783	468413	250307	745
63085	42811	70302	42131	746
270536	6957	217070	185292	747
4935959	3392756	4575994	3439973	748
827126	884330	1080230	810833	749
673411	1071030	775505	611243	75
642420	958351	749019	593973	751
710	4878	6008	4393	752
4904	67048	6298	3680	753
20438	35945	5917	4122	754
4939	4808	8263	5076	759

4-39 续表

分 组	代码	税金及附加（万元）	销售费用、管理费用、财务费用合计（万元）	投资收益（万元）	营业利润（万元）
科学研究和技术服务业	**M**	**68085**	**1449096**	**65817**	**643528**
研究和试验发展	73	6608	152699	2967	117519
自然科学研究和试验发展	731	268	2540	205	10504
工程和技术研究和试验发展	732	4650	84563	2546	11849
农业科学研究和试验发展	733	191	10963	83	12616
医学研究和试验发展	734	1499	54633	133	82549
社会人文科学研究	735				
专业技术服务业	74	56627	1189113	62968	472545
气象服务	741				
地震服务	742				
海洋服务	743	70	8843	2	-4785
测绘地理信息服务	744	923	38910	217	18208
质检技术服务	745	4341	161290	9113	61447
环境与生态监测检测服务	746	437	20990	-137	6761
地质勘查	747	5706	19973	38	-1787
工程技术与设计服务	748	30448	769363	35039	294972
工业与专业设计及其他专业技术服务	749	14702	169744	18697	97729
科技推广和应用服务业	75	4850	107284	-118	53465
技术推广服务	751	4558	96843	-129	54983
知识产权服务	752	43	1019		555
科技中介服务	753	63	4012		-1456
创业空间服务	754	119	2735	11	-1040
其他科技推广服务业	759	67	2676		424

利润总额（万元）	应付职工薪酬（万元）	应交增值税（万元）	平均用工人数（人）	代码
672424	**1588149**	**216257**	**141054**	**M**
124539	145325	14892	11516	73
10826	731	1917	105	731
17927	105290	5547	7295	732
12306	7060	247	1332	733
83480	32243	7182	2784	734
				735
486933	1367268	183026	115032	74
				741
				742
-4550	1025	231	73	743
18492	30906	5341	3236	744
62314	133440	15174	14986	745
7213	28491	1848	2860	746
180	28833	12279	3071	747
300855	980637	129119	78786	748
102429	163937	19034	12020	749
60952	75557	18339	14506	75
55119	70247	17725	13682	751
555	726	114	112	752
4213	1391	111	317	753
-151	1356	148	177	754
1216	1836	241	218	759

4-40 规模以上水利、环境和公共设施

分 组	代码	固定资产原价	累计折旧	资产总计
水利、环境和公共设施管理业	**N**	**3657816**	**979665**	**11235684**
水利管理业	76	705606	184474	1955570
防洪除涝设施管理	761	2993	2674	23140
水资源管理	762	141007	65935	243171
天然水收集与分配	763	53110	17579	63541
水文服务	764			
其他水利管理业	769	508496	98286	1625718
生态保护和环境治理业	77	482268	127538	1058432
生态保护	771	173415	36336	491899
环境治理业	772	308853	91201	566533
公共设施管理业	78	2275840	640699	6034373
市政设施管理	781	305523	112985	832260
环境卫生管理	782	215481	83021	483703
城乡市容管理	783	1249	932	2389
绿化管理	784	50970	23829	441629
城市公园管理	785	27854	6762	219261
游览景区管理	786	1674763	413171	4055131
土地管理业	79	194102	26955	2187309
土地整治服务	791	16593	1452	1092596
土地调查评估服务	792	1251	953	1630
土地登记服务	793			
土地登记代理服务	794			
其他土地管理服务	799	176258	24550	1093082

管理业企业法人单位主要指标

单位：万元

负债合计	所有者权益	营业收入	营业成本	代码
7240217	**3995467**	**1702932**	**1124570**	**N**
1287992	667579	88033	60640	76
13286	9854	9615	9398	761
150689	92482	29604	20377	762
38255	25287	14222	8559	763
				764
1085762	539955	34592	22306	769
631935	426497	283538	158313	77
360160	131739	51930	24759	771
271775	294758	231608	133554	772
3849372	2185001	1159312	799261	78
404915	427345	129890	96985	781
270190	213513	329112	270401	782
860	1529	4059	3560	783
319844	121785	205873	173528	784
146128	73133	38113	30601	785
2707435	1347696	452265	224187	786
1470919	716389	172050	106356	79
822213	270384	130409	72836	791
866	764	2646	1456	792
				793
				794
647841	445241	38995	32064	799

4-40 续表

分 组	代码	税金及附加（万元）	销售费用、管理费用、财务费用合计（万元）	投资收益（万元）
水利、环境和公共设施管理业	**N**	**25565**	**413514**	**17724**
水利管理业	76	2013	18270	5085
防洪除涝设施管理	761	57	205	-31
水资源管理	762	909	8377	51
天然水收集与分配	763	415	1293	
水文服务	764			
其他水利管理业	769	633	8396	5064
生态保护和环境治理业	77	4749	58977	-42
生态保护	771	581	29401	-126
环境治理业	772	4168	29576	84
公共设施管理业	78	16126	299759	12202
市政设施管理	781	784	16378	10841
环境卫生管理	782	2433	46267	896
城乡市容管理	783	11	709	
绿化管理	784	1964	26996	
城市公园管理	785	361	8458	
游览景区管理	786	10573	200952	465
土地管理业	79	2677	36508	480
土地整治服务	791	1228	12081	121
土地调查评估服务	792	15	1027	
土地登记服务	793			
土地登记代理服务	794			
其他土地管理服务	799	1434	23400	359

营业利润（万元）	利润总额（万元）	应付职工薪酬（万元）	应交增值税（万元）	平均用工人数（人）	代码
215102	**226704**	**371573**	**57159**	**88759**	**N**
14074	14745	11137	4060	1025	76
-75	-75	675	507	94	761
2086	2071	1408	2029	220	762
3955	3943	1277	315	176	763
					764
8108	8806	7778	1209	535	769
70257	76606	35725	20415	4632	77
-718	-2154	13082	1119	2066	771
70975	78760	22643	19296	2566	772
80731	80777	316347	25982	82480	78
26606	27274	20343	3742	2151	781
11342	14078	149289	9725	52632	782
-221	-220	2427	33	353	783
3452	4065	32608	5541	6277	784
-1476	-1234	8078	806	1425	785
41027	36815	103603	6135	19642	786
50040	54576	8364	6702	622	79
44385	44319	3558	6356	268	791
148	152	866	131	103	792
					793
					794
5507	10105	3940	215	251	799

4-41 规模以居民服务、修理和其他

分组	代码	固定资产原价(万元)	累计折旧(万元)	资产总计(万元)	负债合计(万元)	所有者权益合计(万元)	营业收入(万元)
居民服务、修理和其他服务业	**O**	**309846**	**88897**	**1027849**	**721526**	**306323**	**749279**
居民服务业	80	164789	46108	544128	396528	147600	203416
家庭服务	801	6968	1634	28967	19966	9001	52196
托儿所服务	802						
洗染服务	803	12699	4189	24182	10156	14026	11792
理发及美容服务	804	5128	1662	19840	17859	1981	13022
洗浴和保健养生服务	805	68541	14519	118886	110997	7889	24780
摄影扩印服务	806	6954	2731	10751	4784	5967	9467
婚姻服务	807	6950	1765	14301	12670	1632	3272
殡葬服务	808	21747	12198	77396	47332	30064	33038
其他居民服务业	809	35803	7410	249806	172764	77042	55849
机动车、电子产品和日用产品修理业	81	91411	24976	385103	259896	125207	436163
汽车、摩托车等修理与维护	811	82142	21526	217293	135674	81619	248611
计算机和办公设备维修	812	4462	1223	44462	34443	10020	39756
家用电器修理	813	3874	2012	122093	89719	32375	147469
其他日用产品修理业	819	933	215	1255	61	1193	328
其他服务业	82	53646	17814	98618	65102	33516	109701
清洁服务	821	39002	11818	71961	37217	34744	99269
宠物服务	822						
其他未列明服务业	829	14644	5995	26657	27885	-1228	10433

服务业企业法人单位主要指标

营业成本(万元)	税金及附加(万元)	销售费用、管理费用、财务费用合计(万元)	投资收益(万元)	营业利润(万元)	利润总额(万元)	应付职工薪酬(万元)	应交增值税(万元)	平均用工人数(人)	代码
544940	**6887**	**145916**	**2981**	**54943**	**59944**	**159276**	**18137**	**40757**	**O**
139037	2127	64579	2516	370	4442	70596	3273	17637	80
38120	353	12228	3	1944	2331	22736	774	8175	801
									802
7808	87	3315		582	588	3020	214	675	803
7016	68	5107		830	807	4698	82	753	804
13854	509	16286	8	-5848	-4972	9078	502	1956	805
4252	97	4564	15	572	805	3491	253	728	806
1835	90	1325		23	23	742	153	189	807
14736	316	11185		6801	7101	5948	243	754	808
51416	608	10572	2490	-4535	-2241	20882	1051	4407	809
320857	3625	62914	465	49473	50342	49841	11991	7606	81
189898	2477	29265	-22	27004	27065	29542	4218	6111	811
31269	66	4039	11	4577	4593	2587	234	246	812
99451	1081	29561	477	17855	18647	17690	7535	1244	813
240	1	49		38	38	22	3	5	819
85045	1135	18423	1	5099	5160	38839	2873	15514	82
77100	984	14827	1	6358	6310	35649	2721	14954	821
									822
7945	151	3596	0	-1259	-1149	3190	152	560	829

4-42 规模以上教育企业法人单位

分组	代码	固定资产原价（万元）	累计折旧（万元）	资产总计（万元）	负债合计（万元）	所有者权益合计（万元）	营业收入（万元）
教育	**P**	**1113814**	**376335**	**1825630**	**1042993**	**782637**	**681535**
学前教育	831	23130	8203	37399	23971	13428	21636
初等教育	832	24706	6858	33723	26514	7208	16759
中等教育	833	225205	43909	546014	174952	371063	67829
高等教育	834	202950	54085	268521	260683	7838	67297
特殊教育	835						
技能培训、教育辅助及其他教育	839	637823	263280	939973	556873	383101	508013

4-43 规模以卫生和社会工作企业

分组	代码	固定资产原价（万元）	累计折旧（万元）	资产总计（万元）	负债合计（万元）	所有者权益合计（万元）	营业收入（万元）
卫生和社会工作	**Q**	**1898379**	**594878**	**2931652**	**1875152**	**1056499**	**1787655**
卫生	84	1847070	587442	2807911	1798960	1008951	1751036
医院	841	1803264	569722	2695729	1742276	953454	1627025
基层医疗卫生服务	842	5824	1521	31929	15560	16369	22943
专业公共卫生服务	843	9638	3531	17608	6285	11323	31326
其他卫生活动	849	28344	12668	62645	34839	27806	69743
社会工作	85	51309	7437	123740	76193	47548	36619
提供住宿社会工作	851	51060	7398	121592	74754	46838	35289
不提供住宿社会工作	852	249	39	2148	1438	710	1330

分行业主要指标

营业成本（万元）	税金及附加（万元）	销售费用、管理费用、财务费用合计（万元）	投资收益（万元）	营业利润（万元）	利润总额（万元）	应付职工薪酬（万元）	应交增值税（万元）	平均用工人数（人）	代码
367138	**5680**	**273093**	**2113**	**32169**	**33060**	**250089**	**12301**	**38529**	**P**
14147	63	6432		1215	1212	12364	155	2531	831
8775	49	7488		431	482	9622	20	1443	832
51442	301	15500	52	840	1127	34645	364	5725	833
11981	8	44419	820	3910	3910	20123	13	3047	834
									835
280793	5259	199253	1240	25773	26329	173334	11750	25783	839

法人单位分行业主要指标

营业成本（万元）	税金及附加（万元）	销售费用、管理费用、财务费用合计（万元）	投资收益（万元）	营业利润（万元）	利润总额（万元）	应付职工薪酬（万元）	应交增值税（万元）	平均用工人数（人）	代码
1339115	**2372**	**398314**	**-572**	**73756**	**73023**	**519785**	**3208**	**5891**	**Q**
1314311	2140	390361	-577	70224	69198	511101	2961	5684	84
1235369	1862	355466	36	59946	59102	479068	1605	5197	841
15224	58	7746	-612	854	885	8287	185	115	842
26282	170	2790		2087	2079	2639	981	53	843
37436	50	24360		7337	7131	21107	190	320	849
24804	232	7953	4	3532	3825	8684	246	207	85
23974	226	7568	4	3423	3716	8530	242	203	851
830	6	385		109	109	154	4	4	852

4-44 规模以上文化、体育和娱乐业

分组	代码	固定资产原价	累计折旧
文化、体育和娱乐业	**R**	**2238335**	**662706**
新闻和出版业	86	456564	214253
新闻业	861		
出版业	862	456564	214253
广播、电视、电影和录音制作业	87	213203	93515
广播	871		
电视	872	77444	39389
影视节目制作	873	43912	10086
广播电视集成播控	874		
电影和广播电视节目发行	875	626	499
电影放映	876	91141	43531
录音制作	877	80	10
文化艺术业	88	595241	55652
文艺创作与表演	881	46170	14150
艺术表演场馆	882	153357	26809
图书馆与档案馆	883		
文物及非物质文化遗产保护	884	314051	3757
博物馆	885	47169	7080
烈士陵园、纪念馆	886	156	123
群众文体活动	887	1489	315
其他文化艺术业	889	32849	3419
体育	89	235931	80668
体育组织	891	5439	3786
体育场地设施管理	892	27355	6451
健身休闲活动	893	202979	70402
其他体育	899	157	28
娱乐业	90	737396	218618
室内娱乐活动	901	128833	44290
游乐园	902	460660	145907
休闲观光活动	903	123184	22048
彩票活动	904		
文化体育娱乐活动与经纪代理服务	905	11477	2813
其他娱乐业	909	13242	3560

法人单位主要指标

单位：万元

资产总计	负债合计	所有者权益合计	营业收入	营业成本	代码
6382864	**3438402**	**2940949**	**1892438**	**1220409**	**R**
2682251	819954	1862297	954227	614010	86
					861
2682251	819954	1862297	954227	614010	862
461160	254564	206595	268357	192356	87
					871
101704	29236	72468	28571	24538	872
130936	80269	50667	60420	45647	873
					874
53272	25078	28194	33229	29417	875
174945	119783	55162	143786	91131	876
303	199	104	2350	1622	877
626592	281857	344736	196194	99697	88
68245	32798	35447	60379	40382	881
355167	143408	211759	78411	23017	882
					883
25749	16232	9517	12242	7972	884
64044	21650	42394	10007	4790	885
2888	2028	860	1704	1032	886
1676	126	1549	2070	1721	887
108824	65615	43210	31382	20782	889
377095	343895	33200	184472	152432	89
96154	89207	6948	127761	124785	891
34395	20134	14261	10846	6666	892
246220	234372	11849	44863	20139	893
326	182	144	1002	842	899
2235767	1738133	494121	289188	161914	90
508862	426875	81987	51983	19197	901
1231200	983396	247804	116462	51680	902
433073	292387	137172	69595	50574	903
					904
41483	26117	15366	43624	34419	905
21149	9357	11792	7523	6044	909

4-44 续表

分组	代码	税金及附加（万元）	销售费用、管理费用、财务费用合计（万元）	投资收益（万元）
文化、体育和娱乐业	**R**	**29803**	**551546**	**74517**
新闻和出版业	86	10361	238383	59746
新闻业	861			
出版业	862	10361	238383	59746
广播、电视、电影和录音制作业	87	4374	69820	15564
广播	871			
电视	872	463	9646	571
影视节目制作	873	486	9434	33
广播电视集成播控	874			
电影和广播电视节目发行	875	16	4533	13813
电影放映	876	3377	45746	1148
录音制作	877	32	461	
文化艺术业	88	2908	63671	75
文艺创作与表演	881	1293	9526	17
艺术表演场馆	882	842	36898	58
图书馆与档案馆	883			
文物及非物质文化遗产保护	884	288	2855	
博物馆	885	59	4964	
烈士陵园、纪念馆	886	2	452	
群众文体活动	887	9	553	
其他文化艺术业	889	416	8424	0
体育	89	3683	32016	211
体育组织	891	1109	3055	151
体育场地设施管理	892	446	4827	60
健身休闲活动	893	2108	24091	
其他体育	899	20	44	
娱乐业	90	8477	147656	-1080
室内娱乐活动	901	1749	28832	-2000
游乐园	902	4723	84482	834
休闲观光活动	903	1484	26559	63
彩票活动	904			
文化体育娱乐活动与经纪代理服务	905	384	4964	1
其他娱乐业	909	138	2819	23

营业利润（万元）	利润总额（万元）	应付职工薪酬（万元）	应交增值税（万元）	平均用工人数（人）	代码
195278	**217948**	**347423**	**45730**	**41209**	**R**
165318	170749	152135	21235	12693	86
					861
165318	170749	152135	21235	12693	862
18008	26246	48277	5277	6065	87
					871
-5442	-460	19321	915	1852	872
6823	5376	8425	885	1074	873
					874
10992	10958	3127	69	134	875
5400	10137	17261	3361	2985	876
235	235	144	47	20	877
41432	45369	53980	4749	6205	88
9197	10175	23516	1237	2147	881
28467	30455	20182	2045	2077	882
					883
1127	1193	2416	324	427	884
194	229	2114	482	284	885
217	273	204		36	886
-212	419	342	6	86	887
2442	2625	5206	655	1148	889
-3256	-3648	27064	7716	3732	89
-856	-344	9107	6954	361	891
-999	-993	3732	92	531	892
-1497	-2407	13926	666	2789	893
96	96	299	3	51	899
-26225	-20769	65967	6754	12514	90
216	120	9406	979	2164	901
-20101	-15859	36172	3393	6193	902
-8939	-8046	13384	618	3058	903
					904
3861	3955	4646	1541	850	905
-1263	-939	2359	222	249	909

第5篇

服务业行政事业及非企业法人单位篇

5-1 服务业行政事业及非企业法人单位分行业主要指标

分 组	代码	法人单位数(个)	资产总计(万元)	非企业单位支出(费用)(万元)	从业人员期末人数(人)
总 计	**00**	**178996**	**321308820**	**127069771**	**3891414**
交通运输、仓储和邮政业	G	**380**	**3055826**	**396032**	**10952**
铁路运输业	53				
道路运输业	54	308	2567382	291707	8843
水上运输业	55	25	319083	51811	1044
航空运输业	56	4	19686	14046	367
管道运输业	57	1			
多式联运和运输代理业	58	1			
装卸搬运和仓储业	59	37	129541	32111	569
邮政业	60	4	947	971	28
信息传输、软件和信息技术服务业	**I**	**344**	**486455**	**186356**	**6064**
电信、广播电视和卫星传输服务	63	118	330710	104156	4473
互联网和相关服务	64	75	60314	18752	502
软件和信息技术服务业	65	151	95431	63448	1089
房地产业	**K**	**142**	**554177**	**89876**	**1831**
物业管理	702	62	447041	14055	560
房地产中介服务	703	31	18415	4924	223
房地产租赁经营	704	16	6511	2359	151
其他房地产业	709	33	82211	68538	897
租赁和商务服务业	**L**	**3878**	**9394906**	**1314348**	**29733**
租赁业	71	16	52352	35527	365
机械设备经营租赁	711	11	50528	34822	295
文体设备和用品出租	712	5	1825	705	70
日用品出租	713				
商务服务业	72	3862	9342553	1278821	29368
组织管理服务	721	1766	5920490	380890	11782
综合管理服务	722	178	917375	178179	2383
法律服务	723	574	140743	63376	3184
咨询与调查	724	600	221389	83105	2894
广告业	725	13	443137	226082	2925
人力资源服务	726	317	205306	139634	2943
安全保护服务	727	39	6714	5470	233
会议、展览及相关服务	728	138	1308787	35899	1128
其他商务服务业	729	237	178613	166186	1896
科学研究和技术服务业	**M**	**4093**	**5793413**	**2362660**	**55073**
研究和试验发展	73	734	2013159	733578	14428
专业技术服务业	74	2105	3343384	1426447	33248
科技推广和应用服务业	75	1254	436870	202635	7397
水利、环境和公共设施管理业	**N**	**1499**	**7681863**	**1739771**	**42016**
水利管理业	76	660	3228953	524760	9312

注：本篇数据不包含金融、铁路等垂直管理部门普查数据。

5-1　续表 1

分　组	代码	法　人单位数(个)	资产总计(万元)	非企业单位支出(费用)(万元)	从业人员期末人数(人)
防洪除涝设施管理	761	152	809854	94612	1947
水资源管理	762	203	923465	119785	3279
天然水收集与分配	763	95	707991	51692	1681
水文服务	764	23	44284	21277	518
其他水利管理业	769	187	743361	237394	1887
生态保护和环境治理业	77	140	274190	65998	2066
生态保护	771	115	246762	51816	1833
环境治理业	772	25	27428	14182	233
公共设施管理业	78	632	4123511	1142117	30107
市政设施管理	781	143	1451142	214877	4131
环境卫生管理	782	115	291871	394193	12614
城乡市容管理	783	50	143747	104808	2120
绿化管理	784	117	1103220	228098	4727
城市公园管理	785	74	224171	84594	2128
游览景区管理	786	133	909360	115546	4387
土地管理业	79	67	55209	6896	531
土地整治服务	791	14	889	1622	79
土地调查评估服务	792	11	1382	1432	62
土地登记服务	793	12	802	1580	258
土地登记代理服务	794	4	79	166	15
其他土地管理服务	799	26	52057	2096	117
居民服务、修理和其他服务业	**O**	**1064**	**310934**	**149546**	**8437**
居民服务业	80	924	281000	127335	7733
机动车、电子产品和日用产品修理业	81	25	580	958	89
其他服务业	82	115	29354	21254	615
教育	**P**	**23345**	**54611763**	**23248918**	**1260127**
学前教育	831	6884	1907581	1180005	132895
初等教育	832	7090	9965860	5433994	379192
中等教育	833	3725	19193043	9140942	538710
高等教育	834	196	20292817	5849431	135240
特殊教育	835	200	221511	125601	6251
技能培训、教育辅助及其他教育	839	5250	3030951	1518946	67839
卫生和社会工作	**Q**	**11125**	**33066142**	**22887853**	**676757**
卫生	84	7479	32174855	22244931	645189
医院	841	969	24493239	17277783	416354
基层医疗卫生服务	842	5232	4169979	3377814	169955
专业公共卫生服务	843	1198	3475902	1555073	57457
其他卫生活动	849	80	35735	34260	1423
社会工作	85	3646	891288	642922	31568
提供住宿社会工作	851	2676	839083	585757	25709
不提供住宿社会工作	852	970	52205	57166	5859

5-1 续表 2

分组	代码	法人单位数(个)	资产总计(万元)	非企业单位支出(费用)(万元)	从业人员期末人数(人)
文化、体育和娱乐业	**R**	**4232**	**4032219**	**1128925**	**52747**
新闻和出版业	86	122	208523	82518	4009
新闻业	861	47	73006	38755	1382
出版业	862	75	135517	43764	2627
广播、电视、电影和录音制作业	87	174	1341700	353359	15519
广播	871	68	634493	136152	6276
电视	872	51	510083	171986	6773
影视节目制作	873	18	130011	24383	1176
广播电视集成播控	874	9	12106	8616	455
电影和广播电视节目发行	875	7	48344	9556	628
电影放映	876	21	6663	2666	211
录音制作	877				
文化艺术业	88	2800	1801688	450601	25203
文艺创作与表演	881	591	76981	68069	7711
艺术表演场馆	882	29	8246	7268	416
图书馆与档案馆	883	351	336987	113393	4455
文物及非物质文化遗产保护	884	181	72222	35869	1611
博物馆	885	339	459928	78258	3143
烈士陵园、纪念馆	886	110	89461	30340	748
群众文体活动	887	826	697723	92229	5545
其他文化艺术业	889	373	60139	25175	1574
体育	89	793	244910	108209	4472
体育组织	891	426	135551	71358	2678
体育场地设施管理	892	46	81652	24460	599
健身休闲活动	893	311	25143	9866	1152
其他体育	899	10	2564	2526	43
娱乐业	90	343	435398	134238	3544
室内娱乐活动	901	51	1606	855	137
游乐园	902	3	421	464	49
休闲观光活动	903	12	27219	9872	191
彩票活动	904	25	380449	103441	1871
文化体育娱乐活动与经纪代理服务	905	241	25034	18989	1253
其他娱乐业	909	11	668	616	43
公共管理、社会保障和社会组织	**K**	**128894**	**202321123**	**73565485**	**1747677**
中国共产党机关	81	2049	2345470	2045135	47383
国家机构	82	29933	141616839	64049207	1182484
人民政协、民主党派	83	375	91209	137099	4951
社会保障	84	488	51903	792227	4210
群众团体、社会团体和其他成员组织	85	17348	2996855	924096	67866
基层群众自治组织	86	78701	55218845	5617721	440783

5-2　交通运输、仓储和邮政业行政事业及非企业法人单位分地区主要指标

分　组	法　人 单位数 (个)	资产总计 (万元)	非企业单位支出 (费用)(万元)	从业人员 期末人数 (人)
全　省	**380**	**3055826**	**396032**	**10952**
济南市	39	105305	58576	1384
青岛市	18	67531	27162	438
淄博市	32	31913	58302	1252
枣庄市	15	24556	8851	577
东营市	18	12976	3428	286
烟台市	63	362942	66855	1381
潍坊市	18	24931	7964	547
济宁市	48	19034	16372	960
泰安市	10	55520	13065	283
威海市	15	23259	11549	233
日照市	11	2167572	61425	306
临沂市	12	26397	11729	584
德州市	32	30906	27237	1096
聊城市	18	47770	16166	1000
滨州市	16	9023	4646	192
菏泽市	22	51899	8676	509

5-3 信息传输、软件和信息技术服务业行政事业及非企业法人单位分地区主要指标

分组	法人单位数(个)	资产总计(万元)	非企业单位支出(费用)(万元)	从业人员期末人数(人)
全省	**344**	**486455**	**186356**	**6064**
济南市	53	155073	66601	1186
青岛市	34	39858	33753	638
淄博市	22	29595	977	77
枣庄市	16	13403	1501	78
东营市	17	9827	2525	106
烟台市	41	130543	27213	1064
潍坊市	21	37995	6088	288
济宁市	18	11395	2155	154
泰安市	29	4607	903	129
威海市	16	3598	2257	86
日照市	14	2328	1289	133
临沂市	9	13830	5644	405
德州市	19	17012	20055	673
聊城市	10	2336	3868	135
滨州市	13	4962	5368	356
菏泽市	12	10093	6160	556

5-4　租赁和商务服务业行政事业及非企业法人单位分地区主要指标

分　组	法　人 单位数 (个)	资产总计 (万元)	非企业单位支出 (费用)(万元)	从业人员 期末人数 (人)
全　省	**3878**	**9394906**	**1314348**	**29733**
济南市	373	2444056	569092	7283
青岛市	366	3935746	238561	5191
淄博市	204	114060	47239	1467
枣庄市	107	18855	22046	772
东营市	119	25329	18770	564
烟台市	272	397360	73522	2214
潍坊市	212	811424	46065	1513
济宁市	236	706726	90108	1253
泰安市	169	93657	17641	269
威海市	129	180248	45628	854
日照市	1140	438140	55105	4504
临沂市	81	28426	15759	734
德州市	132	158306	32970	1200
聊城市	89	20614	22338	622
滨州市	117	9808	8447	623
菏泽市	132	12151	11058	670

5-5 科学研究和技术服务业行政事业及非企业法人单位分地区主要指标

分组	法人单位数(个)	资产总计(万元)	非企业单位支出(费用)(万元)	从业人员期末人数(人)
全省	**4093**	**5793413**	**2362660**	**55073**
济南市	475	2656377	924693	18935
青岛市	368	1352643	611475	8575
淄博市	245	140815	71278	2272
枣庄市	131	45951	29091	1245
东营市	151	56257	23430	812
烟台市	497	265103	117577	3982
潍坊市	293	233116	58832	2522
济宁市	371	209642	91072	3443
泰安市	200	184803	130411	2747
威海市	170	129634	77901	1504
日照市	134	56496	29764	891
临沂市	203	166706	80616	2286
德州市	217	51322	30191	1725
聊城市	101	137772	29706	1153
滨州市	296	52079	27032	1237
菏泽市	241	54697	29589	1744

5-6　水利、环境和公共设施管理业行政事业及非企业法人单位分地区主要指标

分　组	法　人 单位数 (个)	资产总计 (万元)	非企业单位支出 (费用)(万元)	从业人员 期末人数 (人)
全　省	**1499**	**7681863**	**1739771**	**42016**
济南市	165	1380337	575050	6431
青岛市	128	1048436	220393	3619
淄博市	97	155110	55922	1187
枣庄市	63	507234	81026	3354
东营市	74	340042	85265	1439
烟台市	135	353078	93132	3129
潍坊市	104	1260667	131884	3324
济宁市	139	423902	98250	3600
泰安市	68	320603	54162	3167
威海市	70	777193	64366	2015
日照市	32	91279	9548	360
临沂市	93	266273	127077	3132
德州市	102	377397	32091	1445
聊城市	59	201735	52899	1462
滨州市	85	113618	22589	662
菏泽市	85	64959	36117	3690

5-7 居民服务、修理和其他服务业行政事业及非企业法人单位分地区主要指标

分 组	法 人 单位数 (个)	资产总计 (万元)	非企业单位支出 (费用)(万元)	从业人员 期末人数 (人)
全 省	**1064**	**310934**	**149546**	**8437**
济南市	121	38737	30157	1870
青岛市	301	73535	22747	1902
淄博市	71	10250	5236	361
枣庄市	27	9037	4303	281
东营市	37	16076	3461	275
烟台市	70	20749	11225	347
潍坊市	88	22141	12196	694
济宁市	60	11806	7133	421
泰安市	42	5630	5821	138
威海市	56	21625	9684	256
日照市	32	3807	3485	161
临沂市	29	24589	8932	520
德州市	32	11508	4075	278
聊城市	21	13943	13069	331
滨州市	45	19170	2904	195
菏泽市	32	8331	5117	407

5-8　教育行政事业及非企业法人单位分地区主要指标

分　组	法　人 单位数 (个)	资产总计 (万元)	非企业单位支出 (费用)(万元)	从业人员 期末人数 (人)
全　省	**23345**	**54611763**	**23248918**	**1260127**
济南市	2504	11042928	4290698	149264
青岛市	3484	8885139	3701985	139503
淄博市	1073	2213786	1164947	60543
枣庄市	1007	1408958	596750	46442
东营市	616	1295804	563690	30230
烟台市	1579	3996640	1654981	84985
潍坊市	2388	4891804	2065817	125799
济宁市	2431	2972055	1529802	98151
泰安市	1392	2516549	1042112	61278
威海市	739	1418867	798239	34895
日照市	518	1217423	535313	35717
临沂市	1305	3140832	1645749	115418
德州市	1166	2208846	736445	61177
聊城市	717	2017774	1173708	72836
滨州市	723	2009815	691219	46185
菏泽市	1703	3374544	1057463	97704

5-9　卫生和社会工作行政事业及非企业法人单位分地区主要指标

分　组	法　人 单位数 (个)	资产总计 (万元)	非企业单位支出 (费用)(万元)	从业人员 期末人数 (人)
全　省	**11125**	**33066142**	**22887853**	**676757**
济南市	828	4331907	3989635	78427
青岛市	2136	3663739	3169280	70937
淄博市	1161	1406992	1045344	35352
枣庄市	299	985595	661994	24897
东营市	202	692865	339405	12340
烟台市	1111	2615056	1751519	43373
潍坊市	821	3114305	1866474	63213
济宁市	819	2457730	1709695	55106
泰安市	507	1508778	967696	34026
威海市	522	1920917	802223	24577
日照市	226	1762965	538020	20502
临沂市	526	2602405	1893993	67163
德州市	416	1224635	853513	32070
聊城市	348	1965906	1139350	39458
滨州市	447	1221770	939714	26661
菏泽市	756	1590577	1219996	48655

5-10　文化、体育和娱乐业行政事业及非企业法人单位分地区主要指标

分　组	法　人 单位数 (个)	资产总计 (万元)	非企业单位支出 (费用)(万元)	从业人员 期末人数 (人)
全　省	**4232**	**4032219**	**1128925**	**52747**
济南市	503	1038990	347214	9611
青岛市	602	427782	175766	6267
淄博市	373	141851	52314	4539
枣庄市	127	83044	31986	2034
东营市	242	69165	25304	2299
烟台市	304	156681	73492	3304
潍坊市	338	799377	72285	3780
济宁市	383	205543	71128	3845
泰安市	242	115942	34861	2524
威海市	213	173084	44912	2575
日照市	96	44935	9926	780
临沂市	173	176545	54269	2927
德州市	172	73731	29851	1963
聊城市	130	56423	37656	1919
滨州市	143	68217	26333	1315
菏泽市	191	400907	41631	3065

5-11 公共管理、社会保障和社会组织行政事业及非企业法人单位分地区主要指标

分组	法人单位数(个)	资产总计(万元)	非企业单位支出(费用)(万元)	从业人员期末人数(人)
全省	**128894**	**202321123**	**73565485**	**1747677**
济南市	10947	30190565	10462854	159286
青岛市	10633	29704376	11184050	183093
淄博市	6019	10651898	3407963	88626
枣庄市	4473	3694113	1714352	74603
东营市	3608	5141273	2475935	45746
烟台市	11379	28869272	5197323	127063
潍坊市	10987	14845350	5176254	151748
济宁市	11866	9519329	5217013	140590
泰安市	6872	8528829	3767034	75492
威海市	4890	14586077	2471692	48744
日照市	3472	5006358	2203791	47462
临沂市	8036	11959354	4201383	154346
德州市	11148	8298292	3589791	121314
聊城市	8678	4834892	3260042	107537
滨州市	6773	9692935	2700518	76671
菏泽市	9113	6798211	6535489	145356

第6篇

企业信息化和电子商务交易情况篇

6-1 分行业企业使用计算机情况

行 业	代码	企业数（个）	使用计算机的企业		期末使用计算机总数量（台）	每百人拥有的计算机数量（台）
			数量（个）	比重（%）		
总 计	**00**	**78913**	**78600**	**99.6**	**2803319**	**24**
采矿业	**B**	**391**	**386**	**98.7**	**113370**	**25**
煤炭开采和洗选业	06	103	103	100.0	48992	18
石油和天然气开采业	07	9	9	100.0	40978	50
黑色金属矿采选业	08	66	66	100.0	5332	24
有色金属矿采选业	09	60	59	98.3	8532	21
非金属矿采选业	10	149	145	97.3	1508	10
开采专业及辅助性活动	11	2	2	100.0	8005	43
其他采矿业	12	2	2	100.0	23	21
制造业	**C**	**33823**	**33690**	**99.6**	**1202667**	**20**
农副食品加工业	13	3353	3344	99.7	60822	11
食品制造业	14	1066	1063	99.7	25595	16
酒、饮料和精制茶制造业	15	377	375	99.5	15808	21
烟草制品业	16	6	6	100.0	1270	20
纺织业	17	2025	2015	99.5	35411	9
纺织服装、服饰业	18	1038	1034	99.6	31898	11
皮革、毛皮、羽毛及其制品和制鞋业	19	320	317	99.1	6421	10
木材加工和木、竹、藤、棕、草制品业	20	1691	1683	99.5	9924	7
家具制造业	21	462	461	99.8	6438	12
造纸和纸制品业	22	561	558	99.5	17570	15
印刷和记录媒介复制业	23	581	580	99.8	10888	19
文教、工美、体育和娱乐用品制造业	24	1196	1192	99.7	24269	15
石油、煤炭及其他燃料加工业	25	301	301	100.0	34133	29
化学原料和化学制品制造业	26	2888	2878	99.7	103100	23
医药制造业	27	694	693	99.9	58262	25
化学纤维制造业	28	77	77	100.0	2246	15
橡胶和塑料制品业	29	1658	1647	99.3	42027	15
非金属矿物制品业	30	3434	3418	99.5	60888	16
黑色金属冶炼和压延加工业	31	351	349	99.4	36506	21
有色金属冶炼和压延加工业	32	434	434	100.0	28752	12
金属制品业	33	2097	2089	99.6	50155	19
通用设备制造业	34	2911	2899	99.6	101063	25
专用设备制造业	35	2103	2099	99.8	94618	33
汽车制造业	36	1321	1315	99.5	82540	25
铁路、船舶、航空航天和其他运输设备制造业	37	358	356	99.4	40091	41
电气机械和器材制造业	38	1386	1378	99.4	80832	33
计算机、通信和其他电子设备制造业	39	640	637	99.5	117346	41
仪器仪表制造业	40	335	334	99.7	20625	46
其他制造业	41	58	58	100.0	962	13
废弃资源综合利用业	42	86	85	98.8	1115	17
金属制品、机械和设备修理业	43	15	15	100.0	1092	36
电力、热力、燃气及水生产和供应业	**D**	**913**	**913**	**100.0**	**92208**	**34**
电力、热力生产和供应业	44	580	580	100.0	73468	33
燃气生产和供应业	45	159	159	100.0	10271	51
水的生产和供应业	46	174	174	100.0	8469	31
建筑业	**E**	**7298**	**7267**	**99.6**	**273423**	**11**
房屋建筑业	47	3625	3610	99.6	125057	7
土木工程建筑业	48	1677	1671	99.6	105474	26
建筑安装业	49	875	870	99.4	23095	13
建筑装饰、装修和其他建筑业	50	1121	1116	99.6	19797	19

6-1 续表

行业	代码	企业数（个）	使用计算机的企业		期末使用计算机总数量（台）	每百人拥有的计算机数量（台）
			数量（个）	比重（%）		
批发和零售业	**F**	**15219**	**15176**	**99.7**	**329386**	**40**
批发业	51	8042	8016	99.7	145198	45
零售业	52	7177	7160	99.8	184188	38
交通运输、仓储和邮政业	**G**	**4362**	**4351**	**99.7**	**127458**	**24**
铁路运输业	53	5	5	100.0	1047	36
道路运输业	54	3152	3146	99.8	51007	16
水上运输业	55	189	188	99.5	11598	22
航空运输业	56	15	15	100.0	8286	39
管道运输业	57	22	22	100.0	2634	86
多式联运和运输代理业	58	383	383	100.0	15756	64
装卸搬运和仓储业	59	514	510	99.2	12478	27
邮政业	60	82	82	100.0	24652	50
住宿和餐饮业	**H**	**2613**	**2608**	**99.8**	**48840**	**25**
住宿业	61	1075	1074	99.9	25581	28
餐饮业	62	1538	1534	99.7	23259	22
信息传输、软件和信息技术服务业	**I**	**822**	**818**	**99.5**	**204245**	**95**
电信、广播电视和卫星传输服务	63	90	90	100.0	109491	98
互联网和相关服务	64	117	117	100.0	8910	48
软件和信息技术服务业	65	615	611	99.3	85844	103
房地产业	**K**	**8265**	**8202**	**99.2**	**148648**	**40**
房地产业	70	8265	8202	99.2	148648	40
租赁和商务服务业	**L**	**1616**	**1613**	**99.8**	**67004**	**27**
租赁业	71	140	140	100.0	1498	24
商务服务业	72	1476	1473	99.8	65506	27
科学研究和技术服务业	**M**	**1432**	**1426**	**99.6**	**94521**	**66**
研究和试验发展	73	119	119	100.0	7898	59
专业技术服务业	74	947	945	99.8	82986	72
科技推广和应用服务业	75	366	362	98.9	3637	24
水利、环境和公共设施管理业	**N**	**457**	**455**	**99.6**	**9935**	**10**
水利管理业	76	20	19	95.0	518	50
生态保护和环境治理业	77	56	56	100.0	1188	26
公共设施管理业	78	373	372	99.7	7659	8
土地管理业	79	8	8	100.0	570	102
居民服务、修理和其他服务业	**O**	**392**	**389**	**99.2**	**5488**	**13**
居民服务业	80	134	134	100.0	2444	14
机动车、电子产品和日用产品修理业	81	175	173	98.9	2598	31
其他服务业	82	83	82	98.8	446	3
教育	**P**	**403**	**402**	**99.8**	**34368**	**88**
教育	83	403	402	99.8	34368	88
卫生和社会工作	**Q**	**398**	**397**	**99.7**	**30378**	**51**
卫生	84	349	349	100.0	29970	52
社会工作	85	49	48	98.0	408	19
文化、体育和娱乐业	**R**	**509**	**507**	**99.6**	**21380**	**54**
新闻和出版业	86	57	57	100.0	11944	106
广播、电视、电影和录音制作业	87	118	117	99.2	3354	57
文化艺术业	88	99	99	100.0	1766	31
体育	89	52	52	100.0	856	23
娱乐业	90	183	182	99.5	3460	27

6-2 分地区企业使用计算机情况

地 区	企业数（个）	使用计算机的企业		期末在用计算机数（台）	每百人拥有计算机数（台）
		数量（个）	比重（%）		
全 省	**78913**	**78600**	**99.6**	**2803319**	**24**
济南市	7256	7235	99.7	476166	35
青岛市	9461	9430	99.7	518665	35
淄博市	5047	5019	99.4	170799	21
枣庄市	2337	2333	99.8	49255	13
东营市	2103	2094	99.6	161035	35
烟台市	5576	5565	99.8	242802	24
潍坊市	6545	6520	99.6	249953	24
济宁市	7396	7371	99.7	167351	18
泰安市	3146	3108	98.8	99723	18
威海市	3729	3723	99.8	124859	22
日照市	1696	1683	99.2	66734	25
临沂市	7439	7419	99.7	144495	16
德州市	5006	4989	99.7	87446	17
聊城市	3537	3502	99.0	70524	17
滨州市	2566	2552	99.5	75182	17
菏泽市	6069	6053	99.7	64966	11

6-3 分行业

行　业	代码	企业数（个）	使用信息化
			数量（个）
总　计	**00**	**78913**	**76996**
采矿业	**B**	**391**	**380**
煤炭开采和洗选业	06	103	99
石油和天然气开采业	07	9	9
黑色金属矿采选业	08	66	65
有色金属矿采选业	09	60	59
非金属矿采选业	10	149	144
开采专业及辅助性活动	11	2	2
其他采矿业	12	2	2
制造业	**C**	**33823**	**33164**
农副食品加工业	13	3353	3294
食品制造业	14	1066	1048
酒、饮料和精制茶制造业	15	377	371
烟草制品业	16	6	6
纺织业	17	2025	1978
纺织服装、服饰业	18	1038	1017
皮革、毛皮、羽毛及其制品和制鞋业	19	320	310
木材加工和木、竹、藤、棕、草制品业	20	1691	1650
家具制造业	21	462	455
造纸和纸制品业	22	561	548
印刷和记录媒介复制业	23	581	568
文教、工美、体育和娱乐用品制造业	24	1196	1173
石油、煤炭及其他燃料加工业	25	301	297
化学原料和化学制品制造业	26	2888	2834
医药制造业	27	694	690
化学纤维制造业	28	77	76
橡胶和塑料制品业	29	1658	1607
非金属矿物制品业	30	3434	3364
黑色金属冶炼和压延加工业	31	351	340
有色金属冶炼和压延加工业	32	434	429
金属制品业	33	2097	2055
通用设备制造业	34	2911	2861
专用设备制造业	35	2103	2069

信息化管理情况

管理的企业数	财务管理		购销存管理		代码
比重(%)	数量(个)	占使用信息化管理企业比重(%)	数量(个)	占使用信息化管理企业比重(%)	
97.6	**67301**	**87.4**	**31929**	**41.5**	**00**
97.2	**344**	**90.5**	**189**	**49.7**	**B**
96.1	91	91.9	65	65.7	06
100.0	7	77.8	2	22.2	07
98.5	61	93.8	37	56.9	08
98.3	53	89.8	28	47.5	09
96.6	128	88.9	55	38.2	10
100.0	2	100.0	1	50.0	11
100.0	2	100.0	1	50.0	12
98.1	**29198**	**88.0**	**16308**	**49.2**	**C**
98.2	2896	87.9	1599	48.5	13
98.3	925	88.3	525	50.1	14
98.4	324	87.3	186	50.1	15
100.0	5	83.3	5	83.3	16
97.7	1718	86.9	807	40.8	17
98.0	900	88.5	415	40.8	18
96.9	268	86.5	125	40.3	19
97.6	1417	85.9	684	41.5	20
98.5	394	86.6	213	46.8	21
97.7	490	89.4	303	55.3	22
97.8	493	86.8	290	51.1	23
98.1	1018	86.8	519	44.2	24
98.7	265	89.2	170	57.2	25
98.1	2562	90.4	1513	53.4	26
99.4	610	88.4	414	60.0	27
98.7	65	85.5	36	47.4	28
96.9	1415	88.1	783	48.7	29
98.0	2928	87.0	1449	43.1	30
96.9	293	86.2	179	52.6	31
98.8	387	90.2	218	50.8	32
98.0	1787	87.0	1024	49.8	33
98.3	2494	87.2	1392	48.7	34
98.4	1821	88.0	1034	50.0	35

6-3 续表 1

行 业	代码	企业数（个）	使用信息化
			数量（个）
汽车制造业	36	1321	1298
铁路、船舶、航空航天和其他运输设备制造业	37	358	350
电气机械和器材制造业	38	1386	1358
计算机、通信和其他电子设备制造业	39	640	632
仪器仪表制造业	40	335	333
其他制造业	41	58	57
废弃资源综合利用业	42	86	82
金属制品、机械和设备修理业	43	15	14
电力、热力、燃气及水生产和供应业	**D**	**913**	**899**
电力、热力生产和供应业	44	580	571
燃气生产和供应业	45	159	156
水的生产和供应业	46	174	172
建筑业	**E**	**7298**	**7130**
房屋建筑业	47	3625	3559
土木工程建筑业	48	1677	1632
建筑安装业	49	875	848
建筑装饰、装修和其他建筑业	50	1121	1091
批发和零售业	**F**	**15219**	**14656**
批发业	51	8042	7660
零售业	52	7177	6996
交通运输、仓储和邮政业	**G**	**4362**	**4256**
铁路运输业	53	5	5
道路运输业	54	3152	3061
水上运输业	55	189	189
航空运输业	56	15	15
管道运输业	57	22	21
多式联运和运输代理业	58	383	378
装卸搬运和仓储业	59	514	505
邮政业	60	82	82
住宿和餐饮业	**H**	**2613**	**2557**
住宿业	61	1075	1064
餐饮业	62	1538	1493
信息传输、软件和信息技术服务业	**I**	**822**	**805**

管理的企业数	财务管理		购销存管理		代码
比重(%)	数量(个)	占使用信息化管理企业比重(%)	数量(个)	占使用信息化管理企业比重(%)	
98.3	1167	89.9	766	59.0	36
97.8	319	91.1	199	56.9	37
98.0	1224	90.1	779	57.4	38
98.8	575	91.0	400	63.3	39
99.4	301	90.4	219	65.8	40
98.3	50	87.7	22	38.6	41
95.3	75	91.5	36	43.9	42
93.3	12	85.7	4	28.6	43
98.5	**815**	**90.7**	**410**	**45.6**	**D**
98.4	505	88.4	266	46.6	44
98.1	150	96.2	89	57.1	45
98.9	160	93.0	55	32.0	46
97.7	**6230**	**87.4**	**1599**	**22.4**	**E**
98.2	3113	87.5	695	19.5	47
97.3	1460	89.5	366	22.4	48
96.9	735	86.7	248	29.2	49
97.3	922	84.5	290	26.6	50
96.3	**12431**	**84.8**	**8096**	**55.2**	**F**
95.2	6601	86.2	3915	51.1	51
97.5	5830	83.3	4181	59.8	52
97.6	**3619**	**85.0**	**880**	**20.7**	**G**
100.0	4	80.0	1	20.0	53
97.1	2567	83.9	510	16.7	54
100.0	169	89.4	49	25.9	55
100.0	15	100.0	6	40.0	56
95.5	19	90.5	11	52.4	57
98.7	345	91.3	89	23.5	58
98.2	433	85.7	184	36.4	59
100.0	67	81.7	30	36.6	60
97.9	**2166**	**84.7**	**1080**	**42.2**	**H**
99.0	937	88.1	450	42.3	61
97.1	1229	82.3	630	42.2	62
97.9	**732**	**90.9**	**338**	**42.0**	**I**

6-3 续表 2

行　业	代码	企业数(个)	使用信息化
			数量(个)
电信、广播电视和卫星传输服务	63	90	88
互联网和相关服务	64	117	116
软件和信息技术服务业	65	615	601
房地产业	**K**	**8265**	**8054**
房地产业	70	8265	8054
租赁和商务服务业	**L**	**1616**	**1575**
租赁业	71	140	137
商务服务业	72	1476	1438
科学研究和技术服务业	**M**	**1432**	**1394**
研究和试验发展	73	119	115
专业技术服务业	74	947	921
科技推广和应用服务业	75	366	358
水利、环境和公共设施管理业	**N**	**457**	**446**
水利管理业	76	20	19
生态保护和环境治理业	77	56	56
公共设施管理业	78	373	363
土地管理业	79	8	8
居民服务、修理和其他服务业	**O**	**392**	**382**
居民服务业	80	134	130
机动车、电子产品和日用产品修理业	81	175	172
其他服务业	82	83	80
教育	**P**	**403**	**399**
教育	83	403	399
卫生和社会工作	**Q**	**398**	**396**
卫生	84	349	348
社会工作	85	49	48
文化、体育和娱乐业	**R**	**509**	**503**
新闻和出版业	86	57	57
广播、电视、电影和录音制作业	87	118	116
文化艺术业	88	99	97
体育	89	52	52
娱乐业	90	183	181

管理的企业数	财务管理		购销存管理		代码
比重(%)	数量(个)	占使用信息化管理企业比重(%)	数量(个)	占使用信息化管理企业比重(%)	
97.8	85	96.6	60	68.2	63
99.1	100	86.2	34	29.3	64
97.7	547	91.0	244	40.6	65
97.4	**7351**	**91.3**	**1771**	**22.0**	**K**
97.4	7351	91.3	1771	22.0	70
97.5	**1376**	**87.4**	**272**	**17.3**	**L**
97.9	113	82.5	33	24.1	71
97.4	1263	87.8	239	16.6	72
97.3	**1210**	**86.8**	**331**	**23.7**	**M**
96.6	104	90.4	54	47.0	73
97.3	805	87.4	167	18.1	74
97.8	301	84.1	110	30.7	75
97.6	**400**	**89.7**	**94**	**21.1**	**N**
95.0	18	94.7	2	10.5	76
100.0	51	91.1	20	35.7	77
97.3	323	89.0	71	19.6	78
100.0	8	100.0	1	12.5	79
97.4	**317**	**83.0**	**131**	**34.3**	**O**
97.0	108	83.1	34	26.2	80
98.3	140	81.4	85	49.4	81
96.4	69	86.3	12	15.0	82
99.0	**325**	**81.5**	**56**	**14.0**	**P**
99.0	325	81.5	56	14.0	83
99.5	**342**	**86.4**	**188**	**47.5**	**Q**
99.7	302	86.8	180	51.7	84
98.0	40	83.3	8	16.7	85
98.8	**445**	**88.5**	**186**	**37.0**	**R**
100.0	52	91.2	27	47.4	86
98.3	109	94.0	59	50.9	87
98.0	84	86.6	23	23.7	88
100.0	44	84.6	10	19.2	89
98.9	156	86.2	67	37.0	90

6-3 续表 3

行 业	代码	生产制造管理		物流配
		数量（个）	占使用信息化管理企业比重(%)	数量（个）
总 计	**00**	**12967**	**16.8**	**8140**
采矿业	**B**	**88**	**23.2**	**34**
煤炭开采和洗选业	06	26	26.3	11
石油和天然气开采业	07	7	77.8	3
黑色金属矿采选业	08	16	24.6	6
有色金属矿采选业	09	13	22.0	7
非金属矿采选业	10	24	16.7	5
开采专业及辅助性活动	11	1	50.0	1
其他采矿业	12	1	50.0	1
制造业	**C**	**9974**	**30.1**	**4112**
农副食品加工业	13	891	27.0	418
食品制造业	14	279	26.6	159
酒、饮料和精制茶制造业	15	102	27.5	83
烟草制品业	16	4	66.7	2
纺织业	17	415	21.0	171
纺织服装、服饰业	18	273	26.8	91
皮革、毛皮、羽毛及其制品和制鞋业	19	72	23.2	29
木材加工和木、竹、藤、棕、草制品业	20	344	20.8	130
家具制造业	21	120	26.4	56
造纸和纸制品业	22	182	33.2	79
印刷和记录媒介复制业	23	187	32.9	76
文教、工美、体育和娱乐用品制造业	24	298	25.4	149
石油、煤炭及其他燃料加工业	25	107	36.0	49
化学原料和化学制品制造业	26	965	34.1	421
医药制造业	27	247	35.8	140
化学纤维制造业	28	23	30.3	15
橡胶和塑料制品业	29	444	27.6	212
非金属矿物制品业	30	1021	30.4	325
黑色金属冶炼和压延加工业	31	105	30.9	50
有色金属冶炼和压延加工业	32	152	35.4	58
金属制品业	33	600	29.2	206
通用设备制造业	34	862	30.1	294
专用设备制造业	35	649	31.4	222

送管理	客户关系管理		人力资源管理		代码
占使用信息化管理企业比重(%)	数量(个)	占使用信息化管理企业比重(%)	数量(个)	占使用信息化管理企业比重(%)	
10.6	**22420**	**29.1**	**22921**	**29.8**	**00**
8.9	**79**	**20.8**	**136**	**35.8**	**B**
11.1	13	13.1	50	50.5	06
33.3	3	33.3	7	77.8	07
9.2	10	15.4	25	38.5	08
11.9	10	16.9	18	30.5	09
3.5	40	27.8	33	22.9	10
50.0	1	50.0	2	100.0	11
50.0	2	100.0	1	50.0	12
12.4	**9353**	**28.2**	**9029**	**27.2**	**C**
12.7	966	29.3	826	25.1	13
15.2	294	28.1	276	26.3	14
22.4	113	30.5	135	36.4	15
33.3	2	33.3	4	66.7	16
8.6	473	23.9	478	24.2	17
8.9	266	26.2	286	28.1	18
9.4	61	19.7	61	19.7	19
7.9	434	26.3	309	18.7	20
12.3	140	30.8	128	28.1	21
14.4	152	27.7	142	25.9	22
13.4	159	28.0	133	23.4	23
12.7	377	32.1	263	22.4	24
16.5	88	29.6	119	40.1	25
14.9	874	30.8	937	33.1	26
20.3	246	35.7	273	39.6	27
19.7	22	28.9	19	25.0	28
13.2	446	27.8	392	24.4	29
9.7	828	24.6	814	24.2	30
14.7	94	27.6	101	29.7	31
13.5	121	28.2	134	31.2	32
10.0	547	26.6	504	24.5	33
10.3	793	27.7	742	25.9	34
10.7	601	29.0	611	29.5	35

6-3 续表 4

行　业	代码	生产制造管理		物流配
		数量(个)	占使用信息化管理企业比重(%)	数量(个)
汽车制造业	36	500	38.5	256
铁路、船舶、航空航天和其他运输设备制造业	37	132	37.7	57
电气机械和器材制造业	38	518	38.1	194
计算机、通信和其他电子设备制造业	39	315	49.8	110
仪器仪表制造业	40	130	39.0	50
其他制造业	41	13	22.8	3
废弃资源综合利用业	42	23	28.0	6
金属制品、机械和设备修理业	43	1	7.1	1
电力、热力、燃气及水生产和供应业	**D**	**363**	**40.4**	**33**
电力、热力生产和供应业	44	269	47.1	16
燃气生产和供应业	45	33	21.2	10
水的生产和供应业	46	61	35.5	7
建筑业	**E**	**796**	**11.2**	**209**
房屋建筑业	47	395	11.1	77
土木工程建筑业	48	178	10.9	50
建筑安装业	49	84	9.9	35
建筑装饰、装修和其他建筑业	50	139	12.7	47
批发和零售业	**F**	**685**	**4.7**	**1806**
批发业	51	365	4.8	894
零售业	52	320	4.6	912
交通运输、仓储和邮政业	**G**	**202**	**4.7**	**1430**
铁路运输业	53			
道路运输业	54	99	3.2	1127
水上运输业	55	15	7.9	29
航空运输业	56	3	20.0	1
管道运输业	57	9	42.9	1
多式联运和运输代理业	58	19	5.0	125
装卸搬运和仓储业	59	49	9.7	98
邮政业	60	8	9.8	49
住宿和餐饮业	**H**	**111**	**4.3**	**118**
住宿业	61	38	3.6	31
餐饮业	62	73	4.9	87
信息传输、软件和信息技术服务业	**I**	**91**	**11.3**	**76**

送管理	客户关系管理		人力资源管理		代码
占使用信息化管理企业比重(%)	数量(个)	占使用信息化管理企业比重(%)	数量(个)	占使用信息化管理企业比重(%)	
19.7	417	32.1	415	32.0	36
16.3	86	24.6	112	32.0	37
14.3	385	28.4	407	30.0	38
17.4	195	30.9	256	40.5	39
15.0	135	40.5	113	33.9	40
5.3	14	24.6	11	19.3	41
7.3	21	25.6	23	28.0	42
7.1	3	21.4	5	35.7	43
3.7	**198**	**22.0**	**449**	**49.9**	**D**
2.8	105	18.4	273	47.8	44
6.4	51	32.7	92	59.0	45
4.1	42	24.4	84	48.8	46
2.9	**1703**	**23.9**	**2827**	**39.6**	**E**
2.2	831	23.3	1451	40.8	47
3.1	366	22.4	714	43.8	48
4.1	232	27.4	315	37.1	49
4.3	274	25.1	347	31.8	50
12.3	**4624**	**31.6**	**3257**	**22.2**	**F**
11.7	2147	28.0	1512	19.7	51
13.0	2477	35.4	1745	24.9	52
33.6	**1221**	**28.7**	**1113**	**26.2**	**G**
			3	60.0	53
36.8	841	27.5	676	22.1	54
15.3	56	29.6	71	37.6	55
6.7	5	33.3	11	73.3	56
4.8	1	4.8	13	61.9	57
33.1	144	38.1	144	38.1	58
19.4	132	26.1	153	30.3	59
59.8	42	51.2	42	51.2	60
4.6	**828**	**32.4**	**721**	**28.2**	**H**
2.9	416	39.1	355	33.4	61
5.8	412	27.6	366	24.5	62
9.4	**373**	**46.3**	**400**	**49.7**	**I**

6-3 续表 5

行业	代码	生产制造管理		物流配
		数量（个）	占使用信息化管理企业比重(%)	数量（个）
电信、广播电视和卫星传输服务	63	18	20.5	21
互联网和相关服务	64	6	5.2	13
软件和信息技术服务业	65	67	11.1	42
房地产业	**K**	**292**	**3.6**	**104**
房地产业	70	292	3.6	104
租赁和商务服务业	**L**	**74**	**4.7**	**61**
租赁业	71	6	4.4	6
商务服务业	72	68	4.7	55
科学研究和技术服务业	**M**	**166**	**11.9**	**70**
研究和试验发展	73	24	20.9	12
专业技术服务业	74	106	11.5	30
科技推广和应用服务业	75	36	10.1	28
水利、环境和公共设施管理业	**N**	**26**	**5.8**	**16**
水利管理业	76	2	10.5	
生态保护和环境治理业	77	12	21.4	5
公共设施管理业	78	12	3.3	11
土地管理业	79			
居民服务、修理和其他服务业	**O**	**26**	**6.8**	**17**
居民服务业	80	7	5.4	3
机动车、电子产品和日用产品修理业	81	17	9.9	12
其他服务业	82	2	2.5	2
教育	**P**	**10**	**2.5**	**2**
教育	83	10	2.5	2
卫生和社会工作	**Q**	**28**	**7.1**	**15**
卫生	84	28	8.0	15
社会工作	85			
文化、体育和娱乐业	**R**	**35**	**7.0**	**37**
新闻和出版业	86	14	24.6	12
广播、电视、电影和录音制作业	87	5	4.3	3
文化艺术业	88	5	5.2	8
体育	89			
娱乐业	90	11	6.1	14

送管理	客户关系管理		人力资源管理		代码
占使用信息化管理企业比重(%)	数量(个)	占使用信息化管理企业比重(%)	数量(个)	占使用信息化管理企业比重(%)	
23.9	53	60.2	69	78.4	63
11.2	58	50.0	54	46.6	64
7.0	262	43.6	277	46.1	65
1.3	**2436**	**30.2**	**3003**	**37.3**	**K**
1.3	2436	30.2	3003	37.3	70
3.9	**555**	**35.2**	**668**	**42.4**	**L**
4.4	41	29.9	38	27.7	71
3.8	514	35.7	630	43.8	72
5.0	**395**	**28.3**	**539**	**38.7**	**M**
10.4	30	26.1	36	31.3	73
3.3	271	29.4	420	45.6	74
7.8	94	26.3	83	23.2	75
3.6	**97**	**21.7**	**164**	**36.8**	**N**
	1	5.3	7	36.8	76
8.9	13	23.2	24	42.9	77
3.0	82	22.6	132	36.4	78
	1	12.5	1	12.5	79
4.5	**139**	**36.4**	**107**	**28.0**	**O**
2.3	56	43.1	54	41.5	80
7.0	65	37.8	34	19.8	81
2.5	18	22.5	19	23.8	82
0.5	**142**	**35.6**	**146**	**36.6**	**P**
0.5	142	35.6	146	36.6	83
3.8	**116**	**29.3**	**172**	**43.4**	**Q**
4.3	98	28.2	155	44.5	84
	18	37.5	17	35.4	85
7.4	**161**	**32.0**	**190**	**37.8**	**R**
21.1	19	33.3	28	49.1	86
2.6	29	25.0	49	42.2	87
8.2	39	40.2	35	36.1	88
	23	44.2	17	32.7	89
7.7	51	28.2	61	33.7	90

6-4 分地区企业

地区	企业数(个)	使用信息化管理的企业数		财务管理
		数量(个)	比重(%)	数量(个)
全省	**78913**	**76996**	**97.6**	**67301**
济南市	7256	7042	97.1	6105
青岛市	9461	9275	98.0	8481
淄博市	5047	4881	96.7	4296
枣庄市	2337	2310	98.8	1976
东营市	2103	2055	97.7	1850
烟台市	5576	5487	98.4	4888
潍坊市	6545	6346	97.0	5573
济宁市	7396	7200	97.3	6202
泰安市	3146	3025	96.2	2634
威海市	3729	3655	98.0	3262
日照市	1696	1638	96.6	1479
临沂市	7439	7294	98.1	6239
德州市	5006	4891	97.7	4239
聊城市	3537	3388	95.8	2900
滨州市	2566	2475	96.5	2140
菏泽市	6069	6030	99.4	5033

信息化管理情况

财务管理	购销存管理		生产制造管理
占使用信息化管理企业比重 (%)	数量 (个)	占使用信息化管理企业比重 (%)	数量 (个)
87.4	**31929**	**41.5**	**12967**
86.7	3257	46.3	1067
91.4	4255	45.9	1914
88.0	1962	40.2	858
85.5	897	38.8	371
90.0	856	41.7	356
89.1	2331	42.5	995
87.8	2661	41.9	1280
86.1	3058	42.5	1091
87.1	1324	43.8	508
89.2	1380	37.8	592
90.3	705	43.0	324
85.5	3019	41.4	1052
86.7	1935	39.6	683
85.6	1341	39.6	532
86.5	1098	44.4	504
83.5	1846	30.6	836

6-4 续表

地 区	生产制造管理	物流配送管理	
	占使用信息化管理企业比重 (%)	数量 (个)	占使用信息化管理企业比重 (%)
全 省	**16.8**	**8140**	**10.6**
济南市	15.2	811	11.5
青岛市	20.6	1243	13.4
淄博市	17.6	459	9.4
枣庄市	16.1	199	8.6
东营市	17.3	197	9.6
烟台市	18.1	524	9.5
潍坊市	20.2	710	11.2
济宁市	15.2	952	13.2
泰安市	16.8	291	9.6
威海市	16.2	252	6.9
日照市	19.8	175	10.7
临沂市	14.4	762	10.4
德州市	14.0	510	10.4
聊城市	15.7	312	9.2
滨州市	20.4	258	10.4
菏泽市	13.9	483	8.0

客户关系管理		人力资源管理	
数量 (个)	占使用信息化管理企业比重 (%)	数量 (个)	占使用信息化管理企业比重 (%)
22420	**29.1**	**22921**	**29.8**
2154	30.6	2285	32.4
2810	30.3	3643	39.3
1345	27.6	1458	29.9
626	27.1	621	26.9
559	27.2	748	36.4
1590	29.0	1887	34.4
1857	29.3	1993	31.4
2401	33.3	2002	27.8
844	27.9	878	29.0
969	26.5	994	27.2
502	30.6	576	35.2
2135	29.3	1811	24.8
1276	26.1	1125	23.0
790	23.3	671	19.8
694	28.0	740	29.9
1866	30.9	1486	24.6

6-5 分行业企业使用

行 业	代码	企业数(个)	有局域网的企业	
			数量(个)	比重(%)
总 计	**00**	**78913**	**56363**	**71.4**
采矿业	**B**	**391**	**282**	**72.1**
煤炭开采和洗选业	06	103	92	89.3
石油和天然气开采业	07	9	9	100.0
黑色金属矿采选业	08	66	46	69.7
有色金属矿采选业	09	60	48	80.0
非金属矿采选业	10	149	83	55.7
开采专业及辅助性活动	11	2	2	100.0
其他采矿业	12	2	2	100.0
制造业	**C**	**33823**	**25105**	**74.2**
农副食品加工业	13	3353	2425	72.3
食品制造业	14	1066	796	74.7
酒、饮料和精制茶制造业	15	377	274	72.7
烟草制品业	16	6	6	100.0
纺织业	17	2025	1340	66.2
纺织服装、服饰业	18	1038	750	72.3
皮革、毛皮、羽毛及其制品和制鞋业	19	320	231	72.2
木材加工和木、竹、藤、棕、草制品业	20	1691	988	58.4
家具制造业	21	462	329	71.2
造纸和纸制品业	22	561	418	74.5
印刷和记录媒介复制业	23	581	445	76.6
文教、工美、体育和娱乐用品制造业	24	1196	872	72.9
石油、煤炭及其他燃料加工业	25	301	238	79.1
化学原料和化学制品制造业	26	2888	2248	77.8
医药制造业	27	694	565	81.4
化学纤维制造业	28	77	59	76.6
橡胶和塑料制品业	29	1658	1212	73.1
非金属矿物制品业	30	3434	2405	70.0
黑色金属冶炼和压延加工业	31	351	276	78.6
有色金属冶炼和压延加工业	32	434	347	80.0
金属制品业	33	2097	1558	74.3
通用设备制造业	34	2911	2243	77.1
专用设备制造业	35	2103	1643	78.1
汽车制造业	36	1321	1072	81.2
铁路、船舶、航空航天和其他运输设备制造业	37	358	269	75.1
电气机械和器材制造业	38	1386	1131	81.6
计算机、通信和其他电子设备制造业	39	640	568	88.8
仪器仪表制造业	40	335	287	85.7
其他制造业	41	58	42	72.4
废弃资源综合利用业	42	86	58	67.4
金属制品、机械和设备修理业	43	15	10	66.7
电力、热力、燃气及水生产和供应业	**D**	**913**	**724**	**79.3**
电力、热力生产和供应业	44	580	467	80.5
燃气生产和供应业	45	159	125	78.6
水的生产和供应业	46	174	132	75.9
建筑业	**E**	**7298**	**5121**	**70.2**
房屋建筑业	47	3625	2502	69.0
土木工程建筑业	48	1677	1165	69.5
建筑安装业	49	875	641	73.3
建筑装饰、装修和其他建筑业	50	1121	813	72.5

互联网情况

使用互联网的企业		接入窄带		接入宽带		代码
数量(个)	比重(%)	数量(个)	占接入互联网企业的比重(%)	数量(个)	占接入互联网企业的比重(%)	
78551	**99.5**	**3458**	**4.4**	**78062**	**99.4**	**00**
384	**98.2**	**15**	**3.9**	**382**	**99.5**	**B**
102	99.0	3	2.9	101	99.0	06
8	88.9			8	100.0	07
66	100.0	2	3.0	65	98.5	08
59	98.3	4	6.8	59	100.0	09
145	97.3	5	3.4	145	100.0	10
2	100.0	1	50.0	2	100.0	11
2	100.0			2	100.0	12
33645	**99.5**	**1459**	**4.3**	**33460**	**99.5**	**C**
3343	99.7	122	3.6	3330	99.6	13
1061	99.5	53	5.0	1054	99.3	14
373	98.9	23	6.2	370	99.2	15
6	100.0			6	100.0	16
2010	99.3	64	3.2	2004	99.7	17
1033	99.5	43	4.2	1031	99.8	18
317	99.1	7	2.2	316	99.7	19
1682	99.5	73	4.3	1666	99.0	20
458	99.1	17	3.7	458	100.0	21
558	99.5	22	3.9	553	99.1	22
580	99.8	28	4.8	577	99.5	23
1190	99.5	68	5.7	1174	98.7	24
301	100.0	24	8.0	299	99.3	25
2873	99.5	138	4.8	2859	99.5	26
693	99.9	27	3.9	691	99.7	27
76	98.7	2	2.6	76	100.0	28
1643	99.1	71	4.3	1631	99.3	29
3407	99.2	152	4.5	3384	99.3	30
348	99.1	14	4.0	347	99.7	31
434	100.0	24	5.5	428	98.6	32
2091	99.7	87	4.2	2083	99.6	33
2896	99.5	127	4.4	2879	99.4	34
2097	99.7	91	4.3	2088	99.6	35
1314	99.5	63	4.8	1307	99.5	36
356	99.4	18	5.1	356	100.0	37
1375	99.2	60	4.4	1368	99.5	38
638	99.7	23	3.6	635	99.5	39
334	99.7	10	3.0	333	99.7	40
58	100.0	1	1.7	58	100.0	41
85	98.8	7	8.2	84	98.8	42
15	100.0			15	100.0	43
909	**99.6**	**36**	**4.0**	**906**	**99.7**	**D**
577	99.5	24	4.2	575	99.7	44
158	99.4	9	5.7	157	99.4	45
174	100.0	3	1.7	174	100.0	46
7270	**99.6**	**304**	**4.2**	**7236**	**99.5**	**E**
3612	99.6	159	4.4	3599	99.6	47
1671	99.6	63	3.8	1660	99.3	48
869	99.3	30	3.5	864	99.4	49
1118	99.7	52	4.7	1113	99.6	50

6-5 续表

行　业	代码	企业数（个）	有局域网的企业	
			数量（个）	比重（%）
批发和零售业	**F**	**15219**	**10021**	**65.8**
批发业	51	8042	5021	62.4
零售业	52	7177	5000	69.7
交通运输、仓储和邮政业	**G**	**4362**	**2915**	**66.8**
铁路运输业	53	5	5	100.0
道路运输业	54	3152	2016	64.0
水上运输业	55	189	127	67.2
航空运输业	56	15	15	100.0
管道运输业	57	22	19	86.4
多式联运和运输代理业	58	383	320	83.6
装卸搬运和仓储业	59	514	347	67.5
邮政业	60	82	66	80.5
住宿和餐饮业	**H**	**2613**	**1914**	**73.2**
住宿业	61	1075	860	80.0
餐饮业	62	1538	1054	68.5
信息传输、软件和信息技术服务业	**I**	**822**	**697**	**84.8**
电信、广播电视和卫星传输服务	63	90	79	87.8
互联网和相关服务	64	117	98	83.8
软件和信息技术服务业	65	615	520	84.6
房地产业	**K**	**8265**	**5746**	**69.5**
房地产业	70	8265	5746	69.5
租赁和商务服务业	**L**	**1616**	**1162**	**71.9**
租赁业	71	140	82	58.6
商务服务业	72	1476	1080	73.2
科学研究和技术服务业	**M**	**1432**	**1071**	**74.8**
研究和试验发展	73	119	102	85.7
专业技术服务业	74	947	745	78.7
科技推广和应用服务业	75	366	224	61.2
水利、环境和公共设施管理业	**N**	**457**	**330**	**72.2**
水利管理业	76	20	16	80.0
生态保护和环境治理业	77	56	44	78.6
公共设施管理业	78	373	263	70.5
土地管理业	79	8	7	87.5
居民服务、修理和其他服务业	**O**	**392**	**243**	**62.0**
居民服务业	80	134	93	69.4
机动车、电子产品和日用产品修理业	81	175	115	65.7
其他服务业	82	83	35	42.2
教育	**P**	**403**	**318**	**78.9**
教育	83	403	318	78.9
卫生和社会工作	**Q**	**398**	**344**	**86.4**
卫生	84	349	307	88.0
社会工作	85	49	37	75.5
文化、体育和娱乐业	**R**	**509**	**370**	**72.7**
新闻和出版业	86	57	52	91.2
广播、电视、电影和录音制作业	87	118	91	77.1
文化艺术业	88	99	62	62.6
体育	89	52	42	80.8
娱乐业	90	183	123	67.2

使用互联网的企业		接入窄带		接入宽带		代码
数量(个)	比重(%)	数量(个)	占接入互联网企业的比重(%)	数量(个)	占接入互联网企业的比重(%)	
15164	**99.6**	**612**	**4.0**	**15039**	**99.2**	**F**
8014	99.7	283	3.5	7929	98.9	51
7150	99.6	329	4.6	7110	99.4	52
4347	**99.7**	**183**	**4.2**	**4308**	**99.1**	**G**
5	100.0			5	100.0	53
3143	99.7	142	4.5	3114	99.1	54
189	100.0	8	4.2	186	98.4	55
15	100.0	1	6.7	14	93.3	56
22	100.0	1	4.5	21	95.5	57
382	99.7	8	2.1	381	99.7	58
509	99.0	17	3.3	507	99.6	59
82	100.0	6	7.3	80	97.6	60
2610	**99.9**	**138**	**5.3**	**2600**	**99.6**	**H**
1074	99.9	60	5.6	1070	99.6	61
1536	99.9	78	5.1	1530	99.6	62
819	**99.6**	**50**	**6.1**	**815**	**99.5**	**I**
89	98.9	11	12.4	89	100.0	63
117	100.0	12	10.3	116	99.1	64
613	99.7	27	4.4	610	99.5	65
8213	**99.4**	**393**	**4.8**	**8164**	**99.4**	**K**
8213	99.4	393	4.8	8164	99.4	70
1613	**99.8**	**87**	**5.4**	**1593**	**98.8**	**L**
140	100.0	11	7.9	136	97.1	71
1473	99.8	76	5.2	1457	98.9	72
1426	**99.6**	**70**	**4.9**	**1420**	**99.6**	**M**
119	100.0	5	4.2	118	99.2	73
944	99.7	51	5.4	940	99.6	74
363	99.2	14	3.9	362	99.7	75
455	**99.6**	**25**	**5.5**	**451**	**99.1**	**N**
19	95.0			19	100.0	76
56	100.0	6	10.7	55	98.2	77
372	99.7	17	4.6	370	99.5	78
8	100.0	2	25.0	7	87.5	79
389	**99.2**	**25**	**6.4**	**386**	**99.2**	**O**
134	100.0	12	9.0	131	97.8	80
173	98.9	11	6.4	173	100.0	81
82	98.8	2	2.4	82	100.0	82
402	**99.8**	**15**	**3.7**	**402**	**100.0**	**P**
402	99.8	15	3.7	402	100.0	83
397	**99.7**	**26**	**6.5**	**395**	**99.5**	**Q**
348	99.7	24	6.9	347	99.7	84
49	100.0	2	4.1	48	98.0	85
508	**99.8**	**20**	**3.9**	**505**	**99.4**	**R**
57	100.0	1	1.8	57	100.0	86
118	100.0	1	0.8	117	99.2	87
99	100.0	4	4.0	99	100.0	88
52	100.0	4	7.7	51	98.1	89
182	99.5	10	5.5	181	99.5	90

6-6 分地区企业使用网络情况

地区	企业数(个)	有局域网的企业		使用互联网的企业		接入窄带		接入宽带	
		数量(个)	比重(%)	数量(个)	比重(%)	数量(个)	占接入互联网企业的比重(%)	数量(个)	占接入互联网企业的比重(%)
全省	**78913**	**56363**	**71.4**	**78551**	**99.5**	**3458**	**4.4**	**78062**	**99.4**
济南市	7256	5273	72.7	7227	99.6	312	4.3	7193	99.5
青岛市	9461	7786	82.3	9446	99.8	402	4.3	9383	99.3
淄博市	5047	3493	69.2	5017	99.4	238	4.7	4977	99.2
枣庄市	2337	1609	68.8	2328	99.6	113	4.9	2321	99.7
东营市	2103	1526	72.6	2087	99.2	115	5.5	2068	99.1
烟台市	5576	4117	73.8	5569	99.9	234	4.2	5547	99.6
潍坊市	6545	5063	77.4	6524	99.7	259	4.0	6485	99.4
济宁市	7396	4835	65.4	7360	99.5	287	3.9	7306	99.3
泰安市	3146	2131	67.7	3099	98.5	124	4.0	3073	99.2
威海市	3729	2722	73.0	3720	99.8	108	2.9	3706	99.6
日照市	1696	1253	73.9	1677	98.9	90	5.4	1666	99.3
临沂市	7439	5007	67.3	7410	99.6	291	3.9	7345	99.1
德州市	5006	3528	70.5	4984	99.6	374	7.5	4952	99.4
聊城市	3537	2431	68.7	3498	98.9	118	3.4	3477	99.4
滨州市	2566	1800	70.1	2551	99.4	115	4.5	2538	99.5
菏泽市	6069	3785	62.4	6050	99.7	278	4.6	6021	99.5

6-7 分行业企业建网站情况

行业	代码	企业数（个）	有网站的企业		拥有网站总数量（个）	每百家企业拥有数量（个）
			数量（个）	比重（%）		
总计	**00**	**78913**	**37619**	**47.7**	**41713**	**53**
采矿业	**B**	**391**	**160**	**40.9**	**185**	**47**
煤炭开采和洗选业	06	103	56	54.4	69	67
石油和天然气开采业	07	9	4	44.4	6	67
黑色金属矿采选业	08	66	21	31.8	22	33
有色金属矿采选业	09	60	33	55.0	38	63
非金属矿采选业	10	149	43	28.9	47	32
开采专业及辅助性活动	11	2	2	100.0	2	100
其他采矿业	12	2	1	50.0	1	50
制造业	**C**	**33823**	**19421**	**57.4**	**21601**	**64**
农副食品加工业	13	3353	1780	53.1	1906	57
食品制造业	14	1066	635	59.6	693	65
酒、饮料和精制茶制造业	15	377	230	61.0	248	66
烟草制品业	16	6	1	16.7	1	17
纺织业	17	2025	870	43.0	943	47
纺织服装、服饰业	18	1038	415	40.0	436	42
皮革、毛皮、羽毛及其制品和制鞋业	19	320	120	37.5	126	39
木材加工和木、竹、藤、棕、草制品业	20	1691	567	33.5	601	36
家具制造业	21	462	219	47.4	235	51
造纸和纸制品业	22	561	289	51.5	325	58
印刷和记录媒介复制业	23	581	308	53.0	326	56
文教、工美、体育和娱乐用品制造业	24	1196	659	55.1	714	60
石油、煤炭及其他燃料加工业	25	301	188	62.5	206	68
化学原料和化学制品制造业	26	2888	1955	67.7	2146	74
医药制造业	27	694	521	75.1	588	85
化学纤维制造业	28	77	45	58.4	53	69
橡胶和塑料制品业	29	1658	993	59.9	1117	67
非金属矿物制品业	30	3434	1811	52.7	2009	59
黑色金属冶炼和压延加工业	31	351	213	60.7	238	68
有色金属冶炼和压延加工业	32	434	281	64.7	314	72
金属制品业	33	2097	1310	62.5	1429	68
通用设备制造业	34	2911	1874	64.4	2128	73
专用设备制造业	35	2103	1414	67.2	1711	81
汽车制造业	36	1321	805	60.9	872	66
铁路、船舶、航空航天和其他运输设备制造业	37	358	214	59.8	238	66
电气机械和器材制造业	38	1386	920	66.4	1106	80
计算机、通信和其他电子设备制造业	39	640	434	67.8	481	75
仪器仪表制造业	40	335	278	83.0	337	101
其他制造业	41	58	30	51.7	31	53
废弃资源综合利用业	42	86	32	37.2	32	37
金属制品、机械和设备修理业	43	15	10	66.7	11	73
电力、热力、燃气及水生产和供应业	**D**	**913**	**455**	**49.8**	**483**	**53**
电力、热力生产和供应业	44	580	295	50.9	312	54
燃气生产和供应业	45	159	77	48.4	81	51
水的生产和供应业	46	174	83	47.7	90	52
建筑业	**E**	**7298**	**3067**	**42.0**	**3336**	**46**
房屋建筑业	47	3625	1371	37.8	1500	41
土木工程建筑业	48	1677	702	41.9	750	45
建筑安装业	49	875	433	49.5	476	54
建筑装饰、装修和其他建筑业	50	1121	561	50.0	610	54

6-7 续表

行业	代码	企业数（个）	有网站的企业 数量（个）	有网站的企业 比重（%）	拥有网站总数量（个）	每百家企业拥有数量（个）
批发和零售业	**F**	**15219**	**5494**	**36.1**	**6081**	**40**
批发业	51	8042	2728	33.9	2970	37
零售业	52	7177	2766	38.5	3111	43
交通运输、仓储和邮政业	**G**	**4362**	**1432**	**32.8**	**1604**	**37**
铁路运输业	53	5	3	60.0	4	80
道路运输业	54	3152	907	28.8	1025	33
水上运输业	55	189	83	43.9	97	51
航空运输业	56	15	13	86.7	13	87
管道运输业	57	22	8	36.4	8	36
多式联运和运输代理业	58	383	198	51.7	220	57
装卸搬运和仓储业	59	514	176	34.2	189	37
邮政业	60	82	44	53.7	48	59
住宿和餐饮业	**H**	**2613**	**1052**	**40.3**	**1136**	**43**
住宿业	61	1075	498	46.3	541	50
餐饮业	62	1538	554	36.0	595	39
信息传输、软件和信息技术服务业	**I**	**822**	**607**	**73.8**	**786**	**96**
电信、广播电视和卫星传输服务	63	90	67	74.4	80	89
互联网和相关服务	64	117	89	76.1	129	110
软件和信息技术服务业	65	615	451	73.3	577	94
房地产业	**K**	**8265**	**3234**	**39.1**	**3463**	**42**
房地产业	70	8265	3234	39.1	3463	42
租赁和商务服务业	**L**	**1616**	**764**	**47.3**	**876**	**54**
租赁业	71	140	35	25.0	38	27
商务服务业	72	1476	729	49.4	838	57
科学研究和技术服务业	**M**	**1432**	**788**	**55.0**	**864**	**60**
研究和试验发展	73	119	72	60.5	88	74
专业技术服务业	74	947	573	60.5	621	66
科技推广和应用服务业	75	366	143	39.1	155	42
水利、环境和公共设施管理业	**N**	**457**	**197**	**43.1**	**219**	**48**
水利管理业	76	20	7	35.0	7	35
生态保护和环境治理业	77	56	23	41.1	25	45
公共设施管理业	78	373	163	43.7	183	49
土地管理业	79	8	4	50.0	4	50
居民服务、修理和其他服务业	**O**	**392**	**152**	**38.8**	**176**	**45**
居民服务业	80	134	70	52.2	83	62
机动车、电子产品和日用产品修理业	81	175	62	35.4	71	41
其他服务业	82	83	20	24.1	22	27
教育	**P**	**403**	**247**	**61.3**	**273**	**68**
教育	83	403	247	61.3	273	68
卫生和社会工作	**Q**	**398**	**267**	**67.1**	**303**	**76**
卫生	84	349	250	71.6	286	82
社会工作	85	49	17	34.7	17	35
文化、体育和娱乐业	**R**	**509**	**282**	**55.4**	**327**	**64**
新闻和出版业	86	57	50	87.7	63	111
广播、电视、电影和录音制作业	87	118	62	52.5	70	59
文化艺术业	88	99	54	54.5	65	66
体育	89	52	32	61.5	35	67
娱乐业	90	183	84	45.9	94	51

6-8 分地区企业建网站情况

地 区	企业数（个）	有网站的企业		拥有网站总数量（个）	每百家企业拥有数量（个）
		数量（个）	比重（%）		
全 省	**78913**	**37619**	**47.7**	**41713**	**53**
济南市	7256	4038	55.7	4758	66
青岛市	9461	5062	53.5	5755	61
淄博市	5047	2541	50.3	2813	56
枣庄市	2337	1076	46.0	1143	49
东营市	2103	1178	56.0	1307	62
烟台市	5576	2554	45.8	2822	51
潍坊市	6545	3168	48.4	3471	53
济宁市	7396	2980	40.3	3343	45
泰安市	3146	1306	41.5	1469	47
威海市	3729	1541	41.3	1596	43
日照市	1696	964	56.8	1070	63
临沂市	7439	3376	45.4	3656	49
德州市	5006	2665	53.2	2977	59
聊城市	3537	1509	42.7	1660	47
滨州市	2566	1230	47.9	1350	53
菏泽市	6069	2427	40.0	2518	41

6-9 分行业企业通过

行业	代码	企业数(个)	使用互联网开展活动的企业 数量(个)	使用互联网开展活动的企业 比重(%)	收发电 数量(个)
总 计	**00**	**78913**	**78551**	**99.5**	**72935**
采矿业	**B**	**391**	**384**	**98.2**	**362**
煤炭开采和洗选业	06	103	102	99.0	94
石油和天然气开采业	07	9	8	88.9	7
黑色金属矿采选业	08	66	66	100.0	64
有色金属矿采选业	09	60	59	98.3	55
非金属矿采选业	10	149	145	97.3	138
开采专业及辅助性活动	11	2	2	100.0	2
其他采矿业	12	2	2	100.0	2
制造业	**C**	**33823**	**33645**	**99.5**	**31578**
农副食品加工业	13	3353	3343	99.7	3163
食品制造业	14	1066	1061	99.5	980
酒、饮料和精制茶制造业	15	377	373	98.9	353
烟草制品业	16	6	6	100.0	6
纺织业	17	2025	2010	99.3	1883
纺织服装、服饰业	18	1038	1033	99.5	979
皮革、毛皮、羽毛及其制品和制鞋业	19	320	317	99.1	299
木材加工和木、竹、藤、棕、草制品业	20	1691	1682	99.5	1481
家具制造业	21	462	458	99.1	433
造纸和纸制品业	22	561	558	99.5	536
印刷和记录媒介复制业	23	581	580	99.8	539
文教、工美、体育和娱乐用品制造业	24	1196	1190	99.5	1121
石油、煤炭及其他燃料加工业	25	301	301	100.0	287
化学原料和化学制品制造业	26	2888	2873	99.5	2714
医药制造业	27	694	693	99.9	663
化学纤维制造业	28	77	76	98.7	70
橡胶和塑料制品业	29	1658	1643	99.1	1546
非金属矿物制品业	30	3434	3407	99.2	3209
黑色金属冶炼和压延加工业	31	351	348	99.1	314
有色金属冶炼和压延加工业	32	434	434	100.0	404
金属制品业	33	2097	2091	99.7	1977
通用设备制造业	34	2911	2896	99.5	2669
专用设备制造业	35	2103	2097	99.7	1971
汽车制造业	36	1321	1314	99.5	1258
铁路、船舶、航空航天和其他运输设备制造业	37	358	356	99.4	341
电气机械和器材制造业	38	1386	1375	99.2	1295
计算机、通信和其他电子设备制造业	39	640	638	99.7	613
仪器仪表制造业	40	335	334	99.7	326
其他制造业	41	58	58	100.0	55
废弃资源综合利用业	42	86	85	98.8	79
金属制品、机械和设备修理业	43	15	15	100.0	14
电力、热力、燃气及水生产和供应业	**D**	**913**	**909**	**99.6**	**860**
电力、热力生产和供应业	44	580	577	99.5	548
燃气生产和供应业	45	159	158	99.4	150
水的生产和供应业	46	174	174	100.0	162
建筑业	**E**	**7298**	**7270**	**99.6**	**6843**
房屋建筑业	47	3625	3612	99.6	3390
土木工程建筑业	48	1677	1671	99.6	1598
建筑安装业	49	875	869	99.3	821
建筑装饰、装修和其他建筑业	50	1121	1118	99.7	1034

互联网开展活动情况

子邮件	了解商品和服务的信息		从政府机构获取信息		代码
占使用互联网企业的比重(%)	数量(个)	占使用互联网企业的比重(%)	数量(个)	占使用互联网企业的比重(%)	
92.9	**40496**	**51.6**	**37563**	**47.8**	**00**
94.3	**204**	**53.1**	**196**	**51.0**	**B**
92.2	60	58.8	63	61.8	06
87.5	1	12.5	1	12.5	07
97.0	42	63.6	36	54.5	08
93.2	24	40.7	28	47.5	09
95.2	76	52.4	67	46.2	10
100.0					11
100.0	1	50.0	1	50.0	12
93.9	**19077**	**56.7**	**16183**	**48.1**	**C**
94.6	1795	53.7	1530	45.8	13
92.4	603	56.8	509	48.0	14
94.6	198	53.1	173	46.4	15
100.0	3	50.0	3	50.0	16
93.7	1048	52.1	813	40.4	17
94.8	545	52.8	424	41.0	18
94.3	146	46.1	128	40.4	19
88.0	887	52.7	618	36.7	20
94.5	259	56.6	186	40.6	21
96.1	310	55.6	269	48.2	22
92.9	303	52.2	267	46.0	23
94.2	645	54.2	508	42.7	24
95.3	187	62.1	167	55.5	25
94.5	1866	64.9	1618	56.3	26
95.7	454	65.5	402	58.0	27
92.1	39	51.3	36	47.4	28
94.1	955	58.1	793	48.3	29
94.2	1809	53.1	1579	46.3	30
90.2	207	59.5	157	45.1	31
93.1	252	58.1	211	48.6	32
94.5	1212	58.0	1052	50.3	33
92.2	1566	54.1	1365	47.1	34
94.0	1283	61.2	1086	51.8	35
95.7	740	56.3	707	53.8	36
95.8	213	59.8	198	55.6	37
94.2	840	61.1	724	52.7	38
96.1	389	61.0	382	59.9	39
97.6	242	72.5	207	62.0	40
94.8	26	44.8	22	37.9	41
92.9	51	60.0	45	52.9	42
93.3	4	26.7	4	26.7	43
94.6	**395**	**43.5**	**519**	**57.1**	**D**
95.0	239	41.4	335	58.1	44
94.9	88	55.7	89	56.3	45
93.1	68	39.1	95	54.6	46
94.1	**3219**	**44.3**	**4442**	**61.1**	**E**
93.9	1486	41.1	2255	62.4	47
95.6	748	44.8	1068	63.9	48
94.5	438	50.4	490	56.4	49
92.5	547	48.9	629	56.3	50

6-9 续表 1

行 业	代码	企业数（个）	使用互联网开展活动的企业		收发电
			数量（个）	比重（%）	数量（个）
批发和零售业	**F**	**15219**	**15164**	**99.6**	**13792**
批发业	51	8042	8014	99.7	7341
零售业	52	7177	7150	99.6	6451
交通运输、仓储和邮政业	**G**	**4362**	**4347**	**99.7**	**3965**
铁路运输业	53	5	5	100.0	5
道路运输业	54	3152	3143	99.7	2836
水上运输业	55	189	189	100.0	180
航空运输业	56	15	15	100.0	15
管道运输业	57	22	22	100.0	21
多式联运和运输代理业	58	383	382	99.7	363
装卸搬运和仓储业	59	514	509	99.0	474
邮政业	60	82	82	100.0	71
住宿和餐饮业	**H**	**2613**	**2610**	**99.9**	**2241**
住宿业	61	1075	1074	99.9	967
餐饮业	62	1538	1536	99.9	1274
信息传输、软件和信息技术服务业	**I**	**822**	**819**	**99.6**	**781**
电信、广播电视和卫星传输服务	63	90	89	98.9	85
互联网和相关服务	64	117	117	100.0	112
软件和信息技术服务业	65	615	613	99.7	584
房地产业	**K**	**8265**	**8213**	**99.4**	**7730**
房地产业	70	8265	8213	99.4	7730
租赁和商务服务业	**L**	**1616**	**1613**	**99.8**	**1502**
租赁业	71	140	140	100.0	122
商务服务业	72	1476	1473	99.8	1380
科学研究和技术服务业	**M**	**1432**		**99.6**	**1332**
研究和试验发展	73	119	119	100.0	114
专业技术服务业	74	947	944	99.7	899
科技推广和应用服务业	75	366	363	99.2	319
水利、环境和公共设施管理业	**N**	**457**	**455**	**99.6**	**424**
水利管理业	76	20	19	95.0	19
生态保护和环境治理业	77	56	56	100.0	53
公共设施管理业	78	373	372	99.7	346
土地管理业	79	8	8	100.0	6
居民服务、修理和其他服务业	**O**	**392**	**389**	**99.2**	**348**
居民服务业	80	134	134	100.0	115
机动车、电子产品和日用产品修理业	81	175	173	98.9	157
其他服务业	82	83	82	98.8	76
教育	**P**	**403**	**402**	**99.8**	**348**
教育	83	403	402	99.8	348
卫生和社会工作	**Q**	**398**	**397**	**99.7**	**360**
卫生	84	349	348	99.7	314
社会工作	85	49	49	100.0	46
文化、体育和娱乐业	**R**	**509**	**508**	**99.8**	**469**
新闻和出版业	86	57	57	100.0	54
广播、电视、电影和录音制作业	87	118	118	100.0	109
文化艺术业	88	99	99	100.0	96
体育	89	52	52	100.0	46
娱乐业	90	183	182	99.5	164

子邮件	了解商品和服务的信息		从政府机构获取信息		代码
占使用互联网企业的比重(%)	数量(个)	占使用互联网企业的比重(%)	数量(个)	占使用互联网企业的比重(%)	
91.0	**8440**	**55.7**	**5796**	**38.2**	**F**
91.6	4431	55.3	3171	39.6	51
90.2	4009	56.1	2625	36.7	52
91.2	**1815**	**41.8**	**1825**	**42.0**	**G**
100.0	3	60.0	3	60.0	53
90.2	1199	38.1	1241	39.5	54
95.2	81	42.9	98	51.9	55
100.0	10	66.7	12	80.0	56
95.5	9	40.9	15	68.2	57
95.0	211	55.2	182	47.6	58
93.1	255	50.1	236	46.4	59
86.6	47	57.3	38	46.3	60
85.9	**1164**	**44.6**	**928**	**35.6**	**H**
90.0	527	49.1	415	38.6	61
82.9	637	41.5	513	33.4	62
95.4	**562**	**68.6**	**504**	**61.5**	**I**
95.5	55	61.8	55	61.8	63
95.7	76	65.0	66	56.4	64
95.3	431	70.3	383	62.5	65
94.1	**3167**	**38.6**	**4585**	**55.8**	**K**
94.1	3167	38.6	4585	55.8	70
93.1	**764**	**47.4**	**779**	**48.3**	**L**
87.1	44	31.4	50	35.7	71
93.7	720	48.9	729	49.5	72
93.4	**764**	**53.6**	**808**	**56.7**	**M**
95.8	76	63.9	70	58.8	73
95.2	505	53.5	587	62.2	74
87.9	183	50.4	151	41.6	75
93.2	**199**	**43.7**	**232**	**51.0**	**N**
100.0	8	42.1	12	63.2	76
94.6	23	41.1	27	48.2	77
93.0	166	44.6	187	50.3	78
75.0	2	25.0	6	75.0	79
89.5	**178**	**45.8**	**151**	**38.8**	**O**
85.8	62	46.3	53	39.6	80
90.8	94	54.3	62	35.8	81
92.7	22	26.8	36	43.9	82
86.6	**116**	**28.9**	**164**	**40.8**	**P**
86.6	116	28.9	164	40.8	83
90.7	**177**	**44.6**	**219**	**55.2**	**Q**
90.2	157	45.1	191	54.9	84
93.9	20	40.8	28	57.1	85
92.3	**255**	**50.2**	**232**	**45.7**	**R**
94.7	36	63.2	40	70.2	86
92.4	62	52.5	59	50.0	87
97.0	52	52.5	36	36.4	88
88.5	28	53.8	23	44.2	89
90.1	77	42.3	74	40.7	90

6-9 续表 2

行 业	代码	与政府机构互动		使用网上银行	
		数量(个)	占使用互联网企业的比重(%)	数量(个)	占使用互联网企业的比重(%)
总 计	**00**	**18367**	**23.4**	**56030**	**71.3**
采矿业	**B**	**95**	**24.7**	**248**	**64.6**
煤炭开采和洗选业	06	28	27.5	73	71.6
石油和天然气开采业	07	2	25.0	3	37.5
黑色金属矿采选业	08	15	22.7	39	59.1
有色金属矿采选业	09	13	22.0	38	64.4
非金属矿采选业	10	36	24.8	92	63.4
开采专业及辅助性活动	11			1	50.0
其他采矿业	12	1	50.0	2	100.0
制造业	**C**	**8492**	**25.2**	**23460**	**69.7**
农副食品加工业	13	790	23.6	2225	66.6
食品制造业	14	303	28.6	681	64.2
酒、饮料和精制茶制造业	15	81	21.7	246	66.0
烟草制品业	16	3	50.0	3	50.0
纺织业	17	326	16.2	1366	68.0
纺织服装、服饰业	18	202	19.6	644	62.3
皮革、毛皮、羽毛及其制品和制鞋业	19	58	18.3	201	63.4
木材加工和木、竹、藤、棕、草制品业	20	195	11.6	1037	61.7
家具制造业	21	97	21.2	290	63.3
造纸和纸制品业	22	151	27.1	406	72.8
印刷和记录媒介复制业	23	151	26.0	403	69.5
文教、工美、体育和娱乐用品制造业	24	251	21.1	711	59.7
石油、煤炭及其他燃料加工业	25	105	34.9	244	81.1
化学原料和化学制品制造业	26	941	32.8	2218	77.2
医药制造业	27	222	32.0	518	74.7
化学纤维制造业	28	22	28.9	59	77.6
橡胶和塑料制品业	29	401	24.4	1192	72.6
非金属矿物制品业	30	828	24.3	2374	69.7
黑色金属冶炼和压延加工业	31	74	21.3	274	78.7
有色金属冶炼和压延加工业	32	114	26.3	338	77.9
金属制品业	33	556	26.6	1509	72.2
通用设备制造业	34	742	25.6	1933	66.7
专用设备制造业	35	618	29.5	1500	71.5
汽车制造业	36	381	29.0	981	74.7
铁路、船舶、航空航天和其他运输设备制造业	37	101	28.4	253	71.1
电气机械和器材制造业	38	393	28.6	987	71.8
计算机、通信和其他电子设备制造业	39	219	34.3	492	77.1
仪器仪表制造业	40	128	38.3	275	82.3
其他制造业	41	12	20.7	34	58.6
废弃资源综合利用业	42	23	27.1	56	65.9
金属制品、机械和设备修理业	43	4	26.7	10	66.7
电力、热力、燃气及水生产和供应业	**D**	**298**	**32.8**	**649**	**71.4**
电力、热力生产和供应业	44	191	33.1	393	68.1
燃气生产和供应业	45	52	32.9	129	81.6
水的生产和供应业	46	55	31.6	127	73.0
建筑业	**E**	**1849**	**25.4**	**5835**	**80.3**
房屋建筑业	47	958	26.5	2913	80.6
土木工程建筑业	48	438	26.2	1360	81.4
建筑安装业	49	204	23.5	705	81.1
建筑装饰、装修和其他建筑业	50	249	22.3	857	76.7

使用其他金融服务		提供客户服务		拨打互联网电话 或召开视频会议		代码
数量 (个)	占使用互联网 企业的比重(%)	数量 (个)	占使用互联网 企业的比重(%)	数量 (个)	占使用互联网 企业的比重(%)	
6082	**7.7**	**26991**	**34.4**	**9871**	**12.6**	**00**
38	**9.9**	**72**	**18.8**	**68**	**17.7**	**B**
13	12.7	20	19.6	35	34.3	06
				5	62.5	07
6	9.1	20	30.3	12	18.2	08
7	11.9	5	8.5	10	16.9	09
12	8.3	27	18.6	6	4.1	10
						11
						12
2691	**8.0**	**11702**	**34.8**	**4052**	**12.0**	**C**
241	7.2	1065	31.9	368	11.0	13
85	8.0	339	32.0	141	13.3	14
26	7.0	137	36.7	52	13.9	15
		2	33.3	2	33.3	16
100	5.0	589	29.3	105	5.2	17
55	5.3	302	29.2	72	7.0	18
18	5.7	75	23.7	21	6.6	19
56	3.3	418	24.9	74	4.4	20
26	5.7	137	29.9	34	7.4	21
43	7.7	195	34.9	59	10.6	22
50	8.6	216	37.2	52	9.0	23
48	4.0	393	33.0	86	7.2	24
29	9.6	117	38.9	53	17.6	25
325	11.3	1163	40.5	464	16.2	26
88	12.7	298	43.0	165	23.8	27
9	11.8	26	34.2	12	15.8	28
132	8.0	627	38.2	161	9.8	29
221	6.5	1035	30.4	315	9.2	30
33	9.5	122	35.1	35	10.1	31
44	10.1	161	37.1	65	15.0	32
167	8.0	763	36.5	230	11.0	33
223	7.7	1023	35.3	330	11.4	34
222	10.6	839	40.0	323	15.4	35
136	10.4	517	39.3	254	19.3	36
21	5.9	128	36.0	61	17.1	37
154	11.2	521	37.9	221	16.1	38
89	13.9	289	45.3	192	30.1	39
36	10.8	168	50.3	85	25.4	40
3	5.2	12	20.7	5	8.6	41
8	9.4	22	25.9	13	15.3	42
3	20.0	3	20.0	2	13.3	43
62	**6.8**	**286**	**31.5**	**272**	**29.9**	**D**
44	7.6	150	26.0	168	29.1	44
13	8.2	74	46.8	70	44.3	45
5	2.9	62	35.6	34	19.5	46
573	**7.9**	**1866**	**25.7**	**594**	**8.2**	**E**
263	7.3	859	23.8	232	6.4	47
139	8.3	435	26.0	197	11.8	48
80	9.2	244	28.1	82	9.4	49
91	8.1	328	29.3	83	7.4	50

6-9 续表 3

行　业	代码	与政府机构互动		使用网上银行	
		数量（个）	占使用互联网企业的比重(%)	数量（个）	占使用互联网企业的比重(%)
批发和零售业	**F**	**2680**	**17.7**	**10553**	**69.6**
批发业	51	1486	18.5	5712	71.3
零售业	52	1194	16.7	4841	67.7
交通运输、仓储和邮政业	**G**	**855**	**19.7**	**3036**	**69.8**
铁路运输业	53	3	60.0	2	40.0
道路运输业	54	561	17.8	2145	68.2
水上运输业	55	41	21.7	143	75.7
航空运输业	56	7	46.7	14	93.3
管道运输业	57	9	40.9	18	81.8
多式联运和运输代理业	58	102	26.7	305	79.8
装卸搬运和仓储业	59	108	21.2	348	68.4
邮政业	60	24	29.3	61	74.4
住宿和餐饮业	**H**	**390**	**14.9**	**1743**	**66.8**
住宿业	61	198	18.4	780	72.6
餐饮业	62	192	12.5	963	62.7
信息传输、软件和信息技术服务业	**I**	**300**	**36.6**	**653**	**79.7**
电信、广播电视和卫星传输服务	63	37	41.6	72	80.9
互联网和相关服务	64	42	35.9	87	74.4
软件和信息技术服务业	65	221	36.1	494	80.6
房地产业	**K**	**2159**	**26.3**	**6206**	**75.6**
房地产业	70	2159	26.3	6206	75.6
租赁和商务服务业	**L**	**370**	**22.9**	**1138**	**70.6**
租赁业	71	16	11.4	80	57.1
商务服务业	72	354	24.0	1058	71.8
科学研究和技术服务业	**M**	**388**	**27.2**	**1038**	**72.8**
研究和试验发展	73	39	32.8	82	68.9
专业技术服务业	74	290	30.7	745	78.9
科技推广和应用服务业	75	59	16.3	211	58.1
水利、环境和公共设施管理业	**N**	**111**	**24.4**	**312**	**68.6**
水利管理业	76	5	26.3	13	68.4
生态保护和环境治理业	77	16	28.6	44	78.6
公共设施管理业	78	88	23.7	247	66.4
土地管理业	79	2	25.0	8	100.0
居民服务、修理和其他服务业	**O**	**58**	**14.9**	**244**	**62.7**
居民服务业	80	24	17.9	91	67.9
机动车、电子产品和日用产品修理业	81	23	13.3	103	59.5
其他服务业	82	11	13.4	50	61.0
教育	**P**	**75**	**18.7**	**259**	**64.4**
教育	83	75	18.7	259	64.4
卫生和社会工作	**Q**	**122**	**30.7**	**294**	**74.1**
卫生	84	115	33.0	261	75.0
社会工作	85	7	14.3	33	67.3
文化、体育和娱乐业	**R**	**125**	**24.6**	**362**	**71.3**
新闻和出版业	86	26	45.6	51	89.5
广播、电视、电影和录音制作业	87	31	26.3	91	77.1
文化艺术业	88	20	20.2	64	64.6
体育	89	12	23.1	35	67.3
娱乐业	90	36	19.8	121	66.5

使用其他金融服务		提供客户服务		拨打互联网电话或召开视频会议		代码
数量(个)	占使用互联网企业的比重(%)	数量(个)	占使用互联网企业的比重(%)	数量(个)	占使用互联网企业的比重(%)	
1093	**7.2**	**5569**	**36.7**	**1893**	**12.5**	**F**
611	7.6	2778	34.7	878	11.0	51
482	6.7	2791	39.0	1015	14.2	52
292	**6.7**	**1605**	**36.9**	**497**	**11.4**	**G**
				3	60.0	53
192	6.1	1093	34.8	251	8.0	54
12	6.3	60	31.7	31	16.4	55
3	20.0	11	73.3	6	40.0	56
4	18.2	6	27.3	11	50.0	57
37	9.7	211	55.2	90	23.6	58
34	6.7	170	33.4	69	13.6	59
10	12.2	54	65.9	36	43.9	60
122	**4.7**	**1031**	**39.5**	**241**	**9.2**	**H**
67	6.2	527	49.1	133	12.4	61
55	3.6	504	32.8	108	7.0	62
119	**14.5**	**506**	**61.8**	**340**	**41.5**	**I**
11	12.4	63	70.8	59	66.3	63
14	12.0	77	65.8	41	35.0	64
94	15.3	366	59.7	240	39.2	65
693	**8.4**	**2319**	**28.2**	**1114**	**13.6**	**K**
693	8.4	2319	28.2	1114	13.6	70
137	**8.5**	**692**	**42.9**	**243**	**15.1**	**L**
12	8.6	44	31.4	10	7.1	71
125	8.5	648	44.0	233	15.8	72
128	**9.0**	**551**	**38.6**	**287**	**20.1**	**M**
16	13.4	44	37.0	40	33.6	73
91	9.6	408	43.2	209	22.1	74
21	5.8	99	27.3	38	10.5	75
26	**5.7**	**133**	**29.2**	**50**	**11.0**	**N**
3	15.8	4	21.1	3	15.8	76
1	1.8	15	26.8	10	17.9	77
21	5.6	111	29.8	36	9.7	78
1	12.5	3	37.5	1	12.5	79
16	**4.1**	**128**	**32.9**	**28**	**7.2**	**O**
6	4.5	55	41.0	12	9.0	80
6	3.5	59	34.1	12	6.9	81
4	4.9	14	17.1	4	4.9	82
22	**5.5**	**137**	**34.1**	**39**	**9.7**	**P**
22	5.5	137	34.1	39	9.7	83
28	**7.1**	**165**	**41.6**	**60**	**15.1**	**Q**
28	8.0	148	42.5	57	16.4	84
		17	34.7	3	6.1	85
42	**8.3**	**229**	**45.1**	**93**	**18.3**	**R**
9	15.8	32	56.1	14	24.6	86
10	8.5	63	53.4	38	32.2	87
6	6.1	39	39.4	11	11.1	88
5	9.6	25	48.1	6	11.5	89
12	6.6	70	38.5	24	13.2	90

6-9 续表 4

行业	代码	在线提供产品	
		数量(个)	占使用互联网企业的比重(%)
总　计	**00**	**10730**	**13.7**
采矿业	**B**	**26**	**6.8**
煤炭开采和洗选业	06	9	8.8
石油和天然气开采业	07		
黑色金属矿采选业	08	6	9.1
有色金属矿采选业	09	1	1.7
非金属矿采选业	10	10	6.9
开采专业及辅助性活动	11		
其他采矿业	12		
制造业	**C**	**5414**	**16.1**
农副食品加工业	13	500	15.0
食品制造业	14	194	18.3
酒、饮料和精制茶制造业	15	68	18.2
烟草制品业	16		
纺织业	17	274	13.6
纺织服装、服饰业	18	106	10.3
皮革、毛皮、羽毛及其制品和制鞋业	19	37	11.7
木材加工和木、竹、藤、棕、草制品业	20	160	9.5
家具制造业	21	53	11.6
造纸和纸制品业	22	79	14.2
印刷和记录媒介复制业	23	76	13.1
文教、工美、体育和娱乐用品制造业	24	191	16.1
石油、煤炭及其他燃料加工业	25	50	16.6
化学原料和化学制品制造业	26	560	19.5
医药制造业	27	150	21.6
化学纤维制造业	28	14	18.4
橡胶和塑料制品业	29	313	19.1
非金属矿物制品业	30	397	11.7
黑色金属冶炼和压延加工业	31	51	14.7
有色金属冶炼和压延加工业	32	61	14.1
金属制品业	33	348	16.6
通用设备制造业	34	525	18.1
专用设备制造业	35	451	21.5
汽车制造业	36	220	16.7
铁路、船舶、航空航天和其他运输设备制造业	37	50	14.0
电气机械和器材制造业	38	259	18.8
计算机、通信和其他电子设备制造业	39	125	19.6
仪器仪表制造业	40	88	26.3
其他制造业	41	4	6.9
废弃资源综合利用业	42	9	10.6
金属制品、机械和设备修理业	43	1	6.7
电力、热力、燃气及水生产和供应业	**D**	**67**	**7.4**
电力、热力生产和供应业	44	33	5.7
燃气生产和供应业	45	25	15.8
水的生产和供应业	46	9	5.2
建筑业	**E**	**404**	**5.6**
房屋建筑业	47	171	4.7
土木工程建筑业	48	84	5.0
建筑安装业	49	60	6.9
建筑装饰、装修和其他建筑业	50	89	8.0

发布信息或即时消息		员工培训		对外或者对内招聘		代码
数量(个)	占使用互联网企业的比重(%)	数量(个)	占使用互联网企业的比重(%)	数量(个)	占使用互联网企业的比重(%)	
22075	**28.1**	**20377**	**25.9**	**24552**	**31.3**	**00**
97	**25.3**	**103**	**26.8**	**75**	**19.5**	**B**
39	38.2	43	42.2	32	31.4	06
7	87.5	5	62.5	1	12.5	07
14	21.2	20	30.3	9	13.6	08
13	22.0	16	27.1	8	13.6	09
24	16.6	18	12.4	25	17.2	10
						11
		1	50.0			12
8948	**26.6**	**7214**	**21.4**	**10111**	**30.1**	**C**
830	24.8	653	19.5	888	26.6	13
276	26.0	256	24.1	332	31.3	14
85	22.8	80	21.4	106	28.4	15
2	33.3	2	33.3	2	33.3	16
369	18.4	259	12.9	353	17.6	17
207	20.0	123	11.9	231	22.4	18
49	15.5	36	11.4	59	18.6	19
237	14.1	157	9.3	191	11.4	20
94	20.5	58	12.7	102	22.3	21
127	22.8	121	21.7	152	27.2	22
145	25.0	116	20.0	176	30.3	23
236	19.8	167	14.0	244	20.5	24
101	33.6	98	32.6	111	36.9	25
1003	34.9	919	32.0	1100	38.3	26
285	41.1	239	34.5	324	46.8	27
17	22.4	20	26.3	27	35.5	28
420	25.6	327	19.9	505	30.7	29
791	23.2	705	20.7	868	25.5	30
102	29.3	82	23.6	124	35.6	31
135	31.1	106	24.4	156	35.9	32
553	26.4	416	19.9	674	32.2	33
807	27.9	604	20.9	912	31.5	34
715	34.1	522	24.9	774	36.9	35
416	31.7	356	27.1	502	38.2	36
89	25.0	88	24.7	135	37.9	37
433	31.5	357	26.0	533	38.8	38
242	37.9	205	32.1	316	49.5	39
149	44.6	114	34.1	165	49.4	40
7	12.1	6	10.3	16	27.6	41
21	24.7	19	22.4	28	32.9	42
5	33.3	3	20.0	5	33.3	43
331	**36.4**	**375**	**41.3**	**291**	**32.0**	**D**
202	35.0	231	40.0	196	34.0	44
66	41.8	82	51.9	51	32.3	45
63	36.2	62	35.6	44	25.3	46
2088	**28.7**	**2919**	**40.2**	**2437**	**33.5**	**E**
939	26.0	1560	43.2	1084	30.0	47
567	33.9	705	42.2	626	37.5	48
256	29.5	309	35.6	317	36.5	49
326	29.2	345	30.9	410	36.7	50

6-9 续表 5

行业	代码	在线提供产品	
		数量(个)	占使用互联网企业的比重(%)
批发和零售业	**F**	**2306**	**15.2**
批发业	51	1134	14.2
零售业	52	1172	16.4
交通运输、仓储和邮政业	**G**	**416**	**9.6**
铁路运输业	53		
道路运输业	54	255	8.1
水上运输业	55	15	7.9
航空运输业	56	5	33.3
管道运输业	57	5	22.7
多式联运和运输代理业	58	58	15.2
装卸搬运和仓储业	59	48	9.4
邮政业	60	30	36.6
住宿和餐饮业	**H**	**430**	**16.5**
住宿业	61	245	22.8
餐饮业	62	185	12.0
信息传输、软件和信息技术服务业	**I**	**298**	**36.4**
电信、广播电视和卫星传输服务	63	40	44.9
互联网和相关服务	64	52	44.4
软件和信息技术服务业	65	206	33.6
房地产业	**K**	**619**	**7.5**
房地产业	70	619	7.5
租赁和商务服务业	**L**	**245**	**15.2**
租赁业	71	13	9.3
商务服务业	72	232	15.8
科学研究和技术服务业	**M**	**206**	**14.4**
研究和试验发展	73	26	21.8
专业技术服务业	74	128	13.6
科技推广和应用服务业	75	52	14.3
水利、环境和公共设施管理业	**N**	**51**	**11.2**
水利管理业	76		
生态保护和环境治理业	77	6	10.7
公共设施管理业	78	45	12.1
土地管理业	79		
居民服务、修理和其他服务业	**O**	**37**	**9.5**
居民服务业	80	15	11.2
机动车、电子产品和日用产品修理业	81	21	12.1
其他服务业	82	1	1.2
教育	**P**	**31**	**7.7**
教育	83	31	7.7
卫生和社会工作	**Q**	**50**	**12.6**
卫生	84	48	13.8
社会工作	85	2	4.1
文化、体育和娱乐业	**R**	**130**	**25.6**
新闻和出版业	86	19	33.3
广播、电视、电影和录音制作业	87	46	39.0
文化艺术业	88	16	16.2
体育	89	11	21.2
娱乐业	90	38	20.9

发布信息或即时消息		员工培训		对外或者对内招聘		代码
数量（个）	占使用互联网企业的比重(%)	数量（个）	占使用互联网企业的比重(%)	数量（个）	占使用互联网企业的比重(%)	
3847	**25.4**	**3681**	**24.3**	**4309**	**28.4**	**F**
1895	23.6	1618	20.2	2145	26.8	51
1952	27.3	2063	28.9	2164	30.3	52
1181	**27.2**	**1058**	**24.3**	**1128**	**25.9**	**G**
3	60.0	1	20.0	3	60.0	53
766	24.4	697	22.2	714	22.7	54
66	34.9	43	22.8	49	25.9	55
12	80.0	11	73.3	10	66.7	56
9	40.9	12	54.5	10	45.5	57
145	38.0	122	31.9	164	42.9	58
136	26.7	129	25.3	128	25.1	59
44	53.7	43	52.4	50	61.0	60
648	**24.8**	**651**	**24.9**	**904**	**34.6**	**H**
322	30.0	316	29.4	443	41.2	61
326	21.2	335	21.8	461	30.0	62
453	**55.3**	**424**	**51.8**	**497**	**60.7**	**I**
55	61.8	56	62.9	54	60.7	63
66	56.4	66	56.4	66	56.4	64
332	54.2	302	49.3	377	61.5	65
2512	**30.6**	**2308**	**28.1**	**2789**	**34.0**	**K**
2512	30.6	2308	28.1	2789	34.0	70
631	**39.1**	**496**	**30.8**	**649**	**40.2**	**L**
42	30.0	20	14.3	30	21.4	71
589	40.0	476	32.3	619	42.0	72
591	**41.4**	**506**	**35.5**	**617**	**43.3**	**M**
50	42.0	43	36.1	57	47.9	73
453	48.0	394	41.7	471	49.9	74
88	24.2	69	19.0	89	24.5	75
151	**33.2**	**124**	**27.3**	**133**	**29.2**	**N**
6	31.6	5	26.3	4	21.1	76
20	35.7	21	37.5	23	41.1	77
121	32.5	96	25.8	102	27.4	78
4	50.0	2	25.0	4	50.0	79
92	**23.7**	**90**	**23.1**	**104**	**26.7**	**O**
37	27.6	35	26.1	44	32.8	80
32	18.5	37	21.4	37	21.4	81
23	28.0	18	22.0	23	28.0	82
133	**33.1**	**147**	**36.6**	**129**	**32.1**	**P**
133	33.1	147	36.6	129	32.1	83
160	**40.3**	**130**	**32.7**	**182**	**45.8**	**Q**
147	42.2	122	35.1	167	48.0	84
13	26.5	8	16.3	15	30.6	85
212	**41.7**	**151**	**29.7**	**197**	**38.8**	**R**
32	56.1	21	36.8	31	54.4	86
65	55.1	38	32.2	61	51.7	87
33	33.3	19	19.2	27	27.3	88
19	36.5	19	36.5	19	36.5	89
63	34.6	54	29.7	59	32.4	90

6–10 分地区企业通过

地 区	企业数(个)	使用互联网的企业		收发电子邮件		了解商品和服务的信息	
		数量(个)	比重(%)	数量(个)	占使用互联网企业的比重(%)	数量(个)	占使用互联网企业的比重(%)
全 省	**78913**	**78551**	**99.5**	**72935**	**92.9**	**40496**	**51.6**
济南市	7256	7227	99.6	6725	93.1	4182	57.9
青岛市	9461	9446	99.8	9024	95.5	5295	56.1
淄博市	5047	5017	99.4	4742	94.5	2697	53.8
枣庄市	2337	2328	99.6	2170	93.2	1108	47.6
东营市	2103	2087	99.2	2000	95.8	1200	57.5
烟台市	5576	5569	99.9	5244	94.2	2686	48.2
潍坊市	6545	6524	99.7	6207	95.1	3508	53.8
济宁市	7396	7360	99.5	6770	92.0	3954	53.7
泰安市	3146	3099	98.5	2938	94.8	1656	53.4
威海市	3729	3720	99.8	3419	91.9	1666	44.8
日照市	1696	1677	98.9	1582	94.3	939	56.0
临沂市	7439	7410	99.6	6588	88.9	3930	53.0
德州市	5006	4984	99.6	4599	92.3	2169	43.5
聊城市	3537	3498	98.9	3113	89.0	1529	43.7
滨州市	2566	2551	99.4	2405	94.3	1457	57.1
菏泽市	6069	6050	99.7	5405	89.3	2516	41.6

互联网开展活动情况

从政府机构获取信息		与政府机构互动		使用网上银行		使用其他金融服务	
数量(个)	占使用互联网企业的比重(%)	数量(个)	占使用互联网企业的比重(%)	数量(个)	占使用互联网企业的比重(%)	数量(个)	占使用互联网企业的比重(%)
37563	**47.8**	**18367**	**23.4**	**56030**	**71.3**	**6082**	**7.7**
3882	53.7	1845	25.5	5746	79.5	745	10.3
5285	55.9	3540	37.5	7620	80.7	1002	10.6
2821	56.2	1423	28.4	4030	80.3	555	11.1
1058	45.4	458	19.7	1482	63.7	111	4.8
1296	62.1	655	31.4	1737	83.2	231	11.1
2671	48.0	1208	21.7	3912	70.2	454	8.2
3405	52.2	1974	30.3	5060	77.6	583	8.9
3328	45.2	1671	22.7	5062	68.8	520	7.1
1473	47.5	669	21.6	2314	74.7	252	8.1
1698	45.6	713	19.2	2465	66.3	247	6.6
964	57.5	474	28.3	1407	83.9	183	10.9
3466	46.8	1598	21.6	4807	64.9	449	6.1
1696	34.0	595	11.9	2864	57.5	193	3.9
1310	37.4	571	16.3	2476	70.8	196	5.6
1360	53.3	616	24.1	2145	84.1	240	9.4
1847	30.5	355	5.9	2899	47.9	120	2.0

6-10 续表

地区	提供客户服务		拨打互联网电话或召开视频会议		在线提供产品	
	数量（个）	占使用互联网企业的比重(%)	数量（个）	占使用互联网企业的比重(%)	数量（个）	占使用互联网企业的比重(%)
全 省	**26991**	**34.4**	**9871**	**12.6**	**10730**	**13.7**
济南市	2946	40.8	1433	19.8	1243	17.2
青岛市	3935	41.7	2224	23.5	1615	17.1
淄博市	1913	38.1	628	12.5	772	15.4
枣庄市	612	26.3	198	8.5	211	9.1
东营市	794	38.0	319	15.3	306	14.7
烟台市	1797	32.3	751	13.5	652	11.7
潍坊市	2380	36.5	782	12.0	952	14.6
济宁市	2542	34.5	664	9.0	1002	13.6
泰安市	1071	34.6	354	11.4	442	14.3
威海市	1092	29.4	383	10.3	375	10.1
日照市	699	41.7	274	16.3	273	16.3
临沂市	2282	30.8	685	9.2	1007	13.6
德州市	1359	27.3	363	7.3	570	11.4
聊城市	1007	28.8	271	7.7	397	11.3
滨州市	1003	39.3	335	13.1	364	14.3
菏泽市	1555	25.7	206	3.4	549	9.1

发布信息或即时消息		员工培训		对外或者对内招聘		其他	
数量(个)	占使用互联网企业的比重(%)	数量(个)	占使用互联网企业的比重(%)	数量(个)	占使用互联网企业的比重(%)	数量(个)	占使用互联网企业的比重(%)
22075	**28.1**	**20377**	**25.9**	**24552**	**31.3**	**8644**	**11.0**
2758	38.2	2476	34.3	3147	43.5	1036	14.3
3641	38.5	3096	32.8	4638	49.1	1144	12.1
1621	32.3	1491	29.7	1823	36.3	662	13.2
537	23.1	467	20.1	485	20.8	168	7.2
787	37.7	779	37.3	818	39.2	286	13.7
1515	27.2	1420	25.5	1739	31.2	649	11.7
1956	30.0	1847	28.3	2187	33.5	725	11.1
1846	25.1	1591	21.6	1855	25.2	782	10.6
827	26.7	862	27.8	893	28.8	335	10.8
972	26.1	797	21.4	1102	29.6	334	9.0
627	37.4	601	35.8	702	41.9	232	13.8
1691	22.8	1678	22.6	1787	24.1	679	9.2
959	19.2	893	17.9	981	19.7	363	7.3
740	21.2	733	21.0	796	22.8	404	11.5
862	33.8	845	33.1	1004	39.4	378	14.8
732	12.1	799	13.2	591	9.8	466	7.7

6-11 分行业企业互联网

行业	代码	企业数（个）	使用互联网的企业		通过互联网进行
			数量（个）	比重（%）	数量（个）
总 计	**00**	**78913**	**78551**	**99.5**	**70299**
采矿业	**B**	**391**	**384**	**98.2**	**326**
煤炭开采和洗选业	06	103	102	99.0	91
石油和天然气开采业	07	9	8	88.9	6
黑色金属矿采选业	08	66	66	100.0	54
有色金属矿采选业	09	60	59	98.3	53
非金属矿采选业	10	149	145	97.3	118
开采专业及辅助性活动	11	2	2	100.0	2
其他采矿业	12	2	2	100.0	2
制造业	**C**	**33823**	**33645**	**99.5**	**31201**
农副食品加工业	13	3353	3343	99.7	3098
食品制造业	14	1066	1061	99.5	1015
酒、饮料和精制茶制造业	15	377	373	98.9	354
烟草制品业	16	6	6	100.0	4
纺织业	17	2025	2010	99.3	1815
纺织服装、服饰业	18	1038	1033	99.5	959
皮革、毛皮、羽毛及其制品和制鞋业	19	320	317	99.1	269
木材加工和木、竹、藤、棕、草制品业	20	1691	1682	99.5	1493
家具制造业	21	462	458	99.1	433
造纸和纸制品业	22	561	558	99.5	508
印刷和记录媒介复制业	23	581	580	99.8	545
文教、工美、体育和娱乐用品制造业	24	1196	1190	99.5	1101
石油、煤炭及其他燃料加工业	25	301	301	100.0	281
化学原料和化学制品制造业	26	2888	2873	99.5	2681
医药制造业	27	694	693	99.9	676
化学纤维制造业	28	77	76	98.7	67
橡胶和塑料制品业	29	1658	1643	99.1	1531
非金属矿物制品业	30	3434	3407	99.2	3083
黑色金属冶炼和压延加工业	31	351	348	99.1	322
有色金属冶炼和压延加工业	32	434	434	100.0	401
金属制品业	33	2097	2091	99.7	1948
通用设备制造业	34	2911	2896	99.5	2726
专用设备制造业	35	2103	2097	99.7	1998
汽车制造业	36	1321	1314	99.5	1202
铁路、船舶、航空航天和其他运输设备制造业	37	358	356	99.4	335
电气机械和器材制造业	38	1386	1375	99.2	1290
计算机、通信和其他电子设备制造业	39	640	638	99.7	594
仪器仪表制造业	40	335	334	99.7	326
其他制造业	41	58	58	100.0	56
废弃资源综合利用业	42	86	85	98.8	75
金属制品、机械和设备修理业	43	15	15	100.0	15
电力、热力、燃气及水生产和供应业	**D**	**913**	**909**	**99.6**	**722**
电力、热力生产和供应业	44	580	577	99.5	458
燃气生产和供应业	45	159	158	99.4	129
水的生产和供应业	46	174	174	100.0	135
建筑业	**E**	**7298**	**7270**	**99.6**	**6306**
房屋建筑业	47	3625	3612	99.6	3178
土木工程建筑业	48	1677	1671	99.6	1397
建筑安装业	49	875	869	99.3	753
建筑装饰、装修和其他建筑业	50	1121	1118	99.7	978

宣传和推广情况

宣传推广的企业数	自有网站		互联网广告		代码
占使用互联网企业的比重(%)	数量(个)	占使用互联网企业的比重(%)	数量(个)	占使用互联网企业的比重(%)	
89.5	**21363**	**30.4**	**26205**	**33.4**	**00**
84.9	**95**	**29.1**	**90**	**23.4**	**B**
89.2	42	46.2	18	17.6	06
75.0	4	66.7			07
81.8	10	18.5	23	34.8	08
89.8	14	26.4	12	20.3	09
81.4	23	19.5	36	24.8	10
100.0	2	100.0			11
100.0			1	50.0	12
92.7	**11715**	**37.5**	**11271**	**33.5**	**C**
92.7	1037	33.5	1025	30.7	13
95.7	389	38.3	382	36.0	14
94.9	135	38.1	144	38.6	15
66.7	1	25.0	1	16.7	16
90.3	414	22.8	615	30.6	17
92.8	197	20.5	334	32.3	18
84.9	57	21.2	82	25.9	19
88.8	322	21.6	533	31.7	20
94.5	115	26.6	170	37.1	21
91.0	168	33.1	202	36.2	22
94.0	175	32.1	183	31.6	23
92.5	351	31.9	404	33.9	24
93.4	121	43.1	93	30.9	25
93.3	1258	46.9	981	34.1	26
97.5	368	54.4	246	35.5	27
88.2	25	37.3	24	31.6	28
93.2	608	39.7	565	34.4	29
90.5	1030	33.4	1069	31.4	30
92.5	118	36.6	124	35.6	31
92.4	177	44.1	154	35.5	32
93.2	801	41.1	694	33.2	33
94.1	1150	42.2	1048	36.2	34
95.3	941	47.1	779	37.1	35
91.5	497	41.3	403	30.7	36
94.1	141	42.1	105	29.5	37
93.8	595	46.1	487	35.4	38
93.1	274	46.1	219	34.3	39
97.6	212	65.0	138	41.3	40
96.6	12	21.4	29	50.0	41
88.2	19	25.3	35	41.2	42
100.0	7	46.7	3	20.0	43
79.4	**285**	**39.5**	**179**	**19.7**	**D**
79.4	187	40.8	108	18.7	44
81.6	46	35.7	39	24.7	45
77.6	52	38.5	32	18.4	46
86.7	**1680**	**26.6**	**1708**	**23.5**	**E**
88.0	668	21.0	880	24.4	47
83.6	426	30.5	339	20.3	48
86.7	266	35.3	196	22.6	49
87.5	320	32.7	293	26.2	50

6-11 续表 1

行业	代码	企业数(个)	使用互联网的企业		通过互联网进行
			数量(个)	比重(%)	数量(个)
批发和零售业	**F**	**15219**	**15164**	**99.6**	**12931**
批发业	51	8042	8014	99.7	6477
零售业	52	7177	7150	99.6	6454
交通运输、仓储和邮政业	**G**	**4362**	**4347**	**99.7**	**3680**
铁路运输业	53	5	5	100.0	4
道路运输业	54	3152	3143	99.7	2631
水上运输业	55	189	189	100.0	159
航空运输业	56	15	15	100.0	14
管道运输业	57	22	22	100.0	14
多式联运和运输代理业	58	383	382	99.7	334
装卸搬运和仓储业	59	514	509	99.0	449
邮政业	60	82	82	100.0	75
住宿和餐饮业	**H**	**2613**	**2610**	**99.9**	**2397**
住宿业	61	1075	1074	99.9	1029
餐饮业	62	1538	1536	99.9	1368
信息传输、软件和信息技术服务业	**I**	**822**	**819**	**99.6**	**782**
电信、广播电视和卫星传输服务	63	90	89	98.9	80
互联网和相关服务	64	117	117	100.0	116
软件和信息技术服务业	65	615	613	99.7	586
房地产业	**K**	**8265**	**8213**	**99.4**	**7194**
房地产业	70	8265	8213	99.4	7194
租赁和商务服务业	**L**	**1616**	**1613**	**99.8**	**1447**
租赁业	71	140	140	100.0	124
商务服务业	72	1476	1473	99.8	1323
科学研究和技术服务业	**M**	**1432**	**1426**	**99.6**	**1316**
研究和试验发展	73	119	119	100.0	112
专业技术服务业	74	947	944	99.7	857
科技推广和应用服务业	75	366	363	99.2	347
水利、环境和公共设施管理业	**N**	**457**	**455**	**99.6**	**406**
水利管理业	76	20	19	95.0	16
生态保护和环境治理业	77	56	56	100.0	48
公共设施管理业	78	373	372	99.7	334
土地管理业	79	8	8	100.0	8
居民服务、修理和其他服务业	**O**	**392**	**389**	**99.2**	**341**
居民服务业	80	134	134	100.0	121
机动车、电子产品和日用产品修理业	81	175	173	98.9	161
其他服务业	82	83	82	98.8	59
教育	**P**	**403**	**402**	**99.8**	**385**
教育	83	403	402	99.8	385
卫生和社会工作	**Q**	**398**	**397**	**99.7**	**376**
卫生	84	349	348	99.7	330
社会工作	85	49	49	100.0	46
文化、体育和娱乐业	**R**	**509**	**508**	**99.8**	**489**
新闻和出版业	86	57	57	100.0	57
广播、电视、电影和录音制作业	87	118	118	100.0	113
文化艺术业	88	99	99	100.0	95
体育	89	52	52	100.0	51
娱乐业	90	183	182	99.5	173

宣传推广的企业数					代码
	自有网站		互联网广告		
占使用互联网企业的比重(%)	数量(个)	占使用互联网企业的比重(%)	数量(个)	占使用互联网企业的比重(%)	
85.3	**2532**	**19.6**	**5155**	**34.0**	**F**
80.8	1414	21.8	2138	26.7	51
90.3	1118	17.3	3017	42.2	52
84.7	**709**	**19.3**	**1152**	**26.5**	**G**
80.0	3	75.0			53
83.7	386	14.7	851	27.1	54
84.1	53	33.3	42	22.2	55
93.3	11	78.6	4	26.7	56
63.6	6	42.9	3	13.6	57
87.4	123	36.8	89	23.3	58
88.2	108	24.1	131	25.7	59
91.5	19	25.3	32	39.0	60
91.8	**468**	**19.5**	**1037**	**39.7**	**H**
95.8	250	24.3	488	45.4	61
89.1	218	15.9	549	35.7	62
95.5	**464**	**59.3**	**340**	**41.5**	**I**
89.9	55	68.8	46	51.7	63
99.1	62	53.4	62	53.0	64
95.6	347	59.2	232	37.8	65
87.6	**1615**	**22.4**	**3405**	**41.5**	**K**
87.6	1615	22.4	3405	41.5	70
89.7	**518**	**35.8**	**586**	**36.3**	**L**
88.6	20	16.1	53	37.9	71
89.8	498	37.6	533	36.2	72
92.3	**564**	**42.9**	**439**	**30.8**	**M**
94.1	55	49.1	45	37.8	73
90.8	431	50.3	267	28.3	74
95.6	78	22.5	127	35.0	75
89.2	**126**	**31.0**	**152**	**33.4**	**N**
84.2	5	31.3	1	5.3	76
85.7	16	33.3	16	28.6	77
89.8	101	30.2	134	36.0	78
100.0	4	50.0	1	12.5	79
87.7	**78**	**22.9**	**141**	**36.2**	**O**
90.3	44	36.4	49	36.6	80
93.1	24	14.9	72	41.6	81
72.0	10	16.9	20	24.4	82
95.8	**146**	**37.9**	**165**	**41.0**	**P**
95.8	146	37.9	165	41.0	83
94.7	**170**	**45.2**	**162**	**40.8**	**Q**
94.8	160	48.5	147	42.2	84
93.9	10	21.7	15	30.6	85
96.3	**198**	**40.5**	**223**	**43.9**	**R**
100.0	43	75.4	24	42.1	86
95.8	45	39.8	53	44.9	87
96.0	36	37.9	36	36.4	88
98.1	20	39.2	28	53.8	89
95.1	54	31.2	82	45.1	90

6-11 续表 2

行 业	代码	搜索引擎		电子商
		数量(个)	占使用互联网企业的比重(%)	数量(个)
总 计	**00**	**12316**	**15.7**	**7274**
采矿业	**B**	**42**	**10.9**	**24**
煤炭开采和洗选业	06	13	12.7	8
石油和天然气开采业	07	1	12.5	1
黑色金属矿采选业	08	6	9.1	6
有色金属矿采选业	09	5	8.5	1
非金属矿采选业	10	17	11.7	7
开采专业及辅助性活动	11			
其他采矿业	12			1
制造业	**C**	**6257**	**18.6**	**3554**
农副食品加工业	13	563	16.8	294
食品制造业	14	186	17.5	146
酒、饮料和精制茶制造业	15	75	20.1	50
烟草制品业	16	1	16.7	
纺织业	17	321	16.0	170
纺织服装、服饰业	18	163	15.8	86
皮革、毛皮、羽毛及其制品和制鞋业	19	32	10.1	24
木材加工和木、竹、藤、棕、草制品业	20	275	16.3	109
家具制造业	21	122	26.6	42
造纸和纸制品业	22	92	16.5	53
印刷和记录媒介复制业	23	92	15.9	58
文教、工美、体育和娱乐用品制造业	24	181	15.2	157
石油、煤炭及其他燃料加工业	25	67	22.3	44
化学原料和化学制品制造业	26	641	22.3	357
医药制造业	27	146	21.1	104
化学纤维制造业	28	21	27.6	7
橡胶和塑料制品业	29	303	18.4	202
非金属矿物制品业	30	552	16.2	284
黑色金属冶炼和压延加工业	31	62	17.8	40
有色金属冶炼和压延加工业	32	67	15.4	39
金属制品业	33	391	18.7	190
通用设备制造业	34	583	20.1	340
专用设备制造业	35	508	24.2	277
汽车制造业	36	234	17.8	119
铁路、船舶、航空航天和其他运输设备制造业	37	60	16.9	32
电气机械和器材制造业	38	275	20.0	181
计算机、通信和其他电子设备制造业	39	122	19.1	83
仪器仪表制造业	40	98	29.3	53
其他制造业	41	6	10.3	6
废弃资源综合利用业	42	15	17.6	7
金属制品、机械和设备修理业	43	3	20.0	
电力、热力、燃气及水生产和供应业	**D**	**86**	**9.5**	**44**
电力、热力生产和供应业	44	43	7.5	32
燃气生产和供应业	45	20	12.7	9
水的生产和供应业	46	23	13.2	3
建筑业	**E**	**886**	**12.2**	**430**
房屋建筑业	47	425	11.8	229
土木工程建筑业	48	211	12.6	100
建筑安装业	49	111	12.8	49
建筑装饰、装修和其他建筑业	50	139	12.4	52

务平台	电子邮件		社交网站和即时通讯社交工具		代码
占使用互联网企业的比重(%)	数量(个)	占使用互联网企业的比重(%)	数量(个)	占使用互联网企业的比重(%)	
9.3	**27745**	**35.3**	**14542**	**18.5**	**00**
6.3	**130**	**33.9**	**49**	**12.8**	**B**
7.8	27	26.5	15	14.7	06
12.5	3	37.5	1	12.5	07
9.1	18	27.3	7	10.6	08
1.7	26	44.1	3	5.1	09
4.8	55	37.9	23	15.9	10
					11
50.0	1	50.0			12
10.6	**13009**	**38.7**	**5468**	**16.3**	**C**
8.8	1350	40.4	599	17.9	13
13.8	390	36.8	193	18.2	14
13.4	120	32.2	59	15.8	15
			1	16.7	16
8.5	822	40.9	324	16.1	17
8.3	426	41.2	166	16.1	18
7.6	119	37.5	47	14.8	19
6.5	586	34.8	229	13.6	20
9.2	159	34.7	81	17.7	21
9.5	212	38.0	103	18.5	22
10.0	228	39.3	91	15.7	23
13.2	483	40.6	178	15.0	24
14.6	118	39.2	65	21.6	25
12.4	1096	38.1	466	16.2	26
15.0	290	41.8	137	19.8	27
9.2	35	46.1	16	21.1	28
12.3	650	39.6	284	17.3	29
8.3	1278	37.5	539	15.8	30
11.5	116	33.3	62	17.8	31
9.0	168	38.7	77	17.7	32
9.1	827	39.6	305	14.6	33
11.7	1086	37.5	429	14.8	34
13.2	813	38.8	359	17.1	35
9.1	518	39.4	200	15.2	36
9.0	135	37.9	45	12.6	37
13.2	509	37.0	212	15.4	38
13.0	274	42.9	113	17.7	39
15.9	142	42.5	63	18.9	40
10.3	23	39.7	11	19.0	41
8.2	29	34.1	14	16.5	42
	7	46.7			43
4.8	**248**	**27.3**	**154**	**16.9**	**D**
5.5	163	28.2	86	14.9	44
5.7	36	22.8	40	25.3	45
1.7	49	28.2	28	16.1	46
5.9	**3100**	**42.6**	**1228**	**16.9**	**E**
6.3	1655	45.8	616	17.1	47
6.0	652	39.0	294	17.6	48
5.6	351	40.4	134	15.4	49
4.7	442	39.5	184	16.5	50

6-11 续表 3

行 业	代码	搜索引擎		电子商
		数量(个)	占使用互联网企业的比重(%)	数量(个)
批发和零售业	**F**	**1977**	**13.0**	**1537**
批发业	51	979	12.2	684
零售业	52	998	14.0	853
交通运输、仓储和邮政业	**G**	**548**	**12.6**	**311**
铁路运输业	53			
道路运输业	54	386	12.3	196
水上运输业	55	23	12.2	13
航空运输业	56	3	20.0	1
管道运输业	57	1	4.5	1
多式联运和运输代理业	58	52	13.6	40
装卸搬运和仓储业	59	75	14.7	43
邮政业	60	8	9.8	17
住宿和餐饮业	**H**	**380**	**14.6**	**396**
住宿业	61	186	17.3	219
餐饮业	62	194	12.6	177
信息传输、软件和信息技术服务业	**I**	**201**	**24.5**	**143**
电信、广播电视和卫星传输服务	63	15	16.9	21
互联网和相关服务	64	38	32.5	39
软件和信息技术服务业	65	148	24.1	83
房地产业	**K**	**1060**	**12.9**	**388**
房地产业	70	1060	12.9	388
租赁和商务服务业	**L**	**251**	**15.6**	**129**
租赁业	71	19	13.6	9
商务服务业	72	232	15.8	120
科学研究和技术服务业	**M**	**269**	**18.9**	**100**
研究和试验发展	73	31	26.1	13
专业技术服务业	74	168	17.8	52
科技推广和应用服务业	75	70	19.3	35
水利、环境和公共设施管理业	**N**	**71**	**15.6**	**43**
水利管理业	76	2	10.5	
生态保护和环境治理业	77	10	17.9	4
公共设施管理业	78	57	15.3	39
土地管理业	79	2	25.0	
居民服务、修理和其他服务业	**O**	**55**	**14.1**	**34**
居民服务业	80	23	17.2	13
机动车、电子产品和日用产品修理业	81	23	13.3	17
其他服务业	82	9	11.0	4
教育	**P**	**70**	**17.4**	**24**
教育	83	70	17.4	24
卫生和社会工作	**Q**	**93**	**23.4**	**18**
卫生	84	85	24.4	16
社会工作	85	8	16.3	2
文化、体育和娱乐业	**R**	**70**	**13.8**	**99**
新闻和出版业	86	9	15.8	16
广播、电视、电影和录音制作业	87	16	13.6	37
文化艺术业	88	11	11.1	13
体育	89	6	11.5	4
娱乐业	90	28	15.4	29

务平台	电子邮件		社交网站和即时通讯社交工具		代码
占使用互联网企业的比重(%)	数量(个)	占使用互联网企业的比重(%)	数量(个)	占使用互联网企业的比重(%)	
10.1	**4776**	**31.5**	**2801**	**18.5**	**F**
8.5	2779	34.7	1276	15.9	51
11.9	1997	27.9	1525	21.3	52
7.2	**1558**	**35.8**	**919**	**21.1**	**G**
			1	20.0	53
6.2	1100	35.0	633	20.1	54
6.9	72	38.1	42	22.2	55
6.7	4	26.7	6	40.0	56
4.5	4	18.2	3	13.6	57
10.5	164	42.9	108	28.3	58
8.4	192	37.7	104	20.4	59
20.7	22	26.8	22	26.8	60
15.2	**630**	**24.1**	**571**	**21.9**	**H**
20.4	269	25.0	230	21.4	61
11.5	361	23.5	341	22.2	62
17.5	**269**	**32.8**	**246**	**30.0**	**I**
23.6	31	34.8	31	34.8	63
33.3	35	29.9	32	27.4	64
13.5	203	33.1	183	29.9	65
4.7	**2332**	**28.4**	**1842**	**22.4**	**K**
4.7	2332	28.4	1842	22.4	70
8.0	**531**	**32.9**	**394**	**24.4**	**L**
6.4	47	33.6	25	17.9	71
8.1	484	32.9	369	25.1	72
7.0	**523**	**36.7**	**322**	**22.6**	**M**
10.9	51	42.9	36	30.3	73
5.5	334	35.4	217	23.0	74
9.6	138	38.0	69	19.0	75
9.5	**162**	**35.6**	**105**	**23.1**	**N**
	8	42.1	2	10.5	76
7.1	22	39.3	13	23.2	77
10.5	129	34.7	89	23.9	78
	3	37.5	1	12.5	79
8.7	**121**	**31.1**	**80**	**20.6**	**O**
9.7	34	25.4	32	23.9	80
9.8	65	37.6	35	20.2	81
4.9	22	26.8	13	15.9	82
6.0	**108**	**26.9**	**104**	**25.9**	**P**
6.0	108	26.9	104	25.9	83
4.5	**102**	**25.7**	**95**	**23.9**	**Q**
4.6	84	24.1	81	23.3	84
4.1	18	36.7	14	28.6	85
19.5	**146**	**28.7**	**164**	**32.3**	**R**
28.1	15	26.3	14	24.6	86
31.4	22	18.6	53	44.9	87
13.1	40	40.4	25	25.3	88
7.7	12	23.1	20	38.5	89
15.9	57	31.3	52	28.6	90

6-12 分地区企业互联网

地区	企业数(个)	使用互联网的企业		通过互联网进行宣传推广的企业数	
		数量(个)	比重(%)	数量(个)	占使用互联网企业的比重(%)
全 省	**78913**	**78551**	**99.5**	**70299**	**89.5**
济南市	7256	7227	99.6	6408	88.7
青岛市	9461	9446	99.8	8409	89.0
淄博市	5047	5017	99.4	4326	86.2
枣庄市	2337	2328	99.6	2159	92.7
东营市	2103	2087	99.2	1870	89.6
烟台市	5576	5569	99.9	4848	87.1
潍坊市	6545	6524	99.7	5795	88.8
济宁市	7396	7360	99.5	6546	88.9
泰安市	3146	3099	98.5	2775	89.5
威海市	3729	3720	99.8	3368	90.5
日照市	1696	1677	98.9	1462	87.2
临沂市	7439	7410	99.6	6720	90.7
德州市	5006	4984	99.6	4651	93.3
聊城市	3537	3498	98.9	2956	84.5
滨州市	2566	2551	99.4	2196	86.1
菏泽市	6069	6050	99.7	5807	96.0

宣传和推广情况

自有网站		互联网广告	
数量(个)	占使用互联网企业的比重(%)	数量(个)	占使用互联网企业的比重(%)
21363	**27.2**	**26205**	**33.4**
2552	35.3	2485	34.4
3288	34.8	2841	30.1
1577	31.4	1453	29.0
560	24.1	861	37.0
728	34.9	622	29.8
1514	27.2	1725	31.0
1963	30.1	2113	32.4
1609	21.9	2307	31.3
768	24.8	1039	33.5
915	24.6	1344	36.1
554	33.0	508	30.3
1851	25.0	2716	36.7
1308	26.2	2210	44.3
773	22.1	1007	28.8
661	25.9	752	29.5
739	12.2	2221	36.7

6-12 续表

地 区	搜索引擎		电子商务平台	
	数量(个)	占使用互联网企业的比重(%)	数量(个)	占使用互联网企业的比重(%)
全 省	**12316**	**15.7**	**7274**	**9.3**
济南市	1237	17.1	832	11.5
青岛市	1491	15.8	1018	10.8
淄博市	837	16.7	572	11.4
枣庄市	369	15.9	229	9.8
东营市	280	13.4	232	11.1
烟台市	810	14.5	427	7.7
潍坊市	1105	16.9	603	9.2
济宁市	1111	15.1	690	9.4
泰安市	468	15.1	278	9.0
威海市	570	15.3	226	6.1
日照市	204	12.2	205	12.2
临沂市	1135	15.3	550	7.4
德州市	817	16.4	459	9.2
聊城市	448	12.8	248	7.1
滨州市	320	12.5	222	8.7
菏泽市	1114	18.4	483	8.0

电子邮件		社交网站和即时通讯社交工具	
数量(个)	占使用互联网企业的比重(%)	数量(个)	占使用互联网企业的比重(%)
27745	**35.3**	**14542**	**18.5**
2429	33.6	1557	21.5
3379	35.8	1961	20.8
1787	35.6	957	19.1
819	35.2	399	17.1
828	39.7	416	19.9
1819	32.7	886	15.9
2422	37.1	1323	20.3
2775	37.7	1467	19.9
1296	41.8	543	17.5
1052	28.3	605	16.3
625	37.3	373	22.2
2528	34.1	1330	17.9
1678	33.7	680	13.6
1063	30.4	597	17.1
966	37.9	567	22.2
2279	37.7	881	14.6

6-13 分行业企业开展

行业	代码	有电子商务交易的企业数（个）	有电子商务销售的企业		B2B	
			数量（个）	金额（万元）	企业数量（个）	金额（万元）
总　计	**00**	**10654**	**6430**	**159922370**	**4939**	**143668295**
采矿业	**B**	**19**	**10**	**3946318**	**10**	**3946293**
煤炭开采和洗选业	06	11	5	2969886	5	2969886
石油和天然气开采业	07	1				
黑色金属矿采选业	08	3	1	5	1	5
有色金属矿采选业	09	2	2	975463	2	975463
非金属矿采选业	10	2	2	964	2	939
开采专业及辅助性活动	11					
其他采矿业	12					
制造业	**C**	**4567**	**2906**	**113950414**	**2549**	**108264679**
农副食品加工业	13	369	259	3294887	206	3103757
食品制造业	14	184	143	285713	109	251648
酒、饮料和精制茶制造业	15	51	43	5604311	31	5580678
烟草制品业	16	1	1	2952896	1	2952896
纺织业	17	193	135	221822	124	180002
纺织服装、服饰业	18	127	70	2991315	63	2980843
皮革、毛皮、羽毛及其制品和制鞋业	19	31	21	136031	16	114435
木材加工和木、竹、藤、棕、草制品业	20	151	94	74021	85	71523
家具制造业	21	75	52	70241	47	62909
造纸和纸制品业	22	73	35	915013	32	879591
印刷和记录媒介复制业	23	85	48	27632	45	19517
文教、工美、体育和娱乐用品制造业	24	295	223	206773	195	168892
石油、煤炭及其他燃料加工业	25	52	33	28882851	32	27059517
化学原料和化学制品制造业	26	397	214	3961868	202	3938464
医药制造业	27	116	81	3949893	64	3926615
化学纤维制造业	28	9	6	3010	6	2179
橡胶和塑料制品业	29	261	174	1253607	155	1209646
非金属矿物制品业	30	354	210	237548	189	155487
黑色金属冶炼和压延加工业	31	35	21	1184104	19	1175949
有色金属冶炼和压延加工业	32	47	29	6077274	28	6076954
金属制品业	33	280	165	165428	154	149633
通用设备制造业	34	424	283	1062521	259	1003391
专用设备制造业	35	315	193	2155266	170	2052607

电子商务交易情况

B2C		面向大陆以外区域销售		有电子商务采购的企业		从大陆以外区域采购		代码
企业数量(个)	金额(万元)	企业数量(个)	金额(万元)	数量(个)	金额(万元)	企业数量(个)	金额(万元)	
2785	**16254075**	**770**	**17200519**	**6865**	**100343385**	**342**	**14790690**	**00**
1	**25**			**16**	**2276644**	**1**	**34**	**B**
				10	193467	1	34	06
				1	1799170			07
				3	105			08
				1	282712			09
1	25			1	1190			10
								11
								12
926	**5685734**	**598**	**15923126**	**3055**	**67932848**	**207**	**14087594**	**C**
118	191130	34	96109	198	493654	9	12476	13
61	34065	18	77133	94	116081	6	339	14
22	23633	2	78934	25	498045	1	1	15
								16
52	41820	17	53422	145	173553	11	9042	17
19	10473	9	1266306	91	1053457	3	83871	18
7	21595	4	9034	18	90153	4	1818	19
20	2499	34	35919	90	13078	4	256	20
13	7331	13	46360	48	13894	4	1967	21
11	35421	7	7431	53	692365	5	88498	22
14	8114	6	3115	62	13576	4	219	23
75	37881	75	96192	184	46253	27	16946	24
2	1823334	2	1297502	35	13647481	4	5573138	25
44	23404	42	164164	285	1308042	21	15698	26
25	23277	8	28992	67	1738953	4	11680	27
3	831	1	500	8	659	1		28
57	43961	48	318091	172	441577	14	73098	29
65	82061	36	43524	254	191026	12	250	30
4	8155	3	254	26	2208433	1	9	31
6	320	6	9645	33	4037353	2	863	32
44	15795	38	100425	191	79385	13	24300	33
79	59130	63	188539	294	6878646	11	5698	34
58	102659	59	445068	211	1526468	13	63261	35

6-13 续表 1

行业	代码	有电子商务交易的企业数（个）	有电子商务销售的企业		B2B	
			数量（个）	金额（万元）	企业数量（个）	金额（万元）
汽车制造业	36	108	66	5984120	62	5947272
铁路、船舶、航空航天和其他运输设备制造业	37	61	27	13909	24	13025
电气机械和器材制造业	38	227	138	24008875	112	22784845
计算机、通信和其他电子设备制造业	39	139	73	18122020	60	16313259
仪器仪表制造业	40	83	58	61122	48	42926
其他制造业	41	13	7	43674	7	43547
废弃资源综合利用业	42	9	4	2670	4	2670
金属制品、机械和设备修理业	43	2				
电力、热力、燃气及水生产和供应业	**D**	**68**	**15**	**524248**	**8**	**497179**
电力、热力生产和供应业	44	46	6	502861	4	495614
燃气生产和供应业	45	15	7	19694	3	1152
水的生产和供应业	46	7	2	1693	1	413
建筑业	**E**	**454**	**73**	**1079179**	**63**	**1074321**
房屋建筑业	47	202	26	1065221	20	1060965
土木工程建筑业	48	123	20	10891	19	10838
建筑安装业	49	54	10	1967	9	1676
建筑装饰、装修和其他建筑业	50	75	17	1099	15	842
批发和零售业	**F**	**2370**	**1617**	**32153429**	**1159**	**25008286**
批发业	51	1061	685	23202864	579	22324508
零售业	52	1309	932	8950564	580	2683779
交通运输、仓储和邮政业	**G**	**511**	**219**	**2663506**	**168**	**1726189**
铁路运输业	53	1	1	3840	1	3840
道路运输业	54	318	134	366572	101	320782
水上运输业	55	20	7	9217	5	6791
航空运输业	56	6	3	1492400	1	934769
管道运输业	57	5				
多式联运和运输代理业	58	70	22	604864	18	329250
装卸搬运和仓储业	59	62	28	49728	24	40536
邮政业	60	29	24	136884	18	90220
住宿和餐饮业	**H**	**973**	**917**	**289391**	**530**	**149507**
住宿业	61	532	509	151795	308	82617
餐饮业	62	441	408	137598	222	66889

B2C		面向大陆以外区域销售		有电子商务采购的企业		从大陆以外区域采购		代码
企业数量（个）	金额（万元）	企业数量（个）	金额（万元）	数量（个）	金额（万元）	企业数量（个）	金额（万元）	
18	36848	17	125813	72	5200633	8	52819	36
5	884	5	6591	48	243684	1	61	37
50	1224029	22	5652663	156	15550206	7	3385626	38
27	1808760	18	5726679	118	11654268	12	4665231	39
26	18197	7	3914	59	19843	2	3	40
1	127	4	40808	9	450	3	426	41
				7	1560			42
				2	70			43
8	**27069**			**58**	**7085729**	**1**	**2**	**D**
3	7247			41	7067183			44
4	18542			12	18456			45
1	1280			5	91	1	2	46
24	**4858**	**4**	**3095**	**422**	**1427588**	**9**	**3569**	**E**
11	4257	2	3030	193	1195780	5	17	47
5	53			113	202342	1	3152	48
3	290	1	64	48	22526	1	200	49
5	256	1	1	68	6940	2	200	50
819	**7145142**	**116**	**1120151**	**1345**	**19908561**	**55**	**459153**	**F**
224	878357	77	1070553	645	14277643	30	387293	51
595	6266785	39	49597	700	5630918	25	71861	52
99	**937317**	**6**	**110473**	**383**	**648322**	**26**	**235270**	**G**
								53
58	45790	1	18	241	272733	19	23615	54
4	2426			14	890			55
3	557631	1	63505	3	77			56
				5	2886	1	22	57
8	275614	2	46600	60	325168	2	211593	58
10	9192	1		45	39705	2	1	59
16	46664	1	350	15	6862	2	38	60
525	**139885**	**27**	**6852**	**298**	**9703**	**9**	**95**	**H**
276	69177	25	6757	168	4874	7	65	61
249	70707	2	95	130	4828	2	30	62

6-13 续表 2

行 业	代码	有电子商务交易的企业数(个)	有电子商务销售的企业		B2B	
			数量(个)	金额(万元)	企业数量(个)	金额(万元)
信息传输、软件和信息技术服务业	**I**	**263**	**155**	**4792617**	**101**	**2605491**
电信、广播电视和卫星传输服务	63	54	41	2250308	12	187263
互联网和相关服务	64	43	33	2250907	26	2238362
软件和信息技术服务业	65	166	81	291402	63	179865
房地产业	**K**	**502**	**81**	**17811**	**64**	**15847**
房地产业	70	502	81	17811	64	15847
租赁和商务服务业	**L**	**295**	**136**	**291560**	**107**	**268562**
租赁业	71	19	4	261	2	2
商务服务业	72	276	132	291299	105	268560
科学研究和技术服务业	**M**	**229**	**69**	**60345**	**50**	**57245**
研究和试验发展	73	19	11	31083	10	30985
专业技术服务业	74	151	24	22592	22	21546
科技推广和应用服务业	75	59	34	6670	18	4715
水利、环境和公共设施管理业	**N**	**82**	**50**	**17297**	**30**	**5573**
水利管理业	76	1				
生态保护和环境治理业	77	9	4	2270	1	481
公共设施管理业	78	69	46	15027	29	5092
土地管理业	79	3				
居民服务、修理和其他服务业	**O**	**49**	**28**	**4562**	**17**	**1620**
居民服务业	80	24	19	3398	10	613
机动车、电子产品和日用产品修理业	81	22	8	1158	6	1003
其他服务业	82	3	1	6	1	4
教育	**P**	**50**	**10**	**9510**	**5**	**53**
教育	83	50	10	9510	5	53
卫生和社会工作	**Q**	**68**	**24**	**1368**	**13**	**97**
卫生	84	62	21	1258	11	96
社会工作	85	6	3	110	2	1
文化、体育和娱乐业	**R**	**154**	**120**	**120815**	**65**	**47356**
新闻和出版业	86	17	15	29087	6	15283
广播、电视、电影和录音制作业	87	56	52	50158	21	19814
文化艺术业	88	22	12	16722	8	761
体育	89	8	6	373	4	322
娱乐业	90	51	35	24476	26	11176

B2C		面向大陆以外区域销售		有电子商务采购的企业		从大陆以外区域采购		代码
企业数量(个)	金额(万元)	企业数量(个)	金额(万元)	数量(个)	金额(万元)	企业数量(个)	金额(万元)	
95	**2187126**	**5**	**32797**	**192**	**958233**	**11**	**3246**	**I**
35	2063045	1	1	41	770211	1	139	63
15	12544	2	32689	26	79569	2	188	64
45	111536	2	107	125	108452	8	2920	65
31	**1964**	**3**	**8**	**452**	**13752**	**6**	**25**	**K**
31	1964	3	8	452	13752	6	25	70
64	**22999**	**5**	**1630**	**209**	**45227**	**8**	**1221**	**L**
3	259			17	162			71
61	22740	5	1630	192	45065	8	1221	72
39	**3100**	**2**	**930**	**187**	**22523**	**4**	**139**	**M**
3	98			14	2716	1	115	73
14	1046	2	930	135	17059	3	24	74
22	1956			38	2748			75
32	**11724**			**47**	**3150**	**1**	**1**	**N**
				1	2			76
4	1789			6	113			77
28	9936			37	3030			78
				3	4	1	1	79
15	**2942**	**1**	**1**	**38**	**3968**	**1**	**310**	**O**
12	2785	1	1	17	465	1	310	80
2	155			19	3497			81
1	2			2	5			82
8	**9457**			**45**	**2129**	**1**	**3**	**P**
8	9457			45	2129	1	3	83
18	**1272**			**52**	**1942**			**Q**
16	1164			48	1917			84
2	109			4	25			85
81	**73459**	**3**	**1456**	**66**	**3067**	**2**	**26**	**R**
12	13804			6	790			86
36	30344	1	1298	19	495	1	26	87
7	15960	1	3	13	1053			88
4	51			5	340			89
22	13298	1	155	23	389	1	1	90

6-14 分地区企业开展

地区	有电子商务交易的企业数(个)	有电子商务销售的企业		B2B		B2C
		数量(个)	金额(万元)	企业数量(个)	金额(万元)	企业数量(个)
全省	**10654**	**6430**	**159922370**	**4939**	**143668295**	**2785**
济南市	736	562	17767598	421	15060990	252
青岛市	3081	1433	69009011	1151	60258586	493
淄博市	1347	596	13101393	495	12815419	207
枣庄市	158	139	574104	112	487808	80
东营市	240	132	9268866	113	7261821	51
烟台市	576	362	12944059	236	12546921	187
潍坊市	387	287	7064051	216	6534966	124
济宁市	523	404	6724732	316	6467243	186
泰安市	193	150	808546	98	693726	84
威海市	303	203	2853232	117	2662286	118
日照市	157	110	1415153	84	1368585	50
临沂市	583	515	3771875	376	3589969	233
德州市	508	449	1532570	331	1421588	220
聊城市	143	114	2695619	76	2540986	58
滨州市	212	139	5421059	104	5145475	62
菏泽市	1507	835	4970500	693	4811927	380

电子商务交易情况

B2C	面向大陆以外区域销售		有电子商务采购的企业		从大陆以外区域采购	
金额(万元)	企业数量(个)	金额(万元)	企业数量(个)	金额(万元)	企业数量(个)	金额(万元)
16254075	**770**	**17200519**	**6865**	**100343385**	**342**	**14790690**
2706609	58	166733	336	15189908	20	1106460
8750425	162	9378868	2298	42239639	118	9139647
285974	54	126311	1060	8980958	30	13026
86296	19	58632	89	279572	4	1187
2007044	9	82196	166	3315823	12	132836
397138	33	4381383	327	8306450	15	3832305
529086	38	386244	196	11695929	14	69494
257489	53	1327955	268	1790880	19	90146
114820	21	30893	84	489495	4	1992
190947	17	647782	152	1830249	8	349695
46568	18	39942	92	1557394	6	882
181905	99	244172	215	757167	13	8621
110983	25	30695	253	165656	10	1964
154634	14	61757	63	868893	4	17744
275584	22	95471	121	1978381	9	2490
158573	128	141486	1145	896991	56	22200

附　录

主要指标解释

主要指标解释

房屋施工面积　指报告期内施工的全部房屋建筑面积。包括本期新开工的房屋建筑面积、上期跨入本期继续施工的房屋建筑面积、上期停缓建在本期恢复施工的房屋建筑面积、本期竣工的房屋建筑面积以及本期施工后又停缓建的房屋建筑面积。多层建筑应填各层建筑面积之和。

房屋新开工面积　指报告期内新开工建设的房屋建筑面积，以单位工程为核算对象，即整栋房屋的全部建筑面积，不能分割计算。不包括在上期开工跨入本期继续施工的房屋建筑面积和上期停缓建而在本期复工的房屋建筑面积。房屋的开工应以房屋正式开始破土刨槽（地基处理或打永久桩）的日期为准。

房屋竣工面积　指报告期内房屋建筑按照设计要求已全部完工，达到住人和使用条件，经验收鉴定合格或达到竣工验收标准，可正式移交使用的各栋房屋建筑面积的总和。

竣工面积以房屋单位工程（栋）为核算对象，在整栋房屋符合竣工条件后按其全部建筑面积一次性计算，而不是按各栋施工房屋中已完成的部分或层次分割计算。

商品房销售面积　指报告期内出售商品房屋的合同总面积（即双方签署的正式买卖合同中所确定的建筑面积）。商品房销售面积由现房销售面积和期房销售面积两部分组成。

（1）现房销售面积：指在报告期内正式签订买卖合同、已经竣工达到入住条件的商品房屋建筑面积。包括以一次性付款方式和分期付款方式销售的现房建筑面积。

（2）期房销售面积：指在报告期内正式签订买卖合同、正在建设尚未竣工交付使用的商品房屋建筑面积。包括以一次性付款方式和分期付款方式销售的商品房屋建筑面积。期房销售建筑面积竣工后不再结转为现房销售建筑面积。

商品房销售额　指报告期内出售商品房屋的合同总价款（即双方签署的正式买卖合同中所确定的合同总价）。该指标与商品房销售面积同口径，由现房销售额和期房销售额两部分组成。

（1）现房销售额：指报告期内销售的已竣工商品房屋的合同总价款。包括现房销售前期预收的定金、预收款、首付款及全部按揭贷款的本金等款项。该指标与现房销售面积同口径。

（2）期房销售额：指报告期内销售的正在建设尚未竣工的商品房屋的合同总价款。包括预售房屋前期预收的定金、预收款、首付款及全部按揭贷款的本金等项。该指标与期房销售面积同口径。

房屋竣工价值　指报告期内按规定已经上报竣工的房屋本身的建造价值。一般按房屋设计和预算规定的内容计算。包括竣工房屋本身的基础、结构、屋面、装修以及水、电、卫等附属工程的建筑价值；也包括作为房屋建筑组成部分而列入房屋建筑工程预算内的设备（如电梯、通风设备等）的购置和安装费用。不包括厂房内的工艺设备、工艺管线的购置和安装，工艺设备基础的建造；室外的水、暖、电、卫、道路工程、挡土墙等环境工程的费用；办公和生活用家具的购置等费用；购置土地的费用；迁移补偿费和场地平整的费用及城市建设配套投资。

房屋竣工价值不仅包括该竣工房屋在报告期内完成的价值，也包括跨年施工的房屋在本期以前完成的价值。未竣工而转让给其他单位的房屋建筑工程，出让单位不计算竣工价值，待接受单位继续施工并符合竣工条件后，由接受单位计算其竣工价值，包括出让单位在出让前所完成的价值。房屋竣工价值一般按结算价格（或中标价）计算。

待开发土地面积　指经有关部门批准，通过各种方式获得土地使用权，但尚未开工建设的土地面积。

本年土地购置面积　指在本年内通过各种方式获得土地使用权的土地面积。

资产总计　指企业过去的交易或者事项形成的、由企业拥有或者控制的、预期会给企业带来经济利益的资源。包括企业拥有的土地、办公楼、厂房、机器、运输工具、存货等实物资产和现金、存款、应收账款和预付账款等金融资产。资产一般按流动性（资产的变现或耗用时间长短）分为流动资产和非流动资产。其中流动资产可分为货币资金、交易性金融资产、应收票据、应收账款、预付款项、其他应收款、存货等；非流动资产可分为长期股权投资、固定资产、无形资产及其他非流动资产等。根据会计“资产负债表”中“资产总计”项目的期末余额数填报。

负债合计　指企业过去的交易或者事项形成的，预期会导致经济利益流出企业的现时义务。包括银行贷款、借款、应付账款、应付职工工资、应付职工福利费、应交税金等企业负有偿还责任的债务。

负债一般按偿还期长短分为流动负债和非流动负债。根据会计资产负债表中“负债合计”项目的期末余额数填报。执行企业会计准则或《小企业会计准则》的企业：负债合计=流动负债合计+非流动负债合计；执行其他企业会计制度的企业负债包括流动负债和长期负债。

主营业务收入　指企业确认的销售商品、提供劳务等主营业务的收入。根据会计“主营业务收入”科目的期末贷方余额填报。执行2006年《企业会计准则》的企业，如未设置该科目，以“营业收入”代替填报。

土地转让收入　指房地产开发企业按国家规定在报告期转让已经开发的土地和未经开发的土地所得到的收入。根据会计“利润表”和相关核算资料计算填报。

商品房屋销售收入 指房地产开发企业在报告期售出商品房屋的收入，一次收款的，一次性全部计入销售收入，按合同规定分期收款的，可按合同规定的时间分次计入收入。根据会计“利润表”和相关核算资料计算填报。

房屋出租收入 指房地产开发企业在报告期内，在不改变现有财产所有权关系的条件下，将企业的全部或部分房屋出租给其他单位或个人使用所得到的租金收入。根据会计“利润表”和相关核算资料计算填报。

其他（主营业务）收入 指房地产开发企业在报告期内从事除以上收入外的其他业务活动所得到的收入，包括配套设施销售收入、代建工程结算收入等。根据会计“利润表”和相关核算资料计算填报。

年末从业人数 指报告期末最后一日在本单位工作，并取得工资或其他形式劳动报酬的人员数。

年末零售营业面积 指批发和零售业企业用于本企业从事零售业务的对外营业的面积，不包括其办公用房、仓库、加工场地以及对外出租场地。按年末实有建筑面积统计。

年末餐饮营业面积 指住宿和餐饮业企业对外提供餐饮服务的就餐面积和从事食品加工、烹饪、调制的厨房面积，不包括办公用房和仓库等面积。按年末实有建筑面积统计。

营业收入 指企业经营主要业务和其他业务所确认的收入总额。营业收入包括“主营业务收入”和“其他业务收入”。根据会计“利润表”中“营业收入”项目的本年累计数填报。

山东经济普查年鉴

Shandong Economic Census Yearbook

2018

第二产业卷|上

山东省第四次经济普查领导小组办公室　编著

中国统计出版社
China Statistics Press

图书在版编目（CIP）数据

山东经济普查年鉴. 2018. 第二产业卷. 上 / 山东省第四次经济普查领导小组办公室编著. -- 北京 : 中国统计出版社, 2021.1
ISBN 978-7-5037-9020-1

Ⅰ. ①山… Ⅱ. ①山… Ⅲ. ①经济－普查－山东－2018－年鉴②第二产业－经济－普查－山东－2018－年鉴 Ⅳ. ①F127.52-54②F427.52-54

中国版本图书馆 CIP 数据核字(2021)第 016484 号

山东经济普查年鉴—2018/第二产业卷（上）

作　　者/山东省第四次经济普查领导小组办公室
责任编辑/冯燕玲
执行编辑/邢　玥
装帧设计/麦德森文化传媒
出版发行/中国统计出版社
通信地址/北京市丰台区西三环南路甲 6 号　邮政编码/100073
电　　话/邮购（010）63376909　书店（010）68783171
网　　址/http://www.zgtjcbs.com/
印　　刷/山东麦德森文化传媒有限公司
经　　销/新华书店
开　　本/880mm×1230mm　1/16
字　　数/818 千字
印　　张/26
版　　别/2021 年 1 月第 1 版
版　　次/2021 年 1 月第 1 次印刷
定　　价/880.00 元（全四册）

本书附同版本 CD-ROM 一张，光盘内容以书面文字为准。
如有印装差错，由本社发行部调换。

编者说明

为方便社会各界共同分享山东省第四次经济普查成果，充分开发利用普查资料，根据第四次经济普查结果，汇编成《山东经济普查年鉴—2018》一书。全书共三卷四册，即综合卷、第二产业卷和第三产业卷，并随书配送同版本光盘一张。《综合卷》分三篇：第一篇为“综合篇”，第二篇为“企业篇”，第三篇为“文化及相关产业篇”。《第二产业卷》按内容分为上、下两册。上册两篇：第一篇为“工业企业生产经营及财务状况篇”，第二篇为“主要工业产品产量篇”。下册两篇：第一篇为“规模以上工业企业科技情况篇”，第二篇为“建筑业企业生产经营及账务状况篇”。《第三产业卷》分六篇：第一篇为“批发和零售业企业基本情况及财务状况篇”，第二篇为“住宿和餐饮业企业基本情况及财务状况篇”，第三篇为“房地产开发经营业生产经营及财务状况篇”，第四篇为“服务业企业财务状况篇”，第五篇为“服务业行政事业及非企业法人单位篇”，第六篇为“企业信息化和电子商务交易情况篇”。为使读者能够更好地使用本资料，现对有关情况做如下说明：

一、第四次经济普查的标准时点为2018年12月31日，时期资料为2018年度；

二、综合卷中综合篇和企业篇汇总表，均不包含少量无分组标识的单位数据，其中单位数包含兼营二、三产业的农、林、牧、渔业法人单位，从业人员数不包含兼营二、三产业的农、林、牧、渔业法人单位，不包含人民银行、银保监会、证监会监管的金融业以及铁路运输部门单位数据；

三、本资料建筑业按法人单位注册地，其他行业按法人单位经营地进行汇总；

四、本资料对部分数据由于计量单位取舍不同或四舍五入而产生的误差数均未作机械调整；

五、表中空格表示该项统计指标数值为零、不足最小单位、数据不详或无该项数据，“#”表示其中的主要项；

六、为了更准确地使用本年鉴，每卷后附有该卷详细的指标解释。

希望此书能使社会各界对山东省第四次经济普查成果有一个全面的了解，更愿本书的内容，能为社会经济研究工作者提供有价值的参考。

山东省第四次经济普查资料是全省普查工作者共同辛勤工作的成果，也是广大普查对象积极支持配合的结果。在此，我们向全省所有普查工作者、普查对象和所有参与和支持普查工作的人员致以崇高的敬意和衷心的感谢！

山东省第四次经济普查领导小组办公室

2020年11月

第二产业卷（上）　目录

第一篇　工业企业生产经营及财务状况篇

A. 行业部分

B. 地区部分

第二篇　主要工业产品产量篇

附　录

第1篇

工业企业生产经营及财务状况篇

A. 行业部分

1−A−1 全部工业企业主要经济指标

单位：亿元

分 组	代码	企 业 单位数 (个)	资产总计	负债合计	营业收入	从业人员 (万人)
总 计	**00**	**319052**	**119970.19**	**72792.40**	**105980.44**	**976.56**
煤炭开采和洗选业	06	262	6546.59	4310.85	3418.61	28.95
石油和天然气开采业	07	28	1248.94	631.36	863.80	8.45
黑色金属矿采选业	08	293	431.97	270.77	191.45	2.49
有色金属矿采选业	09	197	1082.66	828.44	884.06	5.63
非金属矿采选业	10	1164	262.83	119.42	162.58	2.46
开采专业及辅助性活动	11	350	194.51	164.38	150.85	2.47
其他采矿业	12	64	5.54	2.52	1.90	0.06
农副食品加工业	13	17410	5731.71	3349.98	7517.05	73.33
食品制造业	14	8053	1999.90	1041.94	1663.02	23.42
酒、饮料和精制茶制造业	15	3702	1252.32	588.42	765.67	10.15
烟草制品业	16	19	343.79	115.05	302.36	0.86
纺织业	17	13552	2692.98	1629.63	2664.81	54.78
纺织服装、服饰业	18	16873	1866.06	975.50	2024.09	49.78
皮革、毛皮、羽毛及其制品和制鞋业	19	3503	425.63	229.62	574.40	10.51
木材加工和木、竹、藤、棕、草制品业	20	24396	1220.56	461.62	2578.46	44.48
家具制造业	21	6849	523.95	259.91	458.12	12.21
造纸和纸制品业	22	6132	3025.10	1997.90	2163.37	17.05
印刷和记录媒介复制业	23	7495	586.36	296.64	610.68	11.76
文教、工美、体育和娱乐用品制造业	24	12093	1217.12	609.40	1262.62	29.57
石油、煤炭及其他燃料加工业	25	1130	6381.69	4930.24	11173.37	12.59
化学原料和化学制品制造业	26	13306	11339.72	7033.23	10599.68	55.96
医药制造业	27	2374	4043.70	1737.76	2750.50	26.79
化学纤维制造业	28	485	296.46	203.89	185.21	2.06
橡胶和塑料制品业	29	17069	4008.55	2501.74	3555.08	42.97
非金属矿物制品业	30	25503	5704.66	3097.07	4512.51	62.53
黑色金属冶炼和压延加工业	31	1866	4673.73	3198.45	5767.54	19.70
有色金属冶炼和压延加工业	32	1773	6508.80	3815.99	7632.23	24.60
金属制品业	33	24608	3594.30	2119.54	3446.32	47.35
通用设备制造业	34	41401	5822.13	3077.56	4473.21	72.36
专用设备制造业	35	24381	4704.09	2679.78	3337.06	49.60
汽车制造业	36	7656	6118.72	4004.27	5354.57	42.03
铁路、船舶、航空航天和其他运输设备制造业	37	2474	2261.50	1365.44	1260.60	12.70
电气机械和器材制造业	38	10188	6512.36	4281.73	3754.22	32.85
计算机、通信和其他电子设备制造业	39	5245	3724.96	2052.30	3797.63	34.17
仪器仪表制造业	40	3090	584.08	291.48	414.12	7.09
其他制造业	41	2903	149.53	62.08	120.80	3.31
废弃资源综合利用业	42	873	168.51	87.98	228.50	1.33
金属制品、机械和设备修理业	43	4025	156.78	86.47	116.17	3.64
电力、热力生产和供应业	44	4119	10421.23	6983.19	4472.24	26.42
燃气生产和供应业	45	612	874.52	540.88	536.67	2.76
水的生产和供应业	46	1536	1261.62	757.97	234.31	5.31

注：1.工业统计调查单位为工业企业单位数，包括机构类型为企业的法人单位，以及执行企业会计制度的事业法人单位、民办非企业法人单位和基金会，农民专业合作社，农村集体经济组织和除宗教活动场所以外的机构类型为其他组织机构的法人单位。

2."全部工业企业"指规模以上工业企业和规模以下工业企业的总和。"规模以上工业企业"指年主营业务收入在2000万元及以上的工业企业。"规模以下工业企业"指年主营业务收入在2000万元以下的工业企业。

3.表中的合计数和部分计算数据因小数取舍而产生的误差，均未作机械调整。以下相关表均同。

1−A−2 全部大型工业企业主要经济指标

单位：亿元

分 组	代码	企业单位数(个)	资产总计	负债合计	营业收入	从业人员(万人)
总 计	**00**	**694**	**55831.33**	**34096.76**	**49236.89**	**248.35**
煤炭开采和洗选业	06	32	5829.77	3807.81	3216.17	21.59
石油和天然气开采业	07	2	1151.19	607.95	833.36	8.17
黑色金属矿采选业	08	4	118.63	47.26	38.75	1.05
有色金属矿采选业	09	6	780.95	533.02	792.39	2.69
非金属矿采选业	10	1				
开采专业及辅助性活动	11	1				
其他采矿业	12					
农副食品加工业	13	69	1824.54	1011.70	2106.00	18.25
食品制造业	14	15	278.72	118.83	347.61	2.74
酒、饮料和精制茶制造业	15	11	468.96	172.35	342.25	2.08
烟草制品业	16	1				
纺织业	17	32	573.39	311.14	539.93	10.74
纺织服装、服饰业	18	14	888.43	478.71	919.36	10.50
皮革、毛皮、羽毛及其制品和制鞋业	19	4	91.40	36.58	160.28	1.27
木材加工和木、竹、藤、棕、草制品业	20					
家具制造业	21					
造纸和纸制品业	22	20	2113.92	1453.71	1284.85	5.25
印刷和记录媒介复制业	23					
文教、工美、体育和娱乐用品制造业	24	10	231.59	107.82	146.59	1.69
石油、煤炭及其他燃料加工业	25	32	3789.27	2747.66	6898.70	7.32
化学原料和化学制品制造业	26	57	4344.72	2510.88	4112.55	14.44
医药制造业	27	37	2335.20	932.42	1629.59	13.43
化学纤维制造业	28	4	109.40	84.86	95.18	0.79
橡胶和塑料制品业	29	36	1828.94	1048.83	1586.87	10.99
非金属矿物制品业	30	23	704.00	378.84	349.06	5.13
黑色金属冶炼和压延加工业	31	28	3579.87	2366.30	4258.00	14.00
有色金属冶炼和压延加工业	32	27	5131.17	2987.97	5323.37	16.48
金属制品业	33	24	537.01	279.48	412.82	4.85
通用设备制造业	34	41	1660.72	794.43	1082.19	8.89
专用设备制造业	35	24	1262.83	700.25	918.59	6.28
汽车制造业	36	40	3663.25	2443.98	3365.74	13.05
铁路、船舶、航空航天和其他运输设备制造业	37	15	1230.77	822.39	726.63	4.35
电气机械和器材制造业	38	23	3430.94	2418.77	1774.97	6.64
计算机、通信和其他电子设备制造业	39	33	2476.24	1435.50	2718.13	17.86
仪器仪表制造业	40	2	68.04	43.31	27.16	0.26
其他制造业	41	1				
废弃资源综合利用业	42					
金属制品、机械和设备修理业	43	2	21.71	12.87	11.86	0.31
电力、热力生产和供应业	44	19	4659.11	3038.84	2753.52	14.11
燃气生产和供应业	45	1				
水的生产和供应业	46	3	145.66	98.23	21.22	0.37

1–A–3 全部中型工业企业主要经济指标

单位：亿元

分 组	代码	企 业 单位数 (个)	资产总计	负债合计	营业收入	从业人员 (万人)
总 计	**00**	**3041**	**20550.94**	**13683.50**	**19477.38**	**167.90**
煤炭开采和洗选业	06	51	590.12	431.06	144.62	6.34
石油和天然气开采业	07	2	53.08	5.22	13.57	0.14
黑色金属矿采选业	08	7	99.42	70.41	29.68	0.49
有色金属矿采选业	09	22	130.24	168.28	52.17	2.21
非金属矿采选业	10	7	52.14	11.83	16.63	0.30
开采专业及辅助性活动	11	4	20.08	6.30	6.41	0.17
其他采矿业	12					
农副食品加工业	13	305	1039.39	704.63	1778.71	16.36
食品制造业	14	93	597.06	342.93	529.25	5.08
酒、饮料和精制茶制造业	15	46	257.61	119.03	161.23	2.50
烟草制品业	16	2	11.25	1.41	5.39	0.25
纺织业	17	194	556.46	438.27	476.33	11.08
纺织服装、服饰业	18	156	226.69	123.88	215.78	8.58
皮革、毛皮、羽毛及其制品和制鞋业	19	38	82.16	43.32	81.29	2.58
木材加工和木、竹、藤、棕、草制品业	20	49	83.64	39.06	110.35	2.01
家具制造业	21	32	84.89	64.09	64.16	1.80
造纸和纸制品业	22	43	297.30	204.68	284.08	2.30
印刷和记录媒介复制业	23	30	102.96	46.49	94.96	1.40
文教、工美、体育和娱乐用品制造业	24	76	190.61	115.17	223.83	4.39
石油、煤炭及其他燃料加工业	25	46	1991.80	1740.75	3190.54	2.96
化学原料和化学制品制造业	26	222	2700.77	1749.98	2682.45	11.58
医药制造业	27	99	923.15	412.49	682.25	5.49
化学纤维制造业	28	5	51.85	40.82	16.24	0.26
橡胶和塑料制品业	29	103	522.50	415.91	411.52	5.63
非金属矿物制品业	30	193	1345.11	753.81	916.21	9.96
黑色金属冶炼和压延加工业	31	39	431.26	307.92	713.46	1.96
有色金属冶炼和压延加工业	32	64	699.95	373.57	1417.92	3.41
金属制品业	33	134	625.38	467.34	698.87	7.03
通用设备制造业	34	207	1009.28	594.20	685.86	10.44
专用设备制造业	35	150	878.82	560.08	555.80	8.11
汽车制造业	36	182	1054.32	726.79	822.97	9.56
铁路、船舶、航空航天和其他运输设备制造业	37	49	278.47	200.38	191.96	2.65
电气机械和器材制造业	38	132	970.48	600.94	693.96	6.94
计算机、通信和其他电子设备制造业	39	103	347.55	142.79	502.53	5.93
仪器仪表制造业	40	25	137.32	67.51	113.52	1.43
其他制造业	41	2	1.57	0.34	2.16	0.07
废弃资源综合利用业	42	2	14.65	1.58	7.85	0.11
金属制品、机械和设备修理业	43	5	9.01	4.66	6.74	0.20
电力、热力生产和供应业	44	86	1519.16	1175.61	706.58	4.22
燃气生产和供应业	45	15	340.70	263.00	132.09	0.77
水的生产和供应业	46	21	222.72	146.97	37.48	1.26

1-A-4　全部小微型工业企业主要经济指标

单位：亿元

分　组	代码	企　业 单位数 (个)	资产总计	负债合计	营业收入	从业人员 (万人)
总　计	**00**	**315317**	**43587.93**	**25012.12**	**37266.16**	**560.30**
煤炭开采和洗选业	06	179	126.70	71.99	57.83	1.02
石油和天然气开采业	07	24	44.66	18.19	16.88	0.14
黑色金属矿采选业	08	282	213.92	153.10	123.03	0.95
有色金属矿采选业	09	169	171.48	127.14	39.49	0.73
非金属矿采选业	10	1156	190.93	95.74	141.37	2.06
开采专业及辅助性活动	11	345	58.51	40.17	17.77	0.55
其他采矿业	12	64	5.54	2.52	1.90	0.06
农副食品加工业	13	17036	2867.79	1633.65	3632.35	38.72
食品制造业	14	7945	1124.12	580.18	786.17	15.60
酒、饮料和精制茶制造业	15	3645	525.75	297.04	262.19	5.57
烟草制品业	16	16	5.39	0.94	3.02	0.07
纺织业	17	13326	1563.14	880.22	1648.56	32.96
纺织服装、服饰业	18	16703	750.95	372.91	888.95	30.70
皮革、毛皮、羽毛及其制品和制鞋业	19	3461	252.07	149.72	332.82	6.66
木材加工和木、竹、藤、棕、草制品业	20	24347	1136.92	422.56	2468.11	42.47
家具制造业	21	6817	439.05	195.82	393.96	10.41
造纸和纸制品业	22	6069	613.87	339.52	594.44	9.50
印刷和记录媒介复制业	23	7465	483.40	250.15	515.71	10.36
文教、工美、体育和娱乐用品制造业	24	12007	794.92	386.41	892.19	23.49
石油、煤炭及其他燃料加工业	25	1052	600.61	441.82	1084.13	2.31
化学原料和化学制品制造业	26	13027	4294.23	2772.37	3804.68	29.94
医药制造业	27	2238	785.34	392.86	438.67	7.87
化学纤维制造业	28	476	135.21	78.21	73.80	1.00
橡胶和塑料制品业	29	16930	1657.11	1037.01	1556.69	26.35
非金属矿物制品业	30	25287	3655.55	1964.42	3247.23	47.45
黑色金属冶炼和压延加工业	31	1799	662.60	524.23	796.08	3.74
有色金属冶炼和压延加工业	32	1682	677.68	454.45	890.93	4.72
金属制品业	33	24450	2431.92	1372.72	2334.63	35.48
通用设备制造业	34	41153	3152.13	1688.93	2705.16	53.03
专用设备制造业	35	24207	2562.43	1419.45	1862.67	35.22
汽车制造业	36	7434	1401.13	833.49	1165.85	19.43
铁路、船舶、航空航天和其他运输设备制造业	37	2410	752.26	342.67	342.01	5.70
电气机械和器材制造业	38	10033	2110.94	1262.02	1285.29	19.28
计算机、通信和其他电子设备制造业	39	5109	901.17	474.02	576.96	10.39
仪器仪表制造业	40	3063	378.73	180.67	273.44	5.40
其他制造业	41	2900	139.15	54.46	111.53	2.96
废弃资源综合利用业	42	871	153.86	86.40	220.65	1.22
金属制品、机械和设备修理业	43	4018	126.06	68.94	97.57	3.13
电力、热力生产和供应业	44	4014	4242.97	2768.73	1012.14	8.10
燃气生产和供应业	45	596	504.48	263.52	393.71	1.87
水的生产和供应业	46	1512	893.24	512.78	175.61	3.69

1-A-5 分登记注册类型规模以上

分 组	企业单位数（个）	资产总计	固定资产原价	累计折旧	流动资产合计	应收账款
总 计	**36304**	**101110.78**	**48631.52**	**20768.44**	**52426.48**	**10122.71**
一、按登记注册类型分组						
内资企业	33368	89009.16	42032.58	17305.19	45070.63	7833.08
国有企业	94	3029.88	4130.44	2088.93	366.21	82.36
中央企业	7	2503.98	3923.21	1995.78	81.87	3.34
地方企业	87	525.90	207.23	93.15	284.34	79.02
集体企业	139	147.95	68.76	32.28	96.23	23.95
股份合作企业	39	29.68	14.44	8.06	18.83	5.80
联营企业	5	2.11	0.76	0.63	0.66	0.17
国有联营企业						
集体联营企业	4	1.98	0.71	0.62	0.57	0.11
国有与集体联营企业						
其他联营企业	1					
有限责任公司	6461	42074.26	19960.73	8100.01	21195.14	3231.41
国有独资公司	225	11704.94	4557.67	1989.05	5907.92	512.72
其他有限责任公司	6236	30369.32	15403.06	6110.96	15287.23	2718.69
股份有限公司	1159	16940.60	6555.04	2998.40	8332.07	1432.52
私营企业	25460	26782.40	11301.80	4076.72	15060.29	3056.24
私营独资企业	1148	299.60	205.14	88.51	121.43	29.14
私营合伙企业	42	13.91	15.27	8.57	5.32	0.97
私营有限责任公司	23284	23517.97	9929.85	3547.81	13351.53	2691.19
私营股份有限公司	986	2950.93	1151.55	431.82	1582.01	334.95
其他企业	11	2.28	0.60	0.16	1.21	0.63
港、澳、台商投资企业	805	4109.21	2261.69	995.56	2221.81	539.61
合资经营企业(港或澳、台资)	378	2132.15	1060.10	416.84	1128.51	245.56
合作经营企业(港或澳、台资)	11	28.66	20.13	8.01	10.21	2.03
港澳台商独资经营企业	392	1264.03	803.20	446.25	723.77	229.81
港澳台商投资股份有限公司	12	166.94	76.47	38.58	85.07	14.96
其他港澳台商投资企业	12	517.43	301.79	85.89	274.26	47.24
外商投资企业	2131	7992.41	4337.25	2467.69	5134.04	1750.02
中外合资经营企业	831	3777.67	1822.15	919.99	2466.01	1002.15
中外合作经营企业	35	360.03	281.48	167.06	218.60	90.00
外资企业	1179	3339.75	2000.00	1266.15	2231.12	609.83
外商投资股份有限公司	41	449.55	193.61	91.69	177.75	35.08
其他外商投资企业	45	65.42	40.02	22.79	40.56	12.97
二、在总计中:亏损企业	**7165**	**17143.44**	**7714.55**	**3261.49**	**8767.11**	**1459.80**
在总计中:国有控股企业	1147	31550.42	18749.74	8526.47	13329.98	2376.24
在总计中:大型企业	679	55318.56	27162.54	12350.45	27516.82	4378.26
中型企业	2882	19709.12	9170.52	4062.62	11337.47	2267.51
小型企业	32743	26083.11	12298.46	4355.36	13572.19	3476.94

注：本表统计范围为规模以上工业企业(以下各表同)。

工业企业主要经济指标

单位：亿元

存货	产成品	负债合计	流动负债合计	应付账款	所有者权益合计	实收资本	国家资本	集体资本
11374.55	**4574.98**	**62236.95**	**50251.03**	**12019.36**	**38888.14**	**15739.06**	**3037.19**	**457.17**
9945.69	4018.83	55592.50	44396.07	10295.50	33430.08	13138.42	2843.29	415.69
65.31	16.53	2188.34	1436.95	603.77	841.54	488.95	464.00	2.33
4.94	0.91	1740.61	1100.66	518.77	763.36	436.75	431.48	0.24
60.37	15.62	447.73	336.29	85.00	78.17	52.20	32.52	2.09
16.40	10.05	90.42	85.41	14.81	57.53	14.48	0.14	8.42
4.57	1.67	15.17	14.11	4.90	14.51	4.11	0.01	1.43
0.23	0.03	0.92	0.79	0.24	1.19	0.21		0.02
0.20	0.01	0.82	0.69	0.24	1.16	0.20		0.02
4536.75	1659.94	26643.23	19975.44	4410.68	15444.82	6519.51	2015.18	232.23
1125.37	370.40	7637.93	5154.53	939.08	4067.01	1201.60	799.96	3.28
3411.38	1289.54	19005.30	14820.91	3471.60	11377.81	5317.91	1215.22	228.95
1592.84	741.19	9912.12	8129.92	2212.07	7028.48	1614.26	339.47	71.75
3729.41	1589.29	16741.44	14752.75	3048.53	10040.59	4496.61	24.49	99.50
25.73	13.89	103.90	82.75	21.78	195.35	91.95	0.11	0.33
1.20	0.74	3.60	3.39	1.09	10.32	4.76		0.02
3336.31	1419.67	15176.31	13423.39	2825.90	8341.63	3970.25	21.73	88.31
366.17	154.99	1457.63	1243.22	199.75	1493.30	429.66	2.65	10.84
0.18	0.14	0.85	0.70	0.49	1.43	0.29	0.01	0.01
452.37	151.28	2269.93	1962.87	573.62	1839.28	803.55	55.56	3.25
177.44	82.49	1216.62	1038.00	295.85	915.53	382.34	48.53	2.53
1.95	1.32	16.09	14.54	3.50	12.57	5.35	1.76	
150.67	58.83	682.82	568.03	163.10	581.20	384.40	5.27	0.62
19.40	6.53	61.21	54.46	14.70	105.72	23.75		
102.90	2.11	293.18	287.85	96.47	224.26	7.70		0.10
976.50	404.87	4374.52	3892.09	1150.24	3618.78	1797.09	138.34	38.23
461.88	195.63	2122.65	1887.07	514.20	1655.91	712.27	71.92	19.22
42.68	23.37	178.54	147.77	44.07	181.49	99.27	25.89	15.99
420.57	160.55	1866.21	1667.51	536.21	1473.53	892.55	22.40	0.21
38.88	21.39	179.54	163.45	41.54	270.01	63.75	18.12	2.81
12.49	3.93	27.58	26.29	14.22	37.84	29.25		
2065.73	**876.37**	**14386.94**	**11863.66**	**2314.96**	**2757.53**	**3988.59**	**656.48**	**90.22**
2423.26	832.53	19871.27	14134.61	3725.26	11679.15	4232.76	2830.18	59.17
5644.14	2110.21	33765.95	25921.36	6339.63	21552.60	5285.14	1918.60	146.48
2647.37	1151.52	13010.46	11353.44	2668.07	6698.88	3313.48	619.09	133.41
3083.04	1313.25	15460.53	12976.23	3011.67	10636.66	7140.44	499.50	177.29

1-A-5　续表

分　组					营业收入	营业成本	销售费用
	法人资本	个人资本	港澳台资本	外商资本			
总　计	**6110.87**	**4216.15**	**617.94**	**1290.85**	**92580.20**	**79639.10**	**2516.47**
一、按登记注册类型分组							
内资企业	5529.45	3998.90	155.05	188.26	81389.53	70250.28	2077.04
国有企业	19.27	3.35			2625.32	2467.34	18.60
中央企业	5.04	0.00			2293.39	2195.93	0.46
地方企业	14.23	3.35			331.94	271.41	18.14
集体企业	2.43	3.48			102.41	87.81	1.60
股份合作企业	1.16	1.51			31.13	24.83	1.16
联营企业	0.17	0.01			0.48	0.40	0.01
国有联营企业							
集体联营企业	0.17				0.34	0.25	0.01
国有与集体联营企业							
其他联营企业							
有限责任公司	3201.66	822.03	88.54	153.48	37063.51	31757.67	874.20
国有独资公司	177.51	15.10	65.33	134.34	8337.25	7036.82	189.40
其他有限责任公司	3024.15	806.94	23.21	19.14	28726.26	24720.85	684.80
股份有限公司	490.18	640.54	47.63	24.26	11642.07	9252.65	488.21
私营企业	1814.45	2527.84	18.87	10.50	29922.57	26657.78	693.21
私营独资企业	31.18	60.31			598.35	527.32	15.06
私营合伙企业	3.28	1.47			28.23	25.74	0.70
私营有限责任公司	1648.96	2181.02	18.87	10.42	26656.02	23842.51	575.60
私营股份有限公司	131.03	285.04		0.08	2639.97	2262.22	101.85
其他企业	0.12	0.14	0.01	0.01	2.02	1.81	0.06
港、澳、台商投资企业	170.33	114.64	384.11	74.56	3149.13	2566.15	110.79
合资经营企业(港或澳、台资)	125.12	98.86	84.65	22.64	1709.66	1362.95	63.05
合作经营企业(港或澳、台资)	0.69	0.20	2.65	0.06	24.15	18.52	2.74
港澳台商独资经营企业	29.83	12.43	284.77	51.48	1143.68	985.90	32.14
港澳台商投资股份有限公司	10.36	2.84	10.26	0.30	100.16	61.92	9.15
其他港澳台商投资企业	4.33	0.31	1.78	0.08	171.49	136.86	3.71
外商投资企业	411.09	102.61	78.78	1028.03	8041.53	6822.66	328.64
中外合资经营企业	247.14	56.23	11.81	305.95	3603.59	3003.21	168.03
中外合作经营企业	25.97	1.29	13.98	16.17	400.72	336.79	8.95
外资企业	126.97	30.27	50.15	662.55	3583.18	3114.99	112.31
外商投资股份有限公司	10.35	14.81	1.70	15.95	368.96	294.06	37.69
其他外商投资企业	0.67	0.01	1.16	27.41	85.09	73.62	1.66
二、在总计中：亏损企业	**1965.22**	**814.19**	**132.00**	**328.59**	**10234.09**	**9577.46**	**204.83**
在总计中：国有控股企业	836.51	150.12	127.77	222.63	24860.63	20874.90	489.83
在总计中：大型企业	1713.18	792.08	228.64	486.16	48817.04	41296.82	1425.29
中型企业	1252.87	819.79	148.79	339.53	18975.83	16491.30	495.24
小型企业	3144.82	2604.28	240.50	465.16	24787.32	21850.97	595.94

单位：亿元

管理费用	财务费用	利息收入	利息支出	投资收益（损失以“－”号记）	营业利润	利润总额	亏损企业亏损总额	平均用工人数（万人）
3459.25	**1260.35**	**180.31**	**1288.14**	**377.33**	**4500.08**	**4618.92**	**618.72**	**666.99**
2998.98	1151.72	165.89	1170.73	352.87	3777.75	3869.53	521.79	576.18
33.00	33.20	0.08	33.14	3.47	61.14	64.35	8.70	15.42
7.26	27.15	0.30	27.10	2.71	55.69	56.12	0.49	11.54
25.73	6.05	-0.22	6.04	0.76	5.45	8.23	8.21	3.88
6.94	2.79	0.43	3.11	0.09	2.19	3.06	1.78	2.09
2.21	0.12		0.12	0.05	2.52	2.67	0.24	0.46
0.06	0.01		0.01					0.03
0.05	0.01		0.01					0.03
1322.71	561.76	100.35	617.06	209.13	1902.18	1947.98	209.13	211.53
338.49	138.56	43.18	194.81	50.94	396.40	394.05	29.14	39.91
984.22	423.20	57.16	422.25	158.20	1505.78	1553.93	180.00	171.62
701.86	162.16	44.15	198.74	108.11	725.19	724.05	100.80	70.60
932.18	391.66	20.89	318.55	32.02	1084.44	1127.31	201.13	275.98
17.89	4.60	0.01	2.38	0.01	28.21	28.43	0.82	7.22
0.79	0.14	0.00	0.04		0.78	0.78	0.02	0.31
805.20	355.37	19.66	284.85	21.65	927.24	965.30	184.92	248.53
108.29	31.55	1.22	31.27	10.36	128.21	132.80	15.37	19.91
0.03	0.01		0.01		0.10			0.06
142.94	48.50	4.69	50.00	2.51	262.76	284.13	25.17	24.75
77.74	26.46	4.73	26.94	1.02	169.95	189.43	5.33	10.92
0.94	0.13	0.02	0.14	0.03	1.36	1.50	0.30	0.29
48.89	11.90	-0.55	12.42	0.41	57.70	59.24	17.83	12.13
7.20	0.65	0.03	0.91	0.66	20.61	20.95	0.44	1.07
8.17	9.36	0.47	9.59	0.38	13.14	13.00	1.27	0.34
317.32	60.13	9.72	67.40	21.95	459.57	465.26	71.76	66.06
126.91	38.14	3.80	34.03	2.79	240.25	245.97	22.36	23.54
11.63	2.48	0.53	3.04	-0.25	38.88	38.83	0.75	1.79
156.13	18.12	5.99	28.25	7.85	153.65	153.47	44.33	35.86
18.31	1.20	-0.62	1.90	11.50	22.03	22.41	3.68	3.90
4.34	0.20	0.01	0.17	0.07	4.75	4.60	0.63	0.98
513.62	**303.16**	**16.95**	**256.72**	**1.77**	**-609.27**	**-618.72**	**618.72**	**115.12**
976.57	334.02	67.43	409.31	130.05	1334.93	1334.23	164.98	121.39
1780.08	665.52	153.00	788.73	312.40	2826.83	2838.68	141.00	246.85
725.85	266.50	15.24	249.47	45.62	748.62	811.18	203.89	155.40
953.31	328.33	12.07	249.94	19.31	924.63	969.07	273.82	264.75

1-A-6 规模以上工业企业主要

分 组	代码	企业单位数（个）	资产总计	固定资产原价	累计折旧	流动资产合计
总 计	**00**	**36304**	**101110.78**	**48631.52**	**20768.44**	**52426.48**
采矿业	**B**	**416**	**9122.69**	**4116.06**	**1988.85**	**3566.77**
煤炭开采和洗选业	06	106	6314.49	2349.02	1087.18	2845.44
烟煤和无烟煤开采洗选	0610	98	6053.03	2208.58	1031.86	2804.76
褐煤开采洗选	0620	5	228.19	112.40	47.29	39.82
其他煤炭采选	0690	3	33.28	28.04	8.04	0.86
石油和天然气开采业	07	9	1194.59	855.01	529.14	180.25
石油开采	071	9	1194.59	855.01	529.14	180.25
陆地石油开采	0711	8	1192.19	852.42	528.68	180.17
海洋石油开采	0712	1				
天然气开采	072					
陆地天然气开采	0721					
海洋天然气及可燃冰开采	0722					
黑色金属矿采选业	08	72	355.24	200.12	76.19	115.58
铁矿采选	0810	72	355.24	200.12	76.19	115.58
锰矿、铬矿采选	0820					
其他黑色金属矿采选	0890					
有色金属矿采选业	09	63	969.47	477.88	180.51	314.17
常用有色金属矿采选	091	3	8.71	0.88	0.45	6.56
铜矿采选	0911	2	8.52	0.71	0.35	6.53
铅锌矿采选	0912					
镍钴矿采选	0913					
锡矿采选	0914					
锑矿采选	0915					
铝矿采选	0916					
镁矿采选	0917					
其他常用有色金属矿采选	0919	1				
贵金属矿采选	092	59	957.92	475.96	179.72	305.95
金矿采选	0921	58	954.55	473.77	179.49	305.82
银矿采选	0922	1				
其他贵金属矿采选	0929					
稀有稀土金属矿采选	093	1				
钨钼矿采选	0931					
稀土金属矿采选	0932	1				
放射性金属矿采选	0933					
其他稀有金属矿采选	0939					
非金属矿采选业	10	162	168.56	85.66	32.09	68.73
土砂石开采	101	94	48.68	25.83	7.58	21.78
石灰石、石膏开采	1011	27	19.60	9.04	3.11	9.92
建筑装饰用石开采	1012	34	13.89	6.10	1.71	5.88
耐火土石开采	1013	6	1.03	0.34	0.17	0.77
粘土及其他土砂石开采	1019	27	14.16	10.36	2.58	5.20
化学矿开采	1020					
采盐	1030	31	103.89	50.26	20.83	40.21
石棉及其他非金属矿采选	109	37	15.98	9.56	3.68	6.74
石棉、云母矿采选	1091					

经济指标(大、中、小类行业)

单位：亿元

应收账款	存货	产成品	负债合计	流动负债合计	应付账款	所有者权益合计	实收资本	国家资本	集体资本	代码
10122.71	**11374.55**	**4574.98**	**62236.95**	**50251.03**	**12019.36**	**38888.14**	**15739.06**	**3037.19**	**457.17**	**00**
310.66	**417.27**	**113.95**	**5824.28**	**3600.56**	**474.27**	**3298.41**	**557.50**	**347.57**	**16.03**	**B**
182.35	273.89	63.44	4154.65	2259.69	267.57	2159.84	388.41	267.45	2.30	06
177.88	269.73	61.75	3960.36	2128.64	233.55	2092.67	353.62	232.80	2.30	0610
4.46	4.13	1.68	162.79	100.86	32.14	65.40	27.70	27.64		0620
	0.04	0.02	31.51	30.19	1.88	1.77	7.09	7.00		0690
56.53	13.35	7.27	611.28	441.06	86.77	583.31	9.00	1.30		07
56.53	13.35	7.27	611.28	441.06	86.77	583.31	9.00	1.30		071
56.51	13.31	7.26	611.22	441.00	86.77	580.97	8.95	1.30		0711
										0712
										072
										0721
										0722
12.38	15.06	8.01	209.18	184.61	34.83	146.06	72.19	38.42	3.78	08
12.38	15.06	8.01	209.18	184.61	34.83	146.06	72.19	38.42	3.78	0810
										0820
										0890
28.89	100.89	27.31	654.98	536.27	43.03	314.49	51.52	32.11	8.76	09
0.01	0.48	0.43	7.78	7.78		0.93	0.61	0.49		091
0.01	0.47	0.43	7.64	7.64		0.88	0.60	0.49		0911
										0912
										0913
										0914
										0915
										0916
										0917
										0919
28.81	100.35	26.85	646.69	528.04	42.97	311.22	49.57	30.28	8.76	092
28.81	100.29	26.79	644.63	527.63	42.80	309.92	49.47	30.28	8.76	0921
										0922
										0929
										093
										0931
										0932
										0933
										0939
14.60	11.15	7.39	74.20	68.50	9.98	94.36	28.28	1.30	1.19	10
6.24	2.29	1.29	19.14	17.58	5.01	29.55	11.34	1.11	0.98	101
4.26	0.80	0.27	11.28	10.55	3.03	8.32	2.88	0.50	0.13	1011
0.69	0.73	0.53	3.19	2.71	0.47	10.70	3.92	0.06	0.62	1012
0.44	0.12	0.08	0.44	0.44	0.36	0.59	0.41			1013
0.85	0.64	0.40	4.23	3.88	1.15	9.94	4.12	0.54	0.24	1019
										1020
6.60	7.10	4.94	45.83	42.24	4.00	58.06	13.94	0.10	0.22	1030
1.76	1.77	1.15	9.23	8.67	0.97	6.76	3.00	0.09		109
										1091

1-A-6 续表 1

分组	代码	企业单位数（个）	资产总计	固定资产原价	累计折旧	流动资产合计
石墨、滑石采选	1092	9	5.40	3.67	0.98	1.80
宝石、玉石采选	1093					
其他未列明非金属矿采选	1099	28	10.59	5.89	2.70	4.95
开采专业及辅助性活动	11	2	119.84	147.97	83.48	42.29
煤炭开采和洗选专业及辅助性活动	1110					
石油和天然气开采专业及辅助性活动	1120	2	119.84	147.97	83.48	42.29
其他开采专业及辅助性活动	1190					
其他采矿业	12	2	0.50	0.42	0.25	0.30
制造业	**C**	**34969**	**82302.01**	**35139.27**	**14654.12**	**46848.45**
农副食品加工业	13	3485	4901.33	2273.43	850.77	2692.19
谷物磨制	131	386	292.41	192.56	87.31	140.76
稻谷加工	1311	44	22.35	11.45	2.18	10.31
小麦加工	1312	315	257.68	174.89	83.05	125.49
玉米加工	1313	3	2.16	0.14	0.03	0.08
杂粮加工	1314	9	2.04	1.66	0.59	0.62
其他谷物磨制	1319	15	8.18	4.42	1.46	4.26
饲料加工	132	645	416.32	177.21	64.05	213.43
宠物饲料加工	1321	50	44.19	17.86	4.70	16.84
其他饲料加工	1329	595	372.13	159.35	59.35	196.59
植物油加工	133	201	926.72	253.90	81.35	703.73
食用植物油加工	1331	173	912.72	248.63	79.41	694.26
非食用植物油加工	1332	28	13.99	5.28	1.93	9.47
制糖业	1340	12	95.59	37.79	9.49	64.51
屠宰及肉类加工	135	659	1108.93	475.13	201.58	654.00
牲畜屠宰	1351	139	267.02	74.91	29.38	153.51
禽类屠宰	1352	265	303.53	181.94	81.30	159.83
肉制品及副产品加工	1353	255	538.38	218.28	90.90	340.67
水产品加工	136	458	762.09	422.90	179.82	416.84
水产品冷冻加工	1361	406	717.77	409.76	174.39	388.70
鱼糜制品及水产品干腌制加工	1362	30	28.03	6.09	2.63	17.92
鱼油提取及制品制造	1363	6	9.18	2.48	1.04	7.29
其他水产品加工	1369	16	7.12	4.57	1.76	2.94
蔬菜、菌类、水果和坚果加工	137	800	498.64	238.04	88.66	248.94
蔬菜加工	1371	556	347.10	153.50	60.09	174.38
食用菌加工	1372	14	11.69	9.54	2.16	3.07
水果和坚果加工	1373	230	139.85	75.00	26.41	71.50
其他农副食品加工	139	324	800.64	475.89	138.52	249.98
淀粉及淀粉制品制造	1391	126	677.81	393.62	113.13	206.54
豆制品制造	1392	60	26.93	20.17	9.62	10.96
蛋品加工	1393	52	41.40	34.70	6.23	3.92
其他未列明农副食品加工	1399	86	54.50	27.40	9.54	28.55
食品制造业	14	1102	1561.20	770.97	270.92	792.26
焙烤食品制造	141	165	160.59	70.25	23.06	67.26
糕点、面包制造	1411	67	81.43	24.39	8.07	35.97
饼干及其他焙烤食品制造	1419	98	79.16	45.86	14.99	31.29
糖果、巧克力及蜜饯制造	142	82	42.97	21.89	7.37	14.42
糖果、巧克力制造	1421	30	16.33	12.45	3.86	3.20
蜜饯制作	1422	52	26.63	9.44	3.51	11.22

单位：亿元

应收账款	存货	产成品	负债合计	流动负债合计	应付账款	所有者权益合计	实收资本	国家资本	集体资本	代码
0.27	0.47	0.43	4.12	4.08	0.38	1.27	0.92	0.09		1092
										1093
1.49	1.30	0.72	5.10	4.59	0.58	5.48	2.08			1099
15.83	2.86	0.53	119.62	110.06	32.09	0.22	7.82	7.00		11
										1110
15.83	2.86	0.53	119.62	110.06	32.09	0.22	7.82	7.00		1120
										1190
0.09	0.07		0.38	0.38	0.01	0.13	0.29			12
9464.72	**10824.23**	**4443.98**	**49908.32**	**42719.19**	**10527.27**	**32408.01**	**13303.55**	**1386.50**	**411.40**	**C**
359.57	853.97	332.60	2895.60	2498.07	449.51	2019.49	758.10	21.49	34.87	13
21.86	56.90	22.73	146.10	126.88	16.96	146.26	58.49	2.62	2.29	131
1.68	4.30	1.61	6.93	6.08	1.22	15.36	3.42	0.53	0.47	1311
18.01	51.55	20.80	134.64	116.80	15.24	123.04	52.18	2.08	1.83	1312
0.01	0.04	0.04	0.86	0.85		1.29	0.08			1313
0.25	0.12	0.05	1.11	0.85	0.31	0.93	0.18			1314
1.90	0.88	0.23	2.55	2.30	0.18	5.63	2.63			1319
26.00	61.46	17.38	226.29	187.36	43.43	190.03	89.85	0.21	2.29	132
3.28	6.88	2.50	17.93	14.34	4.75	26.26	11.37		0.06	1321
22.73	54.58	14.88	208.36	173.03	38.68	163.77	78.48	0.21	2.24	1329
53.10	238.61	71.24	619.27	524.29	101.64	307.44	83.38	13.74	14.25	133
52.14	236.08	69.71	603.56	508.74	101.28	309.17	81.66	13.74	14.24	1331
0.95	2.53	1.53	15.72	15.55	0.36	-1.72	1.72		0.01	1332
1.85	20.85	5.81	78.28	77.12	23.28	17.31	1.85		0.10	1340
82.41	137.36	73.70	669.31	621.22	73.30	439.62	216.79	1.91	9.09	135
18.10	50.77	28.39	108.38	99.26	16.24	158.64	64.58	0.44	0.79	1351
22.73	40.33	24.44	185.40	161.42	23.05	118.13	61.02	0.18	1.96	1352
41.58	46.25	20.87	375.53	360.55	34.01	162.85	91.19	1.29	6.34	1353
79.86	156.67	72.05	433.61	381.95	93.68	328.48	126.53	0.18	4.96	136
74.55	143.35	68.00	398.78	348.17	89.61	318.98	122.27	0.18	4.83	1361
3.60	10.16	3.20	19.65	19.00	2.40	8.38	3.25		0.07	1362
1.53	1.27	0.33	8.28	7.89	0.88	0.89	0.20			1363
0.18	1.89	0.53	6.90	6.89	0.79	0.22	0.80		0.06	1369
62.93	99.45	42.88	236.82	214.70	41.58	275.69	90.33	0.03	1.30	137
44.22	70.46	33.83	155.94	140.85	29.66	205.03	62.31		1.27	1371
0.51	0.91	0.14	4.33	2.20	0.63	7.36	4.83		0.02	1372
18.20	28.08	8.91	76.55	71.65	11.29	63.30	23.19	0.03	0.01	1373
31.57	82.68	26.81	485.92	364.55	55.63	314.66	90.87	2.81	0.58	139
24.02	70.71	21.51	439.52	321.79	47.30	238.23	67.23	2.71	0.44	1391
1.82	3.77	1.46	12.80	12.21	2.20	14.12	7.21			1392
0.61	0.88	0.53	2.96	2.45	0.52	38.44	9.27		0.10	1393
5.11	7.32	3.30	30.64	28.11	5.62	23.86	7.16	0.10	0.04	1399
153.42	198.05	92.40	835.30	635.63	134.10	725.90	324.17	11.52	8.70	14
15.52	9.94	4.50	73.62	37.71	9.45	86.97	46.51	2.52	0.22	141
8.88	4.44	2.42	43.84	13.19	3.71	37.59	17.00	2.10	0.11	1411
6.64	5.50	2.08	29.78	24.52	5.73	49.37	29.51	0.41	0.11	1419
2.91	6.40	1.85	14.52	12.64	3.57	28.45	16.34		0.02	142
0.94	1.18	0.23	4.69	3.48	0.76	11.64	6.97		0.02	1421
1.97	5.21	1.62	9.83	9.16	2.81	16.81	9.37			1422

1-A-6 续表 2

分组	代码	企业单位数（个）	资产总计	固定资产原价	累计折旧	流动资产合计
方便食品制造	143	172	118.72	75.39	19.72	44.31
米、面制品制造	1431	50	41.20	23.52	5.74	16.52
速冻食品制造	1432	94	51.99	38.64	9.55	16.87
方便面制造	1433	8	10.19	6.27	1.75	4.21
其他方便食品制造	1439	20	15.35	6.96	2.68	6.70
乳制品制造	144	50	234.54	104.98	46.57	143.81
液体乳制造	1441	41	227.58	101.88	45.47	140.55
乳粉制造	1442	6	3.49	2.16	0.79	1.81
其他乳制品制造	1449	3	3.47	0.94	0.31	1.45
罐头食品制造	145	119	76.32	43.77	17.31	34.81
肉、禽类罐头制造	1451	8	1.36	0.96	0.15	0.47
水产品罐头制造	1452	7	3.79	2.31	0.55	1.67
蔬菜、水果罐头制造	1453	92	67.51	37.84	15.89	31.29
其他罐头食品制造	1459	12	3.65	2.67	0.73	1.38
调味品、发酵制品制造	146	186	361.63	189.07	72.84	198.08
味精制造	1461	12	125.16	75.30	25.68	60.59
酱油、食醋及类似制品制造	1462	43	52.35	25.63	11.41	28.29
其他调味品、发酵制品制造	1469	131	184.13	88.14	35.74	109.20
其他食品制造	149	328	566.43	265.62	84.05	289.57
营养食品制造	1491	23	17.62	10.26	3.00	8.73
保健食品制造	1492	58	66.29	23.32	5.63	35.62
冷冻饮品及食用冰制造	1493	17	15.45	4.82	1.54	2.28
盐加工	1494	12	56.48	39.98	9.98	21.43
食品及饲料添加剂制造	1495	187	372.77	175.51	59.29	196.27
其他未列明食品制造	1499	31	37.81	11.73	4.61	25.24
酒、饮料和精制茶制造业	15	400	1081.75	393.39	156.62	500.62
酒的制造	151	238	837.43	276.19	106.47	380.45
酒精制造	1511	11	63.64	15.59	6.03	39.87
白酒制造	1512	130	224.80	81.69	25.46	131.77
啤酒制造	1513	44	333.87	114.28	55.82	143.20
黄酒制造	1514	2	2.76	1.43	0.14	1.01
葡萄酒制造	1515	40	211.11	62.22	18.74	64.19
其他酒制造	1519	11	1.25	0.98	0.28	0.42
饮料制造	152	135	235.00	110.86	48.61	117.68
碳酸饮料制造	1521	6	10.66	8.03	4.52	6.67
瓶(罐)装饮用水制造	1522	42	18.59	11.51	4.17	7.02
果菜汁及果菜汁饮料制造	1523	40	158.19	49.48	20.46	89.06
含乳饮料和植物蛋白饮料制造	1524	33	28.23	23.70	9.56	8.09
固体饮料制造	1525	4	1.64	0.91	0.14	0.28
茶饮料及其他饮料制造	1529	10	17.68	17.24	9.75	6.56
精制茶加工	1530	27	9.32	6.34	1.54	2.49
烟草制品业	16	6	334.07	132.19	86.77	238.25
烟叶复烤	1610	1				
卷烟制造	1620	1				
其他烟草制品制造	1690	4	5.93	4.52	2.58	3.62
纺织业	17	2117	2058.03	1155.96	497.33	1085.17

单位：亿元

应收账款	存货	产成品	负债合计	流动负债合计	应付账款	所有者权益合计	实收资本	国家资本	集体资本	代码
10.08	11.73	5.14	51.52	33.76	6.81	67.20	35.06	0.08	0.03	143
1.16	4.29	2.08	12.07	9.88	0.56	29.13	8.25	0.08	0.03	1431
5.80	5.13	2.35	30.86	15.82	3.42	21.13	16.65			1432
1.55	0.76	0.32	4.81	4.70	2.02	5.37	3.38			1433
1.57	1.55	0.39	3.78	3.37	0.81	11.57	6.79			1439
26.68	22.18	12.80	143.33	113.65	36.22	91.21	39.86	0.86	6.13	144
26.05	20.81	12.57	138.29	108.62	34.02	89.28	38.80	0.86	6.13	1441
0.50	0.33	0.08	2.35	2.34	1.89	1.15	0.48			1442
0.12	1.04	0.15	2.69	2.69	0.31	0.78	0.58			1449
3.88	18.48	9.93	34.94	28.89	7.40	41.38	16.67	0.05		145
0.10	0.17	0.04	0.30	0.30	0.15	1.06	0.23			1451
0.17	0.93	0.15	2.07	2.03	0.15	1.73	1.68			1452
3.34	16.80	9.58	30.99	25.33	6.86	36.52	12.77	0.03		1453
0.27	0.58	0.16	1.58	1.22	0.25	2.08	1.99	0.02		1459
37.19	56.73	21.87	177.51	140.02	25.93	184.12	59.57	0.55	0.20	146
13.18	18.51	2.73	54.34	35.99	5.47	70.82	10.30	0.21		1461
2.66	7.96	2.18	28.47	26.77	4.74	23.88	11.50		0.05	1462
21.34	30.26	16.97	94.70	77.27	15.72	89.43	37.77	0.34	0.15	1469
57.17	72.60	36.31	339.86	268.96	44.73	226.57	110.16	7.46	2.09	149
1.88	2.14	0.68	8.18	7.59	1.32	9.44	3.68		0.04	1491
5.60	11.39	3.40	34.58	30.59	7.14	31.70	17.23	0.93		1492
0.12	1.23	0.63	3.28	2.96	0.34	12.17	1.98			1493
5.27	2.12	1.31	25.25	16.57	4.65	31.23	14.32	5.65		1494
40.77	50.41	28.25	245.25	189.68	28.67	127.52	63.88	0.88	2.05	1495
3.53	5.30	2.02	23.31	21.58	2.60	14.50	9.07			1499
53.02	145.12	55.53	493.38	431.74	79.61	588.37	201.25	20.98	6.42	15
32.28	124.14	43.84	410.07	355.96	64.09	427.36	117.83	18.52	3.85	151
4.10	6.45	3.88	66.42	51.27	11.41	-2.77	11.50			1511
8.82	68.30	27.45	162.04	142.36	19.88	62.75	31.14	0.84	1.11	1512
15.01	20.75	8.72	138.70	121.38	25.09	195.17	49.20	15.38	1.15	1513
0.02	0.57	0.20	0.73	0.71	0.23	2.03	0.81			1514
4.25	27.85	3.46	41.84	39.93	7.39	169.26	24.69	2.30	1.60	1515
0.08	0.22	0.13	0.33	0.32	0.09	0.92	0.50			1519
20.31	20.03	11.09	80.22	73.88	15.24	154.78	80.31	2.30	2.46	152
2.66	1.15	0.90	6.27	6.21	1.03	4.39	1.59			1521
1.42	0.91	0.24	7.55	6.98	0.87	11.04	7.37	2.00	0.05	1522
11.47	14.74	8.99	47.51	43.11	9.78	110.68	53.55	0.30	2.41	1523
1.08	1.74	0.48	9.56	8.95	1.52	18.67	10.87			1524
	0.05		0.47	0.46	0.01	1.18	0.08			1525
3.68	1.44	0.48	8.86	8.18	2.03	8.83	6.85			1529
0.42	0.95	0.59	3.09	1.89	0.28	6.23	3.11	0.15	0.10	1530
13.65	180.03	3.88	114.06	111.01	3.33	220.00	66.80	65.25		16
										1610
										1620
0.86	0.53	0.45	1.26	1.24	0.77	4.67	1.81	1.15		1690
175.83	291.15	135.04	1278.14	1110.88	176.78	779.81	408.26	9.88	16.23	17

1—A—6 续表 3

分组	代码	企业单位数(个)	资产总计	固定资产原价	累计折旧	流动资产合计
棉纺织及印染精加工	171	1409	1446.05	866.25	381.27	738.45
棉纺纱加工	1711	951	873.06	541.19	228.49	421.34
棉织造加工	1712	372	389.01	228.06	104.03	202.93
棉印染精加工	1713	86	183.99	97.00	48.75	114.18
毛纺织及染整精加工	172	154	94.45	49.36	16.82	47.49
毛条和毛纱线加工	1721	109	42.79	27.66	7.74	17.43
毛织造加工	1722	36	27.84	12.42	5.61	17.38
毛染整精加工	1723	9	23.82	9.28	3.47	12.67
麻纺织及染整精加工	173	11	8.98	3.27	0.60	5.11
麻纤维纺前加工和纺纱	1731	4	0.51	0.40	0.11	0.20
麻织造加工	1732	7	8.47	2.86	0.48	4.92
麻染整精加工	1733					
丝绢纺织及印染精加工	174	13	5.31	2.90	1.82	2.87
缫丝加工	1741	7	3.49	1.28	0.66	1.74
绢纺和丝织加工	1742	5	1.79	1.61	1.15	1.12
丝印染精加工	1743	1				
化纤织造及印染精加工	175	52	29.93	15.71	7.24	17.86
化纤织造加工	1751	48	28.69	14.81	6.79	17.07
化纤织物染整精加工	1752	4	1.24	0.90	0.45	0.79
针织或钩针编织物及其制品制造	176	83	39.55	13.48	4.48	19.31
针织或钩针编织物织造	1761	51	20.77	7.62	2.79	8.19
针织或钩针编织物印染精加工	1762	16	6.66	2.96	0.99	3.05
针织或钩针编织品制造	1763	16	12.12	2.90	0.69	8.07
家用纺织制成品制造	177	172	272.98	129.62	55.28	167.02
床上用品制造	1771	84	101.36	36.36	11.71	64.98
毛巾类制品制造	1772	46	138.27	78.67	39.19	83.29
窗帘、布艺类产品制造	1773	15	12.50	3.71	1.25	8.18
其他家用纺织制成品制造	1779	27	20.85	10.89	3.12	10.58
产业用纺织制成品制造	178	223	160.78	75.37	29.83	87.07
非织造布制造	1781	86	69.28	35.90	13.81	36.99
绳、索、缆制造	1782	69	17.63	9.49	2.75	9.27
纺织带和帘子布制造	1783	25	44.47	14.73	4.76	21.23
篷、帆布制造	1784	21	7.96	4.42	1.56	3.27
其他产业用纺织制成品制造	1789	22	21.44	10.81	6.95	16.31
纺织服装、服饰业	18	1084	1392.89	506.29	183.32	694.68
机织服装制造	181	687	1123.06	339.44	98.07	557.31
运动机织服装制造	1811	141	77.73	39.91	12.85	36.85
其他机织服装制造	1819	546	1045.33	299.53	85.22	520.45
针织或钩针编织服装制造	182	272	223.22	140.43	75.08	113.56
运动休闲针织服装制造	1821	60	41.30	21.10	8.73	24.20
其他针织或钩针编织服装制造	1829	212	181.92	119.33	66.36	89.36
服饰制造	1830	125	46.62	26.42	10.17	23.81
皮革、毛皮、羽毛及其制品和制鞋业	19	335	304.59	105.73	39.59	191.86
皮革鞣制加工	1910	60	103.26	33.15	14.96	78.74
皮革制品制造	192	67	31.60	11.22	4.78	17.46
皮革服装制造	1921	12	11.55	3.08	1.62	6.60
皮箱、包(袋)制造	1922	41	9.48	3.95	1.66	4.93

单位：亿元

应收账款	存货	产成品	负债合计	流动负债合计	应付账款	所有者权益合计	实收资本	国家资本	集体资本	代码
105.82	199.75	97.22	900.70	780.01	117.41	545.35	302.04	9.30	11.05	171
53.61	109.99	55.59	546.50	448.89	52.09	326.56	209.69	6.37	3.73	1711
29.49	62.55	29.24	223.69	205.72	32.54	165.32	64.92	2.15	1.64	1712
22.72	27.21	12.40	130.51	125.41	32.78	53.47	27.43	0.77	5.69	1713
9.48	19.77	9.17	45.92	42.52	10.56	48.53	19.37		0.81	172
4.69	5.61	2.58	14.62	13.78	5.09	28.17	11.18		0.08	1721
2.41	9.36	3.92	18.16	15.81	5.35	9.67	6.46		0.73	1722
2.39	4.80	2.67	13.13	12.93	0.12	10.69	1.72			1723
1.41	2.17	1.18	7.23	6.19	0.88	1.75	1.39			173
0.06	0.05	0.02	0.15	0.15	0.04	0.36	0.30			1731
1.36	2.12	1.17	7.08	6.04	0.85	1.40	1.09			1732
										1733
0.35	1.82	0.78	4.40	4.02	0.43	0.92	1.44			174
0.38	0.87	0.14	3.16	2.84	0.16	0.33	0.46			1741
-0.03	0.94	0.63	1.22	1.17	0.27	0.57	0.97			1742
										1743
2.71	6.08	2.59	18.70	17.66	3.84	11.23	8.48		0.40	175
2.55	5.67	2.38	17.21	16.28	3.51	11.48	8.25		0.40	1751
0.16	0.41	0.20	1.49	1.38	0.33	-0.24	0.23			1752
6.52	5.34	1.74	19.00	16.80	7.79	20.55	9.82		1.10	176
2.45	2.30	0.87	8.33	6.38	1.81	12.44	5.03		0.16	1761
0.72	1.50	0.57	4.05	3.91	1.03	2.61	1.95		0.94	1762
3.35	1.54	0.30	6.62	6.51	4.95	5.50	2.84			1763
26.95	39.58	15.47	182.05	164.23	22.97	90.93	33.56		2.20	177
12.82	14.39	3.56	76.12	71.46	11.99	25.23	13.53		2.02	1771
9.34	21.14	10.46	86.98	74.59	6.72	51.29	14.61		0.11	1772
1.17	1.43	0.55	7.78	7.53	1.03	4.73	1.49		0.06	1773
3.62	2.63	0.91	11.17	10.64	3.23	9.68	3.93		0.01	1779
22.59	16.65	6.90	100.15	79.46	12.90	60.55	32.17	0.58	0.67	178
14.02	7.18	3.50	42.52	38.29	7.51	26.76	17.69	0.58	0.67	1781
3.09	2.66	1.15	7.38	6.37	2.18	10.25	5.13			1782
1.91	3.94	1.24	41.08	26.92	1.31	3.39	4.41			1783
0.43	1.40	0.35	3.08	2.26	0.82	4.80	2.69			1784
3.13	1.46	0.67	6.09	5.63	1.08	15.35	2.25			1789
158.02	174.18	90.58	729.67	540.43	141.38	663.26	152.60	1.53	5.35	18
116.40	127.65	76.08	590.37	411.51	94.01	532.69	104.63	0.26	4.52	181
9.43	9.22	3.23	35.17	26.75	8.99	42.56	22.73		0.65	1811
106.97	118.42	72.85	555.20	384.76	85.02	490.13	81.90	0.26	3.86	1819
36.70	39.90	10.92	121.22	112.40	41.50	102.00	31.42	0.28	0.54	182
7.91	8.83	2.30	22.55	20.22	8.47	18.75	9.42	0.28		1821
28.79	31.07	8.62	98.67	92.18	33.03	83.25	22.00		0.54	1829
4.91	6.64	3.58	18.08	16.52	5.88	28.58	16.55	0.99	0.30	1830
45.15	78.29	30.77	170.47	158.26	36.73	134.11	55.81	0.11	0.06	19
18.64	34.41	10.46	61.51	58.36	12.04	41.75	13.59			1910
4.22	6.49	1.67	19.72	18.61	6.81	11.88	9.01		0.02	192
1.52	2.83	1.03	5.63	5.48	3.13	5.92	1.97			1921
1.25	1.06	0.24	6.27	5.42	2.06	3.21	2.86		0.02	1922

1-A-6 续表 4

分 组	代码	企业单位数(个)	资产总计	固定资产原价	累计折旧	流动资产合计
皮手套及皮装饰制品制造	1923	5	1.68	0.77	0.09	0.62
其他皮革制品制造	1929	9	8.88	3.42	1.41	5.29
毛皮鞣制及制品加工	193	53	17.31	5.22	1.61	10.35
毛皮鞣制加工	1931	21	10.89	3.15	1.17	6.11
毛皮服装加工	1932	23	4.17	0.94	0.31	3.09
其他毛皮制品加工	1939	9	2.25	1.13	0.13	1.15
羽毛(绒)加工及制品制造	194	26	16.87	4.07	1.57	12.70
羽毛(绒)加工	1941	9	4.27	0.88	0.39	2.94
羽毛(绒)制品加工	1942	17	12.60	3.20	1.17	9.76
制鞋业	195	129	135.55	52.07	16.66	72.62
纺织面料鞋制造	1951	41	15.11	8.14	2.35	5.41
皮鞋制造	1952	51	102.74	34.74	9.73	57.77
塑料鞋制造	1953	1				
橡胶鞋制造	1954	23	14.37	6.37	2.43	7.87
其他制鞋业	1959	13	3.25	2.69	2.08	1.52
木材加工和木、竹、藤、棕、草制品业	20	1765	618.06	479.38	202.53	258.07
木材加工	201	224	64.10	30.03	8.22	34.85
锯材加工	2011	59	15.63	5.72	1.00	8.85
木片加工	2012	81	28.08	14.17	4.77	16.26
单板加工	2013	49	12.19	5.73	1.22	5.61
其他木材加工	2019	35	8.21	4.40	1.23	4.12
人造板制造	202	1217	431.23	366.15	177.27	179.93
胶合板制造	2021	1098	309.56	285.32	144.42	128.92
纤维板制造	2022	52	69.33	51.88	25.51	29.18
刨花板制造	2023	26	34.22	18.66	3.54	13.17
其他人造板制造	2029	41	18.13	10.29	3.81	8.66
木质制品制造	203	310	119.77	81.21	16.29	42.05
建筑用木料及木材组件加工	2031	62	19.73	10.33	1.85	9.28
木门窗制造	2032	47	14.33	10.62	4.06	5.44
木楼梯制造	2033	6	0.74	0.48	0.13	0.25
木地板制造	2034	54	17.37	5.83	1.60	9.77
木制容器制造	2035	22	4.94	1.82	0.54	3.39
软木制品及其他木制品制造	2039	119	62.66	52.13	8.11	13.92
竹、藤、棕、草等制品制造	204	14	2.95	2.00	0.75	1.25
竹制品制造	2041	1				
藤制品制造	2042	1				
棕制品制造	2043	2	0.50	0.16	0.02	0.30
草及其他制品制造	2049	10	2.30	1.77	0.70	0.88
家具制造业	21	481	260.34	153.29	49.33	111.27
木质家具制造	2110	413	224.17	136.80	45.70	94.29
竹、藤家具制造	2120	11	1.65	0.71	0.10	0.98
金属家具制造	2130	25	6.81	3.56	1.59	3.75
塑料家具制造	2140					
其他家具制造	2190	32	27.71	12.22	1.93	12.25
造纸和纸制品业	22	583	2748.29	1289.01	554.07	1325.13
纸浆制造	221	5	21.44	12.72	6.13	12.86
木竹浆制造	2211	3	16.84	7.00	3.54	12.05
非木竹浆制造	2212	2	4.60	5.72	2.59	0.82

单位：亿元

应收账款	存货	产成品	负债合计	流动负债合计	应付账款	所有者权益合计	实收资本	国家资本	集体资本	代码
0.05	0.20	0.10	0.88	0.88	0.24	0.80	0.84			1923
1.39	2.39	0.30	6.94	6.83	1.37	1.95	3.33			1929
2.44	4.21	1.16	10.44	8.44	3.56	6.88	3.19	0.11		193
1.49	2.94	0.63	7.32	6.74	3.06	3.57	1.67	0.11		1931
0.68	1.02	0.44	2.26	1.49	0.44	1.90	0.97			1932
0.28	0.24	0.09	0.85	0.20	0.07	1.40	0.54			1939
3.62	4.82	3.30	11.71	11.58	2.45	5.16	4.03			194
1.27	0.73	0.35	3.01	2.97	0.35	1.27	0.54			1941
2.35	4.09	2.96	8.70	8.61	2.10	3.90	3.48			1942
16.23	28.37	14.17	67.10	61.27	11.86	68.45	26.00		0.04	195
1.13	1.82	0.81	7.69	6.43	1.62	7.42	3.61		0.02	1951
13.39	22.76	11.06	48.19	44.05	6.90	54.55	18.99		0.02	1952
										1953
1.10	3.60	2.23	10.12	9.91	3.00	4.25	2.27			1954
0.62	0.18	0.08	1.06	0.84	0.35	2.19	1.12			1959
57.61	77.59	41.27	247.83	212.87	44.82	370.82	135.34	1.37	4.36	20
11.26	9.85	5.65	28.09	24.60	5.35	36.96	15.11		0.27	201
2.39	2.90	1.54	6.42	5.57	0.88	9.21	4.87			2011
5.89	4.28	2.54	14.56	13.26	3.31	13.52	5.94		0.17	2012
1.90	1.68	0.96	4.03	3.49	0.67	9.10	2.04		0.10	2013
1.07	0.98	0.62	3.08	2.27	0.49	5.13	2.25			2019
37.75	51.01	27.17	178.97	151.77	30.34	251.91	91.60	1.34	2.41	202
31.97	36.16	19.73	96.04	86.78	23.35	213.17	67.24	0.01	1.83	2021
3.01	7.64	4.19	49.39	40.07	4.04	19.94	10.64	1.18	0.32	2022
0.98	4.01	1.91	23.50	15.52	0.14	10.72	7.55		0.27	2023
1.80	3.20	1.34	10.04	9.40	2.81	8.09	6.16	0.15		2029
8.44	16.17	8.20	39.91	35.65	8.84	79.87	27.21	0.03	1.68	203
2.84	2.91	1.52	10.03	8.67	2.33	9.71	5.26	0.01	0.01	2031
0.41	1.77	0.90	5.61	4.67	1.83	8.72	3.98			2032
0.03	0.07	0.04	0.29	0.27	0.19	0.45	0.20			2033
1.37	4.00	2.28	10.38	9.99	1.90	7.00	4.61		1.52	2034
1.05	1.02	0.20	2.14	2.04	0.60	2.80	1.23			2035
2.74	6.40	3.25	11.47	10.00	2.00	51.19	11.94	0.02	0.15	2039
0.16	0.57	0.25	0.86	0.85	0.29	2.09	1.41			204
										2041
										2042
0.03	0.15	0.04	0.15	0.14	0.12	0.35	0.36			2043
0.10	0.41	0.21	0.62	0.62	0.17	1.68	1.02			2049
28.77	34.82	12.58	138.41	117.43	26.14	122.27	57.07	0.15	2.41	21
24.61	29.15	11.15	114.82	103.95	19.20	109.70	52.69	0.14	2.38	2110
0.27	0.34	0.10	1.04	1.01	0.30	0.61	0.25	0.01		2120
0.99	1.12	0.32	3.73	3.36	1.16	3.07	1.85		0.03	2130
										2140
2.89	4.22	1.00	18.81	9.11	5.48	8.89	2.27			2190
149.00	209.00	100.98	1848.25	1492.56	225.67	900.03	377.70	14.61	13.03	22
0.64	0.72	0.13	14.30	12.79	1.04	7.14	7.21		6.30	221
0.22	0.55	0.13	10.50	9.02	0.68	6.35	6.06		5.20	2211
0.42	0.17	0.01	3.81	3.77	0.36	0.79	1.15		1.10	2212

1-A-6 续表 5

分 组	代码	企 业 单位数 （个）	资产总计	固定资产 原 价	累计折旧	流动资产 合 计
造纸	222	302	2575.78	1190.56	514.50	1231.75
机制纸及纸板制造	2221	246	2541.26	1174.54	510.54	1215.36
手工纸制造	2222	14	5.42	2.50	0.81	2.64
加工纸制造	2223	42	29.11	13.52	3.16	13.76
纸制品制造	223	276	151.06	85.74	33.44	80.52
纸和纸板容器制造	2231	165	73.31	41.73	17.23	39.44
其他纸制品制造	2239	111	77.75	44.01	16.20	41.08
印刷和记录媒介复制业	23	588	361.94	215.07	94.84	191.93
印刷	231	574	350.95	207.69	91.67	186.12
书、报刊印刷	2311	48	29.48	22.42	12.92	15.41
本册印制	2312	22	12.55	7.74	2.89	6.02
包装装潢及其他印刷	2319	504	308.91	177.53	75.86	164.69
装订及印刷相关服务	2320	11	9.25	6.12	2.83	5.07
记录媒介复制	2330	3	1.74	1.26	0.34	0.73
文教、工美、体育和娱乐用品制造业	24	1229	890.31	446.43	137.96	467.56
文教办公用品制造	241	49	27.51	11.79	4.38	14.85
文具制造	2411	20	14.13	2.77	0.85	8.99
笔的制造	2412	15	8.07	4.63	2.05	4.28
教学用模型及教具制造	2413	7	2.66	1.77	0.31	0.56
墨水、墨汁制造	2414	4	0.27	0.15	0.05	0.16
其他文教办公用品制造	2419	3	2.38	2.47	1.13	0.86
乐器制造	242	20	6.86	1.75	0.92	5.66
中乐器制造	2421	1				
西乐器制造	2422	14	4.68	1.38	0.70	3.76
电子乐器制造	2423	2	1.27	0.25	0.19	1.21
其他乐器及零件制造	2429	3	0.90	0.12	0.03	0.69
工艺美术及礼仪用品制造	243	842	535.99	262.86	90.31	290.21
雕塑工艺品制造	2431	72	58.17	20.05	5.77	32.57
金属工艺品制造	2432	41	14.66	6.69	1.99	8.74
漆器工艺品制造	2433	11	12.86	5.46	0.96	8.35
花画工艺品制造	2434	25	22.78	12.17	2.11	8.58
天然植物纤维编织工艺品制造	2435	257	83.42	52.64	10.77	29.53
抽纱刺绣工艺品制造	2436	125	68.90	38.17	21.00	41.37
地毯、挂毯制造	2437	78	140.16	71.91	32.03	82.24
珠宝首饰及有关物品制造	2438	14	39.82	7.76	1.61	30.41
其他工艺美术及礼仪用品制造	2439	219	95.22	48.00	14.09	48.42
体育用品制造	244	160	254.34	130.86	32.40	130.34
球类制造	2441	11	4.39	3.25	1.60	2.45
专项运动器材及配件制造	2442	40	120.73	80.81	16.96	52.28
健身器材制造	2443	36	22.57	12.67	4.35	9.37
运动防护用具制造	2444	14	4.54	1.74	0.52	2.82
其他体育用品制造	2449	59	102.10	32.39	8.96	63.42
玩具制造	245	114	35.25	17.87	4.32	16.36
电玩具制造	2451	3	1.86	0.90	0.23	0.66
塑胶玩具制造	2452	12	3.22	2.04	0.53	1.54
金属玩具制造	2453	2	1.70	1.35	0.14	0.36

单位：亿元

应收账款	存货	产成品	负债合计	流动负债合计	应付账款	所有者权益合计	实收资本	国家资本	集体资本	代码
120.94	188.56	92.57	1753.41	1408.92	203.69	822.37	324.85	14.45	6.34	222
116.77	182.83	90.73	1734.55	1391.66	200.11	806.71	318.64	13.65	6.25	2221
1.18	0.60	0.12	3.16	2.69	0.68	2.26	1.43			2222
3.00	5.12	1.71	15.70	14.57	2.90	13.41	4.78	0.80	0.09	2223
27.42	19.72	8.28	80.54	70.86	20.95	70.52	45.65	0.16	0.39	223
12.76	11.54	4.22	40.34	36.94	7.58	32.97	17.90	0.06	0.25	2231
14.66	8.18	4.06	40.20	33.92	13.36	37.55	27.74	0.10	0.14	2239
56.02	42.01	18.11	178.69	160.37	39.30	182.35	93.82	4.93	1.61	23
54.20	40.82	17.37	173.99	156.13	38.19	176.06	91.88	4.73	1.61	231
3.94	3.37	1.90	14.48	12.86	2.75	15.00	9.66	1.06	0.32	2311
1.10	1.49	0.72	5.55	4.86	0.53	7.00	3.46	0.60		2312
49.16	35.95	14.75	153.96	138.41	34.91	154.06	78.76	3.07	1.30	2319
1.73	0.74	0.43	3.81	3.47	1.03	5.44	1.72	0.20		2320
0.09	0.45	0.31	0.90	0.78	0.08	0.84	0.21			2330
98.59	131.37	50.48	454.58	390.65	80.54	435.73	156.59	0.61	3.18	24
3.62	4.54	1.58	11.19	9.52	1.93	16.32	6.45		0.02	241
2.20	2.93	1.13	6.81	6.24	0.63	7.32	2.15			2411
0.84	1.22	0.36	2.60	2.01	0.67	5.47	1.75		0.02	2412
0.19	0.11	0.05	1.11	0.66	0.39	1.56	0.52			2413
0.03	0.06	0.02	0.16	0.15	0.11	0.11	0.08			2414
0.36	0.22	0.01	0.52	0.46	0.14	1.86	1.95			2419
1.26	1.41	0.64	4.97	4.97	0.81	1.89	1.20			242
										2421
0.23	1.09	0.35	3.90	3.90	0.23	0.78	0.84			2422
0.51	0.26	0.26	0.42	0.42	0.27	0.86	0.34			2423
0.53	0.07	0.03	0.65	0.65	0.32	0.25	0.02			2429
55.26	92.62	36.99	306.37	273.10	52.84	229.62	102.20	0.60	2.94	243
7.58	12.00	3.58	40.52	38.68	5.39	17.65	9.23			2431
1.07	2.64	1.07	7.60	6.72	1.19	7.06	4.48			2432
1.15	0.65	0.33	3.84	2.92	0.10	9.03	0.50			2433
0.30	0.42	0.19	9.17	5.09	0.30	13.61	7.85			2434
11.26	8.53	2.88	24.48	22.53	5.51	58.94	20.97	0.27	0.02	2435
7.51	15.12	5.38	44.90	40.83	7.42	24.00	11.06	0.21	0.23	2436
10.82	23.62	12.67	86.34	77.95	10.51	53.82	20.24	0.12	2.16	2437
4.84	12.58	3.67	37.68	30.31	11.96	2.14	7.12			2438
10.73	17.06	7.23	51.85	48.08	10.46	43.37	20.73		0.52	2439
31.48	26.62	8.16	104.71	81.09	18.74	149.63	28.54		0.20	244
0.47	1.15	0.30	2.70	2.35	0.47	1.69	2.61		0.03	2441
6.96	11.62	1.72	50.32	33.60	3.67	70.41	10.84			2442
1.34	3.32	1.59	8.86	7.55	3.16	13.72	7.63		0.17	2443
0.36	1.08	0.30	1.91	1.74	0.69	2.64	1.33			2444
22.35	9.45	4.25	40.92	35.85	10.75	61.18	6.12			2449
3.75	3.77	1.87	14.83	13.20	3.31	20.42	9.29		0.03	245
0.12	0.11	0.05	1.19	0.68	0.27	0.68	0.40			2451
0.28	0.23	0.08	1.09	1.07	0.05	2.13	0.35			2452
0.08	0.18	0.09	0.49	0.26	0.06	1.22	1.27			2453

1-A-6 续表 6

分组	代码	企业单位数(个)	资产总计	固定资产原价	累计折旧	流动资产合计
弹射玩具制造	2454	1				
娃娃玩具制造	2455	37	8.12	3.64	1.00	4.57
儿童乘骑玩耍的童车类产品制造	2456	22	7.82	3.67	0.92	3.30
其他玩具制造	2459	37	11.44	5.73	1.22	5.68
游艺器材及娱乐用品制造	246	44	30.36	21.31	5.62	10.15
露天游乐场所游乐设备制造	2461	16	15.72	13.19	2.87	4.42
游艺用品及室内游艺器材制造	2462	13	9.15	4.50	0.98	3.36
其他娱乐用品制造	2469	15	5.49	3.62	1.77	2.37
石油、煤炭及其他燃料加工业	25	316	6193.24	2578.23	1117.63	4042.38
精炼石油产品制造	251	242	5297.09	2237.48	967.78	3489.01
原油加工及石油制品制造	2511	241	5296.86	2237.23	967.73	3488.98
其他原油制造	2519	1				
煤炭加工	252	60	889.69	336.50	149.03	550.84
炼焦	2521	31	867.49	329.90	147.12	537.16
煤制合成气生产	2522	3	8.15	3.22	1.22	5.65
煤制液体燃料生产	2523	3	0.79	0.14	0.04	0.68
煤制品制造	2524	21	12.34	3.16	0.64	6.58
其他煤炭加工	2529	2	0.92	0.08	0.01	0.77
核燃料加工	2530					
生物质燃料加工	254	14	6.46	4.25	0.82	2.53
生物质液体燃料生产	2541	4	2.96	1.89	0.48	1.40
生物质致密成型燃料加工	2542	10	3.50	2.36	0.34	1.13
化学原料和化学制品制造业	26	2998	9920.69	5250.21	2258.64	4869.98
基础化学原料制造	261	756	3483.49	1984.35	862.58	1676.65
无机酸制造	2611	33	47.25	33.06	14.19	21.12
无机碱制造	2612	32	374.73	236.28	135.27	216.10
无机盐制造	2613	73	72.66	40.96	16.19	37.44
有机化学原料制造	2614	484	2587.64	1463.59	619.15	1254.93
其他基础化学原料制造	2619	134	401.21	210.45	77.78	147.05
肥料制造	262	243	1053.57	515.75	222.10	500.64
氮肥制造	2621	14	347.66	275.68	117.29	128.77
磷肥制造	2622	2	8.19	5.93	3.66	5.39
钾肥制造	2623	2	1.80	1.23	0.25	0.76
复混肥料制造	2624	124	647.56	212.50	96.88	345.37
有机肥料及微生物肥料制造	2625	96	45.76	18.66	3.56	19.08
其他肥料制造	2629	5	2.60	1.75	0.46	1.26
农药制造	263	126	256.90	115.74	67.67	172.36
化学农药制造	2631	107	232.56	107.00	64.62	155.65
生物化学农药及微生物农药制造	2632	19	24.34	8.73	3.05	16.71
涂料、油墨、颜料及类似产品制造	264	213	189.56	82.46	30.50	96.26
涂料制造	2641	142	86.38	39.41	19.10	52.86
油墨及类似产品制造	2642	11	3.60	1.62	0.74	2.47
工业颜料制造	2643	14	57.82	21.74	3.78	18.97
工艺美术颜料制造	2644	8	4.96	2.90	0.75	1.51
染料制造	2645	19	30.12	14.16	5.26	16.97
密封用填料及类似品制造	2646	19	6.68	2.63	0.87	3.47
合成材料制造	265	423	2233.83	1293.15	568.24	1012.42

单位：亿元

应收账款	存货	产成品	负债合计	流动负债合计	应付账款	所有者权益合计	实收资本	国家资本	集体资本	代码
										2454
0.99	0.76	0.43	3.73	3.44	1.25	4.38	1.31		0.01	2455
0.36	0.73	0.37	2.05	1.88	0.42	5.77	1.34			2456
1.74	1.72	0.84	5.67	5.36	1.26	5.77	3.92		0.02	2459
3.21	2.40	1.23	12.51	8.78	2.92	17.86	8.92			246
0.85	1.21	0.57	6.30	3.70	1.66	9.42	3.30			2461
1.29	0.70	0.48	4.11	3.15	0.68	5.04	2.78			2462
1.07	0.49	0.18	2.09	1.92	0.57	3.40	2.84			2469
342.29	1007.55	390.31	4801.19	4282.90	946.58	1392.05	413.79	112.88	27.09	25
225.27	928.45	358.47	4182.22	3742.29	771.58	1114.87	321.62	107.28	11.77	251
225.26	928.44	358.47	4182.12	3742.18	771.58	1114.74	321.49	107.28	11.77	2511
										2519
116.39	78.20	31.80	615.91	537.90	173.91	273.77	89.37	5.60	15.32	252
112.55	75.51	30.54	602.62	525.79	169.90	264.87	84.85	5.60	15.32	2521
1.70	1.32	0.22	5.08	5.08	1.16	3.06	1.38			2522
0.18	0.06		0.58	0.58	0.35	0.21	0.19			2523
1.72	1.26	1.01	7.12	5.94	2.44	5.22	2.51			2524
0.24	0.05	0.03	0.52	0.52	0.06	0.40	0.44			2529
										2530
0.63	0.90	0.04	3.06	2.72	1.08	3.40	2.81			254
0.11	0.67	-0.12	2.05	1.96	0.53	0.91	0.48			2541
0.52	0.23	0.16	1.01	0.76	0.55	2.49	2.33			2542
788.68	958.23	457.78	6146.99	5286.83	1210.05	3773.61	1481.83	95.03	78.85	26
224.17	294.50	143.63	2255.39	1943.49	429.17	1228.11	526.34	21.99	25.76	261
3.72	4.61	2.00	30.66	29.92	5.69	16.59	7.51		0.31	2611
51.41	18.33	8.62	254.03	242.88	50.34	120.70	42.17	4.43	0.15	2612
7.52	8.60	3.32	50.27	48.43	10.49	22.40	14.03	2.65	0.73	2613
125.17	242.01	118.90	1733.86	1475.51	331.47	853.78	381.41	14.88	24.32	2614
36.35	20.95	10.79	186.57	146.75	31.19	214.64	81.21	0.04	0.25	2619
38.90	77.92	33.18	693.15	559.06	79.26	360.42	137.14	20.27	5.62	262
19.57	13.49	4.07	257.96	159.87	32.99	89.70	21.14	8.38	4.14	2621
0.91	1.12	0.56	7.20	7.18	4.75	0.98	0.80			2622
0.03	0.24	0.10	0.58	0.58	0.16	1.22	1.10	0.85		2623
16.12	57.50	25.80	405.29	372.49	38.08	242.27	99.73	10.10	0.80	2624
2.23	4.73	2.19	21.28	18.10	2.76	24.49	12.62	0.10		2625
0.05	0.84	0.47	0.84	0.84	0.53	1.77	1.75	0.84	0.68	2629
36.65	52.14	26.06	139.87	124.13	26.80	117.04	43.02	2.01	1.47	263
31.89	46.06	23.51	124.14	109.58	23.38	108.43	39.18	2.01	1.47	2631
4.75	6.08	2.55	15.73	14.55	3.42	8.61	3.84			2632
34.49	22.83	10.63	114.91	92.05	17.35	74.65	42.30	6.39	0.80	264
22.86	11.28	5.18	47.55	42.45	9.48	38.83	20.95	2.10	0.57	2641
0.88	0.69	0.40	2.23	1.88	0.28	1.37	1.26			2642
4.46	4.94	2.52	45.72	30.16	3.85	12.10	8.42	4.19		2643
0.54	0.38	0.20	3.91	3.68	0.38	1.05	0.98		0.18	2644
4.81	4.57	1.84	11.93	11.17	2.22	18.19	9.60		0.05	2645
0.93	0.98	0.49	3.57	2.71	1.13	3.11	1.09	0.10		2646
182.81	191.52	87.32	1351.43	1179.13	320.21	882.32	315.34	12.62	12.92	265

1-A-6 续表 7

分组	代码	企业单位数(个)	资产总计	固定资产原价	累计折旧	流动资产合计
初级形态塑料及合成树脂制造	2651	250	1629.01	905.30	331.73	726.06
合成橡胶制造	2652	58	354.26	258.21	183.01	155.74
合成纤维单(聚合)体制造	2653	14	121.78	87.75	39.68	55.85
其他合成材料制造	2659	101	128.78	41.89	13.81	74.77
专用化学产品制造	266	1153	2518.98	1166.92	471.21	1324.51
化学试剂和助剂制造	2661	472	579.74	243.98	105.72	343.70
专项化学用品制造	2662	503	1728.70	819.35	333.06	869.44
林产化学产品制造	2663	3	0.63	0.38	0.09	0.16
文化用信息化学品制造	2664	12	31.53	26.84	7.11	8.40
医学生产用信息化学品制造	2665	3	1.58	0.43	0.16	1.06
环境污染处理专用药剂材料制造	2666	39	32.14	13.45	5.04	18.99
动物胶制造	2667	8	4.36	1.78	0.58	2.64
其他专用化学产品制造	2669	113	140.30	60.70	19.43	80.11
炸药、火工及焰火产品制造	267	10	93.21	32.23	12.72	52.51
炸药及火工产品制造	2671	10	93.21	32.23	12.72	52.51
焰火、鞭炮产品制造	2672					
日用化学产品制造	268	74	91.13	59.61	23.62	34.64
肥皂及洗涤剂制造	2681	33	30.47	17.02	4.98	9.69
化妆品制造	2682	13	8.22	2.75	0.88	4.39
口腔清洁用品制造	2683	4	7.41	5.28	2.91	4.68
香料、香精制造	2684	11	39.37	31.59	13.85	13.62
其他日用化学产品制造	2689	13	5.66	2.97	1.00	2.26
医药制造业	27	716	3818.80	1262.59	451.15	2178.12
化学药品原料药制造	2710	159	796.98	335.71	129.07	417.50
化学药品制剂制造	2720	85	953.35	303.51	115.92	560.70
中药饮片加工	2730	58	60.88	27.48	8.70	30.98
中成药生产	2740	91	470.50	133.75	42.01	307.64
兽用药品制造	2750	64	91.33	33.31	14.33	54.61
生物药品制品制造	276	126	531.76	204.73	68.79	290.51
生物药品制造	2761	123	516.92	198.69	67.19	283.70
基因工程药物和疫苗制造	2762	3	14.84	6.04	1.60	6.81
卫生材料及医药用品制造	2770	116	892.03	213.23	70.45	507.75
药用辅料及包装材料	2780	17	21.96	10.86	1.88	8.43
化学纤维制造业	28	85	215.45	142.16	61.42	100.39
纤维素纤维原料及纤维制造	281	17	63.91	34.93	12.17	23.05
化纤浆粕制造	2811	3	25.72	11.04	6.21	12.06
人造纤维(纤维素纤维)制造	2812	14	38.19	23.88	5.96	10.99
合成纤维制造	282	62	105.78	77.06	37.97	55.16
锦纶纤维制造	2821	4	7.13	8.00	3.80	5.55
涤纶纤维制造	2822	31	39.02	16.56	6.69	20.14
腈纶纤维制造	2823	2	0.30	0.16	0.02	0.20
维纶纤维制造	2824					
丙纶纤维制造	2825	3	0.22	0.02	0.01	0.21
氨纶纤维制造	2826	4	38.44	38.93	23.36	20.79
其他合成纤维制造	2829	18	20.68	13.39	4.09	8.26
生物基材料制造	283	6	45.76	30.18	11.27	22.18
生物基化学纤维制造	2831	2	15.51	10.43	1.44	3.62
生物基、淀粉基新材料制造	2832	4	30.25	19.74	9.83	18.56

单位：亿元

			负债合计	流动负债		所有者权益合计	实收资本			代码
				合计						
应收账款	存货	产成品			应付账款			国家资本	集体资本	
100.30	145.74	69.13	970.84	841.91	220.88	658.18	195.25	9.52	7.03	2651
58.69	16.34	5.60	241.15	205.92	61.31	113.11	56.78	0.50		2652
8.17	13.83	5.14	72.89	71.58	21.74	48.90	38.99	2.60	0.50	2653
15.66	15.60	7.45	66.56	59.72	16.28	62.13	24.32		5.39	2659
250.66	294.07	151.46	1500.39	1308.19	321.22	1018.58	374.34	31.45	31.77	266
77.58	68.94	35.67	330.82	297.85	53.52	248.92	126.53	9.45	4.68	2661
147.93	203.47	104.73	1048.10	910.85	248.26	680.60	196.91	21.66	24.91	2662
0.04	0.06		0.21	0.21		0.42	0.26			2663
3.69	2.16	0.86	24.90	16.65	1.73	6.63	12.43	0.04		2664
0.53	0.14	0.01	0.41	0.26	0.16	1.17	0.42			2665
5.42	3.28	2.12	18.19	17.73	3.77	13.95	7.42	0.10	0.36	2666
0.48	1.58	1.21	3.02	2.65	0.07	1.34	1.34			2667
14.99	14.43	6.85	74.74	61.98	13.71	65.56	29.03	0.20	1.82	2669
7.82	17.14	1.58	58.28	54.32	8.47	34.94	12.92	0.06	0.18	267
7.82	17.14	1.58	58.28	54.32	8.47	34.94	12.92	0.06	0.18	2671
										2672
13.18	8.10	3.92	33.58	26.47	7.57	57.56	30.43	0.25	0.33	268
2.07	1.69	0.72	15.74	12.97	2.57	14.72	12.90		0.20	2681
0.71	1.58	0.92	3.68	3.01	0.93	4.55	2.63	0.24		2682
1.24	1.04	0.60	2.48	2.31	0.99	4.93	5.28		0.04	2683
8.43	3.24	1.47	8.94	5.69	2.64	30.43	8.27			2684
0.74	0.55	0.21	2.73	2.49	0.44	2.93	1.35	0.01	0.09	2689
419.51	426.39	228.34	1611.22	1363.57	224.00	2207.58	553.76	17.23	24.05	27
68.36	89.07	46.37	388.31	333.68	47.08	408.67	99.11	9.41	2.05	2710
94.32	80.63	41.40	365.10	345.88	35.93	588.25	164.30	1.76	12.13	2720
7.08	8.76	5.99	23.46	20.83	4.05	37.42	21.75		0.95	2730
46.41	67.08	21.66	137.83	125.50	17.90	332.68	78.34	2.92	2.20	2740
13.07	9.55	4.33	25.94	24.42	8.01	65.39	16.27	2.68	2.36	2750
46.15	51.07	18.78	267.24	243.46	17.91	264.52	125.74	0.43	2.68	276
43.82	48.57	18.00	261.32	238.56	16.70	255.59	123.60	0.43	2.68	2761
2.33	2.50	0.78	5.92	4.89	1.21	8.93	2.14			2762
141.88	118.62	89.10	389.46	256.86	91.82	502.58	44.70	0.05	1.69	2770
2.25	1.61	0.70	13.89	12.94	1.28	8.07	3.54			2780
9.95	24.12	13.72	151.05	128.31	28.83	64.40	59.43	13.73	12.00	28
2.27	6.68	2.71	64.38	55.62	8.11	-0.47	6.72	0.10		281
0.63	2.18	0.63	20.83	15.07	3.33	4.89	2.32			2811
1.64	4.50	2.08	43.55	40.55	4.78	-5.36	4.40	0.10		2812
6.68	13.66	9.30	54.27	43.95	16.88	51.52	45.27	13.63	12.00	282
0.64	1.35	0.99	2.31	2.23	0.68	4.82	4.72			2821
2.81	3.97	3.05	28.17	18.83	4.96	10.85	7.52	1.00	2.43	2822
0.09	0.05	0.04	0.19	0.12		0.12	0.01			2823
										2824
0.09	0.05		0.18	0.17	0.10	0.03	0.02			2825
1.25	5.42	4.08	13.77	13.20	9.87	24.67	24.60	12.63	9.57	2826
1.80	2.82	1.14	9.65	9.40	1.27	11.03	8.41			2829
1.00	3.78	1.71	32.41	28.74	3.85	13.35	7.44			283
0.76	1.01	0.35	13.83	10.73	0.71	1.68	2.20			2831
0.24	2.77	1.36	18.58	18.01	3.14	11.67	5.24			2832

1-A-6 续表 8

分组	代码	企业单位数（个）	资产总计	固定资产原价	累计折旧	流动资产合计
橡胶和塑料制品业	29	1712	3189.69	1576.81	690.70	1711.93
橡胶制品业	291	417	2407.29	1239.98	546.64	1315.80
轮胎制造	2911	193	2175.35	1128.29	503.13	1185.43
橡胶板、管、带制造	2912	86	130.65	59.56	23.34	78.63
橡胶零件制造	2913	47	25.22	9.04	4.15	14.71
再生橡胶制造	2914	12	5.85	3.58	1.00	2.00
日用及医用橡胶制品制造	2915	20	34.28	21.40	7.28	17.82
运动场地用塑胶制造	2916	5	1.90	0.92	0.55	1.48
其他橡胶制品制造	2919	54	34.03	17.20	7.19	15.73
塑料制品业	292	1295	782.40	336.83	144.05	396.13
塑料薄膜制造	2921	180	117.62	63.06	27.62	55.94
塑料板、管、型材制造	2922	280	180.87	82.13	39.26	110.90
塑料丝、绳及编织品制造	2923	271	133.58	55.57	19.70	74.38
泡沫塑料制造	2924	48	20.03	11.53	6.25	9.69
塑料人造革、合成革制造	2925	18	16.26	8.65	3.97	8.14
塑料包装箱及容器制造	2926	136	67.78	32.22	13.73	36.20
日用塑料制品制造	2927	126	41.95	20.91	9.36	23.53
人造草坪制造	2928	15	11.44	3.74	0.74	6.83
塑料零件及其他塑料制品制造	2929	221	192.87	59.03	23.43	70.52
非金属矿物制品业	30	3541	4249.20	2041.51	819.46	2327.47
水泥、石灰和石膏制造	301	343	883.51	527.92	247.88	494.46
水泥制造	3011	258	822.11	509.01	241.65	454.30
石灰和石膏制造	3012	85	61.40	18.91	6.23	40.16
石膏、水泥制品及类似制品制造	302	1001	912.31	300.79	112.54	606.70
水泥制品制造	3021	720	635.61	196.56	73.93	440.71
砼结构构件制造	3022	109	125.70	49.63	19.76	85.90
石棉水泥制品制造	3023	1				
轻质建筑材料制造	3024	115	118.87	44.31	14.52	60.48
其他水泥类似制品制造	3029	56	27.94	9.13	3.98	17.97
砖瓦、石材等建筑材料制造	303	871	548.95	219.09	74.21	295.03
粘土砖瓦及建筑砌块制造	3031	247	99.20	54.42	17.11	41.60
建筑用石加工	3032	240	85.17	48.15	14.58	37.37
防水建筑材料制造	3033	132	132.64	30.11	8.79	73.90
隔热和隔音材料制造	3034	99	88.50	33.80	12.44	51.33
其他建筑材料制造	3039	153	143.45	52.62	21.31	90.83
玻璃制造	304	100	277.36	146.92	65.60	117.95
平板玻璃制造	3041	17	183.70	94.37	44.10	76.14
特种玻璃制造	3042	30	30.09	15.13	4.66	17.13
其他玻璃制造	3049	53	63.56	37.42	16.84	24.67
玻璃制品制造	305	201	314.89	181.72	71.83	146.50
技术玻璃制品制造	3051	56	74.26	38.10	14.98	28.61
光学玻璃制造	3052	9	13.83	10.93	3.65	5.40
玻璃仪器制造	3053	7	3.98	2.00	0.99	1.59
日用玻璃制品制造	3054	40	74.02	48.78	14.73	28.28
玻璃包装容器制造	3055	58	136.14	75.63	34.12	75.34
玻璃保温容器制造	3056	2	0.08	0.03		0.03

单位：亿元

应收账款	存货	产成品	负债合计	流动负债合计	应付账款	所有者权益合计	实收资本	国家资本	集体资本	代码
355.18	404.12	194.61	1951.13	1634.23	343.96	1238.56	454.55	30.02	9.74	29
247.36	302.31	146.88	1538.87	1258.82	270.50	868.42	282.29	22.29	6.59	291
198.05	271.89	135.14	1402.82	1137.85	237.78	772.53	219.84	22.25	6.59	2911
33.66	17.55	6.52	91.14	81.10	22.13	39.51	31.82	0.03		2912
5.53	3.65	1.42	11.00	9.37	3.13	14.22	7.34			2913
0.88	0.40	0.26	3.22	2.09	0.51	2.63	2.04			2914
4.18	3.54	1.65	12.10	11.50	3.55	22.19	11.17			2915
0.38	0.36	0.14	1.45	1.45	0.29	0.45	0.42			2916
4.68	4.92	1.75	17.14	15.46	3.11	16.89	9.66	0.01		2919
107.82	101.82	47.73	412.26	375.41	73.45	370.14	172.26	7.73	3.15	292
13.20	14.58	6.57	69.77	60.54	11.46	47.86	33.26	3.50	0.10	2921
33.39	25.25	12.60	106.03	96.17	14.81	74.84	51.10	0.54	0.59	2922
15.13	25.35	12.32	76.73	68.76	13.85	56.85	23.38	0.57	1.67	2923
3.14	2.57	1.45	6.69	6.44	1.73	13.34	5.99		0.12	2924
2.51	1.67	0.84	7.62	6.85	2.05	8.65	3.08		0.11	2925
8.73	7.68	3.67	46.27	44.07	6.02	21.51	14.86		0.05	2926
6.12	5.42	1.91	23.63	21.35	4.11	18.32	9.93	0.01	0.19	2927
1.52	1.19	0.82	3.83	3.41	1.15	7.61	1.50			2928
24.07	18.10	7.53	71.70	67.81	18.28	121.18	29.16	3.10	0.31	2929
718.21	385.32	185.58	2408.39	2142.37	589.87	1840.79	871.64	135.27	18.76	30
109.29	54.52	19.29	487.93	437.04	117.07	395.57	156.34	40.97	7.99	301
88.70	51.31	18.02	456.10	405.84	110.51	366.01	133.21	40.97	7.04	3011
20.59	3.21	1.27	31.83	31.20	6.55	29.56	23.14		0.95	3012
293.70	69.38	26.31	562.25	505.40	200.73	350.06	171.79	18.63	2.29	302
231.01	48.86	16.12	408.40	366.86	150.62	227.21	120.80	12.16	1.94	3021
47.98	10.26	5.65	82.61	76.39	39.24	43.10	27.57	4.28	0.34	3022
										3023
6.04	7.19	3.67	52.45	46.65	6.25	66.42	17.07	2.20	0.01	3024
8.31	2.72	0.79	16.27	14.32	4.17	11.66	6.15			3029
98.22	45.50	23.72	295.02	266.93	64.05	253.96	133.12	1.00	2.71	303
15.75	8.07	4.64	44.85	40.68	10.27	54.35	22.58	0.43	0.43	3031
9.96	9.90	6.55	29.38	25.73	3.14	55.81	33.00	0.20	0.43	3032
38.65	8.90	3.73	89.56	78.66	18.63	43.08	30.83		1.26	3033
13.53	8.36	3.51	41.93	37.63	8.97	46.56	20.02	0.01	0.07	3034
20.33	10.26	5.28	89.30	84.23	23.04	54.15	26.69	0.36	0.52	3039
15.30	20.99	13.07	170.44	153.36	28.73	106.92	71.46	2.12	0.79	304
7.46	13.78	8.85	107.56	94.24	20.52	76.14	50.36	1.70		3041
3.43	2.20	1.24	17.05	15.67	3.02	13.05	10.93	0.42	0.73	3042
4.41	5.01	2.98	45.83	43.45	5.19	17.73	10.17		0.06	3049
31.52	37.62	22.76	179.98	157.96	33.25	134.87	58.52	0.89	0.67	305
3.49	6.59	2.98	47.60	44.53	9.62	26.61	15.34	0.17	0.05	3051
1.69	2.40	1.41	8.73	2.93	0.88	5.09	3.73			3052
0.30	0.35	0.28	2.18	1.77	0.43	1.80	0.71			3053
6.74	10.66	6.45	40.11	34.41	10.08	33.92	17.07			3054
17.72	15.82	10.48	71.70	66.16	11.35	64.44	19.35	0.72	0.16	3055
0.02	0.01	0.01	0.01			0.08	0.02			3056

1-A-6 续表 9

分 组	代码	企业单位数（个）	资产总计	固定资产原价	累计折旧	流动资产合计
制镜及类似品加工	3057	5	1.37	0.25	0.09	0.88
其他玻璃制品制造	3059	24	11.21	6.00	3.26	6.38
玻璃纤维和玻璃纤维增强塑料制品制造	306	279	450.87	284.22	79.03	174.27
玻璃纤维及制品制造	3061	211	359.65	236.76	67.65	132.89
玻璃纤维增强塑料制品制造	3062	68	91.22	47.46	11.38	41.37
陶瓷制品制造	307	292	260.95	130.11	58.27	143.84
建筑陶瓷制品制造	3071	67	41.01	31.85	15.14	20.41
卫生陶瓷制品制造	3072	13	28.15	12.66	5.51	11.69
特种陶瓷制品制造	3073	82	135.00	53.02	24.66	83.20
日用陶瓷制品制造	3074	31	9.70	6.06	2.12	4.27
陈设艺术陶瓷制造	3075	77	41.40	24.95	10.18	20.89
园艺陶瓷制造	3076	4	1.46	0.19	0.04	0.93
其他陶瓷制品制造	3079	18	4.22	1.37	0.63	2.45
耐火材料制品制造	308	164	140.90	51.23	23.79	84.35
石棉制品制造	3081	8	1.20	0.84	0.22	0.37
云母制品制造	3082	1				
耐火陶瓷制品及其他耐火材料制造	3089	155	139.70	50.39	23.58	83.97
石墨及其他非金属矿物制品制造	309	290	459.46	199.50	86.30	264.40
石墨及碳素制品制造	3091	141	374.19	161.48	71.85	218.38
其他非金属矿物制品制造	3099	149	85.28	38.02	14.46	46.02
黑色金属冶炼和压延加工业	31	364	4363.17	2398.47	957.19	2202.13
炼铁	3110	6	48.58	42.43	16.61	16.33
炼钢	3120	5	143.40	73.74	22.06	79.89
钢压延加工	3130	321	3935.93	2204.77	897.68	1965.59
铁合金冶炼	3140	32	235.26	77.52	20.83	140.32
有色金属冶炼和压延加工业	32	447	6328.44	3415.35	1206.59	3201.13
常用有色金属冶炼	321	38	2962.52	1621.76	567.65	1606.87
铜冶炼	3211	5	510.99	151.66	65.80	357.59
铅锌冶炼	3212	2	1.03	0.40	0.12	0.64
镍钴冶炼	3213	3	1.22	1.18	0.30	0.09
锡冶炼	3214					
锑冶炼	3215					
铝冶炼	3216	22	2422.27	1453.04	494.35	1233.16
镁冶炼	3217	1				
硅冶炼	3218	1				
其他常用有色金属冶炼	3219	4	18.40	6.64	3.55	11.77
贵金属冶炼	322	10	273.44	107.73	40.80	167.84
金冶炼	3221	9	272.67	107.70	40.79	167.35
银冶炼	3222	1				
其他贵金属冶炼	3229					
稀有稀土金属冶炼	323	5	9.43	2.70	1.53	6.65
钨钼冶炼	3231	2	0.35	0.17	0.08	0.27
稀土金属冶炼	3232	2	8.79	2.36	1.40	6.26
其他稀有金属冶炼	3239	1				
有色金属合金制造	3240	57	263.27	40.41	15.37	207.02
有色金属压延加工	325	337	2819.78	1642.74	581.24	1212.76
铜压延加工	3251	54	296.66	116.36	39.96	154.49

单位：亿元

			负债合计	流动负债合计		所有者权益合计	实收资本			代码
应收账款	存货	产成品			应付账款			国家资本	集体资本	
0.34	0.31	0.19	1.15	0.79	0.18	0.22	0.14			3057
1.23	1.49	0.96	8.50	7.38	0.71	2.71	2.16		0.46	3059
51.67	27.20	13.94	253.81	198.82	40.71	197.06	107.90	54.24	0.94	306
36.08	19.15	10.53	219.28	167.54	31.11	140.37	92.44	53.81	0.84	3061
15.59	8.05	3.41	34.53	31.28	9.60	56.68	15.46	0.43	0.10	3062
29.89	44.31	25.70	158.43	146.54	32.92	102.52	53.34	2.35	1.42	307
4.41	9.40	7.25	26.41	25.17	5.44	14.61	10.47		0.28	3071
3.78	4.04	1.64	17.65	16.98	3.60	10.50	7.30			3072
17.61	19.74	10.18	81.61	73.68	18.10	53.39	21.95	2.34	0.94	3073
0.59	1.79	1.11	5.43	4.69	0.76	4.28	1.64			3074
2.64	8.02	4.76	23.10	21.99	4.37	18.30	10.85		0.18	3075
0.08	0.52	0.20	0.79	0.76		0.68	0.57	0.01	0.02	3076
0.79	0.80	0.54	3.45	3.25	0.64	0.77	0.56			3079
27.31	21.96	11.88	80.78	74.60	23.64	60.12	29.10	7.04	0.96	308
0.07	0.13	0.05	0.66	0.66	0.02	0.54	0.31			3081
										3082
27.24	21.83	11.83	80.12	73.94	23.61	59.58	28.79	7.04	0.96	3089
61.33	63.84	28.92	219.74	201.73	48.80	239.73	90.07	8.01	1.00	309
47.67	53.35	24.27	185.44	169.09	37.43	188.74	66.04	1.91	0.06	3091
13.66	10.49	4.64	34.29	32.63	11.36	50.98	24.03	6.10	0.94	3099
145.66	511.70	201.27	2964.90	2531.70	681.52	1398.23	544.73	198.07	13.76	31
1.53	4.50	1.81	31.82	17.75	8.88	16.76	11.21	5.03	0.07	3110
7.16	9.68	1.44	88.07	84.04	19.81	55.33	12.07	0.02	4.77	3120
128.79	443.41	188.08	2663.10	2269.47	605.38	1272.79	498.64	189.71	8.72	3130
8.19	54.10	9.94	181.91	160.44	47.45	53.35	22.81	3.31	0.20	3140
357.35	958.00	138.24	3718.64	2712.92	579.77	2609.80	678.04	83.31	22.80	32
96.61	503.44	21.68	1827.20	1116.44	236.57	1135.32	225.93	52.75	7.48	321
14.93	133.27	2.82	282.09	216.66	34.11	228.90	54.61	0.54		3211
0.15	0.18		0.58	0.58	0.04	0.45	0.28	0.16		3212
0.01	0.02		0.08	0.07	0.01	1.13	0.78			3213
										3214
										3215
77.64	367.02	18.53	1523.49	879.21	200.74	898.78	166.96	51.25	7.48	3216
										3217
										3218
1.65	2.55	0.31	14.03	14.01	1.67	4.37	1.35			3219
3.21	77.36	14.87	183.80	176.17	45.97	89.64	21.95	6.76	0.25	322
3.17	77.32	14.84	183.73	176.09	45.95	88.94	21.89	6.76	0.25	3221
										3222
										3229
0.96	1.68	0.83	7.21	7.21	1.50	2.22	1.06			323
0.06	0.04	0.01	0.19	0.19	0.03	0.17	0.02			3231
0.88	1.59	0.77	6.90	6.90	1.42	1.90	0.88			3232
										3239
30.27	31.36	19.84	215.13	193.91	25.00	48.13	20.87	1.69	0.90	3240
226.31	344.16	81.01	1485.29	1219.18	270.73	1334.50	408.23	22.11	14.18	325
12.84	67.25	6.89	181.44	142.47	-8.34	115.22	57.79	21.45	0.95	3251

1-A-6 续表 10

分组	代码	企业单位数(个)	资产总计	固定资产原价	累计折旧	流动资产合计
铝压延加工	3252	237	2445.38	1493.55	525.88	1012.15
贵金属压延加工	3253	3	20.37	5.01	2.31	12.66
稀有稀土金属压延加工	3254	25	30.19	13.86	6.60	19.90
其他有色金属压延加工	3259	18	27.18	13.97	6.49	13.55
金属制品业	33	2168	2545.94	1010.70	410.15	1478.82
结构性金属制品制造	331	611	446.48	166.83	74.96	286.62
金属结构制造	3311	449	377.13	140.65	65.55	246.05
金属门窗制造	3312	162	69.35	26.18	9.41	40.57
金属工具制造	332	161	102.43	50.28	20.48	58.78
切削工具制造	3321	35	27.20	17.10	7.50	14.80
手工具制造	3322	61	43.19	20.49	8.21	27.04
农用及园林用金属工具制造	3323	13	7.97	1.55	0.51	3.46
刀剪及类似日用金属工具制造	3324	5	1.34	0.50	0.17	0.62
其他金属工具制造	3329	47	22.72	10.64	4.09	12.85
集装箱及金属包装容器制造	333	191	318.71	124.65	49.06	191.42
集装箱制造	3331	8	96.44	33.08	14.77	67.94
金属压力容器制造	3332	98	136.30	45.88	19.84	82.95
金属包装容器及材料制造	3333	85	85.97	45.68	14.45	40.53
金属丝绳及其制品制造	3340	57	151.56	103.12	50.51	83.45
建筑、安全用金属制品制造	335	147	173.23	47.64	19.21	96.87
建筑、家具用金属配件制造	3351	48	54.08	15.37	6.53	25.96
建筑装饰及水暖管道零件制造	3352	59	99.46	28.00	11.21	58.53
安全、消防用金属制品制造	3353	15	11.25	2.38	0.80	7.36
其他建筑、安全用金属制品制造	3359	25	8.44	1.89	0.67	5.02
金属表面处理及热处理加工	3360	146	279.77	89.68	29.22	191.21
搪瓷制品制造	337	28	10.25	6.14	2.95	6.01
生产专用搪瓷制品制造	3371	14	3.06	1.19	0.76	2.31
建筑装饰搪瓷制品制造	3372					
搪瓷卫生洁具制造	3373	3	1.52	0.75	0.42	0.82
搪瓷日用品及其他搪瓷制品制造	3379	11	5.66	4.20	1.77	2.89
金属制日用品制造	338	77	70.64	21.38	7.73	45.75
金属制厨房用器具制造	3381	31	42.35	12.52	4.30	28.63
金属制餐具和器皿制造	3382	17	10.44	3.08	1.51	8.38
金属制卫生器具制造	3383	2	0.80	0.29	0.13	0.62
其他金属制日用品制造	3389	27	17.04	5.49	1.78	8.12
铸造及其他金属制品制造	339	750	992.89	400.98	156.03	518.71
黑色金属铸造	3391	269	278.35	129.97	51.30	137.27
有色金属铸造	3392	12	8.34	3.30	1.04	5.04
锻件及粉末冶金制品制造	3393	336	610.93	225.12	86.98	321.08
交通及公共管理用金属标牌制造	3394	12	4.18	1.99	0.53	2.53
其他未列明金属制品制造	3399	121	91.08	40.60	16.18	52.78
通用设备制造业	34	2980	4385.37	1472.68	600.07	2652.57
锅炉及原动设备制造	341	327	1687.89	416.06	176.86	1039.46
锅炉及辅助设备制造	3411	140	316.96	75.19	26.54	187.89
内燃机及配件制造	3412	161	1176.55	303.63	140.70	719.13
汽轮机及辅机制造	3413	8	104.81	12.03	4.27	83.20
水轮机及辅机制造	3414					

单位：亿元

应收账款	存货	产成品	负债合计	流动负债合计	应付账款	所有者权益合计	实收资本	国家资本	集体资本	代码
205.73	264.48	68.17	1240.82	1015.90	270.17	1204.56	331.38	0.50	12.80	3252
0.77	2.12	0.03	28.90	28.24	4.36	-8.53	3.17			3253
5.97	6.30	3.90	17.15	15.63	3.65	13.04	8.78	0.17	0.43	3254
0.99	4.01	2.02	16.98	16.94	0.89	10.20	7.12			3259
412.95	371.64	162.34	1578.16	1404.69	269.95	968.28	564.21	16.40	8.30	33
85.72	73.43	34.47	264.25	245.56	47.17	182.23	131.19	2.34	2.09	331
72.67	65.71	31.24	223.43	208.35	39.54	153.70	112.23	2.34	1.89	3311
13.05	7.71	3.23	40.82	37.21	7.64	28.53	18.96		0.21	3312
26.11	14.84	7.30	56.98	51.16	13.09	45.44	22.17	1.53	0.02	332
5.75	4.30	2.17	12.50	10.57	1.80	14.70	8.06	0.52		3321
14.36	6.73	3.46	27.55	25.97	7.12	15.65	7.07			3322
0.42	0.42	0.11	5.24	4.19	0.48	2.73	1.52			3323
0.26	0.09	0.02	0.42	0.37	0.20	0.93	0.18	0.01		3324
5.32	3.29	1.54	11.28	10.05	3.50	11.44	5.34	1.01	0.02	3329
62.12	48.15	15.78	189.94	171.70	49.11	128.77	77.00	0.60	0.82	333
27.31	12.10	4.24	49.96	47.32	22.74	46.49	27.14			3331
22.22	24.80	5.47	94.12	84.58	11.79	42.18	29.91	0.59	0.72	3332
12.60	11.25	6.08	45.86	39.81	14.58	40.10	19.95	0.01	0.10	3333
35.75	16.46	5.64	113.55	109.50	11.89	38.01	38.04			3340
21.68	18.61	8.36	72.94	67.02	10.78	100.35	25.74	0.13	2.47	335
5.63	6.45	2.84	35.41	31.12	3.66	18.67	11.02		0.02	3351
13.17	9.82	4.43	23.95	23.37	4.41	75.50	11.10	0.03	2.45	3352
0.70	1.21	0.46	8.31	7.93	1.68	3.01	1.62	0.10		3353
2.17	1.12	0.63	5.27	4.60	1.03	3.17	2.00			3359
11.50	47.07	19.02	254.48	226.94	12.44	25.29	46.64		0.56	3360
1.36	2.11	0.85	5.86	5.46	0.70	4.80	3.44		0.12	337
0.93	0.64	0.15	2.31	2.11	0.54	1.17	0.91		0.12	3371
										3372
0.08	0.27	0.08	1.18	1.18	0.05	0.34	0.52			3373
0.35	1.20	0.62	2.37	2.17	0.11	3.29	2.02			3379
12.57	11.37	2.77	42.46	37.83	5.67	28.17	21.83	0.22	0.01	338
7.45	8.04	1.60	24.89	24.70	2.72	17.46	16.77			3381
3.81	1.49	0.63	7.35	7.31	1.49	3.09	2.45	0.22		3382
0.22	0.06	0.01	0.16	0.16	0.04	0.64	0.54			3383
1.09	1.78	0.53	10.06	5.66	1.42	6.98	2.06		0.01	3389
156.14	139.61	68.16	577.70	489.52	119.09	415.21	198.15	11.58	2.20	339
39.89	44.21	24.05	194.49	173.31	52.64	83.86	50.58	7.40	0.61	3391
1.77	1.19	0.68	4.63	4.16	1.13	3.71	2.09			3392
97.14	78.36	34.38	322.95	261.03	53.66	288.00	119.25	2.27	1.46	3393
0.91	0.45	0.06	2.52	2.47	0.82	1.66	1.00			3394
16.43	15.39	8.99	53.10	48.55	10.85	37.98	25.23	1.91	0.13	3399
653.31	631.56	230.79	2317.37	2105.62	602.08	2067.99	1772.18	119.59	15.81	34
175.36	199.92	64.34	857.33	789.41	232.77	830.56	260.39	86.97	0.37	341
46.66	72.51	15.21	159.85	142.14	28.23	157.11	52.34	0.05	0.32	3411
83.86	88.85	40.29	561.48	519.73	165.49	615.07	191.38	86.92	0.05	3412
24.75	24.79	5.67	82.75	75.91	25.84	22.07	6.68			3413
										3414

1-A-6 续表 11

分 组	代码	企业单位数（个）	资产总计	固定资产原价	累计折旧	流动资产合计
风能原动设备制造	3415	12	59.15	20.72	4.57	35.42
其他原动设备制造	3419	6	30.42	4.48	0.78	13.83
金属加工机械制造	342	577	657.03	245.41	93.97	386.47
金属切削机床制造	3421	115	150.71	55.20	20.73	91.10
金属成形机床制造	3422	77	163.97	53.65	22.37	107.66
铸造机械制造	3423	136	95.76	40.62	14.38	53.06
金属切割及焊接设备制造	3424	33	24.00	7.25	2.02	14.13
机床功能部件及附件制造	3425	107	117.25	45.14	18.48	54.88
其他金属加工机械制造	3429	109	105.34	43.55	15.99	65.64
物料搬运设备制造	343	179	187.05	65.74	24.51	116.26
轻小型起重设备制造	3431	9	3.98	1.90	0.91	1.90
生产专用起重机制造	3432	92	104.30	31.79	13.23	69.74
生产专用车辆制造	3433	17	11.96	4.36	1.59	7.50
连续搬运设备制造	3434	14	10.80	3.10	1.08	5.63
电梯、自动扶梯及升降机制造	3435	35	32.94	17.20	6.13	16.13
客运索道制造	3436					
机械式停车设备制造	3437	11	22.00	6.87	1.51	15.10
其他物料搬运设备制造	3439	1				
泵、阀门、压缩机及类似机械制造	344	423	571.24	230.03	91.70	322.02
泵及真空设备制造	3441	89	100.00	39.26	17.17	59.47
气体压缩机械制造	3442	71	207.67	72.99	29.29	123.67
阀门和旋塞制造	3443	72	54.79	20.84	7.74	28.58
液压动力机械及元件制造	3444	181	204.80	94.58	36.99	108.59
液力动力机械元件制造	3445	7	3.01	2.11	0.36	0.89
气压动力机械及元件制造	3446	3	0.97	0.25	0.15	0.81
轴承、齿轮和传动部件制造	345	436	289.20	152.24	63.92	165.16
滚动轴承制造	3451	328	178.16	99.03	40.48	94.51
滑动轴承制造	3452	8	7.65	5.65	2.50	4.33
齿轮及齿轮减、变速箱制造	3453	81	86.76	38.58	15.98	54.91
其他传动部件制造	3459	19	16.64	8.97	4.96	11.40
烘炉、风机、包装等设备制造	346	393	563.49	183.42	76.01	363.74
烘炉、熔炉及电炉制造	3461	12	4.17	1.18	0.48	1.75
风机、风扇制造	3462	89	80.13	26.57	12.20	54.58
气体、液体分离及纯净设备制造	3463	61	66.92	14.53	6.53	49.62
制冷、空调设备制造	3464	197	377.79	126.61	51.82	238.22
风动和电动工具制造	3465	5	16.22	6.47	3.13	11.48
喷枪及类似器具制造	3466	3	1.93	0.52	0.10	1.27
包装专用设备制造	3467	26	16.32	7.55	1.75	6.82
文化、办公用机械制造	347	14	22.42	3.08	1.20	17.42
电影机械制造	3471					
幻灯及投影设备制造	3472					
照相机及器材制造	3473	3	2.47	0.61	0.14	1.37
复印和胶印设备制造	3474	4	3.01	0.85	0.54	1.97
计算器及货币专用设备制造	3475	3	16.14	1.19	0.29	13.62
其他文化、办公用机械制造	3479	4	0.80	0.43	0.24	0.45
通用零部件制造	348	529	333.12	151.88	64.25	196.94
金属密封件制造	3481	69	87.43	31.45	13.91	61.93

单位：亿元

应收账款	存货	产成品	负债合计	流动负债合计	应付账款	所有者权益合计	实收资本	国家资本	集体资本	代码
10.24	13.27	2.92	30.86	29.28	8.32	28.30	5.55			3415
9.85	0.50	0.25	22.40	22.34	4.88	8.02	4.44			3419
96.35	105.51	39.76	340.02	300.00	67.86	317.00	1037.61	9.43	2.01	342
23.19	24.23	12.28	88.32	73.89	12.82	62.39	34.32	0.65	0.02	3421
23.45	23.31	6.77	82.05	72.79	17.88	81.92	922.98	3.27	0.03	3422
13.27	13.00	5.93	61.69	57.28	10.11	34.07	23.56	1.35	0.10	3423
4.04	4.42	1.90	11.02	10.32	2.99	12.98	4.15	0.07		3424
12.09	16.79	5.88	44.12	37.49	9.31	73.13	30.31	0.58	0.31	3425
20.31	23.77	7.00	52.82	48.24	14.76	52.52	22.29	3.50	1.55	3429
42.98	32.85	10.38	82.08	76.11	16.47	104.97	55.16	2.41	0.31	343
0.66	0.79	0.26	2.52	1.97	0.39	1.46	0.65			3431
29.38	20.10	6.05	42.25	40.42	6.82	62.05	29.49	2.20	0.31	3432
1.90	2.80	1.54	7.01	6.67	3.22	4.95	2.83			3433
1.87	1.80	0.63	5.44	5.43	1.36	5.36	3.57	0.05		3434
3.23	3.17	1.02	13.67	11.65	2.12	19.27	11.38	0.17		3435
										3436
5.90	4.04	0.84	10.21	9.00	2.57	11.79	7.04			3437
										3439
85.15	93.85	38.04	326.91	291.61	100.89	244.33	127.63	9.59	3.31	344
19.90	17.43	6.24	54.98	51.71	15.55	45.02	23.95	0.52	1.02	3441
24.56	27.50	8.29	136.41	113.48	38.97	71.26	36.49	5.78	0.52	3442
9.77	7.18	3.12	22.96	21.81	5.28	31.83	12.53	0.42	1.01	3443
30.37	41.25	20.35	111.57	103.65	40.82	93.23	53.00	2.75	0.25	3444
0.23	0.20	0.04	0.58	0.53	0.13	2.43	1.24	0.13	0.51	3445
0.32	0.28		0.41	0.41	0.14	0.55	0.41			3446
49.20	35.20	18.32	146.08	130.74	38.89	143.12	85.79	0.58	0.01	345
33.49	20.56	10.88	83.09	71.38	25.21	95.06	63.13			3451
1.70	1.73	1.39	3.54	3.11	1.04	4.11	0.64			3452
10.95	10.99	5.45	50.32	47.36	10.12	36.43	14.59	0.58	0.01	3453
3.06	1.92	0.60	9.12	8.90	2.52	7.52	7.45			3459
130.88	90.24	32.11	295.66	272.99	83.30	267.83	116.29	7.43	8.58	346
1.06	0.37	0.06	2.35	2.03	1.16	1.83	0.54			3461
23.62	16.16	3.29	36.78	33.85	15.01	43.35	19.67	1.03	2.64	3462
14.62	11.34	3.58	38.24	36.86	7.10	28.68	12.06	0.07	0.10	3463
84.42	53.83	22.49	202.78	185.57	54.89	175.01	76.68	6.30	5.69	3464
5.64	4.77	1.31	6.72	6.33	3.83	9.50	3.79		0.03	3465
0.27	0.55	0.29	1.49	1.49	0.08	0.44	0.36			3466
1.24	3.23	1.09	7.31	6.87	1.24	9.01	3.19	0.03	0.13	3467
5.90	4.89	1.47	9.86	9.86	3.58	12.56	4.23			347
										3471
										3472
0.01	0.09	0.01	0.26	0.26		2.21	0.02			3473
0.13	1.19	0.28	2.30	2.30	0.43	0.71	0.70			3474
5.53	3.48	1.08	7.05	7.05	3.11	9.08	3.05			3475
0.23	0.14	0.10	0.24	0.24	0.03	0.55	0.47			3479
54.92	54.53	21.69	221.84	200.99	48.37	111.28	67.71	2.83	1.22	348
13.03	15.34	3.82	65.33	60.04	10.97	22.10	19.83	2.16	0.32	3481

1-A-6 续表 12

分组	代码	企业单位数（个）	资产总计	固定资产原价	累计折旧	流动资产合计
紧固件制造	3482	41	30.22	11.45	6.13	17.84
弹簧制造	3483	23	13.15	5.63	1.85	7.72
机械零部件加工	3484	324	163.49	86.06	34.72	87.59
其他通用零部件制造	3489	72	38.84	17.29	7.63	21.86
其他通用设备制造业	349	102	73.93	24.82	7.65	45.10
工业机器人制造	3491	15	18.86	6.89	1.53	9.03
特殊作业机器人制造	3492	1				
增材制造装备制造	3493	16	5.84	3.82	0.92	3.05
其他未列明通用设备制造业	3499	70	48.62	13.53	5.20	33.01
专用设备制造业	35	2151	3512.14	1088.68	479.29	2262.76
采矿、冶金、建筑专用设备制造	351	711	1821.16	539.07	273.50	1236.74
矿山机械制造	3511	285	356.94	92.87	31.11	219.69
石油钻采专用设备制造	3512	150	712.64	143.50	67.73	498.52
深海石油钻探设备制造	3513	4	6.57	0.96	0.30	5.30
建筑工程用机械制造	3514	167	606.28	246.66	156.69	430.49
建筑材料生产专用机械制造	3515	79	63.75	29.16	8.40	32.89
冶金专用设备制造	3516	22	23.34	9.51	5.29	15.94
隧道施工专用机械制造	3517	4	51.64	16.41	3.98	33.91
化工、木材、非金属加工专用设备制造	352	285	340.35	112.13	47.30	197.37
炼油、化工生产专用设备制造	3521	45	51.47	17.32	7.46	34.07
橡胶加工专用设备制造	3522	11	88.07	4.69	1.63	55.41
塑料加工专用设备制造	3523	39	27.86	13.67	7.02	13.13
木竹材加工机械制造	3524	57	31.56	15.45	7.13	15.32
模具制造	3525	122	137.61	59.93	23.54	76.68
其他非金属加工专用设备制造	3529	11	3.77	1.08	0.53	2.75
食品、饮料、烟草及饲料生产专用设备制造	353	86	38.66	13.61	3.71	22.12
食品、酒、饮料及茶生产专用设备制造	3531	34	16.21	4.62	1.21	10.72
农副食品加工专用设备制造	3532	40	17.70	8.16	2.32	8.91
烟草生产专用设备制造	3533					
饲料生产专用设备制造	3534	12	4.74	0.83	0.18	2.49
印刷、制药、日化及日用品生产专用设备制造	354	91	63.28	30.67	19.29	42.68
制浆和造纸专用设备制造	3541	40	31.43	17.41	13.14	22.75
印刷专用设备制造	3542	23	11.62	5.66	2.75	6.57
日用化工专用设备制造	3543	1				
制药专用设备制造	3544	5	6.84	2.26	1.09	4.25
照明器具生产专用设备制造	3545	1				
玻璃、陶瓷和搪瓷制品生产专用设备制造	3546	17	12.20	4.73	2.19	8.58
其他日用品生产专用设备制造	3549	4	0.95	0.45	0.09	0.43
纺织、服装和皮革加工专用设备制造	355	80	69.26	32.15	14.94	42.94
纺织专用设备制造	3551	72	57.69	28.29	13.00	34.56
皮革、毛皮及其制品加工专用设备制造	3552	1				
缝制机械制造	3553	4	8.29	2.86	1.48	5.95
洗涤机械制造	3554	3	2.42	0.46	0.22	1.92
电子和电工机械专用设备制造	356	98	81.66	45.21	16.27	44.19
电工机械专用设备制造	3561	31	43.44	28.49	11.03	22.60
半导体器件专用设备制造	3562	25	16.21	9.13	3.37	8.23
电子元器件与机电组件设备制造	3563	22	8.23	3.11	1.11	4.84
其他电子专用设备制造	3569	20	13.78	4.49	0.76	8.52

单位：亿元

应收账款	存货	产成品	负债合计	流动负债合计	应付账款	所有者权益合计	实收资本	国家资本	集体资本	代码
4.55	6.26	3.27	28.85	25.26	5.09	1.37	7.56			3482
2.12	1.76	0.96	7.39	6.52	1.78	5.76	2.27			3483
28.52	23.80	11.11	97.17	88.78	23.14	66.32	29.24	0.64	0.90	3484
6.69	7.37	2.53	23.10	20.39	7.39	15.74	8.81	0.03		3489
12.56	14.56	4.69	37.59	33.92	9.95	36.34	17.37	0.33		349
1.78	3.02	1.95	9.03	8.87	2.22	9.83	3.96			3491
										3492
1.04	0.87	0.43	3.57	3.28	0.57	2.27	1.86			3493
9.74	10.67	2.32	24.95	21.73	7.15	23.67	11.44	0.33		3499
633.83	597.79	264.37	1984.68	1747.56	466.45	1527.58	651.05	57.20	32.49	35
337.53	299.91	156.71	1107.37	959.89	212.80	713.79	334.93	45.04	25.95	351
72.77	71.89	23.53	204.80	165.38	48.27	152.15	97.42	37.47	1.34	3511
88.59	80.96	47.81	448.66	418.48	55.40	263.98	109.31	1.09	6.08	3512
2.23	1.10	0.18	2.64	2.61	0.07	3.93	2.14			3513
147.56	118.84	71.70	357.97	294.27	86.96	248.31	99.83	4.67	18.42	3514
8.93	9.64	3.36	32.43	28.90	8.50	31.32	12.66	1.80	0.10	3515
5.15	6.44	3.13	16.06	14.94	2.59	7.28	2.73		0.01	3516
12.31	11.04	7.00	44.81	35.31	11.01	6.83	10.85			3517
68.69	48.81	15.78	149.93	124.11	32.11	190.45	54.71	0.61	1.28	352
11.52	8.39	2.88	27.17	20.69	9.12	24.33	8.49	0.51	0.61	3521
27.09	3.53	0.51	31.45	20.35	3.60	56.62	11.74			3522
1.41	8.10	5.48	12.34	11.53	2.59	15.52	4.42			3523
2.04	5.09	1.65	13.41	11.12	2.45	18.15	4.39			3524
26.39	22.63	4.93	63.08	58.13	13.57	74.53	24.69	0.11	0.67	3525
0.25	1.08	0.32	2.48	2.30	0.78	1.30	0.99			3529
2.68	8.24	2.67	20.98	18.49	2.49	17.69	7.85	0.15	0.03	353
1.37	3.67	0.63	10.10	9.14	0.98	6.11	2.71	0.15	0.01	3531
0.82	3.31	1.44	9.40	8.10	1.13	8.31	4.47		0.02	3532
										3533
0.49	1.26	0.61	1.48	1.24	0.37	3.27	0.68			3534
9.26	13.32	4.32	36.44	33.72	7.97	26.84	11.32			354
5.07	6.09	1.77	20.11	18.84	3.37	11.32	6.16			3541
1.92	1.76	0.62	5.51	5.43	1.09	6.11	1.93			3542
										3543
0.94	1.36	0.20	3.01	2.86	0.97	3.83	1.22			3544
										3545
1.29	3.91	1.61	7.34	6.27	2.44	4.87	1.58			3546
0.03	0.18	0.09	0.39	0.29	0.09	0.56	0.33			3549
10.01	15.38	5.36	34.00	32.91	9.66	35.26	15.19	3.29		355
8.25	12.95	3.82	29.70	28.69	8.61	27.99	11.15	2.32		3551
										3552
1.32	1.82	1.23	1.56	1.56	0.52	6.73	2.51			3553
0.32	0.30	0.20	2.32	2.31	0.37	0.11	1.27	0.97		3554
14.91	10.85	5.37	30.75	26.12	8.84	51.02	21.01	0.23	0.05	356
6.21	4.87	2.36	14.34	13.32	4.05	29.20	10.45	0.01		3561
2.58	2.79	1.22	8.12	4.87	1.47	8.09	5.41	0.20		3562
1.81	1.73	0.89	4.26	3.94	1.44	3.97	2.13			3563
4.30	1.46	0.89	4.03	3.99	1.88	9.75	3.01	0.01	0.05	3569

1-A-6 续表 13

分　组	代码	企　业单位数（个）	资产总计	固定资产原　价	累计折旧	流动资产合　计
农、林、牧、渔专用机械制造	357	283	368.61	98.80	37.19	235.92
拖拉机制造	3571	33	43.54	11.01	5.19	33.47
机械化农业及园艺机具制造	3572	97	230.73	54.85	19.45	150.71
营林及木竹采伐机械制造	3573	1				
畜牧机械制造	3574	24	24.69	7.25	2.78	18.05
渔业机械制造	3575	5	2.45	1.03	0.14	0.34
农林牧渔机械配件制造	3576	111	43.37	19.90	7.84	25.37
棉花加工机械制造	3577	2	9.66	2.38	0.82	5.16
其他农、林、牧、渔业机械制造	3579	10	4.40	1.81	0.70	2.13
医疗仪器设备及器械制造	358	123	311.22	98.77	29.06	166.25
医疗诊断、监护及治疗设备制造	3581	30	25.06	12.75	3.54	14.41
口腔科用设备及器具制造	3582	2	0.72	0.56	0.03	0.08
医疗实验室及医用消毒设备和器具制造	3583	6	8.00	3.67	1.23	4.63
医疗、外科及兽医用器械制造	3584	48	180.45	45.71	13.37	96.13
机械治疗及病房护理设备制造	3585	11	59.22	26.20	7.30	26.45
康复辅具制造	3586	3	3.82	0.83	0.22	2.47
眼镜制造	3587	3	8.27	2.72	1.12	5.18
其他医疗设备及器械制造	3589	20	25.67	6.32	2.24	16.91
环保、邮政、社会公共服务及其他专用设备制造	359	394	417.94	118.27	38.03	274.56
环境保护专用设备制造	3591	255	280.07	84.14	27.93	173.65
地质勘查专用设备制造	3592					
邮政专用机械及器材制造	3593					
商业、饮食、服务专用设备制造	3594	2	3.67	0.89	0.16	2.57
社会公共安全设备及器材制造	3595	17	8.42	3.46	0.85	4.01
交通安全、管制及类似专用设备制造	3596	25	9.66	3.41	0.59	6.47
水资源专用机械制造	3597	28	17.84	3.96	1.25	15.01
其他专用设备制造	3599	67	98.28	22.41	7.24	72.85
汽车制造业	36	1356	5598.80	1737.72	812.32	3904.86
汽车整车制造	361	49	3457.02	771.08	402.17	2653.83
汽柴油车整车制造	3611	26	3191.91	722.19	393.67	2456.98
新能源车整车制造	3612	23	265.11	48.90	8.50	196.85
汽车用发动机制造	3620	18	192.93	112.79	53.31	103.93
改装汽车制造	3630	104	272.50	81.50	29.95	172.04
低速汽车制造	3640	12	75.68	17.28	7.92	35.39
电车制造	3650	21	39.22	7.69	1.63	25.74
汽车车身、挂车制造	3660	137	89.32	43.53	15.45	51.16
汽车零部件及配件制造	3670	1015	1472.14	703.87	301.90	862.76
铁路、船舶、航空航天和其他运输设备制造业	37	377	1830.28	560.69	229.86	1202.34
铁路运输设备制造	371	105	1066.02	209.60	84.36	778.59
高铁车组制造	3711	3	692.89	123.84	49.79	526.87
铁路机车车辆制造	3712	3	131.99	28.54	10.93	70.63
窄轨机车车辆制造	3713					
高铁设备、配件制造	3714	50	132.32	28.04	12.04	108.30
铁路机车车辆配件制造	3715	19	36.04	7.09	3.26	29.44
铁路专用设备及器材、配件制造	3716	26	64.53	20.11	7.91	37.65
其他铁路运输设备制造	3719	4	8.25	1.97	0.44	5.71

单位：亿元

应收账款	存货	产成品	负债合计	流动负债合计	应付账款	所有者权益合计	实收资本	国家资本	集体资本	代码
58.73	62.43	33.66	217.18	198.78	89.59	151.43	75.76	0.56	1.17	357
14.25	6.56	2.19	29.69	29.35	12.38	13.85	12.12		0.36	3571
31.64	38.47	25.81	146.02	133.07	68.06	84.72	49.67	0.54	0.23	3572
										3573
2.64	7.28	1.13	14.76	14.18	3.34	9.93	2.80			3574
0.04	0.05	0.02	0.41	0.39	0.06	2.04	1.11			3575
7.23	8.36	3.88	21.44	17.71	4.69	21.94	7.45	0.02	0.02	3576
2.33	1.01	0.54	2.00	1.46	0.83	7.67	0.94		0.57	3577
0.54	0.63	0.09	1.38	1.13	0.23	3.02	1.17			3579
49.18	55.10	17.57	171.41	159.54	35.60	139.81	36.43	1.41	0.62	358
2.79	4.35	3.02	9.61	7.60	2.02	15.45	7.65		0.04	3581
0.04	0.01		0.24	0.24		0.48	0.10			3582
1.38	1.14	0.87	2.44	2.38	0.82	5.55	0.44		0.20	3583
33.34	37.76	6.89	106.75	98.64	25.10	73.70	11.68	1.41	0.15	3584
7.37	5.70	3.10	33.04	32.08	5.70	26.18	8.77			3585
0.37	1.18	0.97	0.83	0.80	0.24	2.99	0.93			3586
0.51	1.01	0.67	5.90	5.83	0.17	2.37	2.86			3587
3.38	3.94	2.04	12.60	11.96	1.54	13.08	4.00		0.22	3589
82.84	83.76	22.94	216.64	194.01	67.39	201.30	93.84	5.90	3.39	359
56.20	50.77	15.18	145.60	132.02	45.84	134.48	63.26	2.54	2.14	3591
										3592
										3593
1.20	0.89	0.31	2.59	2.34	1.46	1.08	0.23			3594
1.31	0.98	0.44	3.47	3.14	0.87	4.95	1.94			3595
0.87	1.27	0.33	3.41	3.41	0.92	6.25	5.11			3596
-0.06	7.19	1.25	11.18	8.62	2.24	6.66	5.48	1.46		3597
23.31	22.66	5.45	50.40	44.49	16.06	47.88	17.83	1.90	1.24	3599
1335.64	660.65	298.78	3703.34	3379.33	1021.07	1895.47	881.19	93.50	13.85	36
878.16	370.58	181.14	2467.95	2250.03	604.15	989.07	413.81	73.43	4.54	361
755.30	360.01	177.74	2274.12	2068.29	515.79	917.78	373.82	67.26	4.51	3611
122.86	10.57	3.39	193.82	181.74	88.35	71.29	39.99	6.17	0.03	3612
68.87	14.93	6.03	95.35	93.01	54.88	97.58	77.89	0.17	1.41	3620
53.11	35.85	12.91	147.17	137.10	46.35	125.33	61.64	4.83	1.53	3630
4.39	13.37	0.85	25.80	25.56	2.53	49.88	2.75			3640
1.60	2.55	0.77	29.80	29.66	11.28	9.42	5.49	0.03		3650
11.44	13.16	5.36	44.92	43.40	11.91	44.40	23.97		0.35	3660
318.07	210.20	91.72	892.35	800.57	289.97	579.80	295.63	15.05	6.02	3670
372.76	280.93	81.22	1212.07	1072.99	522.44	618.21	357.27	166.21	7.75	37
296.80	141.05	32.66	681.08	615.95	424.82	384.93	113.31	82.68	0.62	371
203.15	81.86	5.08	469.49	424.21	322.54	223.40	50.53	46.80	0.51	3711
20.58	15.12	3.27	84.96	71.38	38.79	47.02	31.45	31.40		3712
										3713
43.67	24.77	13.86	66.15	64.40	32.66	66.17	13.49	3.61	0.02	3714
11.02	7.74	2.99	17.10	14.99	6.29	18.95	5.94	0.05		3715
14.32	11.04	7.33	39.01	36.76	21.30	25.52	10.07	0.22	0.09	3716
4.06	0.52	0.13	4.37	4.21	3.24	3.88	1.83	0.60		3719

1-A-6 续表 14

分组	代码	企业单位数（个）	资产总计	固定资产原价	累计折旧	流动资产合计
城市轨道交通设备制造	3720	2	4.19	1.66	0.14	1.45
船舶及相关装置制造	373	116	647.56	290.15	120.41	368.18
金属船舶制造	3731	33	255.84	111.60	46.68	124.74
非金属船舶制造	3732	8	4.52	0.81	0.34	2.67
娱乐船和运动船制造	3733	6	2.16	1.12	0.10	1.39
船用配套设备制造	3734	55	186.90	107.26	41.34	93.87
船舶改装	3735					
船舶拆除	3736					
海洋工程装备制造	3737	12	196.44	68.72	31.83	144.70
航标器材及其他相关装置制造	3739	2	1.68	0.65	0.12	0.81
航空、航天器及设备制造	374	9	8.69	1.91	0.79	4.53
飞机制造	3741	5	6.37	0.93	0.51	3.18
航天器及运载火箭制造	3742					
航天相关设备制造	3743					
航空相关设备制造	3744	2	2.16	0.84	0.26	1.32
其他航空航天器制造	3749	2	0.16	0.13	0.02	0.03
摩托车制造	375	27	45.34	28.86	14.97	25.36
摩托车整车制造	3751	9	30.87	19.97	9.58	16.46
摩托车零部件及配件制造	3752	18	14.47	8.89	5.39	8.90
自行车和残疾人座车制造	376	16	6.34	3.00	1.43	3.34
自行车制造	3761	3	0.51	0.19	0.06	0.34
残疾人座车制造	3762	13	5.83	2.82	1.37	3.00
助动车制造	3770	61	28.73	16.59	4.15	10.33
非公路休闲车及零配件制造	3780	6	2.80	1.12	0.13	1.05
潜水救捞及其他未列明运输设备制造	379	35	20.63	7.80	3.49	9.50
潜水装备制造	3791					
水下救捞装备制造	3792					
其他未列明运输设备制造	3799	35	20.63	7.80	3.49	9.50
电气机械和器材制造业	38	1418	5701.18	1115.68	439.28	3367.33
电机制造	381	172	337.26	142.20	62.06	199.30
发电机及发电机组制造	3811	59	193.17	70.52	27.25	107.32
电动机制造	3812	73	87.07	46.22	27.34	61.51
微特电机及组件制造	3813	25	41.66	18.91	4.31	19.40
其他电机制造	3819	15	15.36	6.54	3.16	11.07
输配电及控制设备制造	382	572	1277.66	305.76	117.66	842.68
变压器、整流器和电感器制造	3821	169	356.33	99.62	39.77	251.34
电容器及其配套设备制造	3822	16	59.30	6.74	2.95	38.83
配电开关控制设备制造	3823	200	381.42	63.66	22.22	247.10
电力电子元器件制造	3824	78	98.70	46.05	17.54	52.29
光伏设备及元器件制造	3825	50	175.91	58.04	24.21	102.04
其他输配电及控制设备制造	3829	59	206.00	31.65	10.98	151.08
电线、电缆、光缆及电工器材制造	383	290	586.57	163.45	65.18	396.10
电线、电缆制造	3831	227	503.14	123.98	49.52	348.55
光纤制造	3832	12	39.64	24.58	10.66	19.92
光缆制造	3833	8	12.09	1.95	0.67	7.79
绝缘制品制造	3834	28	21.58	8.59	3.48	14.30
其他电工器材制造	3839	15	10.12	4.35	0.84	5.55

单位：亿元

应收账款	存货	产成品	负债合计	流动负债合计	应付账款	所有者权益合计	实收资本	国家资本	集体资本	代码
0.49	0.70	0.08	2.69	2.39	0.11	1.50	0.73			3720
62.34	124.58	42.88	466.01	404.83	81.45	181.54	214.52	82.11	7.04	373
13.13	30.09	4.35	182.35	152.27	25.48	73.49	55.71	16.41	6.75	3731
0.36	1.90	0.43	3.56	3.44	0.54	0.96	0.65	0.17	0.16	3732
0.45	0.40	0.09	1.72	1.72	0.45	0.44	0.25			3733
24.78	25.54	4.47	125.68	97.87	23.26	61.23	88.21	20.97	0.14	3734
										3735
										3736
23.39	66.56	33.54	151.81	148.83	31.70	44.63	69.16	44.56		3737
0.22	0.10		0.89	0.70	0.01	0.80	0.55			3739
0.73	2.10	0.72	6.84	1.37	0.60	1.85	2.43	0.38		374
0.28	1.50	0.59	5.48	0.70	0.10	0.90	1.24	0.38		3741
										3742
										3743
0.43	0.60	0.14	1.35	0.65	0.50	0.81	1.15			3744
0.02			0.01	0.01		0.14	0.04			3749
6.29	5.82	2.69	28.37	25.31	7.16	16.97	10.23	1.05	0.01	375
3.56	2.96	1.22	21.79	19.11	5.08	9.08	6.81	1.05		3751
2.73	2.85	1.46	6.57	6.20	2.08	7.89	3.42		0.01	3752
0.74	1.13	0.46	3.23	2.85	1.24	3.11	0.93			376
0.05	0.08	0.03	0.33	0.29	0.03	0.18	0.08			3761
0.69	1.05	0.43	2.90	2.56	1.21	2.93	0.86			3762
1.37	2.44	1.01	10.12	8.10	2.03	18.60	10.08		0.08	3770
0.26	0.28	0.07	0.88	0.69	0.26	1.92	1.44			3780
3.74	2.83	0.65	12.85	11.51	4.77	7.77	3.60			379
										3791
										3792
3.74	2.83	0.65	12.85	11.51	4.77	7.77	3.60			3799
770.59	690.58	401.71	3821.44	3108.98	816.71	1879.74	623.82	63.83	17.87	38
63.66	55.65	20.10	204.94	180.86	54.98	132.32	57.27	11.34	0.87	381
38.96	24.18	11.09	142.71	122.98	36.22	50.46	34.56	11.20	0.57	3811
14.48	23.73	6.42	35.58	33.41	9.20	51.49	11.67	0.14	0.30	3812
6.65	4.64	1.45	20.68	18.67	7.14	20.98	5.91			3813
3.57	3.10	1.14	5.98	5.80	2.42	9.39	5.13			3819
318.91	159.98	58.47	817.15	715.60	220.83	460.50	300.62	34.96	5.74	382
107.77	56.76	25.12	229.40	209.85	64.80	126.93	86.43	29.60	2.59	3821
6.86	19.65	1.32	35.34	33.52	14.43	23.96	9.31	1.66		3822
108.32	39.43	12.23	212.86	203.10	55.97	168.56	93.51	0.88	2.69	3823
17.95	14.22	7.65	56.85	52.80	24.63	41.85	33.55	0.01		3824
24.00	10.14	3.75	150.92	102.30	27.63	24.98	41.11	0.50	0.01	3825
54.01	19.78	8.41	131.77	114.04	33.37	74.22	36.71	2.30	0.45	3829
131.63	57.71	30.80	374.37	328.53	64.12	212.20	140.77	3.80	6.05	383
111.37	48.84	26.12	332.18	289.85	50.86	170.96	121.92	3.80	5.05	3831
10.64	3.47	1.93	17.29	15.92	3.85	22.36	8.71		0.75	3832
3.72	1.88	1.01	9.96	8.58	4.28	2.13	2.47			3833
4.24	2.15	1.09	10.16	9.90	3.79	11.42	4.96		0.25	3834
1.66	1.37	0.65	4.79	4.27	1.35	5.33	2.70			3839

1-A-6 续表 15

分 组	代码	企 业 单位数 （个）	资产总计	固定资产 原 价	累计折旧	流动资产 合 计
电池制造	384	71	185.96	51.85	13.78	110.58
锂离子电池制造	3841	45	145.18	35.36	8.38	86.75
镍氢电池制造	3842	5	10.19	2.85	1.27	6.72
铅蓄电池制造	3843	11	21.81	8.43	3.35	13.41
锌锰电池制造	3844	2	1.00	0.48	0.14	0.59
其他电池制造	3849	8	7.76	4.73	0.63	3.11
家用电力器具制造	385	98	3119.96	386.86	157.48	1696.74
家用制冷电器具制造	3851	17	2989.11	350.07	144.49	1617.72
家用空气调节器制造	3852	12	11.54	2.31	0.81	5.79
家用通风电器具制造	3853	2	3.45	0.89	0.12	2.64
家用厨房电器具制造	3854	21	71.70	7.95	3.53	47.20
家用清洁卫生电器具制造	3855	3	3.79	1.16	0.29	2.54
家用美容、保健护理电器具制造	3856	1				
家用电力器具专用配件制造	3857	33	25.20	15.73	5.57	13.31
其他家用电力器具制造	3859	9	3.29	1.29	0.67	2.55
非电力家用器具制造	386	90	100.35	34.22	11.29	58.67
燃气及类似能源家用器具制造	3861	30	49.48	17.04	6.52	30.71
太阳能器具制造	3862	57	49.17	16.68	4.53	26.57
其他非电力家用器具制造	3869	3	1.70	0.50	0.24	1.39
照明器具制造	387	66	59.31	19.53	8.18	40.98
电光源制造	3871	9	33.57	9.10	4.32	25.83
照明灯具制造	3872	34	16.13	7.15	2.03	8.87
舞台及场地用灯制造	3873	15	4.95	2.00	1.06	2.15
智能照明器具制造	3874	2	2.73	0.65	0.42	2.49
灯用电器附件及其他照明器具制造	3879	6	1.94	0.63	0.35	1.64
其他电气机械及器材制造	389	59	34.12	11.82	3.65	22.28
电气信号设备装置制造	3891	16	10.47	2.70	0.97	7.24
其他未列明电气机械及器材制造	3899	43	23.65	9.12	2.68	15.03
计算机、通信和其他电子设备制造业	39	660	3302.80	1397.28	932.82	2371.07
计算机制造	391	56	679.80	99.21	42.30	528.16
计算机整机制造	3911	4	535.17	44.69	17.15	437.09
计算机零部件制造	3912	11	7.60	7.06	4.81	4.61
计算机外围设备制造	3913	33	113.36	40.77	18.36	75.22
工业控制计算机及系统制造	3914	2	0.79	0.03	0.02	0.76
信息安全设备制造	3915	3	10.40	3.25	0.65	4.63
其他计算机制造	3919	3	12.48	3.42	1.31	5.85
通信设备制造	392	57	206.10	165.78	154.79	182.85
通信系统设备制造	3921	38	75.88	82.63	76.11	58.85
通信终端设备制造	3922	19	130.21	83.15	78.68	124.00
广播电视设备制造	393	29	24.38	7.62	3.41	16.94
广播电视节目制作及发射设备制造	3931	1				
广播电视接收设备制造	3932	9	5.26	2.70	1.21	3.38
广播电视专用配件制造	3933					
专业音响设备制造	3934	2	2.00	1.52	0.67	0.90
应用电视设备及其他广播电视设备制造	3939	17	16.90	3.34	1.51	12.47
雷达及配套设备制造	3940	1				
非专业视听设备制造	395	28	907.44	278.69	139.35	632.21

单位：亿元

应收账款	存货	产成品	负债合计	流动负债合计	应付账款	所有者权益合计	实收资本	国家资本	集体资本	代码
24.28	30.01	9.91	120.90	97.96	32.25	65.06	30.59	6.62	0.80	384
15.28	24.83	8.12	95.99	76.39	30.94	49.20	24.03	6.62		3841
0.96	1.07	0.84	6.46	5.61	0.35	3.73	1.97			3842
7.19	2.49	0.25	12.58	10.08	0.46	9.23	3.02		0.80	3843
0.27	0.28	0.05	0.80	0.80	0.19	0.20	0.21			3844
0.58	1.35	0.65	5.07	5.07	0.31	2.69	1.36			3849
205.01	351.14	270.04	2201.30	1687.16	411.86	918.67	44.33	4.89	4.11	385
187.37	336.17	259.97	2144.23	1634.77	390.16	844.89	28.42	4.26	3.11	3851
1.84	1.42	0.75	7.01	5.31	2.45	4.54	1.43			3852
1.08	0.66	0.66	2.23	2.19	0.54	1.22	1.23			3853
8.52	8.07	6.80	30.27	28.96	14.42	41.43	3.48	0.03		3854
0.11	0.46	0.42	3.07	3.07	0.07	0.72	1.24			3855
										3856
4.46	2.75	0.72	11.29	9.68	2.91	13.91	7.71	0.60	1.00	3857
0.49	0.53	0.17	1.64	1.62	0.87	1.65	0.72			3859
10.41	9.72	6.07	48.67	47.08	10.03	51.68	28.21	0.36	0.16	386
3.44	5.20	4.01	27.68	27.03	5.16	21.81	12.54		0.16	3861
6.36	4.45	2.04	19.54	18.65	4.53	29.63	15.55	0.36		3862
0.62	0.07	0.03	1.45	1.40	0.34	0.25	0.13			3869
7.04	20.94	4.03	37.36	36.44	17.27	21.94	10.61	1.34	0.07	387
3.06	16.44	0.80	26.16	26.06	13.49	7.41	2.80	0.68		3871
2.22	3.73	2.88	5.93	5.54	2.55	10.20	4.72	0.66		3872
0.57	0.29	0.19	2.41	2.02	0.14	2.52	1.72		0.07	3873
0.48	0.32	0.09	1.75	1.74	0.17	0.98	1.00			3874
0.72	0.17	0.06	1.12	1.08	0.92	0.82	0.36			3879
9.65	5.43	2.28	16.74	15.35	5.38	17.37	11.43	0.52	0.06	389
3.47	1.10	0.38	7.17	6.83	2.18	3.30	2.76	0.05		3891
6.19	4.33	1.90	9.58	8.52	3.20	14.07	8.68	0.47	0.06	3899
676.88	403.43	177.86	1836.99	1670.97	675.58	1465.86	460.71	23.23	5.21	39
135.62	131.25	88.99	369.93	287.08	171.29	309.87	52.21	8.49	0.88	391
100.41	112.25	82.49	320.57	239.50	147.44	214.60	15.48	6.78		3911
2.73	0.68	0.22	4.14	4.00	2.07	3.46	1.76			3912
29.22	16.39	5.50	40.20	39.14	20.29	73.16	24.75	1.71	0.88	3913
0.55	0.06	0.02	0.18	0.18	0.04	0.61	0.33			3914
0.69	0.37	0.15	1.02	0.95	0.46	9.38	6.90			3915
2.03	1.50	0.61	3.83	3.32	0.98	8.65	2.99			3919
54.02	24.85	8.74	135.67	130.85	43.84	70.48	26.58	0.90		392
23.56	13.75	6.27	36.98	33.95	10.91	38.95	16.15	0.20		3921
30.46	11.10	2.47	98.68	96.91	32.93	31.53	10.43	0.70		3922
6.37	3.60	1.67	12.07	11.14	3.24	12.31	6.83			393
										3931
1.08	0.96	0.43	1.87	1.78	0.40	3.39	2.64			3932
										3933
0.57	0.03	0.01	0.45	0.45	0.09	1.55	0.95			3934
4.71	2.50	1.22	9.54	8.76	2.75	7.36	3.12			3939
										3940
203.99	92.36	23.05	460.13	425.13	184.47	447.32	96.92			395

1-A-6 续表 16

分 组	代码	企业单位数（个）	资产总计	固定资产原价	累计折旧	流动资产合计
电视机制造	3951	9	586.14	131.05	91.99	472.72
音响设备制造	3952	12	295.19	136.17	40.66	139.51
影视录放设备制造	3953	7	26.11	11.46	6.70	19.97
智能消费设备制造	396	25	573.22	377.09	338.25	483.54
可穿戴智能设备制造	3961	5	39.50	10.81	3.98	26.90
智能车载设备制造	3962					
智能无人飞行器制造	3963	2	0.12	0.09	0.03	0.05
服务消费机器人制造	3964	2	1.61	0.04	0.02	1.49
其他智能消费设备制造	3969	16	532.00	366.15	334.22	455.11
电子器件制造	397	141	374.34	208.28	130.44	224.78
电子真空器件制造	3971	15	18.71	7.57	4.39	8.94
半导体分立器件制造	3972	20	43.34	38.97	21.39	21.74
集成电路制造	3973	20	23.88	6.17	2.47	15.47
显示器件制造	3974	20	122.43	106.75	86.18	92.57
半导体照明器件制造	3975	12	16.30	5.74	1.03	7.53
光电子器件制造	3976	35	74.36	29.79	8.69	39.55
其他电子器件制造	3979	19	75.31	13.30	6.29	38.97
电子元件及电子专用材料制造	398	281	481.83	240.40	116.50	263.47
电阻电容电感元件制造	3981	78	70.48	52.53	25.27	34.96
电子电路制造	3982	15	33.56	27.97	18.64	23.11
敏感元件及传感器制造	3983	18	26.41	6.85	3.01	18.94
电声器件及零件制造	3984	12	12.26	5.32	2.55	8.83
电子专用材料制造	3985	61	186.10	71.97	27.92	81.06
其他电子元件制造	3989	97	153.02	75.76	39.11	96.57
其他电子设备制造	3990	42	55.35	20.15	7.72	38.80
仪器仪表制造业	40	342	462.64	104.90	41.85	329.21
通用仪器仪表制造	401	218	335.26	73.78	29.65	237.85
工业自动控制系统装置制造	4011	78	201.96	38.67	15.78	145.79
电工仪器仪表制造	4012	32	55.89	10.25	3.44	41.84
绘图、计算及测量仪器制造	4013	23	9.92	3.56	1.66	7.38
实验分析仪器制造	4014	24	16.09	5.65	1.76	8.01
试验机制造	4015	12	16.53	3.93	1.32	11.29
供应用仪器仪表制造	4016	33	27.44	9.75	4.95	18.35
其他通用仪器制造	4019	16	7.43	1.97	0.75	5.18
专用仪器仪表制造	402	77	90.17	16.86	7.23	68.62
环境监测专用仪器仪表制造	4021	18	19.52	3.59	0.87	12.17
运输设备及生产用计数仪表制造	4022	10	9.78	2.98	1.65	7.72
导航、测绘、气象及海洋专用仪器制造	4023	4	1.98	0.23	0.16	1.69
农林牧渔专用仪器仪表制造	4024	1				
地质勘探和地震专用仪器制造	4025	5	11.89	2.77	1.64	8.22
教学专用仪器制造	4026	12	5.33	1.27	0.33	3.28
核子及核辐射测量仪器制造	4027					
电子测量仪器制造	4028	17	30.03	4.52	2.16	26.84
其他专用仪器制造	4029	10	11.22	1.34	0.42	8.44
钟表与计时仪器制造	4030	8	7.66	2.94	1.32	5.12
光学仪器制造	4040	10	9.14	2.92	1.16	5.70
衡器制造	4050	15	10.24	4.07	1.69	6.90
其他仪器仪表制造业	4090	14	10.17	4.33	0.80	5.00

单位：亿元

应收账款	存货	产成品	负债合计	流动负债合计	应付账款	所有者权益合计	实收资本	国家资本	集体资本	代码
123.30	55.07	16.82	317.95	290.33	118.72	268.19	50.84			3951
71.48	34.90	5.80	131.26	124.13	57.26	163.93	38.38			3952
9.22	2.39	0.43	10.92	10.67	8.49	15.19	7.70			3953
86.30	24.44	4.26	429.66	428.29	107.47	143.56	37.10			396
9.67	3.18	1.20	14.68	14.10	12.13	24.82	8.83			3961
										3962
0.01	0.01		0.09	0.09		0.03	0.01			3963
0.65	0.30	0.23	1.39	1.39	0.31	0.21	0.22			3964
75.97	20.95	2.82	413.50	412.71	95.04	118.50	28.04			3969
87.13	60.05	24.12	193.74	177.14	89.18	180.60	103.36	12.46	0.57	397
2.66	1.78	1.16	7.37	7.20	3.10	11.34	9.89			3971
8.20	5.72	1.41	16.46	14.24	6.96	26.88	22.26	0.06		3972
2.36	2.99	1.23	9.40	8.41	2.17	14.48	8.48			3973
48.24	26.69	11.78	80.40	78.76	51.45	42.03	18.12		0.02	3974
2.88	2.93	1.11	10.27	8.46	4.47	6.03	4.20			3975
10.69	10.18	3.72	42.17	34.56	12.33	32.19	20.95	0.43		3976
12.10	9.76	3.72	27.65	25.53	8.68	47.66	19.46	11.97	0.54	3979
84.84	56.94	25.16	206.02	182.32	61.47	275.81	122.29	0.87	3.75	398
13.30	8.99	3.43	29.30	21.63	9.18	41.18	20.87	0.27		3981
8.93	3.42	2.05	14.22	14.10	9.17	19.33	15.94			3982
6.85	3.04	2.01	12.17	12.06	3.76	14.24	3.02			3983
2.26	1.21	0.39	7.75	7.65	2.80	4.51	4.91			3984
25.35	19.46	7.54	82.80	73.82	17.74	103.30	32.46	0.41	3.04	3985
28.14	20.81	9.74	59.77	53.06	18.82	93.25	45.08	0.20	0.71	3989
18.57	9.91	1.84	29.60	28.81	14.58	25.75	15.37	0.47	0.01	3990
101.52	70.64	35.50	226.12	212.19	81.76	236.56	104.27	5.86	1.49	40
75.53	49.19	26.46	161.25	153.49	62.53	174.05	77.60	3.82	0.97	401
44.55	33.57	19.36	102.25	99.06	42.66	99.75	45.37	1.22	0.20	4011
14.23	6.14	3.07	27.31	25.97	9.54	28.58	11.49	2.59		4012
1.36	1.10	0.23	3.20	3.01	1.12	6.73	4.86			4013
2.88	1.59	0.69	4.49	4.37	0.95	11.60	4.16		0.02	4014
3.77	2.62	0.96	9.60	8.99	4.18	6.92	2.37		0.15	4015
6.52	3.45	1.87	10.74	8.96	2.63	16.70	7.78	0.02	0.60	4016
2.23	0.73	0.27	3.66	3.13	1.45	3.77	1.58			4019
18.20	13.98	5.79	51.12	46.63	16.02	39.05	16.21	0.77	0.20	402
2.25	2.13	0.81	9.25	5.48	1.46	10.27	3.10			4021
2.82	1.65	0.60	6.80	6.71	2.74	2.98	2.57			4022
0.50	0.38	0.26	1.84	1.83	0.56	0.14	0.35	0.20		4023
										4024
1.56	0.57	0.24	7.68	7.45	1.03	4.22	2.19		0.20	4025
0.83	0.72	0.19	1.58	1.51	0.34	3.75	1.25			4026
										4027
9.23	4.75	2.21	18.53	18.52	8.13	11.50	4.43	0.08		4028
0.82	3.73	1.44	5.40	5.08	1.72	5.82	2.21	0.49		4029
1.39	1.72	0.68	4.16	4.10	0.44	3.50	1.93	0.08		4030
1.85	2.70	1.41	4.02	3.31	1.18	5.12	2.02	0.04		4040
2.74	2.04	0.77	2.73	2.40	0.91	7.51	3.23	1.15	0.32	4050
1.81	1.01	0.39	2.84	2.25	0.68	7.32	3.28			4090

1-A-6 续表 17

分 组	代码	企业单位数（个）	资产总计	固定资产原价	累计折旧	流动资产合计
其他制造业	41	58	45.33	14.97	5.10	25.80
日用杂品制造	411	31	18.53	8.12	2.60	8.06
鬃毛加工、制刷及清扫工具制造	4111	17	5.32	3.51	1.11	0.85
其他日用杂品制造	4119	14	13.21	4.60	1.50	7.21
核辐射加工	4120	1				
其他未列明制造业	4190	26	26.24	6.20	2.19	17.66
废弃资源综合利用业	42	89	110.39	40.26	12.17	62.86
金属废料和碎屑加工处理	4210	34	48.94	12.19	2.86	31.26
非金属废料和碎屑加工处理	4220	55	61.45	28.07	9.31	31.59
金属制品、机械和设备修理业	43	16	15.68	9.22	4.40	8.33
金属制品修理	4310	2	2.04	1.68	0.51	0.40
通用设备修理	4320	2	0.73	0.11	0.02	0.60
专用设备修理	4330	5	4.11	1.41	0.74	2.00
铁路、船舶、航空航天等运输设备修理	434	5	8.64	5.84	2.99	5.21
铁路运输设备修理	4341	1				
船舶修理	4342	2	0.44	0.02	0.01	0.30
航空航天器修理	4343	2	7.95	5.74	2.95	4.73
其他运输设备修理	4349					
电气设备修理	4350					
仪器仪表修理	4360					
其他机械和设备修理业	4390	2	0.16	0.18	0.15	0.11
电力、热力、燃气及水生产和供应业	**D**	**919**	**9686.08**	**9376.18**	**4125.48**	**2011.26**
电力、热力生产和供应业	44	586	8225.73	8579.82	3862.53	1425.64
电力生产	441	410	4909.41	4183.08	1721.33	1030.02
火力发电	4411	58	1951.88	1804.18	941.20	396.96
热电联产	4412	95	1074.91	1154.41	571.90	343.07
水力发电	4413	1				
核力发电	4414	3	685.94	288.62	10.09	18.45
风力发电	4415	104	640.09	587.68	133.83	103.21
太阳能发电	4416	85	244.77	186.79	19.78	57.52
生物质能发电	4417	44	170.43	88.41	20.45	53.58
其他电力生产	4419	20	124.55	43.81	8.07	54.99
电力供应	4420	9	2467.23	3821.85	1930.91	75.12
热力生产和供应	4430	167	849.09	574.89	210.29	320.50
燃气生产和供应业	45	159	717.46	343.50	96.02	314.07
燃气生产和供应业	451	155	710.24	338.69	94.78	313.12
天然气生产和供应业	4511	151	703.66	336.40	93.99	308.49
液化石油气生产和供应业	4512	2	1.31	0.90	0.22	0.47
煤气生产和供应业	4513	2	5.27	1.38	0.57	4.16
生物质燃气生产和供应业	4520	4	7.22	4.81	1.24	0.95
水的生产和供应业	46	174	742.88	452.85	166.92	271.54
自来水生产和供应	4610	89	563.51	332.38	122.67	215.48
污水处理及其再生利用	4620	81	164.86	109.02	40.81	51.88
海水淡化处理	4630	1				
其他水的处理、利用与分配	4690	3	3.90	2.19	0.85	1.51

单位：亿元

应收账款	存货	产成品	负债合计	流动负债合计	应付账款	所有者权益合计	实收资本	国家资本	集体资本	代码
5.94	4.69	1.01	21.76	18.91	5.96	23.57	13.76	1.00		41
2.66	2.34	0.82	8.77	8.68	2.61	9.76	4.86			411
0.18	0.17	0.05	0.48	0.44	0.18	4.84	1.10			4111
2.48	2.16	0.77	8.29	8.24	2.43	4.92	3.76			4119
										4120
3.26	2.30	0.14	12.93	10.17	3.32	13.31	8.70	1.00		4190
11.67	19.57	15.68	61.72	48.51	19.73	48.67	26.72	0.45	5.33	42
2.68	15.36	13.65	24.83	23.51	13.23	24.11	13.05	0.27	0.48	4210
8.99	4.21	2.03	36.89	24.99	6.51	24.56	13.66	0.18	4.85	4220
4.16	1.73	0.67	6.77	6.70	3.04	8.91	3.10	1.26		43
0.24	0.09	0.06	0.23	0.21	0.13	1.82	0.05			4310
0.10	0.06		0.78	0.78	0.43	-0.05	0.01			4320
1.25	0.18	0.04	3.16	3.16	1.79	0.95	0.78			4330
2.52	1.34	0.53	2.46	2.40	0.70	6.18	2.25	1.26		434
										4341
0.16			0.28	0.22	0.11	0.17	0.04	0.04		4342
2.26	1.32	0.53	1.95	1.95	0.54	6.00	2.20	1.22		4343
										4349
										4350
										4360
0.05	0.05	0.03	0.15	0.15		0.01	0.01			4390
347.32	**133.05**	**17.05**	**6504.36**	**3931.28**	**1017.82**	**3181.72**	**1878.00**	**1303.12**	**29.74**	**D**
280.45	106.32	9.52	5561.07	3287.39	928.59	2664.67	1624.18	1170.30	24.47	44
237.90	85.97	8.10	3180.85	1754.73	328.44	1728.56	1087.07	693.22	18.95	441
78.33	38.52	0.95	1160.40	738.96	133.85	791.48	387.05	258.39	5.55	4411
50.61	36.70	5.19	741.53	545.20	103.31	333.38	243.87	183.02	6.10	4412
										4413
4.99	3.07	0.01	545.38	109.90	4.46	140.56	137.28	135.39		4414
51.54	1.53	0.73	377.73	166.11	34.38	262.36	189.72	91.66	3.14	4415
18.98	0.77	0.07	153.83	72.43	13.92	90.94	53.50	8.18	1.06	4416
12.40	3.93	0.99	111.29	72.39	18.74	59.14	43.38	3.54	3.10	4417
21.05	0.93	0.16	83.77	47.73	19.07	40.79	24.62	5.36		4419
4.61	1.33	0.03	1713.85	1068.75	508.49	753.38	425.08	423.06	0.01	4420
37.95	19.02	1.39	666.36	463.91	91.66	182.73	112.03	54.02	5.52	4430
30.05	10.91	3.17	456.30	351.85	43.87	261.17	126.91	57.74	2.65	45
29.65	10.68	3.08	451.62	348.70	42.88	258.62	124.12	57.74	2.65	451
28.71	10.45	2.96	446.46	344.54	40.85	257.20	122.17	56.98	2.65	4511
0.04	0.01	0.01	0.98	0.98	0.76	0.33	0.59			4512
0.90	0.23	0.11	4.18	3.18	1.28	1.09	1.36	0.76		4513
0.40	0.22	0.09	4.68	3.15	0.98	2.54	2.79			4520
36.82	15.82	4.35	486.99	292.04	45.36	255.89	126.92	75.07	2.62	46
22.04	10.04	0.30	376.99	212.94	34.52	186.52	81.00	66.99	0.85	4610
14.52	5.47	3.88	94.41	69.32	10.63	70.46	41.50	4.31	1.77	4620
										4630
0.22	0.19	0.18	3.03	2.42	0.17	0.87	0.66	0.01		4690

1-A-6 续表 18

分 组	代码	法人资本	个人资本	港澳台资本	外商资本	营业收入	营业成本
总 计	**00**	**6110.87**	**4216.15**	**617.94**	**1290.85**	**92580.20**	**79639.10**
采矿业	**B**	**152.18**	**33.81**	**3.02**	**4.90**	**5441.33**	**4457.61**
煤炭开采和洗选业	06	107.38	6.59		4.70	3327.05	2712.09
烟煤和无烟煤开采洗选	0610	107.33	6.50		4.70	3236.03	2645.28
褐煤开采洗选	0620	0.05	0.01			77.04	57.23
其他煤炭采选	0690	0.01	0.08			13.99	9.58
石油和天然气开采业	07	7.65	0.05			827.18	643.91
石油开采	071	7.65	0.05			827.18	643.91
陆地石油开采	0711	7.65				826.99	643.75
海洋石油开采	0712						
天然气开采	072						
陆地天然气开采	0721						
海洋天然气及可燃冰开采	0722						
黑色金属矿采选业	08	16.21	10.96	2.81		176.47	141.64
铁矿采选	0810	16.21	10.96	2.81		176.47	141.64
锰矿、铬矿采选	0820						
其他黑色金属矿采选	0890						
有色金属矿采选业	09	8.79	1.65		0.20	870.27	758.05
常用有色金属矿采选	091	0.01	0.11			0.74	0.68
铜矿采选	0911		0.11			0.18	0.14
铅锌矿采选	0912						
镍钴矿采选	0913						
锡矿采选	0914						
锑矿采选	0915						
铝矿采选	0916						
镁矿采选	0917						
其他常用有色金属矿采选	0919						
贵金属矿采选	092	8.78	1.54		0.20	868.55	756.85
金矿采选	0921	8.68	1.54		0.20	867.93	756.52
银矿采选	0922						
其他贵金属矿采选	0929						
稀有稀土金属矿采选	093						
钨钼矿采选	0931						
稀土金属矿采选	0932						
放射性金属矿采选	0933						
其他稀有金属矿采选	0939						
非金属矿采选业	10	12.14	13.45	0.21		111.99	83.36
土砂石开采	101	3.65	5.60			65.77	48.50
石灰石、石膏开采	1011	0.41	1.85			26.21	18.29
建筑装饰用石开采	1012	1.50	1.75			27.68	21.07
耐火土石开采	1013	0.22	0.19			1.77	1.39
粘土及其他土砂石开采	1019	1.53	1.82			10.11	7.75
化学矿开采	1020						
采盐	1030	7.05	6.57			31.28	22.84
石棉及其他非金属矿采选	109	1.43	1.27	0.21		14.94	12.02
石棉、云母矿采选	1091						

单位：亿元

销售费用	管理费用	财务费用			投资收益（损失以“－”号记）	营业利润	利润总额	亏损企业亏损总额	平均用工人数（万人）	代码
			利息收入	利息支出						
2516.47	**3459.25**	**1260.35**	**180.31**	**1288.14**	**377.33**	**4500.08**	**4618.92**	**618.72**	**666.99**	**00**
41.59	**321.32**	**134.94**	**34.93**	**177.44**	**31.90**	**243.02**	**221.51**	**72.63**	**45.77**	**B**
27.21	169.23	106.53	30.32	146.12	27.93	222.88	212.87	10.90	26.09	06
26.51	157.30	99.34	29.79	139.60	27.91	224.78	216.72	4.39	24.74	0610
0.62	10.85	7.07	0.53	6.31	0.02	-4.41	-6.38	6.51	1.17	0620
0.08	1.08	0.12		0.21		2.51	2.53		0.18	0690
2.49	82.65	9.73	4.00	14.01	0.06	-41.76	-52.13	54.44	9.89	07
2.49	82.65	9.73	4.00	14.01	0.06	-41.76	-52.13	54.44	9.89	071
2.48	82.64	9.73	4.00	14.01	0.06	-41.77	-52.14	54.44	9.87	0711
										0712
										072
										0721
										0722
1.85	11.22	3.75	0.43	2.90	0.77	13.08	8.08	4.54	2.21	08
1.85	11.22	3.75	0.43	2.90	0.77	13.08	8.08	4.54	2.21	0810
										0820
										0890
3.94	44.19	10.69	0.13	10.26	3.09	41.02	44.13	1.49	4.18	09
0.01	0.10					-0.07	-0.07	0.07	0.04	091
	0.09					-0.07	-0.06	0.06	0.03	0911
										0912
										0913
										0914
										0915
										0916
										0917
										0919
3.90	43.87	10.70	0.13	10.26	3.09	40.98	44.09	1.41	4.11	092
3.90	43.76	10.60	0.13	10.16	3.09	40.92	44.03	1.41	4.10	0921
										0922
										0929
										093
										0931
										0932
										0933
										0939
6.07	8.65	1.76	0.05	1.24	0.03	7.86	8.31	1.09	1.48	10
3.26	4.80	0.59	0.01	0.49		5.63	5.51	0.33	0.62	101
2.16	2.80	0.12		0.09		1.57	1.53	0.21	0.24	1011
0.68	1.47	0.35		0.29		3.29	3.27		0.20	1012
0.12	0.08					0.11	0.11		0.04	1013
0.29	0.45	0.12		0.11		0.66	0.60	0.11	0.14	1019
										1020
2.04	3.17	0.95	0.04	0.63	0.02	1.33	1.90	0.69	0.68	1030
0.78	0.67	0.22		0.13	0.01	0.90	0.91	0.07	0.17	109
										1091

1-A-6 续表 19

分组	代码	法人资本	个人资本	港澳台资本	外商资本	营业收入	营业成本
石墨、滑石采选	1092	0.54	0.29			2.50	2.04
宝石、玉石采选	1093						
其他未列明非金属矿采选	1099	0.89	0.98	0.21		12.44	9.98
开采专业及辅助性活动	11		0.82			127.81	118.08
煤炭开采和洗选专业及辅助性活动	1110						
石油和天然气开采专业及辅助性活动	1120		0.82			127.81	118.08
其他开采专业及辅助性活动	1190						
其他采矿业	12		0.29			0.55	0.46
制造业	**C**	**5655.69**	**4084.01**	**505.89**	**1258.65**	**82420.96**	**70875.57**
农副食品加工业	13	336.27	263.58	20.33	81.55	6839.03	6228.97
谷物磨制	131	15.82	27.81	2.49	7.46	479.44	447.27
稻谷加工	1311	0.68	1.53	0.03	0.17	23.74	21.53
小麦加工	1312	13.41	25.87	2.46	6.53	444.71	416.40
玉米加工	1313	0.06	0.02			1.18	1.04
杂粮加工	1314	0.09	0.10			1.56	1.39
其他谷物磨制	1319	1.58	0.30		0.75	8.26	6.92
饲料加工	132	38.81	35.45	2.59	10.49	1014.08	944.11
宠物饲料加工	1321	3.61	4.86	0.58	2.25	51.16	44.54
其他饲料加工	1329	35.20	30.59	2.00	8.24	962.92	899.56
植物油加工	133	18.78	26.34	4.53	5.74	1152.44	1024.35
食用植物油加工	1331	18.65	24.77	4.53	5.74	1133.40	1006.63
非食用植物油加工	1332	0.13	1.57			19.04	17.72
制糖业	1340	1.18	0.57			87.02	80.32
屠宰及肉类加工	135	104.56	68.41	1.96	30.87	1833.75	1698.07
牲畜屠宰	1351	51.53	11.18	0.64		460.95	427.11
禽类屠宰	1352	22.17	25.42		11.28	838.92	797.06
肉制品及副产品加工	1353	30.86	31.80	1.32	19.59	533.89	473.90
水产品加工	136	86.22	21.74	1.51	11.92	693.42	622.78
水产品冷冻加工	1361	83.73	20.24	1.41	11.88	650.73	584.60
鱼糜制品及水产品干腌制加工	1362	1.81	1.23	0.10	0.04	29.64	26.56
鱼油提取及制品制造	1363	0.10	0.10			7.60	6.49
其他水产品加工	1369	0.58	0.17			5.45	5.13
蔬菜、菌类、水果和坚果加工	137	33.82	40.40	6.47	8.32	660.25	590.28
蔬菜加工	1371	19.64	29.86	5.05	6.49	476.68	425.13
食用菌加工	1372	3.84	0.76		0.22	11.59	9.77
水果和坚果加工	1373	10.34	9.78	1.42	1.61	171.98	155.38
其他农副食品加工	139	37.07	42.87	0.78	6.76	918.63	821.79
淀粉及淀粉制品制造	1391	25.76	31.88	0.33	6.12	796.77	716.44
豆制品制造	1392	2.89	4.02	0.30		42.20	35.78
蛋品加工	1393	3.79	5.39			15.68	13.18
其他未列明农副食品加工	1399	4.64	1.59	0.16	0.63	63.98	56.39
食品制造业	14	117.60	98.76	13.00	74.59	1386.43	1147.48
焙烤食品制造	141	24.47	9.10	0.13	10.08	102.71	81.05
糕点、面包制造	1411	6.49	3.95		4.35	34.70	26.99
饼干及其他焙烤食品制造	1419	17.99	5.15	0.13	5.73	68.02	54.07
糖果、巧克力及蜜饯制造	142	12.25	1.97	0.01	2.09	26.80	23.57
糖果、巧克力制造	1421	6.18	0.58		0.20	13.52	11.89
蜜饯制作	1422	6.07	1.39	0.01	1.89	13.28	11.68

单位：亿元

销售费用	管理费用	财务费用	利息收入	利息支出	投资收益(损失以"–"号记)	营业利润	利润总额	亏损企业亏损总额	平均用工人数(万人)	代码
0.12	0.15	0.01		0.01		0.12	0.10		0.05	1092
										1093
0.66	0.52	0.21		0.12	0.01	0.78	0.80	0.07	0.12	1099
	5.31	2.46		2.91	0.02	-0.04	0.25	0.14	1.91	11
										1110
	5.31	2.46		2.91	0.02	-0.04	0.25	0.14	1.91	1120
										1190
0.02	0.06	0.01				-0.01	-0.01	0.04	0.01	12
2453.60	**3043.00**	**990.79**	**140.40**	**989.79**	**316.89**	**4082.07**	**4202.61**	**484.97**	**594.27**	**C**
157.55	139.25	64.75	5.05	62.29	29.13	245.82	250.58	35.22	57.30	13
7.29	7.14	3.87	0.17	2.78	0.05	12.56	12.94	2.45	2.72	131
0.67	0.69	0.14	0.06	0.09		0.58	0.61	0.16	0.18	1311
6.28	6.04	3.65	0.11	2.65	0.05	11.31	11.66	2.27	2.36	1312
0.01						0.11	0.11		0.01	1313
0.02	0.04	0.02		0.02		0.06	0.06		0.03	1314
0.30	0.37	0.05		0.02		0.51	0.51	0.02	0.13	1319
21.25	20.70	5.90	1.33	5.45	1.28	21.18	21.62	5.83	5.17	132
1.77	2.67	0.31	-0.01	0.25	0.15	1.88	1.94	0.84	0.83	1321
19.47	18.03	5.59	1.33	5.20	1.13	19.30	19.68	4.99	4.34	1329
37.52	15.54	9.63	3.02	14.18	-0.19	60.96	62.53	5.66	3.72	133
37.32	15.26	9.00	3.02	13.56	-0.01	60.98	62.30	4.87	3.62	1331
0.19	0.28	0.63		0.61	-0.18	-0.02	0.23	0.79	0.10	1332
1.29	2.67	1.85		0.94	0.15	0.77	0.95	0.01	0.31	1340
34.92	35.73	11.17	-0.74	9.73	27.52	64.05	66.45	9.15	21.38	135
9.33	10.35	2.10	-0.31	2.26	19.18	29.23	30.05	1.54	3.01	1351
7.60	13.04	4.12	0.16	4.10	0.18	15.50	15.68	3.68	10.85	1352
18.00	12.34	4.95	-0.60	3.37	8.16	19.32	20.73	3.92	7.53	1353
14.16	16.10	10.05	0.10	9.15	0.17	27.41	27.82	5.07	11.03	136
13.28	14.95	9.31	0.08	8.43	0.17	25.90	26.24	4.43	10.43	1361
0.55	0.58	0.28		0.23		1.54	1.58	0.26	0.39	1362
0.24	0.26	0.27	0.01	0.28		0.31	0.31		0.05	1363
0.09	0.31	0.20		0.21		-0.33	-0.31	0.38	0.17	1369
15.70	17.16	6.25	0.06	4.32	-0.28	28.56	29.19	4.31	7.36	137
11.67	11.60	4.32	0.04	3.08		22.54	22.59	2.45	5.64	1371
0.17	0.26	0.09		0.01	-0.27	1.08	1.16		0.11	1372
3.86	5.30	1.84	0.02	1.22	-0.01	4.94	5.45	1.86	1.61	1373
25.42	24.21	16.04	1.11	15.74	0.43	30.32	29.08	2.73	5.60	139
22.23	20.76	14.89	1.10	14.82	0.38	22.97	21.73	2.08	3.94	1391
0.91	1.18	0.18		0.17	0.03	3.37	3.29	0.26	0.55	1392
0.43	0.50	0.12		0.10	0.01	1.26	1.26	0.05	0.35	1393
1.86	1.77	0.85	0.01	0.66	0.01	2.73	2.80	0.34	0.77	1399
69.91	56.40	14.97	1.49	14.71	1.41	83.34	86.74	20.99	15.74	14
5.43	4.54	0.50	-0.22	0.62	0.03	9.92	9.84	1.35	2.28	141
2.74	2.10	0.23	0.03	0.30	0.03	2.30	1.89	0.79	0.82	1411
2.69	2.43	0.27	-0.25	0.32	-0.01	7.62	7.95	0.56	1.45	1419
0.74	0.98	0.27	0.01	0.13	0.75	1.63	1.65	0.27	0.57	142
0.25	0.22	0.08		0.04		0.85	0.85		0.21	1421
0.48	0.76	0.19	0.01	0.09	0.75	0.78	0.80	0.27	0.36	1422

1-A-6 续表 20

分　组	代码					营业收入	营业成本
		法人资本	个人资本	港澳台资本	外商资本		
方便食品制造	143	10.64	13.07	4.72	6.52	131.75	115.88
米、面制品制造	1431	2.86	5.28			46.86	41.67
速冻食品制造	1432	3.81	7.14	0.01	5.68	54.61	48.48
方便面制造	1433	3.26	-0.01		0.13	13.80	12.21
其他方便食品制造	1439	0.70	0.66	4.71	0.71	16.48	13.52
乳制品制造	144	11.02	4.30		17.55	238.94	192.95
液体乳制造	1441	10.42	4.22		17.16	232.73	187.60
乳粉制造	1442	0.03	0.07		0.39	3.84	3.45
其他乳制品制造	1449	0.57	0.01			2.37	1.91
罐头食品制造	145	7.69	8.29	0.37	0.27	77.05	67.72
肉、禽类罐头制造	1451	0.09	0.14			2.88	2.72
水产品罐头制造	1452	0.84	0.61	0.24		3.20	2.86
蔬菜、水果罐头制造	1453	6.20	6.38	0.12	0.04	67.40	58.90
其他罐头食品制造	1459	0.56	1.17	0.02	0.23	3.57	3.25
调味品、发酵制品制造	146	13.54	19.58	6.64	19.05	320.68	262.95
味精制造	1461	0.22	6.16	3.71		108.80	92.94
酱油、食醋及类似制品制造	1462	2.31	2.25		6.89	63.99	47.85
其他调味品、发酵制品制造	1469	11.01	11.17	2.93	12.16	147.88	122.15
其他食品制造	149	37.99	42.45	1.13	19.03	488.50	403.36
营养食品制造	1491	2.25	1.38		0.01	16.68	13.05
保健食品制造	1492	6.00	9.83	0.02	0.46	113.44	92.34
冷冻饮品及食用冰制造	1493	1.20	0.78			9.46	8.09
盐加工	1494	2.66	6.00			39.84	30.69
食品及饲料添加剂制造	1495	21.82	22.71	1.11	15.31	282.28	236.51
其他未列明食品制造	1499	4.07	1.75		3.26	26.81	22.68
酒、饮料和精制茶制造业	15	87.42	51.57	15.27	19.10	693.00	538.27
酒的制造	151	36.23	39.26	6.85	12.81	548.00	424.48
酒精制造	1511	0.73	7.71	3.06		48.86	44.76
白酒制造	1512	7.97	20.60	0.33		163.62	120.68
啤酒制造	1513	11.11	5.93	2.95	12.68	279.58	219.98
黄酒制造	1514	0.81				2.26	1.32
葡萄酒制造	1515	15.52	4.63	0.52	0.12	52.43	36.73
其他酒制造	1519	0.09	0.41			1.26	1.00
饮料制造	152	50.65	9.99	8.41	6.29	141.92	111.35
碳酸饮料制造	1521		0.09	1.50		19.13	13.16
瓶(罐)装饮用水制造	1522	2.10	2.83		0.39	9.37	6.60
果菜汁及果菜汁饮料制造	1523	41.59	0.80	5.01	3.23	68.22	53.07
含乳饮料和植物蛋白饮料制造	1524	5.74	3.66		1.47	24.74	21.41
固体饮料制造	1525		0.08			0.38	0.30
茶饮料及其他饮料制造	1529	1.21	2.53	1.90	1.20	20.08	16.81
精制茶加工	1530	0.55	2.31			3.08	2.44
烟草制品业	16	1.52	0.03			298.36	108.63
烟叶复烤	1610						
卷烟制造	1620						
其他烟草制品制造	1690	0.64	0.03			3.75	2.70
纺织业	17	141.12	189.19	30.50	21.37	2022.64	1824.74

单位：亿元

销售费用	管理费用	财务费用			投资收益（损失以"－"号记）	营业利润	利润总额	亏损企业亏损总额	平均用工人数（万人）	代码
			利息收入	利息支出						
5.24	4.28	1.57	0.01	1.22		4.15	4.47	1.48	1.98	143
1.71	1.17	0.29		0.25		1.95	1.94	0.03	0.55	1431
1.44	1.87	1.36	0.01	0.90		1.13	1.17	1.15	1.02	1432
0.71	0.49	0.05	0.02	0.02		0.26	0.59	0.02	0.17	1433
1.38	0.74	-0.12	-0.03	0.04		0.81	0.77	0.28	0.24	1439
22.49	9.38	0.77	0.83	1.21	0.11	6.49	7.59	10.67	1.98	144
22.12	9.02	0.67	0.83	1.21	0.11	6.56	7.77	10.35	1.93	1441
0.24	0.20	0.06		0.01		-0.18	-0.29	0.32	0.03	1442
0.14	0.17	0.04				0.10	0.10		0.02	1449
2.29	2.74	1.32	0.01	0.93		2.56	2.49	0.82	1.98	145
0.03	0.05	0.01		0.01		0.06	0.06		0.04	1451
0.03	0.13	0.05		0.04		0.10	0.10	0.08	0.04	1452
2.17	2.46	1.23	0.01	0.88		2.30	2.23	0.74	1.78	1453
0.06	0.11	0.03				0.09	0.10		0.12	1459
14.92	13.74	4.31	1.08	4.48	0.34	23.13	23.63	2.61	2.68	146
1.36	1.97	2.02	-0.01	2.15		9.90	10.67	0.01	0.58	1461
7.88	4.13	0.06	0.37	0.33	0.31	4.14	4.17	0.24	0.83	1462
5.68	7.63	2.23	0.73	2.00	0.03	9.10	8.79	2.36	1.28	1469
18.80	20.75	6.24	-0.23	6.11	0.18	35.46	37.08	3.79	4.26	149
0.95	1.14	0.23	0.01	0.19	0.01	1.20	1.22	0.09	0.20	1491
4.25	3.67	0.47	0.01	0.42	0.25	12.53	12.57	0.47	0.61	1492
0.24	0.27	0.11	0.01	0.16		0.63	0.64	0.05	0.26	1493
2.76	1.34	0.41	0.02	0.40		3.84	3.91	0.03	0.29	1494
9.73	13.14	4.91	-0.25	4.81	-0.08	15.50	16.95	3.10	2.58	1495
0.88	1.19	0.10	-0.03	0.15		1.76	1.79	0.05	0.33	1499
66.77	28.19	6.31	-0.16	7.89	12.68	31.04	31.13	8.33	7.10	15
46.58	23.54	6.00	0.15	7.07	12.36	26.30	27.08	5.25	5.47	151
0.26	1.48	2.05	0.17	2.21	0.22	0.35	0.33	1.78	0.16	1511
7.39	9.54	3.65	0.22	3.48	0.18	6.10	6.38	1.52	2.76	1512
33.68	8.85	-0.32	-0.66	0.53	11.62	15.94	16.30	1.74	2.05	1513
0.19	0.06	0.03		0.02		0.58	0.59		0.04	1514
5.03	3.57	0.57	0.42	0.82	0.35	3.18	3.34	0.21	0.44	1515
0.04	0.04	0.01		0.01		0.14	0.14		0.03	1519
20.07	4.44	0.24	-0.32	0.76	0.31	4.56	3.86	3.06	1.54	152
4.87	0.36	-0.09	-0.06		0.02	0.52	0.60		0.22	1521
1.45	0.64	0.11		0.10	0.15	0.56	0.45	0.37	0.24	1522
11.15	2.13	0.04	-0.19	0.44	0.12	1.18	0.77	2.51	0.52	1523
0.30	0.68	0.17		0.17	0.01	1.97	1.99	0.04	0.37	1524
0.01	0.01					0.05	0.05		0.02	1525
2.29	0.61		-0.08	0.05		0.29	0.01	0.14	0.17	1529
0.12	0.21	0.07		0.06		0.18	0.19	0.02	0.09	1530
8.35	21.00	0.75	0.19	0.93	0.08	17.69	16.22	0.16	0.96	16
										1610
										1620
0.09	0.58					0.33	0.33		0.08	1690
31.50	61.69	28.51	1.88	24.19	2.93	65.18	67.89	15.85	39.83	17

1-A-6 续表 21

分 组	代码	法人资本	个人资本	港澳台资本	外商资本	营业收入	营业成本
棉纺织及印染精加工	171	106.94	138.54	25.78	10.45	1416.16	1287.23
棉纺纱加工	1711	84.97	91.31	15.77	7.55	849.73	782.09
棉织造加工	1712	16.81	37.14	5.03	2.15	395.16	348.42
棉印染精加工	1713	5.17	10.10	4.97	0.74	171.28	156.72
毛纺织及染整精加工	172	7.44	9.67	0.33	1.12	114.37	102.11
毛条和毛纱线加工	1721	3.48	7.13	0.10	0.39	75.85	68.78
毛织造加工	1722	3.91	1.32	0.23	0.28	24.72	22.10
毛染整精加工	1723	0.05	1.22		0.45	13.80	11.22
麻纺织及染整精加工	173	0.56	0.38	0.45		8.24	7.33
麻纤维纺前加工和纺纱	1731		0.30			0.94	0.82
麻织造加工	1732	0.56	0.08	0.45		7.30	6.51
麻染整精加工	1733						
丝绢纺织及印染精加工	174	0.25	0.62		0.57	4.77	4.37
缫丝加工	1741	0.22	0.24			2.63	2.37
绢纺和丝织加工	1742	0.02	0.38		0.57	2.11	1.97
丝印染精加工	1743						
化纤织造及印染精加工	175	2.64	1.76	1.25	2.43	40.82	36.87
化纤织造加工	1751	2.56	1.71	1.16	2.43	39.23	35.55
化纤织物染整精加工	1752	0.08	0.05	0.10		1.59	1.32
针织或钩针编织物及其制品制造	176	4.38	3.08	0.06	1.20	66.08	60.49
针织或钩针编织物织造	1761	1.30	2.38	0.02	1.18	34.31	30.85
针织或钩针编织物印染精加工	1762	0.65	0.34		0.02	9.36	8.80
针织或钩针编织品制造	1763	2.42	0.36	0.05		22.40	20.85
家用纺织制成品制造	177	10.00	18.52	2.12	0.71	252.11	220.46
床上用品制造	1771	6.93	3.83	0.26	0.49	141.16	126.24
毛巾类制品制造	1772	1.67	12.80		0.03	77.07	65.02
窗帘、布艺类产品制造	1773	0.47	0.90	0.06		9.08	7.16
其他家用纺织制成品制造	1779	0.93	1.00	1.80	0.19	24.80	22.04
产业用纺织制成品制造	178	8.91	16.63	0.50	4.89	120.09	105.88
非织造布制造	1781	5.22	7.77	0.50	2.96	63.98	55.89
绳、索、缆制造	1782	1.84	3.30			17.51	16.23
纺织带和帘子布制造	1783	0.86	2.90		0.65	14.02	12.70
篷、帆布制造	1784	0.43	1.46		0.81	10.69	9.38
其他产业用纺织制成品制造	1789	0.57	1.21		0.47	13.89	11.70
纺织服装、服饰业	18	62.25	54.00	3.91	25.53	1491.39	1304.86
机织服装制造	181	43.87	39.68	1.68	14.61	1160.50	1014.31
运动机织服装制造	1811	5.84	10.51	0.74	4.97	80.87	69.19
其他机织服装制造	1819	38.03	29.17	0.94	9.63	1079.62	945.11
针织或钩针编织服装制造	182	12.08	9.84	2.20	6.49	274.06	240.45
运动休闲针织服装制造	1821	4.04	2.27	1.41	1.42	46.35	38.72
其他针织或钩针编织服装制造	1829	8.04	7.57	0.79	5.06	227.70	201.73
服饰制造	1830	6.30	4.48	0.04	4.44	56.84	50.10
皮革、毛皮、羽毛及其制品和制鞋业	19	18.92	25.62	1.37	9.72	422.10	387.42
皮革鞣制加工	1910	4.58	3.49	1.15	4.36	105.62	98.47
皮革制品制造	192	4.14	2.93	0.03	1.88	43.70	39.12
皮革服装制造	1921	0.44	0.93		0.60	8.90	8.37
皮箱、包(袋)制造	1922	1.46	0.34		1.04	18.56	16.48

单位：亿元

销售费用	管理费用	财务费用			投资收益（损失以“－”号记）	营业利润	利润总额	亏损企业亏损总额	平均用工人数（万人）	代码
			利息收入	利息支出						
17.42	39.85	20.54	1.12	17.32	0.47	41.67	42.15	11.82	29.61	171
9.38	18.22	12.94	0.44	11.62	0.83	21.58	22.56	7.85	18.65	1711
6.25	15.13	4.79	0.23	3.84	-0.24	17.81	17.55	1.95	7.95	1712
1.78	6.50	2.81	0.45	1.86	-0.12	2.28	2.04	2.01	3.01	1713
1.92	3.41	1.68	0.04	1.20	0.17	4.81	4.89	0.68	1.95	172
1.17	1.62	0.57	0.02	0.20		3.28	3.30	0.29	1.18	1721
0.50	1.31	0.41		0.34	0.17	0.41	0.46	0.32	0.63	1722
0.25	0.48	0.70	0.01	0.66		1.12	1.13	0.06	0.14	1723
0.17	0.31	0.07		0.05		0.32	0.32		0.18	173
0.03	0.03					0.04	0.04		0.02	1731
0.14	0.28	0.07		0.05		0.28	0.28		0.16	1732
										1733
0.03	0.32	0.05		0.04		-0.01		0.13	0.12	174
0.02	0.15	0.02		0.03		0.07	0.07	0.06	0.05	1741
0.01	0.16	0.02		0.02		-0.07	-0.06	0.06	0.06	1742
										1743
0.84	1.13	0.51	0.01	0.47		1.09	1.26	0.56	0.72	175
0.73	1.01	0.49	0.01	0.46		1.08	1.26	0.54	0.64	1751
0.11	0.12	0.02		0.01		0.01		0.02	0.08	1752
0.76	1.75	0.30	0.02	0.24	0.01	2.43	2.42	0.12	1.00	176
0.46	0.76	0.20	0.02	0.13		1.83	1.83	0.03	0.52	1761
0.10	0.36	0.07		0.05	0.01	0.02	0.02	0.06	0.13	1762
0.20	0.63	0.03		0.06		0.58	0.57	0.03	0.34	1763
6.86	9.83	4.21	0.60	3.66	2.27	11.16	12.94	1.49	4.46	177
3.12	5.35	2.65	0.25	2.05	-0.05	2.93	4.66	0.96	1.64	1771
2.80	2.93	1.23	0.35	1.30	2.33	6.67	6.67	0.18	2.16	1772
0.16	0.57	0.03		0.07		1.06	1.06	0.03	0.25	1773
0.78	0.98	0.30		0.24	0.01	0.50	0.55	0.32	0.42	1779
3.51	5.09	1.15	0.10	1.21	0.01	3.70	3.91	1.06	1.80	178
1.73	2.81	0.75	0.06	0.73		2.39	2.40	0.52	0.72	1781
0.29	0.46	0.14		0.05		0.36	0.46	0.10	0.47	1782
0.17	0.49	0.47	0.03	0.36	0.01	0.12	0.17	0.26	0.25	1783
0.33	0.57	0.06		0.05		0.23	0.25	0.10	0.22	1784
0.99	0.76	-0.27		0.02		0.60	0.63	0.07	0.15	1789
34.93	64.77	14.51	1.01	10.59	8.78	72.91	76.36	5.02	28.52	18
27.30	46.41	12.62	0.67	9.25	7.84	62.46	66.15	3.54	19.00	181
2.83	4.42	0.54	0.04	0.39		3.10	3.14	0.96	2.77	1811
24.47	41.99	12.08	0.63	8.85	7.83	59.36	63.01	2.58	16.22	1819
6.31	15.92	1.56	0.29	1.10	0.92	8.24	8.10	1.14	7.53	182
3.39	2.47	0.39	0.02	0.24	0.48	1.28	1.54	0.28	1.45	1821
2.93	13.45	1.17	0.27	0.86	0.44	6.96	6.56	0.86	6.09	1829
1.32	2.44	0.34	0.05	0.24	0.02	2.20	2.12	0.33	1.99	1830
6.99	11.56	3.63	0.08	2.92	0.22	9.40	9.28	4.46	6.46	19
0.95	2.31	1.63	0.06	1.19	0.05	1.95	2.02	2.11	0.98	1910
0.81	1.85	0.35		0.30	0.01	1.18	1.29	0.40	0.89	192
0.08	0.24	0.10		0.07	0.01	0.10	0.09	0.04	0.13	1921
0.39	1.04	0.08		0.06		0.33	0.47	0.25	0.48	1922

1-A-6 续表 22

分 组	代码					营业收入	营业成本
		法人资本	个人资本	港澳台资本	外商资本		
皮手套及皮装饰制品制造	1923	0.25	0.57	0.03		1.40	1.17
其他皮革制品制造	1929	2.00	1.09		0.24	14.84	13.10
毛皮鞣制及制品加工	193	2.09	0.94	0.01	0.04	24.72	23.55
毛皮鞣制加工	1931	1.08	0.48	0.01		12.32	11.79
毛皮服装加工	1932	0.71	0.26			9.48	8.99
其他毛皮制品加工	1939	0.31	0.20		0.04	2.92	2.77
羽毛(绒)加工及制品制造	194	1.07	2.84	0.10	0.01	13.98	11.65
羽毛(绒)加工	1941	0.13	0.30	0.10	0.01	3.00	2.93
羽毛(绒)制品加工	1942	0.94	2.54			10.99	8.71
制鞋业	195	7.03	15.42	0.09	3.43	234.07	214.63
纺织面料鞋制造	1951	2.55	1.04	0.01		18.15	15.63
皮鞋制造	1952	3.47	12.87	0.08	2.56	188.18	174.25
塑料鞋制造	1953						
橡胶鞋制造	1954	0.78	1.49			20.71	18.38
其他制鞋业	1959	0.23	0.03		0.86	6.94	6.29
木材加工和木、竹、藤、棕、草制品业	20	35.60	88.71	1.20	4.04	1197.28	1073.11
木材加工	201	4.17	9.36	0.95	0.35	114.32	104.34
锯材加工	2011	0.90	3.96			37.32	35.56
木片加工	2012	2.29	3.13		0.35	36.89	33.13
单板加工	2013	0.90	1.04			26.71	23.53
其他木材加工	2019	0.07	1.22	0.95		13.41	12.12
人造板制造	202	23.40	63.20	0.06	1.14	922.35	823.92
胶合板制造	2021	13.08	52.06	0.05	0.15	800.27	711.60
纤维板制造	2022	3.65	5.23	0.01	0.26	72.35	66.60
刨花板制造	2023	4.19	3.08		0.01	22.62	21.19
其他人造板制造	2029	2.47	2.83		0.72	27.12	24.53
木质制品制造	203	7.26	16.09	0.19	1.96	157.63	142.18
建筑用木料及木材组件加工	2031	1.96	3.29			35.92	33.64
木门窗制造	2032	1.85	2.12			19.34	16.66
木楼梯制造	2033	0.02	0.15		0.02	2.43	1.99
木地板制造	2034	0.73	2.29		0.08	11.73	10.29
木制容器制造	2035	0.73	0.49			7.47	6.45
软木制品及其他木制品制造	2039	1.97	7.75	0.19	1.85	80.75	73.15
竹、藤、棕、草等制品制造	204	0.77	0.06		0.59	2.97	2.67
竹制品制造	2041						
藤制品制造	2042						
棕制品制造	2043	0.36				0.90	0.84
草及其他制品制造	2049	0.37	0.06		0.59	1.97	1.73
家具制造业	21	21.64	28.83	0.16	3.89	217.01	186.66
木质家具制造	2110	19.92	26.83	0.14	3.28	190.60	163.12
竹、藤家具制造	2120	0.10	0.15			2.77	2.49
金属家具制造	2130	0.42	0.82		0.59	7.75	6.95
塑料家具制造	2140						
其他家具制造	2190	1.20	1.03	0.02	0.02	15.89	14.10
造纸和纸制品业	22	167.31	84.02	10.47	88.26	1910.85	1666.33
纸浆制造	221		0.91			9.25	7.87
木竹浆制造	2211		0.86			6.80	5.64
非木竹浆制造	2212		0.05			2.45	2.23

单位：亿元

销售费用	管理费用	财务费用			投资收益（损失以“－”号记）	营业利润	利润总额	亏损企业亏损总额	平均用工人数（万人）	代码
			利息收入	利息支出						
0.04	0.08	0.03		0.02		0.04	0.04		0.07	1923
0.30	0.49	0.13		0.14		0.71	0.68	0.11	0.21	1929
0.19	0.37	0.10		0.05		-0.50	-0.49	0.98	0.28	193
0.15	0.23	0.06		0.02		-0.81	-0.81	0.97	0.13	1931
0.03	0.12	0.04		0.03		0.20	0.21		0.09	1932
0.01	0.02	0.01				0.11	0.11		0.06	1939
1.09	0.54	0.13		0.09		0.25	0.14	0.46	0.20	194
0.05	0.06	0.02		0.01		-0.07	-0.08	0.12	0.04	1941
1.04	0.48	0.11		0.08		0.33	0.22	0.34	0.16	1942
3.95	6.49	1.42	0.01	1.30	0.15	6.51	6.32	0.50	4.11	195
0.40	0.80	0.19		0.12		0.86	0.87	0.05	0.70	1951
3.22	4.21	1.02		0.96	0.09	4.84	4.69	0.33	2.18	1952
										1953
0.30	1.15	0.22		0.22	0.06	0.55	0.51	0.08	0.95	1954
0.03	0.32			0.01		0.26	0.26	0.05	0.27	1959
28.01	32.46	8.83	0.14	4.41	0.49	49.17	50.34	4.65	14.92	20
2.82	2.98	0.75	0.02	0.32		3.59	3.55	1.68	1.53	201
0.55	0.60	0.13		0.09		0.28	0.27	1.08	0.34	2011
0.76	1.07	0.39	0.01	0.16		1.30	1.26	0.54	0.62	2012
1.26	1.04	0.17		0.03		1.36	1.36	0.05	0.32	2013
0.24	0.27	0.06		0.03		0.65	0.65	0.01	0.25	2019
22.49	25.94	6.80	0.09	3.48	0.09	38.13	39.26	2.40	11.12	202
20.66	22.25	4.84	0.06	1.78	-0.01	36.20	36.19	0.68	9.81	2021
0.71	1.98	1.47	0.03	1.43	0.11	1.24	1.94	1.13	0.71	2022
0.53	0.99	0.21		0.17		-0.20	0.22	0.49	0.26	2023
0.59	0.72	0.27		0.10		0.90	0.91	0.10	0.34	2029
2.62	3.48	1.27	0.03	0.61	0.40	7.34	7.44	0.56	2.21	203
0.49	0.54	0.18		0.11	0.01	0.90	0.91	0.34	0.35	2031
0.57	0.79	0.23	0.01	0.10		0.96	0.98	0.08	0.37	2032
0.11	0.13	0.07		0.05		0.11	0.11		0.05	2033
0.31	0.43	0.27		0.19		0.29	0.31	0.11	0.24	2034
0.22	0.32	0.04	0.01	0.03		0.37	0.37		0.13	2035
0.91	1.27	0.48	0.01	0.13	0.39	4.72	4.76	0.02	1.07	2039
0.09	0.06	0.02		0.01		0.10	0.10		0.06	204
										2041
										2042
0.01	0.03					0.02	0.02		0.01	2043
0.08	0.03	0.02		0.01		0.08	0.08		0.04	2049
8.02	9.33	2.85	-0.01	2.36	0.05	8.28	8.52	2.38	5.29	21
7.19	7.76	2.68	-0.01	2.25	0.03	8.13	8.30	1.61	4.65	2110
0.05	0.07	0.01				0.13	0.14		0.10	2120
0.18	0.39	0.06		0.05	0.02	0.11	0.12	0.06	0.20	2130
										2140
0.61	1.11	0.11		0.05		-0.09	-0.04	0.71	0.34	2190
44.03	65.66	43.35	14.49	48.12	-0.83	81.54	88.84	4.73	11.76	22
0.12	0.55	0.29	0.01	0.29		0.32	0.31	0.50	0.07	221
0.11	0.35	0.15		0.15		0.45	0.45	0.14	0.05	2211
0.01	0.20	0.14		0.15		-0.14	-0.14	0.36	0.02	2212

1-A-6 续表 23

分 组	代码					营业收入	营业成本
		法人资本	个人资本	港澳台资本	外商资本		
造纸	222	145.35	67.48	9.71	81.53	1712.99	1488.53
机制纸及纸板制造	2221	143.56	64.03	9.63	81.53	1679.54	1458.05
手工纸制造	2222	0.78	0.65			7.98	7.11
加工纸制造	2223	1.01	2.80	0.08		25.47	23.38
纸制品制造	223	21.97	15.64	0.76	6.73	188.61	169.93
纸和纸板容器制造	2231	5.19	8.63	0.44	3.33	104.67	95.24
其他纸制品制造	2239	16.78	7.01	0.32	3.40	83.94	74.69
印刷和记录媒介复制业	23	30.36	35.68	7.13	14.14	399.39	346.92
印刷	231	29.78	34.67	7.13	14.00	391.51	340.26
书、报刊印刷	2311	6.81	1.47			39.26	34.67
本册印制	2312	1.32	1.52	0.01	0.01	10.44	8.92
包装装潢及其他印刷	2319	21.64	31.67	7.12	13.99	341.80	296.67
装订及印刷相关服务	2320	0.55	0.97			6.72	5.67
记录媒介复制	2330	0.03	0.04		0.14	1.16	0.99
文教、工美、体育和娱乐用品制造业	24	52.10	75.06	10.37	15.28	869.75	756.75
文教办公用品制造	241	2.02	2.46	0.08	1.86	29.31	24.88
文具制造	2411	1.06	1.06	0.03		15.00	13.02
笔的制造	2412	0.62	0.90	0.05	0.16	10.13	8.24
教学用模型及教具制造	2413	0.09	0.43			1.46	1.24
墨水、墨汁制造	2414	0.01	0.07			0.69	0.59
其他文教办公用品制造	2419	0.24			1.71	2.02	1.79
乐器制造	242	0.57	0.27		0.36	8.03	7.12
中乐器制造	2421						
西乐器制造	2422	0.56	0.25		0.03	2.60	2.15
电子乐器制造	2423				0.33	1.62	1.40
其他乐器及零件制造	2429	0.01	0.01			3.82	3.58
工艺美术及礼仪用品制造	243	33.26	52.80	3.11	9.49	591.87	529.54
雕塑工艺品制造	2431	4.28	4.92		0.04	37.83	33.18
金属工艺品制造	2432	1.97	2.33		0.19	20.61	18.81
漆器工艺品制造	2433	0.45	0.05			6.30	4.82
花画工艺品制造	2434	3.90	3.91	0.01	0.03	4.80	3.38
天然植物纤维编织工艺品制造	2435	6.31	12.89	1.44	0.05	140.46	127.91
抽纱刺绣工艺品制造	2436	4.57	4.51	0.61	0.93	94.68	84.17
地毯、挂毯制造	2437	5.88	5.73	0.68	5.67	108.08	94.27
珠宝首饰及有关物品制造	2438	0.61	5.75	0.05	0.71	78.17	74.76
其他工艺美术及礼仪用品制造	2439	5.29	12.72	0.32	1.89	100.94	88.24
体育用品制造	244	8.26	11.47	5.91	2.71	162.59	127.27
球类制造	2441	0.30	0.06	1.31	0.92	5.15	4.44
专项运动器材及配件制造	2442	4.02	2.75	4.08		61.20	47.25
健身器材制造	2443	2.51	4.44	0.04	0.48	27.41	21.35
运动防护用具制造	2444	0.39	0.45	0.49	0.01	4.10	3.53
其他体育用品制造	2449	1.05	3.77		1.30	64.73	50.69
玩具制造	245	4.90	3.79		0.57	51.61	45.78
电玩具制造	2451	0.40	0.01			0.36	0.30
塑胶玩具制造	2452	0.25	0.10			3.14	2.82
金属玩具制造	2453		1.27			0.24	0.18

单位：亿元

销售费用	管理费用	财务费用			投资收益(损失以"–"号记)	营业利润	利润总额	亏损企业亏损总额	平均用工人数(万人)	代码
			利息收入	利息支出						
39.54	59.10	41.60	14.58	46.69	-0.86	75.49	82.33	3.67	9.37	222
38.66	57.93	41.33	14.58	46.49	-0.86	75.06	81.89	3.19	8.95	2221
0.25	0.24	0.11		0.05		0.18	0.17	0.04	0.11	2222
0.63	0.94	0.16	0.01	0.15		0.25	0.27	0.44	0.32	2223
4.38	6.00	1.45	-0.10	1.14	0.02	5.74	6.20	0.56	2.31	223
1.95	3.27	0.87	0.03	0.62	0.02	2.77	3.08	0.30	1.36	2231
2.42	2.73	0.59	-0.12	0.52		2.97	3.12	0.26	0.95	2239
9.73	19.31	4.07	-0.02	3.26	1.38	18.09	18.21	3.24	5.62	23
9.53	18.62	3.95	-0.02	3.17	1.38	18.00	18.10	3.03	5.48	231
0.59	2.13	0.41		0.35	0.02	1.22	1.32	0.33	0.64	2311
0.26	0.47	0.20		0.15		0.51	0.50	0.05	0.24	2312
8.68	16.02	3.35	-0.02	2.67	1.35	16.27	16.28	2.65	4.60	2319
0.17	0.58	0.11		0.09		0.08	0.09	0.20	0.12	2320
0.03	0.11	0.01		0.01		0.01	0.02		0.02	2330
24.36	37.44	10.43	0.36	8.65	2.50	36.20	41.11	5.16	16.06	24
1.32	1.61	0.16	-0.02	0.13		1.16	1.24	0.15	0.58	241
0.69	0.73	0.11		0.05		0.41	0.47	0.13	0.20	2411
0.46	0.66	0.03	-0.02	0.08		0.65	0.68	0.02	0.26	2412
0.10	0.07	0.02				0.04	0.04		0.04	2413
0.03	0.05					0.01	0.01		0.01	2414
0.05	0.11					0.05	0.05		0.07	2419
0.15	0.30	0.02		0.01		0.33	0.34	0.02	0.19	242
										2421
0.10	0.18	0.02		0.01		0.12	0.12	0.02	0.12	2422
0.05	0.12					0.04	0.04		0.05	2423
						0.17	0.17		0.01	2429
14.67	20.20	7.61	0.34	6.10	-1.09	14.45	17.08	4.12	10.41	243
0.96	1.54	0.66	0.01	0.59		1.23	1.28	0.63	0.86	2431
0.45	0.65	0.21		0.15		0.33	0.39	0.03	0.34	2432
0.27	0.20	0.05		0.01		0.93	0.93	0.01	0.12	2433
0.26	0.35	0.17		0.13		0.50	0.50	0.04	0.18	2434
2.63	2.58	0.93	0.02	0.31	0.02	5.37	5.44	0.25	1.95	2435
2.12	4.98	1.55	0.06	1.31	-1.19	0.17	1.89	0.99	1.90	2436
4.07	5.08	2.22	0.17	2.24	0.01	1.44	1.44	1.87	1.82	2437
1.36	0.51	0.68	0.05	0.61	0.04	0.58	0.55		0.31	2438
2.55	4.31	1.15	0.04	0.75	0.02	3.90	4.65	0.29	2.93	2439
5.34	12.03	2.07	0.02	2.03	3.58	17.69	19.84	0.32	2.99	244
0.18	0.37	0.15		0.10		-0.06	-0.06	0.15	0.19	2441
2.09	2.95	1.45	0.03	1.23	2.50	9.64	9.72		0.63	2442
1.67	1.96	0.25	-0.01	0.27	0.02	2.02	2.28	0.13	0.58	2443
0.14	0.28	0.03		0.01		0.09	0.08	0.02	0.23	2444
1.27	6.47	0.21		0.42	1.06	6.02	7.82	0.02	1.36	2449
1.43	1.71	0.29	0.01	0.28	0.01	1.93	1.91	0.24	1.32	245
0.02	0.02					0.01	0.01		0.02	2451
0.06	0.16	0.02		0.01		0.05	0.06	0.06	0.09	2452
0.02	0.02					0.02	0.02		0.02	2453

1-A-6 续表 24

分　组	代码					营业收入	营业成本
		法人资本	个人资本	港澳台资本	外商资本		
弹射玩具制造	2454						
娃娃玩具制造	2455	0.59	0.61		0.09	19.50	17.78
儿童乘骑玩耍的童车类产品制造	2456	0.22	1.12			13.91	12.20
其他玩具制造	2459	2.74	0.68		0.48	14.30	12.37
游艺器材及娱乐用品制造	246	3.09	4.28	1.27	0.29	26.34	22.15
露天游乐场所游乐设备制造	2461	0.49	1.51	1.27	0.03	10.75	8.70
游艺用品及室内游艺器材制造	2462	0.81	1.97			8.04	6.68
其他娱乐用品制造	2469	1.79	0.79		0.26	7.55	6.77
石油、煤炭及其他燃料加工业	25	175.16	94.87	1.12	2.67	10979.28	9725.95
精炼石油产品制造	251	125.65	73.84	0.42	2.65	9990.49	8894.67
原油加工及石油制品制造	2511	125.65	73.71	0.42	2.65	9990.47	8894.65
其他原油制造	2519						
煤炭加工	252	47.99	19.81	0.65		981.41	824.94
炼焦	2521	44.78	18.50	0.65		948.48	795.51
煤制合成气生产	2522	1.38				17.13	15.36
煤制液体燃料生产	2523	0.04	0.15			1.68	1.60
煤制品制造	2524	1.40	1.10			13.42	11.78
其他煤炭加工	2529	0.38	0.06			0.71	0.69
核燃料加工	2530						
生物质燃料加工	254	1.53	1.22	0.05	0.01	7.38	6.35
生物质液体燃料生产	2541	0.27	0.21			5.34	4.52
生物质致密成型燃料加工	2542	1.26	1.01	0.05	0.01	2.03	1.83
化学原料和化学制品制造业	26	671.39	501.32	44.75	90.43	9902.55	8478.71
基础化学原料制造	261	317.73	126.17	13.75	20.94	3646.35	3144.95
无机酸制造	2611	2.57	4.62		0.01	55.10	47.11
无机碱制造	2612	28.10	8.55		0.94	291.89	239.75
无机盐制造	2613	4.59	5.59		0.47	83.36	72.40
有机化学原料制造	2614	257.39	71.76	1.96	11.11	2927.05	2555.79
其他基础化学原料制造	2619	25.07	35.65	11.79	8.42	288.94	229.90
肥料制造	262	35.63	66.14	6.81	2.66	731.10	635.79
氮肥制造	2621	4.65	3.97			246.38	215.53
磷肥制造	2622		0.80			5.87	5.31
钾肥制造	2623	0.10		0.15		3.58	3.20
复混肥料制造	2624	25.08	55.30	6.49	1.96	436.85	378.48
有机肥料及微生物肥料制造	2625	5.80	5.83	0.18	0.70	34.46	29.61
其他肥料制造	2629		0.23			3.96	3.66
农药制造	263	21.96	17.57			208.84	166.22
化学农药制造	2631	20.59	15.11			185.39	147.04
生物化学农药及微生物农药制造	2632	1.37	2.46			23.45	19.18
涂料、油墨、颜料及类似产品制造	264	12.35	17.44	2.13	3.20	193.15	164.88
涂料制造	2641	5.99	8.04	2.09	2.16	122.11	104.63
油墨及类似产品制造	2642	0.15	0.47	0.04	0.60	4.08	3.50
工业颜料制造	2643	2.63	1.17		0.43	22.99	19.37
工艺美术颜料制造	2644	0.06	0.74			4.92	4.41
染料制造	2645	3.06	6.49			28.82	23.68
密封用填料及类似品制造	2646	0.47	0.53			10.22	9.28
合成材料制造	265	120.95	126.60	11.61	30.62	2070.52	1763.66

单位：亿元

销售费用	管理费用	财务费用			投资收益(损失以"－"号记)	营业利润	利润总额	亏损企业亏损总额	平均用工人数(万人)	代码
			利息收入	利息支出						
										2454
0.55	0.40	0.07		0.08		0.55	0.52	0.09	0.50	2455
0.38	0.55	0.04		0.06	0.01	0.60	0.61		0.23	2456
0.40	0.54	0.13	0.01	0.11		0.72	0.71	0.07	0.45	2459
1.44	1.59	0.28	0.01	0.11		0.64	0.71	0.30	0.57	246
0.75	0.81	0.13		0.05		0.24	0.30	0.15	0.22	2461
0.60	0.41	0.09		0.02		0.21	0.22	0.09	0.17	2462
0.09	0.37	0.06		0.04		0.19	0.18	0.07	0.18	2469
61.53	144.43	95.65	16.77	96.98	8.37	320.61	317.25	36.19	11.68	25
41.93	120.42	81.63	16.01	88.62	5.81	230.14	228.09	35.63	8.98	251
41.93	120.41	81.63	16.01	88.61	5.81	230.14	228.09	35.63	8.98	2511
										2519
19.47	23.75	13.60	0.76	7.95	2.56	90.30	88.95	0.48	2.63	252
18.79	22.81	13.50	0.71	7.91	2.56	88.67	87.30	0.12	2.45	2521
0.35	0.63		0.04	0.02		0.73	0.70	0.05	0.06	2522
0.05	0.01					0.01	0.01		0.01	2523
0.28	0.27	0.10		0.02		0.92	0.95	0.29	0.10	2524
	0.04					-0.02	-0.02	0.02	0.01	2529
										2530
0.12	0.26	0.42		0.40		0.17	0.21	0.09	0.08	254
0.10	0.23	0.39		0.39		0.08	0.12	0.02	0.04	2541
0.02	0.03	0.02		0.02		0.09	0.10	0.07	0.04	2542
213.12	370.45	140.38	9.61	128.28	17.61	613.94	632.24	64.70	45.56	26
62.27	117.95	52.19	5.39	47.12	3.67	211.62	215.12	24.87	13.72	261
1.46	1.75	0.86	-0.02	0.59		3.35	3.32	0.42	0.34	2611
13.37	7.72	8.62	0.52	4.59	0.95	20.86	22.27	1.22	1.65	2612
1.79	4.24	1.13	0.10	0.60	-0.01	2.83	2.83	0.62	0.61	2613
37.07	89.57	37.24	4.76	36.80	0.89	154.67	156.43	21.10	9.51	2614
8.58	14.67	4.35	0.02	4.55	1.84	29.91	30.28	1.51	1.61	2619
12.81	29.84	15.55	0.86	15.99	1.32	33.83	35.28	3.59	5.00	262
2.14	8.19	9.31	0.23	10.09	0.18	9.74	10.72	0.99	1.69	2621
0.05	0.53		0.01	0.01		-0.03	-0.03	0.03	0.09	2622
0.11	0.16				0.03	0.14	0.14		0.01	2623
9.10	19.39	5.84	0.63	5.59	1.10	22.55	22.95	2.17	2.72	2624
1.26	1.47	0.40		0.30		1.43	1.49	0.40	0.47	2625
0.17	0.10						0.01	0.01	0.03	2629
7.10	15.42	1.64	0.02	1.88	0.08	17.32	24.31	0.43	2.01	263
5.80	13.74	1.44		1.85	0.08	16.43	23.25	0.27	1.74	2631
1.30	1.68	0.20	0.01	0.03		0.89	1.06	0.16	0.27	2632
7.62	9.69	1.82	0.12	1.37	0.06	8.01	8.13	2.17	1.75	264
5.93	5.58	1.11	0.15	0.89		4.05	4.16	1.93	1.02	2641
0.19	0.33	0.02		0.01		0.01	0.03	0.04	0.07	2642
0.71	1.76	0.13	-0.04	0.18		0.96	0.98	0.08	0.21	2643
0.06	0.30	0.14		0.14		0.07	0.08		0.07	2644
0.58	1.37	0.39	0.01	0.15	0.05	2.59	2.56	0.08	0.27	2645
0.16	0.35	0.03		0.01		0.33	0.33	0.03	0.11	2646
43.23	75.10	33.59	1.10	29.83	7.68	157.56	158.45	8.61	7.28	265

1-A-6 续表 25

分　组	代码					营业收入	营业成本
		法人资本	个人资本	港澳台资本	外商资本		
初级形态塑料及合成树脂制造	2651	97.60	63.43	7.67	9.97	1448.97	1221.75
合成橡胶制造	2652	10.25	42.44	2.84	0.75	379.51	335.58
合成纤维单(聚合)体制造	2653	3.72	12.74		19.44	148.31	133.64
其他合成材料制造	2659	9.38	7.99	1.10	0.46	93.73	72.69
专用化学产品制造	266	140.99	133.32	9.79	27.00	2924.76	2508.40
化学试剂和助剂制造	2661	53.67	44.33	1.51	12.90	640.91	546.57
专项化学用品制造	2662	60.26	72.07	8.04	9.95	2073.13	1792.78
林产化学产品制造	2663	0.10	0.16			0.88	0.77
文化用信息化学品制造	2664	10.74	1.00	0.24	0.41	14.30	14.88
医学生产用信息化学品制造	2665	0.23	0.19			4.59	3.94
环境污染处理专用药剂材料制造	2666	3.20	3.76			37.71	30.74
动物胶制造	2667	0.12	1.14		0.08	5.65	4.97
其他专用化学产品制造	2669	12.69	10.66		3.66	147.59	113.76
炸药、火工及焰火产品制造	267	0.43	9.11		3.14	29.77	22.02
炸药及火工产品制造	2671	0.43	9.11		3.14	29.77	22.02
焰火、鞭炮产品制造	2672						
日用化学产品制造	268	21.35	4.97	0.66	2.87	98.06	72.78
肥皂及洗涤剂制造	2681	10.81	1.88		0.01	25.04	21.31
化妆品制造	2682	1.22	1.12		0.05	19.88	16.45
口腔清洁用品制造	2683	2.46	0.01		2.78	7.86	4.88
香料、香精制造	2684	6.01	1.60	0.66		39.75	25.37
其他日用化学产品制造	2689	0.86	0.36		0.04	5.53	4.76
医药制造业	27	245.37	213.72	21.79	31.49	2677.50	1513.77
化学药品原料药制造	2710	43.26	36.07	0.97	7.25	610.84	411.87
化学药品制剂制造	2720	63.67	71.63	14.46	0.64	694.07	314.42
中药饮片加工	2730	12.42	8.38			50.62	39.36
中成药生产	2740	17.88	53.83	0.15	1.36	316.24	132.77
兽用药品制造	2750	4.61	6.60		0.03	63.99	39.74
生物药品制品制造	276	76.45	22.37	3.37	20.44	284.95	192.68
生物药品制造	2761	74.31	22.37	3.37	20.44	273.81	187.35
基因工程药物和疫苗制造	2762	2.14				11.14	5.33
卫生材料及医药用品制造	2770	25.15	13.40	2.66	1.76	649.85	377.79
药用辅料及包装材料	2780	1.93	1.44	0.18		6.95	5.15
化学纤维制造业	28	17.51	9.41	1.27	5.52	160.89	146.53
纤维素纤维原料及纤维制造	281	3.31	2.52	0.49	0.30	50.15	47.76
化纤浆粕制造	2811	0.42	1.90			16.12	14.70
人造纤维(纤维素纤维)制造	2812	2.89	0.62	0.49	0.30	34.02	33.06
合成纤维制造	282	9.13	4.51	0.78	5.22	68.42	58.83
锦纶纤维制造	2821	4.71	0.01			6.28	5.48
涤纶纤维制造	2822	0.78	3.16	0.15		21.85	19.59
腈纶纤维制造	2823		0.01			0.33	0.30
维纶纤维制造	2824						
丙纶纤维制造	2825		0.02			0.75	0.71
氨纶纤维制造	2826	2.16	0.24			26.02	22.15
其他合成纤维制造	2829	1.48	1.08	0.63	5.22	13.19	10.59
生物基材料制造	283	5.07	2.37			42.33	39.94
生物基化学纤维制造	2831		2.20			3.79	3.35
生物基、淀粉基新材料制造	2832	5.07	0.17			38.54	36.59

单位：亿元

销售费用	管理费用	财务费用			投资收益（损失以“–”号记）	营业利润	利润总额	亏损企业亏损总额	平均用工人数（万人）	代码
			利息收入	利息支出						
31.91	55.98	21.17	1.61	18.55	5.95	121.08	121.62	6.60	5.07	2651
3.41	11.45	7.44	-0.68	8.13	0.85	21.84	22.03	1.28	1.04	2652
2.22	2.32	3.99	0.16	2.45	0.42	6.06	6.11	0.31	0.19	2653
5.69	5.35	0.98	0.01	0.70	0.47	8.57	8.69	0.42	0.99	2659
73.10	114.72	34.29	2.03	30.76	4.71	170.05	174.97	24.52	14.27	266
18.62	33.13	7.74	0.41	6.85	0.86	31.38	33.06	7.91	4.08	2661
46.31	68.81	24.50	1.22	21.90	3.68	121.53	123.27	11.31	8.47	2662
0.01	0.01	0.01				0.07	0.07	0.01	0.01	2663
0.16	1.59	0.33	0.09	0.39		-2.79	-2.19	3.14	0.21	2664
0.26	0.25					0.11	0.22		0.03	2665
1.41	2.11	0.50	0.01	0.36	0.03	2.76	2.86	0.44	0.30	2666
0.33	0.26	0.03		0.02		-0.05	-0.05	0.15	0.05	2667
5.99	8.54	1.17	0.29	1.24	0.15	17.03	17.73	1.56	1.11	2669
2.10	3.42	0.98	0.07	0.95	0.10	0.76	0.92	0.30	0.61	267
2.10	3.42	0.98	0.07	0.95	0.10	0.76	0.92	0.30	0.61	2671
										2672
4.89	4.31	0.32	0.02	0.37	0.01	14.79	15.05	0.21	0.93	268
1.38	1.02	0.14		0.09		0.95	1.17	0.12	0.36	2681
0.85	0.73	0.05	0.01	0.04	0.01	1.69	1.71	0.04	0.11	2682
1.97	0.43	0.01	0.01	0.01		0.50	0.51	0.04	0.10	2683
0.49	1.92	0.05		0.15		11.35	11.38		0.29	2684
0.20	0.21	0.06		0.07		0.28	0.28	0.01	0.07	2689
526.48	229.49	22.00	5.60	30.00	9.42	361.76	383.82	12.51	23.86	27
77.23	51.62	7.06	1.81	8.75	1.86	59.21	59.39	2.69	5.68	2710
202.54	65.57	2.88	1.50	5.39	2.58	102.91	106.20	0.56	5.16	2720
4.89	2.57	0.54	0.02	0.35	0.13	2.93	2.92	0.54	0.74	2730
86.27	28.01	1.46	1.53	2.66	2.73	63.97	79.83	2.07	3.08	2740
4.78	6.91	0.68	0.02	0.73	1.07	12.09	12.33	0.22	0.89	2750
26.60	21.61	4.36	-0.14	5.44	0.78	38.22	39.35	5.40	2.45	276
23.16	20.63	4.24	-0.15	5.15	0.78	37.05	38.09	5.21	2.38	2761
3.44	0.98	0.11		0.29		1.17	1.26	0.19	0.07	2762
123.98	52.54	4.84	0.85	6.57	0.26	81.65	82.96	0.97	5.69	2770
0.20	0.65	0.19	0.01	0.10		0.78	0.85	0.07	0.18	2780
3.33	6.47	2.89	0.44	2.73	0.15	-0.16	-0.46	5.00	1.72	28
0.79	2.30	1.50	0.05	1.46	0.03	-3.29	-3.23	3.93	0.61	281
0.29	0.65	0.08		0.08	0.03	0.34	0.34		0.18	2811
0.50	1.65	1.42	0.04	1.37		-3.63	-3.57	3.93	0.43	2812
1.97	3.55	0.42	0.12	0.37	0.12	3.23	2.99	0.64	0.90	282
0.18	0.29	-0.01	0.06	0.04		0.26	0.25		0.08	2821
0.41	0.67	0.30	0.01	0.12		0.76	0.54	0.56	0.28	2822
	0.01			0.01		0.01	0.01		0.03	2823
										2824
0.02	0.01								0.01	2825
0.76	1.54	-0.05	0.05	0.04	0.12	1.50	1.50		0.37	2826
0.60	1.04	0.18		0.16		0.69	0.68	0.08	0.14	2829
0.56	0.63	0.97	0.28	0.90		-0.10	-0.21	0.43	0.20	283
0.06	0.21	0.54		0.51		-0.41	-0.40	0.43	0.06	2831
0.51	0.42	0.42	0.28	0.39		0.31	0.18	0.01	0.14	2832

1-A-6 续表 26

分组	代码					营业收入	营业成本
		法人资本	个人资本	港澳台资本	外商资本		
橡胶和塑料制品业	29	157.22	215.06	13.91	28.61	2881.59	2549.72
橡胶制品业	291	92.19	133.79	11.63	15.80	2074.85	1838.17
轮胎制造	2911	76.65	96.23	9.37	8.76	1870.75	1663.65
橡胶板、管、带制造	2912	4.97	20.83	1.88	4.10	97.45	85.60
橡胶零件制造	2913	2.64	4.70			28.28	23.08
再生橡胶制造	2914	0.37	1.67			4.96	4.69
日用及医用橡胶制品制造	2915	5.05	4.52	0.22	1.38	23.95	18.62
运动场地用塑胶制造	2916	0.06	0.04	0.16	0.16	2.09	1.68
其他橡胶制品制造	2919	2.45	5.81		1.39	47.37	40.85
塑料制品业	292	65.03	81.27	2.28	12.82	806.74	711.55
塑料薄膜制造	2921	10.69	14.77	0.18	4.02	110.42	98.81
塑料板、管、型材制造	2922	22.49	26.37	0.10	1.01	197.07	172.75
塑料丝、绳及编织品制造	2923	9.57	10.29	0.20	1.08	172.81	151.28
泡沫塑料制造	2924	0.93	3.70	0.39	0.84	34.06	30.40
塑料人造革、合成革制造	2925	1.89	1.08			12.06	10.56
塑料包装箱及容器制造	2926	5.27	7.75	0.03	1.76	67.67	59.94
日用塑料制品制造	2927	3.54	5.18	0.13	0.89	51.04	45.28
人造草坪制造	2928	0.92	0.54	0.04		14.14	12.29
塑料零件及其他塑料制品制造	2929	9.74	11.59	1.20	3.21	147.46	130.24
非金属矿物制品业	30	313.64	331.70	24.62	47.42	3305.87	2712.91
水泥、石灰和石膏制造	301	62.13	30.08	7.55	7.63	678.97	509.71
水泥制造	3011	47.18	22.83	7.55	7.63	629.27	467.45
石灰和石膏制造	3012	14.95	7.24			49.70	42.26
石膏、水泥制品及类似制品制造	302	67.04	79.87	0.11	3.89	831.26	715.95
水泥制品制造	3021	45.91	60.16	0.11	0.52	609.41	529.53
砼结构构件制造	3022	12.05	10.80		0.10	120.92	101.67
石棉水泥制品制造	3023						
轻质建筑材料制造	3024	5.52	6.12		3.27	71.92	60.15
其他水泥类似制品制造	3029	3.56	2.59			27.99	23.73
砖瓦、石材等建筑材料制造	303	53.62	69.71	3.59	2.31	458.67	380.81
粘土砖瓦及建筑砌块制造	3031	7.52	13.92	0.05	0.23	91.67	77.91
建筑用石加工	3032	13.62	16.40	2.00	0.24	77.84	65.93
防水建筑材料制造	3033	14.13	15.38		0.06	112.37	94.96
隔热和隔音材料制造	3034	7.75	11.24		0.88	62.20	49.39
其他建筑材料制造	3039	10.60	12.77	1.55	0.90	114.59	92.61
玻璃制造	304	19.76	28.16	6.34	14.28	149.80	129.60
平板玻璃制造	3041	15.75	16.83	6.34	9.74	86.49	74.14
特种玻璃制造	3042	1.35	3.89		4.54	30.60	28.19
其他玻璃制造	3049	2.67	7.44			32.70	27.27
玻璃制品制造	305	24.78	26.66	3.34	2.17	187.11	151.88
技术玻璃制品制造	3051	10.68	3.66		0.77	39.90	34.47
光学玻璃制造	3052	0.24	0.24	3.25		10.19	7.96
玻璃仪器制造	3053	0.26	0.45			2.14	2.02
日用玻璃制品制造	3054	4.96	11.13	0.04	0.94	41.38	33.74
玻璃包装容器制造	3055	7.54	10.48	0.06	0.40	78.94	59.77
玻璃保温容器制造	3056		0.02			0.24	0.22

单位：亿元

销售费用	管理费用	财务费用	利息收入	利息支出	投资收益(损失以"–"号记)	营业利润	利润总额	亏损企业亏损总额	平均用工人数(万人)	代码
83.56	103.32	45.74	2.19	40.65	10.05	90.00	93.25	20.61	27.78	29
63.35	68.82	33.77	1.78	31.78	5.41	62.10	63.36	13.55	17.24	291
57.45	58.22	30.83	1.66	29.45	5.34	53.83	54.99	11.04	13.96	2911
2.66	4.87	2.12	0.12	1.66	0.05	1.37	1.29	2.09	1.35	2912
1.09	2.14	0.22	0.01	0.12		1.50	1.57	0.12	0.41	2913
0.07	0.19	0.04		0.03		-0.05	0.02	0.04	0.10	2914
0.70	1.35	0.01	-0.01	0.21	0.02	2.95	2.90	0.17	0.60	2915
0.09	0.22	0.04		0.02		0.06	0.08		0.03	2916
1.28	1.83	0.51		0.29		2.44	2.51	0.10	0.79	2919
20.21	34.50	11.97	0.41	8.88	4.65	27.90	29.89	7.06	10.54	292
2.61	4.97	2.07	0.13	1.67	0.01	1.38	2.51	1.61	1.25	2921
5.22	8.05	3.88	0.17	3.13	0.05	6.21	6.33	2.11	2.04	2922
4.27	7.35	2.74	0.01	1.81	0.30	6.32	6.53	0.86	2.73	2923
0.76	1.10	0.14		0.11		1.44	1.47	0.09	0.32	2924
0.22	0.76	0.13	0.03	0.09	0.05	0.31	0.33	0.27	0.20	2925
1.53	2.41	0.83	0.03	0.48		2.17	2.17	0.55	1.01	2926
1.41	1.93	0.76	0.03	0.42		1.37	1.38	0.35	0.75	2927
0.15	0.66	0.04	0.03	0.03		0.89	0.92	0.01	0.15	2928
4.05	7.27	1.38	-0.01	1.15	4.23	7.80	8.24	1.21	2.09	2929
113.73	152.14	53.97	2.05	47.52	16.74	255.75	261.47	18.33	37.79	30
21.05	31.27	13.25	0.60	12.63	0.55	92.64	93.67	1.05	4.70	301
18.00	30.12	12.84	0.60	12.34	0.55	90.46	91.51	0.86	4.27	3011
3.05	1.16	0.41		0.29		2.17	2.16	0.19	0.44	3012
29.07	30.86	10.00	0.35	7.99	8.50	47.05	47.35	4.63	6.76	302
21.18	20.23	7.92	0.26	6.38	0.02	25.02	25.04	3.01	4.33	3021
4.93	5.37	1.03	0.05	0.78		6.99	7.50	0.67	0.87	3022
										3023
1.95	4.08	0.85	0.05	0.70	8.48	12.78	12.50	0.87	1.23	3024
0.98	0.89	0.20		0.12		1.93	1.93	0.08	0.31	3029
15.62	18.75	5.47	0.17	4.19	2.54	35.46	36.72	2.43	5.79	303
3.26	3.19	1.06		0.80		5.25	6.34	0.38	1.71	3031
1.82	2.73	0.85	0.01	0.35	0.06	5.89	5.83	0.24	1.37	3032
3.80	5.02	1.49	0.04	1.31	1.56	6.90	6.78	0.72	0.88	3033
3.52	4.03	0.63	0.04	0.53	0.90	4.91	5.26	0.29	0.89	3034
3.22	3.79	1.44	0.08	1.19	0.02	12.51	12.50	0.80	0.93	3039
4.03	7.01	3.48	0.27	3.47	0.06	3.97	4.28	2.63	1.59	304
2.14	3.67	2.29	0.21	2.30	0.05	3.18	3.24	0.53	0.83	3041
0.74	1.16	0.58	0.04	0.55	0.01	-0.23	-0.17	0.94	0.26	3042
1.15	2.18	0.61	0.03	0.62	0.01	1.02	1.21	1.16	0.50	3049
10.54	10.64	3.93	0.08	3.59	1.91	10.43	10.56	1.97	4.36	305
1.34	2.07	1.54	0.11	1.22	1.48	1.54	1.55	0.70	0.85	3051
0.35	0.36	0.53		0.22		0.90	0.92		0.18	3052
0.05	0.06	0.03		0.03		-0.03	-0.06	0.15	0.08	3053
2.74	2.87	0.95	0.06	0.88	0.08	1.14	1.20	0.51	1.10	3054
5.75	4.76	0.66	-0.08	1.05	0.35	7.13	7.01	0.28	1.87	3055
						0.01	0.01		0.01	3056

1-A-6 续表 27

分 组	代码					营业收入	营业成本
		法人资本	个人资本	港澳台资本	外商资本		
制镜及类似品加工	3057	0.09	0.05			2.61	2.48
其他玻璃制品制造	3059	1.02	0.63		0.05	11.72	11.22
玻璃纤维和玻璃纤维增强塑料制品制造	306	29.93	22.04	0.06	0.69	225.34	176.24
玻璃纤维及制品制造	3061	25.99	11.47	0.02	0.31	177.79	139.27
玻璃纤维增强塑料制品制造	3062	3.94	10.57	0.04	0.38	47.55	36.97
陶瓷制品制造	307	18.14	22.52	1.09	7.82	192.65	163.37
建筑陶瓷制品制造	3071	3.63	5.42		1.14	43.36	39.56
卫生陶瓷制品制造	3072	1.08	0.75		5.47	17.59	13.23
特种陶瓷制品制造	3073	7.60	9.60	0.34	1.12	69.28	55.87
日用陶瓷制品制造	3074	0.40	1.12	0.11	0.01	9.35	8.22
陈设艺术陶瓷制造	3075	4.93	5.03	0.64	0.07	48.24	42.25
园艺陶瓷制造	3076	0.01	0.54			1.10	1.02
其他陶瓷制品制造	3079	0.48	0.07		0.01	3.73	3.24
耐火材料制品制造	308	5.70	11.83	1.26	2.22	129.34	107.50
石棉制品制造	3081	0.08	0.23			2.66	2.36
云母制品制造	3082						
耐火陶瓷制品及其他耐火材料制造	3089	5.62	11.60	1.26	2.22	126.68	105.14
石墨及其他非金属矿物制品制造	309	32.54	40.84	1.27	6.41	452.73	377.85
石墨及碳素制品制造	3091	28.22	31.45	0.90	3.48	347.39	285.62
其他非金属矿物制品制造	3099	4.31	9.38	0.37	2.93	105.33	92.23
黑色金属冶炼和压延加工业	31	200.79	115.99	1.18	14.79	5355.53	4758.35
炼铁	3110	6.10	0.01			116.86	102.68
炼钢	3120	2.06	5.22			187.74	162.33
钢压延加工	3130	186.95	97.15	1.18	14.79	4790.20	4262.36
铁合金冶炼	3140	5.68	13.62			260.72	230.97
有色金属冶炼和压延加工业	32	439.27	108.70	21.17	2.79	7536.25	7004.32
常用有色金属冶炼	321	147.88	17.46		0.36	3009.64	2807.63
铜冶炼	3211	48.71	5.00		0.36	806.86	772.76
铅锌冶炼	3212		0.13			0.58	0.29
镍钴冶炼	3213	0.70	0.08			0.33	0.29
锡冶炼	3214						
锑冶炼	3215						
铝冶炼	3216	97.22	11.02			2164.40	2001.11
镁冶炼	3217						
硅冶炼	3218						
其他常用有色金属冶炼	3219	1.25	0.10			17.62	15.76
贵金属冶炼	322	7.95	6.99			794.68	771.08
金冶炼	3221	7.95	6.93			793.68	770.15
银冶炼	3222						
其他贵金属冶炼	3229						
稀有稀土金属冶炼	323	0.47	0.59			7.78	6.84
钨钼冶炼	3231	0.01	0.01			0.43	0.38
稀土金属冶炼	3232	0.38	0.50			7.14	6.28
其他稀有金属冶炼	3239						
有色金属合金制造	3240	11.22	4.96	0.25	1.86	401.88	378.88
有色金属压延加工	325	271.76	78.70	20.91	0.57	3322.28	3039.90
铜压延加工	3251	15.27	18.27	1.70	0.16	568.19	535.02

单位：亿元

销售费用	管理费用	财务费用	利息收入	利息支出	投资收益(损失以"-"号记)	营业利润	利润总额	亏损企业亏损总额	平均用工人数(万人)	代码
0.08	0.04							0.01	0.03	3057
0.21	0.49	0.21	-0.01	0.18		-0.27	-0.08	0.31	0.24	3059
7.88	13.28	6.31	0.23	5.84	0.36	20.60	21.56	1.25	4.03	306
5.31	9.68	5.73	0.23	5.39	0.32	17.08	17.52	1.10	3.19	3061
2.57	3.60	0.58		0.45	0.04	3.53	4.05	0.16	0.84	3062
7.30	11.24	2.45	0.14	2.38	0.21	6.63	7.04	1.99	5.38	307
0.70	1.79	0.37		0.19	0.03	0.35	0.25	0.59	1.24	3071
1.23	1.22	0.36	0.01	0.36		1.36	1.38	0.07	0.52	3072
3.26	5.46	1.12	0.11	1.36	0.18	3.15	3.42	0.92	1.53	3073
0.32	0.42	0.07		0.08		0.23	0.22	0.04	0.44	3074
1.66	2.10	0.45	0.01	0.33		1.44	1.67	0.29	1.47	3075
0.02	0.02					0.03	0.03	0.01	0.03	3076
0.11	0.23	0.08		0.07		0.06	0.06	0.07	0.15	3079
5.44	6.86	1.71	-0.03	1.07	0.05	6.38	6.74	0.63	1.86	308
0.03	0.12	0.01		0.01		0.09	0.09		0.04	3081
										3082
5.40	6.74	1.70	-0.03	1.06	0.05	6.29	6.64	0.63	1.83	3089
12.81	22.22	7.37	0.24	6.36	2.56	32.59	33.55	1.76	3.32	309
10.15	18.27	6.58	0.23	5.58	2.48	27.34	28.13	1.43	2.36	3091
2.66	3.94	0.79	0.01	0.77	0.08	5.25	5.42	0.32	0.96	3099
35.52	120.85	67.97	11.36	69.18	12.85	356.54	350.07	5.71	15.09	31
0.17	3.64	0.55	0.36	1.06	0.10	9.36	9.89	0.06	0.41	3110
0.12	2.08	0.71		1.41		21.47	21.17	0.54	0.76	3120
32.73	106.57	63.65	10.91	64.67	12.66	310.80	303.94	5.07	12.86	3130
2.49	8.56	3.06	0.09	2.05	0.09	14.91	15.08	0.04	1.06	3140
42.79	124.56	149.98	22.72	151.25	63.36	252.50	257.18	36.61	23.33	32
9.23	49.78	101.21	18.00	106.51	68.01	94.31	97.05	13.71	9.79	321
2.69	2.83	14.16	2.37	15.33	0.53	13.62	12.97	3.85	0.49	3211
	0.10	0.03				0.14	0.14	0.02	0.01	3212
0.01						0.03	0.03		0.02	3213
										3214
										3215
5.83	45.82	86.19	15.53	90.36	67.59	78.92	82.29	9.56	9.09	3216
										3217
										3218
0.17	0.93	0.69	0.10	0.79	-0.11	-0.02	-0.01	0.28	0.13	3219
2.27	7.92	3.53	1.21	3.99	-1.14	7.78	7.73		0.90	322
2.26	7.91	3.53	1.21	3.99	-1.14	7.74	7.68		0.90	3221
										3222
										3229
0.05	0.53	0.33	0.01	0.34		-0.09	-0.10	0.30	0.08	323
0.01	0.01					0.03	0.03		0.01	3231
0.04	0.50	0.33	0.01	0.34		-0.12	-0.12	0.29	0.07	3232
										3239
6.63	8.67	3.45	1.79	4.41	0.40	6.59	6.87	0.71	0.91	3240
24.61	57.66	41.46	1.70	35.99	-3.91	143.91	145.63	21.89	11.65	325
2.65	4.65	10.16	0.87	9.88	0.75	14.84	15.12	1.53	0.74	3251

1-A-6 续表 28

分 组	代码	法人资本	个人资本	港澳台资本	外商资本	营业收入	营业成本
铝压延加工	3252	250.88	52.80	14.41		2685.65	2442.14
贵金属压延加工	3253		3.17			5.88	6.02
稀有稀土金属压延加工	3254	1.03	1.97	4.78	0.41	26.20	22.62
其他有色金属压延加工	3259	4.58	2.50	0.03		36.36	34.10
金属制品业	33	184.10	256.03	51.22	48.17	2526.08	2248.91
结构性金属制品制造	331	45.61	61.14	16.78	3.23	453.48	403.69
金属结构制造	3311	36.41	51.73	16.71	3.16	394.02	352.89
金属门窗制造	3312	9.20	9.41	0.07	0.07	59.46	50.80
金属工具制造	332	8.80	6.25	0.71	4.86	114.21	99.29
切削工具制造	3321	1.85	1.86		3.84	16.65	13.78
手工具制造	3322	2.99	2.59	0.70	0.79	56.22	50.30
农用及园林用金属工具制造	3323	1.14	0.38	0.01		4.08	3.74
刀剪及类似日用金属工具制造	3324	0.02	0.11		0.04	1.73	1.49
其他金属工具制造	3329	2.80	1.31		0.19	35.54	29.97
集装箱及金属包装容器制造	333	32.38	22.64	9.12	11.44	294.86	257.03
集装箱制造	3331	9.91	3.65	8.70	4.89	118.22	105.66
金属压力容器制造	3332	13.89	13.96	0.32	0.43	97.46	84.02
金属包装容器及材料制造	3333	8.57	5.04	0.10	6.12	79.18	67.35
金属丝绳及其制品制造	3340	1.81	12.58	18.18	5.47	139.24	122.74
建筑、安全用金属制品制造	335	8.73	12.06	0.53	1.81	149.58	118.93
建筑、家具用金属配件制造	3351	3.96	5.78	0.53	0.72	31.96	26.37
建筑装饰及水暖管道零件制造	3352	3.74	4.21		0.67	88.11	65.29
安全、消防用金属制品制造	3353	0.71	0.62		0.19	9.64	8.50
其他建筑、安全用金属制品制造	3359	0.31	1.45		0.24	19.86	18.77
金属表面处理及热处理加工	3360	16.86	29.22			420.61	408.76
搪瓷制品制造	337	1.20	1.85		0.27	8.54	7.53
生产专用搪瓷制品制造	3371	0.49	0.30			3.84	3.51
建筑装饰搪瓷制品制造	3372						
搪瓷卫生洁具制造	3373	0.03	0.49			1.29	1.16
搪瓷日用品及其他搪瓷制品制造	3379	0.68	1.07		0.27	3.41	2.86
金属制日用品制造	338	7.46	5.56	0.14	8.44	66.58	59.90
金属制厨房用器具制造	3381	4.92	4.64		7.21	45.74	42.31
金属制餐具和器皿制造	3382	0.83	0.36	0.14	0.90	11.35	9.63
金属制卫生器具制造	3383	0.51			0.03	0.54	0.50
其他金属制日用品制造	3389	1.21	0.55		0.30	8.95	7.47
铸造及其他金属制品制造	339	61.25	104.73	5.76	12.64	878.98	771.04
黑色金属铸造	3391	20.34	20.91	0.57	0.76	345.05	310.29
有色金属铸造	3392	0.90	1.20			10.70	9.28
锻件及粉末冶金制品制造	3393	32.75	70.36	4.64	7.76	418.10	357.54
交通及公共管理用金属标牌制造	3394	0.41	0.59			3.70	3.09
其他未列明金属制品制造	3399	6.85	11.67	0.54	4.11	101.44	90.85
通用设备制造业	34	1166.96	352.38	35.19	82.02	3159.51	2588.42
锅炉及原动设备制造	341	66.09	80.62	19.98	6.36	925.83	731.92
锅炉及辅助设备制造	3411	22.36	26.77		2.84	116.48	92.97
内燃机及配件制造	3412	32.05	49.06	19.77	3.53	734.79	575.38
汽轮机及辅机制造	3413	3.69	3.00			38.63	34.43
水轮机及辅机制造	3414						

单位：亿元

销售费用	管理费用	财务费用			投资收益(损失以"-"号记)	营业利润	利润总额	亏损企业亏损总额	平均用工人数(万人)	代码
			利息收入	利息支出						
20.86	50.18	29.85	0.78	25.27	-4.66	129.13	130.48	18.48	10.20	3252
0.02	0.51	0.54				-1.25	-1.24	1.25	0.09	3253
0.54	1.54	0.45	0.01	0.38		0.85	0.92	0.41	0.34	3254
0.54	0.78	0.46	0.04	0.46		0.34	0.36	0.23	0.28	3259
55.99	97.72	35.44	0.95	28.84	1.73	90.50	92.60	24.42	26.13	33
11.74	18.40	7.35	0.40	5.36	0.93	10.28	10.37	4.14	5.15	331
9.74	15.23	6.07	0.35	4.57	0.93	8.71	8.99	2.86	4.04	3311
2.00	3.17	1.28	0.05	0.79		1.57	1.38	1.28	1.11	3312
2.35	4.93	0.67	-0.09	0.89		5.83	6.04	0.50	1.92	332
0.55	1.02	0.41	-0.01	0.37		0.72	0.75	0.16	0.38	3321
0.95	2.17	-0.02	-0.08	0.22		2.47	2.64	0.14	0.94	3322
0.09	0.20	0.04		0.04		-0.03	-0.03	0.11	0.08	3323
0.07	0.04	0.01		0.01		0.09	0.09		0.05	3324
0.69	1.50	0.22		0.25		2.58	2.58	0.09	0.47	3329
8.38	13.60	2.76	-0.78	2.55	-0.50	22.74	24.09	3.25	2.94	333
2.53	3.67	-0.32	-0.70	0.51	-0.51	17.77	18.62	0.06	0.65	3331
2.32	6.55	2.31	0.04	1.25		1.47	1.87	2.27	1.40	3332
3.54	3.38	0.77	-0.12	0.80	0.01	3.50	3.60	0.91	0.89	3333
3.45	7.87	3.94	0.17	3.43	0.08	0.60	0.33	5.09	1.36	3340
5.76	8.78	1.00	0.66	0.69	0.13	14.11	13.87	0.88	2.12	335
1.71	2.36	0.49	0.03	0.29	0.10	0.91	0.94	0.56	0.66	3351
3.46	5.61	0.32	0.63	0.26	0.02	12.71	12.45	0.21	1.17	3352
0.26	0.42	0.09		0.08		0.33	0.33	0.04	0.12	3353
0.34	0.40	0.09		0.06	0.01	0.16	0.16	0.07	0.16	3359
3.05	5.03	6.66	0.57	4.50		-3.76	-4.25	6.31	1.47	3360
0.25	0.39	0.07		0.03		0.12	0.14	0.07	0.28	337
0.09	0.22	0.04		0.02		-0.05	-0.03	0.07	0.09	3371
										3372
0.03	0.05	0.02				0.03	0.03		0.03	3373
0.13	0.12	0.01		0.01		0.14	0.14		0.16	3379
1.55	2.21	0.63	0.07	0.55	0.01	1.88	2.03	0.18	0.94	338
0.80	0.99	0.50	0.02	0.42	0.01	0.94	0.97	0.06	0.36	3381
0.53	0.55	0.04	0.03	0.09		0.45	0.58	0.08	0.22	3382
0.01	0.04					-0.01	-0.01	0.01	0.01	3383
0.21	0.62	0.09	0.02	0.04		0.50	0.50	0.03	0.35	3389
19.45	36.51	12.36	-0.04	10.83	1.08	38.69	39.97	4.02	9.95	339
6.26	11.82	4.30	0.05	3.68	0.72	10.79	11.23	1.34	3.25	3391
0.15	0.60	0.10		0.08		0.52	0.55	0.01	0.10	3392
10.60	19.72	6.85	-0.12	6.17	0.29	24.80	25.52	2.18	5.42	3393
0.17	0.21	0.03		0.01		0.17	0.16		0.07	3394
2.27	4.16	1.09	0.03	0.88	0.06	2.42	2.51	0.49	1.11	3399
105.66	203.91	31.06	4.64	28.01	17.29	220.06	227.02	25.48	38.90	34
28.41	67.02	6.84	2.31	7.06	13.02	96.52	97.76	5.83	7.97	341
4.27	9.68	3.98	0.07	3.57	0.54	5.71	5.56	1.51	1.63	3411
21.66	52.50	2.26	2.31	2.38	12.30	87.68	88.98	3.84	5.74	3412
0.80	2.33	0.31	0.02	0.61		0.81	0.87	0.10	0.27	3413
										3414

1-A-6 续表 29

分 组	代码					营业收入	营业成本
		法人资本	个人资本	港澳台资本	外商资本		
风能原动设备制造	3415	3.85	1.50	0.21		26.07	20.71
其他原动设备制造	3419	4.15	0.29			9.86	8.43
金属加工机械制造	342	961.05	60.11	1.41	3.54	489.31	407.34
金属切削机床制造	3421	19.25	13.09	0.03	1.28	81.34	66.84
金属成形机床制造	3422	909.92	9.64	0.05		109.85	87.31
铸造机械制造	3423	7.48	13.37		1.26	67.05	58.07
金属切割及焊接设备制造	3424	2.12	1.19	0.62	0.15	21.00	15.76
机床功能部件及附件制造	3425	15.05	13.38	0.70	0.28	85.44	72.83
其他金属加工机械制造	3429	7.23	9.44		0.57	124.62	106.54
物料搬运设备制造	343	24.58	23.03		4.66	150.10	127.28
轻小型起重设备制造	3431	0.15	0.51			6.67	5.80
生产专用起重机制造	3432	10.19	14.13		2.48	82.96	70.87
生产专用车辆制造	3433	1.73	1.10			19.76	17.45
连续搬运设备制造	3434	0.93	2.59			8.02	6.31
电梯、自动扶梯及升降机制造	3435	5.77	3.57		1.87	23.73	20.35
客运索道制造	3436						
机械式停车设备制造	3437	5.82	0.92		0.30	8.40	6.09
其他物料搬运设备制造	3439						
泵、阀门、压缩机及类似机械制造	344	43.24	45.80	6.63	19.06	438.73	366.81
泵及真空设备制造	3441	8.84	9.65		3.93	92.69	75.14
气体压缩机械制造	3442	9.87	11.73	6.14	2.46	109.11	94.90
阀门和旋塞制造	3443	4.05	6.26	0.24	0.56	39.59	32.84
液压动力机械及元件制造	3444	19.91	17.73	0.25	12.12	193.82	160.86
液力动力机械元件制造	3445	0.27	0.33			2.57	2.28
气压动力机械及元件制造	3446	0.31	0.10			0.95	0.79
轴承、齿轮和传动部件制造	345	13.75	44.24	1.15	26.06	236.49	202.41
滚动轴承制造	3451	5.45	38.15	1.15	18.38	153.70	132.99
滑动轴承制造	3452	0.18	0.46			9.04	7.82
齿轮及齿轮减、变速箱制造	3453	7.27	5.36		1.37	52.67	43.35
其他传动部件制造	3459	0.85	0.28		6.32	21.09	18.25
烘炉、风机、包装等设备制造	346	27.44	58.05	1.45	13.33	468.49	378.44
烘炉、熔炉及电炉制造	3461	0.16	0.38			5.53	4.86
风机、风扇制造	3462	3.62	10.51	0.91	0.96	60.84	47.38
气体、液体分离及纯净设备制造	3463	3.18	4.87	0.20	3.64	41.17	30.37
制冷、空调设备制造	3464	15.90	39.75	0.34	8.69	326.90	267.94
风动和电动工具制造	3465	3.23	0.49		0.03	23.59	19.58
喷枪及类似器具制造	3466	0.03	0.31		0.01	1.29	0.91
包装专用设备制造	3467	1.30	1.73			9.16	7.41
文化、办公用机械制造	347	2.35	1.75	0.13		23.29	15.57
电影机械制造	3471						
幻灯及投影设备制造	3472						
照相机及器材制造	3473		0.02			0.44	0.34
复印和胶印设备制造	3474	0.25	0.32	0.13		1.72	1.35
计算器及货币专用设备制造	3475	1.86	1.18			19.43	12.35
其他文化、办公用机械制造	3479	0.23	0.23			1.70	1.54
通用零部件制造	348	19.49	31.51	4.36	8.31	366.58	308.94
金属密封件制造	3481	2.71	9.69	3.27	1.69	56.85	46.12

单位：亿元

销售费用	管理费用	财务费用			投资收益(损失以“–”号记)	营业利润	利润总额	亏损企业亏损总额	平均用工人数(万人)	代码
			利息收入	利息支出						
1.47	1.74	0.08	-0.15	0.30		1.78	1.83	0.38	0.20	3415
0.21	0.77	0.21	0.06	0.21	0.18	0.55	0.51		0.14	3419
15.38	34.29	4.40	1.01	3.89	1.02	24.60	27.19	5.04	7.40	342
3.49	7.02	1.19	-0.10	1.11	0.17	1.82	1.50	2.91	1.42	3421
3.44	9.66	0.78	1.05	1.46	0.02	8.15	8.45	0.99	1.56	3422
1.82	4.33	0.76	0.04	0.56	0.04	1.68	3.49	0.95	1.30	3423
1.24	2.41	0.09	0.02	0.10		1.21	1.43	0.04	0.38	3424
1.65	4.07	0.68	0.01	0.07	0.70	6.03	6.39	0.07	1.18	3425
3.75	6.79	0.91	-0.01	0.59	0.09	5.72	5.93	0.09	1.56	3429
5.50	6.68	2.04	0.07	1.51	0.11	7.35	7.69	1.50	1.82	343
0.07	0.20	0.08		0.08		0.48	0.48		0.09	3431
2.62	3.27	1.07	0.03	0.82	0.11	4.39	4.48	0.82	0.98	3432
0.50	0.45	0.25	0.03	0.13		1.02	1.01	0.11	0.20	3433
0.34	0.76	0.04		0.01		0.48	0.58		0.11	3434
0.67	1.15	0.41		0.36		0.98	1.04	0.31	0.29	3435
										3436
1.28	0.81	0.13		0.11		-0.04	0.06	0.25	0.13	3437
										3439
13.25	28.93	4.32	0.71	4.38	0.35	22.54	22.59	5.73	6.19	344
4.16	6.76	0.64	0.01	0.54	0.01	5.56	5.36	0.49	1.06	3441
3.16	7.13	1.10	0.64	1.40	0.20	2.85	2.92	2.59	1.68	3442
0.98	2.34	0.33	0.02	0.37	0.13	2.98	3.08	0.27	0.82	3443
4.85	12.52	2.24	0.03	2.05	0.01	11.00	11.07	2.35	2.58	3444
0.03	0.13	0.01		0.01		0.10	0.11	0.02	0.04	3445
0.06	0.05	0.01				0.04	0.04		0.02	3446
5.60	11.60	3.29	0.05	2.62	0.16	11.92	12.83	2.00	3.92	345
3.04	6.66	2.18	0.07	1.81	0.09	7.74	8.53	1.66	2.70	3451
0.19	0.52	0.12		0.11	0.04	0.36	0.38		0.12	3452
1.72	3.04	0.89	0.01	0.61	0.03	3.19	3.24	0.29	0.87	3453
0.65	1.37	0.09	-0.03	0.10		0.63	0.69	0.04	0.23	3459
25.11	29.80	4.13	0.39	3.77	2.38	29.68	31.04	1.55	5.55	346
0.11	0.29	0.03	0.01	0.01		0.22	0.23		0.08	3461
4.45	3.97	0.28	0.02	0.34	0.08	4.31	4.93	0.12	0.86	3462
1.94	4.32	0.92	0.04	0.66	0.02	3.28	3.24	0.82	0.59	3463
16.44	19.42	2.89	0.32	2.58	2.29	19.91	20.52	0.59	3.60	3464
1.56	0.90	-0.17	0.01	0.03		1.65	1.76		0.18	3465
0.18	0.16	0.03		0.03			0.01		0.03	3466
0.44	0.74	0.16		0.12		0.31	0.34	0.02	0.21	3467
2.49	1.89	0.13	0.03	0.17	0.01	3.49	3.50	0.12	0.23	347
										3471
										3472
0.03	0.03	0.01		0.01		0.02	0.02		0.01	3473
0.18	0.16	0.12		0.10		-0.11	-0.10	0.12	0.05	3474
2.22	1.62	0.01	0.03	0.05	0.01	3.56	3.56		0.13	3475
0.06	0.09			0.01		0.02	0.02		0.04	3479
8.08	19.14	5.43	0.06	4.23	0.16	20.50	20.69	3.36	5.00	348
1.48	4.52	0.74	0.06	0.65	0.01	3.57	3.69	0.65	0.87	3481

1-A-6 续表 30

分 组	代码	法人资本	个人资本	港澳台资本	外商资本	营业收入	营业成本
紧固件制造	3482	1.70	5.06		0.80	29.78	26.41
弹簧制造	3483	0.32	1.55		0.40	15.01	12.37
机械零部件加工	3484	10.22	12.26	1.09	4.12	216.08	182.77
其他通用零部件制造	3489	4.54	2.95		1.30	48.87	41.27
其他通用设备制造业	349	8.98	7.28	0.08	0.70	60.69	49.69
工业机器人制造	3491	2.23	1.73			14.21	11.32
特殊作业机器人制造	3492						
增材制造装备制造	3493	1.33	0.53			6.08	4.97
其他未列明通用设备制造业	3499	5.32	5.01	0.08	0.70	40.21	33.23
专用设备制造业	35	170.70	289.81	20.00	80.84	2487.75	2032.36
采矿、冶金、建筑专用设备制造	351	58.26	146.11	12.49	47.09	1154.69	948.00
矿山机械制造	3511	13.52	42.82	0.07	2.20	234.86	192.49
石油钻采专用设备制造	3512	20.46	57.41	12.12	12.14	235.95	189.97
深海石油钻探设备制造	3513	2.14				3.87	3.34
建筑工程用机械制造	3514	16.80	26.89	0.30	32.74	576.89	476.14
建筑材料生产专用机械制造	3515	3.59	7.17			38.08	31.47
冶金专用设备制造	3516	0.92	1.79			24.23	19.76
隧道施工专用机械制造	3517	0.83	10.02			40.81	34.83
化工、木材、非金属加工专用设备制造	352	19.18	29.61	1.54	2.49	216.25	175.21
炼油、化工生产专用设备制造	3521	2.43	3.95	1.00		35.05	29.47
橡胶加工专用设备制造	3522	4.40	6.59		0.75	12.80	11.02
塑料加工专用设备制造	3523	1.52	2.90			17.58	14.38
木竹材加工机械制造	3524	1.90	1.51		0.98	47.53	40.27
模具制造	3525	8.56	14.05	0.54	0.76	97.95	75.83
其他非金属加工专用设备制造	3529	0.39	0.61			5.34	4.24
食品、饮料、烟草及饲料生产专用设备制造	353	0.84	5.39	0.48	0.97	29.07	23.99
食品、酒、饮料及茶生产专用设备制造	3531	0.55	1.52	0.48		12.87	10.18
农副食品加工专用设备制造	3532	0.29	3.20		0.95	13.45	11.64
烟草生产专用设备制造	3533						
饲料生产专用设备制造	3534		0.66		0.01	2.76	2.18
印刷、制药、日化及日用品生产专用设备制造	354	3.55	5.70	0.50	1.57	65.13	52.50
制浆和造纸专用设备制造	3541	0.85	4.23	0.28	0.80	31.29	26.23
印刷专用设备制造	3542	1.31	0.46	0.10	0.05	13.00	10.45
日用化工专用设备制造	3543						
制药专用设备制造	3544	0.79	0.31	0.13		8.12	5.92
照明器具生产专用设备制造	3545						
玻璃、陶瓷和搪瓷制品生产专用设备制造	3546	0.50	0.37		0.72	10.20	7.88
其他日用品生产专用设备制造	3549		0.33			1.12	0.87
纺织、服装和皮革加工专用设备制造	355	4.27	4.31	0.02	3.30	72.88	61.23
纺织专用设备制造	3551	2.09	3.43	0.02	3.30	63.26	53.82
皮革、毛皮及其制品加工专用设备制造	3552						
缝制机械制造	3553	2.11	0.40			6.90	4.98
洗涤机械制造	3554	0.07	0.23			1.44	1.27
电子和电工机械专用设备制造	356	4.62	13.00		3.10	108.85	94.97
电工机械专用设备制造	3561	1.61	8.82			75.19	68.67
半导体器件专用设备制造	3562	1.37	1.54		2.30	9.53	7.45
电子元器件与机电组件设备制造	3563	0.65	0.83		0.66	7.22	6.01
其他电子专用设备制造	3569	0.99	1.81		0.14	16.91	12.84

单位：亿元

销售费用	管理费用	财务费用	利息收入	利息支出	投资收益（损失以“－”号记）	营业利润	利润总额	亏损企业亏损总额	平均用工人数（万人）	代码
0.72	1.23	1.00	-0.04	0.92	0.04	0.18	0.19	0.87	0.49	3482
0.39	0.68	0.31		0.24		1.07	1.04	0.01	0.23	3483
4.36	9.71	3.08	0.04	2.17	0.11	13.00	13.04	1.77	2.85	3484
1.14	3.00	0.31	0.01	0.25		2.69	2.73	0.06	0.55	3489
1.85	4.55	0.47		0.37	0.08	3.44	3.72	0.36	0.82	349
0.47	1.32	0.19		0.13		0.72	0.79	0.17	0.16	3491
										3492
0.36	0.32	0.06		0.03		0.31	0.31	0.01	0.09	3493
1.01	2.90	0.22		0.21	0.08	2.41	2.62	0.17	0.56	3499
111.97	155.32	26.79	2.81	29.40	11.53	148.02	153.72	22.38	28.64	35
49.51	65.54	13.49	0.68	16.98	5.74	70.27	72.43	11.85	10.64	351
8.13	15.63	4.51	-0.05	4.41	0.70	9.97	10.78	4.89	3.13	3511
9.10	17.24	4.42	-0.26	4.36	1.43	15.25	17.12	4.36	2.79	3512
0.07	0.22	0.01		0.02		0.22	0.22		0.03	3513
27.42	25.71	2.73	0.94	6.83	3.61	43.21	42.50	1.43	3.48	3514
2.24	2.72	0.56	0.02	0.32	0.01	0.67	0.69	0.46	0.71	3515
0.96	1.84	0.18	0.01	0.10		0.29	0.27	0.71	0.29	3516
1.58	2.19	1.09	0.01	0.94		0.66	0.86		0.22	3517
5.46	16.13	2.38	0.49	2.23	0.76	15.93	16.28	2.40	3.90	352
0.74	3.05	0.17	0.02	0.39		1.34	1.43	0.44	0.43	3521
0.24	1.36	0.36	0.43	0.80	0.23	0.09	0.10	0.53	0.13	3522
0.69	1.40	0.08		0.05		0.91	0.91	0.11	0.30	3523
1.30	2.48	0.42		0.14		2.73	2.75	0.09	0.63	3524
2.14	7.42	1.30	0.02	0.83	0.53	10.61	10.81	1.23	2.32	3525
0.35	0.41	0.06		0.03		0.26	0.28	0.01	0.08	3529
1.01	2.01	0.33	0.03	0.27	0.13	1.52	1.35	0.24	0.60	353
0.62	1.10	0.10	0.03	0.10		0.74	0.75	0.01	0.27	3531
0.30	0.73	0.19		0.13		0.49	0.30	0.18	0.27	3532
										3533
0.08	0.18	0.04		0.04	0.12	0.29	0.29	0.05	0.05	3534
2.58	4.87	0.66	0.02	0.28	0.02	3.96	4.13	0.55	0.97	354
0.92	2.08	0.31		0.15	0.01	1.70	1.76	0.45	0.36	3541
0.49	0.90	0.19	0.01	0.04	0.01	0.80	0.75	0.09	0.26	3542
										3543
0.74	0.64	0.08		0.01		0.71	0.78		0.09	3544
										3545
0.36	1.07	0.06	0.01	0.06		0.58	0.66	0.01	0.21	3546
0.06	0.06	0.02		0.01		0.10	0.12		0.03	3549
1.99	4.88	0.57	-0.02	0.58	0.02	3.87	3.99	0.15	1.10	355
1.76	4.15	0.58	0.02	0.56	0.02	2.74	2.82	0.10	0.82	3551
										3552
0.16	0.53	-0.02	-0.04	0.01		1.14	1.14	0.03	0.22	3553
0.06	0.12	0.01				-0.01	-0.01	0.02	0.03	3554
1.78	4.14	0.74	-0.01	0.39	0.22	6.96	7.13	0.26	1.14	356
0.75	1.59	0.28	-0.03	0.15	0.01	3.72	3.74	0.10	0.54	3561
0.35	0.75	0.30		0.13		0.60	0.62	0.06	0.24	3562
0.26	0.66	0.04	0.02	0.03	0.01	0.20	0.30	0.07	0.19	3563
0.43	1.13	0.12		0.09	0.20	2.43	2.47	0.04	0.16	3569

1-A-6 续表 31

分 组	代码	法人资本	个人资本	港澳台资本	外商资本	营业收入	营业成本
农、林、牧、渔专用机械制造	357	39.39	18.48	4.26	11.89	274.12	237.68
拖拉机制造	3571	7.07	2.96		1.73	36.68	33.44
机械化农业及园艺机具制造	3572	25.66	8.99	4.26	9.98	172.78	150.55
营林及木竹采伐机械制造	3573						
畜牧机械制造	3574	1.91	0.89			24.39	18.61
渔业机械制造	3575	0.47	0.63			1.45	1.20
农林牧渔机械配件制造	3576	3.43	3.80		0.18	30.36	27.00
棉花加工机械制造	3577		0.37			2.68	1.94
其他农、林、牧、渔业机械制造	3579	0.83	0.34			4.73	3.99
医疗仪器设备及器械制造	358	10.16	16.47	0.70	7.07	221.55	163.30
医疗诊断、监护及治疗设备制造	3581	2.56	4.58		0.48	15.25	10.44
口腔科用设备及器具制造	3582	0.08	0.02			0.06	0.04
医疗实验室及医用消毒设备和器具制造	3583	0.02	0.23			11.21	6.83
医疗、外科及兽医用器械制造	3584	2.47	7.00	0.03	0.62	146.86	117.16
机械治疗及病房护理设备制造	3585	3.03	1.09	0.35	4.29	25.96	15.41
康复辅具制造	3586	0.22	0.71			2.28	1.13
眼镜制造	3587	0.14	1.30		1.42	4.03	3.46
其他医疗设备及器械制造	3589	1.65	1.55	0.32	0.26	15.91	8.83
环保、邮政、社会公共服务及其他专用设备制造	359	30.44	50.75		3.37	345.21	275.49
环境保护专用设备制造	3591	22.30	35.37		0.90	226.75	181.49
地质勘查专用设备制造	3592						
邮政专用机械及器材制造	3593						
商业、饮食、服务专用设备制造	3594	0.12	0.11			2.95	2.19
社会公共安全设备及器材制造	3595	0.66	1.28			9.86	8.13
交通安全、管制及类似专用设备制造	3596	0.89	4.22			21.25	20.11
水资源专用机械制造	3597	1.30	2.72			18.19	13.81
其他专用设备制造	3599	5.17	7.05		2.46	66.22	49.75
汽车制造业	36	277.71	150.87	81.41	263.85	5013.17	4393.95
汽车整车制造	361	90.66	18.36	65.68	161.15	2906.57	2585.87
汽柴油车整车制造	3611	67.52	8.19	65.18	161.15	2756.19	2450.53
新能源车整车制造	3612	23.13	10.16	0.50		150.38	135.34
汽车用发动机制造	3620	36.83	5.33		34.16	185.31	161.65
改装汽车制造	3630	28.61	23.04	2.57	1.06	252.56	214.11
低速汽车制造	3640	1.04	1.70		0.01	44.24	36.97
电车制造	3650	2.51	2.96			36.30	32.98
汽车车身、挂车制造	3660	10.61	11.87		1.14	95.18	77.84
汽车零部件及配件制造	3670	107.46	87.60	13.16	66.33	1493.00	1284.52
铁路、船舶、航空航天和其他运输设备制造业	37	108.88	27.48	5.38	41.57	1156.01	983.55
铁路运输设备制造	371	13.36	9.84	2.37	4.45	754.81	615.78
高铁车组制造	3711	0.01	0.05		3.16	492.85	409.93
铁路机车车辆制造	3712		0.05			83.81	65.08
窄轨机车车辆制造	3713						
高铁设备、配件制造	3714	5.74	2.80	0.33	1.01	101.67	79.98
铁路机车车辆配件制造	3715	1.35	2.55	1.80	0.19	24.84	19.03
铁路专用设备及器材、配件制造	3716	5.14	4.27	0.25	0.09	47.49	38.42
其他铁路运输设备制造	3719	1.11	0.12			4.14	3.35

单位：亿元

销售费用	管理费用	财务费用	利息收入	利息支出	投资收益（损失以"–"号记）	营业利润	利润总额	亏损企业亏损总额	平均用工人数（万人）	代码
12.40	17.94	1.62	1.33	3.07	0.39	4.10	5.54	4.91	3.58	357
0.85	1.88	0.45	0.02	0.44	0.09		0.38	0.64	0.45	3571
8.45	12.62	0.61	1.31	2.26	0.23	0.70	1.27	4.04	2.03	3572
										3573
2.03	1.35	0.04	-0.03	0.12	-0.02	2.22	2.25	0.01	0.30	3574
0.08	0.10	0.02	0.01	0.01		0.04	0.04		0.04	3575
0.52	1.24	0.42	0.01	0.23	0.07	1.00	1.21	0.20	0.64	3576
0.28	0.50	-0.01	0.01		0.02	-0.12	0.10		0.04	3577
0.17	0.23	0.08				0.22	0.23	0.04	0.07	3579
21.21	15.72	3.45	0.22	3.05	0.21	14.42	14.78	1.13	2.55	358
1.34	1.69	0.33	0.05	0.11	0.01	1.29	1.43	0.19	0.32	3581
	0.01							0.01	0.01	3582
1.38	1.28	0.03	0.01	0.02		1.62	1.69		0.10	3583
10.29	8.33	2.49	0.12	2.33	0.06	6.04	6.25	0.04	1.33	3584
4.83	2.00	0.29	0.04	0.32	0.03	2.99	2.92	0.18	0.36	3585
0.35	0.37	-0.03				0.43	0.42		0.03	3586
0.03	0.39	0.07	0.01	0.04		0.07	0.06	0.04	0.10	3587
2.98	1.64	0.27	-0.01	0.22	0.11	1.98	2.01	0.68	0.30	3589
16.04	24.10	3.54	0.09	2.54	4.05	26.98	28.10	0.87	4.16	359
10.72	15.99	2.26	0.08	1.38	2.93	17.28	17.91	0.56	2.67	3591
										3592
										3593
0.18	0.32	0.05		0.04		0.20	0.21		0.06	3594
0.46	0.63	0.05		0.05		0.49	0.50	0.09	0.11	3595
0.49	0.40	0.04		0.02		0.17	0.22	0.04	0.13	3596
1.38	1.68	0.13		0.11	0.01	1.12	1.12	0.09	0.37	3597
2.82	5.09	1.00	0.01	0.95	1.12	7.73	8.14	0.08	0.82	3599
132.74	187.12	34.90	13.66	44.67	13.79	227.49	239.29	34.40	34.85	36
74.82	75.20	8.89	11.05	22.88	11.15	136.21	145.15	10.18	10.63	361
71.53	67.75	8.13	11.20	22.08	11.09	127.06	134.94	7.49	9.43	3611
3.28	7.45	0.76	-0.15	0.80	0.06	9.15	10.20	2.69	1.21	3612
1.46	6.10	0.80	0.03	1.86	0.17	14.56	15.06	0.79	0.77	3620
7.96	15.37	1.76	0.01	1.77	0.46	11.53	11.97	1.49	2.29	3630
0.92	2.88	0.13	0.33	0.38	0.21	3.35	3.69	0.34	0.83	3640
0.69	1.65	0.23	0.01	0.19		0.62	0.79	0.16	0.47	3650
3.21	5.69	2.68	0.01	2.42	-0.03	4.14	4.13	1.25	1.58	3660
43.69	80.23	20.42	2.21	15.17	1.82	57.08	58.52	20.19	18.27	3670
32.94	92.95	5.46	3.78	8.62	0.01	48.17	54.55	20.04	10.32	37
24.84	67.12	-0.97	3.29	2.31	0.01	58.14	58.83	0.30	4.76	371
17.18	43.78	-2.89	2.11	0.08	-0.35	36.42	36.42		2.24	3711
3.13	9.74	0.76	1.06	1.15	0.28	4.77	5.12		0.59	3712
										3713
1.77	7.35	0.65	0.07	0.67	0.13	11.32	11.54	0.07	0.86	3714
0.83	2.26		0.02	0.11	0.02	2.56	2.65		0.37	3715
1.80	3.61	0.49	0.03	0.29	-0.08	2.85	2.89	0.22	0.65	3716
0.13	0.39	0.01		0.01		0.21	0.21		0.04	3719

1-A-6 续表 32

分组	代码					营业收入	营业成本
		法人资本	个人资本	港澳台资本	外商资本		
城市轨道交通设备制造	3720	0.73				1.96	1.76
船舶及相关装置制造	373	80.58	12.17	0.34	32.28	251.69	235.16
金属船舶制造	3731	21.42	4.50		6.63	99.69	97.26
非金属船舶制造	3732	0.12	0.15		0.04	2.25	1.75
娱乐船和运动船制造	3733	0.21	0.02		0.02	3.82	3.30
船用配套设备制造	3734	55.45	5.86	0.34	5.45	95.66	83.65
船舶改装	3735						
船舶拆除	3736						
海洋工程装备制造	3737	3.38	1.08		20.14	49.31	48.42
航标器材及其他相关装置制造	3739		0.55			0.95	0.78
航空、航天器及设备制造	374	0.04	0.19	1.71	0.13	3.79	2.87
飞机制造	3741	0.01	0.05	0.69	0.13	1.00	0.71
航天器及运载火箭制造	3742						
航天相关设备制造	3743						
航空相关设备制造	3744		0.13	1.01		2.71	2.10
其他航空航天器制造	3749	0.03	0.01			0.08	0.06
摩托车制造	375	4.23	0.81	0.61	3.53	51.08	44.90
摩托车整车制造	3751	4.00	0.29		1.48	24.09	20.94
摩托车零部件及配件制造	3752	0.23	0.52	0.61	2.05	26.99	23.96
自行车和残疾人座车制造	376	0.61	0.32			11.38	10.33
自行车制造	3761	0.05	0.03			0.71	0.64
残疾人座车制造	3762	0.56	0.30			10.67	9.69
助动车制造	3770	7.49	2.08		0.43	48.36	42.80
非公路休闲车及零配件制造	3780	1.32	0.12			3.86	3.07
潜水救捞及其他未列明运输设备制造	379	0.52	1.95	0.35	0.77	29.09	26.87
潜水装备制造	3791						
水下救捞装备制造	3792						
其他未列明运输设备制造	3799	0.52	1.95	0.35	0.77	29.09	26.87
电气机械和器材制造业	38	266.12	232.57	8.22	35.10	3383.96	2602.72
电机制造	381	16.80	23.55	0.51	4.08	261.90	227.85
发电机及发电机组制造	3811	9.45	12.96		0.25	82.69	74.28
电动机制造	3812	5.38	4.98	0.51	0.36	116.71	99.71
微特电机及组件制造	3813	1.48	1.89		2.55	49.36	42.53
其他电机制造	3819	0.50	3.72		0.91	13.15	11.32
输配电及控制设备制造	382	142.34	96.39	5.38	15.81	757.24	630.78
变压器、整流器和电感器制造	3821	28.94	20.93	0.38	3.99	246.94	210.28
电容器及其配套设备制造	3822	0.60	7.04			23.32	18.46
配电开关控制设备制造	3823	48.31	39.41	0.01	2.21	206.58	157.83
电力电子元器件制造	3824	17.55	7.27		8.72	104.61	92.79
光伏设备及元器件制造	3825	29.41	6.02	4.74	0.43	67.09	63.81
其他输配电及控制设备制造	3829	17.53	15.72	0.25	0.46	108.70	87.62
电线、电缆、光缆及电工器材制造	383	63.27	58.37	0.14	9.14	513.17	451.78
电线、电缆制造	3831	52.64	51.60	0.13	8.71	431.58	383.34
光纤制造	3832	6.50	1.46			32.08	26.25
光缆制造	3833	1.14	1.33			19.27	16.36
绝缘制品制造	3834	2.10	2.17	0.01	0.43	21.10	18.22
其他电工器材制造	3839	0.89	1.80			9.13	7.62

单位：亿元

销售费用	管理费用	财务费用	利息收入	利息支出	投资收益（损失以"－"号记）	营业利润	利润总额	亏损企业亏损总额	平均用工人数（万人）	代码
0.02	0.08	0.01		0.01		0.07	0.07	0.03	0.05	3720
4.16	19.19	5.79	0.52	5.70	0.07	-14.44	-9.02	18.41	3.47	373
0.22	4.46	1.83	-0.03	1.99	0.10	-4.68	-4.67	7.67	1.36	3731
0.07	0.35	0.02		0.01		0.08	0.09		0.08	3732
0.08	0.19	0.01		0.01		0.23	0.23	0.01	0.07	3733
3.12	8.41	-0.30	0.11	1.37	0.02	-0.48	0.62	3.57	1.31	3734
										3735
										3736
0.60	5.70	4.22	0.44	2.31	-0.04	-9.57	-5.29	7.14	0.63	3737
0.06	0.07	0.02						0.03	0.02	3739
0.18	0.46	0.05		0.01	0.01	0.19	0.19	0.13	0.07	374
0.03	0.26	0.04		0.01	0.01	-0.05	-0.05	0.13	0.04	3741
										3742
										3743
0.14	0.19	0.01				0.23	0.23		0.03	3744
	0.01					0.01	0.01			3749
1.27	3.27	0.07	-0.03	0.18	-0.08	1.24	1.34	0.51	0.79	375
0.98	2.24	0.06	-0.02	0.13	-0.08	-0.28	-0.25	0.48	0.39	3751
0.29	1.03	0.01	-0.01	0.05		1.52	1.59	0.03	0.41	3752
0.34	0.47	0.06		0.05		0.16	0.19	0.02	0.18	376
	0.09					-0.02	-0.02	0.02	0.01	3761
0.34	0.38	0.06		0.05		0.18	0.21		0.17	3762
1.19	1.15	0.34		0.22		2.35	2.41	0.18	0.54	3770
0.09	0.11	0.01				0.57	0.57		0.08	3780
0.83	1.11	0.11	0.01	0.14		-0.11	-0.03	0.45	0.38	379
										3791
										3792
0.83	1.11	0.11	0.01	0.14		-0.11	-0.03	0.45	0.38	3799
293.95	274.31	54.04	12.12	57.95	57.38	186.99	195.58	27.61	24.09	38
7.87	13.83	3.90	0.17	3.53	0.78	8.81	9.08	5.35	3.29	381
2.25	5.02	2.44	0.12	2.39		-2.04	-2.11	5.03	1.16	3811
4.26	5.69	0.93	0.02	0.71	-0.03	6.66	6.93	0.30	1.37	3812
1.03	2.45	0.38	-0.02	0.26	0.01	2.83	2.89	0.01	0.55	3813
0.33	0.67	0.15	0.06	0.16	0.79	1.37	1.37	0.01	0.20	3819
31.39	54.95	14.61	0.73	11.87	7.91	26.70	28.55	10.96	8.04	382
11.61	17.23	4.44	0.10	4.23	2.29	3.58	4.56	3.56	2.40	3821
0.33	1.63	0.57	-0.02	0.63		1.81	1.95	0.04	0.22	3822
11.44	21.25	3.23	0.14	2.61	5.14	16.33	16.69	2.17	2.64	3823
2.01	4.22	1.57	0.18	0.59	0.20	3.75	3.63	0.32	1.44	3824
0.99	3.20	1.43	0.10	0.79	-0.22	-2.93	-2.71	3.54	0.45	3825
5.02	7.42	3.37	0.23	3.02	0.50	4.15	4.42	1.33	0.88	3829
15.17	22.26	8.72	-0.13	7.39	1.93	14.61	15.28	6.17	4.25	383
12.99	17.77	7.16	-0.08	6.04	1.27	9.57	9.80	5.79	3.55	3831
0.83	1.81	0.63		0.65	0.62	3.09	3.39	0.01	0.23	3832
0.44	1.03	0.54	-0.05	0.42		0.86	0.87		0.10	3833
0.65	1.08	0.11		0.09	0.03	0.85	0.95	0.25	0.25	3834
0.26	0.58	0.27		0.20		0.24	0.26	0.13	0.13	3839

1-A-6 续表 33

分 组	代码	法人资本	个人资本	港澳台资本	外商资本	营业收入	营业成本
电池制造	384	11.23	9.52	1.06	1.34	119.07	103.14
锂离子电池制造	3841	9.36	6.86	0.94	0.24	67.80	57.13
镍氢电池制造	3842	1.29	0.56	0.12		6.23	5.31
铅蓄电池制造	3843	0.07	1.05		1.10	40.46	36.73
锌锰电池制造	3844		0.21			1.38	1.30
其他电池制造	3849	0.51	0.85			3.21	2.68
家用电力器具制造	385	18.31	15.14	0.09	1.78	1588.56	1068.50
家用制冷电器具制造	3851	14.12	6.35		0.58	1419.14	923.26
家用空气调节器制造	3852	0.31	1.08		0.04	33.35	30.68
家用通风电器具制造	3853		1.23			4.75	4.36
家用厨房电器具制造	3854	2.56	0.50		0.38	78.98	64.71
家用清洁卫生电器具制造	3855	0.11	1.13			0.93	0.86
家用美容、保健护理电器具制造	3856						
家用电力器具专用配件制造	3857	0.97	4.26	0.09	0.79	32.00	28.55
其他家用电力器具制造	3859	0.24	0.48			4.02	3.36
非电力家用器具制造	386	9.25	17.22	0.08	1.14	54.84	45.06
燃气及类似能源家用器具制造	3861	5.18	6.97	0.08	0.14	23.96	19.22
太阳能器具制造	3862	4.06	10.12		1.00	29.96	25.03
其他非电力家用器具制造	3869		0.13			0.92	0.81
照明器具制造	387	1.76	5.55	0.86	1.02	61.92	53.84
电光源制造	3871	0.23	0.99	0.86	0.04	22.55	19.48
照明灯具制造	3872	0.88	3.18			28.19	24.53
舞台及场地用灯制造	3873	0.56	1.09			4.74	3.94
智能照明器具制造	3874	0.04			0.96	2.88	2.76
灯用电器附件及其他照明器具制造	3879	0.05	0.29		0.02	3.56	3.14
其他电气机械及器材制造	389	3.16	6.83	0.09	0.78	27.27	21.77
电气信号设备装置制造	3891	1.09	1.53	0.09		6.59	5.34
其他未列明电气机械及器材制造	3899	2.07	5.29		0.78	20.68	16.43
计算机、通信和其他电子设备制造业	39	131.80	133.12	59.32	108.03	3590.94	3099.15
计算机制造	391	19.68	7.96	3.40	11.80	741.88	606.91
计算机整机制造	3911	5.26	0.18	3.27		570.66	466.79
计算机零部件制造	3912	0.55	0.86	0.14	0.21	17.01	15.79
计算机外围设备制造	3913	6.54	4.03		11.58	145.76	119.18
工业控制计算机及系统制造	3914	0.03	0.30			0.68	0.45
信息安全设备制造	3915	5.43	1.48			2.40	1.03
其他计算机制造	3919	1.87	1.11			5.38	3.68
通信设备制造	392	8.48	5.31	4.96	6.93	308.67	272.53
通信系统设备制造	3921	6.15	3.91	2.76	3.13	103.83	92.36
通信终端设备制造	3922	2.33	1.40	2.20	3.80	204.85	180.17
广播电视设备制造	393	2.77	3.41		0.65	19.44	16.51
广播电视节目制作及发射设备制造	3931						
广播电视接收设备制造	3932	1.56	1.08			3.76	3.37
广播电视专用配件制造	3933						
专业音响设备制造	3934	0.30			0.65	1.44	1.23
应用电视设备及其他广播电视设备制造	3939	0.90	2.22			14.24	11.91
雷达及配套设备制造	3940						
非专业视听设备制造	395	32.12	45.45	14.09	5.26	1053.51	881.30

单位：亿元

销售费用	管理费用	财务费用			投资收益（损失以"–"号记）	营业利润	利润总额	亏损企业亏损总额	平均用工人数（万人）	代码
			利息收入	利息支出						
2.58	6.86	2.45	0.66	1.54	0.05	1.10	1.50	1.46	1.34	384
2.02	4.73	1.90	0.11	0.59	0.01	0.85	1.23	1.16	0.70	3841
0.28	0.38	0.25	0.55	0.80	0.04	0.09	0.10	0.08	0.20	3842
0.16	1.48	0.23		0.07		0.13	0.12	0.17	0.33	3843
0.01	0.07					-0.04	-0.04	0.04	0.03	3844
0.11	0.20	0.07		0.07		0.08	0.09	0.02	0.09	3849
232.11	165.80	22.54	10.17	32.77	46.69	131.52	136.78	0.30	5.03	385
220.18	158.24	21.59	10.25	31.78	38.91	119.36	124.43	0.04	3.60	3851
0.37	0.75	0.49		0.46	0.05	1.05	1.11		0.16	3852
0.10	0.20	0.06		0.08	0.01	0.03	0.02		0.08	3853
9.52	4.12	-0.07	-0.08	0.16	7.72	9.39	9.37	0.03	0.54	3854
0.04	0.05	0.03		0.01		-0.05	-0.05	0.07	0.05	3855
										3856
0.51	1.51	0.24		0.10		0.99	1.12	0.14	0.44	3857
0.21	0.28	0.02		0.01		0.11	0.13		0.08	3859
2.43	3.91	0.75	0.30	0.31		2.20	2.48	0.79	0.94	386
1.01	1.93	0.58	0.36	0.16		1.05	1.19	0.68	0.41	3861
1.40	1.89	0.17	-0.06	0.15		1.16	1.30	0.08	0.52	3862
0.02	0.09	0.01		0.01		-0.01	-0.01	0.03	0.01	3869
1.43	4.66	0.70	0.25	0.29	0.01	0.11	-0.05	2.40	0.68	387
0.37	2.52	0.41	0.22	0.12		-1.22	-1.16	1.87	0.16	3871
0.71	1.50	0.19		0.11		1.17	1.18	0.04	0.34	3872
0.10	0.28	0.12		0.05	0.01	0.23	0.23	0.01	0.12	3873
0.21	0.15	-0.01	0.02			-0.23	-0.47	0.47	0.02	3874
0.04	0.21	-0.01	0.01			0.16	0.16		0.04	3879
0.97	2.05	0.36	-0.05	0.25	0.01	1.93	1.98	0.17	0.52	389
0.22	0.67	0.19		0.06		0.12	0.15	0.08	0.14	3891
0.75	1.38	0.17	-0.05	0.19	0.01	1.80	1.83	0.09	0.37	3899
126.45	193.75	18.13	7.26	31.25	16.52	159.11	165.62	17.07	28.95	39
35.23	68.24	7.15	3.40	10.58	6.55	26.72	27.49	1.24	4.84	391
30.03	53.90	7.13		7.17	5.38	14.34	14.92	0.08	2.65	3911
0.09	0.46	0.14		0.06		0.44	0.43	0.09	0.24	3912
4.02	11.62	-0.17	3.41	3.26	0.89	11.59	11.75	0.52	1.78	3913
0.03	0.13					0.06	0.07		0.01	3914
0.52	1.23	-0.02	-0.01		0.03	-0.16	-0.19	0.56	0.07	3915
0.54	0.90	0.07	0.01	0.09	0.25	0.46	0.50		0.09	3919
3.23	6.90	0.50	0.08	2.07	0.08	24.99	25.03	1.87	1.23	392
1.83	3.99	0.73	0.05	0.71	-0.01	4.58	4.86	0.32	0.55	3921
1.40	2.91	-0.23	0.03	1.37	0.09	20.40	20.18	1.55	0.68	3922
0.90	1.36	0.08	0.01	0.11		0.48	0.52	0.08	0.42	393
										3931
0.08	0.17	0.06		0.05		0.01	0.01	0.07	0.06	3932
										3933
	0.11	0.02		0.02		0.04	0.08		0.18	3934
0.81	1.08		0.01	0.04		0.43	0.43	0.02	0.17	3939
										3940
68.04	52.22	3.55	1.87	3.59	6.16	55.65	60.65	1.39	6.63	395

1-A-6 续表 34

分组	代码	法人资本	个人资本	港澳台资本	外商资本	营业收入	营业成本
电视机制造	3951	24.90	9.10	14.09	2.75	779.50	653.83
音响设备制造	3952	2.01	35.51		0.86	208.94	170.41
影视录放设备制造	3953	5.21	0.85		1.65	65.07	57.07
智能消费设备制造	396	9.40	0.65	23.50	3.55	473.01	451.39
可穿戴智能设备制造	3961	8.06	0.17		0.61	55.58	48.68
智能车载设备制造	3962						
智能无人飞行器制造	3963		0.01			0.25	0.23
服务消费机器人制造	3964	0.22				0.95	0.76
其他智能消费设备制造	3969	1.12	0.47	23.50	2.95	416.23	401.72
电子器件制造	397	24.03	27.21	8.86	30.23	549.41	502.34
电子真空器件制造	3971	1.79	6.99		1.12	22.88	21.04
半导体分立器件制造	3972	2.43	4.36	3.62	11.79	34.59	28.64
集成电路制造	3973	4.54	3.50		0.44	17.65	14.61
显示器件制造	3974	1.00	0.78	1.50	14.82	385.21	368.64
半导体照明器件制造	3975	1.66	1.68	0.65	0.21	10.24	9.55
光电子器件制造	3976	12.07	7.93	0.02	0.50	33.44	27.81
其他电子器件制造	3979	0.54	1.97	3.07	1.36	45.41	32.06
电子元件及电子专用材料制造	398	33.65	38.19	4.51	41.33	381.38	314.02
电阻电容电感元件制造	3981	4.43	5.59	1.41	9.17	73.23	62.82
电子电路制造	3982	0.75	0.71	0.06	14.42	41.23	37.20
敏感元件及传感器制造	3983	0.83	0.67	0.21	1.32	22.51	17.17
电声器件及零件制造	3984	1.01	0.37		3.53	8.78	8.00
电子专用材料制造	3985	11.70	15.20	0.04	2.08	112.09	85.26
其他电子元件制造	3989	14.92	15.65	2.79	10.81	123.53	103.57
其他电子设备制造	3990	1.67	4.95		8.27	63.35	53.96
仪器仪表制造业	40	43.84	43.77	0.95	8.36	317.81	236.62
通用仪器仪表制造	401	35.67	30.35	0.12	6.67	210.37	163.15
工业自动控制系统装置制造	4011	23.83	18.33		1.78	101.53	79.03
电工仪器仪表制造	4012	7.01	1.77	0.12		41.27	33.20
绘图、计算及测量仪器制造	4013	0.05	0.37		4.44	6.83	5.64
实验分析仪器制造	4014	1.87	2.08		0.19	16.33	12.02
试验机制造	4015	0.93	1.30			12.10	8.17
供应用仪器仪表制造	4016	1.53	5.62		0.02	24.77	19.88
其他通用仪器制造	4019	0.45	0.89		0.24	7.54	5.21
专用仪器仪表制造	402	4.53	8.98	0.08	1.66	77.67	51.38
环境监测专用仪器仪表制造	4021	1.45	1.66			11.68	6.34
运输设备及生产用计数仪表制造	4022	0.01	1.90		0.66	11.39	8.73
导航、测绘、气象及海洋专用仪器制造	4023	0.02	0.11		0.02	1.42	1.27
农林牧渔专用仪器仪表制造	4024						
地质勘探和地震专用仪器制造	4025	0.54	1.45			5.32	4.36
教学专用仪器制造	4026	0.30	0.94			4.70	3.13
核子及核辐射测量仪器制造	4027						
电子测量仪器制造	4028	1.57	1.80		0.98	35.74	22.75
其他专用仪器制造	4029	0.52	1.12	0.08		7.05	4.55
钟表与计时仪器制造	4030	0.17	0.94	0.75		6.05	4.58
光学仪器制造	4040	0.68	1.27		0.03	4.58	3.47
衡器制造	4050	0.60	1.15			11.22	8.65
其他仪器仪表制造业	4090	2.19	1.08			7.93	5.39

单位：亿元

销售费用	管理费用	财务费用			投资收益（损失以“—”号记）	营业利润	利润总额	亏损企业亏损总额	平均用工人数（万人）	代码
			利息收入	利息支出						
64.53	33.42	1.58	1.73	2.21	6.29	35.19	38.26	0.77	2.71	3951
3.26	18.02	2.24	0.14	1.38	-0.08	13.26	15.22	0.04	3.71	3952
0.25	0.77	-0.26		0.01	-0.05	7.20	7.17	0.58	0.22	3953
2.21	12.15	0.48	-0.01	8.41	-0.35	5.91	5.69	0.63	3.47	396
0.39	3.24	0.26	-0.02	0.06	0.22	3.16	3.18	0.09	0.31	3961
										3962
						0.01	0.01		0.01	3963
0.06	0.09	0.03		0.03			0.01		0.02	3964
1.76	8.81	0.19		8.32	-0.57	2.73	2.49	0.54	3.12	3969
7.11	19.71	2.99	1.32	2.93	1.34	18.01	18.58	5.64	4.67	397
0.45	1.32	0.13		0.10	0.02	0.07	0.23	0.53	0.51	3971
0.58	2.51	0.25	0.01	0.15	0.01	2.58	2.69	0.09	0.69	3972
0.74	1.77	0.14	0.01	0.17	-0.09	0.13	0.20	0.96	0.28	3973
1.66	3.26	0.73	1.18	0.97		10.29	10.23	0.16	1.53	3974
0.19	1.02	0.53		0.30		-1.09	-1.07	1.31	0.19	3975
0.97	3.35	0.82	0.03	0.82	0.46	1.17	1.34	2.04	0.78	3976
2.52	6.49	0.40	0.08	0.43	0.95	4.87	4.97	0.54	0.68	3979
8.49	27.66	3.10	0.55	3.20	2.71	25.49	25.75	5.06	6.84	398
1.90	5.51	0.32	0.01	0.25	-0.22	2.02	1.98	0.84	1.79	3981
0.43	2.59	0.15	0.01	0.29	0.05	0.72	0.74	1.60	0.76	3982
0.56	2.20	0.08		0.09	0.01	2.20	2.23	0.04	0.36	3983
0.15	0.52	0.07	0.01	0.05		-0.02	-0.16	0.38	0.17	3984
2.24	8.95	1.97	0.24	1.83	2.45	14.99	15.43	0.77	1.52	3985
3.20	7.89	0.52	0.29	0.69	0.43	5.59	5.53	1.43	2.24	3989
1.21	5.50	0.27	0.04	0.34	0.01	1.81	1.87	1.14	0.84	3990
21.98	32.36	1.80	0.15	2.45	1.24	23.45	25.09	2.92	4.36	40
13.36	19.88	1.26	0.37	1.67	1.15	11.80	12.60	2.54	2.62	401
6.79	9.52	0.62	0.03	0.87	0.57	4.49	4.73	1.68	1.14	4011
2.11	3.12	0.01	0.30	0.28	0.06	2.81	2.88	0.06	0.37	4012
0.27	0.46	0.05		0.05		0.34	0.34	0.03	0.15	4013
1.22	2.20	0.09	0.02	0.11	0.47	1.19	1.33	0.47	0.22	4014
0.96	1.89	0.16	0.01	0.11		0.89	0.89	0.18	0.21	4015
1.26	1.86	0.25		0.21	0.05	1.49	1.79	0.11	0.38	4016
0.75	0.82	0.07	0.01	0.05		0.59	0.64	0.01	0.14	4019
6.08	8.96	0.31	-0.24	0.58	0.06	10.48	10.85	0.10	0.94	402
1.07	2.30	0.03	0.01	0.01		1.83	1.89		0.17	4021
0.65	1.15	0.14	-0.16	0.30		0.66	0.65	0.04	0.12	4022
0.02	0.06	0.02		0.02		0.04	0.03	0.01	0.02	4023
										4024
0.10	0.40	0.23		0.18	0.01	0.18	0.21	0.03	0.06	4025
0.30	0.47					0.81	0.87		0.08	4026
										4027
3.06	3.64	-0.14	-0.08	0.03	0.05	6.16	6.38	0.01	0.37	4028
0.86	0.91	0.04		0.02		0.74	0.77		0.12	4029
0.48	0.79	0.03		0.02		0.09	0.17	0.13	0.27	4030
0.34	0.78	0.08		0.07		-0.15	0.01	0.14	0.14	4040
0.82	1.11	0.08	0.01	0.08	0.01	0.48	0.57	0.01	0.18	4050
0.90	0.84	0.03		0.03	0.01	0.74	0.89		0.21	4090

1-A-6 续表 35

分 组	代码					营业收入	营业成本
		法人资本	个人资本	港澳台资本	外商资本		
其他制造业	41	3.13	2.74	0.09	6.81	28.90	24.83
日用杂品制造	411	1.61	1.18	0.07	2.01	15.99	13.88
鬃毛加工、制刷及清扫工具制造	4111	0.23	0.80	0.07		3.42	3.03
其他日用杂品制造	4119	1.38	0.37		2.01	12.57	10.84
核辐射加工	4120						
其他未列明制造业	4190	1.52	1.36	0.02	4.80	12.82	10.88
废弃资源综合利用业	42	8.86	9.31		2.75	197.18	194.96
金属废料和碎屑加工处理	4210	3.04	6.50		2.75	158.68	162.61
非金属废料和碎屑加工处理	4220	5.82	2.81			38.50	32.35
金属制品、机械和设备修理业	43	1.13	0.10	0.61		12.96	9.70
金属制品修理	4310	0.01	0.03	0.01		0.74	0.44
通用设备修理	4320	0.01				2.01	1.89
专用设备修理	4330	0.72	0.06			2.45	2.05
铁路、船舶、航空航天等运输设备修理	434	0.38	0.01	0.60		7.10	4.72
铁路运输设备修理	4341						
船舶修理	4342					0.54	0.46
航空航天器修理	4343	0.38		0.60		6.42	4.12
其他运输设备修理	4349						
电气设备修理	4350						
仪器仪表修理	4360						
其他机械和设备修理业	4390	0.01				0.66	0.61
电力、热力、燃气及水生产和供应业	**D**	**303.00**	**98.34**	**109.03**	**27.30**	**4717.91**	**4305.92**
电力、热力生产和供应业	44	243.16	82.34	78.69	17.73	4123.64	3812.53
电力生产	441	200.26	70.98	78.64	17.55	1598.64	1387.03
火力发电	4411	41.82	33.21	38.76	9.32	813.83	735.62
热电联产	4412	38.33	11.86	0.21	4.36	547.85	500.23
水力发电	4413						
核力发电	4414	1.88			0.01	7.45	4.92
风力发电	4415	55.79	8.47	21.54	3.04	92.39	45.57
太阳能发电	4416	33.48	8.91	0.76	0.83	37.57	21.42
生物质能发电	4417	23.31	5.73	6.60		48.21	37.84
其他电力生产	4419	5.67	2.80	10.78		47.37	38.80
电力供应	4420	1.07	0.95			2239.16	2148.07
热力生产和供应	4430	41.83	10.42	0.05	0.19	285.84	277.43
燃气生产和供应业	45	33.83	10.17	14.14	8.37	449.96	372.43
燃气生产和供应业	451	32.29	8.91	14.14	8.37	449.15	371.71
天然气生产和供应业	4511	31.11	8.91	14.14	8.37	441.05	364.28
液化石油气生产和供应业	4512	0.59				0.86	0.73
煤气生产和供应业	4513	0.59				7.23	6.70
生物质燃气生产和供应业	4520	1.54	1.25			0.81	0.72
水的生产和供应业	46	26.01	5.82	16.20	1.19	144.31	120.96
自来水生产和供应	4610	8.83	1.47	2.37	0.48	93.56	83.33
污水处理及其再生利用	4620	16.54	4.35	13.83	0.71	46.49	34.41
海水淡化处理	4630						
其他水的处理、利用与分配	4690	0.65				2.21	1.86

单位：亿元

销售费用	管理费用	财务费用	利息收入	利息支出	投资收益(损失以“—”号记)	营业利润	利润总额	亏损企业亏损总额	平均用工人数(万人)	代码
0.54	1.70	0.21	-0.19	0.46	0.03	1.26	1.39	0.01	0.72	41
0.33	0.85	0.16	0.03	0.22		0.48	0.50		0.49	411
0.05	0.11	0.03		0.03		0.11	0.11		0.21	4111
0.28	0.74	0.13	0.03	0.19		0.37	0.39		0.29	4119
										4120
0.20	0.85	0.05	-0.22	0.24	0.03	0.78	0.89	0.01	0.22	4190
1.09	2.75	1.38	-0.02	1.21	-0.02	6.60	6.86	0.68	0.63	42
0.36	1.64	0.15	-0.02	0.07	-0.02	3.99	4.23	0.34	0.22	4210
0.73	1.11	1.22		1.13		2.61	2.64	0.35	0.42	4220
0.09	2.37	0.04		0.02	0.02	0.83	0.84	0.11	0.32	43
	0.18					0.12	0.12		0.02	4310
	0.12	0.01				-0.02	-0.02	0.02	0.04	4320
0.01	0.33				0.01	0.04	0.04	0.04	0.04	4330
0.05	1.71	0.03		0.01	0.01	0.69	0.68	0.05	0.20	434
										4341
	0.05					0.02	0.02		0.01	4342
0.05	1.63	0.02		0.01	0.01	0.71	0.72		0.18	4343
										4349
										4350
										4360
0.02	0.02								0.02	4390
21.28	**94.93**	**134.62**	**4.97**	**120.90**	**28.53**	**174.99**	**194.81**	**61.11**	**26.95**	**D**
4.24	60.38	119.40	4.14	112.43	24.86	135.97	148.22	48.86	22.13	44
1.37	43.25	82.08	3.27	75.61	21.45	91.05	100.21	29.09	8.43	441
0.59	17.09	34.76	1.76	34.43	17.04	29.31	31.41	7.09	3.66	4411
0.30	18.92	20.91	0.79	20.71	4.12	12.20	17.41	18.88	3.49	4412
										4413
	0.20	2.17	0.02	2.14	0.01	0.20	0.21	0.27	0.16	4414
0.20	2.04	12.97	0.18	10.46	0.24	31.56	31.67	0.13	0.26	4415
0.23	1.31	5.63	0.02	3.27	-0.02	7.99	8.31	0.71	0.17	4416
0.01	2.52	3.49	0.24	3.08	0.06	5.20	6.18	1.85	0.48	4417
0.04	1.16	1.74	0.25	1.39		3.83	4.30	0.14	0.21	4419
0.08	1.81	26.95	0.28	26.41	2.59	57.26	54.49	0.40	11.05	4420
2.80	15.32	10.37	0.59	10.41	0.81	-12.33	-6.49	19.38	2.66	4430
13.11	18.57	11.06	0.69	4.09	3.41	38.49	43.22	4.01	2.01	45
13.07	18.11	10.97	0.70	3.99	3.41	39.03	43.61	3.61	1.98	451
12.76	17.79	10.92	0.69	3.93	3.18	38.89	43.36	3.48	1.94	4511
	0.01	0.03		0.03		0.03	-0.01	0.04	0.01	4512
0.31	0.30	0.03		0.03	0.23	0.10	0.26	0.09	0.03	4513
0.04	0.47	0.09		0.09		-0.54	-0.39	0.40	0.02	4520
3.93	15.98	4.16	0.14	4.38	0.27	0.53	3.38	8.24	2.81	46
3.30	12.23	0.96	0.11	1.68	0.44	-4.18	-2.50	7.31	2.21	4610
0.61	3.51	2.68	0.02	2.19	-0.17	4.48	5.66	0.93	0.57	4620
										4630
0.02	0.11					0.19	0.19		0.03	4690

1-A-7 国有控股工业企业

分组	代码	企业单位数（个）	资产总计	固定资产原价	累计折旧	流动资产合计
总计	**00**	**1147**	**31550.42**	**18749.74**	**8526.47**	**13329.98**
采矿业	**B**	**101**	**8478.82**	**3815.37**	**1861.53**	**3259.19**
煤炭开采和洗选业	06	57	6164.03	2302.14	1061.99	2738.78
烟煤和无烟煤开采洗选	061	53	5903.21	2162.61	1007.06	2698.18
褐煤开采洗选	062	3	228.02	111.93	46.93	39.78
其他煤炭采选	069	1				
石油和天然气开采业	07	6	1180.50	848.64	526.32	173.95
石油开采	071	6	1180.50	848.64	526.32	173.95
天然气开采	072					
黑色金属矿采选业	08	9	153.36	88.21	32.30	34.93
铁矿采选	081	9	153.36	88.21	32.30	34.93
锰矿、铬矿采选	082					
其他黑色金属矿采选	089					
有色金属矿采选业	09	20	855.81	425.53	156.78	266.07
常用有色金属矿采选	091	2	8.52	0.71	0.35	6.53
贵金属矿采选	092	17	844.45	423.79	156.09	257.88
稀有稀土金属矿采选	093	1				
非金属矿采选业	10	8	9.19	4.20	1.52	5.42
土砂石开采	101	3	1.67	1.09	0.41	0.89
化学矿开采	102					
采盐	103	3	6.04	2.24	0.53	3.59
石棉及其他非金属矿采选	109	2	1.48	0.87	0.58	0.94
开采专业及辅助性活动	11	1				
煤炭开采和洗选专业及辅助性活动	111					
石油和天然气开采专业及辅助性活动	112	1				
其他开采专业及辅助性活动	119					
其他采矿业	12					
制造业	**C**	**712**	**15732.92**	**6988.40**	**3020.49**	**8957.56**
农副食品加工业	13	26	67.89	31.69	12.08	41.27
谷物磨制	131	9	20.04	7.44	3.79	13.76
饲料加工	132	4	1.00	0.18	0.07	0.64
植物油加工	133	3	25.72	12.87	5.22	15.26
制糖业	134					
屠宰及肉类加工	135	6	7.76	3.04	1.00	4.95
水产品加工	136	2	4.27	1.26	0.54	3.32
蔬菜、菌类、水果和坚果加工	137	1				
其他农副食品加工	139	1				
食品制造业	14	20	70.29	47.25	14.15	29.52
焙烤食品制造	141	5	9.52	1.81	1.14	7.41
糖果、巧克力及蜜饯制造	142					
方便食品制造	143	2	0.94	0.46	0.12	0.53
乳制品制造	144	3	15.13	15.44	5.25	4.79
罐头食品制造	145					
调味品、发酵制品制造	146					
其他食品制造	149	10	44.70	29.55	7.64	16.79
酒、饮料和精制茶制造业	15	29	426.04	103.03	52.79	167.83
酒的制造	151	23	409.57	92.35	48.83	159.69
饮料制造	152	5	16.17	10.29	3.75	8.08
精制茶加工	153	1				
烟草制品业	16	5	334.01	132.15	86.75	238.22

主要经济指标(大、中类行业)

单位：亿元

应收账款	存货	产成品	负债合计	流动负债合计	应付账款	所有者权益合计	实收资本	国家资本	集体资本	代码
2376.24	**2423.26**	**832.53**	**19871.27**	**14134.61**	**3725.26**	**11679.15**	**4232.76**	**2830.18**	**59.17**	**00**
278.62	**376.03**	**93.43**	**5443.13**	**3247.08**	**417.93**	**3035.69**	**477.33**	**340.63**	**5.14**	**B**
176.43	270.50	61.06	4058.56	2166.42	254.94	2105.48	375.41	265.58	2.03	06
171.98	266.34	59.36	3864.35	2035.43	220.92	2038.87	340.76	230.94	2.03	061
4.45	4.13	1.68	162.73	100.80	32.14	65.29	27.64	27.64		062
										069
53.25	13.22	7.26	609.19	440.23	86.51	571.31	7.65			07
53.25	13.22	7.26	609.19	440.23	86.51	571.31	7.65			071
										072
6.96	3.38	1.76	79.36	71.58	15.12	74.01	44.72	35.19	0.11	08
6.96	3.38	1.76	79.36	71.58	15.12	74.01	44.72	35.19	0.11	081
										082
										089
25.91	85.09	22.40	572.34	456.28	30.50	283.47	41.45	32.11	3.00	09
0.01	0.47	0.43	7.64	7.64		0.88	0.60	0.49		091
25.84	84.57	21.94	564.19	448.18	30.45	280.26	39.52	30.28	3.00	092
										093
0.98	1.19	0.45	5.78	4.22	0.49	3.41	1.09	0.76		10
0.11	0.04	0.03	0.73	0.30	0.10	0.93	0.56	0.56		101
										102
0.75	1.05	0.38	3.94	2.82	0.16	2.11	0.10	0.10		103
0.12	0.10	0.04	1.11	1.11	0.23	0.37	0.43	0.09		109
										11
										111
										112
										119
										12
1919.33	**1961.22**	**731.77**	**9513.28**	**8072.20**	**2501.47**	**6219.64**	**2316.20**	**1253.23**	**43.89**	**C**
6.05	12.59	6.18	91.51	81.35	16.27	-23.63	17.00	11.98	3.39	13
1.18	4.18	2.32	20.18	16.22	1.18	-0.14	4.04	2.52	1.28	131
0.08	0.13	0.05	0.77	0.81	0.05	0.23	0.10	0.10		132
3.09	2.33	0.79	60.69	55.35	11.82	-34.97	5.36	5.36		133
										134
0.91	2.30	1.47	3.63	3.30	1.10	4.13	3.11	1.56	1.55	135
0.51	2.10	0.88	2.42	2.33	0.94	1.86	0.86	0.10	0.56	136
										137
										139
4.83	7.45	2.63	39.27	33.72	14.53	31.02	16.17	9.98	4.82	14
0.67	0.47	0.28	2.75	2.75	1.98	6.78	3.61	2.52		141
										142
0.11	0.09	0.01	0.85	0.76	0.13	0.08	0.04	0.04		143
2.65	0.87	0.05	7.89	7.72	5.52	7.24	5.63	0.81	4.82	144
										145
										146
1.40	6.02	2.29	27.78	22.50	6.90	16.92	6.89	6.62		149
15.41	27.97	11.39	134.14	119.47	25.17	291.90	49.10	18.28	0.59	15
14.75	25.98	9.64	126.83	112.47	24.06	282.74	45.40	15.83	0.59	151
0.65	1.98	1.74	7.01	6.81	1.10	9.16	3.55	2.30		152
										153
13.65	180.02	3.88	114.04	111.00	3.33	219.97	66.77	65.25		16

1-A-7 续表 1

分 组	代码	企 业 单位数 (个)	资产总计	固定资产原 价	累计折旧	流动资产合 计
烟叶复烤	161	1				
卷烟制造	162	1				
其他烟草制品制造	169	3	5.87	4.48	2.56	3.59
纺织业	17	12	140.59	56.47	25.67	93.44
棉纺织及印染精加工	171	8	94.44	33.17	16.97	65.61
毛纺织及染整精加工	172					
麻纺织及染整精加工	173					
丝绢纺织及印染精加工	174					
化纤织造及印染精加工	175	1				
针织或钩针编织物及其制品制造	176					
家用纺织制成品制造	177	2	41.57	19.38	6.70	25.35
产业用纺织制成品制造	178	1				
纺织服装、服饰业	18	6	15.07	7.90	3.81	8.88
机织服装制造	181	2	3.51	1.62	1.24	3.12
针织或钩针编织服装制造	182	2	4.77	2.43	2.05	3.51
服饰制造	183	2	6.79	3.85	0.52	2.25
皮革、毛皮、羽毛及其制品和制鞋业	19	2	2.04	0.49	0.25	1.61
皮革鞣制加工	191					
皮革制品制造	192					
毛皮鞣制及制品加工	193	1				
羽毛(绒)加工及制品制造	194					
制鞋业	195	1				
木材加工和木、竹、藤、棕、草制品业	20	3	4.79	3.43	2.42	3.24
木材加工	201	1				
人造板制造	202	2	2.51	3.22	2.37	1.16
木质制品制造	203					
竹、藤、棕、草等制品制造	204					
家具制造业	21					
木质家具制造	211					
竹、藤家具制造	212					
金属家具制造	213					
塑料家具制造	214					
其他家具制造	219					
造纸和纸制品业	22	10	44.15	40.38	21.45	20.83
纸浆制造	221					
造纸	222	6	40.11	37.58	19.98	18.27
纸制品制造	223	4	4.04	2.80	1.47	2.56
印刷和记录媒介复制业	23	19	30.20	25.23	15.94	17.66
印刷	231	18	29.08	23.87	15.14	17.17
装订及印刷相关服务	232	1				
记录媒介复制	233					
文教、工美、体育和娱乐用品制造业	24	2	0.42	0.10	0.03	0.11
文教办公用品制造	241					
乐器制造	242					
工艺美术及礼仪用品制造	243	1				
体育用品制造	244					
玩具制造	245	1				
游艺器材及娱乐用品制造	246					
石油、煤炭及其他燃料加工业	25	20	1422.40	1259.12	636.25	692.93
精炼石油产品制造	251	16	1339.64	1187.07	601.71	652.54
煤炭加工	252	4	82.77	72.06	34.54	40.39

单位：亿元

应收账款	存货	产成品	负债合计	流动负债合计	应付账款	所有者权益合计	实收资本	国家资本	集体资本	代码
										161
										162
0.86	0.52	0.45	1.23	1.23	0.77	4.63	1.78	1.15		169
18.35	27.08	14.78	100.83	90.31	14.20	39.76	12.34	3.52	2.61	17
11.03	21.24	12.98	72.23	63.56	12.46	22.21	9.69	3.52	0.61	171
										172
										173
										174
										175
										176
6.64	4.51	1.47	27.15	25.28	1.51	14.42	2.05		2.00	177
										178
0.53	2.67	1.09	7.45	6.80	2.84	7.62	1.45	1.21		18
0.11	1.07	0.49	1.89	1.89	0.76	1.61	0.25	0.25		181
0.34	1.54	0.58	3.16	3.05	1.24	1.61	0.44	0.28		182
0.08	0.06	0.03	2.40	1.87	0.84	4.39	0.76	0.68		183
0.44	0.91	0.90	1.88	1.88	0.45	0.16	0.32	0.11	0.02	19
										191
										192
										193
										194
										195
0.64	1.53	1.15	2.72	2.60	0.10	2.07	1.85	1.17		20
										201
0.24	0.43	0.28	0.73	0.61	-0.37	1.78	1.50	1.17		202
										203
										204
										21
										211
										212
										213
										214
										219
2.54	7.22	3.68	62.76	53.06	5.38	-18.61	10.16	7.82	0.82	22
										221
2.15	6.66	3.39	61.93	52.53	4.98	-21.82	8.71	7.77	0.77	222
0.40	0.56	0.29	0.83	0.53	0.40	3.22	1.45	0.06	0.05	223
4.91	3.79	1.63	14.77	13.29	3.91	15.43	9.56	4.47	0.22	23
4.80	3.69	1.61	14.65	13.24	3.88	14.43	9.36	4.27	0.22	231
										232
										233
0.04	0.02	0.02	0.34	0.34	0.04	0.07	0.11	0.05		24
										241
										242
										243
										244
										245
										246
42.82	233.70	91.30	899.98	801.22	198.01	522.42	149.93	111.07	6.96	25
40.04	220.80	82.84	856.20	771.16	192.34	483.44	132.44	105.47	0.07	251
2.78	12.90	8.47	43.78	30.06	5.67	38.99	17.49	5.60	6.89	252

1-A-7 续表 2

分 组	代码	企 业 单位数 （个）	资产总计	固定资产 原 价	累计折旧	流动资产 合 计
核燃料加工	253					
生物质燃料加工	254					
化学原料和化学制品制造业	26	80	2477.16	1685.96	652.79	826.23
基础化学原料制造	261	26	608.97	536.75	226.69	186.29
肥料制造	262	14	218.15	106.94	53.16	102.53
农药制造	263	3	10.61	6.23	4.56	7.01
涂料、油墨、颜料及类似产品制造	264	3	50.64	18.37	2.57	13.42
合成材料制造	265	14	974.76	651.89	215.59	323.95
专用化学产品制造	266	16	609.76	364.78	149.82	189.48
炸药、火工及焰火产品制造	267	1				
日用化学产品制造	268	3	3.64	0.81	0.30	3.00
医药制造业	27	25	348.58	135.03	48.64	205.03
化学药品原料药制造	271	9	148.73	95.23	35.57	60.97
化学药品制剂制造	272	2	3.36	2.05	0.95	2.08
中药饮片加工	273	1				
中成药生产	274	5	147.37	21.04	5.21	113.72
兽用药品制造	275	2	26.82	6.12	2.41	16.66
生物药品制品制造	276	3	11.46	3.98	1.18	5.09
卫生材料及医药用品制造	277	3	1.36	0.42	0.07	0.90
药用辅料及包装材料	278					
化学纤维制造业	28	3	43.88	40.56	23.38	23.17
纤维素纤维原料及纤维制造	281					
合成纤维制造	282	3	43.88	40.56	23.38	23.17
生物基材料制造	283					
橡胶和塑料制品业	29	17	231.14	90.17	20.60	112.02
橡胶制品业	291	10	220.21	81.72	17.06	106.89
塑料制品业	292	7	10.94	8.45	3.54	5.12
非金属矿物制品业	30	100	834.94	463.56	184.52	408.87
水泥、石灰和石膏制造	301	32	346.85	240.04	107.32	168.14
石膏、水泥制品及类似制品制造	302	36	196.01	51.79	21.17	126.15
砖瓦、石材等建筑材料制造	303	8	14.46	7.50	3.45	5.18
玻璃制造	304	1				
玻璃制品制造	305					
玻璃纤维和玻璃纤维增强塑料制品制造	306	5	187.21	142.44	39.95	56.14
陶瓷制品制造	307	3	13.33	4.30	2.45	5.77
耐火材料制品制造	308	4	33.24	4.42	2.72	15.68
石墨及其他非金属矿物制品制造	309	11	42.81	12.60	7.31	31.48
黑色金属冶炼和压延加工业	31	15	1383.23	1011.55	349.29	484.01
炼铁	311	2	44.07	38.46	14.38	13.82
炼钢	312					
钢压延加工	313	12	1331.09	967.16	332.33	465.82
铁合金冶炼	314	1				
有色金属冶炼和压延加工业	32	15	229.71	161.56	78.34	99.27
常用有色金属冶炼	321	4	102.19	101.05	52.48	47.64
贵金属冶炼	322	4	52.68	27.26	8.21	22.82
稀有稀土金属冶炼	323					
有色金属合金制造	324	2	3.02	1.12	0.27	1.70
有色金属压延加工	325	5	71.82	32.13	17.38	27.11
金属制品业	33	28	93.68	51.50	27.08	54.69
结构性金属制品制造	331	7	27.70	5.82	3.03	21.61
金属工具制造	332	3	5.95	1.97	0.76	4.18

单位：亿元

应收账款	存货	产成品	负债合计	流动负债合计	应付账款	所有者权益合计	实收资本	国家资本	集体资本	代码
										253
										254
80.34	163.07	90.59	1444.36	1126.72	299.14	1032.80	224.43	75.33	2.62	26
7.25	22.17	11.92	298.03	214.70	45.70	310.94	78.94	13.28	0.07	261
4.13	13.16	5.90	184.28	133.60	23.20	33.87	22.48	12.16	1.30	262
0.52	1.11	0.54	8.13	7.81	0.11	2.48	2.44	2.01		263
2.49	3.47	1.84	41.74	27.08	2.88	8.90	6.30	6.28		264
22.86	74.53	36.34	561.63	474.04	148.76	413.13	79.05	12.38	1.16	265
42.52	47.05	33.04	347.69	266.62	77.48	262.07	34.57	28.98		266
										267
0.54	1.49	0.94	2.41	2.41	0.73	1.23	0.44	0.25	0.09	268
29.26	55.56	18.36	137.64	103.63	19.91	210.94	27.32	14.23	1.49	27
11.88	20.42	12.20	86.72	55.80	12.28	62.01	10.94	8.11	0.10	271
0.30	0.59	0.18	1.80	1.80	0.39	1.56	1.09	0.85		272
										273
10.82	28.95	2.54	27.54	26.19	1.90	119.83	8.47	2.54	0.63	274
3.88	3.68	2.44	10.75	9.68	4.35	16.07	2.84	2.68		275
0.34	0.47	0.12	7.22	6.58	0.13	4.24	2.60		0.77	276
0.34	0.18	0.07	0.47	0.47	0.17	0.89	0.43	0.05		277
										278
0.96	6.87	5.58	18.45	17.87	9.86	25.43	25.35	13.63	9.57	28
										281
0.96	6.87	5.58	18.45	17.87	9.86	25.43	25.35	13.63	9.57	282
										283
19.65	32.16	10.14	174.46	126.73	59.14	56.68	32.76	22.99	2.20	29
18.27	30.62	9.41	168.55	121.23	58.29	51.66	29.57	21.78	2.20	291
1.38	1.53	0.73	5.91	5.50	0.86	5.02	3.19	1.21		292
86.13	47.43	19.12	490.05	402.36	64.89	344.88	161.31	123.88	0.30	30
30.64	16.04	4.32	219.78	197.01	28.15	127.07	58.27	35.91	0.08	301
32.70	10.28	4.64	121.38	100.07	18.35	74.63	24.05	16.58	0.17	302
0.71	0.72	0.46	7.79	5.19	1.44	6.66	3.92	0.46		303
										304
										305
13.82	6.81	4.40	105.08	67.27	11.10	82.12	56.49	53.81		306
1.10	0.76	0.38	3.89	3.77	0.71	9.44	2.19	2.19		307
3.37	3.60	2.91	19.42	18.93	3.02	13.82	7.22	7.04		308
3.69	9.17	1.97	12.45	9.87	2.02	30.36	8.67	7.88	0.06	309
18.60	111.08	27.11	911.66	673.06	207.11	471.57	297.95	196.77	0.07	31
1.30	3.35	0.76	28.86	14.82	8.59	15.21	10.10	5.03	0.07	311
										312
17.04	103.74	22.71	877.41	652.86	198.16	453.68	284.93	188.83		313
										314
10.26	48.04	5.40	149.20	120.39	38.15	80.51	73.17	72.83		32
3.97	20.35	2.98	48.00	45.58	15.89	54.19	42.97	42.97		321
0.38	17.54	0.39	38.71	38.16	20.73	13.97	6.79	6.76		322
										323
0.35	0.30	0.18	2.54	1.56	0.69	0.48	1.49	1.49		324
5.56	9.84	1.85	59.95	35.09	0.85	11.88	21.93	21.61		325
17.99	17.81	7.32	68.79	63.12	21.40	24.90	19.53	12.38	0.36	33
6.19	6.74	1.48	22.84	20.90	6.17	4.86	3.86	1.43		331
2.02	1.11	0.16	3.57	3.47	0.70	2.38	1.51	1.51		332

1-A-7 续表 3

分组	代码	企业单位数（个）	资产总计	固定资产原价	累计折旧	流动资产合计
集装箱及金属包装容器制造	333	2	4.58	1.48	0.36	1.42
金属丝绳及其制品制造	334					
建筑、安全用金属制品制造	335					
金属表面处理及热处理加工	336					
搪瓷制品制造	337					
金属制日用品制造	338	1				
铸造及其他金属制品制造	339	15	52.23	42.03	22.80	24.37
通用设备制造业	34	70	1199.28	261.80	123.39	761.95
锅炉及原动设备制造	341	16	867.01	158.45	77.95	553.97
金属加工机械制造	342	18	115.28	37.69	16.77	86.90
物料搬运设备制造	343	1				
泵、阀门、压缩机及类似机械制造	344	11	64.65	26.81	8.92	28.12
轴承、齿轮和传动部件制造	345	3	4.45	3.37	1.73	2.70
烘炉、风机、包装等设备制造	346	6	113.72	26.91	13.66	64.63
文化、办公用机械制造	347	2	13.71	1.12	0.27	11.90
通用零部件制造	348	9	13.98	6.15	3.21	8.56
其他通用设备制造业	349	4	5.53	1.30	0.88	4.78
专用设备制造业	35	53	528.33	137.78	48.48	340.72
采矿、冶金、建筑专用设备制造	351	31	333.78	92.88	36.11	216.91
化工、木材、非金属加工专用设备制造	352	1				
食品、饮料、烟草及饲料生产专用设备制造	353					
印刷、制药、日化及日用品生产专用设备制造	354	1				
纺织、服装和皮革加工专用设备制造	355	2	9.90	4.22	2.14	7.29
电子和电工机械专用设备制造	356	3	1.06	0.52	0.34	0.86
农、林、牧、渔专用机械制造	357	5	17.88	2.94	0.87	14.88
医疗仪器设备及器械制造	358	1				
环保、邮政、社会公共服务及其他专用设备制造	359	9	33.84	7.01	2.01	27.00
汽车制造业	36	38	2930.46	650.08	346.24	2251.59
汽车整车制造	361	11	2693.25	507.75	284.81	2125.94
汽车用发动机制造	362	2	98.41	73.96	34.54	52.04
改装汽车制造	363	7	57.26	19.11	8.25	36.48
低速汽车制造	364					
电车制造	365					
汽车车身、挂车制造	366					
汽车零部件及配件制造	367	18	81.55	49.26	18.64	37.13
铁路、船舶、航空航天和其他运输设备制造业	37	37	1175.96	316.09	133.87	817.74
铁路运输设备制造	371	13	860.15	157.60	62.78	628.39
城市轨道交通设备制造	372					
船舶及相关装置制造	373	17	281.78	135.54	59.20	171.81
航空、航天器及设备制造	374	1				
摩托车制造	375	4	26.81	19.22	9.53	13.43
自行车和残疾人座车制造	376					
助动车制造	377	1				
非公路休闲车及零配件制造	378					
潜水救捞及其他未列明运输设备制造	379	1				
电气机械和器材制造业	38	38	350.54	95.76	34.24	225.09
电机制造	381	6	82.90	32.96	10.30	38.17
输配电及控制设备制造	382	18	145.81	43.89	15.03	105.96
电线、电缆、光缆及电工器材制造	383	5	20.45	5.33	2.63	15.59
电池制造	384	3	12.78	1.12	0.29	6.92

单位：亿元

应收账款	存货		负债合计	流动负债合计		所有者权益合计	实收资本			代码
		产成品			应付账款			国家资本	集体资本	
0.24	0.54	0.28	3.12	2.55	1.56	1.45	0.59	0.59		333
										334
										335
										336
										337
										338
8.08	9.17	5.38	36.63	33.57	12.81	15.60	13.22	8.63	0.36	339
83.12	102.54	41.70	564.51	514.32	188.04	634.77	208.68	110.68	3.20	34
35.47	47.80	23.23	385.01	359.75	138.06	482.00	158.02	86.97		341
10.90	19.03	5.05	48.95	47.14	12.63	66.33	13.78	8.86	0.01	342
										343
6.01	12.33	3.70	44.05	24.65	9.46	20.61	10.39	6.64		344
1.08	1.12	0.66	2.39	2.34	0.41	2.06	0.61	0.14		345
21.44	15.91	6.50	64.39	61.26	21.03	49.33	19.16	6.40	2.80	346
4.75	3.03	0.90	6.12	6.12	2.81	7.59	2.20			347
1.79	1.99	1.07	9.59	9.10	1.72	4.39	2.64	1.28	0.39	348
1.67	1.19	0.58	3.19	3.16	1.68	2.34	1.77	0.33		349
126.10	112.17	46.88	361.88	257.00	80.61	166.45	84.96	54.06	0.85	35
82.57	67.29	34.86	233.60	141.40	44.33	100.19	67.66	43.38	0.85	351
										352
										353
										354
1.30	2.28	1.22	7.34	7.09	2.41	2.56	3.29	3.29		355
0.45	0.16	0.01	0.32	0.32	0.17	0.74	0.22	0.21		356
1.50	3.09	2.24	12.23	8.74	2.64	5.65	0.69	0.45		357
										358
9.71	6.93	3.42	20.56	19.18	7.58	13.29	7.69	5.32		359
715.98	334.39	164.55	2027.10	1874.07	445.44	903.36	413.71	70.54	1.85	36
648.97	311.15	155.59	1906.14	1760.32	392.71	787.10	325.91	55.50	1.85	361
45.11	5.42	1.32	35.82	35.69	24.15	62.59	58.66	0.17		362
10.25	9.34	4.77	43.31	38.78	13.78	13.95	10.14	4.83		363
										364
										365
										366
11.65	8.48	2.87	41.83	39.28	14.80	39.71	19.00	10.04		367
277.00	171.87	17.58	789.15	707.57	421.35	386.82	219.47	163.82	1.01	37
234.96	107.06	14.84	566.66	507.36	370.26	293.48	87.78	82.64	0.51	371
										372
37.11	61.21	1.43	195.93	177.04	43.81	85.85	126.43	79.75	0.50	373
										374
3.09	2.42	1.00	20.51	18.03	4.55	6.30	3.85	1.05		375
										376
										377
										378
										379
98.59	52.95	25.49	225.41	205.13	90.17	125.12	82.32	59.22	0.67	38
10.69	7.52	3.88	57.49	47.50	13.27	25.41	11.60	11.20	0.01	381
53.70	32.03	13.12	92.14	88.66	40.12	53.66	40.24	32.78	0.07	382
6.42	4.02	2.88	12.66	11.57	4.63	7.80	4.76	3.80	0.59	383
2.60	0.76	0.20	6.21	4.18	3.36	6.57	7.12	6.34		384

1-A-7 续表 4

分 组	代码	企业单位数（个）	资产总计	固定资产原价	累计折旧	流动资产合计
家用电力器具制造	385	3	86.25	11.87	5.90	56.60
非电力家用器具制造	386	1				
照明器具制造	387					
其他电气机械及器材制造	389	2	1.69	0.52	0.08	1.26
计算机、通信和其他电子设备制造业	39	22	1250.32	160.05	70.51	955.21
计算机制造	391	5	582.19	57.69	19.69	461.04
通信设备制造	392					
广播电视设备制造	393	1				
雷达及配套设备制造	394	1				
非专业视听设备制造	395	1				
智能消费设备制造	396					
电子器件制造	397	8	79.85	15.52	8.61	42.12
电子元件及电子专用材料制造	398	5	50.68	21.07	8.75	19.52
其他电子设备制造	399	1				
仪器仪表制造业	40	12	88.41	16.71	6.78	69.84
通用仪器仪表制造	401	6	76.05	13.98	5.42	59.77
专用仪器仪表制造	402	3	4.29	0.36	0.24	3.98
钟表与计时仪器制造	403	1				
光学仪器制造	404	1				
衡器制造	405	1				
其他仪器仪表制造业	409					
其他制造业	41	1				
日用杂品制造	411					
核辐射加工	412					
其他未列明制造业	419	1				
废弃资源综合利用业	42	1				
金属废料和碎屑加工处理	421					
非金属废料和碎屑加工处理	422	1				
金属制品、机械和设备修理业	43	3	2.26	0.73	0.31	1.81
金属制品修理	431					
通用设备修理	432	1				
专用设备修理	433					
铁路、船舶、航空航天等运输设备修理	434	2	1.82	0.69	0.29	1.40
电气设备修理	435					
仪器仪表修理	436					
其他机械和设备修理业	439					
电力、热力、燃气及水生产和供应业	**D**	**334**	**7338.68**	**7945.97**	**3644.46**	**1113.23**
电力、热力生产和供应业	44	221	6522.20	7445.27	3476.81	828.61
电力生产	441	164	3570.11	3264.10	1412.79	587.21
电力供应	442	2	2445.08	3812.12	1927.88	67.10
热力生产和供应	443	55	507.01	369.05	136.14	174.30
燃气生产和供应业	45	36	247.02	158.52	43.12	70.64
燃气生产和供应业	451	36	247.02	158.52	43.12	70.64
生物质燃气生产和供应业	452					
水的生产和供应业	46	77	569.46	342.19	124.53	213.98
自来水生产和供应	461	63	521.52	299.08	108.48	198.94
污水处理及其再生利用	462	11	34.70	31.91	12.66	11.26
海水淡化处理	463	1				
其他水的处理、利用与分配	469	2	2.64	1.93	0.81	1.10

单位：亿元

应收账款	存货	产成品	负债合计	流动负债合计	应付账款	所有者权益合计	实收资本	国家资本	集体资本	代码
24.16	8.23	5.11	55.27	51.58	27.66	30.98	17.88	4.89		385
										386
										387
0.73	0.10	0.08	1.07	1.07	0.72	0.62	0.55	0.05		389
220.65	187.06	106.67	644.89	530.16	257.33	605.43	86.51	21.97	0.25	39
107.64	117.57	85.04	333.21	251.80	151.32	248.98	22.20	8.44		391
										392
										393
										394
										395
										396
11.44	10.97	4.78	30.39	24.71	7.35	49.45	18.73	12.46		397
5.98	6.66	2.28	5.29	5.12	2.74	45.39	10.40	0.72	0.25	398
										399
22.10	12.07	6.58	28.96	27.97	11.16	59.45	22.35	5.81	0.02	40
19.46	8.38	4.44	23.49	22.53	9.80	52.57	19.16	3.78	0.02	401
0.14	1.89	0.99	1.92	1.90	0.98	2.37	1.55	0.75		402
										403
										404
										405
										409
										41
										411
										412
										419
										42
										421
										422
0.56	0.51		1.35	1.35	0.63	0.91	0.24	0.20		43
										431
										432
										433
0.52	0.51		0.89	0.89	0.29	0.93	0.24	0.20		434
										435
										436
										439
178.29	**86.01**	**7.34**	**4914.86**	**2815.33**	**805.86**	**2423.82**	**1439.23**	**1236.32**	**10.14**	**D**
145.11	72.42	5.16	4421.78	2510.64	758.11	2100.42	1287.40	1115.63	9.14	44
137.64	60.58	3.85	2306.78	1161.67	197.50	1263.33	810.56	646.31	8.63	441
1.45	0.78		1695.54	1057.97	505.92	749.54	423.06	423.06		442
6.02	11.06	1.30	419.46	291.00	54.68	87.55	53.79	46.27	0.51	443
7.50	2.78	1.04	107.31	89.64	14.23	139.71	67.97	49.31	0.41	45
7.50	2.78	1.04	107.31	89.64	14.23	139.71	67.97	49.31	0.41	451
										452
25.68	10.81	1.15	385.77	215.04	33.52	183.69	83.85	71.38	0.58	46
21.07	9.21	0.15	351.75	192.94	30.94	169.77	72.07	63.81	0.58	461
4.52	1.46	1.00	19.03	12.83	2.37	15.67	7.51	3.79		462
										463
0.06			2.42	1.91	0.17	0.22	0.51	0.01		469

1-A-7 续表 5

分 组	代码					营业收入	营业成本
		法人资本	个人资本	港澳台资本	外商资本		
总 计	**00**	**836.51**	**150.12**	**127.77**	**222.63**	**24860.63**	**20874.90**
采矿业	**B**	**124.76**	**2.10**		**4.70**	**5069.80**	**4166.75**
煤炭开采和洗选业	06	101.68	1.42		4.70	3245.41	2652.13
烟煤和无烟煤开采洗选	061	101.68	1.42		4.70	3157.99	2588.57
褐煤开采洗选	062					75.63	55.97
其他煤炭采选	069						
石油和天然气开采业	07	7.65				822.67	640.52
石油开采	071	7.65				822.67	640.52
天然气开采	072						
黑色金属矿采选业	08	9.00	0.43			53.06	36.57
铁矿采选	081	9.00	0.43			53.06	36.57
锰矿、铬矿采选	082						
其他黑色金属矿采选	089						
有色金属矿采选业	09	6.10	0.24			815.25	715.55
常用有色金属矿采选	091		0.11			0.18	0.14
贵金属矿采选	092	6.10	0.13			814.07	714.88
稀有稀土金属矿采选	093						
非金属矿采选业	10	0.32	0.02			6.73	4.89
土砂石开采	101					1.69	1.09
化学矿开采	102						
采盐	103					4.12	3.23
石棉及其他非金属矿采选	109	0.32	0.02			0.93	0.57
开采专业及辅助性活动	11						
煤炭开采和洗选专业及辅助性活动	111						
石油和天然气开采专业及辅助性活动	112						
其他开采专业及辅助性活动	119						
其他采矿业	12						
制造业	**C**	**614.06**	**113.41**	**89.76**	**201.86**	**16032.89**	**13200.60**
农副食品加工业	13	1.43	0.02	0.19		100.29	96.72
谷物磨制	131	0.22	0.02			13.29	12.49
饲料加工	132					2.10	2.01
植物油加工	133					46.62	46.00
制糖业	134						
屠宰及肉类加工	135	0.01				18.96	17.81
水产品加工	136			0.19		7.52	7.02
蔬菜、菌类、水果和坚果加工	137						
其他农副食品加工	139						
食品制造业	14	0.30	0.32		0.74	141.86	118.48
焙烤食品制造	141	0.14	0.22		0.74	7.71	5.60
糖果、巧克力及蜜饯制造	142						
方便食品制造	143					1.07	0.89
乳制品制造	144					34.26	29.60
罐头食品制造	145						
调味品、发酵制品制造	146						
其他食品制造	149	0.16	0.11			98.82	82.39
酒、饮料和精制茶制造业	15	15.58	6.47	0.10	8.08	284.22	220.53
酒的制造	151	14.72	6.47		7.80	267.28	208.57
饮料制造	152	0.87		0.10	0.28	16.85	11.87
精制茶加工	153						
烟草制品业	16	1.52				298.12	108.43

单位：亿元

销售费用	管理费用	财务费用			投资收益（损失以“–”号记）	营业利润	利润总额	亏损企业亏损总额	平均用工人数（万人）	代码
			利息收入	利息支出						
489.83	**976.57**	**334.02**	**67.43**	**409.31**	**130.05**	**1334.93**	**1334.23**	**164.98**	**121.39**	**00**
31.93	**293.58**	**127.87**	**33.71**	**171.35**	**31.95**	**218.46**	**195.14**	**68.65**	**40.05**	**B**
25.30	160.82	105.55	29.44	144.72	28.50	215.30	205.77	10.42	24.11	06
24.62	148.97	98.36	28.90	138.21	28.48	217.43	209.84	3.91	22.79	061
0.61	10.80	7.07	0.53	6.31	0.02	-4.49	-6.45	6.51	1.16	062
										069
2.48	82.33	9.73	4.00	13.99	0.06	-42.10	-52.45	54.44	9.83	07
2.48	82.33	9.73	4.00	13.99	0.06	-42.10	-52.45	54.44	9.83	071
										072
0.49	6.16	1.41	0.18	1.00	0.43	6.23	1.49	3.30	0.84	08
0.49	6.16	1.41	0.18	1.00	0.43	6.23	1.49	3.30	0.84	081
										082
										089
2.99	38.44	8.70	0.11	8.67	2.96	38.81	39.80	0.21	3.31	09
	0.09					-0.07	-0.06	0.06	0.03	091
2.96	38.13	8.70	0.11	8.67	2.96	38.76	39.75	0.15	3.24	092
										093
0.66	0.71	0.13	-0.01	0.12		0.12	0.15	0.26	0.09	10
0.13	0.17	0.02		0.01		0.20	0.20		0.02	101
										102
0.46	0.44	0.10	-0.02	0.10		-0.19	-0.16	0.26	0.06	103
0.07	0.10	0.02		0.01		0.12	0.10		0.02	109
										11
										111
										112
										119
										12
448.68	**628.40**	**113.85**	**30.51**	**145.71**	**76.01**	**1013.20**	**1029.30**	**50.93**	**60.43**	**C**
1.49	1.60	0.26	0.03	0.32		-0.19	0.02	0.74	0.66	13
0.47	0.65	0.07	0.03	0.11		-0.43	-0.33	0.38	0.17	131
0.01	0.06	0.01					0.01		0.01	132
0.15	0.34	0.06	-0.01	0.07		-0.09	-0.04	0.12	0.08	133
										134
0.41	0.33	0.02		0.02		0.30	0.36	0.01	0.25	135
0.11	0.08	0.02		0.04		0.25	0.25		0.06	136
										137
										139
5.38	3.92	0.28	-0.01	0.35		13.04	13.28	0.09	0.72	14
0.25	0.80	-0.08	-0.02		-0.01	1.05	1.06		0.12	141
										142
0.13	0.06	0.01		0.01		-0.03	-0.02	0.02	0.05	143
1.47	0.84	0.02				2.38	2.38		0.22	144
										145
										146
3.53	2.22	0.33	0.01	0.34		9.64	9.85	0.07	0.33	149
38.50	9.06	-0.97	-0.23	0.32	12.10	17.06	17.81	1.35	1.96	15
35.00	8.77	-0.92	-0.26	0.30	11.93	15.84	16.53	1.34	1.74	151
3.50	0.27	-0.06	0.04	0.02	0.18	1.23	1.28		0.21	152
										153
8.33	20.99	0.75	0.19	0.92	0.08	17.67	16.21	0.16	0.94	16

1-A-7 续表 6

分 组	代码					营业收入	营业成本
		法人资本	个人资本	港澳台资本	外商资本		
烟叶复烤	161						
卷烟制造	162						
其他烟草制品制造	169	0.64				3.51	2.51
纺织业	17	1.68	4.53			107.17	98.35
棉纺织及印染精加工	171	1.03	4.53			45.04	41.78
毛纺织及染整精加工	172						
麻纺织及染整精加工	173						
丝绢纺织及印染精加工	174						
化纤织造及印染精加工	175						
针织或钩针编织物及其制品制造	176						
家用纺织制成品制造	177	0.05				55.46	50.89
产业用纺织制成品制造	178						
纺织服装、服饰业	18	0.17	0.07			5.12	3.88
机织服装制造	181					1.49	1.22
针织或钩针编织服装制造	182	0.09	0.07			2.41	2.04
服饰制造	183	0.08				1.22	0.62
皮革、毛皮、羽毛及其制品和制鞋业	19	0.04	0.15			0.86	0.55
皮革鞣制加工	191						
皮革制品制造	192						
毛皮鞣制及制品加工	193						
羽毛(绒)加工及制品制造	194						
制鞋业	195						
木材加工和木、竹、藤、棕、草制品业	20	0.33			0.35	3.99	3.55
木材加工	201						
人造板制造	202	0.33				2.98	2.62
木质制品制造	203						
竹、藤、棕、草等制品制造	204						
家具制造业	21						
木质家具制造	211						
竹、藤家具制造	212						
金属家具制造	213						
塑料家具制造	214						
其他家具制造	219						
造纸和纸制品业	22	1.29	0.23			55.96	49.73
纸浆制造	221						
造纸	222	0.04	0.13			53.39	47.65
纸制品制造	223	1.25	0.09			2.57	2.08
印刷和记录媒介复制业	23	4.10	0.40		0.38	24.00	19.13
印刷	231	4.10	0.40		0.38	23.57	18.80
装订及印刷相关服务	232						
记录媒介复制	233						
文教、工美、体育和娱乐用品制造业	24	0.06				0.87	0.76
文教办公用品制造	241						
乐器制造	242						
工艺美术及礼仪用品制造	243						
体育用品制造	244						
玩具制造	245						
游艺器材及娱乐用品制造	246						
石油、煤炭及其他燃料加工业	25	26.21	5.06	0.25	0.38	3807.21	3114.45
精炼石油产品制造	251	26.21	0.31		0.38	3673.00	3008.42
煤炭加工	252		4.75	0.25		134.21	106.04

单位：亿元

销售费用	管理费用	财务费用			投资收益（损失以"—"号记）	营业利润	利润总额	亏损企业亏损总额	平均用工人数（万人）	代码
			利息收入	利息支出						
										161
										162
0.07	0.57					0.32	0.32		0.06	169
1.70	3.03	1.98	0.29	2.10	0.06	1.59	1.83	0.92	1.75	17
0.81	1.78	0.69	0.12	0.71	0.06	-0.25	-0.09	0.88	1.23	171
										172
										173
										174
										175
										176
0.76	1.02	1.28	0.17	1.37		1.28	1.36	0.04	0.43	177
										178
0.27	1.09	0.02	0.06	0.07	0.01	-0.23	-0.17	0.29	0.31	18
0.15	0.24	-0.01	0.03	0.01		-0.11	-0.12	0.12	0.09	181
0.11	0.38	0.04		0.03		-0.22	-0.16	0.16	0.15	182
0.01	0.46		0.03	0.03		0.10	0.11	0.01	0.07	183
0.12	0.15	0.04		0.01		-0.89	-0.89	0.92	0.02	19
										191
										192
										193
										194
										195
0.13	0.29	0.01					0.05	0.06	0.10	20
										201
0.12	0.27	0.01				-0.05		0.06	0.05	202
										203
										204
										21
										211
										212
										213
										214
										219
1.10	2.40	1.35		1.31	0.02	0.73	0.77	0.18	0.56	22
										221
1.01	2.18	1.35	0.01	1.31		0.51	0.55	0.13	0.53	222
0.09	0.21	-0.01			0.02	0.22	0.22	0.05	0.03	223
0.69	2.78	0.24	0.02	0.27	0.03	0.96	1.01	0.21	0.59	23
0.68	2.68	0.24	0.02	0.27	0.03	0.97	1.01	0.21	0.57	231
										232
										233
0.03	0.02					0.06	0.06		0.01	24
										241
										242
										243
										244
										245
										246
17.33	66.76	18.73	5.80	21.67	1.30	149.60	148.99	5.71	3.55	25
13.67	63.66	16.87	5.76	21.09	1.30	131.46	131.06	5.71	3.21	251
3.66	3.10	1.86	0.05	0.57		18.14	17.93		0.34	252

1-A-7 续表 7

分 组	代码					营业收入	营业成本
		法人资本	个人资本	港澳台资本	外商资本		
核燃料加工	253						
生物质燃料加工	254						
化学原料和化学制品制造业	26	134.28	11.51	0.16	0.54	2233.37	1814.60
基础化学原料制造	261	59.02	6.37		0.21	551.70	429.44
肥料制造	262	7.67	0.86	0.16	0.34	236.86	212.74
农药制造	263	0.42				8.75	7.22
涂料、油墨、颜料及类似产品制造	264	0.01	0.01			13.76	11.07
合成材料制造	265	61.95	3.57			648.47	502.00
专用化学产品制造	266	5.03	0.56			755.12	636.52
炸药、火工及焰火产品制造	267						
日用化学产品制造	268		0.11			18.31	15.27
医药制造业	27	5.93	4.67	0.25	0.75	210.76	112.08
化学药品原料药制造	271	2.02			0.72	102.39	71.36
化学药品制剂制造	272			0.25		3.73	1.52
中药饮片加工	273						
中成药生产	274	0.73	4.57			63.96	17.07
兽用药品制造	275	0.10	0.04		0.03	23.14	13.61
生物药品制品制造	276	1.83				4.66	1.49
卫生材料及医药用品制造	277	0.38				1.08	0.86
药用辅料及包装材料	278						
化学纤维制造业	28	2.15				26.30	22.44
纤维素纤维原料及纤维制造	281						
合成纤维制造	282	2.15				26.30	22.44
生物基材料制造	283						
橡胶和塑料制品业	29	6.70	0.64		0.24	88.60	79.38
橡胶制品业	291	5.59	0.01			82.72	74.70
塑料制品业	292	1.11	0.63		0.24	5.88	4.68
非金属矿物制品业	30	30.88	5.20		1.04	452.61	320.61
水泥、石灰和石膏制造	301	20.53	1.75			213.07	142.78
石膏、水泥制品及类似制品制造	302	4.23	2.90		0.17	103.91	82.94
砖瓦、石材等建筑材料制造	303	2.58	0.01		0.88	10.46	8.97
玻璃制造	304						
玻璃制品制造	305						
玻璃纤维和玻璃纤维增强塑料制品制造	306	2.68				72.42	50.30
陶瓷制品制造	307					5.37	4.51
耐火材料制品制造	308		0.18			6.43	4.64
石墨及其他非金属矿物制品制造	309	0.37	0.36			40.44	26.02
黑色金属冶炼和压延加工业	31	100.97	0.13			1437.32	1248.97
炼铁	311	5.00				98.52	85.60
炼钢	312						
钢压延加工	313	95.97	0.13			1337.97	1162.70
铁合金冶炼	314						
有色金属冶炼和压延加工业	32	0.04	0.03	0.14	0.13	773.11	746.83
常用有色金属冶炼	321					143.70	127.75
贵金属冶炼	322		0.03			563.60	559.94
稀有稀土金属冶炼	323						
有色金属合金制造	324					1.80	1.61
有色金属压延加工	325	0.04		0.14	0.13	64.01	57.53
金属制品业	33	2.58	3.43	0.25	0.55	101.74	92.33
结构性金属制品制造	331	1.35	1.08			30.79	28.74
金属工具制造	332					3.93	3.05

单位：亿元

销售费用	管理费用	财务费用	利息收入	利息支出	投资收益(损失以"–"号记)	营业利润	利润总额	亏损企业亏损总额	平均用工人数(万人)	代码
										253
										254
48.92	81.84	31.93	0.62	30.47	5.94	238.12	240.25	4.00	7.87	26
12.50	19.75	6.98	0.13	7.18	0.89	79.34	80.87	0.92	2.52	261
2.08	6.43	6.01	-0.05	5.37	0.02	7.64	8.54	0.80	0.99	262
0.42	0.44	0.11	0.01	0.09	0.02	0.54	0.48		0.16	263
0.62	1.65	0.10	-0.01	0.14		0.54	0.58		0.13	264
16.18	25.13	10.51	1.02	9.36	3.34	95.25	94.40		1.52	265
16.30	27.82	8.21	-0.48	8.33	1.67	53.22	53.77	2.28	2.49	266
										267
0.80	0.58					1.58	1.60		0.06	268
38.55	19.40	1.12	0.16	1.75	4.02	39.92	39.68	0.15	2.33	27
11.65	8.89	0.81	0.30	1.35	0.14	7.96	7.60	0.03	1.44	271
1.70	0.28					0.19	0.19		0.05	272
										273
16.65	6.46	0.15	-0.17	0.28	2.31	24.71	24.82	0.11	0.52	274
1.99	2.29	-0.08	0.01	0.03	0.91	5.86	5.85		0.16	275
2.58	0.68	0.19		0.02	0.54	0.24	0.26		0.06	276
0.09	0.06					0.07	0.08		0.03	277
										278
0.74	1.54	-0.06	0.06	0.04	0.12	1.50	1.50		0.38	28
										281
0.74	1.54	-0.06	0.06	0.04	0.12	1.50	1.50		0.38	282
										283
3.91	5.24	3.18	0.06	2.85	1.44	-1.64	-1.32	2.51	1.15	29
3.69	4.68	3.07	0.06	2.73	1.43	-1.79	-1.44	2.32	1.07	291
0.22	0.56	0.12		0.11	0.01	0.15	0.12	0.19	0.08	292
18.97	25.12	15.16	1.11	14.92	9.94	75.14	73.00	2.12	3.64	30
9.86	10.12	8.87	0.77	9.00	1.17	36.88	35.24	0.42	1.22	301
5.03	5.62	2.45	0.11	1.93	8.47	14.89	14.39	0.89	0.87	302
0.20	0.56	0.17		0.14		0.65	0.66		0.05	303
										304
										305
2.72	4.74	3.01	0.18	3.14	0.24	11.70	11.76	0.40	0.97	306
0.25	0.56	0.09	0.05	0.13		0.11	0.21		0.09	307
0.31	0.91	0.24		0.17		0.15	-0.11	0.34	0.22	308
0.59	2.49	0.33	-0.01	0.40	0.06	10.85	10.92		0.20	309
7.71	40.42	17.21	1.90	16.52	0.07	109.10	105.54	0.12	3.72	31
0.16	3.44	0.50	0.36	1.00	0.10	8.46	8.97	0.06	0.32	311
										312
7.53	36.93	16.71	1.54	15.52	-0.03	100.61	96.55	0.06	3.39	313
										314
3.50	7.97	5.16	0.23	5.58	0.03	8.04	7.86	0.85	1.11	32
2.36	4.64	0.49	0.22	0.46	0.01	7.69	7.41	0.55	0.70	321
0.22	1.96	0.40	0.02	0.44	-0.72	0.08	0.13		0.15	322
										323
0.03	0.13	0.01	-0.01	0.02		-0.02	0.02		0.01	324
0.89	1.24	4.26	0.01	4.66	0.74	0.29	0.29	0.30	0.25	325
1.93	3.63	1.07	0.06	0.92	0.04	1.94	2.06	0.57	0.78	33
0.45	1.08	0.61	0.02	0.58		-0.34	-0.35	0.55	0.18	331
0.17	0.48	0.11		0.11		0.14	0.13		0.05	332

1-A-7 续表 8

分组	代码	法人资本	个人资本	港澳台资本	外商资本	营业收入	营业成本
集装箱及金属包装容器制造	333					4.64	4.44
金属丝绳及其制品制造	334						
建筑、安全用金属制品制造	335						
金属表面处理及热处理加工	336						
搪瓷制品制造	337						
金属制日用品制造	338						
铸造及其他金属制品制造	339	1.23	2.35	0.10	0.55	59.21	53.62
通用设备制造业	34	31.58	37.32	19.97	5.94	755.93	579.18
锅炉及原动设备制造	341	14.97	33.16	19.72	3.21	532.52	404.05
金属加工机械制造	342	4.77	0.13			85.42	66.56
物料搬运设备制造	343						
泵、阀门、压缩机及类似机械制造	344	1.62	2.14			26.19	24.15
轴承、齿轮和传动部件制造	345	0.32	0.15			2.85	1.68
烘炉、风机、包装等设备制造	346	6.55	0.60	0.25	2.57	78.88	62.57
文化、办公用机械制造	347	1.86	0.34			16.52	10.24
通用零部件制造	348	0.43	0.37		0.17	8.03	5.26
其他通用设备制造业	349	1.00	0.43			5.03	4.28
专用设备制造业	35	16.57	13.27		0.21	290.65	232.67
采矿、冶金、建筑专用设备制造	351	14.03	9.23		0.17	153.33	124.25
化工、木材、非金属加工专用设备制造	352						
食品、饮料、烟草及饲料生产专用设备制造	353						
印刷、制药、日化及日用品生产专用设备制造	354						
纺织、服装和皮革加工专用设备制造	355					6.59	5.55
电子和电工机械专用设备制造	356		0.01			1.24	0.97
农、林、牧、渔专用机械制造	357	0.09	0.16			12.49	10.54
医疗仪器设备及器械制造	358						
环保、邮政、社会公共服务及其他专用设备制造	359	1.79	0.54		0.05	15.73	10.63
汽车制造业	36	102.21	1.95	65.18	171.97	2436.40	2139.60
汽车整车制造	361	60.57	1.60	65.18	141.22	2176.13	1910.99
汽车用发动机制造	362	29.23	0.03		29.23	110.56	94.51
改装汽车制造	363	5.01	0.30			76.98	69.42
低速汽车制造	364						
电车制造	365						
汽车车身、挂车制造	366						
汽车零部件及配件制造	367	7.41	0.02		1.53	72.73	64.67
铁路、船舶、航空航天和其他运输设备制造业	37	49.30	0.60		4.74	725.94	610.13
铁路运输设备制造	371	1.45			3.18	603.35	494.85
城市轨道交通设备制造	372						
船舶及相关装置制造	373	45.30	0.44		0.44	95.16	91.00
航空、航天器及设备制造	374						
摩托车制造	375	1.80			1.00	22.52	19.56
自行车和残疾人座车制造	376						
助动车制造	377						
非公路休闲车及零配件制造	378						
潜水救捞及其他未列明运输设备制造	379						
电气机械和器材制造业	38	19.57	1.35		1.51	276.39	242.45
电机制造	381	0.20	0.19			23.72	21.75
输配电及控制设备制造	382	5.10	0.79		1.50	116.17	99.72
电线、电缆、光缆及电工器材制造	383		0.36		0.01	26.55	23.62
电池制造	384	0.78				5.04	4.78

单位：亿元

销售费用	管理费用	财务费用	利息收入	利息支出	投资收益（损失以“－”号记）	营业利润	利润总额	亏损企业亏损总额	平均用工人数（万人）	代码
0.03	0.08	0.10				-0.06	0.02		0.02	333
										334
										335
										336
										337
										338
1.07	1.87	0.28	0.01	0.23	0.04	1.81	1.87	0.02	0.49	339
26.66	59.99	-1.42	3.77	1.89	14.25	97.81	98.68	5.78	5.73	34
16.50	40.46	-1.58	2.25	0.45	12.27	79.10	79.38	2.42	2.65	341
2.67	8.75	-0.42	1.08	0.60	0.03	7.35	7.67	0.57	1.29	342
										343
0.56	3.06	0.07	0.11	0.18		-1.21	-1.15	1.80	0.49	344
0.10	0.37	0.11		0.08		0.44	0.43		0.07	345
4.41	4.64	0.30	0.30	0.44	1.95	8.25	8.47		0.87	346
1.91	1.33	-0.01	0.03	0.03	0.01	3.39	3.38		0.12	347
0.42	0.92	0.11		0.11		0.29	0.25	0.99	0.17	348
0.09	0.38					0.20	0.25	0.01	0.06	349
18.42	22.82	6.06	0.24	8.74	1.18	2.40	2.60	5.63	2.64	35
8.90	13.67	3.38	0.14	5.98	1.13	-2.68	-2.64	5.46	1.65	351
										352
										353
										354
0.32	0.68		0.01	0.01		0.13	0.13	0.02	0.08	355
0.02	0.12					0.11	0.10		0.01	356
0.48	0.67	-0.04	0.09	0.05		0.76	0.77	0.08	0.11	357
										358
0.49	1.76	0.88	-0.01	0.92	0.01	1.76	1.85	0.07	0.12	359
61.61	60.21	3.01	10.25	17.82	11.49	140.78	149.34	5.94	7.20	36
58.48	50.25	2.65	10.07	15.99	10.71	124.82	133.22	2.63	5.95	361
	1.46			1.04		13.79	13.84		0.20	362
2.36	3.95	0.15	0.18	0.37	0.02	0.10	0.24	0.69	0.48	363
										364
										365
										366
0.77	4.55	0.21	-0.01	0.41	0.76	2.07	2.03	2.62	0.57	367
24.04	67.54	-2.16	3.67	3.40	-0.16	36.27	42.04	7.37	4.21	37
21.21	55.76	-2.18	3.18	1.25	-0.07	44.96	45.30		2.74	371
										372
1.79	9.36	-0.09	0.51	1.94	-0.02	-8.08	-2.74	6.64	1.03	373
										374
0.92	2.04	0.04	-0.02	0.11	-0.08	-0.18	-0.15	0.36	0.32	375
										376
										377
										378
										379
14.16	13.51	2.97	-0.10	3.04	0.15	1.42	2.29	3.60	1.72	38
0.83	2.18	0.82	0.05	0.90		-2.24	-2.37	2.64	0.33	381
5.14	7.08	1.73	0.05	1.52	0.07	1.78	2.63	0.79	0.49	382
0.97	1.01	0.24	0.01	0.25		0.59	0.63	0.03	0.18	383
0.07	0.21	0.01	-0.01	0.02		-0.09	-0.09	0.14	0.03	384

1-A-7 续表 9

分 组	代码					营业收入	营业成本
		法人资本	个人资本	港澳台资本	外商资本		
家用电力器具制造	385	12.99				102.77	90.79
非电力家用器具制造	386						
照明器具制造	387						
其他电气机械及器材制造	389	0.50				1.59	1.31
计算机、通信和其他电子设备制造业	39	45.50	12.22	3.27	3.30	1341.24	1084.52
计算机制造	391	8.46	1.89	3.27	0.15	596.97	481.90
通信设备制造	392						
广播电视设备制造	393						
雷达及配套设备制造	394						
非专业视听设备制造	395						
智能消费设备制造	396						
电子器件制造	397	6.09	0.06		0.12	41.56	27.61
电子元件及电子专用材料制造	398	6.63	2.53		0.28	23.57	15.39
其他电子设备制造	399						
仪器仪表制造业	40	11.66	3.86		0.99	45.07	33.25
通用仪器仪表制造	401	11.41	2.98		0.96	35.33	26.92
专用仪器仪表制造	402	0.14	0.66			4.33	2.55
钟表与计时仪器制造	403						
光学仪器制造	404						
衡器制造	405						
其他仪器仪表制造业	409						
其他制造业	41						
日用杂品制造	411						
核辐射加工	412						
其他未列明制造业	419						
废弃资源综合利用业	42						
金属废料和碎屑加工处理	421						
非金属废料和碎屑加工处理	422						
金属制品、机械和设备修理业	43	0.05				3.25	2.71
金属制品修理	431						
通用设备修理	432						
专用设备修理	433						
铁路、船舶、航空航天等运输设备修理	434	0.04				1.62	1.21
电气设备修理	435						
仪器仪表修理	436						
其他机械和设备修理业	439						
电力、热力、燃气及水生产和供应业	**D**	**97.70**	**34.61**	**38.01**	**16.08**	**3757.94**	**3507.54**
电力、热力生产和供应业	44	80.79	33.07	32.16	10.23	3513.64	3304.74
电力生产	441	73.06	33.80	32.16	10.23	1149.75	1024.26
电力供应	442					2227.94	2137.81
热力生产和供应	443	7.73	-0.73			135.95	142.67
燃气生产和供应业	45	6.90	1.43	4.56	5.37	152.32	120.60
燃气生产和供应业	451	6.90	1.43	4.56	5.37	152.32	120.60
生物质燃气生产和供应业	452						
水的生产和供应业	46	10.01	0.11	1.30	0.48	91.98	82.21
自来水生产和供应	461	5.79	0.11	1.30	0.48	78.20	72.30
污水处理及其再生利用	462	3.72				10.02	7.13
海水淡化处理	463						
其他水的处理、利用与分配	469	0.50				1.70	1.42

单位：亿元

销售费用	管理费用	财务费用			投资收益(损失以“–”号记)	营业利润	利润总额	亏损企业亏损总额	平均用工人数(万人)	代码
			利息收入	利息支出						
7.07	2.82	0.16	-0.21	0.35	0.08	1.32	1.43		0.67	385
										386
										387
0.06	0.16	0.01				0.05	0.05		0.01	389
100.27	100.32	8.02	1.91	10.22	13.42	60.53	64.11	0.97	6.18	39
33.01	58.37	7.23	0.09	7.43	6.16	18.94	19.54	0.08	3.08	391
										392
										393
										394
										395
										396
2.54	7.06	0.28	0.10	0.49	0.90	5.04	5.11	0.79	0.62	397
0.41	2.51	-0.38	0.09	0.07	0.11	5.25	5.29	0.01	0.26	398
										399
4.19	6.22	-0.22	0.41	0.13	0.45	2.33	2.57	0.58	0.52	40
2.99	4.60	-0.27	0.39	0.09	0.45	1.79	1.91	0.45	0.33	401
0.59	0.68	0.02	0.01	0.02		0.54	0.53		0.06	402
										403
										404
										405
										409
										41
										411
										412
										419
										42
										421
										422
0.01	0.34	0.01		0.01		0.20	0.20		0.05	43
										431
										432
										433
0.01	0.23			0.01		0.19	0.19		0.02	434
										435
										436
										439
9.23	**54.59**	**92.29**	**3.21**	**92.26**	**22.08**	**103.26**	**109.79**	**45.40**	**20.91**	**D**
1.73	35.62	89.16	2.56	88.10	20.49	86.52	90.08	37.86	18.04	44
0.53	26.00	57.62	2.18	56.09	17.27	44.42	47.21	22.21	5.69	441
0.03	1.18	26.32	0.27	26.27	2.59	57.62	54.85		10.96	442
1.17	8.44	5.21	0.11	5.74	0.63	-15.52	-11.98	15.65	1.39	443
4.27	7.03	1.00	0.33	1.62	1.15	20.93	22.29	0.38	0.73	45
4.27	7.03	1.00	0.33	1.62	1.15	20.93	22.29	0.38	0.73	451
										452
3.23	11.93	2.14	0.32	2.54	0.44	-4.19	-2.58	7.16	2.14	46
3.10	10.68	1.07	0.32	1.56	0.44	-5.63	-4.13	7.16	1.95	461
0.12	1.02	0.54		0.46		1.27	1.38		0.17	462
										463
0.01	0.10					0.14	0.14		0.02	469

1-A-8 私营工业企业主要

分　组	代码	企　业 单位数 (个)	资产总计	固定资产 原　价	累计折旧	流动资产 合　计
总　计	**00**	**25460**	**26782.40**	**11301.80**	**4076.72**	**15060.29**
采矿业	**B**	**190**	**244.01**	**104.69**	**37.14**	**106.36**
煤炭开采和洗选业	06	29	25.27	6.50	1.74	15.82
烟煤和无烟煤开采洗选	061	26	25.10	6.02	1.38	15.78
褐煤开采洗选	062	2	0.17	0.48	0.37	0.04
其他煤炭采选	069	1				
石油和天然气开采业	07	2	8.44	4.40	1.59	3.00
石油开采	071	2	8.44	4.40	1.59	3.00
天然气开采	072					
黑色金属矿采选业	08	38	89.26	39.10	15.44	39.70
铁矿采选	081	38	89.26	39.10	15.44	39.70
锰矿、铬矿采选	082					
其他黑色金属矿采选	089					
有色金属矿采选业	09	11	8.12	6.98	2.93	1.81
常用有色金属矿采选	091					
贵金属矿采选	092	11	8.12	6.98	2.93	1.81
稀有稀土金属矿采选	093					
非金属矿采选业	10	108	112.41	47.29	15.19	45.72
土砂石开采	101	66	31.55	14.56	3.40	16.65
化学矿开采	102					
采盐	103	14	69.97	26.51	9.83	24.76
石棉及其他非金属矿采选	109	28	10.89	6.22	1.96	4.31
开采专业及辅助性活动	11					
煤炭开采和洗选专业及辅助性活动	111					
石油和天然气开采专业及辅助性活动	112					
其他开采专业及辅助性活动	119					
其他采矿业	12	2	0.50	0.42	0.25	0.30
制造业	**C**	**25056**	**25909.53**	**10864.13**	**3950.96**	**14711.83**
农副食品加工业	13	2424	2122.69	915.25	323.37	1233.83
谷物磨制	131	307	165.59	96.57	33.07	69.45
饲料加工	132	404	221.55	107.83	38.46	113.69
植物油加工	133	155	577.35	111.95	36.70	469.94
制糖业	134	8	63.41	17.07	6.34	43.15
屠宰及肉类加工	135	496	410.21	201.62	81.19	217.48
水产品加工	136	273	257.23	146.01	49.32	133.00
蔬菜、菌类、水果和坚果加工	137	556	298.08	155.07	54.24	143.16
其他农副食品加工	139	225	129.27	79.12	24.06	43.95
食品制造业	14	736	552.57	255.39	75.52	253.09
焙烤食品制造	141	113	101.54	45.02	13.57	35.37
糖果、巧克力及蜜饯制造	142	59	20.08	12.00	3.44	5.26
方便食品制造	143	121	63.48	40.73	9.27	23.02
乳制品制造	144	22	29.59	17.58	7.76	14.68
罐头食品制造	145	92	55.34	32.91	12.63	24.77
调味品、发酵制品制造	146	127	37.92	18.54	5.24	19.22
其他食品制造	149	202	244.61	88.61	23.61	130.77
酒、饮料和精制茶制造业	15	268	228.43	103.44	27.58	103.77
酒的制造	151	158	172.56	68.65	18.30	87.25
饮料制造	152	90	49.65	31.25	8.43	14.80
精制茶加工	153	20	6.22	3.54	0.85	1.72
烟草制品业	16	1				

经济指标(大、中类行业)

单位：亿元

应收账款	存货	产成品	负债合计	流动负债合计	应付账款	所有者权益合计	实收资本	国家资本	集体资本	代码
3056.24	**3729.41**	**1589.29**	**16741.44**	**14752.75**	**3048.53**	**10040.59**	**4496.61**	**24.49**	**99.50**	**00**
16.16	**14.27**	**9.29**	**135.64**	**121.39**	**19.35**	**108.37**	**32.97**	**1.10**	**2.14**	**B**
2.19	2.19	1.72	16.89	16.57	2.66	8.38	4.23		0.02	06
2.18	2.19	1.72	16.83	16.51	2.66	8.27	4.16		0.02	061
0.01			0.06	0.06		0.11	0.06			062
										069
2.86	0.13	0.01	1.18	0.57	0.11	7.26	0.65	0.60		07
2.86	0.13	0.01	1.18	0.57	0.11	7.26	0.65	0.60		071
										072
0.74	4.69	2.50	65.57	55.03	9.20	23.69	8.42		0.91	08
0.74	4.69	2.50	65.57	55.03	9.20	23.69	8.42		0.91	081
										082
										089
0.01	1.11	0.90	3.07	2.68	0.26	5.05	1.19		0.55	09
										091
0.01	1.11	0.90	3.07	2.68	0.26	5.05	1.19		0.55	092
										093
10.28	6.09	4.16	48.56	46.17	7.12	63.85	18.20	0.50	0.66	10
5.26	1.85	1.04	14.56	14.05	4.30	16.99	7.58	0.50	0.66	101
										102
3.71	3.07	2.29	27.57	26.20	2.26	42.40	9.32			103
1.31	1.17	0.83	6.43	5.91	0.56	4.46	1.30			109
										11
										111
										112
										119
0.09	0.07		0.38	0.38	0.01	0.13	0.29			12
3009.22	**3702.71**	**1575.47**	**16158.99**	**14300.05**	**2973.20**	**9750.16**	**4361.04**	**20.83**	**92.11**	**C**
158.70	417.31	145.33	1177.36	1071.44	213.19	945.22	320.64	0.22	4.85	13
11.32	23.65	11.05	73.56	63.17	9.74	91.97	35.60		0.92	131
15.25	33.58	10.37	116.55	107.15	22.63	105.00	46.87		0.68	132
25.23	167.55	33.89	369.58	335.15	60.29	207.77	37.57		0.92	133
0.63	14.28	3.12	51.93	51.62	21.28	11.48	0.57			134
34.78	56.58	36.12	226.05	207.05	30.90	184.16	87.85	0.21	1.28	135
25.04	53.29	19.12	141.41	128.65	32.13	115.82	35.02		0.51	136
38.01	54.00	24.44	141.40	128.81	25.21	156.68	53.84		0.53	137
8.45	14.38	7.21	56.87	49.83	11.01	72.33	23.33	0.01	0.01	139
50.48	68.76	35.49	295.85	216.97	38.51	256.72	121.87	0.21	2.88	14
8.55	6.47	3.37	49.84	18.49	4.87	51.70	24.46		0.11	141
1.00	2.04	0.80	7.69	6.01	1.12	12.40	8.12		0.02	142
2.32	7.60	3.84	20.37	17.42	2.05	43.12	18.05	0.04	0.02	143
1.47	3.88	2.35	17.60	16.62	2.47	12.00	4.51		0.72	144
2.82	12.66	6.93	21.75	17.08	5.33	33.59	12.73			145
4.45	6.86	2.24	21.82	19.86	4.18	16.10	10.14	0.13	0.01	146
29.87	29.25	15.96	156.79	121.48	18.48	87.81	43.85	0.05	2.01	149
11.26	28.13	12.80	134.18	116.07	21.31	94.25	54.22		0.56	15
9.11	24.64	10.87	111.97	98.74	18.83	60.58	39.21		0.45	151
1.85	2.89	1.44	19.96	16.04	2.22	29.69	13.70		0.01	152
0.31	0.60	0.50	2.24	1.29	0.25	3.98	1.30		0.10	153
										16

1-A-8 续表 1

分 组	代码	企 业 单位数 (个)	资产总计	固定资产 原 价	累计折旧	流动资产 合 计
烟叶复烤	161					
卷烟制造	162					
其他烟草制品制造	169	1				
纺织业	17	1713	1014.91	563.99	205.34	498.18
棉纺织及印染精加工	171	1178	780.86	455.35	172.87	379.59
毛纺织及染整精加工	172	129	49.13	31.21	8.52	20.49
麻纺织及染整精加工	173	8	3.41	1.70	0.46	1.65
丝绢纺织及印染精加工	174	3	1.64	0.47	0.11	0.46
化纤织造及印染精加工	175	40	13.25	6.96	2.60	6.72
针织或钩针编织物及其制品制造	176	62	31.03	8.70	2.65	13.78
家用纺织制成品制造	177	119	57.90	23.56	6.40	32.71
产业用纺织制成品制造	178	174	77.68	36.05	11.73	42.80
纺织服装、服饰业	18	775	1037.07	307.84	81.37	500.40
机织服装制造	181	493	933.93	251.50	57.02	446.83
针织或钩针编织服装制造	182	192	80.84	45.66	21.87	41.90
服饰制造	183	90	22.29	10.68	2.49	11.67
皮革、毛皮、羽毛及其制品和制鞋业	19	223	124.15	51.94	13.52	64.22
皮革鞣制加工	191	37	35.10	8.41	3.03	27.13
皮革制品制造	192	39	23.71	6.80	1.95	11.77
毛皮鞣制及制品加工	193	42	13.74	4.58	1.39	7.74
羽毛(绒)加工及制品制造	194	16	4.58	1.56	0.36	2.61
制鞋业	195	89	47.03	30.59	6.79	14.96
木材加工和木、竹、藤、棕、草制品业	20	1610	510.86	410.93	168.06	195.71
木材加工	201	204	49.98	26.28	7.32	25.14
人造板制造	202	1126	361.51	312.62	147.80	139.99
木质制品制造	203	269	97.42	70.34	12.25	29.70
竹、藤、棕、草等制品制造	204	11	1.96	1.68	0.69	0.88
家具制造业	21	396	178.28	103.80	32.08	72.80
木质家具制造	211	339	151.42	92.25	29.87	60.84
竹、藤家具制造	212	11	1.65	0.71	0.10	0.98
金属家具制造	213	20	4.41	2.34	0.86	2.42
塑料家具制造	214					
其他家具制造	219	26	20.80	8.50	1.25	8.56
造纸和纸制品业	22	423	805.39	526.07	198.22	351.68
纸浆制造	221	4	20.76	11.75	5.58	12.75
造纸	222	202	705.43	466.91	176.44	302.75
纸制品制造	223	217	79.21	47.41	16.20	36.17
印刷和记录媒介复制业	23	421	173.48	94.51	34.19	90.48
印刷	231	410	164.26	88.97	32.02	85.53
装订及印刷相关服务	232	10	8.14	4.76	2.03	4.59
记录媒介复制	233	1				
文教、工美、体育和娱乐用品制造业	24	914	547.57	290.96	75.41	263.27
文教办公用品制造	241	33	17.15	5.01	1.18	9.64
乐器制造	242	14	1.85	0.63	0.24	1.24
工艺美术及礼仪用品制造	243	635	317.70	156.00	44.32	162.31
体育用品制造	244	120	161.17	98.38	23.81	73.14
玩具制造	245	84	28.54	15.34	3.28	12.17
游艺器材及娱乐用品制造	246	28	21.16	15.60	2.58	4.76
石油、煤炭及其他燃料加工业	25	210	1934.68	432.81	113.98	1421.48
精炼石油产品制造	251	169	1878.49	406.96	104.00	1394.46
煤炭加工	252	29	52.10	24.12	9.69	24.86

单位：亿元

应收账款	存货	产成品	负债合计	流动负债合计	应付账款	所有者权益合计	实收资本	国家资本	集体资本	代码
										161
										162
										169
91.32	125.44	55.43	629.59	544.13	79.13	385.23	229.87	2.45	2.47	17
58.17	94.08	40.53	500.93	426.15	47.26	279.94	175.18	2.38	0.80	171
5.65	7.02	3.43	19.38	17.34	6.25	29.75	14.34		0.18	172
0.16	1.18	0.97	2.19	2.19	0.32	1.21	0.94			173
0.03	0.28	0.20	0.62	0.58	0.05	1.02	0.11			174
0.86	2.46	1.11	9.45	8.60	1.86	3.80	3.54		0.10	175
4.47	3.25	0.77	13.82	12.44	6.45	17.22	7.60		0.95	176
7.51	7.73	3.81	33.99	31.22	7.25	23.92	10.64		0.17	177
14.47	9.44	4.62	49.22	45.62	9.70	28.37	17.52	0.07	0.27	178
106.10	117.39	67.83	570.46	395.36	88.35	466.61	81.30	0.01	3.02	18
90.22	99.41	61.86	509.13	337.88	70.04	424.79	59.46	0.01	2.64	181
12.40	14.28	3.34	52.37	49.12	15.39	28.48	13.15		0.37	182
3.48	3.70	2.62	8.96	8.36	2.92	13.33	8.70			183
15.46	24.84	10.67	75.65	69.08	19.41	48.50	20.58		0.02	19
5.61	11.82	5.32	24.24	21.83	5.51	10.86	5.40			191
2.40	4.82	1.23	14.55	13.96	5.74	9.16	5.35			192
2.06	2.75	0.89	8.06	6.40	2.52	5.68	2.39			193
0.70	0.62	0.15	2.55	2.46	0.27	2.03	0.71			194
4.70	4.82	3.09	26.25	24.42	5.36	20.78	6.73		0.02	195
45.43	53.10	28.56	189.58	160.15	35.67	320.98	111.25	0.04	2.88	20
7.63	6.73	3.80	20.25	17.68	3.28	29.78	12.59		0.27	201
30.90	35.66	19.49	142.76	118.64	26.37	218.40	77.04	0.01	1.17	202
6.78	10.41	5.20	26.09	23.35	5.82	71.33	20.81	0.03	1.44	203
0.12	0.30	0.07	0.48	0.47	0.20	1.47	0.80			204
17.67	23.50	8.71	95.74	78.50	15.95	82.88	42.14	0.15	1.76	21
14.79	19.58	7.80	75.35	68.15	9.96	76.41	38.93	0.14	1.76	211
0.27	0.34	0.10	1.04	1.01	0.30	0.61	0.25	0.01		212
0.68	0.55	0.18	2.67	2.30	0.93	1.74	1.06			213
										214
1.93	3.03	0.63	16.68	7.05	4.76	4.12	1.90			219
56.59	86.34	37.61	483.47	401.12	71.02	321.92	94.65	0.11	7.15	22
0.62	0.64	0.13	13.20	11.74	0.97	7.56	6.35		6.30	221
46.41	75.71	33.21	430.95	357.16	63.05	274.47	65.72		0.70	222
9.56	9.99	4.27	39.32	32.22	7.00	39.89	22.59	0.11	0.15	223
25.03	20.23	8.69	94.80	83.30	17.18	77.78	40.41	0.10	0.03	23
23.37	19.29	7.98	90.77	79.65	16.16	72.59	38.86	0.10	0.03	231
1.61	0.64	0.41	3.69	3.42	1.01	4.45	1.52			232
										233
54.35	77.60	26.86	286.63	240.54	50.42	260.94	88.40	0.17	0.59	24
2.44	3.03	1.11	7.51	6.91	1.10	9.64	2.45			241
0.56	0.38	0.06	1.27	1.26	0.44	0.59	0.26			242
31.14	53.72	20.17	185.57	164.26	31.22	132.13	57.00	0.17	0.54	243
16.08	16.89	3.73	72.04	52.74	13.84	89.14	15.33		0.03	244
2.83	2.63	1.38	11.64	10.34	2.53	16.89	8.33		0.01	245
1.29	0.94	0.40	8.61	5.03	1.29	12.55	5.02			246
108.45	387.61	160.74	1781.66	1635.17	312.93	153.02	104.22		0.78	25
105.29	377.86	156.48	1740.37	1596.12	305.42	138.12	94.03		0.78	251
2.60	8.93	4.26	38.87	36.87	6.68	13.22	8.72			252

1-A-8 续表 2

分组	代码	企业单位数（个）	资产总计	固定资产原价	累计折旧	流动资产合计
核燃料加工	253					
生物质燃料加工	254	12	4.09	1.74	0.28	2.16
化学原料和化学制品制造业	26	2021	2700.29	1281.82	500.88	1484.88
基础化学原料制造	261	502	829.92	458.30	189.51	422.76
肥料制造	262	168	118.78	59.78	19.39	55.72
农药制造	263	88	115.11	69.08	38.41	69.24
涂料、油墨、颜料及类似产品制造	264	147	76.65	32.58	12.09	44.28
合成材料制造	265	279	433.14	173.11	57.20	247.46
专用化学产品制造	266	787	995.47	422.18	159.35	585.23
炸药、火工及焰火产品制造	267	2	69.33	21.19	7.29	41.02
日用化学产品制造	268	48	61.89	45.59	17.64	19.18
医药制造业	27	439	855.68	352.72	124.04	471.50
化学药品原料药制造	271	99	204.65	96.57	32.34	102.64
化学药品制剂制造	272	40	307.42	99.29	39.05	197.22
中药饮片加工	273	44	32.84	10.69	3.54	19.56
中成药生产	274	48	56.28	20.66	5.83	28.35
兽用药品制造	275	46	49.23	21.02	9.09	27.92
生物药品制品制造	276	73	119.21	58.27	19.01	54.92
卫生材料及医药用品制造	277	79	76.64	43.29	14.05	34.94
药用辅料及包装材料	278	10	9.43	2.93	1.15	5.95
化学纤维制造业	28	54	59.13	39.06	9.69	22.23
纤维素纤维原料及纤维制造	281	11	21.11	17.70	3.35	4.19
合成纤维制造	282	38	21.98	10.59	4.80	14.24
生物基材料制造	283	5	16.04	10.78	1.54	3.80
橡胶和塑料制品业	29	1259	1970.19	907.94	389.91	1080.30
橡胶制品业	291	294	1508.99	711.48	314.50	827.90
塑料制品业	292	965	461.20	196.46	75.41	252.40
非金属矿物制品业	30	2600	1725.46	796.44	283.98	955.10
水泥、石灰和石膏制造	301	202	198.13	106.07	50.91	117.32
石膏、水泥制品及类似制品制造	302	745	473.59	173.87	63.11	313.62
砖瓦、石材等建筑材料制造	303	684	329.68	133.92	37.59	160.46
玻璃制造	304	64	60.51	25.95	7.18	26.03
玻璃制品制造	305	147	89.48	60.25	23.83	39.86
玻璃纤维和玻璃纤维增强塑料制品制造	306	231	163.60	98.93	25.80	73.96
陶瓷制品制造	307	198	101.06	54.34	20.44	50.42
耐火材料制品制造	308	122	63.91	24.97	9.40	40.66
石墨及其他非金属矿物制品制造	309	207	245.51	118.15	45.72	132.77
黑色金属冶炼和压延加工业	31	252	856.30	372.66	152.99	525.05
炼铁	311	3	1.44	0.88	0.38	0.84
炼钢	312	3	134.60	65.87	16.74	74.31
钢压延加工	313	229	698.53	300.24	134.28	435.82
铁合金冶炼	314	17	21.74	5.68	1.60	14.07
有色金属冶炼和压延加工业	32	298	1248.53	433.92	184.23	842.13
常用有色金属冶炼	321	22	316.04	127.15	49.38	196.81
贵金属冶炼	322	3	40.41	3.56	2.25	29.89
稀有稀土金属冶炼	323	3	4.17	0.88	0.46	3.26
有色金属合金制造	324	30	209.23	22.24	8.70	173.50
有色金属压延加工	325	240	678.68	280.09	123.44	438.67
金属制品业	33	1599	1379.20	531.36	201.59	815.00
结构性金属制品制造	331	479	298.01	120.53	54.04	185.88
金属工具制造	332	113	40.66	18.90	4.60	18.00

单位：亿元

应收账款	存货	产成品	负债合计	流动负债合计	应付账款	所有者权益合计	实收资本	国家资本	集体资本	代码
										253
0.56	0.82		2.42	2.18	0.84	1.67	1.47			254
290.72	375.17	175.12	1724.32	1566.37	293.56	975.97	486.86	0.56	21.33	26
62.52	100.04	51.90	587.77	539.67	97.87	242.15	159.35	0.30	3.40	261
6.25	18.15	9.18	60.86	49.45	6.78	57.93	25.60		0.08	262
16.72	23.83	12.41	65.24	62.68	13.11	49.87	19.99		1.00	263
14.45	11.19	5.27	46.46	42.11	7.69	30.19	16.34	0.11	0.11	264
64.73	43.55	22.69	273.45	242.77	46.86	159.69	77.22		5.17	265
111.99	158.99	71.07	624.75	570.35	111.78	370.71	159.88	0.15	11.57	266
5.11	15.66	0.88	48.75	46.42	5.76	20.58	8.33			267
8.96	3.76	1.74	17.04	12.92	3.70	44.85	20.15			268
88.96	98.59	49.37	392.30	360.43	49.87	463.38	152.22	0.20	4.74	27
22.31	24.38	13.18	99.84	94.84	10.78	104.81	37.91	0.20	0.50	271
27.59	30.77	15.97	129.26	115.26	12.53	178.16	36.60		0.21	272
3.82	5.56	4.55	14.18	12.61	2.32	18.65	11.89		0.95	273
7.08	7.58	2.24	29.32	28.05	3.87	26.96	12.57		0.13	274
6.72	4.31	1.25	8.00	7.71	2.97	41.23	8.71		0.21	275
14.21	15.13	6.05	65.52	60.49	6.13	53.69	28.28		1.63	276
5.98	9.88	5.71	40.08	35.38	10.77	36.55	14.96		1.11	277
1.25	0.98	0.42	6.10	6.09	0.50	3.33	1.30			278
3.19	5.87	2.98	64.35	50.62	5.74	-5.22	7.56			28
0.77	1.54	0.95	34.20	31.45	3.16	-13.09	0.97			281
1.64	3.22	1.61	15.87	7.99	1.92	6.11	4.15			282
0.79	1.10	0.42	14.28	11.19	0.66	1.75	2.44			283
229.65	239.10	117.29	1262.64	1076.19	168.97	707.55	263.86	0.76	1.42	29
164.29	173.40	85.64	986.82	826.22	128.97	522.17	159.14	0.51	0.08	291
65.36	65.69	31.65	275.82	249.97	40.00	185.38	104.72	0.26	1.34	292
379.47	174.21	86.11	993.38	909.45	287.42	732.11	383.21	1.36	4.67	30
47.71	17.06	7.35	125.01	120.89	52.29	73.11	43.84	0.30	1.81	301
169.34	38.56	13.73	289.20	269.38	125.11	184.39	107.46	0.58	0.37	302
62.97	30.29	17.00	171.58	150.82	27.41	158.13	91.26	0.35	1.23	303
3.78	3.93	2.15	44.58	42.40	2.60	15.93	10.42		0.03	304
7.69	14.02	8.66	51.56	44.86	11.75	37.91	23.60		0.15	305
22.85	12.33	5.95	86.52	76.82	15.23	77.08	27.11		0.60	306
10.77	17.84	10.02	67.52	62.56	11.64	33.54	19.81	0.12	0.30	307
16.13	9.83	5.92	36.13	33.39	12.57	27.78	13.31		0.16	308
38.23	30.36	15.32	121.28	108.32	28.81	124.23	46.41		0.01	309
39.00	167.27	89.73	686.22	667.44	241.79	170.05	102.94	0.40	7.33	31
0.22	0.47	0.38	1.02	0.98	0.28	0.42	0.31			311
7.14	8.82	1.38	79.77	78.05	17.90	54.83	10.87		4.59	312
28.76	148.46	86.58	587.31	570.60	217.16	111.18	87.90	0.40	2.54	313
2.88	9.52	1.40	18.12	17.81	6.45	3.62	3.87		0.20	314
120.35	210.13	48.66	823.19	702.56	90.10	425.34	136.92	1.00	1.11	32
19.66	72.65	3.90	180.65	154.41	21.82	135.39	58.20	0.80	0.10	321
0.04	0.27	0.25	18.93	14.66	2.03	21.48	0.09			322
0.16	0.62	0.12	3.72	3.72	0.17	0.45	0.67			323
23.82	16.93	11.38	179.57	160.78	16.83	29.66	10.92	0.20		324
76.67	119.65	33.01	440.32	369.00	49.25	238.36	67.04		1.01	325
194.57	204.30	85.06	950.65	848.82	139.63	429.05	287.44	2.67	1.88	33
55.84	43.41	19.10	162.09	149.91	27.67	135.92	96.45		0.60	331
5.69	3.54	1.40	21.81	19.40	5.47	18.85	9.31	0.01	0.02	332

1-A-8 续表 3

分组	代码	企业单位数（个）	资产总计	固定资产原价	累计折旧	流动资产合计
集装箱及金属包装容器制造	333	131	150.50	53.77	20.71	89.67
金属丝绳及其制品制造	334	39	82.00	46.58	19.84	43.95
建筑、安全用金属制品制造	335	101	60.57	15.57	5.65	30.98
金属表面处理及热处理加工	336	130	246.64	77.54	26.02	170.80
搪瓷制品制造	337	20	7.88	4.65	1.89	4.26
金属制日用品制造	338	63	46.08	13.09	4.42	30.31
铸造及其他金属制品制造	339	523	446.86	180.73	64.42	241.15
通用设备制造业	34	2201	1531.25	637.13	227.12	840.29
锅炉及原动设备制造	341	227	373.01	133.68	54.53	216.47
金属加工机械制造	342	429	267.17	113.02	38.60	136.47
物料搬运设备制造	343	128	89.85	35.32	11.52	50.78
泵、阀门、压缩机及类似机械制造	344	286	233.94	91.41	30.33	121.47
轴承、齿轮和传动部件制造	345	363	158.55	78.80	24.03	80.52
烘炉、风机、包装等设备制造	346	280	164.36	84.43	31.71	89.17
文化、办公用机械制造	347	8	4.99	1.36	0.57	2.90
通用零部件制造	348	404	188.83	82.10	30.89	111.03
其他通用设备制造业	349	76	50.56	17.01	4.93	31.48
专用设备制造业	35	1540	1427.07	435.05	163.36	885.01
采矿、冶金、建筑专用设备制造	351	499	746.69	167.03	62.92	496.05
化工、木材、非金属加工专用设备制造	352	215	118.01	53.00	21.94	64.27
食品、饮料、烟草及饲料生产专用设备制造	353	64	24.33	9.07	1.88	12.88
印刷、制药、日化及日用品生产专用设备制造	354	60	26.72	15.77	11.27	16.36
纺织、服装和皮革加工专用设备制造	355	60	20.53	9.66	4.08	11.14
电子和电工机械专用设备制造	356	65	51.48	33.64	11.67	24.32
农、林、牧、渔专用机械制造	357	209	120.44	42.07	14.19	63.22
医疗仪器设备及器械制造	358	85	69.96	30.79	10.30	40.54
环保、邮政、社会公共服务及其他专用设备制造	359	283	248.91	74.01	25.10	156.23
汽车制造业	36	892	927.37	371.68	138.92	536.13
汽车整车制造	361	19	157.61	36.32	14.84	97.41
汽车用发动机制造	362	9	11.40	2.95	1.13	5.70
改装汽车制造	363	78	107.16	40.65	12.23	60.94
低速汽车制造	364	9	7.54	4.63	1.24	2.06
电车制造	365	18	17.74	5.36	0.80	8.25
汽车车身、挂车制造	366	100	56.46	30.88	10.12	29.85
汽车零部件及配件制造	367	659	569.46	250.89	98.56	331.93
铁路、船舶、航空航天和其他运输设备制造业	37	230	191.66	90.12	29.72	99.11
铁路运输设备制造	371	55	63.84	25.95	9.73	35.78
城市轨道交通设备制造	372	2	4.19	1.66	0.14	1.45
船舶及相关装置制造	373	62	77.49	38.85	13.71	43.44
航空、航天器及设备制造	374	1				
摩托车制造	375	12	7.61	2.91	1.33	4.29
自行车和残疾人座车制造	376	12	2.88	1.70	0.49	0.85
助动车制造	377	54	25.79	15.04	3.34	8.47
非公路休闲车及零配件制造	378	5	1.95	1.08	0.12	0.82
潜水救捞及其他未列明运输设备制造	379	27	7.88	2.91	0.85	3.98
电气机械和器材制造业	38	929	1259.29	375.60	134.38	783.16
电机制造	381	114	132.42	58.89	30.38	82.15
输配电及控制设备制造	382	379	580.62	154.33	54.17	357.67
电线、电缆、光缆及电工器材制造	383	198	289.61	70.42	26.23	193.37
电池制造	384	45	129.00	37.15	8.46	79.44

单位：亿元

应收账款	存货	产成品	负债合计	流动负债合计	应付账款	所有者权益合计	实收资本	国家资本	集体资本	代码
23.05	22.95	5.61	91.28	84.66	21.09	59.21	28.54		0.11	333
19.71	9.61	2.52	69.42	67.43	6.90	12.58	10.49			334
6.65	4.67	1.85	37.70	33.58	2.77	22.94	15.79	0.10	0.04	335
10.00	42.50	16.43	229.18	202.45	11.18	17.46	39.84		0.56	336
0.95	1.47	0.65	4.39	4.34	0.41	3.90	2.62		0.12	337
9.44	6.15	2.13	28.19	23.85	4.52	17.89	11.68			338
63.23	70.00	35.37	306.57	263.20	59.61	140.31	72.73	2.56	0.43	339
245.98	200.53	75.62	842.65	762.28	163.12	688.60	344.11	2.17	5.43	34
70.26	52.26	18.28	218.09	203.91	39.44	154.92	47.43		0.01	341
46.72	34.45	11.38	143.56	116.67	25.31	123.61	64.43	0.07	1.27	342
16.71	9.78	3.28	34.72	31.11	5.75	55.12	34.67			343
23.29	25.01	10.18	133.58	128.39	28.16	100.36	51.32	0.57	2.20	344
22.13	16.64	8.76	86.36	76.55	18.91	72.19	47.23	0.02		345
28.52	22.39	8.68	74.86	66.60	15.16	89.50	52.51	0.07	1.74	346
0.14	0.89	0.32	2.39	2.39	0.44	2.60	0.81			347
29.23	28.41	11.93	125.76	116.54	24.14	63.07	34.37	1.43	0.21	348
8.99	10.68	2.81	23.34	20.12	5.81	27.22	11.33			349
185.63	208.13	89.68	803.07	747.51	127.55	624.13	263.45	0.22	3.80	35
87.50	91.86	51.38	463.51	440.20	44.07	283.18	119.34	0.12	1.35	351
14.31	20.89	7.67	66.52	59.99	12.86	51.52	21.52		0.12	352
1.10	5.72	1.23	13.54	11.30	1.56	10.79	4.91		0.01	353
2.77	3.38	1.17	13.97	13.37	2.02	12.76	4.31			354
3.60	2.77	1.36	9.77	9.46	3.58	10.76	3.48			355
7.65	4.45	1.88	16.48	14.79	4.79	35.11	12.91	0.01	0.05	356
21.04	16.07	6.44	64.53	57.57	17.84	55.91	24.33		0.23	357
5.64	11.74	6.77	28.15	25.54	4.14	41.81	13.22	0.01	0.40	358
42.02	51.23	11.77	126.61	115.29	36.69	122.30	59.44	0.08	1.65	359
142.42	121.87	45.46	635.73	587.17	167.00	291.64	180.07	4.27	1.11	36
15.34	14.74	4.65	150.08	140.31	30.07	7.53	16.17	1.00		361
0.50	0.73	0.30	4.47	4.43	0.36	6.93	6.50			362
15.24	17.39	5.03	59.75	57.15	18.29	47.41	35.69		0.02	363
0.34	0.75	0.31	1.36	1.24	0.27	6.18	1.71			364
1.20	2.13	0.57	10.15	10.03	1.31	7.59	4.38	0.03		365
5.59	6.89	2.34	26.74	25.72	5.42	29.72	16.91		0.24	366
104.21	79.25	32.27	383.18	348.29	111.27	186.29	98.71	3.25	0.86	367
29.65	23.34	10.98	112.70	101.11	41.79	78.96	44.43	0.18	5.95	37
17.58	7.70	3.64	38.23	36.77	22.07	25.61	9.77			371
0.49	0.70	0.08	2.69	2.39	0.11	1.50	0.73			372
8.19	10.55	5.62	52.62	45.61	15.50	24.87	20.71	0.18	5.95	373
										374
0.98	1.09	0.35	4.59	4.27	1.13	3.02	1.57			375
0.22	0.12	0.07	0.96	0.70	0.39	1.92	0.31			376
0.86	1.67	0.92	7.84	6.10	1.04	17.96	8.91			377
0.13	0.24	0.06	0.70	0.50	0.08	1.25	0.93			378
1.19	1.27	0.24	5.08	4.75	1.47	2.80	1.47			379
222.62	164.49	59.47	772.12	662.35	160.60	487.16	276.48	1.96	3.90	38
20.20	27.76	8.55	71.90	65.71	19.10	60.52	17.57		0.25	381
121.57	73.57	22.71	357.58	310.64	84.97	223.03	153.25	1.66	0.84	382
45.33	23.26	13.76	206.00	170.75	18.24	83.61	58.64		2.75	383
14.94	23.34	5.93	87.72	70.51	24.48	41.29	15.21	0.28		384

1-A-8 续表 4

分 组	代码	企 业 单位数 (个)	资产总计	固定资产 原 价	累计折旧	流动资产 合 计
家用电力器具制造	385	55	64.99	26.01	7.01	39.63
非电力家用器具制造	386	55	29.48	14.63	3.60	12.47
照明器具制造	387	43	15.88	8.25	2.46	7.56
其他电气机械及器材制造	389	40	17.29	5.92	2.07	10.86
计算机、通信和其他电子设备制造业	39	296	301.99	109.40	36.87	180.64
计算机制造	391	19	23.19	8.81	2.46	11.65
通信设备制造	392	23	47.69	7.62	3.97	38.78
广播电视设备制造	393	10	6.69	1.12	0.42	4.77
雷达及配套设备制造	394					
非专业视听设备制造	395	8	4.32	1.21	0.40	2.61
智能消费设备制造	396	12	7.28	1.54	0.54	5.28
电子器件制造	397	64	55.25	18.71	6.28	32.30
电子元件及电子专用材料制造	398	140	145.44	63.33	20.30	79.15
其他电子设备制造	399	20	12.11	7.06	2.50	6.11
仪器仪表制造业	40	218	156.21	41.88	16.88	99.66
通用仪器仪表制造	401	139	99.27	26.83	11.80	64.01
专用仪器仪表制造	402	51	42.17	10.64	3.69	26.56
钟表与计时仪器制造	403	4	3.35	0.72	0.21	2.38
光学仪器制造	404	3	3.91	1.11	0.21	1.91
衡器制造	405	12	2.22	1.51	0.50	0.93
其他仪器仪表制造业	409	9	5.30	1.07	0.47	3.87
其他制造业	41	38	17.95	7.24	1.95	4.84
日用杂品制造	411	23	8.10	4.36	1.26	1.25
核辐射加工	412	1				
其他未列明制造业	419	14	9.29	2.24	0.39	3.51
废弃资源综合利用业	42	68	68.77	20.82	5.06	37.05
金属废料和碎屑加工处理	421	29	43.55	9.95	2.37	28.41
非金属废料和碎屑加工处理	422	39	25.21	10.87	2.68	8.64
金属制品、机械和设备修理业	43	8	3.03	2.31	0.74	0.83
金属制品修理	431	1				
通用设备修理	432	1				
专用设备修理	433	3	0.57	0.35	0.09	0.20
铁路、船舶、航空航天等运输设备修理	434	1				
电气设备修理	435					
仪器仪表修理	436					
其他机械和设备修理业	439	2	0.16	0.18	0.15	0.11
电力、热力、燃气及水生产和供应业	**D**	**214**	**628.87**	**332.99**	**88.62**	**242.09**
电力、热力生产和供应业	44	137	509.06	274.29	67.25	181.30
电力生产	441	83	373.27	195.44	42.68	123.32
电力供应	442	3	4.32	3.62	1.31	1.96
热力生产和供应	443	51	131.47	75.22	23.26	56.02
燃气生产和供应业	45	36	58.58	16.82	4.22	37.18
燃气生产和供应业	451	34	57.32	16.11	3.83	36.72
生物质燃气生产和供应业	452	2	1.26	0.71	0.38	0.46
水的生产和供应业	46	41	61.22	41.88	17.15	23.61
自来水生产和供应	461	9	13.54	8.11	3.07	7.61
污水处理及其再生利用	462	32	47.68	33.77	14.08	16.00
海水淡化处理	463					
其他水的处理、利用与分配	469					

单位：亿元

应收账款	存货	产成品	负债合计	流动负债合计	应付账款	所有者权益合计	实收资本	国家资本	集体资本	代码
9.72	9.48	5.38	24.41	22.44	7.73	40.58	11.38			385
4.11	2.55	1.03	10.54	9.82	2.99	18.94	10.83			386
2.30	2.02	1.26	5.31	4.72	0.96	10.55	5.20	0.02	0.07	387
4.45	2.50	0.84	8.66	7.76	2.14	8.63	4.39			389
60.65	40.38	18.77	164.64	141.15	40.57	137.39	66.19	0.31	0.38	39
4.20	3.06	1.07	9.26	8.32	3.00	13.93	9.85	0.05		391
13.77	9.07	5.42	21.01	17.56	2.53	26.73	7.14	0.11		392
2.79	0.77	0.31	4.87	4.78	2.17	1.82	1.29			393
										394
0.94	0.81	0.17	2.71	2.38	0.89	1.61	1.44			395
1.84	0.80	0.49	5.61	5.17	1.32	1.68	1.45			396
10.28	8.36	3.20	32.52	28.59	10.70	22.73	10.99			397
24.57	16.07	7.54	82.44	68.30	18.33	63.00	28.12	0.15	0.38	398
2.25	1.42	0.57	6.22	6.05	1.62	5.89	5.90			399
30.38	21.11	8.15	72.80	64.20	15.48	83.45	35.35	0.04	0.35	40
20.97	13.28	4.99	46.39	42.32	9.60	52.92	23.87	0.03	0.15	401
6.23	5.31	2.17	21.48	17.57	4.79	20.68	7.64	0.01	0.20	402
1.05	0.50	0.03	1.11	1.09	0.20	2.24	0.87			403
0.26	1.27	0.73	1.82	1.40	0.49	2.09	0.80			404
0.26	0.30	0.06	0.52	0.34	0.02	1.70	0.83			405
1.61	0.45	0.16	1.48	1.47	0.38	3.82	1.34			409
0.82	1.21	0.17	6.09	5.82	1.18	11.87	4.80	1.00		41
0.20	0.22	0.08	0.97	0.89	0.18	7.14	2.34			411
										412
0.61	0.95	0.03	5.06	4.87	0.98	4.23	2.26	1.00		419
3.98	16.56	14.01	36.08	33.66	15.47	32.69	15.32	0.27	1.75	42
2.48	14.68	13.47	22.02	20.71	12.97	21.53	9.41	0.27		421
1.50	1.88	0.54	14.05	12.95	2.50	11.16	5.91		1.75	422
0.33	0.22	0.11	1.09	1.07	0.29	1.94	0.24			43
										431
										432
0.08	0.01	0.01	0.30	0.30	0.12	0.26	0.18			433
										434
										435
										436
0.05	0.05	0.03	0.15	0.15		0.01	0.01			439
30.86	**12.44**	**4.53**	**446.81**	**331.31**	**55.98**	**182.06**	**102.61**	**2.55**	**5.25**	**D**
23.23	6.44	1.19	362.79	257.61	45.96	146.27	82.42	2.33	3.52	44
1.17	4.24	1.13	261.72	192.63	27.66	111.55	65.78	2.33	3.01	441
0.86	0.03	0.03	4.08	4.08	2.45	0.24	1.01			442
21.19	2.17	0.04	96.99	60.90	15.85	34.48	15.63		0.50	443
1.87	2.28	0.71	43.21	36.61	4.03	15.37	8.69	0.20	0.28	45
1.74	2.17	0.64	42.21	35.62	3.69	15.11	8.50	0.20	0.28	451
0.13	0.12	0.07	1.00	0.99	0.34	0.26	0.19			452
5.77	3.72	2.62	40.81	37.10	5.99	20.42	11.50	0.02	1.45	46
0.59	0.34	0.15	7.98	6.42	2.05	5.56	1.89	0.02		461
5.17	3.38	2.47	32.83	30.67	3.94	14.85	9.61		1.45	462
										463
										469

1-A-8 续表 5

分 组	代码	法人资本	个人资本	港澳台资本	外商资本	营业收入	营业成本
总 计	**00**	**1814.45**	**2527.84**	**18.87**	**10.50**	**29922.57**	**26657.78**
采矿业	**B**	**9.79**	**19.94**			**167.61**	**138.47**
煤炭开采和洗选业	06	1.46	2.75			30.42	27.40
烟煤和无烟煤开采洗选	061	1.40	2.74			28.82	25.97
褐煤开采洗选	062	0.05	0.01			1.41	1.26
其他煤炭采选	069						
石油和天然气开采业	07		0.05			2.85	2.34
石油开采	071		0.05			2.85	2.34
天然气开采	072						
黑色金属矿采选业	08	1.19	6.31			62.65	55.64
铁矿采选	081	1.19	6.31			62.65	55.64
锰矿、铬矿采选	082						
其他黑色金属矿采选	089						
有色金属矿采选业	09	0.03	0.61			3.04	2.14
常用有色金属矿采选	091						
贵金属矿采选	092	0.03	0.61			3.04	2.14
稀有稀土金属矿采选	093						
非金属矿采选业	10	7.11	9.93			68.10	50.48
土砂石开采	101	2.69	3.73			40.86	29.32
化学矿开采	102						
采盐	103	3.79	5.53			16.19	12.04
石棉及其他非金属矿采选	109	0.63	0.68			11.05	9.13
开采专业及辅助性活动	11						
煤炭开采和洗选专业及辅助性活动	111						
石油和天然气开采专业及辅助性活动	112						
其他开采专业及辅助性活动	119						
其他采矿业	12		0.29			0.55	0.46
制造业	**C**	**1749.69**	**2468.17**	**18.77**	**10.50**	**29535.97**	**26336.20**
农副食品加工业	13	137.45	176.57	0.07	1.48	3239.14	2941.28
谷物磨制	131	10.40	24.28			258.70	242.03
饲料加工	132	23.44	22.74	0.01		532.83	492.71
植物油加工	133	11.76	24.89			631.59	539.14
制糖业	134	0.18	0.39			57.63	54.26
屠宰及肉类加工	135	39.55	46.80			878.10	828.64
水产品加工	136	19.97	13.75		0.79	311.29	280.48
蔬菜、菌类、水果和坚果加工	137	21.36	31.21	0.05	0.69	414.34	368.20
其他农副食品加工	139	10.80	12.51	0.01		154.66	135.82
食品制造业	14	53.68	64.70		0.41	459.98	391.09
焙烤食品制造	141	17.76	6.59			63.16	50.89
糖果、巧克力及蜜饯制造	142	6.49	1.51		0.10	16.86	14.99
方便食品制造	143	7.45	10.54			71.83	63.49
乳制品制造	144	1.49	2.30			25.97	20.24
罐头食品制造	145	4.74	7.79		0.20	59.56	52.54
调味品、发酵制品制造	146	3.74	6.27			43.37	37.56
其他食品制造	149	12.00	29.70		0.10	179.22	151.38
酒、饮料和精制茶制造业	15	17.93	35.43			139.34	119.04
酒的制造	151	12.36	26.11			111.47	94.81
饮料制造	152	5.03	8.67			26.17	22.88
精制茶加工	153	0.55	0.66			1.70	1.36
烟草制品业	16						

单位：亿元

销售费用	管理费用	财务费用			投资收益（损失以“－”号记）	营业利润	利润总额	亏损企业亏损总额	平均用工人数（万人）	代码
			利息收入	利息支出						
693.21	**932.18**	**391.66**	**20.89**	**318.55**	**32.02**	**1084.44**	**1127.31**	**201.13**	**275.98**	**00**
5.21	**9.01**	**2.73**	**0.04**	**1.74**	**0.05**	**7.01**	**7.67**	**1.70**	**1.54**	**B**
0.67	0.89	0.27	-0.02	0.23		1.05	1.05	0.15	0.23	06
0.65	0.83	0.27	-0.02	0.23		0.96	0.97	0.15	0.21	061
0.01	0.05					0.08	0.08		0.01	062
										069
0.01	0.18	-0.01				0.07	0.06		0.04	07
0.01	0.18	-0.01				0.07	0.06		0.04	071
										072
0.62	1.64	1.30		0.72		1.97	1.85	0.93	0.42	08
0.62	1.64	1.30		0.72		1.97	1.85	0.93	0.42	081
										082
										089
0.07	0.71	0.07		0.06	0.02	-0.34	-0.03	0.28	0.10	09
										091
0.07	0.71	0.07		0.06	0.02	-0.34	-0.03	0.28	0.10	092
										093
3.82	5.54	1.09	0.06	0.73	0.03	4.28	4.76	0.32	0.74	10
2.38	3.24	0.31		0.26		3.48	3.39	0.13	0.29	101
										102
0.86	1.93	0.69	0.06	0.38	0.02	0.17	0.70	0.18	0.34	103
0.58	0.37	0.09		0.09	0.01	0.63	0.66		0.10	109
										11
										111
										112
										119
0.02	0.06	0.01				-0.01	-0.01	0.04	0.01	12
685.82	**912.90**	**377.57**	**20.63**	**307.74**	**29.28**	**1059.11**	**1095.23**	**196.45**	**272.75**	**C**
71.54	61.70	27.88	4.00	26.74	0.72	126.67	130.31	17.04	29.47	13
2.99	3.59	2.13		1.81	0.05	7.26	7.54	0.82	1.80	131
10.34	11.61	2.95	0.55	2.45	0.78	14.45	14.89	2.46	2.80	132
28.69	9.27	6.57	3.18	10.56	-0.26	45.38	46.70	5.18	2.84	133
0.57	1.69	0.81		0.02	0.16	0.29	0.44		0.18	134
9.85	14.38	5.63	0.20	4.75	0.22	17.11	17.70	3.25	11.16	135
4.07	6.16	3.55	0.02	2.81	0.04	16.17	16.65	1.44	4.18	136
10.73	10.78	4.21	0.04	2.78	-0.28	18.93	19.42	3.00	4.55	137
4.30	4.22	2.02	0.02	1.55	0.01	7.08	6.97	0.89	1.96	139
19.45	16.53	6.05	0.12	4.73	0.07	22.95	22.78	5.03	7.19	14
3.52	1.81	0.39	0.01	0.22		5.89	5.98	0.30	1.38	141
0.34	0.46	0.19		0.07		0.63	0.63	0.15	0.34	142
2.42	2.13	0.50	0.01	0.36		2.91	2.91	0.43	1.05	143
3.18	1.32	0.14	-0.04	0.11	0.02	0.97	1.14	0.11	0.57	144
1.83	1.82	0.88	0.01	0.59		2.21	2.19	0.36	1.32	145
1.53	1.62	0.52	0.01	0.35		1.67	1.03	0.93	0.59	146
6.63	7.36	3.43	0.13	3.02	0.05	8.67	8.90	2.75	1.94	149
3.55	5.80	3.05	0.27	2.85	0.23	4.41	4.20	2.46	2.24	15
2.65	4.86	2.64	0.27	2.49	0.23	3.36	3.35	1.72	1.68	151
0.85	0.83	0.37		0.34		0.92	0.72	0.73	0.50	152
0.05	0.10	0.03		0.02		0.13	0.13	0.01	0.06	153
										16

1-A-8 续表 6

分 组	代码					营业收入	营业成本
		法人资本	个人资本	港澳台资本	外商资本		
烟叶复烤	161						
卷烟制造	162						
其他烟草制品制造	169						
纺织业	17	89.50	135.33	0.11	0.03	1205.05	1098.46
棉纺织及印染精加工	171	67.29	104.61	0.11		902.14	826.23
毛纺织及染整精加工	172	6.21	7.95			78.24	70.95
麻纺织及染整精加工	173	0.56	0.38			3.99	3.40
丝绢纺织及印染精加工	174		0.11			0.56	0.52
化纤织造及印染精加工	175	1.78	1.66			18.92	17.02
针织或钩针编织物及其制品制造	176	4.19	2.47			53.33	49.13
家用纺织制成品制造	177	3.91	6.53		0.03	67.02	58.55
产业用纺织制成品制造	178	5.58	11.61			80.85	72.66
纺织服装、服饰业	18	42.38	35.81		0.06	1099.57	968.03
机织服装制造	181	30.17	26.60		0.01	968.07	852.03
针织或钩针编织服装制造	182	6.51	6.21		0.05	97.93	85.97
服饰制造	183	5.69	3.00			33.56	30.03
皮革、毛皮、羽毛及其制品和制鞋业	19	12.25	8.22	0.08	0.01	165.31	153.01
皮革鞣制加工	191	3.19	2.21			58.18	55.28
皮革制品制造	192	3.01	2.33		0.01	28.98	26.19
毛皮鞣制及制品加工	193	1.86	0.53			20.20	19.30
羽毛(绒)加工及制品制造	194	0.32	0.39			3.49	3.18
制鞋业	195	3.87	2.77	0.08		54.47	49.06
木材加工和木、竹、藤、棕、草制品业	20	28.56	79.48		0.24	1071.53	960.42
木材加工	201	4.09	8.24			98.81	90.56
人造板制造	202	18.16	57.41		0.23	837.10	746.98
木质制品制造	203	5.57	13.77			133.21	120.72
竹、藤、棕、草等制品制造	204	0.74	0.06			2.41	2.16
家具制造业	21	17.63	22.58		0.03	153.63	132.09
木质家具制造	211	16.36	20.65		0.03	136.75	116.82
竹、藤家具制造	212	0.10	0.15			2.77	2.49
金属家具制造	213	0.29	0.76			4.85	4.26
塑料家具制造	214						
其他家具制造	219	0.88	1.02			9.27	8.52
造纸和纸制品业	22	51.25	35.49	0.65		1036.08	926.18
纸浆制造	221		0.05			8.78	7.40
造纸	222	40.40	23.97	0.65		906.72	809.18
纸制品制造	223	10.86	11.47			120.59	109.60
印刷和记录媒介复制业	23	14.36	25.94	0.01		217.98	193.89
印刷	231	13.81	24.94	0.01		211.59	188.47
装订及印刷相关服务	232	0.55	0.97			6.28	5.34
记录媒介复制	233						
文教、工美、体育和娱乐用品制造业	24	33.32	54.25		0.07	590.56	519.77
文教办公用品制造	241	0.96	1.50			19.70	16.90
乐器制造	242	0.02	0.24			4.57	4.24
工艺美术及礼仪用品制造	243	20.69	35.52		0.07	402.11	363.89
体育用品制造	244	6.01	9.29			108.56	86.49
玩具制造	245	4.63	3.68			39.19	34.71
游艺器材及娱乐用品制造	246	1.01	4.01			16.44	13.54
石油、煤炭及其他燃料加工业	25	39.24	64.20			3243.54	3056.24
精炼石油产品制造	251	33.94	59.32			3148.52	2972.06
煤炭加工	252	4.58	4.14			88.87	78.77

单位：亿元

销售费用	管理费用	财务费用	利息收入	利息支出	投资收益（损失以“-”号记）	营业利润	利润总额	亏损企业亏损总额	平均用工人数（万人）	代码
										161
										162
										169
15.47	28.48	16.10	0.57	12.76	0.29	39.00	41.03	8.25	23.26	17
9.94	19.08	13.30	0.46	10.74	0.11	27.80	28.11	6.48	18.03	171
1.29	1.61	0.75	0.01	0.29	0.17	3.32	3.37	0.34	1.31	172
0.13	0.16	0.04		0.01		0.24	0.24		0.08	173
0.01	0.02	0.02		0.02		-0.01	-0.01	0.01	0.03	174
0.31	0.44	0.30	0.01	0.27		0.60	0.59	0.30	0.47	175
0.43	1.10	0.20		0.14		2.16	2.15	0.06	0.77	176
1.60	3.23	0.51	0.01	0.55		2.65	4.15	0.37	1.34	177
1.77	2.83	0.97	0.08	0.73	0.01	2.24	2.44	0.69	1.24	178
21.59	40.47	12.18	0.54	8.12	8.26	60.69	63.64	2.39	17.62	18
18.57	34.30	10.89	0.52	7.60	7.77	56.21	59.76	1.62	13.41	181
2.22	5.28	1.12	0.02	0.41	0.48	3.08	2.53	0.66	3.00	182
0.80	0.88	0.18		0.11		1.41	1.35	0.11	1.20	183
1.64	3.16	1.22		0.82	0.08	5.31	5.41	1.33	2.66	19
0.42	0.74	0.43		0.22		1.16	1.29	1.08	0.37	191
0.29	0.68	0.23		0.18	0.01	1.32	1.28	0.14	0.41	192
0.13	0.20	0.06		0.04		0.39	0.40	0.01	0.23	193
0.07	0.06	0.02		0.01		0.14	0.14	0.01	0.13	194
0.74	1.48	0.48		0.37	0.06	2.29	2.30	0.09	1.52	195
24.68	27.54	7.05	0.10	3.23	0.12	46.09	47.03	2.96	13.01	20
2.36	2.38	0.55	0.02	0.26		2.78	2.74	1.68	1.25	201
20.40	23.02	5.53	0.05	2.48	0.11	36.55	37.45	1.18	10.03	202
1.84	2.10	0.96	0.03	0.48	0.01	6.67	6.75	0.10	1.69	203
0.07	0.04	0.01		0.01		0.08	0.08		0.04	204
5.22	6.54	2.11	0.04	1.56	0.03	6.35	6.53	1.93	3.77	21
4.82	5.43	1.97	0.04	1.48	0.02	6.49	6.60	1.21	3.36	211
0.05	0.07	0.01				0.13	0.14		0.10	212
0.12	0.20	0.06		0.05	0.01	0.15	0.16	0.01	0.12	213
										214
0.23	0.84	0.07		0.02		-0.42	-0.37	0.71	0.20	219
20.67	23.23	18.95	0.63	17.07	0.42	43.61	46.02	1.94	6.05	22
0.12	0.44	0.27	0.01	0.27		0.45	0.45	0.36	0.06	221
18.28	19.77	17.62	0.60	16.04	0.42	39.29	41.32	1.35	4.40	222
2.27	3.02	1.06	0.02	0.76		3.87	4.26	0.23	1.59	223
4.09	7.87	2.66	0.10	2.01	0.03	8.12	8.53	1.50	3.20	23
3.92	7.39	2.55	0.10	1.92	0.03	8.02	8.44	1.30	3.09	231
0.17	0.48	0.11		0.09		0.09	0.08	0.20	0.11	232
										233
15.23	19.58	6.86	0.18	5.43	2.67	27.71	28.73	2.08	9.86	24
0.86	0.88	0.13		0.10		0.86	0.88	0.12	0.26	241
0.03	0.05					0.17	0.17	0.02	0.05	242
8.03	10.11	4.68	0.14	3.58	0.08	12.63	13.13	1.64	6.46	243
4.15	6.53	1.60	0.03	1.51	2.58	11.77	12.25	0.14	1.83	244
1.22	1.18	0.23	0.01	0.20	0.01	1.51	1.52	0.12	0.97	245
0.94	0.83	0.22	0.01	0.03		0.78	0.79	0.05	0.29	246
15.94	35.42	34.17	2.35	30.17	0.85	41.61	40.10	8.24	2.93	25
13.46	34.03	32.73	2.31	28.98	0.85	36.56	35.09	8.01	2.50	251
2.37	1.20	1.06	0.04	0.81		5.04	5.00	0.15	0.37	252

1-A-8 续表 7

分组	代码					营业收入	营业成本
		法人资本	个人资本	港澳台资本	外商资本		
核燃料加工	253						
生物质燃料加工	254	0.73	0.74			6.16	5.41
化学原料和化学制品制造业	26	239.71	223.16	2.05	0.01	2981.06	2625.09
基础化学原料制造	261	108.60	47.04			874.69	785.98
肥料制造	262	13.49	12.04			102.93	90.02
农药制造	263	7.78	11.21			110.86	88.63
涂料、油墨、颜料及类似产品制造	264	7.40	8.71		0.01	101.25	87.62
合成材料制造	265	22.32	49.24	0.47		539.23	481.83
专用化学产品制造	266	62.98	83.58	1.58		1172.48	1033.31
炸药、火工及焰火产品制造	267		8.33			20.76	16.10
日用化学产品制造	268	17.14	3.01			58.85	41.61
医药制造业	27	67.63	79.60		0.05	718.86	477.85
化学药品原料药制造	271	13.55	23.62		0.05	188.29	148.52
化学药品制剂制造	272	19.44	16.95			254.92	126.63
中药饮片加工	273	3.73	7.21			22.66	18.73
中成药生产	274	0.74	11.71			57.16	39.56
兽用药品制造	275	4.47	4.02			33.56	21.53
生物药品制品制造	276	17.96	8.70			92.64	67.68
卫生材料及医药用品制造	277	7.51	6.34			65.55	52.25
药用辅料及包装材料	278	0.24	1.06			4.07	2.94
化学纤维制造业	28	1.80	5.77			44.73	42.78
纤维素纤维原料及纤维制造	281	0.62	0.35			24.60	24.53
合成纤维制造	282	1.11	3.05			15.72	14.35
生物基材料制造	283	0.07	2.37			4.40	3.90
橡胶和塑料制品业	29	94.64	166.88	0.16		1926.15	1726.30
橡胶制品业	291	56.02	102.54			1404.36	1263.55
塑料制品业	292	38.62	64.34	0.16		521.79	462.75
非金属矿物制品业	30	148.53	228.23	0.06	0.15	1664.72	1437.41
水泥、石灰和石膏制造	301	21.48	20.25			216.09	183.67
石膏、水泥制品及类似制品制造	302	43.10	63.44			525.91	461.80
砖瓦、石材等建筑材料制造	303	36.73	52.75		0.02	301.01	257.02
玻璃制造	304	3.78	6.61			42.12	38.21
玻璃制品制造	305	7.28	16.16			76.75	67.36
玻璃纤维和玻璃纤维增强塑料制品制造	306	6.71	19.80			100.43	86.38
陶瓷制品制造	307	5.20	14.19			94.25	82.32
耐火材料制品制造	308	3.07	9.80	0.05	0.14	73.37	61.98
石墨及其他非金属矿物制品制造	309	21.18	25.22			234.79	198.69
黑色金属冶炼和压延加工业	31	20.47	74.71	0.01	0.01	1411.96	1316.70
炼铁	311	0.30	0.01			6.89	6.74
炼钢	312	1.30	4.98			157.71	137.12
钢压延加工	313	17.83	67.10	0.01	0.01	1212.71	1141.05
铁合金冶炼	314	1.04	2.62			34.65	31.79
有色金属冶炼和压延加工业	32	82.79	50.81		1.20	2034.92	1929.02
常用有色金属冶炼	321	49.65	7.65			506.55	485.35
贵金属冶炼	322		0.09			19.01	15.20
稀有稀土金属冶炼	323	0.31	0.36			0.88	0.80
有色金属合金制造	324	6.91	2.61		1.20	282.78	268.59
有色金属压延加工	325	25.92	40.11			1225.70	1159.08
金属制品业	33	98.44	168.83	15.40	0.22	1422.94	1289.66
结构性金属制品制造	331	27.98	52.27	15.39	0.20	316.92	281.35
金属工具制造	332	4.34	4.95			48.78	43.23

单位：亿元

销售费用	管理费用	财务费用			投资收益(损失以"-"号记)	营业利润	利润总额	亏损企业亏损总额	平均用工人数(万人)	代码
			利息收入	利息支出						
										253
0.12	0.20	0.38		0.38		0.01	0.01	0.09	0.05	254
69.24	120.48	40.00	1.03	28.30	1.90	119.63	126.66	30.82	19.52	26
17.65	37.01	14.64	0.62	8.40	0.33	23.62	24.79	11.26	5.42	261
3.08	4.00	1.35	-0.17	1.03	0.04	3.93	4.10	1.11	1.21	262
3.00	7.98	1.07	0.05	1.08	0.07	9.59	9.39	0.26	1.04	263
2.53	4.38	0.91	0.02	0.47		4.98	5.02	0.66	1.00	264
12.59	20.59	6.76	0.47	4.72	1.18	15.11	15.84	5.35	2.93	265
27.79	41.93	14.12	0.01	11.47	0.20	49.95	54.87	12.15	6.95	266
1.11	2.02	0.94	0.02	0.89	0.08	0.17	0.30		0.36	267
1.49	2.58	0.21		0.25		12.29	12.35	0.02	0.60	268
100.82	52.83	8.84	0.62	8.62	0.58	72.86	74.21	4.09	6.72	27
5.81	14.19	3.12	-0.05	3.11	0.03	15.36	15.63	0.52	1.56	271
74.17	21.80	1.75	0.61	2.00	0.69	28.70	29.31	0.38	1.86	272
0.64	1.26	0.38		0.21	-0.01	1.47	1.47	0.20	0.35	273
7.78	2.60	1.04	0.02	0.77	0.04	5.81	5.91	1.17	0.45	274
1.31	3.68	0.52		0.46	0.16	6.17	6.20	0.09	0.48	275
6.11	5.83	1.15	0.06	1.50	-0.35	10.52	10.77	1.34	0.89	276
4.88	3.08	0.77	-0.02	0.56	0.02	4.26	4.32	0.37	1.04	277
0.11	0.38	0.12		0.01		0.56	0.60	0.01	0.09	278
0.72	1.86	2.06	0.01	1.79		-3.70	-3.67	4.35	0.64	28
0.42	1.04	1.18		1.14		-3.49	-3.47	3.84	0.34	281
0.23	0.56	0.33		0.14		0.20	0.20	0.08	0.23	282
0.07	0.26	0.55		0.52		-0.41	-0.40	0.43	0.07	283
47.23	59.91	30.03	1.10	26.71	1.72	53.53	53.83	9.25	17.38	29
34.92	40.84	21.79	0.84	20.69	1.15	36.54	36.12	5.14	10.59	291
12.31	19.07	8.24	0.26	6.02	0.57	16.99	17.71	4.11	6.79	292
51.10	62.48	20.61	0.37	15.39	3.66	82.83	86.85	9.35	20.24	30
5.88	5.81	1.83	0.08	1.08	-0.48	16.52	17.41	0.21	1.55	301
16.34	16.35	4.68	0.05	3.45	0.03	23.44	24.12	2.33	4.29	302
9.77	11.22	3.63	0.09	2.75	1.74	17.46	17.99	1.20	4.11	303
1.02	1.79	0.98	0.02	0.91	0.01	-0.26	-0.06	1.13	0.45	304
2.97	3.80	1.23		1.08	0.01	1.03	1.09	1.36	2.19	305
2.69	4.24	1.60	0.02	1.31	0.02	4.91	5.19	0.56	2.16	306
2.33	4.23	1.22	0.01	0.99		3.04	3.32	1.02	2.60	307
3.02	3.40	0.86	0.01	0.39	0.04	3.34	3.56	0.20	0.99	308
7.10	11.65	4.58	0.10	3.43	2.29	13.36	14.24	1.34	1.91	309
6.51	17.45	23.48	0.24	22.04	-0.12	44.04	43.48	3.17	4.31	31
	0.07	-0.01	-0.01			0.07	0.09		0.06	311
0.12	1.57	0.53		1.23		17.52	17.23	0.54	0.57	312
6.07	15.09	22.65	0.25	20.58	-0.12	25.06	24.73	2.59	3.44	313
0.31	0.72	0.31		0.22		1.38	1.43	0.04	0.24	314
18.31	21.47	26.48	4.08	22.83	-3.94	31.45	31.55	16.67	5.47	32
3.13	3.16	8.18	1.39	7.65	0.42	5.89	5.26	3.65	0.55	321
0.02	0.24	0.29	0.02	0.42		3.19	3.20		0.03	322
0.01	0.08	0.26		0.26		-0.27	-0.27	0.30	0.02	323
3.95	2.93	2.82	1.80	3.86	0.42	4.50	4.48	0.35	0.52	324
11.20	15.07	14.93	0.87	10.65	-4.78	18.13	18.88	12.37	4.35	325
28.15	47.49	23.20	1.18	17.19	1.54	26.95	27.47	17.82	14.88	33
7.85	12.21	4.57	0.36	3.10	0.62	9.27	9.51	1.87	3.56	331
0.79	1.44	0.36	0.01	0.32		2.32	2.35	0.21	0.72	332

1-A-8 续表 8

分 组	代码	法人资本	个人资本	港澳台资本	外商资本	营业收入	营业成本
集装箱及金属包装容器制造	333	10.63	17.80		0.01	115.01	93.74
金属丝绳及其制品制造	334	1.69	8.80			63.20	57.72
建筑、安全用金属制品制造	335	6.76	8.89			46.64	41.71
金属表面处理及热处理加工	336	13.53	25.75			333.54	324.15
搪瓷制品制造	337	0.99	1.50			5.70	5.08
金属制日用品制造	338	6.33	5.34			37.09	32.63
铸造及其他金属制品制造	339	26.19	43.54		0.02	456.06	410.04
通用设备制造业	34	121.59	213.98		0.70	1244.66	1063.22
锅炉及原动设备制造	341	21.42	26.00			213.73	180.55
金属加工机械制造	342	25.69	36.69		0.65	234.40	200.58
物料搬运设备制造	343	17.29	17.21			66.91	57.90
泵、阀门、压缩机及类似机械制造	344	19.82	28.73			175.23	148.31
轴承、齿轮和传动部件制造	345	10.54	36.66			136.58	119.61
烘炉、风机、包装等设备制造	346	9.21	41.44		0.05	154.15	131.41
文化、办公用机械制造	347	0.48	0.33			2.61	2.20
通用零部件制造	348	11.82	20.91			217.92	187.36
其他通用设备制造业	349	5.31	6.02			43.12	35.29
专用设备制造业	35	75.05	184.20	0.16	0.02	1002.79	830.89
采矿、冶金、建筑专用设备制造	351	25.72	92.12	0.02		354.56	291.50
化工、木材、非金属加工专用设备制造	352	9.30	12.10			106.24	89.68
食品、饮料、烟草及饲料生产专用设备制造	353	0.77	4.13			15.44	12.64
印刷、制药、日化及日用品生产专用设备制造	354	1.10	3.21			34.92	30.09
纺织、服装和皮革加工专用设备制造	355	0.88	2.57	0.02		27.77	24.29
电子和电工机械专用设备制造	356	2.33	10.50		0.02	88.50	79.81
农、林、牧、渔专用机械制造	357	11.08	13.02			92.67	80.68
医疗仪器设备及器械制造	358	2.77	9.92	0.12		60.42	45.82
环保、邮政、社会公共服务及其他专用设备制造	359	21.09	36.63			222.27	176.39
汽车制造业	36	71.91	102.76	0.01		857.88	741.36
汽车整车制造	361	5.38	9.79			74.35	67.83
汽车用发动机制造	362	3.63	2.87			7.54	6.50
改装汽车制造	363	17.37	18.29	0.01		111.72	96.24
低速汽车制造	364	0.01	1.70			3.50	2.92
电车制造	365	2.40	1.96			9.56	8.08
汽车车身、挂车制造	366	6.54	10.13			55.04	44.08
汽车零部件及配件制造	367	36.58	58.02			596.17	515.71
铁路、船舶、航空航天和其他运输设备制造业	37	21.98	16.31		0.02	180.14	160.85
铁路运输设备制造	371	3.03	6.74		0.02	51.29	43.42
城市轨道交通设备制造	372	0.73				1.96	1.76
船舶及相关装置制造	373	9.10	5.49			40.85	38.83
航空、航天器及设备制造	374						
摩托车制造	375	1.06	0.51			17.26	16.10
自行车和残疾人座车制造	376	0.01	0.30			2.36	2.02
助动车制造	377	6.90	2.01			43.36	38.02
非公路休闲车及零配件制造	378	0.81	0.12			3.67	2.91
潜水救捞及其他未列明运输设备制造	379	0.31	1.14			19.36	17.76
电气机械和器材制造业	38	125.49	143.79	0.01	1.20	897.67	775.62
电机制造	381	6.75	10.45			140.98	123.60
输配电及控制设备制造	382	86.17	64.58			294.02	249.50
电线、电缆、光缆及电工器材制造	383	17.09	38.80	0.01		236.36	208.92
电池制造	384	7.85	5.98		1.10	87.68	75.99

单位：亿元

销售费用	管理费用	财务费用			投资收益（损失以“-”号记）	营业利润	利润总额	亏损企业亏损总额	平均用工人数（万人）	代码
			利息收入	利息支出						
4.83	7.43	2.42	0.04	1.32	0.01	5.51	5.80	1.48	1.67	333
1.99	2.32	2.38		2.34	0.08	-1.35	-1.64	4.57	0.74	334
1.21	1.84	0.63	0.01	0.24	0.03	0.99	1.03	0.38	0.66	335
2.70	3.94	6.17	0.48	3.97	0.02	-4.15	-4.66	6.29	1.31	336
0.11	0.22	0.05		0.02		0.06	0.08	0.07	0.19	337
1.02	1.62	0.39	0.02	0.31		1.10	1.24	0.10	0.70	338
7.65	16.48	6.23	0.26	5.57	0.79	13.22	13.76	2.86	5.33	339
33.29	64.17	16.80	0.43	12.34	0.60	57.55	59.90	9.07	18.57	34
6.47	13.39	4.07	0.30	3.11	0.34	8.05	8.87	2.11	3.15	341
5.97	11.49	3.02	-0.07	2.00	0.07	11.63	12.22	0.91	3.44	342
1.89	3.02	1.05		0.64	0.01	2.56	2.68	0.51	0.91	343
4.99	9.26	2.02	0.09	1.72	0.04	8.82	8.89	2.01	2.74	344
3.13	5.29	1.99	0.02	1.48	0.07	5.52	5.59	1.59	2.45	345
4.60	9.50	1.54	0.02	1.26	0.03	6.16	6.44	0.67	2.35	346
0.19	0.15	0.12		0.11		-0.10	-0.09	0.12	0.07	347
4.79	9.16	2.74	0.06	1.82	0.02	11.99	12.16	0.98	2.90	348
1.25	2.90	0.24		0.20	0.02	2.90	3.13	0.17	0.55	349
38.36	59.13	11.48		8.77	5.33	60.20	63.79	6.40	13.86	35
14.51	22.26	5.22	-0.29	4.95	0.98	18.96	21.48	2.81	4.78	351
2.99	7.21	1.41	0.05	0.57	-0.01	4.12	4.33	1.47	1.82	352
0.57	0.98	0.17	0.02	0.13	0.13	0.95	0.77	0.18	0.35	353
0.78	1.71	0.34		0.09		1.76	1.75	0.13	0.42	354
0.50	1.39	0.09	-0.02	0.07	0.01	1.32	1.37	0.02	0.41	355
0.79	2.28	0.38		0.14	0.21	5.16	5.23	0.20	0.74	356
2.95	3.86	1.21	0.04	1.35	-0.05	3.13	3.25	0.99	1.50	357
3.69	4.20	0.88	0.13	0.56	0.02	5.46	5.60	0.28	0.94	358
11.58	15.24	1.78	0.07	0.90	4.03	19.35	20.02	0.32	2.90	359
26.76	42.99	14.96	2.29	12.44	1.10	26.38	28.87	11.20	11.11	36
2.21	4.11	2.55	0.08	2.74	0.07	-2.82	-2.34	4.20	0.81	361
0.13	0.56	0.09		0.08	0.16	0.36	0.36		0.10	362
3.33	6.23	1.35	0.06	0.93	0.01	3.77	4.06	0.67	1.27	363
0.10	0.13	0.08		0.01		0.26	0.26		0.07	364
0.26	0.66	0.16	0.03	0.15		0.33	0.43	0.16	0.21	365
2.05	3.09	2.09	0.01	1.87	0.01	2.53	2.51	0.82	0.82	366
18.69	28.21	8.65	2.11	6.65	0.85	21.96	23.59	5.35	7.83	367
3.87	8.49	1.72	0.03	1.51	-0.01	3.60	3.93	5.20	2.66	37
0.79	3.62	0.39		0.15		2.59	2.74	0.22	0.79	371
0.02	0.08	0.01		0.01		0.07	0.07	0.03	0.05	372
1.03	2.86	0.95	0.02	1.07	-0.01	-3.19	-3.16	4.84	0.85	373
										374
0.08	0.13	0.04		0.03		0.83	0.86	0.01	0.16	375
0.09	0.10	0.02		0.02		0.11	0.13	0.01	0.07	376
1.14	0.99	0.28		0.20		2.41	2.47	0.03	0.46	377
0.09	0.11	0.01				0.54	0.54		0.07	378
0.63	0.61	0.02	0.01	0.02		0.25	0.28	0.06	0.21	379
26.76	46.86	14.44	0.14	10.07	2.45	30.03	30.90	9.29	9.62	38
3.15	5.31	1.83	0.04	1.42	0.01	7.76	7.90	0.64	1.45	381
11.34	21.45	5.48	0.09	4.03	2.09	6.13	6.53	5.91	3.84	382
5.71	8.69	3.91	-0.15	3.12	0.32	8.30	8.39	1.49	1.66	383
1.66	4.56	1.99	0.12	0.49		0.75	0.80	0.83	0.77	384

1-A-8 续表 9

分 组	代码	法人资本	个人资本	港澳台资本	外商资本	营业收入	营业成本
家用电力器具制造	385	1.97	9.30		0.10	74.57	63.67
非电力家用器具制造	386	3.22	7.61			20.53	17.34
照明器具制造	387	1.58	3.53			25.00	21.68
其他电气机械及器材制造	389	0.87	3.52			18.54	14.92
计算机、通信和其他电子设备制造业	39	24.24	36.66		4.60	218.30	184.89
计算机制造	391	6.05	3.75			15.02	11.48
通信设备制造	392	3.59	3.44			21.86	17.11
广播电视设备制造	393	0.01	1.28			6.41	5.79
雷达及配套设备制造	394						
非专业视听设备制造	395	0.43	1.01			4.21	3.51
智能消费设备制造	396	0.90	0.55			3.83	3.20
电子器件制造	397	3.36	7.60		0.03	45.55	39.34
电子元件及电子专用材料制造	398	9.36	18.23			104.74	88.74
其他电子设备制造	399	0.54	0.79		4.57	16.68	15.73
仪器仪表制造业	40	11.36	23.60			123.81	92.55
通用仪器仪表制造	401	9.47	14.23			77.92	61.09
专用仪器仪表制造	402	1.37	6.05			32.75	22.56
钟表与计时仪器制造	403		0.87			1.83	1.05
光学仪器制造	404	0.08	0.72			1.22	1.04
衡器制造	405	0.07	0.76			5.11	4.16
其他仪器仪表制造业	409	0.37	0.97			4.99	2.65
其他制造业	41	1.54	2.26			11.12	9.56
日用杂品制造	411	1.45	0.89			6.25	5.49
核辐射加工	412						
其他未列明制造业	419	0.09	1.17			4.78	3.99
废弃资源综合利用业	42	4.83	8.47			170.48	171.14
金属废料和碎屑加工处理	421	2.74	6.40			153.50	157.25
非金属废料和碎屑加工处理	422	2.09	2.07			16.98	13.89
金属制品、机械和设备修理业	43	0.13	0.10			1.85	1.63
金属制品修理	431						
通用设备修理	432						
专用设备修理	433	0.12	0.06			0.56	0.43
铁路、船舶、航空航天等运输设备修理	434						
电气设备修理	435						
仪器仪表修理	436						
其他机械和设备修理业	439	0.01				0.66	0.61
电力、热力、燃气及水生产和供应业	**D**	**54.98**	**39.73**	**0.10**		**218.99**	**183.12**
电力、热力生产和供应业	44	46.43	30.04	0.10		155.27	130.57
电力生产	441	39.50	20.84	0.10		82.90	65.17
电力供应	442	0.07	0.94			4.09	4.14
热力生产和供应	443	6.87	8.26			68.28	61.25
燃气生产和供应业	45	3.61	4.60			44.90	38.54
燃气生产和供应业	451	3.59	4.42			44.51	38.20
生物质燃气生产和供应业	452	0.02	0.17			0.39	0.34
水的生产和供应业	46	4.93	5.10			18.82	14.01
自来水生产和供应	461	0.61	1.26			4.77	3.43
污水处理及其再生利用	462	4.32	3.84			14.05	10.58
海水淡化处理	463						
其他水的处理、利用与分配	469						

单位：亿元

销售费用	管理费用	财务费用			投资收益(损失以“–”号记)	营业利润	利润总额	亏损企业亏损总额	平均用工人数(万人)	代码
			利息收入	利息支出						
3.06	3.31	0.46	0.03	0.54	0.01	3.55	3.66	0.20	0.82	385
0.66	1.28	0.23		0.18		0.78	0.83	0.08	0.40	386
0.57	1.08	0.30	0.02	0.18	0.01	1.25	1.27	0.04	0.37	387
0.60	1.18	0.24		0.12		1.51	1.52	0.09	0.32	389
6.98	15.65	3.59	0.18	2.97	0.64	5.79	6.63	3.76	3.68	39
0.70	2.13	0.27	0.01	0.21	0.08	0.39	0.48	0.58	0.31	391
0.96	1.65	0.65	0.05	0.57		1.37	1.49	0.03	0.26	392
0.22	0.28	0.04		0.03		0.06	0.05	0.02	0.06	393
										394
0.16	0.40	0.08		0.03		0.03	0.06	0.09	0.09	395
0.11	0.47	0.11		0.04		-0.07	-0.03	0.10	0.11	396
1.49	3.44	0.84	0.01	0.61	0.01	0.22	0.55	0.87	0.74	397
3.11	6.69	1.59	0.08	1.41	0.55	3.83	4.18	1.53	1.90	398
0.24	0.58	0.01	0.03	0.07		-0.03	-0.16	0.54	0.21	399
7.54	12.33	1.14	0.04	0.96	0.08	9.30	10.26	0.48	1.95	40
3.85	6.78	0.76	0.03	0.63	0.05	4.92	5.26	0.33	1.16	401
2.21	3.93	0.28	0.01	0.23	0.01	3.44	3.72	0.06	0.49	402
0.37	0.28	0.01		0.01		0.10	0.18		0.06	403
0.06	0.24	0.03		0.02		-0.18	-0.06	0.09	0.03	404
0.21	0.32	0.06		0.05		0.34	0.34	0.01	0.06	405
0.85	0.78	0.01		0.01	0.01	0.68	0.82		0.15	409
0.24	0.58	0.09		0.08		0.43	0.49		0.35	41
0.15	0.16	0.04		0.03		0.22	0.22		0.23	411
										412
0.10	0.41	0.06		0.04		0.21	0.27		0.11	419
0.79	2.23	0.34	-0.02	0.21	-0.01	5.66	5.78	0.31	0.46	42
0.28	1.45	0.08	-0.02	0.03	-0.01	4.25	4.34	0.19	0.20	421
0.51	0.78	0.26		0.18		1.41	1.44	0.12	0.26	422
0.04	0.15	0.02		0.01				0.07	0.05	43
										431
										432
0.01	0.05					0.05	0.05		0.01	433
										434
										435
										436
0.02	0.02								0.02	439
2.17	**10.26**	**11.37**	**0.23**	**9.07**	**2.70**	**18.31**	**24.42**	**2.98**	**1.68**	**D**
0.96	7.35	9.67	0.18	7.88	1.73	12.51	18.07	2.03	1.17	44
0.34	4.37	6.89		5.40	1.72	11.57	16.06	0.57	0.67	441
	0.07	0.09		0.09		-0.21	-0.21	0.21	0.02	442
0.62	2.91	2.69	0.17	2.39	0.01	1.15	2.22	1.25	0.49	443
0.81	1.71	1.07	0.26	0.50	1.14	3.91	4.23	0.30	0.23	45
0.81	1.65	1.06	0.26	0.50	1.14	3.93	4.24	0.27	0.22	451
	0.06	0.01		0.01		-0.02	-0.02	0.02	0.01	452
0.41	1.21	0.63	-0.21	0.69	-0.17	1.89	2.12	0.65	0.28	46
0.07	0.26	-0.19	-0.21			0.79	0.83		0.07	461
0.33	0.95	0.83		0.69	-0.17	1.10	1.28	0.65	0.21	462
										463
										469

1-A-9 外商投资和港澳台商投资工业

分组	代码	企业单位数(个)	资产总计	固定资产原价	累计折旧	流动资产合计
总计	**00**	**2936**	**12101.62**	**6598.94**	**3463.25**	**7355.85**
采矿业	**B**	**7**	**176.92**	**82.25**	**50.44**	**127.07**
煤炭开采和洗选业	06	2	165.56	74.37	46.84	121.78
烟煤和无烟煤开采洗选	061	2	165.56	74.37	46.84	121.78
褐煤开采洗选	062					
其他煤炭采选	069					
石油和天然气开采业	07					
石油开采	071					
天然气开采	072					
黑色金属矿采选业	08	1				
铁矿采选	081	1				
锰矿、铬矿采选	082					
其他黑色金属矿采选	089					
有色金属矿采选业	09	2	4.99	4.53	1.50	1.36
常用有色金属矿采选	091					
贵金属矿采选	092	2	4.99	4.53	1.50	1.36
稀有稀土金属矿采选	093					
非金属矿采选业	10	2	0.73	0.61	0.44	0.47
土砂石开采	101	1				
化学矿开采	102					
采盐	103					
石棉及其他非金属矿采选	109	1				
开采专业及辅助性活动	11					
煤炭开采和洗选专业及辅助性活动	111					
石油和天然气开采专业及辅助性活动	112					
其他开采专业及辅助性活动	119					
其他采矿业	12					
制造业	**C**	**2793**	**11084.77**	**5698.23**	**3043.15**	**6993.15**
农副食品加工业	13	364	984.53	415.99	210.54	670.57
谷物磨制	131	14	35.59	14.35	6.04	23.08
饲料加工	132	44	46.27	20.05	9.32	28.42
植物油加工	133	12	144.67	39.96	23.49	122.36
制糖业	134					
屠宰及肉类加工	135	30	304.79	101.53	55.23	230.10
水产品加工	136	105	290.73	145.64	62.49	164.99
蔬菜、菌类、水果和坚果加工	137	133	90.58	44.90	22.21	57.64
其他农副食品加工	139	26	71.90	49.57	31.77	43.97
食品制造业	14	126	490.39	239.91	107.28	292.29
焙烤食品制造	141	19	38.48	15.10	5.93	21.09
糖果、巧克力及蜜饯制造	142	7	3.88	2.46	1.41	2.71
方便食品制造	143	23	39.18	25.95	7.50	13.73
乳制品制造	144	9	141.90	44.67	21.58	97.77
罐头食品制造	145	13	11.77	6.46	3.44	5.62
调味品、发酵制品制造	146	23	136.88	66.70	31.99	87.48
其他食品制造	149	32	118.31	78.57	35.41	63.89
酒、饮料和精制茶制造业	15	36	396.66	136.24	69.83	178.05
酒的制造	151	12	276.92	74.25	37.87	114.16
饮料制造	152	24	119.74	61.99	31.97	63.90
精制茶加工	153					
烟草制品业	16					

企业主要经济指标(大、中类行业)

单位：亿元

应收账款	存货	产成品	负债合计	流动负债合计	应付账款	所有者权益合计	实收资本	国家资本	集体资本	代码
2289.63	**1428.86**	**556.15**	**6644.46**	**5854.96**	**1723.86**	**5458.06**	**2600.63**	**193.89**	**41.48**	**00**
25.02	**1.71**	**0.92**	**130.21**	**64.68**	**8.58**	**46.71**	**14.52**	**6.00**		**B**
24.61	0.07	0.07	125.84	60.77	8.09	39.72	10.00	6.00		06
24.61	0.07	0.07	125.84	60.77	8.09	39.72	10.00	6.00		061
										062
										069
										07
										071
										072
										08
										081
										082
										089
0.03	0.34	0.33	1.89	1.43	0.08	3.10	1.25			09
										091
0.03	0.34	0.33	1.89	1.43	0.08	3.10	1.25			092
										093
0.18	0.03	0.01	0.20	0.20	0.03	0.53	0.46			10
										101
										102
										103
										109
										11
										111
										112
										119
										12
2198.77	**1411.43**	**553.41**	**6101.23**	**5518.04**	**1661.27**	**4984.43**	**2288.11**	**55.97**	**40.14**	**C**
88.93	185.42	93.51	641.78	576.08	86.26	342.75	189.65	9.42	2.28	13
3.81	13.37	3.78	16.61	15.60	3.29	18.97	11.41	0.68		131
4.52	7.75	1.35	24.58	19.42	5.86	21.69	16.26		0.06	132
11.95	43.45	29.57	78.32	77.63	8.45	66.35	21.31	8.38	0.02	133
										134
16.75	24.27	10.11	250.93	234.36	18.24	53.86	45.29		0.63	135
34.28	60.31	35.67	176.16	144.92	30.07	114.57	62.53	0.05	0.61	136
15.11	25.74	9.46	50.75	49.33	12.00	39.83	21.01		0.66	137
2.50	10.53	3.58	44.42	34.82	8.35	27.48	11.84	0.30	0.30	139
56.90	52.10	25.64	259.96	200.66	49.96	230.42	116.89	2.92	0.05	14
3.98	2.19	0.66	16.14	13.55	2.83	22.34	15.22	1.77	0.01	141
0.33	1.32	0.48	1.16	1.15	0.34	2.72	2.23			142
5.69	2.17	0.65	21.93	7.57	1.92	17.25	13.73			143
14.45	11.44	7.07	92.39	65.78	21.05	49.51	23.70			144
0.60	3.51	1.73	7.28	6.31	0.50	4.49	2.20	0.02		145
20.88	15.38	7.46	62.36	51.01	10.51	74.51	29.49	0.21		146
10.96	16.09	7.59	58.70	55.30	12.82	59.61	30.33	0.93	0.04	149
29.09	31.70	16.35	166.51	145.33	28.44	230.14	59.54	9.29	3.27	15
13.53	17.41	7.68	128.03	108.52	21.00	148.89	29.68	8.98	1.07	151
15.56	14.29	8.67	38.49	36.81	7.43	81.25	29.86	0.30	2.20	152
										153
										16

1-A-9 续表 1

分 组	代码	企业单位数（个）	资产总计	固定资产原价	累计折旧	流动资产合计
烟叶复烤	161					
卷烟制造	162					
其他烟草制品制造	169					
纺织业	17	124	282.66	188.63	90.45	145.33
棉纺织及印染精加工	171	55	198.89	151.27	74.19	89.34
毛纺织及染整精加工	172	12	10.94	4.93	2.96	8.15
麻纺织及染整精加工	173	3	5.57	1.57	0.14	3.47
丝绢纺织及印染精加工	174	2	0.50	0.57	0.18	0.05
化纤织造及印染精加工	175	5	7.31	3.68	1.92	5.08
针织或钩针编织物及其制品制造	176	10	3.48	2.11	1.10	2.25
家用纺织制成品制造	177	23	24.05	9.64	3.46	15.93
产业用纺织制成品制造	178	14	31.92	14.85	6.49	21.08
纺织服装、服饰业	18	163	136.87	69.14	34.83	80.50
机织服装制造	181	102	78.72	39.98	19.96	45.62
针织或钩针编织服装制造	182	44	49.13	20.63	9.64	29.42
服饰制造	183	17	9.01	8.54	5.23	5.46
皮革、毛皮、羽毛及其制品和制鞋业	19	56	66.44	29.83	15.01	47.55
皮革鞣制加工	191	6	38.59	14.24	6.61	29.08
皮革制品制造	192	25	6.89	3.89	2.50	4.93
毛皮鞣制及制品加工	193	4	0.71	0.08	0.04	0.49
羽毛(绒)加工及制品制造	194	2	0.76	0.17	0.07	0.60
制鞋业	195	19	19.49	11.45	5.79	12.45
木材加工和木、竹、藤、棕、草制品业	20	32	32.72	32.64	20.28	21.95
木材加工	201	3	4.37	1.36	0.32	2.88
人造板制造	202	16	21.35	26.76	17.64	14.90
木质制品制造	203	12	6.23	4.32	2.28	3.90
竹、藤、棕、草等制品制造	204	1				
家具制造业	21	39	45.11	27.79	12.06	24.14
木质家具制造	211	35	39.13	24.15	11.19	21.10
竹、藤家具制造	212					
金属家具制造	213	1				
塑料家具制造	214					
其他家具制造	219	3	5.22	3.14	0.55	2.47
造纸和纸制品业	22	41	392.75	288.89	130.80	165.81
纸浆制造	221					
造纸	222	23	369.06	276.45	124.22	149.94
纸制品制造	223	18	23.69	12.43	6.58	15.87
印刷和记录媒介复制业	23	47	79.01	52.41	25.15	44.26
印刷	231	46	78.55	51.97	24.97	44.05
装订及印刷相关服务	232					
记录媒介复制	233	1				
文教、工美、体育和娱乐用品制造业	24	163	103.05	53.08	22.84	59.00
文教办公用品制造	241	8	7.35	5.51	2.69	3.71
乐器制造	242	5	4.20	0.52	0.37	3.92
工艺美术及礼仪用品制造	243	97	60.76	31.00	12.53	33.50
体育用品制造	244	26	19.90	9.90	4.28	11.65
玩具制造	245	18	4.92	2.13	0.90	2.88
游艺器材及娱乐用品制造	246	9	5.92	4.01	2.08	3.34
石油、煤炭及其他燃料加工业	25	12	43.02	25.01	9.48	23.14
精炼石油产品制造	251	8	21.82	12.80	5.07	11.78
煤炭加工	252	3	20.16	10.93	4.12	11.23

单位：亿元

应收账款	存货	产成品	负债合计	流动负债合计	应付账款	所有者权益合计	实收资本	国家资本	集体资本	代码
										161
										162
										169
26.35	49.59	19.31	128.66	117.16	27.03	154.00	81.50	2.65	5.83	17
14.90	33.76	14.72	83.35	75.91	16.97	115.54	60.46	2.41	5.81	171
0.67	5.02	1.96	8.50	8.27	2.98	2.44	2.50			172
1.26	0.99	0.21	5.03	4.00	0.57	0.54	0.45			173
-0.17	0.15	0.04	0.22	0.22	0.11	0.27	0.57			174
1.26	1.50	0.50	5.25	5.06	1.12	2.06	3.73			175
1.00	0.68	0.21	1.50	1.48	0.56	1.98	1.33			176
4.12	4.12	0.85	15.19	14.99	3.01	8.86	4.00		0.03	177
3.32	3.36	0.82	9.61	7.23	1.71	22.31	8.46	0.24		178
31.05	20.83	6.23	68.97	60.28	23.78	67.90	46.34	0.31	1.45	18
14.04	11.58	3.87	39.29	35.30	13.22	39.43	28.86		1.02	181
16.40	7.06	1.79	27.00	22.54	9.73	22.14	12.00		0.13	182
0.62	2.19	0.57	2.68	2.44	0.83	6.33	5.48	0.31	0.30	183
14.06	22.97	6.53	37.56	32.31	6.58	28.87	16.60		0.02	19
8.72	16.08	3.96	22.04	21.54	2.86	16.55	6.32			191
1.41	1.59	0.43	4.57	4.04	0.66	2.32	3.36		0.02	192
0.10	0.22	0.09	0.39	0.08		0.33	0.18			193
0.25	0.35	0.24	0.57	0.57	0.10	0.19	0.11			194
3.58	4.74	1.81	10.00	6.08	2.95	9.49	6.64			195
4.11	10.84	6.87	18.90	17.12	2.67	14.70	8.22		0.12	20
0.80	1.51	1.23	3.17	2.51	0.72	2.09	1.30			201
2.86	6.36	4.47	11.76	11.27	1.07	9.59	3.61			202
0.43	2.72	0.99	3.79	3.17	0.89	2.44	2.71		0.12	203
										204
6.27	6.29	2.13	23.85	21.18	3.67	21.26	9.37		0.62	21
5.76	5.16	1.75	22.27	19.67	3.25	16.86	8.69		0.62	211
										212
										213
										214
0.40	0.72	0.26	1.25	1.19	0.20	3.97	0.09			219
31.73	34.04	12.13	247.11	187.56	64.23	145.64	102.44		0.13	22
										221
22.34	30.82	11.09	232.50	173.76	60.04	136.56	93.64		0.08	222
9.39	3.22	1.05	14.61	13.79	4.19	9.08	8.80		0.05	223
14.36	11.21	5.24	34.52	31.77	11.04	44.49	27.11	0.99	0.41	23
14.31	11.06	5.22	34.24	31.49	10.96	44.31	26.94	0.99	0.41	231
										232
										233
16.71	19.68	7.99	47.06	41.76	13.87	55.98	40.51		0.29	24
0.83	0.87	0.24	2.16	1.72	0.53	5.19	3.15			241
0.60	0.72	0.39	3.45	3.44	0.33	0.76	0.74			242
10.74	11.73	4.94	29.32	25.50	7.86	31.44	21.47		0.10	243
2.63	4.64	1.61	7.68	6.92	3.57	12.22	11.30		0.17	244
0.86	0.70	0.35	2.49	2.33	0.55	2.43	0.79		0.02	245
1.04	1.01	0.48	1.97	1.85	1.03	3.94	3.06			246
6.08	4.42	1.86	32.12	27.01	10.35	10.91	7.99	1.06	1.13	25
3.71	2.46	1.44	15.68	15.58	5.75	6.15	4.63	0.53	0.49	251
2.33	1.91	0.39	16.44	11.43	4.59	3.72	2.32	0.53	0.64	252

1-A-9 续表 2

分 组	代码	企业单位数（个）	资产总计	固定资产原价	累计折旧	流动资产合计
核燃料加工	253					
生物质燃料加工	254	1				
化学原料和化学制品制造业	26	184	776.01	386.38	188.31	459.64
基础化学原料制造	261	43	220.81	114.50	54.34	114.79
肥料制造	262	14	50.33	22.01	11.34	24.41
农药制造	263	2	7.71	1.13	0.40	6.50
涂料、油墨、颜料及类似产品制造	264	20	28.36	10.54	5.01	20.17
合成材料制造	265	32	233.00	128.18	67.28	153.45
专用化学产品制造	266	61	213.59	95.16	42.89	129.20
炸药、火工及焰火产品制造	267	2	7.37	5.20	2.46	3.27
日用化学产品制造	268	10	14.84	9.66	4.59	7.85
医药制造业	27	58	908.66	293.35	104.53	543.66
化学药品原料药制造	271	15	221.38	65.05	33.80	121.66
化学药品制剂制造	272	11	78.07	34.72	7.51	44.61
中药饮片加工	273	1				
中成药生产	274	6	188.03	65.91	22.21	118.56
兽用药品制造	275	2	8.23	1.85	1.14	6.40
生物药品制品制造	276	10	198.77	70.35	25.43	133.52
卫生材料及医药用品制造	277	12	197.35	43.35	12.99	117.43
药用辅料及包装材料	278	1				
化学纤维制造业	28	9	21.33	17.79	6.98	12.83
纤维素纤维原料及纤维制造	281	2	2.99	1.95	0.22	0.82
合成纤维制造	282	7	18.34	15.84	6.76	12.01
生物基材料制造	283					
橡胶和塑料制品业	29	131	158.16	127.85	69.57	84.12
橡胶制品业	291	31	87.39	70.61	32.07	40.57
塑料制品业	292	100	70.77	57.24	37.51	43.55
非金属矿物制品业	30	124	338.56	203.94	105.57	204.07
水泥、石灰和石膏制造	301	11	117.76	66.88	35.78	76.27
石膏、水泥制品及类似制品制造	302	11	14.72	6.57	3.46	10.77
砖瓦、石材等建筑材料制造	303	21	63.14	28.24	13.11	38.48
玻璃制造	304	9	41.56	31.60	14.91	20.41
玻璃制品制造	305	10	17.06	12.37	4.16	7.14
玻璃纤维和玻璃纤维增强塑料制品制造	306	5	3.12	1.13	0.65	2.52
陶瓷制品制造	307	24	42.83	31.90	19.51	23.26
耐火材料制品制造	308	11	12.17	10.20	5.30	6.51
石墨及其他非金属矿物制品制造	309	22	26.20	15.05	8.68	18.71
黑色金属冶炼和压延加工业	31	14	81.37	46.03	24.16	44.53
炼铁	311					
炼钢	312					
钢压延加工	313	13	79.81	44.79	24.04	44.20
铁合金冶炼	314	1				
有色金属冶炼和压延加工业	32	19	1105.19	615.82	203.33	504.10
常用有色金属冶炼	321	3	649.91	315.28	94.21	374.43
贵金属冶炼	322					
稀有稀土金属冶炼	323					
有色金属合金制造	324	2	4.33	0.19	0.06	1.25
有色金属压延加工	325	14	450.96	300.35	109.06	128.42
金属制品业	33	136	325.15	185.87	94.75	203.98
结构性金属制品制造	331	18	18.14	7.00	3.79	12.15
金属工具制造	332	19	32.92	19.33	10.55	22.03

单位：亿元

应收账款	存货	产成品	负债合计	流动负债合计	应付账款	所有者权益合计	实收资本	国家资本	集体资本	代码
										253
										254
97.51	74.59	35.96	404.52	360.59	89.71	371.48	186.73	2.32	1.33	26
32.54	18.79	9.20	95.67	82.79	14.82	125.14	53.89	1.20	0.19	261
1.36	4.54	2.29	36.92	33.84	2.14	13.41	12.86	0.85	0.10	262
3.44	1.28	0.48	4.72	4.72	3.22	3.00	1.38		0.36	263
11.65	3.72	1.46	14.00	12.87	3.42	14.36	7.14			264
17.99	22.35	8.68	138.16	131.63	45.82	94.84	47.55		0.62	265
27.31	21.79	12.94	107.12	88.82	18.46	106.47	53.74	0.27	0.07	266
0.76	0.45	0.17	1.38	1.38	0.27	5.99	3.14			267
2.46	1.68	0.76	6.56	4.53	1.57	8.28	7.04			268
84.39	63.86	28.30	331.67	307.61	66.24	576.98	195.42	1.13	0.56	27
16.04	21.07	9.84	86.60	80.56	10.19	134.79	20.33	0.72		271
10.86	3.58	1.17	16.87	16.87	2.74	61.19	53.60			272
										273
12.30	17.15	7.42	42.31	38.67	5.95	145.73	39.75	0.36		274
1.49	0.48	0.27	3.47	3.43	0.42	4.76	0.98		0.55	275
8.38	11.98	2.95	97.39	95.05	3.19	101.38	63.58	0.05	0.02	276
34.96	9.33	6.58	78.02	67.67	43.38	119.33	9.53			277
										278
2.31	3.01	1.71	10.63	10.20	1.97	10.70	13.10	0.10		28
0.11	0.32	0.16	1.70	1.28	0.37	1.29	1.55	0.10		281
2.20	2.68	1.55	8.94	8.92	1.60	9.41	11.55			282
										283
28.45	24.19	10.59	74.88	63.84	17.77	83.28	58.22	0.34	0.08	29
15.52	10.61	4.17	42.81	32.64	9.11	44.58	32.48			291
12.92	13.58	6.42	32.07	31.20	8.66	38.70	25.73	0.34	0.08	292
43.46	37.47	16.89	126.77	107.90	36.45	211.78	97.42	2.18	0.66	30
5.07	4.34	1.48	32.17	24.84	7.75	85.59	20.71	1.40	0.17	301
6.11	0.57	0.31	8.55	8.28	3.66	6.17	5.62			302
11.79	5.36	2.84	25.07	23.51	8.70	38.07	13.82	0.36	0.06	303
4.05	5.90	4.05	18.35	16.83	4.84	23.21	23.03	0.42		304
2.06	3.69	1.44	10.24	4.25	1.23	6.82	5.03			305
0.72	0.79	0.18	2.24	2.24	1.43	0.88	0.99			306
6.56	8.32	4.00	18.77	17.05	4.55	24.07	13.25		0.43	307
1.73	2.78	0.56	4.04	3.84	1.30	8.13	4.74			308
5.36	5.73	2.02	7.35	7.05	2.98	18.85	10.23			309
7.92	14.32	4.60	43.69	42.46	11.53	37.68	29.43			31
										311
										312
7.78	14.29	4.58	43.47	42.35	11.50	36.34	28.09			313
										314
63.87	182.28	11.79	653.99	611.56	196.79	451.20	36.90	0.20		32
46.27	159.06	1.34	350.27	309.09	91.30	299.64	3.73			321
										322
										323
0.13	0.47	0.09	3.51	3.31	1.86	0.82	0.91			324
17.46	22.75	10.36	300.22	299.16	103.64	150.74	32.26	0.20		325
81.82	51.58	22.63	178.60	163.06	44.91	146.55	112.24	1.59	0.13	33
4.05	4.83	2.16	7.94	7.81	3.06	10.20	7.14	0.16		331
13.72	6.01	2.92	20.59	18.90	5.68	12.32	8.22			332

1-A-9 续表 3

分组	代码	企业单位数（个）	资产总计	固定资产原价	累计折旧	流动资产合计
集装箱及金属包装容器制造	333	17	105.30	41.75	18.53	73.41
金属丝绳及其制品制造	334	11	61.79	55.09	29.85	33.97
建筑、安全用金属制品制造	335	11	11.26	3.95	2.42	5.69
金属表面处理及热处理加工	336					
搪瓷制品制造	337					
金属制日用品制造	338	10	23.19	7.50	2.90	14.76
铸造及其他金属制品制造	339	50	72.56	51.25	26.70	41.96
通用设备制造业	34	172	438.65	189.80	97.87	304.39
锅炉及原动设备制造	341	15	65.93	26.16	13.45	46.01
金属加工机械制造	342	23	28.02	11.88	4.11	20.38
物料搬运设备制造	343	11	17.55	4.97	1.70	11.64
泵、阀门、压缩机及类似机械制造	344	40	112.18	49.75	25.79	72.35
轴承、齿轮和传动部件制造	345	15	47.69	35.92	22.91	30.91
烘炉、风机、包装等设备制造	346	32	112.94	29.10	15.04	93.84
文化、办公用机械制造	347	1				
通用零部件制造	348	31	52.16	31.25	14.44	28.17
其他通用设备制造业	349	4	1.43	0.58	0.32	0.47
专用设备制造业	35	123	624.29	266.08	163.62	453.83
采矿、冶金、建筑专用设备制造	351	39	436.07	192.96	133.23	336.05
化工、木材、非金属加工专用设备制造	352	17	19.02	7.83	4.17	14.65
食品、饮料、烟草及饲料生产专用设备制造	353	6	4.00	1.12	0.45	2.30
印刷、制药、日化及日用品生产专用设备制造	354	6	13.28	5.73	3.24	10.26
纺织、服装和皮革加工专用设备制造	355	6	12.46	7.89	4.43	7.59
电子和电工机械专用设备制造	356	11	7.27	5.11	2.12	3.97
农、林、牧、渔专用机械制造	357	14	52.30	11.81	4.60	37.38
医疗仪器设备及器械制造	358	11	57.22	27.38	8.40	23.46
环保、邮政、社会公共服务及其他专用设备制造	359	13	22.66	6.24	2.98	18.16
汽车制造业	36	190	1460.67	673.80	374.41	1076.05
汽车整车制造	361	7	804.15	309.94	195.68	670.71
汽车用发动机制造	362	3	102.10	79.51	37.05	52.33
改装汽车制造	363	6	39.50	10.61	6.06	34.16
低速汽车制造	364	1				
电车制造	365					
汽车车身、挂车制造	366	12	16.24	6.06	3.12	12.57
汽车零部件及配件制造	367	161	498.66	267.67	132.49	306.27
铁路、船舶、航空航天和其他运输设备制造业	37	54	312.39	108.52	46.48	185.57
铁路运输设备制造	371	15	72.65	10.54	5.41	64.39
城市轨道交通设备制造	372					
船舶及相关装置制造	373	20	206.04	80.23	31.56	101.88
航空、航天器及设备制造	374	4	8.12	1.61	0.71	4.22
摩托车制造	375	8	20.98	13.59	7.76	12.29
自行车和残疾人座车制造	376	1				
助动车制造	377	1				
非公路休闲车及零配件制造	378					
潜水救捞及其他未列明运输设备制造	379	5	3.78	2.24	0.85	2.16
电气机械和器材制造业	38	126	239.20	102.26	46.39	158.18
电机制造	381	21	45.69	20.11	6.68	31.88
输配电及控制设备制造	382	39	78.14	37.33	18.39	49.38
电线、电缆、光缆及电工器材制造	383	29	45.22	18.81	9.91	32.42
电池制造	384	6	21.28	5.02	2.38	11.64

单位：亿元

应收账款	存货	产成品	负债合计	流动负债合计	应付账款	所有者权益合计	实收资本	国家资本	集体资本	代码
28.88	15.39	6.72	54.59	49.59	20.17	50.71	31.35			333
14.73	5.94	2.77	37.59	35.59	4.13	24.20	27.19			334
2.55	2.16	0.88	8.52	8.31	1.50	2.74	2.60			335
										336
										337
2.95	4.89	0.41	13.10	12.85	1.08	10.09	9.85	0.22		338
14.93	12.35	6.77	36.29	30.02	9.30	36.28	25.89	1.22	0.13	339
116.20	82.49	29.30	209.46	194.90	100.34	229.18	124.18	1.30	0.22	34
14.37	13.80	5.34	34.23	30.70	17.44	31.70	15.05			341
6.18	6.25	2.56	13.35	12.91	5.66	14.67	6.29	0.06		342
5.12	3.49	0.96	9.40	8.56	3.96	8.15	8.30	1.09		343
25.61	19.69	9.31	50.05	46.24	29.87	62.14	32.82		0.04	344
12.00	5.98	2.56	14.66	13.69	7.06	33.03	26.25			345
43.33	22.37	4.71	59.90	58.61	26.36	53.04	18.10	0.03	0.18	346
										347
9.48	10.19	3.75	27.01	23.36	9.74	25.14	16.39	0.12		348
0.05	0.29	0.08	0.66	0.64	0.24	0.77	0.85			349
157.01	131.09	62.27	354.60	328.82	114.02	269.69	136.84	1.18	16.43	35
115.06	91.36	48.85	249.35	233.03	83.17	186.72	78.90	1.04	16.43	351
6.19	4.98	0.25	10.70	9.28	6.07	8.32	4.65			352
0.66	0.24	0.05	1.33	1.30	0.27	2.66	1.44			353
2.90	3.52	0.62	6.68	5.87	2.50	6.61	2.64			354
1.39	3.19	1.12	2.75	2.52	1.12	9.71	5.69			355
0.76	2.36	1.08	4.29	2.37	0.80	2.98	3.19			356
14.52	15.09	5.58	36.87	33.76	11.25	15.43	24.37	0.09		357
7.36	5.42	3.37	32.94	31.87	4.80	24.28	10.74			358
8.17	4.93	1.33	9.69	8.81	4.05	12.97	5.22	0.05		359
796.91	91.83	35.09	819.51	749.63	271.41	641.16	238.59	10.14	3.12	36
597.69	14.34	4.34	506.64	470.88	129.65	297.51	47.10	8.42		361
42.28	7.30	1.65	36.43	36.26	22.97	65.66	64.79		1.41	362
10.66	2.25	0.68	7.58	7.41	4.07	31.91	5.82		1.38	363
										364
										365
4.61	3.62	1.25	9.85	9.66	5.06	6.39	4.02		0.08	366
141.67	64.31	27.18	259.00	225.42	109.66	239.66	116.85	1.72	0.25	367
41.90	56.62	39.64	236.03	194.96	33.41	76.36	68.23	1.29	0.08	37
29.60	11.77	3.42	40.52	36.54	15.36	32.12	6.31	0.02		371
										372
8.36	39.24	34.03	174.95	146.08	12.89	31.09	51.14	0.90		373
0.70	1.96	0.71	6.67	1.23	0.58	1.45	2.21	0.38		374
2.22	2.69	1.31	10.57	8.17	3.43	10.42	6.29			375
										376
										377
										378
0.99	0.46	0.16	2.25	2.05	0.63	1.53	1.77			379
62.45	34.69	16.38	136.08	122.11	55.88	103.12	65.51	1.01	1.01	38
13.48	7.32	2.66	21.54	17.74	9.05	24.14	11.99			381
17.83	13.85	6.25	46.17	41.46	24.20	31.97	25.03	0.33	0.04	382
16.89	6.09	2.86	29.34	26.04	12.02	15.88	13.20	0.21	0.01	383
2.32	1.64	1.09	12.93	11.63	1.47	8.35	2.81		0.80	384

1-A-9 续表 4

分组	代码	企业单位数（个）	资产总计	固定资产原价	累计折旧	流动资产合计
家用电力器具制造	385	11	11.46	5.30	2.34	7.22
非电力家用器具制造	386	7	15.85	5.89	1.66	9.98
照明器具制造	387	5	13.38	6.57	3.89	10.27
其他电气机械及器材制造	389	8	8.18	3.23	1.15	5.40
计算机、通信和其他电子设备制造业	39	201	1118.63	890.80	753.16	905.55
计算机制造	391	21	68.17	26.29	16.43	56.17
通信设备制造	392	19	126.94	155.56	149.71	117.96
广播电视设备制造	393	4	3.43	2.38	1.60	2.24
雷达及配套设备制造	394					
非专业视听设备制造	395	11	84.32	82.96	68.60	66.93
智能消费设备制造	396	8	535.35	365.07	334.06	457.93
电子器件制造	397	35	154.79	143.35	109.46	109.28
电子元件及电子专用材料制造	398	93	126.93	107.93	69.61	80.34
其他电子设备制造	399	10	18.69	7.26	3.67	14.69
仪器仪表制造业	40	33	91.77	17.72	9.99	78.15
通用仪器仪表制造	401	17	63.41	11.40	5.84	53.07
专用仪器仪表制造	402	9	24.75	3.78	2.54	22.93
钟表与计时仪器制造	403	2	2.02	1.60	0.88	1.04
光学仪器制造	404	4	1.40	0.89	0.71	0.95
衡器制造	405					
其他仪器仪表制造业	409	1				
其他制造业	41	11	20.62	5.96	2.36	15.71
日用杂品制造	411	5	9.85	3.16	1.14	6.67
核辐射加工	412					
其他未列明制造业	419	6	10.77	2.80	1.22	9.04
废弃资源综合利用业	42	3	4.27	1.59	0.42	2.34
金属废料和碎屑加工处理	421	2	3.09	0.93	0.29	1.86
非金属废料和碎屑加工处理	422	1				
金属制品、机械和设备修理业	43	2	6.68	5.11	2.70	3.86
金属制品修理	431	1				
通用设备修理	432					
专用设备修理	433					
铁路、船舶、航空航天等运输设备修理	434	1				
电气设备修理	435					
仪器仪表修理	436					
其他机械和设备修理业	439					
电力、热力、燃气及水生产和供应业	**D**	**136**	**839.93**	**818.46**	**369.66**	**235.63**
电力、热力生产和供应业	44	71	519.77	637.63	315.40	123.39
电力生产	441	66	499.37	622.24	307.47	112.10
电力供应	442					
热力生产和供应	443	5	20.39	15.39	7.93	11.29
燃气生产和供应业	45	45	255.50	147.73	43.58	94.64
燃气生产和供应业	451	45	255.50	147.73	43.58	94.64
生物质燃气生产和供应业	452					
水的生产和供应业	46	20	64.67	33.10	10.68	17.60
自来水生产和供应	461	5	16.73	9.98	3.61	3.90
污水处理及其再生利用	462	15	47.93	23.12	7.08	13.70
海水淡化处理	463					
其他水的处理、利用与分配	469					

单位：亿元

应收账款	存货	产成品	负债合计	流动负债合计	应付账款	所有者权益合计	实收资本	国家资本	集体资本	代码
2.34	1.69	0.76	5.73	5.32	3.37	5.73	3.20			385
4.45	1.28	0.92	9.03	8.80	3.26	6.82	3.39		0.16	386
2.96	1.28	0.73	7.93	7.93	1.42	5.45	1.91			387
2.18	1.53	1.10	3.40	3.21	1.09	4.78	3.98	0.47		389
262.47	98.15	29.40	752.91	745.19	272.21	365.72	188.81	4.26	0.90	39
23.32	10.23	2.05	26.83	25.66	17.33	41.34	22.40	3.40	0.88	391
27.88	9.38	1.14	98.62	97.45	33.08	28.32	13.19	0.70		392
1.09	0.48	0.26	0.88	0.88	0.12	2.55	1.21			393
										394
40.45	6.02	3.02	59.89	59.24	34.00	24.43	22.82			395
75.57	20.74	2.86	411.06	410.33	95.22	124.29	27.05			396
55.97	29.64	12.38	94.19	91.59	59.16	60.61	43.42		0.02	397
29.93	17.63	7.22	50.22	48.90	25.58	76.72	54.72			398
8.26	4.02	0.47	11.21	11.13	7.71	7.48	3.98	0.17		399
21.59	12.18	3.59	46.14	44.82	17.50	45.63	17.38	1.23		40
12.54	8.09	2.13	26.33	25.12	9.64	37.07	14.09	1.19		401
8.50	3.54	1.38	17.95	17.95	7.59	6.81	2.05			402
0.14	0.23		1.06	1.02	0.14	0.95	0.78			403
0.36	0.20	0.09	0.60	0.55	0.04	0.80	0.46	0.04		404
										405
										409
2.75	2.73	0.82	11.17	8.63	2.71	9.45	7.63			41
2.46	2.09	0.72	7.74	7.73	2.43	2.11	2.15			411
										412
0.29	0.64	0.09	3.43	0.90	0.28	7.34	5.48			419
0.02	0.44	0.12	2.12	2.12	0.08	2.15	3.32			42
0.01	0.24	0.06	1.26	1.26	0.05	1.84	2.77			421
										422
2.10	0.83	0.53	1.42	1.42	0.46	5.25	2.02	1.06		43
										431
										432
										433
										434
										435
										436
										439
65.84	**15.72**	**1.81**	**413.01**	**272.24**	**54.00**	**426.92**	**298.00**	**131.92**	**1.35**	**D**
47.07	11.50	0.28	238.99	127.95	26.86	280.77	229.14	115.00	1.00	44
43.36	11.03	0.28	225.79	116.62	24.64	273.58	226.99	115.00	0.63	441
										442
3.71	0.47		13.20	11.33	2.22	7.19	2.15		0.37	443
17.38	3.92	1.51	138.37	122.73	23.41	117.13	47.15	15.26	0.35	45
17.38	3.92	1.51	138.37	122.73	23.41	117.13	47.15	15.26	0.35	451
										452
1.39	0.31	0.02	35.65	21.56	3.73	29.02	21.71	1.67		46
0.51	0.18	0.01	11.46	8.16	1.61	5.27	4.54	1.66		461
0.88	0.12	0.02	24.19	13.40	2.12	23.75	17.17	0.01		462
										463
										469

1-A-9 续表 5

分 组	代码					营业收入	营业成本
		法人资本	个人资本	港澳台资本	外商资本		
总 计	**00**	**581.42**	**217.25**	**462.89**	**1102.59**	**11190.67**	**9388.81**
采矿业	**B**	**2.30**		**3.02**	**3.20**	**77.41**	**26.79**
煤炭开采和洗选业	06	1.00			3.00	71.02	22.56
烟煤和无烟煤开采洗选	061	1.00			3.00	71.02	22.56
褐煤开采洗选	062						
其他煤炭采选	069						
石油和天然气开采业	07						
石油开采	071						
天然气开采	072						
黑色金属矿采选业	08						
铁矿采选	081						
锰矿、铬矿采选	082						
其他黑色金属矿采选	089						
有色金属矿采选业	09	1.05			0.20	3.76	2.14
常用有色金属矿采选	091						
贵金属矿采选	092	1.05			0.20	3.76	2.14
稀有稀土金属矿采选	093						
非金属矿采选业	10	0.25		0.21		0.50	0.29
土砂石开采	101						
化学矿开采	102						
采盐	103						
石棉及其他非金属矿采选	109						
开采专业及辅助性活动	11						
煤炭开采和洗选专业及辅助性活动	111						
石油和天然气开采专业及辅助性活动	112						
其他开采专业及辅助性活动	119						
其他采矿业	12						
制造业	**C**	**535.01**	**214.14**	**370.28**	**1072.58**	**10636.77**	**8963.41**
农副食品加工业	13	70.74	10.71	19.20	77.29	1175.64	1062.75
谷物磨制	131	0.68	0.10	2.49	7.46	58.05	52.87
饲料加工	132	1.88	2.00	1.99	10.33	138.24	130.21
植物油加工	133	2.64		4.53	5.74	257.78	237.68
制糖业	134						
屠宰及肉类加工	135	10.49	3.33	1.96	28.89	321.02	283.59
水产品加工	136	47.08	2.28	1.40	11.11	213.70	189.22
蔬菜、菌类、水果和坚果加工	137	5.81	1.10	6.22	7.22	110.93	99.69
其他农副食品加工	139	2.16	1.90	0.62	6.56	75.92	69.49
食品制造业	14	22.30	4.43	13.00	74.18	497.48	406.01
焙烤食品制造	141	2.37	0.87	0.13	10.08	20.48	16.12
糖果、巧克力及蜜饯制造	142	0.23		0.01	1.99	3.61	2.95
方便食品制造	143	1.43	1.05	4.72	6.52	34.21	29.75
乳制品制造	144	5.89	0.26		17.55	107.63	85.25
罐头食品制造	145	1.49	0.25	0.37	0.07	7.79	6.75
调味品、发酵制品制造	146	2.35	1.24	6.64	19.05	132.54	104.86
其他食品制造	149	8.53	0.77	1.13	18.93	191.22	160.32
酒、饮料和精制茶制造业	15	12.92	2.98	11.99	19.10	331.38	258.93
酒的制造	151	0.29	2.95	3.58	12.81	232.06	183.48
饮料制造	152	12.63	0.03	8.41	6.29	99.32	75.45
精制茶加工	153						
烟草制品业	16						

单位：亿元

销售费用	管理费用	财务费用			投资收益(损失以“-”号记)	营业利润	利润总额	亏损企业亏损总额	平均用工人数(万人)	代码
			利息收入	利息支出						
439.43	**460.27**	**108.63**	**14.41**	**117.40**	**24.46**	**722.33**	**749.39**	**96.93**	**90.82**	**00**
2.84	**5.86**	**6.07**	**0.05**	**5.53**	**0.02**	**32.48**	**32.35**	**0.02**	**0.21**	**B**
2.53	5.04	5.86	0.03	5.30	0.02	31.70	31.58		0.13	06
2.53	5.04	5.86	0.03	5.30	0.02	31.70	31.58		0.13	061
										062
										069
										07
										071
										072
										08
										081
										082
										089
0.18	0.57	0.18	0.01	0.19		0.66	0.66		0.03	09
										091
0.18	0.57	0.18	0.01	0.19		0.66	0.66		0.03	092
										093
0.02	0.14					0.03	0.03	0.02	0.03	10
										101
										102
										103
										109
										11
										111
										112
										119
										12
428.97	**436.97**	**92.44**	**13.62**	**102.58**	**22.74**	**648.27**	**672.59**	**91.75**	**88.31**	**C**
31.09	24.93	9.54	0.30	10.00	7.68	40.98	41.32	9.80	11.25	13
1.69	1.08	0.35	0.03	0.29		1.70	1.71	0.45	0.20	131
3.19	3.13	1.42	0.74	1.60	-0.08	0.10	0.26	1.77	0.60	132
2.53	2.63	0.50	-0.35	1.11	0.07	13.02	13.10	0.25	0.30	133
										134
11.65	6.58	1.58	-0.56	1.34	7.65	13.27	13.77	2.47	3.71	135
7.84	5.82	4.39	0.02	4.23	0.01	5.20	4.93	3.02	4.24	136
2.46	3.28	0.97	-0.03	0.82		3.99	3.90	1.12	1.58	137
1.73	2.41	0.33	0.45	0.63	0.03	3.71	3.65	0.73	0.62	139
30.32	20.79	3.71	1.33	4.94	0.27	28.20	29.79	14.15	3.91	14
0.59	1.30	0.07	-0.17	0.20	0.01	2.13	1.94	0.94	0.44	141
0.17	0.26	0.03		0.01		0.16	0.18	0.02	0.08	142
1.47	1.22	0.96	-0.03	0.76		0.59	0.57	0.91	0.55	143
12.39	4.70	0.28	0.84	0.78	0.11	-1.57	-0.90	10.39	0.55	144
0.24	0.44	0.25		0.17		0.08		0.27	0.46	145
10.31	6.77	1.03	1.08	1.53	0.31	9.45	9.93	1.36	0.97	146
5.15	6.11	1.09	-0.40	1.47	-0.16	17.36	18.07	0.26	0.85	149
49.98	9.89	0.15	-0.77	1.45	11.80	13.63	13.40	4.60	1.98	15
32.53	7.09	0.46	-0.52	1.23	11.64	10.58	10.88	2.32	1.17	151
17.45	2.80	-0.31	-0.25	0.22	0.16	3.06	2.52	2.28	0.81	152
										153
										16

1-A-9 续表 6

分 组	代码	法人资本	个人资本	港澳台资本	外商资本	营业收入	营业成本
烟叶复烤	161						
卷烟制造	162						
其他烟草制品制造	169						
纺织业	17	13.47	9.51	28.69	21.34	240.96	206.83
棉纺织及印染精加工	171	9.21	8.60	23.98	10.45	162.27	136.67
毛纺织及染整精加工	172	0.52	0.54	0.31	1.12	10.11	9.41
麻纺织及染整精加工	173			0.45		4.25	3.93
丝绢纺织及印染精加工	174				0.57	0.47	0.44
化纤织造及印染精加工	175	0.05		1.25	2.43	7.58	7.14
针织或钩针编织物及其制品制造	176	0.01	0.05	0.06	1.20	4.86	4.13
家用纺织制成品制造	177	1.14	0.03	2.12	0.69	32.35	29.03
产业用纺织制成品制造	178	2.55	0.28	0.50	4.89	19.06	16.08
纺织服装、服饰业	18	7.39	8.02	3.73	25.45	154.80	135.43
机织服装制造	181	4.56	7.20	1.49	14.58	98.96	88.03
针织或钩针编织服装制造	182	2.63	0.61	2.20	6.43	40.86	33.78
服饰制造	183	0.20	0.20	0.04	4.44	14.97	13.62
皮革、毛皮、羽毛及其制品和制鞋业	19	4.48	1.44	1.30	9.36	84.86	75.53
皮革鞣制加工	191	0.45	0.35	1.15	4.36	23.60	20.04
皮革制品制造	192	1.08	0.60	0.03	1.63	12.54	11.02
毛皮鞣制及制品加工	193	0.08	0.05	0.01	0.04	0.37	0.34
羽毛(绒)加工及制品制造	194			0.10	0.01	1.20	1.24
制鞋业	195	2.87	0.44	0.01	3.32	47.15	42.88
木材加工和木、竹、藤、棕、草制品业	20	2.71	0.40	1.19	3.79	30.69	27.42
木材加工	201			0.95	0.35	4.17	3.63
人造板制造	202	2.33	0.34	0.05	0.90	19.34	17.75
木质制品制造	203	0.39	0.06	0.19	1.96	6.90	5.78
竹、藤、棕、草等制品制造	204						
家具制造业	21	2.40	2.33	0.16	3.86	35.69	29.90
木质家具制造	211	2.35	2.33	0.14	3.25	29.45	24.65
竹、藤家具制造	212						
金属家具制造	213						
塑料家具制造	214						
其他家具制造	219	0.05		0.02	0.02	4.48	3.62
造纸和纸制品业	22	10.37	5.93	9.74	76.27	303.44	246.54
纸浆制造	221						
造纸	222	9.74	5.23	9.05	69.54	276.19	222.02
纸制品制造	223	0.63	0.70	0.69	6.73	27.25	24.52
印刷和记录媒介复制业	23	3.70	0.75	7.12	14.14	86.03	71.62
印刷	231	3.66	0.75	7.12	14.00	85.01	70.75
装订及印刷相关服务	232						
记录媒介复制	233						
文教、工美、体育和娱乐用品制造业	24	7.43	10.07	10.29	12.43	109.83	94.67
文教办公用品制造	241	0.97	0.24	0.08	1.86	7.26	5.94
乐器制造	242	0.35	0.03		0.36	2.49	2.07
工艺美术及礼仪用品制造	243	2.87	8.82	3.04	6.65	65.88	57.33
体育用品制造	244	1.71	0.80	5.91	2.71	20.88	17.78
玩具制造	245	0.10	0.10		0.57	7.06	6.04
游艺器材及娱乐用品制造	246	1.42	0.08	1.27	0.29	6.26	5.51
石油、煤炭及其他燃料加工业	25	2.10	0.45	0.83	2.43	72.74	64.91
精炼石油产品制造	251	1.07		0.13	2.41	30.37	28.35
煤炭加工	252	0.50		0.65		41.54	35.84

单位：亿元

销售费用	管理费用	财务费用			投资收益（损失以"－"号记）	营业利润	利润总额	亏损企业亏损总额	平均用工人数（万人）	代码
			利息收入	利息支出						
										161
										162
										169
5.38	14.32	1.57	0.14	1.78	-0.45	9.99	9.99	3.13	4.93	17
2.63	10.16	1.21	0.11	1.04	-0.45	9.33	9.31	1.93	3.71	171
0.16	0.60	0.10		0.06		-0.20	-0.17	0.26	0.22	172
0.04	0.15	0.03		0.04		0.08	0.08		0.10	173
	0.04	0.02		0.01		-0.03	-0.03	0.03	0.02	174
0.17	0.28	0.11		0.09		-0.17	-0.16	0.23	0.07	175
0.16	0.27	0.06	0.01	0.06	0.01	0.21	0.21		0.10	176
1.10	1.63	0.20		0.31		0.15	0.19	0.48	0.49	177
1.10	1.18	-0.16	0.01	0.17		0.61	0.56	0.20	0.23	178
5.26	8.94	0.67	0.06	0.69		3.25	3.30	1.56	4.97	18
2.49	5.71	0.34	0.04	0.43	-0.03	1.61	1.66	1.22	2.97	181
2.47	2.62	0.29	0.01	0.24	0.02	1.34	1.36	0.25	1.62	182
0.29	0.61	0.04	0.01	0.02	0.01	0.31	0.28	0.09	0.38	183
1.43	3.98	1.30	0.02	1.10	0.04	2.03	1.87	1.28	2.51	19
0.29	0.77	1.10	0.02	0.85		1.28	1.13	0.57	0.36	191
0.46	1.01	0.10		0.11		-0.16	-0.02	0.26	0.40	192
	0.07	0.01				-0.05	-0.05	0.05	0.02	193
	0.01					-0.06	-0.06	0.06		194
0.68	2.12	0.09		0.13	0.04	1.03	0.87	0.34	1.73	195
1.07	1.64	0.89	0.04	0.76	0.03	-0.19	-0.03	0.71	0.64	20
0.38	0.34	0.06		0.04		0.14	0.14	0.01	0.16	201
0.48	0.73	0.74	0.04	0.68		-0.54	-0.37	0.67	0.28	202
0.19	0.56	0.09		0.04	0.02	0.20	0.20	0.04	0.19	203
										204
1.99	1.58	0.34	-0.04	0.49		1.47	1.48	0.09	0.88	21
1.65	1.25	0.31	-0.04	0.46		1.22	1.24	0.09	0.72	211
										212
										213
										214
0.31	0.24	0.03		0.03		0.24	0.24		0.10	219
8.86	15.59	8.94	0.60	4.09	0.01	22.80	24.27	0.97	1.28	22
										221
7.99	14.67	8.85	0.59	4.01	0.01	22.10	23.47	0.82	0.97	222
0.88	0.92	0.09		0.08		0.69	0.80	0.15	0.31	223
2.39	5.62	0.56	-0.07	0.60	-0.13	5.07	4.64	1.10	0.87	23
2.36	5.52	0.56	-0.07	0.59	-0.13	5.07	4.63	1.10	0.86	231
										232
										233
3.67	6.84	0.80	0.02	0.66	0.02	2.75	3.06	1.03	2.77	24
0.37	0.56	0.04	0.01	0.02		0.25	0.30		0.24	241
0.07	0.20					0.13	0.13		0.10	242
2.29	3.84	0.58	0.02	0.37		1.29	1.49	0.57	1.50	243
0.43	1.34	0.09	-0.01	0.14	0.02	1.00	1.02	0.18	0.54	244
0.18	0.46	0.05		0.06		0.23	0.20	0.12	0.23	245
0.33	0.44	0.04		0.07		-0.14	-0.08	0.15	0.15	246
1.37	2.19	0.95	-0.07	1.11	0.01	2.87	2.54	0.35	0.26	25
0.97	0.63	0.16	-0.14	0.26		0.10	0.06	0.35	0.13	251
0.40	1.56	0.78	0.07	0.84		2.68	2.40		0.12	252

1-A-9 续表 7

分 组	代码					营业收入	营业成本
		法人资本	个人资本	港澳台资本	外商资本		
核燃料加工	253						
生物质燃料加工	254						
化学原料和化学制品制造业	26	49.37	9.18	40.26	84.27	801.48	661.08
基础化学原料制造	261	18.49	0.55	12.53	20.93	226.92	186.60
肥料制造	262	1.84	0.93	6.48	2.66	33.17	30.49
农药制造	263	1.02				8.25	6.90
涂料、油墨、颜料及类似产品制造	264	1.00	0.82	2.13	3.19	39.26	33.45
合成材料制造	265	6.32	4.25	10.75	25.62	256.05	225.43
专用化学产品制造	266	17.52	2.31	7.71	25.86	221.96	167.34
炸药、火工及焰火产品制造	267				3.14	3.70	2.46
日用化学产品制造	268	3.18	0.32	0.66	2.87	12.17	8.41
医药制造业	27	60.97	91.93	9.50	31.32	570.06	306.35
化学药品原料药制造	271	5.61	5.83	0.97	7.20	162.46	99.78
化学药品制剂制造	272	0.69	49.22	3.05	0.64	77.04	43.60
中药饮片加工	273						
中成药生产	274	4.73	33.15	0.15	1.36	144.00	50.19
兽用药品制造	275		0.44			2.89	1.48
生物药品制品制造	276	40.57		2.50	20.44	90.60	68.58
卫生材料及医药用品制造	277	1.90	3.29	2.66	1.68	83.54	33.72
药用辅料及包装材料	278						
化学纤维制造业	28	5.99	0.23	1.27	5.52	16.03	13.18
纤维素纤维原料及纤维制造	281	0.66		0.49	0.30	1.90	1.77
合成纤维制造	282	5.33	0.23	0.78	5.22	14.13	11.41
生物基材料制造	283						
橡胶和塑料制品业	29	11.54	3.95	13.69	28.61	173.22	147.06
橡胶制品业	291	3.18	1.87	11.63	15.80	74.48	60.47
塑料制品业	292	8.36	2.08	2.06	12.81	98.74	86.59
非金属矿物制品业	30	18.38	7.20	22.93	46.06	234.26	177.91
水泥、石灰和石膏制造	301	5.30	0.23	6.00	7.63	61.86	38.61
石膏、水泥制品及类似制品制造	302	1.51	0.15	0.10	3.85	13.33	11.45
砖瓦、石材等建筑材料制造	303	3.15	4.41	3.59	2.25	41.43	31.60
玻璃制造	304	1.95	0.03	6.34	14.28	25.02	21.33
玻璃制品制造	305	0.29	0.07	3.29	1.38	11.56	9.16
玻璃纤维和玻璃纤维增强塑料制品制造	306	0.23		0.06	0.69	3.35	2.82
陶瓷制品制造	307	2.72	1.19	1.09	7.82	37.82	31.06
耐火材料制品制造	308	0.69	1.10	1.20	1.75	13.61	10.97
石墨及其他非金属矿物制品制造	309	2.53	0.02	1.27	6.41	26.28	20.91
黑色金属冶炼和压延加工业	31	10.49	2.99	1.17	14.78	79.01	74.30
炼铁	311						
炼钢	312						
钢压延加工	313	10.49	1.65	1.17	14.78	78.93	74.24
铁合金冶炼	314						
有色金属冶炼和压延加工业	32	12.68	1.48	21.02	1.52	697.51	620.05
常用有色金属冶炼	321	3.37			0.36	422.27	381.54
贵金属冶炼	322						
稀有稀土金属冶炼	323						
有色金属合金制造	324			0.25	0.65	5.61	5.59
有色金属压延加工	325	9.31	1.48	20.77	0.50	269.63	232.92
金属制品业	33	19.95	7.16	35.73	47.67	374.50	329.04
结构性金属制品制造	331	1.80	0.77	1.38	3.02	22.09	20.12
金属工具制造	332	2.45	0.27	0.64	4.86	38.04	33.40

单位：亿元

销售费用	管理费用	财务费用			投资收益(损失以"－"号记)	营业利润	利润总额	亏损企业亏损总额	平均用工人数(万人)	代码
			利息收入	利息支出						
										253
										254
29.23	34.54	11.88	1.05	10.06	1.31	61.52	62.17	7.18	3.35	26
5.29	9.09	1.51	0.01	1.82	-0.60	22.71	23.98	0.84	0.71	261
0.81	1.38	0.55	0.03	0.53		-0.30	-0.26	1.00	0.35	262
0.04	0.38	-0.12	-0.10			1.02	1.03		0.03	263
3.48	1.58	0.38	0.13	0.36		0.10	0.08	1.39	0.22	264
7.04	5.92	5.78	0.42	4.87	0.59	11.51	11.42	0.53	0.86	265
10.07	15.23	3.74	0.54	2.40	1.29	25.11	24.59	3.24	0.94	266
0.40	0.30	0.02	0.02	0.02	0.02	0.49	0.49	0.11	0.09	267
2.09	0.65	0.02	0.01	0.06		0.87	0.83	0.05	0.15	268
122.51	42.16	-0.16	3.09	3.41	1.21	92.83	108.56	1.81	4.83	27
29.71	11.53	0.93	1.30	1.89	0.99	19.47	19.23	1.43	1.12	271
10.65	4.03	0.02	0.01	0.06		17.23	17.14	0.11	0.34	272
										273
49.43	14.10	-0.45	1.63	1.02	0.08	28.53	44.27	0.24	1.27	274
0.94	0.33	0.15	0.01	0.15		0.06	0.24		0.06	275
7.05	4.71	-0.16	-0.02	-0.15		9.99	10.03		0.52	276
24.68	7.37	-0.71	0.16	0.38	0.15	17.26	17.37		1.28	277
										278
0.76	1.33	0.16	0.06	0.16		0.49	0.30	0.50	0.18	28
0.01	0.18	0.07		0.02		-0.13	-0.09	0.09	0.01	281
0.74	1.15	0.09	0.06	0.14		0.62	0.39	0.41	0.16	282
										283
6.01	10.37	1.74	0.07	1.38	0.04	6.90	7.81	1.30	2.12	29
3.16	5.42	0.91	0.02	0.74	0.03	3.97	4.72	0.31	0.94	291
2.85	4.95	0.83	0.05	0.65	0.01	2.93	3.08	0.98	1.18	292
9.67	15.44	1.95	-0.06	1.63	0.45	26.95	27.64	2.14	2.91	30
1.15	5.39	0.63	-0.21	0.74	-0.37	14.54	15.15		0.51	301
0.54	0.68	0.16	0.01	0.16		0.39	0.26	0.32	0.11	302
2.50	2.54	0.19	0.03	0.16	0.68	4.81	4.78	0.39	0.49	303
1.14	1.31	-0.04	0.07	-0.07		0.87	0.88	0.73	0.23	304
0.47	0.42	0.60		0.25		0.83	0.89	0.15	0.18	305
0.15	0.34	0.02		0.01		-0.01	-0.04	0.05	0.07	306
2.07	2.30	0.23	0.03	0.27	0.13	1.78	1.86	0.36	0.96	307
0.46	0.57	0.15		0.05		1.30	1.34		0.11	308
1.21	1.89	0.02	0.01	0.06	0.01	2.44	2.53	0.14	0.27	309
1.02	1.64	1.26	0.13	1.11	-0.20	0.52	1.05	0.12	0.30	31
										311
										312
1.01	1.64	1.26	0.13	1.11	-0.20	0.52	1.05	0.12	0.28	313
										314
1.51	20.54	21.13	2.11	22.45	0.15	33.36	33.24	0.39	0.88	32
0.47	7.52	13.52	1.42	15.35		18.73	18.67		0.28	321
										322
										323
0.06	0.10					-0.18	-0.18	0.18	0.02	324
0.99	12.92	7.60	0.68	7.10	0.15	14.81	14.75	0.20	0.59	325
9.15	16.53	2.16	-0.54	2.75	-0.52	27.35	28.25	2.15	3.62	33
0.62	0.90	0.13		0.10		0.24	0.06	0.38	0.19	331
0.79	1.50	0.02	-0.01	0.22		2.07	2.23	0.18	0.72	332

1-A-9 续表 8

分 组	代码					营业收入	营业成本
		法人资本	个人资本	港澳台资本	外商资本		
集装箱及金属包装容器制造	333	10.52	0.29	9.10	11.44	121.85	111.07
金属丝绳及其制品制造	334	0.12	3.42	18.18	5.47	65.32	55.15
建筑、安全用金属制品制造	335	0.19	0.06	0.53	1.81	12.80	10.77
金属表面处理及热处理加工	336						
搪瓷制品制造	337						
金属制日用品制造	338	0.84	0.21	0.14	8.44	27.57	25.52
铸造及其他金属制品制造	339	4.03	2.14	5.75	12.62	86.83	73.01
通用设备制造业	34	26.47	7.43	13.66	75.10	438.51	355.50
锅炉及原动设备制造	341	9.51	1.84	0.55	3.16	82.54	70.76
金属加工机械制造	342	1.62	1.07	0.70	2.83	25.69	21.19
物料搬运设备制造	343	1.80	0.95		4.46	14.75	12.90
泵、阀门、压缩机及类似机械制造	344	6.56	0.54	6.63	19.04	119.51	96.75
轴承、齿轮和传动部件制造	345	0.06	0.13		26.06	48.83	41.09
烘炉、风机、包装等设备制造	346	5.32	0.66	1.20	10.72	98.25	75.27
文化、办公用机械制造	347						
通用零部件制造	348	1.53	2.25	4.36	8.14	47.25	36.18
其他通用设备制造业	349	0.08		0.08	0.70	1.06	0.86
专用设备制造业	35	23.33	4.67	13.49	77.73	571.81	463.16
采矿、冶金、建筑专用设备制造	351	6.77	3.72	6.69	44.25	429.67	352.49
化工、木材、非金属加工专用设备制造	352	0.60	0.02	1.54	2.49	22.60	20.63
食品、饮料、烟草及饲料生产专用设备制造	353			0.48	0.97	2.57	2.00
印刷、制药、日化及日用品生产专用设备制造	354	0.56		0.50	1.57	13.81	10.17
纺织、服装和皮革加工专用设备制造	355	2.39			3.30	11.40	8.14
电子和电工机械专用设备制造	356	0.05	0.05		3.09	5.72	4.64
农、林、牧、渔专用机械制造	357	8.13		4.26	11.89	35.39	28.84
医疗仪器设备及器械制造	358	3.18	0.73	0.03	6.80	29.01	19.01
环保、邮政、社会公共服务及其他专用设备制造	359	1.66	0.14		3.37	21.65	17.24
汽车制造业	36	72.84	5.64	16.22	130.62	1464.49	1245.17
汽车整车制造	361	9.86		0.50	28.32	756.34	648.51
汽车用发动机制造	362	29.23			34.14	116.44	99.33
改装汽车制造	363	0.72	0.11	2.56	1.06	33.90	24.63
低速汽车制造	364						
电车制造	365						
汽车车身、挂车制造	366	2.39	0.42		1.14	17.88	14.63
汽车零部件及配件制造	367	30.64	5.12	13.16	65.95	539.93	458.04
铁路、船舶、航空航天和其他运输设备制造业	37	18.56	4.53	5.38	38.39	136.79	114.97
铁路运输设备制造	371	2.31	0.33	2.37	1.27	59.32	46.65
城市轨道交通设备制造	372						
船舶及相关装置制造	373	14.07	3.55	0.34	32.28	48.64	43.93
航空、航天器及设备制造	374			1.71	0.13	3.30	2.45
摩托车制造	375	2.15		0.61	3.53	20.46	17.37
自行车和残疾人座车制造	376						
助动车制造	377						
非公路休闲车及零配件制造	378						
潜水救捞及其他未列明运输设备制造	379	0.02	0.63	0.35	0.77	3.30	2.88
电气机械和器材制造业	38	16.80	5.21	7.84	33.63	260.51	227.13
电机制造	381	6.67	0.72	0.51	4.08	52.16	44.43
输配电及控制设备制造	382	3.56	0.53	5.00	15.55	88.19	78.92
电线、电缆、光缆及电工器材制造	383	3.40	0.32	0.13	9.14	47.33	41.07
电池制造	384		0.71	1.06	0.24	11.32	10.07

单位：亿元

销售费用	管理费用	财务费用	利息收入	利息支出	投资收益(损失以"−"号记)	营业利润	利润总额	亏损企业亏损总额	平均用工人数(万人)	代码
2.24	3.60	-0.58	-0.72	0.57	-0.51	16.77	17.66	0.45	0.72	333
1.27	5.00	1.46	0.16	1.00		1.99	2.02	0.42	0.54	334
1.01	0.72	0.17		0.17		0.05	0.04	0.30	0.27	335
										336
										337
0.48	0.51	0.19	0.04	0.23	0.01	0.80	0.82	0.04	0.20	338
2.74	4.31	0.78	-0.02	0.46	-0.02	5.42	5.43	0.39	0.98	339
18.75	29.62	1.11	0.12	1.36	0.08	30.29	33.07	1.69	3.78	34
2.45	4.93	0.07		0.15		3.50	3.41	0.38	0.48	341
0.69	2.25	0.15	0.04	0.10		1.08	2.72	0.14	0.30	342
0.65	0.92	0.14	0.03	0.11		0.02	0.01	0.46	0.11	343
3.54	8.44	0.13	0.04	0.16		10.05	9.99	0.07	1.10	344
0.97	2.47	0.16	-0.02	0.11	0.08	3.89	4.40	0.15	0.41	345
9.24	5.56	0.13		0.37	-0.01	7.31	8.03	0.18	0.82	346
										347
1.10	4.84	0.34	0.03	0.36	0.01	4.43	4.49	0.31	0.50	348
0.05	0.14	0.01						0.01	0.03	349
29.39	28.20	3.38	0.76	4.11	0.52	45.29	46.83	5.92	3.58	35
18.98	16.89	1.90	0.71	2.62	0.52	38.96	39.92	1.83	1.79	351
0.40	1.07		-0.01	0.19		0.42	0.45	0.58	0.22	352
0.09	0.30	0.01				0.16	0.19	0.05	0.04	353
0.77	1.34	0.02	0.01	0.03	0.01	1.24	1.62		0.18	354
0.51	0.88	0.04	0.01	0.01		1.67	1.64	0.03	0.27	355
0.21	0.44	0.25	0.01	0.12		0.13	0.16	0.06	0.15	356
2.60	3.40	0.67	-0.02	0.67	-0.03	-0.84	-0.85	2.84	0.33	357
4.63	2.22	0.41	0.05	0.38	0.02	2.33	2.42	0.25	0.43	358
1.21	1.66	0.07	0.02	0.09		1.22	1.28	0.28	0.18	359
31.27	43.31	8.27	0.37	5.12	0.49	107.90	106.70	9.64	7.64	36
15.21	6.04	1.36	0.58	1.23		60.32	60.27	1.34	1.03	361
0.13	1.84	0.11	0.01	0.13		14.30	14.36		0.28	362
0.91	2.62	-0.19	-0.25	0.05	0.29	5.93	5.91	0.02	0.23	363
										364
										365
0.69	1.25	0.10		0.12	-0.04	1.05	1.03	0.20	0.33	366
14.33	31.55	6.89	0.04	3.59	0.23	26.30	25.13	8.08	5.77	367
3.71	10.99	5.14		2.89	0.03	1.37	1.34	7.18	1.85	37
1.70	3.79	0.38	0.01	0.43	0.02	6.33	6.41	0.01	0.41	371
										372
0.86	4.74	4.71	0.03	2.37		-5.68	-5.75	6.77	0.92	373
0.16	0.42	0.04		0.01	0.01	0.20	0.19	0.11	0.05	374
0.88	1.68	-0.04	-0.04	0.04		0.59	0.57	0.13	0.34	375
										376
										377
										378
0.10	0.25			0.03		0.02	0.01	0.07	0.08	379
6.61	14.92	3.44	0.48	2.91	-0.33	6.61	6.78	4.16	3.46	38
1.67	2.96	0.26	-0.02	0.19	-0.03	2.50	2.62	0.22	0.65	381
1.23	4.23	1.64	0.01	0.79	-0.19	1.24	1.13	2.14	0.96	382
1.89	2.87	0.76	-0.02	0.76	-0.18	0.37	0.37	1.12	0.94	383
0.27	0.61	0.24	0.55	0.78		0.04	0.22	0.07	0.26	384

1-A-9 续表 9

分组	代码					营业收入	营业成本
		法人资本	个人资本	港澳台资本	外商资本		
家用电力器具制造	385	0.28	1.16	0.09	1.68	24.94	22.47
非电力家用器具制造	386	1.50	0.51	0.08	1.14	15.77	12.45
照明器具制造	387	0.01	0.01	0.86	1.02	17.40	14.76
其他电气机械及器材制造	389	1.38	1.25	0.09	0.78	3.39	2.96
计算机、通信和其他电子设备制造业	39	22.62	2.02	59.21	99.79	1598.88	1475.72
计算机制造	391	3.00	0.52	3.40	11.20	125.73	109.52
通信设备制造	392	0.60		4.96	6.93	266.16	241.20
广播电视设备制造	393	0.56			0.65	1.95	1.63
雷达及配套设备制造	394						
非专业视听设备制造	395	6.23		14.09	2.50	169.98	153.16
智能消费设备制造	396			23.50	3.55	415.77	400.67
电子器件制造	397	4.02	0.32	8.86	30.20	420.54	399.98
电子元件及电子专用材料制造	398	8.20	1.08	4.40	41.05	160.05	136.53
其他电子设备制造	399	0.01	0.11		3.70	38.70	33.02
仪器仪表制造业	40	3.43	3.43	0.95	8.34	75.04	54.76
通用仪器仪表制造	401	2.77	3.35	0.12	6.65	40.75	31.98
专用仪器仪表制造	402	0.30		0.08	1.66	30.87	20.04
钟表与计时仪器制造	403	0.03		0.75		2.12	1.73
光学仪器制造	404	0.31	0.08		0.03	1.07	0.84
衡器制造	405						
其他仪器仪表制造业	409						
其他制造业	41	0.67	0.07	0.09	6.81	11.53	9.93
日用杂品制造	411	0.01	0.07	0.07	2.01	9.16	7.89
核辐射加工	412						
其他未列明制造业	419	0.66		0.02	4.80	2.37	2.04
废弃资源综合利用业	42	0.57			2.75	3.70	3.87
金属废料和碎屑加工处理	421	0.02			2.75	2.34	2.52
非金属废料和碎屑加工处理	422						
金属制品、机械和设备修理业	43	0.35		0.61		5.89	3.68
金属制品修理	431						
通用设备修理	432						
专用设备修理	433						
铁路、船舶、航空航天等运输设备修理	434						
电气设备修理	435						
仪器仪表修理	436						
其他机械和设备修理业	439						
电力、热力、燃气及水生产和供应业	**D**	**44.12**	**3.12**	**89.59**	**26.81**	**476.49**	**398.62**
电力、热力生产和供应业	44	32.43	2.44	59.45	17.73	243.23	199.95
电力生产	441	31.02	2.30	59.41	17.54	235.52	193.72
电力供应	442						
热力生产和供应	443	1.40	0.14	0.05	0.19	7.71	6.24
燃气生产和供应业	45	8.66	0.58	13.94	8.37	215.42	185.36
燃气生产和供应业	451	8.66	0.58	13.94	8.37	215.42	185.36
生物质燃气生产和供应业	452						
水的生产和供应业	46	3.03	0.10	16.20	0.71	17.85	13.31
自来水生产和供应	461	0.51		2.37		5.55	3.70
污水处理及其再生利用	462	2.52	0.10	13.83	0.71	12.30	9.60
海水淡化处理	463						
其他水的处理、利用与分配	469						

单位：亿元

销售费用	管理费用	财务费用			投资收益(损失以“–”号记)	营业利润	利润总额	亏损企业亏损总额	平均用工人数(万人)	代码
			利息收入	利息支出						
0.51	0.96	0.32	-0.01	0.24	0.05	0.65	0.71	0.01	0.24	385
0.71	1.18	-0.03	-0.05	0.02		1.48	1.59	0.03	0.18	386
0.21	1.89	0.19	0.03	0.09		0.32	0.12	0.50	0.11	387
0.11	0.23	0.05		0.03	0.01	0.02	0.02	0.08	0.12	389
10.42	42.68	1.16	4.80	14.47	-0.04	65.13	64.10	8.46	12.39	39
1.85	7.37	-0.45	3.32	2.87	0.11	6.88	6.99	0.58	1.22	391
0.49	2.77	-0.27	0.04	1.42	-0.15	21.38	21.03	1.79	0.77	392
0.04	0.22	0.02		0.03			0.04	0.07	0.11	393
										394
0.89	3.05	0.57	0.12	0.30	-0.03	12.04	11.81	1.09	0.76	395
1.59	8.70	0.06		8.30	-0.40	3.84	3.59	0.53	3.07	396
2.16	5.72	1.05	1.19	1.07	0.36	11.24	11.20	1.72	2.36	397
2.91	11.08	0.24	0.13	0.46	0.07	8.47	8.13	2.61	3.63	398
0.48	3.77	-0.06		0.02		1.28	1.32	0.08	0.47	399
5.86	5.73	0.27	-0.17	0.69	0.26	8.03	8.19	0.20	0.68	40
3.21	2.80	0.31	0.11	0.38	0.26	2.42	2.45	0.17	0.30	401
2.55	2.57	-0.08	-0.28	0.26		5.50	5.58		0.21	402
0.04	0.21			0.02		0.10	0.10		0.12	403
0.04	0.13	0.03		0.03		0.01	0.05	0.03	0.05	404
										405
										409
0.23	0.87	0.07	-0.19	0.35		0.34	0.41	0.01	0.28	41
0.17	0.68	0.11	0.03	0.18		0.22	0.24		0.23	411
										412
0.05	0.20	-0.05	-0.22	0.16		0.11	0.16	0.01	0.06	419
0.03	0.18	0.07		0.04		-0.09	-0.09	0.12	0.02	42
	0.10	0.06		0.03		-0.05	-0.05	0.08	0.01	421
										422
0.04	1.59	0.01		0.01	0.01	0.64	0.64		0.18	43
										431
										432
										433
										434
										435
										436
										439
7.62	**17.44**	**10.12**	**0.74**	**9.29**	**1.70**	**41.58**	**44.45**	**5.15**	**2.30**	**D**
0.13	7.07	8.39	0.54	7.31	0.11	24.05	24.31	5.04	1.10	44
0.13	6.67	8.26	0.26	6.99	0.11	23.14	23.41	5.04	1.02	441
										442
	0.40	0.13	0.28	0.32		0.91	0.90		0.08	443
7.44	8.76	0.96	0.19	1.28	1.59	15.92	17.71		1.03	45
7.44	8.76	0.96	0.19	1.28	1.59	15.92	17.71		1.03	451
										452
0.04	1.61	0.77	0.02	0.71		1.61	2.44	0.12	0.17	46
0.01	0.95	0.07	0.01	0.09		0.58	0.71		0.09	461
0.04	0.66	0.70	0.01	0.62		1.03	1.73	0.12	0.08	462
										463
										469

1-A-10 大中型工业企业主要

分　组	代码	企　业 单位数 (个)	资产总计	固定资产 原　　价	累计折旧	流动资产 合　　计
总　计	**00**	**3561**	**75027.67**	**36333.06**	**16413.08**	**38854.29**
采矿业	**B**	**114**	**8712.83**	**3907.24**	**1902.56**	**3393.03**
煤炭开采和洗选业	06	67	6273.38	2340.52	1084.36	2818.13
烟煤和无烟煤开采洗选	061	63	6012.56	2200.99	1029.43	2777.53
褐煤开采洗选	062	3	228.02	111.93	46.93	39.78
其他煤炭采选	069	1				
石油和天然气开采业	07	2	1160.81	826.18	508.98	164.34
石油开采	071	2	1160.81	826.18	508.98	164.34
天然气开采	072					
黑色金属矿采选业	08	11	218.05	122.53	44.31	69.64
铁矿采选	081	11	218.05	122.53	44.31	69.64
锰矿、铬矿采选	082					
其他黑色金属矿采选	089					
有色金属矿采选业	09	25	869.50	439.52	169.41	272.76
常用有色金属矿采选	091					
贵金属矿采选	092	24	866.66	438.49	169.08	271.10
稀有稀土金属矿采选	093	1				
非金属矿采选业	10	7	71.25	30.52	12.03	25.87
土砂石开采	101					
化学矿开采	102					
采盐	103	7	71.25	30.52	12.03	25.87
石棉及其他非金属矿采选	109					
开采专业及辅助性活动	11	2	119.84	147.97	83.48	42.29
煤炭开采和洗选专业及辅助性活动	111					
石油和天然气开采专业及辅助性活动	112	2	119.84	147.97	83.48	42.29
其他开采专业及辅助性活动	119					
其他采矿业	12					
制造业	**C**	**3319**	**59652.58**	**25405.82**	**11151.85**	**34379.55**
农副食品加工业	13	361	2845.87	1352.60	534.47	1605.04
谷物磨制	131	11	62.71	61.20	44.02	38.13
饲料加工	132	19	109.34	32.28	11.37	52.89
植物油加工	133	16	508.44	143.64	47.79	389.75
制糖业	134	3	91.01	35.24	8.94	62.76
屠宰及肉类加工	135	173	846.00	362.61	163.20	535.70
水产品加工	136	73	519.81	305.72	134.09	288.67
蔬菜、菌类、水果和坚果加工	137	32	69.66	34.22	14.20	42.12
其他农副食品加工	139	34	638.89	377.70	110.87	195.02
食品制造业	14	104	839.58	406.10	161.79	459.77
焙烤食品制造	141	15	83.76	21.33	8.77	43.64
糖果、巧克力及蜜饯制造	142	3	14.22	4.49	2.00	4.54
方便食品制造	143	13	49.44	29.48	7.03	21.56
乳制品制造	144	14	204.06	86.14	38.37	129.40
罐头食品制造	145	14	19.22	14.32	8.05	7.76
调味品、发酵制品制造	146	17	284.67	152.56	59.58	156.63
其他食品制造	149	28	184.22	97.80	37.99	96.24
酒、饮料和精制茶制造业	15	57	726.57	235.38	99.19	329.93
酒的制造	151	45	649.03	191.13	77.27	287.51
饮料制造	152	12	77.54	44.25	21.92	42.42
精制茶加工	153					
烟草制品业	16	2	328.73	127.98	84.31	235.54

经济指标(大、中类行业)

单位：亿元

应收账款	存货		负债合计	流动负债合计		所有者权益合计	实收资本			代码
		产成品			应付账款			国家资本	集体资本	
6645.76	**8291.51**	**3261.73**	**46776.42**	**37274.80**	**9007.69**	**28251.48**	**8598.62**	**2537.69**	**279.88**	**00**
281.88	**384.91**	**99.40**	**5562.15**	**3377.13**	**435.67**	**3150.67**	**500.11**	**338.53**	**12.57**	**B**
177.31	271.23	61.41	4121.86	2236.84	261.98	2151.52	383.68	267.45	2.30	06
172.86	267.06	59.71	3927.65	2105.85	227.96	2084.91	349.03	232.80	2.30	061
4.45	4.13	1.68	162.73	100.80	32.14	65.29	27.64	27.64		062
										069
48.66	13.18	7.23	606.53	439.29	86.17	554.28	3.50			07
48.66	13.18	7.23	606.53	439.29	86.17	554.28	3.50			071
										072
7.61	6.50	3.82	117.67	109.80	20.62	100.37	53.55	34.76	2.73	08
7.61	6.50	3.82	117.67	109.80	20.62	100.37	53.55	34.76	2.73	081
										082
										089
28.07	86.78	23.43	573.17	459.55	33.14	296.33	43.59	29.32	7.54	09
										091
28.00	86.73	23.40	572.66	459.10	33.09	294.00	42.25	27.99	7.54	092
										093
4.40	4.37	2.99	23.30	21.60	1.67	47.95	7.98			10
										101
										102
4.40	4.37	2.99	23.30	21.60	1.67	47.95	7.98			103
										109
15.83	2.86	0.53	119.62	110.06	32.09	0.22	7.82	7.00		11
										111
15.83	2.86	0.53	119.62	110.06	32.09	0.22	7.82	7.00		112
										119
										12
6223.27	**7827.16**	**3156.31**	**36658.13**	**31131.86**	**7799.20**	**22994.68**	**6938.44**	**1202.81**	**259.40**	**C**
182.10	505.54	186.28	1703.64	1459.15	250.46	1142.17	349.65	14.87	24.56	13
5.70	18.22	4.44	32.67	27.63	1.78	30.04	6.39	1.44	0.80	131
3.60	11.08	2.89	40.15	37.01	7.35	69.19	11.32		0.05	132
30.24	152.56	38.16	278.58	220.17	54.45	229.86	32.01	9.44	11.38	133
1.37	20.20	5.57	76.01	75.36	23.15	15.01	1.45			134
61.90	110.64	56.79	544.72	514.59	54.31	301.29	148.06	1.38	7.72	135
49.62	109.99	53.17	274.46	238.03	55.21	245.35	82.25		4.33	136
9.83	17.48	7.00	37.22	36.12	9.42	32.44	8.97		0.03	137
19.83	65.37	18.27	419.84	310.25	44.79	218.99	59.19	2.61	0.25	139
81.27	108.78	52.19	445.89	327.68	82.59	393.69	140.57	5.31	5.46	14
8.93	5.24	2.83	46.48	16.26	6.24	37.28	13.44	2.18		141
1.07	2.62	0.49	3.42	3.42	1.55	10.80	6.11			142
6.02	5.57	2.24	25.17	11.47	3.68	24.27	13.50	0.01		143
23.60	19.12	12.21	124.83	95.94	31.77	79.23	32.78		5.40	144
0.44	4.60	2.76	6.78	5.16	1.82	12.44	3.05			145
26.67	43.04	16.82	135.61	102.42	17.77	149.05	38.72	0.21	0.06	146
14.53	28.59	14.85	103.60	93.01	19.76	80.62	32.96	2.91		149
29.81	101.74	37.49	291.38	261.41	48.54	435.19	90.08	20.65	1.20	15
23.15	92.95	31.93	267.89	238.22	44.50	381.14	71.00	18.34	1.20	151
6.65	8.79	5.56	23.49	23.19	4.04	54.05	19.08	2.30		152
										153
13.09	179.58	3.50	113.15	110.11	2.96	215.58	64.30	64.30		16

1-A-10 续表 1

分 组	代码	企业单位数(个)	资产总计	固定资产原价	累计折旧	流动资产合计
烟叶复烤	161					
卷烟制造	162	1				
其他烟草制品制造	169	1				
纺织业	17	222	1115.99	663.92	330.73	603.04
棉纺织及印染精加工	171	168	823.71	515.67	265.34	440.47
毛纺织及染整精加工	172	11	39.69	16.43	7.04	23.02
麻纺织及染整精加工	173	2	5.20	1.30	0.01	3.21
丝绢纺织及印染精加工	174					
化纤织造及印染精加工	175	6	10.60	6.36	3.51	6.91
针织或钩针编织物及其制品制造	176	6	11.73	3.42	0.81	7.00
家用纺织制成品制造	177	22	186.22	107.66	48.73	104.68
产业用纺织制成品制造	178	7	38.83	13.08	5.28	17.73
纺织服装、服饰业	18	167	1112.78	363.93	137.68	557.50
机织服装制造	181	102	933.28	248.80	71.03	466.73
针织或钩针编织服装制造	182	49	163.45	105.57	62.04	82.28
服饰制造	183	16	16.05	9.56	4.61	8.49
皮革、毛皮、羽毛及其制品和制鞋业	19	41	173.34	48.97	22.77	120.31
皮革鞣制加工	191	9	64.27	21.73	10.43	49.82
皮革制品制造	192	6	11.95	4.28	2.12	6.38
毛皮鞣制及制品加工	193					
羽毛(绒)加工及制品制造	194	1				
制鞋业	195	25	91.81	22.23	9.87	59.64
木材加工和木、竹、藤、棕、草制品业	20	49	83.64	72.94	35.85	41.69
木材加工	201	5	8.52	4.05	1.34	4.70
人造板制造	202	37	66.73	62.15	30.78	32.44
木质制品制造	203	7	8.39	6.74	3.73	4.56
竹、藤、棕、草等制品制造	204					
家具制造业	21	28	79.22	39.87	13.58	41.95
木质家具制造	211	24	61.80	29.73	12.06	36.84
竹、藤家具制造	212	1				
金属家具制造	213	1				
塑料家具制造	214					
其他家具制造	219	2	16.48	9.60	1.19	4.39
造纸和纸制品业	22	59	2373.14	1077.25	472.86	1146.50
纸浆制造	221	1				
造纸	222	51	2320.27	1049.98	460.91	1112.03
纸制品制造	223	7	36.70	21.24	8.97	22.54
印刷和记录媒介复制业	23	29	102.66	53.55	28.40	63.06
印刷	231	28	100.97	52.68	28.19	62.09
装订及印刷相关服务	232	1				
记录媒介复制	233					
文教、工美、体育和娱乐用品制造业	24	83	416.53	186.11	69.38	256.65
文教办公用品制造	241	3	4.70	3.86	2.14	2.68
乐器制造	242	2	1.99	0.83	0.50	1.65
工艺美术及礼仪用品制造	243	54	217.58	91.36	44.22	143.94
体育用品制造	244	14	184.40	85.05	20.38	103.82
玩具制造	245	5	2.39	1.03	0.31	1.47
游艺器材及娱乐用品制造	246	5	5.47	3.99	1.83	3.09
石油、煤炭及其他燃料加工业	25	75	5744.26	2444.52	1085.07	3763.18
精炼石油产品制造	251	51	4925.67	2133.15	941.74	3252.66
煤炭加工	252	24	818.60	311.37	143.32	510.52

单位：亿元

应收账款	存货	产成品	负债合计	流动负债合计	应付账款	所有者权益合计	实收资本	国家资本	集体资本	代码
										161
										162
										169
88.02	180.10	87.54	730.39	645.45	92.90	385.59	171.56	8.28	11.86	17
59.57	129.92	68.27	539.65	484.55	64.86	284.07	136.52	8.28	8.68	171
3.80	11.40	5.64	22.69	22.52	5.03	17.00	3.27		0.63	172
1.23	1.20	0.44	4.92	3.88	0.34	0.28	0.26			173
										174
0.49	3.08	1.63	5.22	4.83	1.27	5.38	2.11		0.40	175
2.47	1.29	0.06	5.10	4.99	4.34	6.64	3.41		0.16	176
18.72	29.11	10.86	119.52	105.96	16.24	66.70	21.01		2.00	177
1.73	4.10	0.65	33.30	18.71	0.83	5.53	4.98			178
123.32	138.08	76.53	601.05	428.70	108.90	511.73	66.09	0.30	1.72	18
95.13	105.40	66.72	508.74	342.17	72.77	424.54	42.13	0.02	1.31	181
26.75	30.22	7.88	87.32	81.72	33.76	76.13	16.84	0.28	0.12	182
1.44	2.46	1.93	4.99	4.81	2.37	11.07	7.12		0.30	183
26.63	51.74	20.66	79.84	74.55	13.54	93.50	32.71			19
12.06	22.90	6.88	27.53	26.33	4.22	36.74	6.84			191
1.61	2.98	0.78	4.74	4.74	1.48	7.20	4.51			192
										193
										194
12.29	24.13	11.56	45.04	40.95	7.25	46.77	19.68			195
6.59	17.03	9.66	39.06	30.35	2.90	44.58	16.34		0.66	20
1.32	2.15	1.91	6.75	6.06	1.30	1.77	2.10			201
4.55	12.59	6.77	28.87	21.48	1.25	37.86	11.12		0.66	202
0.71	2.29	0.97	3.44	2.81	0.36	4.95	3.12			203
										204
9.36	13.72	3.72	61.89	49.49	11.24	17.71	8.57		1.12	21
8.62	11.00	3.11	47.36	44.55	7.46	14.81	7.74		1.12	211
										212
										213
										214
0.63	2.17	0.40	14.09	4.50	3.47	2.40	0.17			219
105.84	158.43	74.90	1630.45	1305.84	192.08	742.69	296.87	13.65	11.38	22
										221
95.32	153.64	72.76	1600.55	1277.36	180.47	719.71	279.35	13.65	6.15	222
10.32	4.32	2.02	20.51	20.51	11.00	16.20	12.33		0.03	223
15.46	11.10	4.01	46.40	44.09	10.23	56.26	20.74	2.76		23
14.94	11.06	4.00	45.78	43.49	9.70	55.20	20.48	2.76		231
										232
										233
48.36	66.67	24.56	219.99	197.47	39.22	196.54	40.77	0.19	1.42	24
0.59	0.67	0.08	1.04	0.97	0.35	3.66	2.15			241
0.59	0.57	0.44	0.61	0.61	0.32	1.38	0.53			242
21.02	46.03	18.64	143.88	134.70	28.11	73.70	25.36	0.19	1.41	243
24.67	18.33	4.75	71.10	57.85	9.32	113.30	9.84			244
0.64	0.35	0.13	2.05	2.03	0.62	0.34	0.32		0.01	245
0.85	0.73	0.51	1.31	1.31	0.51	4.16	2.57			246
286.25	915.59	355.18	4468.53	3969.08	884.58	1275.73	337.74	110.99	23.28	25
184.60	842.97	327.10	3896.69	3470.57	726.84	1028.98	262.03	105.39	9.96	251
101.66	72.62	28.07	571.84	498.50	157.74	246.75	75.71	5.60	13.32	252

1-A-10 续表 2

分 组	代码	企 业 单位数 （个）	资产总计	固定资产 原 价	累计折旧	流动资产 合 计
核燃料加工	253					
生物质燃料加工	254					
化学原料和化学制品制造业	26	270	6779.06	3892.44	1752.69	3198.74
基础化学原料制造	261	92	2385.53	1512.69	680.99	1147.59
肥料制造	262	26	882.03	439.47	198.22	418.10
农药制造	263	14	163.38	81.45	57.11	112.78
涂料、油墨、颜料及类似产品制造	264	6	68.42	24.45	4.23	24.93
合成材料制造	265	44	1733.06	1067.12	488.25	736.60
专用化学产品制造	266	76	1428.29	708.21	298.90	696.87
炸药、火工及焰火产品制造	267	6	80.65	28.35	10.86	46.15
日用化学产品制造	268	6	37.69	30.70	14.14	15.73
医药制造业	27	135	3250.70	1001.38	361.02	1894.68
化学药品原料药制造	271	36	655.50	256.30	99.84	354.05
化学药品制剂制造	272	31	900.09	277.82	105.48	535.79
中药饮片加工	273	4	23.01	13.89	5.15	9.01
中成药生产	274	20	414.53	114.12	35.03	276.34
兽用药品制造	275	4	64.17	20.47	10.21	39.93
生物药品制品制造	276	18	381.25	138.23	45.11	212.68
卫生材料及医药用品制造	277	20	800.48	173.15	59.29	462.95
药用辅料及包装材料	278	2	11.68	7.40	0.93	3.94
化学纤维制造业	28	8	148.42	109.85	51.55	72.50
纤维素纤维原料及纤维制造	281	3	52.83	28.81	10.73	19.65
合成纤维制造	282	3	52.88	51.72	29.70	31.64
生物基材料制造	283	2	42.71	29.32	11.12	21.21
橡胶和塑料制品业	29	131	2299.76	1211.67	539.71	1188.79
橡胶制品业	291	95	2116.61	1147.03	509.31	1125.88
塑料制品业	292	36	183.14	64.64	30.40	62.91
非金属矿物制品业	30	208	2010.70	1019.52	441.52	1065.39
水泥、石灰和石膏制造	301	39	508.48	295.47	143.05	292.77
石膏、水泥制品及类似制品制造	302	15	164.17	52.47	23.84	104.61
砖瓦、石材等建筑材料制造	303	16	169.18	45.55	21.71	106.21
玻璃制造	304	12	190.34	98.48	47.19	81.58
玻璃制品制造	305	31	197.72	111.80	45.28	100.68
玻璃纤维和玻璃纤维增强塑料制品制造	306	17	278.45	191.45	52.92	94.83
陶瓷制品制造	307	43	156.46	76.77	39.55	89.19
耐火材料制品制造	308	9	63.65	18.58	7.57	33.82
石墨及其他非金属矿物制品制造	309	26	282.25	128.94	60.41	161.69
黑色金属冶炼和压延加工业	31	61	3932.87	2259.71	910.16	1912.72
炼铁	311	4	48.51	42.40	16.60	16.28
炼钢	312	3	138.34	72.95	22.00	78.58
钢压延加工	313	48	3540.65	2083.61	857.52	1695.35
铁合金冶炼	314	6	205.38	60.75	14.04	122.52
有色金属冶炼和压延加工业	32	87	5817.18	3254.82	1148.67	2882.79
常用有色金属冶炼	321	14	2890.89	1601.22	559.57	1551.21
贵金属冶炼	322	4	216.30	98.29	36.38	128.18
稀有稀土金属冶炼	323	1				
有色金属合金制造	324	8	215.69	25.70	8.54	175.68
有色金属压延加工	325	60	2489.11	1527.81	543.12	1024.38
金属制品业	33	149	1143.63	504.26	226.56	676.40
结构性金属制品制造	331	24	117.23	58.61	35.94	82.85
金属工具制造	332	10	39.28	22.08	12.22	26.73

单位：亿元

应收账款	存货	产成品	负债合计	流动负债合计	应付账款	所有者权益合计	实收资本	国家资本	集体资本	代码
										253
										254
400.21	616.98	297.82	4075.03	3499.06	831.62	2703.95	785.92	75.91	57.99	26
94.14	207.61	106.59	1476.64	1274.77	246.67	908.90	311.17	12.99	19.74	261
24.05	53.35	19.97	563.61	473.89	64.31	318.42	101.76	18.20	4.59	262
22.58	32.13	17.29	86.64	73.46	14.74	76.73	21.11	2.01	1.00	263
7.16	5.56	2.81	52.28	36.53	3.27	16.14	6.55	6.27		264
118.09	133.69	61.39	1006.95	875.83	275.02	726.03	195.05	8.99	9.60	265
118.98	164.01	86.47	825.91	707.00	218.08	602.38	130.41	27.26	22.87	266
6.76	16.59	1.30	53.55	50.66	7.02	27.10	10.40	0.06	0.18	267
8.44	4.04	2.00	9.44	6.92	2.49	28.25	9.47	0.14		268
357.46	359.89	194.62	1340.38	1123.43	184.80	1910.32	394.02	13.54	15.63	27
55.12	71.88	37.78	327.01	281.77	39.20	328.49	52.04	6.92	0.80	271
88.54	74.28	38.14	343.93	326.10	32.09	556.16	146.60	1.21	11.82	272
2.25	2.38	1.08	7.44	6.29	1.11	15.57	9.63			273
39.53	60.58	19.69	103.78	97.03	12.85	310.74	62.94	2.40	0.76	274
9.28	5.99	2.74	16.04	14.82	6.54	48.13	3.44	2.68	0.55	275
28.21	34.34	10.56	198.31	181.89	11.58	182.94	89.99	0.33	0.59	276
133.62	109.93	84.41	335.11	207.63	80.97	465.37	28.25		1.11	277
0.92	0.50	0.22	8.76	7.90	0.46	2.92	1.12			278
3.37	15.68	8.76	115.26	95.88	21.37	33.16	41.36	12.63	9.57	28
0.95	5.87	2.32	60.37	52.27	6.99	-7.54	4.30			281
1.45	6.76	5.15	23.65	15.80	10.48	29.23	30.06	12.63	9.57	282
0.97	3.05	1.29	31.23	27.82	3.89	11.48	7.00			283
220.74	275.28	133.84	1399.53	1152.17	246.10	900.22	231.07	24.46	2.28	29
205.48	262.64	128.61	1329.71	1088.32	232.39	786.90	212.47	21.74	2.25	291
15.26	12.64	5.23	69.82	63.85	13.71	113.32	18.60	2.72	0.03	292
230.22	172.87	88.13	1111.73	972.25	220.46	898.97	315.41	98.98	4.97	30
48.53	28.81	10.02	273.98	251.20	64.06	234.50	61.68	21.57	4.37	301
26.32	11.16	4.02	82.14	68.82	13.17	82.03	11.76	5.58		302
28.81	9.97	5.16	109.49	99.56	26.17	59.69	14.72			303
9.19	13.62	8.61	110.56	96.38	23.06	79.77	43.87	1.70		304
23.55	22.96	14.70	115.88	100.19	20.07	81.85	25.05	0.72	0.06	305
31.51	12.12	7.43	167.77	123.33	21.19	110.68	72.90	52.75	0.10	306
19.48	24.52	13.96	88.96	83.78	20.77	67.50	26.66	2.18	0.43	307
10.77	8.38	5.44	34.46	32.39	8.64	29.19	10.56	6.88		308
32.07	41.33	18.77	128.49	116.59	23.33	153.76	48.23	7.60		309
122.57	433.82	159.78	2635.94	2224.94	653.22	1296.93	454.96	192.94	11.68	31
1.48	4.50	1.81	31.76	17.72	8.87	16.75	11.21	5.03	0.07	311
7.09	9.51	1.40	87.10	83.39	19.68	51.24	11.30		4.59	312
109.57	373.06	151.96	2353.57	1979.73	579.30	1187.08	420.07	187.91	7.01	313
4.43	46.74	4.60	163.51	144.10	45.37	41.86	12.38			314
303.43	890.19	107.08	3351.09	2396.64	538.52	2466.09	577.29	75.77	19.31	32
80.07	494.97	20.07	1769.35	1060.85	228.64	1121.53	211.54	47.58	7.32	321
2.10	72.80	14.61	150.37	147.09	42.94	65.93	20.14	6.07	0.25	322
										323
23.73	18.06	10.72	182.48	163.64	18.27	33.20	11.10	0.20		324
196.73	303.30	60.98	1245.45	1021.62	247.36	1243.67	334.13	21.91	11.74	325
199.71	172.05	79.68	733.91	668.99	138.91	409.72	213.79	5.36	3.30	33
21.24	23.55	12.67	80.86	76.12	10.98	36.37	34.22		0.25	331
15.78	7.03	3.95	23.73	21.90	6.29	15.55	5.65	0.02		332

1-A-10 续表 3

分 组	代码	企业单位数（个）	资产总计	固定资产原价	累计折旧	流动资产合计
集装箱及金属包装容器制造	333	18	154.43	52.20	21.69	103.95
金属丝绳及其制品制造	334	11	122.64	91.00	44.85	68.35
建筑、安全用金属制品制造	335	11	100.04	25.46	10.78	58.82
金属表面处理及热处理加工	336	8	96.28	41.81	13.28	59.92
搪瓷制品制造	337	1				
金属制日用品制造	338	7	11.71	4.21	2.08	8.45
铸造及其他金属制品制造	339	59	501.70	208.77	85.66	267.06
通用设备制造业	34	239	2644.08	767.27	347.49	1653.89
锅炉及原动设备制造	341	45	1418.12	326.90	147.19	868.81
金属加工机械制造	342	41	309.13	101.10	44.28	201.44
物料搬运设备制造	343	8	48.18	17.54	7.69	31.45
泵、阀门、压缩机及类似机械制造	344	44	265.46	113.67	47.36	146.22
轴承、齿轮和传动部件制造	345	24	92.99	55.16	28.85	60.59
烘炉、风机、包装等设备制造	346	39	359.47	93.52	41.48	246.35
文化、办公用机械制造	347	1				
通用零部件制造	348	32	121.23	53.95	28.98	77.68
其他通用设备制造业	349	5	19.00	4.52	1.46	12.25
专用设备制造业	35	162	2075.88	607.75	292.94	1382.78
采矿、冶金、建筑专用设备制造	351	69	1268.10	357.85	203.84	877.39
化工、木材、非金属加工专用设备制造	352	14	110.45	42.02	16.35	64.46
食品、饮料、烟草及饲料生产专用设备制造	353	3	7.20	1.65	0.80	5.79
印刷、制药、日化及日用品生产专用设备制造	354	6	20.22	7.41	4.03	15.21
纺织、服装和皮革加工专用设备制造	355	8	31.83	16.38	8.45	20.98
电子和电工机械专用设备制造	356	6	28.53	26.95	10.22	12.34
农、林、牧、渔专用机械制造	357	20	212.04	43.21	17.34	147.07
医疗仪器设备及器械制造	358	16	231.69	72.55	19.43	120.41
环保、邮政、社会公共服务及其他专用设备制造	359	20	165.81	39.72	12.47	119.13
汽车制造业	36	214	4705.03	1338.11	661.03	3399.81
汽车整车制造	361	36	3431.49	759.68	397.70	2638.35
汽车用发动机制造	362	6	172.87	108.76	51.73	92.13
改装汽车制造	363	23	206.42	52.96	22.04	140.58
低速汽车制造	364	2	68.13	12.63	6.67	33.33
电车制造	365	2	26.20	2.29	0.78	19.68
汽车车身、挂车制造	366	8	19.92	9.00	3.88	10.62
汽车零部件及配件制造	367	137	780.00	392.80	178.24	465.13
铁路、船舶、航空航天和其他运输设备制造业	37	64	1509.24	427.62	183.97	1018.38
铁路运输设备制造	371	22	936.90	174.56	70.59	686.99
城市轨道交通设备制造	372					
船舶及相关装置制造	373	27	519.21	221.02	96.52	301.80
航空、航天器及设备制造	374					
摩托车制造	375	10	37.64	25.34	13.14	20.54
自行车和残疾人座车制造	376	1				
助动车制造	377	1				
非公路休闲车及零配件制造	378	1				
潜水救捞及其他未列明运输设备制造	379	2	7.73	4.28	2.31	3.80
电气机械和器材制造业	38	150	4348.83	683.62	283.24	2559.91
电机制造	381	21	170.31	68.91	29.58	114.72
输配电及控制设备制造	382	56	583.93	122.03	50.61	403.95
电线、电缆、光缆及电工器材制造	383	36	379.13	81.18	33.78	269.08
电池制造	384	7	76.73	22.99	6.46	53.09

单位：亿元

应收账款	存货	产成品	负债合计	流动负债合计	应付账款	所有者权益合计	实收资本	国家资本	集体资本	代码
34.22	26.39	7.11	84.01	80.55	27.47	70.42	35.04		0.20	333
29.95	13.13	4.23	92.36	89.21	9.87	30.27	28.55			334
12.38	11.26	5.11	32.16	31.29	6.37	67.87	6.79		2.44	335
0.42	11.20	7.80	109.92	107.85	2.24	-13.64	8.25			336
										337
2.59	3.16	1.18	9.96	9.89	1.57	1.74	3.06			338
83.08	76.26	37.62	300.77	252.05	74.07	200.93	92.21	5.34	0.41	339
348.62	380.94	136.62	1365.58	1254.27	376.13	1278.50	415.28	108.62	10.38	34
124.07	156.58	50.18	700.49	647.47	191.03	717.64	209.96	85.39	0.30	341
38.43	58.69	23.03	143.62	132.25	32.30	165.52	54.26	7.69	0.63	342
6.55	15.18	4.37	15.82	15.41	3.37	32.36	4.43		0.16	343
39.29	50.15	20.76	161.16	136.33	52.86	104.31	47.16	6.20	1.00	344
20.35	13.14	7.08	35.12	31.04	11.62	57.87	21.86			345
93.68	59.44	21.56	200.84	192.93	60.53	158.63	53.26	7.23	7.48	346
										347
19.53	21.90	6.72	92.02	82.52	18.58	29.21	19.77	2.12	0.80	348
2.69	3.79	2.62	11.17	10.98	3.28	7.83	3.57			349
379.19	401.98	189.58	1211.71	1074.85	292.16	864.17	319.31	45.40	22.93	35
245.64	232.45	129.76	767.55	658.75	143.00	500.55	215.55	41.54	21.88	351
22.39	21.76	6.62	44.60	43.17	12.05	65.84	13.77			352
0.40	3.26	0.87	4.51	4.51	0.37	2.69	0.26		0.02	353
3.98	5.14	1.02	11.33	10.29	2.62	8.89	2.90			354
3.93	7.36	3.65	15.18	14.92	4.65	16.65	7.66	2.32		355
2.10	4.22	2.61	6.73	4.36	0.92	21.80	7.66			356
29.61	39.02	24.04	130.01	125.14	66.85	82.03	32.90	0.13	0.57	357
40.79	42.31	10.44	140.62	131.02	29.62	91.08	17.91	1.41	0.46	358
30.35	46.45	10.59	91.18	82.70	32.08	74.63	20.71			359
1180.93	539.61	249.92	3164.68	2884.77	843.41	1540.35	656.79	83.38	8.46	36
874.49	368.50	180.28	2449.32	2232.65	594.98	982.17	405.80	73.43	4.54	361
64.10	13.36	5.26	83.35	81.03	50.86	89.52	71.13		1.41	362
47.11	26.87	10.38	115.30	107.11	36.97	91.11	30.45	4.12		363
4.06	12.63	0.54	24.44	24.32	2.26	43.69	1.03			364
0.30	1.66	0.62	23.62	23.62	10.60	2.59	2.20			365
3.99	3.78	2.01	14.64	14.47	3.09	5.27	5.13		0.02	366
186.88	112.81	50.83	454.01	401.56	144.65	325.99	141.06	5.83	2.49	367
310.30	237.27	66.03	1022.77	906.86	454.83	486.47	283.48	156.20	0.53	37
254.33	124.96	26.84	611.56	550.15	386.02	325.34	93.46	79.20	0.53	371
										372
48.72	104.85	36.23	374.28	323.40	57.64	144.93	180.06	75.95		373
										374
5.08	4.44	1.75	25.20	22.47	6.69	12.45	7.37	1.05		375
										376
										377
										378
1.51	1.39	0.40	6.72	5.91	3.06	1.00	1.12			379
522.06	504.57	332.55	3003.26	2414.98	609.27	1345.57	259.60	40.77	6.48	38
34.33	35.40	12.49	103.73	88.51	27.07	66.58	17.63	3.20	0.07	381
186.56	66.43	25.61	367.89	348.65	106.36	216.03	115.39	28.48	0.52	382
84.33	30.43	17.16	265.53	227.85	42.88	113.59	75.86	3.59	1.77	383
10.21	19.27	3.65	47.99	42.88	17.57	28.75	9.34			384

1-A-10 续表 4

分组	代码	企业单位数（个）	资产总计	固定资产原价	累计折旧	流动资产合计
家用电力器具制造	385	20	3073.96	366.99	152.02	1672.56
非电力家用器具制造	386	4	44.28	11.80	5.69	32.45
照明器具制造	387	4	17.32	8.82	4.67	11.76
其他电气机械及器材制造	389	2	3.17	0.89	0.43	2.30
计算机、通信和其他电子设备制造业	39	132	2812.28	1203.45	851.91	2067.33
计算机制造	391	20	647.72	89.16	37.12	505.02
通信设备制造	392	10	157.81	153.80	148.20	147.66
广播电视设备制造	393	3	3.61	2.10	1.12	2.05
雷达及配套设备制造	394					
非专业视听设备制造	395	12	871.74	269.14	132.17	600.63
智能消费设备制造	396	7	562.91	373.68	336.80	476.79
电子器件制造	397	24	260.16	166.45	113.64	161.07
电子元件及电子专用材料制造	398	52	295.70	145.04	81.41	164.55
其他电子设备制造	399	4	12.63	4.08	1.47	9.58
仪器仪表制造业	40	26	204.34	37.41	17.44	166.53
通用仪器仪表制造	401	12	158.52	29.34	13.33	127.13
专用仪器仪表制造	402	7	32.50	3.79	1.90	29.00
钟表与计时仪器制造	403	3	4.01	2.07	1.04	2.74
光学仪器制造	404	1				
衡器制造	405	1				
其他仪器仪表制造业	409	2	1.70	0.22	0.12	1.60
其他制造业	41	3	10.38	4.38	1.88	6.82
日用杂品制造	411	2	8.84	2.88	1.04	5.96
核辐射加工	412					
其他未列明制造业	419	1				
废弃资源综合利用业	42	1				
金属废料和碎屑加工处理	421	1				
非金属废料和碎屑加工处理	422					
金属制品、机械和设备修理业	43	2	6.85	5.12	2.68	4.01
金属制品修理	431					
通用设备修理	432	1				
专用设备修理	433					
铁路、船舶、航空航天等运输设备修理	434	1				
电气设备修理	435					
仪器仪表修理	436					
其他机械和设备修理业	439					
电力、热力、燃气及水生产和供应业	**D**	**128**	**6662.27**	**7019.99**	**3358.67**	**1081.72**
电力、热力生产和供应业	44	94	5943.52	6699.52	3249.12	761.14
电力生产	441	73	3108.43	2602.43	1213.98	556.79
电力供应	442	1				
热力生产和供应	443	20	391.73	286.86	108.38	138.17
燃气生产和供应业	45	15	359.96	116.55	32.31	184.42
燃气生产和供应业	451	15	359.96	116.55	32.31	184.42
生物质燃气生产和供应业	452					
水的生产和供应业	46	19	358.79	203.92	77.24	136.15
自来水生产和供应	461	18	342.76	188.94	72.45	132.09
污水处理及其再生利用	462	1				
海水淡化处理	463					
其他水的处理、利用与分配	469					

单位：亿元

应收账款	存货	产成品	负债合计	流动负债合计	应付账款	所有者权益合计	实收资本	国家资本	集体资本	代码
197.69	344.74	267.34	2181.31	1670.50	406.02	892.65	28.30	4.86	4.11	385
4.07	4.58	3.55	26.83	26.76	5.09	17.45	10.50			386
3.58	3.07	2.62	8.52	8.37	3.09	8.79	1.50	0.64		387
1.30	0.64	0.14	1.45	1.45	1.19	1.71	1.08			389
569.33	340.07	152.51	1574.20	1441.07	589.23	1238.07	308.40	20.98	3.02	39
127.99	126.65	87.16	357.38	275.28	165.87	290.35	41.91	8.26	0.88	391
37.27	17.34	6.08	106.76	105.19	32.81	51.05	13.52	0.70		392
1.14	0.32	0.24	0.95	0.95	0.09	2.66	0.95			393
										394
189.03	88.64	21.75	434.72	400.08	172.87	437.02	91.68			395
84.02	23.18	3.50	423.36	422.53	105.75	139.55	34.60			396
69.98	45.35	18.10	141.87	134.82	73.17	118.29	55.61	12.03		397
54.54	35.17	15.35	103.38	96.43	34.31	192.31	67.86		2.14	398
5.36	3.42	0.33	5.79	5.79	4.37	6.84	2.25			399
53.60	34.38	21.75	110.62	108.39	55.80	93.73	37.18	5.51	0.21	40
40.50	24.72	17.40	86.17	84.18	46.42	72.35	29.44	3.78	0.21	401
8.95	6.55	2.58	19.51	19.31	8.32	12.99	4.34	0.49		402
0.34	1.21	0.65	2.84	2.84	0.24	1.17	1.03	0.08		403
										404
										405
0.72	0.14	0.07	0.32	0.32		1.38	0.53			409
2.32	2.44	0.73	7.62	7.62	2.20	2.76	2.99			41
2.12	1.96	0.70	7.29	7.28	2.14	1.56	1.96			411
										412
										419
										42
										421
										422
1.94	0.82	0.53	1.75	1.75	0.68	5.10	2.01	1.06		43
										431
										432
										433
										434
										435
										436
										439
140.62	**79.44**	**6.02**	**4556.14**	**2765.81**	**772.83**	**2106.13**	**1160.06**	**996.35**	**7.92**	**D**
115.61	68.45	5.01	4040.91	2426.86	736.73	1902.60	1089.49	951.28	7.66	44
93.40	58.02	4.98	2027.94	1144.65	189.97	1080.50	617.23	499.90	7.62	441
										442
20.81	9.65	0.03	317.61	224.40	40.84	74.13	49.62	28.73	0.04	443
11.37	3.23	0.86	273.31	198.14	15.84	86.65	33.95	12.55	0.26	45
11.37	3.23	0.86	273.31	198.14	15.84	86.65	33.95	12.55	0.26	451
										452
13.63	7.76	0.15	241.92	140.81	20.26	116.88	36.62	32.53		46
11.23	7.39	0.07	230.70	133.27	18.57	112.06	34.29	30.89		461
										462
										463
										469

1-A-10 续表 5

分组	代码					营业收入	营业成本
		法人资本	个人资本	港澳台资本	外商资本		
总　计	**00**	**2966.05**	**1611.87**	**377.44**	**825.69**	**67792.88**	**57788.12**
采矿业	**B**	**133.19**	**11.13**		**4.70**	**5155.24**	**4221.55**
煤炭开采和洗选业	06	105.78	3.45		4.70	3286.42	2676.00
烟煤和无烟煤开采洗选	061	105.78	3.45		4.70	3199.01	2612.44
褐煤开采洗选	062					75.63	55.97
其他煤炭采选	069						
石油和天然气开采业	07	3.50				815.57	633.08
石油开采	071	3.50				815.57	633.08
天然气开采	072						
黑色金属矿采选业	08	13.51	2.55			68.43	49.17
铁矿采选	081	13.51	2.55			68.43	49.17
锰矿、铬矿采选	082						
其他黑色金属矿采选	089						
有色金属矿采选业	09	6.10	0.63			838.30	731.66
常用有色金属矿采选	091						
贵金属矿采选	092	6.10	0.63			837.31	731.14
稀有稀土金属矿采选	093						
非金属矿采选业	10	4.30	3.67			18.71	13.55
土砂石开采	101						
化学矿开采	102						
采盐	103	4.30	3.67			18.71	13.55
石棉及其他非金属矿采选	109						
开采专业及辅助性活动	11		0.82			127.81	118.08
煤炭开采和洗选专业及辅助性活动	111						
石油和天然气开采专业及辅助性活动	112		0.82			127.81	118.08
其他开采专业及辅助性活动	119						
其他采矿业	12						
制造业	**C**	**2744.05**	**1564.13**	**352.92**	**815.14**	**59041.22**	**50179.33**
农副食品加工业	13	179.04	79.78	3.64	47.75	3849.81	3472.02
谷物磨制	131	0.59	1.57		1.99	123.31	114.42
饲料加工	132	4.89	4.93	0.78	0.66	206.68	189.88
植物油加工	133	4.57	4.18	0.30	2.14	706.75	598.67
制糖业	134	1.00	0.45			83.03	77.26
屠宰及肉类加工	135	80.21	28.53	1.21	29.01	1522.89	1409.72
水产品加工	136	62.84	7.36	0.59	7.14	373.85	332.67
蔬菜、菌类、水果和坚果加工	137	2.16	4.96	0.62	1.20	85.39	78.08
其他农副食品加工	139	22.79	27.79	0.14	5.62	747.90	671.33
食品制造业	14	40.53	22.00	11.95	55.32	836.66	683.36
焙烤食品制造	141	3.75	1.19		6.33	46.85	34.01
糖果、巧克力及蜜饯制造	142	4.71	0.22		1.18	5.59	5.04
方便食品制造	143	1.74	0.94	4.72	6.10	61.93	54.53
乳制品制造	144	8.37	1.97		17.04	207.43	166.03
罐头食品制造	145	1.04	1.99	0.02		17.08	14.46
调味品、发酵制品制造	146	6.91	10.41	6.64	14.50	246.06	199.34
其他食品制造	149	14.02	5.28	0.58	10.17	251.73	209.94
酒、饮料和精制茶制造业	15	25.19	19.85	10.29	12.90	503.48	379.68
酒的制造	151	18.38	19.21	3.27	10.59	428.67	326.50
饮料制造	152	6.82	0.63	7.02	2.31	74.81	53.18
精制茶加工	153						
烟草制品业	16					295.43	106.71

单位：亿元

销售费用	管理费用	财务费用			投资收益(损失以“-”号记)	营业利润	利润总额	亏损企业亏损总额	平均用工人数(万人)	代码
			利息收入	利息支出						
1920.53	**2505.94**	**932.02**	**168.24**	**1038.20**	**358.01**	**3575.45**	**3649.86**	**344.90**	**402.25**	**00**
34.53	**307.27**	**130.64**	**34.84**	**174.46**	**31.44**	**227.87**	**204.69**	**68.25**	**43.03**	**B**
26.39	168.21	106.15	30.32	145.83	27.93	220.93	210.85	10.75	25.68	06
25.72	156.37	98.96	29.79	139.32	27.91	223.05	214.92	4.24	24.36	061
0.61	10.80	7.07	0.53	6.31	0.02	-4.49	-6.45	6.51	1.16	062
										069
2.48	81.98	9.75	3.99	13.97	0.01	-40.82	-51.17	52.99	9.78	07
2.48	81.98	9.75	3.99	13.97	0.01	-40.82	-51.17	52.99	9.78	071
										072
0.67	8.51	2.38	0.38	2.10	0.49	5.89	0.96	3.62	1.53	08
0.67	8.51	2.38	0.38	2.10	0.49	5.89	0.96	3.62	1.53	081
										082
										089
3.59	41.04	9.38	0.12	9.25	2.98	41.46	42.82	0.46	3.75	09
										091
3.56	40.82	9.38	0.12	9.25	2.98	41.35	42.71	0.46	3.71	092
										093
1.39	2.22	0.53	0.03	0.41	0.02	0.45	0.98	0.29	0.39	10
										101
										102
1.39	2.22	0.53	0.03	0.41	0.02	0.45	0.98	0.29	0.39	103
										109
	5.31	2.46		2.91	0.02	-0.04	0.25	0.14	1.91	11
										111
	5.31	2.46		2.91	0.02	-0.04	0.25	0.14	1.91	112
										119
										12
1874.12	**2150.12**	**714.78**	**130.40**	**782.44**	**300.34**	**3268.02**	**3358.60**	**237.42**	**339.28**	**C**
102.85	78.48	36.25	3.13	37.78	28.76	168.77	171.48	10.33	33.26	13
1.92	1.55	0.75	0.04	0.43	0.02	4.48	4.49	0.10	0.40	131
2.43	3.80	1.32	0.75	1.93	0.70	9.10	9.41	1.12	1.01	132
33.50	10.71	3.08	1.96	6.14	0.24	58.33	59.40	0.12	2.65	133
1.13	2.45	1.71		0.92	0.13	0.36	0.53	0.01	0.24	134
30.53	28.73	8.14	-0.79	7.34	27.26	57.51	59.21	5.25	16.97	135
10.01	9.73	6.46	0.07	6.05	0.07	14.02	14.51	2.23	7.12	136
1.62	2.49	0.51	0.01	0.52	-0.02	2.83	2.99	0.03	1.45	137
21.71	19.03	14.27	1.08	14.44	0.37	22.16	20.93	1.47	3.43	139
47.78	31.33	8.32	1.32	9.41	0.97	56.55	60.56	13.99	7.61	14
3.44	1.96	-0.04	-0.23	0.20	0.01	7.04	7.37	0.32	1.06	141
0.21	0.31		0.01	0.02	0.75	0.73	0.72	0.08	0.09	142
2.81	2.05	1.15		0.85		1.12	1.49	0.78	0.71	143
20.40	8.05	0.50	0.83	1.08	0.06	5.78	6.85	10.07	1.58	144
0.75	0.69	0.38		0.31		0.74	0.67	0.23	0.88	145
11.80	10.24	3.54	1.07	3.89	0.31	20.19	21.26	1.32	1.67	146
8.36	8.03	2.78	-0.37	3.06	-0.17	20.95	22.21	1.19	1.62	149
58.02	19.71	3.09	-0.19	4.56	12.60	26.15	26.30	3.19	4.42	15
42.16	17.83	3.23	-0.10	4.45	12.32	22.81	23.36	1.70	3.69	151
15.86	1.88	-0.14	-0.09	0.10	0.28	3.34	2.94	1.49	0.73	152
										153
8.26	20.31	0.75	0.19	0.92	0.08	17.53	16.05		0.87	16

1-A-10 续表 6

分 组	代码					营业收入	营业成本
		法人资本	个人资本	港澳台资本	外商资本		
烟叶复烤	161						
卷烟制造	162						
其他烟草制品制造	169						
纺织业	17	59.36	60.66	22.61	8.79	1004.33	898.08
棉纺织及印染精加工	171	48.04	45.96	20.54	5.02	733.54	660.35
毛纺织及染整精加工	172	1.41	1.21	0.03		36.15	31.23
麻纺织及染整精加工	173		0.02	0.24		3.16	3.02
丝绢纺织及印染精加工	174						
化纤织造及印染精加工	175	1.65	0.06			12.92	11.68
针织或钩针编织物及其制品制造	176	2.61	0.65			20.25	18.62
家用纺织制成品制造	177	5.65	11.42	1.80	0.14	182.02	158.14
产业用纺织制成品制造	178		1.34		3.63	16.27	15.03
纺织服装、服饰业	18	27.36	20.80	2.20	13.71	1134.12	994.23
机织服装制造	181	19.17	14.70	0.76	6.17	921.66	808.54
针织或钩针编织服装制造	182	5.72	4.47	1.43	4.82	194.69	170.46
服饰制造	183	2.46	1.64		2.72	17.77	15.23
皮革、毛皮、羽毛及其制品和制鞋业	19	7.28	16.93	1.15	7.35	241.32	218.37
皮革鞣制加工	191	0.77	0.90	1.15	4.02	41.25	36.66
皮革制品制造	192	2.69	1.12		0.71	16.18	14.10
毛皮鞣制及制品加工	193						
羽毛(绒)加工及制品制造	194						
制鞋业	195	3.82	13.24		2.62	179.74	165.42
木材加工和木、竹、藤、棕、草制品业	20	5.05	7.53	1.14	1.96	110.35	99.64
木材加工	201	0.61	0.18	0.95	0.35	10.22	9.39
人造板制造	202	3.24	7.22			90.77	82.24
木质制品制造	203	1.20	0.13	0.19	1.61	9.36	8.01
竹、藤、棕、草等制品制造	204						
家具制造业	21	2.99	1.87	0.15	2.43	59.62	51.20
木质家具制造	211	2.77	1.87	0.13	1.85	51.63	44.34
竹、藤家具制造	212						
金属家具制造	213						
塑料家具制造	214						
其他家具制造	219	0.15		0.02		5.73	4.82
造纸和纸制品业	22	136.71	47.95	8.58	78.60	1531.53	1322.31
纸浆制造	221						
造纸	222	129.22	46.42	8.54	75.36	1486.46	1283.00
纸制品制造	223	7.49	1.54	0.03	3.24	38.75	34.13
印刷和记录媒介复制业	23	6.99	4.90	4.86	1.23	92.85	76.43
印刷	231	6.99	4.65	4.86	1.23	91.99	75.64
装订及印刷相关服务	232						
记录媒介复制	233						
文教、工美、体育和娱乐用品制造业	24	12.94	10.82	8.06	7.33	361.38	308.32
文教办公用品制造	241	0.44			1.71	4.77	3.87
乐器制造	242	0.20			0.33	2.41	2.07
工艺美术及礼仪用品制造	243	9.18	8.89	1.49	4.20	241.68	216.45
体育用品制造	244	1.81	1.66	5.38	0.99	102.19	76.62
玩具制造	245	0.04	0.17		0.10	3.81	3.47
游艺器材及娱乐用品制造	246	1.27	0.11	1.19		6.51	5.84
石油、煤炭及其他燃料加工业	25	138.09	63.59	0.94	0.86	10052.41	8840.85
精炼石油产品制造	251	96.11	49.43	0.29	0.86	9148.68	8079.66
煤炭加工	252	41.98	14.16	0.65		903.73	761.19

单位：亿元

销售费用	管理费用	财务费用			投资收益(损失以"−"号记)	营业利润	利润总额	亏损企业亏损总额	平均用工人数(万人)	代码
			利息收入	利息支出						
										161
										162
										169
16.17	37.37	17.88	1.29	16.75	2.70	31.07	34.15	6.54	21.52	17
9.61	27.38	13.42	0.60	12.77	0.38	18.51	19.57	5.46	16.65	171
0.61	1.51	0.79	0.03	0.77	0.05	1.90	1.92	0.06	0.64	172
0.01	0.03	0.03		0.03		0.06	0.06		0.10	173
										174
0.22	0.31	0.04	0.01	0.05		0.57	0.75	0.05	0.26	175
0.20	0.56		0.01	0.01		0.74	0.73		0.36	176
5.25	7.08	3.48	0.60	2.98	2.27	9.06	10.84	0.87	3.21	177
0.27	0.50	0.12	0.05	0.13		0.24	0.28	0.09	0.30	178
25.56	49.44	11.72	0.90	9.24	8.79	57.00	61.12	2.38	18.88	18
20.30	36.91	11.11	0.59	8.44	7.86	49.64	53.36	1.95	12.81	181
4.85	11.65	0.61	0.27	0.76	0.91	6.31	6.72	0.37	5.22	182
0.41	0.89	0.01	0.04	0.04	0.01	1.05	1.04	0.06	0.86	183
4.89	7.12	2.57	0.07	2.15	0.21	7.24	7.08	1.30	3.84	19
0.37	1.14	1.26	0.06	0.91	0.05	1.70	1.77	0.89	0.52	191
0.39	0.61	0.13		0.16	0.01	0.86	0.86	0.01	0.27	192
										193
										194
3.21	5.02	1.19		1.08	0.15	4.26	4.06	0.40	3.01	195
2.64	3.81	0.86	0.04	0.66	0.03	3.16	3.76	0.20	1.87	20
0.14	0.39	0.11		0.06		0.14	0.16	0.05	0.26	201
2.11	2.71	0.67	0.04	0.55		2.88	3.45	0.10	1.38	202
0.39	0.71	0.08		0.06	0.02	0.14	0.15	0.05	0.23	203
										204
3.08	3.43	0.91	-0.04	1.03	-0.03	0.41	0.57	1.31	1.55	21
2.66	2.46	0.90	-0.04	1.00	-0.03	0.71	0.85	0.75	1.30	211
										212
										213
										214
0.39	0.85	0.01		0.03		-0.37	-0.34	0.56	0.16	219
35.58	53.14	39.12	14.48	44.73	-0.84	72.81	78.77	1.51	7.20	22
										221
34.19	51.30	38.88	14.60	44.43	-0.84	70.86	76.82	1.50	6.85	222
1.28	1.59	0.12	-0.12	0.18		1.37	1.37	0.01	0.31	223
2.88	5.75	0.85	-0.08	1.03	1.35	7.71	7.40	0.52	1.34	23
2.87	5.74	0.81	-0.08	1.00	1.35	7.71	7.40	0.52	1.31	231
										232
										233
11.17	18.02	5.11	0.28	5.63	2.46	18.25	22.11	2.06	5.71	24
0.27	0.40	-0.02	0.01	0.01		0.18	0.19		0.17	241
0.08	0.15	0.01		0.01		0.08	0.08		0.08	242
7.21	8.99	3.78	0.26	4.00	-1.12	2.61	4.32	1.97	3.60	243
3.19	8.05	1.28	0.01	1.55	3.58	15.34	17.40		1.47	244
0.11	0.16	0.05		0.05		0.01	0.01	0.01	0.22	245
0.31	0.27	0.01		0.01		0.03	0.11	0.08	0.16	246
48.83	133.27	87.89	16.60	90.83	8.33	313.60	308.68	28.19	10.19	25
30.07	111.31	75.38	15.90	83.84	5.77	232.50	229.02	28.08	7.84	251
18.77	21.95	12.51	0.70	6.99	2.56	81.11	79.67	0.12	2.35	252

1-A-10 续表 7

分 组	代码					营业收入	营业成本
		法人资本	个人资本	港澳台资本	外商资本		
核燃料加工	253						
生物质燃料加工	254						
化学原料和化学制品制造业	26	391.63	213.19	16.98	30.23	6683.64	5649.21
基础化学原料制造	261	223.92	52.68		1.84	2610.52	2220.57
肥料制造	262	18.41	53.09	6.15	1.31	573.61	494.12
农药制造	263	12.56	5.54			122.86	95.53
涂料、油墨、颜料及类似产品制造	264	0.20	0.08			37.73	31.10
合成材料制造	265	84.40	66.69	5.01	20.36	1538.14	1287.36
专用化学产品制造	266	43.75	26.22	5.15	5.16	1730.87	1474.71
炸药、火工及焰火产品制造	267	0.06	8.53		1.56	25.76	19.67
日用化学产品制造	268	8.32	0.36	0.66		44.15	26.16
医药制造业	27	178.21	145.22	17.77	23.64	2309.08	1254.80
化学药品原料药制造	271	26.05	15.87	0.17	2.23	510.65	337.22
化学药品制剂制造	272	57.84	63.37	12.36		648.10	288.35
中药饮片加工	273	9.11	0.52			28.10	20.58
中成药生产	274	12.23	46.69		0.85	287.88	115.23
兽用药品制造	275	0.10	0.09		0.03	41.07	22.38
生物药品制品制造	276	54.42	12.28	2.40	19.96	185.10	124.07
卫生材料及医药用品制造	277	17.64	6.28	2.66	0.56	606.17	345.54
药用辅料及包装材料	278	0.84	0.10	0.18		2.01	1.44
化学纤维制造业	28	14.12	5.04			111.06	103.11
纤维素纤维原料及纤维制造	281	2.27	2.03			39.20	38.23
合成纤维制造	282	6.85	1.01			30.60	25.87
生物基材料制造	283	5.00	2.00			41.26	39.00
橡胶和塑料制品业	29	81.06	100.93	9.85	12.49	1963.99	1732.18
橡胶制品业	291	74.30	95.48	8.95	9.76	1846.94	1632.94
塑料制品业	292	6.77	5.45	0.90	2.73	117.05	99.24
非金属矿物制品业	30	108.09	71.40	15.63	16.35	1223.91	934.64
水泥、石灰和石膏制造	301	21.71	6.37	3.38	4.28	311.23	216.17
石膏、水泥制品及类似制品制造	302	3.84	2.34			91.86	74.46
砖瓦、石材等建筑材料制造	303	6.29	6.58	1.79	0.06	102.04	73.32
玻璃制造	304	14.89	16.43	6.34	4.51	96.31	81.75
玻璃制品制造	305	10.77	10.13	3.31	0.06	113.96	87.37
玻璃纤维和玻璃纤维增强塑料制品制造	306	18.54	1.50			113.29	80.21
陶瓷制品制造	307	9.20	6.91	0.81	7.12	98.33	79.81
耐火材料制品制造	308	1.61	1.74		0.33	36.84	29.02
石墨及其他非金属矿物制品制造	309	21.23	19.40			260.06	212.53
黑色金属冶炼和压延加工业	31	178.47	60.22		11.65	4740.75	4170.51
炼铁	311	6.10				116.67	102.49
炼钢	312	2.06	4.65			186.85	161.74
钢压延加工	313	166.87	46.63		11.65	4209.39	3705.39
铁合金冶炼	314	3.44	8.94			227.83	200.88
有色金属冶炼和压延加工业	32	416.19	61.34	2.64	2.04	6728.72	6234.70
常用有色金属冶炼	321	146.41	9.86		0.36	2918.33	2721.30
贵金属冶炼	322	7.95	5.87			730.27	711.77
稀有稀土金属冶炼	323						
有色金属合金制造	324	8.96	0.73		1.20	331.72	314.73
有色金属压延加工	325	252.72	44.65	2.64	0.47	2741.64	2481.00
金属制品业	33	51.82	87.96	43.34	22.01	1080.33	940.39
结构性金属制品制造	331	9.92	8.40	15.39	0.26	118.97	105.87
金属工具制造	332	2.49	0.47	0.70	1.97	41.74	35.43

单位：亿元

销售费用	管理费用	财务费用			投资收益（损失以“-”号记）	营业利润	利润总额	亏损企业亏损总额	平均用工人数（万人）	代码
			利息收入	利息支出						
										253
										254
134.02	241.93	93.94	8.27	94.46	13.26	490.88	501.11	18.52	25.55	26
42.57	83.11	35.72	5.47	35.22	1.47	174.33	176.20	7.33	8.99	261
8.52	24.74	12.54	0.93	13.53	1.28	31.39	31.92	1.15	3.51	262
5.02	9.57	0.71	0.08	1.06	0.07	11.35	18.46	0.10	1.05	263
3.29	2.38	0.46	-0.02	0.47		0.30	0.44	1.16	0.34	264
33.84	55.39	27.00	0.73	25.08	7.17	139.47	139.79	0.43	4.14	265
35.67	61.62	16.49	1.05	18.08	3.20	122.22	122.35	8.05	6.52	266
1.76	2.84	1.03	0.04	0.95	0.08	-0.01	0.12	0.30	0.55	267
3.36	2.28	-0.02		0.08		11.83	11.83		0.45	268
489.53	196.75	16.65	5.30	25.86	8.68	330.72	351.79	4.80	18.55	27
71.82	42.76	5.82	1.56	7.62	1.85	51.19	51.20	0.24	4.49	271
192.46	61.53	2.62	1.48	5.21	2.60	97.82	100.93		4.56	272
4.17	1.06	0.11	0.02	0.12	0.12	2.04	2.04	0.16	0.38	273
81.20	24.28	0.81	1.53	2.29	2.69	62.94	78.77	0.81	2.54	274
3.38	5.14	0.40	0.02	0.52	1.07	10.19	10.38		0.44	275
15.70	12.74	2.71	-0.16	4.11	0.24	28.58	29.23	3.56	1.30	276
120.76	49.04	4.08	0.85	5.94	0.11	77.76	79.03	0.01	4.78	277
0.04	0.20	0.10		0.05		0.20	0.20	0.03	0.06	278
1.98	4.26	2.43	0.43	2.37	0.15	-2.23	-2.33	4.23	0.97	28
0.53	1.85	1.38	0.04	1.38	0.03	-3.82	-3.80	3.80	0.54	281
0.91	1.84	0.10	0.11	0.09	0.12	1.71	1.71		0.25	282
0.54	0.57	0.96	0.28	0.90		-0.12	-0.24	0.43	0.18	283
61.61	66.82	32.95	2.09	31.08	9.88	67.01	68.86	11.10	16.08	29
57.67	59.85	30.99	1.98	29.50	5.37	58.34	59.48	9.96	14.18	291
3.95	6.97	1.96	0.11	1.57	4.50	8.67	9.38	1.14	1.90	292
47.92	71.56	27.12	1.36	26.91	15.69	142.71	144.22	4.03	14.37	30
10.32	16.52	8.15	0.40	8.37	1.42	55.12	54.39	0.62	2.25	301
4.32	6.44	1.48	0.14	1.49	8.48	12.10	11.76	1.12	0.94	302
5.04	5.53	1.39	0.09	1.53	2.32	16.98	17.91		0.84	303
2.42	4.07	2.19	0.26	2.28	0.05	4.75	4.81	0.51	0.97	304
7.73	7.53	2.20	0.01	2.31	0.34	8.33	8.19	0.27	2.43	305
4.65	8.34	4.49	0.09	4.31	0.34	15.38	16.15	0.25	1.73	306
4.83	6.74	1.49	0.13	1.64	0.28	4.88	5.14	0.57	2.82	307
1.69	2.84	0.62	0.01	0.38	0.01	2.38	2.17	0.34	0.76	308
6.92	13.57	5.09	0.23	4.61	2.45	22.79	23.72	0.36	1.63	309
30.02	112.66	62.18	11.20	65.00	12.87	350.63	343.59	2.96	12.71	31
0.17	3.64	0.55	0.36	1.06	0.10	9.36	9.88	0.06	0.41	311
0.12	1.98	0.69		1.40		21.29	21.01	0.54	0.73	312
27.80	99.35	58.18	10.76	60.63	12.77	306.04	298.71	2.36	10.78	313
1.93	7.69	2.77	0.08	1.92		13.94	13.99		0.80	314
33.65	111.20	141.40	22.30	144.36	63.36	245.56	250.43	28.58	20.01	32
8.25	48.70	100.31	18.00	105.92	68.00	92.43	96.21	11.97	9.54	321
2.25	7.02	3.07	1.17	3.50	-1.14	4.23	4.43		0.81	322
										323
3.92	5.95	2.49	1.79	3.57	0.40	4.74	4.69		0.51	324
19.20	49.09	35.46	1.33	31.28	-3.90	143.97	144.93	16.62	9.08	325
27.09	48.07	17.22	0.85	15.81	0.89	53.46	54.45	11.77	10.91	33
3.19	4.47	2.57	0.36	1.55	0.30	2.50	2.63	1.06	1.05	331
0.97	2.46	0.08	-0.08	0.35		2.46	2.56	0.07	0.92	332

1-A-10　续表 8

分　组	代码	法人资本	个人资本	港澳台资本	外商资本	营业收入	营业成本
集装箱及金属包装容器制造	333	11.94	6.88	8.64	7.38	165.77	144.63
金属丝绳及其制品制造	334	0.51	8.94	14.09	5.02	106.09	92.65
建筑、安全用金属制品制造	335	0.40	3.04	0.21	0.70	86.10	62.12
金属表面处理及热处理加工	336	2.96	5.29			131.30	129.52
搪瓷制品制造	337						
金属制日用品制造	338	1.05	1.11		0.90	11.96	10.28
铸造及其他金属制品制造	339	22.55	53.81	4.31	5.78	417.84	359.39
通用设备制造业	34	117.67	105.88	32.95	39.79	1752.88	1390.94
锅炉及原动设备制造	341	44.76	54.98	19.48	5.05	733.18	567.46
金属加工机械制造	342	29.30	14.35	0.70	1.59	211.92	170.09
物料搬运设备制造	343	2.26	1.82		0.20	44.88	36.08
泵、阀门、压缩机及类似机械制造	344	14.26	11.04	6.14	8.51	220.60	183.76
轴承、齿轮和传动部件制造	345	3.84	3.23	1.15	13.64	74.86	59.96
烘炉、风机、包装等设备制造	346	15.67	14.18	1.16	7.54	327.33	264.42
文化、办公用机械制造	347						
通用零部件制造	348	4.00	5.29	4.31	3.26	113.66	90.74
其他通用设备制造业	349	2.58	0.99			12.46	9.76
专用设备制造业	35	54.39	128.31	8.83	59.46	1447.05	1162.77
采矿、冶金、建筑专用设备制造	351	18.93	89.11	7.70	36.39	795.76	642.76
化工、木材、非金属加工专用设备制造	352	2.71	10.06	1.00		73.98	54.90
食品、饮料、烟草及饲料生产专用设备制造	353	0.10	0.14			3.65	2.72
印刷、制药、日化及日用品生产专用设备制造	354	1.04	0.20	0.13	1.52	16.45	11.96
纺织、服装和皮革加工专用设备制造	355	1.52	0.93		2.89	35.91	29.85
电子和电工机械专用设备制造	356	0.16	5.51		1.99	63.21	58.42
农、林、牧、渔专用机械制造	357	18.86	4.98		8.37	156.84	135.26
医疗仪器设备及器械制造	358	4.15	6.17		5.73	168.50	126.35
环保、邮政、社会公共服务及其他专用设备制造	359	6.92	11.22		2.56	132.75	100.55
汽车制造业	36	200.82	65.14	74.61	224.38	4180.12	3677.20
汽车整车制造	361	84.31	17.44	65.18	160.90	2892.55	2574.45
汽车用发动机制造	362	33.19	2.36		34.16	168.42	146.48
改装汽车制造	363	16.48	6.33	2.56	0.95	187.76	158.95
低速汽车制造	364	1.03				40.72	34.04
电车制造	365	1.02	1.18			28.21	26.32
汽车车身、挂车制造	366	4.44	0.57		0.11	20.88	17.08
汽车零部件及配件制造	367	60.35	37.26	6.87	28.26	841.57	719.87
铁路、船舶、航空航天和其他运输设备制造业	37	79.10	10.18	2.05	35.43	918.59	778.41
铁路运输设备制造	371	6.32	2.21	2.05	3.16	659.72	539.67
城市轨道交通设备制造	372						
船舶及相关装置制造	373	69.09	5.90		29.12	188.57	176.29
航空、航天器及设备制造	374						
摩托车制造	375	2.95	0.22		3.15	44.55	39.17
自行车和残疾人座车制造	376						
助动车制造	377						
非公路休闲车及零配件制造	378						
潜水救捞及其他未列明运输设备制造	379	0.19	0.93			10.38	9.45
电气机械和器材制造业	38	119.69	69.54	1.84	21.27	2456.68	1801.17
电机制造	381	5.35	8.20	0.36	0.45	120.62	106.29
输配电及控制设备制造	382	50.01	23.72	0.38	12.28	381.98	308.24
电线、电缆、光缆及电工器材制造	383	38.18	27.15	0.13	5.04	298.78	261.38
电池制造	384	6.12	1.77	0.12	1.34	65.85	57.90

单位：亿元

销售费用	管理费用	财务费用			投资收益（损失以“－”号记）	营业利润	利润总额	亏损企业亏损总额	平均用工人数（万人）	代码
			利息收入	利息支出						
3.98	7.33	0.24	-0.66	1.16	-0.51	20.19	21.31	0.17	1.47	333
2.56	6.42	3.49	0.15	2.99	0.08	0.51	0.22	4.49	1.11	334
4.22	6.15	0.30	0.65	0.34	0.10	12.68	12.46	0.38	1.22	335
0.53	1.46	3.79	0.24	2.77	-0.01	-4.29	-4.67	4.84	0.33	336
										337
0.49	0.76	0.13		0.14		0.23	0.26	0.03	0.41	338
11.13	18.99	6.61	0.19	6.52	0.92	19.17	19.68	0.74	4.37	339
67.44	128.78	13.29	4.19	15.54	16.91	154.31	160.08	12.63	18.62	34
21.78	55.77	4.63	2.19	5.39	12.96	90.35	91.54	3.71	5.61	341
8.25	19.39	0.54	1.01	1.31	0.89	12.33	14.27	3.21	3.19	342
2.63	1.86	0.29	0.05	0.33	0.10	3.67	3.80	0.13	0.48	343
7.69	16.72	1.85	0.58	2.35	0.31	9.33	9.79	3.68	3.06	344
2.42	5.39	1.02	0.03	0.87	0.15	5.48	5.88	0.13	1.29	345
19.75	18.96	2.51	0.31	2.85	2.36	21.62	22.90	0.50	3.04	346
										347
3.17	8.64	2.34	0.01	2.27	0.14	7.40	7.71	1.27	1.67	348
0.36	1.15	0.12		0.15		0.85	0.92		0.18	349
77.63	86.96	13.37	2.16	18.62	7.86	97.86	100.73	12.77	13.75	35
38.77	44.05	8.07	0.60	12.46	5.56	57.18	57.91	7.99	5.62	351
2.12	5.50	0.55	0.03	0.53	0.54	10.53	10.59	0.77	1.65	352
0.13	0.33	0.09		0.09		0.33	0.33		0.11	353
0.86	1.77	0.22	0.01	0.05	0.02	1.39	1.74	0.07	0.28	354
1.05	2.74	0.26	-0.03	0.34	0.02	1.94	1.95	0.03	0.60	355
0.45	0.77	0.37		0.14		3.09	3.14	0.02	0.36	356
8.82	11.58	-0.07	1.28	1.70	0.38	1.78	2.71	2.88	1.85	357
16.80	10.71	2.81	0.18	2.56	0.08	8.97	9.26	0.68	1.59	358
8.63	9.51	1.08	0.09	0.74	1.27	12.65	13.10	0.33	1.68	359
113.39	139.12	22.08	11.65	34.79	12.89	198.67	209.32	22.08	23.58	36
74.25	73.86	8.30	11.04	22.60	11.14	136.68	145.53	9.13	10.44	361
1.31	5.19	0.61	0.03	0.67		14.16	14.61	0.78	0.63	362
6.41	11.16	0.91	-0.01	1.30	0.46	9.28	9.69	0.45	1.52	363
0.81	2.75	0.05	0.33	0.37	0.21	3.09	3.43	0.34	0.75	364
0.48	1.05	0.08	0.01	0.06		0.22	0.29	0.06	0.32	365
0.64	1.37	0.55	0.01	0.50	-0.04	1.00	0.98	0.27	0.51	366
29.48	43.74	11.59	0.24	9.29	1.11	34.25	34.80	11.05	9.41	367
27.94	78.19	3.16	3.73	6.47	0.01	40.24	46.42	12.19	7.35	37
23.31	60.27	-1.66	3.26	1.78	0.01	49.05	49.56	0.01	3.94	371
										372
2.54	13.68	4.68	0.51	4.43	0.08	-9.85	-4.37	11.38	2.48	373
										374
1.14	2.91	0.01	-0.04	0.12	-0.08	1.05	1.09	0.48	0.58	375
										376
										377
										378
0.50	0.60	0.09		0.10		-0.29	-0.20	0.32	0.17	379
266.66	221.00	39.75	11.54	47.61	56.38	162.44	169.24	11.48	13.22	38
3.06	6.87	1.98	0.13	2.02	0.02	1.56	1.57	3.88	1.71	381
20.06	30.45	7.83	0.31	6.99	7.84	19.83	20.71	2.91	3.60	382
10.48	12.99	5.56	-0.07	5.12	1.83	8.72	9.28	3.86	2.37	383
0.56	3.06	1.60	0.67	0.83	0.01	1.10	1.08	0.19	0.63	384

1-A-10 续表 9

分 组	代码					营业收入	营业成本
		法人资本	个人资本	港澳台资本	外商资本		
家用电力器具制造	385	15.45	3.20		0.67	1528.16	1015.95
非电力家用器具制造	386	4.50	5.00		1.00	20.84	16.87
照明器具制造	387			0.86		34.99	30.12
其他电气机械及器材制造	389	0.09	0.50		0.49	5.47	4.42
计算机、通信和其他电子设备制造业	39	87.73	74.69	49.51	72.46	3209.78	2778.18
计算机制造	391	16.66	4.03	3.40	8.68	717.41	586.97
通信设备制造	392	2.11	2.94	3.80	3.98	274.12	244.54
广播电视设备制造	393	0.30			0.65	2.67	2.27
雷达及配套设备制造	394						
非专业视听设备制造	395	30.09	44.40	12.96	4.24	982.53	821.04
智能消费设备制造	396	8.22	0.05	23.50	2.83	463.98	443.68
电子器件制造	397	8.20	4.46	4.33	26.60	482.37	445.13
电子元件及电子专用材料制造	398	22.15	18.66	1.53	23.39	257.55	210.08
其他电子设备制造	399		0.16		2.09	29.15	24.48
仪器仪表制造业	40	22.29	5.67	0.75	2.75	138.61	102.88
通用仪器仪表制造	401	20.20	3.46		1.78	93.26	74.73
专用仪器仪表制造	402	1.79	1.10		0.96	34.36	20.62
钟表与计时仪器制造	403	0.14	0.07	0.75		4.03	3.39
光学仪器制造	404						
衡器制造	405						
其他仪器仪表制造业	409	0.03	0.50			1.81	0.97
其他制造业	41				2.99	9.27	8.12
日用杂品制造	411				1.96	7.54	6.60
核辐射加工	412						
其他未列明制造业	419						
废弃资源综合利用业	42						
金属废料和碎屑加工处理	421						
非金属废料和碎屑加工处理	422						
金属制品、机械和设备修理业	43	0.35		0.60		6.88	4.81
金属制品修理	431						
通用设备修理	432						
专用设备修理	433						
铁路、船舶、航空航天等运输设备修理	434						
电气设备修理	435						
仪器仪表修理	436						
其他机械和设备修理业	439						
电力、热力、燃气及水生产和供应业	**D**	**88.81**	**36.61**	**24.52**	**5.85**	**3596.42**	**3387.24**
电力、热力生产和供应业	44	78.90	35.25	16.40		3401.04	3219.62
电力生产	441	58.26	35.04	16.40		1067.76	974.10
电力供应	442						
热力生产和供应	443	20.64	0.21			111.07	113.06
燃气生产和供应业	45	6.30	1.37	8.12	5.37	142.61	115.86
燃气生产和供应业	451	6.30	1.37	8.12	5.37	142.61	115.86
生物质燃气生产和供应业	452						
水的生产和供应业	46	3.61			0.48	52.76	51.75
自来水生产和供应	461	2.92			0.48	48.94	48.98
污水处理及其再生利用	462						
海水淡化处理	463						
其他水的处理、利用与分配	469						

单位：亿元

销售费用	管理费用	财务费用			投资收益(损失以"-"号记)	营业利润	利润总额	亏损企业亏损总额	平均用工人数(万人)	代码
			利息收入	利息支出						
230.59	163.12	22.01	10.17	32.43	46.68	128.70	133.86	0.08	4.29	385
1.34	1.72	0.41	0.31	0.07		0.39	0.56	0.48	0.31	386
0.45	2.53	0.36	0.01	0.15		1.47	1.52		0.22	387
0.12	0.26	-0.01				0.66	0.65	0.08	0.09	389
116.43	165.56	13.70	7.00	27.95	15.48	142.33	148.93	7.25	23.25	39
34.21	65.71	7.03	3.42	10.49	6.52	25.84	26.55	0.85	4.37	391
1.50	3.48	0.13	0.05	1.92	0.06	24.04	24.41		0.77	392
0.04	0.23	0.02		0.03		0.06	0.11		0.23	393
										394
67.67	50.87	3.10	1.78	3.35	6.19	47.16	52.55	1.20	6.31	395
2.01	11.24	0.37	-0.02	8.36	-0.35	5.85	5.60	0.46	3.29	396
5.57	13.85	2.01	1.29	2.26	1.05	16.36	16.57	3.21	3.39	397
5.25	17.09	1.02	0.46	1.48	2.01	21.83	21.98	1.53	4.51	398
0.18	3.10	0.02	0.03	0.06		1.18	1.17		0.39	399
10.90	13.43	0.06	0.31	0.68	0.61	10.12	10.68	1.51	1.58	40
6.19	7.87	0.13	0.38	0.61	0.55	3.35	3.53	1.38	0.80	401
3.51	3.82	-0.10	-0.09	0.04	0.05	6.40	6.60		0.36	402
0.11	0.48	0.02		0.01		-0.01	-0.01	0.13	0.20	403
										404
										405
0.37	0.21	0.01		0.01		0.24	0.33		0.09	409
0.16	0.61	0.14	0.03	0.18		0.16	0.17		0.25	41
0.15	0.49	0.11	0.03	0.17		0.12	0.14		0.22	411
										412
										419
										42
										421
										422
0.04	1.55	0.01		0.01	0.01	0.55	0.55		0.20	43
										431
										432
										433
										434
										435
										436
										439
11.88	**48.54**	**86.59**	**3.00**	**81.30**	**26.23**	**79.56**	**86.57**	**39.22**	**19.93**	**D**
1.44	33.94	78.49	2.60	79.04	24.29	77.66	82.58	31.42	17.70	44
0.69	26.31	46.44	2.15	46.64	21.07	30.76	36.95	18.66	5.54	441
										442
0.73	6.63	5.72	0.19	6.14	0.63	-10.56	-8.87	12.76	1.22	443
7.80	7.62	7.56	0.07	1.19	1.49	6.34	8.36	2.45	0.83	45
7.80	7.62	7.56	0.07	1.19	1.49	6.34	8.36	2.45	0.83	451
										452
2.63	6.99	0.54	0.32	1.07	0.44	-4.44	-4.38	5.35	1.41	46
2.55	6.47	0.23	0.32	0.76	0.45	-4.66	-4.59	5.35	1.31	461
										462
										463
										469

B. 地区部分

1-B-1 按地区分组的规模以上

分组	企业单位数（个）	资产总计	固定资产原价	累计折旧	流动资产合计	应收账款
全省	**36304**	**101110.78**	**48631.52**	**20768.44**	**52426.48**	**10122.71**
济南市	2441	7508.14	3028.01	1333.87	4562.16	909.74
青岛市	3508	12863.95	4057.39	1724.00	7860.70	2430.67
淄博市	2412	5586.26	2858.06	1380.70	2899.12	519.20
枣庄市	1138	1630.41	1034.82	391.84	714.89	110.15
东营市	865	7232.67	2934.01	1339.85	4198.63	527.92
烟台市	2177	10382.82	5513.57	2604.90	5124.29	1083.43
潍坊市	3499	8541.38	3673.74	1516.64	4686.57	828.62
济宁市	2868	8997.94	4012.04	1600.23	4041.35	586.60
泰安市	1278	3320.40	1179.28	455.09	1967.05	380.18
威海市	1674	4007.98	1872.34	854.34	2141.05	513.89
日照市	746	3410.78	1598.07	626.47	1778.00	294.65
临沂市	4358	5061.74	2348.62	962.63	2621.85	483.46
德州市	2923	4030.97	2450.16	830.91	1659.17	270.85
聊城市	1975	3979.28	1882.81	702.10	2180.29	442.26
滨州市	1292	7380.50	3542.68	1317.20	4056.10	436.59
菏泽市	3146	3458.29	2166.76	813.17	1471.39	278.60

工业企业主要经济指标

单位：亿元

存货	产成品	负债合计	流动负债合计	应付账款	所有者权益合计	实收资本	国家资本	集体资本
11374.55	**4574.98**	**62236.95**	**50251.03**	**12019.36**	**38888.14**	**15739.06**	**3037.19**	**457.17**
1003.88	476.60	4602.77	3894.68	1142.52	2905.36	1417.94	492.00	27.29
1592.89	732.01	7915.20	6616.14	2212.36	4948.82	1974.41	340.63	36.86
676.84	302.68	3190.13	2803.03	632.05	2396.49	746.27	144.12	36.30
123.89	53.56	1016.43	777.19	150.70	613.91	347.38	69.15	20.44
975.24	346.46	5452.00	4741.98	865.24	1780.67	590.84	53.60	23.15
1235.70	415.04	5783.21	4669.20	1147.15	4599.61	1479.65	352.36	55.23
996.43	468.80	5479.93	4846.93	1155.10	3061.45	1243.64	125.82	51.02
742.88	285.51	5324.01	3335.02	553.87	3673.92	1059.96	300.32	19.95
291.45	126.36	2155.23	1696.78	323.37	1165.22	555.54	147.07	27.17
530.95	267.24	1975.85	1615.23	452.82	2032.13	619.43	85.82	16.86
317.65	117.30	2338.56	1877.16	464.19	1072.22	399.71	88.98	10.07
585.46	268.68	2904.35	2415.81	444.38	2171.42	800.61	59.64	52.52
389.53	162.76	2026.27	1657.09	338.21	2004.65	856.53	68.23	17.25
510.62	143.24	2647.47	2367.66	461.85	1331.77	531.08	60.88	12.50
916.48	242.08	5308.78	4015.55	791.69	2071.71	1755.48	41.70	39.71
297.39	163.24	1844.51	1470.27	345.44	1613.78	727.66	40.87	10.86

1-B-1 续表

分 组	法人资本	个人资本	港澳台资本	外商资本	营业收入	营业成本	销售费用
全 省	**6110.87**	**4216.15**	**617.94**	**1290.85**	**92580.20**	**79639.10**	**2516.47**
济南市	347.70	256.69	117.70	176.42	7172.35	5999.17	276.90
青岛市	683.01	435.62	107.57	370.70	10343.91	8489.70	566.72
淄博市	241.57	271.72	18.22	34.20	6810.59	5799.75	167.91
枣庄市	153.05	74.64	17.87	12.22	1454.07	1216.43	34.33
东营市	243.51	239.97	8.27	15.82	7507.25	6815.44	68.35
烟台市	490.36	261.71	100.97	219.03	9671.85	8306.70	252.50
潍坊市	434.93	481.25	58.29	92.34	8284.64	7200.87	168.57
济宁市	378.85	289.74	21.94	49.17	7512.91	6423.67	140.54
泰安市	202.54	153.12	11.76	13.59	1997.23	1675.30	61.31
威海市	270.26	116.66	40.15	89.68	3220.37	2579.85	210.84
日照市	110.14	76.01	14.88	99.63	2708.89	2354.99	37.71
临沂市	281.51	336.13	27.72	41.83	5521.03	4729.28	238.99
德州市	343.09	407.17	4.29	16.27	2907.89	2417.12	82.57
聊城市	217.92	206.17	12.02	21.65	3144.24	2769.71	73.75
滨州市	1419.54	228.61	9.63	16.29	7626.78	7032.35	74.40
菏泽市	292.91	353.67	16.37	12.69	4002.41	3428.77	52.82

单位：亿元

管理费用	财务费用			投资收益（损失以“-”号记）	营业利润	利润总额	亏损企业亏损总额	平均用工人数（万人）
		利息收入	利息支出					
3459.25	**1260.35**	**180.31**	**1288.14**	**377.33**	**4500.08**	**4618.92**	**618.72**	**666.99**
348.15	75.97	13.63	84.37	32.64	383.83	393.90	30.85	47.14
603.03	78.72	22.57	96.69	67.89	520.38	547.22	79.91	72.95
264.26	56.36	4.10	56.74	14.58	338.54	347.12	30.98	37.63
64.87	25.61	-0.01	21.82	-0.33	95.43	99.55	10.05	19.24
202.03	114.59	15.79	124.96	8.74	48.62	38.48	130.74	30.03
336.37	89.32	11.33	97.36	39.87	645.84	651.71	53.56	61.38
316.90	126.09	26.28	129.32	19.94	390.89	411.30	45.57	66.57
268.69	146.28	28.47	160.08	19.66	428.75	432.92	20.72	56.25
101.60	32.96	6.73	45.67	39.41	143.96	143.41	20.35	22.85
180.89	30.79	5.50	33.75	9.05	200.49	213.33	32.62	38.66
92.37	46.20	5.73	36.60	13.38	169.65	169.92	18.17	13.19
204.40	64.67	4.73	49.08	10.48	242.52	248.25	35.93	54.69
114.32	46.64	4.01	39.17	7.41	208.69	213.67	23.64	36.90
89.43	67.87	4.02	65.34	7.89	136.55	139.10	21.77	25.56
156.39	162.55	22.93	159.34	66.60	180.35	191.94	53.23	34.14
93.25	51.29	2.89	43.49	0.70	282.37	298.91	10.63	37.21

1-B-2 按地区分组的国有控股

分组	企业单位数（个）	资产总计	固定资产原价	累计折旧	流动资产合计	应收账款
全省	**1147**	**31550.42**	**18749.74**	**8526.47**	**13329.98**	**2376.24**
济南市	164	4092.22	1641.24	718.07	2519.19	371.80
青岛市	145	4202.84	1531.87	651.85	2728.11	1043.65
淄博市	84	1592.86	1272.22	666.97	607.75	117.02
枣庄市	66	754.48	500.37	225.89	346.58	41.15
东营市	29	1616.44	1236.10	662.35	320.77	42.06
烟台市	129	3677.43	2119.61	778.68	1064.86	199.29
潍坊市	88	1738.75	904.50	367.72	859.73	69.84
济宁市	113	5208.36	2252.22	1048.02	2172.07	201.76
泰安市	71	1308.31	427.40	171.24	791.28	62.34
威海市	41	467.46	258.58	103.88	215.04	41.52
日照市	22	551.94	201.46	20.90	185.91	10.81
临沂市	50	414.98	355.13	144.92	136.26	28.41
德州市	33	633.51	523.90	232.12	269.01	22.56
聊城市	44	541.11	385.70	150.49	235.81	37.48
滨州市	36	450.13	306.19	116.56	176.89	25.03
菏泽市	28	582.31	354.12	152.30	236.87	35.65

工业企业主要经济指标

单位：亿元

存货	产成品	负债合计	流动负债合计	应付账款	所有者权益合计	实收资本	国家资本	集体资本
2423.26	**832.53**	**19871.27**	**14134.61**	**3725.26**	**11679.15**	**4232.76**	**2830.18**	**59.17**
540.67	267.88	2775.20	2270.07	600.50	1317.02	765.66	467.73	3.95
393.60	127.72	2625.27	2230.95	855.19	1577.57	559.73	329.26	1.40
165.51	69.43	829.67	704.04	186.67	763.19	168.04	136.08	0.88
43.00	17.65	553.96	380.19	64.85	200.52	153.21	61.25	9.12
75.30	24.19	959.49	725.64	144.29	656.95	76.10	51.80	0.07
259.33	79.74	2332.93	1524.00	424.61	1344.49	549.23	339.04	19.33
119.10	48.99	981.20	789.26	240.36	757.55	230.02	108.68	5.82
321.60	87.01	3331.07	1743.94	227.96	1877.29	357.36	286.75	6.82
43.49	20.51	908.92	621.72	59.25	399.39	185.31	129.35	2.85
41.96	10.66	258.91	202.51	45.02	208.55	95.51	79.24	0.35
34.75	3.07	350.19	236.60	81.13	201.76	61.74	48.58	
27.26	13.57	263.46	164.50	31.35	151.52	79.33	45.71	4.13
54.63	23.19	352.51	277.66	68.99	281.00	99.58	56.22	
64.74	12.18	382.55	337.47	57.19	158.57	72.74	54.99	2.11
38.80	16.18	306.15	215.75	57.88	143.98	64.65	34.63	2.11
12.25	7.16	387.53	259.02	41.61	194.79	81.62	34.85	0.24

1-B-2 续表

分　组	法人资本	个人资本	港澳台资本	外商资本	营业收入	营业成本	销售费用
全　省	**836.51**	**150.12**	**127.77**	**222.63**	**24860.63**	**20874.90**	**489.83**
济南市	80.72	6.38	72.81	134.07	3412.07	2886.30	95.07
青岛市	196.07	13.39	1.45	18.17	3597.63	2990.01	162.46
淄博市	24.16	5.68	0.52	0.72	2105.80	1683.07	43.74
枣庄市	77.64	3.51		1.70	430.84	327.37	9.19
东营市	17.79	0.36			1641.70	1351.79	8.69
烟台市	132.92	11.73	0.84	45.38	3016.89	2613.64	34.66
潍坊市	51.50	40.25	19.72	4.05	1824.05	1533.37	26.85
济宁市	44.69	14.71	0.25	4.15	3241.83	2739.58	37.73
泰安市	51.59	1.06	0.02	0.15	403.80	347.88	8.07
威海市	12.88	2.35		0.69	180.03	141.85	8.04
日照市	12.80	0.06		0.30	213.28	197.32	1.80
临沂市	28.43	1.06			222.61	174.55	8.68
德州市	41.56	0.85		0.95	759.22	625.32	5.66
聊城市	5.64	9.99			458.09	353.80	22.99
滨州市	18.93	7.12	1.87		383.49	339.09	3.29
菏泽市	39.19	4.35		3.00	275.53	169.97	4.63

单位：亿元

管理费用	财务费用	利息收入	利息支出	投资收益（损失以“–”号记）	营业利润	利润总额	亏损企业亏损总额	平均用工人数（万人）
976.57	**334.02**	**67.43**	**409.31**	**130.05**	**1334.93**	**1334.23**	**164.98**	**121.39**
166.01	40.12	10.13	50.84	18.19	149.11	149.64	15.56	15.98
151.52	6.81	9.43	21.05	21.46	185.16	195.79	22.29	11.75
98.20	12.07	1.69	14.38	4.17	133.03	134.27	8.24	8.73
33.01	12.87	-0.40	10.89	0.27	39.67	41.92	5.55	5.88
99.58	18.98	3.51	24.24	0.02	-25.90	-36.45	54.92	12.31
99.63	31.12	3.52	32.10	9.33	201.47	200.64	16.01	9.76
61.12	14.48	5.66	16.84	12.76	136.31	142.82	3.97	5.65
131.94	94.33	26.31	118.77	9.22	149.35	146.00	9.69	19.97
22.33	9.94	3.47	27.16	29.02	36.32	34.16	6.46	4.82
16.82	2.93	0.34	3.23	1.82	12.25	13.17	7.00	2.24
6.18	3.77	0.46	4.07		3.47	3.64	4.84	0.82
11.54	6.70	0.47	8.13	0.36	15.75	15.43	2.43	1.73
17.05	5.48	0.78	5.21	0.65	86.33	86.30	1.80	2.45
16.93	10.50	-0.15	10.59	2.47	51.85	52.30	2.96	2.59
8.90	8.24	0.33	7.67	0.84	11.82	11.99	2.49	2.11
13.51	11.26	0.28	9.80	0.04	65.74	64.41	0.78	1.98

1-B-3 按地区分组的有限责任公司

分组	企业单位数（个）	资产总计	固定资产原价	累计折旧	流动资产合计	应收账款
全省	**6461**	**42074.26**	**19960.73**	**8100.01**	**21195.14**	**3231.41**
济南市	731	4914.25	1712.41	725.69	3090.28	532.90
青岛市	569	3604.24	1668.84	682.42	2112.88	457.37
淄博市	405	2099.25	1167.71	542.11	892.68	141.37
枣庄市	231	879.87	605.67	256.63	404.48	52.43
东营市	157	1773.54	809.17	336.29	1017.11	152.91
烟台市	405	4295.79	2147.30	687.71	1544.90	235.30
潍坊市	594	2177.04	1344.88	536.47	1054.04	175.14
济宁市	341	5671.17	2435.19	1087.71	2429.76	222.44
泰安市	341	2109.31	698.82	279.87	1286.04	184.35
威海市	314	1868.34	859.40	411.68	1033.23	212.91
日照市	250	2180.38	896.96	316.79	1110.38	138.14
临沂市	790	1592.55	715.23	256.98	779.63	137.68
德州市	520	1413.85	837.20	296.97	648.06	79.80
聊城市	251	1245.80	636.34	300.99	690.99	136.09
滨州市	333	4861.28	2586.85	931.43	2438.96	263.23
菏泽市	228	1060.43	712.34	367.03	427.22	96.64

工业企业主要经济指标

单位：亿元

存货	产成品	负债合计	流动负债合计	应付账款	所有者权益合计	实收资本	国家资本	集体资本
4536.75	**1659.94**	**26643.23**	**19975.44**	**4410.68**	**15444.82**	**6519.51**	**2015.18**	**232.23**
658.02	328.16	3115.67	2659.25	660.49	1798.58	890.57	365.37	15.30
439.92	183.96	2273.52	1868.71	673.31	1330.73	650.64	267.39	8.41
198.97	103.31	1077.92	917.00	225.69	1021.25	293.17	119.78	14.27
58.72	25.41	576.04	442.89	85.20	303.83	192.03	50.24	14.50
235.63	93.80	1433.47	1220.60	225.07	340.07	214.57	45.06	15.49
469.65	107.30	2505.47	1663.07	322.34	1790.32	552.28	303.22	24.97
260.39	114.94	1481.94	1200.51	273.45	695.10	316.36	82.36	19.74
374.05	111.80	3593.42	1966.99	281.96	2077.75	453.34	269.94	11.33
124.75	53.84	1337.38	1020.58	151.27	771.93	312.89	142.03	14.20
269.39	140.57	882.52	670.54	177.34	985.83	217.75	67.41	7.79
166.34	47.29	1461.87	1190.48	271.76	718.51	145.62	52.85	8.81
184.65	91.35	1052.28	812.42	178.22	554.19	241.18	53.42	27.01
157.59	64.20	842.17	692.57	159.39	571.64	229.23	21.65	5.82
120.00	51.03	886.07	745.91	115.11	359.73	178.52	53.51	6.37
559.61	101.80	3336.87	2259.19	481.01	1524.41	1405.47	35.10	35.52
79.57	37.78	673.92	535.06	126.49	386.50	161.79	21.77	2.71

1-B-3 续表

分 组					营业收入	营业成本	销售费用
	法人资本	个人资本	港澳台资本	外商资本			
全 省	**3201.66**	**822.03**	**88.54**	**153.48**	**37063.51**	**31757.67**	**874.20**
济南市	237.25	64.55	77.78	130.32	3986.69	3307.31	185.26
青岛市	293.04	74.09	0.38	7.34	3519.43	2964.41	130.80
淄博市	123.74	34.99	0.07	0.32	2592.82	2236.68	51.54
枣庄市	109.06	16.54		1.70	678.08	537.21	15.12
东营市	102.03	45.03		0.78	1899.10	1713.51	20.96
烟台市	167.23	51.50	1.96	3.40	3757.78	3347.02	57.43
潍坊市	139.30	74.10	0.40	0.46	2577.45	2268.98	35.91
济宁市	123.30	45.77		3.00	3713.40	3144.50	47.48
泰安市	120.67	32.53	3.41	0.06	1114.90	923.68	29.64
威海市	93.32	48.23	0.08	0.92	1438.85	1102.01	128.43
日照市	58.04	25.06	0.86		1584.84	1353.08	18.67
临沂市	90.20	69.01	1.54		1471.15	1275.79	39.74
德州市	107.10	94.45			1242.20	1023.18	26.47
聊城市	72.14	44.25	2.06	0.20	917.10	795.13	27.94
滨州市	1265.36	69.49			4795.13	4378.29	40.78
菏泽市	99.86	32.44		5.00	1480.65	1281.42	9.79

单位：亿元

管理费用	财务费用	利息收入	利息支出	投资收益（损失以"-"号记）	营业利润	利润总额	亏损企业亏损总额	平均用工人数（万人）
1322.71	**561.76**	**100.35**	**617.06**	**209.13**	**1902.18**	**1947.98**	**209.13**	**211.53**
208.30	50.31	13.01	63.53	19.99	218.07	220.74	20.46	24.41
155.58	17.79	8.62	26.55	11.06	146.54	159.34	30.54	18.14
89.94	14.39	1.26	17.07	8.13	167.09	167.89	12.90	12.65
36.99	14.72	0.03	12.76	0.19	62.84	63.68	3.39	7.32
39.45	25.02	4.12	28.74	5.72	28.32	31.10	17.68	6.27
119.62	39.23	3.37	41.64	26.80	190.45	190.50	19.30	17.64
65.54	37.47	4.96	33.93	2.33	102.07	110.58	8.47	14.59
144.93	101.28	27.14	124.59	9.75	186.80	184.78	8.76	24.27
53.11	14.96	6.42	32.48	34.09	114.11	112.35	11.76	10.94
86.64	12.09	1.27	13.11	4.40	98.04	105.70	14.25	13.17
58.00	24.32	5.41	25.25	13.21	131.46	130.97	8.57	6.14
56.72	29.06	0.73	20.93	0.77	59.19	61.49	15.27	12.77
40.38	18.22	1.83	15.50	1.01	106.59	107.41	9.86	10.11
25.93	19.69	1.21	20.31	2.86	45.57	46.83	5.63	7.56
98.69	124.91	19.27	123.12	68.46	147.16	159.35	20.17	19.72
22.78	17.53	1.51	16.64	0.28	80.34	79.23	2.11	4.98

1-B-4 按地区分组的股份有限公司

分组	企业单位数(个)	资产总计	固定资产原价	累计折旧	流动资产合计	应收账款
全省	**1159**	**16940.60**	**6555.04**	**2998.40**	**8332.07**	**1432.52**
济南市	107	861.33	582.26	277.73	420.09	81.29
青岛市	103	4601.25	645.79	255.33	2723.47	604.43
淄博市	123	1060.38	756.67	423.02	490.32	85.75
枣庄市	21	177.23	112.71	29.28	70.45	8.85
东营市	29	2012.90	1104.22	599.20	764.25	44.17
烟台市	87	1310.18	760.41	299.87	506.17	82.67
潍坊市	196	2807.23	881.30	405.79	1520.69	205.89
济宁市	61	398.26	189.56	65.03	205.36	53.62
泰安市	39	264.13	153.75	56.31	109.86	31.74
威海市	64	348.58	106.86	38.99	164.39	43.00
日照市	48	151.49	91.86	43.27	79.01	18.83
临沂市	101	709.04	286.47	122.20	368.57	23.20
德州市	55	279.31	127.99	51.76	136.87	26.22
聊城市	48	403.83	92.03	24.92	283.48	95.01
滨州市	31	426.57	198.06	70.21	189.00	12.00
菏泽市	45	269.55	112.80	44.20	143.11	8.12

工业企业主要经济指标

单位：亿元

存货	产成品	负债合计	流动负债合计	应付账款	所有者权益合计	实收资本	国家资本	集体资本
1592.84	**741.19**	**9912.12**	**8129.92**	**2212.07**	**7028.48**	**1614.26**	**339.47**	**71.75**
88.97	32.60	488.37	357.03	107.99	372.96	169.94	112.70	5.76
540.33	320.26	3072.96	2473.93	821.22	1528.29	215.90	44.25	17.68
110.40	46.45	497.22	447.19	95.18	563.16	116.13	2.98	4.82
11.99	5.11	117.50	96.52	10.00	59.73	28.65	11.17	1.00
114.07	40.12	1186.74	950.02	180.99	826.16	34.48	0.08	4.02
133.67	60.42	655.50	577.24	180.90	654.69	167.96	26.01	18.14
206.48	87.88	1537.71	1380.70	366.79	1269.52	362.82	37.99	8.95
60.76	27.14	236.81	172.55	35.06	161.45	47.64	6.61	1.70
21.23	8.44	172.03	119.69	33.55	92.10	28.40	1.46	4.63
44.25	21.39	130.52	113.54	30.04	218.06	52.57	15.37	0.74
26.88	17.73	111.93	101.09	25.63	39.55	24.81	7.99	0.24
76.38	19.91	424.64	375.85	43.03	284.40	105.96	2.01	2.70
32.72	16.30	133.76	112.86	19.86	145.56	44.73	0.23	0.31
52.71	11.99	202.63	168.42	37.00	201.20	33.80	4.65	0.60
50.65	18.59	269.09	212.91	85.73	157.47	50.95	2.07	0.32
16.01	6.86	248.60	209.07	109.15	20.95	30.91	8.85	0.13

1-B-4 续表

分 组					营业收入	营业成本	销售费用
	法人资本	个人资本	港澳台资本	外商资本			
全 省	**490.18**	**640.54**	**47.63**	**24.26**	**11642.07**	**9252.65**	**488.21**
济南市	19.81	31.30		0.37	1039.60	851.67	25.71
青岛市	81.25	69.53	0.82	2.36	2344.06	1675.72	251.92
淄博市	35.40	72.79			1463.57	1172.89	19.64
枣庄市	12.02	4.46			110.24	96.48	2.05
东营市	20.58	9.51	0.29		1761.87	1491.22	10.65
烟台市	94.41	25.13	3.92	0.35	738.95	548.54	26.68
潍坊市	99.11	171.99	24.85	19.93	1707.22	1398.10	49.48
济宁市	14.25	24.15	0.70	0.23	307.09	257.85	10.05
泰安市	5.96	16.07			146.93	121.84	3.97
威海市	19.18	16.30	0.01	0.97	179.87	126.93	15.78
日照市	8.67	7.91			147.11	127.60	2.58
临沂市	32.19	68.40	0.65		525.63	419.89	32.55
德州市	19.43	24.70		0.05	182.27	142.48	8.19
聊城市	5.26	23.28			238.59	170.82	21.21
滨州市	8.71	39.85			420.08	362.75	7.15
菏泽市	13.96	7.90	0.07		207.80	176.13	0.59

单位：亿元

管理费用	财务费用	利息收入	利息支出	投资收益（损失以"–"号记）	营业利润	利润总额	亏损企业亏损总额	平均用工人数（万人）
701.86	**162.16**	**44.15**	**198.74**	**108.11**	**725.19**	**724.05**	**100.80**	**70.60**
40.24	10.45	0.24	10.06	10.92	53.86	54.82	1.49	4.39
228.72	27.91	12.78	41.61	42.38	192.41	198.49	2.20	8.94
66.63	10.69	1.19	11.71	4.26	74.01	71.36	4.82	5.66
4.42	2.78	-0.02	2.43	0.08	4.05	4.19	0.67	0.90
100.94	27.39	7.44	36.77	2.09	-18.45	-29.45	66.37	11.47
40.95	12.09	1.21	11.12	5.42	109.25	108.58	2.59	4.81
103.94	12.89	16.34	27.06	11.26	138.81	144.32	3.92	15.28
13.04	4.47	0.15	4.54	1.16	17.77	18.84	1.14	2.54
8.06	6.29		5.78	0.61	6.00	6.35	0.74	1.48
20.38	1.80	0.35	2.28	3.69	18.14	17.86	2.53	2.63
6.07	3.76	0.08	2.53	0.15	6.23	6.39	1.32	1.21
28.01	7.44	0.88	7.11	1.82	33.79	33.64	2.41	3.58
10.17	4.22	0.50	4.38	1.51	17.16	17.88	3.67	1.92
13.99	4.93	0.27	5.62	3.17	28.19	27.94	2.25	2.34
12.46	6.00	0.66	6.33	2.83	19.64	18.99	4.44	1.92
3.85	3.74	0.90	3.88	0.01	18.20	18.14	0.27	1.02

1-B-5 按地区分组的私营

分 组	企业单位数(个)	资产总计	固定资产原价	累计折旧	流动资产合计	应收账款
全 省	**25460**	**26782.40**	**11301.80**	**4076.72**	**15060.29**	**3056.24**
济南市	1431	1158.98	443.25	204.03	730.24	221.25
青岛市	1876	1766.38	610.24	219.56	1028.78	340.59
淄博市	1719	1738.49	585.68	244.90	1146.56	199.74
枣庄市	834	361.87	207.69	64.57	151.10	31.41
东营市	632	3056.68	887.21	340.37	2140.12	303.86
烟台市	1171	2307.31	915.58	429.32	1380.14	298.46
潍坊市	2436	2753.64	1067.01	393.98	1628.28	319.29
济宁市	2346	2601.27	1167.99	347.13	1238.98	267.31
泰安市	820	820.16	267.24	91.66	501.79	147.10
威海市	917	882.55	422.56	190.12	489.48	121.71
日照市	371	532.13	182.05	46.52	320.55	69.34
临沂市	3313	1849.54	1028.50	440.89	856.12	205.95
德州市	2257	2124.91	1300.59	376.20	771.62	140.42
聊城市	1632	1295.13	502.01	154.65	769.80	131.69
滨州市	889	1842.81	620.20	248.01	1273.30	137.74
菏泽市	2816	1690.56	1094.03	284.81	633.41	120.38

工业企业主要经济指标

单位：亿元

存货	产成品	负债合计	流动负债合计	应付账款	所有者权益合计	实收资本	国家资本	集体资本
3729.41	**1589.29**	**16741.44**	**14752.75**	**3048.53**	**10040.59**	**4496.61**	**24.49**	**99.50**
193.53	86.98	712.22	653.13	296.81	446.75	221.45	0.37	3.09
278.35	93.56	1008.27	876.56	281.70	758.17	422.75	5.18	5.61
266.09	122.19	1252.66	1107.29	235.81	486.27	223.22	2.22	6.26
36.34	15.69	160.96	140.10	34.58	200.84	85.97	3.11	4.40
547.46	201.96	2604.01	2398.99	424.87	452.67	295.18	0.37	3.49
351.80	125.48	1109.93	980.07	171.40	1197.38	302.59	3.37	3.30
434.65	222.55	1982.26	1843.57	406.08	771.38	405.44	2.20	18.63
262.79	127.98	1327.27	1055.96	196.17	1274.00	443.90	1.31	6.34
122.90	58.38	560.14	486.67	115.96	260.06	183.89	0.54	7.54
117.23	51.13	532.36	479.30	116.34	350.19	121.04	0.34	6.82
68.91	31.74	460.67	391.18	80.24	71.47	63.56	0.84	0.38
222.66	106.21	955.02	790.07	164.79	893.72	337.70	0.46	7.31
171.97	69.39	948.43	764.99	135.32	1176.47	498.09	1.76	10.54
204.07	63.67	882.79	791.83	100.88	412.30	268.41	0.24	5.51
279.51	110.76	1537.89	1391.64	202.23	304.92	222.29	0.11	3.61
171.16	101.65	706.55	601.41	85.35	984.01	401.13	2.06	6.67

1-B-5 续表

分组	法人资本	个人资本	港澳台资本	外商资本	营业收入	营业成本	销售费用
全省	**1814.45**	**2527.84**	**18.87**	**10.50**	**29922.57**	**26657.78**	**693.21**
济南市	61.64	156.12	0.07		1704.44	1490.39	43.49
青岛市	167.18	243.58	0.04	1.16	1755.91	1527.89	55.66
淄博市	67.72	146.21	0.66	0.14	2176.20	1926.14	75.81
枣庄市	25.08	53.28	0.10		508.22	447.13	12.96
东营市	110.89	178.42	1.58	0.10	3427.00	3221.54	33.56
烟台市	116.05	161.85	15.41	2.61	2240.97	1859.78	101.47
潍坊市	156.09	227.89	0.26	0.36	3229.39	2881.11	59.21
济宁市	225.41	210.84			3181.38	2762.54	73.85
泰安市	71.80	102.90		1.10	637.03	549.20	19.91
威海市	65.05	43.95		4.87	880.67	775.33	18.99
日照市	19.95	41.92	0.47		433.55	397.74	7.25
临沂市	137.53	192.08	0.13	0.02	2749.53	2466.75	70.69
德州市	201.05	284.67	0.02	0.02	1275.09	1070.68	42.20
聊城市	125.42	137.23	0.04	0.02	1503.76	1395.98	19.91
滨州市	99.46	119.06		0.05	2256.20	2155.69	23.09
菏泽市	164.12	227.85	0.10	0.04	1963.23	1729.89	35.14

单位：亿元

管理费用	财务费用	利息收入	利息支出	投资收益(损失以"–"号记)	营业利润	利润总额	亏损企业亏损总额	平均用工人数(万人)
932.18	**391.66**	**20.89**	**318.55**	**32.02**	**1084.44**	**1127.31**	**201.13**	**275.98**
68.35	12.46	0.51	7.34	1.42	78.59	82.56	6.23	13.23
95.49	17.65	1.32	12.63	1.68	50.10	54.27	12.26	21.33
69.53	24.70	0.84	20.34	1.36	57.33	62.93	9.74	13.03
15.55	3.68	0.14	2.89	-0.43	24.77	26.20	2.15	8.36
55.11	53.02	2.89	48.93	0.46	27.23	23.21	43.88	11.15
86.08	25.11	3.42	21.75	5.84	161.85	168.26	10.95	20.35
112.71	64.15	2.48	56.75	5.81	103.19	108.71	22.29	30.15
92.68	37.73	1.21	28.36	8.04	205.42	210.84	3.72	25.98
34.83	9.97	0.38	6.32	4.67	22.21	23.12	4.98	9.05
34.74	11.30	0.34	9.56	0.39	35.48	39.30	10.49	11.18
11.53	7.49	0.22	5.61	0.18	5.92	6.28	3.63	3.87
81.75	25.50	0.24	16.09	0.16	87.46	90.12	15.11	31.77
56.19	22.20	1.81	17.69	4.86	74.55	77.56	8.77	22.47
27.35	24.98	1.82	20.65	2.04	33.17	35.30	12.41	14.08
38.45	30.30	2.97	28.62	-4.72	6.63	6.58	26.72	11.01
51.84	21.42	0.30	15.02	0.27	110.55	112.07	7.81	28.97

1-B-6 按地区分组的港澳台商投资

分组	企业单位数（个）	资产总计	固定资产原价	累计折旧	流动资产合计	应收账款
全省	**805**	**4109.21**	**2261.69**	**995.56**	**2221.81**	**539.61**
济南市	52	257.73	126.51	52.89	144.43	25.38
青岛市	187	432.54	207.49	92.88	274.17	92.16
淄博市	49	164.46	75.62	35.05	92.36	21.84
枣庄市	23	114.12	68.90	25.72	54.29	12.02
东营市	22	107.55	50.68	17.44	64.01	12.46
烟台市	120	442.52	382.81	263.18	269.33	88.77
潍坊市	89	361.84	164.70	71.64	201.11	44.01
济宁市	34	67.17	41.26	15.35	27.54	9.57
泰安市	19	47.91	23.09	7.14	18.54	4.69
威海市	54	356.15	140.53	51.53	196.08	66.40
日照市	20	55.55	28.23	8.81	26.60	15.02
临沂市	65	202.77	92.65	45.00	109.83	17.42
德州市	19	52.56	28.60	15.72	27.98	7.15
聊城市	11	925.64	593.74	195.88	377.12	66.24
滨州市	18	169.52	65.77	27.39	115.70	11.24
菏泽市	23	351.19	171.12	69.94	222.72	45.25

工业企业主要经济指标

单位：亿元

存货	产成品	负债合计	流动负债合计	应付账款	所有者权益合计	实收资本	国家资本	集体资本
452.37	**151.28**	**2269.93**	**1962.87**	**573.62**	**1839.28**	**803.55**	**55.56**	**3.25**
21.77	9.54	117.04	91.19	27.04	140.69	53.21	8.56	0.30
62.09	19.47	215.72	194.13	66.18	216.82	130.02	6.38	0.62
21.59	5.82	81.63	76.47	18.38	82.83	30.03	1.87	0.70
10.98	5.01	59.49	50.31	11.88	54.64	25.04	1.71	
11.15	7.58	67.01	54.55	11.36	40.54	22.78	6.75	
40.10	13.92	261.75	233.22	72.58	180.77	85.55	9.18	0.12
38.09	19.11	238.74	197.51	42.40	123.10	72.30	2.27	0.34
7.27	2.64	36.58	29.80	9.87	30.59	28.61	2.23	0.27
4.61	2.00	34.92	25.66	5.20	12.98	10.89	0.79	
28.75	13.89	162.03	143.11	71.70	194.12	70.50	2.53	0.35
5.69	2.69	36.19	24.52	6.85	19.36	23.55		0.08
30.57	14.49	87.70	66.78	11.81	115.08	41.30	1.82	0.04
11.51	4.60	23.14	21.47	4.24	29.42	19.17	1.17	
123.37	11.43	564.81	561.81	189.36	360.83	23.89		
15.92	6.52	103.32	99.62	10.56	66.20	56.16	4.29	0.02
18.91	12.57	179.88	92.73	14.20	171.31	110.54	6.02	0.42

1-B-6 续表

分 组	法人资本	个人资本	港澳台资本	外商资本	营业收入	营业成本	销售费用
全 省	**170.33**	**114.64**	**384.11**	**74.56**	**3149.13**	**2566.15**	**110.79**
济南市	8.36	0.96	31.00	4.03	174.70	132.73	13.84
青岛市	15.85	10.39	87.60	9.18	473.66	406.90	17.07
淄博市	4.98	4.17	14.84	3.48	154.63	129.34	4.91
枣庄市	1.04	0.19	17.77	4.33	86.53	69.39	2.65
东营市	4.85	1.87	6.41	2.91	67.46	60.18	1.39
烟台市	14.97	5.03	52.81	3.45	545.42	469.30	10.08
潍坊市	16.07	1.35	32.04	20.24	343.06	286.40	10.70
济宁市	3.39	0.69	19.79	2.25	59.61	50.73	1.84
泰安市	1.23	0.26	7.97	0.64	23.91	19.68	0.52
威海市	24.17	2.77	39.44	1.25	206.61	138.55	29.67
日照市	1.46	0.19	13.56	8.27	43.62	37.29	0.91
临沂市	5.99	1.85	25.18	5.33	200.85	170.57	7.20
德州市	9.39	0.50	4.27	3.85	35.84	31.63	1.24
聊城市	13.09	0.40	9.78	0.62	408.59	342.80	1.80
滨州市	40.48		9.63	1.74	76.66	67.50	1.23
菏泽市	5.03	84.04	12.02	3.01	247.97	153.15	5.74

单位：亿元

管理费用	财务费用	利息收入	利息支出	投资收益（损失以“–”号记）	营业利润	利润总额	亏损企业亏损总额	平均用工人数（万人）
142.94	**48.50**	**4.69**	**50.00**	**2.51**	**262.76**	**284.13**	**25.17**	**24.75**
11.26	0.67	-0.08	1.19	0.19	15.97	16.83	0.52	2.07
25.32	3.52	0.38	3.93	0.22	19.05	18.86	6.51	4.00
7.13	1.53	0.35	1.66	0.68	11.16	11.46	0.33	1.67
4.36	1.60	-0.07	1.23	-0.36	7.64	8.28	0.44	0.92
3.08	1.61	0.09	1.48	0.46	2.00	3.80	1.01	0.44
16.53	3.84	0.41	4.32	0.05	43.65	43.31	3.28	3.76
17.59	6.65	1.55	7.40	-0.09	20.61	21.08	7.05	2.12
2.79	0.80		0.45	0.62	3.68	3.70	1.56	1.00
1.38	0.86	0.02	0.53	0.03	1.11	1.27	0.53	0.44
13.07	1.16	0.58	0.84	0.42	22.47	24.02	0.29	2.35
1.52	0.57		0.52	0.02	2.14	2.24	1.25	0.65
5.99	0.91	0.29	2.37	0.16	13.59	14.06	1.76	2.33
1.39	0.23	0.01	0.25		1.07	1.14	0.29	0.52
19.38	16.57	1.05	16.57	0.05	27.13	26.37	0.15	0.90
2.98		0.04	-0.05	0.01	4.61	4.70	0.17	0.79
9.16	7.99	0.07	7.31	0.05	66.89	83.03	0.03	0.80

1-B-7 按地区分组的外商投资

分组	企业单位数(个)	资产总计	固定资产原价	累计折旧	流动资产合计	应收账款
全省	**2131**	**7992.41**	**4337.25**	**2467.69**	**5134.04**	**1750.02**
济南市	90	268.34	137.68	62.81	149.64	39.19
青岛市	751	2331.69	883.38	453.78	1645.88	907.80
淄博市	56	251.02	138.50	71.55	123.52	30.99
枣庄市	15	29.78	16.90	5.54	11.35	3.39
东营市	20	264.09	73.20	41.43	200.27	5.87
烟台市	354	1961.34	1266.78	902.13	1386.40	370.09
潍坊市	167	419.50	204.63	103.67	269.10	81.44
济宁市	68	220.49	153.19	72.06	116.01	31.24
泰安市	44	71.08	32.53	17.40	45.79	11.53
威海市	312	541.65	337.28	160.15	251.99	69.04
日照市	53	489.87	398.33	210.85	240.62	53.19
临沂市	74	699.00	220.09	95.16	503.89	98.21
德州市	53	140.41	141.22	84.91	68.69	16.18
聊城市	24	73.43	41.17	19.02	39.75	8.83
滨州市	19	77.70	70.84	39.50	37.37	11.40
菏泽市	30	65.57	31.37	14.59	37.56	7.57

工业企业主要经济指标

单位：亿元

存货	产成品	负债合计	流动负债合计	应付账款	所有者权益合计	实收资本	国家资本	集体资本
976.50	**404.87**	**4374.52**	**3892.09**	**1150.24**	**3618.78**	**1797.09**	**138.34**	**38.23**
36.39	16.26	139.36	108.53	43.54	128.98	77.87	1.63	1.85
260.77	108.59	1259.13	1133.32	337.00	1072.56	533.42	10.57	3.99
35.79	18.79	90.91	84.19	19.77	160.11	60.34	1.15	7.49
4.45	2.24	18.53	13.53	3.12	11.25	12.29		0.32
64.78	2.29	147.43	105.83	19.54	116.66	21.55		0.15
232.86	102.38	1207.22	1176.77	394.49	754.13	364.47	7.99	5.18
53.33	22.88	225.33	212.81	64.54	194.18	82.65	0.29	1.26
36.42	14.94	114.14	95.55	27.26	106.35	82.68	16.92	0.13
17.44	3.59	42.26	38.68	16.37	28.83	18.76	1.92	0.67
69.63	38.80	262.05	203.76	56.37	279.60	157.05	0.17	1.00
49.70	17.84	267.56	169.59	79.61	222.31	141.65	27.31	0.55
70.24	36.17	380.94	367.17	45.54	318.96	72.91	1.89	15.38
14.64	7.95	63.37	57.52	18.69	77.04	63.36	42.40	
7.37	3.47	36.97	31.70	7.19	36.46	23.76		0.01
10.41	4.41	59.68	50.25	10.69	18.02	19.99		0.25
10.61	4.26	21.57	20.35	6.50	44.00	16.80	1.85	

1-B-7 续表

分组	法人资本	个人资本	港澳台资本	外商资本	营业收入	营业成本	销售费用
全省	**411.09**	**102.61**	**78.78**	**1028.03**	**8041.53**	**6822.66**	**328.64**
济南市	20.14	3.70	8.85	41.70	237.45	192.04	7.98
青岛市	111.64	37.84	18.72	350.66	2124.56	1803.33	104.03
淄博市	9.33	9.47	2.64	30.26	223.61	179.10	5.98
枣庄市	5.62	0.15		6.20	37.43	34.89	1.06
东营市	5.16	4.20		12.04	337.03	315.88	1.03
烟台市	97.50	17.70	26.87	209.23	2351.53	2051.67	56.27
潍坊市	24.25	4.74	0.75	51.35	416.46	356.78	12.70
济宁市	12.43	8.06	1.44	43.69	228.94	193.87	7.01
泰安市	2.62	1.36	0.39	11.79	70.34	56.98	7.21
威海市	68.22	5.38	0.62	81.67	500.04	424.22	17.87
日照市	22.01	0.42		91.36	497.88	437.48	8.26
临沂市	14.54	4.41	0.21	36.48	566.56	389.98	88.55
德州市	5.91	2.70		12.35	165.70	143.69	4.24
聊城市	1.99	0.83	0.13	20.80	65.74	55.41	2.77
滨州市	5.02	0.21		14.51	77.09	66.73	2.14
菏泽市	4.70	1.44	4.17	4.63	84.75	70.30	1.54

单位：亿元

管理费用	财务费用			投资收益（损失以“−”号记）	营业利润	利润总额	亏损企业亏损总额	平均用工人数（万人）
		利息收入	利息支出					
317.32	**60.13**	**9.72**	**67.40**	**21.95**	**459.57**	**465.26**	**71.76**	**66.06**
16.61	1.79	-0.08	1.95	0.06	17.52	18.74	1.19	2.51
92.84	11.48	-0.39	11.51	12.47	110.71	114.36	27.16	19.55
14.73	0.90	0.03	1.47	-0.38	20.16	20.79	1.01	2.97
0.90	0.71		0.49		-0.34	-0.32	0.64	0.91
2.51	7.48	1.25	8.97		9.81	10.01	1.49	0.41
69.48	7.86	2.90	17.39	1.69	139.83	139.43	16.29	13.99
16.09	4.84	0.95	4.11	0.61	26.50	26.69	3.57	4.09
10.76	1.93	-0.01	2.01	0.07	12.49	12.25	5.39	2.03
3.79	0.72	-0.10	0.44	0.01	1.12	0.87	1.70	0.74
25.33	4.18	2.95	7.70	0.15	26.01	26.07	5.04	9.09
15.23	10.06	0.01	2.70	-0.18	23.88	24.04	3.40	1.31
31.55	1.67	2.60	2.49	7.57	48.33	48.77	1.35	4.11
4.87	1.66	-0.14	1.24	0.02	9.87	9.86	0.66	1.62
2.48	1.24	-0.36	1.71	-0.22	2.62	2.74	1.15	0.55
3.58	1.34	-0.01	1.30	0.02	2.32	2.33	1.69	0.65
5.39	0.25	0.10	0.29	0.07	6.64	6.68	0.02	1.22

1−B−8 按地区分组的大型工业

分 组	企 业 单位数 (个)	资产总计	固定资产原 价	累计折旧	流动资产合 计	应收账款
全 省	**679**	**55318.56**	**27162.54**	**12350.45**	**27516.82**	**4378.26**
济南市	48	4422.80	1747.64	811.69	2733.75	326.62
青岛市	76	7249.23	1516.66	654.35	4596.72	1412.86
淄博市	41	2639.97	1653.44	838.51	1152.60	157.35
枣庄市	15	494.45	339.45	158.47	240.39	29.29
东营市	42	4211.33	2014.98	1015.08	2156.61	182.09
烟台市	77	6402.76	3465.20	1654.99	2959.18	542.07
潍坊市	80	4058.05	1638.61	733.19	2199.12	273.40
济宁市	46	6197.10	2641.29	1133.38	2621.62	233.53
泰安市	25	1547.97	451.78	185.45	975.21	129.30
威海市	53	2202.06	981.55	454.61	1202.67	310.01
日照市	15	2032.92	995.81	373.57	936.87	99.46
临沂市	39	1514.33	593.87	262.46	927.74	123.21
德州市	34	1150.33	817.26	336.00	508.09	63.40
聊城市	22	1933.30	909.68	323.14	1033.31	176.85
滨州市	45	4595.43	2385.17	818.44	2359.52	206.31
菏泽市	18	1036.66	721.17	395.78	455.75	90.68

企业主要经济指标

单位：亿元

存货	产成品	负债合计	流动负债合计	应付账款	所有者权益合计	实收资本	国家资本	集体资本
5644.14	**2110.21**	**33765.95**	**25921.36**	**6339.63**	**21552.60**	**5285.14**	**1918.60**	**146.48**
601.96	286.92	2870.82	2421.56	689.02	1551.98	727.74	341.24	7.77
794.04	427.63	4756.87	3929.07	1317.25	2492.36	503.01	130.50	18.27
303.02	113.67	1255.54	1078.22	277.05	1384.43	211.29	75.63	5.30
39.17	16.37	301.18	231.07	46.92	193.26	117.97	36.25	4.07
480.06	171.70	2793.12	2314.58	388.93	1418.21	160.10	20.34	12.83
704.78	235.08	3540.00	2763.23	679.89	2862.76	684.82	213.89	24.95
386.85	179.71	2443.86	2209.93	563.20	1614.19	408.20	57.57	15.27
449.56	162.43	3744.01	1991.71	262.92	2453.08	353.35	210.04	0.75
59.66	24.38	965.94	708.66	91.38	582.03	158.78	72.94	0.13
308.44	169.85	984.06	772.96	251.41	1218.01	222.40	38.32	0.07
161.68	48.16	1357.19	1054.16	240.94	675.74	141.10	47.65	0.50
182.82	64.75	894.40	818.99	106.44	619.93	182.55	21.59	26.92
131.24	51.22	603.15	506.42	119.61	547.18	178.11	50.52	3.01
283.09	47.09	1233.19	1101.34	257.84	700.11	128.35	23.83	7.25
515.74	84.38	3122.03	2110.13	407.48	1473.41	378.60	8.55	17.57
56.42	23.45	666.41	480.57	100.92	370.26	143.41	27.94	1.82

1-B-8 续表

分 组					营业收入	营业成本	销售费用
	法人资本	个人资本	港澳台资本	外商资本			
全 省	**1713.18**	**792.08**	**228.64**	**486.16**	**48817.04**	**41296.82**	**1425.29**
济南市	115.21	47.76	80.53	135.23	4432.14	3720.00	161.61
青岛市	218.93	78.61	28.37	28.33	4996.62	3993.83	397.69
淄博市	65.03	57.42	3.09	4.82	4118.39	3455.44	99.55
枣庄市	62.16	1.38	5.60	8.50	388.03	292.83	9.39
东营市	71.92	51.98	2.14	0.89	4481.41	3953.47	32.90
烟台市	215.42	84.17	42.19	104.20	5556.56	4760.17	137.66
潍坊市	110.64	156.54	27.53	40.66	3937.01	3343.16	65.41
济宁市	82.34	36.15	7.00	17.06	4896.13	4212.14	74.21
泰安市	73.99	10.43	0.14	1.16	823.05	690.00	15.91
威海市	114.01	26.51	11.32	32.16	1781.50	1336.66	172.32
日照市	22.23	0.59		70.12	1269.95	1051.59	16.53
临沂市	40.56	58.49	1.92	33.07	1283.55	973.77	131.00
德州市	66.50	55.26		2.83	1239.92	1015.29	21.99
聊城市	68.31	26.46	2.50		1261.36	1077.54	31.13
滨州市	287.81	64.05		0.62	4473.48	4079.51	39.09
菏泽市	98.15	9.00		6.50	1240.56	991.77	10.63

单位：亿元

管理费用	财务费用	利息收入	利息支出	投资收益（损失以"-"号记）	营业利润	利润总额	亏损企业亏损总额	平均用工人数（万人）
1780.08	**665.52**	**153.00**	**788.73**	**312.40**	**2826.83**	**2838.68**	**141.00**	**246.85**
192.92	44.88	12.99	57.05	19.46	235.48	235.63	11.81	19.68
327.97	30.79	17.58	53.23	61.92	310.30	320.80	7.58	23.94
135.08	25.57	2.09	28.10	10.23	242.13	242.62		13.90
25.82	7.47	-0.18	6.83	0.08	44.79	44.10	0.62	4.04
134.68	65.13	13.41	81.50	4.96	53.20	42.52	63.97	19.78
164.55	44.61	8.73	56.54	29.91	422.86	423.47	14.60	27.79
149.96	49.60	23.32	66.28	12.09	251.47	260.54	8.21	23.92
161.96	108.66	26.26	129.86	13.84	253.01	249.73	0.55	26.61
32.04	11.11	6.60	28.36	31.75	95.13	91.43	2.83	6.58
108.29	12.03	5.37	16.38	6.25	142.36	147.60	7.29	17.07
59.06	24.03	5.53	20.28	13.31	121.05	120.48	1.74	4.30
63.06	11.14	3.48	12.58	8.89	90.99	91.34	5.82	9.49
33.95	13.82	1.06	12.87	4.52	134.38	134.39	0.45	6.59
41.20	32.60	3.17	33.18	4.95	78.41	79.51	1.04	8.23
93.89	119.07	20.73	121.01	70.39	161.27	170.43	12.29	18.70
34.57	22.61	1.28	21.98	0.42	108.93	107.82	2.20	3.94

1-B-9 按地区分组的中型工业

分组	企业单位数(个)	资产总计	固定资产原价	累计折旧	流动资产合计	应收账款
全省	**2882**	**19709.12**	**9170.52**	**4062.62**	**11337.47**	**2267.51**
济南市	186	1258.07	621.30	256.36	713.57	237.04
青岛市	383	2465.91	1198.26	559.87	1463.57	399.62
淄博市	175	1403.39	604.76	273.82	825.73	118.72
枣庄市	96	573.58	361.23	125.41	239.06	30.90
东营市	87	1467.74	402.15	159.20	1030.40	151.48
烟台市	274	1918.51	973.59	498.79	1069.93	238.77
潍坊市	347	2040.36	919.23	397.50	1168.69	219.48
济宁市	177	1122.51	625.53	276.31	585.62	132.69
泰安市	127	825.61	342.19	133.34	479.45	105.53
威海市	161	891.84	365.66	164.60	491.20	88.38
日照市	64	674.04	269.84	108.63	427.04	91.15
临沂市	293	1440.04	641.80	277.33	763.02	120.75
德州市	158	642.61	312.80	127.84	357.17	67.72
聊城市	115	957.45	530.03	247.06	551.60	126.02
滨州市	121	1275.15	652.41	320.36	737.13	69.39
菏泽市	118	752.29	349.74	136.21	434.30	69.86

企业主要经济指标

单位：亿元

存货	产成品	负债合计	流动负债合计	应付账款	所有者权益合计	实收资本	国家资本	集体资本
2647.37	**1151.52**	**13010.46**	**11353.44**	**2668.07**	**6698.88**	**3313.48**	**619.09**	**133.41**
162.39	78.56	652.19	541.05	179.42	605.88	244.62	95.45	6.67
353.46	141.37	1435.97	1229.74	397.45	1029.94	552.33	122.22	4.05
169.26	90.66	921.81	799.15	168.44	481.49	201.01	53.54	9.68
38.36	16.17	392.88	322.70	52.61	180.63	88.39	24.52	5.80
294.39	95.31	1345.91	1250.35	300.81	121.83	135.63		3.88
253.84	82.49	1018.42	865.41	216.35	900.09	355.37	78.52	17.08
298.69	153.76	1387.41	1276.24	296.38	652.95	327.47	12.19	21.06
115.96	43.97	752.18	653.03	129.31	370.34	206.02	73.70	8.53
107.63	39.33	565.23	476.91	95.25	260.38	131.99	38.26	14.21
113.97	50.72	514.69	440.27	87.77	377.15	143.25	24.88	5.52
75.62	34.98	486.20	408.68	122.95	187.85	95.55	17.88	7.03
175.97	96.37	958.72	750.58	153.23	481.70	175.75	15.98	8.08
97.84	49.78	410.53	363.69	58.89	232.08	109.08	12.96	0.41
88.54	34.80	687.31	632.41	113.35	270.15	162.59	28.32	1.89
210.49	86.89	1008.63	924.74	208.96	266.52	205.52	14.88	13.66
90.98	56.37	472.39	418.48	86.88	279.90	178.92	5.79	5.87

1-B-9 续表

分 组	法人资本	个人资本	港澳台资本	外商资本	营业收入	营业成本	销售费用
全 省	**1252.87**	**819.79**	**148.79**	**339.53**	**18975.83**	**16491.30**	**495.24**
济南市	66.87	42.93	12.79	19.92	1006.46	800.09	60.42
青岛市	183.34	60.53	27.40	154.79	2550.42	2085.50	83.61
淄博市	57.19	56.67	6.01	17.91	1242.38	1072.65	30.47
枣庄市	35.84	12.85	8.28	1.11	403.87	340.32	8.84
东营市	70.14	52.42	2.57	6.62	1608.99	1518.36	15.66
烟台市	146.90	47.79	30.22	34.85	2172.45	1889.50	66.17
潍坊市	141.94	120.25	4.33	27.70	1841.72	1623.17	47.01
济宁市	70.39	33.73	5.74	13.93	865.85	730.87	20.55
泰安市	48.52	26.03	4.22	0.76	556.79	449.09	26.40
威海市	53.51	26.29	11.93	21.12	518.85	430.09	19.37
日照市	39.96	18.40	0.95	11.33	780.36	709.35	9.24
临沂市	50.51	82.52	13.62	5.03	1425.50	1250.81	32.14
德州市	40.76	44.86	3.62	6.47	604.93	516.46	21.65
聊城市	75.81	36.08	7.71	12.79	876.52	771.90	25.31
滨州市	128.59	38.35	4.84	5.20	1692.71	1590.40	15.01
菏泽市	42.60	120.10	4.56		828.01	712.75	13.40

单位：亿元

管理费用	财务费用			投资收益(损失以"–"号记)	营业利润	利润总额	亏损企业亏损总额	平均用工人数(万人)
		利息收入	利息支出					
725.85	**266.50**	**15.24**	**249.47**	**45.62**	**748.62**	**811.18**	**203.89**	**155.40**
61.85	10.72	0.04	11.70	11.09	75.36	79.93	4.35	10.08
115.77	22.18	4.27	23.11	4.24	105.74	115.45	40.21	20.44
57.53	12.98	1.24	14.75	1.48	55.42	58.84	8.88	9.57
18.46	10.16	0.19	9.18	0.38	21.41	23.72	3.76	5.75
32.69	25.25	1.81	23.53	2.65	4.62	3.41	28.06	4.81
77.63	15.11	0.98	18.18	8.86	120.86	123.29	13.36	14.32
74.22	35.25	1.63	32.25	4.40	58.73	64.93	13.06	17.93
46.71	16.76	1.93	16.99	5.57	45.98	51.74	11.82	10.77
37.00	10.85	-0.15	8.86	4.34	32.03	33.67	6.69	7.92
33.86	9.82	-0.04	9.02	0.62	21.94	27.33	12.30	8.61
14.63	12.22	0.19	8.25	0.24	28.84	28.96	8.58	3.25
53.53	25.97	0.66	18.73	1.70	52.48	54.39	11.74	14.42
29.83	11.16	0.49	10.55	2.96	24.12	26.96	8.37	8.39
22.99	16.45	0.19	16.09	1.44	36.45	36.51	8.12	6.27
30.92	21.41	0.80	19.13	-4.49	-0.89	-0.03	23.13	6.54
18.22	10.21	1.01	9.14	0.15	65.52	82.07	1.47	6.31

1-B-10 按地区分组的小型工业

分 组	企 业单位数（个）	资产总计	固定资产原 价	累计折旧	流动资产合 计	应收账款
全 省	**32743**	**26083.11**	**12298.46**	**4355.36**	**13572.19**	**3476.94**
济南市	2207	1827.26	659.07	265.82	1114.84	346.09
青岛市	3049	3148.81	1342.48	509.77	1800.41	618.20
淄博市	2196	1542.90	599.86	268.37	920.79	243.14
枣庄市	1027	562.38	334.14	107.96	235.45	49.97
东营市	736	1553.60	516.88	165.57	1011.61	194.35
烟台市	1826	2061.55	1074.78	451.13	1095.18	302.59
潍坊市	3072	2442.97	1115.90	385.95	1318.76	335.74
济宁市	2645	1678.33	745.22	190.54	834.11	220.38
泰安市	1126	946.82	385.30	136.29	512.39	145.35
威海市	1460	914.08	525.13	235.13	447.18	115.50
日照市	667	703.82	332.42	144.28	414.09	104.05
临沂市	4026	2107.37	1112.95	422.83	931.09	239.49
德州市	2731	2238.02	1320.10	367.08	793.92	139.74
聊城市	1838	1088.53	443.11	131.90	595.38	139.39
滨州市	1126	1509.91	505.10	178.40	959.44	160.89
菏泽市	3010	1669.33	1095.85	281.18	581.35	118.05

企业主要经济指标

单位：亿元

存货	产成品	负债合计	流动负债合计	应付账款	所有者权益合计	实收资本	国家资本	集体资本
3083.04	**1313.25**	**15460.53**	**12976.23**	**3011.67**	**10636.66**	**7140.44**	**499.50**	**177.29**
239.53	111.11	1079.75	932.06	274.08	747.50	445.58	55.30	12.85
445.38	163.02	1722.36	1457.33	497.66	1426.52	919.07	87.92	14.55
204.56	98.35	1012.78	925.66	186.56	530.57	333.97	14.95	21.32
46.37	21.03	322.36	223.42	51.17	240.02	141.02	8.38	10.57
200.80	79.45	1312.97	1177.05	175.49	240.64	295.12	33.26	6.44
277.09	97.48	1224.79	1040.57	250.91	836.76	439.47	59.94	13.20
310.90	135.33	1648.66	1360.77	295.51	794.30	507.98	56.06	14.69
177.35	79.11	827.82	690.28	161.63	850.50	500.60	16.57	10.67
124.16	62.65	624.06	511.21	136.75	322.80	264.76	35.88	12.83
108.54	46.67	477.10	402.00	113.64	436.97	253.78	22.62	11.27
80.35	34.16	495.18	414.32	100.30	208.64	163.06	23.45	2.54
226.66	107.56	1051.23	846.24	184.70	1069.79	442.32	22.06	17.52
160.45	61.76	1012.59	786.97	159.71	1225.38	569.34	4.75	13.83
138.99	61.35	726.98	633.92	90.66	361.51	240.14	8.72	3.35
190.25	70.81	1178.12	980.67	175.26	331.79	1171.36	18.26	8.49
149.99	83.42	705.71	571.22	157.63	963.62	405.34	7.14	3.17

1-B-10 续表

分组	法人资本	个人资本	港澳台资本	外商资本	营业收入	营业成本	销售费用
全省	**3144.82**	**2604.28**	**240.50**	**465.16**	**24787.32**	**21850.97**	**595.94**
济南市	165.62	166.00	24.38	21.27	1733.74	1479.08	54.87
青岛市	280.74	296.48	51.80	187.58	2796.86	2410.38	85.42
淄博市	119.35	157.63	9.11	11.47	1449.82	1271.66	37.89
枣庄市	55.06	60.41	4.00	2.61	662.17	583.29	16.10
东营市	101.45	135.57	3.56	8.31	1416.85	1343.61	19.79
烟台市	128.04	129.76	28.56	79.99	1942.84	1657.03	48.66
潍坊市	182.36	204.45	26.43	23.98	2505.90	2234.54	56.15
济宁市	226.12	219.85	9.20	18.18	1750.93	1480.65	45.78
泰安市	80.03	116.66	7.40	11.67	617.39	536.22	19.00
威海市	102.74	63.87	16.89	36.40	920.01	813.10	19.14
日照市	47.95	57.02	13.93	18.18	658.57	594.05	11.94
临沂市	190.45	195.11	12.18	3.72	2811.98	2504.70	75.85
德州市	235.83	307.06	0.67	6.96	1063.04	885.38	38.93
聊城市	73.80	143.63	1.81	8.87	1006.35	920.27	17.31
滨州市	1003.13	126.21	4.79	10.47	1460.59	1362.44	20.30
菏泽市	152.15	224.57	11.82	6.19	1933.84	1724.25	28.79

单位：亿元

管理费用	财务费用			投资收益（损失以“-”号记）	营业利润	利润总额	亏损企业亏损总额	平均用工人数（万人）
		利息收入	利息支出					
953.31	**328.33**	**12.07**	**249.94**	**19.31**	**924.63**	**969.07**	**273.82**	**264.75**
93.38	20.37	0.59	15.62	2.10	72.99	78.33	14.68	17.38
159.29	25.75	0.73	20.34	1.73	104.35	110.98	32.13	28.57
71.66	17.81	0.77	13.90	2.87	40.99	45.66	22.10	14.15
20.59	7.99	-0.01	5.81	-0.80	29.23	31.73	5.67	9.45
34.66	24.21	0.57	19.93	1.13	-9.20	-7.46	38.71	5.44
94.19	29.60	1.62	22.65	1.11	102.12	104.94	25.59	19.27
92.72	41.24	1.33	30.79	3.45	80.68	85.82	24.30	24.72
60.02	20.86	0.28	13.23	0.25	129.77	131.44	8.36	18.87
32.56	11.01	0.28	8.46	3.32	16.80	18.31	10.83	8.35
38.75	8.94	0.17	8.35	2.18	36.19	38.41	13.04	12.97
18.68	9.95	0.01	8.07	-0.16	19.76	20.48	7.85	5.64
87.82	27.56	0.59	17.77	-0.11	99.05	102.52	18.37	30.78
50.54	21.66	2.46	15.75	-0.07	50.19	52.32	14.81	21.92
25.24	18.83	0.66	16.07	1.50	21.69	23.07	12.61	11.06
31.58	22.07	1.41	19.19	0.69	19.98	21.54	17.82	8.90
40.46	18.46	0.59	12.37	0.13	107.93	109.03	6.96	26.96

1-B-11　按地区分组的

分　组	资产总计	固定资产原　　价	累计折旧	流动资产合　　计	应收账款
全　省	**9122.69**	**4116.06**	**1988.85**	**3566.77**	**310.66**
济南市	177.73	133.22	64.26	83.65	43.60
青岛市	7.73	5.90	0.67	0.94	0.19
淄博市	115.61	51.33	28.47	43.02	9.55
枣庄市	254.89	157.17	91.52	130.64	17.88
东营市	1253.94	954.40	574.65	180.10	31.77
烟台市	1186.10	573.81	219.80	345.09	30.68
潍坊市	58.89	29.93	12.93	25.99	7.50
济宁市	4564.40	1706.16	787.07	1904.90	123.04
泰安市	804.97	98.09	61.38	609.76	8.60
威海市	18.18	10.25	4.45	6.12	0.87
日照市	10.86	4.11	1.08	4.13	0.30
临沂市	197.59	104.69	39.89	59.71	6.28
德州市	12.93	16.23	5.86	0.34	0.02
聊城市					
滨州市	25.19	16.17	9.66	15.39	2.74
菏泽市	433.68	254.62	87.15	157.01	27.67

采矿业主要经济指标

单位：亿元

存货	产成品	负债合计	流动负债合计	应付账款	所有者权益合计	实收资本	国家资本	集体资本
417.27	**113.95**	**5824.28**	**3600.56**	**474.27**	**3298.41**	**557.50**	**347.57**	**16.03**
5.38	2.99	108.48	91.79	26.41	69.26	42.52	32.24	3.12
0.04	0.02	4.24	4.09	0.59	3.49	2.29	2.23	
1.94	1.26	40.17	31.67	7.35	75.44	22.36	3.81	0.14
6.12	1.82	191.52	149.88	25.55	63.36	28.57	15.63	0.29
17.91	8.55	734.66	558.10	118.85	519.28	10.22	7.00	
103.41	27.96	803.49	625.21	72.98	382.61	68.91	53.14	8.88
4.18	3.17	35.40	32.81	3.62	23.49	8.15	0.70	0.22
259.45	57.09	2876.81	1370.01	142.42	1687.58	206.94	183.10	0.75
3.96	2.34	604.67	436.77	29.42	200.30	55.72	3.25	1.05
1.58	1.14	8.00	7.42	0.89	10.18	2.54	0.82	
1.32	0.69	7.10	5.31	0.89	3.76	3.01		
10.23	5.51	119.25	101.90	11.51	78.34	33.01	10.84	1.60
0.08	0.04	6.78	6.61	0.90	6.15	6.42	6.37	
1.34	1.11	11.87	11.46	0.71	13.32	4.68	0.49	
0.33	0.27	271.83	167.53	32.19	161.86	62.18	27.94	

1-B-11 续表

分 组					营业收入	营业成本	销售费用
	法人资本	个人资本	港澳台资本	外商资本			
全 省	**152.18**	**33.81**	**3.02**	**4.90**	**5441.33**	**4457.61**	**41.59**
济南市	5.27	1.89			86.21	64.10	0.77
青岛市	0.04	0.02			1.82	1.18	0.07
淄博市	16.95	1.46			47.58	34.66	1.77
枣庄市	8.49	2.47		1.70	141.71	91.72	1.80
东营市	1.09	2.13			942.03	751.15	3.03
烟台市	5.35	1.35		0.20	950.10	819.82	5.35
潍坊市	0.94	6.29			17.94	14.76	0.48
济宁市	20.59	2.49			2729.08	2307.21	19.40
泰安市	49.08	2.33			191.54	167.61	2.03
威海市	1.39	0.32			4.91	3.23	0.01
日照市	0.80	2.21			11.42	9.74	0.26
临沂市	7.95	9.60	3.02		122.87	101.23	2.55
德州市		0.05			3.41	1.86	0.02
聊城市							
滨州市	3.18	1.01			8.57	5.51	0.66
菏泽市	31.06	0.19		3.00	182.16	83.80	3.40

单位：亿元

管理费用	财务费用			投资收益(损失以“−”号记)	营业利润	利润总额	亏损企业亏损总额	平均用工人数(万人)
		利息收入	利息支出					
321.32	**134.94**	**34.93**	**177.44**	**31.90**	**243.02**	**221.51**	**72.63**	**45.77**
8.22	2.15	0.47	2.01		7.50	2.90	3.88	1.81
0.32	0.10		0.10		0.06	0.06		0.04
6.10	0.06	0.19	0.22	0.55	2.69	2.42	1.34	0.76
22.36	3.48	0.05	3.33	0.24	16.93	16.90	1.83	3.51
87.41	12.50	3.99	17.01	0.02	-42.66	-52.69	53.52	11.78
53.59	17.79	0.64	16.52	3.12	35.84	37.35	7.77	5.06
1.32	0.52	0.04	0.37	0.29	0.27	0.51	0.17	0.38
108.26	82.91	25.45	107.52	7.46	129.09	125.25	2.20	16.31
13.15	3.30	3.97	20.27	20.18	19.01	16.00	0.66	3.10
0.85	0.08		0.08		0.58	0.57		0.17
0.42	0.17	0.02	0.18		0.74	0.74		0.08
5.70	2.38	0.02	1.34	0.01	7.55	7.44	0.95	1.08
1.27	0.01				0.18	0.36		0.12
0.67	0.06		0.04		1.37	1.35	0.31	0.20
11.68	9.41	0.09	8.45	0.02	63.87	62.36		1.37

1-B-12 按地区分组的煤炭开采和

分 组	资产总计	固定资产原　价	累计折旧	流动资产合　计	应收账款
全 省	**6314.49**	**2349.02**	**1087.18**	**2845.44**	**182.35**
济南市	24.75	21.91	11.85	9.32	1.58
青岛市					
淄博市	18.94	3.97	2.00	2.89	0.20
枣庄市	248.74	153.16	89.57	127.88	17.80
东营市					
烟台市	228.02	111.93	46.93	39.78	4.45
潍坊市					
济宁市	4551.70	1697.77	784.76	1900.53	122.70
泰安市	796.74	91.71	59.42	606.84	7.96
威海市					
日照市					
临沂市	1.39	0.32	0.10	0.94	
德州市	10.53	13.64	5.41	0.26	
聊城市					
滨州市					
菏泽市	433.68	254.62	87.15	157.01	27.67

洗选业主要经济指标

单位：亿元

存货	产成品	负债合计	流动负债合计	应付账款	所有者权益合计	实收资本	国家资本	集体资本
273.89	**63.44**	**4154.65**	**2259.69**	**267.57**	**2159.84**	**388.41**	**267.45**	**2.30**
0.55	0.49	38.72	31.72	7.28	-13.97	4.80	3.40	0.25
0.21	0.04	13.88	7.75	0.89	5.06	3.60	3.11	0.04
5.79	1.69	189.25	147.89	24.15	59.49	27.69	15.56	0.28
4.13	1.68	162.73	100.80	32.14	65.29	27.64	27.64	
259.11	57.01	2871.66	1365.23	141.55	1680.04	203.26	180.68	0.75
3.75	2.23	599.30	431.66	28.46	197.44	52.85	2.75	0.97
		0.56	0.56		0.83	0.02		0.02
0.03	0.03	6.72	6.55	0.90	3.81	6.37	6.37	
0.33	0.27	271.83	167.53	32.19	161.86	62.18	27.94	

1-B-12 续表

分 组					营业收入	营业成本	销售费用
	法人资本	个人资本	港澳台资本	外商资本			
全 省	**107.38**	**6.59**		**4.70**	**3327.05**	**2712.09**	**27.21**
济南市	0.52	0.64			21.97	17.29	0.22
青岛市							
淄博市	0.35	0.10			4.54	3.60	0.02
枣庄市	8.43	1.72		1.70	135.91	87.48	1.78
东营市							
烟台市					75.63	55.97	0.61
潍坊市							
济宁市	19.67	2.16			2715.96	2297.63	19.28
泰安市	47.36	1.77			186.42	163.68	1.87
威海市							
日照市							
临沂市					1.25	0.95	
德州市					3.21	1.70	0.02
聊城市							
滨州市							
菏泽市	31.06	0.19		3.00	182.16	83.80	3.40

单位：亿元

管理费用	财务费用			投资收益（损失以“–”号记）	营业利润	利润总额	亏损企业亏损总额	平均用工人数（万人）
		利息收入	利息支出					
169.23	**106.53**	**30.32**	**146.12**	**27.93**	**222.88**	**212.87**	**10.90**	**26.09**
2.64	0.39	0.25	0.24		0.88	0.88	0.20	0.69
0.57	0.10	0.01	0.10	0.01	0.13	0.16		0.16
21.94	3.47	0.05	3.32	0.24	15.87	15.96	1.64	3.37
10.80	7.07	0.53	6.31	0.02	-4.49	-6.45	6.51	1.16
107.36	82.84	25.45	107.47	7.46	127.29	123.47	2.20	16.20
12.71	3.25	3.97	20.22	20.18	19.16	16.16	0.36	2.99
0.26	-0.02	-0.02						0.04
1.27	0.01				0.17	0.35		0.11
11.68	9.41	0.09	8.45	0.02	63.87	62.36		1.37

1-B-13 按地区分组的石油和

分 组	资产总计	固定资产原价	累计折旧	流动资产合计	应收账款
全 省	**1194.59**	**855.01**	**529.14**	**180.25**	**56.53**
济南市	48.56	30.48	22.28	38.15	34.44
青岛市					
淄博市	15.13	18.51	13.90	6.78	2.47
枣庄市					
东营市	1120.03	798.28	488.25	130.58	15.01
烟台市					
潍坊市	6.04	1.81	1.13	2.92	2.84
济宁市					
泰安市					
威海市					
日照市					
临沂市					
德州市	2.40	2.59	0.46	0.08	0.02
聊城市					
滨州市	2.43	3.35	3.12	1.75	1.75
菏泽市					

天然气开采业主要经济指标

单位：亿元

存货	产成品	负债合计	流动负债合计	应付账款	所有者权益合计	实收资本	国家资本	集体资本
13.35	**7.27**	**611.28**	**441.06**	**86.77**	**583.31**	**9.00**	**1.30**	
0.12	0.06	3.52	1.28	0.39	45.04	5.18	0.70	
0.03	0.03	2.11	0.72	0.25	13.01	2.05		
13.07	7.17	604.21	438.42	85.99	515.82			
0.08		1.12	0.51	0.11	4.92	0.60	0.60	
0.05	0.01	0.06	0.06		2.34	0.05		
		0.26	0.07	0.05	2.18	1.13		

1-B-13 续表

分组					营业收入	营业成本	销售费用
	法人资本	个人资本	港澳台资本	外商资本			
全省	**7.65**	**0.05**			**827.18**	**643.91**	**2.49**
济南市	4.48				9.95	6.22	
青岛市							
淄博市	2.05				5.44	5.82	
枣庄市							
东营市					808.03	628.51	2.48
烟台市							
潍坊市					2.66	2.18	
济宁市							
泰安市							
威海市							
日照市							
临沂市							
德州市		0.05			0.19	0.16	0.01
聊城市							
滨州市	1.13				0.92	1.02	
菏泽市							

单位：亿元

管理费用	财务费用			投资收益（损失以“－”号记）	营业利润	利润总额	亏损企业亏损总额	平均用工人数（万人）
		利息收入	利息支出					
82.65	**9.73**	**4.00**	**14.01**	**0.06**	**-41.76**	**-52.13**	**54.44**	**9.89**
0.65	0.05		0.05		2.07	2.06	0.03	0.08
0.21	-0.03	0.02	0.02	0.06	-1.02	-1.02	1.19	0.04
81.55	9.71	3.99	13.94	0.01	-42.65	-52.99	52.99	9.73
0.17	-0.01				0.06	0.05		0.02
0.01					0.01	0.01		0.02
0.05	0.01				-0.23	-0.23	0.23	0.01

1-B-14 按地区分组的黑色金属矿

分 组	资产总计	固定资产原价	累计折旧	流动资产合计	应收账款
全 省	**355.24**	**200.12**	**76.19**	**115.58**	**12.38**
济南市	99.20	78.39	29.56	33.68	6.83
青岛市					
淄博市	73.01	25.30	11.63	28.44	3.66
枣庄市	3.28	3.25	1.82	0.72	0.03
东营市					
烟台市					
潍坊市	14.61	7.37	1.63	3.44	
济宁市	4.80	5.52	1.66	0.53	
泰安市	0.65			0.65	0.13
威海市	0.04			0.02	
日照市	4.89	0.80	0.44	2.96	0.17
临沂市	154.75	79.49	29.44	45.14	1.55
德州市					
聊城市					
滨州市					
菏泽市					

采选业主要经济指标

单位：亿元

存货	产成品	负债合计	流动负债合计	应付账款	所有者权益合计	实收资本	国家资本	集体资本
15.06	**8.01**	**209.18**	**184.61**	**34.83**	**146.06**	**72.19**	**38.42**	**3.78**
4.48	2.25	64.54	57.43	18.39	34.66	31.35	27.65	2.87
1.58	1.07	16.45	15.49	3.77	56.56	16.21	0.70	
0.17	0.10	1.60	1.56	1.37	1.68	0.46		0.01
0.23	0.17	11.55	11.55	0.67	3.06	2.07		
0.05	0.01	3.20	2.89	0.39	1.60	1.09	1.09	
		0.51	0.51		0.13	0.02		0.02
0.02		0.02			0.03			
1.11	0.54	4.35	4.35	0.61	0.54	1.70		
7.40	3.86	106.96	90.83	9.62	47.79	19.29	8.97	0.88

1-B-14 续表

分 组	法人资本	个人资本	港澳台资本	外商资本	营业收入	营业成本	销售费用
全 省	**16.21**	**10.96**	**2.81**		**176.47**	**141.64**	**1.85**
济南市	0.01	0.81			46.28	34.28	0.24
青岛市							
淄博市	14.53	0.98			23.98	16.40	0.28
枣庄市	0.01	0.44			1.82	1.71	0.01
东营市							
烟台市							
潍坊市	0.05	2.02			1.76	1.54	
济宁市					2.03	1.38	
泰安市					0.01	0.01	
威海市							
日照市	0.70	1.00			8.58	7.83	0.10
临沂市	0.91	5.72	2.81		92.02	78.49	1.22
德州市							
聊城市							
滨州市							
菏泽市							

单位：亿元

管理费用	财务费用	利息收入	利息支出	投资收益（损失以“-”号记）	营业利润	利润总额	亏损企业亏损总额	平均用工人数（万人）
11.22	**3.75**	**0.43**	**2.90**	**0.77**	**13.08**	**8.08**	**4.54**	**2.21**
4.56	1.63	0.22	1.63		3.91	-0.69	3.65	1.00
3.17	-0.03	0.17	0.10	0.48	3.40	3.11	0.13	0.50
0.11					-0.03	-0.10	0.12	0.06
0.12				0.29	0.30	0.30		0.02
0.18	0.04		0.04		0.32	0.36		0.02
0.11	0.08	0.01	0.08		0.45	0.45		0.01
2.98	2.03	0.02	1.05		4.73	4.65	0.64	0.60

1-B-15 按地区分组的有色金属矿

分 组	资产总计	固定资产原价	累计折旧	流动资产合计	应收账款
全 省	**969.47**	**477.88**	**180.51**	**314.17**	**28.89**
济南市					
青岛市	6.71	5.57	0.47	0.25	0.14
淄博市					
枣庄市					
东营市					
烟台市	915.00	448.70	169.48	296.27	25.92
潍坊市	0.27	0.09	0.08	0.08	0.03
济宁市	2.84	1.03	0.34	1.66	0.06
泰安市					
威海市	16.32	8.57	3.65	5.40	0.50
日照市	4.79	2.55	0.53	0.75	
临沂市	15.04	10.66	5.61	3.24	2.22
德州市					
聊城市					
滨州市	8.52	0.71	0.35	6.53	0.01
菏泽市					

采选业主要经济指标

单位：亿元

存货	产成品	负债合计	流动负债合计	应付账款	所有者权益合计	实收资本	国家资本	集体资本
100.89	**27.31**	**654.98**	**536.27**	**43.03**	**314.49**	**51.52**	**32.11**	**8.76**
0.03	0.02	3.42	3.27	0.38	3.29	2.14	2.14	
98.06	25.15	630.35	514.05	40.77	284.65	36.93	25.49	8.76
0.03	0.01	0.08	0.08		0.18	0.01		
0.05	0.03	0.51	0.45	0.05	2.33	1.33	1.33	
1.51	1.12	7.41	7.06	0.89	8.91	1.96	0.82	
0.17	0.13	2.41	0.76	0.22	2.37	0.60		
0.56	0.43	3.16	2.95	0.71	11.88	7.94	1.82	
0.47	0.43	7.64	7.64		0.88	0.60	0.49	

1-B-15 续表

分 组	法人资本	个人资本	港澳台资本	外商资本	营业收入	营业成本	销售费用
全 省	**8.79**	**1.65**		**0.20**	**870.27**	**758.05**	**3.94**
济南市							
青岛市					1.28	0.82	
淄博市							
枣庄市							
东营市							
烟台市	1.56	0.91		0.20	857.34	750.55	3.87
潍坊市	0.01				0.07	0.06	
济宁市					0.99	0.53	0.03
泰安市							
威海市	1.01	0.13			3.59	2.20	0.01
日照市	0.10	0.50			1.38	0.78	0.02
临沂市	6.11				5.44	2.97	0.01
德州市							
聊城市							
滨州市		0.11			0.18	0.14	
菏泽市							

单位：亿元

管理费用	财务费用			投资收益（损失以“–”号记）	营业利润	利润总额	亏损企业亏损总额	平均用工人数（万人）
		利息收入	利息支出					
44.19	**10.69**	**0.13**	**10.26**	**3.09**	**41.02**	**44.13**	**1.49**	**4.18**
0.27	0.10		0.10		0.03	0.03		0.02
41.16	10.43	0.11	9.97	3.09	39.50	42.63	1.26	3.73
								0.01
0.22					0.11	0.12		0.04
0.74	0.04		0.04		0.46	0.44		0.13
0.25	0.09	0.01	0.10		0.21	0.21		0.04
1.46	0.05	0.01	0.05		0.77	0.76	0.16	0.19
0.09					-0.07	-0.06	0.06	0.03

1-B-16 按地区分组的非金属矿

分 组	资产总计	固定资产原价	累计折旧	流动资产合计	应收账款
全 省	**168.56**	**85.66**	**32.09**	**68.73**	**14.60**
济南市	5.22	2.45	0.57	2.50	0.75
青岛市	1.02	0.33	0.19	0.69	0.05
淄博市	8.30	3.28	0.71	4.78	3.22
枣庄市	2.86	0.76	0.13	2.04	0.04
东营市	14.07	8.15	2.92	7.23	0.94
烟台市	43.08	13.18	3.39	9.05	0.31
潍坊市	37.97	20.66	10.09	19.56	4.63
济宁市	5.06	1.84	0.31	2.17	0.27
泰安市	7.58	6.38	1.96	2.27	0.51
威海市	1.82	1.68	0.81	0.70	0.37
日照市	1.18	0.76	0.11	0.41	0.12
临沂市	26.15	14.08	4.71	10.23	2.41
德州市					
聊城市					
滨州市	14.24	12.11	6.19	7.11	0.98
菏泽市					

采选业主要经济指标

单位：亿元

存货	产成品	负债合计	流动负债合计	应付账款	所有者权益合计	实收资本	国家资本	集体资本
11.15	**7.39**	**74.20**	**68.50**	**9.98**	**94.36**	**28.28**	**1.30**	**1.19**
0.24	0.19	1.70	1.36	0.35	3.52	1.20	0.50	
		0.82	0.82	0.21	0.20	0.15	0.09	
0.12	0.11	7.66	7.63	2.44	0.65	0.37		0.10
0.16	0.03	0.67	0.43	0.03	2.20	0.41	0.06	
1.97	0.86	10.83	9.63	0.77	3.24	2.39		
1.22	1.13	10.41	10.36	0.06	32.67	4.33		0.12
3.85	2.99	22.65	20.66	2.84	15.32	5.47	0.10	0.22
0.24	0.05	1.45	1.44	0.42	3.61	1.25		
0.21	0.11	4.85	4.60	0.95	2.73	2.84	0.50	0.06
0.04	0.02	0.58	0.35		1.25	0.57		
0.04	0.02	0.33	0.20	0.06	0.85	0.71		
2.19	1.21	8.27	7.27	1.17	17.87	5.62	0.04	0.70
0.87	0.68	3.98	3.75	0.66	10.26	2.96		

1-B-16 续表

分组	法人资本	个人资本	港澳台资本	外商资本	营业收入	营业成本	销售费用
全省	**12.14**	**13.45**	**0.21**		**111.99**	**83.36**	**6.07**
济南市	0.26	0.44			8.01	6.32	0.30
青岛市	0.04	0.02			0.54	0.36	0.07
淄博市	0.03	0.24			13.43	8.72	1.46
枣庄市	0.04	0.31			3.98	2.53	0.01
东营市	1.09	1.30			6.19	4.56	0.54
烟台市	3.78	0.44			17.13	13.31	0.87
潍坊市	0.88	4.27			13.46	10.97	0.47
济宁市	0.92	0.33			10.10	7.68	0.09
泰安市	1.73	0.56			5.11	3.93	0.16
威海市	0.38	0.20			1.31	1.02	
日照市		0.71			1.46	1.13	0.14
临沂市	0.93	3.73	0.21		23.81	18.49	1.30
德州市							
聊城市							
滨州市	2.06	0.90			7.47	4.35	0.65
菏泽市							

单位：亿元

管理费用	财务费用	利息收入	利息支出	投资收益（损失以"–"号记）	营业利润	利润总额	亏损企业亏损总额	平均用工人数（万人）
8.65	**1.76**	**0.05**	**1.24**	**0.03**	**7.86**	**8.31**	**1.09**	**1.48**
0.36	0.08		0.08		0.65	0.65		0.05
0.05					0.04	0.02		0.01
2.13	0.02				0.16	0.14	0.02	0.06
0.32	0.01				1.08	1.03	0.08	0.08
0.55	0.33		0.17		0.03	0.05	0.38	0.14
1.63	0.29		0.24	0.02	0.83	1.17		0.17
1.03	0.52	0.04	0.37		-0.09	0.16	0.17	0.33
0.50	0.03		0.01		1.36	1.30		0.05
0.44	0.05		0.05		-0.16	-0.16	0.31	0.11
0.11	0.04		0.04		0.12	0.12		0.04
0.06					0.09	0.09		0.03
0.96	0.32		0.24	0.01	2.08	2.06	0.11	0.24
0.53	0.06		0.04		1.67	1.65	0.02	0.16

1-B-17 按地区分组的开采专业

分 组	资产总计	固定资产原价	累计折旧	流动资产合计	应收账款
全 省	**119.84**	**147.97**	**83.48**	**42.29**	**15.83**
济南市					
青岛市					
淄博市					
枣庄市					
东营市	119.84	147.97	83.48	42.29	15.83
烟台市					
潍坊市					
济宁市					
泰安市					
威海市					
日照市					
临沂市					
德州市					
聊城市					
滨州市					
菏泽市					

及辅助性活动主要经济指标

单位：亿元

存货		负债合计			所有者权益合计			
	产成品		流动负债合计			实收资本		
				应付账款			国家资本	集体资本
2.86	**0.53**	**119.62**	**110.06**	**32.09**	**0.22**	**7.82**	**7.00**	
2.86	0.53	119.62	110.06	32.09	0.22	7.82	7.00	

1-B-17 续表

分 组					营业收入	营业成本	销售费用
	法人资本	个人资本	港澳台资本	外商资本			
全 省		**0.82**			**127.81**	**118.08**	
济南市							
青岛市							
淄博市							
枣庄市							
东营市		0.82			127.81	118.08	
烟台市							
潍坊市							
济宁市							
泰安市							
威海市							
日照市							
临沂市							
德州市							
聊城市							
滨州市							
菏泽市							

单位：亿元

管理费用	财务费用	利息收入	利息支出	投资收益（损失以"－"号记）	营业利润	利润总额	亏损企业亏损总额	平均用工人数（万人）
5.31	**2.46**		**2.91**	**0.02**	**-0.04**	**0.25**	**0.14**	**1.91**
5.31	2.46		2.91	0.02	-0.04	0.25	0.14	1.91

1-B-18 按地区分组的其他

分　组	资产总计	固定资产原　价	累计折旧	流动资产合　计	应收账款
全　省	**0.50**	**0.42**	**0.25**	**0.30**	**0.09**
济南市					
青岛市					
淄博市	0.23	0.29	0.23	0.14	
枣庄市					
东营市					
烟台市					
潍坊市					
济宁市					
泰安市					
威海市					
日照市					
临沂市	0.27	0.13	0.03	0.16	0.09
德州市					
聊城市					
滨州市					
菏泽市					

采矿业主要经济指标

单位：亿元

	存货	产成品	负债合计	流动负债合计	应付账款	所有者权益合计	实收资本	国家资本	集体资本
	0.07		**0.38**	**0.38**	**0.01**	**0.13**	**0.29**		
			0.07	0.07		0.16	0.14		
	0.07		0.30	0.30	0.01	-0.03	0.15		

1-B-18 续表

分 组					营业收入	营业成本	销售费用
	法人资本	个人资本	港澳台资本	外商资本			
全 省		**0.29**			**0.55**	**0.46**	**0.02**
济南市							
青岛市							
淄博市		0.14			0.19	0.13	0.01
枣庄市							
东营市							
烟台市							
潍坊市							
济宁市							
泰安市							
威海市							
日照市							
临沂市		0.15			0.35	0.33	0.01
德州市							
聊城市							
滨州市							
菏泽市							

单位：亿元

	管理费用	财务费用			投资收益(损失以“−”号记)	营业利润	利润总额	亏损企业亏损总额	平均用工人数(万人)
			利息收入	利息支出					
	0.06	**0.01**				**-0.01**	**-0.01**	**0.04**	**0.01**
	0.03					0.02	0.02		
	0.04	0.01				-0.03	-0.04	0.04	0.01

1-B-19 按地区分组的

分 组	资产总计	固定资产原 价	累计折旧	流动资产合 计	应收账款
全 省	**82302.01**	**35139.27**	**14654.12**	**46848.45**	**9464.72**
济南市	6731.51	2472.11	1125.34	4282.82	837.81
青岛市	12205.09	3427.62	1463.85	7672.82	2399.69
淄博市	5120.35	2476.40	1198.35	2745.47	493.82
枣庄市	1180.76	731.03	254.56	522.11	82.59
东营市	5797.66	1804.40	715.24	3977.57	480.20
烟台市	7956.88	4168.44	2186.89	4623.81	1019.74
潍坊市	7884.35	3141.89	1319.37	4471.74	796.36
济宁市	4097.22	1924.25	637.01	2038.95	437.19
泰安市	2293.51	894.69	317.33	1300.66	358.20
威海市	3674.58	1600.53	748.89	2036.91	497.82
日照市	3197.68	1421.11	539.26	1690.67	276.95
临沂市	4365.49	1960.96	818.06	2344.20	447.54
德州市	3811.05	2249.73	738.64	1593.78	258.24
聊城市	3783.54	1678.29	614.34	2121.60	425.54
滨州市	6987.77	3286.03	1227.39	3915.17	402.72
菏泽市	2887.41	1775.34	666.33	1275.65	237.61

制造业主要经济指标

单位：亿元

存货	产成品	负债合计	流动负债合计	应付账款	所有者权益合计	实收资本	国家资本	集体资本
10824.23	**4443.98**	**49908.32**	**42719.19**	**10527.27**	**32408.01**	**13303.55**	**1386.50**	**411.40**
985.89	470.61	4097.37	3570.04	1073.98	2634.12	1249.51	374.55	23.37
1577.82	731.17	7476.03	6310.31	2150.07	4729.13	1827.41	241.59	36.03
666.07	301.28	2894.92	2564.70	592.10	2225.78	664.24	108.70	34.27
114.64	50.82	675.86	549.41	106.17	504.84	279.92	40.28	16.09
953.20	337.47	4596.41	4114.84	732.06	1201.25	525.58	19.06	22.85
1118.96	386.04	4069.49	3727.05	1031.12	3887.39	1164.57	107.18	43.73
984.64	463.71	5045.31	4581.46	1112.58	2839.04	1110.64	66.16	48.59
475.92	227.77	2240.39	1791.78	383.77	1856.83	751.69	51.10	18.48
284.53	123.75	1383.09	1147.81	271.53	910.46	452.64	114.10	24.28
515.52	264.30	1782.52	1479.84	427.83	1892.06	542.48	35.35	16.86
310.31	116.56	2195.97	1774.53	441.32	1001.71	355.15	66.10	9.96
567.84	261.95	2404.20	2088.18	401.08	1975.32	714.57	19.85	47.08
383.73	162.25	1910.27	1575.77	315.11	1900.73	776.28	16.20	13.25
504.60	141.71	2508.19	2265.90	436.11	1275.31	488.94	32.99	9.96
909.38	239.76	5029.21	3817.39	749.57	1958.56	1700.89	17.38	36.09
291.70	161.40	1486.40	1250.52	300.31	1401.01	634.95	11.82	10.52

1-B-19 续表

分组	法人资本	个人资本	港澳台资本	外商资本	营业收入	营业成本	销售费用
全省	**5655.69**	**4084.01**	**505.89**	**1258.65**	**82420.96**	**70875.57**	**2453.60**
济南市	326.87	252.25	96.39	175.94	6859.53	5735.21	271.89
青岛市	644.24	434.70	104.08	366.76	10109.06	8279.19	563.56
淄博市	208.37	264.68	13.88	34.20	6548.46	5571.97	164.29
枣庄市	128.01	69.43	15.59	10.53	1246.91	1067.74	31.44
东营市	228.22	234.08	5.40	15.51	6501.11	6012.45	65.04
烟台市	445.06	255.05	97.30	216.25	8514.43	7313.28	246.10
潍坊市	386.92	467.72	52.01	89.24	8020.61	6988.53	166.44
济宁市	331.03	284.26	19.92	46.90	4599.71	3952.29	119.16
泰安市	147.27	147.76	5.93	13.30	1726.30	1432.76	58.97
威海市	246.79	115.37	38.43	89.68	3125.78	2493.35	210.01
日照市	105.21	69.34	4.90	99.63	2590.92	2251.77	37.19
临沂市	262.95	320.72	21.96	41.83	5225.61	4481.00	233.85
德州市	331.18	396.01	4.29	15.12	2815.34	2343.04	81.62
聊城市	214.16	199.81	12.02	20.05	3033.63	2671.83	73.49
滨州市	1401.16	225.30	6.85	14.11	7476.32	6903.38	73.43
菏泽市	248.24	347.50	6.94	9.64	3733.31	3272.32	48.87

单位：亿元

管理费用	财务费用	利息收入	利息支出	投资收益（损失以"–"号记）	营业利润	利润总额	亏损企业亏损总额	平均用工人数（万人）
3043.00	**990.79**	**140.40**	**989.79**	**316.89**	**4082.07**	**4202.61**	**484.97**	**594.27**
329.95	66.71	12.75	74.83	32.38	369.71	381.46	22.07	43.86
589.94	69.44	22.14	87.95	66.72	513.57	538.25	66.21	71.16
245.01	51.14	3.71	51.87	13.49	338.36	342.97	23.71	35.28
40.25	19.20	-0.08	16.68	-0.61	75.94	79.50	6.41	15.19
111.99	97.86	11.60	104.10	8.71	86.31	85.45	75.32	17.90
276.02	60.73	10.15	70.84	34.97	593.45	594.65	42.60	54.92
305.19	113.90	25.35	118.53	19.44	363.07	379.28	44.14	64.88
153.56	57.71	3.18	47.35	11.56	295.68	302.71	12.25	38.74
85.20	26.29	2.77	22.74	19.12	126.39	128.20	15.81	19.00
176.85	28.62	5.42	31.57	8.92	198.70	210.46	27.83	37.54
89.70	44.10	5.67	34.57	13.16	161.36	160.61	17.18	12.73
192.93	49.79	4.39	42.15	10.05	231.65	236.56	28.66	52.70
109.48	45.09	3.95	37.82	7.41	199.35	203.32	22.96	36.12
86.45	63.78	3.89	61.82	6.64	131.07	133.99	19.65	24.94
150.49	156.38	22.59	153.19	64.16	170.43	181.79	50.49	33.22
79.89	39.30	2.76	32.86	0.69	209.49	227.36	9.68	35.25

1-B-20 按地区分组的农副食品

分 组	资产总计	固定资产原 价	累计折旧	流动资产合 计	应收账款
全 省	**4901.33**	**2273.43**	**850.77**	**2692.19**	**359.57**
济南市	64.69	29.26	17.06	44.13	11.26
青岛市	424.05	174.61	73.11	276.17	67.66
淄博市	33.06	11.53	4.72	15.78	3.66
枣庄市	43.72	28.95	9.83	16.46	2.48
东营市	31.71	13.97	5.90	19.45	4.00
烟台市	857.04	272.14	118.53	577.16	71.66
潍坊市	446.12	194.71	70.62	269.08	37.88
济宁市	205.30	83.38	21.03	101.80	14.90
泰安市	111.88	51.45	10.48	55.59	5.45
威海市	487.81	355.36	149.61	215.35	24.09
日照市	198.10	66.02	25.53	140.57	15.84
临沂市	563.38	214.77	98.96	332.45	33.48
德州市	319.64	221.84	65.40	109.58	13.24
聊城市	152.19	64.49	21.43	83.66	17.07
滨州市	818.93	411.01	131.14	358.81	26.94
菏泽市	143.71	79.95	27.40	76.15	9.95

加工业主要经济指标

单位：亿元

存货	产成品	负债合计	流动负债合计	应付账款	所有者权益合计	实收资本	国家资本	集体资本
853.97	**332.60**	**2895.60**	**2498.07**	**449.51**	**2019.49**	**758.10**	**21.49**	**34.87**
16.46	8.13	45.92	43.33	13.31	18.77	9.81	0.33	0.36
91.95	39.89	276.90	256.87	48.11	147.15	91.42		1.72
4.34	2.45	16.64	11.14	1.23	16.43	5.71	0.21	0.60
6.38	3.21	18.22	15.73	4.49	25.43	9.70	0.01	0.93
5.66	3.86	23.39	21.50	3.21	8.32	7.13		0.24
226.07	52.15	369.67	339.06	52.96	487.36	107.23	1.44	2.82
60.92	29.28	310.91	296.16	47.85	135.21	75.03	1.27	5.10
34.36	15.81	99.88	84.85	11.32	105.42	49.60	1.05	0.99
24.41	18.55	85.61	63.62	20.57	26.28	17.09	2.42	1.86
80.19	47.07	254.43	212.01	58.08	233.38	86.96	0.02	3.80
41.59	17.60	155.52	145.04	41.71	42.58	36.44	10.42	0.30
75.22	38.24	334.95	307.80	25.47	242.25	62.39	0.11	2.96
32.23	10.96	131.84	116.31	17.55	187.79	74.26	0.72	0.58
27.60	10.45	133.25	120.52	25.43	18.94	38.33	1.08	0.34
99.44	16.46	591.44	422.95	68.77	227.48	61.34	0.10	12.22
27.14	18.49	47.02	41.17	9.44	96.68	25.66	2.33	0.06

1-B-20 续表

分组					营业收入	营业成本	销售费用
	法人资本	个人资本	港澳台资本	外商资本			
全 省	**336.27**	**263.58**	**20.33**	**81.55**	**6839.03**	**6228.97**	**157.55**
济南市	3.14	5.34	0.63		109.10	99.97	3.41
青岛市	38.88	29.73	4.40	16.69	767.47	717.52	15.92
淄博市	1.17	3.71	0.01		54.06	48.04	0.55
枣庄市	4.07	4.61		0.08	99.21	91.85	1.72
东营市	0.87	6.02			40.21	37.67	0.58
烟台市	65.83	23.65	5.45	8.04	1039.91	893.00	43.02
潍坊市	30.60	25.79	1.18	11.09	720.11	667.02	14.77
济宁市	18.99	25.19	0.50	2.87	370.87	331.61	6.97
泰安市	7.45	3.28	0.46	1.62	104.34	98.04	2.07
威海市	60.65	8.04	0.33	14.12	490.26	440.64	9.29
日照市	6.90	9.51	0.01	9.30	314.65	299.66	3.45
临沂市	18.05	23.94	5.31	12.02	971.37	894.32	19.47
德州市	28.80	40.02	0.19	3.95	347.43	311.49	8.11
聊城市	23.07	12.24		1.60	233.16	221.49	3.61
滨州市	18.22	30.63		0.17	891.43	817.63	20.88
菏泽市	9.56	11.87	1.85		285.48	258.99	3.74

单位：亿元

管理费用	财务费用			投资收益（损失以"－"号记）	营业利润	利润总额	亏损企业亏损总额	平均用工人数（万人）
		利息收入	利息支出					
139.25	**64.75**	**5.05**	**62.29**	**29.13**	**245.82**	**250.58**	**35.22**	**57.30**
2.39	0.77	-0.02	0.61		2.19	2.36	0.67	1.07
18.32	7.81	1.43	7.02	0.04	5.68	6.12	7.70	5.81
1.38	0.28		0.13	0.02	3.65	3.70	0.11	0.33
2.05	0.66	0.01	0.62	0.11	2.67	2.80	0.44	1.10
0.69	0.50	0.05	0.55		0.66	0.79	0.22	0.38
25.68	5.34	1.76	7.67	19.94	88.27	89.30	3.70	8.91
14.01	7.41	1.10	6.88	1.19	18.65	19.01	5.26	6.36
6.22	3.71	0.08	3.23	0.04	21.07	21.69	0.27	2.62
3.10	1.09	0.13	0.86	0.01	-0.29	-0.15	1.44	1.46
9.40	5.86	0.05	5.87	0.01	23.27	23.85	1.91	7.28
5.14	2.32	0.12	1.19	-0.11	3.35	3.62	2.13	1.91
15.46	4.89	-0.56	3.25	7.65	30.36	31.35	4.35	8.27
7.91	3.27	0.07	2.74	0.17	14.84	14.96	0.98	3.51
4.15	1.74	0.01	1.59	0.19	1.78	2.37	1.99	2.69
18.87	17.39	0.77	18.69	-0.15	14.33	13.32	3.34	3.37
4.48	1.70	0.04	1.39	0.03	15.33	15.50	0.70	2.23

1-B-21 按地区分组的食品

分 组	资产总计	固定资产原 价	累计折旧	流动资产合 计	应收账款
全 省	**1561.20**	**770.97**	**270.92**	**792.26**	**153.42**
济南市	119.94	62.35	26.58	63.94	11.58
青岛市	315.61	110.69	38.83	184.88	41.63
淄博市	26.73	11.59	6.12	13.67	2.04
枣庄市	20.02	11.19	3.39	8.53	1.21
东营市	21.29	9.09	1.82	11.64	1.39
烟台市	87.68	40.20	17.38	45.73	7.86
潍坊市	156.68	90.61	41.03	94.12	19.58
济宁市	221.34	118.70	28.93	97.48	17.64
泰安市	60.70	40.15	13.68	27.93	6.88
威海市	72.68	23.72	10.05	42.82	2.62
日照市	37.90	22.63	9.31	19.13	4.27
临沂市	113.01	58.57	20.90	45.98	12.37
德州市	96.62	49.14	14.75	43.19	8.30
聊城市	89.12	52.36	20.18	46.81	7.99
滨州市	55.73	18.67	6.39	32.19	6.31
菏泽市	66.14	51.33	11.59	14.23	1.73

制造业主要经济指标

单位：亿元

存货	产成品	负债合计	流动负债合计	应付账款	所有者权益合计	实收资本	国家资本	集体资本
198.05	**92.40**	**835.30**	**635.63**	**134.10**	**725.90**	**324.17**	**11.52**	**8.70**
14.41	5.76	57.95	51.96	13.04	62.00	23.13	0.22	0.02
33.72	18.04	197.82	122.27	36.38	117.79	80.13	2.42	0.74
3.68	2.35	12.15	9.82	2.04	14.58	7.08		0.02
2.39	1.25	6.77	6.16	1.23	13.25	3.35	0.06	0.74
3.75	2.88	17.68	16.38	2.18	3.61	5.08		
17.16	6.01	41.17	40.20	8.52	46.51	23.07	1.17	
23.71	13.86	88.19	79.52	17.75	68.50	22.59	1.31	4.81
31.83	11.71	109.57	75.01	6.33	111.77	22.83	0.05	2.01
2.12	0.92	25.80	19.02	6.78	34.90	9.95	5.15	
12.60	9.41	43.82	34.94	5.91	28.85	15.64		0.18
5.86	2.01	24.40	16.69	3.21	13.50	8.91		0.02
12.71	6.76	45.03	31.53	9.18	67.98	37.43	0.02	0.02
8.73	3.90	44.40	38.83	6.53	52.22	23.04	0.08	
11.62	2.45	53.48	47.33	10.93	35.64	21.91	0.42	0.13
8.21	1.62	51.04	31.85	2.54	4.70	6.79	0.60	
5.55	3.46	16.03	14.12	1.57	50.11	13.23	0.02	0.01

1-B-21 续表

分 组					营业收入	营业成本	销售费用
	法人资本	个人资本	港澳台资本	外商资本			
全 省	**117.60**	**98.76**	**13.00**	**74.59**	**1386.43**	**1147.48**	**69.91**
济南市	14.81	4.15	0.02	3.92	130.06	103.81	7.82
青岛市	14.75	16.97	4.83	40.42	213.98	175.60	16.25
淄博市	3.85	3.08	0.13		28.53	20.78	3.26
枣庄市	0.63	1.46	0.45		23.85	20.38	0.67
东营市	1.00	4.06		0.02	17.27	15.19	1.47
烟台市	7.84	1.97	0.90	11.19	163.85	133.26	10.29
潍坊市	6.82	4.24	2.94	2.47	169.29	140.69	7.35
济宁市	5.66	13.62		1.48	180.42	155.70	3.06
泰安市	1.32	2.75		0.73	49.88	39.03	4.01
威海市	5.87	8.47		1.12	46.27	40.74	0.84
日照市	6.48	2.42			25.88	21.46	0.95
临沂市	26.23	7.46	3.71		89.72	76.83	3.56
德州市	11.62	8.83		2.52	49.98	40.47	2.75
聊城市	1.70	8.94		10.72	59.01	46.27	3.82
滨州市	2.32	3.87			43.32	36.12	1.45
菏泽市	6.69	6.49	0.02		95.12	81.16	2.35

单位：亿元

管理费用	财务费用	利息收入	利息支出	投资收益（损失以“—”号记）	营业利润	利润总额	亏损企业亏损总额	平均用工人数（万人）
56.40	**14.97**	**1.49**	**14.71**	**1.41**	**83.34**	**86.74**	**20.99**	**15.74**
6.63	0.24	0.02	0.26	0.21	10.68	11.71	0.99	1.70
10.56	2.19	0.90	2.17	-0.04	2.05	2.30	12.53	1.90
2.18	0.21	-0.04	0.19	0.02	1.97	2.44	0.13	0.60
0.91	0.14	0.02	0.16		1.60	1.62	0.09	0.34
0.54	0.65		0.45	0.02	-0.62	-0.60	0.71	0.27
6.05	0.37	0.37	0.67	1.06	14.37	14.43	0.37	1.01
6.65	2.19	0.78	2.07		11.67	11.92	1.81	1.61
4.07	2.90	0.02	2.69	0.02	13.78	14.61	0.69	1.43
1.61	0.28	-0.08	0.36		4.18	4.36	0.01	0.38
1.76	0.35	-0.01	0.29	0.07	2.17	2.19	0.27	0.74
1.83	0.55	-0.03	0.53	0.01	0.87	0.90	0.10	0.28
4.01	1.02	-0.01	1.14	0.05	3.33	3.67	0.75	1.90
2.12	0.66	-0.14	0.56	0.03	3.19	2.69	1.21	1.00
2.98	0.99	-0.39	1.36	-0.03	4.34	4.67	0.61	0.72
2.23	1.40	0.07	1.34		1.85	1.94	0.60	0.40
2.27	0.81	0.01	0.47		7.90	7.88	0.12	1.45

1-B-22 按地区分组的酒、饮料和

分 组	资产总计	固定资产原 价	累计折旧	流动资产合 计	应收账款
全 省	**1081.75**	**393.39**	**156.62**	**500.62**	**53.02**
济南市	91.86	45.63	23.51	51.00	5.16
青岛市	280.71	69.61	33.34	121.24	16.79
淄博市	35.86	16.38	6.10	18.40	1.61
枣庄市	12.05	7.44	2.45	3.68	0.25
东营市	2.80	1.68	0.36	0.91	0.02
烟台市	286.45	88.84	32.07	108.51	10.62
潍坊市	68.81	25.31	8.66	41.09	2.17
济宁市	26.48	19.31	9.30	10.14	0.33
泰安市	18.43	8.18	4.97	12.37	1.00
威海市	15.45	7.44	2.29	7.67	0.52
日照市	52.57	8.48	4.15	40.30	8.12
临沂市	70.24	31.33	11.20	37.67	2.09
德州市	64.42	37.23	9.70	25.43	2.59
聊城市	14.80	7.05	2.88	8.35	0.39
滨州市	6.34	3.76	1.78	3.19	0.09
菏泽市	34.47	15.73	3.85	10.66	1.27

精制茶制造业主要经济指标

单位：亿元

存货	产成品	负债合计	流动负债合计	应付账款	所有者权益合计	实收资本	国家资本	集体资本
145.12	**55.53**	**493.38**	**431.74**	**79.61**	**588.37**	**201.25**	**20.98**	**6.42**
8.09	2.59	36.92	35.23	8.08	54.93	43.75	5.97	0.04
31.71	19.01	117.59	107.09	26.97	163.12	23.89	6.37	
10.43	2.57	17.93	10.62	1.39	17.93	4.67		0.40
1.08	0.29	8.20	6.17	0.78	3.85	2.35	0.61	0.01
0.62	0.08	1.25	1.17	0.21	1.55	1.51		0.09
36.98	9.39	67.79	62.92	10.10	218.66	42.85	3.70	5.08
11.16	2.59	64.62	50.94	2.79	4.19	11.81	0.55	
6.52	2.72	23.24	22.04	2.55	3.24	8.98	2.04	0.13
3.01	0.88	10.65	10.13	2.17	7.78	4.18		
1.83	1.17	7.40	7.18	0.47	8.05	3.54	0.14	0.06
6.02	2.14	47.46	43.12	14.15	5.11	6.97	0.15	0.10
11.09	4.65	36.27	28.49	5.24	33.97	11.91	1.46	
6.44	2.67	24.88	19.95	1.70	39.54	15.80		
2.95	1.17	8.59	8.25	1.45	6.21	4.47		0.51
1.67	0.50	4.64	4.23	0.81	1.70	2.73		
5.53	3.11	15.95	14.21	0.73	18.53	11.85		

1-B-22 续表

分组	法人资本	个人资本	港澳台资本	外商资本	营业收入	营业成本	销售费用
全省	**87.42**	**51.57**	**15.27**	**19.10**	**693.00**	**538.27**	**66.77**
济南市	31.07	1.71	3.49	1.47	62.92	47.90	6.70
青岛市	3.59	5.49	0.36	8.09	237.13	188.77	37.43
淄博市	3.87	0.40			53.11	39.47	1.65
枣庄市	0.54	1.19			12.93	9.98	0.64
东营市	0.65	0.77			0.32	0.23	0.01
烟台市	22.06	5.20	1.55	5.25	100.33	74.63	12.42
潍坊市	5.32	2.88	3.06		20.55	13.89	0.52
济宁市	2.86	3.22		0.74	15.99	12.63	1.08
泰安市	0.14	1.09	2.95		13.66	9.61	1.15
威海市	1.49	1.57		0.28	9.13	7.12	0.23
日照市	3.04	3.09		0.58	47.83	43.63	0.41
临沂市	1.72	8.41	0.33		43.21	31.64	2.24
德州市	6.44	9.15			27.92	20.26	1.27
聊城市	1.08	1.99		0.89	10.61	8.40	0.17
滨州市		0.93		1.80	6.27	4.87	0.01
菏泽市	3.55	4.47	3.52		31.08	25.25	0.83

单位：亿元

管理费用	财务费用			投资收益（损失以“－”号记）	营业利润	利润总额	亏损企业亏损总额	平均用工人数（万人）
		利息收入	利息支出					
28.19	**6.31**	**-0.16**	**7.89**	**12.68**	**31.04**	**31.13**	**8.33**	**7.10**
2.39	0.19	-0.17	0.39	0.11	3.83	3.78	0.06	0.68
6.29	-0.28	-0.91	0.45	11.82	10.56	10.63	0.50	1.06
1.75	0.83	0.04	0.79		3.67	3.45	0.33	0.30
0.61	0.06	-0.01	0.07		0.72	0.71	0.03	0.26
0.08					-0.08	-0.06	0.06	0.03
5.81	0.70	0.39	0.89	0.34	1.96	1.75	3.38	0.77
2.04	1.67	0.14	1.78	0.01	-0.23	-0.22	1.46	0.48
1.31	0.13	0.03	0.08		-0.30	-0.21	1.07	0.62
0.88	0.20	0.01	0.20	-0.02	0.70	0.69		0.23
0.56	0.13	0.05	0.14		0.21	0.24	0.26	0.22
0.86	0.66	0.08	1.09		1.92	1.91	0.46	0.22
2.80	0.95	0.17	1.02	0.34	3.41	3.36	0.29	0.77
0.89	0.50		0.47		2.16	2.14	0.07	0.69
0.59	0.13		0.13		0.30	0.61	0.13	0.22
0.26	0.12	0.02	0.09		0.31	0.32	0.16	0.09
1.08	0.31	0.01	0.29	0.07	1.91	2.03	0.05	0.46

1-B-23 按地区分组的烟草

分 组	资产总计	固定资产原价	累计折旧	流动资产合计	应收账款
全 省	**334.07**	**132.19**	**86.77**	**238.25**	**13.65**
济南市	2.99	1.22	0.22	1.76	0.22
青岛市					
淄博市					
枣庄市					
东营市					
烟台市					
潍坊市	2.56	2.77	1.99	1.14	0.47
济宁市					
泰安市					
威海市					
日照市					
临沂市	1.36	1.77	1.30	0.83	0.26
德州市					
聊城市					
滨州市					
菏泽市					

制品业主要经济指标

单位：亿元

存货	产成品	负债合计	流动负债合计	应付账款	所有者权益合计	实收资本	国家资本	集体资本
180.03	**3.88**	**114.06**	**111.01**	**3.33**	**220.00**	**66.80**	**65.25**	
0.05	0.03	0.58	0.58	0.18	2.41	0.95	0.95	
0.11	0.08	0.54	0.54	0.40	2.02	1.08	0.20	
0.39	0.34	0.24	0.22	0.19	1.13	0.67		

1-B-23 续表

分 组	法人资本	个人资本	港澳台资本	外商资本	营业收入	营业成本	销售费用
全 省	**1.52**	**0.03**			**298.36**	**108.63**	**8.35**
济南市					1.18	0.67	0.01
青岛市							
淄博市							
枣庄市							
东营市							
烟台市							
潍坊市	0.88				2.13	1.71	0.02
济宁市							
泰安市							
威海市							
日照市							
临沂市	0.64	0.03			1.10	0.78	0.08
德州市							
聊城市							
滨州市							
菏泽市							

单位：亿元

管理费用	财务费用			投资收益（损失以“−”号记）	营业利润	利润总额	亏损企业亏损总额	平均用工人数（万人）
		利息收入	利息支出					
21.00	**0.75**	**0.19**	**0.93**	**0.08**	**17.69**	**16.22**	**0.16**	**0.96**
0.19					0.31	0.31		0.01
0.50					-0.16	-0.15	0.16	0.07
0.19					0.02	0.02		0.04

1-B-24 按地区分组的纺织业

分 组	资产总计	固定资产原 价	累计折旧	流动资产合 计	应收账款
全 省	**2058.03**	**1155.96**	**497.33**	**1085.17**	**175.83**
济南市	65.83	40.70	24.17	33.08	6.84
青岛市	70.58	32.31	15.71	48.87	9.35
淄博市	148.55	101.88	48.74	59.70	11.35
枣庄市	39.65	18.07	6.20	21.63	3.50
东营市	111.35	27.24	11.22	65.59	8.27
烟台市	26.81	13.84	5.21	14.70	4.03
潍坊市	307.04	186.26	86.01	157.75	31.35
济宁市	175.63	62.63	19.83	104.83	14.70
泰安市	91.42	33.58	16.06	54.29	9.43
威海市	46.74	38.03	22.04	23.20	4.70
日照市	16.86	10.92	6.78	10.34	1.89
临沂市	79.51	40.65	14.78	40.94	8.80
德州市	263.19	138.16	43.86	133.63	18.38
聊城市	180.97	113.06	44.48	97.13	12.54
滨州市	260.39	153.48	85.05	167.30	24.43
菏泽市	173.51	145.15	47.20	52.18	6.28

主要经济指标

单位：亿元

存货	产成品	负债合计	流动负债合计	应付账款	所有者权益合计	实收资本	国家资本	集体资本
291.15	**135.04**	**1278.14**	**1110.88**	**176.78**	**779.81**	**408.26**	**9.88**	**16.23**
7.53	3.11	34.89	29.48	7.89	30.85	10.38	0.43	0.93
14.92	3.90	51.71	47.04	13.99	18.87	26.33	0.12	0.10
25.21	11.84	49.88	46.29	12.18	98.67	27.30	0.03	5.87
4.77	2.48	29.13	21.81	1.78	10.53	5.27	2.44	0.07
10.85	4.56	105.84	90.29	3.62	5.51	12.57		0.01
4.23	1.44	16.39	15.72	3.54	10.42	2.11		
50.69	21.20	206.49	179.70	26.61	100.55	50.20	0.39	0.27
14.77	7.56	126.05	108.01	32.18	49.57	34.37		0.40
15.71	8.19	62.53	48.64	5.59	28.89	10.56	0.59	1.97
6.90	3.24	15.71	13.70	4.17	31.04	14.48		
5.15	3.18	11.93	8.44	0.59	4.93	3.42	0.24	0.71
11.56	4.79	44.09	39.21	7.39	35.43	13.87		0.23
31.74	17.75	158.62	128.08	16.82	104.57	63.90	2.10	1.04
28.51	13.60	140.03	132.84	9.97	40.94	33.40	0.14	0.05
47.39	23.40	170.03	155.51	21.80	90.36	40.46	3.38	4.09
11.21	4.81	54.82	46.12	8.66	118.69	59.64	0.03	0.49

1-B-24 续表

分组	法人资本	个人资本	港澳台资本	外商资本	营业收入	营业成本	销售费用
全　省	**141.12**	**189.19**	**30.50**	**21.37**	**2022.64**	**1824.74**	**31.50**
济南市	5.26	2.31	0.99	0.47	60.20	54.92	1.31
青岛市	11.28	4.66	2.31	7.87	92.86	84.44	2.30
淄博市	4.68	9.42	6.12	1.18	129.99	107.11	2.20
枣庄市	1.49	1.27			30.72	27.72	0.54
东营市	4.38	5.64		2.55	62.50	58.67	0.67
烟台市	0.53	1.36	0.10	0.11	28.60	25.64	0.95
潍坊市	12.42	36.18	0.88	0.07	361.71	331.02	4.84
济宁市	13.72	10.18	9.89	0.19	144.57	131.11	2.27
泰安市	3.53	3.88	0.59		78.73	71.57	1.17
威海市	8.73	1.25	0.21	4.28	35.99	32.32	0.92
日照市	0.82	1.65			12.12	11.10	0.13
临沂市	3.50	5.33	1.90	2.92	110.05	98.85	2.24
德州市	21.60	35.00	2.51	1.65	163.08	142.10	2.78
聊城市	10.49	19.78	2.94	0.03	184.31	169.08	2.16
滨州市	12.43	19.14	1.36	0.06	256.32	236.91	3.70
菏泽市	26.25	32.15	0.71		270.89	242.17	3.34

单位：亿元

管理费用	财务费用			投资收益(损失以“−”号记)	营业利润	利润总额	亏损企业亏损总额	平均用工人数(万人)
		利息收入	利息支出					
61.69	**28.51**	**1.88**	**24.19**	**2.93**	**65.18**	**67.89**	**15.85**	**39.83**
2.45	0.72	0.02	0.68	0.01	0.49	0.53	0.38	0.82
4.84	1.10	0.02	0.77	-0.05	-0.26	-0.40	2.34	1.17
8.56	0.71	0.13	0.73	-0.31	9.43	9.12	1.00	2.92
1.04	0.36	0.02	0.30		0.90	1.27	0.31	1.04
1.86	2.72	0.24	2.71	0.01	-1.49	-1.86	2.22	0.62
1.36	0.08	0.02	0.15		0.46	1.86	0.09	0.41
8.74	4.78	0.25	4.01	2.50	12.66	12.87	2.23	7.15
2.44	1.05	0.27	0.84	0.04	6.43	6.52	0.88	2.14
2.04	1.95	0.17	1.70	0.57	2.22	2.54	0.45	1.45
2.23	0.18		0.12			0.07	0.56	0.84
0.76	0.24	-0.02	0.21	0.01	-0.12	-0.18	0.27	0.38
3.73	0.75	0.01	0.57		3.84	3.93	0.47	1.90
5.67	3.27	0.02	1.75	0.04	6.60	7.18	1.19	3.89
4.85	4.89	0.39	4.45	0.04	2.76	2.76	2.11	4.49
7.06	3.19	0.33	3.38	0.06	4.31	4.73	1.09	4.87
4.06	2.52	0.03	1.81	0.01	16.96	16.95	0.26	5.75

1−B−25 按地区分组的纺织服装、

分组	资产总计	固定资产原价	累计折旧	流动资产合计	应收账款
全省	**1392.89**	**506.29**	**183.32**	**694.68**	**158.02**
济南市	25.38	13.82	5.53	13.89	1.79
青岛市	192.33	107.57	60.78	103.29	29.17
淄博市	15.69	3.11	1.63	11.42	2.43
枣庄市	30.42	13.86	4.65	10.31	3.26
东营市	0.65	0.02	0.01	0.60	0.30
烟台市	85.98	53.59	30.68	58.47	8.60
潍坊市	76.11	26.17	13.43	45.71	18.62
济宁市	696.20	173.23	29.11	298.12	45.91
泰安市	35.98	12.93	3.60	23.36	6.33
威海市	104.89	25.44	13.11	76.25	30.77
日照市	6.24	3.28	1.89	3.73	0.86
临沂市	28.84	18.39	5.76	12.91	4.13
德州市	38.22	21.01	5.11	16.05	1.20
聊城市	5.83	1.78	0.51	4.22	1.53
滨州市	3.95	1.75	0.85	2.64	0.62
菏泽市	46.18	30.31	6.67	13.70	2.50

服饰业主要经济指标

单位：亿元

存货	产成品	负债合计	流动负债合计	应付账款	所有者权益合计	实收资本	国家资本	集体资本
174.18	**90.58**	**729.67**	**540.43**	**141.38**	**663.26**	**152.60**	**1.53**	**5.35**
4.55	0.87	10.99	9.23	4.06	14.38	5.38	0.51	
37.71	12.33	101.03	92.67	34.62	91.30	42.72		1.27
2.33	1.35	11.77	11.47	3.71	3.92	2.66		0.35
3.33	1.51	19.00	15.51	4.35	11.42	8.13		2.42
0.05	0.03	0.44	0.44	0.42	0.21	0.14		
13.97	4.96	32.54	31.02	6.15	53.44	10.46	0.31	0.09
11.47	2.62	43.40	39.72	17.48	32.71	9.26		0.11
64.63	47.39	367.53	213.73	29.86	328.68	23.20		
4.04	2.16	21.30	17.31	3.99	14.68	10.90	0.68	0.43
17.09	9.35	70.12	62.95	25.45	34.77	4.58	0.01	0.56
0.96	0.42	4.52	4.31	1.14	1.72	1.31		
3.88	1.74	11.75	10.77	1.89	17.13	9.08		
2.78	0.79	16.13	15.17	3.87	22.09	10.13		0.01
0.83	0.34	3.36	3.19	1.78	2.47	1.54		0.11
1.28	0.57	2.36	1.20	0.52	1.59	1.40		
5.28	4.16	13.42	11.72	2.10	32.76	11.73	0.02	

1-B-25 续表

分 组					营业收入	营业成本	销售费用
	法人资本	个人资本	港澳台资本	外商资本			
全 省	**62.25**	**54.00**	**3.91**	**25.53**	**1491.39**	**1304.86**	**34.93**
济南市	1.39	0.92	1.28	1.29	22.47	17.49	2.27
青岛市	13.97	10.50	1.21	15.77	236.78	208.02	4.84
淄博市	0.46	1.67		0.17	7.68	6.87	0.39
枣庄市	1.22	1.58		2.89	41.46	36.71	1.84
东营市	0.14				0.54	0.51	0.01
烟台市	1.64	4.79	0.19	3.43	92.63	75.22	5.97
潍坊市	3.62	4.27	0.25	1.00	72.60	64.60	1.08
济宁市	10.77	12.31		0.12	685.39	605.51	6.86
泰安市	7.04	2.61	0.14		35.05	29.96	1.77
威海市	2.48	0.57	0.13	0.83	176.22	156.42	6.62
日照市	0.20	1.10			5.14	4.60	0.10
临沂市	7.24	1.69	0.10	0.02	46.28	39.18	1.68
德州市	4.43	5.69			19.31	16.26	0.35
聊城市	0.29	1.14			9.72	9.25	0.07
滨州市	0.52	0.28	0.60		3.07	2.74	0.10
菏泽市	6.83	4.87			37.06	31.55	0.96

单位：亿元

管理费用	财务费用			投资收益(损失以“—”号记)	营业利润	利润总额	亏损企业亏损总额	平均用工人数(万人)
		利息收入	利息支出					
64.77	**14.51**	**1.01**	**10.59**	**8.78**	**72.91**	**76.36**	**5.02**	**28.52**
1.58	0.09	0.06	0.09	0.01	0.69	0.81	0.24	0.89
16.24	1.02	0.36	1.24	0.51	5.19	5.48	1.67	5.63
0.48	0.17		0.14		-0.29	-0.27	0.41	0.28
1.15	0.43		0.27		1.05	1.04	0.34	1.54
0.03								0.01
4.23	0.99	0.06	0.48	0.43	6.09	5.20	0.48	2.08
4.65	0.46	0.03	0.38	0.02	1.38	1.41	0.61	2.57
22.72	9.13	0.48	6.14	7.39	46.37	49.62	0.10	7.17
2.12	0.32		0.30		0.60	0.81	0.09	1.32
6.50	0.57	0.01	0.62	0.01	5.68	6.04	0.31	2.25
0.39	0.15		0.13		-0.14	-0.12	0.24	0.30
2.36	0.40		0.30		2.09	2.07	0.07	1.04
0.78	0.32		0.28	0.39	1.50	1.55	0.24	1.10
0.27	0.04		0.03		0.04	0.04	0.08	0.48
0.16	0.05		0.01		0.01		0.06	0.13
1.10	0.38	0.01	0.19		2.65	2.66	0.09	1.75

1-B-26 按地区分组的皮革、毛皮、羽毛及其

分 组	资产总计	固定资产原 价	累计折旧	流动资产合 计	应收账款
全 省	**304.59**	**105.73**	**39.59**	**191.86**	**45.15**
济南市	2.94	0.74	0.35	2.32	0.54
青岛市	52.18	34.46	12.17	24.77	7.34
淄博市	34.80	12.36	5.83	26.30	8.86
枣庄市	1.56	0.59	0.15	0.90	0.34
东营市					
烟台市	3.73	2.09	1.02	2.07	0.46
潍坊市	21.86	6.75	3.17	13.53	3.38
济宁市	2.82	1.87	0.36	0.48	0.07
泰安市	1.51	0.29	0.13	0.77	0.36
威海市	79.74	12.88	6.00	54.94	9.43
日照市	0.20	0.05	0.02	0.17	0.03
临沂市	23.02	10.10	3.84	10.77	2.76
德州市	11.83	4.61	1.16	7.04	1.45
聊城市	2.83	1.02	0.31	2.06	1.34
滨州市	50.91	9.78	3.14	38.94	7.96
菏泽市	14.66	8.15	1.94	6.80	0.82

制品和制鞋业主要经济指标

单位：亿元

存货	产成品	负债合计	流动负债合计	应付账款	所有者权益合计	实收资本	国家资本	集体资本
78.29	**30.77**	**170.47**	**158.26**	**36.73**	**134.11**	**55.81**	**0.11**	**0.06**
0.75	0.24	2.78	2.77	0.92	0.16	0.28		
10.25	5.43	31.76	26.07	10.42	20.42	13.49		0.02
12.17	3.43	17.23	17.13	2.65	17.57	1.96		
0.11	0.02	0.41	0.41	0.23	1.15	0.78		
0.53	0.19	3.25	3.15	0.59	0.48	0.58		0.02
4.15	2.09	12.20	11.32	3.26	9.66	4.58		
0.05	0.05	1.32	1.32	0.12	1.50	0.94		
0.32	0.32	0.78	0.78	0.19	0.73	0.14		
20.00	8.60	29.79	29.40	2.01	49.95	12.79	0.11	
0.07		0.06	0.06	0.01	0.13	0.12		
4.05	2.43	10.82	9.54	2.01	12.20	3.71		0.02
3.67	1.45	5.35	4.62	1.40	6.48	3.17		
0.17	0.15	2.12	2.12	0.85	0.72	1.26		
18.22	6.06	46.24	44.26	11.53	4.67	9.36		
3.77	0.31	6.37	5.33	0.55	8.29	2.65		

1-B-26 续表

分 组	法人资本	个人资本	港澳台资本	外商资本	营业收入	营业成本	销售费用
全 省	**18.92**	**25.62**	**1.37**	**9.72**	**422.10**	**387.42**	**6.99**
济南市	0.02	0.22		0.03	7.88	7.31	0.03
青岛市	5.42	0.94		7.12	62.73	55.94	1.35
淄博市	0.20	1.61	0.15		29.65	25.91	0.40
枣庄市	0.05	0.12		0.62	1.91	1.51	0.14
东营市							
烟台市	0.08	0.41	0.01	0.06	9.46	8.96	0.06
潍坊市	1.14	3.25	0.17	0.02	52.47	46.47	1.46
济宁市	0.83	0.11			5.51	4.96	0.06
泰安市	0.05	0.09			3.01	2.92	0.02
威海市	0.67	11.89	0.01	0.12	126.36	118.61	2.27
日照市	0.02	0.08		0.02	0.85	0.75	0.04
临沂市	1.34	2.34	0.01		35.96	32.75	0.37
德州市	2.65	0.52			13.97	12.10	0.15
聊城市	0.38	0.85	0.03		1.86	1.82	0.03
滨州市	4.47	2.15	1.00	1.74	53.18	51.95	0.39
菏泽市	1.59	1.07			17.30	15.44	0.22

单位：亿元

管理费用	财务费用			投资收益（损失以“-”号记）	营业利润	利润总额	亏损企业亏损总额	平均用工人数（万人）
		利息收入	利息支出					
11.56	**3.63**	**0.08**	**2.92**	**0.22**	**9.40**	**9.28**	**4.46**	**6.46**
0.20	0.02				0.20	0.21	0.05	0.08
4.00	0.27	0.01	0.14	0.04	0.70	0.52	1.16	2.16
0.96	0.76	-0.01	0.52		1.48	1.68	0.18	0.35
0.14	0.01		0.01		0.08	0.08		0.33
0.27	0.01		0.07		0.09	0.09	0.10	0.16
1.36	0.25		0.18		2.44	2.39	0.05	0.80
0.10	0.07			0.05	0.31	0.31		0.20
0.01					0.05	0.05		0.04
2.15	0.90	0.05	0.84	0.10	1.37	1.33	1.61	0.46
0.05					0.01	0.01		0.03
0.99	0.31		0.28	0.02	1.17	1.17	0.06	0.82
0.27	0.12		0.09		1.28	1.28		0.20
0.06	0.05		0.04		-0.13	-0.13	0.17	0.04
0.67	0.57	0.03	0.48		-0.56	-0.61	1.06	0.42
0.32	0.29		0.27		0.92	0.91		0.37

1-B-27 按地区分组的木材加工和木、竹、

分 组	资产总计	固定资产原 价	累计折旧	流动资产合 计	应收账款
全 省	**618.06**	**479.38**	**202.53**	**258.07**	**57.61**
济南市	6.72	3.71	1.54	3.30	0.95
青岛市	12.77	5.32	1.71	7.39	1.32
淄博市	2.22	0.66	0.22	1.22	0.40
枣庄市	9.85	6.31	1.20	3.36	0.81
东营市	8.01	7.02	5.49	6.04	0.47
烟台市	2.80	1.30	0.68	1.83	0.21
潍坊市	40.43	18.11	5.81	20.06	2.03
济宁市	37.12	15.24	3.06	15.31	3.38
泰安市	5.51	1.93	0.66	3.31	0.73
威海市	0.85	0.34	0.07	0.53	0.14
日照市	11.97	5.94	1.63	6.40	0.79
临沂市	240.52	219.59	127.03	114.87	29.18
德州市	38.37	34.16	14.35	10.44	1.80
聊城市	31.48	16.94	5.97	17.30	4.88
滨州市	6.49	2.68	1.17	4.20	0.41
菏泽市	162.95	140.12	31.96	42.52	10.10

藤、棕、草制品业主要经济指标

单位：亿元

存货	产成品	负债合计	流动负债合计	应付账款	所有者权益合计	实收资本	国家资本	集体资本
77.59	**41.27**	**247.83**	**212.87**	**44.82**	**370.82**	**135.34**	**1.37**	**4.36**
1.58	0.67	5.01	4.95	1.38	1.72	1.40		
2.81	1.47	6.46	5.79	1.56	6.31	3.59		0.12
0.49	0.22	1.33	1.19	0.18	0.89	0.53		
0.61	0.35	3.20	2.91	0.20	6.65	2.24	0.15	
0.95	0.43	9.48	9.02	0.50	-1.47	2.26	1.17	
1.11	0.45	2.48	2.43	0.86	0.32	1.05		
8.68	2.90	30.84	23.25	2.54	9.59	8.42		1.96
3.47	1.59	19.36	16.23	2.04	17.76	10.80		1.66
0.72	0.41	2.03	1.67	-0.03	3.48	1.97		0.11
0.09	0.02	0.51	0.43	0.10	0.34	0.07		
3.20	1.33	8.19	6.28	1.98	3.78	5.13		
33.43	19.47	79.92	71.35	20.31	161.19	46.72	0.02	0.30
2.40	1.43	15.91	10.78	1.56	22.46	9.72		
5.66	3.72	23.14	22.00	4.07	8.34	4.98	0.01	0.01
1.16	0.34	4.83	4.60	0.42	1.66	1.41		
11.24	6.47	35.13	29.98	7.15	127.82	35.05	0.02	0.20

1-B-27 续表

分 组	法人资本	个人资本	港澳台资本	外商资本	营业收入	营业成本	销售费用
全 省	**35.60**	**88.71**	**1.20**	**4.04**	**1197.28**	**1073.11**	**28.01**
济南市	0.26	0.66		0.48	11.76	10.45	0.12
青岛市	1.07	2.01		0.39	11.44	10.30	0.24
淄博市	0.33	0.20			2.70	2.52	0.05
枣庄市	0.89	1.21			20.61	18.05	0.74
东营市	0.75	0.09		0.25	5.23	5.11	0.20
烟台市	0.54			0.50	5.29	4.85	0.08
潍坊市	3.00	3.27	0.19		34.80	32.28	1.02
济宁市	3.19	5.94		0.01	50.48	44.31	0.90
泰安市	1.36	0.51			7.37	6.33	0.17
威海市	0.01	0.06			0.52	0.48	
日照市	1.73	0.84	0.95	1.61	15.03	14.29	0.30
临沂市	9.64	35.91	0.04	0.74	740.65	658.40	21.20
德州市	2.36	7.36			17.33	15.19	0.50
聊城市	1.44	3.47	0.01	0.04	49.59	47.20	0.37
滨州市	0.13	1.28			6.29	5.87	0.07
菏泽市	8.90	25.90	0.02	0.01	218.19	197.48	2.04

单位：亿元

管理费用	财务费用	利息收入	利息支出	投资收益（损失以“-”号记）	营业利润	利润总额	亏损企业亏损总额	平均用工人数（万人）
32.46	**8.83**	**0.14**	**4.41**	**0.49**	**49.17**	**50.34**	**4.65**	**14.92**
0.16	0.17		0.14	0.04	0.78	0.80		0.09
0.49	0.04		0.02	0.37	0.67	0.67	0.02	0.18
0.08	0.02		0.01		0.03	0.05	0.04	0.04
0.68	0.15		0.15		0.84	0.84	0.02	0.33
0.35	0.32		0.33		-0.86	-0.67	0.68	0.05
0.28	0.06				-0.01	-0.02	0.08	0.09
1.24	0.12	0.01	0.03	0.02	0.25	0.66	0.19	0.39
1.23	0.51	0.01	0.23	0.06	3.10	3.12	0.09	0.54
0.20	0.04		0.04		0.56	0.59	0.05	0.12
0.01					0.02	0.02		0.01
0.52	0.23		0.17		-0.39	-0.36	0.73	0.24
22.32	4.50	0.06	1.51	-0.02	31.01	30.98	1.73	8.04
0.58	0.75	0.01	0.69	0.01	0.16	0.18	0.60	0.48
0.85	0.49		0.40		0.42	0.67	0.38	0.64
0.16	0.09		0.07		0.10	0.13		0.08
3.29	1.34	0.03	0.63		12.50	12.68	0.04	3.59

1-B-28 按地区分组的家具

分 组	资产总计	固定资产原价	累计折旧	流动资产合计	应收账款
全 省	**260.34**	**153.29**	**49.33**	**111.27**	**28.77**
济南市	5.19	2.03	0.45	2.33	0.29
青岛市	45.75	21.81	8.07	25.12	8.91
淄博市	7.26	1.71	0.54	5.04	1.49
枣庄市	1.16	0.83	0.16	0.33	0.06
东营市	0.66	0.11	0.04	0.39	0.14
烟台市	6.27	4.10	0.78	2.65	0.32
潍坊市	32.53	7.98	2.96	23.09	3.92
济宁市	7.03	2.88	0.51	3.72	0.95
泰安市	2.70	1.05	0.37	0.99	0.04
威海市	1.30	0.74	0.47	0.84	0.09
日照市	2.09	0.39	0.13	1.66	0.42
临沂市	42.99	29.24	11.29	12.76	4.05
德州市	31.05	30.81	13.14	7.76	0.95
聊城市	1.08	0.32	0.05	0.68	0.20
滨州市	22.02	5.20	2.09	11.81	4.54
菏泽市	51.27	44.08	8.28	12.10	2.42

制造业主要经济指标

单位：亿元

存货	产成品	负债合计	流动负债合计	应付账款	所有者权益合计	实收资本	国家资本	集体资本
34.82	**12.58**	**138.41**	**117.43**	**26.14**	**122.27**	**57.07**	**0.15**	**2.41**
0.76	0.37	2.12	2.10	0.28	3.07	1.76		
7.77	2.04	27.95	25.71	9.55	17.80	12.90		0.65
1.56	0.36	4.57	4.57	1.30	2.69	1.35		
0.11	0.10	0.25	0.18		0.92	0.21		
0.12	0.06	0.34	0.34	0.10	0.32	0.25		
0.83	0.30	1.59	1.49	0.16	4.68	0.18		
5.11	2.06	28.97	26.69	4.47	3.56	4.02		0.50
0.76	0.24	2.29	2.26	0.76	4.74	2.77		0.16
0.47	0.16	1.27	1.23	0.04	1.43	1.32		
0.34	0.10	0.61	0.39	0.11	0.69	0.28	0.08	
0.44	0.10	1.43	0.66	0.31	0.66	0.41		
4.74	1.75	24.39	12.14	5.19	18.93	4.66	0.01	
1.66	0.93	7.98	6.34	1.44	23.07	11.78		
0.31	0.14	0.60	0.60	0.08	0.48	0.30		
4.46	2.38	19.35	19.01	1.57	2.67	4.82	0.05	1.00
5.39	1.47	14.71	13.74	0.77	36.56	10.08	0.01	0.10

1-B-28 续表

分　组	法人资本	个人资本	港澳台资本	外商资本	营业收入	营业成本	销售费用
全　省	**21.64**	**28.83**	**0.16**	**3.89**	**217.01**	**186.66**	**8.02**
济南市	0.87	0.89			10.69	9.35	0.52
青岛市	2.39	6.63	0.13	3.08	41.60	35.51	2.04
淄博市	0.64	0.71			6.54	6.25	0.08
枣庄市	0.04	0.18			0.85	0.66	0.10
东营市		0.25			0.22	0.17	0.01
烟台市	0.05	0.06	0.02	0.06	5.24	4.27	0.32
潍坊市	1.98	0.96	0.01	0.57	30.98	27.95	0.58
济宁市	1.82	0.79			9.05	7.28	0.18
泰安市	0.49	0.83			0.95	0.74	0.04
威海市	0.10	0.05		0.06	1.82	1.59	0.02
日照市	0.33	0.01		0.07	2.24	2.02	0.04
临沂市	1.36	3.29			40.27	33.57	2.17
德州市	6.92	4.85			19.64	16.03	0.68
聊城市	0.03	0.28			1.64	1.30	0.18
滨州市	1.95	1.81			6.95	6.29	0.17
菏泽市	2.67	7.26		0.04	38.34	33.69	0.89

单位：亿元

管理费用	财务费用			投资收益（损失以“－”号记）	营业利润	利润总额	亏损企业亏损总额	平均用工人数（万人）
		利息收入	利息支出					
9.33	**2.85**	**-0.01**	**2.36**	**0.05**	**8.28**	**8.52**	**2.38**	**5.29**
0.32	0.02			0.04	0.43	0.56		0.13
2.16	0.44	0.01	0.26	0.01	1.08	1.13	0.27	0.97
0.22	0.07		0.01		-0.10	-0.09	0.16	0.08
0.01	0.01		0.01		0.04	0.04		0.03
0.02	0.01				0.01	0.01	0.01	0.01
0.30	0.04		0.05		0.26	0.26	0.03	0.14
1.31	0.75	-0.03	0.78	-0.03	0.19	0.18	0.28	0.70
0.25	0.06		0.02		1.21	1.21		0.22
0.11	0.05		0.04	0.01	0.01	0.02		0.04
0.13	0.02		0.01		0.05	0.05	0.01	0.06
0.11	0.01				0.06	0.06	0.01	0.07
2.24	0.38		0.43		1.34	1.38	0.66	0.83
0.77	0.27		0.18	0.01	1.75	1.79	0.02	0.67
0.09					0.06	0.06		0.06
0.33	0.42		0.39	0.01	-0.29	-0.29	0.55	0.20
0.96	0.33	0.01	0.17		2.18	2.15	0.38	1.09

1-B-29 按地区分组的造纸和

分 组	资产总计	固定资产原　价	累计折旧	流动资产合　计	应收账款
全 省	**2748.29**	**1289.01**	**554.07**	**1325.13**	**149.00**
济南市	35.80	23.05	5.35	15.49	3.88
青岛市	37.14	19.97	9.41	23.30	8.25
淄博市	240.09	131.56	58.92	114.54	20.89
枣庄市	57.82	40.36	14.00	23.28	5.26
东营市	203.62	97.26	62.19	112.61	19.23
烟台市	45.89	27.60	13.58	27.36	4.19
潍坊市	934.70	233.86	112.60	460.90	33.35
济宁市	424.23	310.90	99.17	173.66	19.71
泰安市	51.78	27.48	6.30	20.15	4.08
威海市	11.57	6.76	3.62	5.11	1.45
日照市	197.68	181.25	88.96	74.35	6.86
临沂市	62.02	42.13	16.13	26.54	6.54
德州市	104.20	77.60	31.49	40.21	9.73
聊城市	298.94	43.76	24.60	193.04	2.54
滨州市	21.59	15.34	4.42	8.29	2.47
菏泽市	21.19	10.14	3.34	6.29	0.57

纸制品业主要经济指标

单位：亿元

存货	产成品	负债合计	流动负债合计	应付账款	所有者权益合计	实收资本	国家资本	集体资本
209.00	**100.98**	**1848.25**	**1492.56**	**225.67**	**900.03**	**377.70**	**14.61**	**13.03**
6.89	3.24	26.58	17.03	3.56	9.21	6.14	0.80	
5.67	2.66	22.95	20.39	5.19	14.19	8.06	0.23	0.08
23.31	11.46	144.06	119.18	25.14	96.03	13.14		0.32
7.36	3.18	33.55	28.58	8.58	24.27	11.59		
12.53	8.60	132.87	118.46	17.03	70.74	35.86		3.60
6.12	3.49	20.65	19.98	5.39	25.24	8.37	0.06	0.08
31.29	12.91	643.84	537.47	57.12	290.86	104.95	3.48	5.80
40.01	10.82	249.60	202.21	30.73	174.63	69.06		0.10
4.87	2.47	26.53	20.16	5.01	25.25	8.43	3.41	0.68
1.67	0.59	7.00	5.19	1.60	4.57	1.56		
16.49	5.09	117.12	73.47	34.47	80.57	53.49		0.50
9.22	3.69	32.35	30.41	6.68	29.67	11.98		
16.24	11.21	48.58	33.24	7.38	55.62	22.41		1.70
22.87	18.47	310.99	239.36	9.70	-12.05	14.44	6.54	0.01
2.70	1.76	18.99	18.68	5.78	2.61	3.42		
1.75	1.34	12.59	8.76	2.31	8.60	4.81	0.10	0.17

1-B-29 续表

分 组					营业收入	营业成本	销售费用
	法人资本	个人资本	港澳台资本	外商资本			
全 省	**167.31**	**84.02**	**10.47**	**88.26**	**1910.85**	**1666.33**	**44.03**
济南市	1.57	2.11	1.65		38.82	34.42	1.10
青岛市	0.87	2.14	1.49	3.25	43.42	39.39	0.91
淄博市	9.09	3.08	0.65		270.00	246.01	3.64
枣庄市	0.70	1.55	5.86	3.47	59.86	54.79	1.20
东营市	16.66	13.01		2.60	103.29	89.04	2.40
烟台市	2.49	4.06	0.30	1.38	69.30	62.13	1.35
潍坊市	51.66	17.89	0.44	25.69	312.50	265.29	8.83
济宁市	61.05	7.91			547.57	479.23	12.08
泰安市	0.39	3.96			47.36	42.08	1.54
威海市	0.38	1.17			12.98	11.64	0.26
日照市	2.74	0.18		50.08	129.29	95.26	3.12
临沂市	4.70	7.29			84.40	73.86	2.88
德州市	13.28	5.64		1.79	74.88	65.37	1.94
聊城市	0.37	7.51			72.21	65.42	2.28
滨州市	0.65	2.77			28.80	27.84	0.20
菏泽市	0.72	3.75	0.07		16.18	14.56	0.28

单位：亿元

管理费用	财务费用	利息收入	利息支出	投资收益（损失以“–”号记）	营业利润	利润总额	亏损企业亏损总额	平均用工人数（万人）
65.66	**43.35**	**14.49**	**48.12**	**-0.83**	**81.54**	**88.84**	**4.73**	**11.76**
1.51	0.51		0.48		1.12	1.20	0.08	0.45
1.87	0.40	-0.04	0.41		0.55	0.88	0.19	0.45
7.37	6.72	0.16	7.03	0.15	5.56	5.66	0.72	1.12
0.90	1.07	0.01	0.70		1.46	1.98	0.39	0.57
4.25	3.46	0.26	3.60	1.90	5.17	5.62	0.46	0.40
2.05	0.32	0.01	0.26	0.03	3.04	3.69	0.12	0.65
16.48	8.48	13.74	20.92	-4.91	8.53	10.06	0.66	1.74
10.59	10.10	0.28	8.51	0.20	33.88	34.21	0.12	1.80
1.13	0.50	0.01	0.30	0.02	1.74	1.83	0.05	0.44
0.70	0.18		0.02		0.08	0.37	0.03	0.21
8.80	5.18	-0.01	0.10	0.01	15.59	16.48	0.06	0.37
3.49	1.32	0.01	0.89	-0.02	2.27	2.79	0.14	0.92
2.81	1.30	0.05	1.22	0.20	3.05	3.26	0.48	1.00
2.46	3.29	0.01	3.22	1.60	-0.76		1.10	1.06
0.90	0.36		0.35	-0.01	-0.42	0.12	0.07	0.22
0.34	0.17		0.09		0.68	0.68	0.07	0.36

1-B-30 按地区分组的印刷和

分　组	资产总计	固定资产原　价	累计折旧	流动资产合　计	应收账款
全　省	**361.94**	**215.07**	**94.84**	**191.93**	**56.02**
济南市	61.72	36.07	19.13	32.73	9.99
青岛市	78.00	45.66	20.59	44.95	17.01
淄博市	14.20	5.34	2.51	9.29	2.53
枣庄市	2.75	1.60	0.40	1.06	0.29
东营市	0.68	0.26	0.04	0.40	0.29
烟台市	18.24	11.22	6.38	12.25	4.45
潍坊市	18.18	10.66	4.37	9.34	3.17
济宁市	17.63	10.07	2.77	8.28	2.19
泰安市	12.19	7.32	2.15	6.35	2.33
威海市	12.94	12.76	5.98	5.10	1.51
日照市	11.49	4.41	1.86	8.11	1.50
临沂市	45.11	21.55	9.64	25.35	2.37
德州市	21.58	16.19	6.15	7.40	1.45
聊城市	20.42	12.34	6.31	12.55	4.84
滨州市	10.31	8.13	2.54	4.12	1.23
菏泽市	16.49	11.50	4.02	4.64	0.87

记录媒介复制业主要经济指标标

单位：亿元

存货		负债合计	流动负债合计		所有者权益合计	实收资本		
	产成品			应付账款			国家资本	集体资本
42.01	**18.11**	**178.69**	**160.37**	**39.30**	**182.35**	**93.82**	**4.93**	**1.61**
5.73	2.44	26.47	24.03	5.16	35.26	17.60	1.74	0.08
10.07	4.49	45.79	41.16	14.51	32.21	20.44	0.56	0.41
1.90	0.98	10.22	10.15	2.22	3.98	2.61		0.05
0.06	0.03	0.94	0.83	0.10	1.81	0.49		
0.07	0.01	0.44	0.43	0.12	0.23	0.26		
2.09	0.87	7.61	7.12	2.47	10.63	4.24	1.15	
2.19	1.02	11.64	10.41	3.77	6.54	3.64	0.42	0.32
2.53	0.97	7.46	6.57	1.15	10.17	5.02	0.06	
1.58	0.69	6.99	6.16	2.50	5.20	2.70		0.23
0.88	0.55	5.02	3.14	1.03	7.93	2.95		
2.68	1.57	8.14	7.15	0.85	3.34	3.36		0.50
4.64	1.79	24.87	23.39	0.39	19.34	5.94	0.35	0.01
1.30	0.29	5.96	4.66	1.32	15.61	5.40	0.60	
3.51	1.07	5.06	4.68	1.79	15.36	5.87	0.06	
1.21	0.37	6.43	5.84	1.37	3.87	7.02		
1.57	0.97	5.63	4.65	0.55	10.86	6.28		

1-B-30 续表

分 组					营业收入	营业成本	销售费用
	法人资本	个人资本	港澳台资本	外商资本			
全 省	**30.36**	**35.68**	**7.13**	**14.14**	**399.39**	**346.92**	**9.73**
济南市	7.49	5.77		2.52	64.15	54.10	1.81
青岛市	7.33	5.27	3.14	3.73	90.84	77.64	2.36
淄博市	1.19	1.37			11.12	9.56	0.33
枣庄市	0.37	0.12			7.29	6.67	0.16
东营市	0.02	0.24			0.83	0.73	0.01
烟台市	1.48	1.08	0.04	0.50	22.94	19.35	0.44
潍坊市	1.16	1.69	0.03	0.03	24.33	22.29	0.35
济宁市	2.27	2.69			24.36	20.71	0.47
泰安市	0.46	2.01			10.78	9.79	0.34
威海市	1.45	0.42		1.08	30.82	27.86	0.28
日照市	0.46	2.41			13.78	12.84	0.22
临沂市	1.28	4.28		0.03	36.77	32.22	1.39
德州市	2.06	2.56	0.18		14.74	12.90	0.37
聊城市	0.91	1.18	3.74		17.80	14.94	0.46
滨州市	0.32	0.46		6.25	8.48	7.79	0.37
菏泽市	2.14	4.14			20.34	17.55	0.36

单位：亿元

管理费用	财务费用	利息收入	利息支出	投资收益(损失以“−”号记)	营业利润	利润总额	亏损企业亏损总额	平均用工人数(万人)
19.31	**4.07**	**-0.02**	**3.26**	**1.38**	**18.09**	**18.21**	**3.24**	**5.62**
3.66	0.25	-0.05	0.20	1.44	5.25	5.35	0.33	0.70
6.43	0.74	0.04	0.47	-0.01	3.08	3.30	0.64	1.14
0.73	0.22		0.08	0.01	0.24	0.21	0.15	0.21
0.14	0.01		0.01		0.23	0.21		0.11
0.02					0.06	0.06	0.01	0.01
1.67	0.17	0.02	0.12	0.05	1.16	1.16	0.35	0.33
1.00	0.22		0.14		0.35	0.38	0.12	0.44
0.76	0.32		0.25		1.99	2.00	0.04	0.33
0.52	0.20		0.19		-0.13	-0.14	0.22	0.26
0.63	0.14		0.13		1.70	1.71	0.01	0.33
0.47	0.30	0.01	0.24		-0.08		0.14	0.17
1.32	1.08	0.06	0.94		0.53	0.66	0.50	0.52
0.51	0.09		0.07		0.75	0.75	0.01	0.35
0.61	-0.07	-0.11	0.05	-0.10	1.63	1.21	0.10	0.26
0.49	0.28		0.25		-0.48	-0.47	0.60	0.07
0.35	0.12	0.01	0.10		1.83	1.81		0.40

1-B-31 按地区分组的文教、工美、

分　组	资产总计	固定资产原　价	累计折旧	流动资产合　计	应收账款
全　省	**890.31**	**446.43**	**137.96**	**467.56**	**98.59**
济南市	18.18	5.24	1.33	11.79	2.00
青岛市	115.36	55.97	21.03	62.70	16.91
淄博市	25.61	12.04	5.16	13.82	4.20
枣庄市	7.05	3.78	0.93	2.83	0.56
东营市	0.91	0.09	0.02	0.82	0.19
烟台市	16.10	8.86	4.77	8.56	1.93
潍坊市	53.51	14.90	8.66	40.93	6.61
济宁市	31.39	13.16	2.39	16.17	2.98
泰安市	2.85	0.62	0.24	1.76	0.30
威海市	165.87	71.28	30.77	104.25	27.91
日照市	26.72	10.60	4.01	15.58	2.66
临沂市	84.99	27.51	9.49	51.44	13.73
德州市	189.53	127.20	27.17	75.51	8.50
聊城市	2.43	0.76	0.37	1.88	0.07
滨州市	62.04	26.03	8.40	32.78	4.55
菏泽市	87.76	68.39	13.21	26.74	5.49

体育和娱乐用品制造业主要经济指标

单位：亿元

存货	产成品	负债合计	流动负债合计	应付账款	所有者权益合计	实收资本	国家资本	集体资本
131.37	**50.48**	**454.58**	**390.65**	**80.54**	**435.73**	**156.59**	**0.61**	**3.18**
6.13	2.77	10.69	10.49	1.82	7.49	3.97		
19.33	6.73	59.90	50.28	16.63	55.47	46.78	0.01	1.19
5.56	3.33	16.89	15.77	3.83	8.72	5.27	0.22	
0.70	0.35	2.30	1.98	0.65	4.75	1.27		0.01
0.20	0.04	0.74	0.73	0.11	0.16	0.22		
3.35	1.01	14.46	7.80	1.36	1.64	2.01		0.14
16.82	5.62	42.01	40.74	13.65	11.50	7.78		
4.31	1.42	12.37	11.84	2.26	19.02	8.65		0.03
0.38	0.10	2.81	0.85	0.17	0.04	0.58		
18.07	8.42	73.37	66.71	15.77	92.50	13.85	0.23	0.34
3.16	1.29	22.66	21.79	0.95	4.06	2.35	0.04	0.09
13.38	4.47	48.84	47.02	9.07	36.15	12.32	0.05	0.55
16.79	4.54	80.47	54.40	4.71	109.06	21.08		
0.63	0.58	2.05	0.35	0.05	0.38	0.34		
14.19	6.24	42.76	39.13	5.51	19.28	9.07	0.06	0.82
8.37	3.57	22.26	20.77	3.98	65.50	21.06		

1-B-31 续表

分　组	法人资本	个人资本	港澳台资本	外商资本	营业收入	营业成本	销售费用
全　省	**52.10**	**75.06**	**10.37**	**15.28**	**869.75**	**756.75**	**24.36**
济南市	1.61	2.34		0.02	27.54	23.61	1.22
青岛市	13.93	18.07	1.95	11.63	116.82	102.61	3.67
淄博市	2.35	2.39	0.29	0.01	25.95	21.03	1.24
枣庄市	0.37	0.89		0.01	22.03	20.10	0.44
东营市	0.06	0.16			0.23	0.22	
烟台市	0.63	1.16	0.04	0.03	25.55	21.68	0.52
潍坊市	3.35	4.29	0.01	0.13	107.89	101.57	2.05
济宁市	4.41	4.05	0.05	0.11	29.03	24.93	0.67
泰安市	0.15	0.43			2.97	2.63	0.12
威海市	3.37	3.57	4.71	1.63	129.14	106.06	4.05
日照市	0.57	1.01	0.59	0.06	18.10	15.74	0.50
临沂市	3.20	6.71	1.40	0.41	98.58	87.14	2.69
德州市	8.85	10.88	1.27	0.08	88.90	68.11	4.74
聊城市	0.01	0.33			2.20	2.03	0.02
滨州市	4.06	3.33		0.81	32.14	29.23	0.62
菏泽市	5.19	15.45	0.06	0.35	142.69	130.06	1.82

单位：亿元

管理费用	财务费用			投资收益（损失以“－”号记）	营业利润	利润总额	亏损企业亏损总额	平均用工人数（万人）
		利息收入	利息支出					
37.44	**10.43**	**0.36**	**8.65**	**2.50**	**36.20**	**41.11**	**5.16**	**16.06**
1.25	0.37	0.01	0.19		0.86	0.93	0.11	0.41
7.23	0.55		0.55	0.02	1.81	1.80	1.46	2.57
2.40	0.16		0.22	0.01	0.90	1.18	0.23	0.72
0.43	0.08		0.07		0.85	0.85	0.01	0.56
0.01	0.01		0.01		-0.03	-0.03	0.03	0.01
1.22	0.45		0.29		1.48	1.54	0.11	0.43
1.71	1.16	0.07	1.12	0.06	0.95	0.95	0.25	0.83
1.02	0.29	0.02	0.22	0.01	1.84	1.92	0.04	0.78
0.23	0.04				-0.07	-0.04	0.09	0.10
9.90	0.76	0.04	1.01	-0.13	6.51	9.81	0.53	2.34
0.71	0.90		0.89		0.09	0.12	0.20	0.27
3.12	1.26	0.03	0.85	0.02	3.54	3.64	0.60	1.82
4.55	2.01	0.04	1.63	2.50	11.36	11.74	0.23	1.65
0.09	0.06		0.05				0.01	0.19
1.57	1.30	0.12	1.08	0.01	-0.75	-0.45	1.23	0.80
1.98	1.03	0.02	0.46		6.86	7.16	0.03	2.58

1-B-32 按地区分组的石油、煤炭及其他

分 组	资产总计	固定资产原价	累计折旧	流动资产合计	应收账款
全 省	**6193.24**	**2578.23**	**1117.63**	**4042.38**	**342.29**
济南市	67.65	88.50	48.02	23.47	4.52
青岛市	297.78	219.81	135.67	193.38	24.76
淄博市	805.32	518.24	308.25	512.09	25.74
枣庄市	86.92	57.88	19.27	38.98	1.87
东营市	2573.67	668.59	210.67	1878.25	139.53
烟台市	1.91	0.48	0.23	1.61	0.20
潍坊市	695.72	371.63	121.22	360.99	6.41
济宁市	125.66	85.91	39.49	65.17	7.41
泰安市	28.39	9.67	5.97	15.92	1.88
威海市	0.97	0.45	0.38	0.35	0.02
日照市	292.53	116.39	18.60	141.86	25.94
临沂市	88.24	34.09	13.74	52.01	18.25
德州市	140.08	70.84	32.59	75.53	6.86
聊城市	9.48	4.38	2.69	6.71	1.11
滨州市	670.76	149.75	66.79	519.74	58.32
菏泽市	308.14	181.65	94.06	156.33	19.48

燃料加工业主要经济指标

单位：亿元

存货	产成品	负债合计	流动负债合计	应付账款	所有者权益合计	实收资本	国家资本	集体资本
1007.55	**390.31**	**4801.19**	**4282.90**	**946.58**	**1392.05**	**413.79**	**112.88**	**27.09**
9.50	4.10	43.93	43.89	11.19	23.72	29.07	27.01	
40.60	24.14	164.17	158.43	49.30	133.61	57.26	51.70	
122.73	58.46	528.52	457.37	93.54	276.80	28.40	0.53	1.39
10.65	5.21	46.35	42.87	9.87	40.58	11.98	3.87	1.82
497.19	166.97	2192.31	1990.20	420.60	381.37	124.55	13.34	2.13
0.60	0.30	1.07	1.07	0.35	0.84	0.94		
106.06	43.44	523.92	462.57	73.46	171.80	26.43	10.42	3.00
18.63	10.89	78.25	60.96	22.36	47.40	28.27	1.73	4.89
2.57	1.47	21.74	19.16	0.65	6.65	4.41		
0.29	0.05	0.67			0.30	0.06		
34.75	14.17	279.73	233.24	44.72	12.80	26.84		6.85
4.10	1.03	47.67	40.14	15.14	40.57	17.52	1.20	2.00
21.51	11.88	80.85	74.70	17.77	59.24	11.00	1.50	
1.23	0.21	1.94	1.40	0.51	7.55	2.21		
95.00	32.95	613.81	577.03	160.08	56.95	18.35	1.60	3.01
42.13	15.06	176.27	119.88	27.04	131.87	26.52		2.00

1-B-32 续表

分 组					营业收入	营业成本	销售费用
	法人资本	个人资本	港澳台资本	外商资本			
全 省	**175.16**	**94.87**	**1.12**	**2.67**	**10979.28**	**9725.95**	**61.53**
济南市	0.75	1.18	0.13		255.34	181.79	0.74
青岛市	4.20	1.36			762.41	569.48	1.79
淄博市	0.70	25.02	0.25	0.51	2038.06	1773.63	5.33
枣庄市	5.99	0.31			134.10	105.57	3.97
东营市	75.80	32.98	0.29	0.01	3900.75	3643.63	21.46
烟台市	0.27			0.66	4.80	4.07	0.43
潍坊市	6.53	5.39		1.09	1415.62	1252.06	7.05
济宁市	13.90	7.37		0.38	198.69	169.25	6.14
泰安市	2.16	2.25			27.43	24.43	0.56
威海市	0.06				0.13	0.09	0.01
日照市	17.62	2.37			366.82	349.25	1.34
临沂市	7.84	6.48			106.15	85.64	1.54
德州市	8.94	0.56			317.35	282.15	2.25
聊城市	0.97	1.24			17.94	14.36	0.28
滨州市	6.08	7.67			742.29	689.66	4.28
菏泽市	23.35	0.70	0.45	0.01	691.40	580.89	4.39

单位：亿元

管理费用	财务费用			投资收益（损失以“－”号记）	营业利润	利润总额	亏损企业亏损总额	平均用工人数（万人）
		利息收入	利息支出					
144.43	**95.65**	**16.77**	**96.98**	**8.37**	**320.61**	**317.25**	**36.19**	**11.68**
5.77	0.45		0.41		7.41	7.40	0.22	0.24
10.23	0.07	2.36	2.38	-0.02	51.22	50.85	1.28	0.28
36.64	4.74	0.39	5.13	1.83	76.60	74.67	0.28	2.22
2.51	1.48	0.16	1.46	0.03	18.33	17.06		0.39
36.17	45.03	7.17	53.30	2.89	28.99	25.59	22.46	3.26
0.30	0.01		0.01		-0.08	0.03	0.04	0.03
20.28	17.56	4.48	17.77	0.67	45.50	48.53	0.53	1.33
4.66	2.21	0.04	0.76	2.04	17.14	17.29	0.21	0.62
0.47	0.45	-0.01	0.16		1.42	1.41	0.32	0.17
0.03	0.01		0.01					0.01
3.40	6.48	0.25	3.07		-0.40	-0.49	5.70	0.39
4.37	0.79	-0.23	0.56	0.02	12.98	14.13	0.62	0.28
3.06	1.30	-0.04	1.21	0.58	14.16	14.24	0.05	0.48
0.24		0.03	0.01		2.97	2.94		0.09
7.53	10.02	0.95	5.47	0.13	13.83	13.15	4.50	1.06
8.76	5.05	1.19	5.26	0.19	30.53	30.45	0.01	0.83

1-B-33 按地区分组的化学原料和

分 组	资产总计	固定资产原价	累计折旧	流动资产合计	应收账款
全 省	**9920.69**	**5250.21**	**2258.64**	**4869.98**	**788.68**
济南市	366.60	198.08	73.43	193.08	32.50
青岛市	619.35	261.71	98.60	308.17	66.92
淄博市	1796.24	842.07	391.07	873.51	127.04
枣庄市	320.70	247.71	87.40	116.42	9.12
东营市	754.92	344.11	138.65	431.43	73.98
烟台市	1002.02	557.04	193.29	403.00	60.58
潍坊市	942.07	532.05	259.63	504.78	110.65
济宁市	275.27	159.80	50.28	131.60	36.72
泰安市	279.45	191.30	63.47	104.43	28.15
威海市	128.56	49.79	23.86	73.85	13.17
日照市	66.48	36.81	14.11	31.77	4.08
临沂市	742.05	246.20	103.67	382.62	24.56
德州市	508.66	400.65	137.68	166.77	12.33
聊城市	397.24	219.27	85.13	214.13	50.86
滨州市	856.62	469.86	254.99	476.84	42.47
菏泽市	864.45	493.75	283.39	457.58	95.55

化学制品制造业主要经济指标

单位：亿元

存货	产成品	负债合计	流动负债合计	应付账款	所有者权益合计	实收资本	国家资本	集体资本
958.23	**457.78**	**6146.99**	**5286.83**	**1210.05**	**3773.61**	**1481.83**	**95.03**	**78.85**
35.05	17.39	246.79	168.05	23.24	119.81	50.04	7.40	2.78
71.66	28.92	322.06	248.59	68.60	297.29	132.80	11.23	1.40
167.35	82.94	975.18	863.41	194.93	820.98	184.62	26.04	5.34
17.05	7.81	206.44	137.38	12.13	114.27	93.47	1.06	2.16
113.06	54.06	585.98	524.03	87.52	168.94	126.98	2.97	12.55
86.65	44.61	552.75	495.95	166.10	449.27	81.11	6.00	4.99
103.85	49.34	526.87	479.92	111.31	415.20	179.82	6.29	11.53
24.23	10.66	155.42	128.17	33.95	119.86	68.05	3.58	3.15
17.56	7.93	197.27	142.89	36.83	82.18	37.22	7.75	14.04
14.35	7.03	65.50	60.70	21.36	63.05	32.43		0.74
3.53	1.57	40.35	29.51	3.34	26.14	22.01	0.14	
96.29	40.68	437.73	401.56	60.17	304.32	129.57	0.02	8.37
29.58	13.14	276.08	210.80	41.15	232.58	58.04	5.63	0.58
19.02	8.22	268.29	261.67	37.36	128.95	32.29	5.60	
93.30	41.53	612.33	544.89	126.63	244.30	112.87	7.57	6.12
65.70	41.96	677.95	589.33	185.43	186.49	140.50	3.75	5.10

1-B-33 续表

分组					营业收入	营业成本	销售费用
	法人资本	个人资本	港澳台资本	外商资本			
全　省	**671.39**	**501.32**	**44.75**	**90.43**	**9902.55**	**8478.71**	**213.12**
济南市	14.79	23.10	0.86	1.11	393.15	338.47	10.01
青岛市	47.13	25.14	9.84	38.06	503.20	430.06	18.72
淄博市	74.10	74.86	0.86	3.42	2314.00	2014.77	41.11
枣庄市	79.05	8.79		2.40	296.16	253.78	6.65
东营市	70.19	36.86	2.20	2.21	765.92	707.35	11.44
烟台市	39.83	15.99	9.05	5.24	737.86	551.73	20.68
潍坊市	76.95	63.54	10.16	11.36	958.74	818.32	25.41
济宁市	32.89	22.36		6.06	283.93	232.37	9.55
泰安市	4.76	10.66		0.01	198.38	165.48	4.82
威海市	10.59	17.53	1.10	2.47	117.03	92.46	6.03
日照市	10.96	4.59	2.66	3.67	50.68	42.89	0.79
临沂市	30.37	80.22	7.05	3.51	545.06	468.37	17.14
德州市	33.78	17.80		0.23	412.98	331.45	10.34
聊城市	14.00	11.71	0.97		352.36	285.28	11.91
滨州市	55.96	41.61		1.61	967.90	830.61	12.45
菏泽市	76.02	46.55		9.07	1005.19	915.32	6.07

单位：亿元

管理费用	财务费用			投资收益（损失以“－”号记）	营业利润	利润总额	亏损企业亏损总额	平均用工人数（万人）
		利息收入	利息支出					
370.45	**140.38**	**9.61**	**128.28**	**17.61**	**613.94**	**632.24**	**64.70**	**45.56**
14.65	8.10	0.24	8.44	0.39	18.54	19.04	2.59	2.24
24.18	6.22	-0.16	5.34	1.49	23.66	24.19	3.07	2.47
79.22	20.35	1.66	21.24	5.71	142.49	145.17	5.12	7.91
9.20	7.16	-0.40	6.53	0.01	17.46	18.92	2.34	1.48
27.68	8.40	1.51	6.32	0.38	11.29	12.38	24.60	2.89
33.97	10.73	1.40	9.86	3.71	120.62	120.15	1.19	2.58
38.53	14.07		9.90	2.09	56.58	58.97	6.78	6.15
15.52	4.16	0.34	4.10	0.17	20.51	20.34	2.07	2.38
10.66	6.42	0.09	5.85	0.09	9.88	10.11	0.42	1.53
5.83	2.05	0.04	0.94	0.84	10.81	11.43	0.62	0.98
1.77	0.78	-0.20	0.66	0.03	4.28	4.29	1.13	0.22
27.09	7.64	0.72	6.85	1.12	23.51	23.66	2.66	3.71
15.90	6.08	0.47	6.17	0.11	45.47	47.05	3.92	3.07
8.86	8.82	0.16	8.42	0.77	36.81	36.35	1.42	1.38
33.55	13.80	2.74	13.79	0.60	33.03	40.90	3.06	2.89
23.84	15.59	1.00	13.88	0.11	38.99	39.28	3.70	3.67

1-B-34 按地区分组的医药

分组	资产总计	固定资产原价	累计折旧	流动资产合计	应收账款
全省	**3818.80**	**1262.59**	**451.15**	**2178.12**	**419.51**
济南市	405.72	114.39	51.15	226.42	57.21
青岛市	128.37	51.08	21.30	74.02	15.37
淄博市	250.44	140.89	58.05	114.34	27.68
枣庄市	18.58	7.84	2.28	9.83	3.35
东营市	50.20	22.77	9.34	28.09	7.35
烟台市	361.13	69.90	25.18	217.78	28.81
潍坊市	203.47	85.65	32.98	122.86	28.88
济宁市	234.64	109.74	42.31	126.34	25.51
泰安市	71.09	30.05	8.30	38.54	9.01
威海市	826.00	167.06	53.18	472.12	132.88
日照市	22.63	10.85	4.46	14.11	2.95
临沂市	391.00	134.36	46.98	240.71	28.19
德州市	232.56	115.06	42.40	96.12	17.88
聊城市	164.77	31.16	9.76	123.95	11.66
滨州市	196.51	52.30	17.83	138.55	3.68
菏泽市	261.68	119.48	25.68	134.33	19.11

制造业主要经济指标

单位：亿元

存货		负债合计			所有者权益合计			
	产成品		流动负债合计	应付账款		实收资本	国家资本	集体资本
426.39	**228.34**	**1611.22**	**1363.57**	**224.00**	**2207.58**	**553.76**	**17.23**	**24.05**
45.52	27.90	143.87	138.15	20.58	261.85	53.59	0.05	0.73
11.60	5.25	42.11	38.92	5.69	86.25	29.18	0.12	12.85
32.21	16.91	140.30	120.09	19.56	110.15	22.96	5.07	1.05
2.27	0.81	5.95	5.03	0.88	12.63	3.03	0.41	
4.58	1.52	15.42	14.99	8.41	34.78	6.07		0.14
17.36	7.95	151.92	144.57	6.46	209.21	49.58		
28.13	13.80	99.09	89.98	16.43	104.38	29.02		1.26
32.37	15.72	108.25	79.71	22.18	126.39	35.38	7.59	0.56
16.45	6.25	24.73	22.28	3.88	46.36	10.04	0.33	0.27
109.16	83.21	334.32	206.73	79.72	491.68	46.46	0.14	
1.96	1.43	14.99	13.30	1.72	7.64	1.56		
35.62	13.77	138.45	130.86	17.13	252.55	37.49		2.58
21.25	10.51	144.04	125.45	10.32	88.52	43.36	0.01	2.37
31.52	4.44	43.97	40.79	4.17	120.81	13.03	2.27	
8.49	2.77	125.57	123.21	4.57	70.94	54.04	1.10	1.32
27.93	16.09	78.23	69.53	2.30	183.46	118.95	0.15	0.93

1-B-34 续表

分组	法人资本	个人资本	港澳台资本	外商资本	营业收入	营业成本	销售费用
全省	**245.37**	**213.72**	**21.79**	**31.49**	**2677.50**	**1513.77**	**526.48**
济南市	35.05	4.66	12.91	0.18	267.16	101.46	81.48
青岛市	8.93	5.22	0.80	1.26	97.63	48.40	22.25
淄博市	8.58	4.55	1.17	2.53	225.47	130.74	53.48
枣庄市	0.49	0.89	0.80	0.44	14.13	9.87	0.57
东营市	4.05	1.79			27.00	15.12	2.88
烟台市	36.57	9.33	2.04	1.64	179.41	87.38	46.59
潍坊市	11.81	14.40		1.55	189.54	138.35	9.14
济宁市	12.67	12.10	0.40	2.05	163.14	106.19	20.30
泰安市	4.97	4.09		0.40	47.64	23.79	7.89
威海市	34.52	7.21	3.48	1.12	614.13	334.75	133.73
日照市	0.87	0.59		0.10	14.57	10.07	2.16
临沂市	9.96	4.78		20.17	315.30	143.35	101.85
德州市	13.36	27.62			155.60	115.28	11.23
聊城市	3.94	6.83			73.45	21.57	21.51
滨州市	48.82	2.57	0.18	0.05	56.28	46.31	2.39
菏泽市	10.78	107.08			237.05	181.15	9.03

单位：亿元

管理费用	财务费用			投资收益（损失以"-"号记）	营业利润	利润总额	亏损企业亏损总额	平均用工人数（万人）
		利息收入	利息支出					
229.49	**22.00**	**5.60**	**30.00**	**9.42**	**361.76**	**383.82**	**12.51**	**23.86**
30.80	0.10	0.75	1.98	2.25	52.27	54.59	0.07	2.22
9.30	0.64	0.06	0.68	1.20	17.09	17.19	0.14	0.95
18.85	1.69	0.28	1.98	0.12	17.81	17.44	0.62	2.29
1.32	0.15	0.01	0.16		2.08	2.28	0.09	0.28
3.83	0.47	0.01	0.47	0.16	4.36	4.23	0.50	0.38
16.22	1.20	0.85	2.28	2.26	28.09	28.45	0.43	1.31
17.05	2.69	0.24	3.24	0.08	21.22	21.21	0.64	1.67
14.09	0.73	0.43	1.34	0.06	18.46	18.96	1.47	1.96
4.91	0.30	-0.32	0.44	0.15	10.61	10.37	0.82	0.55
53.61	4.03	0.93	5.84	0.19	78.85	80.81	0.64	4.89
1.42	0.27		0.27	0.01	0.50	0.52	0.03	0.20
27.89	0.45	2.12	2.17	0.51	38.69	38.69	1.10	2.67
11.77	5.74	0.20	6.06	0.07	10.35	11.31	3.92	1.73
7.06	0.82	0.03	1.15	2.31	23.48	23.59	1.00	0.73
4.11	0.38		0.19	0.01	2.70	2.71	0.71	0.52
7.24	2.33	0.01	1.74	0.04	35.20	51.48	0.33	1.52

1-B-35 按地区分组的化学

分组	资产总计	固定资产原价	累计折旧	流动资产合计	应收账款
全省	**215.45**	**142.16**	**61.42**	**100.39**	**9.95**
济南市	15.78	7.37	2.18	7.87	1.46
青岛市	11.66	7.45	1.77	3.68	0.80
淄博市	2.25	0.40	0.11	1.88	0.20
枣庄市	2.30	1.55	0.18	0.52	0.07
东营市					
烟台市	44.45	46.81	27.22	26.04	1.71
潍坊市	73.41	41.29	13.03	26.37	1.80
济宁市	1.80	0.89	0.08	0.79	0.27
泰安市	0.85	0.14	0.10	0.79	0.27
威海市	1.29	0.94	0.45	0.56	0.12
日照市	0.33	0.26	0.02	0.07	0.01
临沂市	18.38	7.61	3.96	9.48	1.82
德州市	4.33	1.59	0.48	1.69	0.70
聊城市	0.13	0.07	0.04	0.10	0.02
滨州市	29.78	19.48	9.75	18.38	0.21
菏泽市	8.72	6.30	2.04	2.16	0.51

纤维制造业主要经济指标

单位：亿元

存货	产成品	负债合计	流动负债合计	应付账款	所有者权益合计	实收资本	国家资本	集体资本
24.12	**13.72**	**151.05**	**128.31**	**28.83**	**64.40**	**59.43**	**13.73**	**12.00**
2.56	1.93	8.93	8.84	0.61	6.84	6.96	1.00	
1.01	0.58	6.53	5.93	0.47	5.12	2.61		
0.73	0.50	1.99	1.90	0.49	0.26	0.46		
0.20	0.15	1.19	1.19	0.30	1.11	1.25	0.10	
6.82	5.17	16.00	15.42	10.73	28.46	29.18	12.63	9.57
7.43	2.52	78.21	65.51	7.85	-4.80	7.60		
0.27	0.18	1.05	0.82	0.21	0.75	0.36		
0.05	0.05	0.78	0.78	0.34	0.07	0.16		
0.09	0.05	0.58	0.50	0.12	0.71	0.08		
		0.41	0.41	0.23	-0.09	0.10		
0.97	0.64	13.21	5.91	3.69	5.17	3.95		2.43
0.43	0.22	1.71	1.57	0.45	2.62	0.46		
0.05		0.13	0.13	0.01	-0.01	0.06		
2.68	1.29	18.12	17.55	3.19	11.66	5.06		
0.83	0.44	2.20	1.86	0.14	6.52	1.16		

1-B-35 续表

分 组					营业收入	营业成本	销售费用
	法人资本	个人资本	港澳台资本	外商资本			
全 省	**17.51**	**9.41**	**1.27**	**5.52**	**160.89**	**146.53**	**3.33**
济南市	0.53	0.36	0.63	4.45	9.96	8.31	0.17
青岛市	0.24	1.27	0.15	0.95	5.09	4.16	0.44
淄博市	0.07	0.39			4.48	4.38	0.04
枣庄市	0.66		0.49		1.59	1.52	
东营市							
烟台市	6.85			0.12	30.67	26.10	0.93
潍坊市	2.96	4.64			45.91	44.25	0.61
济宁市	0.32	0.04			4.38	3.79	0.09
泰安市	0.13	0.03			0.92	0.88	0.01
威海市	0.01	0.07			1.53	1.38	0.03
日照市		0.10			0.17	0.17	
临沂市		1.52			7.76	6.45	0.27
德州市	0.35	0.11			3.19	2.69	0.09
聊城市		0.06			0.11	0.13	
滨州市	5.00	0.06			37.92	36.05	0.49
菏泽市	0.40	0.76			7.20	6.27	0.13

单位：亿元

管理费用	财务费用	利息收入	利息支出	投资收益（损失以“－”号记）	营业利润	利润总额	亏损企业亏损总额	平均用工人数（万人）
6.47	**2.89**	**0.44**	**2.73**	**0.15**	**-0.16**	**-0.46**	**5.00**	**1.72**
0.80	0.08	0.01	0.09		0.52	0.52	0.05	0.11
0.32	0.09		0.03		0.01	-0.18	0.42	0.06
0.03	0.03		0.02				0.02	0.02
0.15	0.01		0.01		-0.10	-0.09	0.09	0.01
1.80	-0.06	0.10	0.08	0.12	1.73	1.71		0.43
2.27	2.01	0.04	1.99	0.03	-4.30	-4.26	4.29	0.66
0.11	0.04		0.03		0.34	0.34		0.02
0.04					-0.01	-0.01	0.01	0.01
0.08	0.02		0.01		0.01	0.01	0.01	0.06
	0.01		0.01		-0.02	-0.02	0.02	
0.25	0.18		0.02		0.56	0.55	0.04	0.06
0.13	0.02		0.02		0.25	0.25	0.03	0.04
					-0.03	-0.03	0.03	
0.37	0.41	0.28	0.39		0.31	0.19		0.13
0.12	0.05		0.04		0.55	0.55		0.10

1-B-36 按地区分组的橡胶和

分 组	资产总计	固定资产原价	累计折旧	流动资产合计	应收账款
全 省	**3189.69**	**1576.81**	**690.70**	**1711.93**	**355.18**
济南市	40.10	18.95	10.01	24.41	7.93
青岛市	530.84	239.99	91.09	249.02	70.92
淄博市	166.91	35.28	11.81	64.16	12.99
枣庄市	95.71	46.50	11.30	41.72	6.12
东营市	705.82	314.28	143.32	443.21	82.05
烟台市	262.14	125.14	67.96	136.19	39.68
潍坊市	296.28	147.34	59.38	172.11	19.40
济宁市	260.86	168.71	73.73	118.88	20.57
泰安市	44.55	16.60	6.65	22.53	5.00
威海市	315.60	227.00	139.20	190.95	26.42
日照市	41.15	11.43	3.16	26.93	6.09
临沂市	173.59	87.32	29.61	91.22	15.75
德州市	99.00	62.78	20.57	38.17	13.65
聊城市	45.69	16.14	7.13	30.09	7.40
滨州市	23.26	5.88	2.43	17.76	3.81
菏泽市	88.19	53.49	13.33	44.58	17.40

塑料制品业主要经济指标

单位：亿元

存货	产成品	负债合计	流动负债合计	应付账款	所有者权益合计	实收资本	国家资本	集体资本
404.12	**194.61**	**1951.13**	**1634.23**	**343.96**	**1238.56**	**454.55**	**30.02**	**9.74**
6.92	2.68	17.18	14.45	3.00	22.93	9.01	0.06	0.03
64.44	28.96	314.56	236.58	100.19	216.28	101.93	1.51	0.28
19.32	8.96	65.70	63.95	11.02	101.20	25.76	0.40	4.67
16.60	5.86	63.11	51.33	14.12	32.60	30.69	23.36	2.20
100.85	44.50	495.15	413.56	61.35	210.67	58.67	0.28	0.05
23.29	11.30	157.83	128.16	23.05	104.31	30.46	0.01	0.20
56.23	34.05	215.23	198.82	38.93	81.05	63.38	0.89	0.11
10.69	5.78	133.58	127.03	10.92	127.28	20.55		0.10
7.38	5.01	30.12	26.99	4.62	14.43	9.46	3.39	0.80
43.94	20.19	130.20	112.41	40.17	185.40	18.10		0.29
3.80	1.87	34.63	32.46	1.98	6.52	7.98		
23.23	11.09	129.16	87.63	13.53	44.43	24.67		0.06
9.49	4.29	45.46	38.11	10.93	53.54	26.03	0.11	0.84
6.28	2.75	33.06	30.69	-0.08	12.63	9.60		0.10
2.95	1.58	21.01	19.25	1.24	2.25	5.54		
8.71	5.76	65.15	52.83	8.98	23.05	12.73		

1-B-36 续表

分组	法人资本	个人资本	港澳台资本	外商资本	营业收入	营业成本	销售费用
全省	**157.22**	**215.06**	**13.91**	**28.61**	**2881.59**	**2549.72**	**83.56**
济南市	3.37	5.02	0.10	0.43	57.24	51.38	1.29
青岛市	18.04	51.20	12.52	18.37	406.95	345.86	14.90
淄博市	6.91	13.61	0.18		82.63	72.62	2.22
枣庄市	1.88	3.24			60.05	54.91	1.76
东营市	16.69	41.13		0.52	517.24	465.26	14.09
烟台市	19.30	8.58	0.25	2.13	230.64	196.12	10.51
潍坊市	25.80	30.87	0.39	5.32	259.62	229.92	5.44
济宁市	6.89	13.42		0.13	483.69	448.03	9.31
泰安市	1.66	3.60			36.50	33.32	0.78
威海市	11.79	4.78	0.25	0.99	320.51	277.76	12.77
日照市	3.66	4.32			32.15	29.36	0.66
临沂市	12.78	11.81		0.01	195.75	173.07	6.05
德州市	12.52	12.56			71.31	59.69	1.42
聊城市	5.45	3.11	0.22	0.71	37.76	35.12	0.69
滨州市	1.35	4.20			18.13	16.72	0.34
菏泽市	9.13	3.60			71.42	60.59	1.35

单位：亿元

管理费用	财务费用			投资收益(损失以“–”号记)	营业利润	利润总额	亏损企业亏损总额	平均用工人数(万人)
		利息收入	利息支出					
103.32	**45.74**	**2.19**	**40.65**	**10.05**	**90.00**	**93.25**	**20.61**	**27.78**
2.04	0.55	-0.01	0.50	-0.01	1.51	1.81	0.47	0.66
24.90	7.59	0.46	6.42	2.66	13.68	14.93	3.71	4.39
4.41	1.24	-0.01	0.98	4.08	5.73	5.90	1.23	1.25
1.89	0.99	0.10	0.74		0.09	0.84	0.65	1.03
11.41	10.79		11.47	0.19	12.87	11.62	4.01	4.70
11.09	3.92	0.40	4.38	0.16	7.01	7.14	1.03	2.08
11.17	6.36	0.29	4.91	0.41	5.76	6.09	1.56	3.21
8.01	2.95	0.02	2.71	0.01	13.57	13.63	0.11	1.43
1.41	0.59	0.01	0.49	0.04	0.26	0.24	0.34	0.79
12.53	1.53	0.46	1.39	2.47	14.31	15.06	3.71	2.45
1.03	0.74		0.68		0.25	0.25	0.64	0.63
5.06	4.13	0.36	2.67		6.03	6.41	0.91	2.16
3.79	1.19		0.81	0.01	4.60	4.67	0.74	1.26
1.26	1.15	0.02	0.99	0.01	-0.58	-0.55	0.88	0.55
0.61	0.67	-0.01	0.22	0.01	-0.24	-0.25	0.61	0.15
2.72	1.34	0.10	1.29		5.17	5.44	0.02	1.03

1-B-37 按地区分组的非金属矿物

分 组	资产总计	固定资产原价	累计折旧	流动资产合计	应收账款
全 省	**4249.20**	**2041.51**	**819.46**	**2327.47**	**718.21**
济南市	366.49	143.52	66.03	249.51	96.78
青岛市	319.52	126.49	56.66	221.75	109.10
淄博市	589.03	242.98	112.46	332.09	83.77
枣庄市	221.44	140.62	59.73	109.06	16.32
东营市	96.51	28.78	10.97	58.88	25.11
烟台市	168.43	120.78	62.90	87.79	28.11
潍坊市	290.05	102.17	43.91	182.53	69.89
济宁市	317.99	172.24	63.66	152.49	30.90
泰安市	347.95	175.87	52.72	165.64	37.89
威海市	185.58	85.59	34.96	86.69	29.95
日照市	209.30	81.28	36.58	140.06	39.23
临沂市	377.05	193.08	67.66	183.96	60.63
德州市	342.15	183.34	64.51	150.59	30.38
聊城市	120.55	59.93	23.10	64.69	21.55
滨州市	110.20	51.19	23.71	70.77	20.31
菏泽市	186.95	133.64	39.90	70.99	18.30

制品业主要经济指标

单位：亿元

存货	产成品	负债合计	流动负债合计	应付账款	所有者权益合计	实收资本	国家资本	集体资本
385.32	**185.58**	**2408.39**	**2142.37**	**589.87**	**1840.79**	**871.64**	**135.27**	**18.76**
36.40	17.65	210.76	191.96	87.76	155.73	50.42	8.80	1.18
31.98	13.17	193.49	175.88	66.46	126.03	80.04	5.76	2.17
71.86	35.70	320.62	291.99	80.32	268.41	115.49	21.35	6.47
11.37	4.74	125.50	116.11	25.83	95.94	38.61	3.37	0.64
7.88	3.71	69.09	66.80	18.36	27.42	15.50	1.25	0.50
19.20	10.64	91.98	79.20	20.35	76.45	48.16	7.55	0.39
26.90	10.68	176.44	156.94	44.79	113.61	49.74	1.60	2.32
23.98	10.46	174.54	163.21	29.41	143.45	89.59	25.52	0.28
21.26	11.17	194.44	145.09	31.02	153.51	70.82	44.67	0.62
13.89	7.93	78.92	61.34	20.00	106.66	37.53	0.13	0.09
13.53	5.62	147.26	135.85	35.65	62.04	26.87	4.18	0.58
29.80	15.28	199.27	179.49	53.27	177.80	91.51	5.85	0.19
28.92	14.42	188.77	167.16	36.54	153.34	61.08	1.74	0.89
16.17	7.24	78.69	70.79	15.49	41.86	28.42	0.44	0.91
16.23	8.47	76.24	70.60	13.85	33.96	20.58	0.13	0.32
15.96	8.71	82.39	69.96	10.77	104.56	47.29	2.93	1.20

1-B-37 续表

分组	法人资本	个人资本	港澳台资本	外商资本	营业收入	营业成本	销售费用
全省	**313.64**	**331.70**	**24.62**	**47.42**	**3305.87**	**2712.91**	**113.73**
济南市	15.88	22.83	0.57	1.07	429.61	359.72	14.06
青岛市	14.98	27.78	7.41	21.94	244.52	206.34	9.06
淄博市	33.02	47.65	2.33	4.67	408.58	320.99	19.83
枣庄市	20.76	12.12	1.11	0.62	164.14	128.41	3.87
东营市	5.82	7.44		0.44	55.03	45.17	2.48
烟台市	13.55	18.34	3.59	4.74	129.69	100.93	4.32
潍坊市	20.73	20.48	1.80	2.80	257.86	210.74	9.18
济宁市	37.63	26.16			292.38	233.95	9.60
泰安市	10.83	11.13	0.19	3.38	181.03	141.29	6.67
威海市	20.20	8.27	7.61	1.23	96.82	76.10	3.22
日照市	6.64	10.17		5.30	126.84	99.50	4.88
临沂市	48.84	35.66		0.88	333.70	280.08	8.80
德州市	20.23	37.87		0.35	160.32	134.20	6.23
聊城市	12.45	14.62			95.60	85.00	2.68
滨州市	8.91	11.22			101.57	87.47	4.46
菏泽市	23.20	19.95			228.16	203.03	4.38

单位：亿元

管理费用	财务费用	利息收入	利息支出	投资收益(损失以“-”号记)	营业利润	利润总额	亏损企业亏损总额	平均用工人数(万人)
152.14	**53.97**	**2.05**	**47.52**	**16.74**	**255.75**	**261.47**	**18.33**	**37.79**
19.38	4.11	-0.04	2.98	1.08	30.17	29.37	0.64	3.54
12.20	1.99	0.10	1.44	0.03	14.22	14.99	1.78	2.30
27.04	4.98	0.28	4.65	1.15	31.31	31.98	4.69	5.69
6.55	3.72	0.03	3.15	-0.79	18.14	19.13	0.24	1.93
3.11	2.27	-0.04	2.09	0.10	1.50	3.00	1.24	0.50
8.69	2.44	0.05	2.15	0.11	11.98	12.20	1.22	1.45
11.16	4.45	0.07	3.84	1.58	21.34	21.90	0.62	2.25
10.53	6.26	0.85	5.98	0.07	28.92	28.21	0.31	2.88
10.20	4.91	0.04	5.21	8.79	25.15	25.41	0.34	2.18
6.50	1.19	0.19	0.96	1.87	10.60	12.04	0.14	1.12
4.07	3.08	0.02	2.69		14.04	13.94	0.43	0.99
10.53	4.76	0.06	3.62	0.23	24.88	24.73	0.97	4.78
9.73	3.83	0.32	3.86	2.34	6.27	6.27	2.94	3.22
3.72	1.56	-0.05	1.31	0.08	2.15	2.66	1.25	1.09
3.70	2.38		2.01	0.10	3.12	3.39	0.89	0.91
5.03	2.05	0.18	1.58		11.97	12.25	0.63	2.98

1-B-38 按地区分组的黑色金属冶炼和

分 组	资产总计	固定资产原价	累计折旧	流动资产合计	应收账款
全 省	**4363.17**	**2398.47**	**957.19**	**2202.13**	**145.66**
济南市	880.18	788.64	387.64	386.52	26.87
青岛市	250.97	146.27	27.81	123.35	15.73
淄博市	78.89	55.03	25.56	30.33	4.03
枣庄市	1.53	0.90	0.41	0.83	0.18
东营市	7.57	1.91	1.35	6.86	0.21
烟台市	85.57	68.91	28.16	48.45	3.68
潍坊市	304.88	156.81	83.60	189.73	3.46
济宁市	13.21	4.36	1.04	8.09	0.99
泰安市	220.81	87.01	45.97	131.08	9.77
威海市	4.70	3.64	2.28	2.92	1.31
日照市	1475.89	629.47	213.24	691.40	49.48
临沂市	305.88	104.94	26.19	176.02	4.62
德州市	165.93	108.98	40.70	79.48	1.40
聊城市	277.39	98.40	31.35	165.89	18.99
滨州市	283.30	138.43	41.00	158.02	4.65
菏泽市	6.45	4.78	0.87	3.14	0.29

压延加工业主要经济指标

单位：亿元

存货	产成品	负债合计	流动负债合计	应付账款	所有者权益合计	实收资本	国家资本	集体资本
511.70	**201.27**	**2964.90**	**2531.70**	**681.52**	**1398.23**	**544.73**	**198.07**	**13.76**
102.89	30.16	643.05	550.99	209.17	237.13	191.33	118.47	0.83
38.72	11.48	180.00	119.86	42.44	70.97	85.61	1.58	0.20
6.43	2.25	49.74	32.56	9.06	29.15	25.36	5.00	0.69
0.47	0.38	0.99	0.99	0.28	0.53	0.35		
3.47	1.46	7.86	7.56	0.55	-0.29	1.52		
13.72	4.99	43.35	42.67	19.55	42.22	31.71	25.17	0.12
84.34	60.76	241.83	238.73	78.76	63.05	15.62	4.50	4.47
2.16	0.89	7.21	6.64	0.90	6.00	3.47	0.31	0.01
19.39	10.29	69.78	64.02	19.95	151.03	16.93	3.97	
0.76	0.32	3.38	3.34	2.86	1.31	0.15	0.03	0.07
92.58	25.77	964.89	768.52	170.07	511.00	54.30	38.98	0.18
56.38	16.24	247.41	219.59	51.75	58.47	22.52		2.59
14.88	1.69	93.51	84.00	20.19	72.42	32.50		
40.86	16.09	175.63	164.78	9.58	101.73	48.55	0.06	4.60
34.45	18.41	232.00	224.21	46.39	51.30	13.69		
0.20	0.10	4.25	3.24	0.01	2.20	1.13		

1-B-38 续表

分 组					营业收入	营业成本	销售费用
	法人资本	个人资本	港澳台资本	外商资本			
全 省	**200.79**	**115.99**	**1.18**	**14.79**	**5355.53**	**4758.35**	**35.52**
济南市	32.85	39.18			1680.24	1536.79	6.39
青岛市	74.15	6.34	1.13	2.22	319.28	291.37	4.94
淄博市	6.63	1.36		11.54	160.76	140.98	0.43
枣庄市	0.30	0.05			6.72	6.57	
东营市	0.42	1.10			11.73	10.97	0.10
烟台市	4.80	1.36		0.25	111.97	102.78	1.68
潍坊市	3.50	3.03		0.11	405.34	362.37	3.41
济宁市	0.50	2.66			45.72	43.20	0.22
泰安市	11.35	1.60			313.29	259.60	1.15
威海市	0.04	0.01			7.16	6.69	0.07
日照市	14.47			0.66	920.97	753.92	8.51
临沂市	8.60	11.29	0.04		343.84	310.77	2.50
德州市	30.63	1.87			279.72	226.33	1.06
聊城市	9.33	34.53	0.01	0.01	381.15	348.31	4.44
滨州市	3.20	10.49			362.69	353.25	0.55
菏泽市		1.13			4.96	4.45	0.06

单位：亿元

管理费用	财务费用			投资收益（损失以“–”号记）	营业利润	利润总额	亏损企业亏损总额	平均用工人数（万人）
		利息收入	利息支出					
120.85	**67.97**	**11.36**	**69.18**	**12.85**	**356.54**	**350.07**	**5.71**	**15.09**
29.39	20.40	2.06	19.77	0.05	73.70	69.39	0.23	3.78
11.65	3.77	0.30	4.09	-0.21	6.53	6.98	0.06	0.85
4.61	1.09	0.36	1.59	-0.09	12.91	13.49	0.29	0.59
0.07		-0.01			0.07	0.09		0.06
0.42	0.37		0.24		-0.04	-0.01	0.23	0.07
1.52	1.00	0.05	0.76		5.47	5.44	0.08	0.30
3.93	16.97	0.32	17.33	0.15	17.34	16.86	0.57	1.64
0.35	0.14	0.01	0.12		1.61	1.60	0.01	0.15
3.03	-1.52	2.52	-1.52	-0.03	49.12	48.64	0.57	0.78
0.46	0.04		0.04		-0.12	-0.05	0.06	0.12
40.92	13.66	4.93	16.80	12.81	110.36	108.52		1.99
10.81	5.39	0.27	3.85	0.01	13.35	13.37	1.24	1.54
6.07	0.62	0.33	0.14	0.19	43.97	43.47	0.06	0.73
3.95	3.06	0.12	3.21	-0.05	20.40	21.37	0.87	1.39
3.63	2.94	0.09	2.76		1.52	0.60	1.44	1.06
0.03	0.02		0.02		0.34	0.34		0.03

1-B-39 按地区分组的有色金属冶炼和

分　组	资产总计	固定资产原　价	累计折旧	流动资产合　计	应收账款
全　省	**6328.44**	**3415.35**	**1206.59**	**3201.13**	**357.35**
济南市	10.23	1.65	0.41	7.22	1.83
青岛市	53.57	37.61	13.60	16.48	3.48
淄博市	122.75	107.27	57.16	62.91	9.69
枣庄市	5.38	2.88	0.92	1.85	0.54
东营市	449.64	96.83	39.77	334.44	12.26
烟台市	1147.31	663.12	229.65	556.12	83.42
潍坊市	98.71	32.10	12.96	64.48	12.87
济宁市	23.62	4.87	1.40	15.60	2.86
泰安市	10.10	2.99	1.30	5.13	0.34
威海市	29.60	14.19	3.54	11.56	2.15
日照市	6.19	7.62	3.46	4.18	2.49
临沂市	154.85	151.26	84.81	49.65	6.24
德州市	19.69	12.51	5.76	4.37	0.39
聊城市	1247.58	721.01	251.08	579.51	95.48
滨州市	2919.13	1548.63	496.75	1478.55	122.73
菏泽市	30.08	10.81	4.01	9.08	0.58

压延加工业主要经济指标

单位：亿元

存货	产成品	负债合计	流动负债合计	应付账款	所有者权益合计	实收资本	国家资本	集体资本
958.00	**138.24**	**3718.64**	**2712.92**	**579.77**	**2609.80**	**678.04**	**83.31**	**22.80**
3.29	1.08	4.67	4.61	1.23	5.56	1.78		
6.45	3.27	37.07	33.84	5.59	16.50	14.50	7.37	0.65
21.02	5.73	54.38	52.34	17.80	68.37	46.70	38.16	1.15
0.25	0.17	3.54	3.08	-0.04	1.84	1.01	0.12	
112.67	1.75	251.12	196.44	21.11	198.52	22.45		
203.14	47.31	470.15	389.10	79.87	677.16	70.13	17.90	5.94
9.57	4.77	74.28	72.60	6.57	24.44	8.67		0.13
1.98	0.59	23.23	21.93	0.85	0.39	4.78	1.31	0.01
1.71	0.98	7.32	6.80	2.25	2.78	1.52		0.01
3.25	1.39	12.64	12.33	2.16	16.96	14.92		1.03
0.58	0.19	4.91	4.91	-0.02	1.27	1.29	0.80	
23.41	10.09	62.99	54.65	6.18	91.86	32.05	8.95	7.32
0.62	0.19	7.03	5.57	0.59	12.67	6.39		
204.68	24.88	743.10	714.02	209.62	504.49	125.54	8.19	
364.48	35.61	1939.37	1121.24	225.79	979.77	320.93	0.50	6.56
0.91	0.25	22.83	19.46	0.22	7.25	5.38		

1-B-39 续表

分组	法人资本	个人资本	港澳台资本	外商资本	营业收入	营业成本	销售费用
全省	**439.27**	**108.70**	**21.17**	**2.79**	**7536.25**	**7004.32**	**42.79**
济南市	1.15	0.63			15.40	13.69	0.19
青岛市	0.95	1.26	4.24	0.03	62.17	57.90	0.53
淄博市	3.40	3.04	0.54	0.41	150.20	129.72	2.75
枣庄市	0.21	0.68			6.19	5.52	0.10
东营市	2.97	19.12		0.36	744.53	701.95	1.04
烟台市	28.76	16.06	0.14	1.34	1885.12	1745.96	13.04
潍坊市	3.10	5.45			121.76	106.95	2.41
济宁市	1.70	1.76			10.23	9.24	0.13
泰安市	0.59	0.26		0.65	19.42	17.74	0.30
威海市	0.97	1.01	11.91		19.61	17.70	0.27
日照市		0.49			10.54	9.20	0.08
临沂市	5.51	9.98	0.28		274.80	263.19	4.73
德州市	2.70	3.70			14.06	12.37	0.40
聊城市	101.51	11.98	3.86		950.18	863.24	4.19
滨州市	284.31	29.56			3224.03	3024.54	11.90
菏泽市	1.44	3.74	0.20		28.01	25.42	0.73

单位：亿元

管理费用	财务费用	利息收入	利息支出	投资收益(损失以"—"号记)	营业利润	利润总额	亏损企业亏损总额	平均用工人数(万人)
124.56	**149.98**	**22.72**	**151.25**	**63.36**	**252.50**	**257.18**	**36.61**	**23.33**
0.40	0.09		0.04		0.79	0.82	0.01	0.14
2.18	0.89		0.53		0.29	0.59	0.15	0.30
7.00	0.39	0.23	0.41	0.01	9.39	9.16	0.66	1.08
0.17	0.13		0.13		0.23	0.23		0.09
2.66	12.28	1.75	13.32	0.01	25.88	24.86	2.91	0.34
22.25	10.44	1.37	9.45	-0.41	88.67	88.87	2.56	4.76
5.65	3.16	0.13	2.88	-0.04	2.96	3.05	0.04	1.41
0.52	0.72		0.12		-0.47	-0.46	0.77	0.15
0.74	0.07		0.01		0.50	0.52	0.17	0.14
1.04	0.16	-0.01	0.11	-0.01	0.41	0.74	0.01	0.15
0.08	0.16		0.06		1.01	1.01		0.05
7.62	2.52	0.12	2.29		-3.86	-3.65	6.08	1.23
0.41	0.32		0.23		0.41	0.40	0.06	0.23
23.43	27.20	2.62	25.85	1.01	31.59	31.68	0.50	1.60
49.88	91.31	16.50	95.69	62.77	93.55	98.21	22.65	11.55
0.52	0.14		0.12		1.15	1.15	0.05	0.11

1-B-40 按地区分组的金属

分 组	资产总计	固定资产原 价	累计折旧	流动资产合 计	应收账款
全 省	**2545.94**	**1010.70**	**410.15**	**1478.82**	**412.95**
济南市	306.03	111.69	39.66	180.21	57.45
青岛市	417.17	146.61	65.65	242.87	88.05
淄博市	59.21	20.18	9.56	42.11	14.18
枣庄市	41.56	24.34	8.92	20.94	7.56
东营市	118.77	62.83	27.90	76.32	32.55
烟台市	216.28	98.67	59.26	137.41	30.11
潍坊市	312.77	114.46	44.59	182.25	52.97
济宁市	98.49	46.57	13.82	47.17	11.69
泰安市	69.97	18.55	7.73	45.65	9.54
威海市	63.63	57.07	35.89	36.43	15.14
日照市	42.00	14.47	6.97	28.99	12.66
临沂市	130.22	57.49	20.14	55.79	16.69
德州市	243.18	99.87	27.79	94.85	23.77
聊城市	65.19	20.83	5.71	41.27	11.46
滨州市	330.33	98.78	32.01	231.87	25.01
菏泽市	31.13	18.27	4.54	14.71	4.12

制品业主要经济指标

单位：亿元

存货	产成品	负债合计	流动负债合计	应付账款	所有者权益合计	实收资本	国家资本	集体资本
371.64	**162.34**	**1578.16**	**1404.69**	**269.95**	**968.28**	**564.21**	**16.40**	**8.30**
43.31	20.77	136.84	121.31	26.72	169.22	49.99	3.37	4.71
52.41	21.03	201.61	181.39	57.11	215.63	124.09	3.87	0.56
9.73	5.54	38.77	37.59	5.91	20.84	12.39	0.01	0.25
4.87	2.11	24.05	22.42	3.14	17.51	11.75		0.01
15.15	5.29	125.43	121.54	14.14	-6.66	25.25		0.50
39.59	15.20	124.14	116.70	22.76	92.14	55.90	1.56	0.44
55.69	25.49	217.66	203.12	55.44	95.12	48.17	5.63	0.80
11.35	5.75	61.41	50.80	11.44	37.08	23.46		0.61
13.48	7.16	49.55	40.97	4.46	20.42	17.85	0.38	0.02
8.00	4.00	28.60	25.26	5.79	35.03	21.20		0.23
5.22	2.42	35.44	34.19	7.32	6.55	7.82		0.01
16.96	7.89	70.56	56.25	11.08	59.66	24.60	0.15	
25.42	11.17	120.85	87.59	16.73	122.33	60.82	0.61	0.04
9.85	2.52	39.56	36.20	8.92	25.63	13.75	0.22	0.02
54.83	22.46	291.36	260.09	16.87	38.96	56.44		0.10
5.77	3.55	12.33	9.26	2.12	18.80	10.72	0.60	

1-B-40 续表

分组	法人资本	个人资本	港澳台资本	外商资本	营业收入	营业成本	销售费用
全　省	**184.10**	**256.03**	**51.22**	**48.17**	**2526.08**	**2248.91**	**55.99**
济南市	11.22	26.41	0.29	3.98	302.37	249.45	9.01
青岛市	47.43	34.76	18.06	19.42	370.02	328.03	10.98
淄博市	4.65	7.48			71.72	64.31	1.50
枣庄市	1.35	3.88	6.52		54.81	47.86	1.39
东营市	9.87	11.86	0.64	2.38	59.42	53.54	1.84
烟台市	10.78	16.71	16.28	10.13	231.04	206.15	3.72
潍坊市	21.96	19.21	0.23	0.34	313.57	280.91	6.52
济宁市	9.50	13.23		0.12	109.63	93.59	2.39
泰安市	8.36	7.91	1.15	0.03	51.05	43.34	1.12
威海市	3.83	3.44	7.63	6.06	88.94	77.75	1.56
日照市	2.17	3.50	0.36	1.78	55.55	52.19	0.60
临沂市	13.42	10.98	0.06	0.01	162.64	140.78	5.79
德州市	13.60	45.46		1.11	108.06	88.00	3.79
聊城市	2.94	7.77		2.80	45.03	40.62	1.19
滨州市	19.45	36.90			470.92	456.20	4.05
菏泽市	3.59	6.53			31.31	26.20	0.54

单位：亿元

管理费用	财务费用			投资收益（损失以“−”号记）	营业利润	利润总额	亏损企业亏损总额	平均用工人数（万人）
		利息收入	利息支出					
97.72	**35.44**	**0.95**	**28.84**	**1.73**	**90.50**	**92.60**	**24.42**	**26.13**
15.03	2.98	0.55	1.98	0.10	23.22	23.30	0.49	3.24
18.33	2.23	-1.04	2.90	-0.41	24.33	25.56	4.53	3.89
3.58	0.72	0.01	0.56	0.01	1.32	1.52	0.57	0.83
2.24	0.88	-0.01	0.71		2.10	2.17	0.05	0.67
4.30	3.36	0.13	3.31		-4.12	-4.39	6.12	1.06
7.90	3.19	0.23	2.12	0.16	8.94	8.87	1.68	2.22
11.79	4.93	0.12	4.47	1.71	9.32	9.59	1.16	3.39
4.22	0.98	0.05	0.83		7.61	7.74	0.05	1.22
3.12	1.03	0.25	0.44	0.12	2.28	2.36	0.35	0.90
5.06	1.04	-0.08	0.71		2.93	2.98	0.22	1.09
1.23	0.30		0.43	0.01	1.27	1.32	0.37	0.49
6.42	1.79	0.01	1.36		6.24	6.47	0.60	2.00
5.41	3.56	0.15	3.22	0.02	5.92	6.23	0.38	1.68
2.16	0.96	-0.02	0.71	0.01	-0.25	-0.19	1.23	0.72
5.84	7.31	0.57	4.97	0.01	-3.47	-3.82	6.62	2.13
1.09	0.19	0.04	0.12		2.85	2.90		0.60

1-B-41 按地区分组的通用设备

分组	资产总计	固定资产原价	累计折旧	流动资产合计	应收账款
全省	**4385.37**	**1472.68**	**600.07**	**2652.57**	**653.31**
济南市	453.74	151.51	57.87	305.01	83.46
青岛市	666.40	203.32	84.27	421.05	138.84
淄博市	181.64	58.73	28.24	129.52	34.38
枣庄市	51.44	23.37	8.31	28.98	4.47
东营市	97.65	15.33	5.85	76.39	9.08
烟台市	464.34	176.83	80.50	289.59	85.15
潍坊市	1085.98	217.73	106.29	685.25	81.06
济宁市	239.24	117.32	41.30	124.52	44.77
泰安市	133.88	31.28	14.03	94.29	33.70
威海市	253.75	104.08	48.38	148.77	45.28
日照市	40.73	14.47	7.04	25.44	8.32
临沂市	138.32	69.81	25.41	60.40	15.71
德州市	281.89	152.03	53.46	122.46	31.75
聊城市	148.84	52.42	13.31	81.29	24.23
滨州市	79.79	34.19	12.25	37.10	9.75
菏泽市	67.76	50.27	13.55	22.51	3.36

制造业主要经济指标

单位：亿元

存货	产成品	负债合计	流动负债合计	应付账款	所有者权益合计	实收资本	国家资本	集体资本
631.56	**230.79**	**2317.37**	**2105.62**	**602.08**	**2067.99**	**1772.18**	**119.59**	**15.81**
77.90	31.74	246.48	229.89	63.58	207.26	136.15	66.51	3.97
124.98	39.69	356.34	332.23	115.55	310.05	143.04	4.05	1.84
30.77	11.50	134.28	122.78	29.80	47.36	34.92	7.34	0.98
9.52	4.36	22.78	19.10	4.40	28.66	10.53	0.64	0.51
6.83	2.91	87.08	86.62	19.98	10.57	10.42	0.01	1.16
97.15	21.82	241.67	221.61	62.95	222.67	83.26	7.90	3.17
77.53	31.52	532.48	497.38	165.11	553.50	135.20	24.49	0.06
32.30	15.43	136.60	112.39	29.87	102.64	60.51	0.65	0.76
29.81	12.42	81.61	75.21	21.86	52.26	58.03	2.71	0.29
47.34	17.26	109.38	103.27	28.16	144.36	33.42	0.43	0.08
6.48	3.38	21.83	19.71	4.56	18.89	6.27		0.02
18.71	9.20	88.19	76.47	8.38	50.13	24.50	0.03	0.61
28.50	11.43	105.11	86.54	20.61	176.78	83.42	0.13	2.28
24.64	7.10	88.76	78.78	15.73	60.08	27.48	4.28	
12.57	7.04	46.26	27.03	4.55	33.53	912.40	0.42	0.05
6.52	4.01	18.51	16.62	7.01	49.25	12.62		0.04

1-B-41 续表

分组					营业收入	营业成本	销售费用
	法人资本	个人资本	港澳台资本	外商资本			
全 省	**1166.96**	**352.38**	**35.19**	**82.02**	**3159.51**	**2588.42**	**105.66**
济南市	30.13	25.68	0.30	9.52	347.52	276.70	15.55
青岛市	51.35	46.94	8.14	30.72	447.05	375.72	17.41
淄博市	8.13	14.23	0.02	4.22	106.94	89.81	3.42
枣庄市	2.52	6.85			84.62	74.86	2.26
东营市	2.83	6.15		0.10	16.35	14.30	0.37
烟台市	31.88	16.94	3.88	19.48	331.11	261.44	13.19
潍坊市	26.39	59.66	19.90	4.70	752.43	593.63	21.74
济宁市	23.41	27.29	0.76	7.64	257.78	211.36	6.56
泰安市	13.38	38.55		3.11	72.57	62.27	2.29
威海市	19.91	10.38	0.91	1.72	172.52	136.02	8.12
日照市	3.15	3.10			46.67	39.82	0.68
临沂市	12.43	10.28	1.15		149.51	130.84	3.75
德州市	22.47	58.20	0.12	0.23	166.88	139.34	5.92
聊城市	7.33	15.57		0.30	95.53	86.10	1.63
滨州市	908.53	3.10		0.30	40.02	33.22	1.59
菏泽市	3.11	9.47			72.03	62.95	1.19

单位：亿元

管理费用	财务费用	利息收入	利息支出	投资收益（损失以“-”号记）	营业利润	利润总额	亏损企业亏损总额	平均用工人数（万人）
203.91	**31.06**	**4.64**	**28.01**	**17.29**	**220.06**	**227.02**	**25.48**	**38.90**
29.63	1.87	1.20	2.00	0.72	20.42	22.14	3.36	4.37
33.75	3.21	0.34	3.16	0.81	14.72	17.09	3.84	5.01
7.52	1.66	0.04	1.45	0.08	3.04	2.81	2.82	1.65
2.73	0.66	-0.01	0.50	0.01	3.49	3.60	0.06	1.07
1.79	0.79	0.08	0.67	0.09	-0.92	-0.92	1.36	0.38
22.78	4.83	0.30	4.31	2.12	28.65	29.28	3.61	4.47
50.99	2.41	2.26	3.48	11.93	90.26	91.22	1.34	5.22
11.40	4.75	-0.19	3.68	0.05	21.06	21.38	1.34	3.02
4.54	1.52	0.01	1.08	0.03	1.50	1.68	1.16	1.30
12.29	1.02	0.02	0.39	0.69	14.17	14.66	2.14	2.00
3.10	0.62	0.03	0.46	0.07	2.10	2.13	0.12	0.55
6.30	1.65	0.02	1.53		5.08	5.31	1.10	2.29
7.85	2.48	0.04	1.89	0.47	10.16	10.33	0.27	3.25
4.22	2.45	0.47	2.61	0.22	0.19	0.17	2.62	2.19
2.85	0.58	0.01	0.36		1.56	1.59	0.30	0.80
2.17	0.53	0.02	0.45		4.57	4.56	0.03	1.33

1-B-42 按地区分组的专用设备

分组	资产总计	固定资产原价	累计折旧	流动资产合计	应收账款
全省	**3512.14**	**1088.68**	**479.29**	**2262.76**	**633.83**
济南市	249.32	59.16	23.90	166.50	47.53
青岛市	407.16	112.34	44.01	269.47	95.89
淄博市	288.64	77.92	29.21	176.41	53.73
枣庄市	39.27	15.83	5.30	25.46	5.30
东营市	375.08	53.72	25.24	311.22	31.61
烟台市	482.17	230.68	147.03	273.10	71.76
潍坊市	497.66	143.62	55.13	302.22	86.17
济宁市	272.81	106.55	46.29	176.35	55.71
泰安市	190.62	33.48	11.82	125.83	47.28
威海市	105.13	45.23	19.35	49.38	12.00
日照市	30.81	7.69	2.45	18.39	1.98
临沂市	292.49	78.34	32.82	210.52	88.87
德州市	163.00	75.79	24.05	93.09	21.01
聊城市	39.51	13.93	3.35	24.54	8.56
滨州市	41.65	11.65	4.33	29.40	4.57
菏泽市	36.81	22.77	5.00	10.89	1.85

制造业主要经济指标

单位：亿元

存货	产成品	负债合计	流动负债合计	应付账款	所有者权益合计	实收资本	国家资本	集体资本
597.79	**264.37**	**1984.68**	**1747.56**	**466.45**	**1527.58**	**651.05**	**57.20**	**32.49**
49.54	29.82	132.66	114.37	43.79	116.66	49.50	7.11	1.76
74.90	23.07	223.49	184.93	58.47	183.67	94.01	3.34	1.06
65.07	18.88	174.41	161.62	43.41	114.25	36.53	2.55	4.48
7.51	3.28	22.77	21.32	4.28	16.50	9.73	4.06	0.64
34.96	22.11	329.47	310.52	22.11	45.61	33.69	0.04	1.58
69.42	34.99	182.58	169.39	53.79	299.59	84.37	1.57	2.55
83.34	39.64	276.42	259.54	94.93	221.24	100.60		0.18
54.95	28.22	133.91	114.80	43.99	138.90	78.24	6.13	0.68
36.42	6.53	130.77	96.72	23.07	59.85	50.04	31.09	2.07
13.24	5.42	69.39	62.64	8.93	35.74	13.05		0.77
3.03	1.97	17.16	16.93	7.50	13.65	5.25	0.02	
54.12	34.00	165.45	123.07	36.20	127.15	42.83	0.11	15.77
31.49	9.86	75.78	66.44	16.82	87.22	31.69	1.13	0.57
5.85	1.74	19.73	17.43	3.50	19.79	10.87	0.05	0.23
9.82	2.30	21.15	20.20	4.39	20.50	4.02		
4.13	2.53	9.55	7.64	1.27	27.26	6.62		0.15

1-B-42 续表

分 组	法人资本	个人资本	港澳台资本	外商资本	营业收入	营业成本	销售费用
全 省	**170.70**	**289.81**	**20.00**	**80.84**	**2487.75**	**2032.36**	**111.97**
济南市	14.02	26.16	0.20	0.25	184.71	141.77	9.16
青岛市	24.58	37.13	6.07	21.83	275.20	221.89	12.86
淄博市	8.05	18.01	0.40	3.03	212.96	169.51	13.80
枣庄市	0.78	4.25			39.38	34.79	0.85
东营市	10.20	17.03	2.28	2.56	91.91	77.47	2.62
烟台市	16.00	49.82	1.39	13.04	368.06	300.44	14.47
潍坊市	25.82	51.23	5.56	17.81	386.53	317.77	16.24
济宁市	20.91	26.73	3.58	20.22	296.62	246.68	10.37
泰安市	7.49	8.68		0.71	63.56	53.31	2.45
威海市	6.82	4.47		0.99	69.30	54.56	5.71
日照市	0.85	4.29		0.09	34.26	31.17	0.51
临沂市	17.40	8.97	0.49	0.08	264.59	217.44	13.48
德州市	9.57	20.16	0.02	0.23	95.76	74.84	6.91
聊城市	3.02	7.57			45.24	40.29	1.41
滨州市	2.03	1.99			27.80	22.43	0.64
菏泽市	3.16	3.30			31.88	28.00	0.48

单位：亿元

管理费用	财务费用			投资收益(损失以“-”号记)	营业利润	利润总额	亏损企业亏损总额	平均用工人数(万人)
		利息收入	利息支出					
155.32	**26.79**	**2.81**	**29.40**	**11.53**	**148.02**	**153.72**	**22.38**	**28.64**
15.67	2.70	0.07	2.24	1.35	14.89	16.31	1.19	2.26
22.72	3.59	0.52	3.29	0.46	12.38	13.03	2.65	3.40
15.58	2.68	0.14	2.77	0.30	7.91	7.99	1.46	2.34
2.12	0.31		0.22	-0.01	1.02	0.98	0.65	0.80
7.83	3.23	0.19	2.30	0.47	0.91	2.83	4.26	1.43
15.85	0.55	-0.33	2.62	3.45	38.04	37.23	0.90	3.06
24.82	4.21	1.23	4.54	1.28	22.70	23.55	3.10	5.02
15.98	2.28	0.22	2.12	1.20	18.14	18.64	1.19	2.71
5.49	2.35	-0.03	2.60	2.66	-0.09	0.10	4.11	1.05
3.75	1.25	0.06	1.21	0.02	3.34	3.53	0.89	0.95
1.29	0.14		0.16		1.04	1.06	0.08	0.29
13.47	1.13	0.58	3.58	0.11	16.96	17.34	0.97	1.86
6.54	1.13	0.04	0.81	0.19	5.09	5.39	0.35	1.89
1.68	0.66	0.01	0.56	0.04	1.08	1.14	0.29	0.60
1.68	0.41	0.10	0.31		2.50	2.53	0.25	0.31
0.86	0.18	0.01	0.07	0.01	2.10	2.07	0.03	0.67

1-B-43 按地区分组的汽车

分 组	资产总计	固定资产原 价	累计折旧	流动资产合 计	应收账款
全 省	**5598.80**	**1737.72**	**812.32**	**3904.86**	**1335.64**
济南市	1783.36	269.81	136.63	1331.31	95.23
青岛市	1290.95	242.60	117.06	1108.76	737.12
淄博市	66.22	27.52	7.66	30.99	9.56
枣庄市	1.64	1.04	0.19	0.34	0.05
东营市	52.75	13.58	3.65	38.14	8.36
烟台市	749.42	517.20	277.91	429.26	199.36
潍坊市	383.97	153.88	55.89	211.66	39.79
济宁市	118.56	45.14	16.36	70.97	12.44
泰安市	68.11	29.54	13.87	44.43	13.33
威海市	193.75	51.04	20.41	109.67	24.29
日照市	309.33	147.51	71.63	174.21	58.95
临沂市	77.00	28.50	10.19	45.13	16.99
德州市	108.86	60.53	19.08	45.14	6.84
聊城市	275.27	92.68	44.15	208.22	95.59
滨州市	76.29	32.64	11.44	41.86	15.88
菏泽市	43.33	24.48	6.20	14.78	1.87

制造业主要经济指标

单位：亿元

存货		负债合计	流动负债合计		所有者权益合计	实收资本		
	产成品			应付账款			国家资本	集体资本
660.65	**298.78**	**3703.34**	**3379.33**	**1021.07**	**1895.47**	**881.19**	**93.50**	**13.85**
286.29	131.49	1246.72	1117.55	221.72	536.64	312.29	49.15	4.11
86.03	55.45	859.36	820.64	244.69	431.59	80.48	0.52	1.47
7.55	4.01	38.78	37.52	12.50	27.44	18.37	1.15	0.01
0.08	0.04	0.60	0.55	0.07	1.04	0.45		
9.30	6.24	59.44	55.60	16.64	-6.69	9.30		
73.01	24.40	433.68	411.54	206.87	315.74	175.57	9.84	2.79
38.21	20.12	306.46	288.51	105.71	77.51	45.33	3.28	1.40
23.95	6.83	74.90	72.24	24.82	43.65	31.72	0.26	0.01
14.15	6.84	45.02	42.30	15.35	23.09	20.18	4.98	0.41
22.55	6.10	143.01	130.19	20.34	50.74	26.55	6.16	0.02
42.96	15.15	170.28	117.44	55.72	139.05	56.87	10.12	0.06
7.35	4.10	49.90	44.49	17.47	27.10	16.93	1.51	0.21
8.55	4.92	50.67	44.71	11.70	58.19	25.59	1.06	0.64
27.91	8.60	165.71	141.98	50.87	109.56	22.10	3.62	2.73
7.87	2.20	45.66	41.74	12.98	30.64	12.15	1.86	
4.88	2.28	13.16	12.34	3.61	30.17	27.32		

1-B-43 续表

分 组					营业收入	营业成本	销售费用
	法人资本	个人资本	港澳台资本	外商资本			
全 省	**277.71**	**150.87**	**81.41**	**263.85**	**5013.17**	**4393.95**	**132.74**
济南市	50.23	9.99	65.69	133.12	1271.75	1110.15	39.35
青岛市	32.57	6.61	7.05	32.26	1023.44	907.33	27.64
淄博市	13.23	3.98			50.17	44.04	2.15
枣庄市	0.14	0.31			3.63	3.35	0.04
东营市	1.75	6.84		0.71	29.18	26.67	0.57
烟台市	78.02	18.16	7.40	59.36	1105.66	940.48	23.31
潍坊市	13.82	26.09	0.06	0.67	485.43	448.57	9.23
济宁市	13.32	13.58	0.69	3.86	149.88	134.71	2.17
泰安市	6.37	8.06	0.08	0.28	67.25	57.39	2.08
威海市	8.76	5.16		6.45	76.39	62.94	2.89
日照市	17.67	3.30	0.33	25.40	292.29	266.38	6.32
临沂市	7.58	7.35		0.28	74.81	64.18	3.97
德州市	12.50	11.24		0.15	64.14	47.61	3.90
聊城市	4.89	10.77	0.10		205.11	183.14	7.17
滨州市	6.84	2.12		1.32	58.94	51.18	1.49
菏泽市	10.02	17.29			55.11	45.83	0.46

单位：亿元

管理费用	财务费用			投资收益(损失以“–”号记)	营业利润	利润总额	亏损企业亏损总额	平均用工人数(万人)
		利息收入	利息支出					
187.12	**34.90**	**13.66**	**44.67**	**13.79**	**227.49**	**239.29**	**34.40**	**34.85**
43.51	9.17	8.01	18.03	10.72	66.24	72.23	1.80	6.21
30.81	-0.31	1.68	2.28	0.23	56.87	58.19	5.19	4.89
4.53	0.42	0.04	0.45	0.03	-1.20	0.22	1.17	0.66
0.06	0.01		0.01		0.14	0.14	0.01	0.06
1.56	1.05	0.17	1.03		-1.02	-0.93	1.08	0.40
37.16	4.15	0.84	4.60	0.81	77.99	77.74	7.61	6.33
18.91	2.36	-0.08	2.26	0.29	2.20	4.90	4.37	3.79
6.16	1.37	0.18	1.41	0.06	4.83	4.81	0.44	1.54
4.66	0.48	-0.03	0.60	0.17	2.00	2.22	0.75	1.17
6.09	3.23	0.17	3.35	0.18	1.22	1.66	4.18	1.45
9.10	5.25	0.41	3.02	0.23	4.24	4.07	3.45	1.84
5.38	0.87	0.04	0.63	0.02	-0.46	-0.37	1.78	1.02
4.95	3.01	1.50	2.67	0.07	3.42	3.69	1.42	1.23
8.67	2.46	0.71	3.13	0.38	3.03	2.70	0.59	2.83
2.51	0.78	0.01	0.70	0.61	3.32	3.36	0.27	0.59
3.05	0.60	0.01	0.50		4.67	4.66	0.30	0.82

1-B-44 按地区分组的铁路、船舶、航空航天和

分 组	资产总计	固定资产原价	累计折旧	流动资产合计	应收账款
全 省	**1830.28**	**560.69**	**229.86**	**1202.34**	**372.76**
济南市	144.18	51.18	22.87	68.96	24.97
青岛市	1216.46	321.61	134.71	872.29	318.17
淄博市	2.65	1.45	1.06	1.25	0.40
枣庄市	1.93	0.81	0.29	1.21	0.10
东营市	0.71	0.17	0.07	0.52	0.11
烟台市	181.45	86.99	37.15	116.04	12.20
潍坊市	4.44	1.47	0.29	3.03	0.77
济宁市	26.23	13.74	2.39	11.82	2.65
泰安市	2.36	0.92	0.53	1.51	0.47
威海市	194.56	59.23	22.92	96.19	6.29
日照市	8.69	3.09	1.20	6.46	1.71
临沂市	10.37	4.28	1.68	5.98	1.47
德州市	17.01	8.06	2.71	8.29	1.89
聊城市	3.89	1.75	0.44	2.01	0.56
滨州市	5.27	0.30	0.19	2.70	0.26
菏泽市	10.09	5.63	1.35	4.08	0.74

其他运输设备制造业主要经济指标

单位：亿元

存货	产成品	负债合计	流动负债合计	应付账款	所有者权益合计	实收资本	国家资本	集体资本
280.93	**81.22**	**1212.07**	**1072.99**	**522.44**	**618.21**	**357.27**	**166.21**	**7.75**
13.03	3.33	98.40	88.81	44.16	45.79	31.64	21.89	0.01
186.41	31.44	766.26	679.17	430.09	450.19	220.50	126.12	0.76
0.55	0.06	2.88	2.88	0.21	-0.23	0.74	0.51	
0.44	0.23	1.33	1.06	0.26	0.60	0.38		
0.31	0.25	0.31	0.31	0.12	0.40	0.17		
38.86	34.84	154.20	149.39	13.68	27.25	38.31	3.32	0.28
0.95	0.08	3.71	3.59	1.01	0.74	0.66		
3.73	1.04	8.59	7.21	1.86	17.64	11.23		
0.80	0.74	1.49	1.35	0.80	0.87	0.30	0.12	
25.79	5.03	143.23	117.73	23.71	51.34	43.21	13.79	6.70
2.93	0.65	7.94	4.42	0.42	0.75	0.98	0.45	
1.61	0.83	6.30	6.06	1.83	4.07	2.86		
1.92	0.66	5.86	5.11	1.82	11.15	3.98		
0.54	0.18	2.49	2.46	0.05	1.39	0.92		
1.10	0.46	4.99	0.21		0.28	0.10		
1.96	1.41	4.10	3.21	2.41	5.98	1.32		

1-B-44 续表

分 组	法人资本	个人资本	港澳台资本	外商资本	营业收入	营业成本	销售费用
全 省	**108.88**	**27.48**	**5.38**	**41.57**	**1156.01**	**983.55**	**32.94**
济南市	5.41	1.13	0.61	2.60	115.22	99.91	2.40
青岛市	64.62	13.83	4.77	10.39	792.56	655.94	26.06
淄博市		0.23			2.07	1.69	0.17
枣庄市	0.09	0.29			2.21	1.73	0.14
东营市		0.17			0.57	0.48	0.03
烟台市	6.18	1.10		27.43	77.16	71.58	0.67
潍坊市	0.01	0.65			3.32	3.10	0.04
济宁市	9.04	2.19			32.24	27.22	1.19
泰安市	0.08	0.10			2.01	1.64	0.04
威海市	19.91	1.95		0.86	81.62	79.52	0.60
日照市	0.03	0.20		0.30	3.72	3.32	0.11
临沂市	1.21	1.65			21.56	19.58	0.62
德州市	1.36	2.62			6.71	5.11	0.37
聊城市	0.62	0.30			5.45	4.92	0.09
滨州市		0.10			0.70	0.67	0.03
菏泽市	0.34	0.98			8.90	7.14	0.37

单位：亿元

管理费用	财务费用	利息收入	利息支出	投资收益（损失以“–”号记）	营业利润	利润总额	亏损企业亏损总额	平均用工人数（万人）
92.95	**5.46**	**3.78**	**8.62**	**0.01**	**48.17**	**54.55**	**20.04**	**10.32**
8.11	1.00	0.10	1.32	-0.10	2.77	2.87	0.66	1.03
72.23	-2.63	3.63	2.34	0.01	49.97	55.99	5.28	5.81
0.18	0.13		0.13	0.01	-0.11	-0.14	0.14	0.04
0.19	0.02		0.02		0.12	0.12		0.10
0.04					0.02	0.02		0.01
5.28	4.43	0.06	2.26		-4.76	-4.83	7.19	0.79
0.13	0.01		0.01		0.02	0.03	0.01	0.07
1.08	0.25		0.20		2.26	2.26	0.04	0.42
0.08	0.01		0.01		0.22	0.22		0.05
3.08	1.67	-0.04	1.84	0.09	-3.51	-3.34	5.98	1.15
0.26	0.19		0.18		-0.23	-0.23	0.28	0.11
0.86	0.04		0.03		0.40	0.48	0.06	0.30
0.65	0.10	0.03	0.09		0.39	0.45	0.12	0.18
0.17	0.14		0.11		0.10	0.10	0.18	0.05
0.09	0.02		0.02		-0.13	-0.10	0.11	0.03
0.53	0.09		0.08		0.64	0.65	0.01	0.19

1-B-45 按地区分组的电气机械和

分 组	资产总计	固定资产原价	累计折旧	流动资产合计	应收账款
全 省	**5701.18**	**1115.68**	**439.28**	**3367.33**	**770.59**
济南市	422.45	105.39	41.35	278.51	103.32
青岛市	3472.48	444.28	180.06	1948.56	292.38
淄博市	83.55	23.83	11.72	57.82	21.26
枣庄市	49.58	18.59	4.48	25.87	7.69
东营市	81.03	12.70	6.85	59.96	18.89
烟台市	222.69	85.44	41.05	142.49	39.33
潍坊市	140.35	48.67	20.11	87.53	30.35
济宁市	153.22	50.00	20.16	104.57	41.70
泰安市	385.39	71.67	23.15	273.31	116.84
威海市	96.43	55.85	30.22	58.64	27.59
日照市	29.44	6.19	1.56	16.97	5.36
临沂市	62.26	28.63	13.06	39.86	16.44
德州市	224.20	102.49	26.66	111.44	16.24
聊城市	169.73	26.62	7.89	99.80	20.46
滨州市	18.49	5.17	1.62	11.70	3.45
菏泽市	89.90	30.17	9.33	50.30	9.30

器材制造业主要经济指标

单位：亿元

存货	产成品	负债合计	流动负债合计	应付账款	所有者权益合计	实收资本	国家资本	集体资本
690.58	**401.71**	**3821.44**	**3108.98**	**816.71**	**1879.74**	**623.82**	**63.83**	**17.87**
60.27	28.21	251.70	230.19	83.64	170.75	90.58	40.37	0.94
413.27	285.42	2395.31	1861.05	483.38	1077.17	163.69	14.37	6.47
13.23	6.12	48.51	44.78	13.08	35.03	27.24	0.14	0.19
4.57	2.22	25.24	23.26	7.00	24.34	13.93	0.02	0.50
9.10	4.90	67.46	51.75	9.87	13.57	14.41		
21.10	9.82	127.56	101.78	27.10	95.13	35.40	3.65	2.68
25.16	10.09	92.67	86.08	26.98	47.68	32.90	1.03	3.27
20.35	8.28	90.49	71.37	21.89	62.73	32.63	0.56	1.94
40.75	10.54	265.71	259.11	54.42	119.67	74.36	2.23	0.03
12.88	5.05	45.45	42.79	14.81	50.98	18.45		0.99
4.08	2.09	19.82	15.20	3.06	9.62	8.94	0.50	0.05
9.88	5.05	31.80	30.85	8.95	30.47	12.37		0.50
32.04	10.03	137.94	117.68	42.47	86.25	54.11	0.68	0.07
8.12	4.45	152.79	113.52	11.68	16.94	23.83		0.20
2.83	1.81	9.19	9.16	1.56	9.30	7.25		
12.95	7.64	59.80	50.45	6.83	30.11	13.75	0.28	0.05

1-B-45 续表

分 组					营业收入	营业成本	销售费用
	法人资本	个人资本	港澳台资本	外商资本			
全 省	**266.12**	**232.57**	**8.22**	**35.10**	**3383.96**	**2602.72**	**293.95**
济南市	20.93	22.36		5.97	291.74	247.31	16.97
青岛市	81.05	53.72	0.43	7.67	1795.61	1240.22	233.19
淄博市	9.52	14.93		2.47	63.77	52.87	2.47
枣庄市	1.64	11.76			39.70	34.81	1.06
东营市	1.95	11.67		0.67	34.48	31.97	0.40
烟台市	7.79	14.86	1.32	5.10	198.67	170.52	5.61
潍坊市	8.94	14.54	4.71	0.40	113.66	101.82	2.82
济宁市	14.32	14.19	0.98	0.64	136.41	116.94	3.86
泰安市	50.95	18.38	0.38	2.38	267.53	217.06	14.84
威海市	10.97	2.43	0.15	3.90	112.13	98.07	2.04
日照市	2.62	5.77			12.31	10.34	0.37
临沂市	3.95	7.80	0.12		90.46	82.57	2.40
德州市	34.56	15.99		2.81	96.28	83.11	2.64
聊城市	6.06	14.50	0.13	2.94	71.44	64.03	2.45
滨州市	3.45	3.80			8.47	7.27	0.34
菏泽市	7.40	5.87		0.15	51.32	43.82	2.48

单位：亿元

管理费用	财务费用			投资收益(损失以“–”号记)	营业利润	利润总额	亏损企业亏损总额	平均用工人数(万人)
		利息收入	利息支出					
274.31	**54.04**	**12.12**	**57.95**	**57.38**	**186.99**	**195.58**	**27.61**	**24.09**
19.88	3.50	0.03	3.48	8.13	11.21	12.28	4.00	2.09
180.32	26.25	10.53	36.10	40.74	137.99	143.26	1.53	6.83
6.01	0.66	0.03	0.47	0.09	1.48	1.90	0.95	1.15
1.96	0.57	0.01	0.54	0.02	1.02	1.25	0.61	0.58
1.78	1.52	0.04	1.34	0.90	-0.46	-0.38	2.01	0.51
11.32	3.19	0.06	2.96	0.07	6.96	6.99	2.27	2.11
6.07	1.85	0.04	1.44	0.01	0.57	0.84	3.50	1.24
5.66	1.92	0.03	1.16	0.02	7.06	7.84	0.31	1.30
20.90	4.57	0.07	2.92	6.43	13.64	13.84	2.79	2.14
5.43	1.37		1.51	0.62	5.43	5.87	0.28	1.62
0.90	0.48		0.14		0.06	0.10	0.38	0.19
3.04	1.03	0.54	1.29		2.29	2.31	0.75	1.00
4.71	2.72	0.80	0.80		0.85	0.64	3.58	1.77
3.02	2.62	-0.07	2.19	0.14	-0.86	-0.93	1.89	0.64
0.46	0.08		0.04		0.23	0.25	0.09	0.18
2.86	1.71	0.02	1.58	0.21	-0.50	-0.48	2.65	0.75

1-B-46 按地区分组的计算机、通信和

分 组	资产总计	固定资产原价	累计折旧	流动资产合计	应收账款
全 省	**3302.80**	**1397.28**	**932.82**	**2371.07**	**676.88**
济南市	631.77	75.97	29.89	497.26	117.95
青岛市	741.34	160.75	86.03	575.02	159.85
淄博市	30.80	11.82	4.35	20.22	7.66
枣庄市	6.16	2.52	0.65	3.35	0.88
东营市	40.96	8.80	2.89	8.43	2.23
烟台市	993.41	767.13	666.83	799.76	197.83
潍坊市	367.27	168.85	49.06	177.01	87.07
济宁市	72.59	21.40	6.71	45.12	17.69
泰安市	13.10	3.45	0.69	6.63	2.40
威海市	245.55	115.26	64.23	144.06	53.64
日照市	40.55	9.12	5.23	35.09	11.58
临沂市	29.91	12.86	5.49	15.80	4.70
德州市	55.48	24.44	4.54	22.13	3.91
聊城市	2.89	1.01	0.39	1.84	0.73
滨州市	20.27	8.41	4.26	13.69	6.59
菏泽市	10.75	5.51	1.60	5.66	2.17

其他电子设备制造业主要经济指标

单位：亿元

存货	产成品	负债合计	流动负债合计	应付账款	所有者权益合计	实收资本	国家资本	集体资本
403.43	**177.86**	**1836.99**	**1670.97**	**675.58**	**1465.86**	**460.71**	**23.23**	**5.21**
127.01	87.34	363.50	276.01	159.39	268.31	42.85	6.93	0.74
82.43	27.80	380.63	348.96	157.89	360.71	93.28	0.05	0.02
4.93	2.55	13.34	12.27	2.91	17.47	8.09		
0.51	0.20	1.90	1.71	0.57	4.26	2.34		
2.63	1.15	11.58	10.39	1.61	29.38	7.57		0.10
78.88	23.47	682.78	676.02	208.12	310.63	117.08	0.96	2.14
40.34	7.86	177.11	162.83	75.64	190.16	60.13	0.42	0.69
9.41	5.72	28.64	25.18	8.81	43.95	21.52	0.25	0.01
2.38	1.02	6.73	5.25	2.23	6.37	3.74	0.26	0.25
34.79	11.47	92.72	88.76	43.41	152.84	74.66	14.06	0.90
8.19	5.04	19.32	16.53	3.28	21.23	5.02		
3.68	1.07	13.91	10.88	2.14	16.01	5.91		0.36
4.01	1.38	26.36	18.61	1.71	29.12	8.76		
0.36	0.08	2.13	1.97	0.34	0.75	0.71		
2.00	0.78	9.86	9.56	4.48	10.41	7.13		
1.87	0.94	6.47	6.04	3.06	4.28	1.92	0.30	

1-B-46 续表

分组					营业收入	营业成本	销售费用
	法人资本	个人资本	港澳台资本	外商资本			
全　省	**131.80**	**133.12**	**59.32**	**108.03**	**3590.94**	**3099.15**	**126.45**
济南市	17.75	9.65	5.43	2.34	627.07	511.23	33.18
青岛市	42.54	14.84	3.60	32.23	983.82	826.68	68.73
淄博市	3.00	5.05		0.03	21.25	14.30	1.26
枣庄市	1.14	0.91	0.30		4.38	3.43	0.12
东营市	0.85	6.47		0.15	9.29	5.10	0.22
烟台市	24.97	15.44	43.23	30.34	1248.05	1160.55	6.04
潍坊市	15.83	42.17	0.02	0.99	268.45	225.77	3.59
济宁市	6.06	11.85	3.07	0.27	50.79	40.19	2.24
泰安市	1.14	2.10			8.08	7.38	0.42
威海市	12.06	7.34		40.30	273.00	221.45	7.71
日照市	0.55	3.86		0.61	25.93	21.70	0.87
临沂市	1.41	3.39		0.75	21.46	18.13	0.68
德州市	3.21	5.55			13.97	11.02	0.77
聊城市	0.33	0.38			2.82	2.56	0.07
滨州市	0.79	2.72	3.62		17.80	16.23	0.36
菏泽市	0.19	1.40	0.04		14.77	13.43	0.18

单位：亿元

管理费用	财务费用			投资收益（损失以“–”号记）	营业利润	利润总额	亏损企业亏损总额	平均用工人数（万人）
		利息收入	利息支出					
193.75	**18.13**	**7.26**	**31.25**	**16.52**	**159.11**	**165.62**	**17.07**	**28.95**
61.53	7.92	0.02	7.99	5.31	14.31	15.31	2.77	3.57
47.02	1.30	1.74	2.66	6.85	48.79	52.11	2.66	5.41
2.89	0.14	-0.01	0.14	0.26	2.73	3.24	0.11	0.36
0.32	0.03		0.03		0.63	0.65		0.17
0.98	0.47	0.03	0.45	1.54	3.99	4.05	0.05	0.10
24.21	1.70	1.76	11.57	0.16	51.18	50.22	3.30	7.25
21.55	3.23	0.13	2.07	0.39	13.31	15.71	2.39	4.48
3.66	0.53		0.53	0.06	3.22	3.29	0.56	0.88
0.89	0.40		0.33		-1.04	-0.97	1.15	0.18
25.84	0.64	3.49	4.00	1.88	18.47	18.39	3.24	4.47
1.54	0.68	0.05	0.68	0.07	1.15	1.14	0.15	0.49
1.21	0.32		0.30		0.87	0.92	0.18	0.59
0.94	0.26	0.05	0.08		0.81	0.80	0.05	0.45
0.12	0.10		0.04		-0.08	-0.06	0.13	0.06
0.70	0.11		0.11		0.35	0.39	0.12	0.19
0.37	0.30		0.26		0.41	0.41	0.18	0.30

1-B-47 按地区分组的仪器仪表

分 组	资产总计	固定资产原价	累计折旧	流动资产合计	应收账款
全 省	**462.64**	**104.90**	**41.85**	**329.21**	**101.52**
济南市	75.00	16.30	6.06	55.29	21.87
青岛市	127.41	20.10	7.95	100.46	32.42
淄博市	6.43	2.31	1.16	4.35	1.46
枣庄市	6.22	3.27	1.19	3.38	0.88
东营市	8.04	2.20	1.11	5.86	1.84
烟台市	110.81	18.80	8.44	87.15	21.89
潍坊市	8.42	3.02	0.93	5.15	1.56
济宁市	9.39	2.80	1.00	5.69	2.22
泰安市	31.01	7.16	2.37	17.20	5.19
威海市	28.77	9.01	5.52	18.23	4.31
日照市	0.54	0.15	0.04	0.40	0.22
临沂市	10.77	4.92	1.75	5.53	2.19
德州市	14.10	5.92	1.44	6.07	1.42
聊城市	15.28	4.80	1.71	9.87	3.48
滨州市	1.51	0.34	0.08	1.17	0.24
菏泽市	8.97	3.83	1.12	3.40	0.34

制造业主要经济指标

单位：亿元

存货	产成品	负债合计	流动负债合计	应付账款	所有者权益合计	实收资本	国家资本	集体资本
70.64	**35.50**	**226.12**	**212.19**	**81.76**	**236.56**	**104.27**	**5.86**	**1.49**
12.12	4.26	36.26	35.06	13.81	38.74	17.08	4.28	0.16
21.87	14.60	76.57	74.80	41.17	50.83	25.82	0.26	
0.72	0.30	2.54	2.03	0.77	3.89	2.52		
1.28	0.43	1.70	1.41	0.67	4.52	1.67		0.32
0.28	0.07	3.96	3.51	1.42	4.08	3.45		0.20
15.40	7.94	49.16	43.55	14.63	61.64	22.40	1.30	0.11
2.00	1.34	4.30	4.06	0.71	4.11	2.06		0.50
1.33	0.63	3.34	3.29	0.38	6.05	2.85		
2.45	0.51	8.79	8.41	2.31	22.26	9.75		0.20
5.49	1.28	16.38	15.50	1.61	12.39	5.24	0.02	
		0.43	0.42	0.17	0.11	0.11		
1.24	0.79	3.68	3.48	0.78	7.09	2.79		
0.90	0.46	6.19	5.92	0.72	7.90	3.92		
2.86	1.12	9.53	8.06	2.25	5.75	2.72		
0.32	0.25	0.29	0.29	0.04	1.22	0.58		
2.37	1.52	2.99	2.41	0.32	5.98	1.32		

1-B-47 续表

分 组					营业收入	营业成本	销售费用
	法人资本	个人资本	港澳台资本	外商资本			
全 省	**43.84**	**43.77**	**0.95**	**8.36**	**317.81**	**236.62**	**21.98**
济南市	4.55	7.36		0.73	55.40	36.80	5.50
青岛市	16.62	3.28		5.65	87.23	58.94	6.44
淄博市	0.48	1.29	0.75		4.57	3.47	0.22
枣庄市	0.58	0.77			11.63	9.84	0.42
东营市	0.09	3.16			5.79	5.06	0.13
烟台市	14.09	4.83	0.12	1.94	62.60	48.89	5.31
潍坊市	0.15	1.41			6.76	5.00	0.57
济宁市	0.73	2.12			8.95	6.92	0.36
泰安市	0.65	8.90			12.83	8.59	1.16
威海市	0.95	4.23		0.04	14.51	11.76	0.41
日照市		0.11			0.64	0.58	0.01
临沂市	1.27	1.52			13.01	11.66	0.28
德州市	1.66	2.26			7.29	5.89	0.41
聊城市	1.56	1.17			12.34	9.94	0.60
滨州市		0.50	0.08		0.62	0.46	0.05
菏泽市	0.45	0.87			13.64	12.82	0.09

单位：亿元

管理费用	财务费用			投资收益（损失以“-”号记）	营业利润	利润总额	亏损企业亏损总额	平均用工人数（万人）
		利息收入	利息支出					
32.36	**1.80**	**0.15**	**2.45**	**1.24**	**23.45**	**25.09**	**2.92**	**4.36**
8.89	0.31	-0.11	0.51	0.51	4.09	4.71	0.61	0.91
9.99	0.20	-0.03	0.45	0.17	9.86	10.12	1.38	0.93
0.53	0.01		0.02	0.01	0.29	0.32	0.01	0.17
0.65	0.08		0.07	0.01	0.56	0.58		0.15
0.36	0.12		0.09	0.04	0.10	0.11	0.04	0.05
5.63	0.24	0.39	0.58	0.42	2.96	3.08	0.33	0.65
0.71	0.13		0.11		0.31	0.36	0.12	0.13
0.54	0.09		0.02		0.98	1.01	0.06	0.11
1.95	0.02	-0.06	0.11	0.07	1.41	1.51	0.10	0.20
1.18	0.29		0.19	0.02	0.76	1.04	0.14	0.26
0.02					0.03	0.03		0.01
0.43	0.05		0.03		0.47	0.46		0.24
0.50	0.06		0.05		0.36	0.37	0.03	0.24
0.86	0.17	-0.04	0.21		0.64	0.77	0.10	0.19
0.05					0.05	0.05		0.01
0.07	0.02		0.01		0.57	0.57		0.11

1-B-48 按地区分组的其他

分 组	资产总计	固定资产原 价	累计折旧	流动资产合 计	应收账款
全 省	**45.33**	**14.97**	**5.10**	**25.80**	**5.94**
济南市	0.11	0.03	0.03	0.10	0.05
青岛市	24.11	4.48	2.00	20.06	5.06
淄博市	0.68	0.54	0.12	0.19	0.02
枣庄市	1.07	0.77	0.20	0.32	0.06
东营市					
烟台市	0.56	0.64	0.30	0.08	0.02
潍坊市	1.92	1.84	0.96	0.96	0.22
济宁市	2.25	0.51	0.07	0.25	0.01
泰安市					
威海市	0.27	0.11	0.07	0.16	0.03
日照市					
临沂市	0.24	0.13	0.07	0.11	0.04
德州市	5.22	3.50	0.94	0.66	0.09
聊城市					
滨州市	1.24	1.06	0.20	0.29	0.05
菏泽市	7.65	1.35	0.14	2.61	0.29

制造业主要经济指标

单位：亿元

存货	产成品	负债合计	流动负债合计	应付账款	所有者权益合计	实收资本	国家资本	集体资本
4.69	**1.01**	**21.76**	**18.91**	**5.96**	**23.57**	**13.76**	**1.00**	
0.02	0.02	0.04	0.04	0.03	0.07	0.10		
2.89	0.76	14.75	12.22	4.55	9.36	7.27		
0.03	0.02	0.44	0.43	0.06	0.24	0.22		
0.06	0.03	0.32	0.30		0.75	0.22		
0.05	0.05	0.06	0.06	0.02	0.50	0.20		
0.49	0.04	0.52	0.52	0.07	1.40	1.05		
0.03	0.02	0.06	0.06		2.19	1.50		
0.03		0.10	0.07	0.01	0.16	0.07		
0.01	0.01	0.09	0.09		0.15	0.02		
0.11	0.03	0.58	0.44	0.17	4.65	1.12		
0.06	0.03	0.33	0.33	0.15	0.91	0.60		
0.91	0.01	4.45	4.35	0.87	3.20	1.39	1.00	

1-B-48 续表

分组					营业收入	营业成本	销售费用
	法人资本	个人资本	港澳台资本	外商资本			
全省	**3.13**	**2.74**	**0.09**	**6.81**	**28.90**	**24.83**	**0.54**
济南市	0.09	0.01			1.34	1.28	0.02
青岛市	0.77	0.75		5.75	14.85	12.68	0.23
淄博市	0.07	0.13	0.02		0.67	0.53	0.04
枣庄市	0.02	0.14	0.07		1.87	1.66	0.04
东营市							
烟台市		0.20			0.09	0.08	
潍坊市	0.02	0.01		1.03	2.16	1.93	0.02
济宁市	1.28	0.22			2.38	2.09	0.02
泰安市							
威海市	0.01	0.03		0.03	0.59	0.49	0.03
日照市							
临沂市		0.02			0.73	0.60	0.01
德州市	0.28	0.84			2.26	1.93	0.10
聊城市							
滨州市	0.60				0.04	0.03	
菏泽市		0.39			1.93	1.55	0.02

单位：亿元

管理费用	财务费用			投资收益（损失以“−”号记）	营业利润	利润总额	亏损企业亏损总额	平均用工人数（万人）
		利息收入	利息支出					
1.70	**0.21**	**-0.19**	**0.46**	**0.03**	**1.26**	**1.39**	**0.01**	**0.72**
0.03	0.01							0.01
1.06	0.06	-0.19	0.35	0.03	0.73	0.82		0.28
0.06	0.04		0.04				0.01	0.01
0.04	0.02		0.02		0.09	0.09		0.12
								0.01
0.13	0.03		0.02		0.04	0.03		0.05
0.02	0.01				0.11	0.11		0.04
0.04	0.01				0.02	0.02		0.03
0.02					0.08	0.08		0.03
0.05	0.03		0.02		0.08	0.08		0.09
					0.01	0.01		0.01
0.25					0.09	0.15		0.06

1-B-49 按地区分组的废弃资源

分 组	资产总计	固定资产原 价	累计折旧	流动资产合 计	应收账款
全 省	**110.39**	**40.26**	**12.17**	**62.86**	**11.67**
济南市	3.38	0.32	0.04	0.60	0.12
青岛市	2.42	1.26	0.16	0.93	0.05
淄博市	4.64	1.78	0.31	2.12	0.55
枣庄市	3.27	1.62	0.20	0.68	0.03
东营市	1.03	0.59	0.37	0.64	0.46
烟台市	25.82	10.10	2.74	12.65	1.60
潍坊市	18.13	1.16	0.11	15.90	0.43
济宁市	6.23	2.32	0.46	3.54	0.37
泰安市	0.47			0.47	0.15
威海市	0.59	0.24	0.07	0.33	
日照市	19.04	10.25	5.21	13.84	2.56
临沂市	7.87	1.57	0.54	6.88	4.60
德州市	7.07	3.42	0.98	0.67	0.17
聊城市					
滨州市	2.41	1.31	0.21	1.10	0.22
菏泽市	8.01	4.31	0.76	2.51	0.36

综合利用业主要经济指标

单位：亿元

存货	产成品	负债合计	流动负债合计	应付账款	所有者权益合计	实收资本	国家资本	集体资本
19.57	**15.68**	**61.72**	**48.51**	**19.73**	**48.67**	**26.72**	**0.45**	**5.33**
0.04	0.01	2.58	2.59	0.12	0.80	0.34		
0.10	0.06	1.17	1.00	0.24	1.25	1.46		
0.85	0.51	1.86	1.84	0.85	2.78	1.19		
0.05	0.04	0.13	0.03	0.01	3.14	3.14		3.10
0.01		0.94	0.94	0.46	0.09	0.09		
2.28	0.96	11.02	10.00	2.65	14.80	8.70		0.10
12.05	11.93	14.15	13.94	11.10	3.99	0.92		
0.97	0.40	2.24	1.91	0.64	3.98	1.37		
0.28		0.46	0.46	0.14	0.01	0.01		
		0.27	0.27		0.32	0.22		
1.06	0.51	14.91	4.26	2.17	4.12	1.05	0.08	
0.19	0.07	4.90	4.87	0.39	2.97	1.81		
0.11	0.05	3.38	2.99	0.16	3.69	3.32	0.11	1.65
0.42	0.12	1.87	1.87	0.69	0.53	0.82		0.48
1.17	1.01	1.83	1.55	0.10	6.18	2.29	0.27	

1-B-49 续表

分 组					营业收入	营业成本	销售费用
	法人资本	个人资本	港澳台资本	外商资本			
全 省	**8.86**	**9.31**		**2.75**	**197.18**	**194.96**	**1.09**
济南市	0.29	0.05			0.82	0.65	0.02
青岛市	0.60	0.86			1.01	0.96	0.02
淄博市		1.19			10.80	10.05	0.29
枣庄市	0.04				0.88	0.82	0.01
东营市		0.09			0.67	0.38	
烟台市	2.25	3.60		2.75	18.76	15.11	0.17
潍坊市	0.65	0.26			124.16	131.90	0.13
济宁市	0.37	0.99			9.65	8.62	0.06
泰安市	0.01				1.07	1.08	
威海市	0.22				0.38	0.41	0.02
日照市	0.68	0.29			11.76	10.43	0.05
临沂市	1.46	0.35			6.13	4.74	0.05
德州市	0.45	1.12			2.28	1.75	0.14
聊城市							
滨州市	0.28	0.06			2.43	2.51	0.05
菏泽市	1.56	0.46			6.37	5.56	0.08

单位：亿元

管理费用	财务费用			投资收益(损失以"−"号记)	营业利润	利润总额	亏损企业亏损总额	平均用工人数(万人)
		利息收入	利息支出					
2.75	**1.38**	**-0.02**	**1.21**	**-0.02**	**6.60**	**6.86**	**0.68**	**0.63**
0.06	0.01				0.08	0.09	0.01	0.02
0.05	0.02		0.01		-0.04	-0.05	0.06	0.02
0.24	0.02		0.01		0.14	0.17	0.06	0.04
0.01					0.02	0.02		0.02
0.09	0.03		0.03		0.15	0.15		0.01
1.12	0.22	0.01	0.19	-0.02	2.85	2.79	0.34	0.14
0.39	-0.02	-0.03	0.01		1.27	1.27		0.03
0.33	0.05		0.03		0.63	0.71		0.05
0.04					-0.05			
0.02					-0.07	-0.07	0.07	0.01
-0.09	0.71		0.72		0.58	0.59		0.04
0.16	0.19		0.17		0.66	0.65		0.07
0.14	0.07		0.02		0.16	0.16		0.04
0.06	0.01		0.01		-0.23	-0.13	0.13	0.02
0.13	0.06		0.01		0.45	0.51		0.12

1-B-50　按地区分组的金属制品、机械和

分　组	资产总计	固定资产原　价	累计折旧	流动资产合　计	应收账款
全　省	**15.68**	**9.22**	**4.40**	**8.33**	**4.16**
济南市	8.17	5.84	2.96	4.81	2.26
青岛市	2.65	1.88	0.67	0.82	0.44
淄博市	0.02			0.02	0.01
枣庄市					
东营市	1.63	0.48	0.15	0.47	0.28
烟台市					
潍坊市	0.28	0.06		0.19	0.07
济宁市					
泰安市	0.44	0.05	0.02	0.41	0.04
威海市					
日照市	0.24	0.09	0.03	0.18	0.10
临沂市					
德州市					
聊城市					
滨州市	2.24	0.83	0.57	1.43	0.96
菏泽市					

设备修理业主要经济指标

单位：亿元

存货	产成品	负债合计	流动负债合计	应付账款	所有者权益合计	实收资本	国家资本	集体资本
1.73	**0.67**	**6.77**	**6.70**	**3.04**	**8.91**	**3.10**	**1.26**	
1.32	0.53	2.11	2.11	0.54	6.06	2.26	1.22	
0.15	0.10	0.65	0.58	0.24	2.00	0.10	0.04	
		0.02	0.02					
0.12	0.04	1.33	1.33	0.32	0.30	0.22		
0.06		0.32	0.32	0.09	-0.04			
		0.46	0.46	0.33	-0.02	0.01		
0.01		0.22	0.22	0.05	0.02	0.01		
0.06		1.66	1.66	1.47	0.58	0.50		

1-B-50 续表

分 组	法人资本	个人资本	港澳台资本	外商资本	营业收入	营业成本	销售费用
全 省	**1.13**	**0.10**	**0.61**		**12.96**	**9.70**	**0.09**
济南市	0.38	0.06	0.60		6.70	4.34	0.06
青岛市	0.02	0.03	0.01		1.94	1.50	0.02
淄博市					0.02	0.01	
枣庄市							
东营市	0.22				0.63	0.51	0.01
烟台市							
潍坊市					0.39	0.39	
济宁市							
泰安市	0.01				1.63	1.50	
威海市							
日照市		0.01			0.14	0.14	
临沂市							
德州市							
聊城市							
滨州市	0.50				1.52	1.31	
菏泽市							

单位：亿元

管理费用	财务费用			投资收益（损失以“–”号记）	营业利润	利润总额	亏损企业亏损总额	平均用工人数（万人）
		利息收入	利息支出					
2.37	**0.04**		**0.02**	**0.02**	**0.83**	**0.84**	**0.11**	**0.32**
1.66	0.02		0.02	0.01	0.73	0.73		0.18
0.26					0.14	0.14		0.06
0.13					-0.02	-0.01	0.04	0.01
0.02					-0.02	-0.02	0.02	0.01
0.11					0.01	0.01		0.03
0.03	0.01				-0.04	-0.05	0.05	
0.17				0.01	0.04	0.03		0.02

1-B-51按地区分组的电力、热力、燃气及

分 组	资产总计	固定资产原 价	累计折旧	流动资产合 计	应收账款
全 省	**9686.08**	**9376.18**	**4125.48**	**2011.26**	**347.32**
济南市	598.89	422.67	144.27	195.69	28.33
青岛市	651.13	623.88	259.48	186.95	30.80
淄博市	350.29	330.33	153.88	110.62	15.82
枣庄市	194.76	146.62	45.76	62.14	9.68
东营市	181.07	175.22	49.95	40.96	15.95
烟台市	1239.84	771.33	198.21	155.39	33.01
潍坊市	598.15	501.92	184.33	188.85	24.77
济宁市	336.33	381.63	176.16	97.50	26.38
泰安市	221.92	186.50	76.38	56.63	13.39
威海市	315.22	261.56	101.00	98.02	15.21
日照市	202.24	172.85	86.13	83.20	17.40
临沂市	498.66	282.98	104.68	217.94	29.65
德州市	206.99	184.20	86.41	65.06	12.59
聊城市	195.74	204.52	87.77	58.69	16.73
滨州市	367.54	240.48	80.16	125.54	31.12
菏泽市	137.19	136.80	59.69	38.73	13.32

水生产和供应业主要经济指标

单位：亿元

存货	产成品	负债合计	流动负债合计	应付账款	所有者权益合计	实收资本	国家资本	集体资本
133.05	**17.05**	**6504.36**	**3931.28**	**1017.82**	**3181.72**	**1878.00**	**1303.12**	**29.74**
12.61	3.00	396.92	232.85	42.13	201.98	125.91	85.20	0.80
15.03	0.83	434.93	301.74	61.70	216.21	144.71	96.80	0.83
8.83	0.14	255.03	206.66	32.61	95.27	59.67	31.61	1.89
3.12	0.93	149.05	77.90	18.99	45.71	38.89	13.25	4.07
4.14	0.43	120.93	69.04	14.33	60.14	55.05	27.54	0.30
13.33	1.04	910.23	316.95	43.05	329.61	246.18	192.04	2.63
7.61	1.92	399.22	232.67	38.90	198.93	124.85	58.95	2.21
7.51	0.65	206.81	173.24	27.67	129.51	101.34	66.12	0.71
2.95	0.27	167.47	112.20	22.42	54.45	47.19	29.71	1.85
13.85	1.81	185.34	127.97	24.09	129.88	74.41	49.65	
6.02	0.04	135.49	97.31	21.98	66.76	41.55	22.88	0.11
7.39	1.22	380.89	225.72	31.79	117.76	53.04	28.94	3.84
5.72	0.47	109.22	74.71	22.21	97.77	73.83	45.67	4.00
6.03	1.53	139.29	101.77	25.74	56.45	42.14	27.88	2.54
5.76	1.21	267.70	186.70	41.42	99.84	49.91	23.83	3.62
5.35	1.57	86.28	52.22	12.93	50.91	30.53	1.11	0.34

1-B-51 续表

分 组	法人资本	个人资本	港澳台资本	外商资本	营业收入	营业成本	销售费用
全 省	**303.00**	**98.34**	**109.03**	**27.30**	**4717.91**	**4305.92**	**21.28**
济南市	15.56	2.55	21.30	0.48	226.61	199.86	4.24
青岛市	38.73	0.90	3.50	3.94	233.03	209.33	3.09
淄博市	16.25	5.58	4.34		214.55	193.12	1.85
枣庄市	16.56	2.74	2.28		65.45	56.98	1.09
东营市	14.19	3.76	2.87	0.31	64.11	51.83	0.28
烟台市	39.95	5.31	3.66	2.59	207.32	173.60	1.05
潍坊市	47.08	7.23	6.28	3.10	246.09	197.59	1.65
济宁市	27.23	2.98	2.02	2.27	184.13	164.16	1.97
泰安市	6.18	3.03	5.83	0.29	79.40	74.92	0.31
威海市	22.07	0.97	1.72		89.69	83.27	0.82
日照市	4.12	4.46	9.98		106.55	93.48	0.26
临沂市	10.61	5.81	2.74		172.56	147.06	2.60
德州市	11.91	11.11		1.15	89.15	72.22	0.93
聊城市	3.75	6.36		1.61	110.61	97.88	0.26
滨州市	15.19	2.30	2.78	2.19	141.89	123.46	0.31
菏泽市	13.61	5.98	9.43	0.05	86.94	72.64	0.55

单位：亿元

管理费用	财务费用			投资收益（损失以"－"号记）	营业利润	利润总额	亏损企业亏损总额	平均用工人数（万人）
		利息收入	利息支出					
94.93	**134.62**	**4.97**	**120.90**	**28.53**	**174.99**	**194.81**	**61.11**	**26.95**
9.99	7.12	0.41	7.53	0.27	6.61	9.54	4.90	1.48
12.77	9.17	0.43	8.64	1.17	6.75	8.91	13.70	1.76
13.16	5.16	0.20	4.66	0.54	-2.51	1.73	5.93	1.59
2.26	2.92	0.02	1.82	0.03	2.55	3.15	1.81	0.54
2.63	4.23	0.21	3.85	0.01	4.97	5.72	1.90	0.36
6.76	10.81	0.53	10.00	1.77	16.55	19.70	3.19	1.40
10.39	11.67	0.89	10.42	0.20	27.55	31.51	1.25	1.31
6.87	5.66	-0.15	5.21	0.65	3.98	4.96	6.28	1.20
3.25	3.38	-0.01	2.67	0.11	-1.43	-0.78	3.87	0.75
3.20	2.10	0.07	2.11	0.13	1.21	2.31	4.80	0.94
2.25	1.93	0.04	1.85	0.22	7.55	8.57	0.99	0.38
5.78	12.50	0.33	5.59	0.42	3.32	4.25	6.32	0.91
3.57	1.54	0.06	1.35		9.17	9.98	0.68	0.66
2.98	4.09	0.13	3.52	1.25	5.48	5.11	2.12	0.62
5.22	6.11	0.34	6.11	2.44	8.55	8.79	2.42	0.72
1.68	2.58	0.04	2.18	-0.01	9.02	9.20	0.95	0.58

1-B-52 按地区分组的电力、热力生产和

分组	资产总计	固定资产原价	累计折旧	流动资产合计	应收账款
全省	**8225.73**	**8579.82**	**3862.53**	**1425.64**	**280.45**
济南市	373.66	319.13	106.20	99.51	19.89
青岛市	387.19	410.95	192.11	118.59	15.76
淄博市	240.72	281.92	131.98	67.61	12.43
枣庄市	166.35	131.81	41.38	47.22	8.79
东营市	148.49	153.02	44.25	31.56	13.62
烟台市	1157.09	703.17	173.47	125.67	26.61
潍坊市	488.54	427.45	154.53	153.30	20.63
济宁市	271.08	332.79	159.82	72.84	16.16
泰安市	167.43	155.81	67.88	36.17	9.02
威海市	240.94	221.57	92.60	68.10	13.94
日照市	159.75	159.13	81.87	57.91	15.57
临沂市	289.32	253.56	94.97	86.93	26.74
德州市	156.61	162.76	80.96	50.20	10.84
聊城市	165.24	190.04	83.75	43.45	15.36
滨州市	311.52	199.26	68.82	104.13	29.58
菏泽市	111.67	124.76	56.69	33.08	12.33

供应业主要经济指标

单位：亿元

存货	产成品	负债合计	流动负债合计	应付账款	所有者权益合计	实收资本	国家资本	集体资本
106.32	**9.52**	**5561.07**	**3287.39**	**928.59**	**2664.67**	**1624.18**	**1170.30**	**24.47**
9.10	1.11	255.31	143.26	29.84	118.35	83.69	69.65	0.41
11.57	0.23	290.49	194.18	39.76	96.69	81.79	48.47	0.83
7.70	0.06	198.43	157.74	24.81	42.29	45.61	25.40	1.89
1.75	0.51	128.52	66.79	17.02	37.83	34.02	10.92	4.07
2.81	0.23	103.89	56.70	12.59	44.60	42.25	23.17	
11.75	0.80	863.01	281.16	37.85	294.09	225.57	177.13	2.43
6.69	1.71	331.61	180.49	33.66	156.93	106.50	52.11	1.70
5.09	0.21	174.37	146.34	19.96	96.72	86.82	59.18	0.28
2.52	0.15	129.17	79.11	19.20	38.26	40.69	26.76	0.96
10.84	1.76	131.34	98.15	20.48	109.59	59.90	36.50	
5.88	0.01	98.76	85.25	19.76	60.98	39.55	21.94	0.03
4.91	0.03	188.67	99.55	27.29	100.66	43.20	26.82	3.18
4.89	0.08	84.32	59.67	19.01	72.30	64.88	43.90	3.71
4.71	1.39	120.23	86.28	22.35	45.01	36.31	25.27	1.60
4.42	0.63	229.17	165.93	37.58	82.34	39.06	20.50	3.06
3.91	0.61	74.21	45.16	11.57	37.46	25.52	0.65	0.34

1-B-52 续表

分组	法人资本	个人资本	港澳台资本	外商资本	营业收入	营业成本	销售费用
全省	**243.16**	**82.34**	**78.69**	**17.73**	**4123.64**	**3812.53**	**4.24**
济南市	3.96	1.89	7.79		153.29	137.02	0.72
青岛市	32.38	-0.40	0.50		131.55	129.60	0.01
淄博市	13.63	4.69			159.67	145.27	0.51
枣庄市	15.06	2.74	1.23		48.77	45.08	0.04
东营市	10.09	1.36	1.54		45.80	36.80	0.09
烟台市	37.72	5.27	2.95	0.07	161.21	134.60	0.12
潍坊市	38.56	6.03	5.31	2.79	190.06	152.61	0.50
济宁市	22.26	2.97		2.13	141.10	129.68	0.35
泰安市	4.94	2.77	4.68	0.29	54.53	52.57	
威海市	20.82	0.87	1.72		78.89	72.21	0.15
日照市	3.84	4.35	9.40		96.78	84.57	
临沂市	5.89	4.23	1.98		124.94	108.72	1.09
德州市	9.71	7.56			72.82	59.19	0.34
聊城市	3.26	5.04		1.15	82.04	73.06	
滨州市	10.91	0.79	1.87	1.93	111.85	98.66	0.02
菏泽市	10.13	4.92	9.43	0.05	70.50	58.37	0.27

单位：亿元

管理费用	财务费用			投资收益（损失以“–”号记）	营业利润	利润总额	亏损企业亏损总额	平均用工人数（万人）
		利息收入	利息支出					
60.38	**119.40**	**4.14**	**112.43**	**24.86**	**135.97**	**148.22**	**48.86**	**22.13**
5.39	6.86	0.07	6.81	0.14	2.26	4.32	4.36	0.80
5.37	6.95	-0.01	6.05	0.01	-7.63	-6.59	11.26	1.11
10.01	4.72	0.09	4.13	0.17	-3.57	-0.03	4.14	1.22
1.20	2.71	0.02	1.64	0.03	0.41	0.92	1.48	0.30
0.94	3.64	0.20	3.24		4.46	4.70	1.51	0.23
4.51	10.30	0.51	9.60	1.77	13.92	16.84	2.80	1.07
7.24	10.60	0.67	9.90	0.09	22.59	26.06	0.77	0.87
4.35	4.87	-0.14	4.47	0.03	-0.07	0.59	6.04	0.79
1.66	3.04	0.05	2.30	0.02	-2.10	-1.76	3.75	0.46
2.76	1.93	0.09	1.93	0.09	2.50	3.24	3.06	0.67
1.51	1.82	0.05	1.74	0.22	7.56	8.42	0.87	0.28
3.62	5.38	0.30	5.20	0.44	5.32	5.11	3.28	0.68
2.28	1.42	0.09	1.25		8.09	8.70	0.51	0.40
1.88	3.70	0.12	3.39	0.10	2.66	2.24	2.07	0.50
4.16	5.39	0.57	5.31	2.41	6.12	5.54	2.16	0.57
1.33	2.41	0.04	2.04	-0.01	7.78	7.77	0.79	0.41

1-B-53 按地区分组的燃气生产和

分　组	资产总计	固定资产原　　价	累计折旧	流动资产合　　计	应收账款
全　省	**717.46**	**343.50**	**96.02**	**314.07**	**30.05**
济南市	109.63	53.29	18.66	51.73	3.79
青岛市	130.43	123.17	31.43	23.69	7.85
淄博市	27.85	15.64	5.09	9.21	1.38
枣庄市	15.38	8.84	1.85	7.06	0.28
东营市	19.52	10.69	2.48	6.89	0.90
烟台市	39.94	29.85	8.99	13.59	2.78
潍坊市	38.91	16.62	4.19	15.84	1.60
济宁市	27.51	13.34	3.58	13.53	4.22
泰安市	33.58	15.46	3.87	11.80	2.16
威海市	12.93	7.93	1.75	3.31	0.51
日照市	5.58	1.50	0.45	3.06	0.25
临沂市	186.82	16.02	5.52	122.79	0.77
德州市	26.10	11.50	3.46	9.65	1.38
聊城市	24.17	8.97	2.35	13.57	1.34
滨州市	16.08	8.88	1.83	7.19	0.70
菏泽市	3.01	1.81	0.52	1.17	0.13

供应业主要经济指标

单位：亿元

存货	产成品	负债合计	流动负债合计	应付账款	所有者权益合计	实收资本	国家资本	集体资本
10.91	**3.17**	**456.30**	**351.85**	**43.87**	**261.17**	**126.91**	**57.74**	**2.65**
1.29	0.66	53.91	43.79	7.18	55.73	21.62	5.86	0.07
0.98	0.38	56.44	50.99	6.91	73.99	45.17	34.55	
0.47	0.03	13.61	12.55	3.00	14.24	5.87	2.05	
0.50	0.35	7.70	5.38	1.20	7.67	3.80	1.25	
1.29	0.19	11.71	9.43	1.58	7.81	7.46	2.05	0.30
0.62	0.24	23.82	21.97	3.99	16.12	5.89	1.39	
0.34	0.18	24.12	19.65	2.58	14.80	5.65	1.77	0.19
1.44	0.34	12.60	12.44	3.57	14.91	7.66	3.81	0.44
0.26	0.12	22.85	20.07	2.91	10.74	4.44	1.44	0.34
0.08		8.92	7.99	0.91	4.01	1.01		
0.11	0.03	4.13	1.68	0.07	1.45	0.82	0.35	0.08
0.79	0.07	178.39	115.21	3.94	8.43	4.63	1.77	
0.65	0.36	10.78	7.04	1.73	15.32	4.89	1.17	0.29
1.14	-0.01	15.18	12.28	2.09	8.99	3.31	0.15	0.95
0.71	0.12	11.10	10.48	2.02	4.99	3.64	0.15	
0.24	0.12	1.06	0.89	0.20	1.95	1.01		

1-B-53 续表

分 组					营业收入	营业成本	销售费用
	法人资本	个人资本	港澳台资本	外商资本			
全 省	**33.83**	**10.17**	**14.14**	**8.37**	**449.96**	**372.43**	**13.11**
济南市	10.58	0.46	4.66		52.48	44.96	2.47
青岛市	4.12	1.20	1.37	3.94	72.60	50.06	2.63
淄博市	1.62	0.30	1.91		44.82	39.61	0.82
枣庄市	1.50		1.05		14.65	10.60	0.81
东营市	2.31	2.30	0.50		15.25	13.16	0.16
烟台市	1.23	0.04	0.72	2.52	37.22	31.75	0.78
潍坊市	2.61	0.60	0.44	0.05	38.47	32.62	0.93
济宁市	1.39		2.02		29.09	23.54	1.32
泰安市	1.24	0.26	1.16		21.78	19.59	0.28
威海市	1.01				5.97	5.17	0.57
日照市	0.28	0.11			5.58	5.03	0.12
临沂市	1.54	1.11	0.21		42.40	35.12	1.14
德州市	1.33	0.96		1.15	13.39	11.13	0.42
聊城市	0.49	1.27		0.46	26.76	23.66	0.20
滨州市	2.24	0.90	0.10	0.26	21.89	19.77	0.26
菏泽市	0.35	0.66			7.62	6.67	0.20

单位：亿元

管理费用	财务费用	利息收入	利息支出	投资收益（损失以“－”号记）	营业利润	利润总额	亏损企业亏损总额	平均用工人数（万人）
18.57	**11.06**	**0.69**	**4.09**	**3.41**	**38.49**	**43.22**	**4.01**	**2.01**
2.56	-0.13	0.14	0.10	0.11	3.84	4.51	0.24	0.37
4.06	1.34	0.28	1.57	0.74	15.63	16.02	0.02	0.24
1.60	0.18	0.02	0.21	0.36	2.55	2.95		0.15
0.47	0.22		0.18		2.52	2.56		0.09
1.35	0.38	0.01	0.39	0.01	0.13	0.52	0.37	0.07
1.20	0.43	0.02	0.27		2.89	2.89	0.12	0.12
1.14	0.36	0.27	0.14	0.12	3.45	3.46	0.15	0.16
1.43	0.32	-0.01	0.33	0.62	3.19	3.37	0.16	0.18
0.79	0.39	0.01	0.37	0.09	0.75	1.02	0.04	0.14
0.14	-0.01	-0.01		0.04	0.17	0.68		0.04
0.13	0.08		0.06		0.21	0.23	0.03	0.02
1.58	6.84		0.09	0.15	-2.33	-1.42	2.63	0.12
0.64	0.04	-0.02	0.04		1.13	1.14	0.12	0.13
0.87	0.35	0.01	0.09	1.15	2.76	2.80		0.07
0.46	0.22	-0.01	0.18	0.03	1.10	1.79	0.12	0.07
0.14	0.07		0.07		0.50	0.70		0.04

1-B-54 按地区分组的水的生产和

分　组	资产总计	固定资产原　价	累计折旧	流动资产合　计	应收账款
全　省	**742.88**	**452.85**	**166.92**	**271.54**	**36.82**
济南市	115.60	50.26	19.41	44.45	4.65
青岛市	133.52	89.76	35.94	44.67	7.18
淄博市	81.72	32.77	16.81	33.80	2.01
枣庄市	13.04	5.97	2.53	7.86	0.62
东营市	13.05	11.50	3.23	2.51	1.43
烟台市	42.80	38.31	15.74	16.13	3.62
潍坊市	70.69	57.85	25.61	19.71	2.53
济宁市	37.73	35.50	12.75	11.13	6.00
泰安市	20.90	15.22	4.62	8.66	2.21
威海市	61.35	32.05	6.65	26.60	0.75
日照市	36.92	12.23	3.80	22.23	1.57
临沂市	22.51	13.40	4.18	8.22	2.14
德州市	24.28	9.94	1.99	5.21	0.37
聊城市	6.33	5.51	1.67	1.66	0.04
滨州市	39.94	32.34	9.50	14.22	0.84
菏泽市	22.50	10.24	2.48	4.48	0.86

供应业主要经济指标

单位：亿元

存货	产成品	负债合计	流动负债合计	应付账款	所有者权益合计	实收资本	国家资本	集体资本
15.82	**4.35**	**486.99**	**292.04**	**45.36**	**255.89**	**126.92**	**75.07**	**2.62**
2.22	1.24	87.70	45.80	5.11	27.90	20.59	9.70	0.33
2.48	0.22	88.00	56.57	15.03	45.52	17.74	13.78	
0.66	0.04	42.99	36.38	4.80	38.74	8.18	4.16	
0.87	0.07	12.83	5.73	0.77	0.20	1.07	1.07	
0.04	0.01	5.33	2.90	0.17	7.73	5.34	2.32	
0.96		23.40	13.81	1.21	19.40	14.72	13.52	0.20
0.58	0.03	43.49	32.53	2.66	27.20	12.70	5.08	0.32
0.98	0.09	19.85	14.46	4.14	17.88	6.86	3.13	
0.17		15.45	13.03	0.30	5.45	2.05	1.51	0.54
2.93	0.05	45.07	21.83	2.69	16.27	13.49	13.15	
0.03		32.59	10.38	2.15	4.32	1.18	0.59	
1.69	1.11	13.84	10.96	0.56	8.67	5.21	0.36	0.66
0.18	0.04	14.13	8.00	1.47	10.15	4.06	0.60	
0.17	0.15	3.88	3.21	1.30	2.45	2.52	2.47	
0.64	0.47	27.43	10.29	1.83	12.51	7.21	3.18	0.57
1.21	0.85	11.00	6.18	1.16	11.50	4.00	0.46	

1-B-54 续表

分　组	法人资本	个人资本	港澳台资本	外商资本	营业收入	营业成本	销售费用
全　省	**26.01**	**5.82**	**16.20**	**1.19**	**144.31**	**120.96**	**3.93**
济南市	1.03	0.21	8.85	0.48	20.84	17.87	1.05
青岛市	2.23	0.10	1.63		28.88	29.66	0.44
淄博市	1.00	0.59	2.43		10.06	8.24	0.51
枣庄市					2.03	1.29	0.24
东营市	1.80	0.09	0.82	0.31	3.06	1.88	0.03
烟台市	1.00				8.90	7.25	0.16
潍坊市	5.91	0.61	0.53	0.25	17.55	12.36	0.22
济宁市	3.57	0.01		0.14	13.94	10.95	0.30
泰安市					3.08	2.77	0.03
威海市	0.24	0.10			4.83	5.90	0.10
日照市			0.58		4.20	3.88	0.13
临沂市	3.18	0.47	0.54		5.22	3.22	0.37
德州市	0.87	2.59			2.93	1.90	0.17
聊城市		0.05			1.82	1.16	0.05
滨州市	2.05	0.61	0.81		8.15	5.03	0.03
菏泽市	3.13	0.40			8.82	7.60	0.08

单位：亿元

管理费用	财务费用	利息收入	利息支出	投资收益（损失以"－"号记）	营业利润	利润总额	亏损企业亏损总额	平均用工人数（万人）
15.98	**4.16**	**0.14**	**4.38**	**0.27**	**0.53**	**3.38**	**8.24**	**2.81**
2.04	0.39	0.19	0.62	0.02	0.51	0.71	0.31	0.31
3.35	0.88	0.16	1.02	0.42	-1.25	-0.51	2.42	0.41
1.55	0.26	0.09	0.32	0.01	-1.49	-1.19	1.78	0.23
0.58	-0.01		-0.01		-0.38	-0.33	0.33	0.15
0.33	0.21		0.21		0.38	0.50	0.02	0.05
1.05	0.08	0.01	0.14		-0.26	-0.04	0.27	0.21
2.01	0.72	-0.05	0.37		1.51	1.99	0.34	0.28
1.09	0.47	-0.01	0.41		0.86	1.01	0.08	0.22
0.81	-0.05	-0.07			-0.09	-0.05	0.08	0.15
0.29	0.18		0.17		-1.45	-1.62	1.74	0.23
0.61	0.03	-0.01	0.04		-0.22	-0.07	0.09	0.09
0.57	0.28	0.02	0.31	-0.18	0.33	0.57	0.41	0.11
0.65	0.08		0.06		-0.06	0.14	0.04	0.13
0.23	0.04		0.04		0.06	0.08	0.06	0.04
0.60	0.50	-0.22	0.62		1.33	1.45	0.14	0.08
0.21	0.10		0.07		0.75	0.73	0.16	0.13

第 2 篇

主要工业产品产量篇

2-1　2018年全省规模以上工业主要产品产量

产品名称	计量单位	代码	产品产量
铁矿石原矿	吨	0810010	48131419.9
铁矿石成品矿	吨	0810020	8869744.1
其中：铁精矿	吨	0810030	8400618.1
铜金属含量	吨	0911010	3736.1
铅金属含量	吨	0912010	9939.3
锌金属含量	吨	0912020	650.2
石灰石	吨	1011010	27400798.4
建筑用天然石料	立方米	1012010	5134569.0
其中：天然大理石荒料	立方米	1012020	36693.0
天然花岗石荒料	立方米	1012030	1164684.0
高岭土(瓷土)	吨	1019010	55020.0
膨润土	吨	1019020	800.0
砂石	吨	1019030	7579518.7
其中：石英砂	吨	1019040	4765865.5
化学矿	吨	1020000	195593.0
其中：硫铁矿石(折含硫35%)	吨	1020010	194782.0
原盐	吨	1030010	10978421.6
天然石墨	吨	1092010	24257.1
滑石粉	吨	1092020	126809.0
小麦粉	吨	1310010	13650197.2
大米	吨	1310030	170284.9
饲料	吨	1320010	28178631.5
其中：配合饲料	吨	1321720	17972084.1
混合饲料	吨	1321730	2678248.4
宠物食品	吨	1321740	107163.2
饲料添加剂	吨	1495020	900363.2
食用植物油	吨	1331010	6957898.8
其中：精制食用植物油	吨	1331020	5122075.5
成品糖	吨	1340010	258968.0
鲜、冷藏肉	吨	1350010	7841213.4
冻肉	吨	1350020	1952214.0
熟肉制品	吨	1353010	1305526.4
冷冻水产品	吨	1361010	2185845.0
冷冻蔬菜	吨	1371010	832020.7
淀粉及淀粉制品	吨	1381710	7231393.8
豆腐及豆制品	吨	1382710	394263.4
糕点	吨	1411010	71805.4
面包	吨	1411020	68941.4
饼干	吨	1419010	207003.2
膨化食品	吨	1419020	24650.6
焙烤松脆食品	吨	1419030	15728.7
糖果	吨	1421010	163810.4
速冻食品	吨	1432000	382356.7
其中：速冻米面食品	吨	1432010	60818.4
方便面	吨	1439010	238716.0
乳制品	吨	1440010	2110736.3
其中：液体乳	吨	1440020	2061020.3
其中：灭菌乳	吨	1440021	962555.6
巴氏杀菌乳	吨	1440022	554771.2
酸牛乳	吨	1440023	294496.1
其他液体乳	吨	1440024	249197.4

2-1 续表 1

产品名称	计量单位	代码	产品产量
固体及半固体乳制品	吨	1440030	49716.0
其中：乳粉	吨	1440070	43716.0
其中：婴幼儿配方乳粉	吨	1440040	6197.6
罐头	吨	1450010	623900.1
味精(谷氨酸钠)	吨	1461010	451494.0
酱油	吨	1462010	492383.2
醋及醋代用品	吨	1462020	59227.5
其中：食醋	吨	1462030	58748.5
调味酱	吨	1462040	33652.0
复合调味品	吨	1469010	261259.9
其中：鸡精	吨	1469020	4358.0
营养、保健食品	吨	1490010	48824.8
其中：蜂蜜营养制品	吨	1492020	5232.0
冷冻饮品	吨	1493010	206126.2
其中：冰淇淋	吨	1493020	30356.0
食用盐	吨	1494010	1205249.0
非食用盐	吨	1494020	921411.0
食品添加剂	吨	1495010	1651037.4
发酵酒精(折96度，商品量)	千升	1510010	815387.2
饮料酒	千升	1510020	5453953.0
其中：白酒(折65度，商品量)	千升	1512010	346749.2
啤酒	千升	1513010	4767977.3
黄酒	千升	1514010	1566.6
葡萄酒	千升	1515010	189576.4
果酒及配制酒	千升	1519010	6373.0
白兰地	千升	1515020	36717.0
饮料	吨	1520010	4962659.3
其中：碳酸型饮料(汽水)	吨	1521010	744143.0
果汁和蔬菜汁类饮料	吨	1523010	857402.5
蛋白饮料	吨	1524010	414096.0
其中：含乳饮料	吨	1524020	34662.0
植物蛋白饮料	吨	1524030	4258.0
包装饮用水	吨	1522010	1675556.4
茶饮料	吨	1529010	99313.1
固体饮料	吨	1525010	27756.0
精制茶	吨	1530010	2332.6
复烤烟叶	吨	1610010	8047.0
卷烟	万支	1620010	12528383.0
其中：一类烟	万支	1620020	538033.0
二类烟	万支	1620030	695880.0
三类烟	万支	1620040	7762943.0
四类烟	万支	1620050	2529082.0
五类烟	万支	1620060	1002445.0
雪茄烟	万支	1620070	27441.5
纱	吨	1711010	4389607.3
其中：棉纱	吨	1711020	3685042.4
棉混纺纱	吨	1711030	474647.5
化学纤维纱	吨	1711040	229917.3
棉线	吨	1711050	5716.6
缝纫线	吨	1711060	4880.0
布	万米	1712010	581048.0
其中：棉布	万米	1712030	458073.4

2-1　续表 2

产品名称	计量单位	代码	产品产量
棉混纺布	万米	1712040	105967.6
化学纤维短纤布	万米	1712050	17007.0
其中：色织布(含牛仔布)	万米	1712020	40204.4
印染布	万米	1713010	330403.6
其中：漂白布	万米	1713020	11716.5
染色布	万米	1713030	110040.0
印花布	万米	1713040	207565.0
毛条	吨	1721010	46912.3
毛纱	吨	1721030	17267.6
绒线(俗称毛线)	吨	1721020	32423.1
毛机织物(呢绒)	万米	1722030	8819.6
亚麻纱	吨	1731010	6309.0
亚麻布(含亚麻≥55%)	万米	1732030	1389.4
苎麻布(含苎麻≥55%)	万米	1732040	48.2
蚕丝	吨	1741020	683.2
蚕丝及交织机织物(含蚕丝≥50%)	万米	1742020	1447.6
化纤长丝机织物	万米	1751010	51809.9
床褥单	万条	1771010	2284.0
枕套	万件	1771020	461.2
被罩	万个	1771040	541.5
床罩	万个	1771050	103.9
毯子	条	1771060	390067.0
羽绒被	万条	1771070	9.4
棉被	万条	1771080	833.9
蚕丝被	万条	1771030	74.5
毛巾被	万条	1771090	45.9
毛巾	万条	1772010	109196.1
帐篷	万顶	1784010	71.6
纤维纺制线、绳、索、缆	吨	1782010	128629.1
帘子布	吨	1783010	121015.9
非织造布(无纺布)	吨	1781010	477667.4
针织袜	万双	1830010	6466.0
针织手套	万双	1830020	17801.8
围巾	万条	1830030	209.9
领带	万条	1830040	80.0
服装	万件	1800010	201853.1
其中：针织服装	万件	1821710	115193.4
其中：针织运动类服装	万件	1821720	3379.1
梭织服装	万件	1811710	86659.7
其中：羽绒服装	万件	1811730	1637.9
西服套装	万件	1811750	2831.6
衬衫	万件	1811780	5354.1
运动服类服装	万件	1811790	3151.7
皮革服装	万件	1921010	2.1
毛皮服装	万件	1932000	25.9
其中：天然毛皮服装	万件	1932010	13.1
鞋	万双	1950010	15914.4
其中：纺织面鞋	万双	1951010	4099.1
皮革鞋靴	万双	1952010	7595.7
胶鞋	万双	1954010	4214.0
塑料鞋	万双	1953010	5.6

2-1 续表 3

产品名称	计量单位	代码	产品产量
帽子	万个	1830050	9573.5
成品革	平方米	1910000	47254525.3
其中：轻革	平方米	1910010	44594965.1
衣箱、提箱及类似容器	万个	1922010	13.5
手提包(袋)、背包	万个	1922020	1961.0
锯材	立方米	2011010	2094173.8
人造板	立方米	2020010	39066305.6
其中：胶合板	立方米	2021010	32142905.6
纤维板	立方米	2022010	5067739.2
刨花板	立方米	2023010	1761022.8
细木工板	立方米	2029020	82579.0
人造板表面装饰板	平方米	2029710	4447538.5
实木木地板	平方米	2034740	918572.5
复合木地板	平方米	2034750	22165334.7
竹地板	平方米	2041010	422122.0
家具	件	2100010	34095753.0
其中：木质家具	件	2110010	25470348.0
金属家具	件	2130010	918942.0
软体家具	件	2190010	610790.0
纸浆(原生浆及废纸浆)	吨	2210010	3474761.4
机制纸及纸板(外购原纸加工除外)	吨	2221010	21108593.4
其中：未涂布印刷书写用纸	吨	2221020	1142739.1
其中：新闻纸	吨	2221030	479170.8
涂布类印刷用纸	吨	2221040	1167911.4
卫生用纸原纸	吨	2221050	63665.7
包装用纸及纸板	吨	2221060	2134137.4
其中：箱纸板	吨	2221070	1308862.5
包装纸	吨	2221080	351102.0
纸制品	吨	2230010	3174851.8
其中：瓦楞纸箱	吨	2231010	1621640.0
卫生用纸制品	吨	2239010	56165.0
单色印刷品	令	2310010	5771784.0
多色印刷品	对开色令	2310020	26113553.0
本册	万本	2312010	48645.9
自来水笔	万支	2412010	29351.0
圆珠笔	万支	2412020	904.0
记号笔	万支	2412030	16759.0
墨水	吨	2414010	1872.0
室内训练健身器材	台	2443010	1119431.0
西乐器	把	2422010	108534.0
电子乐器	台	2423010	19385.0
硫酸(折100%)	吨	2611010	5105018.4
浓硝酸(折100%)	吨	2611030	150645.3
盐酸(氯化氢，含量31%)	吨	2611020	845981.0
过氧化氢(双氧水)	吨	2619010	242795.8
烧碱(折100%)	吨	2612010	9607116.9
其中：离子膜法烧碱(折100%)	吨	2612020	9112034.8
纯碱(碳酸钠)	吨	2612030	4463999.0
碳酸氢钠(小苏打)	吨	2612040	146654.0
对二甲苯(PX)	吨	2614110	1010590.0
复合肥、复混合肥	吨	2622020	8681902.3

2-1　续表 4

产品名称	计量单位	代码	产品产量
磷酸二铵(实物量)	吨	2624022	428091.0
碳化硅	吨	2613040	2450.0
己烷	吨	2614010	71353.3
乙烯	吨	2614020	1319783.6
丙烯	吨	2614030	643648.0
纯苯	吨	2614100	1197805.8
精甲醇	吨	2614210	7276584.8
冰乙酸(冰醋酸)	吨	2614250	1384565.6
甲醛	吨	2614200	1409517.2
丙酮	吨	2614260	39106.9
活性炭	吨	2663010	7219.0
硫磺	吨	2619030	30308.0
硅	吨	2619040	2828.0
稀土化合物	千克	2613050	4453236.7
合成氨(无水氨)	吨	2620010	5488143.5
农用氮、磷、钾化学肥料(折纯)	吨	2620020	4068417.5
其中：氮肥(折含氮100%)	吨	2621010	3668455.9
其中：尿素(折含氮100%)	吨	2621020	3017697.9
磷肥(折五氧化二磷100%)	吨	2622010	232620.5
钾肥(折氧化钾100%)	吨	2623010	167341.1
化学农药原药(折有效成分100%)	吨	2631010	195539.6
其中：杀虫剂(杀螨剂)原药	吨	2631020	32622.3
杀菌剂原药	吨	2631030	2755.8
除草剂原药	吨	2631040	114333.1
涂料	吨	2641010	672088.7
其中：建筑涂料	吨	2641020	49929.0
油墨	吨	2642010	11291.0
颜料	吨	2645010	23701.3
染料	吨	2645730	33051.0
初级形态塑料	吨	2651010	8147914.0
其中：低密度聚乙烯树脂(LDPE)	吨	2651021	213782.3
高密度聚乙烯树脂(HDPE)	吨	2651022	519921.5
线型低密度聚乙烯树脂(LLDPE)	吨	2651023	118560.0
聚丙烯树脂	吨	2651030	1616850.9
聚苯乙烯树脂	吨	2651050	9797.1
ABS树脂	吨	2651060	38731.0
聚氯乙烯树脂	吨	2651040	2302917.8
聚碳酸酯	吨	2651080	88898.0
碳纤维及其复合材料	吨	2659010	6321.6
稀土磁性材料	吨	2659020	91.7
石墨烯	吨	2659060	12.4
高温合金	吨	3130740	15162.6
合成橡胶	吨	2652010	579839.4
合成纤维单体	吨	2653010	159773.4
乙二醇	吨	2653030	82655.2
合成纤维聚合物	吨	2653060	135357.2
其中：聚酯	吨	2653070	5694.0
化学试剂	吨	2661010	2247901.4
催化剂	吨	2661020	296032.6
橡胶助剂	吨	2661030	740122.2
塑料助剂	吨	2661040	1098672.2

2-1 续表 5

产品名称	计量单位	代码	产品产量
炸药	吨	2671010	56791.9
单晶硅	千克	2664010	1102738.0
多晶硅	千克	2664020	2279900.0
单晶硅片	千片	2664060	26846.0
多晶硅片	千片	2664070	286242.0
肥(香)皂	吨	2681010	3855.0
合成洗涤剂	吨	2681020	402057.6
其中：合成洗衣粉	吨	2681030	326403.5
液体洗涤剂	吨	2681040	2387.0
表面活性剂	吨	2662010	875214.4
牙膏(折65克标准支)	万支	2683010	3877.0
香料	吨	2684010	50250.6
香精	吨	2684020	300.0
化学药品原药	吨	2710010	475788.0
其中：抗菌素(抗感染药)	吨	2710020	55159.6
消化系统用药	吨	2710030	1015.2
解热镇痛药	吨	2710040	55028.1
维生素类	吨	2710050	46095.6
中枢神经系统用药	吨	2710070	7401.4
激素类药	吨	2710090	2.0
抗肿瘤药	吨	2710100	216.9
心血管系统用药	吨	2710110	5260.7
呼吸系统用药	吨	2710120	690.2
泌尿系统用药	吨	2710130	7205.4
诊断用原药	吨	2710150	894.0
调解水、电解质、酸碱平衡药	吨	2710160	3584.0
麻醉用药	吨	2710170	404.4
抗组织胺类药及解毒药	吨	2710180	24.2
生化药(酶及辅酶)	吨	2710190	166.6
消毒防腐及创伤外科用药	吨	2710200	10.0
制剂用辅料及附加剂	吨	2710210	292583.6
中成药	吨	2740010	102984.7
兽用药品	吨	2750010	51953.2
化学纤维用浆粕	吨	2800010	99657.0
化学纤维	吨	2800020	654592.1
其中：人造纤维(纤维素纤维)	吨	2812010	292694.4
其中：粘胶短纤维	吨	2812021	239017.9
合成纤维	吨	2820010	332186.4
其中：锦纶纤维	吨	2821010	37584.8
涤纶纤维	吨	2822010	100970.0
其中：涤纶短纤维	吨	2822020	57503.0
涤纶长丝	吨	2822030	43467.0
腈纶纤维	吨	2823010	35948.0
丙纶纤维	吨	2825010	14721.7
氨纶纤维	吨	2826010	58947.0
高性能化学纤维	吨	2828000	10896.4
其中：碳纤维	吨	2828010	866.5
生物基化学纤维	吨	2829000	18815.0
橡胶轮胎外胎	条	2911010	376212808.0
其中：乘用车橡胶轮胎外胎	条	2911011	250096294.0
载货汽车橡胶轮胎外胎	条	2911012	58550389.0

2-1　续表 6

产品名称	计量单位	代码	产品产量
客车橡胶轮胎外胎	条	2911013	9764867.0
工程机械用橡胶轮胎外胎	条	2911014	2360753.0
农、林机械用橡胶轮胎外胎	条	2911015	15860487.0
航空器充气橡胶轮胎外胎	条	2911016	53966.0
其中：子午线轮胎外胎	条	2911020	311730743.0
其中：汽车子午线轮胎外胎	条	2911021	21789614.0
摩托车充气橡胶轮胎外胎	条	2911050	23604262.0
塑料制品	吨	2920010	4222334.1
其中：塑料薄膜	吨	2921010	667232.9
其中：农用薄膜	吨	2921020	173183.5
泡沫塑料	吨	2924010	40479.4
塑料人造革、合成革	吨	2925010	35776.5
日用塑料制品	吨	2927010	317642.0
硅酸盐水泥熟料	吨	3011010	75225432.1
其中：窑外分解窑水泥熟料	吨	3011020	74256312.1
水泥	吨	3011030	131416978.9
其中：强度等级42.5水泥(含R型)	吨	3011140	38012908.1
强度等级52.5水泥(含R型)	吨	3011150	838275.0
石灰	吨	3012010	7238075.9
熟石膏	吨	3012020	17115.9
商品混凝土	立方米	3021010	116911088.9
水泥混凝土排水管	千米	3021020	2873.0
其中：钢筋混凝土排水管	千米	3021021	595.8
混凝土轨枕及铁道用混凝土制品	根	3021080	630321.0
水泥混凝土压力管	千米	3021030	554.2
水泥混凝土电杆	根	3021040	1532967.0
预应力混凝土桩	米	3021050	9979568.6
水泥混凝土预制构件	立方米	3022010	8420391.5
石膏板	万平方米	3024010	48930.7
砖	万块	3031010	1158770.6
瓦	万片	3031070	77246.3
瓷质砖	平方米	3071710	132240115.0
陶质砖	平方米	3071750	138807750.4
天然大理石建筑板材	平方米	3032710	3786056.7
天然花岗石建筑板材	平方米	3032720	32211688.2
建筑防水卷材及制品	平方米	3033700	328958743.6
其中：沥青和改性沥青防水卷材	平方米	3033710	253402256.8
隔热、隔音人造矿物材料及其制品	吨	3034710	403329.0
平板玻璃	重量箱	3041010	75184658.8
太阳能工业用超白玻璃	平方米	3042010	265.0
钢化玻璃	平方米	3049010	30409439.7
夹层玻璃	平方米	3051030	3512322.1
中空玻璃	平方米	3051050	5749598.3
玻璃包装容器	吨	3055010	3684635.1
日用玻璃制品	吨	3054010	1451794.0
玻璃保温容器	万个	3056010	462.9
玻璃纤维纱	吨	3061010	1650261.2
玻璃纤维布	米	3061020	650764733.6
纤维增强塑料制品	吨	3062010	89976.7
卫生陶瓷制品	件	3072710	1809150.0
日用陶瓷制品	件	3074710	252196321.0

2-1 续表 7

产品名称	计量单位	代码	产品产量
石棉制品	吨	3081010	18027.0
耐火材料制品	吨	3089010	2773130.1
石墨及碳素制品	吨	3091010	6046583.4
生铁	吨	3110010	64597980.4
粗钢	吨	3120010	71773636.1
钢材	吨	3130710	98161008.3
其中：大型型钢	吨	3130714	3237294.0
中小型型钢	吨	3130715	9797270.9
棒材	吨	3130716	13195316.0
钢筋	吨	3130717	7841460.2
线材(盘条)	吨	3130718	11195692.2
特厚板	吨	3130719	155064.0
厚钢板	吨	3130721	870926.3
中板	吨	3130722	576234.0
热轧薄板	吨	3130723	796554.7
冷轧薄板	吨	3130724	5270157.8
中厚宽钢带	吨	3130725	13580256.0
热轧薄宽钢带	吨	3130726	10824763.3
冷轧薄宽钢带	吨	3130727	2488554.1
热轧窄钢带	吨	3130728	2453498.6
冷轧窄钢带	吨	3130729	82190.0
镀层板(带)	吨	3130731	3886505.8
涂层板(带)	吨	3130732	1271508.4
电工钢板(带)	吨	3130733	3666.1
无缝钢管	吨	3130734	7924291.7
焊接钢管	吨	3130735	1954603.4
其他钢材	吨	3130736	755200.9
用外购钢材再加工生产钢材	吨	3130737	4900300.7
其中：用外购国产钢材再加工生产钢材	吨	3130738	4732189.6
用进口钢材再加工生产钢材	吨	3130739	168111.1
铁合金	吨	3140710	2718492.4
其中：锰硅合金(折合含锰硅量合计82%)	吨	3140740	104443.6
氧化铝	吨	3216010	25732635.5
十种有色金属	吨	3210010	10558400.5
其中：精炼铜(电解铜)	吨	3211020	1533860.1
原铝(电解铝)	吨	3216020	9024540.4
黄金	千克	3221010	366224.9
白银(银锭)	千克	3222010	969459.3
稀有金属	千克	3230010	1589.0
单一稀土金属	千克	3232010	16058.8
铜合金	吨	3240020	170.0
锌合金	吨	3240040	6823.0
铝合金	吨	3240030	2352216.2
铜材	吨	3251710	446541.9
铜盘条(电工用铜线坯)	吨	3251720	196687.5
铝材	吨	3252790	9612115.1
铝盘条(电工用圆铝杆)	吨	3252700	157.0
锌材	吨	3259720	8848.0
钢结构	吨	3311020	4423880.8
金属门窗及类似制品	吨	3312010	379305.3
其中：金属制门及其框架、门槛	吨	3312020	56139.8
金属制窗及窗框	吨	3312030	35194.6

2-1　续表 8

产品名称	计量单位	代码	产品产量
金属切削工具	万件	3321010	4952.4
通用手工具	万把	3322010	58388.9
日常用剪刀	万把	3324010	397.0
日常用刀	万把	3324020	37.0
金属集装箱	立方米	3331010	17087432.9
金属压力容器	吨	3332010	300484.0
金属包装容器	吨	3333010	448857.3
金属丝	吨	3340010	865400.0
其中：钢丝	吨	3340020	797150.0
钢丝绳	吨	3340030	222104.9
钢绞线	吨	3340040	113109.9
金属紧固件	吨	3482010	240613.4
弹簧	吨	3483020	172413.3
锁具	万把	3351010	3270.8
其中：智能门锁	个	3351020	7867.0
保险箱、柜、库门及钱箱	个	3353010	26129.0
搪瓷制品	吨	3370010	29009.1
不锈钢日用制品	吨	3380010	52650.1
铸铁锅	万口	3382010	38.0
焊条	吨	3399010	230622.6
钢铁铰接链(工业链条)	吨	3459010	77848.0
锚	吨	3399020	6.1
船用推进器	吨	3734010	12556.8
电站锅炉	蒸发量吨	3411010	15816.0
工业锅炉	蒸发量吨	3411020	39056.1
船用蒸汽锅炉	蒸发量吨	3411030	1150.0
锅炉用辅助设备及装置	台	3411040	31489.0
发动机	千瓦	3412020	254232796.6
其中：汽车用发动机	千瓦	3412040	185843802.0
其中：汽车用汽油发动机	千瓦	3611709	43672347.0
汽车用柴油发动机	千瓦	3611720	29320346.0
其他汽车用发动机	千瓦	3611730	1480121.0
摩托车用发动机	千瓦	3752010	252.0
汽轮机	千瓦	3413010	7490370.0
其中：电站用汽轮机	千瓦	3413020	3464370.0
工业用汽轮机	千瓦	3413021	256000.0
金属切削机床	台	3421010	71896.0
其中：数控金属切削机床	台	3421070	27732.0
金属成形机床	台	3422010	10000.0
其中：数控金属成形机床(数控锻压设备)	台	3422060	1881.0
金属非切削、成形加工机械	台	3429020	84514.0
机床数控装置	套	3429010	3310.0
电焊机	台	3424010	226483.0
轻小型起重设备	吨	3431010	58872.6
起重机	吨	3432100	505015.8
其中：桥式起重机	吨	3432110	21.0
门式起重机(龙门起重机)	吨	3432120	26.0
塔式起重机	吨	3432150	6221.0
流动式起重机	吨	3432160	438.0
悬臂起重机	吨	3432170	53.0

2-1 续表 9

产品名称	计量单位	代码	产品产量
工业车辆	台	3433010	64458.0
其中：电动车辆(电动叉车)	台	3433280	3815.0
内燃叉车	台	3433290	4684.0
连续搬运设备	吨	3434300	47221.1
其中：输送机械(输送机和提升机)	吨	3434311	46281.1
其中：带式输送机	吨	3434320	31838.0
装卸机械	吨	3434340	596.0
给料机械	吨	3434350	344.0
电梯、自动扶梯及升降机	台	3435010	11140.0
其中：电梯	台	3435020	7244.0
其中：乘客电梯	台	3435030	3028.0
载货电梯	台	3435040	508.0
连续运载乘客输送机	台	3435050	815.0
其中：自动扶梯	台	3435060	74.0
升降机	台	3435080	3081.0
其中：施工升降机	台	3435090	88.0
立体(高架)仓库存储系统	台(套)	3439010	8.0
机械式停车设备	台(套)	3439020	28155.0
泵	台	3441010	1038846.0
其中：真空泵	台	3441020	35499.0
气体压缩机	台	3442010	5038236.0
其中：制冷设备用压缩机	台	3442020	5035828.0
冰箱压缩机	台	3442022	1226281.0
非制冷设备用压缩机	台	3442030	2408.0
空气压缩机	台	3442032	2131.0
阀门	吨	3443010	136219.1
龙头	只(套)	3443020	117923.0
液压元件	件	3444010	11121552.0
气动元件	件	3444040	2967665.0
真空应用设备	台	3441050	523.0
其中：真空干燥设备	台	3493710	85.0
滚动轴承	万套	3451010	104621.7
其中：球轴承	万套	3451020	40857.1
滚子轴承	万套	3451030	582.4
齿轮传动轴	万套	3453710	175.6
齿轮	吨	3453720	94035.6
齿轮传动装置(齿轮箱)	台(套)	3453730	1489818.0
其中：减速机	台	3453740	215681.0
变速器(机、箱)	台	3453750	6347.0
离合器	万件	3453760	43.1
联轴器	万件	3459020	9.0
金属密封件	万件	3481010	9829.9
机械密封件	万件	3481020	347.0
工业电炉	台	3461020	309.0
风机	台	3462010	823993.0
其中：离心式通风机	台	3462020	32362.0
轴流式通风机	台	3462040	26361.0
鼓风机	台	3462030	58197.0
气体分离及液化设备	台	3463020	1015.0
其中：制氮设备	台	3463040	204.0
利用温度变化加工机械	台	3463080	9531.0

2-1　续表 10

产品名称	计量单位	代码	产品产量
其中：浓缩设备	台	3463110	4.0
干燥、分散、混合设备及类似设备	台	3463120	2534.0
加热设备	台	3463140	148.0
液体过滤、净化机械	台	3463180	12056.0
其中：压滤机	台	3463190	10700.0
气体过滤、净化机械及装置	台	3463200	8278.0
离心机	台	3493730	16.0
工商用制冷、空调设备	台(套)	3464010	842965.0
其中：工商用制冷设备	台(套)	3464020	223315.0
工商用冷藏、冷冻柜及类似设备	台(套)	3464030	484229.0
中央空调冷水/热泵机组	台(套)	3464040	21640.0
工商用空调设备	台(套)	3464050	113781.0
其中：房间空调器，制冷量＞14000W	台(套)	3464060	30.0
车用空调设备	台(套)	3464070	2898.0
风动手提工具	台	3465010	500.0
电动手提式工具	台	3465020	235693.0
包装专用设备	台	3467710	8256.0
衡器(秤)	台	4050710	31922.0
铸铁件	吨	3391710	1872849.8
铸钢件	吨	3391720	2502997.3
锻件	吨	3393710	1689857.3
粉末冶金零件	吨	3393720	93393.7
矿山专用设备	吨	3511020	546671.5
其中：凿岩机	台	3511040	31570.0
矿用挖掘机	台	3511050	1219.0
采煤机	台	3511060	104.0
矿物破碎机械	台	3511070	2456.0
矿物筛分、洗选设备	台	3511080	1667.0
石油钻探、开采专用设备	台(套)	3512000	127289.0
其中：石油钻井设备	台(套)	3512010	330.0
采油设备	台(套)	3512020	17494.0
建筑工程用机械	台	3514700	156605.0
其中：挖掘、铲土运输机械	台	3514710	137703.0
其中：挖掘机	台	3514711	31165.0
推土机	台	3514712	23.0
装载机	台	3514715	60327.0
压实机械	台	3514717	7976.0
其中：机动压路机	台	3514718	412.0
工程钻机	台	3514721	109.0
桩工机械	台	3514722	62.0
其中：打桩机	台	3514723	62.0
公共工程用机械	台	3514724	1142.0
筑路机械	台	3514728	210.0
其中：沥青路面机械	台	3514729	54.0
混凝土路面机械	台	3514731	105.0
扫雪设备	台	3514735	85.0
混凝土机械	台	3515040	9613.0
建筑材料及制品专用生产机械	台	3515002	14307.0
其中：水泥专用设备	吨	3515010	11272.0
冶金专用设备	吨	3516011	391206.7
其中：金属冶炼设备	吨	3516020	32724.9

2-1 续表 11

产品名称	计量单位	代码	产品产量
其中：造块设备	吨	3516031	4840.0
炼铁设备	吨	3516051	7550.0
炼钢设备	吨	3516061	18987.9
有色金属冶炼设备	吨	3516081	1347.0
金属轧制设备	吨	3516110	2793.0
铸造机械	台	3423010	27450.0
炼油、化工生产专用设备	吨	3521010	182153.2
橡胶加工专用设备	台	3522010	1233.0
其中：橡胶成型压力机	台	3522050	12.0
橡胶硫化设备	台	3522060	198.0
塑料加工专用设备	台	3523010	16512.0
木材加工、处理机械	台	3524010	150327.0
其中：木工机床	台	3524020	38553.0
其中：木工锯床	台	3524030	3817.0
模具	套	3525010	417814.0
其中：金属铸造用型箱、型模底板	套	3525020	6299.0
金属、硬质合金用模具	套	3525030	191573.0
其中：金属冲压模具	套	3525040	1843.0
金属铸造模具	套	3525050	2876.0
塑料用模具	套	3525080	3042.0
橡胶用模具	套	3525090	120.0
食品制造机械	台	3531010	174947.0
酒及饮料加工机械	台	3531030	5899.0
农产品加工专用设备	台	3532010	22091.0
其中：屠宰及肉制品加工机械	台	3532030	20.0
饲料生产专用设备	台	3534010	5421.0
制浆和造纸专用设备	台	3541010	9193.0
印刷专用设备	吨	3542020	3932.8
其中：印前设备	吨	3542030	1329.0
印刷机设备	吨	3542040	2065.0
印刷包装机械	吨	3542060	538.8
照明器具生产专用设备	台	3545020	1239.0
日用化工专用设备	台	3543040	226.0
纺织专用设备	台	3551010	69096.0
其中：纺织纤维梳理机	台	3551020	2880.0
织机	台	3551040	2307.0
电工机械专用设备	台	3561010	82407.0
电子工业专用设备	台	3562010	127264.0
其中：电子整机装联设备	台	3562030	264.0
金属处理机械	台	3599020	6952.0
海洋石油浮动工程结构物	座/艘	3737710	6.0
航空、航天设备，相关专用设备	台	3743010	22239.0
大型拖拉机	台	3571020	18429.0
中型拖拉机	台	3571030	71355.0
小型拖拉机	台	3571040	82411.0
机械化农业及园艺机具	台	3572000	675429.0
其中：土壤耕整机械	台	3572010	52498.0
种植施肥机械	台	3572020	14211.0
其中：播种机械	台	3572021	5451.0
田间管理机械	台	3572030	132221.0
收获机械	台	3572040	51945.0

2-1　续表 12

产品名称	计量单位	代码	产品产量
其中：谷物收获机械	台	3572041	15632.0
背负式谷物联合收割机	台	3572034	75.0
玉米收获机械	台	3572042	13446.0
收获后处理机械	台	3572060	65559.0
畜牧机械	台	3574010	183614.0
渔业捕捞养殖机械	台	3575010	3403.0
农产品初加工机械	台	3532050	64589.0
其中：棉花加工机械	台	3577010	2354.0
医疗仪器设备及器械	台	3581010	1066449.0
其中：医用X射线设备	台	3581020	29.0
医用超声诊断、治疗仪器及设备	台	3581040	1234.0
临床检验分析仪器及诊断系统	台	3581070	849679.0
一次性注射器	万支	3584010	649657.1
静脉采血针	万支	3584020	12.0
环境污染防治专用设备	台(套)	3591010	86588.0
其中：大气污染防治设备	台(套)	3591020	42978.0
水质污染防治设备	台(套)	3591040	36101.0
固体废弃物处理设备	台(套)	3591050	7505.0
噪音与振动控制设备	台(套)	3591060	4.0
地质勘查专用设备	台	3592010	276.0
洗衣店用洗衣机械	台	3554010	2959.0
灭火器	台	3595010	3835406.0
工业机器人	套	3599010	5026.0
铁路机车	辆	3711010	23.0
动车组	辆	3711030	1312.0
城市轨道车辆	辆	3720010	1538.0
铁路客车	辆	3711050	1.0
铁路货车	辆	3711060	4998.0
汽车	辆	3610010	920314.0
其中：基本型乘用车(轿车)	辆	3610030	274495.0
轿车(1升＜排量≤1.6升)	辆	3610050	168752.0
运动型多用途乘用车(SUV)	辆	3610120	235457.0
交叉型乘用车	辆	3610130	8630.0
客车	辆	3610140	52253.0
其中：大型客车(车长＞10m)	辆	3610150	5704.0
中型客车(7米＜车长≤10米)	辆	3610160	4815.0
轻型客车(车长≤7米)	辆	3610170	41734.0
载货汽车	辆	3610180	349479.0
其中：重型载货车	辆	3610190	176157.0
中型载货车	辆	3610200	20262.0
轻型载货车	辆	3610210	125111.0
微型载货车	辆	3610220	27949.0
其中：新能源汽车	辆	3610400	95151.0
其中：新能源乘用车	辆	3610042	1089.0
新能源商用车	辆	3610052	1674.0
改装汽车	辆	3630710	166210.0
其中：改装载货汽车	辆	3630720	9301.0
低速载货汽车	辆	3640710	509107.0
其中：三轮载货汽车	辆	3640720	509101.0
摩托车整车	辆	3751010	648146.0
其中：两轮摩托车	辆	3751020	330535.0
三轮摩托车	辆	3751030	317611.0

2-1　续表 13

产品名称	计量单位	代码	产品产量
两轮脚踏自行车	辆	3761010	178112.0
残疾人座车	辆	3761040	646.0
其中：动力(电动)轮椅车	辆	3761060	243.0
老年代步车	辆	3761070	37881.0
电动自行车	辆	3770710	1157810.0
民用钢质船舶	载重吨	3731010	1713312.1
其中：钢质机动货船	载重吨	3731020	1657884.9
其中：散货船	载重吨	3731030	91370.3
全集装箱船	载重吨	3731040	209826.0
滚装船	载重吨	3731050	107750.0
钢质机动非货船	载重吨	3731060	55160.1
渔船	载重吨	3731080	16392.0
钢质非机动船	载重吨	3731100	267.0
民用无人机	架	3749010	109.0
船舶修理	载重吨	4342010	173501.0
发电机组(发电设备)	千瓦	3811050	5210807.0
其中：汽轮发电机组	千瓦	3811090	5157000.0
内燃发电机组	千瓦	3811110	188196.0
电动机	千瓦	3812000	26393590.7
其中：直流电动机	千瓦	3812010	48992.0
交流电动机	千瓦	3812020	25113868.7
变压器	千伏安	3821020	236856424.0
其中：电力变压器	千伏安	3821060	152797227.0
其中：电力变压器，额定容量≥8000kVA	千伏安	3821070	148379264.0
其中：电力变压器，额定容量≥8000kVA，电压≥500kV	千伏安	3821080	96298654.0
电力变压器，额定容量≥8000kVA，220kV≤电压＜50kV	千伏安	3821090	27804800.0
电力变压器，额定容量≥8000kVA，110kV≤电压＜22kV	千伏安	3821100	24275810.0
电力变压器，5000kVA＜额定容量＜8000kVA	千伏安	3821110	50400.0
电力变压器，额定容量≤5000kVA	千伏安	3821120	4367563.0
换流变压器	千伏安	3821130	8590973.0
干式变压器	千伏安	3821140	3832689.0
互感器	台	3821170	63624.0
电力电容器	千乏	3822010	15075913.0
高压开关设备(11万伏以上)	台	3823060	68786.0
其中：全封闭组合电器(GIS)	台	3823070	57842.0
六氟化硫断路器	台	3823080	6369.0
敞开式组合电器	台	3823090	237.0
隔离开关	台	3823100	4256.0
接地开关	台	3823110	82.0
配电或电器控制设备	台(套、面)	3823120	1002688.0
其中：高压电路开关、保护电器装置	台(套、面)	3823130	308992.0
低压开关、保护控制装置	台(套、面)	3823140	401934.0
电路连接装置	台(套、面)	3823150	6656.0
电力控制或电力分配装置	台(套、面)	3823160	285106.0
其中：高压开关板	面	3823030	20003.0
低压开关板	面	3823050	54696.0
安全、自动化监控设备	台(套)	3823170	23149.0
裸电线	吨	3340050	551.0
其中：裸铜线	吨	3340060	551.0
绝缘电线	吨	3831010	101975.6

2-1　续表 14

产品名称	计量单位	代码	产品产量
通信及电子网络用电缆	对千米	3831020	1065773.1
电力电缆	千米	3831030	1541720.6
光纤	千米	3832010	17235577.0
光缆	芯千米	3832020	11666487.4
绝缘制品	吨	3834710	46906.9
原电池及原电池组(非扣式)	万只	3849070	262964.0
其中：锂原电池(组)	万只	3841010	600.0
蓄电池	千伏安时	3841710	5579774.5
其中：铅酸蓄电池	千伏安时	3849010	4442018.0
碱性蓄电池	只(自然只)	3849040	14877332.0
锂离子电池	只(自然只)	3841060	77270385.0
物理电池	千瓦	3849090	536491.9
其中：太阳能电池(光伏电池)	千瓦	3849100	524933.9
家用电冰箱(家用冷冻冷藏箱)	台	3851010	8842418.0
家用冷柜(家用冷冻箱)	台	3851040	4729730.0
房间空气调节器	台	3852010	12175924.0
家用房间空气清洁装置	台	3852030	22884.0
家用电风扇	台	3853010	27080.0
家用吸排油烟机	台	3853050	3105667.0
电饭锅	个	3854020	3927632.0
家用电热烘烤器具	个	3854030	955395.0
家用水及饮料加热器具	台	3854040	2668279.0
其中：电冷热饮水机	台	3854060	8274.0
微波炉	台	3854080	464851.0
家用食品加工电动器具	台	3854090	2359257.0
家用洗衣机	台	3855010	6667393.0
家用电热水器	台	3855060	5407000.0
家用电热取暖器具	台	3859010	49675.0
其中：电暖气	台	3859020	21134.0
家用燃气灶具	台	3861020	2534685.0
家用燃气热水器	台	3861030	21562.0
太阳能热水器	平方米	3861040	2276248.0
电光源	万只	3871010	45106.8
其中：白炽灯泡	万只	3871020	19460.6
荧光灯	万只	3871030	116.0
灯具及照明装置	套(台、个)	3872010	23898064.0
其中：室内照明灯具	套(台、个)	3872020	261733.0
户外照明用灯具及装置	套(台、个)	3872030	373724.0
其中：街灯及照明装置	套(台、个)	3872040	698.0
车辆专用照明、信号及其装置	套(台、个)	3872050	8217825.0
卫星导航定位接收机	部	3921050	38451.0
微波通信设备	部	3921060	201.0
电话单机	部	3922010	1212061.0
移动通信基站设备	信道	3922020	7260214.0
移动通信手持机(手机)	台	3922040	33925273.0
其中：智能手机	台	3922050	24589646.0
电子计算机整机	台	3911010	1018216.0
其中：微型计算机设备	台	3911030	8129.0
服务器	台	3911090	999234.0
显示器	台	3913010	1490371.0
打印机	台	3913060	6519473.0

2-1　续表 15

产品名称	计量单位	代码	产品产量
硬盘存储器	台	3913110	2693636.0
半导体分立器件	万只	3972710	4013026.6
光电子器件	万只(片、套)	3974710	2325788.0
其中：发光二极管(LED管)	万只	3974740	536.0
液晶显示模组	万套	3974760	426.0
集成电路	万块	3973710	106770.6
集成电路圆片	万片	3973720	2.0
其中：12英寸集成电路圆片	万片	3973730	2.0
电子元件	万只	3981710	4442321.1
其中：电声器件	万只	3981720	818708.6
射频元器件	万只	3981730	490.0
传感器	万只	3972720	1021.6
印制电路板	平方米	3982710	2278616.0
彩色电视机	台	3951010	16523943.0
其中：液晶电视机	台	3951030	16519804.0
智能电视	台	3951060	14424310.0
电视接收机顶盒	台	3953120	570896.0
其中：互联网电视机顶盒	台	3953121	570896.0
智慧监控摄像头	个	3979010	22719.0
工业自动调节仪表与控制系统	台(套)	4011010	121894.0
其中：工业自动控制系统	台(套)	4011020	19715.0
可编程控制系统(PLC系统)	台(套)	4011040	2302.0
工业仪表	台(个)	4014010	3803778.0
其中：温度测量仪表	台	4014020	169466.0
压力测量仪表	台	4014030	29549.0
流量测量仪表	台(个)	4014040	3566583.0
其中：水表	个	4019010	1193917.0
物位、液位测量仪表	台	4014050	36581.0
显示仪表、记录仪	台	4014060	1599.0
电工仪器仪表	台	4012010	11262583.0
量具	台	4013010	349309.0
量仪	台	4013020	2130.0
分析仪器及装置	台(套)	4014090	26304.0
试验机	台	4015010	9842.0
环境监测专用仪器仪表	台	4021010	46609.0
汽车仪器仪表	台	4022010	1206679.0
钟	只	4030010	4767153.0
表	只	4030040	851243.0
光学仪器	台(个)	4040710	12057.0
眼镜成镜	副	3587710	6283346.0
拉链	万米	4119020	5038.5
复印和胶版印制设备	台	3474010	3127.0
银行专用机器	台	3475010	57602.0
机制地毯、挂毯	平方米	2437010	100211395.3
人发制假发	个	2439010	10997849.0
伞类制品	把	4119010	105822.0
打火机	万个	4119030	16545.0
熔炼用废钢	吨	4210010	5777931.6
熔炼用废铁	吨	4210020	32389.0
自来水生产量	万立方米	4610010	317360.4

2-2　2018年全省规模以上工业主要产品生产能力

产品名称	计量单位	产品代码	年末生产能力
原煤	吨	0600010	137340000
天然原油	吨	0710010	22414557
卷烟	万支	1620010	21249000
棉纺锭/纺纱量	锭/吨	1700010	24692830
气流纺锭/纺纱量	头/吨	1700020	380541
棉布织机/布	台/万米	1712010	391331
原油加工能力/原油加工量	吨/吨	2511010	178300000
焦炭	吨	2520010	51640468
烧碱(折100%)	吨	2612010	10718600
农用氮、磷、钾化学肥料总计(折纯)	吨	2620020	9344100
初级形态塑料	吨	2651010	10259492
化学纤维	吨	2800020	920733
硅酸盐水泥熟料	吨	3011010	107706000
水泥	吨	3011030	238332728
平板玻璃	重量箱	3041010	77666340
生铁	吨	3110010	70465770
粗钢	吨	3120010	74385000
钢材	吨	3130710	118668777
铁合金	吨	3140710	3810370
原铝(电解铝)	吨	3216020	9586500
金属切削机床	台	3421010	94440
挖掘机	台	3514711	72650
汽车	辆	3610010	1517017
其中：乘用车	辆	3610020	795517
其中：新能源乘用车	辆	3610042	149867
商用车	辆	3610100	721000
其中：新能源商用车	辆	3610052	19000
民用钢质船舶	载重吨	3731010	3127040
太阳能电池	千瓦	3849100	761000
家用电冰箱	台	3851010	10799793
房间空气调节器	台	3852010	14569970
微型计算机设备	台	3911030	21600
移动通信手持机(手机)	台	3922040	59294000
彩色电视机	台	3951010	20717222
发电设备容量总计/发电量	万千瓦/万千瓦小时	4410010	11393
其中：火电设备容量/发电量	万千瓦/万千瓦小时	4411010	10204
水电设备容量/发电量	万千瓦/万千瓦小时	4412010	100
核电设备容量/发电量	万千瓦/万千瓦小时	4413010	125
风电设备容量/发电量	万千瓦/万千瓦小时	4414010	761

2–3 2018年全省主要能源产品产量

产品名称	计量单位	产品产量
原煤	亿吨	12556.47
原油	万吨	2242.11
天然气	亿立方米	4.80
液化天然气	万吨	14.50
原油加工量	万吨	12964.20
汽油	万吨	2782.04
煤油	万吨	305.29
柴油	万吨	3986.00
燃料油	万吨	840.70
石脑油	万吨	568.90
液化石油气	万吨	1188.02
石油焦	万吨	707.31
石油沥青	万吨	1574.54
焦炭	万吨	4376.22
发电量	亿千瓦小时	5524.79
火力发电量	亿千瓦小时	5422.27
水力发电量	亿千瓦小时	4.30
核能发电量	亿千瓦小时	38.67
风力发电量	亿千瓦小时	170.91
太阳能发电量	亿千瓦小时	40.29
煤气	亿立方米	949.67

注：调查范围为全部有能源生产的法人单位，水力、风力、太阳能发电统计范围增加退库企业扣除重复企业。

附　　录

主要指标解释

主要指标解释

资产总计　指企业过去的交易或者事项形成的、由企业拥有或者控制的、预期会给企业带来经济利益的资源。资产一般按流动性（资产的变现或耗用时间长短）分为流动资产和非流动资产。其中流动资产可分为货币资金、交易性金融资产、应收票据、应收账款、预付款项、其他应收款、存货等；非流动资产可分为长期股权投资、固定资产、无形资产及其他非流动资产等。根据会计“资产负债表”中“资产总计”项目的期末余额数填报。包括企业拥有的土地、办公楼、厂房、机器、运输工具、存货等实物资产和现金、存款、应收账款和预付账款等金融资产。

流动资产合计　资产满足以下条件之一应归为流动资产：(1) 预计在一个正常营业周期中变现、出售或耗用，主要包括存货、应收账款等；(2) 主要为交易目的而持有；(3) 预计在资产负债表日起一年内（含一年）变现；(4) 自资产负债日起一年内，交换其他资产或清偿负债的能力不受限制的现金或现金等价物。包括货币资金、应收票据、应收账款、存货等项目。根据会计“资产负债表”中“流动资产合计”项目的期末余额数填报。

应收账款　指企业因销售商品、提供劳务等经营活动所形成的债权，包括应向客户收取的货款、增值税款和为客户代垫的运杂费等。根据会计“资产负债表”中“应收账款”项目的期末余额数填报。

存货　指企业在日常活动中持有以备出售的产成品或商品、处在生产过程中的在产品、在生产过程或提供劳务过程中耗用的材料或物料等，通常包括原材料、在产品、半成品、产成品、商品以及周转材料等。根据会计“资产负债表”中“存货”项目的期末余额数填报。其中：“年初存货”根据会计“资产负债表”中“存货”项目的年初余额数填报。注意：“存货”具有实物形态，不属于无形资产，由于企业持有存货的最终目的是为了出售，所以房地产开发企业（单位）购置的土地、尚未销售的商品房等均计入“存货”。

产成品　指企业已经完成全部生产过程并验收入库，可以按照合同规定的条件送交订货单位，或者可以作为商品对外销售的产品。根据会计“产成品”科目的借方余额填报。

固定资产原价　指固定资产的成本，包括企业在购置、自行建造、安装、改建、扩建、技术改造某项固定资产时所发生的全部支出总额。根据会计“固定资产”科目的期末借方余额填报。

累计折旧　指企业在报告期末提取的历年固定资产折旧累计数。根据会计“累计折旧”科目的期末贷方余额填报。

固定资产净额　指固定资产原价减去累计折旧、固定资产减值准备后的金额。当会计“资产负债表”列示“固定资产净额”项目时，根据“固定资产净额”项目的期末余额数填报；当会计“资产负债表”列示“固定资产”项目，且含义及核算范围与本指标解释一致时，根据“固定资产”项目的期末余额数填报；其他情况，根据会计“固定资产”科目的期末余额，减去“累计折旧”和“固定资产减值准备”科目的期末余额后的金额填报。

负债合计　指企业过去的交易或者事项形成的，预期会导致经济利益流出企业的现时义务。负债一般按偿还期长短分为流动负债和非流动负债。根据会计资产负债表中“负债合计”项目的期末余额数填报。包括银行贷款、借款、应付账款、应付职工工资、应付职工福利费、应交税金等企业负有偿还责任的债务。

执行企业会计准则或《小企业会计准则》的企业：负债合计=流动负债合计+非流动负债合计；执行其他企业会计制度的企业负债包括流动负债和长期负债。

流动负债合计　负债满足下列条件之一的应归为流动负债：(1) 预计在一个正常营业周期中清偿；(2) 主要为交易目的而持有；(3) 自资产负债表日起一年内到期应予清偿；(4) 企业无权自主地将清偿推迟至资产负债表日后一年以上。包括短期借款、应付票据、应付账款、应付职工薪酬、应交税费等项目。根据会计资产负债表中“流动负债合计”项目的期末余额数填报。

应付账款　指企业因购买材料、商品和接受劳务供应等经营活动应支付的款项。根据会计资产负债表中“应付账款”项目的期末余额数填报。

所有者权益合计　指企业资产扣除负债后由所有者享有的剩余权益。公司的所有者权益又称股东权益。包括实收资本、资本公积、盈余公积、未分配利润等。根据会计资产负债表中“所有者权益合计”项目的期末余额数填报。

实收资本　指企业各投资者实际投入的资本（或股本）总额，包括货币、实物、无形资产等各种形式的投入。实收资本按投资主体可分为国家资本、集体资本、法人资本、个人资本、港澳台资本和外商资本。根据会计资产负债表中“所有者权益”项下“实收资本”的期末余额数填报。

国家资本　指有权代表国家投资的政府部门或机构、直属事业单位对企业形成的资本金。根据会计“实收资本”科目计算填报。

集体资本　指由本企业职工等自然人集体投资或各种机构对企业进行扶持形成的集体性质的资本金。根据会计“实收资本”科目计算填报。

法人资本　指其他法人单位以其依法可支配的资产投入企业形成的资本金。根据会计“实收资本”科目计算填报。

个人资本 指自然人实际投入企业的资本金。根据会计“实收资本”科目计算填报。

港澳台资本 指我国香港、澳门和台湾地区投资者实际投入企业的资本金。根据会计“实收资本”科目计算填报。

外商资本 指外国投资者实际投入企业的资本金。根据会计“实收资本”科目计算填报。

营业收入 指企业经营主要业务和其他业务所确认的收入总额。营业收入包括“主营业务收入”和“其他业务收入”。根据会计“利润表”中“营业收入”项目的本年累计数填报。

营业成本 指企业经营主要业务和其他业务所发生的成本总额。包括企业（单位）在报告期内从事销售商品、提供劳务等日常活动发生的各种耗费。包括“主营业务成本”和“其他业务成本”。根据会计“利润表”中“营业成本”项目的本年累计数填报。

销售费用 指企业在销售商品和材料、提供劳务的过程中发生的各种费用，包括保险费、包装费、展览费和广告费、商品维修费、预计产品质量保证损失、运输费、装卸费等以及为销售本企业商品而专设的销售机构（含销售网点、售后服务网点等）的职工薪酬、业务费、折旧费等经营费用。建筑业企业销售费用指企业从事施工生产活动过程中发生的各项费用，包括应由企业负担的运输费、装卸费、包装费、保险费、维修费、展览费、差旅费、广告费和其他经费。房地产企业销售费用指企业在从事主要经营业务过程中所发生的各项销售费用，包括转让、销售、结算和出租开发产品等。执行企业会计准则或《小企业会计准则》的企业，根据会计“利润表”中“销售费用”项目的本年累计数填报。执行其他企业会计制度的企业，根据会计“利润表”中“营业费用（或经营费用）”项目的本年累计数填报。

管理费用 指企业为组织和管理企业生产经营所发生的费用，包括企业在筹建期间内发生的开办费、董事会和行政管理部门在企业经营管理中发生的，或者应当由企业统一负担的公司经费等。根据会计“利润表”中“管理费用”项目的本年累计数填报。执行财政部《关于修订印发 2018 年度一般企业财务报表格式的通知》（财会〔2018〕15 号）的企业，应把研发费用项目的本年累计数归并到管理费用项目中填报。

财务费用 指企业为筹集生产经营所需资金等而发生的筹资费用，包括企业生产经营期间发生的利息支出（减利息收入）、汇兑损失（减汇兑收益）以及相关的手续费等。根据会计“利润表”中“财务费用”项目的本年累计数填报。

利息收入 指非金融企业存款业务所确认的利息金额。根据企业“财务费用明细账”中“财务费用——利息收入”科目的本期发生额填报。如果未设置该科目，填“0”。

利息支出 指企业短期借款利息、长期借款利息、应付票据利息、票据贴现利息、应付债券利息、长期应付引进国外设备款利息等利息支出。根据企业“财务费用明细账”中“财务费用——利息支出”科目的本期发生额填报。如果企业没有单独设立“利息收入”科目，应填报利息支出减去银行存款等的利息收入后的净额。

投资收益 指企业确认的投资收益或投资损失，反映企业以各种方式对外投资所取得的收益。根据会计“利润表”中“投资收益”项目的本年累计数填报。如为投资损失以“-”号记。

营业利润 指企业从事生产经营活动所取得的利润。执行企业会计准则或《小企业会计准则》的企业，营业利润为营业收入减去营业成本、税金及附加、销售费用、管理费用、财务费用、资产减值损失，再加上公允价值变动收益、投资收益和其他收益后的金额，根据会计“利润表”中“营业利润”项目的本年累计数填报；执行其他企业会计制度的企业，营业利润为营业收入减去营业成本、税金及附加、销售费用、管理费用、财务费用，再加上投资收益后的金额，根据会计“损益表”中“营业利润”项目、“投资收益”项目的本年累计数之和填报。

利润总额 指企业在一定会计期间的经营成果，是生产经营过程中各种收入扣除各种耗费后的盈余，反映企业在报告期内实现的盈亏总额。利润总额为营业利润加上营业外收入，减去营业外支出后的金额，根据会计“利润表”中“利润总额”项目的本年累计数填报。

平均用工人数 指报告期企业平均实际拥有的、参与本企业生产经营活动的人员数。

原煤 指煤矿生产的、经过验收符合质量标准的原煤。即：从毛煤中选出规定粒度的矸石（包括黄铁矿等杂物）并且绝对干燥灰分在 40%以下的原煤。绝对干燥灰分虽在 40%以上，但经有关部门批准开采，并有消费需求的劣质煤，亦应计入原煤产量。原煤分为无烟煤、烟煤、褐煤，在烟煤中又分为炼焦烟煤和一般烟煤两种。原煤不包括石煤、泥煤（泥炭）和伴随原煤生产过程而采出的煤矸石。

原油 指各种碳氢化合物的复杂混合物，通常呈暗褐色或者黑色液态，少数呈黄色、淡红色、淡褐色。包括自油井开采的原油；因事故、自然灾害以及探井、未交采油单位或未具备生产条件的井中产生的落地油（产量按已销售、利用、回收的量计算）；油（气）井井口直接回收和经处理装置回收的凝析油等。

天然气 指以气态碳氢化合物为主的各种气体的混合物，由有机物质经生物化学作用分解而成，或与石油共存于岩石的裂缝和空洞中，或以溶解状态存在于地下水中；主要成分为甲烷（约占 85%~95%），还有乙烷、丙烷、丁烷等，是一种优质燃料和化工原料。天然气分为常规天然气和非常规天然气，常规天然气包括气田天然气、油田天然气（分为油田气层气、油田伴生溶解气），非常规天然气包括煤层气、页岩气、致密砂岩气等。天然气产量是指进入集输管网和就地利用的全部气量。

液化天然气 指液体状态的天然气，由气态天然气在一定温度和压力条件下液化而成，无毒、无色、无味，在-161℃下的密度约为 425 千克/立方米。天然气在常温、常压状态为气态，占有的体积大，不利于储存，液化后体积只有气态的 1/600 左右。天然气的主要成分——甲烷的临界温度为

−82℃，故在常温下不可能通过压缩而将其液化。而当将甲烷冷却到−161℃以下时，在常压下即转化为液体，即液化天然气（LNG）。

原油加工量　指直接进入蒸馏装置及二次加工装置加工的原油量。该指标是衡量炼化企业生产规模、能力的一项基础指标，也是炼化企业计算各项技术经济指标的重要依据。因此，原油加工量作为一个特殊的指标在产品产量中统计。

汽油　指直馏汽油和二次加工（如催化裂化、加氢裂化，催化重整和经精制的热裂化、焦化等）汽油，按不同比例调和，加入适量抗氧防胶剂及金属钝化剂，必要时加入适量的抗爆剂（如加入抗爆剂还要加入着色剂）而制成。本品为易燃、易挥发液体，具有良好的抗爆性能和燃烧性能，其蒸发性好，燃烧完全，积炭少，对发动机部件及储油容器无腐蚀性，由于加有抗氧剂，产品具有较好的安定性，不易过早氧化。包括航空汽油和车用汽油。

煤油　是一种精制的燃料，挥发度在车用汽油和轻柴油之间，不含诸如粗柴油、润滑油之类的重碳氢化合物。包括灯用煤油、航空煤油。

柴油　指直馏柴油和经过精制的二次加工（如催化裂化、加氢裂化、热裂化、加氢精制的焦化的柴油等），以不同比例调和而成的成品油。柴油分为轻柴油、重柴油。

燃料油　包括船用燃料油、重油或其他燃料油。燃料油分为商品燃料油和自用燃料油。商品燃料油指企业作为商品销售的燃料油；自用燃料油指本企业用作燃料和化肥、化工原料的自用油。

石脑油　属一部分石油轻馏分的泛称；用途不同，各种馏程亦不同。馏程自初馏点至220℃左右，主要用作重整和化工原料；70−145℃馏分，称轻石脑油，生产芳烃的重整原料；70−180℃馏分，称重石脑油，用作生产高辛烷值汽油。用作溶剂时，称作溶剂石脑油；来自煤焦油的芳香族溶剂油也称作重石脑油或溶剂石脑油。

液化石油气　亦称液化气或压缩汽油，是炼油精制过程中产生并回收的气体在常温下经加压而成的液态产品。主要成分是丙烷、丁烷、丙烯、丁烯，主要用作石油化工原料，脱硫后可直接用作燃料。

石油焦　指以原油经常减压装置蒸馏所得的渣油或以重油为原料，经焦化装置生产。产品按用途分为三个牌号，每个牌号按质量分为A、B两类，牌号有1#A、1#B、2#A、2#B、3#A、3#B石油焦等。主要用于制造石墨电极、碳素、碳化硅、碳化钙等产品的原料，也可直接用于冶炼、铸煅工艺作燃料。

石油沥青　指由原油经常减压装置蒸馏直接获得的渣油制品，也可以用减压渣油为原料经氧化，溶剂脱出的沥青再经适度氧化或调合而成。是来自原油中的最重的组分，是高度缩合的多环烃类混合物，具有良好的粘结性、绝缘性、不渗水性，并能抵抗许多化学药物的侵蚀，广泛用于道路工程、建筑工程、水利工程、防护涂料以及保持水土、改良土壤等领域。沥青按用途可分为普通沥青、道路沥青、建筑沥青、专用沥青，其中以道路沥青的用量最大。

焦炭　指将各种经过洗选的煤炭按一定比例配合后，在隔绝空气的高温炭化室内经过热解、缩聚、固化、收缩等复杂的物理化学过程形成的固体燃料，呈黑灰色块状、有光泽，燃烧时烟气少，具有不粘结、不结块、低硫、低灰、坚硬、耐磨、耐压、富于气孔性等特点，主要用于冶金、化工、铸造等工艺的燃料和原料。它包括各种生产方式生产的焦炭，即包括机械化焦炉、简易焦炉、土焦炉、煤气发生炉等装置生产的所有焦炭和半焦炭。

发电量　指电厂（发电机组）在报告期内生产的电能量。它是发电机组经过对一次能源的加工转换而生产出的有功电能数量，即发电机实际发出的有功功率（千瓦）与发电机实际运行时间的乘积。发电量包括全部电力工业企业、自备电厂的产量。新装发电设备在未正式投入生产以前所发的电量以及发电设备大修或改进后试运转期间所发的电量，凡被本厂或用户利用的，均应计入发电量中，未被利用的，则不应计入。发电量中不包括电动的交直流变换、励磁机和周波变换的电量。

火力发电　指利用煤炭、燃油、燃气、生物质等燃料燃烧时产生的热能，通过火电动力装置转换成电能的发电方式，包括燃煤发电，燃气发电，燃油发电，余热、余压、余气发电，生物质发电等。

水力发电　指利用水位落差，配合水轮发电机产生电力的一种发电方式，也就是利用水的势能转为水轮机的机械能，再以机械能推动发电机产生电能，包括抽水蓄能发电。

核能发电　指利用原子反应堆中核燃料(例如铀)缓慢裂变所释放的热能产生蒸汽驱动汽轮机再带动发电机发电的一种发电方式。

风力发电　指把风的动能转变成机械动能，再把机械能转化为电力动能的发电方式。

太阳能发电　指先将太阳光或能转化为热能，再将热能转化成电能或者直接将太阳能转换成电能的发电方式，主要包括太阳能光伏发电和太阳能光热发电。

煤气　指煤、焦炭、半焦等固体燃料与燃料油等液体燃料干馏或气化所产生的可燃气体。包括焦炉煤气、高炉煤气、发生炉煤气和油煤气等。

山东经济普查年鉴 2018

Shandong Economic Census Yearbook

综 | 合 | 卷

山东省第四次经济普查领导小组办公室　编著

中国统计出版社
China Statistics Press

图书在版编目（CIP）数据

山东经济普查年鉴. 2018. 综合卷 / 山东省第四次经济普查领导小组办公室编著. -- 北京 : 中国统计出版社, 2021.1
ISBN 978-7-5037-9020-1

Ⅰ. ①山… Ⅱ. ①山… Ⅲ. ①经济－普查－山东－2018－年鉴 Ⅳ. ①F127.52-54

中国版本图书馆 CIP 数据核字(2021)第 016482 号

山东经济普查年鉴—2018/综合卷

作　　者/山东省第四次经济普查领导小组办公室
责任编辑/冯燕玲
执行编辑/邢　玥
装帧设计/麦德森文化传媒
出版发行/中国统计出版社
通信地址/北京市丰台区西三环南路甲 6 号　邮政编码/100073
电　　话/邮购（010）63376909　书店（010）68783171
网　　址/http://www.zgtjcbs.com/
印　　刷/山东麦德森文化传媒有限公司
经　　销/新华书店
开　　本/880mm×1230mm　1/16
字　　数/662 千字
印　　张/21
版　　别/2021 年 1 月第 1 版
版　　次/2021 年 1 月第 1 次印刷
定　　价/880.00 元（全四册）

本书附同版本 CD-ROM 一张，光盘内容以书面文字为准。
如有印装差错，由本社发行部调换。

编者说明

为方便社会各界共同分享山东省第四次经济普查成果，充分开发利用普查资料，根据第四次经济普查结果，汇编成《山东经济普查年鉴—2018》一书。全书共三卷四册，即综合卷、第二产业卷和第三产业卷，并随书配送同版本光盘一张。《综合卷》分三篇：第一篇为“综合篇”，第二篇为“企业篇”，第三篇为“文化及相关产业篇”。《第二产业卷》按内容分为上、下两册。上册两篇：第一篇为“工业企业生产经营及财务状况篇”，第二篇为“主要工业产品产量篇”。下册两篇：第一篇为“规模以上工业企业科技情况篇”，第二篇为“建筑业企业生产经营及账务状况篇”。《第三产业卷》分六篇：第一篇为“批发和零售业企业基本情况及财务状况篇”，第二篇为“住宿和餐饮业企业基本情况及财务状况篇”，第三篇为“房地产开发经营业生产经营及财务状况篇”，第四篇为“服务业企业财务状况篇”，第五篇为“服务业行政事业及非企业法人单位篇”，第六篇为“企业信息化和电子商务交易情况篇”。为使读者能够更好地使用本资料，现对有关情况做如下说明：

一、第四次经济普查的标准时点为2018年12月31日，时期资料为2018年度；

二、综合卷中综合篇和企业篇汇总表，均不包含少量无分组标识的单位数据，其中单位数包含兼营二、三产业的农、林、牧、渔业法人单位，从业人员数不包含兼营二、三产业的农、林、牧、渔业法人单位，不包含人民银行、银保监会、证监会监管的金融业以及铁路运输部门单位数据；

三、本资料建筑业按法人单位注册地，其他行业按法人单位经营地进行汇总；

四、本资料对部分数据由于计量单位取舍不同或四舍五入而产生的误差数均未作机械调整；

五、表中空格表示该项统计指标数值为零、不足最小单位、数据不详或无该项数据，“#”表示其中的主要项；

六、为了更准确地使用本年鉴，每卷后附有该卷详细的指标解释。

希望此书能使社会各界对山东省第四次经济普查成果有一个全面的了解，更愿本书的内容，能为社会经济研究工作者提供有价值的参考。

山东省第四次经济普查资料是全省普查工作者共同辛勤工作的成果，也是广大普查对象积极支持配合的结果。在此，我们向全省所有普查工作者、普查对象和所有参与和支持普查工作的人员致以崇高的敬意和衷心的感谢！

山东省第四次经济普查领导小组办公室

2020年11月

综合卷　目录

第一篇　综合篇

第二篇　企业篇

第三篇 文化及相关产业篇

附 录

第1篇

综合篇

1-01 按地区、行业门类

分组	法人单位数（个）	农、林、牧、渔业	采矿业	制造业	电力、热力、燃气及水生产和供应业	建筑业	批发和零售业	交通运输、仓储和邮政业	住宿和餐饮业
全省	**1801301**	**24243**	**2358**	**310428**	**6280**	**124512**	**598403**	**52848**	**28234**
济南市	230293	1318	165	19773	471	13419	86559	4157	3829
青岛市	359226	842	158	60633	538	27159	123863	13730	5934
淄博市	97597	487	127	18995	328	5884	34573	2570	1369
枣庄市	38717	431	51	5832	330	2175	13390	1061	571
东营市	39374	341	283	4258	247	4025	12157	1123	377
烟台市	182515	1441	415	29533	605	14523	63580	4943	3856
潍坊市	174232	2319	181	36409	790	15278	54134	4273	2052
济宁市	130348	2838	189	18431	485	7096	48738	4970	2437
泰安市	65349	2463	170	9819	292	4692	19401	1473	954
威海市	64510	1158	85	11724	258	5094	18397	1486	1133
日照市	52880	1614	195	7543	176	5530	16042	2190	845
临沂市	109478	2053	268	31527	436	3920	36480	3316	1862
德州市	70831	4042	11	14244	334	4356	18056	1879	665
聊城市	60844	697		15096	207	3223	18091	1882	607
滨州市	58839	927	40	11988	400	3835	17652	1728	714
菏泽市	66264	1272	20	14622	380	4303	17290	2067	1029

分组的法人单位数

信息传输、软件和信息技术服务业	金融业	房地产业	租赁和商务服务业	科学研究和技术服务业	水利、环境和公共设施管理业	居民服务、修理和其他服务业	教育	卫生和社会工作	文化、体育和娱乐业	公共管理、社会保障和社会组织
58722	**5783**	**51380**	**171491**	**93529**	**10758**	**33873**	**43057**	**18784**	**37583**	**129035**
13757	1184	7253	28924	19993	1172	4460	5126	1663	6111	10959
14931	1094	10075	42386	21075	2066	7309	6613	3149	7028	10643
3088	314	2846	7669	4435	666	1666	2222	1770	2566	6022
901	104	1057	2920	1337	305	888	1516	582	788	4478
1475	208	1076	3802	2740	334	921	1109	291	998	3609
5570	453	5657	17272	9293	909	3702	3473	2194	3705	11391
4693	456	4578	18441	7706	856	2559	4109	1410	2983	11005
3225	231	3601	9957	4906	807	2780	4143	1163	2475	11876
1398	192	2126	5500	3515	496	1087	2268	988	1621	6894
1555	264	3295	6334	3251	509	1139	1361	946	1621	4900
1350	222	1089	5947	2500	488	1025	1183	475	986	3480
1603	409	2280	5701	2965	642	1850	2863	1075	2191	8037
1264	189	1621	4976	2693	494	1005	2021	684	1140	11157
1221	173	1374	3641	1774	284	1028	1292	576	992	8686
1192	161	1781	3770	3328	393	1212	1126	652	1161	6779
1499	129	1671	4251	2018	337	1242	2632	1166	1217	9119

1-02 按地区分组的法人单位数及从业人员数

分 组	法 人 单位数 (个)	单产业 法人单位	多产业 法人单位	从业人员 期末人数 (人)	#女性 (人)
全 省	**1801301**	**1770327**	**30974**	**26044119**	**9486683**
济南市	230293	227050	3243	3144323	1102278
青岛市	359226		5375	3820252	1395568
淄博市	97597	95592	2005	1357966	438778
枣庄市	38717	37948	769	779728	283321
东营市	39374	38352	1022	752368	257404
烟台市	182515	179265	3250	2391523	839832
潍坊市	174232	171478	2754	2261619	818319
济宁市	130348	127898	2450	2037926	764392
泰安市	65349	64014	1335	1076077	363451
威海市	64510	63410	1100	1108144	420199
日照市	52880	52050	830	623287	212860
临沂市	109478	107637	1841	2020035	778973
德州市	70831	68653	2178	1210731	468750
聊城市	60844	59512	1332	948913	360647
滨州市	58839	57993	846	883260	329333
菏泽市	66264	65623	641	1509237	629296

1－03 按行业（中类）分组的法人单位数及从业人员数

分 组	代码	法人单位数（个）	单产业法人单位	多产业法人单位	从业人员期末人数（人）	#女性（人）
总 计	**00**	**1801301**	**1770327**	**30974**	**26044119**	**9486683**
农、林、牧、渔业	**A**	**24243**	**24182**	**61**	**132058**	**44337**
农业	01	8		8		
谷物种植	011	2		2		
豆类、油料和薯类种植	012					
棉、麻、糖、烟草种植	013					
蔬菜、食用菌及园艺作物种植	014	4		4		
水果种植	015					
坚果、含油果、香料和饮料作物种植	016					
中药材种植	017					
草种植及割草	018					
其他农业	019	2		2		
林业	02					
林木育种和育苗	021					
造林和更新	022					
森林经营、管护和改培	023					
木材和竹材采运	024					
林产品采集	025					
畜牧业	03	5		5		
牲畜饲养	031	3		3		
家禽饲养	032	2		2		
狩猎和捕捉动物	033					
其他畜牧业	039					
渔业	04	4		4		
水产养殖	041	3		3		
水产捕捞	042	1		1		
农、林、牧、渔专业及辅助性活动	05	24226	24182	44	132058	44337
农业专业及辅助性活动	051	20760	20726	34	106776	35694
林业专业及辅助性活动	052	690	688	2	3441	1365
畜牧专业及辅助性活动	053	2124	2119	5	15121	5491
渔业专业及辅助性活动	054	652	649	3	6720	1787
采矿业	**B**	**2358**	**2273**	**85**	**505160**	**109532**
煤炭开采和洗选业	06	262	228	34	289480	52403
烟煤和无烟煤开采洗选	061	240	209	31	276666	50391
褐煤开采洗选	062	10	7	3	11082	1686
其他煤炭采选	069	12	12		1732	326
石油和天然气开采业	07	28	26	2	84522	29499
石油开采	071	24	22	2	84497	29496
天然气开采	072	4	4		25	3
黑色金属矿采选业	08	293	284	9	24856	4059
铁矿采选	081	290	281	9	24803	4053

1-03 续表 1

分 组	代码	法 人单位数(个)	单产业法人单位	多产业法人单位	从业人员期末人数(人)	#女性(人)
锰矿、铬矿采选	082	2	2		47	4
其他黑色金属矿采选	089	1	1		6	2
有色金属矿采选业	09	197	184	13	56341	14871
常用有色金属矿采选	091	23	23		739	73
贵金属矿采选	092	172	159	13	55240	14755
稀有稀土金属矿采选	093	2	2		362	43
非金属矿采选业	10	1164	1147	17	24640	3953
土砂石开采	101	902	896	6	13282	1945
化学矿开采	102	6	6		66	19
采盐	103	105	99	6	8289	1429
石棉及其他非金属矿采选	109	151	146	5	3003	560
开采专业及辅助性活动	11	350	342	8	24715	4619
煤炭开采和洗选专业及辅助性活动	111	8	7	1	632	174
石油和天然气开采专业及辅助性活动	112	297	291	6	23510	4293
其他开采专业及辅助性活动	119	45	44	1	573	152
其他采矿业	12	64	62	2	606	128
其他采矿业	120	64	62	2	606	128
制造业	**C**	**310428**	**307598**	**2830**	**8915617**	**3448771**
农副食品加工业	13	17410	17149	261	733274	357282
谷物磨制	131	1505	1492	13	36188	13415
饲料加工	132	2150	2121	29	66615	19586
植物油加工	133	871	852	19	43408	17714
制糖业	134	96	96		4309	1681
屠宰及肉类加工	135	3006	2920	86	254007	137802
水产品加工	136	2724	2651	73	134156	63742
蔬菜、菌类、水果和坚果加工	137	3874	3852	22	107323	62954
其他农副食品加工	139	3184	3165	19	87268	40388
食品制造业	14	8053	7908	145	234167	117846
焙烤食品制造	141	1871	1831	40	40461	24113
糖果、巧克力及蜜饯制造	142	602	597	5	13151	6845
方便食品制造	143	1246	1232	14	32334	17751
乳制品制造	144	144	134	10	21195	9904
罐头食品制造	145	362	357	5	24607	15046
调味品、发酵制品制造	146	993	974	19	35677	15567
其他食品制造	149	2835	2783	52	66742	28620
酒、饮料和精制茶制造业	15	3703	3622	81	101570	41865
酒的制造	151	1452	1415	37	69433	28117
饮料制造	152	1729	1694	35	27678	11509
精制茶加工	153	522	513	9	4459	2239
烟草制品业	16	19	16	3	8599	2032
烟叶复烤	161	6	5	1	2402	712
卷烟制造	162	3	2	1	5347	1096
其他烟草制品制造	169	10	9	1	850	224

1-03 续表 2

分 组	代码	法 人 单位数 (个)	单产业 法人单位	多产业 法人单位	从业人员 期末人数 (人)	#女性 (人)
纺织业	17	13552	13462	90	547781	344086
棉纺织及印染精加工	171	6319	6283	36	369525	235288
毛纺织及染整精加工	172	594	592	2	24868	15004
麻纺织及染整精加工	173	51	50	1	2456	1696
丝绢纺织及印染精加工	174	101	96	5	2095	1050
化纤织造及印染精加工	175	407	402	5	11942	7317
针织或钩针编织物及其制品制造	176	1364	1361	3	27381	18362
家用纺织制成品制造	177	2215	2195	20	66807	42801
产业用纺织制成品制造	178	2501	2483	18	42707	22568
纺织服装、服饰业	18	16873	16739	134	497809	364812
机织服装制造	181	7510	7432	78	274150	202425
针织或钩针编织服装制造	182	1959	1944	15	101124	73573
服饰制造	183	7404	7363	41	122535	88814
皮革、毛皮、羽毛及其制品和制鞋业	19	3503	3472	31	105141	64795
皮革鞣制加工	191	292	289	3	12874	5336
皮革制品制造	192	1314	1305	9	23678	14419
毛皮鞣制及制品加工	193	424	424		9141	5192
羽毛(绒)加工及制品制造	194	113	111	2	3532	2245
制鞋业	195	1360	1343	17	55916	37603
木材加工和木、竹、藤、棕、草制品业	20	24396	24366	30	444829	201786
木材加工	201	13452	13444	8	160405	71267
人造板制造	202	6725	6714	11	221224	104495
木质制品制造	203	3774	3763	11	58116	23262
竹、藤、棕、草等制品制造	204	445	445		5084	2762
家具制造业	21	6849	6814	35	122145	47048
木质家具制造	211	5720	5691	29	104650	40223
竹、藤家具制造	212	75	75		2110	1207
金属家具制造	213	250	248	2	4885	1417
塑料家具制造	214	49	49		629	253
其他家具制造	219	755	751	4	9871	3948
造纸和纸制品业	22	6132	6100	32	170524	72368
纸浆制造	221	20	20		743	199
造纸	222	1723	1704	19	106466	44286
纸制品制造	223	4389	4376	13	63315	27883
印刷和记录媒介复制业	23	7495	7424	71	117600	51599
印刷	231	6881	6819	62	111855	48925
装订及印刷相关服务	232	602	595	7	5479	2594
记录媒介复制	233	12	10	2	266	80
文教、工美、体育和娱乐用品制造业	24	12093	12005	88	295657	166728
文教办公用品制造	241	608	597	11	12132	5923
乐器制造	242	264	264		4787	2245
工艺美术及礼仪用品制造	243	8569	8516	53	198609	114538
体育用品制造	244	1578	1567	11	48507	22580

1-03 续表 3

分组	代码	法人单位数(个)	单产业法人单位	多产业法人单位	从业人员期末人数(人)	#女性(人)
玩具制造	245	876	869	7	24579	18632
游艺器材及娱乐用品制造	246	198	192	6	7043	2810
石油、煤炭及其他燃料加工业	25	1130	1094	36	125923	30323
精炼石油产品制造	251	681	657	24	94818	23501
煤炭加工	252	237	227	10	28832	6145
核燃料加工	253	3	3		12	3
生物质燃料加工	254	209	207	2	2261	674
化学原料和化学制品制造业	26	13306	13092	214	559594	154556
基础化学原料制造	261	2359	2322	37	159072	41869
肥料制造	262	2144	2115	29	62490	17236
农药制造	263	294	283	11	21430	6701
涂料、油墨、颜料及类似产品制造	264	1885	1860	25	33634	9573
合成材料制造	265	1530	1513	17	83360	24867
专用化学产品制造	266	4218	4141	77	174408	43125
炸药、火工及焰火产品制造	267	32	29	3	6803	2165
日用化学产品制造	268	844	829	15	18397	9020
医药制造业	27	2374	2320	54	267922	118076
化学药品原料药制造	271	309	301	8	62595	21661
化学药品制剂制造	272	249	242	7	56931	26478
中药饮片加工	273	257	253	4	9834	5883
中成药生产	274	233	223	10	32375	15614
兽用药品制造	275	319	313	6	11890	4971
生物药品制品制造	276	491	484	7	29408	11677
卫生材料及医药用品制造	277	457	445	12	62364	30680
药用辅料及包装材料	278	59	59		2525	1112
化学纤维制造业	28	485	482	3	20591	7198
纤维素纤维原料及纤维制造	281	88	88		7316	2570
合成纤维制造	282	294	291	3	10139	3567
生物基材料制造	283	103	103		3136	1061
橡胶和塑料制品业	29	17069	16961	108	429728	157014
橡胶制品业	291	3427	3394	33	205106	60925
塑料制品业	292	13642	13567	75	224622	96089
非金属矿物制品业	30	25503	25164	339	625298	168171
水泥、石灰和石膏制造	301	1130	1096	34	56836	12405
石膏、水泥制品及类似制品制造	302	4813	4716	97	114325	23376
砖瓦、石材等建筑材料制造	303	11572	11437	135	179684	36618
玻璃制造	304	554	550	4	21002	6350
玻璃制品制造	305	1456	1442	14	57830	23538
玻璃纤维和玻璃纤维增强塑料制品制造	306	1287	1276	11	47557	18454
陶瓷制品制造	307	1452	1434	18	69636	27972
耐火材料制品制造	308	1211	1198	13	27814	7063
石墨及其他非金属矿物制品制造	309	2028	2015	13	50614	12395

1-03　续表 4

分　组	代码	法　人单位数(个)	单产业法人单位	多产业法人单位	从业人员期末人数(人)	#女性(人)
黑色金属冶炼和压延加工业	31	1866	1845	21	197025	35847
炼铁	311	34	33	1	7843	1593
炼钢	312	29	28	1	10432	2315
钢压延加工	313	1724	1706	18	166519	30124
铁合金冶炼	314	79	78	1	12231	1815
有色金属冶炼和压延加工业	32	1773	1750	23	246032	73133
常用有色金属冶炼	321	161	160	1	93579	30900
贵金属冶炼	322	23	20	3	9551	1866
稀有稀土金属冶炼	323	31	30	1	986	287
有色金属合金制造	324	475	471	4	13718	3456
有色金属压延加工	325	1083	1069	14	128198	36624
金属制品业	33	24608	24447	161	473496	124446
结构性金属制品制造	331	11225	11145	80	142665	35263
金属工具制造	332	1829	1822	7	36171	11307
集装箱及金属包装容器制造	333	882	872	10	39576	9044
金属丝绳及其制品制造	334	626	624	2	18978	4285
建筑、安全用金属制品制造	335	1933	1922	11	41030	12760
金属表面处理及热处理加工	336	1020	1014	6	25708	6529
搪瓷制品制造	337	92	91	1	3872	1240
金属制日用品制造	338	1873	1863	10	23480	8308
铸造及其他金属制品制造	339	5128	5094	34	142016	35710
通用设备制造业	34	41401	41162	239	723626	186636
锅炉及原动设备制造	341	1584	1566	18	90573	21011
金属加工机械制造	342	7385	7349	36	136854	33197
物料搬运设备制造	343	1386	1368	18	32289	6437
泵、阀门、压缩机及类似机械制造	344	2980	2950	30	84610	21710
轴承、齿轮和传动部件制造	345	4767	4757	10	77998	24071
烘炉、风机、包装等设备制造	346	4030	3989	41	85885	23235
文化、办公用机械制造	347	144	143	1	3493	1201
通用零部件制造	348	16135	16069	66	179369	48025
其他通用设备制造业	349	2990	2971	19	32555	7749
专用设备制造业	35	24381	24194	187	496014	124511
采矿、冶金、建筑专用设备制造	351	4383	4334	49	150530	30628
化工、木材、非金属加工专用设备制造	352	4216	4187	29	74579	17520
食品、饮料、烟草及饲料生产专用设备制造	353	1224	1221	3	15537	3683
印刷、制药、日化及日用品生产专用设备制造	354	799	796	3	15716	3425
纺织、服装和皮革加工专用设备制造	355	1049	1039	10	19474	6153
电子和电工机械专用设备制造	356	977	967	10	20073	6636
农、林、牧、渔专用机械制造	357	2801	2790	11	55432	13379
医疗仪器设备及器械制造	358	1063	1039	24	38421	16622
环保、邮政、社会公共服务及其他专用设备制造	359	7869	7821	48	106252	26465
汽车制造业	36	7656	7589	67	420326	104561

1-03 续表 5

分 组	代码	法人单位数(个)	单产业法人单位	多产业法人单位	从业人员期末人数(人)	#女性(人)
汽车整车制造	361	180	172	8	92411	15411
汽车用发动机制造	362	42	41	1	10245	1341
改装汽车制造	363	227	219	8	26499	5456
低速汽车制造	364	17	15	2	7786	1430
电车制造	365	119	119		5078	1325
汽车车身、挂车制造	366	401	396	5	19854	4577
汽车零部件及配件制造	367	6670	6627	43	258453	75021
铁路、船舶、航空航天和其他运输设备制造业	37	2474	2432	42	127030	26718
铁路运输设备制造	371	346	337	9	48768	7544
城市轨道交通设备制造	372	50	50		942	218
船舶及相关装置制造	373	983	957	26	46659	8646
航空、航天器及设备制造	374	57	57		1025	360
摩托车制造	375	123	123		8556	2539
自行车和残疾人座车制造	376	51	51		2084	726
助动车制造	377	452	448	4	9344	3290
非公路休闲车及零配件制造	378	48	48		1689	669
潜水救捞及其他未列明运输设备制造	379	364	361	3	7963	2726
电气机械和器材制造业	38	10188	10022	166	328536	113321
电机制造	381	1296	1280	16	42311	12755
输配电及控制设备制造	382	3813	3749	64	112334	36427
电线、电缆、光缆及电工器材制造	383	1361	1322	39	55985	20622
电池制造	384	370	362	8	18682	9303
家用电力器具制造	385	1153	1144	9	59723	20303
非电力家用器具制造	386	630	621	9	14459	4639
照明器具制造	387	710	702	8	12250	5126
其他电气机械及器材制造	389	855	842	13	12792	4146
计算机、通信和其他电子设备制造业	39	5245	5176	69	341744	143515
计算机制造	391	362	356	6	51826	17229
通信设备制造	392	338	332	6	14006	5267
广播电视设备制造	393	88	85	3	4994	2723
雷达及配套设备制造	394	12	11	1	141	37
非专业视听设备制造	395	110	109	1	66233	27006
智能消费设备制造	396	360	357	3	40514	13783
电子器件制造	397	584	572	12	49498	22167
电子元件及电子专用材料制造	398	2786	2758	28	100901	50138
其他电子设备制造	399	605	596	9	13631	5165
仪器仪表制造业	40	3090	3047	43	70850	22888
通用仪器仪表制造	401	2153	2130	23	45428	13783
专用仪器仪表制造	402	561	551	10	13651	4457
钟表与计时仪器制造	403	84	78	6	3604	1660
光学仪器制造	404	37	37		1789	821
衡器制造	405	88	85	3	2601	679
其他仪器仪表制造业	409	167	166	1	3777	1488

1-03　续表 6

分　组	代码	法　人单位数（个）	单产业法人单位	多产业法人单位	从业人员期末人数（人）	#女性（人）
其他制造业	41	2903	2889	14	33132	14432
日用杂品制造	411	654	650	4	12337	6461
核辐射加工	412	7	7		122	34
其他未列明制造业	419	2242	2232	10	20673	7937
废弃资源综合利用业	42	873	865	8	13300	3872
金属废料和碎屑加工处理	421	424	419	5	5368	1536
非金属废料和碎屑加工处理	422	449	446	3	7932	2336
金属制品、机械和设备修理业	43	4025	3990	35	36354	7306
金属制品修理	431	81	81		632	128
通用设备修理	432	543	541	2	3821	792
专用设备修理	433	624	616	8	3931	997
铁路、船舶、航空航天等运输设备修理	434	909	897	12	15026	2258
电气设备修理	435	382	379	3	4202	880
仪器仪表修理	436	50	49	1	179	74
其他机械和设备修理业	439	1436	1427	9	8563	2177
电力、热力、燃气及水生产和供应业	**D**	**6280**	**6112**	**168**	**345150**	**87626**
电力、热力生产和供应业	44	4123	4080	43	264279	59920
电力生产	441	2944	2924	20	104071	25449
电力供应	442	384	380	4	113992	22076
热力生产和供应	443	795	776	19	46216	12395
燃气生产和供应业	45	613	539	74	27550	9302
燃气生产和供应业	451	572	500	72	27094	9189
生物质燃气生产和供应业	452	41	39	2	456	113
水的生产和供应业	46	1544	1493	51	53321	18404
自来水生产和供应	461	743	700	43	38678	14266
污水处理及其再生利用	462	733	725	8	13902	3958
海水淡化处理	463	18	18		121	25
其他水的处理、利用与分配	469	50	50		620	155
建筑业	**E**	**124512**	**122242**	**2270**	**3455969**	**491512**
房屋建筑业	47	27066	26109	957	2021238	238153
住宅房屋建筑	471	22993	22108	885	1907177	224859
体育场馆建筑	472	26	24	2	2601	259
其他房屋建筑业	479	4047	3977	70	111460	13035
土木工程建筑业	48	26968	26290	678	658851	117262
铁路、道路、隧道和桥梁工程建筑	481	9988	9668	320	331472	55479
水利和水运工程建筑	482	1428	1341	87	61470	10612
海洋工程建筑	483	84	81	3	1036	241
工矿工程建筑	484	376	354	22	50258	6729
架线和管道工程建筑	485	2121	2056	65	72288	13538
节能环保工程施工	486	598	587	11	5682	1408
电力工程施工	487	730	710	20	21420	3560
其他土木工程建筑	489	11643	11493	150	115225	25695

1-03 续表 7

分 组	代码	法 人 单位数 (个)	单产业 法人单位	多产业 法人单位	从业人员 期末人数 (人)	#女性 (人)
建筑安装业	49	22076	21802	274	354759	48732
电气安装	491	3835	3753	82	60930	10468
管道和设备安装	492	6465	6383	82	158801	15122
其他建筑安装业	499	11776	11666	110	135028	23142
建筑装饰、装修和其他建筑业	50	48402	48041	361	421121	87365
建筑装饰和装修业	501	34905	34653	252	273983	60406
建筑物拆除和场地准备活动	502	2460	2426	34	23324	3898
提供施工设备服务	503	671	662	9	12038	1825
其他未列明建筑业	509	10366	10300	66	111776	21236
批发和零售业	**F**	**598403**	**591156**	**7247**	**3420111**	**1462494**
批发业	51	373997	371054	2943	2061081	771102
农、林、牧、渔产品批发	511	22878	22719	159	137010	50775
食品、饮料及烟草制品批发	512	58085	57627	458	344947	138133
纺织、服装及家庭用品批发	513	43395	43030	365	228299	109239
文化、体育用品及器材批发	514	14611	14498	113	71500	31647
医药及医疗器材批发	515	11819	11572	247	120435	52696
矿产品、建材及化工产品批发	516	106807	105895	912	600211	194852
机械设备、五金产品及电子产品批发	517	81433	80937	496	404667	137027
贸易经纪与代理	518	11375	11319	56	47550	18837
其他批发业	519	23594	23457	137	106462	37896
零售业	52	224406	220102	4304	1359030	691392
综合零售	521	27118	26367	751	301801	197224
食品、饮料及烟草制品专门零售	522	28145	27722	423	116801	53198
纺织、服装及日用品专门零售	523	23559	23067	492	117346	70660
文化、体育用品及器材专门零售	524	15324	15104	220	76694	41946
医药及医疗器材专门零售	525	16567	15508	1059	129455	83723
汽车、摩托车、零配件和燃料及其他动力销售	526	26930	26208	722	244999	97312
家用电器及电子产品专门零售	527	23803	23527	276	117173	51034
五金、家具及室内装饰材料专门零售	528	33924	33749	175	142997	54274
货摊、无店铺及其他零售业	529	29036	28850	186	111764	42021
交通运输、仓储和邮政业	**G**	**52848**	**51879**	**969**	**946043**	**234810**
铁路运输业	53	21	19	2	137	14
铁路旅客运输	531	6	6			
铁路货物运输	532	11	10	1		
铁路运输辅助活动	533	4	3	1	137	14
道路运输业	54	33132	32657	475	596710	132298
城市公共交通运输	541	683	619	64	101867	27081
公路旅客运输	542	405	333	72	51344	17641
道路货物运输	543	30489	30190	299	394829	72393
道路运输辅助活动	544	1555	1515	40	48670	15183
水上运输业	55	1247	1209	38	66607	11112

1-03 续表 8

分 组	代码	法 人单位数（个）	单产业法人单位	多产业法人单位	从业人员期末人数（人）	#女性（人）
水上旅客运输	551	102	98	4	4117	1129
水上货物运输	552	554	544	10	15006	2580
水上运输辅助活动	553	591	567	24	47484	7403
航空运输业	56	186	175	11	23500	8554
航空客货运输	561	53	47	6	13619	5139
通用航空服务	562	73	72	1	541	145
航空运输辅助活动	563	60	56	4	9340	3270
管道运输业	57	47	42	5	3576	669
海底管道运输	571	3	3		198	43
陆地管道运输	572	44	39	5	3378	626
多式联运和运输代理业	58	10167	9982	185	85324	31457
多式联运	581	51	49	2	470	167
运输代理业	582	10116	9933	183	84854	31290
装卸搬运和仓储业	59	6874	6799	75	100354	25262
装卸搬运	591	2753	2737	16	46809	7731
通用仓储	592	819	800	19	16061	5081
低温仓储	593	1105	1102	3	9293	3196
危险品仓储	594	67	65	2	2624	466
谷物、棉花等农产品仓储	595	988	963	25	13902	4779
中药材仓储	596	9	9		43	19
其他仓储业	599	1133	1123	10	11622	3990
邮政业	60	1174	996	178	69835	25444
邮政基本服务	601	55	39	16	29026	15435
快递服务	602	1106	944	162	40224	9796
其他寄递服务	609	13	13		585	213
住宿和餐饮业	**H**	**28234**	**27083**	**1151**	**365055**	**199824**
住宿业	61	6485	6249	236	138028	80033
旅游饭店	611	2000	1899	101	87049	48291
一般旅馆	612	3698	3582	116	44604	27987
民宿服务	613	128	124	4	687	421
露营地服务	614	11	11		133	65
其他住宿业	619	648	633	15	5555	3269
餐饮业	62	21749	20834	915	227027	119791
正餐服务	621	17120	16393	727	186491	97159
快餐服务	622	2203	2084	119	22934	13855
饮料及冷饮服务	623	234	218	16	1638	859
餐饮配送及外卖送餐服务	624	464	450	14	7040	3593
其他餐饮业	629	1728	1689	39	8924	4325
信息传输、软件和信息技术服务业	**I**	**58722**	**58213**	**509**	**493486**	**191065**
电信、广播电视和卫星传输服务	63	1285	1192	93	123697	53410
电信	631	1041	963	78	116341	50635
广播电视传输服务	632	226	211	15	7218	2728
卫星传输服务	633	18	18		138	47

1-03 续表 9

分 组	代码	法 人单位数(个)	单产业法人单位	多产业法人单位	从业人员期末人数(人)	#女性(人)
互联网和相关服务	64	9143	9089	54	57601	25122
互联网接入及相关服务	641	1028	1017	11	4884	1656
互联网信息服务	642	5093	5060	33	36859	17123
互联网平台	643	501	499	2	4228	1841
互联网安全服务	644	73	72	1	659	239
互联网数据服务	645	205	204	1	1670	791
其他互联网服务	649	2243	2237	6	9301	3472
软件和信息技术服务业	65	48294	47932	362	312188	112533
软件开发	651	27892	27695	197	178353	59716
集成电路设计	652	204	203	1	2927	558
信息系统集成和物联网技术服务	653	2819	2782	37	25744	7856
运行维护服务	654	304	301	3	2539	705
信息处理和存储支持服务	655	331	328	3	8052	5388
信息技术咨询服务	656	12159	12066	93	58893	22322
数字内容服务	657	1168	1162	6	6696	2389
其他信息技术服务业	659	3417	3395	22	28984	13599
金融业	**J**	**5783**	**4261**	**1522**	**22137**	**8679**
货币金融服务	66	1891	1290	601	9215	3609
中央银行服务	661	18	2	16		
货币银行服务	662	722	165	557	110	44
非货币银行服务	663	1151	1123	28	9105	3565
银行理财服务	664					
银行监管服务	665					
资本市场服务	67	1752	1705	47	5372	1885
证券市场服务	671	4	2	2	61	30
公开募集证券投资基金	672	1	1			
非公开募集证券投资基金	673	597	565	32		
期货市场服务	674	3		3		
证券期货监管服务	675	2	2			
资本投资服务	676	604	599	5	2563	870
其他资本市场服务	679	541	536	5	2748	985
保险业	68	1426	567	859	734	367
人身保险	681	454	116	338		
财产保险	682	524	144	380		
再保险	683					
商业养老金	684	21	21			
保险中介服务	685	211	71	140		
保险资产管理	686					
保险监管服务	687					
其他保险活动	689	216	215	1	734	367
其他金融业	69	714	699	15	6816	2818

1-03　续表 10

分　组	代码	法　人 单位数 (个)	单产业 法人单位	多产业 法人单位	从业人员 期末人数 (人)	#女性 (人)
金融信托与管理服务	691	29	28	1	98	28
控股公司服务	692	73	73		874	377
非金融机构支付服务	693	11	9	2		
金融信息服务	694	151	148	3	826	315
金融资产管理公司	695	5	4	1	876	268
其他未列明金融业	699	445	437	8	4142	1830
房地产业	**K**	**51380**	**49288**	**2092**	**784256**	**323804**
房地产业	70	51380	49288	2092	784256	323804
房地产开发经营	701	15311	14561	750	278554	95332
物业管理	702	18198	17655	543	369776	172296
房地产中介服务	703	13877	13234	643	92912	39893
房地产租赁经营	704	2908	2774	134	35722	13754
其他房地产业	709	1086	1064	22	7292	2529
租赁和商务服务业	**L**	**171491**	**169369**	**2122**	**1203965**	**414706**
租赁业	71	17613	17514	99	96066	23237
机械设备经营租赁	711	17188	17091	97	93807	22391
文体设备和用品出租	712	395	393	2	2046	766
日用品出租	713	30	30		213	80
商务服务业	72	153878	151855	2023	1107899	391469
组织管理服务	721	25473	25252	221	161282	62651
综合管理服务	722	3910	3838	72	44237	16330
法律服务	723	3663	3652	11	30814	11484
咨询与调查	724	54444	53806	638	240305	108981
广告业	725	28351	28214	137	132719	51999
人力资源服务	726	14013	13768	245	281972	80510
安全保护服务	727	1985	1924	61	104866	11676
会议、展览及相关服务	728	3830	3802	28	21063	8657
其他商务服务业	729	18209	17599	610	90641	39181
科学研究和技术服务业	**M**	**93529**	**92333**	**1196**	**712878**	**231784**
研究和试验发展	73	12932	12840	92	84444	30404
自然科学研究和试验发展	731	614	609	5	4388	2060
工程和技术研究和试验发展	732	8359	8308	51	52889	16872
农业科学研究和试验发展	733	1455	1443	12	9719	3409
医学研究和试验发展	734	2225	2203	22	15545	7303
社会人文科学研究	735	279	277	2	1903	760
专业技术服务业	74	41398	40550	848	429386	131245
气象服务	741	235	215	20	2253	863
地震服务	742	104	103	1	687	192
海洋服务	743	204	203	1	2030	602
测绘地理信息服务	744	911	868	43	12248	3783
质检技术服务	745	4270	4162	108	65394	23990
环境与生态监测检测服务	746	1115	1102	13	12361	4760

1−03 续表 11

分组	代码	法人单位数(个)	单产业法人单位	多产业法人单位	从业人员期末人数(人)	#女性(人)
地质勘查	747	768	756	12	17678	3431
工程技术与设计服务	748	19373	18831	542	228885	65319
工业与专业设计及其他专业技术服务	749	14418	14310	108	87850	28305
科技推广和应用服务业	75	39199	38943	256	199048	70135
技术推广服务	751	33513	33302	211	173240	60200
知识产权服务	752	1315	1297	18	6280	2980
科技中介服务	753	501	498	3	2443	958
创业空间服务	754	451	448	3	2886	1170
其他科技推广服务业	759	3419	3398	21	14199	4827
水利、环境和公共设施管理业	**N**	**10758**	**10590**	**168**	**256906**	**85362**
水利管理业	76	1120	1100	20	16164	4436
防洪除涝设施管理	761	194	190	4	2536	626
水资源管理	762	347	341	6	5053	1394
天然水收集与分配	763	158	155	3	3062	877
水文服务	764	43	41	2	682	223
其他水利管理业	769	378	373	5	4831	1316
生态保护和环境治理业	77	1216	1204	12	14721	4108
生态保护	771	220	216	4	4762	1689
环境治理业	772	996	988	8	9959	2419
公共设施管理业	78	8042	7917	125	222856	75569
市政设施管理	781	895	880	15	15758	5158
环境卫生管理	782	935	909	26	121586	36920
城乡市容管理	783	136	135	1	3979	1468
绿化管理	784	4110	4052	58	40691	14383
城市公园管理	785	198	196	2	4617	1776
游览景区管理	786	1768	1745	23	36225	15864
土地管理业	79	380	369	11	3165	1249
土地整治服务	791	120	117	3	879	268
土地调查评估服务	792	97	91	6	913	415
土地登记服务	793	24	24		329	175
土地登记代理服务	794	29	29		148	56
其他土地管理服务	799	110	108	2	896	335
居民服务、修理和其他服务业	**O**	**33873**	**33326**	**547**	**244263**	**105430**
居民服务业	80	14238	13931	307	97411	53373
家庭服务	801	4072	4015	57	38330	26056
托儿所服务	802	165	160	5	1065	779
洗染服务	803	421	400	21	3646	1997
理发及美容服务	804	2035	1934	101	8008	5089
洗浴和保健养生服务	805	2150	2088	62	12320	6702
摄影扩印服务	806	1460	1431	29	6790	3289
婚姻服务	807	1405	1399	6	5702	2610
殡葬服务	808	605	596	9	6955	1922
其他居民服务业	809	1925	1908	17	14595	4929

1-03　续表 12

分　组	代码	法　人单位数(个)	单产业法人单位	多产业法人单位	从业人员期末人数(人)	#女性(人)
机动车、电子产品和日用产品修理业	81	13694	13519	175	73151	18470
汽车、摩托车等修理与维护	811	10269	10124	145	55142	13410
计算机和办公设备维修	812	1380	1365	15	8076	2355
家用电器修理	813	1649	1639	10	8226	2230
其他日用产品修理业	819	396	391	5	1707	475
其他服务业	82	5941	5876	65	73701	33587
清洁服务	821	3624	3587	37	60289	29235
宠物服务	822	186	179	7	671	327
其他未列明服务业	829	2131	2110	21	12741	4025
教育	**P**	**43057**	**41528**	**1529**	**1450464**	**871825**
教育	83	43057	41528	1529	1450464	871825
学前教育	831	10489	10316	173	181939	159180
初等教育	832	7374	6511	863	386484	247994
中等教育	833	3960	3753	207	558025	301174
高等教育	834	212	201	11	140473	69831
特殊教育	835	225	223	2	6787	4388
技能培训、教育辅助及其他教育	839	20797	20524	273	176756	89258
卫生和社会工作	**Q**	**18784**	**18013**	**771**	**811225**	**533113**
卫生	84	13337	12595	742	765411	504801
医院	841	2420	2284	136	508141	345799
基层医疗卫生服务	842	9094	8543	551	189755	112882
专业公共卫生服务	843	1428	1400	28	59059	40733
其他卫生活动	849	395	368	27	8456	5387
社会工作	85	5447	5418	29	45814	28312
提供住宿社会工作	851	4282	4256	26	38339	24024
不提供住宿社会工作	852	1165	1162	3	7475	4288
文化、体育和娱乐业	**R**	**37583**	**37251**	**332**	**231401**	**100468**
新闻和出版业	86	356	342	14	18440	8867
新闻业	861	80	76	4	1658	703
出版业	862	276	266	10	16782	8164
广播、电视、电影和录音制作业	87	3503	3447	56	39061	16464
广播	871	162	160	2	7129	2998
电视	872	94	91	3	8541	3579
影视节目制作	873	2497	2482	15	13063	4915
广播电视集成播控	874	15	13	2	758	238
电影和广播电视节目发行	875	66	63	3	1192	544
电影放映	876	600	569	31	8165	4102
录音制作	877	69	69		213	88
文化艺术业	88	10940	10887	53	65683	30645
文艺创作与表演	881	2621	2610	11	20191	9705
艺术表演场馆	882	67	66	1	2688	1222

1－03 续表 13

分 组	代码	法 人单位数（个）	单产业法人单位	多产业法人单位	从业人员期末人数（人）	#女性（人）
图书馆与档案馆	883	427	425	2	4845	2703
文物及非物质文化遗产保护	884	270	267	3	2552	1070
博物馆	885	427	425	2	4041	1739
烈士陵园、纪念馆	886	122	121	1	840	331
群众文体活动	887	1730	1725	5	8845	4279
其他文化艺术业	889	5276	5248	28	21681	9596
体育	89	3410	3319	91	20629	7998
体育组织	891	1112	1104	8	5487	1857
体育场地设施管理	892	159	154	5	1870	805
健身休闲活动	893	2016	1939	77	12821	5173
其他体育	899	123	122	1	451	163
娱乐业	90	19374	19256	118	87588	36494
室内娱乐活动	901	7500	7451	49	27020	10052
游乐园	902	250	244	6	7862	3703
休闲观光活动	903	2567	2561	6	17227	7633
彩票活动	904	36	36		1886	850
文化体育娱乐活动与经纪代理服务	905	8827	8771	56	32335	13711
其他娱乐业	909	194	193	1	1258	545
公共管理、社会保障和社会组织	**S**	**129035**	**123630**	**5405**	**1747975**	**541541**
中国共产党机关	91	2050	1795	255	47388	12427
中国共产党机关	910	2050	1795	255	47388	12427
国家机构	92	29976	26762	3214	1182552	375493
国家权力机构	921	437	390	47	8933	1960
国家行政机构	922	28918	25916	3002	1113159	352142
人民法院和人民检察院	923	457	295	162	53952	19547
其他国家机构	929	164	161	3	6508	1844
人民政协、民主党派	93	375	341	34	4951	1116
人民政协	931	245	211	34	4458	900
民主党派	932	130	130		493	216
社会保障	94	488	486	2	4210	2119
基本保险	941	315	315		3142	1607
补充保险	942	1	1			
其他社会保障	949	172	170	2	1068	512
群众团体、社会团体和其他成员组织	95	17428	17392	36	68030	30491
群众团体	951	1375	1351	24	8384	3817
社会团体	952	11561	11552	9	35637	13001
基金会	953	116	116		450	193
宗教组织	954	4376	4373	3	23559	13480
基层群众自治组织	96	78718	76854	1864	440844	119895
社区居民自治组织	961	7307	7266	41	66871	29353
村民自治组织	962	71411	69588	1823	373973	90542

1-04　按机构类型、从业人员组距分组的法人单位数及从业人员数

分　组	法人单位数（个）	单产业法人单位	多产业法人单位	从业人员期末人数（人）	#女性（人）
总　计	**1801301**	**1770327**	**30974**	**26044119**	**9486683**
按机构类型分组					
企业	1547260	1523766	23494	21662670	7438446
事业单位	50681	48337	2344	2142087	1197118
机关	12465	9366	3099	1000078	301320
社会团体	13337	13303	34	46094	17797
民办非企业单位	28723	28684	39	405808	281429
基金会	116	116		450	193
居委会	7307	7266	41	66871	29353
村委会	71411	69588	1823	373973	90542
农民专业合作社	58750	58675	75	287980	103837
农村集体经济组织	3059	3059		7027	1425
其他组织机构	8192	8167	25	51081	25223
按从业人员组距分组					
7人及以下	1333287	1324503	8784	3380241	1181427
8-19人	279186	273122	6064	3249926	1192212
20-49人	115508	110410	5098	3389741	1338735
50-99人	38063	34401	3662	2602083	1040348
100-299人	25193	20816	4377	4053318	1641727
300-499人	4636	3539	1097	1680537	627709
500-999人	3179	2298	881	2024416	735651
1000-4999人	2001	1159	842	3298672	1084201
5000-9999人	154	48	106	799812	234099
10000人及以上	94	31	63	1565373	410574

1-05 按开业(成立)时间分组的法人单位数及从业人员数

分组	法人单位数(个)	单产业法人单位	多产业法人单位	从业人员期末人数(人)	#女性(人)
总计	**1801301**	**1770327**	**30974**	**26044119**	**9486683**
1949年以前	5649	5287	362	397276	183838
1950-1977年	13477	11968	1509	1534871	518769
1978-1991年	61805	57923	3882	1977843	639288
1992-2000年	57262	53499	3763	3622997	1265511
2001年	16346	15482	864	782133	288264
2002年	18454	17461	993	734673	254368
2003年	23237	22225	1012	870738	314789
2004年	23884	22928	956	829174	296689
2005年	31775	30743	1032	829888	301325
2006年	31764	30812	952	872784	318662
2007年	28705	27853	852	653513	238209
2008年	33815	32861	954	667303	248718
2009年	42558	41520	1038	741873	271573
2010年	54358	53119	1239	952831	350874
2011年	58670	57578	1092	834775	316369
2012年	63913	62833	1080	859595	329130
2013年	88331	87109	1222	1026852	392739
2014年	135286	133694	1592	1261826	476398
2015年	176144	174282	1862	1351554	522935
2016年	236124	234170	1954	1688735	654677
2017年	285663	283935	1728	2049151	752186
2018年	309462	308432	1030	1499210	550070
无开业年份	4619	4613	6	4524	1302

1-06　按登记注册类型分组的法人单位数及从业人员数

分　组	法人单位数（个）	单产业法人单位	多产业法人单位	从业人员期末人数（人）	#女性（人）
总　计	**1801301**	**1770327**	**30974**	**26044119**	**9486683**
内资	**1791080**	**1760631**	**30449**	**24875314**	**8978959**
国有	64982	59136	5846	3450505	1549009
集体	14222	13436	786	303847	101607
股份合作	819	752	67	25043	8925
联营	606	586	20	11493	6302
有限责任公司	120885	116708	4177	5384839	1572867
股份有限公司	14470	12842	1628	1264486	398541
私营	1401260	1385360	15900	13300288	4863719
其他	173836	171811	2025	1134813	477989
港、澳、台商投资	**2892**	**2741**	**151**	**375574**	**157076**
与港澳台商合资经营企业	1236	1174	62	141659	56797
与港澳台商合作经营企业	67	64	3	4094	1720
港澳台商独资经营	1487	1412	75	205514	90820
港澳台商投资股份有限公司	47	36	11	19613	6264
其他港澳台投资	55	55		4694	1475
外商投资	**7329**	**6955**	**374**	**793231**	**350648**
中外合资经营	2538	2332	206	282067	116568
中外合作经营	105	97	8	17142	6907
外资企业	4294	4153	141	437095	201638
外商投资股份有限公司	171	155	16	44494	20412
其他外商投资	221	218	3	12433	5123

1-07 按行业(大类)、地区

分 组	代码	法人单位数(个)	济南市	青岛市	淄博市	枣庄市
总 计	**00**	**1801301**	**230293**	**359226**	**97597**	**38717**
农、林、牧、渔业	**A**	**24243**	**1318**	**842**	**487**	**431**
农业	01	8			1	
林业	02					
畜牧业	03	5				
渔业	04	4				
农、林、牧、渔专业及辅助性活动	05	24226	1318	842	486	431
采矿业	**B**	**2358**	**165**	**158**	**127**	**51**
煤炭开采和洗选业	06	262	20	3	10	31
石油和天然气开采业	07	28	3	1	4	
黑色金属矿采选业	08	293	62	26	43	5
有色金属矿采选业	09	197	1	4	1	
非金属矿采选业	10	1164	64	92	60	14
开采专业及辅助性活动	11	350	5	22	7	1
其他采矿业	12	64	10	10	2	
制造业	**C**	**310428**	**19773**	**60633**	**18995**	**5832**
农副食品加工业	13	17410	845	2070	311	401
食品制造业	14	8053	485	1205	253	269
酒、饮料和精制茶制造业	15	3703	220	549	172	90
烟草制品业	16	19	2		4	
纺织业	17	13552	442	2004	424	214
纺织服装、服饰业	18	16873	388	4797	423	505
皮革、毛皮、羽毛及其制品和制鞋业	19	3503	54	1187	58	41
木材加工和木、竹、藤、棕、草制品业	20	24396	252	1118	300	342
家具制造业	21	6849	274	1546	241	104
造纸和纸制品业	22	6132	326	1463	445	134
印刷和记录媒介复制业	23	7495	678	2184	526	114
文教、工美、体育和娱乐用品制造业	24	12093	437	3548	554	208
石油、煤炭及其他燃料加工业	25	1130	77	86	113	21
化学原料和化学制品制造业	26	13306	705	1828	1560	234
医药制造业	27	2374	235	305	122	31
化学纤维制造业	28	485	50	81	52	4
橡胶和塑料制品业	29	17069	769	3929	1129	267
非金属矿物制品业	30	25503	1335	2981	3010	620
黑色金属冶炼和压延加工业	31	1866	185	203	105	13
有色金属冶炼和压延加工业	32	1773	116	230	183	11
金属制品业	33	24608	2016	6588	1318	291
通用设备制造业	34	41401	3948	8856	4057	972

分组的法人单位数

东营市	烟台市	潍坊市	济宁市	泰安市	威海市	日照市	临沂市	德州市	聊城市	滨州市	菏泽市	代码
39374	**182515**	**174232**	**130348**	**65349**	**64510**	**52880**	**109478**	**70831**	**60844**	**58839**	**66264**	**00**
341	**1441**	**2319**	**2838**	**2463**	**1158**	**1614**	**2053**	**4042**	**697**	**927**	**1272**	**A**
1		1	2	1			1		1			01
												02
1					2		2					03
	2				2							04
339	1439	2318	2836	2462	1154	1614	2050	4042	696	927	1272	05
283	**415**	**181**	**189**	**170**	**85**	**195**	**268**	**11**		**40**	**20**	**B**
	7	1	117	51			4	3			15	06
10		1	1	1	2	1		1		3		07
	37	13	7	11	2	15	70			2		08
	153	2	1	2	19	8	4			2		09
14	198	161	57	97	52	142	182	2		26	3	10
258	5	3	3	4	3	24	4	2		7	2	11
1	15		3	4	7	5	4	3				12
4258	**29533**	**36409**	**18431**	**9819**	**11724**	**7543**	**31527**	**14244**	**15096**	**11988**	**14622**	**C**
146	2250	2463	1076	486	1434	761	1878	851	848	782	808	13
120	640	1074	492	266	307	262	883	679	514	235	369	14
38	595	452	223	192	121	226	310	165	93	104	153	15
		8					2			2		16
127	833	2995	965	353	377	255	647	688	857	1537	834	17
57	2905	1430	1291	525	968	368	703	500	335	262	1416	18
8	251	649	109	57	188	52	310	52	130	136	221	19
64	471	822	1582	253	143	271	12985	504	1368	347	3574	20
54	351	708	336	114	130	120	549	704	342	569	707	21
53	580	746	410	156	168	115	602	253	226	221	234	22
108	617	706	435	213	300	153	489	261	254	155	302	23
37	724	829	682	174	1015	207	1158	648	159	448	1265	24
211	40	76	106	58	8	28	61	63	27	94	61	25
577	1298	2034	761	498	364	181	871	672	431	712	580	26
38	188	280	237	103	125	39	179	168	53	71	200	27
7	20	68	17	32	39	6	29	27	9	27	17	28
353	1606	2307	587	414	571	897	1974	595	546	710	415	29
384	3408	2473	2222	1059	757	1461	2173	942	759	823	1096	30
24	128	138	105	59	31	22	126	65	497	145	20	31
33	191	180	68	94	65	22	166	68	143	175	28	32
358	2095	2984	1088	633	804	375	1587	996	806	2165	504	33
309	3600	4742	1970	1772	976	493	1321	2669	4535	652	529	34

1-07 续表 1

分 组	代码	法人单位数(个)	济南市	青岛市	淄博市	枣庄市
专用设备制造业	35	24381	2834	5523	1535	421
汽车制造业	36	7656	592	1134	253	31
铁路、船舶、航空航天和其他运输设备制造业	37	2474	120	1044	33	23
电气机械和器材制造业	38	10188	803	2076	952	195
计算机、通信和其他电子设备制造业	39	5245	398	1506	221	80
仪器仪表制造业	40	3090	485	699	179	46
其他制造业	41	2903	158	716	195	42
废弃资源综合利用业	42	873	77	120	43	20
金属制品、机械和设备修理业	43	4025	467	1057	224	88
电力、热力、燃气及水生产和供应业	**D**	**6280**	**471**	**538**	**328**	**330**
电力、热力生产和供应业	44	4123	278	276	218	265
燃气生产和供应业	45	613	60	51	24	16
水的生产和供应业	46	1544	133	211	86	49
建筑业	**E**	**124512**	**13419**	**27159**	**5884**	**2175**
房屋建筑业	47	27066	3146	5577	969	616
土木工程建筑业	48	26968	2728	5532	1708	438
建筑安装业	49	22076	2307	4526	1206	417
建筑装饰、装修和其他建筑业	50	48402	5238	11524	2001	704
批发和零售业	**F**	**598403**	**86559**	**123863**	**34573**	**13390**
批发业	51	373997	57627	92580	21983	7805
零售业	52	224406	28932	31283	12590	5585
交通运输、仓储和邮政业	**G**	**52848**	**4157**	**13730**	**2570**	**1061**
铁路运输业	53	21	11	1		
道路运输业	54	33132	3054	5857	1759	736
水上运输业	55	1247	27	269	3	27
航空运输业	56	186	32	60	7	
管道运输业	57	47	11	6	4	
多式联运和运输代理业	58	10167	364	5930	439	57
装卸搬运和仓储业	59	6874	535	1449	314	194
邮政业	60	1174	123	158	44	47
住宿和餐饮业	**H**	**28234**	**3829**	**5934**	**1369**	**571**
住宿业	61	6485	740	1497	241	163
餐饮业	62	21749	3089	4437	1128	408
信息传输、软件和信息技术服务业	**I**	**58722**	**13757**	**14931**	**3088**	**901**
电信、广播电视和卫星传输服务	63	1285	307	254	70	37
互联网和相关服务	64	9143	1232	2002	773	225
软件和信息技术服务业	65	48294	12218	12675	2245	639
金融业	**J**	**5783**	**1184**	**1094**	**314**	**104**
货币金融服务	66	1891	320	341	87	25
资本市场服务	67	1752	405	550	94	14

东营市	烟台市	潍坊市	济宁市	泰安市	威海市	日照市	临沂市	德州市	聊城市	滨州市	菏泽市	代码
581	2254	4314	1480	962	636	268	902	957	611	679	424	35
110	1403	1278	704	189	218	403	216	444	442	80	159	36
15	243	129	201	28	270	35	85	93	65	22	68	37
183	907	984	521	537	460	208	503	612	643	398	206	38
41	761	511	193	166	590	96	153	249	70	125	85	39
42	404	319	85	150	146	34	156	98	135	29	83	40
34	157	385	170	99	104	58	328	108	65	129	155	41
15	94	84	55	44	16	20	91	37	44	56	57	42
131	519	241	260	133	393	107	90	76	89	98	52	43
247	**605**	**790**	**485**	**292**	**258**	**176**	**436**	**334**	**207**	**400**	**380**	**D**
139	477	518	332	185	178	86	305	235	116	239	273	44
39	45	51	48	38	19	39	20	42	27	65	29	45
69	83	221	105	69	61	51	111	57	64	96	78	46
4025	**14523**	**15278**	**7096**	**4692**	**5094**	**5530**	**3920**	**4356**	**3223**	**3835**	**4303**	**E**
825	2033	3483	1757	1193	1025	1292	1154	1302	712	732	1250	47
1274	2341	3751	1495	961	873	1071	736	1002	836	1199	1023	48
605	3309	2844	1068	946	1029	752	554	568	657	802	486	49
1321	6840	5200	2776	1592	2167	2415	1476	1484	1018	1102	1544	50
12157	**63580**	**54134**	**48738**	**19401**	**18397**	**16042**	**36480**	**18056**	**18091**	**17652**	**17290**	**F**
6619	37029	33604	29438	9981	9147	9140	21755	9981	11323	9217	6768	51
5538	26551	20530	19300	9420	9250	6902	14725	8075	6768	8435	10522	52
1123	**4943**	**4273**	**4970**	**1473**	**1486**	**2190**	**3316**	**1879**	**1882**	**1728**	**2067**	**G**
	3	2			1				1	2		53
792	2384	3197	3561	1178	695	1310	2724	1435	1529	1334	1587	54
48	232	73	256	16	100	135	2	8	8	27	16	55
4	28	10	5	2	7	7	8	6	1	7	2	56
4	4	6		2		3	1		1	3	2	57
116	1156	362	306	68	375	501	166	91	52	120	64	58
134	1011	539	739	161	254	200	309	280	241	187	327	59
25	125	84	103	46	54	34	106	59	49	48	69	60
377	**3856**	**2052**	**2437**	**954**	**1133**	**845**	**1862**	**665**	**607**	**714**	**1029**	**H**
104	789	418	530	289	337	252	429	160	152	155	229	61
273	3067	1634	1907	665	796	593	1433	505	455	559	800	62
1475	**5570**	**4693**	**3225**	**1398**	**1555**	**1350**	**1603**	**1264**	**1221**	**1192**	**1499**	**I**
31	107	91	41	55	30	43	38	37	29	70	45	63
309	883	680	641	219	290	181	411	253	396	252	396	64
1135	4580	3922	2543	1124	1235	1126	1154	974	796	870	1058	65
208	**453**	**456**	**231**	**192**	**264**	**222**	**409**	**189**	**173**	**161**	**129**	**J**
90	137	131	95	68	95	76	161	66	66	70	63	66
37	148	138	25	31	75	66	80	40	22	18	9	67

1-07 续表 2

分 组	代码	法 人 单位数 (个)	济南市	青岛市	淄博市	枣庄市
保险业	68	1426	275	133	90	52
其他金融业	69	714	184	70	43	13
房地产业	**K**	**51380**	**7253**	**10075**	**2846**	**1057**
房地产业	70	51380	7253	10075	2846	1057
租赁和商务服务业	**L**	**171491**	**28924**	**42386**	**7669**	**2920**
租赁业	71	17613	2608	3417	907	349
商务服务业	72	153878	26316	38969	6762	2571
科学研究和技术服务业	**M**	**93529**	**19993**	**21075**	**4435**	**1337**
研究和试验发展	73	12932	2118	4736	601	52
专业技术服务业	74	41398	9192	8931	2294	662
科技推广和应用服务业	75	39199	8683	7408	1540	623
水利、环境和公共设施管理业	**N**	**10758**	**1172**	**2066**	**666**	**305**
水利管理业	76	1120	119	100	70	33
生态保护和环境治理业	77	1216	190	194	103	30
公共设施管理业	78	8042	803	1723	470	227
土地管理业	79	380	60	49	23	15
居民服务、修理和其他服务业	**O**	**33873**	**4460**	**7309**	**1666**	**888**
居民服务业	80	14238	1978	3381	741	314
机动车、电子产品和日用产品修理业	81	13694	1691	2684	644	278
其他服务业	82	5941	791	1244	281	296
教育	**P**	**43057**	**5126**	**6613**	**2222**	**1516**
教育	83	43057	5126	6613	2222	1516
卫生和社会工作	**Q**	**18784**	**1663**	**3149**	**1770**	**582**
卫生	84	13337	1093	2377	1333	456
社会工作	85	5447	570	772	437	126
文化、体育和娱乐业	**R**	**37583**	**6111**	**7028**	**2566**	**788**
新闻和出版业	86	356	133	43	20	10
广播、电视、电影和录音制作业	87	3503	602	810	332	51
文化艺术业	88	10940	1602	2129	680	229
体育	89	3410	506	779	224	69
娱乐业	90	19374	3268	3267	1310	429
公共管理、社会保障和社会组织	**S**	**129035**	**10959**	**10643**	**6022**	**4478**
中国共产党机关	91	2050	218	134	120	96
国家机构	92	29976	2153	2168	1657	1212
人民政协、民主党派	93	375	61	18	33	13
社会保障	94	488	33	32	42	20
群众团体、社会团体和其他成员组织	95	17428	1856	1644	1078	605
基层群众自治组织	96	78718	6638	6647	3092	2532

东营市	烟台市	潍坊市	济宁市	泰安市	威海市	日照市	临沂市	德州市	聊城市	滨州市	菏泽市	代码
57	104	105	89	65	58	48	119	57	69	58	47	68
24	64	82	22	28	36	32	49	26	16	15	10	69
1076	**5657**	**4578**	**3601**	**2126**	**3295**	**1089**	**2280**	**1621**	**1374**	**1781**	**1671**	**K**
1076	5657	4578	3601	2126	3295	1089	2280	1621	1374	1781	1671	70
3802	**17272**	**18441**	**9957**	**5500**	**6334**	**5947**	**5701**	**4976**	**3641**	**3770**	**4251**	**L**
439	1539	1264	1407	602	402	770	751	1007	681	717	753	71
3363	15733	17177	8550	4898	5932	5177	4950	3969	2960	3053	3498	72
2740	**9293**	**7706**	**4906**	**3515**	**3251**	**2500**	**2965**	**2693**	**1774**	**3328**	**2018**	**M**
147	1750	958	640	438	416	178	209	292	96	155	146	73
1467	3346	2923	1958	1262	1458	1107	1247	1353	997	2387	814	74
1126	4197	3825	2308	1815	1377	1215	1509	1048	681	786	1058	75
334	**909**	**856**	**807**	**496**	**509**	**488**	**642**	**494**	**284**	**393**	**337**	**N**
42	125	92	76	52	43	43	64	88	36	67	70	76
47	124	107	76	48	51	35	61	35	36	47	32	77
228	631	622	621	377	409	395	509	349	200	256	222	78
17	29	35	34	19	6	15	8	22	12	23	13	79
921	**3702**	**2559**	**2780**	**1087**	**1139**	**1025**	**1850**	**1005**	**1028**	**1212**	**1242**	**O**
260	1707	969	1004	439	565	402	722	408	372	423	553	80
486	1472	1176	1323	414	401	384	810	395	439	623	474	81
175	523	414	453	234	173	239	318	202	217	166	215	82
1109	**3473**	**4109**	**4143**	**2268**	**1361**	**1183**	**2863**	**2021**	**1292**	**1126**	**2632**	**P**
1109	3473	4109	4143	2268	1361	1183	2863	2021	1292	1126	2632	83
291	**2194**	**1410**	**1163**	**988**	**946**	**475**	**1075**	**684**	**576**	**652**	**1166**	**Q**
175	1539	987	775	718	439	374	878	503	411	446	833	84
116	655	423	388	270	507	101	197	181	165	206	333	85
998	**3705**	**2983**	**2475**	**1621**	**1621**	**986**	**2191**	**1140**	**992**	**1161**	**1217**	**R**
14	18	24	21	8	12	5	8	11	11	13	5	86
45	548	244	146	84	131	84	119	105	59	62	81	87
341	1010	935	853	486	500	266	405	369	288	367	480	88
84	370	314	229	163	143	74	121	75	77	117	65	89
514	1759	1466	1226	880	835	557	1538	580	557	602	586	90
3609	**11391**	**11005**	**11876**	**6894**	**4900**	**3480**	**8037**	**11157**	**8686**	**6779**	**9119**	**S**
91	192	188	159	100	82	88	125	130	122	90	115	91
1092	2795	2653	3295	1482	1237	1102	1494	1835	1104	1810	2887	92
13	38	29	36	16	10	11	20	17	28	15	17	93
8	25	13	59	26	29	32	12	45	14	41	57	94
419	1507	1077	1759	1480	645	568	1293	979	840	688	990	95
1986	6834	7045	6568	3790	2897	1679	5093	8151	6578	4135	5053	96

1-08 按行业（大类）、地区分组的

分组	代码	从业人员期末人数（人）	济南市	青岛市	淄博市	枣庄市	东营市
总　计	**00**	**26044119**	**3144323**	**3820252**	**1357966**	**779728**	**752368**
农、林、牧、渔业	**A**	**132058**	**6646**	**4991**	**1257**	**2563**	**1497**
农业	01						
林业	02						
畜牧业	03						
渔业	04						
农、林、牧、渔专业及辅助性活动	05	132058	6646	4991	1257	2563	1497
采矿业	**B**	**505160**	**27546**	**1356**	**9546**	**41384**	**105143**
煤炭开采和洗选业	06	289480	5642	6	2250	40125	
石油和天然气开采业	07	84522	769	20	510		80451
黑色金属矿采选业	08	24856	10262	105	5623	401	
有色金属矿采选业	09	56341	9782	229	10		
非金属矿采选业	10	24640	1036	794	1012	301	1670
开采专业及辅助性活动	11	24715	30	151	96	557	23022
其他采矿业	12	606	25	51	45		
制造业	**C**	**8915617**	**596710**	**1218266**	**461207**	**225650**	**219656**
农副食品加工业	13	733274	16007	72741	5893	15624	4445
食品制造业	14	234167	20830	27639	7225	6171	3629
酒、饮料和精制茶制造业	15	101570	7691	14145	3844	4263	957
烟草制品业	16	8599	2351		2		
纺织业	17	547781	11976	30423	32431	9741	8493
纺织服装、服饰业	18	497809	12963	98512	5977	26913	391
皮革、毛皮、羽毛及其制品和制鞋业	19	105141	1180	32962	4002	4649	156
木材加工和木、竹、藤、棕、草制品业	20	444829	2510	10585	2102	7406	1153
家具制造业	21	122145	3230	25416	2014	1553	672
造纸和纸制品业	22	170524	6925	15474	13464	8921	4798
印刷和记录媒介复制业	23	117600	12189	25576	5327	2283	698
文教、工美、体育和娱乐用品制造业	24	295657	7277	62133	10002	10215	270
石油、煤炭及其他燃料加工业	25	125923	3190	3547	21693	3981	35421
化学原料和化学制品制造业	26	559594	25478	37796	86152	16427	32935
医药制造业	27	267922	24797	12024	24024	3058	4322
化学纤维制造业	28	20591	1497	1356	908	101	15
橡胶和塑料制品业	29	429728	12078	76031	18200	14042	52386
非金属矿物制品业	30	625298	45032	46777	76246	27086	8067
黑色金属冶炼和压延加工业	31	197025	60237	10171	9008	669	974
有色金属冶炼和压延加工业	32	246032	2403	4742	10616	1100	3594
金属制品业	33	473496	47754	94620	15420	9125	13024
通用设备制造业	34	723626	72813	117182	35758	21389	5867

法人单位从业人员数

烟台市	潍坊市	济宁市	泰安市	威海市	日照市	临沂市	德州市	聊城市	滨州市	菏泽市	代码
2391523	**2261619**	**2037926**	**1076077**	**1108144**	**623287**	**2020035**	**1210731**	**948913**	**883260**	**1509237**	**00**
10584	**11338**	**17774**	**9078**	**4742**	**6147**	**12406**	**24679**	**4897**	**5487**	**7972**	**A**
											01
											02
											03
											04
10584	11338	17774	9078	4742	6147	12406	24679	4897	5487	7972	05
55980	**5490**	**168031**	**49462**	**2450**	**3683**	**13735**	**1761**		**4944**	**14649**	**B**
10973	54	165619	47343			1227	1634			14607	06
	200	22		7	2		98		2443		07
229	272	725	199	45	416	6579					08
41233	91	360	5	1090	940	2284			317		09
3394	4801	1230	1757	1178	2141	3515	7		1784	20	10
30	72	58	32	51	177	10	7		400	22	11
121		17	126	79	7	120	15				12
881029	**936028**	**592321**	**280372**	**525614**	**192300**	**890523**	**508780**	**386730**	**425380**	**569708**	**C**
115989	86915	36471	19780	87319	23679	97523	42405	35254	38812	34417	13
16935	24824	18111	5798	12997	4545	30419	17124	11690	6389	19841	14
13303	7664	8240	3784	3322	3353	10266	8339	3049	1948	7402	15
	505					387			11		16
14144	102716	36897	16453	16524	6092	27410	45803	53466	64205	71007	17
50105	42695	97395	22415	36220	9761	22072	18828	9768	5243	38551	18
3879	13531	4130	1167	7409	1042	13056	2422	1496	5395	8665	19
5202	9859	25321	2895	1846	4595	245210	10994	17874	3307	93970	20
4402	13244	5131	1165	1787	1662	13583	17536	2762	5898	22090	21
11918	22649	21792	5747	4038	4769	14363	9781	14574	3664	7647	22
9352	10372	6715	4525	5974	2897	9927	5870	5069	1937	8889	23
11683	15140	18075	2755	33734	4639	34484	25857	3092	11637	44664	24
614	13104	6798	2708	124	3726	4346	5546	1123	10715	9287	25
40199	75272	29218	20559	13613	3110	43316	36103	22204	33379	43833	26
16793	19516	21917	6908	53106	2307	29004	19279	7190	5387	18290	27
3051	7427	383	275	803	176	1087	826	192	1399	1095	28
38492	48738	20141	11105	29106	12565	42277	18918	11908	8220	15521	29
57035	41220	57291	30464	20986	24089	69406	39689	19949	17925	44036	30
4023	17424	2414	8033	1754	20745	22961	8232	17790	11988	602	31
51551	16730	2143	1983	1803	879	14437	2504	16992	113299	1256	32
44908	58043	21927	14787	19029	7575	33899	29036	14119	37699	12531	33
83926	87046	47515	27384	33588	10259	34992	56781	57388	13342	18396	34

1-08 续表 1

分组	代码	从业人员期末人数（人）	济南市	青岛市	淄博市	枣庄市	东营市
专用设备制造业	35	496014	46509	78368	33272	12768	19731
汽车制造业	36	420326	54254	62571	8675	975	6529
铁路、船舶、航空航天和其他运输设备制造业	37	127030	9909	66828	530	1556	197
电气机械和器材制造业	38	328536	26597	87018	16660	7651	6999
计算机、通信和其他电子设备制造业	39	341744	39921	69147	5914	3165	1334
仪器仪表制造业	40	70850	12827	15154	3078	2050	872
其他制造业	41	33132	1113	9106	1044	1730	519
废弃资源综合利用业	42	13300	1007	822	718	316	108
金属制品、机械和设备修理业	43	36354	4165	9400	1008	722	1100
电力、热力、燃气及水生产和供应业	**D**	**345150**	**21035**	**25641**	**19401**	**7519**	**7569**
电力、热力生产和供应业	44	264279	11684	15989	13814	3919	4265
燃气生产和供应业	45	27550	4435	3019	2224	1125	1506
水的生产和供应业	46	53321	4916	6633	3363	2475	1798
建筑业	**E**	**3455969**	**538200**	**422806**	**317558**	**130382**	**86371**
房屋建筑业	47	2021238	267098	217067	250485	95577	34832
土木工程建筑业	48	658851	155902	89686	35278	13727	34228
建筑安装业	49	354759	46627	39602	11440	11059	7628
建筑装饰、装修和其他建筑业	50	421121	68573	76451	20355	10019	9683
批发和零售业	**F**	**3420111**	**553896**	**661054**	**121621**	**95306**	**69521**
批发业	51	2061081	366674	457576	66352	57428	36921
零售业	52	1359030	187222	203478	55269	37878	32600
交通运输、仓储和邮政业	**G**	**946043**	**119888**	**200784**	**35435**	**22202**	**26725**
铁路运输业	53	137	137				
道路运输业	54	596710	75065	91810	27455	16427	21520
水上运输业	55	66607	1120	22334	11	1077	1031
航空运输业	56	23500	13805	5370	41		176
管道运输业	57	3576	1582	407	57		117
多式联运和运输代理业	58	85324	3470	51756	1650	458	610
装卸搬运和仓储业	59	100354	8262	20414	3296	2411	1988
邮政业	60	69835	16447	8693	2925	1829	1283
住宿和餐饮业	**H**	**365055**	**57593**	**73615**	**14562**	**8844**	**11061**
住宿业	61	138028	21600	30056	4342	3398	2647
餐饮业	62	227027	35993	43559	10220	5446	8414
信息传输、软件和信息技术服务业	**I**	**493486**	**165701**	**97543**	**25339**	**7889**	**10214**
电信、广播电视和卫星传输服务	63	123697	62007	10194	4142	2610	2943
互联网和相关服务	64	57601	6778	9839	13731	1140	1576
软件和信息技术服务业	65	312188	96916	77510	7466	4139	5695
金融业	**J**	**22137**	**7802**	**2896**	**675**	**220**	**460**
货币金融服务	66	9215	2974	1311	262	49	291
资本市场服务	67	5372	1883	874	129	64	42

烟台市	潍坊市	济宁市	泰安市	威海市	日照市	临沂市	德州市	聊城市	滨州市	菏泽市	代码
57106	75700	37574	19828	22352	5282	28833	29257	11137	6983	11314	35
83954	48219	24281	13393	16936	22661	12462	17489	31116	6384	10427	36
10863	1624	6348	698	16869	1338	3229	3379	1039	375	2248	37
30414	18920	17235	26597	22647	3255	14839	23162	10764	4318	11460	38
82047	48591	11171	3101	48911	5624	6960	6875	1751	2919	4313	39
11475	3506	1559	3480	4068	213	3994	3390	2654	324	2206	40
1673	2757	2621	686	1360	395	3967	1844	500	1165	2652	41
2081	952	993	235	321	519	1319	937	251	531	2190	42
3912	1125	2514	1664	7068	548	495	574	569	582	908	43
20315	**19410**	**19954**	**10563**	**14145**	**5664**	**15813**	**12653**	**8851**	**11482**	**11748**	**D**
15745	12329	12472	6524	10607	3667	10251	8003	5819	8208	7596	44
1598	1958	2611	1674	547	569	1575	1639	1095	1132	843	45
2972	5123	4871	2365	2991	1428	3987	3011	1937	2142	3309	46
294362	**269163**	**242343**	**272688**	**107435**	**92964**	**202041**	**110536**	**88503**	**70763**	**209854**	**E**
141293	170090	156845	147001	57751	54312	143384	71415	57265	39932	116891	47
56050	47676	38097	28755	17039	16531	24763	19468	16145	16826	48680	48
36959	19864	21555	86160	12783	6934	16044	6889	8640	7157	15418	49
60060	31533	25846	10772	19862	15187	17850	12764	6453	6848	28865	50
393221	**250357**	**323392**	**97560**	**115848**	**70320**	**229620**	**141664**	**77647**	**83216**	**135868**	**F**
253457	147063	188287	45783	54390	35122	119194	84528	44295	39998	64013	51
139764	103294	135105	51777	61458	35198	110426	57136	33352	43218	71855	52
83689	**58692**	**84178**	**22771**	**27452**	**45697**	**57828**	**34453**	**46811**	**32799**	**46639**	**G**
											53
36266	39063	61199	18510	13527	15798	47491	26705	40873	27927	37074	54
17692	1854	8395	94	2973	8659	6	223	172	470	496	55
1886	153	188		947	261	494	13	1	111	54	56
491	294				186	86		12	170	174	57
8739	1885	3361	228	4286	4340	1208	805	629	808	1091	58
11669	5898	7296	1742	3125	15456	3622	4260	2486	1841	6588	59
6946	9545	3739	2197	2594	997	4921	2447	2638	1472	1162	60
37361	**26363**	**29808**	**14198**	**19413**	**8733**	**22097**	**11216**	**9649**	**7422**	**13120**	**H**
15861	11213	10697	6387	8017	3998	6148	3364	3483	2495	4322	61
21500	15150	19111	7811	11396	4735	15949	7852	6166	4927	8798	62
36854	**28048**	**23760**	**13312**	**13996**	**6252**	**14614**	**11562**	**6414**	**7416**	**24572**	**I**
6755	5391	3839	2619	2870	1972	5293	3566	2750	3133	3613	63
4474	2761	3245	762	1799	542	2269	1726	1173	1468	4318	64
25625	19896	16676	9931	9327	3738	7052	6270	2491	2815	16641	65
1376	**1390**	**634**	**718**	**1483**	**442**	**1829**	**929**	**469**	**322**	**492**	**J**
558	463	328	291	688	256	765	238	196	203	342	66
293	323	53	182	371	110	494	397	61	39	57	67

1-08 续表 2

分 组	代码	从业人员期末人数(人)	济南市	青岛市	淄博市	枣庄市	东营市
保险业	68	734	165		8	10	3
其他金融业	69	6816	2780	711	276	97	124
房地产业	**K**	**784256**	**134499**	**126095**	**35599**	**20441**	**22443**
房地产业	70	784256	134499	126095	35599	20441	22443
租赁和商务服务业	**L**	**1203965**	**212476**	**279046**	**48202**	**22707**	**51186**
租赁业	71	96066	15267	17099	3631	2050	1654
商务服务业	72	1107899	197209	261947	44571	20657	49532
科学研究和技术服务业	**M**	**712878**	**174553**	**149135**	**28593**	**14270**	**27201**
研究和试验发展	73	84444	20619	25567	2245	650	1576
专业技术服务业	74	429386	109218	88600	21795	9415	19818
科技推广和应用服务业	75	199048	44716	34968	4553	4205	5807
水利、环境和公共设施管理业	**N**	**256906**	**23976**	**33336**	**12768**	**9382**	**5903**
水利管理业	76	16164	3412	1288	531	527	1152
生态保护和环境治理业	77	14721	1992	2063	784	505	733
公共设施管理业	78	222856	18143	29615	11242	8207	3982
土地管理业	79	3165	429	370	211	143	36
居民服务、修理和其他服务业	**O**	**244263**	**39527**	**43695**	**9334**	**6433**	**4565**
居民服务业	80	97411	18496	18686	3984	2301	1152
机动车、电子产品和日用产品修理业	81	73151	8612	15586	2274	1512	2128
其他服务业	82	73701	12419	9423	3076	2620	1285
教育	**P**	**1450464**	**172962**	**167609**	**69279**	**52686**	**33541**
教育	83	1450464	172962	167609	69279	52686	33541
卫生和社会工作	**Q**	**811225**	**94690**	**87384**	**47855**	**30724**	**17433**
卫生	84	765411	89669	79416	44786	29484	16736
社会工作	85	45814	5021	7968	3069	1240	697
文化、体育和娱乐业	**R**	**231401**	**37316**	**41808**	**11082**	**6520**	**6133**
新闻和出版业	86	18440	6130	2823	779	346	506
广播、电视、电影和录音制作业	87	39061	6547	7049	2414	1582	619
文化艺术业	88	65683	9578	13013	3555	1704	2177
体育	89	20629	3047	5228	709	467	367
娱乐业	90	87588	12014	13695	3625	2421	2464
公共管理、社会保障和社会组织	**S**	**1747975**	**159307**	**183192**	**88653**	**74606**	**45746**
中国共产党机关	91	47388	6430	4539	2807	2511	1283
国家机构	92	1182552	104275	129340	60842	56054	32868
人民政协、民主党派	93	4951	768	477	210	225	182
社会保障	94	4210	782	404	521	141	6
群众团体、社会团体和其他成员组织	95	68030	8995	5983	3678	2680	1526
基层群众自治组织	96	440844	38057	42449	20595	12995	9881

烟台市	潍坊市	济宁市	泰安市	威海市	日照市	临沂市	德州市	聊城市	滨州市	菏泽市	代码
101	29	127	21	7	7	92	50	101	13		68
424	575	126	224	417	69	478	244	111	67	93	69
75714	**64054**	**54914**	**36593**	**47405**	**15668**	**43322**	**29571**	**22129**	**20931**	**34878**	**K**
75714	64054	54914	36593	47405	15668	43322	29571	22129	20931	34878	70
95177	**93512**	**70597**	**32300**	**51671**	**28914**	**67955**	**42282**	**28908**	**19910**	**59122**	**L**
6955	4943	9385	2380	2559	3079	4977	7373	3428	2776	8510	71
88222	88569	61212	29920	49112	25835	62978	34909	25480	17134	50612	72
62541	**43406**	**38291**	**23140**	**28350**	**14118**	**28815**	**22369**	**14150**	**18037**	**25909**	**M**
11799	3245	4544	2643	3844	862	1555	2158	436	933	1768	73
29404	27124	20423	13496	15319	8340	16873	12807	10998	14034	11722	74
21338	13037	13324	7001	9187	4916	10387	7404	2716	3070	12419	75
16534	**63817**	**15554**	**9579**	**8462**	**7203**	**21760**	**8174**	**6428**	**4890**	**9140**	**N**
906	1212	1146	293	299	260	1851	928	617	685	1057	76
2079	1138	625	673	370	616	843	597	435	756	512	77
13313	61250	13506	8497	7734	5862	19016	6488	5335	3381	7285	78
236	217	277	116	59	465	50	161	41	68	286	79
24389	**12509**	**17364**	**11904**	**7919**	**9289**	**14240**	**12112**	**9849**	**8208**	**12926**	**O**
8468	4178	6626	1896	3966	1632	4994	6845	3845	4721	5621	80
10023	4702	7300	1903	2402	1367	4187	2793	1732	2394	4236	81
5898	3629	3438	8105	1551	6290	5059	2474	4272	1093	3069	82
100551	**136805**	**115466**	**67464**	**42917**	**40734**	**136202**	**71198**	**80617**	**50281**	**112152**	**P**
100551	136805	115466	67464	42917	40734	136202	71198	80617	50281	112152	83
55456	**73590**	**64680**	**40114**	**29446**	**22642**	**76385**	**36178**	**43321**	**29467**	**61860**	**Q**
50706	70414	61219	38508	25411	21889	73494	34509	41974	27920	59276	84
4750	3176	3461	1606	4035	753	2891	1669	1347	1547	2584	85
19304	**15876**	**18270**	**8757**	**10631**	**5049**	**16501**	**9288**	**5966**	**5630**	**13270**	**R**
913	1719	1630	225	950	314	659	716	378	239	113	86
3277	2853	2803	1656	1602	700	2823	1323	1021	1058	1734	87
5273	4260	6165	1967	3107	1214	2701	2229	1704	1698	5338	88
2801	1508	1705	551	925	315	816	528	319	603	740	89
7040	5536	5967	4358	4047	2506	9502	4492	2544	2032	5345	90
127086	**151771**	**140595**	**75504**	**48765**	**47468**	**154349**	**121326**	**107574**	**76675**	**145358**	**S**
3461	3933	2655	2091	1848	1762	4524	2813	2423	1556	2752	91
77492	105253	96417	47219	30933	33813	104896	75128	70117	50616	107289	92
346	464	454	119	87	186	380	321	278	224	230	93
604	276	131	133	211	136	278	65	100	182	240	94
4812	4251	7152	3716	2176	963	5828	4609	4077	2013	5571	95
40371	37594	33786	22226	13510	10608	38443	38390	30579	22084	29276	96

1-09 按地区、机构类型分组的法人单位数

分 组	法 人 单位数 (个)	企业	事业单位	机关	社会团体	民办非企业单位	基金会	居委会	村委会	农民专业合作社	农村集体经济组织	其他组织机构
全 省	**1801301**	**1547260**	**50681**	**12465**	**13337**	**28723**	**116**	**7307**	**71411**	**58750**	**3059**	**8192**
济南市	230293	209176	4145	1192	1531	3102	40	748	5890	3703	12	754
青岛市	359226	334660	4051	1056	1565	6018	21	1211	5436	4531	121	556
淄博市	97597	85413	2461	706	887	2502	8	467	2625	1970	3	555
枣庄市	38717	29818	2246	512	474	607	3	419	2113	2164	42	319
东营市	39374	33588	1655	407	376	860	3	207	1779	380		119
烟台市	182515	157936	4362	1189	1307	2731	9	473	6361	6723	908	516
潍坊市	174232	147032	4083	1001	818	2767	2	1138	5907	9739	1135	610
济宁市	130348	107810	5836	1007	1211	1895	4	305	6263	5184	33	800
泰安市	65349	50773	2791	597	1296	1315	6	205	3585	3918	206	657
威海市	64510	54516	1885	497	601	1337	7	438	2459	2570	2	198
日照市	52880	42951	2633	422	541	739	3	160	1519	3297	356	259
临沂市	109478	92687	2334	831	690	1754	1	324	4769	5169	102	817
德州市	70831	51862	3030	833	501	805	5	177	7974	4843	98	703
聊城市	60844	49258	1703	709	436	488	1	411	6167	1140	3	528
滨州市	58839	47773	2724	648	557	728	3	287	3848	2016	2	253
菏泽市	66264	52003	4742	858	546	1075		337	4716	1403	36	548

1-10　按地区、机构类型分组的法人单位从业人员数

分　组	从业人员期末人数（人）	企业	事业单位	机关	社会团体	民办非企业单位	基金会	居委会	村委会	农民专业合作社	农村集体经济组织	其他组织机构
全　省	**26044119**	**21662670**	**2142087**	**1000078**	**46094**	**405808**	**450**	**66871**	**373973**	**287980**	**7027**	**51081**
济南市	3144323	2670175	272704	89540	7299	44178	180	7364	30693	15827	62	6301
青岛市	3820252	3351879	225658	107415	5609	60624	56	14305	28144	21605	71	4886
淄博市	1357966	1141964	104337	50982	2705	28449	19	4850	15745	6094	6	2815
枣庄市	779728	604838	81777	52468	1981	11141	2	2585	10410	12810	29	1687
东营市	752368	649708	49954	29931	1185	9054	38	1256	8625	1402		1215
烟台市	2391523	2062671	143519	63321	3422	34303	39	3678	36693	39731	567	3579
潍坊市	2261619	1852462	199639	76097	2668	46000	2	8635	28959	38837	4336	3984
济宁市	2037926	1681328	165875	83150	4212	31787	34	3587	30199	32708	96	4950
泰安市	1076077	874495	108023	38617	3066	14017	20	2516	19710	13213	83	2317
威海市	1108144	974678	65154	26545	2081	13787	15	2762	10748	11118	3	1253
日照市	623287	494822	64814	29980	873	7481	2	1566	9042	12686	950	1071
临沂市	2020035	1625600	193206	93909	2901	30819	1	4844	33599	29985	3	5168
德州市	1210731	947896	108987	63779	2117	16895	19	1516	36874	28276	693	3679
聊城市	948913	709445	117120	60014	1987	20561	8	2683	27896	6301	23	2875
滨州市	883260	716199	78622	44068	1238	11047	15	2322	19762	8270		1717
菏泽市	1509237	1185780	162698	90262	2750	25665		2402	26874	9117	105	3584

1-11 按地区、开业(成立)

分 组	法人单位数(个)	1949年以前	1950-1977年	1978-1991年	1992-2000年	2001年	2002年	2003年	2004年	2005年	2006年
全 省	**1801301**	**5649**	**13477**	**61805**	**57262**	**16346**	**18454**	**23237**	**23884**	**31775**	**31764**
济南市	230293	245	911	5695	6221	1760	2165	2665	2801	4348	3862
青岛市	359226	318	1133	5964	11711	3446	3670	5072	4966	5667	6335
淄博市	97597	111	643	3018	4191	1043	1332	1759	1629	1870	1993
枣庄市	38717	124	498	2261	1627	876	494	569	625	686	730
东营市	39374	126	277	1334	1181	402	465	614	687	1008	786
烟台市	182515	855	1117	7022	7983	2242	2549	3192	2897	3066	3209
潍坊市	174232	341	798	5129	4035	1388	1606	2205	2269	3015	2670
济宁市	130348	381	1813	5276	3452	804	1160	1255	1454	2183	2643
泰安市	65349	148	469	3782	2293	623	757	772	945	1765	1239
威海市	64510	487	623	1771	2971	730	801	899	933	1101	1241
日照市	52880	93	342	2035	1337	344	412	528	696	908	976
临沂市	109478	427	1052	3897	2767	787	961	1184	1406	1547	1632
德州市	70831	1088	1253	4450	2252	466	616	658	703	1394	968
聊城市	60844	460	1426	4677	1303	402	476	618	569	810	748
滨州市	58839	229	343	3042	1317	382	439	619	529	1181	1209
菏泽市	66264	216	779	2452	2619	651	551	628	775	1226	1523

时间分组的法人单位数

2007年	2008年	2009年	2010年	2011年	2012年	2013年	2014年	2015年	2016年	2017年	2018年	无开业年份
28705	**33815**	**42558**	**54358**	**58670**	**63913**	**88331**	**135286**	**176144**	**236124**	**285663**	**309462**	**4619**
4086	4446	5538	6755	7491	7987	10259	18805	22757	30025	34959	45755	757
6295	7186	9276	12036	14053	15090	19512	30329	36843	47237	55796	56586	705
1676	1864	2125	2737	2792	2981	3548	6004	9813	14045	16310	15537	576
639	834	1040	1297	1325	1315	2011	2397	3739	4643	5452	5502	33
670	775	911	1214	1347	1467	1778	3206	3399	5357	5930	6277	163
3065	3802	4437	5408	6057	6263	7778	13035	18421	24771	27693	26780	873
2856	3461	4214	5580	5995	5920	8280	12925	16851	23083	27828	33415	368
1845	2150	2535	3465	3817	4602	8064	10459	13612	16103	19644	23583	48
1029	1359	1710	2189	2074	2244	2692	4746	5966	7728	9222	11241	356
1100	1269	1551	1869	1910	2220	2871	4795	6168	8930	9186	10969	115
786	882	1493	1544	1632	1920	2713	4101	4760	6065	8959	10211	143
1351	2019	2461	3065	3115	3683	8512	7969	11412	13997	18083	18122	29
857	1024	1832	2157	1812	2197	3742	4932	5948	8479	12164	11721	118
689	779	933	1515	1471	1736	2092	3460	5069	7208	11639	12572	192
944	889	1338	1717	2053	2251	2005	3871	5393	8003	10188	10767	130
817	1076	1163	1810	1726	2037	2474	4252	5993	10450	12609	10424	13

1−12 按地区、开业(成立)时间

分 组	从业人员期末人数（人）	1949年以前	1950−1977年	1978−1991年	1992−2000年
全 省	**26044119**	**397276**	**1534871**	**1977843**	**3622997**
济南市	3144323	52672	225971	303885	501841
青岛市	3820252	48192	151306	268117	476169
淄博市	1357966	14926	135134	109006	313730
枣庄市	779728	8435	78188	61774	103358
东营市	752368	1970	25506	69866	111154
烟台市	2391523	31693	59148	184496	440301
潍坊市	2261619	39223	109892	154974	263962
济宁市	2037926	29869	212193	138386	254116
泰安市	1076077	16786	116348	125723	164400
威海市	1108144	16155	55039	72958	225059
日照市	623287	6792	24628	48000	70395
临沂市	2020035	38709	108524	160404	203290
德州市	1210731	27937	65756	68542	130940
聊城市	948913	24581	77554	76026	109761
滨州市	883260	11875	35487	43966	134223
菏泽市	1509237	27461	54197	91720	114985

分组的法人单位从业人员数

2001年	2002年	2003年	2004年	2005年	2006年	2007年
782133	**734673**	**870738**	**829174**	**829888**	**872784**	**653513**
76048	73294	91762	91339	103490	75679	86666
96386	116840	106936	97975	141682	116416	95550
40724	48120	60702	67532	41658	55228	29403
34878	23084	28502	23399	24354	20980	25717
20844	22475	28847	36086	21640	105931	16811
95892	69727	102425	76589	76196	82648	58041
110823	69653	93627	82886	74330	81212	67672
43981	43219	42843	47198	46027	51358	47362
28049	42349	29473	51708	36701	29574	26784
40075	36778	38647	32659	36203	31739	24275
20776	17078	36875	25527	24069	27035	10702
37951	50848	76769	72456	58769	61114	49409
30267	31751	34570	33732	33543	26939	31738
28532	30664	30192	26873	37825	28093	20416
34635	26036	34757	29376	30572	28142	27018
42272	32757	33811	33839	42829	50696	35949

1−12 续表

分 组	2008年	2009年	2010年	2011年	2012年
全 省	**667303**	**741873**	**952831**	**834775**	**859595**
济南市	80239	84312	109516	87016	91254
青岛市	92540	113888	139899	150837	137326
淄博市	28628	31876	28705	27807	33361
枣庄市	28589	30156	26900	23064	23830
东营市	21514	21586	21582	25833	39555
烟台市	56581	67640	77698	69266	73896
潍坊市	66308	72038	116777	82297	71060
济宁市	65704	46749	69084	56615	70697
泰安市	24416	27736	28645	30542	29502
威海市	26348	29810	41563	29618	29177
日照市	10803	18478	20901	19136	19862
临沂市	52277	54385	90553	61216	73653
德州市	34315	45661	46542	43174	43954
聊城市	26607	23636	33570	36111	27968
滨州市	21671	25205	37333	42558	36049
菏泽市	30763	43374	63563	49685	58451

2013年	2014年	2015年	2016年	2017年	2018年	无开业年份
1026852	**1261826**	**1351554**	**1688735**	**2049151**	**1499210**	**4524**
115796	160493	156414	189745	210647	175353	891
198326	229615	237081	275899	313718	214907	647
26693	42423	53626	64790	57364	45683	847
24815	27774	33944	40709	48037	39180	61
18009	24220	22870	32850	35390	27590	239
80240	109488	128436	153096	172876	124543	607
82557	100127	109465	130819	154073	127621	223
88352	119849	118881	137174	160371	147863	35
28476	38611	39987	48404	60826	50946	91
37999	49655	53614	72464	67180	61048	81
23744	29800	33270	41296	51918	42076	126
113180	96363	117589	144404	170416	127568	188
57695	64436	64359	90817	116154	87765	144
30199	46441	43835	54666	75275	59865	223
35109	37179	37524	58042	67705	48738	60
65662	85352	100659	153560	179127	118464	61

1-13 按行业(大类)、开业(成立)

分组	代码	法人单位数(个)	1949年以前	1950-1977年	1978-1991年
总计	**00**	**1801301**	**5649**	**13477**	**61805**
农、林、牧、渔业	**A**	**24243**	**5**	**44**	**107**
农业	01	8		1	
林业	02				
畜牧业	03	5			
渔业	04	4			
农、林、牧、渔专业及辅助性活动	05	24226	5	43	107
采矿业	**B**	**2358**	**1**	**20**	**82**
煤炭开采和洗选业	06	262		8	19
石油和天然气开采业	07	28			
黑色金属矿采选业	08	293	1	4	2
有色金属矿采选业	09	197		6	34
非金属矿采选业	10	1164		2	24
开采专业及辅助性活动	11	350			2
其他采矿业	12	64			1
制造业	**C**	**310428**	**27**	**276**	**2119**
农副食品加工业	13	17410	1	21	136
食品制造业	14	8053		5	42
酒、饮料和精制茶制造业	15	3703	5	8	38
烟草制品业	16	19			
纺织业	17	13552	1	7	95
纺织服装、服饰业	18	16873	1	6	72
皮革、毛皮、羽毛及其制品和制鞋业	19	3503	1	5	22
木材加工和木、竹、藤、棕、草制品业	20	24396	1	1	22
家具制造业	21	6849		2	24
造纸和纸制品业	22	6132		6	66
印刷和记录媒介复制业	23	7495	2	2	144
文教、工美、体育和娱乐用品制造业	24	12093		7	63

时间分组的法人单位数

1992–2000年	2001年	2002年	2003年	2004年	2005年	2006年	2007年	2008年	代码
57262	**16346**	**18454**	**23237**	**23884**	**31775**	**31764**	**28705**	**33815**	**00**
183	**46**	**67**	**57**	**57**	**163**	**85**	**151**	**636**	**A**
1									01
									02
1									03
3									04
178	46	67	57	57	163	85	151	636	05
224	**43**	**68**	**86**	**100**	**109**	**105**	**92**	**127**	**B**
48	8	12	12	13	10	11	9	15	06
8	1	1	2		1	1	3	1	07
25	6	4	19	26	21	19	23	30	08
40	2	6	10	8	10	13	10	6	09
86	24	35	35	43	60	50	40	68	10
16	2	9	7	7	6	8	5	5	11
1		1	1	3	1	3	2	2	12
15556	**4638**	**5801**	**7712**	**7752**	**8015**	**9016**	**8115**	**8201**	**C**
1077	355	394	484	499	513	590	486	496	13
450	119	149	198	202	177	218	197	193	14
324	91	86	112	97	87	106	97	95	15
1	2	1			3	1	4		16
711	217	308	429	436	489	471	369	380	17
592	188	281	327	287	318	375	328	319	18
181	58	77	65	69	90	87	79	72	19
334	113	148	245	219	300	389	352	392	20
198	57	69	109	99	97	133	110	86	21
384	122	133	187	172	178	184	196	185	22
712	181	198	248	276	302	274	224	229	23
582	169	249	339	310	331	325	299	271	24

1-13 续表 1

分 组	代码	法 人 单位数 (个)	1949年 以 前	1950– 1977年	1978– 1991年
石油、煤炭及其他燃料加工业	25	1130		2	10
化学原料和化学制品制造业	26	13306	1	28	158
医药制造业	27	2374		11	20
化学纤维制造业	28	485			5
橡胶和塑料制品业	29	17069	1	11	126
非金属矿物制品业	30	25503	2	29	204
黑色金属冶炼和压延加工业	31	1866		5	16
有色金属冶炼和压延加工业	32	1773		1	16
金属制品业	33	24608	2	12	171
通用设备制造业	34	41401	4	39	259
专用设备制造业	35	24381		16	148
汽车制造业	36	7656	1	16	50
铁路、船舶、航空航天和其他运输设备制造业	37	2474	2	9	20
电气机械和器材制造业	38	10188		14	100
计算机、通信和其他电子设备制造业	39	5245		4	25
仪器仪表制造业	40	3090	1	5	27
其他制造业	41	2903		1	11
废弃资源综合利用业	42	873			2
金属制品、机械和设备修理业	43	4025	1	3	27
电力、热力、燃气及水生产和供应业	**D**	**6280**	**3**	**37**	**109**
电力、热力生产和供应业	44	4123	2	15	39
燃气生产和供应业	45	613			9
水的生产和供应业	46	1544	1	22	61
建筑业	**E**	**124512**	**10**	**332**	**875**
房屋建筑业	47	27066	7	276	569
土木工程建筑业	48	26968	1	41	173
建筑安装业	49	22076	1	8	81
建筑装饰、装修和其他建筑业	50	48402	1	7	52
批发和零售业	**F**	**598403**	**41**	**215**	**2013**
批发业	51	373997	21	94	1000
零售业	52	224406	20	121	1013

1992—2000年	2001年	2002年	2003年	2004年	2005年	2006年	2007年	2008年	代码
66	22	32	35	35	36	45	40	28	25
1238	359	420	528	622	545	623	522	503	26
222	60	62	91	80	81	89	70	61	27
27	6	6	19	16	17	18	12	20	28
1102	327	376	497	463	485	567	532	515	29
1295	396	542	682	613	607	749	631	743	30
87	24	33	69	72	69	56	74	63	31
129	33	42	53	59	61	62	72	74	32
1117	331	456	605	598	623	716	655	711	33
1933	554	687	959	999	1070	1258	1136	1114	34
1010	310	390	517	587	605	687	619	625	35
368	114	157	220	228	247	234	240	271	36
119	27	34	63	42	72	82	77	69	37
589	191	229	309	307	271	291	314	300	38
276	94	95	136	160	159	157	168	161	39
215	59	81	100	80	64	94	84	64	40
69	21	32	32	36	47	50	40	46	41
29	4	7	8	17	21	20	26	24	42
119	34	27	46	72	50	65	62	91	43
177	**55**	**80**	**117**	**104**	**102**	**115**	**117**	**114**	**D**
95	33	33	60	56	38	44	48	47	44
27	14	19	15	20	18	17	16	21	45
55	8	28	42	28	46	54	53	46	46
3197	**846**	**973**	**1166**	**1148**	**1201**	**1498**	**1331**	**1518**	**E**
1191	322	285	256	266	306	351	296	293	47
610	184	227	300	268	282	313	290	318	48
553	132	173	240	250	268	348	288	330	49
843	208	288	370	364	345	486	457	577	50
11769	**3614**	**4594**	**6195**	**6134**	**6774**	**8330**	**8394**	**11028**	**F**
7202	2270	2882	4030	3997	4500	5564	5601	7547	51
4567	1344	1712	2165	2137	2274	2766	2793	3481	52

1-13 续表 2

分　组	代码	法人单位数（个）	1949年以前	1950—1977年	1978—1991年
交通运输、仓储和邮政业	**G**	**52848**	**19**	**81**	**307**
铁路运输业	53	21	1		1
道路运输业	54	33132	12	63	183
水上运输业	55	1247	1	6	20
航空运输业	56	186			3
管道运输业	57	47			1
多式联运和运输代理业	58	10167	1	1	11
装卸搬运和仓储业	59	6874	4	11	87
邮政业	60	1174			1
住宿和餐饮业	**H**	**28234**	**4**	**32**	**242**
住宿业	61	6485	3	16	154
餐饮业	62	21749	1	16	88
信息传输、软件和信息技术服务业	**I**	**58722**	**3**	**22**	**58**
电信、广播电视和卫星传输服务	63	1285	1	19	29
互联网和相关服务	64	9143		1	4
软件和信息技术服务业	65	48294	2	2	25
金融业	**J**	**5783**	**15**	**9**	**61**
货币金融服务	66	1891	15	9	58
资本市场服务	67	1752			2
保险业	68	1426			
其他金融业	69	714			1
房地产业	**K**	**51380**	**5**	**21**	**394**
房地产业	70	51380	5	21	394
租赁和商务服务业	**L**	**171491**	**46**	**130**	**1064**
租赁业	71	17613		4	24
商务服务业	72	153878	46	126	1040
科学研究和技术服务业	**M**	**93529**	**59**	**390**	**865**
研究和试验发展	73	12932	5	43	72
专业技术服务业	74	41398	34	260	521
科技推广和应用服务业	75	39199	20	87	272

1992–2000年	2001年	2002年	2003年	2004年	2005年	2006年	2007年	2008年	代码
1216	**358**	**437**	**578**	**827**	**885**	**975**	**1043**	**1303**	**G**
4	1	1	1	1		1	1		53
595	167	213	273	371	405	490	542	766	54
84	17	25	32	53	30	44	44	56	55
11	2	5	3	3	2	3	6	3	56
		1	3	1	4		2	1	57
206	76	79	138	247	289	268	253	265	58
280	86	105	118	137	139	155	176	185	59
36	9	8	10	14	16	14	19	27	60
624	**131**	**159**	**226**	**227**	**280**	**330**	**350**	**390**	**H**
304	48	56	76	78	103	112	134	134	61
320	83	103	150	149	177	218	216	256	62
473	**224**	**255**	**326**	**385**	**418**	**532**	**526**	**614**	**I**
64	41	14	29	29	11	20	25	48	63
36	21	31	62	67	65	87	88	80	64
373	162	210	235	289	342	425	413	486	65
188	**36**	**82**	**94**	**114**	**140**	**141**	**144**	**242**	**J**
125	18	18	17	27	48	33	31	69	66
16	5	3	6	6	7	13	16	13	67
37	13	56	65	71	70	85	85	147	68
10		5	6	10	15	10	12	13	69
2295	**702**	**784**	**989**	**914**	**1001**	**1089**	**1247**	**1194**	**K**
2295	702	784	989	914	1001	1089	1247	1194	70
3040	**1024**	**879**	**1170**	**1405**	**1432**	**1748**	**1757**	**2276**	**L**
159	48	61	60	88	102	134	126	168	71
2881	976	818	1110	1317	1330	1614	1631	2108	72
1925	**568**	**757**	**795**	**772**	**858**	**967**	**959**	**1332**	**M**
202	69	82	103	87	101	105	108	126	73
1273	374	495	519	515	565	622	592	678	74
450	125	180	173	170	192	240	259	528	75

1-13 续表 3

分　组	代码	法　人 单位数 (个)	1949年 以　前	1950– 1977年	1978– 1991年
水利、环境和公共设施管理业	**N**	**10758**	**26**	**169**	**338**
水利管理业	76	1120	13	125	192
生态保护和环境治理业	77	1216	6	19	23
公共设施管理业	78	8042	7	25	122
土地管理业	79	380			1
居民服务、修理和其他服务业	**O**	**33873**	**6**	**78**	**163**
居民服务业	80	14238	5	71	60
机动车、电子产品和日用产品修理业	81	13694		3	79
其他服务业	82	5941	1	4	24
教育	**P**	**43057**	**676**	**2526**	**3641**
教育	83	43057	676	2526	3641
卫生和社会工作	**Q**	**18784**	**200**	**1640**	**1385**
卫生	84	13337	185	1610	1009
社会工作	85	5447	15	30	376
文化、体育和娱乐业	**R**	**37583**	**47**	**322**	**526**
新闻和出版业	86	356	4	8	44
广播、电视、电影和录音制作业	87	3503	1	34	108
文化艺术业	88	10940	38	259	330
体育	89	3410	1	5	23
娱乐业	90	19374	3	16	21
公共管理、社会保障和社会组织	**S**	**129035**	**4456**	**7133**	**47456**
中国共产党机关	91	2050	136	224	586
国家机构	92	29976	661	1817	5281
人民政协、民主党派	93	375	10	38	156
社会保障	94	488	4	6	48
群众团体、社会团体和其他成员组织	95	17428	157	254	1253
基层群众自治组织	96	78718	3488	4794	40132

1992–2000年	2001年	2002年	2003年	2004年	2005年	2006年	2007年	2008年	代码
482	**104**	**134**	**158**	**151**	**163**	**184**	**164**	**224**	**N**
133	17	16	14	19	21	15	25	29	76
31	2	11	21	17	16	23	16	21	77
298	79	99	106	95	117	134	117	157	78
20	6	8	17	20	9	12	6	17	79
782	**227**	**199**	**273**	**334**	**341**	**416**	**411**	**476**	**O**
258	100	77	91	97	98	135	144	154	80
439	108	101	141	174	195	214	197	235	81
85	19	21	41	63	48	67	70	87	82
3116	**631**	**608**	**643**	**617**	**830**	**883**	**601**	**972**	**P**
3116	631	608	643	617	830	883	601	972	83
1188	**376**	**282**	**267**	**229**	**330**	**427**	**374**	**479**	**Q**
988	279	228	231	194	260	335	291	385	84
200	97	54	36	35	70	92	83	94	85
517	**120**	**354**	**794**	**595**	**680**	**644**	**728**	**456**	**R**
48	9	13	6	8	6	5	6	10	86
72	8	19	17	22	19	12	21	39	87
253	40	43	34	43	55	94	75	101	88
50	15	19	26	24	34	23	43	34	89
94	48	260	711	498	566	510	583	272	90
10310	**2603**	**1941**	**1591**	**2019**	**8053**	**4279**	**2201**	**2233**	**S**
300	92	98	32	33	36	23	16	20	91
4672	1144	1076	710	638	845	720	765	810	92
73	6	9	3	6	7	9	3	4	93
106	14	6	14	12	19	20	11	18	94
2192	276	242	375	379	397	1044	657	698	95
2967	1071	510	457	951	6749	2463	749	683	96

1-13 续表 4

分 组	代码	2009年	2010年	2011年	2012年
总 计	**00**	**42558**	**54358**	**58670**	**63913**
农、林、牧、渔业	**A**	**1386**	**1275**	**1056**	**1352**
农业	01	2	1		
林业	02				
畜牧业	03		1	2	
渔业	04		1		
农、林、牧、渔专业及辅助性活动	05	1384	1272	1054	1352
采矿业	**B**	**113**	**124**	**147**	**107**
煤炭开采和洗选业	06	16	14	8	6
石油和天然气开采业	07	1	1		1
黑色金属矿采选业	08	11	17	16	9
有色金属矿采选业	09	11	5	10	3
非金属矿采选业	10	58	76	103	61
开采专业及辅助性活动	11	13	10	8	20
其他采矿业	12	3	1	2	7
制造业	**C**	**10126**	**12792**	**12409**	**12961**
农副食品加工业	13	613	676	661	930
食品制造业	14	186	198	277	496
酒、饮料和精制茶制造业	15	129	117	106	217
烟草制品业	16	2	2	1	
纺织业	17	445	566	487	503
纺织服装、服饰业	18	372	572	655	675
皮革、毛皮、羽毛及其制品和制鞋业	19	101	179	112	136
木材加工和木、竹、藤、棕、草制品业	20	482	717	538	684
家具制造业	21	150	200	187	236
造纸和纸制品业	22	220	251	233	286
印刷和记录媒介复制业	23	276	303	263	295
文教、工美、体育和娱乐用品制造业	24	353	419	433	547

2013年	2014年	2015年	2016年	2017年	2018年	无开业年份	代码
88331	**135286**	**176144**	**236124**	**285663**	**309462**	**4619**	**00**
2463	**2769**	**3292**	**3383**	**3312**	**2321**	**33**	**A**
1	2						01
							02
					1		03
							04
2462	2767	3292	3383	3312	2320	33	05
116	**112**	**124**	**157**	**142**	**154**	**5**	**B**
9	9	7	10	11	7		06
2	1	1		1	2		07
13	3	6	14	13	10	1	08
4	3	3	4	4	5		09
63	49	65	81	74	66	1	10
22	45	39	39	29	57	1	11
3	2	3	9	10	7	2	12
15825	**20701**	**27374**	**34749**	**46192**	**39498**	**573**	**C**
1062	1139	1706	1937	1906	1690	38	13
525	523	875	1018	1090	895	20	14
185	236	376	440	428	314	9	15
1					1		16
569	905	1195	1542	1897	1508	22	17
1083	1396	1839	2378	2575	2210	24	18
225	269	327	479	486	378	5	19
1248	1172	2559	2986	5215	6258	21	20
308	465	641	974	1581	1115	8	21
271	394	500	627	920	612	5	22
375	452	575	681	909	568	6	23
605	868	1222	1550	1725	1411	15	24

1-13 续表 5

分 组	代码	2009年	2010年	2011年	2012年
石油、煤炭及其他燃料加工业	25	56	49	44	59
化学原料和化学制品制造业	26	599	609	631	597
医药制造业	27	91	100	82	115
化学纤维制造业	28	22	25	23	23
橡胶和塑料制品业	29	692	750	716	717
非金属矿物制品业	30	913	1197	1270	1161
黑色金属冶炼和压延加工业	31	78	119	103	84
有色金属冶炼和压延加工业	32	71	92	79	63
金属制品业	33	815	1028	990	980
通用设备制造业	34	1364	1909	1940	1694
专用设备制造业	35	813	1043	993	960
汽车制造业	36	310	485	379	302
铁路、船舶、航空航天和其他运输设备制造业	37	94	114	123	130
电气机械和器材制造业	38	410	481	470	408
计算机、通信和其他电子设备制造业	39	176	231	215	205
仪器仪表制造业	40	113	121	138	117
其他制造业	41	53	72	77	87
废弃资源综合利用业	42	31	21	27	35
金属制品、机械和设备修理业	43	96	146	156	219
电力、热力、燃气及水生产和供应业	**D**	**168**	**194**	**176**	**187**
电力、热力生产和供应业	44	58	88	96	93
燃气生产和供应业	45	33	43	29	34
水的生产和供应业	46	77	63	51	60
建筑业	**E**	**1963**	**2694**	**3005**	**3387**
房屋建筑业	47	380	497	536	577
土木工程建筑业	48	440	585	607	752
建筑安装业	49	455	608	631	745
建筑装饰、装修和其他建筑业	50	688	1004	1231	1313
批发和零售业	**F**	**14494**	**18530**	**21656**	**23747**
批发业	51	9984	12542	14764	15911
零售业	52	4510	5988	6892	7836

2013年	2014年	2015年	2016年	2017年	2018年	无开业年　份	代码
54	69	70	124	117	135	2	25
605	776	955	1054	1149	753	31	26
107	125	233	220	232	211	11	27
21	27	35	47	57	56	3	28
807	1126	1492	1779	2489	1471	28	29
1478	1713	2041	2501	3679	2987	70	30
87	106	113	180	253	170	5	31
85	108	125	154	209	177	8	32
1212	1793	1998	2866	3742	3144	43	33
1926	2729	3463	4278	6683	5331	72	34
1173	1677	2013	2782	3856	3512	45	35
367	512	568	833	994	753	7	36
158	211	257	294	262	210	5	37
496	705	714	1085	1396	1086	22	38
286	387	437	547	663	653	10	39
128	207	269	303	414	404	2	40
106	205	290	428	539	637	24	41
32	51	66	80	178	187	7	42
240	355	420	582	548	661	5	43
273	**358**	**578**	**1364**	**1111**	**717**	**24**	**D**
119	211	397	1131	887	515	18	44
46	41	43	49	62	54	3	45
108	106	138	184	162	148	3	46
4382	**8623**	**10083**	**17062**	**26511**	**32227**	**480**	**E**
752	1593	1820	3178	5593	7610	112	47
988	1849	2098	3936	6078	6536	92	48
916	1665	1938	3100	4437	4845	64	49
1726	3516	4227	6848	10403	13236	212	50
35426	**53462**	**70413**	**90985**	**98536**	**100601**	**1452**	**F**
23634	34932	42556	53875	58972	61245	874	51
11792	18530	27857	37110	39564	39356	578	52

1-13 续表 6

分 组	代码	2009年	2010年	2011年	2012年
交通运输、仓储和邮政业	**G**	**1632**	**1993**	**2248**	**2247**
铁路运输业	53	3	3	1	
道路运输业	54	960	1127	1390	1341
水上运输业	55	55	47	55	38
航空运输业	56	1	7	6	6
管道运输业	57	5	6	2	2
多式联运和运输代理业	58	276	380	449	515
装卸搬运和仓储业	59	214	287	294	304
邮政业	60	118	136	51	41
住宿和餐饮业	**H**	**476**	**675**	**675**	**877**
住宿业	61	175	242	261	300
餐饮业	62	301	433	414	577
信息传输、软件和信息技术服务业	**I**	**733**	**944**	**1230**	**1389**
电信、广播电视和卫星传输服务	63	33	44	41	59
互联网和相关服务	64	109	132	157	209
软件和信息技术服务业	65	591	768	1032	1121
金融业	**J**	**183**	**229**	**313**	**307**
货币金融服务	66	54	134	152	133
资本市场服务	67	35	34	55	62
保险业	68	58	41	84	93
其他金融业	69	36	20	22	19
房地产业	**K**	**1705**	**2461**	**2246**	**2128**
房地产业	70	1705	2461	2246	2128
租赁和商务服务业	**L**	**2960**	**4196**	**4623**	**5379**
租赁业	71	351	464	479	507
商务服务业	72	2609	3732	4144	4872
科学研究和技术服务业	**M**	**1676**	**1937**	**2405**	**2792**
研究和试验发展	73	191	241	293	363
专业技术服务业	74	813	964	1158	1326
科技推广和应用服务业	75	672	732	954	1103

2013年	2014年	2015年	2016年	2017年	2018年	无开业年份	代码
3252	**4592**	**5437**	**6883**	**8018**	**8378**	**139**	**G**
	1	1					53
1985	2749	3365	4578	5602	5860	95	54
42	66	142	113	135	140	2	55
9	11	14	23	26	41	1	56
1	3	1	4	6	4		57
616	1082	1120	1275	1295	1303	22	58
508	607	682	776	801	900	18	59
91	73	112	114	153	130	1	60
1416	**1921**	**3520**	**4320**	**5261**	**6009**	**89**	**H**
351	493	712	850	912	953	18	61
1065	1428	2808	3470	4349	5056	71	62
1955	**4495**	**6939**	**9539**	**11841**	**15571**	**250**	**I**
54	126	121	161	156	158	2	63
274	641	1132	1614	1823	2473	37	64
1627	3728	5686	7764	9862	12940	211	65
335	**467**	**594**	**646**	**728**	**695**	**20**	**J**
169	150	140	132	129	218	12	66
91	192	253	279	393	264	7	67
52	41	98	151	105	74		68
23	84	103	84	101	139	1	69
2851	**3810**	**3733**	**4950**	**7248**	**9464**	**149**	**K**
2851	3810	3733	4950	7248	9464	149	70
7555	**14366**	**18305**	**24113**	**32844**	**40581**	**598**	**L**
737	1433	2010	2801	3685	4113	59	71
6818	12933	16295	21312	29159	36468	539	72
3769	**7215**	**9636**	**14028**	**17976**	**21476**	**372**	**M**
500	984	1498	2242	2564	2902	51	73
1645	3291	4126	5503	7358	8655	111	74
1624	2940	4012	6283	8054	9919	210	75

1-13 续表 7

分 组	代码	2009年	2010年	2011年	2012年
水利、环境和公共设施管理业	**N**	**265**	**313**	**323**	**424**
水利管理业	76	29	34	28	48
生态保护和环境治理业	77	28	25	32	32
公共设施管理业	78	198	241	244	325
土地管理业	79	10	13	19	19
居民服务、修理和其他服务业	**O**	**615**	**738**	**860**	**1055**
居民服务业	80	174	209	280	340
机动车、电子产品和日用产品修理业	81	311	383	406	507
其他服务业	82	130	146	174	208
教育	**P**	**875**	**1134**	**1063**	**1509**
教育	83	875	1134	1063	1509
卫生和社会工作	**Q**	**389**	**577**	**563**	**593**
卫生	84	294	469	451	460
社会工作	85	95	108	112	133
文化、体育和娱乐业	**R**	**685**	**743**	**829**	**969**
新闻和出版业	86	9	15	18	17
广播、电视、电影和录音制作业	87	44	64	74	86
文化艺术业	88	164	172	218	339
体育	89	62	67	62	78
娱乐业	90	406	425	457	449
公共管理、社会保障和社会组织	**S**	**2114**	**2809**	**2843**	**2503**
中国共产党机关	91	29	62	24	33
国家机构	92	663	1537	1145	1202
人民政协、民主党派	93	4	3	6	3
社会保障	94	8	26	17	36
群众团体、社会团体和其他成员组织	95	487	594	659	750
基层群众自治组织	96	923	587	992	479

2013年	2014年	2015年	2016年	2017年	2018年	无开业年份	代码
516	**779**	**958**	**1363**	**1739**	**1747**	**34**	**N**
36	42	57	85	87	54	1	76
41	75	105	173	225	268	6	77
421	653	773	1075	1371	1358	27	78
18	9	23	30	56	67		79
1481	**2536**	**3982**	**5672**	**6255**	**6875**	**98**	**O**
570	967	1606	2703	2843	3202	54	80
643	1046	1645	2141	2357	2345	24	81
268	523	731	828	1055	1328	20	82
1575	**2146**	**2793**	**4874**	**5147**	**6073**	**124**	**P**
1575	2146	2793	4874	5147	6073	124	83
819	**1112**	**1567**	**2052**	**1974**	**1908**	**53**	**Q**
518	592	949	1176	1174	1224	35	84
301	520	618	876	800	684	18	85
1322	**2420**	**3882**	**5949**	**6822**	**8063**	**116**	**R**
12	18	21	26	21	32		86
88	184	342	521	824	894	10	87
398	735	1038	1790	1934	2744	43	88
85	153	348	603	726	910	19	89
739	1330	2133	3009	3317	3483	44	90
3000	**3402**	**2934**	**4035**	**4006**	**7104**	**10**	**S**
32	23	20	100	90	41		91
901	789	888	1711	1229	768	4	92
5	1	5	11	12	1		93
7	24	15	51	15	11		94
981	865	1204	1701	1258	1003	2	95
1074	1700	802	461	1402	5280	4	96

1-14 按行业(大类)、开业(成立)时间

分 组	代码	从业人员期末人数(人)	1949年以前	1950—1977年	1978—1991年
总 计	**00**	**26044119**	**397276**	**1534871**	**1977843**
农、林、牧、渔业	**A**	**132058**	**31**	**561**	**628**
农业	01				
林业	02				
畜牧业	03				
渔业	04				
农、林、牧、渔专业及辅助性活动	05	132058	31	561	628
采矿业	**B**	**505160**	**2349**	**126593**	**32623**
煤炭开采和洗选业	06	289480		116807	17819
石油和天然气开采业	07	84522			
黑色金属矿采选业	08	24856	2349	4535	1267
有色金属矿采选业	09	56341		4880	12081
非金属矿采选业	10	24640		371	827
开采专业及辅助性活动	11	24715			584
其他采矿业	12	606			45
制造业	**C**	**8915617**	**20611**	**213462**	**337602**
农副食品加工业	13	733274	168	6481	20279
食品制造业	14	234167		788	6031
酒、饮料和精制茶制造业	15	101570	2154	4145	3302
烟草制品业	16	8599			
纺织业	17	547781	27	1325	36007
纺织服装、服饰业	18	497809		20652	5159
皮革、毛皮、羽毛及其制品和制鞋业	19	105141	163	3389	830
木材加工和木、竹、藤、棕、草制品业	20	444829	38	1	435
家具制造业	21	122145		522	2312
造纸和纸制品业	22	170524		7332	3890
印刷和记录媒介复制业	23	117600	142	309	3882
文教、工美、体育和娱乐用品制造业	24	295657		2313	9922

分组的法人单位从业人员数

1992—2000年	2001年	2002年	2003年	2004年	2005年	2006年	2007年	代码
3622997	**782133**	**734673**	**870738**	**829174**	**829888**	**872784**	**653513**	**00**
1360	**441**	**413**	**359**	**450**	**735**	**1344**	**1463**	**A**
								01
								02
								03
								04
1360	441	413	359	450	735	1344	1463	05
123742	**5791**	**14235**	**11243**	**9034**	**11804**	**89959**	**6804**	**B**
77603	3685	11419	5921	4209	8188	7165	4982	06
3990	222	160	187			79374	180	07
6414	575	741	1085	485	870	1069	982	08
31287	294	418	1085	1864	843	812	224	09
3408	920	1411	809	1876	1858	1416	326	10
1020	95	86	2144	592	45	81	108	11
20			12	8		42	2	12
1546458	**360063**	**354468**	**478603**	**384509**	**392634**	**374141**	**316606**	**C**
151784	59709	28761	36851	28852	30408	35808	25562	13
39622	10520	12442	12287	13363	15005	10322	8235	14
34684	3080	2608	4205	3197	4129	5550	4121	15
137	190	156			241	313		16
76724	30109	26595	39897	30910	42758	23445	15492	17
96958	9791	12278	19534	14136	13927	18303	15272	18
18700	2794	6586	5476	4221	4492	2887	2538	19
13433	6185	7985	10794	9864	9162	16308	11938	20
6215	1958	3016	4609	2828	3278	4394	4619	21
46063	6467	8312	6450	4777	7209	4552	6433	22
17426	5984	3992	6874	8520	6121	5524	4738	23
36887	9458	10337	13257	15488	15056	11275	10396	24

1-14 续表 1

分 组	代码	从业人员期末人数(人)	1949年以前	1950–1977年	1978–1991年
石油、煤炭及其他燃料加工业	25	125923		14205	7480
化学原料和化学制品制造业	26	559594	1127	32108	21473
医药制造业	27	267922		9893	5819
化学纤维制造业	28	20591			797
橡胶和塑料制品业	29	429728	4538	13137	4239
非金属矿物制品业	30	625298	731	9999	10974
黑色金属冶炼和压延加工业	31	197025		39534	560
有色金属冶炼和压延加工业	32	246032		265	3692
金属制品业	33	473496	1511	2441	16913
通用设备制造业	34	723626	5434	12193	17812
专用设备制造业	35	496014		7229	9660
汽车制造业	36	420326	541	13874	38907
铁路、船舶、航空航天和其他运输设备制造业	37	127030	2270	3664	8662
电气机械和器材制造业	38	328536		5372	42659
计算机、通信和其他电子设备制造业	39	341744		533	52047
仪器仪表制造业	40	70850	333	1215	2920
其他制造业	41	33132		91	597
废弃资源综合利用业	42	13300			18
金属制品、机械和设备修理业	43	36354	1434	452	324
电力、热力、燃气及水生产和供应业	**D**	**345150**	**2499**	**13125**	**31864**
电力、热力生产和供应业	44	264279	1197	6265	19229
燃气生产和供应业	45	27550			1456
水的生产和供应业	46	53321	1302	6860	11179
建筑业	**E**	**3455969**	**10098**	**400132**	**433689**
房屋建筑业	47	2021238	10081	324257	312981
土木工程建筑业	48	658851	5	48161	98987
建筑安装业	49	354759	2	26868	18697
建筑装饰、装修和其他建筑业	50	421121	10	846	3024
批发和零售业	**F**	**3420111**	**649**	**8437**	**69322**
批发业	51	2061081	309	2903	37401
零售业	52	1359030	340	5534	31921

1992–2000年	2001年	2002年	2003年	2004年	2005年	2006年	2007年	代码
32475	2066	4468	7382	7148	6998	5608	10915	25
109871	20158	27521	33229	32000	25307	23875	26533	26
124249	9934	9486	25087	5309	10159	6785	7308	27
4153	215	180	855	266	1743	443	311	28
71455	11043	21996	26366	19672	18171	15552	13645	29
79796	21832	22904	36837	24738	17057	26617	21011	30
15260	1857	15406	36763	5345	14691	1673	5830	31
109290	9397	6216	10329	4759	7049	10309	5019	32
53898	16471	17405	31092	28239	18660	23108	21718	33
106398	21594	36702	34644	31312	36165	31488	27990	34
83953	19106	14115	22404	26771	22508	30966	17156	35
73778	17842	10043	16580	18602	21518	17179	13908	36
16606	1286	14809	3793	1542	6135	11715	7077	37
43699	10336	11778	15887	21133	17732	13347	12921	38
67458	46573	13168	11514	16689	13044	11015	10048	39
10774	3420	4458	4889	2714	2196	3719	3330	40
1674	356	354	237	549	792	669	1383	41
1013	35	139	48	839	159	806	675	42
2025	297	252	433	726	764	586	484	43
34019	**7847**	**7749**	**13979**	**10849**	**9300**	**8528**	**8055**	**D**
27287	6749	4889	8372	7613	4606	4526	4719	44
1506	859	1942	2866	2361	3082	1269	1909	45
5226	239	918	2741	875	1612	2733	1427	46
732864	**150882**	**124104**	**105238**	**132000**	**102626**	**89784**	**67963**	**E**
528448	107706	75783	55430	75513	70736	55741	40203	47
102580	25956	25274	31741	24393	16089	12718	9269	48
59599	8374	12561	9747	21621	7465	7658	8843	49
42237	8846	10486	8320	10473	8336	13667	9648	50
236667	**65718**	**55992**	**84216**	**84571**	**87874**	**86718**	**73354**	**F**
114938	26655	27359	39349	49389	46302	50678	44450	51
121729	39063	28633	44867	35182	41572	36040	28904	52

1–14 续表 2

分组	代码	从业人员期末人数（人）	1949年以前	1950–1977年	1978–1991年
交通运输、仓储和邮政业	**G**	**946043**	**11270**	**19471**	**61240**
铁路运输业	53	137			
道路运输业	54	596710	9594	18613	43257
水上运输业	55	66607	1622	259	10882
航空运输业	56	23500			4763
管道运输业	57	3576			14
多式联运和运输代理业	58	85324	1	273	206
装卸搬运和仓储业	59	100354	53	326	2111
邮政业	60	69835			7
住宿和餐饮业	**H**	**365055**	**258**	**3402**	**17076**
住宿业	61	138028	223	2126	12151
餐饮业	62	227027	35	1276	4925
信息传输、软件和信息技术服务业	**I**	**493486**	**730**	**846**	**1840**
电信、广播电视和卫星传输服务	63	123697	682	728	1338
互联网和相关服务	64	57601		103	7
软件和信息技术服务业	65	312188	48	15	495
金融业	**J**	**22137**			**22**
货币金融服务	66	9215			21
资本市场服务	67	5372			1
保险业	68	734			
其他金融业	69	6816			
房地产业	**K**	**784256**	**27**	**929**	**12711**
房地产业	70	784256	27	929	12711
租赁和商务服务业	**L**	**1203965**	**2796**	**1944**	**57589**
租赁业	71	96066		189	476
商务服务业	72	1107899	2796	1755	57113
科学研究和技术服务业	**M**	**712878**	**1237**	**19621**	**26016**
研究和试验发展	73	84444	30	7026	1983
专业技术服务业	74	429386	953	11110	21632
科技推广和应用服务业	75	199048	254	1485	2401

1992–2000年	2001年	2002年	2003年	2004年	2005年	2006年	2007年	代码
114994	**15736**	**20379**	**21621**	**26716**	**24124**	**27197**	**34623**	**G**
137								53
47281	9675	9093	11749	13073	11725	17346	19704	54
7164	334	5481	1552	4424	6532	1231	1664	55
12320	163	349	2396	109	8	121	301	56
		400	311	10	202		314	57
5184	3154	2835	1970	2824	2759	3662	2657	58
13121	2229	2028	3358	4760	2164	4063	4213	59
29787	181	193	285	1516	734	774	5770	60
39993	**3533**	**4448**	**8230**	**7269**	**7396**	**9239**	**10611**	**H**
19531	1461	2343	3346	2525	3647	2968	5152	61
20462	2072	2105	4884	4744	3749	6271	5459	62
81502	**29451**	**6500**	**12020**	**11647**	**6584**	**9226**	**9692**	**I**
68892	25865	90	4491	2353	1285	2006	784	63
718	179	144	472	2065	453	451	808	64
11892	3407	6266	7057	7229	4846	6769	8100	65
691	**111**	**288**	**224**	**225**	**390**	**479**	**286**	**J**
341	107	165	79	10	142	98	115	66
19	4	87	73	14	50	173	45	67
			20				7	68
331		36	52	201	198	208	119	69
90147	**21218**	**27704**	**29622**	**40650**	**25998**	**27592**	**32087**	**K**
90147	21218	27704	29622	40650	25998	27592	32087	70
80387	**9822**	**14649**	**19483**	**23336**	**27402**	**21152**	**18080**	**L**
1691	410	724	401	1110	624	896	972	71
78696	9412	13925	19082	22226	26778	20256	17108	72
68192	**13591**	**15175**	**17976**	**15563**	**14366**	**15355**	**14025**	**M**
3577	647	823	1685	1864	724	1208	1067	73
58404	11767	12810	14761	12441	11959	12454	10918	74
6211	1177	1542	1530	1258	1683	1693	2040	75

1-14 续表 3

分 组	代码	从业人员期末人数(人)	1949年以 前	1950-1977年	1978-1991年
水利、环境和公共设施管理业	**N**	**256906**	**1658**	**8118**	**10822**
水利管理业	76	16164	979	2843	2501
生态保护和环境治理业	77	14721	186	1077	253
公共设施管理业	78	222856	493	4198	8052
土地管理业	79	3165			16
居民服务、修理和其他服务业	**O**	**244263**	**138**	**1744**	**1845**
居民服务业	80	97411	131	1689	715
机动车、电子产品和日用产品修理业	81	73151		15	744
其他服务业	82	73701	7	40	386
教育	**P**	**1450464**	**82168**	**252880**	**233463**
教育	83	1450464	82168	252880	233463
卫生和社会工作	**Q**	**811225**	**136713**	**250695**	**112674**
卫生	84	765411	136245	250317	109265
社会工作	85	45814	468	378	3409
文化、体育和娱乐业	**R**	**231401**	**2385**	**8510**	**14195**
新闻和出版业	86	18440	1115	646	3533
广播、电视、电影和录音制作业	87	39061	216	1777	6270
文化艺术业	88	65683	973	5873	3565
体育	89	20629	32	51	471
娱乐业	90	87588	49	163	356
公共管理、社会保障和社会组织	**S**	**1747975**	**121659**	**204401**	**522622**
中国共产党机关	91	47388	4656	7855	14018
国家机构	92	1182552	96702	167668	293376
人民政协、民主党派	93	4951	151	697	2699
社会保障	94	4210	149	157	384
群众团体、社会团体和其他成员组织	95	68030	1426	2290	6222
基层群众自治组织	96	440844	18575	25734	205923

1992–2000年	2001年	2002年	2003年	2004年	2005年	2006年	2007年	代码
18336	**2052**	**5880**	**5313**	**6359**	**4693**	**14734**	**2331**	**N**
1841	64	130	331	729	1166	339	408	76
394	6	272	1505	656	227	339	126	77
15950	1946	5448	3283	4812	3211	13993	1723	78
151	36	30	194	162	89	63	74	79
8213	**7479**	**2587**	**5218**	**3584**	**5168**	**6989**	**3232**	**O**
3078	4492	779	753	1933	2337	3009	1177	80
4350	1025	1586	1563	1184	1631	3441	1127	81
785	1962	222	2902	467	1200	539	928	82
178188	**28177**	**29305**	**24813**	**32771**	**36900**	**32742**	**20913**	**P**
178188	28177	29305	24813	32771	36900	32742	20913	83
55553	**6018**	**4995**	**5295**	**6924**	**9422**	**18525**	**8131**	**Q**
53962	5234	4221	4997	6281	8677	17417	7175	84
1591	784	774	298	643	745	1108	956	85
11044	**1383**	**4118**	**2787**	**5238**	**3087**	**5258**	**3484**	**R**
3547	623	1553	80	982	466	537	154	86
1979	27	984	127	1373	158	489	351	87
2338	203	477	534	327	302	2296	508	88
962	219	198	134	702	373	307	768	89
2218	311	906	1912	1854	1788	1629	1703	90
200647	**52820**	**41684**	**24498**	**27479**	**59385**	**33822**	**21773**	**S**
8184	1204	1780	303	617	407	1361	199	91
161160	42680	34216	18842	17176	20871	14543	13909	92
805	3	70	98	6	33	66	1	93
692	52	61	179	47	60	156	71	94
9760	1042	1525	1558	1363	1244	4549	2812	95
20046	7839	4032	3518	8270	36770	13147	4781	96

1-14 续表 4

分 组	代码	2008年	2009年	2010年	2011年	2012年
总 计	**00**	**667303**	**741873**	**952831**	**834775**	**859595**
农、林、牧、渔业	**A**	**4930**	**8154**	**6643**	**6179**	**7658**
农业	01					
林业	02					
畜牧业	03					
渔业	04					
农、林、牧、渔专业及辅助性活动	05	4930	8154	6643	6179	7658
采矿业	**B**	**22894**	**4444**	**4944**	**3190**	**19562**
煤炭开采和洗选业	06	20053	1905	3234	240	126
石油和天然气开采业	07	84		15		6
黑色金属矿采选业	08	1449	96	460	480	503
有色金属矿采选业	09	125	902	116	696	42
非金属矿采选业	10	931	1469	1067	1707	1230
开采专业及辅助性活动	11	207	66	52	59	17604
其他采矿业	12	45	6		8	51
制造业	**C**	**277050**	**318290**	**370327**	**346675**	**325379**
农副食品加工业	13	23378	24769	32164	31397	30293
食品制造业	14	8095	5397	8843	10906	11240
酒、饮料和精制茶制造业	15	2084	2618	2891	2704	3290
烟草制品业	16		5346		2214	
纺织业	17	15043	13897	18389	16035	16536
纺织服装、服饰业	18	10895	13411	18671	23126	16563
皮革、毛皮、羽毛及其制品和制鞋业	19	2418	3215	5710	4675	3982
木材加工和木、竹、藤、棕、草制品业	20	9222	13056	17357	12488	16400
家具制造业	21	2169	4221	4742	3748	4920
造纸和纸制品业	22	7416	6432	6079	5453	4721
印刷和记录媒介复制业	23	3179	4932	5324	3406	4261
文教、工美、体育和娱乐用品制造业	24	10374	11013	12224	10487	14638

2013年	2014年	2015年	2016年	2017年	2018年	无开业年 份	代码
1026852	**1261826**	**1351554**	**1688735**	**2049151**	**1499210**	**4524**	**00**
14152	**13883**	**15515**	**17179**	**18730**	**11222**	**28**	**A**
							01
							02
							03
							04
14152	13883	15515	17179	18730	11222	28	05
3968	**1318**	**1472**	**2932**	**5000**	**1257**	**2**	**B**
1824	68	316	1008	2767	141		06
203	20	2		56	23		07
215	60	12	200	963	44	2	08
85	326	136	39	11	75		09
1174	542	714	1405	678	501		10
440	221	243	250	378	440		11
27	81	49	30	147	33		12
368809	**380635**	**393973**	**464123**	**554221**	**335478**	**1500**	**C**
31457	37954	27057	29166	25140	15798	38	13
11639	10225	10498	10938	11264	6489	18	14
1925	3096	2980	3707	3188	1898	14	15
					2		16
13928	20722	26417	31532	31659	20264	70	17
23474	23142	29675	33500	49505	29808	29	18
6439	4985	4733	6847	6070	3990	1	19
30037	22608	41958	51877	80209	63327	147	20
6712	6678	9457	14963	20048	10725	11	21
3288	7649	6014	7596	9961	4426	4	22
5040	5181	5999	6507	7138	3116	5	23
13448	15031	17197	21667	20944	14185	60	24

1-14 续表 5

分 组	代码	2008年	2009年	2010年	2011年	2012年
石油、煤炭及其他燃料加工业	25	3186	5391	1402	2869	6078
化学原料和化学制品制造业	26	22698	24804	26567	25727	20855
医药制造业	27	3657	10092	9033	3672	5852
化学纤维制造业	28	1101	772	1188	1100	873
橡胶和塑料制品业	29	15539	19925	17230	20841	15774
非金属矿物制品业	30	30061	29636	34671	32946	26253
黑色金属冶炼和压延加工业	31	1717	8284	5395	6448	15780
有色金属冶炼和压延加工业	32	6239	3817	4174	14443	2115
金属制品业	33	14960	20235	19788	19389	15292
通用设备制造业	34	27399	26356	35035	27872	23919
专用设备制造业	35	16260	21123	19950	21251	17492
汽车制造业	36	15094	12273	25135	18508	13538
铁路、船舶、航空航天和其他运输设备制造业	37	3730	3395	4153	3226	4074
电气机械和器材制造业	38	9400	13656	12817	11704	11261
计算机、通信和其他电子设备制造业	39	5308	5173	15873	4892	11183
仪器仪表制造业	40	1937	3168	3016	2632	2723
其他制造业	41	3468	652	799	905	1081
废弃资源综合利用业	42	479	347	639	434	844
金属制品、机械和设备修理业	43	544	884	1068	1177	3548
电力、热力、燃气及水生产和供应业	**D**	**5131**	**9851**	**7666**	**6466**	**8634**
电力、热力生产和供应业	44	2259	5794	4618	4742	6309
燃气生产和供应业	45	1430	1606	1783	758	710
水的生产和供应业	46	1442	2451	1265	966	1615
建筑业	**E**	**57046**	**67637**	**66408**	**59961**	**60551**
房屋建筑业	47	25354	32677	29746	28895	18494
土木工程建筑业	48	13293	13876	13262	12721	17246
建筑安装业	49	11206	12344	8884	6670	12225
建筑装饰、装修和其他建筑业	50	7193	8740	14516	11675	12586
批发和零售业	**F**	**85281**	**110217**	**143391**	**138379**	**147162**
批发业	51	49884	65300	87883	85789	92123
零售业	52	35397	44917	55508	52590	55039

2013年	2014年	2015年	2016年	2017年	2018年	无开业年份	代码
1162	1536	1230	1906	1595	823		25
22284	17710	14576	13842	10979	6298	52	26
4801	3776	3074	4038	4423	1456	19	27
541	439	3592	520	906	576	20	28
21379	18362	20259	19763	31313	9471	58	29
32641	28650	31306	38280	43215	25048	95	30
6618	2734	2778	5186	3290	1874	2	31
15772	4949	9306	6656	10157	2070	9	32
19081	24058	22813	31193	33620	21581	30	33
27098	32011	34827	40746	55436	31151	44	34
18207	22782	22854	26941	32277	22995	14	35
16057	20481	11541	17346	17825	9660	96	36
5612	4163	5180	5405	7444	3089		37
13922	14088	9004	14633	15781	7381	25	38
9156	19514	6191	7790	7170	7399	6	39
2705	2488	3281	2500	3555	2295	582	40
1361	2281	3991	3829	4869	3159	35	41
960	1051	1304	767	1628	1100	15	42
2065	2291	4881	4482	3612	4024	1	43
9112	**6945**	**9920**	**11893**	**115939**	**5685**	**94**	**D**
6218	4651	6933	9510	113748	3953	92	44
1065	523	603	503	532	786	1	45
1829	1771	2384	1880	1659	946	1	46
66506	**84406**	**94113**	**144973**	**219558**	**185119**	**311**	**E**
22838	24262	28251	38697	63684	51404	57	47
16078	22045	23929	37983	52894	40254	97	48
11499	13842	14687	22876	32480	26541	70	49
16091	24257	27246	45417	70500	66920	87	50
211848	**285376**	**315456**	**390113**	**407714**	**330764**	**892**	**F**
141128	189696	198035	244327	255781	210789	613	51
70720	95680	117421	145786	151933	119975	279	52

1-14 续表 6

分 组	代码	2008年	2009年	2010年	2011年	2012年
交通运输、仓储和邮政业	**G**	**27577**	**34119**	**44718**	**40336**	**35325**
铁路运输业	53					
道路运输业	54	18484	19117	30784	27881	23830
水上运输业	55	1251	5523	1869	1260	498
航空运输业	56	7	3	266	40	266
管道运输业	57	14	1047	715	100	27
多式联运和运输代理业	58	2219	2088	3018	5519	4022
装卸搬运和仓储业	59	4780	2895	4320	4539	3302
邮政业	60	822	3446	3746	997	3380
住宿和餐饮业	**H**	**13051**	**14158**	**15636**	**15965**	**15231**
住宿业	61	7603	5809	6910	5472	5454
餐饮业	62	5448	8349	8726	10493	9777
信息传输、软件和信息技术服务业	**I**	**24554**	**10520**	**12085**	**12430**	**21668**
电信、广播电视和卫星传输服务	63	6160	1358	886	765	401
互联网和相关服务	64	978	831	1441	819	10935
软件和信息技术服务业	65	17416	8331	9758	10846	10332
金融业	**J**	**514**	**842**	**1131**	**1520**	**880**
货币金融服务	66	301	325	827	1177	545
资本市场服务	67	58	105	201	106	156
保险业	68			2	2	8
其他金融业	69	155	412	101	235	171
房地产业	**K**	**29300**	**34022**	**50273**	**39697**	**34791**
房地产业	70	29300	34022	50273	39697	34791
租赁和商务服务业	**L**	**26402**	**36420**	**41512**	**48598**	**47508**
租赁业	71	1903	2226	3074	3114	3136
商务服务业	72	24499	34194	38438	45484	44372
科学研究和技术服务业	**M**	**18127**	**18776**	**18927**	**19462**	**25657**
研究和试验发展	73	857	2239	2688	2637	2599
专业技术服务业	74	13143	12122	11837	10760	16042
科技推广和应用服务业	75	4127	4415	4402	6065	7016

2013年	2014年	2015年	2016年	2017年	2018年	无开业年份	代码
63378	**70693**	**67538**	**63164**	**77975**	**43706**	**143**	**G**
							53
39112	42876	51433	45111	55401	31470	101	54
8193	1390	1937	866	1567	1108		55
1722	54	105	256	124	127		56
	24	224	58	106	10		57
4327	11028	6416	7828	7761	5542	31	58
8003	9458	5445	7634	6881	4661	10	59
2021	5863	1978	1411	6135	788	1	60
17410	**22503**	**31268**	**38156**	**39787**	**30327**	**108**	**H**
5697	8794	10229	11097	9522	5912	56	61
11713	13709	21039	27059	30265	24415	52	62
15692	**29879**	**41753**	**50120**	**52927**	**51699**	**121**	**I**
350	1885	1326	857	635	560		63
2090	3597	6182	8607	8367	8345	9	64
13252	24397	34245	40656	43925	42794	112	65
1555	**3938**	**1823**	**2018**	**3212**	**1985**	**3**	**J**
1199	1338	510	387	505	1023		66
184	598	586	768	1712	429	3	67
22	31	83	223	188	148		68
150	1971	644	640	807	385		69
46180	**47992**	**41196**	**43740**	**56710**	**51596**	**74**	**K**
46180	47992	41196	43740	56710	51596	74	70
64872	**103727**	**106140**	**138014**	**167107**	**146610**	**415**	**L**
4654	8182	10256	15469	19785	16693	81	71
60218	95545	95884	122545	147322	129917	334	72
31349	**50061**	**55738**	**79519**	**93239**	**80587**	**319**	**M**
6496	6573	7340	11108	12781	8447	45	73
13777	26448	27759	36711	42072	39378	128	74
11076	17040	20639	31700	38386	32762	146	75

1-14 续表 7

分 组	代码	2008年	2009年	2010年	2011年	2012年
水利、环境和公共设施管理业	**N**	**5085**	**3953**	**50701**	**4501**	**7818**
水利管理业	76	892	365	376	203	471
生态保护和环境治理业	77	510	302	276	652	308
公共设施管理业	78	3517	3245	49685	3526	6748
土地管理业	79	166	41	364	120	291
居民服务、修理和其他服务业	**O**	**3898**	**5889**	**7133**	**7385**	**10070**
居民服务业	80	1407	1802	2263	2570	4735
机动车、电子产品和日用产品修理业	81	1702	2151	2473	3067	2707
其他服务业	82	789	1936	2397	1748	2628
教育	**P**	**33414**	**28389**	**31074**	**33393**	**45609**
教育	83	33414	28389	31074	33393	45609
卫生和社会工作	**Q**	**8546**	**7551**	**12424**	**12612**	**13388**
卫生	84	7441	6026	11041	11472	11808
社会工作	85	1105	1525	1383	1140	1580
文化、体育和娱乐业	**R**	**4375**	**8617**	**7208**	**7253**	**7400**
新闻和出版业	86	459	125	571	1038	553
广播、电视、电影和录音制作业	87	1334	3610	2619	1080	593
文化艺术业	88	665	1118	1364	1587	3111
体育	89	436	728	358	374	831
娱乐业	90	1481	3036	2296	3174	2312
公共管理、社会保障和社会组织	**S**	**20128**	**20024**	**60630**	**30773**	**25304**
中国共产党机关	91	187	842	631	166	408
国家机构	92	12256	12035	53902	21989	18982
人民政协、民主党派	93		24	2	40	35
社会保障	94	45	114	268	562	305
群众团体、社会团体和其他成员组织	95	2884	1493	1932	2109	2447
基层群众自治组织	96	4756	5516	3895	5907	3127

2013年	2014年	2015年	2016年	2017年	2018年	无开业年份	代码
6352	**18125**	**18161**	**21484**	**23780**	**16630**	**20**	**N**
356	529	330	522	503	286		76
267	1052	1165	1930	1672	1545	1	77
5661	16454	16563	18525	21307	14497	19	78
68	90	103	507	298	302		79
11936	**22631**	**31430**	**34026**	**35625**	**27791**	**252**	**O**
4636	7711	10817	16599	13348	11400	30	80
3207	5249	7551	9961	10315	8087	15	81
4093	9671	13062	7466	11962	8304	207	82
38346	**46271**	**48853**	**77974**	**67980**	**46750**	**91**	**P**
38346	46271	48853	77974	67980	46750	91	83
15252	**21077**	**23996**	**33773**	**30794**	**16799**	**68**	**Q**
12275	17564	19354	26962	24756	12873	48	84
2977	3513	4642	6811	6038	3926	20	85
9445	**15168**	**19604**	**30501**	**29911**	**30360**	**70**	**R**
675	277	209	851	152	294		86
984	1873	2128	3658	3933	3493	5	87
2332	4949	5626	9420	8587	9503	25	88
660	1147	1980	3201	3228	3467	2	89
4794	6922	9661	13371	14011	13603	38	90
30690	**37198**	**33605**	**45033**	**48942**	**84845**	**13**	**S**
417	126	391	1136	1371	1129		91
18697	22989	23627	35438	34624	46870		92
56		13	7	109	36		93
16	302	230	317	40	3		94
3312	3384	3897	5330	3975	3471	5	95
8192	10397	5447	2805	8823	33336	8	96

1-15 按地区、从业人员

分 组	法人单位数(个)	7人及以下	8-19人	20-49人	50-99人
全 省	**1801301**	**1333287**	**279186**	**115508**	**38063**
济南市	230293	182636	28405	11276	4162
青岛市	359226	279012	51793	18806	5104
淄博市	97597	80654	9056	4301	1795
枣庄市	38717	26118	7415	2871	1080
东营市	39374	31102	4161	2112	935
烟台市	182515	129610	34674	12206	3156
潍坊市	174232	137037	21703	9139	3245
济宁市	130348	90065	24790	10107	3020
泰安市	65349	51011	7909	3617	1288
威海市	64510	43945	11575	5889	1553
日照市	52880	42383	5961	2537	1000
临沂市	109478	69311	24047	9764	3177
德州市	70831	44547	15461	6610	2400
聊城市	60844	46191	7986	3463	1564
滨州市	58839	45709	7297	3263	1327
菏泽市	66264	33955	16953	9547	3257

组距分组的法人单位数

100-299人	300-499人	500-999人	1000-4999人	5000-9999人	10000人及以上
25193	**4636**	**3179**	**2001**	**154**	**94**
2633	502	387	239	27	26
3257	588	386	244	25	11
1197	248	191	134	11	10
854	180	124	71	3	1
747	139	98	70	6	4
2006	399	259	187	11	7
2106	483	318	181	12	8
1701	293	209	148	8	7
986	225	171	130	8	4
1113	185	148	93	7	2
742	112	84	56	4	1
2392	416	216	138	11	6
1342	228	157	80	5	1
1215	211	128	79	5	2
873	168	121	74	5	2
2029	259	182	77	4	1

1-16 按地区、从业人员组距

分 组	从业人员期末人数（人）	7人及以下	8-19人	20-49人	50-99人
全 省	**26044119**	**3380241**	**3249926**	**3389741**	**2602083**
济南市	3144323	431216	327462	328860	281422
青岛市	3820252	640611	601884	542286	349373
淄博市	1357966	151560	104479	130146	123293
枣庄市	779728	93683	85922	85075	73662
东营市	752368	70294	48190	63411	63909
烟台市	2391523	314806	403410	352929	214187
潍坊市	2261619	313760	248944	269401	221917
济宁市	2037926	292826	291017	293869	203477
泰安市	1076077	112183	92565	105760	88878
威海市	1108144	118074	136372	171064	107552
日照市	623287	89969	68385	73468	68279
临沂市	2020035	238275	278896	286296	217364
德州市	1210731	145757	181757	198417	164396
聊城市	948913	127571	91784	103978	108528
滨州市	883260	114959	83891	97371	91096
菏泽市	1509237	124697	204968	287410	224750

分组的法人单位从业人员数

100-299人	300-499人	500-999人	1000-4999人	5000-9999人	10000人及以上
4053318	**1680537**	**2024416**	**3298672**	**799812**	**1565373**
413072	175404	240943	421110	168470	356364
527780	219524	250007	419214	149087	120486
194573	90928	122223	229202	51482	160080
146224	65513	79901	109325	25681	14742
124680	48290	64145	107027	26604	135818
332071	143013	168907	315312	49165	97723
340841	179876	204163	296870	64297	121550
268766	106075	137663	242796	37690	163747
155577	83135	110857	213056	35588	78478
178919	67891	95738	155104	39783	37647
119489	40343	51087	80881	17440	13946
387058	151218	134243	218803	51879	56003
208186	80255	98969	113070	19924	
191901	74698	77592	128415	19226	25220
138052	61292	76463	123897	20744	75495
326129	93082	111515	124590	12096	

1-17 按行业(大类)、从业人员

分 组	代码	法人单位数(个)	7人及以下	8-19人	20-49人
总 计	**00**	**1801301**	**1333287**	**279186**	**115508**
农、林、牧、渔业	**A**	**24243**	**19339**	**4200**	**561**
农业	01	8	8		
林业	02				
畜牧业	03	5	5		
渔业	04	4	4		
农、林、牧、渔专业及辅助性活动	05	24226	19322	4200	561
采矿业	**B**	**2358**	**1221**	**446**	**293**
煤炭开采和洗选业	06	262	64	52	32
石油和天然气开采业	07	28	11	1	2
黑色金属矿采选业	08	293	160	34	34
有色金属矿采选业	09	197	77	23	27
非金属矿采选业	10	1164	619	273	159
开采专业及辅助性活动	11	350	243	57	30
其他采矿业	12	64	47	6	9
制造业	**C**	**310428**	**162393**	**76016**	**43384**
农副食品加工业	13	17410	8177	3919	2782
食品制造业	14	8053	3972	2032	1164
酒、饮料和精制茶制造业	15	3703	2249	794	373
烟草制品业	16	19	11	1	
纺织业	17	13552	5830	3365	2397
纺织服装、服饰业	18	16873	8599	3862	2797
皮革、毛皮、羽毛及其制品和制鞋业	19	3503	1644	921	566
木材加工和木、竹、藤、棕、草制品业	20	24396	8202	10077	4682
家具制造业	21	6849	3693	1718	961
造纸和纸制品业	22	6132	3503	1510	646
印刷和记录媒介复制业	23	7495	4518	1728	783
文教、工美、体育和娱乐用品制造业	24	12093	5991	2811	2089
石油、煤炭及其他燃料加工业	25	1130	548	237	149
化学原料和化学制品制造业	26	13306	6678	2742	1913
医药制造业	27	2374	995	390	370
化学纤维制造业	28	485	252	99	67
橡胶和塑料制品业	29	17069	9147	4386	2279
非金属矿物制品业	30	25503	12810	5734	4447
黑色金属冶炼和压延加工业	31	1866	999	371	230
有色金属冶炼和压延加工业	32	1773	864	328	239
金属制品业	33	24608	14300	5741	2839
通用设备制造业	34	41401	25241	9667	4194

组距分组的法人单位数

50–99人	100–299人	300–499人	500–999人	1000–4999人	5000–9999人	10000人及以上	代码
38063	**25193**	**4636**	**3179**	**2001**	**154**	**94**	**00**
101	**35**	**3**	**3**	**1**			**A**
							01
							02
							03
							04
101	35	3	3	1			05
134	**117**	**28**	**42**	**67**	**3**	**7**	**B**
18	9	4	26	51	2	4	06
5	5	1	1	1		1	07
18	35	2	5	5			08
14	27	11	8	8	1	1	09
68	36	7	1	1			10
9	5	3	1	1		1	11
2							12
15000	**10015**	**1727**	**1154**	**668**	**41**	**30**	**C**
1262	887	183	121	72	5	2	13
427	347	51	42	18			14
112	115	29	17	13	1		15
	4	1		1	1		16
952	763	122	74	45		4	17
896	528	101	68	18	1	3	18
205	124	17	16	9	1		19
929	453	44	9				20
289	152	19	15	2			21
225	179	30	18	20		1	22
275	158	22	11				23
650	460	47	27	18			24
64	54	14	32	30	1	1	25
989	692	138	94	56	3	1	26
240	240	49	50	33	5	2	27
34	24	2	3	4			28
703	410	52	54	32	5	1	29
1453	832	123	75	28	1		30
104	95	23	16	20	5	3	31
111	137	39	26	23	4	2	32
998	564	90	45	30	1		33
1252	788	140	71	47		1	34

1-17 续表 1

分 组	代码	法人单位数（个）	7人及以下	8-19人	20-49人
专用设备制造业	35	24381	14183	5703	2791
汽车制造业	36	7656	3375	1773	1229
铁路、船舶、航空航天和其他运输设备制造业	37	2474	1095	574	440
电气机械和器材制造业	38	10188	5594	2195	1234
计算机、通信和其他电子设备制造业	39	5245	2843	1121	625
仪器仪表制造业	40	3090	1775	675	351
其他制造业	41	2903	1831	694	288
废弃资源综合利用业	42	873	545	172	93
金属制品、机械和设备修理业	43	4025	2929	676	366
电力、热力、燃气及水生产和供应业	**D**	**6280**	**3577**	**1112**	**705**
电力、热力生产和供应业	44	4123	2565	658	366
燃气生产和供应业	45	613	258	119	104
水的生产和供应业	46	1544	754	335	235
建筑业	**E**	**124512**	**85763**	**21741**	**9716**
房屋建筑业	47	27066	15815	5097	2629
土木工程建筑业	48	26968	17440	5227	2502
建筑安装业	49	22076	15726	3800	1673
建筑装饰、装修和其他建筑业	50	48402	36782	7617	2912
批发和零售业	**F**	**598403**	**506112**	**70519**	**16482**
批发业	51	373997	312101	47984	11169
零售业	52	224406	194011	22535	5313
交通运输、仓储和邮政业	**G**	**52848**	**35034**	**10356**	**4746**
铁路运输业	53	21	6		6
道路运输业	54	33132	21507	6532	3197
水上运输业	55	1247	682	239	180
航空运输业	56	186	132	23	12
管道运输业	57	47	13	11	7
多式联运和运输代理业	58	10167	7575	1875	530
装卸搬运和仓储业	59	6874	4471	1432	628
邮政业	60	1174	648	244	186
住宿和餐饮业	**H**	**28234**	**19099**	**5697**	**2191**
住宿业	61	6485	3594	1592	770
餐饮业	62	21749	15505	4105	1421
信息传输、软件和信息技术服务业	**I**	**58722**	**49053**	**6698**	**2181**
电信、广播电视和卫星传输服务	63	1285	961	128	72
互联网和相关服务	64	9143	7783	959	301
软件和信息技术服务业	65	48294	40309	5611	1808
金融业	**J**	**5783**	**3120**	**773**	**450**
货币金融服务	66	1891	795	324	211
资本市场服务	67	1752	1462	220	48

50-99人	100-299人	300-499人	500-999人	1000-4999人	5000-9999人	10000人及以上	代码
963	557	85	67	30	1	1	35
571	480	113	71	39	3	2	36
170	126	36	16	15	1	1	37
580	424	80	54	25	1	1	38
273	243	53	48	34	1	4	39
138	123	12	13	3			40
63	21	5		1			41
40	21	1	1				42
32	14	6		2			43
357	**373**	**75**	**56**	**23**	**1**	**1**	**D**
193	227	58	36	18	1	1	44
61	54	8	8	1			45
103	92	9	12	4			46
3122	**2412**	**762**	**554**	**385**	**34**	**23**	**E**
1001	1228	545	420	286	28	17	47
887	633	119	90	61	6	3	48
516	257	54	25	22		3	49
718	294	44	19	16			50
3389	**1435**	**207**	**152**	**91**	**13**	**3**	**F**
1874	678	86	63	33	6	3	51
1515	757	121	89	58	7		52
1697	**706**	**133**	**80**	**86**	**6**	**4**	**G**
	3	1	2	2		1	53
1221	484	95	49	42	3	2	54
75	49	4	6	10	2		55
1	8	4	1	4		1	56
5	8	3					57
122	50	8	3	4			58
227	88	13	10	4	1		59
46	16	5	9	20			60
668	**480**	**68**	**23**	**7**	**1**		**H**
222	244	48	13	2			61
446	236	20	10	5	1		62
438	**217**	**46**	**43**	**43**	**1**	**2**	**I**
35	36	8	16	27		2	63
67	28	2	1	1	1		64
336	153	36	26	15			65
316	**396**	**199**	**233**	**239**	**37**	**20**	**J**
163	145	79	109	65			66
10	7	2	1	1	1		67

1-17 续表 2

分 组	代码	法人单位数（个）	7人及以下	8-19人	20-49人
保险业	68	1426	362	105	127
其他金融业	69	714	501	124	64
房地产业	**K**	**51380**	**31102**	**10673**	**6735**
房地产业	70	51380	31102	10673	6735
租赁和商务服务业	**L**	**171491**	**143049**	**20271**	**6011**
租赁业	71	17613	14375	2452	661
商务服务业	72	153878	128674	17819	5350
科学研究和技术服务业	**M**	**93529**	**73662**	**13095**	**4911**
研究和试验发展	73	12932	10648	1583	526
专业技术服务业	74	41398	30411	6633	3001
科技推广和应用服务业	75	39199	32603	4879	1384
水利、环境和公共设施管理业	**N**	**10758**	**7017**	**1963**	**1058**
水利管理业	76	1120	696	222	125
生态保护和环境治理业	77	1216	829	203	125
公共设施管理业	78	8042	5230	1458	778
土地管理业	79	380	262	80	30
居民服务、修理和其他服务业	**O**	**33873**	**27508**	**4648**	**1236**
居民服务业	80	14238	11603	1863	557
机动车、电子产品和日用产品修理业	81	13694	11354	1875	372
其他服务业	82	5941	4551	910	307
教育	**P**	**43057**	**21175**	**8902**	**6304**
教育	83	43057	21175	8902	6304
卫生和社会工作	**Q**	**18784**	**11769**	**2333**	**1915**
卫生	84	13337	8002	1191	1498
社会工作	85	5447	3767	1142	417
文化、体育和娱乐业	**R**	**37583**	**31298**	**4384**	**1378**
新闻和出版业	86	356	179	58	37
广播、电视、电影和录音制作业	87	3503	2639	544	208
文化艺术业	88	10940	8715	1548	543
体育	89	3410	2792	426	135
娱乐业	90	19374	16973	1808	455
公共管理、社会保障和社会组织	**S**	**129035**	**101996**	**15359**	**5251**
中国共产党机关	91	2050	874	516	406
国家机构	92	29976	16601	3764	3670
人民政协、民主党派	93	375	224	33	104
社会保障	94	488	372	63	31
群众团体、社会团体和其他成员组织	95	17428	15293	1708	354
基层群众自治组织	96	78718	68632	9275	686

50–99人	100–299人	300–499人	500–999人	1000–4999人	5000–9999人	10000人及以上	代码
130	237	115	121	173	36	20	68
13	7	3	2				69
1916	**757**	**110**	**67**	**17**	**2**	**1**	**K**
1916	757	110	67	17	2	1	70
1284	**590**	**116**	**100**	**64**	**5**	**1**	**L**
93	31	1					71
1191	559	115	100	64	5	1	72
1172	**537**	**92**	**44**	**16**			**M**
101	54	9	7	4			73
828	408	73	34	10			74
243	75	10	3	2			75
398	**235**	**34**	**31**	**20**	**1**	**1**	**N**
52	22	1	2				76
37	20	1	1				77
303	191	32	28	20	1	1	78
6	2						79
304	**130**	**16**	**20**	**10**	**1**		**O**
141	57	7	7	3			80
76	12	2	2	1			81
87	61	7	11	6	1		82
3149	**2826**	**457**	**191**	**52**		**1**	**P**
3149	2826	457	191	52		1	83
1397	**906**	**135**	**178**	**145**	**6**		**Q**
1313	871	134	177	145	6		84
84	35	1	1				85
317	**158**	**26**	**18**	**4**			**R**
39	23	12	7	1			86
48	50	6	6	2			87
100	30	3		1			88
40	17						89
90	38	5	5				90
2904	**2868**	**402**	**190**	**63**	**2**		**S**
171	77	3	3				91
2564	2733	394	185	63	2		92
12	2						93
12	9	1					94
56	13	2	2				95
89	34	2					96

1-18 按行业(大类)、从业人员组距

分 组	代码	从业人员期末人数（人）	7人及以下	8-19人	20-49人
总 计	**00**	**26044119**	**3380241**	**3249926**	**3389741**
农、林、牧、渔业	**A**	**132058**	**50945**	**48595**	**16174**
农业	01				
林业	02				
畜牧业	03				
渔业	04				
农、林、牧、渔专业及辅助性活动	05	132058	50945	48595	16174
采矿业	**B**	**505160**	**2473**	**5565**	**8505**
煤炭开采和洗选业	06	289480	85	701	897
石油和天然气开采业	07	84522	13	15	42
黑色金属矿采选业	08	24856	248	437	997
有色金属矿采选业	09	56341	149	273	792
非金属矿采选业	10	24640	1248	3390	4650
开采专业及辅助性活动	11	24715	637	667	852
其他采矿业	12	606	93	82	275
制造业	**C**	**8915617**	**457916**	**908818**	**1283975**
农副食品加工业	13	733274	21040	47485	83120
食品制造业	14	234167	10652	24227	34441
酒、饮料和精制茶制造业	15	101570	6073	9358	11110
烟草制品业	16	8599	9	8	
纺织业	17	547781	15343	40897	71426
纺织服装、服饰业	18	497809	20381	46780	82470
皮革、毛皮、羽毛及其制品和制鞋业	19	105141	4124	11170	16962
木材加工和木、竹、藤、棕、草制品业	20	444829	32442	120498	136162
家具制造业	21	122145	10293	20495	28153
造纸和纸制品业	22	170524	10951	17742	18758
印刷和记录媒介复制业	23	117600	14484	20288	23120
文教、工美、体育和娱乐用品制造业	24	295657	16032	34144	61217
石油、煤炭及其他燃料加工业	25	125923	1331	2854	4580
化学原料和化学制品制造业	26	559594	16995	32960	58784
医药制造业	27	267922	2291	4868	11616
化学纤维制造业	28	20591	558	1209	1986
橡胶和塑料制品业	29	429728	26848	51399	67029
非金属矿物制品业	30	625298	34050	69816	131948
黑色金属冶炼和压延加工业	31	197025	2840	4467	7046
有色金属冶炼和压延加工业	32	246032	2258	3923	7477
金属制品业	33	473496	41986	67827	83099
通用设备制造业	34	723626	73634	114506	122708

分组的法人单位从业人员数

50–99人	100–299人	300–499人	500–999人	1000–4999人	5000–9999人	10000人及以上	代码
2602083	**4053318**	**1680537**	**2024416**	**3298672**	**799812**	**1565373**	**00**
6727	**5240**	**1239**	**1957**	**1181**			**A**
							01
							02
							03
							04
6727	5240	1239	1957	1181			05
9627	**20290**	**10563**	**30553**	**146846**	**25115**	**245623**	**B**
1232	1563	1610	19603	113911	15333	134545	06
406	932	461	921	2358		79374	07
1398	6002	846	3214	11714			08
1035	4698	3894	5529	16031	9782	14158	09
4778	6148	2614	729	1083			10
622	947	1138	557	1749		17546	11
156							12
1044278	**1632207**	**657127**	**789302**	**1264116**	**274061**	**603817**	**C**
87925	144646	69640	83542	128202	39243	28431	13
30226	55274	19681	28110	31556			14
7655	20450	11210	10563	18995	6156		15
	712	313		2214	5343		16
67781	125165	45529	49314	83694		48632	17
62681	86263	38349	46478	35259	5533	73615	18
14220	19805	6558	10571	16687	5044		19
62179	71874	16193	5481				20
19531	23781	7062	10020	2810			21
15501	29636	12079	11846	42020		11991	22
19109	25159	8196	7244				23
45195	72602	18121	19312	29034			24
4478	9897	5649	23905	52927	7074	13228	25
69214	113357	52290	66575	109571	19472	20376	26
16895	40018	18944	35084	64302	36830	37074	27
2358	3924	734	1873	7949			28
49063	67134	19832	36438	67772	33815	10398	29
99990	132777	47321	50513	53033	5850		30
7442	15611	8627	11003	53450	33963	52576	31
8178	24274	15111	16985	50947	24068	92811	32
68828	90032	33888	30483	51461	5892		33
87279	125245	53285	48785	84362		13822	34

1-18 续表 1

分 组	代码	从业人员期末人数(人)	7人及以下	8-19人	20-49人
专用设备制造业	35	496014	40273	67226	82906
汽车制造业	36	420326	9075	21683	37218
铁路、船舶、航空航天和其他运输设备制造业	37	127030	2741	6993	12904
电气机械和器材制造业	38	328536	14856	26249	36986
计算机、通信和其他电子设备制造业	39	341744	7243	13565	18875
仪器仪表制造业	40	70850	5160	7939	10743
其他制造业	41	33132	4624	8322	8099
废弃资源综合利用业	42	13300	1286	2029	2626
金属制品、机械和设备修理业	43	36354	8043	7891	10406
电力、热力、燃气及水生产和供应业	**D**	**345150**	**7921**	**13469**	**21554**
电力、热力生产和供应业	44	264279	5328	7879	10977
燃气生产和供应业	45	27550	643	1474	3406
水的生产和供应业	46	53321	1950	4116	7171
建筑业	**E**	**3455969**	**216132**	**257839**	**286270**
房屋建筑业	47	2021238	39972	61242	77597
土木工程建筑业	48	658851	44614	62707	74861
建筑安装业	49	354759	40970	44764	49081
建筑装饰、装修和其他建筑业	50	421121	90576	89126	84731
批发和零售业	**F**	**3420111**	**1238668**	**790336**	**467674**
批发业	51	2061081	762220	542090	312562
零售业	52	1359030	476448	248246	155112
交通运输、仓储和邮政业	**G**	**946043**	**96305**	**122487**	**140411**
铁路运输业	53	137			
道路运输业	54	596710	59775	77688	95566
水上运输业	55	66607	1643	2890	5548
航空运输业	56	23500	260	267	351
管道运输业	57	3576	19	140	227
多式联运和运输代理业	58	85324	19967	21710	14989
装卸搬运和仓储业	59	100354	12561	16822	18475
邮政业	60	69835	2080	2970	5255
住宿和餐饮业	**H**	**365055**	**50464**	**65926**	**63049**
住宿业	61	138028	10485	19321	21577
餐饮业	62	227027	39979	46605	41472
信息传输、软件和信息技术服务业	**I**	**493486**	**105979**	**77622**	**63330**
电信、广播电视和卫星传输服务	63	123697	2350	1472	2228
互联网和相关服务	64	57601	16772	11135	8627
软件和信息技术服务业	65	312188	86857	65015	52475
金融业	**J**	**22137**	**4899**	**5919**	**4125**
货币金融服务	66	9215	2065	3189	1446
资本市场服务	67	5372	1435	1115	901

50–99人	100–299人	300–499人	500–999人	1000–4999人	5000–9999人	10000人及以上	代码
66649	88985	31615	45054	56125	6087	11094	35
41063	82238	42853	48310	76703	18692	42491	36
11995	20079	14238	11734	26498	7153	12695	37
40653	71312	30578	36559	37637	5531	28175	38
19259	42705	20119	33926	71329	8315	106408	39
9640	20131	4568	8985	3684			40
4245	3247	1810		2785			41
2848	3448	454	609				42
2198	2426	2280		3110			43
25451	**63139**	**27488**	**37698**	**35043**	**5313**	**108074**	**D**
13964	38494	20965	24397	28888	5313	108074	44
4357	8329	3284	4912	1145			45
7130	16316	3239	8389	5010			46
212387	**412849**	**292358**	**381102**	**760031**	**240688**	**396313**	**E**
69056	218127	209030	290311	554819	201743	299341	47
60505	106505	46070	60910	126494	38945	37240	48
34759	41813	20671	17224	45745		59732	49
48067	46404	16587	12657	32973			50
228159	**224852**	**78333**	**103794**	**158071**	**95347**	**34877**	**F**
124099	104710	32338	43119	61669	43397	34877	51
104060	120142	45995	60675	96402	51950		52
112763	**114416**	**50830**	**56002**	**176364**	**39836**	**36629**	**G**
	137						53
81242	78336	36667	36069	86388	19300	25679	54
5133	8256	1470	4057	23051	14559		55
66	1295	1490	598	8223		10950	56
366	1510	1314					57
7877	8303	3335	1941	7202			58
14945	13536	4649	7085	6304	5977		59
3134	3043	1905	6252	45196			60
45873	**81385**	**25250**	**14865**	**13014**	**5229**		**H**
15505	41549	17729	8359	3503			61
30368	39836	7521	6506	9511	5229		62
29261	**34522**	**17608**	**31530**	**75570**	**9412**	**48652**	**I**
2510	5515	3088	12667	45215		48652	63
4448	4357	873	746	1231	9412		64
22303	24650	13647	18117	29124			65
1926	**2769**	**1075**	**1424**				**J**
563	1651	301					66
494	473	354	600				67

1-18 续表 2

分　组	代码	从业人员期末人数(人)	7人及以下	8-19人	20-49人
保险业	68	734	404	157	98
其他金融业	69	6816	995	1458	1680
房地产业	**K**	**784256**	**72784**	**129394**	**197097**
房地产业	70	784256	72784	129394	197097
租赁和商务服务业	**L**	**1203965**	**320112**	**232465**	**170692**
租赁业	71	96066	38358	27873	18174
商务服务业	72	1107899	281754	204592	152518
科学研究和技术服务业	**M**	**712878**	**164307**	**153515**	**142216**
研究和试验发展	73	84444	21174	18527	15313
专业技术服务业	74	429386	75104	78321	87985
科技推广和应用服务业	75	199048	68029	56667	38918
水利、环境和公共设施管理业	**N**	**256906**	**16293**	**23365**	**31487**
水利管理业	76	16164	1150	2707	3743
生态保护和环境治理业	77	14721	1674	2379	3964
公共设施管理业	78	222856	12951	17302	22957
土地管理业	79	3165	518	977	823
居民服务、修理和其他服务业	**O**	**244263**	**69278**	**52761**	**35047**
居民服务业	80	97411	26885	21382	15846
机动车、电子产品和日用产品修理业	81	73151	31406	20813	10303
其他服务业	82	73701	10987	10566	8898
教育	**P**	**1450464**	**57608**	**109687**	**194638**
教育	83	1450464	57608	109687	194638
卫生和社会工作	**Q**	**811225**	**23814**	**27904**	**61677**
卫生	84	765411	15361	14645	49758
社会工作	85	45814	8453	13259	11919
文化、体育和娱乐业	**R**	**231401**	**69483**	**50671**	**38722**
新闻和出版业	86	18440	408	733	1196
广播、电视、电影和录音制作业	87	39061	6075	6433	5948
文化艺术业	88	65683	18373	18293	15172
体育	89	20629	6315	4867	3964
娱乐业	90	87588	38312	20345	12442
公共管理、社会保障和社会组织	**S**	**1747975**	**354860**	**173588**	**163098**
中国共产党机关	91	47388	1145	6620	12493
国家机构	92	1182552	10613	48000	116569
人民政协、民主党派	93	4951	158	444	3151
社会保障	94	4210	218	799	869
群众团体、社会团体和其他成员组织	95	68030	31475	19054	10480
基层群众自治组织	96	440844	311251	98671	19536

50–99人	100–299人	300–499人	500–999人	1000–4999人	5000–9999人	10000人及以上	代码
75							68
794	645	420	824				69
128594	**120849**	**40399**	**45624**	**23804**	**13711**	**12000**	**K**
128594	120849	40399	45624	23804	13711	12000	70
85746	**95059**	**44403**	**72636**	**123551**	**30801**	**28500**	**L**
6267	5082	312					71
79479	89977	44091	72636	123551	30801	28500	72
78065	**85209**	**34049**	**29369**	**26148**			**M**
6563	8899	3205	4767	5996			73
55877	65668	27204	22760	16467			74
15625	10642	3640	1842	3685			75
26993	**38495**	**13225**	**22294**	**38331**	**7186**	**39237**	**N**
3458	3573	301	1232				76
2437	2989	327	951				77
20683	31501	12597	20111	38331	7186	39237	78
415	432						79
19827	**20418**	**5922**	**14856**	**21122**	**5032**		**O**
9396	9213	2693	5303	6693			80
4648	1853	698	1646	1784			81
5783	9352	2531	7907	12645	5032		82
221108	**465372**	**171329**	**123479**	**95592**		**11651**	**P**
221108	465372	171329	123479	95592		11651	83
98006	**142379**	**52397**	**127149**	**243037**	**34862**		**Q**
92406	136883	51990	126469	243037	34862		84
5600	5496	407	680				85
21350	**24931**	**9647**	**11566**	**5031**			**R**
2679	3598	4352	4472	1002			86
3503	8031	2374	3987	2710			87
6754	4584	1188		1319			88
2644	2839						89
5770	5879	1733	3107				90
205942	**468937**	**147295**	**129216**	**91820**	**13219**		**S**
12025	11677	1086	2342				91
183189	449135	144372	125635	91820	13219		92
845	353						93
785	1062	477					94
3311	1833	638	1239				95
5787	4877	722					96

1−19 按行业门类分组的个体经营户数和从业人员数

分 组	个体经营户数（万个）	从业人员期末人数（万人）
总 计	**585.7**	**1271.4**
农、林、牧、渔业	10.2	22.9
采矿业	0.1	2.3
制造业	45.5	146.7
电力、热力、燃气及水生产和供应业	0.8	1.9
建筑业	21.5	77.1
批发和零售业	327.6	626.6
交通运输、仓储和邮政业	38.4	63.6
住宿和餐饮业	57.7	150.7
信息传输、软件和信息技术服务业	1.4	2.3
金融业		
房地产业	5.8	7.9
租赁和商务服务业	13.9	28.8
科学研究和技术服务业	1.8	5.4
水利、环境和公共设施管理业	0.2	0.5
居民服务、修理和其他服务业	51.2	107.6
教育	2.5	9.2
卫生和社会工作	4.2	9.3
文化、体育和娱乐业	2.9	8.6
公共管理、社会保障和社会组织		

注：表中农、林、牧、渔业“个体经营户”数据仅包含属于第三产业的从事农、林、牧、渔专业及辅助性活动和兼营第二、三产业活动的农、林、牧、渔业的个体经营户；表中农、林、牧、渔业“从业人员”数据仅包含属于第三产业的从事农、林、牧、渔专业及辅助性活动的个体经营户从业人员。

1–20　按地区分组的产业活动单位数及从业人员数

分　组	产业活动单位数（个）	单产法人所属产业活动单位数	多产法人所属产业活动单位数	产业活动单位从业人员期末人数（人）	单产法人所属从业人员期末人数	多产法人所属从业人员期末人数
全　省	**2005984**	**1770333**	**235651**	**25561680**	**21510005**	**4051675**
济南市	253265	227054	26211	3118164	2641769	476395
青岛市	390767	353851	36916	3750783	3337732	413051
淄博市	109993	95592	14401	1256844	914560	342284
枣庄市	45149	37948	7201	756281	670333	85948
东营市	44774	38352	6422	724016	474671	249345
烟台市	203631	179268	24363	2410852	2039341	371511
潍坊市	192256	171478	20778	2263955	1863084	400871
济宁市	144838	127898	16940	2026375	1648113	378262
泰安市	74519	64014	10505	1021925	842653	179272
威海市	72591	63410	9181	1116522	924221	192301
日照市	59157	52050	7107	624710	515007	109703
临沂市	125997	107637	18360	2015608	1694782	320826
德州市	81287	68653	12634	1216803	1049184	167619
聊城市	70255	59512	10743	956101	762357	193744
滨州市	64689	57993	6696	805355	725342	80013
菏泽市	72816	65623	7193	1497386	1406856	90530

1−21 按行业(中类)分组的

分　组	行业代码	产业活动单位数(个)	单产法人所属产业活动单位数
总　计	**00**	**2005984**	**1770333**
农、林、牧、渔专业及辅助性活动	**05**	**24665**	**24182**
农业专业及辅助性活动	051	21104	20726
林业专业及辅助性活动	052	730	688
畜牧专业及辅助性活动	053	2164	2119
渔业专业及辅助性活动	054	667	649
煤炭开采和洗选业	**06**	**307**	**228**
烟煤和无烟煤开采洗选	061	280	209
褐煤开采洗选	062	11	7
其他煤炭采选	069	16	12
石油和天然气开采业	**07**	**49**	**26**
石油开采	071	45	22
天然气开采	072	4	4
黑色金属矿采选业	**08**	**312**	**284**
铁矿采选	081	309	281
锰矿、铬矿采选	082	2	2
其他黑色金属矿采选	089	1	1
有色金属矿采选业	**09**	**235**	**184**
常用有色金属矿采选	091	24	23
贵金属矿采选	092	209	159
稀有稀土金属矿采选	093	2	2
非金属矿采选业	**10**	**1211**	**1147**
土砂石开采	101	932	896
化学矿开采	102	7	6
采盐	103	117	99
石棉及其他非金属矿采选	109	155	146
开采专业及辅助性活动	**11**	**379**	**342**
煤炭开采和洗选专业及辅助性活动	111	13	7
石油和天然气开采专业及辅助性活动	112	321	291
其他开采专业及辅助性活动	119	45	44
其他采矿业	**12**	**65**	**62**
其他采矿业	120	65	62
农副食品加工业	**13**	**17833**	**17149**
谷物磨制	131	1508	1492
饲料加工	132	2214	2121
植物油加工	133	878	852
制糖业	134	96	96
屠宰及肉类加工	135	3204	2920
水产品加工	136	2816	2651
蔬菜、菌类、水果和坚果加工	137	3899	3852
其他农副食品加工	139	3218	3165
食品制造业	**14**	**8231**	**7908**
焙烤食品制造	141	1936	1831
糖果、巧克力及蜜饯制造	142	607	597
方便食品制造	143	1266	1232

产业活动单位数及从业人员数

多产法人所属产业活动单位数	产业活动单位从业人员期末人数（人）	单产法人所属从业人员期末人数	多产法人所属从业人员期末人数	行业代码
235651	**25561680**	**21510005**	**4051675**	**00**
483	**134453**	**129312**	**5141**	**05**
378	107712	105883	1829	051
42	3515	3399	116	052
45	15248	14532	716	053
18	7978	5498	2480	054
79	**204107**	**110282**	**93825**	**06**
71	183121	107531	75590	061
4	13761	1019	12742	062
4	7225	1732	5493	069
23	**45045**	**4227**	**40818**	**07**
23	45020	4202	40818	071
	25	25		072
28	**23773**	**14530**	**9243**	**08**
28	23720	14477	9243	081
	47	47		082
	6	6		089
51	**53673**	**33012**	**20661**	**09**
1	739	739		091
50	52572	31911	20661	092
	362	362		093
64	**25019**	**22103**	**2916**	**10**
36	13731	13060	671	101
1	88	66	22	102
18	8161	6099	2062	103
9	3039	2878	161	109
37	**41328**	**4441**	**36887**	**11**
6	5384	75	5309	111
30	35433	3993	31440	112
1	511	373	138	119
3	**615**	**596**	**19**	**12**
3	615	596	19	120
684	**716783**	**630932**	**85851**	**13**
16	35564	35185	379	131
93	67871	63226	4645	132
26	40974	38988	1986	133
	4309	4309		134
284	252171	206190	45981	135
165	130924	102800	28124	136
47	107476	105080	2396	137
53	77494	75154	2340	139
323	**230945**	**210750**	**20195**	**14**
105	40910	38014	2896	141
10	13132	12945	187	142
34	31690	31375	315	143

1-21 续表 1

分 组	行业代码	产业活动单位数（个）	单产法人所属产业活动单位数
乳制品制造	144	145	134
罐头食品制造	145	368	357
调味品、发酵制品制造	146	1019	974
其他食品制造	149	2890	2783
酒、饮料和精制茶制造业	**15**	**3774**	**3622**
酒的制造	151	1476	1415
饮料制造	152	1767	1694
精制茶加工	153	531	513
烟草制品业	**16**	**33**	**16**
烟叶复烤	161	14	5
卷烟制造	162	6	2
其他烟草制品制造	169	13	9
纺织业	**17**	**13650**	**13462**
棉纺织及印染精加工	171	6352	6283
毛纺织及染整精加工	172	598	592
麻纺织及染整精加工	173	53	50
丝绢纺织及印染精加工	174	106	96
化纤织造及印染精加工	175	407	402
针织或钩针编织物及其制品制造	176	1377	1361
家用纺织制成品制造	177	2244	2195
产业用纺织制成品制造	178	2513	2483
纺织服装、服饰业	**18**	**17113**	**16739**
机织服装制造	181	7644	7432
针织或钩针编织服装制造	182	1969	1944
服饰制造	183	7500	7363
皮革、毛皮、羽毛及其制品和制鞋业	**19**	**3548**	**3472**
皮革鞣制加工	191	290	289
皮革制品制造	192	1327	1305
毛皮鞣制及制品加工	193	426	424
羽毛(绒)加工及制品制造	194	113	111
制鞋业	195	1392	1343
木材加工和木、竹、藤、棕、草制品业	**20**	**24443**	**24366**
木材加工	201	13465	13444
人造板制造	202	6730	6714
木质制品制造	203	3802	3763
竹、藤、棕、草等制品制造	204	446	445
家具制造业	**21**	**6916**	**6814**
木质家具制造	211	5768	5691
竹、藤家具制造	212	77	75
金属家具制造	213	255	248
塑料家具制造	214	49	49
其他家具制造	219	767	751
造纸和纸制品业	**22**	**6176**	**6100**
纸浆制造	221	20	20
造纸	222	1735	1704
纸制品制造	223	4421	4376

多产法人所属产业活动单位数	产业活动单位从业人员期末人数（人）	单产法人所属从业人员期末人数	多产法人所属从业人员期末人数	行业代码
11	19572	15884	3688	144
11	24749	20807	3942	145
45	35645	30157	5488	146
107	65247	61568	3679	149
152	**100967**	**88711**	**12256**	**15**
61	69120	58950	10170	151
73	27412	25443	1969	152
18	4435	4318	117	153
17	**3245**	**729**	**2516**	**16**
9	2424	188	2236	161
4	63	4	59	162
4	758	537	221	169
188	**530709**	**502901**	**27808**	**17**
69	352906	344366	8540	171
6	24808	24557	251	172
3	2629	2250	379	173
10	1940	1904	36	174
5	12396	11613	783	175
16	27593	27250	343	176
49	66076	49148	16928	177
30	42361	41813	548	178
374	**505303**	**470287**	**35016**	**18**
212	281043	253855	27188	181
25	99354	97333	2021	182
137	124906	119099	5807	183
76	**105275**	**93350**	**11925**	**19**
1	12847	12832	15	191
22	23592	23326	266	192
2	9141	9141		193
2	3426	3022	404	194
49	56269	45029	11240	195
77	**446439**	**443478**	**2961**	**20**
21	160425	160229	196	201
16	221076	220301	775	202
39	59824	57864	1960	203
1	5114	5084	30	204
102	**121966**	**117923**	**4043**	**21**
77	104319	101493	2826	211
2	2166	2110	56	212
7	4847	4747	100	213
	629	629		214
16	10005	8944	1061	219
76	**169623**	**152854**	**16769**	**22**
	743	743		221
31	105007	89773	15234	222
45	63873	62338	1535	223

1-21 续表 2

分 组	行业代码	产业活动单位数（个）	单产法人所属产业活动单位数
印刷和记录媒介复制业	**23**	**7608**	**7424**
印刷	231	6965	6819
装订及印刷相关服务	232	629	595
记录媒介复制	233	14	10
文教、工美、体育和娱乐用品制造业	**24**	**12206**	**12005**
文教办公用品制造	241	629	597
乐器制造	242	264	264
工艺美术及礼仪用品制造	243	8639	8516
体育用品制造	244	1595	1567
玩具制造	245	882	869
游艺器材及娱乐用品制造	246	197	192
石油、煤炭及其他燃料加工业	**25**	**1149**	**1094**
精炼石油产品制造	251	693	657
煤炭加工	252	243	227
核燃料加工	253	3	3
生物质燃料加工	254	210	207
化学原料和化学制品制造业	**26**	**13507**	**13092**
基础化学原料制造	261	2400	2322
肥料制造	262	2198	2115
农药制造	263	301	283
涂料、油墨、颜料及类似产品制造	264	1911	1860
合成材料制造	265	1547	1513
专用化学产品制造	266	4263	4141
炸药、火工及焰火产品制造	267	38	29
日用化学产品制造	268	849	829
医药制造业	**27**	**2412**	**2320**
化学药品原料药制造	271	317	301
化学药品制剂制造	272	249	242
中药饮片加工	273	263	253
中成药生产	274	235	223
兽用药品制造	275	325	313
生物药品制品制造	276	499	484
卫生材料及医药用品制造	277	465	445
药用辅料及包装材料	278	59	59
化学纤维制造业	**28**	**492**	**482**
纤维素纤维原料及纤维制造	281	88	88
合成纤维制造	282	296	291
生物基材料制造	283	108	103
橡胶和塑料制品业	**29**	**17233**	**16961**
橡胶制品业	291	3458	3394
塑料制品业	292	13775	13567
非金属矿物制品业	**30**	**26058**	**25164**
水泥、石灰和石膏制造	301	1188	1096
石膏、水泥制品及类似制品制造	302	5027	4716
砖瓦、石材等建筑材料制造	303	11775	11437
玻璃制造	304	557	550

多产法人所属产业活动单位数	产业活动单位从业人员期末人数（人）	单产法人所属从业人员期末人数	多产法人所属从业人员期末人数	行业代码
184	**120314**	**114125**	**6189**	**23**
146	112219	108662	3557	231
34	7824	5201	2623	232
4	271	262	9	233
201	**293410**	**285325**	**8085**	**24**
32	12262	11582	680	241
	4787	4787		242
123	197710	192040	5670	243
28	47349	47039	310	244
13	24525	23605	920	245
5	6777	6272	505	246
55	**105477**	**86717**	**18760**	**25**
36	74502	56837	17665	251
16	28711	27794	917	252
	12	12		253
3	2252	2074	178	254
415	**524345**	**472246**	**52099**	**26**
78	146805	131896	14909	261
83	65527	54602	10925	262
18	20013	19202	811	263
51	33498	30590	2908	264
34	82413	69319	13094	265
122	152824	144687	8137	266
9	6797	5879	918	267
20	16468	16071	397	268
92	**268557**	**218082**	**50475**	**27**
16	65506	60463	5043	271
7	56143	55061	1082	272
10	9865	7871	1994	273
12	32628	27679	4949	274
12	11421	10478	943	275
15	28355	27396	959	276
20	62114	26609	35505	277
	2525	2525		278
10	**21026**	**20256**	**770**	**28**
	7316	7316		281
5	10568	9804	764	282
5	3142	3136	6	283
272	**428821**	**382624**	**46197**	**29**
64	203745	161877	41868	291
208	225076	220747	4329	292
894	**614473**	**571267**	**43206**	**30**
92	54034	46696	7338	301
311	111448	102548	8900	302
338	178064	172191	5873	303
7	20467	19284	1183	304

1-21 续表 3

分 组	行业代码	产业活动单位数（个）	单产法人所属产业活动单位数
玻璃制品制造	305	1478	1442
玻璃纤维和玻璃纤维增强塑料制品制造	306	1297	1276
陶瓷制品制造	307	1459	1434
耐火材料制品制造	308	1224	1198
石墨及其他非金属矿物制品制造	309	2053	2015
黑色金属冶炼和压延加工业	**31**	**1888**	**1845**
炼铁	311	37	33
炼钢	312	30	28
钢压延加工	313	1738	1706
铁合金冶炼	314	83	78
有色金属冶炼和压延加工业	**32**	**1801**	**1750**
常用有色金属冶炼	321	163	160
贵金属冶炼	322	24	20
稀有稀土金属冶炼	323	33	30
有色金属合金制造	324	484	471
有色金属压延加工	325	1097	1069
金属制品业	**33**	**24939**	**24447**
结构性金属制品制造	331	11408	11145
金属工具制造	332	1844	1822
集装箱及金属包装容器制造	333	902	872
金属丝绳及其制品制造	334	633	624
建筑、安全用金属制品制造	335	1974	1922
金属表面处理及热处理加工	336	1034	1014
搪瓷制品制造	337	94	91
金属制日用品制造	338	1883	1863
铸造及其他金属制品制造	339	5167	5094
通用设备制造业	**34**	**41847**	**41162**
锅炉及原动设备制造	341	1626	1566
金属加工机械制造	342	7474	7349
物料搬运设备制造	343	1408	1368
泵、阀门、压缩机及类似机械制造	344	3012	2950
轴承、齿轮和传动部件制造	345	4781	4757
烘炉、风机、包装等设备制造	346	4086	3989
文化、办公用机械制造	347	146	143
通用零部件制造	348	16267	16069
其他通用设备制造业	349	3047	2971
专用设备制造业	**35**	**24681**	**24194**
采矿、冶金、建筑专用设备制造	351	4459	4334
化工、木材、非金属加工专用设备制造	352	4252	4187
食品、饮料、烟草及饲料生产专用设备制造	353	1233	1221
印刷、制药、日化及日用品生产专用设备制造	354	806	796
纺织、服装和皮革加工专用设备制造	355	1055	1039
电子和电工机械专用设备制造	356	994	967
农、林、牧、渔专用机械制造	357	2819	2790
医疗仪器设备及器械制造	358	1088	1039
环保、邮政、社会公共服务及其他专用设备制造	359	7975	7821

多产法人所属产业活动单位数	产业活动单位从业人员期末人数（人）	单产法人所属从业人员期末人数	多产法人所属从业人员期末人数	行业代码
36	53901	51615	2286	305
21	46271	40678	5593	306
25	67169	66340	829	307
26	27790	22068	5722	308
38	55329	49847	5482	309
43	**181027**	**160500**	**20527**	**31**
4	19076	6829	12247	311
2	10812	10432	380	312
32	138354	131040	7314	313
5	12785	12199	586	314
51	**187285**	**138102**	**49183**	**32**
3	36465	29923	6542	321
4	3484	3046	438	322
3	988	916	72	323
13	18747	13658	5089	324
28	127601	90559	37042	325
492	**471700**	**458877**	**12823**	**33**
263	144609	137907	6702	331
22	35749	35614	135	332
30	39756	38585	1171	333
9	18968	18934	34	334
52	40636	40303	333	335
20	25722	25635	87	336
3	3865	3865		337
20	23479	23109	370	338
73	138916	134925	3991	339
685	**725311**	**667690**	**57621**	**34**
60	87873	80500	7373	341
125	133735	120083	13652	342
40	32381	30316	2065	343
62	84078	80705	3373	344
24	77613	76693	920	345
97	83355	69266	14089	346
3	3497	3486	11	347
198	182593	174781	7812	348
76	40186	31860	8326	349
487	**491531**	**458308**	**33223**	**35**
125	146904	129050	17854	351
65	76203	71805	4398	352
12	15678	15430	248	353
10	15696	15617	79	354
16	19369	19003	366	355
27	19725	19206	519	356
29	55251	54078	1173	357
49	37956	34040	3916	358
154	104749	100079	4670	359

1-21 续表 4

分 组	行业代码	产业活动单位数（个）	单产法人所属产业活动单位数
汽车制造业	**36**	**7783**	**7589**
汽车整车制造	361	193	172
汽车用发动机制造	362	43	41
改装汽车制造	363	228	219
低速汽车制造	364	16	15
电车制造	365	123	119
汽车车身、挂车制造	366	408	396
汽车零部件及配件制造	367	6772	6627
铁路、船舶、航空航天和其他运输设备制造业	**37**	**2525**	**2432**
铁路运输设备制造	371	358	337
城市轨道交通设备制造	372	51	50
船舶及相关装置制造	373	1012	957
航空、航天器及设备制造	374	59	57
摩托车制造	375	126	123
自行车和残疾人座车制造	376	51	51
助动车制造	377	452	448
非公路休闲车及零配件制造	378	49	48
潜水救捞及其他未列明运输设备制造	379	367	361
电气机械和器材制造业	**38**	**10355**	**10022**
电机制造	381	1307	1280
输配电及控制设备制造	382	3885	3749
电线、电缆、光缆及电工器材制造	383	1385	1322
电池制造	384	370	362
家用电力器具制造	385	1170	1144
非电力家用器具制造	386	638	621
照明器具制造	387	727	702
其他电气机械及器材制造	389	873	842
计算机、通信和其他电子设备制造业	**39**	**5348**	**5176**
计算机制造	391	366	356
通信设备制造	392	353	332
广播电视设备制造	393	91	85
雷达及配套设备制造	394	11	11
非专业视听设备制造	395	114	109
智能消费设备制造	396	368	357
电子器件制造	397	595	572
电子元件及电子专用材料制造	398	2837	2758
其他电子设备制造	399	613	596
仪器仪表制造业	**40**	**3146**	**3047**
通用仪器仪表制造	401	2191	2130
专用仪器仪表制造	402	569	551
钟表与计时仪器制造	403	87	78
光学仪器制造	404	38	37
衡器制造	405	91	85
其他仪器仪表制造业	409	170	166
其他制造业	**41**	**2939**	**2889**
日用杂品制造	411	655	650
核辐射加工	412	8	7
其他未列明制造业	419	2276	2232

多产法人所属产业活动单位数	产业活动单位从业人员期末人数（人）	单产法人所属从业人员期末人数	多产法人所属从业人员期末人数	行业代码
194	**397719**	**342146**	**55573**	**36**
21	63619	41137	22482	361
2	11300	10175	1125	362
9	25167	21251	3916	363
1	7597	1166	6431	364
4	5581	5078	503	365
12	22996	19574	3422	366
145	261459	243765	17694	367
93	**124904**	**116874**	**8030**	**37**
21	48353	44432	3921	371
1	942	942		372
55	45635	41825	3810	373
2	1025	1025		374
3	8556	8556		375
	2084	2084		376
4	9228	9114	114	377
1	1689	1689		378
6	7392	7207	185	379
333	**319906**	**300249**	**19657**	**38**
27	42016	35886	6130	381
136	109548	104643	4905	382
63	51898	47495	4403	383
8	17877	17689	188	384
26	58542	57512	1030	385
17	14614	13075	1539	386
25	12970	12111	859	387
31	12441	11838	603	389
172	**339762**	**328667**	**11095**	**39**
10	51373	51010	363	391
21	14215	13611	604	392
6	4999	4821	178	393
	111	111		394
5	66909	63987	2922	395
11	40628	40451	177	396
23	47563	45726	1837	397
79	100716	95762	4954	398
17	13248	13188	60	399
99	**69502**	**65548**	**3954**	**40**
61	44910	41865	3045	401
18	13501	13171	330	402
9	2796	2449	347	403
1	1789	1789		404
6	2576	2560	16	405
4	3930	3714	216	409
50	**33573**	**32880**	**693**	**41**
5	12295	12209	86	411
1	122	122		412
44	21156	20549	607	419

1-21 续表 5

分 组	行业代码	产业活动单位数（个）	单产法人所属产业活动单位数
废弃资源综合利用业	**42**	**891**	**865**
金属废料和碎屑加工处理	421	432	419
非金属废料和碎屑加工处理	422	459	446
金属制品、机械和设备修理业	**43**	**4210**	**3990**
金属制品修理	431	84	81
通用设备修理	432	571	541
专用设备修理	433	657	616
铁路、船舶、航空航天等运输设备修理	434	955	897
电气设备修理	435	406	379
仪器仪表修理	436	51	49
其他机械和设备修理业	439	1486	1427
电力、热力生产和供应业	**44**	**4760**	**4080**
电力生产	441	3045	2924
电力供应	442	861	380
热力生产和供应	443	854	776
燃气生产和供应业	**45**	**793**	**539**
燃气生产和供应业	451	749	500
生物质燃气生产和供应业	452	44	39
水的生产和供应业	**46**	**1650**	**1493**
自来水生产和供应	461	821	700
污水处理及其再生利用	462	756	725
海水淡化处理	463	18	18
其他水的处理、利用与分配	469	55	50
房屋建筑业	**47**	**30107**	**26109**
住宅房屋建筑	471	25653	22108
体育场馆建筑	472	26	24
其他房屋建筑业	479	4428	3977
土木工程建筑业	**48**	**29140**	**26290**
铁路、道路、隧道和桥梁工程建筑	481	10879	9668
水利和水运工程建筑	482	1627	1341
海洋工程建筑	483	89	81
工矿工程建筑	484	417	354
架线和管道工程建筑	485	2233	2056
节能环保工程施工	486	627	587
电力工程施工	487	813	710
其他土木工程建筑	489	12455	11493
建筑安装业	**49**	**23625**	**21802**
电气安装	491	4248	3753
管道和设备安装	492	6782	6383
其他建筑安装业	499	12595	11666
建筑装饰、装修和其他建筑业	**50**	**50201**	**48041**
建筑装饰和装修业	501	35985	34653
建筑物拆除和场地准备活动	502	2550	2426
提供施工设备服务	503	704	662
其他未列明建筑业	509	10962	10300

多产法人所属产业活动单位数	产业活动单位从业人员期末人数（人）	单产法人所属从业人员期末人数	多产法人所属从业人员期末人数	行业代码
26	**13518**	**12945**	**573**	**42**
13	5613	5056	557	421
13	7905	7889	16	422
220	**43488**	**34425**	**9063**	**43**
3	633	632	1	431
30	4001	3803	198	432
41	4414	3406	1008	433
58	15267	14569	698	434
27	8512	3330	5182	435
2	176	175	1	436
59	10485	8510	1975	439
680	**228320**	**138952**	**89368**	**44**
121	99776	89595	10181	441
481	75503	5889	69614	442
78	53041	43468	9573	443
254	**24855**	**17742**	**7113**	**45**
249	24419	17436	6983	451
5	436	306	130	452
157	**50369**	**43185**	**7184**	**46**
121	35604	28807	6797	461
31	13975	13637	338	462
	121	121		463
5	669	620	49	469
3998	**1777202**	**1175386**	**601816**	**47**
3545	1663745	1092629	571116	471
2	1550	970	580	472
451	111907	81787	30120	479
2850	**622246**	**482108**	**140138**	**48**
1211	298777	232301	66476	481
286	58644	40325	18319	482
8	1028	850	178	483
63	44186	29681	14505	484
177	66677	51112	15565	485
40	5112	4794	318	486
103	21192	16449	4743	487
962	126630	106596	20034	489
1823	**343829**	**262398**	**81431**	**49**
495	61038	48975	12063	491
399	135630	90914	44716	492
929	147161	122509	24652	499
2160	**421926**	**383468**	**38458**	**50**
1332	277781	250798	26983	501
124	23987	20925	3062	502
42	11254	10275	979	503
662	108904	101470	7434	509

1-21 续表 6

分　组	行业代码	产业活动单位数（个）	单产法人所属产业活动单位数
批发业	**51**	**387485**	**371054**
农、林、牧、渔产品批发	511	23506	22719
食品、饮料及烟草制品批发	512	59820	57627
纺织、服装及家庭用品批发	513	44413	43030
文化、体育用品及器材批发	514	14955	14498
医药及医疗器材批发	515	12677	11572
矿产品、建材及化工产品批发	516	112960	105895
机械设备、五金产品及电子产品批发	517	83035	80937
贸易经纪与代理	518	11633	11319
其他批发业	519	24486	23457
零售业	**52**	**277667**	**220102**
综合零售	521	33958	26367
食品、饮料及烟草制品专门零售	522	31881	27722
纺织、服装及日用品专门零售	523	26863	23067
文化、体育用品及器材专门零售	524	16485	15104
医药及医疗器材专门零售	525	45149	15508
汽车、摩托车、零配件和燃料及其他动力销售	526	32892	26208
家用电器及电子产品专门零售	527	25153	23527
五金、家具及室内装饰材料专门零售	528	34763	33749
货摊、无店铺及其他零售业	529	30523	28850
铁路运输业	**53**	**77**	**23**
铁路旅客运输	531	12	7
铁路货物运输	532	30	12
铁路运输辅助活动	533	35	4
道路运输业	**54**	**35533**	**32657**
城市公共交通运输	541	923	619
公路旅客运输	542	609	333
道路货物运输	543	32000	30190
道路运输辅助活动	544	2001	1515
水上运输业	**55**	**1364**	**1210**
水上旅客运输	551	111	98
水上货物运输	552	604	545
水上运输辅助活动	553	649	567
航空运输业	**56**	**240**	**175**
航空客货运输	561	88	47
通用航空服务	562	84	72
航空运输辅助活动	563	68	56
管道运输业	**57**	**56**	**42**
海底管道运输	571	3	3
陆地管道运输	572	53	39
多式联运和运输代理业	**58**	**11395**	**9983**
多式联运	581	62	49
运输代理业	582	11333	9934

多产法人所属产业活动单位数	产业活动单位从业人员期末人数（人）	单产法人所属从业人员期末人数	多产法人所属从业人员期末人数	行业代码
16431	**2045950**	**1940093**	**105857**	**51**
787	137339	132208	5131	511
2193	339502	310723	28779	512
1383	222278	212479	9799	513
457	66749	63362	3387	514
1105	116240	108590	7650	515
7065	602431	566748	35683	516
2098	406213	395083	11130	517
314	47548	46991	557	518
1029	107650	103909	3741	519
57565	**1353318**	**1039916**	**313402**	**52**
7591	280916	163399	117517	521
4159	125636	107129	18507	522
3796	110549	91183	19366	523
1381	80508	64263	16245	524
29641	131618	62675	68943	525
6684	249313	200090	49223	526
1626	116473	102297	14176	527
1014	143683	140653	3030	528
1673	114622	108227	6395	529
54	**91430**	**89467**	**1963**	**53**
5	1588	1565	23	531
18	88616	86676	1940	532
31	1226	1226		533
2876	**578776**	**442429**	**136347**	**54**
304	91827	34432	57395	541
276	38198	13089	25109	542
1810	403210	368530	34680	543
486	45541	26378	19163	544
154	**53216**	**43700**	**9516**	**55**
13	4738	3989	749	551
59	17262	15334	1928	552
82	31216	24377	6839	553
65	**23370**	**9008**	**14362**	**56**
41	13518	2272	11246	561
12	513	502	11	562
12	9339	6234	3105	563
14	**3157**	**2582**	**575**	**57**
	198	198		571
14	2959	2384	575	572
1412	**88355**	**75451**	**12904**	**58**
13	476	452	24	581
1399	87879	74999	12880	582

1-21 续表 7

分 组	行业代码	产业活动单位数（个）	单产法人所属产业活动单位数
装卸搬运和仓储业	**59**	**7309**	**6799**
装卸搬运	591	2873	2737
通用仓储	592	904	800
低温仓储	593	1117	1102
危险品仓储	594	84	65
谷物、棉花等农产品仓储	595	1090	963
中药材仓储	596	9	9
其他仓储业	599	1232	1123
邮政业	**60**	**5388**	**996**
邮政基本服务	601	2192	39
快递服务	602	3165	944
其他寄递服务	609	31	13
住宿业	**61**	**7358**	**6249**
旅游饭店	611	2175	1899
一般旅馆	612	4314	3582
民宿服务	613	129	124
露营地服务	614	11	11
其他住宿业	619	729	633
餐饮业	**62**	**26304**	**20834**
正餐服务	621	19861	16393
快餐服务	622	3415	2084
饮料及冷饮服务	623	461	218
餐饮配送及外卖送餐服务	624	516	450
其他餐饮业	629	2051	1689
电信、广播电视和卫星传输服务	**63**	**6568**	**1192**
电信	631	5965	963
广播电视传输服务	632	559	211
卫星传输服务	633	44	18
互联网和相关服务	**64**	**9951**	**9089**
互联网接入及相关服务	641	1283	1017
互联网信息服务	642	5434	5060
互联网平台	643	551	499
互联网安全服务	644	75	72
互联网数据服务	645	224	204
其他互联网服务	649	2384	2237
软件和信息技术服务业	**65**	**50626**	**47932**
软件开发	651	28914	27695
集成电路设计	652	216	203
信息系统集成和物联网技术服务	653	2978	2782
运行维护服务	654	336	301
信息处理和存储支持服务	655	368	328
信息技术咨询服务	656	12975	12066
数字内容服务	657	1222	1162
其他信息技术服务业	659	3617	3395

多产法人所属产业活动单位数	产业活动单位从业人员期末人数（人）	单产法人所属从业人员期末人数	多产法人所属从业人员期末人数	行业代码
510	**112286**	**95032**	**17254**	**59**
136	56249	46136	10113	591
104	15772	13532	2240	592
15	9741	9273	468	593
19	2715	2605	110	594
127	14628	12643	1985	595
	43	43		596
109	13138	10800	2338	599
4392	**64966**	**17953**	**47013**	**60**
2153	26910	933	25977	601
2221	37442	16435	21007	602
18	614	585	29	609
1109	**138648**	**119203**	**19445**	**61**
276	85182	74462	10720	611
732	46082	38710	7372	612
5	654	634	20	613
	133	133		614
96	6597	5264	1333	619
5470	**242279**	**186666**	**55613**	**62**
3468	200051	162302	37749	621
1331	25041	11551	13490	622
243	1379	778	601	623
66	6117	3754	2363	624
362	9691	8281	1410	629
5376	**119612**	**66903**	**52709**	**63**
5002	111540	61515	50025	631
348	7844	5250	2594	632
26	228	138	90	633
862	**54730**	**44791**	**9939**	**64**
266	6081	4600	1481	641
374	32569	25036	7533	642
52	4157	4104	53	643
3	664	613	51	644
20	1704	1210	494	645
147	9555	9228	327	649
2694	**308065**	**281370**	**26695**	**65**
1219	175552	160319	15233	651
13	2935	2915	20	652
196	22561	21523	1038	653
35	6225	2328	3897	654
40	8182	8018	164	655
909	59054	55851	3203	656
60	6721	5899	822	657
222	26835	24517	2318	659

1-21 续表 8

分 组	行业代码	产业活动单位数（个）	单产法人所属产业活动单位数
货币金融服务	**66**	**14209**	**1290**
中央银行服务	661	102	2
货币银行服务	662	12735	165
非货币银行服务	663	1354	1123
银行理财服务	664	2	
银行监管服务	665	16	
资本市场服务	**67**	**2609**	**1705**
证券市场服务	671	670	2
公开募集证券投资基金	672	16	1
非公开募集证券投资基金	673	584	565
期货市场服务	674	138	
证券期货监管服务	675	2	2
资本投资服务	676	627	599
其他资本市场服务	679	572	536
保险业	**68**	**12522**	**567**
人身保险	681	3864	116
财产保险	682	3232	144
商业养老金	684	21	21
保险中介服务	685	5133	71
保险资产管理	686	1	
其他保险活动	689	271	215
其他金融业	**69**	**1024**	**699**
金融信托与管理服务	691	51	28
控股公司服务	692	74	73
非金融机构支付服务	693	153	9
金融信息服务	694	219	148
金融资产管理公司	695	15	4
其他未列明金融业	699	512	437
房地产业	**70**	**58623**	**49288**
房地产开发经营	701	16525	14561
物业管理	702	20518	17655
房地产中介服务	703	17233	13234
房地产租赁经营	704	3105	2774
其他房地产业	709	1242	1064
租赁业	**71**	**18386**	**17514**
机械设备经营租赁	711	17943	17091
文体设备和用品出租	712	409	393
日用品出租	713	34	30
商务服务业	**72**	**170138**	**151855**
组织管理服务	721	28707	25252
综合管理服务	722	4426	3838
法律服务	723	3997	3652
咨询与调查	724	58495	53806
广告业	725	28945	28214
人力资源服务	726	15062	13768
安全保护服务	727	2395	1924
会议、展览及相关服务	728	4005	3802
其他商务服务业	729	24106	17599

多产法人所属产业活动单位数	产业活动单位从业人员期末人数(人)	单产法人所属从业人员期末人数	多产法人所属从业人员期末人数	行业代码
12919	**38290**	**37702**	**588**	**66**
100	617	615	2	661
12570	26699	26434	265	662
231	10974	10653	321	663
2				664
16				665
904	**9005**	**8938**	**67**	**67**
668	61	61		671
15	41	41		672
19	3452	3437	15	673
138				674
	141	141		675
28	2543	2505	38	676
36	2767	2753	14	679
11955	**49855**	**45508**	**4347**	**68**
3748	35748	32475	3273	681
3088	8467	8352	115	682
	1573	1573		684
5062	3324	2372	952	685
1				686
56	743	736	7	689
325	**7757**	**6618**	**1139**	**69**
23	702	640	62	691
1	874	874		692
144	697	697		693
71	832	694	138	694
11	885	52	833	695
75	3767	3661	106	699
9335	**796127**	**653794**	**142333**	**70**
1964	278089	248662	29427	701
2863	379683	292312	87371	702
3999	92575	75362	17213	703
331	37159	30723	6436	704
178	8621	6735	1886	709
872	**99595**	**94440**	**5155**	**71**
852	97297	92196	5101	711
16	2081	2031	50	712
4	217	213	4	713
18283	**1143377**	**969053**	**174324**	**72**
3455	185863	121958	63905	721
588	44669	36560	8109	722
345	32265	30538	1727	723
4689	235633	218777	16856	724
731	133059	130099	2960	725
1294	286951	252733	34218	726
471	106156	78252	27904	727
203	21492	20649	843	728
6507	97289	79487	17802	729

1-21 续表 9

分组	行业代码	产业活动单位数（个）	单产法人所属产业活动单位数
研究和试验发展	**73**	**13334**	**12840**
自然科学研究和试验发展	731	634	609
工程和技术研究和试验发展	732	8619	8308
农业科学研究和试验发展	733	1492	1443
医学研究和试验发展	734	2294	2203
社会人文科学研究	735	295	277
专业技术服务业	**74**	**46886**	**40550**
气象服务	741	297	215
地震服务	742	114	103
海洋服务	743	214	203
测绘地理信息服务	744	1064	868
质检技术服务	745	4838	4162
环境与生态监测检测服务	746	1268	1102
地质勘查	747	830	756
工程技术与设计服务	748	22968	18831
工业与专业设计及其他专业技术服务	749	15293	14310
科技推广和应用服务业	**75**	**41004**	**38943**
技术推广服务	751	34996	33302
知识产权服务	752	1446	1297
科技中介服务	753	534	498
创业空间服务	754	456	448
其他科技推广服务业	759	3572	3398
水利管理业	**76**	**1512**	**1100**
防洪除涝设施管理	761	261	190
水资源管理	762	491	341
天然水收集与分配	763	176	155
水文服务	764	54	41
其他水利管理业	769	530	373
生态保护和环境治理业	**77**	**1299**	**1204**
生态保护	771	242	216
环境治理业	772	1057	988
公共设施管理业	**78**	**8710**	**7917**
市政设施管理	781	989	880
环境卫生管理	782	1125	909
城乡市容管理	783	174	135
绿化管理	784	4381	4052
城市公园管理	785	216	196
游览景区管理	786	1825	1745
土地管理业	**79**	**470**	**369**
土地整治服务	791	127	117
土地调查评估服务	792	142	91
土地登记服务	793	32	24
土地登记代理服务	794	32	29
其他土地管理服务	799	137	108

多产法人所属产业活动单位数	产业活动单位从业人员期末人数（人）	单产法人所属从业人员期末人数	多产法人所属从业人员期末人数	行业代码
494	**86953**	**80920**	**6033**	**73**
25	4497	4374	123	731
311	55851	50985	4866	732
49	9109	8748	361	733
91	15554	14913	641	734
18	1942	1900	42	735
6336	**435538**	**357441**	**78097**	**74**
82	2253	1905	348	741
11	720	662	58	742
11	2038	2015	23	743
196	11594	9826	1768	744
676	66108	58600	7508	745
166	13650	11439	2211	746
74	20015	16388	3627	747
4137	229684	176690	52994	748
983	89476	79916	9560	749
2061	**204668**	**194352**	**10316**	**75**
1694	178842	169244	9598	751
149	6304	6108	196	752
36	2411	2310	101	753
8	2887	2845	42	754
174	14224	13845	379	759
412	**18714**	**13893**	**4821**	**76**
71	3014	2254	760	761
150	6259	4395	1864	762
21	3126	2809	317	763
13	803	609	194	764
157	5512	3826	1686	769
95	**13953**	**13467**	**486**	**77**
26	3936	3802	134	771
69	10017	9665	352	772
793	**221942**	**157336**	**64606**	**78**
109	19875	14910	4965	781
216	116188	62479	53709	782
39	4199	3844	355	783
329	41338	37856	3482	784
20	4678	4451	227	785
80	35664	33796	1868	786
101	**3406**	**2913**	**493**	**79**
10	872	850	22	791
51	946	713	233	792
8	454	329	125	793
3	148	148		794
29	986	873	113	799

1-21 续表 10

分 组	行业代码	产业活动单位数（个）	单产法人所属产业活动单位数
居民服务业	**80**	**16248**	**13931**
家庭服务	801	4237	4015
托儿所服务	802	171	160
洗染服务	803	526	400
理发及美容服务	804	2338	1934
洗浴和保健养生服务	805	2363	2088
摄影扩印服务	806	1574	1431
婚姻服务	807	1431	1399
殡葬服务	808	627	596
其他居民服务业	809	2981	1908
机动车、电子产品和日用产品修理业	**81**	**14588**	**13519**
汽车、摩托车等修理与维护	811	10974	10124
计算机和办公设备维修	812	1471	1365
家用电器修理	813	1716	1639
其他日用产品修理业	819	427	391
其他服务业	**82**	**6403**	**5876**
清洁服务	821	3785	3587
宠物服务	822	223	179
其他未列明服务业	829	2395	2110
教育	**83**	**51539**	**41528**
学前教育	831	13611	10316
初等教育	832	10627	6511
中等教育	833	4117	3753
高等教育	834	322	201
特殊教育	835	228	223
技能培训、教育辅助及其他教育	839	22634	20524
卫生	**84**	**23336**	**12595**
医院	841	2537	2284
基层医疗卫生服务	842	18342	8543
专业公共卫生服务	843	1996	1400
其他卫生活动	849	461	368
社会工作	**85**	**5731**	**5418**
提供住宿社会工作	851	4504	4256
不提供住宿社会工作	852	1227	1162
新闻和出版业	**86**	**411**	**342**
新闻业	861	107	76
出版业	862	304	266
广播、电视、电影和录音制作业	**87**	**3787**	**3447**
广播	871	230	160
电视	872	105	91
影视节目制作	873	2523	2482
广播电视集成播控	874	19	13
电影和广播电视节目发行	875	67	63
电影放映	876	772	569
录音制作	877	71	69

多产法人所属产业活动单位数	产业活动单位从业人员期末人数（人）	单产法人所属从业人员期末人数	多产法人所属从业人员期末人数	行业代码
2317	**98995**	**86851**	**12144**	**80**
222	36957	34492	2465	801
11	1093	1040	53	802
126	3650	3134	516	803
404	8172	7241	931	804
275	12953	11847	1106	805
143	6924	5960	964	806
32	5696	5605	91	807
31	7000	6662	338	808
1073	16550	10870	5680	809
1069	**78027**	**66865**	**11162**	**81**
850	60033	51972	8061	811
106	6441	5802	639	812
77	9184	7406	1778	813
36	2369	1685	684	819
527	**72448**	**59283**	**13165**	**82**
198	58208	48172	10036	821
44	694	598	96	822
285	13546	10513	3033	829
10011	**1465593**	**1259722**	**205871**	**83**
3295	201092	170374	30718	831
4116	393396	284273	109123	832
364	548976	512423	36553	833
121	141023	121369	19654	834
5	6788	6770	18	835
2110	174318	164513	9805	839
10741	**768949**	**625207**	**143742**	**84**
253	499952	424115	75837	841
9799	196973	141002	55971	842
596	63709	54924	8785	843
93	8315	5166	3149	849
313	**46362**	**44534**	**1828**	**85**
248	39119	37549	1570	851
65	7243	6985	258	852
69	**18292**	**16152**	**2140**	**86**
31	1897	1293	604	861
38	16395	14859	1536	862
340	**38530**	**35351**	**3179**	**87**
70	7335	6873	462	871
14	7875	7404	471	872
41	12936	12409	527	873
6	777	694	83	874
4	1090	1069	21	875
203	8272	6689	1583	876
2	245	213	32	877

1-21 续表 11

分 组	行业代码	产业活动单位数（个）	单产法人所属产业活动单位数
文化艺术业	**88**	**11448**	**10887**
文艺创作与表演	881	2676	2610
艺术表演场馆	882	74	66
图书馆与档案馆	883	468	425
文物及非物质文化遗产保护	884	291	267
博物馆	885	439	425
烈士陵园、纪念馆	886	137	121
群众文体活动	887	1987	1725
其他文化艺术业	889	5376	5248
体育	**89**	**3742**	**3319**
体育组织	891	1144	1104
体育场地设施管理	892	176	154
健身休闲活动	893	2287	1939
其他体育	899	135	122
娱乐业	**90**	**20079**	**19256**
室内娱乐活动	901	7880	7451
游乐园	902	274	244
休闲观光活动	903	2650	2561
彩票活动	904	41	36
文化体育娱乐活动与经纪代理服务	905	9034	8771
其他娱乐业	909	200	193
中国共产党机关	**91**	**2491**	**1795**
中国共产党机关	910	2491	1795
国家机构	**92**	**48411**	**26762**
国家权力机构	921	679	390
国家行政机构	922	46424	25916
人民法院和人民检察院	923	1114	295
其他国家机构	929	194	161
人民政协、民主党派	**93**	**479**	**341**
人民政协	931	349	211
民主党派	932	130	130
社会保障	**94**	**695**	**486**
基本保险	941	444	315
补充保险	942	1	1
其他社会保障	949	250	170
群众团体、社会团体和其他成员组织	**95**	**17445**	**17392**
群众团体	951	1369	1351
社会团体	952	11563	11552
基金会	953	116	116
宗教组织	954	4397	4373
基层群众自治组织及其他组织	**96**	**78870**	**76854**
社区居民自治组织	961	7406	7266
村民自治组织	962	71464	69588

多产法人所属产业活动单位数	产业活动单位从业人员期末人数（人）	单产法人所属从业人员期末人数	多产法人所属从业人员期末人数	行业代码
561	**66825**	**64827**	**1998**	**88**
66	20192	19964	228	881
8	2699	2683	16	882
43	5049	4711	338	883
24	2520	2442	78	884
14	4125	4021	104	885
16	895	840	55	886
262	9615	8703	912	887
128	21730	21463	267	889
423	**20486**	**18350**	**2136**	**89**
40	5561	5439	122	891
22	1706	1649	57	892
348	12694	10811	1883	893
13	525	451	74	899
823	**88640**	**85419**	**3221**	**90**
429	26766	25573	1193	901
30	8394	7608	786	902
89	17728	17078	650	903
5	1904	1886	18	904
263	32596	32028	568	905
7	1252	1246	6	909
696	**45998**	**38095**	**7903**	**91**
696	45998	38095	7903	910
21649	**1126641**	**715023**	**411618**	**92**
289	8968	6862	2106	921
20508	1058257	676661	381596	922
819	52698	25201	27497	923
33	6718	6299	419	929
138	**4827**	**3942**	**885**	**93**
138	4334	3449	885	931
	493	493		932
209	**5308**	**4155**	**1153**	**94**
129	3908	3142	766	941
				942
80	1400	1013	387	949
53	**67715**	**67596**	**119**	**95**
18	8237	8163	74	951
11	35460	35430	30	952
	450	450		953
24	23568	23553	15	954
2016	**437042**	**426184**	**10858**	**96**
140	67299	66013	1286	961
1876	369743	360171	9572	962

第 2 篇

企业篇

2–01　按地区分组的企业法人单位数及从业人员数

分　组	法人单位数（个）	单产业法人单位	多产业法人单位	从业人员期末人数（人）	#女性（人）
全　省	**1547260**	**1523766**	**23494**	**21662670**	**7438446**
济南市	209176	206572	2604	2670175	867058
青岛市	334660	330235	4425	3351879	1168246
淄博市	85413	83824	1589	1141964	331365
枣庄市	29818	29357	461	604838	207114
东营市	33588	32741	847	649708	206318
烟台市	157936	155047	2889	2062671	686524
潍坊市	147032	144833	2199	1852462	624348
济宁市	107810	105732	2078	1681328	606085
泰安市	50773	49886	887	874495	269605
威海市	54516	53566	950	974678	353667
日照市	42951	42384	567	494822	154377
临沂市	92687	91627	1060	1625600	600933
德州市	51862	50902	960	947896	353758
聊城市	49258	48416	842	709445	247267
滨州市	47773	47132	641	716199	255281
菏泽市	52003	51511	492	1185780	483218

2−02 按控股情况、运营状态、开业(成立)时间分组的企业法人单位数及从业人员数

分组	法人单位数(个)	单产业法人单位	多产业法人单位	从业人员期末人数(人)	#女性(人)
总　计	**1547260**	**1523766**	**23494**	**21662670**	**7438446**
按控股情况分组					
国有控股	12462	10492	1970	2432366	664862
集体控股	9536	8448	1088	748714	227165
私人控股	1489968	1471132	18836	16392120	5767259
港澳台商控股	2543	2423	120	290669	123422
外商控股	5242	5035	207	595882	268535
其他	27509	26236	1273	1202919	387203
按运营状态分组					
正常运营	1190477	1168931	21546	21104215	7263874
停业(歇业)	190486	189169	1317	276746	85088
筹建	95509	95232	277	125849	36402
当年关闭	15539	15445	94	40476	14021
当年破产	1226	1216	10	7727	3421
当年注销	28142	28029	113	59476	20002
当年吊销	2660	2657	3	3974	1504
其他	23221	23087	134	44207	14134
按开业(成立)时间分组					
1949年以前	104	79	25	47529	11089
1950−1977年	1035	785	250	786333	145278
1978−1991年	6920	5907	1013	1062056	266857
1992−2000年	40489	37557	2932	3156208	1041994
2001年	12106	11391	715	690237	248041
2002年	15168	14354	814	654473	217137
2003年	20351	19402	949	813573	286479
2004年	20625	19753	872	759700	261961
2005年	22236	21411	825	726566	256288
2006年	25900	24994	906	792043	278220
2007年	24716	23931	785	599574	210973
2008年	27195	26329	866	589994	210254
2009年	35041	34166	875	662124	233123
2010年	45529	44545	984	828017	295490
2011年	50426	49432	994	741238	270121
2012年	54644	53658	986	752489	274171
2013年	75640	74499	1141	905968	333703
2014年	121334	119850	1484	1128429	412321
2015年	162414	160662	1752	1224530	461146
2016年	218359	216532	1827	1505602	561697
2017年	269289	267699	1590	1882970	673677
2018年	293251	292348	903	1348629	487175
无开业年份	4488	4482	6	4388	1251

2-03　按行业(中类)分组的企业法人单位数及从业人员数

分　组	代码	法人单位数(个)	单产业法人单位	多产业法人单位	从业人员期末人数(人)	#女性(人)
总　计	**00**	**1547260**	**1523766**	**23494**	**21662670**	**7438446**
农、林、牧、渔业	**A**	**4839**	**4799**	**40**	**36495**	**13886**
农业	01	5		5		
谷物种植	011					
豆类、油料和薯类种植	012					
棉、麻、糖、烟草种植	013					
蔬菜、食用菌及园艺作物种植	014	4		4		
水果种植	015					
坚果、含油果、香料和饮料作物种植	016					
中药材种植	017					
草种植及割草	018					
其他农业	019	1		1		
林业	02					
林木育种和育苗	021					
造林和更新	022					
森林经营、管护和改培	023					
木材和竹材采运	024					
林产品采集	025					
畜牧业	03	4		4		
牲畜饲养	031	3		3		
家禽饲养	032	1		1		
狩猎和捕捉动物	033					
其他畜牧业	039					
渔业	04	3		3		
水产养殖	041	2		2		
水产捕捞	042	1		1		
农、林、牧、渔专业及辅助性活动	05	4827	4799	28	36495	13886
农业专业及辅助性活动	051	3623	3603	20	23083	9416
林业专业及辅助性活动	052	214	214		1069	418
畜牧专业及辅助性活动	053	595	590	5	8024	2982
渔业专业及辅助性活动	054	395	392	3	4319	1070
采矿业	**B**	**2357**	**2272**	**85**	**505128**	**109528**
煤炭开采和洗选业	06	262	228	34	289480	52403
烟煤和无烟煤开采洗选	061	240	209	31	276666	50391
褐煤开采洗选	062	10	7	3	11082	1686
其他煤炭采选	069	12	12		1732	326
石油和天然气开采业	07	28	26	2	84522	29499
石油开采	071	24	22	2	84497	29496
天然气开采	072	4	4		25	3
黑色金属矿采选业	08	293	284	9	24856	4059
铁矿采选	081	290	281	9	24803	4053
锰矿、铬矿采选	082	2	2		47	4
其他黑色金属矿采选	089	1	1		6	2

2-03 续表 1

分组	代码	法人单位数(个)	单产业法人单位	多产业法人单位	从业人员期末人数(人)	#女性(人)
有色金属矿采选业	09	197	184	13	56341	14871
常用有色金属矿采选	091	23	23		739	73
贵金属矿采选	092	172	159	13	55240	14755
稀有稀土金属矿采选	093	2	2		362	43
非金属矿采选业	10	1163	1146	17	24608	3949
土砂石开采	101	901	895	6	13250	1941
化学矿开采	102	6	6		66	19
采盐	103	105	99	6	8289	1429
石棉及其他非金属矿采选	109	151	146	5	3003	560
开采专业及辅助性活动	11	350	342	8	24715	4619
煤炭开采和洗选专业及辅助性活动	111	8	7	1	632	174
石油和天然气开采专业及辅助性活动	112	297	291	6	23510	4293
其他开采专业及辅助性活动	119	45	44	1	573	152
其他采矿业	12	64	62	2	606	128
其他采矿业	120	64	62	2	606	128
制造业	**C**	**309860**	**307030**	**2830**	**8911345**	**3446454**
农副食品加工业	13	17084	16823	261	731018	356093
谷物磨制	131	1472	1459	13	35989	13327
饲料加工	132	2135	2106	29	66548	19562
植物油加工	133	858	839	19	43340	17693
制糖业	134	94	94		4284	1669
屠宰及肉类加工	135	2976	2890	86	253936	137786
水产品加工	136	2700	2627	73	134079	63711
蔬菜、菌类、水果和坚果加工	137	3708	3686	22	105905	62147
其他农副食品加工	139	3141	3122	19	86937	40198
食品制造业	14	8023	7878	145	233903	117731
焙烤食品制造	141	1866	1826	40	40421	24099
糖果、巧克力及蜜饯制造	142	601	596	5	13143	6845
方便食品制造	143	1242	1228	14	32299	17720
乳制品制造	144	143	133	10	21192	9903
罐头食品制造	145	353	348	5	24531	15021
调味品、发酵制品制造	146	989	970	19	35650	15546
其他食品制造	149	2829	2777	52	66667	28597
酒、饮料和精制茶制造业	15	3609	3528	81	100847	41496
酒的制造	151	1450	1413	37	69333	28074
饮料制造	152	1723	1688	35	27604	11472
精制茶加工	153	436	427	9	3910	1950
烟草制品业	16	11	8	3	8597	2032
烟叶复烤	161	2	1	1	2402	712
卷烟制造	162	3	2	1	5347	1096
其他烟草制品制造	169	6	5	1	848	224
纺织业	17	13542	13452	90	547716	344027
棉纺织及印染精加工	171	6316	6280	36	369520	235284

2-03 续表 2

分 组	代码	法人单位数(个)	单产业法人单位	多产业法人单位	从业人员期末人数(人)	#女性(人)
毛纺织及染整精加工	172	594	592	2	24868	15004
麻纺织及染整精加工	173	51	50	1	2456	1696
丝绢纺织及印染精加工	174	101	96	5	2095	1050
化纤织造及印染精加工	175	407	402	5	11942	7317
针织或钩针编织物及其制品制造	176	1363	1360	3	27381	18362
家用纺织制成品制造	177	2211	2191	20	66799	42793
产业用纺织制成品制造	178	2499	2481	18	42655	22521
纺织服装、服饰业	18	16872	16738	134	497804	364811
机织服装制造	181	7510	7432	78	274150	202425
针织或钩针编织服装制造	182	1959	1944	15	101124	73573
服饰制造	183	7403	7362	41	122530	88813
皮革、毛皮、羽毛及其制品和制鞋业	19	3494	3463	31	105102	64778
皮革鞣制加工	191	292	289	3	12874	5336
皮革制品制造	192	1312	1303	9	23674	14416
毛皮鞣制及制品加工	193	418	418		9109	5179
羽毛(绒)加工及制品制造	194	112	110	2	3529	2244
制鞋业	195	1360	1343	17	55916	37603
木材加工和木、竹、藤、棕、草制品业	20	24375	24345	30	444530	201580
木材加工	201	13442	13434	8	160352	71249
人造板制造	202	6723	6712	11	221182	104464
木质制品制造	203	3774	3763	11	58116	23262
竹、藤、棕、草等制品制造	204	436	436		4880	2605
家具制造业	21	6847	6812	35	122122	47036
木质家具制造	211	5719	5690	29	104639	40217
竹、藤家具制造	212	74	74		2098	1201
金属家具制造	213	250	248	2	4885	1417
塑料家具制造	214	49	49		629	253
其他家具制造	219	755	751	4	9871	3948
造纸和纸制品业	22	6130	6098	32	170519	72365
纸浆制造	221	20	20		743	199
造纸	222	1723	1704	19	106466	44286
纸制品制造	223	4387	4374	13	63310	27880
印刷和记录媒介复制业	23	7494	7423	71	117550	51590
印刷	231	6880	6818	62	111805	48916
装订及印刷相关服务	232	602	595	7	5479	2594
记录媒介复制	233	12	10	2	266	80
文教、工美、体育和娱乐用品制造业	24	12071	11983	88	295354	166510
文教办公用品制造	241	608	597	11	12132	5923
乐器制造	242	264	264		4787	2245
工艺美术及礼仪用品制造	243	8547	8494	53	198306	114320
体育用品制造	244	1578	1567	11	48507	22580
玩具制造	245	876	869	7	24579	18632
游艺器材及娱乐用品制造	246	198	192	6	7043	2810
石油、煤炭及其他燃料加工业	25	1129	1093	36	125918	30321

2-03 续表 3

分组	代码	法人单位数(个)	单产业法人单位	多产业法人单位	从业人员期末人数(人)	#女性(人)
精炼石油产品制造	251	681	657	24	94818	23501
煤炭加工	252	237	227	10	28832	6145
核燃料加工	253	3	3		12	3
生物质燃料加工	254	208	206	2	2256	672
化学原料和化学制品制造业	26	13304	13090	214	559584	154552
基础化学原料制造	261	2359	2322	37	159072	41869
肥料制造	262	2143	2114	29	62480	17232
农药制造	263	294	283	11	21430	6701
涂料、油墨、颜料及类似产品制造	264	1885	1860	25	33634	9573
合成材料制造	265	1530	1513	17	83360	24867
专用化学产品制造	266	4217	4140	77	174408	43125
炸药、火工及焰火产品制造	267	32	29	3	6803	2165
日用化学产品制造	268	844	829	15	18397	9020
医药制造业	27	2368	2314	54	267820	117998
化学药品原料药制造	271	309	301	8	62595	21661
化学药品制剂制造	272	249	242	7	56931	26478
中药饮片加工	273	252	248	4	9752	5820
中成药生产	274	233	223	10	32375	15614
兽用药品制造	275	319	313	6	11890	4971
生物药品制品制造	276	491	484	7	29408	11677
卫生材料及医药用品制造	277	456	444	12	62344	30665
药用辅料及包装材料	278	59	59		2525	1112
化学纤维制造业	28	485	482	3	20591	7198
纤维素纤维原料及纤维制造	281	88	88		7316	2570
合成纤维制造	282	294	291	3	10139	3567
生物基材料制造	283	103	103		3136	1061
橡胶和塑料制品业	29	17066	16958	108	429723	157010
橡胶制品业	291	3427	3394	33	205106	60925
塑料制品业	292	13639	13564	75	224617	96085
非金属矿物制品业	30	25502	25163	339	625294	168170
水泥、石灰和石膏制造	301	1129	1095	34	56832	12404
石膏、水泥制品及类似制品制造	302	4813	4716	97	114325	23376
砖瓦、石材等建筑材料制造	303	11572	11437	135	179684	36618
玻璃制造	304	554	550	4	21002	6350
玻璃制品制造	305	1456	1442	14	57830	23538
玻璃纤维和玻璃纤维增强塑料制品制造	306	1287	1276	11	47557	18454
陶瓷制品制造	307	1452	1434	18	69636	27972
耐火材料制品制造	308	1211	1198	13	27814	7063
石墨及其他非金属矿物制品制造	309	2028	2015	13	50614	12395
黑色金属冶炼和压延加工业	31	1866	1845	21	197025	35847
炼铁	311	34	33	1	7843	1593
炼钢	312	29	28	1	10432	2315
钢压延加工	313	1724	1706	18	166519	30124
铁合金冶炼	314	79	78	1	12231	1815

2-03 续表 4

分 组	代码	法人单位数(个)	单产业法人单位	多产业法人单位	从业人员期末人数(人)	#女性(人)
有色金属冶炼和压延加工业	32	1773	1750	23	246032	73133
常用有色金属冶炼	321	161	160	1	93579	30900
贵金属冶炼	322	23	20	3	9551	1866
稀有稀土金属冶炼	323	31	30	1	986	287
有色金属合金制造	324	475	471	4	13718	3456
有色金属压延加工	325	1083	1069	14	128198	36624
金属制品业	33	24605	24444	161	473475	124441
结构性金属制品制造	331	11224	11144	80	142647	35258
金属工具制造	332	1827	1820	7	36168	11307
集装箱及金属包装容器制造	333	882	872	10	39576	9044
金属丝绳及其制品制造	334	626	624	2	18978	4285
建筑、安全用金属制品制造	335	1933	1922	11	41030	12760
金属表面处理及热处理加工	336	1020	1014	6	25708	6529
搪瓷制品制造	337	92	91	1	3872	1240
金属制日用品制造	338	1873	1863	10	23480	8308
铸造及其他金属制品制造	339	5128	5094	34	142016	35710
通用设备制造业	34	41400	41161	239	723618	186633
锅炉及原动设备制造	341	1584	1566	18	90573	21011
金属加工机械制造	342	7384	7348	36	136846	33194
物料搬运设备制造	343	1386	1368	18	32289	6437
泵、阀门、压缩机及类似机械制造	344	2980	2950	30	84610	21710
轴承、齿轮和传动部件制造	345	4767	4757	10	77998	24071
烘炉、风机、包装等设备制造	346	4030	3989	41	85885	23235
文化、办公用机械制造	347	144	143	1	3493	1201
通用零部件制造	348	16135	16069	66	179369	48025
其他通用设备制造业	349	2990	2971	19	32555	7749
专用设备制造业	35	24375	24188	187	495989	124507
采矿、冶金、建筑专用设备制造	351	4383	4334	49	150530	30628
化工、木材、非金属加工专用设备制造	352	4215	4186	29	74572	17517
食品、饮料、烟草及饲料生产专用设备制造	353	1224	1221	3	15537	3683
印刷、制药、日化及日用品生产专用设备制造	354	798	795	3	15714	3424
纺织、服装和皮革加工专用设备制造	355	1049	1039	10	19474	6153
电子和电工机械专用设备制造	356	977	967	10	20073	6636
农、林、牧、渔专用机械制造	357	2797	2786	11	55416	13379
医疗仪器设备及器械制造	358	1063	1039	24	38421	16622
环保、邮政、社会公共服务及其他专用设备制造	359	7869	7821	48	106252	26465
汽车制造业	36	7656	7589	67	420326	104561
汽车整车制造	361	180	172	8	92411	15411
汽车用发动机制造	362	42	41	1	10245	1341
改装汽车制造	363	227	219	8	26499	5456
低速汽车制造	364	17	15	2	7786	1430
电车制造	365	119	119		5078	1325
汽车车身、挂车制造	366	401	396	5	19854	4577
汽车零部件及配件制造	367	6670	6627	43	258453	75021

2-03 续表 5

分 组	代码	法人单位数(个)	单产业法人单位	多产业法人单位	从业人员期末人数(人)	#女性(人)
铁路、船舶、航空航天和其他运输设备制造业	37	2474	2432	42	127030	26718
铁路运输设备制造	371	346	337	9	48768	7544
城市轨道交通设备制造	372	50	50		942	218
船舶及相关装置制造	373	983	957	26	46659	8646
航空、航天器及设备制造	374	57	57		1025	360
摩托车制造	375	123	123		8556	2539
自行车和残疾人座车制造	376	51	51		2084	726
助动车制造	377	452	448	4	9344	3290
非公路休闲车及零配件制造	378	48	48		1689	669
潜水救捞及其他未列明运输设备制造	379	364	361	3	7963	2726
电气机械和器材制造业	38	10186	10020	166	328535	113321
电机制造	381	1296	1280	16	42311	12755
输配电及控制设备制造	382	3811	3747	64	112333	36427
电线、电缆、光缆及电工器材制造	383	1361	1322	39	55985	20622
电池制造	384	370	362	8	18682	9303
家用电力器具制造	385	1153	1144	9	59723	20303
非电力家用器具制造	386	630	621	9	14459	4639
照明器具制造	387	710	702	8	12250	5126
其他电气机械及器材制造	389	855	842	13	12792	4146
计算机、通信和其他电子设备制造业	39	5245	5176	69	341744	143515
计算机制造	391	362	356	6	51826	17229
通信设备制造	392	338	332	6	14006	5267
广播电视设备制造	393	88	85	3	4994	2723
雷达及配套设备制造	394	12	11	1	141	37
非专业视听设备制造	395	110	109	1	66233	27006
智能消费设备制造	396	360	357	3	40514	13783
电子器件制造	397	584	572	12	49498	22167
电子元件及电子专用材料制造	398	2786	2758	28	100901	50138
其他电子设备制造	399	605	596	9	13631	5165
仪器仪表制造业	40	3090	3047	43	70850	22888
通用仪器仪表制造	401	2153	2130	23	45428	13783
专用仪器仪表制造	402	561	551	10	13651	4457
钟表与计时仪器制造	403	84	78	6	3604	1660
光学仪器制造	404	37	37		1789	821
衡器制造	405	88	85	3	2601	679
其他仪器仪表制造业	409	167	166	1	3777	1488
其他制造业	41	2901	2887	14	33121	14426
日用杂品制造	411	654	650	4	12337	6461
核辐射加工	412	7	7		122	34
其他未列明制造业	419	2240	2230	10	20662	7931
废弃资源综合利用业	42	872	864	8	13298	3872
金属废料和碎屑加工处理	421	423	418	5	5366	1536
非金属废料和碎屑加工处理	422	449	446	3	7932	2336
金属制品、机械和设备修理业	43	4011	3976	35	36310	7294

2-03 续表 6

分 组	代码	法人单位数(个)	单产业法人单位	多产业法人单位	从业人员期末人数(人)	#女性(人)
金属制品修理	431	81	81		632	128
通用设备修理	432	542	540	2	3821	792
专用设备修理	433	614	606	8	3897	987
铁路、船舶、航空航天等运输设备修理	434	909	897	12	15026	2258
电气设备修理	435	382	379	3	4202	880
仪器仪表修理	436	50	49	1	179	74
其他机械和设备修理业	439	1433	1424	9	8553	2175
电力、热力、燃气及水生产和供应业	**D**	**5981**	**5813**	**168**	**343624**	**87230**
电力、热力生产和供应业	44	3842	3799	43	263488	59799
电力生产	441	2672	2652	20	103369	25354
电力供应	442	377	373	4	113954	22075
热力生产和供应	443	793	774	19	46165	12370
燃气生产和供应业	45	610	536	74	27417	9260
燃气生产和供应业	451	570	498	72	26963	9148
生物质燃气生产和供应业	452	40	38	2	454	112
水的生产和供应业	46	1529	1478	51	52719	18171
自来水生产和供应	461	732	689	43	38196	14083
污水处理及其再生利用	462	730	722	8	13785	3909
海水淡化处理	463	18	18		121	25
其他水的处理、利用与分配	469	49	49		617	154
建筑业	**E**	**124512**	**122242**	**2270**	**3455969**	**491512**
房屋建筑业	47	27066	26109	957	2021238	238153
住宅房屋建筑	471	22993	22108	885	1907177	224859
体育场馆建筑	472	26	24	2	2601	259
其他房屋建筑业	479	4047	3977	70	111460	13035
土木工程建筑业	48	26968	26290	678	658851	117262
铁路、道路、隧道和桥梁工程建筑	481	9988	9668	320	331472	55479
水利和水运工程建筑	482	1428	1341	87	61470	10612
海洋工程建筑	483	84	81	3	1036	241
工矿工程建筑	484	376	354	22	50258	6729
架线和管道工程建筑	485	2121	2056	65	72288	13538
节能环保工程施工	486	598	587	11	5682	1408
电力工程施工	487	730	710	20	21420	3560
其他土木工程建筑	489	11643	11493	150	115225	25695
建筑安装业	49	22076	21802	274	354759	48732
电气安装	491	3835	3753	82	60930	10468
管道和设备安装	492	6465	6383	82	158801	15122
其他建筑安装业	499	11776	11666	110	135028	23142
建筑装饰、装修和其他建筑业	50	48402	48041	361	421121	87365
建筑装饰和装修业	501	34905	34653	252	273983	60406
建筑物拆除和场地准备活动	502	2460	2426	34	23324	3898
提供施工设备服务	503	671	662	9	12038	1825
其他未列明建筑业	509	10366	10300	66	111776	21236
批发和零售业	**F**	**570140**	**562933**	**7207**	**3276420**	**1406492**

2-03 续表 7

分 组	代码	法人单位数(个)	单产业法人单位	多产业法人单位	从业人员期末人数(人)	#女性(人)
批发业	51	350251	347341	2910	1936237	722505
农、林、牧、渔产品批发	511	15262	15115	147	95060	35189
食品、饮料及烟草制品批发	512	43671	43225	446	270418	108485
纺织、服装及家庭用品批发	513	43379	43014	365	228217	109193
文化、体育用品及器材批发	514	14597	14484	113	71371	31568
医药及医疗器材批发	515	11601	11354	247	119209	52150
矿产品、建材及化工产品批发	516	105848	104943	905	595786	193108
机械设备、五金产品及电子产品批发	517	81201	80706	495	403724	136742
贸易经纪与代理	518	11271	11215	56	46873	18530
其他批发业	519	23421	23285	136	105579	37540
零售业	52	219889	215592	4297	1340183	683987
综合零售	521	27024	26273	751	301436	197081
食品、饮料及烟草制品专门零售	522	24417	23998	419	101170	47048
纺织、服装及日用品专门零售	523	23418	22927	491	116876	70477
文化、体育用品及器材专门零售	524	15309	15089	220	76627	41921
医药及医疗器材专门零售	525	16478	15419	1059	129060	83555
汽车、摩托车、零配件和燃料及其他动力销售	526	26915	26193	722	244958	97304
家用电器及电子产品专门零售	527	23801	23525	276	117143	51021
五金、家具及室内装饰材料专门零售	528	33913	33738	175	142949	54257
货摊、无店铺及其他零售业	529	28614	28430	184	109964	41323
交通运输、仓储和邮政业	**G**	**52212**	**51259**	**953**	**931544**	**231176**
铁路运输业	53	20	18	2	137	14
铁路旅客运输	531	5	5			
铁路货物运输	532	11	10	1		
铁路运输辅助活动	533	4	3	1	137	14
道路运输业	54	32785	32325	460	585971	129607
城市公共交通运输	541	668	604	64	100232	26733
公路旅客运输	542	399	327	72	51340	17640
道路货物运输	543	30445	30146	299	394535	72271
道路运输辅助活动	544	1273	1248	25	39864	12963
水上运输业	55	1221	1183	38	65491	10985
水上旅客运输	551	101	97	4	4117	1129
水上货物运输	552	553	543	10	14982	2568
水上运输辅助活动	553	567	543	24	46392	7288
航空运输业	56	179	168	11	22762	8406
航空客货运输	561	53	47	6	13619	5139
通用航空服务	562	70	69	1	539	144
航空运输辅助活动	563	56	52	4	8604	3123
管道运输业	57	46	41	5	3549	657
海底管道运输	571	3	3		198	43
陆地管道运输	572	43	38	5	3351	614
多式联运和运输代理业	58	10166	9981	185	85250	31435
多式联运	581	51	49	2	470	167
运输代理业	582	10115	9932	183	84780	31268

2-03　续表 8

分　组	代码	法人单位数（个）	单产业法人单位	多产业法人单位	从业人员期末人数（人）	#女性（人）
装卸搬运和仓储业	59	6626	6552	74	98578	24639
装卸搬运	591	2747	2731	16	46809	7731
通用仓储	592	812	793	19	16024	5069
低温仓储	593	1046	1044	2	9008	3100
危险品仓储	594	64	62	2	2486	433
谷物、棉花等农产品仓储	595	836	811	25	12834	4379
中药材仓储	596	7	7		31	15
其他仓储业	599	1114	1104	10	11386	3912
邮政业	60	1169	991	178	69806	25433
邮政基本服务	601	51	35	16	28998	15425
快递服务	602	1105	943	162	40223	9795
其他寄递服务	609	13	13		585	213
住宿和餐饮业	**H**	**28145**	**26994**	**1151**	**360433**	**197133**
住宿业	61	6441	6205	236	134870	78294
旅游饭店	611	1977	1876	101	84968	47097
一般旅馆	612	3687	3571	116	43654	27513
民宿服务	613	125	121	4	663	402
露营地服务	614	10	10		133	65
其他住宿业	619	642	627	15	5452	3217
餐饮业	62	21704	20789	915	225563	118839
正餐服务	621	17085	16358	727	185067	96231
快餐服务	622	2199	2080	119	22909	13837
饮料及冷饮服务	623	234	218	16	1638	859
餐饮配送及外卖送餐服务	624	463	449	14	7040	3593
其他餐饮业	629	1723	1684	39	8909	4319
信息传输、软件和信息技术服务业	**I**	**58207**	**57706**	**501**	**486273**	**188207**
电信、广播电视和卫星传输服务	63	1160	1074	86	118999	51558
电信	631	1030	952	78	116222	50600
广播电视传输服务	632	113	105	8	2698	926
卫星传输服务	633	17	17		79	32
互联网和相关服务	64	9052	8999	53	56960	24899
互联网接入及相关服务	641	1021	1010	11	4842	1639
互联网信息服务	642	5048	5015	33	36585	17034
互联网平台	643	492	490	2	4200	1832
互联网安全服务	644	70	69	1	516	189
互联网数据服务	645	200	199	1	1665	790
其他互联网服务	649	2221	2216	5	9152	3415
软件和信息技术服务业	65	47995	47633	362	310314	111750
软件开发	651	27864	27667	197	178120	59585
集成电路设计	652	202	201	1	2572	438
信息系统集成和物联网技术服务	653	2800	2763	37	25637	7818
运行维护服务	654	299	296	3	2515	695
信息处理和存储支持服务	655	323	320	3	7984	5364
信息技术咨询服务	656	11963	11870	93	57986	21951

2-03 续表 9

分 组	代码	法人单位数(个)	单产业法人单位	多产业法人单位	从业人员期末人数(人)	#女性(人)
数字内容服务	657	1160	1154	6	6668	2379
其他信息技术服务业	659	3384	3362	22	28832	13520
金融业	**J**	**5734**	**4228**	**1506**	**22044**	**8647**
货币金融服务	66	1847	1262	585	9131	3580
中央银行服务	661					
货币银行服务	662	698	141	557	36	20
非货币银行服务	663	1149	1121	28	9095	3560
银行理财服务	664					
银行监管服务	665					
资本市场服务	67	1749	1702	47	5370	1884
证券市场服务	671	4	2	2	61	30
公开募集证券投资基金	672	1	1			
非公开募集证券投资基金	673	597	565	32		
期货市场服务	674	3		3		
证券期货监管服务	675					
资本投资服务	676	603	598	5	2561	869
其他资本市场服务	679	541	536	5	2748	985
保险业	68	1426	567	859	734	367
人身保险	681	454	116	338		
财产保险	682	524	144	380		
再保险	683					
商业养老金	684	21	21			
保险中介服务	685	211	71	140		
保险资产管理	686					
保险监管服务	687					
其他保险活动	689	216	215	1	734	367
其他金融业	69	712	697	15	6809	2816
金融信托与管理服务	691	29	28	1	98	28
控股公司服务	692	73	73		874	377
非金融机构支付服务	693	11	9	2		
金融信息服务	694	150	147	3	824	314
金融资产管理公司	695	5	4	1	876	268
其他未列明金融业	699	444	436	8	4137	1829
房地产业	**K**	**51111**	**49022**	**2089**	**781791**	**322894**
房地产业	70	51111	49022	2089	781791	322894
房地产开发经营	701	15311	14561	750	278554	95332
物业管理	702	18115	17573	542	369074	172076
房地产中介服务	703	13829	13186	643	92601	39776
房地产租赁经营	704	2806	2672	134	35199	13592
其他房地产业	709	1050	1030	20	6363	2118
租赁和商务服务业	**L**	**156874**	**154778**	**2096**	**1123824**	**388183**
租赁业	71	16761	16663	98	91457	22077
机械设备经营租赁	711	16342	16246	96	89269	21281

2-03　续表 10

分　组	代码	法人单位数(个)	单产业法人单位	多产业法人单位	从业人员期末人数(人)	#女性(人)
文体设备和用品出租	712	389	387	2	1975	716
日用品出租	713	30	30		213	80
商务服务业	72	140113	138115	1998	1032367	366106
组织管理服务	721	16810	16597	213	130595	54257
综合管理服务	722	3645	3576	69	41583	15451
法律服务	723	860	854	6	5201	2091
咨询与调查	724	53528	52890	638	236314	107135
广告业	725	28331	28194	137	129767	50621
人力资源服务	726	13614	13370	244	278643	79007
安全保护服务	727	1933	1872	61	103156	11537
会议、展览及相关服务	728	3666	3641	25	19847	8142
其他商务服务业	729	17726	17121	605	87261	37865
科学研究和技术服务业	**M**	**84711**	**83570**	**1141**	**631142**	**202721**
研究和试验发展	73	11917	11831	86	68510	23458
自然科学研究和试验发展	731	565	560	5	2112	656
工程和技术研究和试验发展	732	8139	8089	50	47986	15025
农业科学研究和试验发展	733	1204	1195	9	5960	2056
医学研究和试验发展	734	1939	1919	20	12180	5599
社会人文科学研究	735	70	68	2	272	122
专业技术服务业	74	38228	37411	817	389503	118408
气象服务	741	66	61	5	301	92
地震服务	742	6	6		19	7
海洋服务	743	182	181	1	1190	348
测绘地理信息服务	744	863	820	43	10935	3391
质检技术服务	745	3692	3590	102	55356	20319
环境与生态监测检测服务	746	908	896	12	10389	3920
地质勘查	747	725	713	12	11256	2009
工程技术与设计服务	748	18786	18246	540	220280	62642
工业与专业设计及其他专业技术服务	749	13000	12898	102	79777	25680
科技推广和应用服务业	75	34566	34328	238	173129	60855
技术推广服务	751	29161	28966	195	149069	51690
知识产权服务	752	1275	1257	18	5841	2757
科技中介服务	753	433	430	3	2207	877
创业空间服务	754	400	397	3	2620	1036
其他科技推广服务业	759	3297	3278	19	13392	4495
水利、环境和公共设施管理业	**N**	**8989**	**8846**	**143**	**212058**	**69156**
水利管理业	76	392	384	8	6295	1862
防洪除涝设施管理	761	28	28		388	86
水资源管理	762	126	123	3	1644	479
天然水收集与分配	763	46	45	1	1260	479
水文服务	764	18	18		147	49
其他水利管理业	769	174	170	4	2856	769
生态保护和环境治理业	77	1059	1050	9	12542	3558

2-03 续表 11

分组	代码	法人单位数(个)	单产业法人单位	多产业法人单位	从业人员期末人数(人)	#女性(人)
生态保护	771	91	90	1	2834	1228
环境治理业	772	968	960	8	9708	2330
公共设施管理业	78	7261	7146	115	190736	62798
市政设施管理	781	748	735	13	11591	3917
环境卫生管理	782	812	788	24	108780	31041
城乡市容管理	783	86	86		1859	778
绿化管理	784	3963	3906	57	35526	12266
城市公园管理	785	121	119	2	2302	903
游览景区管理	786	1531	1512	19	30678	13893
土地管理业	79	277	266	11	2485	938
土地整治服务	791	95	92	3	728	220
土地调查评估服务	792	83	77	6	835	376
土地登记服务	793	11	11		71	30
土地登记代理服务	794	25	25		133	48
其他土地管理服务	799	63	61	2	718	264
居民服务、修理和其他服务业	**O**	**32386**	**31840**	**546**	**231833**	**98642**
居民服务业	80	13058	12752	306	86299	47065
家庭服务	801	3949	3892	57	34616	22680
托儿所服务	802	99	94	5	567	360
洗染服务	803	421	400	21	3646	1997
理发及美容服务	804	2025	1924	101	7953	5049
洗浴和保健养生服务	805	2044	1982	62	11452	6207
摄影扩印服务	806	1447	1418	29	6764	3276
婚姻服务	807	1333	1327	6	5493	2488
殡葬服务	808	291	283	8	2993	1050
其他居民服务业	809	1449	1432	17	12815	3958
机动车、电子产品和日用产品修理业	81	13615	13440	175	72829	18382
汽车、摩托车等修理与维护	811	10206	10061	145	54895	13350
计算机和办公设备维修	812	1374	1359	15	8059	2351
家用电器修理	813	1643	1633	10	8186	2209
其他日用产品修理业	819	392	387	5	1689	472
其他服务业	82	5713	5648	65	72705	33195
清洁服务	821	3598	3561	37	60042	29143
宠物服务	822	180	173	7	641	312
其他未列明服务业	829	1935	1914	21	12022	3740
教育	**P**	**14587**	**14334**	**253**	**100634**	**50399**
教育	83	14587	14334	253	100634	50399
学前教育	831	1244	1223	21	12452	10468
初等教育	832	127	126	1	741	395
中等教育	833	62	62		1045	579
高等教育	834	3	3		555	202
特殊教育	835	11	10	1	41	28
技能培训、教育辅助及其他教育	839	13140	12910	230	85800	38727

2-03 续表 12

分 组	代码	法人单位数(个)	单产业法人单位	多产业法人单位	从业人员期末人数(人)	#女性(人)
卫生和社会工作	**Q**	**4638**	**4429**	**209**	**82515**	**53711**
卫生	84	3517	3331	186	74522	49222
医院	841	1044	1000	44	54169	36859
基层医疗卫生服务	842	2103	1994	109	12652	7302
专业公共卫生服务	843	95	88	7	989	686
其他卫生活动	849	275	249	26	6712	4375
社会工作	85	1121	1098	23	7993	4489
提供住宿社会工作	851	1052	1031	21	7143	4123
不提供住宿社会工作	852	69	67	2	850	366
文化、体育和娱乐业	**R**	**31977**	**31671**	**306**	**169598**	**72475**
新闻和出版业	86	214	206	8	11190	5579
新闻业	861	31	30	1	205	67
出版业	862	183	176	7	10985	5512
广播、电视、电影和录音制作业	87	3312	3266	46	23296	9872
广播	871	91	91		817	267
电视	872	42	42		1651	762
影视节目制作	873	2476	2464	12	11856	4449
广播电视集成播控	874	6	6		303	53
电影和广播电视节目发行	875	56	53	3	551	246
电影放映	876	573	542	31	7906	4007
录音制作	877	68	68		212	88
文化艺术业	88	7799	7753	46	38768	17350
文艺创作与表演	881	1921	1911	10	11700	5396
艺术表演场馆	882	36	35	1	2254	1007
图书馆与档案馆	883	72	71	1	353	191
文物及非物质文化遗产保护	884	73	72	1	777	305
博物馆	885	39	39		663	347
烈士陵园、纪念馆	886	9	9		87	22
群众文体活动	887	830	825	5	3093	1340
其他文化艺术业	889	4819	4791	28	19841	8742
体育	89	2378	2290	88	15293	6124
体育组织	891	581	574	7	2469	847
体育场地设施管理	892	107	104	3	1244	602
健身休闲活动	893	1581	1504	77	11180	4538
其他体育	899	109	108	1	400	137
娱乐业	90	18274	18156	118	81051	33550
室内娱乐活动	901	7426	7377	49	26795	9953
游乐园	902	245	239	6	7805	3664
休闲观光活动	903	1869	1863	6	14279	6393
彩票活动	904	10	10		14	3
文化体育娱乐活动与经纪代理服务	905	8546	8490	56	30981	13020
其他娱乐业	909	178	177	1	1177	517

2-04 按行业(大类)、地区

分 组	代码	法人单位数(个)	济南市	青岛市	淄博市	枣庄市
总 计	**00**	**1547260**	**209176**	**334660**	**85413**	**29818**
农、林、牧、渔业	**A**	**4839**	**277**	**164**	**96**	**53**
农业	01	5			1	
林业	02					
畜牧业	03	4				
渔业	04	3				
农、林、牧、渔专业及辅助性活动	05	4827	277	164	95	53
采矿业	**B**	**2357**	**165**	**158**	**127**	**51**
煤炭开采和洗选业	06	262	20	3	10	31
石油和天然气开采业	07	28	3	1	4	
黑色金属矿采选业	08	293	62	26	43	5
有色金属矿采选业	09	197	1	4	1	
非金属矿采选业	10	1163	64	92	60	14
开采专业及辅助性活动	11	350	5	22	7	1
其他采矿业	12	64	10	10	2	
制造业	**C**	**309860**	**19720**	**60524**	**18967**	**5826**
农副食品加工业	13	17084	805	2005	296	396
食品制造业	14	8023	483	1196	252	268
酒、饮料和精制茶制造业	15	3609	216	529	171	90
烟草制品业	16	11	2			
纺织业	17	13542	442	2003	424	214
纺织服装、服饰业	18	16872	388	4797	423	505
皮革、毛皮、羽毛及其制品和制鞋业	19	3494	54	1186	57	41
木材加工和木、竹、藤、棕、草制品业	20	24375	251	1115	298	342
家具制造业	21	6847	274	1545	241	104
造纸和纸制品业	22	6130	326	1463	445	134

分组的企业法人单位数

东营市	烟台市	潍坊市	济宁市	泰安市	威海市	日照市	临沂市	德州市	聊城市	滨州市	菏泽市	代码
33588	**157936**	**147032**	**107810**	**50773**	**54516**	**42951**	**92687**	**51862**	**49258**	**47773**	**52003**	**00**
115	**400**	**694**	**556**	**551**	**176**	**225**	**335**	**470**	**295**	**235**	**197**	**A**
			1	1			1		1			01
												02
1					2		1					03
	1				2							04
114	399	694	555	550	172	225	333	470	294	235	197	05
283	**415**	**181**	**189**	**170**	**85**	**195**	**267**	**11**		**40**	**20**	**B**
	7	1	117	51			4	3			15	06
10		1	1	1	2	1		1		3		07
	37	13	7	11	2	15	70			2		08
	153	2	1	2	19	8	4			2		09
14	198	161	57	97	52	142	181	2		26	3	10
258	5	3	3	4	3	24	4	2		7	2	11
1	15		3	4	7	5	4	3				12
4253	**29480**	**36310**	**18415**	**9789**	**11703**	**7498**	**31480**	**14234**	**15080**	**11963**	**14617**	**C**
143	2206	2404	1070	475	1422	742	1859	844	839	773	805	13
120	638	1072	491	263	304	261	882	678	511	235	369	14
38	590	432	222	183	121	206	297	165	93	103	153	15
		4					2			2		16
125	833	2994	965	353	377	255	647	688	857	1531	834	17
57	2905	1430	1291	525	967	368	703	500	335	262	1416	18
8	251	647	109	57	184	52	310	51	130	136	221	19
64	471	819	1580	253	143	267	12985	503	1366	345	3573	20
54	351	708	336	114	130	120	549	704	342	569	706	21
53	578	746	410	156	168	115	602	253	226	221	234	22

2-04 续表 1

分　组	代码	法人单位数（个）	济南市	青岛市	淄博市	枣庄市
印刷和记录媒介复制业	23	7494	678	2184	526	114
文教、工美、体育和娱乐用品制造业	24	12071	436	3547	553	208
石油、煤炭及其他燃料加工业	25	1129	77	86	113	21
化学原料和化学制品制造业	26	13304	704	1828	1560	234
医药制造业	27	2368	234	305	121	31
化学纤维制造业	28	485	50	81	52	4
橡胶和塑料制品业	29	17066	769	3929	1129	267
非金属矿物制品业	30	25502	1335	2981	3010	620
黑色金属冶炼和压延加工业	31	1866	185	203	105	13
有色金属冶炼和压延加工业	32	1773	116	230	183	11
金属制品业	33	24605	2015	6586	1318	291
通用设备制造业	34	41400	3948	8856	4056	972
专用设备制造业	35	24375	2834	5520	1535	421
汽车制造业	36	7656	592	1134	253	31
铁路、船舶、航空航天和其他运输设备制造业	37	2474	120	1044	33	23
电气机械和器材制造业	38	10186	803	2076	952	195
计算机、通信和其他电子设备制造业	39	5245	398	1506	221	80
仪器仪表制造业	40	3090	485	699	179	46
其他制造业	41	2901	158	716	195	42
废弃资源综合利用业	42	872	77	119	43	20
金属制品、机械和设备修理业	43	4011	465	1055	223	88
电力、热力、燃气及水生产和供应业	**D**	**5981**	**467**	**535**	**328**	**161**
电力、热力生产和供应业	44	3842	278	275	218	97
燃气生产和供应业	45	610	59	51	24	16
水的生产和供应业	46	1529	130	209	86	48
建筑业	**E**	**124512**	**13419**	**27159**	**5884**	**2175**
房屋建筑业	47	27066	3146	5577	969	616
土木工程建筑业	48	26968	2728	5532	1708	438

东营市	烟台市	潍坊市	济宁市	泰安市	威海市	日照市	临沂市	德州市	聊城市	滨州市	菏泽市	代码
108	617	706	434	213	300	153	489	261	254	155	302	23
37	724	826	679	174	1015	206	1149	648	158	446	1265	24
211	40	76	106	57	8	28	61	63	27	94	61	25
577	1298	2034	761	498	364	181	871	672	430	712	580	26
38	188	280	237	101	124	39	179	168	53	70	200	27
7	20	68	17	32	39	6	29	27	9	27	17	28
353	1606	2306	587	414	571	897	1972	595	546	710	415	29
384	3408	2473	2222	1058	757	1461	2173	942	759	823	1096	30
24	128	138	105	59	31	22	126	65	497	145	20	31
33	191	180	68	94	65	22	166	68	143	175	28	32
358	2095	2984	1088	633	804	375	1587	996	806	2165	504	33
309	3600	4742	1970	1772	976	493	1321	2669	4535	652	529	34
581	2254	4312	1480	961	636	268	902	957	611	679	424	35
110	1403	1278	704	189	218	403	216	444	442	80	159	36
15	243	129	201	28	270	35	85	93	65	22	68	37
183	907	984	521	537	460	208	503	612	643	396	206	38
41	761	511	193	166	590	96	153	249	70	125	85	39
42	404	319	85	150	146	34	156	98	135	29	83	40
34	157	385	170	99	104	58	326	108	65	129	155	41
15	94	84	55	44	16	20	91	37	44	56	57	42
131	519	239	258	131	393	107	89	76	89	96	52	43
245	**595**	**790**	**483**	**287**	**258**	**175**	**347**	**334**	**206**	**388**	**379**	**D**
139	468	518	331	184	178	85	217	235	116	227	273	44
39	45	51	47	38	19	39	19	42	27	65	29	45
67	82	221	105	65	61	51	111	57	63	96	77	46
4025	**14523**	**15278**	**7096**	**4692**	**5094**	**5530**	**3920**	**4356**	**3223**	**3835**	**4303**	**E**
825	2033	3483	1757	1193	1025	1292	1154	1302	712	732	1250	47
1274	2341	3751	1495	961	873	1071	736	1002	836	1199	1023	48

2-04 续表 2

分 组	代码	法人单位数（个）	济南市	青岛市	淄博市	枣庄市
建筑安装业	49	22076	2307	4526	1206	417
建筑装饰、装修和其他建筑业	50	48402	5238	11524	2001	704
批发和零售业	**F**	**570140**	**84775**	**120730**	**33286**	**12117**
批发业	51	350251	56397	90113	21099	6630
零售业	52	219889	28378	30617	12187	5487
交通运输、仓储和邮政业	**G**	**52212**	**4113**	**13695**	**2515**	**1035**
铁路运输业	53	20	11	1		
道路运输业	54	32785	3029	5842	1733	724
水上运输业	55	1221	26	268	3	25
航空运输业	56	179	29	59	7	
管道运输业	57	46	10	6	4	
多式联运和运输代理业	58	10166	364	5930	439	57
装卸搬运和仓储业	59	6626	522	1431	285	182
邮政业	60	1169	122	158	44	47
住宿和餐饮业	**H**	**28145**	**3811**	**5927**	**1367**	**567**
住宿业	61	6441	728	1491	241	161
餐饮业	62	21704	3083	4436	1126	406
信息传输、软件和信息技术服务业	**I**	**58207**	**13697**	**14882**	**3062**	**874**
电信、广播电视和卫星传输服务	63	1160	295	242	63	32
互联网和相关服务	64	9052	1221	1998	761	220
软件和信息技术服务业	65	47995	12181	12642	2238	622
金融业	**J**	**5734**	**1179**	**1092**	**312**	**102**
货币金融服务	66	1847	317	340	85	23
资本市场服务	67	1749	404	549	94	14
保险业	68	1426	275	133	90	52
其他金融业	69	712	183	70	43	13
房地产业	**K**	**51111**	**7228**	**9983**	**2834**	**1046**
房地产业	70	51111	7228	9983	2834	1046

东营市	烟台市	潍坊市	济宁市	泰安市	威海市	日照市	临沂市	德州市	聊城市	滨州市	菏泽市	代码
605	3309	2844	1068	946	1029	752	554	568	657	802	486	49
1321	6840	5200	2776	1592	2167	2415	1476	1484	1018	1102	1544	50
12056	**58676**	**48489**	**46199**	**18233**	**18005**	**14899**	**33749**	**16909**	**17491**	**17276**	**17250**	**F**
6535	32821	28619	27041	9094	8889	8400	19267	8914	10782	8921	6729	51
5521	25855	19870	19158	9139	9116	6499	14482	7995	6709	8355	10521	52
1103	**4766**	**4238**	**4917**	**1460**	**1459**	**2177**	**3300**	**1836**	**1855**	**1702**	**2041**	**G**
	3	2							1	2		53
777	2329	3173	3518	1167	683	1301	2714	1404	1512	1315	1564	54
46	223	73	251	16	97	134	2	7	7	27	16	55
4	27	10	4	2	7	6	8	6	1	7	2	56
4	4	6		2		3	1		1	3	2	57
116	1156	362	306	68	375	501	166	91	52	120	63	58
131	899	528	735	159	243	198	305	271	232	180	325	59
25	125	84	103	46	54	34	104	57	49	48	69	60
374	**3847**	**2046**	**2428**	**951**	**1130**	**840**	**1853**	**660**	**604**	**711**	**1029**	**H**
103	784	416	528	288	335	252	425	155	150	155	229	61
271	3063	1630	1900	663	795	588	1428	505	454	556	800	62
1454	**5520**	**4652**	**3206**	**1364**	**1532**	**1274**	**1589**	**1239**	**1211**	**1174**	**1477**	**I**
24	93	81	40	36	23	38	32	31	27	65	38	63
305	873	671	633	217	284	176	409	247	393	251	393	64
1125	4554	3900	2533	1111	1225	1060	1148	961	791	858	1046	65
203	**452**	**455**	**230**	**190**	**263**	**220**	**393**	**186**	**172**	**160**	**125**	**J**
85	136	130	94	67	94	74	145	64	65	69	59	66
37	148	138	25	30	75	66	80	40	22	18	9	67
57	104	105	89	65	58	48	119	57	69	58	47	68
24	64	82	22	28	36	32	49	25	16	15	10	69
1071	**5646**	**4563**	**3590**	**2085**	**3284**	**1084**	**2274**	**1614**	**1370**	**1773**	**1666**	**K**
1071	5646	4563	3590	2085	3284	1084	2274	1614	1370	1773	1666	70

2-04 续表 3

分 组	代码	法人单位数（个）	济南市	青岛市	淄博市	枣庄市
租赁和商务服务业	**L**	**156874**	**28024**	**41201**	**7216**	**2595**
租赁业	71	16761	2573	3257	887	275
商务服务业	72	140113	25451	37944	6329	2320
科学研究和技术服务业	**M**	**84711**	**18967**	**20472**	**4035**	**1017**
研究和试验发展	73	11917	1959	4589	513	34
专业技术服务业	74	38228	8889	8731	2159	594
科技推广和应用服务业	75	34566	8119	7152	1363	389
水利、环境和公共设施管理业	**N**	**8989**	**970**	**1921**	**545**	**227**
水利管理业	76	392	53	55	18	8
生态保护和环境治理业	77	1059	166	180	87	25
公共设施管理业	78	7261	707	1639	422	184
土地管理业	79	277	44	47	18	10
居民服务、修理和其他服务业	**O**	**32386**	**4290**	**6921**	**1581**	**843**
居民服务业	80	13058	1842	3034	668	280
机动车、电子产品和日用产品修理业	81	13615	1682	2671	642	277
其他服务业	82	5713	766	1216	271	286
教育	**P**	**14587**	**2038**	**2408**	**889**	**369**
教育	83	14587	2038	2408	889	369
卫生和社会工作	**Q**	**4638**	**659**	**666**	**269**	**122**
卫生	84	3517	504	523	215	96
社会工作	85	1121	155	143	54	26
文化、体育和娱乐业	**R**	**31977**	**5377**	**6222**	**2100**	**638**
新闻和出版业	86	214	88	34	7	2
广播、电视、电影和录音制作业	87	3312	590	781	326	44
文化艺术业	88	7799	1247	1712	381	147
体育	89	2378	386	552	148	41
娱乐业	90	18274	3066	3143	1238	404

东营市	烟台市	潍坊市	济宁市	泰安市	威海市	日照市	临沂市	德州市	聊城市	滨州市	菏泽市	代码
3584	**15695**	**14678**	**9256**	**4565**	**5096**	**4186**	**5270**	**4611**	**3423**	**3518**	**3956**	**L**
426	1459	1213	1325	580	390	730	667	942	665	673	699	71
3158	14236	13465	7931	3985	4706	3456	4603	3669	2758	2845	3257	72
2545	**8304**	**7222**	**4367**	**2878**	**2922**	**1912**	**2388**	**2350**	**1609**	**2164**	**1559**	**M**
126	1641	874	549	378	392	141	150	248	87	113	123	73
1370	3044	2747	1779	1163	1331	1047	1115	1212	920	1459	668	74
1049	3619	3601	2039	1337	1199	724	1123	890	602	592	768	75
252	**728**	**717**	**657**	**411**	**423**	**447**	**536**	**384**	**223**	**301**	**247**	**N**
10	32	39	22	25	11	18	13	27	15	24	22	76
39	104	97	65	41	35	34	51	33	33	43	26	77
191	571	559	548	330	372	381	465	314	166	222	190	78
12	21	22	22	15	5	14	7	10	9	12	9	79
876	**3599**	**2445**	**2701**	**1001**	**1052**	**979**	**1794**	**956**	**997**	**1153**	**1198**	**O**
224	1630	877	939	396	489	363	680	371	356	377	532	80
485	1456	1174	1320	409	401	383	808	388	432	621	466	81
167	513	394	442	196	162	233	306	197	209	155	200	82
366	**1332**	**1335**	**1290**	**671**	**404**	**451**	**977**	**597**	**510**	**286**	**664**	**P**
366	1332	1335	1290	671	404	451	977	597	510	286	664	83
57	**630**	**397**	**196**	**198**	**273**	**112**	**353**	**168**	**152**	**106**	**280**	**Q**
40	475	279	133	163	132	91	318	131	102	82	233	84
17	155	118	63	35	141	21	35	37	50	24	47	85
726	**3328**	**2542**	**2034**	**1277**	**1357**	**747**	**1862**	**947**	**837**	**988**	**995**	**R**
7	13	10	14	6	6	5	5	5	4	7	1	86
40	536	233	125	71	120	79	109	93	48	52	65	87
138	780	694	561	321	339	174	265	234	196	285	325	88
51	306	228	144	83	89	49	75	57	50	80	39	89
490	1693	1377	1190	796	803	440	1408	558	539	564	565	90

2–05 按行业（大类）、地区分组的

分 组	代码	从业人员期末人数（人）	济南市	青岛市	淄博市	枣庄市
总 计	**00**	**21662670**	**2670175**	**3351879**	**1141964**	**604838**
农、林、牧、渔业	**A**	**36495**	**1611**	**906**	**383**	**476**
农业	01					
林业	02					
畜牧业	03					
渔业	04					
农、林、牧、渔专业及辅助性活动	05	36495	1611	906	383	476
采矿业	**B**	**505128**	**27546**	**1356**	**9546**	**41384**
煤炭开采和洗选业	06	289480	5642	6	2250	40125
石油和天然气开采业	07	84522	769	20	510	
黑色金属矿采选业	08	24856	10262	105	5623	401
有色金属矿采选业	09	56341	9782	229	10	
非金属矿采选业	10	24608	1036	794	1012	301
开采专业及辅助性活动	11	24715	30	151	96	557
其他采矿业	12	606	25	51	45	
制造业	**C**	**8911345**	**596296**	**1217236**	**461056**	**225594**
农副食品加工业	13	731018	15843	72062	5842	15571
食品制造业	14	233903	20822	27561	7225	6168
酒、饮料和精制茶制造业	15	100847	7564	13967	3818	4263
烟草制品业	16	8597	2351			
纺织业	17	547716	11976	30423	32431	9741
纺织服装、服饰业	18	497804	12963	98512	5977	26913
皮革、毛皮、羽毛及其制品和制鞋业	19	105102	1180	32949	4001	4649
木材加工和木、竹、藤、棕、草制品业	20	444530	2500	10566	2101	7406
家具制造业	21	122122	3230	25404	2014	1553
造纸和纸制品业	22	170519	6925	15474	13464	8921

企业法人单位从业人员数

东营市	烟台市	潍坊市	济宁市	泰安市	威海市	日照市	临沂市	德州市	聊城市	滨州市	菏泽市	代码
649708	**2062671**	**1852462**	**1681328**	**874495**	**974678**	**494822**	**1625600**	**947896**	**709445**	**716199**	**1185780**	**00**
590	**4566**	**4830**	**3963**	**2512**	**1409**	**1148**	**2502**	**4469**	**2514**	**2674**	**1942**	**A**
												01
												02
												03
												04
590	4566	4830	3963	2512	1409	1148	2502	4469	2514	2674	1942	05
105143	**55980**	**5490**	**168031**	**49462**	**2450**	**3683**	**13703**	**1761**		**4944**	**14649**	**B**
	10973	54	165619	47343			1227	1634			14607	06
80451		200	22		7	2		98		2443		07
	229	272	725	199	45	416	6579					08
	41233	91	360	5	1090	940	2284			317		09
1670	3394	4801	1230	1757	1178	2141	3483	7		1784	20	10
23022	30	72	58	32	51	177	10	7		400	22	11
	121		17	126	79	7	120	15				12
219643	**880797**	**935514**	**591864**	**280205**	**525466**	**192030**	**890051**	**508711**	**386632**	**425244**	**569663**	**C**
4440	115798	86615	36277	19703	87246	23600	97299	42357	35200	38767	34398	13
3629	16925	24809	18106	5781	12947	4505	30401	17114	11680	6389	19841	14
957	13277	7569	8228	3737	3322	3260	10150	8339	3049	1945	7402	15
		505					387			11		16
8485	14144	102716	36897	16453	16524	6092	27410	45803	53466	64148	71007	17
391	50105	42695	97395	22415	36215	9761	22072	18828	9768	5243	38551	18
156	3879	13526	4130	1167	7392	1042	13056	2419	1496	5395	8665	19
1153	5202	9811	25175	2895	1846	4555	245210	10986	17862	3307	93955	20
672	4402	13244	5131	1165	1787	1662	13583	17536	2762	5898	22079	21
4798	11913	22649	21792	5747	4038	4769	14363	9781	14574	3664	7647	22

2-05 续表 1

分 组	代码	从业人员期末人数（人）	济南市	青岛市	淄博市	枣庄市
印刷和记录媒介复制业	23	117550	12189	25576	5327	2283
文教、工美、体育和娱乐用品制造业	24	295354	7197	62130	9995	10215
石油、煤炭及其他燃料加工业	25	125918	3190	3547	21693	3981
化学原料和化学制品制造业	26	559584	25478	37796	86152	16427
医药制造业	27	267820	24777	12024	23974	3058
化学纤维制造业	28	20591	1497	1356	908	101
橡胶和塑料制品业	29	429723	12078	76031	18200	14042
非金属矿物制品业	30	625294	45032	46777	76246	27086
黑色金属冶炼和压延加工业	31	197025	60237	10171	9008	669
有色金属冶炼和压延加工业	32	246032	2403	4742	10616	1100
金属制品业	33	473475	47754	94599	15420	9125
通用设备制造业	34	723618	72813	117182	35750	21389
专用设备制造业	35	495989	46509	78353	33272	12768
汽车制造业	36	420326	54254	62571	8675	975
铁路、船舶、航空航天和其他运输设备制造业	37	127030	9909	66828	530	1556
电气机械和器材制造业	38	328535	26597	87018	16660	7651
计算机、通信和其他电子设备制造业	39	341744	39921	69147	5914	3165
仪器仪表制造业	40	70850	12827	15154	3078	2050
其他制造业	41	33121	1113	9106	1044	1730
废弃资源综合利用业	42	13298	1007	820	718	316
金属制品、机械和设备修理业	43	36310	4160	9390	1003	722
电力、热力、燃气及水生产和供应业	**D**	**343624**	**20800**	**25541**	**19401**	**7071**
电力、热力生产和供应业	44	263488	11684	15963	13814	3472
燃气生产和供应业	45	27417	4435	3019	2224	1125
水的生产和供应业	46	52719	4681	6559	3363	2474
建筑业	**E**	**3455969**	**538200**	**422806**	**317558**	**130382**
房屋建筑业	47	2021238	267098	217067	250485	95577
土木工程建筑业	48	658851	155902	89686	35278	13727

东营市	烟台市	潍坊市	济宁市	泰安市	威海市	日照市	临沂市	德州市	聊城市	滨州市	菏泽市	代码
698	9352	10372	6665	4525	5974	2897	9927	5870	5069	1937	8889	23
270	11683	15109	18032	2755	33734	4621	34383	25857	3080	11629	44664	24
35421	614	13104	6798	2703	124	3726	4346	5546	1123	10715	9287	25
32935	40199	75272	29218	20559	13613	3110	43316	36103	22194	33379	43833	26
4322	16793	19516	21917	6899	53103	2307	29004	19279	7190	5367	18290	27
15	3051	7427	383	275	803	176	1087	826	192	1399	1095	28
52386	38492	48733	20141	11105	29106	12565	42277	18918	11908	8220	15521	29
8067	57035	41220	57291	30460	20986	24089	69406	39689	19949	17925	44036	30
974	4023	17424	2414	8033	1754	20745	22961	8232	17790	11988	602	31
3594	51551	16730	2143	1983	1803	879	14437	2504	16992	113299	1256	32
13024	44908	58043	21927	14787	19029	7575	33899	29036	14119	37699	12531	33
5867	83926	87046	47515	27384	33588	10259	34992	56781	57388	13342	18396	34
19731	57106	75692	37574	19826	22352	5282	28833	29257	11137	6983	11314	35
6529	83954	48219	24281	13393	16936	22661	12462	17489	31116	6384	10427	36
197	10863	1624	6348	698	16869	1338	3229	3379	1039	375	2248	37
6999	30414	18920	17235	26597	22647	3255	14839	23162	10764	4317	11460	38
1334	82047	48591	11171	3101	48911	5624	6960	6875	1751	2919	4313	39
872	11475	3506	1559	3480	4068	213	3994	3390	2654	324	2206	40
519	1673	2757	2621	686	1360	395	3956	1844	500	1165	2652	41
108	2081	952	993	235	321	519	1319	937	251	531	2190	42
1100	3912	1118	2507	1658	7068	548	493	574	569	580	908	43
7489	**20133**	**19410**	**19798**	**10517**	**14145**	**5664**	**15560**	**12653**	**8851**	**11456**	**11748**	**D**
4265	15729	12329	12447	6524	10607	3667	10000	8003	5819	8182	7596	44
1506	1598	1958	2480	1674	547	569	1573	1639	1095	1132	843	45
1718	2806	5123	4871	2319	2991	1428	3987	3011	1937	2142	3309	46
86371	**294362**	**269163**	**242343**	**272688**	**107435**	**92964**	**202041**	**110536**	**88503**	**70763**	**209854**	**E**
34832	141293	170090	156845	147001	57751	54312	143384	71415	57265	39932	116891	47
34228	56050	47676	38097	28755	17039	16531	24763	19468	16145	16826	48680	48

2-05 续表 2

分 组	代码	从业人员期末人数(人)	济南市	青岛市	淄博市	枣庄市
建筑安装业	49	354759	46627	39602	11440	11059
建筑装饰、装修和其他建筑业	50	421121	68573	76451	20355	10019
批发和零售业	**F**	**3276420**	**546189**	**646874**	**117879**	**87129**
批发业	51	1936237	361319	445895	63957	50171
零售业	52	1340183	184870	200979	53922	36958
交通运输、仓储和邮政业	**G**	**931544**	**118412**	**199901**	**34057**	**21565**
铁路运输业	53	137	137			
道路运输业	54	585971	74224	91538	26299	15897
水上运输业	55	65491	1120	22310	11	1042
航空运输业	56	22762	13466	5001	41	
管道运输业	57	3549	1555	407	57	
多式联运和运输代理业	58	85250	3470	51756	1650	458
装卸搬运和仓储业	59	98578	8003	20196	3074	2339
邮政业	60	69806	16437	8693	2925	1829
住宿和餐饮业	**H**	**360433**	**55751**	**73079**	**14412**	**8792**
住宿业	61	134870	19887	29520	4342	3375
餐饮业	62	225563	35864	43559	10070	5417
信息传输、软件和信息技术服务业	**I**	**486273**	**164490**	**96821**	**25248**	**7766**
电信、广播电视和卫星传输服务	63	118999	61584	9833	4095	2561
互联网和相关服务	64	56960	6533	9716	13705	1118
软件和信息技术服务业	65	310314	96373	77272	7448	4087
金融业	**J**	**22044**	**7800**	**2896**	**675**	**217**
货币金融服务	66	9131	2974	1311	262	46
资本市场服务	67	5370	1883	874	129	64
保险业	68	734	165		8	10
其他金融业	69	6809	2778	711	276	97
房地产业	**K**	**781791**	**134136**	**125498**	**35489**	**20189**
房地产业	70	781791	134136	125498	35489	20189

东营市	烟台市	潍坊市	济宁市	泰安市	威海市	日照市	临沂市	德州市	聊城市	滨州市	菏泽市	代码
7628	36959	19864	21555	86160	12783	6934	16044	6889	8640	7157	15418	49
9683	60060	31533	25846	10772	19862	15187	17850	12764	6453	6848	28865	50
69242	**363508**	**225343**	**306716**	**94129**	**113702**	**65966**	**213813**	**134103**	**74350**	**81875**	**135602**	**F**
36680	226585	124686	172377	43108	52905	32387	105047	77374	41211	38784	63751	51
32562	136923	100657	134339	51021	60797	33579	108766	56729	33139	43091	71851	52
26432	**81695**	**58074**	**83204**	**21980**	**27175**	**45387**	**57232**	**32197**	**45621**	**32590**	**46022**	**G**
												53
21234	35766	38500	60306	17785	13299	15580	46924	24591	39753	27730	36545	54
1031	16760	1854	8341	94	2965	8596	6	223	172	470	496	55
176	1875	153	169		947	261	494	13	1	111	54	56
117	491	294				186	86		12	170	174	57
610	8739	1885	3361	228	4286	4340	1208	805	629	808	1017	58
1981	11118	5843	7288	1676	3084	15427	3600	4130	2416	1829	6574	59
1283	6946	9545	3739	2197	2594	997	4914	2435	2638	1472	1162	60
11060	**37207**	**26327**	**29122**	**13936**	**19265**	**8702**	**21809**	**11050**	**9392**	**7409**	**13120**	**H**
2647	15776	11213	10654	6131	7879	3998	6125	3198	3308	2495	4322	61
8413	21431	15114	18468	7805	11386	4704	15684	7852	6084	4914	8798	62
10091	**35516**	**27676**	**23601**	**13170**	**13816**	**5798**	**14187**	**10832**	**6279**	**7052**	**23930**	**I**
2852	5638	5128	3736	2519	2811	1934	4894	2914	2637	2806	3057	63
1568	4450	2710	3213	754	1761	537	2258	1707	1173	1468	4289	64
5671	25428	19838	16652	9897	9244	3327	7035	6211	2469	2778	16584	65
457	**1376**	**1390**	**634**	**716**	**1483**	**422**	**1795**	**914**	**469**	**322**	**478**	**J**
288	558	463	328	291	688	236	731	228	196	203	328	66
42	293	323	53	180	371	110	494	397	61	39	57	67
3	101	29	127	21	7	7	92	50	101	13		68
124	424	575	126	224	417	69	478	239	111	67	93	69
22419	**75571**	**63719**	**54821**	**36327**	**47321**	**15649**	**43273**	**29514**	**22074**	**20923**	**34868**	**K**
22419	75571	63719	54821	36327	47321	15649	43273	29514	22074	20923	34868	70

2-05 续表 3

分 组	代码	从业人员期末人数（人）	济南市	青岛市	淄博市	枣庄市
租赁和商务服务业	**L**	**1123824**	**198641**	**268175**	**44727**	**20936**
租赁业	71	91457	14910	16471	3535	1717
商务服务业	72	1032367	183731	251704	41192	19219
科学研究和技术服务业	**M**	**631142**	**153341**	**138898**	**25756**	**11548**
研究和试验发展	73	68510	14195	21727	1737	511
专业技术服务业	74	389503	98498	83916	20252	8513
科技推广和应用服务业	75	173129	40648	33255	3767	2524
水利、环境和公共设施管理业	**N**	**212058**	**17104**	**29458**	**11146**	**5967**
水利管理业	76	6295	1985	548	120	164
生态保护和环境治理业	77	12542	1341	1825	637	439
公共设施管理业	78	190736	13403	26756	10218	5232
土地管理业	79	2485	375	329	171	132
居民服务、修理和其他服务业	**O**	**231833**	**37348**	**41392**	**8796**	**6048**
居民服务业	80	86299	16542	16573	3485	2005
机动车、电子产品和日用产品修理业	81	72829	8572	15550	2274	1504
其他服务业	82	72705	12234	9269	3037	2539
教育	**P**	**100634**	**12849**	**14836**	**2970**	**3469**
教育	83	100634	12849	14836	2970	3469
卫生和社会工作	**Q**	**82515**	**14255**	**12615**	**6693**	**1986**
卫生	84	74522	13070	11576	6573	1711
社会工作	85	7993	1185	1039	120	275
文化、体育和娱乐业	**R**	**169598**	**25406**	**33591**	**6172**	**4319**
新闻和出版业	86	11190	4029	1729	591	22
广播、电视、电影和录音制作业	87	23296	4522	4649	1178	959
文化艺术业	88	38768	4366	9792	809	973
体育	89	15293	1934	4262	462	334
娱乐业	90	81051	10555	13159	3132	2031

东营市	烟台市	潍坊市	济宁市	泰安市	威海市	日照市	临沂市	德州市	聊城市	滨州市	菏泽市	代码
49794	**89794**	**79780**	**66446**	**29701**	**45415**	**22326**	**65144**	**39937**	**27396**	**18377**	**57235**	**L**
1608	6543	4743	8792	2307	2451	2926	4458	7033	3342	2586	8035	71
48186	83251	75037	57654	27394	42964	19400	60686	32904	24054	15791	49200	72
26158	**54851**	**39423**	**33933**	**18723**	**25719**	**11144**	**24221**	**19864**	**12785**	**12862**	**21916**	**M**
1497	10745	2737	3781	1504	3675	708	1281	1882	346	652	1532	73
19077	26020	25142	17939	11875	14106	7650	14867	11441	10092	9619	10496	74
5584	18086	11544	12213	5344	7938	2786	8073	6541	2347	2591	9888	75
4251	**13139**	**60098**	**11808**	**6317**	**6377**	**6833**	**18492**	**6666**	**4961**	**4003**	**5438**	**N**
425	133	661	321	143	80	137	335	452	89	162	540	76
555	1964	973	611	326	284	616	686	597	435	750	503	77
3235	10908	58277	10662	5749	5969	5615	17421	5534	4396	3053	4308	78
36	134	187	214	99	44	465	50	83	41	38	87	79
4251	**23892**	**11713**	**16795**	**11713**	**7484**	**9091**	**13550**	**9929**	**9456**	**7951**	**12424**	**O**
879	8099	3455	6143	1754	3578	1456	4399	4701	3530	4484	5216	80
2128	9952	4680	7297	1887	2402	1365	4182	2765	1677	2394	4200	81
1244	5841	3578	3355	8072	1504	6270	4969	2463	4249	1073	3008	82
1596	**7392**	**6644**	**10574**	**3616**	**4671**	**2634**	**10318**	**5060**	**3906**	**2069**	**8030**	**P**
1596	7392	6644	10574	3616	4671	2634	10318	5060	3906	2069	8030	83
1154	**7424**	**6009**	**3692**	**2782**	**3515**	**1522**	**5704**	**2461**	**2354**	**1451**	**8898**	**Q**
1094	6766	5266	3175	2615	2365	1477	5355	2155	1963	1283	8078	84
60	658	743	517	167	1150	45	349	306	391	168	820	85
3567	**15468**	**11859**	**13983**	**6001**	**7830**	**3859**	**12205**	**7239**	**3902**	**4234**	**9963**	**R**
294	786	867	1420	39	153	314	251	459	182	39	15	86
274	2718	2011	1164	497	721	588	1406	568	318	868	855	87
473	2956	2506	4347	1164	2289	559	1494	1485	783	1133	3639	88
274	2342	1175	1261	261	745	260	571	402	197	396	417	89
2252	6666	5300	5791	4040	3922	2138	8483	4325	2422	1798	5037	90

2–06 按地区、登记注册

分组	法人单位数(个)	内资企业	国有企业	集体企业	股份合作企业	联营企业	国有联营企业
全省	**1547260**	**1537041**	**4055**	**5971**	**684**	**258**	**27**
济南市	209176	208349	831	664	115	28	3
青岛市	334660	330408	518	790	213	27	5
淄博市	85413	85108	184	438	62	13	1
枣庄市	29818	29733	178	197	7	14	
东营市	33588	33486	88	59	9	6	
烟台市	157936	156140	423	988	61	34	3
潍坊市	147032	146420	224	370	44	22	3
济宁市	107810	107571	288	407	44	15	4
泰安市	50773	50591	170	369	25	15	
威海市	54516	53500	138	356	14	10	1
日照市	42951	42779	126	215	23	19	1
临沂市	92687	92449	226	321	17	12	1
德州市	51862	51720	202	254	9	7	2
聊城市	49258	49186	157	183	13	8	
滨州市	47773	47682	195	187	8	13	2
菏泽市	52003	51916	106	173	20	15	1

类型分组的企业法人单位数

集体联营企业	国有与集体联营企业	其他联营企业	有限责任公司	国有独资公司	其他有限责任公司	股份有限公司	私营企业	私营独资企业
129	**22**	**80**	**120247**	**2927**	**117320**	**14328**	**1391453**	**112493**
13	4	8	13829	469	13360	1488	191385	4686
15	4	3	28841	442	28399	1711	298308	4863
10	1	1	4628	121	4507	666	79117	6707
8	3	3	2808	128	2680	390	26137	2929
3	1	2	2597	107	2490	269	30457	424
21	2	8	12903	179	12724	2735	138994	13063
15	1	3	12931	264	12667	1423	131404	12143
7	2	2	4129	180	3949	702	101985	9404
7		8	4439	145	4294	620	44942	2663
2	1	6	5728	142	5586	693	46561	4143
9		9	5992	143	5849	834	35570	2184
3	1	7	5983	130	5853	973	84914	32625
3		2	6183	169	6014	556	44507	4829
6		2	2884	102	2782	457	45476	3158
1		10	4026	131	3895	248	43004	2654
6	2	6	2345	74	2271	562	48692	6018

2-06 续表

分组	私营合伙企业	私营有限责任公司	私营股份有限公司	其他企业	港、澳、台商投资企业	与港澳台商合资经营企业	与港澳台商合作经营企业
全省	**6298**	**1261532**	**11130**	**45**	**2892**	**1236**	**67**
济南市	977	184745	977	9	369	161	17
青岛市	1806	289613	2026		964	351	23
淄博市	226	71625	559		135	64	5
枣庄市	94	22792	322	2	47	22	
东营市	116	29645	272	1	41	23	3
烟台市	790	124032	1109	2	502	240	7
潍坊市	603	117358	1300	2	224	105	2
济宁市	340	91580	661	1	90	47	1
泰安市	132	41648	499	11	55	29	2
威海市	184	41645	589		158	71	1
日照市	321	32624	441		52	19	1
临沂市	195	51333	761	3	108	46	1
德州市	134	39159	385	2	47	12	3
聊城市	105	41853	360	8	22	9	
滨州市	88	39947	315	1	45	25	1
菏泽市	187	41933	554	3	33	12	

港澳台商独资经营企　业	港澳台商投资股份有限公司	其他港澳台商投资企业	外商投资企　业	中外合资经营企业	中外合作经营企业	外资企业	外商投资股份有限公　司	其他外商投　资
1487	**47**	**55**	**7327**	**2537**	**104**	**4294**	**171**	**221**
184	4	3	458	215	14	190	20	19
556	14	20	3288	836	41	2258	83	70
61	4	1	170	101	1	58	5	5
24	1		38	18		17	1	2
15			61	37	1	20		3
241	5	9	1294	513	18	702	26	35
108	4	5	388	198	3	168	7	12
39	2	1	149	83	1	51	2	12
23	1		127	63	5	52	1	6
77	4	5	858	219	10	585	15	29
31		1	120	58		59	1	2
52	5	4	130	64	1	52	7	6
29	1	2	95	45	4	38	1	7
11		2	50	27		16	1	6
18	1		46	29	2	14	1	
18	1	2	54	31	2	14		7

2-07 按地区、登记注册类型

分组	从业人员期末人数(人)	内资企业	国有企业	集体企业	股份合作企业	联营企业	国有联营企业
全省	**21662670**	**20493873**	**433615**	**218196**	**17812**	**3792**	**536**
济南市	2670175	2574161	68524	16365	2496	578	72
青岛市	3351879	3014472	34720	12585	4284	676	204
淄博市	1141964	1089446	36784	8872	2374	135	10
枣庄市	604838	583011	22555	20445	386	194	
东营市	649708	637808	9721	4061	422	29	
烟台市	2062671	1855196	23457	24444	2111	374	21
潍坊市	1852462	1779796	15401	19672	315	87	16
济宁市	1681328	1646158	23185	23540	2286	218	26
泰安市	874495	854768	17101	28863	140	525	
威海市	974678	841141	7869	9195	909	83	34
日照市	494822	473008	5772	3167	650	118	70
临沂市	1625600	1544122	16371	17666	706	115	2
德州市	947896	925434	12376	8245	104	46	14
聊城市	709445	692872	8924	2633	371	150	
滨州市	716199	699639	11114	6665	116	169	67
菏泽市	1185780	1164111	11667	11778	142	295	

分组的企业法人单位从业人员数

集体联营企业	国有与集体联营企业	其他联营企业	有限责任公司	国有独资公司	其他有限责任公司	股份有限公司	私营企业	私营独资企业
2447	**203**	**606**	**5376017**	**721506**	**4654511**	**1262001**	**13180654**	**796069**
361	17	128	888374	157912	730462	159603	1438164	26239
400	23	49	703591	112986	590605	154914	2103702	23602
119	6		341137	44300	296837	137868	562276	23974
90	87	17	175130	37573	137557	27305	336977	18283
16		13	177631	8479	169152	111533	334411	1580
284		69	405950	61671	344279	102341	1296337	85209
61	6	4	434605	17407	417198	181328	1128388	58544
114	21	57	395323	139105	256218	47132	1154474	63236
501		24	282051	31530	250521	36005	489178	13249
20		29	240584	14455	226129	46279	536222	43104
38		10	185526	14794	170732	30890	246885	14801
44	2	67	345400	21463	323937	85006	1078706	287929
25		7	213670	19670	194000	28733	662168	52205
126		24	159757	11575	148182	42249	478575	20663
41		61	270671	4588	266083	33379	377493	11801
207	41	47	151274	18655	132619	32123	956698	51650

2-07 续表

分 组	私营合伙企业	私营有限责任公司	私营股份有限公司	其他企业	港、澳、台商投资企业	与港澳台商合资经营企业	与港澳台商合作经营企业
全 省	**35287**	**11952234**	**397064**	**1786**	**375574**	**141659**	**4094**
济南市	4869	1378763	28293	57	59653	13882	1633
青岛市	5856	2023192	51052		79518	25933	1033
淄博市	615	513296	24391		20912	8666	177
枣庄市	817	308733	9144	19	10872	4431	
东营市	563	312971	19297		5171	4074	8
烟台市	4102	1164574	42452	182	47386	18726	122
潍坊市	2082	1026859	40903		28377	14516	101
济宁市	2352	1045260	43626		14042	3345	19
泰安市	617	455981	19331	905	5861	2974	332
威海市	956	471495	20667		28872	18110	4
日照市	900	222000	9184		7633	1786	10
临沂市	5428	762606	22743	152	32576	8797	30
德州市	1440	585631	22892	92	5783	1738	598
聊城市	898	447079	9935	213	10462	4515	
滨州市	596	357361	7735	32	9114	5574	27
菏泽市	3196	876433	25419	134	9342	4592	

港澳台商独资经营企业	港澳台商投资股份有限公司	其他港澳台投资企业	外商投资企业	中外合资经营企业	中外合作经营企业	外资企业	外商投资股份有限公司	其他外商投资
205514	**19613**	**4694**	**793223**	**282064**	**17137**	**437095**	**44494**	**12433**
41260	2748	130	36361	14713	1063	17439	2754	392
51054	1060	438	257889	81035	3679	158788	11367	3020
9683	2385	1	31606	12574		5304	13721	7
6435	6		10955	2139		6491	2313	12
1089			6729	4232		2493		4
26698	1413	427	160089	43901	2770	102555	8036	2827
12971	467	322	44289	24686	403	19028	115	57
10192	330	156	21128	8792	10	10086	993	1247
2537	18		13866	7106	785	5756		219
8706	1393	659	104665	32991	3924	62676	1646	3428
5837			14181	7274		6876	23	8
14846	8605	298	48902	21574	3694	19757	3375	502
3147	183	117	16679	6429	470	9145	94	541
3872		2075	6111	3481		2569	47	14
3508	5		7446	5198	285	1953	10	
3679	1000	71	12327	5939	54	6179		155

2-08　按行业(大类)、登记注册

分　组	代码	法人单位数(个)	内资企业	国有企业	集体企业	股份合作企业	联营企业
总　计	**00**	**1547260**	**1537041**	**4055**	**5971**	**684**	**258**
农、林、牧、渔业	**A**	**4839**	**4817**	**20**	**39**	**2**	**4**
农业	01	5	5				
林业	02						
畜牧业	03	4	4				
渔业	04	3	2				
农、林、牧、渔专业及辅助性活动	05	4827	4806	20	39	2	4
采矿业	**B**	**2357**	**2338**	**28**	**76**	**2**	**2**
煤炭开采和洗选业	06	262	257	13	4		1
石油和天然气开采业	07	28	28				
黑色金属矿采选业	08	293	290		7		1
有色金属矿采选业	09	197	193	3	30		
非金属矿采选业	10	1163	1156	10	34	2	
开采专业及辅助性活动	11	350	350	2			
其他采矿业	12	64	64		1		
制造业	**C**	**309860**	**303952**	**313**	**1363**	**203**	**41**
农副食品加工业	13	17084	16483	34	85	2	4
食品制造业	14	8023	7783	16	16	4	
酒、饮料和精制茶制造业	15	3609	3537	13	14	4	1
烟草制品业	16	11	11				
纺织业	17	13542	13288	11	60	6	
纺织服装、服饰业	18	16872	16451	7	58	11	
皮革、毛皮、羽毛及其制品和制鞋业	19	3494	3365	2	11	1	
木材加工和木、竹、藤、棕、草制品业	20	24375	24313	7	21	1	
家具制造业	21	6847	6775		12	3	1
造纸和纸制品业	22	6130	6055	5	45	6	1
印刷和记录媒介复制业	23	7494	7427	49	92	12	4
文教、工美、体育和娱乐用品制造业	24	12071	11552	3	26	4	1
石油、煤炭及其他燃料加工业	25	1129	1108	2	1	1	
化学原料和化学制品制造业	26	13304	12956	18	91	15	3
医药制造业	27	2368	2266	2	6		
化学纤维制造业	28	485	467		4		
橡胶和塑料制品业	29	17066	16795	6	98	12	2
非金属矿物制品业	30	25502	25250	23	148	15	11
黑色金属冶炼和压延加工业	31	1866	1839	2	16	1	
有色金属冶炼和压延加工业	32	1773	1739	2	15	1	

类型分组的企业法人单位数

国有联营企业	集体联营企业	国有与集体联营企业	其他联营企业	有限责任公司	国有独资公司	其他有限责任公司	股份有限公司	私营企业	私营独资企业	代码
27	**129**	**22**	**80**	**120247**	**2927**	**117320**	**14328**	**1391453**	**112493**	**00**
	3		**1**	**333**	**11**	**322**	**38**	**4381**	**1039**	**A**
				1		1		4		01
										02
				2		2		2	1	03
							1	1		04
	3		1	330	11	319	37	4374	1038	05
1	**1**			**397**	**41**	**356**	**48**	**1785**	**378**	**B**
1				98	28	70	7	134	10	06
				16	2	14	3	9		07
	1			50	3	47	7	225	34	08
				69	4	65	12	79	11	09
				117	3	114	18	975	308	10
				37	1	36	1	310	10	11
				10		10		53	5	12
1	**24**	**5**	**11**	**20534**	**212**	**20322**	**3397**	**278092**	**43388**	**C**
	2		2	1468	9	1459	188	14700	2156	13
				620	4	616	116	7011	908	14
			1	329	7	322	57	3119	419	15
				6	2	4	1	4		16
				742	4	738	112	12357	1596	17
				764	11	753	149	15462	2238	18
				186		186	33	3132	417	19
				461	1	460	100	23718	13311	20
			1	351		351	52	6356	804	21
	1			393	3	390	67	5538	844	22
	3	1		435	4	431	68	6767	890	23
	1			601	2	599	90	10827	1506	24
				162	3	159	27	915	42	25
	2		1	1335	16	1319	283	11211	964	26
				366	3	363	127	1765	36	27
				55	1	54	8	400	37	28
	1		1	982	9	973	158	15537	2442	29
1	3	3	4	1995	21	1974	332	22726	3610	30
				178	4	174	31	1611	139	31
				217	10	207	30	1474	161	32

2-08 续表 1

分组	代码	法人单位数(个)	内资企业	国有企业	集体企业	股份合作企业	联营企业
金属制品业	33	24605	24309	6	128	16	5
通用设备制造业	34	41400	40961	30	179	40	4
专用设备制造业	35	24375	24032	33	89	19	
汽车制造业	36	7656	7344	3	26	6	
铁路、船舶、航空航天和其他运输设备制造业	37	2474	2387	6	9		
电气机械和器材制造业	38	10186	9937	4	57	10	3
计算机、通信和其他电子设备制造业	39	5245	4791	8	9	3	
仪器仪表制造业	40	3090	3016	6	18	4	
其他制造业	41	2901	2855	1	6	2	
废弃资源综合利用业	42	872	862		2		
金属制品、机械和设备修理业	43	4011	3998	14	21	4	1
电力、热力、燃气及水生产和供应业	**D**	**5981**	**5743**	**177**	**118**	**1**	**2**
电力、热力生产和供应业	44	3842	3724	55	86		
燃气生产和供应业	45	610	541	7	2		
水的生产和供应业	46	1529	1478	115	30	1	2
建筑业	**E**	**124512**	**124442**	**324**	**524**	**54**	**14**
房屋建筑业	47	27066	27062	62	352	29	4
土木工程建筑业	48	26968	26952	208	56	4	6
建筑安装业	49	22076	22052	24	50	12	1
建筑装饰、装修和其他建筑业	50	48402	48376	30	66	9	3
批发和零售业	**F**	**570140**	**568562**	**706**	**1978**	**202**	**107**
批发业	51	350251	349051	460	941	98	47
零售业	52	219889	219511	246	1037	104	60
交通运输、仓储和邮政业	**G**	**52212**	**51965**	**296**	**176**	**19**	**9**
铁路运输业	53	20	20	2			
道路运输业	54	32785	32739	90	90	13	2
水上运输业	55	1221	1191	7	13	1	1
航空运输业	56	179	177	1			
管道运输业	57	46	44				
多式联运和运输代理业	58	10166	10098	12	9		
装卸搬运和仓储业	59	6626	6528	157	63	5	5
邮政业	60	1169	1168	27	1		1
住宿和餐饮业	**H**	**28145**	**27959**	**213**	**124**	**12**	**8**
住宿业	61	6441	6399	146	73	7	4
餐饮业	62	21704	21560	67	51	5	4
信息传输、软件和信息技术服务业	**I**	**58207**	**57988**	**60**	**16**	**5**	**1**
电信、广播电视和卫星传输服务	63	1160	1132	30	3		1

国有联营企　业	集体联营企　业	国有与集体联营企业	其他联营企　业	有限责任公　司	国有独资公　司	其他有限责任公司	股份有限公　司	私营企业	私营独资企　业	代码
	5			1624	12	1612	208	22322	2445	33
	3	1		2447	23	2424	341	37918	4611	34
				1744	10	1734	280	21867	1341	35
				608	10	598	142	6559	734	36
				254	11	243	34	2084	134	37
	2		1	952	18	934	151	8760	579	38
				481	7	474	94	4196	184	39
				252	5	247	59	2677	93	40
				161		161	25	2660	294	41
				76	1	75	9	775	83	42
	1			289	1	288	25	3644	370	43
	1	**1**		**1473**	**158**	**1315**	**114**	**3858**	**159**	**D**
				915	87	828	69	2599	49	44
				185	8	177	11	336	26	45
	1	1		373	63	310	34	923	84	46
2	**9**		**3**	**10254**	**219**	**10035**	**1030**	**112239**	**1177**	**E**
	3		1	2929	40	2889	334	23350	345	47
2	4			2540	139	2401	234	23903	217	48
	1			1712	18	1694	138	20115	215	49
	1		2	3073	22	3051	324	44871	400	50
9	**50**	**8**	**40**	**35389**	**310**	**35079**	**3717**	**526456**	**43873**	**F**
5	21	5	16	21722	199	21523	1951	323831	20726	51
4	29	3	24	13667	111	13556	1766	202625	23147	52
	6	**3**		**4726**	**176**	**4550**	**433**	**46305**	**1953**	**G**
				18	2	16				53
	2			2746	85	2661	252	29545	1212	54
	1			218	20	198	28	923	36	55
				48	8	40	9	119		56
				20		20	5	19		57
				901	16	885	67	9109	86	58
	3	2		677	42	635	58	5563	599	59
		1		98	3	95	14	1027	20	60
1	**5**	**1**	**1**	**2677**	**56**	**2621**	**293**	**24629**	**2585**	**H**
1	2	1		818	29	789	98	5253	587	61
	3		1	1859	27	1832	195	19376	1998	62
		1		**4689**	**51**	**4638**	**494**	**52723**	**1038**	**I**
		1		143	21	122	46	909	26	63

2-08 续表 2

分组	代码	法人单位数(个)	内资企业	国有企业	集体企业	股份合作企业	联营企业
互联网和相关服务	64	9052	9041	3	1	2	
软件和信息技术服务业	65	47995	47815	27	12	3	
金融业	**J**	**5734**	**5365**	**198**	**2**	**7**	**2**
货币金融服务	66	1847	1651	67		4	
资本市场服务	67	1749	1744	7	1	1	2
保险业	68	1426	1264	115		2	
其他金融业	69	712	706	9	1		
房地产业	**K**	**51111**	**50733**	**319**	**480**	**64**	**6**
房地产业	70	51111	50733	319	480	64	6
租赁和商务服务业	**L**	**156874**	**156512**	**455**	**533**	**49**	**24**
租赁业	71	16761	16742	14	23	6	
商务服务业	72	140113	139770	441	510	43	24
科学研究和技术服务业	**M**	**84711**	**84286**	**526**	**219**	**31**	**7**
研究和试验发展	73	11917	11814	16	19	6	
专业技术服务业	74	38228	38080	445	123	18	5
科技推广和应用服务业	75	34566	34392	65	77	7	2
水利、环境和公共设施管理业	**N**	**8989**	**8946**	**127**	**41**	**1**	**2**
水利管理业	76	392	389	21	6		
生态保护和环境治理业	77	1059	1033	11	3		
公共设施管理业	78	7261	7247	89	31	1	2
土地管理业	79	277	277	6	1		
居民服务、修理和其他服务业	**O**	**32386**	**32336**	**72**	**147**	**25**	**7**
居民服务业	80	13058	13036	30	55	7	
机动车、电子产品和日用产品修理业	81	13615	13597	24	64	16	7
其他服务业	82	5713	5703	18	28	2	
教育	**P**	**14587**	**14562**	**64**	**39**		**2**
教育	83	14587	14562	64	39		2
卫生和社会工作	**Q**	**4638**	**4615**	**29**	**64**	**4**	**13**
卫生	84	3517	3509	25	50	4	12
社会工作	85	1121	1106	4	14		1
文化、体育和娱乐业	**R**	**31977**	**31920**	**128**	**32**	**3**	**7**
新闻和出版业	86	214	214	16	3		
广播、电视、电影和录音制作业	87	3312	3303	80	8		1
文化艺术业	88	7799	7784	22	11		3
体育	89	2378	2361	4	2	1	
娱乐业	90	18274	18258	6	8	2	3

国有联营企业	集体联营企业	国有与集体联营企业	其他联营企业	有限责任公司	国有独资公司	其他有限责任公司	股份有限公司	私营企业	私营独资企业	代码
				684	4	680	67	8284	281	64
				3862	26	3836	381	43530	731	65
2				**1280**	**73**	**1207**	**1367**	**2499**	**75**	**J**
				425	7	418	655	499		66
2				494	25	469	33	1206	1	67
				164	11	153	659	315	71	68
				197	30	167	20	479	3	69
1	**4**	**1**		**9365**	**393**	**8972**	**818**	**39680**	**486**	**K**
1	4	1		9365	393	8972	818	39680	486	70
5	**9**	**1**	**9**	**13493**	**676**	**12817**	**1123**	**140834**	**4654**	**L**
				1084	20	1064	104	15511	331	71
5	9	1	9	12409	656	11753	1019	125323	4323	72
2	**3**	**1**	**1**	**8021**	**216**	**7805**	**648**	**74828**	**1410**	**M**
				1184	12	1172	94	10495	113	73
1	2	1	1	3640	159	3481	292	33556	526	74
1	1			3197	45	3152	262	30777	771	75
	1		**1**	**1265**	**170**	**1095**	**104**	**7406**	**134**	**N**
				86	24	62	5	271	11	76
				149	11	138	9	861	20	77
	1		1	961	114	847	88	6075	102	78
				69	21	48	2	199	1	79
1	**5**		**1**	**2164**	**30**	**2134**	**233**	**29688**	**2883**	**O**
				903	8	895	91	11950	957	80
1	5		1	856	10	846	106	12524	1738	81
				405	12	393	36	5214	188	82
			2	**1185**	**30**	**1155**	**162**	**13109**	**739**	**P**
			2	1185	30	1155	162	13109	739	83
	8		**5**	**546**	**5**	**541**	**66**	**3890**	**1196**	**Q**
	8		4	380	3	377	50	2986	1130	84
			1	166	2	164	16	904	66	85
2			**5**	**2456**	**100**	**2356**	**243**	**29051**	**5326**	**R**
				60	17	43	9	126	1	86
1				357	31	326	29	2828	130	87
1			2	634	26	608	64	7050	263	88
				213	3	210	27	2114	60	89
			3	1192	23	1169	114	16933	4872	90

2-08 续表 3

分组	代码	私营合伙企业	私营有限责任公司	私营股份有限公司	其他企业	港、澳、台商投资企业	与港澳台商合资经营企业
总　计	**00**	**6298**	**1261532**	**11130**	**45**	**2892**	**1236**
农、林、牧、渔业	**A**	**13**	**3275**	**54**		**10**	**2**
农业	01		4				
林业	02						
畜牧业	03		1				
渔业	04		1			1	
农、林、牧、渔专业及辅助性活动	05	13	3269	54		9	2
采矿业	**B**	**6**	**1376**	**25**		**8**	**5**
煤炭开采和洗选业	06		122	2		3	2
石油和天然气开采业	07		9				
黑色金属矿采选业	08		188	3		3	1
有色金属矿采选业	09		68				
非金属矿采选业	10	5	651	11		2	2
开采专业及辅助性活动	11		292	8			
其他采矿业	12	1	46	1			
制造业	**C**	**732**	**230748**	**3224**	**9**	**1393**	**674**
农副食品加工业	13	36	12255	253	2	150	79
食品制造业	14	13	5971	119		52	22
酒、饮料和精制茶制造业	15	10	2630	60		21	10
烟草制品业	16		4				
纺织业	17	25	10567	169		85	32
纺织服装、服饰业	18	18	13097	109		82	43
皮革、毛皮、羽毛及其制品和制鞋业	19	7	2684	24		20	10
木材加工和木、竹、藤、棕、草制品业	20	78	10183	146	5	12	4
家具制造业	21	9	5483	60		19	11
造纸和纸制品业	22	16	4610	68		31	20
印刷和记录媒介复制业	23	33	5784	60		21	13
文教、工美、体育和娱乐用品制造业	24	29	9185	107		95	36
石油、煤炭及其他燃料加工业	25		850	23		7	4
化学原料和化学制品制造业	26	43	9955	249		90	43
医药制造业	27	6	1667	56		39	27
化学纤维制造业	28	1	357	5		6	5
橡胶和塑料制品业	29	46	12861	188		76	40
非金属矿物制品业	30	128	18699	289		86	52
黑色金属冶炼和压延加工业	31	2	1453	17		10	4
有色金属冶炼和压延加工业	32	3	1283	27		19	10

与港澳台商合作经营企业	港澳台商独资经营企业	港澳台商投资股份有限公司	其他港澳台投资企业	外商投资企业	中外合资经营企业	中外合作经营企业	外资企业	外商投资股份有限公司	其他外商投资	代码
67	**1487**	**47**	**55**	**7327**	**2537**	**104**	**4294**	**171**	**221**	**00**
1	**7**			**12**	**7**		**4**		**1**	**A**
										01
										02
										03
1										04
	7			12	7		4		1	05
	2	**1**		**11**	**5**	**3**	**2**		**1**	**B**
		1		2	1	1				06
										07
	2									08
				4	2	2				09
				5	2		2		1	10
										11
										12
21	**661**	**18**	**19**	**4515**	**1582**	**51**	**2703**	**88**	**91**	**C**
	71			451	233	13	182	14	9	13
1	28		1	188	92		92	2	2	14
1	10			51	31		18	2		15
										16
4	47	2		169	73	1	87	6	2	17
	38		1	339	125	2	205	1	6	18
1	7		2	109	27		78	3	1	19
	8			50	18		31	1		20
	8			53	22		29		2	21
	10	1		44	20	1	23			22
	8			46	17	1	27		1	23
1	57		1	424	70	7	326	11	10	24
	3			14	8		6			25
2	38	4	3	258	119	4	125	6	4	26
	9	2	1	63	35		28			27
	1			12	4		7	1		28
2	33		1	195	68	1	119	1	6	29
1	30	3		166	81	7	71	2	5	30
	6			17	4		13			31
	8		1	15	7		7		1	32

2-08 续表 4

分组	代码	私营合伙企业	私营有限责任公司	私营股份有限公司	其他企业	港、澳、台商投资企业	与港澳台商合资经营企业
金属制品业	33	39	19615	223		80	30
通用设备制造业	34	93	32890	324	2	88	35
专用设备制造业	35	34	20244	248		75	39
汽车制造业	36	19	5721	85		61	32
铁路、船舶、航空航天和其他运输设备制造业	37	4	1922	24		17	5
电气机械和器材制造业	38	15	8033	133		54	33
计算机、通信和其他电子设备制造业	39	8	3946	58		60	17
仪器仪表制造业	40	5	2543	36		13	8
其他制造业	41	6	2345	15		13	5
废弃资源综合利用业	42	2	676	14		4	2
金属制品、机械和设备修理业	43	4	3235	35		7	3
电力、热力、燃气及水生产和供应业	**D**	**6**	**3639**	**54**		**154**	**67**
电力、热力生产和供应业	44	2	2512	36		80	30
燃气生产和供应业	45		303	7		41	27
水的生产和供应业	46	4	824	11		33	10
建筑业	**E**	**53**	**110173**	**836**	**3**	**25**	**11**
房屋建筑业	47	15	22737	253	2	2	2
土木工程建筑业	48	11	23493	182	1	8	2
建筑安装业	49	8	19734	158		5	3
建筑装饰、装修和其他建筑业	50	19	44209	243		10	4
批发和零售业	**F**	**603**	**478817**	**3163**	**7**	**393**	**89**
批发业	51	317	300985	1803	1	259	58
零售业	52	286	177832	1360	6	134	31
交通运输、仓储和邮政业	**G**	**57**	**43912**	**383**	**1**	**104**	**49**
铁路运输业	53						
道路运输业	54	24	28070	239	1	27	5
水上运输业	55	2	871	14		15	13
航空运输业	56		115	4			
管道运输业	57		19				
多式联运和运输代理业	58	9	8949	65		21	9
装卸搬运和仓储业	59	21	4893	50		41	22
邮政业	60	1	995	11			
住宿和餐饮业	**H**	**156**	**21685**	**203**	**3**	**53**	**16**
住宿业	61	28	4594	44		23	7
餐饮业	62	128	17091	159	3	30	9
信息传输、软件和信息技术服务业	**I**	**350**	**50932**	**403**		**66**	**17**
电信、广播电视和卫星传输服务	63	2	873	8		15	1

与港澳台商合作经营企业	港澳台商独资经营企业	港澳台商投资股份有限公司	其他港澳台投资企业	外商投资企业	中外合资经营企业	中外合作经营企业	外资企业	外商投资股份有限公司	其他外商投资	代码
1	47	1	1	216	73	2	132	6	3	33
2	44	3	4	351	118	2	221	3	7	34
1	34	1		268	81	2	176	3	6	35
	28		1	251	88	2	155	2	4	36
	12			70	35	1	32		2	37
2	19			195	58		121	6	10	38
1	40		2	394	49	5	317	16	7	39
	5			61	18		39	2	2	40
	7	1		33	4		28		1	41
	2			6	1		5			42
1	3			6	3		3			43
10	**76**		**1**	**84**	**35**	**7**	**35**	**4**	**3**	**D**
3	46		1	38	15	4	16	2	1	44
6	8			28	18		8	1	1	45
1	22			18	2	3	11	1	1	46
1	**12**		**1**	**45**	**17**	**1**	**21**	**2**	**4**	**E**
				2	1				1	47
1	5			8	4	1	1	1	1	48
	1		1	19	5		12	1	1	49
	6			16	7		8		1	50
5	**275**	**14**	**10**	**1185**	**262**	**11**	**825**	**39**	**48**	**F**
3	183	9	6	941	208	7	673	23	30	51
2	92	5	4	244	54	4	152	16	18	52
9	**42**	**3**	**1**	**143**	**70**	**2**	**63**	**2**	**6**	**G**
										53
8	13	1		19	9		7		3	54
	1		1	15	13		2			55
				2	2					56
				2			2			57
1	9	2		47	18	1	25	1	2	58
	19			57	28	1	27	1		59
				1					1	60
	36		**1**	**133**	**33**	**5**	**87**	**3**	**5**	**H**
	15		1	19	10	1	5	1	2	61
	21			114	23	4	82	2	3	62
	40	**5**	**4**	**153**	**53**	**1**	**84**	**4**	**11**	**I**
	12	2		13	1		11	1		63

2-08 续表 5

分组	代码	私营合伙企业	私营有限责任公司	私营股份有限公司	其他企业	港、澳、台商投资企业	与港澳台商合资经营企业
互联网和相关服务	64	27	7921	55		3	1
软件和信息技术服务业	65	321	42138	340		48	15
金融业	**J**	**336**	**2015**	**73**	**10**	**145**	**100**
货币金融服务	66	2	472	25	1	132	89
资本市场服务	67	308	872	25		1	1
保险业	68	2	234	8	9	6	5
其他金融业	69	24	437	15		6	5
房地产业	**K**	**48**	**38697**	**449**	**1**	**243**	**91**
房地产业	70	48	38697	449	1	243	91
租赁和商务服务业	**L**	**3367**	**131885**	**928**	**1**	**114**	**42**
租赁业	71	12	15073	95		9	2
商务服务业	72	3355	116812	833	1	105	40
科学研究和技术服务业	**M**	**242**	**72502**	**674**	**6**	**119**	**46**
研究和试验发展	73	36	10254	92		32	12
专业技术服务业	74	60	32673	297	1	34	11
科技推广和应用服务业	75	146	29575	285	5	53	23
水利、环境和公共设施管理业	**N**	**10**	**7190**	**72**		**22**	**7**
水利管理业	76	1	256	3			
生态保护和环境治理业	77	5	827	9		14	6
公共设施管理业	78	3	5912	58		8	1
土地管理业	79	1	195	2			
居民服务、修理和其他服务业	**O**	**62**	**26534**	**209**		**9**	**8**
居民服务业	80	23	10879	91		4	4
机动车、电子产品和日用产品修理业	81	26	10677	83		3	2
其他服务业	82	13	4978	35		2	2
教育	**P**	**45**	**12203**	**122**	**1**	**9**	**2**
教育	83	45	12203	122	1	9	2
卫生和社会工作	**Q**	**80**	**2565**	**49**	**3**	**9**	**5**
卫生	84	72	1748	36	2	1	1
社会工作	85	8	817	13	1	8	4
文化、体育和娱乐业	**R**	**132**	**23384**	**209**		**16**	**5**
新闻和出版业	86		125				
广播、电视、电影和录音制作业	87	3	2664	31		4	
文化艺术业	88	15	6722	50		5	2
体育	89	23	2013	18		4	2
娱乐业	90	91	11860	110		3	1

与港澳台商合作经营企业	港澳台商独资经营企业	港澳台商投资股份有限公司	其他港澳台投资企业	外商投资企业	中外合资经营企业	中外合作经营企业	外资企业	外商投资股份有限公司	其他外商投资	代码
	1		1	8	4		2		2	64
	27	3	3	132	48	1	71	3	9	65
4	**38**	**1**	**2**	**224**	**181**	**1**	**32**	**8**	**2**	**J**
4	37	1	1	64	40	1	20	1	2	66
				4	2		2			67
			1	156	139		10	7		68
	1									69
12	**131**	**1**	**8**	**135**	**59**	**8**	**55**	**4**	**9**	**K**
12	131	1	8	135	59	8	55	4	9	70
	66	**3**	**3**	**248**	**58**	**7**	**150**	**10**	**23**	**L**
	6	1		10	4		3	2	1	71
	60	2	3	238	54	7	147	8	22	72
3	**67**	**1**	**2**	**306**	**132**	**4**	**157**	**4**	**9**	**M**
1	18		1	71	33		33	2	3	73
	22		1	114	40	1	69	2	2	74
2	27	1		121	59	3	55		4	75
1	**13**		**1**	**21**	**8**		**13**			**N**
				3	1		2			76
1	7			12	5		7			77
	6		1	6	2		4			78
										79
	1			**41**	**13**	**1**	**22**	**1**	**4**	**O**
				18	7	1	10			80
	1			15	3		8	1	3	81
				8	3		4		1	82
	6		**1**	**16**	**6**		**8**	**1**	**1**	**P**
	6		1	16	6		8	1	1	83
	3		**1**	**14**	**8**		**5**	**1**		**Q**
				7	3		3	1		84
	3		1	7	5		2			85
	11			**41**	**8**	**2**	**28**		**3**	**R**
										86
	4			5	2		1		2	87
	3			10	3		7			88
	2			13		1	11		1	89
	2			13	3	1	9			90

2-09 按行业（大类）、登记注册类型

分组	代码	从业人员期末人数（人）	内资企业	国有企业	集体企业	股份合作企业
总　计	**00**	**21662670**	**20493873**	**433615**	**218196**	**17812**
农、林、牧、渔业	**A**	**36495**	**36152**	**516**	**278**	**20**
农业	01					
林业	02					
畜牧业	03					
渔业	04					
农、林、牧、渔专业及辅助性活动	05	36495	36152	516	278	20
采矿业	**B**	**505128**	**502785**	**9171**	**4008**	**24**
煤炭开采和洗选业	06	289480	288148	8448	40	
石油和天然气开采业	07	84522	84522			
黑色金属矿采选业	08	24856	24695		248	
有色金属矿采选业	09	56341	55872	12	3123	
非金属矿采选业	10	24608	24227	699	552	24
开采专业及辅助性活动	11	24715	24715	12		
其他采矿业	12	606	606		45	
制造业	**C**	**8911345**	**7954297**	**29270**	**32500**	**6006**
农副食品加工业	13	731018	611803	2175	2544	8
食品制造业	14	233903	194050	670	62	21
酒、饮料和精制茶制造业	15	100847	80264	528	90	27
烟草制品业	16	8597	8597			
纺织业	17	547716	495514	252	2270	49
纺织服装、服饰业	18	497804	442361	77	1763	252
皮革、毛皮、羽毛及其制品和制鞋业	19	105102	78958	17	117	
木材加工和木、竹、藤、棕、草制品业	20	444530	438390	282	564	1
家具制造业	21	122122	111406		36	66
造纸和纸制品业	22	170519	157229	46	1196	345

分组的企业法人单位从业人员数

联营企业	国有联营企业	集体联营企业	国有与集体联营企业	其他联营企业	有限责任公司	国有独资公司	其他有限责任公司	股份有限公司	私营企业	私营独资企业	代码
3792	**536**	**2447**	**203**	**606**	**5376017**	**721506**	**4654511**	**1262001**	**13180654**	**796069**	**00**
5		**4**		**1**	**4092**	**94**	**3998**	**929**	**30312**	**4980**	**A**
											01
											02
											03
											04
5		4		1	4092	94	3998	929	30312	4980	05
233	**10**	**223**			**343030**	**205036**	**137994**	**97308**	**49011**	**3599**	**B**
10	10				261718	181723	79995	6257	11675	62	06
					2373	166	2207	81732	417		07
223		223			16495	232	16263	1630	6099	174	08
					33845	20608	13237	6887	12005	160	09
					6822	558	6264	602	15528	3125	10
					21718	1749	19969	200	2785	59	11
					59		59		502	19	12
497		**375**	**9**	**113**	**1910607**	**186891**	**1723716**	**603806**	**5371156**	**505405**	**C**
36		5		31	153355	533	152822	23027	430552	22351	13
					42228	960	41268	9758	141311	9737	14
					19996	1016	18980	12556	47067	2697	15
					8166	5656	2510	188	243		16
					89478	2841	86637	29319	374146	22168	17
					59853	2209	57644	11359	369057	23627	18
					11472		11472	3352	64000	5379	19
					14378	11	14367	2719	420167	197816	20
					9771		9771	2150	99383	9559	21
12		12			32156	3258	28898	14797	108677	7367	22

2-09 续表 1

分组	代码	从业人员期末人数(人)	内资企业	国有企业	集体企业	股份合作企业
印刷和记录媒介复制业	23	117550	108432	1549	1242	59
文教、工美、体育和娱乐用品制造业	24	295354	259703	125	406	88
石油、煤炭及其他燃料加工业	25	125918	122274	26	4	18
化学原料和化学制品制造业	26	559584	521128	393	1774	547
医药制造业	27	267820	217340	29	471	
化学纤维制造业	28	20591	18465		25	
橡胶和塑料制品业	29	429723	405610	57	1701	607
非金属矿物制品业	30	625294	593748	2006	2691	1313
黑色金属冶炼和压延加工业	31	197025	194068	236	114	
有色金属冶炼和压延加工业	32	246032	237524	25	1136	9
金属制品业	33	473475	433010	164	4935	297
通用设备制造业	34	723618	679555	1471	3693	792
专用设备制造业	35	495989	453762	8673	2166	280
汽车制造业	36	420326	341497	1022	836	75
铁路、船舶、航空航天和其他运输设备制造业	37	127030	107640	1118	215	
电气机械和器材制造业	38	328535	290366	5549	1425	436
计算机、通信和其他电子设备制造业	39	341744	212044	257	190	45
仪器仪表制造业	40	70850	63539	324	410	497
其他制造业	41	33121	28614	15	30	166
废弃资源综合利用业	42	13298	13076			
金属制品、机械和设备修理业	43	36310	34330	2184	394	8
电力、热力、燃气及水生产和供应业	**D**	**343624**	**320476**	**132240**	**1868**	**9**
电力、热力生产和供应业	44	263488	253865	120098	1379	
燃气生产和供应业	45	27417	16332	460	4	
水的生产和供应业	46	52719	50279	11682	485	9
建筑业	**E**	**3455969**	**3453358**	**66267**	**117186**	**6162**
房屋建筑业	47	2021238	2021035	29260	109029	4923
土木工程建筑业	48	658851	657311	34870	4350	222

联营企业	国有联营企业	集体联营企业	国有与集体联营企业	其他联营企业	有限责任公司	国有独资公司	其他有限责任公司	股份有限公司	私营企业	私营独资企业	代码
97		94	3		16674	738	15936	2106	86705	6758	23
1		1			33989	75	33914	6721	218373	18579	24
					51622	1684	49938	33506	37098	300	25
82		52		30	163640	29685	133955	75493	279199	9371	26
					103997	6847	97150	27262	85581	307	27
					4936	241	4695	3085	10419	338	28
20		6		14	73098	5493	67605	15596	314531	26101	29
61		22	1	38	134643	5806	128837	33201	419833	39883	30
					107371	26367	81004	21611	64736	1198	31
					163425	8164	155261	4920	68009	1550	32
88		88			74574	1204	73370	16381	336571	22934	33
80		75	5		135551	12980	122571	50995	486903	37782	34
					73906	1890	72016	46754	321983	12189	35
					124625	34761	89864	31049	183890	9379	36
					38531	4265	34266	18088	49688	1641	37
16		16			66510	4992	61518	47323	169107	5890	38
					79926	23894	56032	53454	78172	2276	39
					14023	827	13196	5997	42288	659	40
					2350		2350	334	25719	3012	41
					2518	454	2064	169	10389	697	42
4		4			3845	40	3805	536	27359	3860	43
71		**4**	**67**		**115657**	**26268**	**89389**	**16634**	**53997**	**784**	**D**
					81074	14670	66404	14695	36619	118	44
					9291	929	8362	820	5757	200	45
71		4	67		25292	10669	14623	1119	11621	466	46
1017	**112**	**814**		**91**	**1270282**	**92301**	**1177981**	**227243**	**1764487**	**10495**	**E**
311		284		27	832074	23155	808919	197769	846987	4012	47
602	112	490			287399	63183	224216	18414	311422	2020	48

2-09 续表 2

分 组	代码	从业人员期末人数(人)	内资企业	国有企业	集体企业	股份合作企业
建筑安装业	49	354759	354183	928	1622	958
建筑装饰、装修和其他建筑业	50	421121	420829	1209	2185	59
批发和零售业	**F**	**3276420**	**3224902**	**18204**	**29705**	**2280**
批发业	51	1936237	1921305	9567	14795	995
零售业	52	1340183	1303597	8637	14910	1285
交通运输、仓储和邮政业	**G**	**931544**	**906828**	**68449**	**5713**	**301**
铁路运输业	53	137	137			
道路运输业	54	585971	577637	33047	3870	228
水上运输业	55	65491	60151	2322	202	51
航空运输业	56	22762	22725	66		
管道运输业	57	3549	3395			
多式联运和运输代理业	58	85250	80399	248	232	
装卸搬运和仓储业	59	98578	92607	4079	1406	22
邮政业	60	69806	69777	28687	3	
住宿和餐饮业	**H**	**360433**	**345443**	**20604**	**2128**	**371**
住宿业	61	134870	129538	15726	1494	262
餐饮业	62	225563	215905	4878	634	109
信息传输、软件和信息技术服务业	**I**	**486273**	**429863**	**10045**	**104**	**23**
电信、广播电视和卫星传输服务	63	118999	72047	9595	24	
互联网和相关服务	64	56960	56889	29	5	1
软件和信息技术服务业	65	310314	300927	421	75	22
金融业	**J**	**22044**	**20876**	**194**	**10**	**36**
货币金融服务	66	9131	8019	30		36
资本市场服务	67	5370	5316	15	1	
保险业	68	734	734	20		
其他金融业	69	6809	6807	129	9	
房地产业	**K**	**781791**	**772103**	**9249**	**8364**	**1256**
房地产业	70	781791	772103	9249	8364	1256

联营企业	国有联营企业	集体联营企业	国有与集体联营企业	其他联营企业	有限责任公司	国有独资公司	其他有限责任公司	股份有限公司	私营企业	私营独资企业	代码
3		3			99302	4414	94888	3877	247493	1567	49
101		37		64	51507	1549	49958	7183	358585	2896	50
834	**61**	**490**	**50**	**233**	**473751**	**21489**	**452262**	**128583**	**2571443**	**165697**	**F**
415	22	275	16	102	231800	18189	213611	56935	1606782	84585	51
419	39	215	34	131	241951	3300	238651	71648	964661	81112	52
210		**163**	**47**		**271240**	**77204**	**194036**	**52620**	**508207**	**10455**	**G**
					137	137					53
6		6			181636	53949	127687	10878	347884	5900	54
3		3			24084	15101	8983	17972	15517	138	55
					6111	2312	3799	15459	1089		56
					2117		2117	1137	141		57
					17390	2259	15131	3227	59302	363	58
195		154	41		30357	3431	26926	1935	54613	3978	59
6			6		9408	15	9393	2012	29661	76	60
240	**177**	**59**		**4**	**84642**	**7278**	**77364**	**9734**	**227608**	**16163**	**H**
181	177	4			41705	4174	37531	3241	66929	3559	61
59		55		4	42937	3104	39833	6493	160679	12604	62
					112149	**9225**	**102924**	**34425**	**273117**	**2999**	**I**
					45875	8149	37726	8611	7942	82	63
					16375	106	16269	2279	38200	739	64
					49899	970	48929	23535	226975	2178	65
10	**10**				**6848**	**1042**	**5806**	**1199**	**12579**	**237**	**J**
					3210	174	3036	804	3939		66
10	10				1409	386	1023	128	3753	5	67
					43	1	42	28	643	229	68
					2186	481	1705	239	4244	3	69
105	**25**	**64**	**16**		**243947**	**15785**	**228162**	**28234**	**480916**	**3405**	**K**
105	25	64	16		243947	15785	228162	28234	480916	3405	70

2-09 续表 3

分 组	代码	从业人员期末人数(人)	内资企业	国有企业	集体企业	股份合作企业
租赁和商务服务业	**L**	**1123824**	**1114794**	**27756**	**8837**	**392**
租赁业	71	91457	91346	261	131	56
商务服务业	72	1032367	1023448	27495	8706	336
科学研究和技术服务业	**M**	**631142**	**620854**	**21596**	**3135**	**609**
研究和试验发展	73	68510	66079	428	95	23
专业技术服务业	74	389503	385104	20323	2470	553
科技推广和应用服务业	75	173129	169671	845	570	33
水利、环境和公共设施管理业	**N**	**212058**	**211105**	**7994**	**1172**	**71**
水利管理业	76	6295	6267	1278	78	
生态保护和环境治理业	77	12542	11844	203	51	
公共设施管理业	78	190736	190509	6480	1032	71
土地管理业	79	2485	2485	33	11	
居民服务、修理和其他服务业	**O**	**231833**	**230704**	**1187**	**1447**	**207**
居民服务业	80	86299	86110	497	662	46
机动车、电子产品和日用产品修理业	81	72829	72448	357	640	116
其他服务业	82	72705	72146	333	145	45
教育	**P**	**100634**	**100121**	**3078**	**657**	
教育	83	100634	100121	3078	657	
卫生和社会工作	**Q**	**82515**	**81976**	**4080**	**591**	**42**
卫生	84	74522	74046	3663	529	42
社会工作	85	7993	7930	417	62	
文化、体育和娱乐业	**R**	**169598**	**167236**	**3715**	**493**	**3**
新闻和出版业	86	11190	11190	1444	21	
广播、电视、电影和录音制作业	87	23296	22945	1485	84	
文化艺术业	88	38768	37364	753	112	
体育	89	15293	14912	22	127	
娱乐业	90	81051	80825	11	149	3

联营企业	国有联营企业	集体联营企业	国有与集体联营企业	其他联营企业	有限责任公司	国有独资公司	其他有限责任公司	股份有限公司	私营企业	私营独资企业	代码
307	**69**	**155**	**6**	**77**	**207296**	**33156**	**174140**	**19718**	**850484**	**13412**	**L**
					8692	360	8332	720	81486	1365	71
307	69	155	6	77	198604	32796	165808	18998	768998	12047	72
76	**44**	**18**	**8**	**6**	**120493**	**15636**	**104857**	**19178**	**455608**	**6272**	**M**
					13110	141	12969	3830	48593	469	73
71	44	13	8	6	86204	14273	71931	11115	264368	2395	74
5		5			21179	1222	19957	4233	142647	3408	75
45		**33**		**12**	**110826**	**22929**	**87897**	**3884**	**87113**	**678**	**N**
					2615	1355	1260	201	2095	19	76
					3013	146	2867	231	8346	131	77
45		33		12	104146	20835	83311	3443	75292	528	78
					1052	593	459	9	1380		79
30		**26**		**4**	**35988**	**1029**	**34959**	**5260**	**186585**	**12482**	**O**
					13110	364	12746	1201	70594	4155	80
30		26		4	6138	53	6085	3539	61628	7129	81
					16740	612	16128	520	54363	1198	82
19				**19**	**13476**	**1148**	**12328**	**4148**	**78673**	**5703**	**P**
19				19	13476	1148	12328	4148	78673	5703	83
48		**19**		**29**	**21183**	**4**	**21179**	**4659**	**51327**	**15109**	**Q**
46		19		27	19549	4	19545	4559	45612	14496	84
2				2	1634		1634	100	5715	613	85
45	**28**			**17**	**30510**	**4991**	**25519**	**4439**	**128031**	**18194**	**R**
					4858	1665	3193	1265	3602	13	86
18	18				4967	1678	3289	1271	15120	332	87
21	10			11	6090	909	5181	363	30025	1706	88
					3087	53	3034	211	11465	285	89
6				6	11508	686	10822	1329	67819	15858	90

2-09 续表 4

分组	代码	私营合伙企业	私营有限责任公司	私营股份有限公司	其他企业	港、澳、台商投资企业
总计	**00**	**35287**	**11952234**	**397064**	**1786**	**375574**
农、林、牧、渔业	**A**	**30**	**24695**	**607**		**115**
农业	01					
林业	02					
畜牧业	03					
渔业	04					
农、林、牧、渔专业及辅助性活动	05	30	24695	607		115
采矿业	**B**	**65**	**44886**	**461**		**1833**
煤炭开采和洗选业	06		11584	29		1332
石油和天然气开采业	07		417			
黑色金属矿采选业	08		5846	79		161
有色金属矿采选业	09		11845			
非金属矿采选业	10	65	12054	284		340
开采专业及辅助性活动	11		2657	69		
其他采矿业	12		483			
制造业	**C**	**10673**	**4624874**	**230204**	**455**	**251039**
农副食品加工业	13	434	390322	17445	106	26708
食品制造业	14	123	123661	7790		9198
酒、饮料和精制茶制造业	15	74	42109	2187		4848
烟草制品业	16		243			
纺织业	17	648	341630	9700		20135
纺织服装、服饰业	18	280	332845	12305		17707
皮革、毛皮、羽毛及其制品和制鞋业	19	112	57967	542		3880
木材加工和木、竹、藤、棕、草制品业	20	2632	214989	4730	279	2942
家具制造业	21	147	88530	1147		4403
造纸和纸制品业	22	177	98231	2902		6984

与港澳台商合资经营企业	与港澳台商合作经营企业	港澳台商独资经营企业	港澳台商投资股份有限公司	其他港澳台投资企业	外商投资企业	中外合资经营企业	中外合作经营企业	外资企业	外商投资股份有限公司	其他外商投资	代码
141659	**4094**	**205514**	**19613**	**4694**	**793223**	**282064**	**17137**	**437095**	**44494**	**12433**	**00**
11		**104**			**228**	**155**		**70**		**3**	**A**
											01
											02
											03
											04
11		104			228	155		70		3	05
1693		**140**			**510**	**272**	**223**	**10**		**5**	**B**
1332											06
											07
21		140									08
					469	246	223				09
340					41	26		10		5	10
											11
											12
108212	**2522**	**126054**	**10660**	**3591**	**706009**	**243071**	**13372**	**400230**	**38719**	**10617**	**C**
10827		15881			92507	43484	5384	38500	4726	413	13
2559	6	6509		124	30655	12772		17755	100	28	14
2468	1211	1169			15735	5807		3547	6381		15
											16
3821	111	14660	1543		32067	12064		6182	13617	204	17
7138		10509		60	37736	14154	93	22883	25	581	18
3069	3	680		128	22264	2917		16855	2430	62	19
925		2017			3198	972		2190	36		20
2455		1948			6313	3085		3162		66	21
4386		2087	511		6306	4214	69	2023			22

2-09 续表 5

分 组	代码	私营合伙企 业	私营有限责任公司	私营股份有限公司	其他企业	港、澳、台商投资企业
印刷和记录媒介复制业	23	191	77952	1804		3524
文教、工美、体育和娱乐用品制造业	24	284	191163	8347		8951
石油、煤炭及其他燃料加工业	25		36030	768		1369
化学原料和化学制品制造业	26	387	246277	23164		10685
医药制造业	27	13	76185	9076		19496
化学纤维制造业	28		9725	356		1278
橡胶和塑料制品业	29	638	245157	42635		8478
非金属矿物制品业	30	1196	366880	11874		16847
黑色金属冶炼和压延加工业	31	9	62302	1227		626
有色金属冶炼和压延加工业	32	20	62348	4091		6726
金属制品业	33	484	303239	9914		15737
通用设备制造业	34	1055	434457	13609	70	7173
专用设备制造业	35	941	287954	20899		7839
汽车制造业	36	319	168273	5919		14900
铁路、船舶、航空航天和其他运输设备制造业	37	78	46548	1421		3015
电气机械和器材制造业	38	195	153564	9458		6703
计算机、通信和其他电子设备制造业	39	61	72438	3397		17275
仪器仪表制造业	40	60	39606	1963		1235
其他制造业	41	45	22516	146		434
废弃资源综合利用业	42	14	8586	1092		36
金属制品、机械和设备修理业	43	56	23147	296		1907
电力、热力、燃气及水生产和供应业	**D**	**22**	**52288**	**903**		**14097**
电力、热力生产和供应业	44	3	36118	380		3930
燃气生产和供应业	45		5425	132		8400
水的生产和供应业	46	19	10745	391		1767
建筑业	**E**	**2231**	**1691214**	**60547**	**714**	**1062**
房屋建筑业	47	135	798946	43894	682	56
土木工程建筑业	48	1935	300639	6828	32	752

与港澳台商合资经营企业	与港澳台商合作经营企业	港澳台商独资经营企业	港澳台商投资股份有限公司	其他港澳台投资企业	外商投资企业	中外合资经营企业	中外合作经营企业	外资企业	外商投资股份有限公司	其他外商投资	代码
1964		1560			5594	2870	159	2561		4	23
2892	15	6044			26700	5693	1012	19057	293	645	24
1147		222			2275	486		1789			25
3741	106	4664	1242	932	27771	11130	839	13911	1839	52	26
17214		658	1468	156	30984	26455		4529			27
1118		160			848	393		425	30		28
4216	17	4176		69	15635	4509	1	10480	25	620	29
7216	24	5081	4526		14699	7497	180	6936	31	55	30
27		599			2331	546		1785			31
4358		739		1629	1782	1497		135		150	32
4555	288	10778		116	24728	8279	85	14289	1655	420	33
3343	78	3042	557	153	36890	10028	58	26028	568	208	34
3097	48	3915	779		34388	10000	3775	16686	2215	1712	35
5121		9779			63929	26930	136	35148	953	762	36
982		2033			16375	8636	30	7651		58	37
5482	9	1212			31466	7155		20724	964	2623	38
1754	551	14746		224	112425	9184	1551	97126	2683	1881	39
424		811			6076	2162		3708	148	58	40
81		319	34		4073	89		3969		15	41
18		18			186	31		155			42
1814	55	38			73	32		41			43
9781	**897**	**3216**		**203**	**9051**	**5564**	**721**	**1618**	**1123**	**25**	**D**
1340	342	2045		203	5693	3401	574	719	998	1	44
7757	342	301			2685	2127		446	95	17	45
684	213	870			673	36	147	453	30	7	46
851	**19**	**191**		**1**	**1549**	**759**	**76**	**287**	**408**	**19**	**E**
56					147	144				3	47
548	19	185			788	299	76	1	405	7	48

2-09 续表 6

分 组	代码	私营合伙企业	私营有限责任公司	私营股份有限公司	其他企业	港、澳、台商投资企业
建筑安装业	49	69	242067	3790		201
建筑装饰、装修和其他建筑业	50	92	349562	6035		53
批发和零售业	**F**	**2349**	**2359750**	**43647**	**102**	**31940**
批发业	51	1101	1496711	24385	16	5793
零售业	52	1248	863039	19262	86	26147
交通运输、仓储和邮政业	**G**	**510**	**488623**	**8619**	**88**	**12492**
铁路运输业	53					
道路运输业	54	187	336079	5718	88	6787
水上运输业	55	77	14732	570		2403
航空运输业	56		904	185		
管道运输业	57		141			
多式联运和运输代理业	58	22	58350	567		968
装卸搬运和仓储业	59	203	49930	502		2334
邮政业	60	21	28487	1077		
住宿和餐饮业	**H**	**1279**	**206097**	**4069**	**116**	**6981**
住宿业	61	129	61809	1432		3606
餐饮业	62	1150	144288	2637	116	3375
信息传输、软件和信息技术服务业	**I**	**1175**	**259517**	**9426**		**40236**
电信、广播电视和卫星传输服务	63	6	7829	25		39117
互联网和相关服务	64	196	36450	815		17
软件和信息技术服务业	65	973	215238	8586		1102
金融业	**J**	**1821**	**9027**	**1494**		**879**
货币金融服务	66	9	3555	375		877
资本市场服务	67	1758	1899	91		
保险业	68		414			
其他金融业	69	54	3159	1028		2
房地产业	**K**	**273**	**466954**	**10284**	**32**	**6749**
房地产业	70	273	466954	10284	32	6749

与港澳台商合资经营企业	与港澳台商合作经营企业	港澳台商独资经营企业	港澳台商投资股份有限公司	其他港澳台投资企业	外商投资企业	中外合资经营企业	中外合作经营企业	外资企业	外商投资股份有限公司	其他外商投资	代码
200				1	375	98		266	3	8	49
47		6			239	218		20		1	50
3774	**78**	**26975**	**773**	**340**	**19578**	**7417**	**1739**	**8574**	**967**	**881**	**F**
1121	28	4525	87	32	9139	2449	483	5315	456	436	51
2653	50	22450	686	308	10439	4968	1256	3259	511	445	52
5383	**446**	**845**	**5630**	**188**	**12224**	**9512**	**24**	**2361**	**34**	**293**	**G**
											53
654	389	204	5540		1547	1189		246		112	54
2215				188	2937	2929		8			55
					37	37					56
					154			154			57
661	57	160	90		3883	2152	6	1569	4	152	58
1853		481			3637	3205	18	384	30		59
					29					29	60
2736		**4242**		**3**	**8009**	**1712**	**58**	**6016**	**57**	**166**	**H**
1904		1699		3	1726	1442	21	71	55	137	61
832		2543			6283	270	37	5945	2	29	62
1050		**36619**	**2498**	**69**	**16174**	**2307**		**11828**	**1953**	**86**	**I**
788		35906	2423		7835	7		5921	1907		63
12		3		2	54	38		5		11	64
250		710	75	67	8285	2262		5902	46	75	65
431	**14**	**429**	**4**	**1**	**289**	**148**	**1**	**41**	**80**	**19**	**J**
431	14	427	4	1	235	119	1	16	80	19	66
					54	29		25			67
											68
		2									69
2471	**105**	**3944**	**10**	**219**	**2939**	**1298**	**432**	**1132**	**26**	**51**	**K**
2471	105	3944	10	219	2939	1298	432	1132	26	51	70

2-09 续表 7

分 组	代码	私营合伙企业	私营有限责任公司	私营股份有限公司	其他企业	港、澳、台商投资企业
租赁和商务服务业	**L**	**10972**	**815631**	**10469**	**4**	**1330**
租赁业	71	63	79573	485		60
商务服务业	72	10909	736058	9984	4	1270
科学研究和技术服务业	**M**	**1046**	**439413**	**8877**	**159**	**3946**
研究和试验发展	73	149	47029	946		340
专业技术服务业	74	253	256553	5167		1172
科技推广和应用服务业	75	644	135831	2764	159	2434
水利、环境和公共设施管理业	**N**	**12**	**85917**	**506**		**474**
水利管理业	76		2069	7		
生态保护和环境治理业	77	12	8190	13		308
公共设施管理业	78		74288	476		166
土地管理业	79		1370	10		
居民服务、修理和其他服务业	**O**	**411**	**170853**	**2839**		**409**
居民服务业	80	214	65285	940		88
机动车、电子产品和日用产品修理业	81	162	53776	561		111
其他服务业	82	35	51792	1338		210
教育	**P**	**308**	**71285**	**1377**	**70**	**301**
教育	83	308	71285	1377	70	301
卫生和社会工作	**Q**	**1708**	**33450**	**1060**	**46**	**41**
卫生	84	1576	28662	878	46	
社会工作	85	132	4788	182		41
文化、体育和娱乐业	**R**	**402**	**107760**	**1675**		**1650**
新闻和出版业	86		3589			
广播、电视、电影和录音制作业	87	8	14534	246		106
文化艺术业	88	41	27954	324		1337
体育	89	127	10904	149		188
娱乐业	90	226	50779	956		19

与港澳台商合资经营企业	与港澳台商合作经营企业	港澳台商独资经营企业	港澳台商投资股份有限公司	其他港澳台投资企业	外商投资企业	中外合资经营企业	中外合作经营企业	外资企业	外商投资股份有限公司	其他外商投资	代码
439		**855**	**33**	**3**	**7700**	**6329**	**158**	**1042**	**69**	**102**	**L**
29		23	8		51	28		17	5	1	71
410		832	25	3	7649	6301	158	1025	64	101	72
2795	**6**	**1135**	**5**	**5**	**6342**	**2679**	**60**	**2735**	**778**	**90**	**M**
31	4	304		1	2091			346	755	40	73
655		513		4	3227	1186		2009	23	9	74
2109	2	318	5		1024	543	60	380		41	75
66	**7**	**345**		**56**	**479**	**294**		**185**			**N**
					28	26		2			76
51	7	250			390	249		141			77
15		95		56	61	19		42			78
											79
338		**71**			**720**	**255**	**13**	**417**	**3**	**32**	**O**
88					101	17	13	71			80
40		71			270	92		144	3	31	81
210					349	146		202		1	82
170		**116**		**15**	**212**	**25**		**176**	**11**		**P**
170		116		15	212	25		176	11		83
30		**11**			**498**	**202**		**30**	**266**		**Q**
					476	184		26	266		84
30		11			22	18		4			85
1428		**222**			**712**	**65**	**260**	**343**		**44**	**R**
											86
		106			245	30		174		41	87
1325		12			67	1		66			88
102		86			193		106	84		3	89
1		18			207	34	154	19			90

2-10 按地区、控股情况分组的企业法人单位数

分组	法人单位数(个)	国有控股	集体控股	私人控股	港澳台商控股	外商控股	其他
全省	**1547260**	**12462**	**9536**	**1489968**	**2543**	**5242**	**27509**
济南市	209176	2528	1005	201325	378	236	3704
青岛市	334660	1880	1426	324871	823	2668	2992
淄博市	85413	555	685	82493	126	83	1471
枣庄市	29818	493	300	28513	37	27	448
东营市	33588	360	214	32452	34	28	500
烟台市	157936	1038	1423	151421	383	835	2836
潍坊市	147032	916	662	141208	197	230	3819
济宁市	107810	777	593	105815	71	74	480
泰安市	50773	554	550	47395	49	71	2154
威海市	54516	509	650	51353	133	700	1171
日照市	42951	459	322	39297	64	78	2731
临沂市	92687	566	526	90157	101	81	1256
德州市	51862	555	375	49433	51	59	1389
聊城市	49258	441	282	47820	28	24	663
滨州市	47773	531	268	45235	37	26	1676
菏泽市	52003	296	255	51180	31	22	219

2-11　按地区、控股情况分组的企业法人单位从业人员数

分　组	从业人员期末人数(人)	国有控股	集体控股	私人控股	港澳台商控股	外商控股	其他
全　省	**21662670**	**2432366**	**748714**	**16392120**	**290669**	**595882**	**1202919**
济南市	2670175	611911	54141	1728440	52583	24720	198380
青岛市	3351879	316453	75865	2578277	67271	210095	103918
淄博市	1141964	128683	42637	806985	15448	24960	123251
枣庄市	604838	100449	32303	429295	10196	9720	22875
东营市	649708	168465	37357	400224	4051	2262	37349
烟台市	2062671	170178	104734	1548077	34064	129282	76336
潍坊市	1852462	114149	59509	1460749	20490	27118	170447
济宁市	1681328	243138	50933	1299156	13048	13497	61556
泰安市	874495	92668	58981	654788	3156	7525	57377
威海市	974678	50569	55291	690199	13419	76420	88780
日照市	494822	47069	13256	363832	6742	12298	51625
临沂市	1625600	63914	45189	1396578	27203	29697	63019
德州市	947896	51897	33809	811911	5341	12714	32224
聊城市	709445	52011	31501	586737	4605	3789	30802
滨州市	716199	46329	29776	562454	5831	4609	67200
菏泽市	1185780	55753	23432	1074418	7221	7176	17780

2-12 按行业(大类)、控股情况分组的企业法人单位数

分组	代码	法人单位数(个)	国有控股	集体控股	私人控股	港澳台商控股	外商控股	其他
总计	**00**	**1547260**	**12462**	**9536**	**1489968**	**2543**	**5242**	**27509**
农、林、牧、渔业	**A**	**4839**	**32**	**64**	**4564**	**10**	**6**	**163**
农业	01	5			5			
林业	02							
畜牧业	03	4			4			
渔业	04	3		1	1	1		
农、林、牧、渔专业及辅助性活动	05	4827	32	63	4554	9	6	163
采矿业	**B**	**2357**	**153**	**121**	**1983**	**5**	**5**	**90**
煤炭开采和洗选业	06	262	71	13	156		1	21
石油和天然气开采业	07	28	12		14			2
黑色金属矿采选业	08	293	13	13	254	2		11
有色金属矿采选业	09	197	25	51	113		2	6
非金属矿采选业	10	1163	23	40	1054	3	2	41
开采专业及辅助性活动	11	350	7	3	334			6
其他采矿业	12	64	2	1	58			3
制造业	**C**	**309860**	**1270**	**2186**	**296912**	**1049**	**3300**	**5143**
农副食品加工业	13	17084	59	162	16108	119	265	371
食品制造业	14	8023	41	38	7584	43	117	200
酒、饮料和精制茶制造业	15	3609	51	37	3360	17	28	116
烟草制品业	16	11	5		6			
纺织业	17	13542	33	91	13002	66	111	239
纺织服装、服饰业	18	16872	23	77	16261	59	237	215
皮革、毛皮、羽毛及其制品和制鞋业	19	3494	4	16	3316	11	90	57
木材加工和木、竹、藤、棕、草制品业	20	24375	10	27	24175	10	32	121
家具制造业	21	6847	3	22	6662	14	37	109
造纸和纸制品业	22	6130	16	67	5878	22	30	117
印刷和记录媒介复制业	23	7494	64	112	7155	15	32	116
文教、工美、体育和娱乐用品制造业	24	12071	7	40	11389	77	373	185
石油、煤炭及其他燃料加工业	25	1129	31	7	1033	7	12	39
化学原料和化学制品制造业	26	13304	123	172	12459	58	170	322
医药制造业	27	2368	32	24	2139	25	31	117
化学纤维制造业	28	485	4	6	457	2	9	7
橡胶和塑料制品业	29	17066	37	133	16427	59	141	269
非金属矿物制品业	30	25502	141	244	24459	59	106	493
黑色金属冶炼和压延加工业	31	1866	22	26	1763	6	13	36
有色金属冶炼和压延加工业	32	1773	26	29	1650	13	8	47

2-12　续表 1

分　组	代码	法人单位数(个)	国有控股	集体控股	私人控股	港澳台商控股	外商控股	其他
金属制品业	33	24605	51	175	23790	67	158	364
通用设备制造业	34	41400	120	250	40182	74	256	518
专用设备制造业	35	24375	105	152	23430	59	212	417
汽车制造业	36	7656	47	49	7176	44	195	145
铁路、船舶、航空航天和其他运输设备制造业	37	2474	48	21	2298	15	43	49
电气机械和器材制造业	38	10186	75	117	9611	34	155	194
计算机、通信和其他电子设备制造业	39	5245	44	26	4671	47	356	101
仪器仪表制造业	40	3090	23	25	2934	9	48	51
其他制造业	41	2901	2	8	2810	11	26	44
废弃资源综合利用业	42	872	3	2	840	2	6	19
金属制品、机械和设备修理业	43	4011	20	31	3887	5	3	65
电力、热力、燃气及水生产和供应业	**D**	**5981**	**670**	**194**	**4651**	**126**	**55**	**285**
电力、热力生产和供应业	44	3842	356	140	3096	64	20	166
燃气生产和供应业	45	610	56	7	438	28	22	59
水的生产和供应业	46	1529	258	47	1117	34	13	60
建筑业	**E**	**124512**	**901**	**928**	**120254**	**48**	**33**	**2348**
房屋建筑业	47	27066	155	540	25705	7	1	658
土木工程建筑业	48	26968	590	163	25634	16	6	559
建筑安装业	49	22076	85	112	21454	5	15	405
建筑装饰、装修和其他建筑业	50	48402	71	113	47461	20	11	726
批发和零售业	**F**	**570140**	**1616**	**2579**	**556267**	**486**	**946**	**8246**
批发业	51	350251	1049	1232	342093	302	754	4821
零售业	52	219889	567	1347	214174	184	192	3425
交通运输、仓储和邮政业	**G**	**52212**	**802**	**328**	**49965**	**83**	**94**	**940**
铁路运输业	53	20	20					
道路运输业	54	32785	285	186	31684	27	11	592
水上运输业	55	1221	77	27	1058	8	7	44
航空运输业	56	179	17		155		2	5
管道运输业	57	46	16		23		2	5
多式联运和运输代理业	58	10166	89	19	9856	20	39	143
装卸搬运和仓储业	59	6626	265	93	6075	28	32	133
邮政业	60	1169	33	3	1114		1	18
住宿和餐饮业	**H**	**28145**	**359**	**195**	**26787**	**47**	**103**	**654**
住宿业	61	6441	227	107	5886	19	10	192
餐饮业	62	21704	132	88	20901	28	93	462
信息传输、软件和信息技术服务业	**I**	**58207**	**284**	**67**	**56841**	**69**	**98**	**848**
电信、广播电视和卫星传输服务	63	1160	98	5	1004	17	12	24

2-12 续表 2

分 组	代码	法 人 单位数 (个)	国有控股	集体控股	私人控股	港澳台商控股	外商控股	其他
互联网和相关服务	64	9052	26	8	8887	8	1	122
软件和信息技术服务业	65	47995	160	54	46950	44	85	702
金融业	**J**	**5734**	**1277**	**107**	**3552**	**70**	**49**	**679**
货币金融服务	66	1847	466	85	958	67	24	247
资本市场服务	67	1749	161	8	1501	1	2	76
保险业	68	1426	586	9	482		23	326
其他金融业	69	712	64	5	611	2		30
房地产业	**K**	**51111**	**1308**	**1062**	**46180**	**221**	**87**	**2253**
房地产业	70	51111	1308	1062	46180	221	87	2253
租赁和商务服务业	**L**	**156874**	**1688**	**845**	**151352**	**137**	**179**	**2673**
租赁业	71	16761	62	44	16346	10	5	294
商务服务业	72	140113	1626	801	135006	127	174	2379
科学研究和技术服务业	**M**	**84711**	**1054**	**358**	**81483**	**115**	**198**	**1503**
研究和试验发展	73	11917	68	33	11550	29	47	190
专业技术服务业	74	38228	803	203	36351	41	81	749
科技推广和应用服务业	75	34566	183	122	33582	45	70	564
水利、环境和公共设施管理业	**N**	**8989**	**420**	**89**	**8217**	**20**	**13**	**230**
水利管理业	76	392	62	7	313		2	8
生态保护和环境治理业	77	1059	37	4	978	11	7	22
公共设施管理业	78	7261	283	76	6694	9	4	195
土地管理业	79	277	38	2	232			5
居民服务、修理和其他服务业	**O**	**32386**	**123**	**203**	**31533**	**13**	**24**	**490**
居民服务业	80	13058	50	76	12720	4	10	198
机动车、电子产品和日用产品修理业	81	13615	40	93	13262	4	9	207
其他服务业	82	5713	33	34	5551	5	5	85
教育	**P**	**14587**	**108**	**58**	**14085**	**12**	**11**	**313**
教育	83	14587	108	58	14085	12	11	313
卫生和社会工作	**Q**	**4638**	**54**	**83**	**4378**	**6**	**7**	**110**
卫生	84	3517	43	65	3317	2	4	86
社会工作	85	1121	11	18	1061	4	3	24
文化、体育和娱乐业	**R**	**31977**	**343**	**69**	**30964**	**26**	**34**	**541**
新闻和出版业	86	214	62	8	138	1		5
广播、电视、电影和录音制作业	87	3312	145	13	3085	4	2	63
文化艺术业	88	7799	76	18	7538	7	10	150
体育	89	2378	15	4	2303	5	13	38
娱乐业	90	18274	45	26	17900	9	9	285

2-13　按行业（大类）、控股情况分组的企业法人单位从业人员数

分　组	代码	从业人员期末人数（人）	国有控股	集体控股	私人控股	港澳台商控股	外商控股	其他
总　计	**00**	**21662670**	**2432366**	**748714**	**16392120**	**290669**	**595882**	**1202919**
农、林、牧、渔业	**A**	**36495**	**1888**	**451**	**32924**	**124**	**73**	**1035**
农业	01							
林业	02							
畜牧业	03							
渔业	04							
农、林、牧、渔专业及辅助性活动	05	36495	1888	451	32924	124	73	1035
采矿业	**B**	**505128**	**391382**	**12379**	**70622**	**483**	**276**	**29986**
煤炭开采和洗选业	06	289480	244437	2693	21492		43	20815
石油和天然气开采业	07	84522	83876		643			3
黑色金属矿采选业	08	24856	8585	711	8333	140		7087
有色金属矿采选业	09	56341	32859	6692	15920		223	647
非金属矿采选业	10	24608	1693	1465	19859	343	10	1238
开采专业及辅助性活动	11	24715	19923	773	3825			194
其他采矿业	12	606	9	45	550			2
制造业	**C**	**8911345**	**621456**	**307414**	**6788994**	**181447**	**535700**	**476334**
农副食品加工业	13	731018	7319	33317	567096	20098	52553	50635
食品制造业	14	233903	7713	2054	183585	7215	21648	11688
酒、饮料和精制茶制造业	15	100847	20768	2933	58182	1826	7037	10101
烟草制品业	16	8597	6137		2460			
纺织业	17	547716	14483	20943	445503	17038	22724	27025
纺织服装、服饰业	18	497804	3849	5777	435570	13084	27043	12481
皮革、毛皮、羽毛及其制品和制鞋业	19	105102	184	380	78855	1103	20640	3940
木材加工和木、竹、藤、棕、草制品业	20	444530	798	959	436470	2035	2224	2044
家具制造业	21	122122	17	1063	110665	2028	4822	3527
造纸和纸制品业	22	170519	5590	7851	135414	5904	5019	10741
印刷和记录媒介复制业	23	117550	6587	1955	98213	3444	3845	3506
文教、工美、体育和娱乐用品制造业	24	295354	249	5921	251421	7097	22886	7780
石油、煤炭及其他燃料加工业	25	125918	34972	1105	57530	1593	2391	28327
化学原料和化学制品制造业	26	559584	83092	25978	390074	7331	24244	28865
医药制造业	27	267820	23274	8314	149156	8497	5067	73512
化学纤维制造业	28	20591	2325	207	16045	858	709	447
橡胶和塑料制品业	29	429723	11855	7269	374475	6066	12433	17625
非金属矿物制品业	30	625294	39019	21062	514277	12543	10194	28199
黑色金属冶炼和压延加工业	31	197025	58541	14192	111463	599	1785	10445
有色金属冶炼和压延加工业	32	246032	11750	39061	171056	1077	479	22609

2-13 续表 1

分 组	代码	从业人员期末人数(人)	国有控股	集体控股	私人控股	港澳台商控股	外商控股	其他
金属制品业	33	473475	8704	12375	396815	14493	20183	20905
通用设备制造业	34	723618	58856	10902	592897	6376	31690	22897
专用设备制造业	35	495989	28084	9735	397417	6068	27368	27317
汽车制造业	36	420326	58792	22239	262584	12215	48994	15502
铁路、船舶、航空航天和其他运输设备制造业	37	127030	39395	3820	65418	2115	13279	3003
电气机械和器材制造业	38	328535	17467	40485	220589	3813	28055	18126
计算机、通信和其他电子设备制造业	39	341744	61829	3952	140553	15126	109272	11012
仪器仪表制造业	40	70850	6196	1392	55078	1116	4992	2076
其他制造业	41	33121	123	70	27970	450	3897	611
废弃资源综合利用业	42	13298	571		11995	18	186	528
金属制品、机械和设备修理业	43	36310	2917	2103	30168	221	41	860
电力、热力、燃气及水生产和供应业	**D**	**343624**	**226061**	**9043**	**78779**	**8036**	**3471**	**18234**
电力、热力生产和供应业	44	263488	186087	7186	53985	2846	1691	11693
燃气生产和供应业	45	27417	8523	609	9464	3613	1290	3918
水的生产和供应业	46	52719	31451	1248	15330	1577	490	2623
建筑业	**E**	**3455969**	**359047**	**223509**	**2623589**	**1190**	**1446**	**247188**
房屋建筑业	47	2021238	126635	185799	1528722	95	144	179843
土木工程建筑业	48	658851	216484	23925	380839	785	787	36031
建筑安装业	49	354759	12613	8197	316505	214	352	16878
建筑装饰、装修和其他建筑业	50	421121	3315	5588	397523	96	163	14436
批发和零售业	**F**	**3276420**	**158196**	**73337**	**2876385**	**31602**	**18405**	**118495**
批发业	51	1936237	101424	23897	1751351	5473	6670	47422
零售业	52	1340183	56772	49440	1125034	26129	11735	71073
交通运输、仓储和邮政业	**G**	**931544**	**238512**	**32381**	**597267**	**8628**	**5716**	**49040**
铁路运输业	53	137	137					
道路运输业	54	585971	122820	25032	404362	6140	1309	26308
水上运输业	55	65491	39626	575	17803	694	1602	5191
航空运输业	56	22762	19042		3194		37	489
管道运输业	57	3549	2715		267		154	413
多式联运和运输代理业	58	85250	9778	1599	68711	914	1925	2323
装卸搬运和仓储业	59	98578	15312	3672	66133	880	660	11921
邮政业	60	69806	29082	1503	36797		29	2395
住宿和餐饮业	**H**	**360433**	**39856**	**9529**	**266760**	**5893**	**6975**	**31420**
住宿业	61	134870	28375	3753	82512	2861	893	16476
餐饮业	62	225563	11481	5776	184248	3032	6082	14944
信息传输、软件和信息技术服务业	**I**	**486273**	**77913**	**3767**	**319450**	**41041**	**12212**	**31890**
电信、广播电视和卫星传输服务	63	118999	63901	143	8747	40053	5993	162

2-13　续表 2

分　组	代码	从业人员期末人数(人)	国有控股	集体控股	私人控股	港澳台商控股	外商控股	其他
互联网和相关服务	64	56960	858	45	44305	40	5	11707
软件和信息技术服务业	65	310314	13154	3579	266398	948	6214	20021
金融业	**J**	**22044**	**2240**	**180**	**17620**	**637**	**134**	**1233**
货币金融服务	66	9131	716	129	6846	625	109	706
资本市场服务	67	5370	613	30	4613	1	25	88
保险业	68	734	21		693			20
其他金融业	69	6809	890	21	5468	11		419
房地产业	**K**	**781791**	**51418**	**27162**	**623993**	**6093**	**2092**	**71033**
房地产业	70	781791	51418	27162	623993	6093	2092	71033
租赁和商务服务业	**L**	**1123824**	**119674**	**25942**	**949661**	**1281**	**1644**	**25622**
租赁业	71	91457	2034	496	86456	35	22	2414
商务服务业	72	1032367	117640	25446	863205	1246	1622	23208
科学研究和技术服务业	**M**	**631142**	**59017**	**11080**	**529343**	**1712**	**5901**	**24089**
研究和试验发展	73	68510	1618	874	60602	283	2707	2426
专业技术服务业	74	389503	51897	8262	307638	993	2350	18363
科技推广和应用服务业	75	173129	5502	1944	161103	436	844	3300
水利、环境和公共设施管理业	**N**	**212058**	**53279**	**4552**	**101537**	**603**	**237**	**51850**
水利管理业	76	6295	3503	88	2629		28	47
生态保护和环境治理业	77	12542	1347	57	10094	277	152	615
公共设施管理业	78	190736	47712	4363	87112	326	57	51166
土地管理业	79	2485	717	44	1702			22
居民服务、修理和其他服务业	**O**	**231833**	**3689**	**3814**	**214620**	**176**	**361**	**9173**
居民服务业	80	86299	1502	983	77051	81	71	6611
机动车、电子产品和日用产品修理业	81	72829	1241	852	68992	78	87	1579
其他服务业	82	72705	946	1979	68577	17	203	983
教育	**P**	**100634**	**4814**	**1297**	**90761**	**130**	**193**	**3439**
教育	83	100634	4814	1297	90761	130	193	3439
卫生和社会工作	**Q**	**82515**	**7242**	**1208**	**67039**	**23**	**408**	**6595**
卫生	84	74522	6676	1097	59939	4	401	6405
社会工作	85	7993	566	111	7100	19	7	190
文化、体育和娱乐业	**R**	**169598**	**16682**	**1669**	**142776**	**1570**	**638**	**6263**
新闻和出版业	86	11190	6537	484	3736	4		429
广播、电视、电影和录音制作业	87	23296	4759	113	17358	106	186	774
文化艺术业	88	38768	3577	173	32877	1330	81	730
体育	89	15293	739	128	13158	94	198	976
娱乐业	90	81051	1070	771	75647	36	173	3354

2-14 按地区、开业(成立)时间

分　组	法人单位数(个)	1949年以前	1950-1977年	1978-1991年	1992-2000年	2001年	2002年	2003年	2004年	2005年	2006年
全　省	**1547260**	**104**	**1035**	**6920**	**40489**	**12106**	**15168**	**20351**	**20625**	**22236**	**25900**
济南市	209176	11	101	819	4762	1450	1894	2423	2527	2790	3470
青岛市	334660	14	93	1199	9819	2927	3371	4661	4429	5096	5977
淄博市	85413	12	83	412	3216	835	1127	1541	1465	1515	1699
枣庄市	29818	4	27	221	928	295	315	470	480	507	578
东营市	33588		21	83	774	338	392	543	611	550	649
烟台市	157936	9	116	1217	6483	1683	2150	2917	2647	2580	2889
潍坊市	147032	24	103	433	2948	1076	1335	1947	2015	2085	2374
济宁市	107810	3	91	466	1918	564	888	1084	1215	1228	1509
泰安市	50773		57	365	1352	415	505	637	789	827	1025
威海市	54516	3	70	304	2263	575	675	777	822	833	1015
日照市	42951	2	48	247	830	259	345	468	602	722	838
临沂市	92687	4	61	399	1855	582	776	1013	1050	1145	1312
德州市	51862	10	54	205	1092	316	402	545	618	619	657
聊城市	49258	1	58	206	697	276	342	423	466	496	553
滨州市	47773	2	29	215	803	234	293	435	428	574	650
菏泽市	52003	5	23	129	747	281	358	467	461	669	705

分组的企业法人单位数

2007年	2008年	2009年	2010年	2011年	2012年	2013年	2014年	2015年	2016年	2017年	2018年	无开业年份
24716	**27195**	**35041**	**45529**	**50426**	**54644**	**75640**	**121334**	**162414**	**218359**	**269289**	**293251**	**4488**
3568	3896	5023	6090	6721	7232	9483	17871	21726	28489	33796	44297	737
5859	6470	8592	11351	13283	14074	18164	29028	35546	45366	53867	54774	700
1419	1559	1829	2336	2460	2581	3137	5584	9209	12825	15396	14606	567
554	632	810	1041	1018	1012	1536	2064	3337	3945	5005	5012	27
613	621	780	980	1135	1205	1580	3001	3147	4824	5643	5936	162
2770	2953	3724	4566	5126	5367	6857	12015	16837	23093	26281	24831	825
2138	2450	3280	4110	4421	4649	6576	10244	14946	21221	26315	31990	352
1517	1585	2017	2768	3205	3812	6538	8922	12622	14783	18514	22514	47
860	941	1291	1687	1724	1719	1950	3973	5164	6565	8203	10377	347
954	1036	1230	1604	1679	1890	2268	4177	5475	8222	8332	10198	114
712	677	895	1213	1385	1501	2013	3457	4132	5398	7554	9512	141
1232	1539	1856	2371	2500	2997	7342	7079	10367	12648	17179	17353	27
684	727	935	1361	1391	1699	2727	3610	4958	7506	10930	10705	111
599	647	820	1234	1331	1544	1805	3176	4737	6828	11243	11585	191
666	737	1017	1451	1709	1730	1682	3491	4835	7215	9483	9966	128
571	725	941	1366	1338	1632	1982	3642	5376	9431	11547	9595	12

2-15 按地区、开业(成立)时间分组的

分组	从业人员期末人数(人)	1949年以前	1950-1977年	1978-1991年	1992-2000年
全省	**21662670**	**47529**	**786333**	**1062056**	**3156208**
济南市	2670175	6274	125775	222827	455408
青岛市	3351879	11863	88858	179188	413129
淄博市	1141964	3094	88625	63980	288567
枣庄市	604838	1336	32047	20684	88417
东营市	649708		15506	45782	94037
烟台市	2062671	4124	26835	102988	404741
潍坊市	1852462	8140	50936	79231	231834
济宁市	1681328	5238	132833	59410	220163
泰安市	874495		85498	71262	148022
威海市	974678	2082	37785	49971	207213
日照市	494822	111	5481	21957	51831
临沂市	1625600	3106	27002	78205	163264
德州市	947896	401	25945	15826	102781
聊城市	709445	229	25572	14772	85483
滨州市	716199	9	9944	12293	119841
菏泽市	1185780	1522	7691	23680	76164

企业法人单位从业人员数

2001年	2002年	2003年	2004年	2005年	2006年	2007年
690237	**654473**	**813573**	**759700**	**726566**	**792043**	**599574**
66524	66712	84305	84403	86066	66648	79174
82813	110241	99715	88664	133708	109507	91542
35406	44621	56020	63294	36795	51659	26213
24922	20114	26895	19819	22244	18318	23430
17778	19997	27671	34712	18111	99801	16363
86167	63955	97254	74431	70880	74280	54541
104050	62468	87095	75539	66034	74289	56099
41022	39209	39551	44930	38898	43560	44262
25706	35760	27091	47313	28691	26989	24566
38017	34515	37457	29779	32827	30321	22782
19920	14876	36019	23386	22580	25818	9867
30532	43866	72609	65834	52548	56735	46903
27922	26447	32048	31507	25240	23460	27228
26047	23772	27898	21831	34975	25509	19102
32038	20494	32307	25196	25699	22335	24491
31373	27426	29638	29062	31270	42814	33011

2-15 续表

分 组	2008年	2009年	2010年	2011年	2012年
全 省	**589994**	**662124**	**828017**	**741238**	**752489**
济南市	73439	76764	96870	78510	81290
青岛市	85256	104456	131333	140133	124705
淄博市	25101	27567	22896	23945	30245
枣庄市	26104	27190	22428	20705	21310
东营市	20546	19151	18280	24141	36817
烟台市	49095	61234	69066	59845	64431
潍坊市	53279	61891	102057	66226	56372
济宁市	56372	41975	58061	51699	62421
泰安市	21237	24209	24191	27614	26366
威海市	23202	27024	38765	27238	25945
日照市	9110	15578	18310	17064	15540
临沂市	44756	48542	75832	52587	62585
德州市	31355	38829	39014	37416	38764
聊城市	24280	20513	25668	32412	23827
滨州市	19633	22674	31064	38696	28895
菏泽市	27229	39184	54182	43007	52976

2013年	2014年	2015年	2016年	2017年	2018年	无开业年份
905968	**1128429**	**1224530**	**1505602**	**1882970**	**1348629**	**4388**
106878	145210	147181	169904	190162	159013	838
179613	212431	220234	252792	293934	197117	647
22372	37840	48183	55865	52191	36639	846
20204	24291	30319	36493	42964	34543	61
15957	21705	20451	27084	32525	23059	234
70502	100703	113556	138678	161192	113580	593
70160	85028	93845	115016	139763	112916	194
75855	104036	110159	124265	150148	137240	21
25208	34299	36208	39233	51768	43173	91
33828	44539	48929	67205	60752	54421	81
19628	25099	29342	34554	41623	37013	115
101826	85086	108535	130036	156253	118776	182
48583	55305	55979	79670	104970	79062	144
25809	41218	39816	49279	69247	51963	223
31794	33833	33296	49511	61143	40956	57
57751	77806	88497	136017	166261	109158	61

2-16 按行业(大类)、运营状态

分 组	代码	法人单位数(个)		
			正常运营	停业(歇业)
总 计	**00**	**1547260**	**1190477**	**190486**
农、林、牧、渔业	**A**	**4839**	**3460**	**809**
农业	01	5	4	1
林业	02			
畜牧业	03	4	4	
渔业	04	3	3	
农、林、牧、渔专业及辅助性活动	05	4827	3449	808
采矿业	**B**	**2357**	**1629**	**511**
煤炭开采和洗选业	06	262	210	35
石油和天然气开采业	07	28	24	1
黑色金属矿采选业	08	293	166	98
有色金属矿采选业	09	197	124	56
非金属矿采选业	10	1163	766	278
开采专业及辅助性活动	11	350	302	25
其他采矿业	12	64	37	18
制造业	**C**	**309860**	**252673**	**33113**
农副食品加工业	13	17084	13393	2198
食品制造业	14	8023	6388	889
酒、饮料和精制茶制造业	15	3609	2744	498
烟草制品业	16	11	11	
纺织业	17	13542	10992	1507
纺织服装、服饰业	18	16872	12745	2392
皮革、毛皮、羽毛及其制品和制鞋业	19	3494	2714	483
木材加工和木、竹、藤、棕、草制品业	20	24375	22181	1292
家具制造业	21	6847	5487	798
造纸和纸制品业	22	6130	5148	579
印刷和记录媒介复制业	23	7494	6604	523
文教、工美、体育和娱乐用品制造业	24	12071	9754	1356
石油、煤炭及其他燃料加工业	25	1129	862	156
化学原料和化学制品制造业	26	13304	10262	1902
医药制造业	27	2368	1864	252
化学纤维制造业	28	485	344	85
橡胶和塑料制品业	29	17066	14121	1744
非金属矿物制品业	30	25502	19938	3366
黑色金属冶炼和压延加工业	31	1866	1575	194
有色金属冶炼和压延加工业	32	1773	1418	190

分组的企业法人单位数

筹建	当年关闭	当年破产	当年注销	当年吊销	其他	代码
95509	**15539**	**1226**	**28142**	**2660**	**23221**	**00**
314	**79**	**5**	**102**	**6**	**64**	**A**
						01
						02
						03
						04
314	79	5	102	6	64	05
62	**76**	**6**	**39**	**8**	**26**	**B**
3	8	1	3		2	06
			2		1	07
11	7	1	7	1	2	08
7	7		2		1	09
22	51	2	19	6	19	10
13	2	2	4	1	1	11
6	1		2			12
11856	**4467**	**472**	**3715**	**488**	**3076**	**C**
702	301	27	208	26	229	13
464	99	10	68	15	90	14
209	60	7	34	6	51	15
						16
377	270	45	197	30	124	17
574	556	37	334	42	192	18
99	67	8	64	7	52	19
436	147	26	217	13	63	20
304	74	10	90	7	77	21
198	73	4	60	15	53	22
146	89	11	57	16	48	23
387	178	14	199	26	157	24
65	19	1	12	2	12	25
533	273	29	158	24	123	26
157	30	2	35	1	27	27
39	4	1	5		7	28
497	290	33	178	33	170	29
1208	401	42	274	41	232	30
47	20		13	3	14	31
98	19	4	28	5	11	32

2-16 续表 1

分 组	代码	法人单位数(个)		
			正常运营	停业(歇业)
金属制品业	33	24605	20475	2383
通用设备制造业	34	41400	34340	4125
专用设备制造业	35	24375	20027	2357
汽车制造业	36	7656	6227	783
铁路、船舶、航空航天和其他运输设备制造业	37	2474	1984	284
电气机械和器材制造业	38	10186	8224	1113
计算机、通信和其他电子设备制造业	39	5245	4181	590
仪器仪表制造业	40	3090	2605	239
其他制造业	41	2901	2174	332
废弃资源综合利用业	42	872	619	100
金属制品、机械和设备修理业	43	4011	3272	403
电力、热力、燃气及水生产和供应业	**D**	**5981**	**4596**	**587**
电力、热力生产和供应业	44	3842	2811	420
燃气生产和供应业	45	610	479	50
水的生产和供应业	46	1529	1306	117
建筑业	**E**	**124512**	**100365**	**12086**
房屋建筑业	47	27066	22160	2448
土木工程建筑业	48	26968	21984	2537
建筑安装业	49	22076	18094	2126
建筑装饰、装修和其他建筑业	50	48402	38127	4975
批发和零售业	**F**	**570140**	**434487**	**74817**
批发业	51	350251	264808	47981
零售业	52	219889	169679	26836
交通运输、仓储和邮政业	**G**	**52212**	**42502**	**5503**
铁路运输业	53	20	20	
道路运输业	54	32785	26839	3226
水上运输业	55	1221	932	186
航空运输业	56	179	112	19
管道运输业	57	46	36	4
多式联运和运输代理业	58	10166	8116	1296
装卸搬运和仓储业	59	6626	5410	704
邮政业	60	1169	1037	68
住宿和餐饮业	**H**	**28145**	**20994**	**3748**
住宿业	61	6441	5326	536
餐饮业	62	21704	15668	3212
信息传输、软件和信息技术服务业	**I**	**58207**	**41346**	**8061**
电信、广播电视和卫星传输服务	63	1160	972	107

筹建	当年关闭	当年破产	当年注销	当年吊销	其他	代码
871	318	39	247	43	229	33
1572	446	51	480	40	346	34
1119	252	26	263	28	303	35
284	137	19	108	4	94	36
82	39	3	37	7	38	37
442	125	14	140	16	112	38
226	68	2	71	16	91	39
161	23		25	4	33	40
280	42	6	28	4	35	41
105	17		13	3	15	42
174	30	1	72	11	48	43
545	**57**	**9**	**104**	**5**	**78**	**D**
408	44	8	90	2	59	44
64	5		6	2	4	45
73	8	1	8	1	15	46
7871	**880**	**67**	**1400**	**124**	**1719**	**E**
1659	163	11	283	12	330	47
1626	173	16	288	19	325	48
1114	154	15	279	27	267	49
3472	390	25	550	66	797	50
32111	**5762**	**398**	**12009**	**1274**	**9282**	**F**
19863	3200	190	7118	864	6227	51
12248	2562	208	4891	410	3055	52
2385	**417**	**25**	**701**	**80**	**599**	**G**
						53
1614	283	20	405	41	357	54
54	8		17	4	20	55
40			8			56
3			3			57
386	45	1	158	23	141	58
257	75	4	97	10	69	59
31	6		13	2	12	60
1944	**369**	**23**	**661**	**33**	**373**	**H**
365	53	6	85	9	61	61
1579	316	17	576	24	312	62
5662	**439**	**25**	**1468**	**87**	**1119**	**I**
44	7		14	2	14	63

2-16 续表 2

分　组	代码	法人单位数(个)	正常运营	停业(歇业)
互联网和相关服务	64	9052	6168	1408
软件和信息技术服务业	65	47995	34206	6546
金融业	**J**	**5734**	**4681**	**512**
货币金融服务	66	1847	1591	100
资本市场服务	67	1749	1227	278
保险业	68	1426	1364	35
其他金融业	69	712	499	99
房地产业	**K**	**51111**	**38929**	**6296**
房地产业	70	51111	38929	6296
租赁和商务服务业	**L**	**156874**	**113935**	**21848**
租赁业	71	16761	13765	1581
商务服务业	72	140113	100170	20267
科学研究和技术服务业	**M**	**84711**	**61342**	**11316**
研究和试验发展	73	11917	7745	2086
专业技术服务业	74	38228	30641	3823
科技推广和应用服务业	75	34566	22956	5407
水利、环境和公共设施管理业	**N**	**8989**	**6866**	**1111**
水利管理业	76	392	304	57
生态保护和环境治理业	77	1059	756	123
公共设施管理业	78	7261	5588	909
土地管理业	79	277	218	22
居民服务、修理和其他服务业	**O**	**32386**	**25169**	**3735**
居民服务业	80	13058	9402	1866
机动车、电子产品和日用产品修理业	81	13615	11427	1177
其他服务业	82	5713	4340	692
教育	**P**	**14587**	**11002**	**1556**
教育	83	14587	11002	1556
卫生和社会工作	**Q**	**4638**	**3404**	**429**
卫生	84	3517	2789	249
社会工作	85	1121	615	180
文化、体育和娱乐业	**R**	**31977**	**23097**	**4448**
新闻和出版业	86	214	184	10
广播、电视、电影和录音制作业	87	3312	2502	356
文化艺术业	88	7799	5359	1095
体育	89	2378	1707	303
娱乐业	90	18274	13345	2684

筹建	当年关闭	当年破产	当年注销	当年吊销	其他	代码
899	110	1	245	17	204	64
4719	322	24	1209	68	901	65
420	**11**	**1**	**66**	**2**	**41**	**J**
135	2		12		7	66
182	5		31	1	25	67
15		1	8		3	68
88	4		15	1	6	69
3646	**431**	**48**	**763**	**68**	**930**	**K**
3646	431	48	763	68	930	70
13179	**1080**	**64**	**3686**	**255**	**2827**	**L**
871	98	5	230	22	189	71
12308	982	59	3456	233	2638	72
8054	**549**	**35**	**1732**	**89**	**1594**	**M**
1297	72	4	343	10	360	73
2402	161	18	601	50	532	74
4355	316	13	788	29	702	75
650	**79**	**4**	**117**	**16**	**146**	**N**
14	2		8	1	6	76
138	7		12	1	22	77
477	69	4	90	12	112	78
21	1		7	2	6	79
1989	**293**	**22**	**652**	**68**	**458**	**O**
1052	128	6	349	12	243	80
505	117	14	202	39	134	81
432	48	2	101	17	81	82
1425	**102**	**6**	**201**	**9**	**286**	**P**
1425	102	6	201	9	286	83
611	**42**	**5**	**68**		**79**	**Q**
354	29	3	51		42	84
257	13	2	17		37	85
2785	**406**	**11**	**658**	**48**	**524**	**R**
14	2		2		2	86
277	21		86	5	65	87
966	68	4	166	11	130	88
274	22	1	30	2	39	89
1254	293	6	374	30	288	90

2-17 按行业(大类)、运营状态

分 组	代码	从业人员期末人数(人)	正常运营	停业(歇业)
总 计	**00**	**21662670**	**21104215**	**276746**
农、林、牧、渔业	**A**	**36495**	**33802**	**1403**
农业	01			
林业	02			
畜牧业	03			
渔业	04			
农、林、牧、渔专业及辅助性活动	05	36495	33802	1403
采矿业	**B**	**505128**	**498862**	**5137**
煤炭开采和洗选业	06	289480	286528	2456
石油和天然气开采业	07	84522	84521	
黑色金属矿采选业	08	24856	24292	533
有色金属矿采选业	09	56341	55034	1197
非金属矿采选业	10	24608	23259	888
开采专业及辅助性活动	11	24715	24659	32
其他采矿业	12	606	569	31
制造业	**C**	**8911345**	**8728941**	**96936**
农副食品加工业	13	731018	718664	6458
食品制造业	14	233903	228744	2932
酒、饮料和精制茶制造业	15	100847	98596	1027
烟草制品业	16	8597	8597	
纺织业	17	547716	534855	7343
纺织服装、服饰业	18	497804	486254	6494
皮革、毛皮、羽毛及其制品和制鞋业	19	105102	102849	1403
木材加工和木、竹、藤、棕、草制品业	20	444530	432367	7853
家具制造业	21	122122	117722	2183
造纸和纸制品业	22	170519	167145	2279
印刷和记录媒介复制业	23	117550	114822	1297
文教、工美、体育和娱乐用品制造业	24	295354	288537	3549
石油、煤炭及其他燃料加工业	25	125918	124130	545
化学原料和化学制品制造业	26	559584	546694	6497
医药制造业	27	267820	264302	1627
化学纤维制造业	28	20591	19979	356
橡胶和塑料制品业	29	429723	422092	4317
非金属矿物制品业	30	625294	607251	9905
黑色金属冶炼和压延加工业	31	197025	195527	937
有色金属冶炼和压延加工业	32	246032	242603	889

分组的企业法人单位从业人员数

筹建	当年关闭	当年破产	当年注销	当年吊销	其他	代码
125849	**40476**	**7727**	**59476**	**3974**	**44207**	**00**
673	**156**	**25**	**317**	**1**	**118**	**A**
						01
						02
						03
						04
673	156	25	317	1	118	05
597	**280**	**3**	**40**	**71**	**138**	**B**
428	30				38	06
					1	07
9	14		8			08
67	35		3		5	09
75	201		22	71	92	10
16		3	3		2	11
2			4			12
33579	**18011**	**5754**	**16838**	**883**	**10403**	**C**
1721	1618	434	841	95	1187	13
1135	392	286	109	7	298	14
421	151	228	131		293	15
						16
936	1941	638	1163	118	722	17
995	1854	272	1489	21	425	18
183	252	6	225	2	182	19
1244	629	295	1795	20	327	20
612	408	413	500	29	255	21
513	244		238	22	78	22
178	132	876	56	65	124	23
773	1085	55	1153	19	183	24
336	622		46		239	25
4150	867	193	377	60	746	26
1401	192	3	24		271	27
245	3		7		1	28
932	717	728	489	42	406	29
4350	1281	203	996	96	1212	30
363	175		6		17	31
323	30	59	2120		8	32

2-17 续表 1

分 组	代码	从业人员期末人数(人)	正常运营	停业(歇业)
金属制品业	33	473475	463363	5576
通用设备制造业	34	723618	709271	7807
专用设备制造业	35	495989	486377	5174
汽车制造业	36	420326	414205	2909
铁路、船舶、航空航天和其他运输设备制造业	37	127030	124024	1554
电气机械和器材制造业	38	328535	323769	2307
计算机、通信和其他电子设备制造业	39	341744	338656	1531
仪器仪表制造业	40	70850	69296	302
其他制造业	41	33121	31760	614
废弃资源综合利用业	42	13298	12644	254
金属制品、机械和设备修理业	43	36310	33846	1017
电力、热力、燃气及水生产和供应业	**D**	**343624**	**336541**	**803**
电力、热力生产和供应业	44	263488	257162	645
燃气生产和供应业	45	27417	27140	47
水的生产和供应业	46	52719	52239	111
建筑业	**E**	**3455969**	**3415928**	**15999**
房屋建筑业	47	2021238	2008143	4309
土木工程建筑业	48	658851	649621	3712
建筑安装业	49	354759	349311	2448
建筑装饰、装修和其他建筑业	50	421121	408853	5530
批发和零售业	**F**	**3276420**	**3120463**	**81223**
批发业	51	1936237	1834256	54253
零售业	52	1340183	1286207	26970
交通运输、仓储和邮政业	**G**	**931544**	**915085**	**8556**
铁路运输业	53	137	137	
道路运输业	54	585971	576792	4725
水上运输业	55	65491	64725	435
航空运输业	56	22762	22564	18
管道运输业	57	3549	3536	
多式联运和运输代理业	58	85250	82391	1656
装卸搬运和仓储业	59	98578	95357	1593
邮政业	60	69806	69583	129
住宿和餐饮业	**H**	**360433**	**349061**	**5525**
住宿业	61	134870	132407	1064
餐饮业	62	225563	216654	4461
信息传输、软件和信息技术服务业	**I**	**486273**	**471051**	**6938**
电信、广播电视和卫星传输服务	63	118999	118838	99

筹建	当年关闭	当年破产	当年注销	当年吊销	其他	代码
2246	892	105	751	65	477	33
2505	1392	375	1501	37	730	34
1986	874	170	679	68	661	35
1134	871	134	508	11	554	36
670	188	216	102	11	265	37
1216	466	42	545	3	187	38
988	306		105	34	124	39
935	158		100	17	42	40
463	151	20	59		54	41
321	49		4		26	42
304	71	3	719	41	309	43
4080	**128**	**224**	**1684**	**2**	**162**	**D**
3624	77	224	1639	2	115	44
158	19		44		9	45
298	32		1		38	46
8840	**4291**	**183**	**5269**	**223**	**5236**	**E**
2332	2149	38	1495	28	2744	47
1841	634	26	2179	30	808	48
1379	519	38	730	24	310	49
3288	989	81	865	141	1374	50
27799	**9208**	**877**	**22239**	**2011**	**12600**	**F**
17520	5446	544	15831	1234	7153	51
10279	3762	333	6408	777	5447	52
3497	**1106**	**251**	**1725**	**139**	**1185**	**G**
						53
2071	595	224	920	56	588	54
122	56		69	24	60	55
178			2			56
10			3			57
432	179		217	53	322	58
656	272	27	500	6	167	59
28	4		14		48	60
2807	**1064**	**29**	**996**	**45**	**906**	**H**
760	285	7	150	5	192	61
2047	779	22	846	40	714	62
5454	**719**	**28**	**1010**	**90**	**983**	**I**
47	6		1		8	63

2-17 续表 2

分　组	代码	从业人员期末人数（人）	正常运营	停业(歇业)
互联网和相关服务	64	56960	54163	1209
软件和信息技术服务业	65	310314	298050	5630
金融业	**J**	**22044**	**21230**	**380**
货币金融服务	66	9131	8952	82
资本市场服务	67	5370	4965	221
保险业	68	734	706	15
其他金融业	69	6809	6607	62
房地产业	**K**	**781791**	**759378**	**10938**
房地产业	70	781791	759378	10938
租赁和商务服务业	**L**	**1123824**	**1079621**	**20951**
租赁业	71	91457	87947	1957
商务服务业	72	1032367	991674	18994
科学研究和技术服务业	**M**	**631142**	**605699**	**10289**
研究和试验发展	73	68510	64303	1716
专业技术服务业	74	389503	380059	4074
科技推广和应用服务业	75	173129	161337	4499
水利、环境和公共设施管理业	**N**	**212058**	**207764**	**1658**
水利管理业	76	6295	6172	50
生态保护和环境治理业	77	12542	11658	164
公共设施管理业	78	190736	187491	1430
土地管理业	79	2485	2443	14
居民服务、修理和其他服务业	**O**	**231833**	**223327**	**3961**
居民服务业	80	86299	81862	2233
机动车、电子产品和日用产品修理业	81	72829	70498	1073
其他服务业	82	72705	70967	655
教育	**P**	**100634**	**96683**	**1435**
教育	83	100634	96683	1435
卫生和社会工作	**Q**	**82515**	**80263**	**635**
卫生	84	74522	73129	406
社会工作	85	7993	7134	229
文化、体育和娱乐业	**R**	**169598**	**160516**	**3979**
新闻和出版业	86	11190	11139	34
广播、电视、电影和录音制作业	87	23296	22510	379
文化艺术业	88	38768	36227	1002
体育	89	15293	14506	334
娱乐业	90	81051	76134	2230

筹建	当年关闭	当年破产	当年注销	当年吊销	其他	代码
956	214	4	213	19	182	64
4451	499	24	796	71	793	65
307	**6**		**46**		**75**	**J**
60	1		2		34	66
148	1		4		31	67
9			3		1	68
90	4		37		9	69
4729	**1249**	**118**	**1079**	**76**	**4224**	**K**
4729	1249	118	1079	76	4224	70
13573	**1486**	**129**	**3729**	**125**	**4210**	**L**
919	132	10	260		232	71
12654	1354	119	3469	125	3978	72
9522	**1289**	**44**	**2326**	**74**	**1899**	**M**
1641	115	2	342	14	377	73
2911	560	30	1163	25	681	74
4970	614	12	821	35	841	75
1958	**136**		**180**	**14**	**348**	**N**
11			45		17	76
654	5		34		27	77
1284	120		96	14	301	78
9	11		5		3	79
2080	**549**	**14**	**1307**	**128**	**467**	**O**
943	185	12	819	11	234	80
470	260	2	307	110	109	81
667	104		181	7	124	82
1766	**183**	**14**	**210**		**343**	**P**
1766	183	14	210		343	83
1216	**85**	**19**	**62**		**235**	**Q**
764	38	13	27		145	84
452	47	6	35		90	85
3372	**530**	**15**	**419**	**92**	**675**	**R**
17						86
242	31		60	14	60	87
1088	114	9	115	25	188	88
345	38		8		62	89
1680	347	6	236	53	365	90

2-18 按地区、运营状态分组的企业法人单位数

分组	法人单位数(个)	正常运营	停业(歇业)	筹建	当年关闭	当年破产	当年注销	当年吊销	其他
全省	**1547260**	**1190477**	**190486**	**95509**	**15539**	**1226**	**28142**	**2660**	**23221**
济南市	209176	164711	21901	17187	591	57	3191	339	1199
青岛市	334660	241532	52645	16756	3283	146	6653	895	12750
淄博市	85413	57478	14343	8336	976	51	3246	102	881
枣庄市	29818	28084	835	502	193	14	104	9	77
东营市	33588	26001	4466	2183	137	31	571	27	172
烟台市	157936	109548	25063	12141	3380	190	5538	795	1281
潍坊市	147032	110341	20404	10302	1588	175	2285	112	1825
济宁市	107810	89266	9199	6210	1483	74	1422	38	118
泰安市	50773	36626	6950	3415	1144	125	711	155	1647
威海市	54516	41423	5539	4131	514	26	1056	61	1766
日照市	42951	28636	10438	2275	436	69	636	26	435
临沂市	92687	88019	2232	1540	355	50	316	9	166
德州市	51862	46137	2943	1908	301	41	283	5	244
聊城市	49258	38503	5586	3930	256	67	627	38	251
滨州市	47773	36217	5896	3738	561	56	920	45	340
菏泽市	52003	47951	2046	955	341	54	583	4	69

2-19 按地区、运营状态分组的企业法人单位从业人员数

分组	从业人员期末人数(人)	正常运营	停业(歇业)	筹建	当年关闭	当年破产	当年注销	当年吊销	其他
全 省	**21662670**	**21104215**	**276746**	**125849**	**40476**	**7727**	**59476**	**3974**	**44207**
济南市	2670175	2628246	21432	13386	2605	99	1881	39	2487
青岛市	3351879	3241228	62726	16097	5148	564	8213	849	17054
淄博市	1141964	1118682	11561	8232	936	298	1134	7	1114
枣庄市	604838	594067	6481	1668	1276	287	391	22	646
东营市	649708	640653	3620	3640	196	260	751	14	574
烟台市	2062671	1972081	37870	14267	9640	399	23612	2472	2330
潍坊市	1852462	1811281	17370	14032	3085	961	3847	54	1832
济宁市	1681328	1637765	20589	14098	3267	160	4492	53	904
泰安市	874495	859714	7154	2194	3153	586	575	34	1085
威海市	974678	931075	18740	10547	2033	88	3687	154	8354
日照市	494822	479485	10212	3492	417	76	371	7	762
临沂市	1625600	1600220	13274	5603	2126	660	2206	27	1484
德州市	947896	922370	13973	4390	3050	582	1519	39	1973
聊城市	709445	691191	6914	4537	943	2371	1366	20	2103
滨州市	716199	702339	6614	4570	540	163	1094	178	701
菏泽市	1185780	1155088	18216	5096	2061	173	4337	5	804

2-20 按地区、单位规模分组的企业法人单位数

分　组	法人单位数（个）				
		大型	中型	小型	微型
全　省	**1526521**	**2026**	**16637**	**187806**	**1320052**
济南市	205974	383	2154	20074	183363
青岛市	331079	362	2724	35734	292259
淄博市	84122	112	801	6673	76536
枣庄市	29328	38	456	4063	24771
东营市	33136	94	575	3542	28925
烟台市	155859	176	1585	21098	133000
潍坊市	145220	154	1549	13803	129714
济宁市	106272	111	1151	15502	89508
泰安市	49866	81	649	4961	44175
威海市	53822	96	785	9075	43866
日照市	42375	57	430	3785	38103
临沂市	91325	104	1314	13958	75949
德州市	51060	71	671	10202	40116
聊城市	48582	64	648	4642	43228
滨州市	47344	76	547	4906	41815
菏泽市	51153	44	598	15788	34723

注：不包含无单位规模识别的单位数据。

2-21　按地区、单位规模分组的企业法人单位从业人员数

分　组	从业人员期末人数（人）	大型	中型	小型	微型
全　省	**21487661**	**4350979**	**3987312**	**7486779**	**5662591**
济南市	2637605	806910	440120	725498	665077
青岛市	3323620	554443	559375	1155511	1054291
淄博市	1135397	308778	277128	320521	228970
枣庄市	599404	74549	156943	196266	171646
东营市	646154	249005	133118	154167	109864
烟台市	2047930	373632	360511	734837	578950
潍坊市	1840908	375129	369625	607736	488418
济宁市	1667585	325306	280991	583856	477432
泰安市	868821	186442	236468	267590	178321
威海市	967859	196884	169934	372841	228200
日照市	490601	84564	95332	165795	144910
临沂市	1611683	218771	306659	635250	451003
德州市	940742	101813	156629	430236	252064
聊城市	703755	113206	151588	236777	202184
滨州市	712338	199813	132000	213758	166767
菏泽市	1174529	63004	160891	686140	264494

注：不包含无单位规模识别的单位数据。

2-22 按行业(大类)、单位规模分组的企业法人单位数

分组	代码	法人单位数(个)	大型	中型	小型	微型
总　计	**00**	**1526521**	**2026**	**16637**	**187806**	**1320052**
农、林、牧、渔业	**A**	**4839**	**10**	**607**	**1590**	**2632**
农业	01	5				5
林业	02					
畜牧业	03	4				4
渔业	04	3				3
农、林、牧、渔专业及辅助性活动	05	4827	10	607	1590	2620
采矿业	**B**	**2357**	**46**	**93**	**494**	**1724**
煤炭开采和洗选业	06	262	32	51	56	123
石油和天然气开采业	07	28	2	2	12	12
黑色金属矿采选业	08	293	4	7	79	203
有色金属矿采选业	09	197	6	22	60	109
非金属矿采选业	10	1163	1	7	245	910
开采专业及辅助性活动	11	350	1	4	33	312
其他采矿业	12	64			9	55
制造业	**C**	**309860**	**625**	**2826**	**62293**	**244116**
农副食品加工业	13	17084	69	305	4439	12271
食品制造业	14	8023	15	93	1693	6222
酒、饮料和精制茶制造业	15	3609	11	46	479	3073
烟草制品业	16	11	1	2	4	4
纺织业	17	13542	32	194	3775	9541
纺织服装、服饰业	18	16872	14	156	3397	13305
皮革、毛皮、羽毛及其制品和制鞋业	19	3494	4	38	775	2677
木材加工和木、竹、藤、棕、草制品业	20	24375		49	5649	18677
家具制造业	21	6847		32	1275	5540
造纸和纸制品业	22	6130	20	43	976	5091
印刷和记录媒介复制业	23	7494		30	1090	6374
文教、工美、体育和娱乐用品制造业	24	12071	10	76	2841	9144
石油、煤炭及其他燃料加工业	25	1129	32	46	245	806
化学原料和化学制品制造业	26	13304	57	222	3371	9654
医药制造业	27	2368	37	99	764	1468
化学纤维制造业	28	485	4	5	116	360
橡胶和塑料制品业	29	17066	36	103	3161	13766
非金属矿物制品业	30	25502	23	193	6283	19003
黑色金属冶炼和压延加工业	31	1866	28	39	410	1389
有色金属冶炼和压延加工业	32	1773	27	64	455	1227

注：不包含无单位规模识别的单位数据。

2-22　续表 1

分　组	代码	法人单位数（个）	大型	中型	小型	微型
金属制品业	33	24605	24	134	4093	20354
通用设备制造业	34	41400	41	207	5736	35416
专用设备制造业	35	24375	24	150	3951	20250
汽车制造业	36	7656	40	182	2149	5285
铁路、船舶、航空航天和其他运输设备制造业	37	2474	15	49	682	1728
电气机械和器材制造业	38	10186	23	132	2058	7973
计算机、通信和其他电子设备制造业	39	5245	33	103	1025	4084
仪器仪表制造业	40	3090	2	25	566	2497
其他制造业	41	2901	1	2	326	2572
废弃资源综合利用业	42	872		2	143	727
金属制品、机械和设备修理业	43	4011	2	5	366	3638
电力、热力、燃气及水生产和供应业	**D**	**5981**	**23**	**122**	**1347**	**4489**
电力、热力生产和供应业	44	3842	19	86	735	3002
燃气生产和供应业	45	610	1	15	218	376
水的生产和供应业	46	1529	3	21	394	1111
建筑业	**E**	**124512**	**186**	**2146**	**18812**	**103368**
房屋建筑业	47	27066	90	1186	5602	20188
土木工程建筑业	48	26968	82	582	4866	21438
建筑安装业	49	22076	9	183	3064	18820
建筑装饰、装修和其他建筑业	50	48402	5	195	5280	42922
批发和零售业	**F**	**570140**	**348**	**5049**	**42901**	**521842**
批发业	51	350251	158	2921	26172	321000
零售业	52	219889	190	2128	16729	200842
交通运输、仓储和邮政业	**G**	**52192**	**70**	**251**	**6512**	**45359**
铁路运输业	53					
道路运输业	54	32785	19	132	4528	28106
水上运输业	55	1221	11	10	280	920
航空运输业	56	179	5	3	16	155
管道运输业	57	46		3	19	24
多式联运和运输代理业	58	10166	2	11	664	9489
装卸搬运和仓储业	59	6626	14	77	773	5762
邮政业	60	1169	19	15	232	903
住宿和餐饮业	**H**	**28145**	**30**	**339**	**5444**	**22332**
住宿业	61	6441	15	181	1873	4372
餐饮业	62	21704	15	158	3571	17960
信息传输、软件和信息技术服务业	**I**	**58207**	**56**	**251**	**6125**	**51775**
电信、广播电视和卫星传输服务	63	1160	9	65	142	944

2-22 续表 2

分 组	代码	法人单位数(个)				
			大型	中型	小型	微型
互联网和相关服务	64	9052	1	26	801	8224
软件和信息技术服务业	65	47995	46	160	5182	42607
金融业	**J**	**5686**	**267**	**73**	**381**	**4965**
货币金融服务	66	1847	265	67	256	1259
资本市场服务	67	1737		4	48	1685
保险业	68	1390			63	1327
其他金融业	69	712	2	2	14	694
房地产业	**K**	**48305**	**59**	**3835**	**4430**	**39981**
房地产业	70	48305	59	3835	4430	39981
租赁和商务服务业	**L**	**156874**	**14**	**153**	**13162**	**143545**
租赁业	71	16761		9	1672	15080
商务服务业	72	140113	14	144	11490	128465
科学研究和技术服务业	**M**	**84711**	**128**	**442**	**13767**	**70374**
研究和试验发展	73	11917	12	29	1572	10304
专业技术服务业	74	38228	102	356	7861	29909
科技推广和应用服务业	75	34566	14	57	4334	30161
水利、环境和公共设施管理业	**N**	**8989**	**64**	**165**	**2338**	**6422**
水利管理业	76	392	2	8	114	268
生态保护和环境治理业	77	1059	1	16	271	771
公共设施管理业	78	7261	61	140	1875	5185
土地管理业	79	277		1	78	198
居民服务、修理和其他服务业	**O**	**32386**	**45**	**123**	**4321**	**27897**
居民服务业	80	13058	15	50	1725	11268
机动车、电子产品和日用产品修理业	81	13615	5	12	1603	11995
其他服务业	82	5713	25	61	993	4634
教育	**P**					
教育	83					
卫生和社会工作	**Q**	**1360**	**23**	**80**	**374**	**883**
卫生	84	239	22	77	133	7
社会工作	85	1121	1	3	241	876
文化、体育和娱乐业	**R**	**31977**	**32**	**82**	**3515**	**28348**
新闻和出版业	86	214	15	13	63	123
广播、电视、电影和录音制作业	87	3312	4	12	603	2693
文化艺术业	88	7799	4	11	924	6860
体育	89	2378		15	339	2024
娱乐业	90	18274	9	31	1586	16648

2−23　按行业(大类)、单位规模分组的企业法人单位从业人员数

分　组	代码	从业人员期末人数(人)	大型	中型	小型	微型
总　计	**00**	**21487661**	**4350979**	**3987312**	**7486779**	**5662591**
农、林、牧、渔业	**A**	**36495**	**2359**	**14403**	**13151**	**6582**
农业	01					
林业	02					
畜牧业	03					
渔业	04					
农、林、牧、渔专业及辅助性活动	05	36495	2359	14403	13151	6582
采矿业	**B**	**505128**	**353638**	**96398**	**38638**	**16454**
煤炭开采和洗选业	06	289480	215920	63353	5149	5058
石油和天然气开采业	07	84522	81732	1382	1380	28
黑色金属矿采选业	08	24856	10464	4880	8333	1179
有色金属矿采选业	09	56341	26893	22100	6219	1129
非金属矿采选业	10	24608	1083	2988	15095	5442
开采专业及辅助性活动	11	24715	17546	1695	2087	3387
其他采矿业	12	606			375	231
制造业	**C**	**8911345**	**1983997**	**1520173**	**3782358**	**1624817**
农副食品加工业	13	731018	182464	163586	296702	88266
食品制造业	14	233903	27443	50768	112220	43472
酒、饮料和精制茶制造业	15	100847	20807	24988	33932	21120
烟草制品业	16	8597	5343	2527	712	15
纺织业	17	547716	107375	110817	256026	73498
纺织服装、服饰业	18	497804	105048	85752	210769	96235
皮革、毛皮、羽毛及其制品和制鞋业	19	105102	12709	25831	46599	19963
木材加工和木、竹、藤、棕、草制品业	20	444530		20086	259025	165419
家具制造业	21	122122		18030	68693	35399
造纸和纸制品业	22	170519	52543	22971	61023	33982
印刷和记录媒介复制业	23	117550		13967	63619	39964
文教、工美、体育和娱乐用品制造业	24	295354	16859	43910	169216	65369
石油、煤炭及其他燃料加工业	25	125918	73229	29554	17866	5269
化学原料和化学制品制造业	26	559584	144427	115791	235103	64263
医药制造业	27	267820	134326	54888	65293	13313
化学纤维制造业	28	20591	7949	2607	7953	2082
橡胶和塑料制品业	29	429723	109854	56332	175603	87934
非金属矿物制品业	30	625294	51260	99552	349090	125392
黑色金属冶炼和压延加工业	31	197025	139989	19630	29316	8090
有色金属冶炼和压延加工业	32	246032	164764	34100	39405	7763

注：不包含无单位规模识别的单位数据。

2-23 续表 1

分 组	代码	从业人员期末人数（人）	大型	中型	小型	微型
金属制品业	33	473475	48450	70287	232110	122628
通用设备制造业	34	723618	88871	104406	323160	207181
专用设备制造业	35	495989	62755	81088	229407	122739
汽车制造业	36	420326	130474	95577	156524	37751
铁路、船舶、航空航天和其他运输设备制造业	37	127030	43527	26469	44267	12767
电气机械和器材制造业	38	328535	66434	69351	144233	48517
计算机、通信和其他电子设备制造业	39	341744	178630	59250	77542	26322
仪器仪表制造业	40	70850	2572	14290	39268	14720
其他制造业	41	33121	2785	734	15204	14398
废弃资源综合利用业	42	13298		1063	8582	3653
金属制品、机械和设备修理业	43	36310	3110	1971	13896	17333
电力、热力、燃气及水生产和供应业	**D**	**343624**	**145883**	**62452**	**108784**	**26505**
电力、热力生产和供应业	44	263488	141075	42170	62815	17428
燃气生产和供应业	45	27417	1145	7720	16407	2145
水的生产和供应业	46	52719	3663	12562	29562	6932
建筑业	**E**	**3455969**	**783509**	**1092222**	**965274**	**614964**
房屋建筑业	47	2021238	547291	812481	496104	165362
土木工程建筑业	48	658851	177620	155228	194056	131947
建筑安装业	49	354759	54339	79235	115680	105505
建筑装饰、装修和其他建筑业	50	421121	4259	45278	159434	212150
批发和零售业	**F**	**3276420**	**394900**	**440703**	**726935**	**1713882**
批发业	51	1936237	179324	197195	421231	1138487
零售业	52	1340183	215576	243508	305704	575395
交通运输、仓储和邮政业	**G**	**931407**	**189494**	**158182**	**345874**	**237857**
铁路运输业	53					
道路运输业	54	585971	76921	109988	248578	150484
水上运输业	55	65491	30150	12415	17691	5235
航空运输业	56	22762	19173	1382	1566	641
管道运输业	57	3549		1314	2076	159
多式联运和运输代理业	58	85250	3965	5578	30972	44735
装卸搬运和仓储业	59	98578	15589	17848	34017	31124
邮政业	60	69806	43696	9657	10974	5479
住宿和餐饮业	**H**	**360433**	**28374**	**79329**	**163409**	**89321**
住宿业	61	134870	11075	42494	61181	20120
餐饮业	62	225563	17299	36835	102228	69201
信息传输、软件和信息技术服务业	**I**	**486273**	**120626**	**88010**	**137988**	**139649**
电信、广播电视和卫星传输服务	63	118999	64653	47146	4185	3015

2-23　续表 2

分　组	代码	从业人员期末人数（人）	大型	中型	小型	微型
互联网和相关服务	64	56960	9412	6358	18150	23040
软件和信息技术服务业	65	310314	46561	34506	115653	113594
金融业	**J**	**22044**		**1247**	**1760**	**19037**
货币金融服务	66	9131		158	109	8864
资本市场服务	67	5370		265	1358	3747
保险业	68	734				734
其他金融业	69	6809		824	293	5692
房地产业	**K**	**746592**	**47401**	**207590**	**142299**	**349302**
房地产业	70	746592	47401	207590	142299	349302
租赁和商务服务业	**L**	**1123824**	**41852**	**82118**	**526065**	**473789**
租赁业	71	91457		1925	36026	53506
商务服务业	72	1032367	41852	80193	490039	420283
科学研究和技术服务业	**M**	**631142**	**76704**	**70872**	**304468**	**179098**
研究和试验发展	73	68510	8725	5089	31551	23145
专业技术服务业	74	389503	59137	57645	187335	85386
科技推广和应用服务业	75	173129	8842	8138	85582	70567
水利、环境和公共设施管理业	**N**	**212058**	**107627**	**27735**	**58095**	**18601**
水利管理业	76	6295	1232	1278	2950	835
生态保护和环境治理业	77	12542	951	2410	7238	1943
公共设施管理业	78	190736	105444	23796	46243	15253
土地管理业	79	2485		251	1664	570
居民服务、修理和其他服务业	**O**	**231833**	**44363**	**19465**	**88314**	**79691**
居民服务业	80	86299	12120	8260	36358	29561
机动车、电子产品和日用产品修理业	81	72829	4128	1853	29649	37199
其他服务业	82	72705	28115	9352	22307	12931
教育	**P**					
教育	83					
卫生和社会工作	**Q**	**43476**	**15311**	**12709**	**13489**	**1967**
卫生	84	35483	14904	12245	8329	5
社会工作	85	7993	407	464	5160	1962
文化、体育和娱乐业	**R**	**169598**	**14941**	**13704**	**69878**	**71075**
新闻和出版业	86	11190	6323	2026	2459	382
广播、电视、电影和录音制作业	87	23296	1887	2177	12083	7149
文化艺术业	88	38768	2507	1946	17439	16876
体育	89	15293		2591	7452	5250
娱乐业	90	81051	4224	4964	30445	41418

2-24 按地区、营业收入组距分组的企业法人单位数

分组	法人单位数(个)	100万元及以下	100-200万元	200-500万元	500-1000万元	1000-2000万元	2000-5000万元	5000万元-1亿元	1亿元以上
全省	**1547260**	**902209**	**165809**	**217409**	**117348**	**68681**	**37359**	**16769**	**21676**
济南市	209176	135874	19956	25038	11997	6941	4718	1972	2680
青岛市	334660	202825	34990	44032	27563	12006	6888	2801	3555
淄博市	85413	60547	6605	7319	3596	2541	2391	1085	1329
枣庄市	29818	12732	5625	6500	2347	951	782	387	494
东营市	33588	22620	2868	3099	1497	1073	991	530	910
烟台市	157936	88357	15642	24001	14080	9851	2762	1401	1842
潍坊市	147032	94258	13183	18050	8749	5846	3474	1524	1948
济宁市	107810	53998	14603	18956	8808	5476	3256	1261	1452
泰安市	50773	36201	3988	4510	2086	1494	1052	580	862
威海市	54516	27976	6054	10314	4854	2686	1268	592	772
日照市	42951	29660	3590	4146	1947	1290	1109	518	691
临沂市	92687	39007	14645	17440	9284	5341	3523	1596	1851
德州市	51862	22156	6596	9879	6670	3942	1227	641	751
聊城市	49258	32292	4677	4983	2538	1977	1381	601	809
滨州市	47773	30452	4925	5693	2431	1668	1154	599	851
菏泽市	52003	13254	7862	13449	8901	5598	1383	681	875

2–25 按地区、营业收入组距分组的企业法人单位从业人员数

分 组	从业人员期末人数（人）	100万元及以下	100–200万元	200–500万元	500–1000万元	1000–2000万元	2000–5000万元	5000万元–1亿元	1亿元以上
全 省	**21662670**	**2464953**	**1120970**	**2173491**	**1988939**	**2047768**	**2052621**	**1645220**	**8168708**
济南市	2670175	366757	121831	223012	174072	177515	238320	173939	1194729
青岛市	3351879	450293	195336	376237	410459	286664	312801	245958	1074131
淄博市	1141964	127628	41825	69328	53426	65367	108661	91922	583807
枣庄市	604838	62828	50941	77944	48861	36016	59170	55509	213569
东营市	649708	65981	19729	34149	26367	29685	51453	46064	376280
烟台市	2062671	202827	100772	232336	220312	252712	168669	153973	731070
潍坊市	1852462	234066	85652	162669	134150	166528	181176	154059	734162
济宁市	1681328	185103	105305	190816	151889	157170	177063	116933	597049
泰安市	874495	107766	35514	60124	51162	61650	82393	85144	390742
威海市	974678	93670	43514	121221	93730	102924	97224	65575	356820
日照市	494822	79164	27739	45569	35538	35556	55506	54404	161346
临沂市	1625600	154434	98714	174314	154329	153216	205481	153434	531678
德州市	947896	87419	51921	113852	132045	173305	78718	65872	244764
聊城市	709445	109517	45244	63022	47617	61868	67013	45570	269594
滨州市	716199	82047	34457	59012	41514	54104	57109	51481	336475
菏泽市	1185780	55453	62476	169886	213468	233488	111864	85383	253762

2-26 按行业(大类)、营业收入

分组	代码	法人单位数(个)	100万元及以下	100-200万元
总计	**00**	**1547260**	**902209**	**165809**
农、林、牧、渔业	**A**	**4839**	**3216**	**478**
农业	01	5	5	
林业	02			
畜牧业	03	4	4	
渔业	04	3	3	
农、林、牧、渔专业及辅助性活动	05	4827	3204	478
采矿业	**B**	**2357**	**1002**	**190**
煤炭开采和洗选业	06	262	52	8
石油和天然气开采业	07	28	8	
黑色金属矿采选业	08	293	141	17
有色金属矿采选业	09	197	76	15
非金属矿采选业	10	1163	499	98
开采专业及辅助性活动	11	350	181	47
其他采矿业	12	64	45	5
制造业	**C**	**309860**	**123262**	**34887**
农副食品加工业	13	17084	6655	1621
食品制造业	14	8023	3768	804
酒、饮料和精制茶制造业	15	3609	2128	361
烟草制品业	16	11	2	
纺织业	17	13542	4491	1367
纺织服装、服饰业	18	16872	7857	1942
皮革、毛皮、羽毛及其制品和制鞋业	19	3494	1371	321
木材加工和木、竹、藤、棕、草制品业	20	24375	5044	2987
家具制造业	21	6847	2963	714
造纸和纸制品业	22	6130	2374	812
印刷和记录媒介复制业	23	7494	3259	1082
文教、工美、体育和娱乐用品制造业	24	12071	5028	1366
石油、煤炭及其他燃料加工业	25	1129	404	89
化学原料和化学制品制造业	26	13304	4993	1112
医药制造业	27	2368	903	185
化学纤维制造业	28	485	198	43
橡胶和塑料制品业	29	17066	6301	2188
非金属矿物制品业	30	25502	9546	2527
黑色金属冶炼和压延加工业	31	1866	622	168
有色金属冶炼和压延加工业	32	1773	669	148

组距分组的企业法人单位数

200-500万元	500-1000万元	1000-2000万元	2000-5000万元	5000万元-1亿元	1亿元以上	代码
217409	**117348**	**68681**	**37359**	**16769**	**21676**	**00**
533	**262**	**142**	**114**	**69**	**25**	**A**
						01
						02
						03
						04
533	262	142	114	69	25	05
237	**237**	**275**	**124**	**92**	**200**	**B**
12	21	49	17	17	86	06
1		3	3	3	10	07
17	26	18	18	19	37	08
14	12	25	7	14	34	09
139	140	158	66	35	28	10
53	29	20	11	4	5	11
1	9	2	2			12
51009	**39776**	**30512**	**15053**	**6604**	**8757**	**C**
2358	1872	1715	1100	668	1095	13
1086	824	729	397	194	221	14
399	271	233	88	37	92	15
2			1	2	4	16
2109	1844	1800	1031	465	435	17
2730	1999	1451	519	203	171	18
509	552	416	180	66	79	19
5960	4687	3661	1215	485	336	20
1116	972	747	224	53	58	21
1171	774	484	235	107	173	22
1383	806	492	260	101	111	23
1914	1835	1065	492	198	173	24
123	121	80	78	45	189	25
1729	1437	1391	1090	539	1013	26
249	217	228	245	111	230	27
57	65	48	39	11	24	28
3057	2369	1644	846	310	351	29
3774	3181	3368	1569	720	817	30
271	209	193	125	78	200	31
187	176	163	138	68	224	32

2-26 续表 1

分 组	代码	法人单位数（个）		
			100万元及以下	100-200万元
金属制品业	33	24605	10123	2964
通用设备制造业	34	41400	18787	5320
专用设备制造业	35	24375	10370	3041
汽车制造业	36	7656	2496	743
铁路、船舶、航空航天和其他运输设备制造业	37	2474	847	200
电气机械和器材制造业	38	10186	4278	1020
计算机、通信和其他电子设备制造业	39	5245	2241	534
仪器仪表制造业	40	3090	1332	379
其他制造业	41	2901	1471	316
废弃资源综合利用业	42	872	447	74
金属制品、机械和设备修理业	43	4011	2294	459
电力、热力、燃气及水生产和供应业	**D**	**5981**	**2653**	**412**
电力、热力生产和供应业	44	3842	1832	248
燃气生产和供应业	45	610	189	39
水的生产和供应业	46	1529	632	125
建筑业	**E**	**124512**	**68204**	**15001**
房屋建筑业	47	27066	12384	3111
土木工程建筑业	48	26968	13481	3380
建筑安装业	49	22076	12307	2705
建筑装饰、装修和其他建筑业	50	48402	30032	5805
批发和零售业	**F**	**570140**	**340965**	**61978**
批发业	51	350251	199763	36240
零售业	52	219889	141202	25738
交通运输、仓储和邮政业	**G**	**52212**	**24661**	**5845**
铁路运输业	53	20	4	
道路运输业	54	32785	15050	3705
水上运输业	55	1221	549	93
航空运输业	56	179	116	14
管道运输业	57	46	10	
多式联运和运输代理业	58	10166	5052	1094
装卸搬运和仓储业	59	6626	3360	785
邮政业	60	1169	520	154
住宿和餐饮业	**H**	**28145**	**18375**	**5077**
住宿业	61	6441	3514	1239
餐饮业	62	21704	14861	3838
信息传输、软件和信息技术服务业	**I**	**58207**	**43306**	**5050**
电信、广播电视和卫星传输服务	63	1160	752	115

200–500万元	500–1000万元	1000–2000万元	2000–5000万元	5000万元–1亿元	1亿元以上	代码
4216	3243	2081	1110	390	478	33
6974	4691	3245	1298	524	561	34
3960	3162	1998	1029	381	434	35
1191	994	992	530	255	455	36
405	421	267	129	81	124	37
1506	1272	875	567	277	391	38
813	596	468	246	141	206	39
492	344	258	154	59	72	40
465	367	211	54	10	7	41
97	98	70	43	19	24	42
706	377	139	21	6	9	43
623	**511**	**495**	**479**	**306**	**502**	**D**
371	306	278	258	205	344	44
59	50	52	60	43	118	45
193	155	165	161	58	40	46
19182	**10658**	**5040**	**2978**	**1673**	**1776**	**E**
4477	2670	1420	1181	860	963	47
4533	2492	1335	818	423	506	48
3545	1886	883	435	167	148	49
6627	3610	1402	544	223	159	50
84106	**37611**	**22782**	**11498**	**5072**	**6128**	**F**
47368	30505	18920	8911	3902	4642	51
36738	7106	3862	2587	1170	1486	52
9037	**6572**	**2749**	**2075**	**640**	**633**	**G**
1	1		2	2	10	53
5718	4346	1914	1382	379	291	54
166	169	81	79	31	53	55
17	11	3	2	4	12	56
10	2	2	5	2	15	57
1724	1160	475	399	135	127	58
1156	741	235	177	76	96	59
245	142	39	29	11	29	60
2745	**992**	**476**	**343**	**96**	**41**	**H**
912	350	197	161	50	18	61
1833	642	279	182	46	23	62
5586	**2751**	**691**	**432**	**157**	**234**	**I**
106	59	18	15	13	82	63

2-26 续表 2

分　组	代码	法人单位数（个）	100万元及以下	100-200万元
互联网和相关服务	64	9052	6911	827
软件和信息技术服务业	65	47995	35643	4108
金融业	**J**	**5734**	**2792**	**325**
货币金融服务	66	1847	693	114
资本市场服务	67	1749	1327	120
保险业	68	1426	279	48
其他金融业	69	712	493	43
房地产业	**K**	**51111**	**31758**	**4574**
房地产业	70	51111	31758	4574
租赁和商务服务业	**L**	**156874**	**114909**	**14864**
租赁业	71	16761	10930	2082
商务服务业	72	140113	103979	12782
科学研究和技术服务业	**M**	**84711**	**57581**	**8642**
研究和试验发展	73	11917	8491	1016
专业技术服务业	74	38228	24032	4494
科技推广和应用服务业	75	34566	25058	3132
水利、环境和公共设施管理业	**N**	**8989**	**5185**	**1000**
水利管理业	76	392	204	45
生态保护和环境治理业	77	1059	638	93
公共设施管理业	78	7261	4184	832
土地管理业	79	277	159	30
居民服务、修理和其他服务业	**O**	**32386**	**24258**	**3267**
居民服务业	80	13058	10341	1155
机动车、电子产品和日用产品修理业	81	13615	9767	1520
其他服务业	82	5713	4150	592
教育	**P**	**14587**	**11598**	**1210**
教育	83	14587	11598	1210
卫生和社会工作	**Q**	**4638**	**3244**	**342**
卫生	84	3517	2371	272
社会工作	85	1121	873	70
文化、体育和娱乐业	**R**	**31977**	**25240**	**2667**
新闻和出版业	86	214	104	25
广播、电视、电影和录音制作业	87	3312	2352	320
文化艺术业	88	7799	6063	683
体育	89	2378	1937	166
娱乐业	90	18274	14784	1473

200-500万元	500-1000万元	1000-2000万元	2000-5000万元	5000万元-1亿元	1亿元以上	代码
805	361	78	45	5	20	64
4675	2331	595	372	139	132	65
429	**281**	**309**	**399**	**284**	**915**	**J**
136	122	115	141	102	424	66
152	52	34	38	9	17	67
74	64	132	210	161	458	68
67	43	28	10	12	16	69
5899	**3361**	**1396**	**1424**	**890**	**1809**	**K**
5899	3361	1396	1424	890	1809	70
17237	**6674**	**1434**	**1037**	**389**	**330**	**L**
2553	960	134	71	22	9	71
14684	5714	1300	966	367	321	72
10435	**5249**	**1441**	**868**	**317**	**178**	**M**
1372	680	195	91	54	18	73
5406	2621	818	529	195	133	74
3657	1948	428	248	68	27	75
1411	**805**	**257**	**184**	**76**	**71**	**N**
61	40	10	14	10	8	76
141	85	45	32	11	14	77
1179	657	193	135	53	28	78
30	23	9	3	2	21	79
3964	**470**	**261**	**125**	**30**	**11**	**O**
1324	127	73	29	7	2	80
1859	254	129	65	13	8	81
781	89	59	31	10	1	82
1212	**445**	**77**	**32**	**7**	**6**	**P**
1212	445	77	32	7	6	83
456	**304**	**142**	**100**	**27**	**23**	**Q**
348	247	130	99	27	23	84
108	57	12	1			85
3308	**389**	**202**	**94**	**40**	**37**	**R**
23	10	12	12	9	19	86
444	93	59	26	13	5	87
907	81	39	16	4	6	88
218	28	15	6	6	2	89
1716	177	77	34	8	5	90

2-27 按行业（大类）、营业收入

分 组	代码	从业人员期末人数（人）		
			100万元及以下	100-200万元
总 计	**00**	**21662670**	**2464953**	**1120970**
农、林、牧、渔业	**A**	**36495**	**9827**	**3834**
农业	01			
林业	02			
畜牧业	03			
渔业	04			
农、林、牧、渔专业及辅助性活动	05	36495	9827	3834
采矿业	**B**	**505128**	**9077**	**2140**
煤炭开采和洗选业	06	289480	4155	190
石油和天然气开采业	07	84522	4	
黑色金属矿采选业	08	24856	611	158
有色金属矿采选业	09	56341	425	486
非金属矿采选业	10	24608	1496	777
开采专业及辅助性活动	11	24715	2283	476
其他采矿业	12	606	103	53
制造业	**C**	**8911345**	**424029**	**296542**
农副食品加工业	13	731018	27151	17584
食品制造业	14	233903	16178	8146
酒、饮料和精制茶制造业	15	100847	9374	4418
烟草制品业	16	8597	5	
纺织业	17	547716	18172	14403
纺织服装、服饰业	18	497804	28198	23396
皮革、毛皮、羽毛及其制品和制鞋业	19	105102	5196	3633
木材加工和木、竹、藤、棕、草制品业	20	444530	20902	26642
家具制造业	21	122122	9572	5801
造纸和纸制品业	22	170519	8112	7022
印刷和记录媒介复制业	23	117550	11157	8499
文教、工美、体育和娱乐用品制造业	24	295354	20022	13509
石油、煤炭及其他燃料加工业	25	125918	1210	877
化学原料和化学制品制造业	26	559584	19055	9370
医药制造业	27	267820	6519	1779
化学纤维制造业	28	20591	485	437
橡胶和塑料制品业	29	429723	19053	16882
非金属矿物制品业	30	625294	31602	20585
黑色金属冶炼和压延加工业	31	197025	1874	944
有色金属冶炼和压延加工业	32	246032	2341	1200

组距分组的企业法人单位从业人员数

200-500万元	500-1000万元	1000-2000万元	2000-5000万元	5000万元-1亿元	1亿元以上	代码
2173491	**1988939**	**2047768**	**2052621**	**1645220**	**8168708**	**00**
6105	**4814**	**3020**	**2282**	**2521**	**4092**	**A**
						01
						02
						03
						04
6105	4814	3020	2282	2521	4092	05
3000	**6384**	**10719**	**10973**	**16066**	**446769**	**B**
329	1980	1683	3394	6409	271340	06
3		176	41	354	83944	07
203	608	1004	1512	2349	18411	08
182	740	1733	785	3125	48865	09
1726	2320	5704	4042	3059	5484	10
537	476	329	1119	770	18725	11
20	260	90	80			12
630840	**760573**	**1076946**	**962955**	**711170**	**4048290**	**C**
33901	40881	66391	68118	62378	414614	13
16277	19020	29464	31330	26155	87333	14
6747	6273	10955	7791	6011	49278	15
10			231	344	8007	16
31453	41363	72986	76043	58340	234956	17
49370	55806	73079	60414	41572	165969	18
7872	10791	15510	15310	8688	38102	19
68162	74446	106547	54153	41658	52020	20
14074	18319	29618	16374	7951	20413	21
12683	13042	16063	12218	10538	90841	22
14731	14993	17417	15837	11254	23662	23
30591	45490	48800	43853	27250	65839	24
1471	1875	2213	2967	1623	113682	25
20196	24843	46791	50636	42959	345734	26
5530	5908	11884	18406	15707	202087	27
671	1265	1547	2822	1132	12232	28
33545	41076	49096	47462	30318	192291	29
46273	63291	108947	88935	57250	208411	30
2525	3062	5096	4450	4054	175020	31
2418	3194	5924	7299	8846	214810	32

2-27 续表 1

分 组	代码	从业人员期末人数（人）	100万元及以下	100-200万元
金属制品业	33	473475	30476	20674
通用设备制造业	34	723618	57545	38363
专用设备制造业	35	495989	30580	22595
汽车制造业	36	420326	8417	6365
铁路、船舶、航空航天和其他运输设备制造业	37	127030	3454	1926
电气机械和器材制造业	38	328535	13533	8249
计算机、通信和其他电子设备制造业	39	341744	8152	4598
仪器仪表制造业	40	70850	4130	2731
其他制造业	41	33121	4147	2272
废弃资源综合利用业	42	13298	1167	591
金属制品、机械和设备修理业	43	36310	6250	3051
电力、热力、燃气及水生产和供应业	**D**	**343624**	**10493**	**2596**
电力、热力生产和供应业	44	263488	7854	1473
燃气生产和供应业	45	27417	460	271
水的生产和供应业	46	52719	2179	852
建筑业	**E**	**3455969**	**217455**	**115347**
房屋建筑业	47	2021238	49720	29263
土木工程建筑业	48	658851	43900	26152
建筑安装业	49	354759	38397	18990
建筑装饰、装修和其他建筑业	50	421121	85438	40942
批发和零售业	**F**	**3276420**	**705780**	**280792**
批发业	51	1936237	398765	158031
零售业	52	1340183	307015	122761
交通运输、仓储和邮政业	**G**	**931544**	**73867**	**41498**
铁路运输业	53	137		
道路运输业	54	585971	44238	26885
水上运输业	55	65491	1984	664
航空运输业	56	22762	415	64
管道运输业	57	3549	15	
多式联运和运输代理业	58	85250	13795	5506
装卸搬运和仓储业	59	98578	11266	6728
邮政业	60	69806	2154	1651
住宿和餐饮业	**H**	**360433**	**66647**	**51433**
住宿业	61	134870	15136	13898
餐饮业	62	225563	51511	37535
信息传输、软件和信息技术服务业	**I**	**486273**	**104465**	**32582**
电信、广播电视和卫星传输服务	63	118999	2167	770

200—500万元	500—1000万元	1000—2000万元	2000—5000万元	5000万元—1亿元	1亿元以上	代码
44900	55313	62316	67352	38569	153875	33
74329	81628	106797	78816	56424	229716	34
44123	51796	66493	63942	41636	174824	35
14546	20691	37986	39707	32714	259900	36
6044	8912	10968	9567	10328	75831	37
17807	23489	32160	38220	31498	163579	38
9913	12805	18129	22239	25042	240866	39
5378	6171	9425	12150	7940	22925	40
5057	6414	7676	3205	729	3621	41
1132	1951	2345	1848	1106	3158	42
9111	6465	4323	1260	1156	4694	43
6235	**9022**	**16589**	**27680**	**23821**	**247188**	**D**
3123	4934	8641	11345	14077	212041	44
686	796	1810	2615	2191	18588	45
2426	3292	6138	13720	7553	16559	46
227709	**229096**	**212759**	**306829**	**394689**	**1752085**	**E**
63697	77826	90122	178298	270957	1261355	47
52159	51991	45922	63117	67231	308379	48
39609	35740	33050	32412	26392	130169	49
72244	63539	43665	33002	30109	52182	50
537521	**367512**	**319122**	**233186**	**158557**	**673950**	**F**
279059	283457	247269	149247	93915	326494	51
258462	84055	71853	83939	64642	347456	52
97894	**123333**	**84146**	**108974**	**78298**	**323534**	**G**
				137		53
64530	86567	62236	81222	61315	158978	54
2182	3758	3784	5157	2339	45623	55
130	161	61	149	624	21158	56
116	81	29	154	158	2996	57
12960	13749	7969	8940	5146	17185	58
14279	14978	8280	10466	5480	27101	59
3697	4039	1787	2886	3099	50493	60
53630	**36268**	**38769**	**53975**	**29167**	**30544**	**H**
18999	13649	17624	29173	14480	11911	61
34631	22619	21145	24802	14687	18633	62
54761	**50589**	**21069**	**26533**	**16221**	**180053**	**I**
1152	1053	459	1619	1214	110565	63

2-27 续表 2

分　组	代码	从业人员期末人数（人）		
			100万元及以下	100-200万元
互联网和相关服务	64	56960	16596	5710
软件和信息技术服务业	65	310314	85702	26102
金融业	**J**	**22044**	**5950**	**1804**
货币金融服务	66	9131	2430	770
资本市场服务	67	5370	1562	554
保险业	68	734	321	102
其他金融业	69	6809	1637	378
房地产业	**K**	**781791**	**172917**	**57573**
房地产业	70	781791	172917	57573
租赁和商务服务业	**L**	**1123824**	**298766**	**100143**
租赁业	71	91457	29868	12636
商务服务业	72	1032367	268898	87507
科学研究和技术服务业	**M**	**631142**	**147699**	**60445**
研究和试验发展	73	68510	18413	6188
专业技术服务业	74	389503	71985	34030
科技推广和应用服务业	75	173129	57301	20227
水利、环境和公共设施管理业	**N**	**212058**	**20707**	**10077**
水利管理业	76	6295	784	305
生态保护和环境治理业	77	12542	2187	758
公共设施管理业	78	190736	17239	8827
土地管理业	79	2485	497	187
居民服务、修理和其他服务业	**O**	**231833**	**76427**	**29033**
居民服务业	80	86299	31895	11084
机动车、电子产品和日用产品修理业	81	72829	28652	9452
其他服务业	82	72705	15880	8497
教育	**P**	**100634**	**42604**	**12477**
教育	83	100634	42604	12477
卫生和社会工作	**Q**	**82515**	**11785**	**4172**
卫生	84	74522	8831	3497
社会工作	85	7993	2954	675
文化、体育和娱乐业	**R**	**169598**	**66458**	**18482**
新闻和出版业	86	11190	458	159
广播、电视、电影和录音制作业	87	23296	6737	2846
文化艺术业	88	38768	15644	4584
体育	89	15293	6489	1377
娱乐业	90	81051	37130	9516

200–500万元	500–1000万元	1000–2000万元	2000–5000万元	5000万元–1亿元	1亿元以上	代码
8857	6769	3091	2388	394	13155	64
44752	42767	17519	22526	14613	56333	65
2784	**2221**	**2491**	**1424**	**1718**	**3652**	**J**
1213	1096	1318	710	799	795	66
637	335	266	377	113	1526	67
200	85		26			68
734	705	907	311	806	1331	69
115300	**99739**	**66672**	**90426**	**50816**	**128348**	**K**
115300	99739	66672	90426	50816	128348	70
180412	**130738**	**73129**	**100423**	**78661**	**161552**	**L**
23471	16583	3242	3731	1098	828	71
156941	114155	69887	96692	77563	160724	72
114574	**97814**	**50249**	**59249**	**35034**	**66078**	**M**
12263	10633	5784	3318	3963	7948	73
67254	55829	35038	45523	27373	52471	74
35057	31352	9427	10408	3698	5659	75
24095	**21216**	**21464**	**28223**	**19709**	**66567**	**N**
564	900	379	944	844	1575	76
1738	1917	1305	1431	1423	1783	77
21400	17991	19580	25762	17409	62528	78
393	408	200	86	33	681	79
52527	**14665**	**23087**	**14896**	**13725**	**7473**	**O**
20204	5391	8450	5043	644	3588	80
18857	4804	3669	4396	806	2193	81
13466	4470	10968	5457	12275	1692	82
18332	**13338**	**5342**	**2916**	**1280**	**4345**	**P**
18332	13338	5342	2916	1280	4345	83
9246	**11505**	**12062**	**13578**	**6208**	**13959**	**Q**
7429	10215	11212	13171	6208	13959	84
1817	1290	850	407			85
38526	**10112**	**10133**	**8099**	**7559**	**10229**	**R**
475	364	1165	2010	1343	5216	86
5246	1895	1725	2013	2675	159	87
10921	1913	1704	801	407	2794	88
3134	1133	1191	982	896	91	89
18750	4807	4348	2293	2238	1969	90

2–28 按地区、资产总计组距分组的企业法人单位数

分 组	法 人 单位数 (个)	50万元 及以下	50– 100万元	100– 500万元	500– 1000万元	1000– 5000万元	5000万元– 1亿元	1亿元 以 上
全 省	**1547260**	**802020**	**179563**	**334996**	**95708**	**87053**	**18206**	**29714**
济南市	209176	121519	22036	37449	11593	10662	2199	3718
青岛市	334660	175971	35267	74635	23846	17198	2867	4876
淄博市	85413	52854	7208	13897	4160	4491	1071	1732
枣庄市	29818	10969	5155	9192	1712	1721	394	675
东营市	33588	16983	3240	6533	2078	2608	751	1395
烟台市	157936	84391	17885	33827	9647	7887	1675	2624
潍坊市	147032	87322	14543	26194	7151	7112	1728	2982
济宁市	107810	47526	15939	27865	7190	6517	1143	1630
泰安市	50773	30965	5053	7898	2272	2779	665	1141
威海市	54516	24452	6354	13916	4181	3502	789	1322
日照市	42951	24107	5299	7124	2241	2578	605	997
临沂市	92687	39217	16183	23346	5136	5516	1363	1926
德州市	51862	19294	6632	14271	4767	4753	734	1411
聊城市	49258	27801	5322	9175	2435	2771	654	1100
滨州市	47773	26595	4910	8758	2518	2989	726	1277
菏泽市	52003	12054	8537	20916	4781	3969	842	904

2-29 按地区、资产总计组距分组的企业法人单位从业人员数

分 组	从业人员期末人数(人)	50万元及以下	50-100万元	100-500万元	500-1000万元	1000-5000万元	5000万元-1亿元	1亿元以上
全 省	**21662670**	**2151655**	**1100907**	**3414781**	**1766268**	**3444015**	**1577411**	**8207633**
济南市	2670175	310504	125839	346955	194266	360961	168865	1162785
青岛市	3351879	372832	179879	638216	348179	523602	215098	1074073
淄博市	1141964	96804	33825	107966	63716	161606	89871	588176
枣庄市	604838	54012	35403	99333	42561	106995	55254	211280
东营市	649708	39099	15696	50342	27667	69074	41465	406365
烟台市	2062671	231295	120809	351516	182877	300063	139457	736654
潍坊市	1852462	218291	85402	252968	128942	277046	140679	749134
济宁市	1681328	165735	104109	296231	146680	276670	99640	592263
泰安市	874495	79260	31000	91367	47662	141093	78216	405897
威海市	974678	78840	46852	156474	90542	166251	76247	359472
日照市	494822	56873	25520	64769	35970	79614	49730	182346
临沂市	1625600	165430	112504	288372	135385	288963	138549	496397
德州市	947896	81391	50971	169617	91861	201161	65896	286999
聊城市	709445	82444	36183	100003	45960	118520	55510	270825
滨州市	716199	66103	27501	80545	39603	100566	51643	350238
菏泽市	1185780	52742	69414	320107	144397	271830	111291	215999

2-30 按行业(大类)、资产总计组距

分组	代码	法人单位数(个)	
			50万元及以下
总　计	**00**	**1547260**	**802020**
农、林、牧、渔业	**A**	**4839**	**2467**
农业	01	5	5
林业	02		
畜牧业	03	4	4
渔业	04	3	3
农、林、牧、渔专业及辅助性活动	05	4827	2455
采矿业	**B**	**2357**	**679**
煤炭开采和洗选业	06	262	41
石油和天然气开采业	07	28	6
黑色金属矿采选业	08	293	92
有色金属矿采选业	09	197	35
非金属矿采选业	10	1163	367
开采专业及辅助性活动	11	350	107
其他采矿业	12	64	31
制造业	**C**	**309860**	**99495**
农副食品加工业	13	17084	5057
食品制造业	14	8023	2825
酒、饮料和精制茶制造业	15	3609	1359
烟草制品业	16	11	1
纺织业	17	13542	3726
纺织服装、服饰业	18	16872	7109
皮革、毛皮、羽毛及其制品和制鞋业	19	3494	1216
木材加工和木、竹、藤、棕、草制品业	20	24375	5962
家具制造业	21	6847	2462
造纸和纸制品业	22	6130	1856
印刷和记录媒介复制业	23	7494	2411
文教、工美、体育和娱乐用品制造业	24	12071	4394
石油、煤炭及其他燃料加工业	25	1129	267
化学原料和化学制品制造业	26	13304	3676
医药制造业	27	2368	574
化学纤维制造业	28	485	136
橡胶和塑料制品业	29	17066	4923
非金属矿物制品业	30	25502	7048
黑色金属冶炼和压延加工业	31	1866	501
有色金属冶炼和压延加工业	32	1773	486

分组的企业法人单位数

50–100万元	100–500万元	500–1000万元	1000–5000万元	5000万元–1亿元	1亿元以上	代码
179563	**334996**	**95708**	**87053**	**18206**	**29714**	**00**
609	**1085**	**333**	**263**	**38**	**44**	**A**
						01
						02
						03
						04
609	1085	333	263	38	44	05
152	**489**	**247**	**384**	**99**	**307**	**B**
6	42	22	33	10	108	06
	3	3	2		14	07
17	36	27	40	22	59	08
6	30	18	37	11	60	09
78	265	137	216	47	53	10
37	104	35	49	7	11	11
8	9	5	7	2	2	12
38593	**88725**	**30368**	**35860**	**7476**	**9343**	**C**
1602	4402	1822	2719	688	794	13
872	2015	766	1039	215	291	14
432	902	295	369	102	150	15
2	1	1		1	5	16
1394	3911	1587	2111	417	396	17
2268	4564	1343	1242	186	160	18
383	992	378	411	57	57	19
4879	9404	2130	1641	221	138	20
862	2043	657	658	95	70	21
856	1968	583	589	114	164	22
1072	2456	669	677	119	90	23
1563	3471	1108	1159	197	179	24
90	223	98	201	59	191	25
1107	2967	1401	2379	648	1126	26
132	404	280	467	169	342	27
38	129	46	77	20	39	28
2187	5446	1840	1933	377	360	29
2532	7028	3078	4075	841	900	30
203	513	156	238	70	185	31
143	410	174	265	79	216	32

2-30 续表 1

分　组	代码	法人单位数(个)	
			50万元及以下
金属制品业	33	24605	8267
通用设备制造业	34	41400	14375
专用设备制造业	35	24375	8302
汽车制造业	36	7656	1973
铁路、船舶、航空航天和其他运输设备制造业	37	2474	680
电气机械和器材制造业	38	10186	3337
计算机、通信和其他电子设备制造业	39	5245	1827
仪器仪表制造业	40	3090	1053
其他制造业	41	2901	1237
废弃资源综合利用业	42	872	343
金属制品、机械和设备修理业	43	4011	2112
电力、热力、燃气及水生产和供应业	**D**	**5981**	**2028**
电力、热力生产和供应业	44	3842	1453
燃气生产和供应业	45	610	143
水的生产和供应业	46	1529	432
建筑业	**E**	**124512**	**62675**
房屋建筑业	47	27066	11508
土木工程建筑业	48	26968	12006
建筑安装业	49	22076	11175
建筑装饰、装修和其他建筑业	50	48402	27986
批发和零售业	**F**	**570140**	**312380**
批发业	51	350251	183310
零售业	52	219889	129070
交通运输、仓储和邮政业	**G**	**52212**	**20612**
铁路运输业	53	20	1
道路运输业	54	32785	12575
水上运输业	55	1221	417
航空运输业	56	179	86
管道运输业	57	46	6
多式联运和运输代理业	58	10166	4431
装卸搬运和仓储业	59	6626	2575
邮政业	60	1169	521
住宿和餐饮业	**H**	**28145**	**17326**
住宿业	61	6441	2900
餐饮业	62	21704	14426
信息传输、软件和信息技术服务业	**I**	**58207**	**40200**
电信、广播电视和卫星传输服务	63	1160	631

50-100万元	100-500万元	500-1000万元	1000-5000万元	5000万元-1亿元	1亿元以上	代码
3149	7082	2486	2604	478	539	33
5893	12132	3818	3804	660	718	34
2983	7035	2210	2739	536	570	35
739	2084	857	1183	309	511	36
210	692	301	328	106	157	37
1077	2439	964	1451	374	544	38
544	1272	467	660	193	282	39
383	812	281	376	89	96	40
391	817	233	182	25	16	41
72	206	71	127	16	37	42
535	905	268	156	15	20	43
372	**867**	**369**	**762**	**364**	**1219**	**D**
227	520	238	406	177	821	44
29	85	42	116	55	140	45
116	262	89	240	132	258	46
14355	**27398**	**8703**	**7247**	**1875**	**2259**	**E**
2856	6007	2224	2426	949	1096	47
3014	6501	2137	2042	488	780	48
2665	5146	1553	1161	186	190	49
5820	9744	2789	1618	252	193	50
71900	**126494**	**31377**	**21425**	**3244**	**3320**	**F**
42970	80667	22990	15603	2265	2446	51
28930	45827	8387	5822	979	874	52
5795	**14420**	**5432**	**4347**	**728**	**878**	**G**
				2	17	53
3606	9419	3332	3048	434	371	54
108	258	119	166	51	102	55
8	26	16	13	3	27	56
1	5	3	6	7	18	57
1142	2628	1298	504	85	78	58
710	1780	602	582	137	240	59
220	304	62	28	9	25	60
3429	**4995**	**1086**	**923**	**187**	**199**	**H**
799	1555	495	473	109	110	61
2630	3440	591	450	78	89	62
5669	**8282**	**1925**	**1543**	**221**	**367**	**I**
133	219	43	38	11	85	63

2-30 续表 2

分 组	代码	法人单位数（个）	50万元及以下
互联网和相关服务	64	9052	6447
软件和信息技术服务业	65	47995	33122
金融业	**J**	**5734**	**1719**
货币金融服务	66	1847	363
资本市场服务	67	1749	703
保险业	68	1426	311
其他金融业	69	712	342
房地产业	**K**	**51111**	**24354**
房地产业	70	51111	24354
租赁和商务服务业	**L**	**156874**	**104819**
租赁业	71	16761	8758
商务服务业	72	140113	96061
科学研究和技术服务业	**M**	**84711**	**50817**
研究和试验发展	73	11917	7475
专业技术服务业	74	38228	21290
科技推广和应用服务业	75	34566	22052
水利、环境和公共设施管理业	**N**	**8989**	**4104**
水利管理业	76	392	160
生态保护和环境治理业	77	1059	512
公共设施管理业	78	7261	3318
土地管理业	79	277	114
居民服务、修理和其他服务业	**O**	**32386**	**22228**
居民服务业	80	13058	9842
机动车、电子产品和日用产品修理业	81	13615	8642
其他服务业	82	5713	3744
教育	**P**	**14587**	**10600**
教育	83	14587	10600
卫生和社会工作	**Q**	**4638**	**2696**
卫生	84	3517	2033
社会工作	85	1121	663
文化、体育和娱乐业	**R**	**31977**	**22821**
新闻和出版业	86	214	91
广播、电视、电影和录音制作业	87	3312	2158
文化艺术业	88	7799	5636
体育	89	2378	1725
娱乐业	90	18274	13211

50–100万元	100–500万元	500–1000万元	1000–5000万元	5000万元–1亿元	1亿元以上	代码
898	1220	257	178	24	28	64
4638	6843	1625	1327	186	254	65
187	**591**	**327**	**862**	**342**	**1706**	**J**
35	87	39	272	93	958	66
54	240	163	280	111	198	67
55	206	90	262	111	391	68
43	58	35	48	27	159	69
4299	**7512**	**2668**	**3744**	**1729**	**6805**	**K**
4299	7512	2668	3744	1729	6805	70
15466	**24464**	**5455**	**3805**	**901**	**1964**	**L**
2376	4226	871	425	50	55	71
13090	20238	4584	3380	851	1909	72
8948	**15818**	**4432**	**3503**	**555**	**638**	**M**
1135	2090	559	488	88	82	73
4397	7931	2252	1770	249	339	74
3416	5797	1621	1245	218	217	75
943	**1948**	**680**	**759**	**199**	**356**	**N**
39	82	31	27	11	42	76
91	171	73	117	37	58	77
786	1643	560	595	144	215	78
27	52	16	20	7	41	79
3735	**4971**	**855**	**486**	**47**	**64**	**O**
1221	1554	245	147	17	32	80
1813	2446	444	233	20	17	81
701	971	166	106	10	15	82
1432	**1790**	**408**	**291**	**37**	**29**	**P**
1432	1790	408	291	37	29	83
432	**841**	**254**	**310**	**43**	**62**	**Q**
327	630	196	252	33	46	84
105	211	58	58	10	16	85
3247	**4306**	**789**	**539**	**121**	**154**	**R**
15	36	21	15	12	24	86
302	564	140	117	14	17	87
743	1082	182	109	18	29	88
213	332	44	35	15	14	89
1974	2292	402	263	62	70	90

2-31 按行业（大类）、资产总计组距

分组	代码	从业人员期末人数（人）	50万元及以下
总　计	**00**	**21662670**	**2151655**
农、林、牧、渔业	**A**	**36495**	**6097**
农业	01		
林业	02		
畜牧业	03		
渔业	04		
农、林、牧、渔专业及辅助性活动	05	36495	6097
采矿业	**B**	**505128**	**4419**
煤炭开采和洗选业	06	289480	1528
石油和天然气开采业	07	84522	1
黑色金属矿采选业	08	24856	91
有色金属矿采选业	09	56341	19
非金属矿采选业	10	24608	619
开采专业及辅助性活动	11	24715	2104
其他采矿业	12	606	57
制造业	**C**	**8911345**	**332591**
农副食品加工业	13	731018	16764
食品制造业	14	233903	9734
酒、饮料和精制茶制造业	15	100847	3546
烟草制品业	16	8597	3
纺织业	17	547716	13243
纺织服装、服饰业	18	497804	29746
皮革、毛皮、羽毛及其制品和制鞋业	19	105102	5264
木材加工和木、竹、藤、棕、草制品业	20	444530	37445
家具制造业	21	122122	7633
造纸和纸制品业	22	170519	5847
印刷和记录媒介复制业	23	117550	7569
文教、工美、体育和娱乐用品制造业	24	295354	19937
石油、煤炭及其他燃料加工业	25	125918	521
化学原料和化学制品制造业	26	559584	10751
医药制造业	27	267820	2743
化学纤维制造业	28	20591	179
橡胶和塑料制品业	29	429723	14063
非金属矿物制品业	30	625294	19234
黑色金属冶炼和压延加工业	31	197025	1209
有色金属冶炼和压延加工业	32	246032	1045

分组的企业法人单位从业人员数

50–100万元	100–500万元	500–1000万元	1000–5000万元	5000万元–1亿元	1亿元以上	代码
1100907	**3414781**	**1766268**	**3444015**	**1577411**	**8207633**	**00**
3583		**4931**	**5882**	**2155**	**4090**	**A**
						01
						02
						03
						04
3583	9757	4931	5882	2155	4090	05
919	**4870**	**4339**	**13157**	**8404**	**469020**	**B**
141	576	349	1582	1647	283657	06
	25	29	71		84396	07
87	333	474	1295	1847	20729	08
46	310	390	1864	711	53001	09
430	2590	2574	7297	3435	7663	10
184	872	414	833	746	19562	11
31	164	109	215	18	12	12
296336	**1154886**	**688670**	**1696752**	**756143**	**3985967**	**C**
14689	62123	46386	153829	85351	351876	13
7568	28155	17240	54533	23840	92833	14
2913	9503	5760	12917	10636	55572	15
4	8	231		188	8163	16
11562	60262	46821	135381	63649	216798	17
26053	96947	51723	100036	35663	157636	18
3948	17288	11899	28653	10047	28003	19
47991	153793	59037	95321	27763	23180	20
6360	29819	15199	31972	12326	18813	21
5787	21142	12101	26400	12556	86686	22
6592	24252	13955	31438	13014	20730	23
15095	60929	34461	78153	24797	61982	24
630	1836	1380	5163	2910	113478	25
7058	31082	23912	87088	41891	357802	26
1179	4894	5810	20964	15711	216519	27
314	1400	784	3255	1074	13585	28
15258	64242	37906	79444	33340	185470	29
16439	87655	64577	163584	62461	211344	30
1144	5246	2617	8213	5562	173034	31
1394	4943	3562	12553	9061	213474	32

2-31 续表 1

分 组	代码	从业人员期末人数（人）	
			50万元及以下
金属制品业	33	473475	23543
通用设备制造业	34	723618	39453
专用设备制造业	35	495989	23701
汽车制造业	36	420326	5292
铁路、船舶、航空航天和其他运输设备制造业	37	127030	3297
电气机械和器材制造业	38	328535	8903
计算机、通信和其他电子设备制造业	39	341744	5683
仪器仪表制造业	40	70850	3105
其他制造业	41	33121	3273
废弃资源综合利用业	42	13298	659
金属制品、机械和设备修理业	43	36310	9206
电力、热力、燃气及水生产和供应业	**D**	**343624**	**5321**
电力、热力生产和供应业	44	263488	3837
燃气生产和供应业	45	27417	300
水的生产和供应业	46	52719	1184
建筑业	**E**	**3455969**	**215564**
房屋建筑业	47	2021238	47444
土木工程建筑业	48	658851	41647
建筑安装业	49	354759	37659
建筑装饰、装修和其他建筑业	50	421121	88814
批发和零售业	**F**	**3276420**	**665412**
批发业	51	1936237	379681
零售业	52	1340183	285731
交通运输、仓储和邮政业	**G**	**931544**	**59555**
铁路运输业	53	137	
道路运输业	54	585971	33776
水上运输业	55	65491	1192
航空运输业	56	22762	166
管道运输业	57	3549	
多式联运和运输代理业	58	85250	11072
装卸搬运和仓储业	59	98578	10111
邮政业	60	69806	3238
住宿和餐饮业	**H**	**360433**	**70462**
住宿业	61	134870	13041
餐饮业	62	225563	57421
信息传输、软件和信息技术服务业	**I**	**486273**	**97889**
电信、广播电视和卫星传输服务	63	118999	1871

50-100万元	100-500万元	500-1000万元	1000-5000万元	5000万元-1亿元	1亿元以上	代码
20739	77553	47437	106621	43034	154548	33
37317	122931	69570	149733	59874	244740	34
19046	75495	41726	105309	43309	187403	35
5802	27911	21968	62126	35952	261275	36
1620	11132	6623	15487	10349	78522	37
6950	28905	18705	60316	31568	173188	38
4197	16542	9979	35456	27504	242383	39
2208	8638	5912	17555	10361	23071	40
2834	9773	5104	6667	938	4532	41
493	2197	1360	4151	592	3846	42
3152	8290	4925	4434	822	5481	43
2254	**8789**	**5290**	**18919**	**14775**	**288276**	**D**
1422	5627	3380	9382	6557	233283	44
150	723	587	2948	2222	20487	45
682	2439	1323	6589	5996	34506	46
102615	**313405**	**201131**	**508463**	**376379**	**1738412**	**E**
25072	82956	71968	281983	271860	1239955	47
21225	73840	43480	93263	53486	331910	48
18433	53334	31276	61463	27793	124801	49
37885	103275	54407	71754	23240	41746	50
318285	**839651**	**342205**	**425169**	**137588**	**548110**	**F**
186773	534872	241997	257029	62032	273853	51
131512	304779	100208	168140	75556	274257	52
40204	**153924**	**97113**	**167408**	**73753**	**339587**	**G**
				137		53
22234	103294	67838	128190	44052	186587	54
533	2867	2440	6968	2952	48539	55
48	146	214	231	14	21943	56
5	37	34	108	162	3203	57
8431	19832	14135	14252	6039	11489	58
5293	20584	9724	14527	14437	23902	59
3660	7164	2728	3132	5960	43924	60
32507	**73606**	**34201**	**69730**	**28455**	**51472**	**H**
7465	22469	15111	33052	15981	27751	61
25042	51137	19090	36678	12474	23721	62
35326	**80709**	**29490**	**47346**	**22894**	**172619**	**I**
874	2154	690	3528	954	108928	63

2-31 续表 2

分 组	代码	从业人员期末人数（人）	50万元及以下
互联网和相关服务	64	56960	15459
软件和信息技术服务业	65	310314	80559
金融业	**J**	**22044**	**2765**
货币金融服务	66	9131	843
资本市场服务	67	5370	717
保险业	68	734	431
其他金融业	69	6809	774
房地产业	**K**	**781791**	**95533**
房地产业	70	781791	95533
租赁和商务服务业	**L**	**1123824**	**282227**
租赁业	71	91457	23820
商务服务业	72	1032367	258407
科学研究和技术服务业	**M**	**631142**	**124381**
研究和试验发展	73	68510	14297
专业技术服务业	74	389503	65296
科技推广和应用服务业	75	173129	44788
水利、环境和公共设施管理业	**N**	**212058**	**14141**
水利管理业	76	6295	382
生态保护和环境治理业	77	12542	1188
公共设施管理业	78	190736	12255
土地管理业	79	2485	316
居民服务、修理和其他服务业	**O**	**231833**	**74992**
居民服务业	80	86299	33567
机动车、电子产品和日用产品修理业	81	72829	24991
其他服务业	82	72705	16434
教育	**P**	**100634**	**35700**
教育	83	100634	35700
卫生和社会工作	**Q**	**82515**	**7744**
卫生	84	74522	6256
社会工作	85	7993	1488
文化、体育和娱乐业	**R**	**169598**	**56862**
新闻和出版业	86	11190	270
广播、电视、电影和录音制作业	87	23296	5978
文化艺术业	88	38768	14382
体育	89	15293	5007
娱乐业	90	81051	31225

50–100万元	100–500万元	500–1000万元	1000–5000万元	5000万元–1亿元	1亿元以上	代码
6124	12749	3761	4179	1475	13213	64
28328	65806	25039	39639	20465	50478	65
899	**1929**	**1494**	**2914**	**1537**	**10506**	**J**
299	803	374	1594	818	4400	66
305	476	123	668	520	2561	67
62	140	66	35			68
233	510	931	617	199	3545	69
48289	**142723**	**81784**	**124305**	**44829**	**244328**	**K**
48289	142723	81784	124305	44829	244328	70
98673	**297230**	**126601**	**132012**	**41841**	**145240**	**L**
12888	32924	9812	7947	1443	2623	71
85785	264306	116789	124065	40398	142617	72
52976	**154540**	**75718**	**109674**	**35259**	**78594**	**M**
5871	17321	8466	10309	3427	8819	73
28530	87559	47438	77255	26604	56821	74
18575	49660	19814	22110	5228	12954	75
8456	**30437**	**20687**	**47749**	**10331**	**80257**	**N**
257	925	803	818	479	2631	76
592	1542	1212	2583	1006	4419	77
7411	27389	18495	44073	8711	72402	78
196	581	177	275	135	805	79
26331	**68549**	**20734**	**23444**	**8846**	**8937**	**O**
8931	24661	7097	5508	905	5630	80
10179	20919	6318	6915	972	2535	81
7221	22969	7319	11021	6969	772	82
11223	**23683**	**9252**	**13952**	**2395**	**4429**	**P**
11223	23683	9252	13952	2395	4429	83
3501	**16231**	**9586**	**21792**	**4878**	**18783**	**Q**
2828	13553	8539	20411	4640	18295	84
673	2678	1047	1381	238	488	85
18530	**39862**	**13042**	**15347**	**6949**	**19006**	**R**
111	901	1338	1118	2114	5338	86
2056	6351	2162	2808	934	3007	87
4339	10204	2687	2835	761	3560	88
1789	3666	1123	1205	1056	1447	89
10235	18740	5732	7381	2084	5654	90

2–32 按行业(大类)、地区分组的

分组	代码	法人单位数(个)	济南市	青岛市	淄博市	枣庄市
总　计	**00**	**12462**	**2528**	**1880**	**555**	**493**
农、林、牧、渔业	**A**	**32**	**5**	**4**		**1**
农业	01					
林业	02					
畜牧业	03					
渔业	04					
农、林、牧、渔专业及辅助性活动	05	32	5	4		1
采矿业	**B**	**153**	**10**	**3**	**8**	**15**
煤炭开采和洗选业	06	71	4		2	14
石油和天然气开采业	07	12	2		3	
黑色金属矿采选业	08	13	3		3	
有色金属矿采选业	09	25		1		
非金属矿采选业	10	23	1	2		1
开采专业及辅助性活动	11	7				
其他采矿业	12	2				
制造业	**C**	**1270**	**217**	**223**	**77**	**69**
农副食品加工业	13	59	3	3	1	3
食品制造业	14	41	8	7	1	1
酒、饮料和精制茶制造业	15	51	6	5	1	4
烟草制品业	16	5	1			
纺织业	17	33	3	4		5
纺织服装、服饰业	18	23	4	4		2
皮革、毛皮、羽毛及其制品和制鞋业	19	4		3		
木材加工和木、竹、藤、棕、草制品业	20	10		4		
家具制造业	21	3		1		
造纸和纸制品业	22	16	2	2	1	1
印刷和记录媒介复制业	23	64	19	7	1	2
文教、工美、体育和娱乐用品制造业	24	7	2		1	1
石油、煤炭及其他燃料加工业	25	31	3	5	2	3
化学原料和化学制品制造业	26	123	11	21	8	6
医药制造业	27	32	6	4	5	1
化学纤维制造业	28	4	1			
橡胶和塑料制品业	29	37	3	12	4	3
非金属矿物制品业	30	141	18	13	16	15
黑色金属冶炼和压延加工业	31	22	6	8	1	
有色金属冶炼和压延加工业	32	26	1	5	4	1

国有控股企业法人单位数

东营市	烟台市	潍坊市	济宁市	泰安市	威海市	日照市	临沂市	德州市	聊城市	滨州市	菏泽市	代码
360	**1038**	**916**	**777**	**554**	**509**	**459**	**566**	**555**	**441**	**531**	**296**	**00**
2	**4**	**2**	**7**	**1**		**1**		**1**		**1**	**3**	**A**
												01
												02
												03
												04
2	4	2	7	1		1		1		1	3	05
12	**21**	**8**	**32**	**14**	**3**	**1**	**9**	**3**		**9**	**5**	**B**
	3		29	10			1	3			5	06
5										2		07
	2	2	1				2					08
	16		1		3		2			2		09
3		6		3		1	3			3		10
4				1						2		11
			1				1					12
27	**118**	**91**	**120**	**71**	**31**	**33**	**37**	**38**	**57**	**37**	**23**	**C**
	6	3	12	1	1	6	2	6	7		5	13
3	2	5	1	5			2	2	3		1	14
3	7	5	3	1	4	4	2	2	2	1	1	15
		2					1					16
1		4	2	2	1	1		3	2	4	1	17
	1		3	1	2		1	1	1	2	1	18
					1							19
1	2	1	1								1	20
				1			1					21
	3	2				1		3	1			22
2	7	6	6	4		3	3	1	1	1	1	23
	1					1	1					24
6		3	4			1		1	1	2		25
6	6	12	11	4		1	4	9	15	7	2	26
	1	1	9				2		3			27
	3											28
	5	1	3	3	1	1		1				29
1	10	7	11	10	3	9	8	3	5	6	6	30
	1	1		2	1	1		1				31
	7		5						1	2		32

2－32 续表 1

分 组	代码	法 人 单位数 (个)	济南市	青岛市	淄博市	枣庄市
金属制品业	33	51	13	10	1	3
通用设备制造业	34	120	21	22	10	5
专用设备制造业	35	105	17	12	11	8
汽车制造业	36	47	8	7	1	
铁路、船舶、航空航天和其他运输设备制造业	37	48	10	26	1	
电气机械和器材制造业	38	75	26	16	3	1
计算机、通信和其他电子设备制造业	39	44	14	10	1	
仪器仪表制造业	40	23	7	5	3	
其他制造业	41	2		1		
废弃资源综合利用业	42	3	1			
金属制品、机械和设备修理业	43	20	3	6		4
电力、热力、燃气及水生产和供应业	**D**	**670**	**60**	**64**	**37**	**38**
电力、热力生产和供应业	44	356	27	38	17	20
燃气生产和供应业	45	56	12	6	7	1
水的生产和供应业	46	258	21	20	13	17
建筑业	**E**	**901**	**160**	**109**	**36**	**52**
房屋建筑业	47	155	35	17	6	16
土木工程建筑业	48	590	83	67	28	28
建筑安装业	49	85	19	13		5
建筑装饰、装修和其他建筑业	50	71	23	12	2	3
批发和零售业	**F**	**1616**	**349**	**260**	**61**	**64**
批发业	51	1049	228	206	43	41
零售业	52	567	121	54	18	23
交通运输、仓储和邮政业	**G**	**802**	**106**	**149**	**33**	**32**
铁路运输业	53	20	11	1		
道路运输业	54	285	44	46	15	16
水上运输业	55	77	4	15		1
航空运输业	56	17	3	3		
管道运输业	57	16	6	1	1	
多式联运和运输代理业	58	89	10	42	1	
装卸搬运和仓储业	59	265	23	38	15	13
邮政业	60	33	5	3	1	2
住宿和餐饮业	**H**	**359**	**81**	**67**	**11**	**11**
住宿业	61	227	48	50	7	5
餐饮业	62	132	33	17	4	6
信息传输、软件和信息技术服务业	**I**	**284**	**107**	**58**	**7**	**4**
电信、广播电视和卫星传输服务	63	98	17	13	3	2

东营市	烟台市	潍坊市	济宁市	泰安市	威海市	日照市	临沂市	德州市	聊城市	滨州市	菏泽市	代码
	5	3	5	3	1		1	1	4		1	33
1	12	15	12	7	5		2		2	6		34
2	7	4	19	14			3	4	3		1	35
	13	4	2	5	1		1		4	1		36
	3			1	4	1	1			1		37
1	5	6	6	3	1	3				3	1	38
	2	5	3	1	4		2		1		1	39
	5		2	1								40
	1											41
	1	1										42
	2			2	1				1	1		43
32	**62**	**51**	**49**	**33**	**39**	**22**	**49**	**30**	**28**	**52**	**21**	**D**
18	44	32	27	16	30	5	25	12	12	22	8	44
4	1	3	5	5	2		1	3	2	4		45
10	17	16	17	12	7	17	23	15	14	26	13	46
18	**66**	**72**	**48**	**37**	**29**	**41**	**50**	**46**	**43**	**64**	**30**	**E**
2	11	6	9	8	7	9	11	3	1	9	5	47
16	45	51	35	24	17	24	29	34	37	50	22	48
	6	3	3	3	5	7	9	5	3	2	2	49
	4	12	1	2		1	1	4	2	3	1	50
36	**161**	**92**	**105**	**80**	**57**	**65**	**56**	**95**	**52**	**49**	**34**	**F**
19	94	60	74	50	35	46	27	44	33	29	20	51
17	67	32	31	30	22	19	29	51	19	20	14	52
24	**108**	**50**	**38**	**21**	**39**	**42**	**30**	**40**	**28**	**30**	**32**	**G**
	3	2							1	2		53
7	36	18	14	13	12	9	16	22	7	5	5	54
3	23	5	1		7	9			1	5	3	55
2	3				1	1	2				2	56
2	2	1								2	1	57
1	10	1	4	1	7	5	1	1		4	1	58
8	25	20	18	4	10	16	10	16	18	11	20	59
1	6	3	1	3	2	2	1	1	1	1		60
4	**53**	**19**	**25**	**24**	**26**	**9**	**10**	**11**	**4**	**1**	**3**	**H**
4	36	6	16	16	17	4	5	8	3		2	61
	17	13	9	8	9	5	5	3	1	1	1	62
6	**14**	**17**	**10**	**10**	**11**	**10**	**5**	**7**	**5**	**6**	**7**	**I**
3	11	4	7	7	4	7	4	4	4	3	5	63

2-32 续表 2

分组	代码	法人单位数(个)	济南市	青岛市	淄博市	枣庄市
互联网和相关服务	64	26	10	4	1	
软件和信息技术服务业	65	160	80	41	3	2
金融业	**J**	**1277**	**263**	**150**	**72**	**37**
货币金融服务	66	466	78	63	23	12
资本市场服务	67	161	66	34	6	1
保险业	68	586	107	44	37	22
其他金融业	69	64	12	9	6	2
房地产业	**K**	**1308**	**324**	**252**	**43**	**56**
房地产业	70	1308	324	252	43	56
租赁和商务服务业	**L**	**1688**	**361**	**272**	**84**	**37**
租赁业	71	62	13	14	2	2
商务服务业	72	1626	348	258	82	35
科学研究和技术服务业	**M**	**1054**	**293**	**134**	**35**	**37**
研究和试验发展	73	68	30	12	1	2
专业技术服务业	74	803	197	96	32	33
科技推广和应用服务业	75	183	66	26	2	2
水利、环境和公共设施管理业	**N**	**420**	**46**	**53**	**18**	**19**
水利管理业	76	62	10	5	1	1
生态保护和环境治理业	77	37	4	8	2	2
公共设施管理业	78	283	26	37	13	12
土地管理业	79	38	6	3	2	4
居民服务、修理和其他服务业	**O**	**123**	**18**	**22**	**8**	**7**
居民服务业	80	50	5	10	5	4
机动车、电子产品和日用产品修理业	81	40	9	7		
其他服务业	82	33	4	5	3	3
教育	**P**	**108**	**21**	**8**	**4**	**4**
教育	83	108	21	8	4	4
卫生和社会工作	**Q**	**54**	**9**	**6**	**5**	**2**
卫生	84	43	5	6	4	2
社会工作	85	11	4		1	
文化、体育和娱乐业	**R**	**343**	**98**	**46**	**16**	**8**
新闻和出版业	86	62	30	10	3	
广播、电视、电影和录音制作业	87	145	40	15	10	5
文化艺术业	88	76	13	11	2	2
体育	89	15	4	4		
娱乐业	90	45	11	6	1	1

东营市	烟台市	潍坊市	济宁市	泰安市	威海市	日照市	临沂市	德州市	聊城市	滨州市	菏泽市	代码
	1	4		1	1	1	1		1		1	64
3	2	9	3	2	6	2		3		3	1	65
54	**88**	**87**	**74**	**62**	**55**	**52**	**72**	**56**	**63**	**50**	**42**	**J**
24	40	25	30	21	19	26	26	16	25	19	19	66
4	4	13	4	6	4	3	3	10	2	1		67
24	43	41	38	31	28	21	42	27	32	28	21	68
2	1	8	2	4	4	2	1	3	4	2	2	69
26	**81**	**83**	**59**	**81**	**50**	**35**	**56**	**47**	**48**	**42**	**25**	**K**
26	81	83	59	81	50	35	56	47	48	42	25	70
61	**110**	**185**	**92**	**50**	**79**	**61**	**65**	**69**	**58**	**76**	**28**	**L**
1	1	6	6		3	4		6	2	1	1	71
60	109	179	86	50	76	57	65	63	56	75	27	72
31	**74**	**68**	**47**	**30**	**49**	**34**	**54**	**61**	**20**	**67**	**20**	**M**
4	4	3	2	4	4				1	1		73
21	57	49	38	22	35	28	48	53	17	61	16	74
6	13	16	7	4	10	6	6	8	2	5	4	75
14	**27**	**44**	**32**	**12**	**10**	**35**	**35**	**25**	**20**	**23**	**7**	**N**
2	4	9	3	2		6	3	7	4	4	1	76
	4	1	2	1		3	1	2	3	4		77
9	17	30	24	9	10	22	30	14	12	13	5	78
3	2	4	3			4	1	2	1	2	1	79
1	**13**	**5**	**4**	**5**	**4**	**5**	**12**	**7**	**3**	**5**	**4**	**O**
	6	1	3	2	1	1	8	1		3		80
1	6	2		1	2	3	2	2		2	3	81
	1	2	1	2	1	1	2	4	3		1	82
2	**10**	**8**	**9**	**5**	**11**	**3**	**9**	**3**	**2**	**4**	**5**	**P**
2	10	8	9	5	11	3	9	3	2	4	5	83
3	**5**	**4**	**3**	**8**		**4**		**4**	**1**			**Q**
3	4	1	3	8		3		3	1			84
	1	3				1		1				85
7	**23**	**30**	**23**	**10**	**16**	**6**	**17**	**12**	**9**	**15**	**7**	**R**
3	5	2	2	2		1	3	1				86
2	13	15	9	4	5	2	6	7	3	6	3	87
	4	5	9	2	8	2	6	1	2	5	4	88
1		2	1		2		1					89
1	1	6	2	2	1	1	1	3	4	4		90

2-33 按行业（大类）、地区分组的国有

分 组	代码	从业人员期末人数（人）	济南市	青岛市	淄博市	枣庄市
总 计	**00**	**2432366**	**611911**	**316453**	**128683**	**100449**
农、林、牧、渔业	**A**	**1888**	**28**	**7**		**17**
农业	01					
林业	02					
畜牧业	03					
渔业	04					
农、林、牧、渔专业及辅助性活动	05	1888	28	7		17
采矿业	**B**	**391382**	**7808**	**356**	**4199**	**38569**
煤炭开采和洗选业	06	244437	2532		894	38535
石油和天然气开采业	07	83876	547		510	
黑色金属矿采选业	08	8585	4632		2795	
有色金属矿采选业	09	32859		218		
非金属矿采选业	10	1693	97	138		34
开采专业及辅助性活动	11	19923				
其他采矿业	12	9				
制造业	**C**	**621456**	**148742**	**106717**	**71647**	**21183**
农副食品加工业	13	7319	202	81	110	321
食品制造业	14	7713	1085	1339	15	134
酒、饮料和精制茶制造业	15	20768	2237	6783	12	932
烟草制品业	16	6137	137			
纺织业	17	14483	463	64		519
纺织服装、服饰业	18	3849	2156	18		436
皮革、毛皮、羽毛及其制品和制鞋业	19	184		180		
木材加工和木、竹、藤、棕、草制品业	20	798		317		
家具制造业	21	17		2		
造纸和纸制品业	22	5590	75	931	539	14
印刷和记录媒介复制业	23	6587	2098	179	1	5
文教、工美、体育和娱乐用品制造业	24	249	15		4	34
石油、煤炭及其他燃料加工业	25	34972	1844	2477	13679	1309
化学原料和化学制品制造业	26	83092	2934	3738	25044	3427
医药制造业	27	23274	997	1602	7296	20
化学纤维制造业	28	2325	241			
橡胶和塑料制品业	29	11855	32	6876	193	4091
非金属矿物制品业	30	39019	4181	1286	5959	5133
黑色金属冶炼和压延加工业	31	58541	39058	4355	2130	
有色金属冶炼和压延加工业	32	11750	24	1268	4544	364

控股企业法人单位从业人员数

东营市	烟台市	潍坊市	济宁市	泰安市	威海市	日照市	临沂市	德州市	聊城市	滨州市	菏泽市	代码
168465	**170178**	**114149**	**243138**	**92668**	**50569**	**47069**	**63914**	**51897**	**52011**	**46329**	**55753**	**00**
52	**1214**	**10**	**451**	**3**		**5**		**97**			**4**	**A**
												01
												02
												03
												04
52	1214	10	451	3		5		97			4	05
100622	**39882**	**644**	**152587**	**24636**	**835**		**3976**	**1634**		**3118**	**12516**	**B**
	10938		152061	24554			773	1634			12516	06
80379										2440		07
	57	129	166				806					08
	28887		360		835		2242			317		09
577		515		70			146			116		10
19666				12						245		11
							9					12
7242	**49903**	**50537**	**34508**	**23617**	**12682**	**7512**	**10793**	**19426**	**27975**	**18456**	**5173**	**C**
	897	1650	247	693	4	442	625	494	871		682	13
103	624	2608	20	961			43	11	734		36	14
127	2477	1479	2651	11	641	548	1763	281	293	44	489	15
		501					156					16
385		1196		443	7			2676		8730		17
	2		97	173	68		27	46		65	761	18
					4							19
279	2	11									189	20
				9			6					21
	225	583				6		117	3100			22
33	564	607	303	463		97	790	510	870	5	62	23
	121						75					24
4309		6499	1846			613		1526	20	850		25
1711	8376	5747	7260	1773		50	3143	5901	8733	3753	1502	26
	6	405	8678				342		3928			27
	2084											28
	231	137		213	6	29		47				29
83	1137	1013	4648	10532	347	635	1525	812	830	370	528	30
	724	392		328	1014	4905		5635				31
	3738		92						1706	14		32

2-33 续表 1

分 组	代码	从业人员期末人数（人）	济南市	青岛市	淄博市	枣庄市
金属制品业	33	8704	2449	718	103	153
通用设备制造业	34	58856	11755	2112	2347	2864
专用设备制造业	35	28084	3825	1492	8860	1364
汽车制造业	36	58792	29774	8695	102	
铁路、船舶、航空航天和其他运输设备制造业	37	39395	5968	30751	351	
电气机械和器材制造业	38	17467	6558	5982	142	18
计算机、通信和其他电子设备制造业	39	61829	28145	23505	140	
仪器仪表制造业	40	6196	1859	200	76	
其他制造业	41	123		108		
废弃资源综合利用业	42	571	454			
金属制品、机械和设备修理业	43	2917	176	1658		45
电力、热力、燃气及水生产和供应业	**D**	**226061**	**14405**	**15808**	**11558**	**4184**
电力、热力生产和供应业	44	186087	8636	10548	8037	2294
燃气生产和供应业	45	8523	2850	1057	1292	
水的生产和供应业	46	31451	2919	4203	2229	1890
建筑业	**E**	**359047**	**187268**	**40880**	**9091**	**13190**
房屋建筑业	47	126635	81995	6393	4671	6365
土木工程建筑业	48	216484	101029	29702	4338	6183
建筑安装业	49	12613	2501	4517		572
建筑装饰、装修和其他建筑业	50	3315	1743	268	82	70
批发和零售业	**F**	**158196**	**69416**	**15746**	**5372**	**3829**
批发业	51	101424	48832	11959	3112	2831
零售业	52	56772	20584	3787	2260	998
交通运输、仓储和邮政业	**G**	**238512**	**54671**	**71117**	**6323**	**7381**
铁路运输业	53	137	137			
道路运输业	54	122820	34070	37146	4306	5781
水上运输业	55	39626	581	16799		30
航空运输业	56	19042	13391	2884		
管道运输业	57	2715	1488	224	42	
多式联运和运输代理业	58	9778	787	7161	8	
装卸搬运和仓储业	59	15312	791	3897	359	381
邮政业	60	29082	3426	3006	1608	1189
住宿和餐饮业	**H**	**39856**	**12136**	**7084**	**1203**	**1101**
住宿业	61	28375	9333	5798	584	435
餐饮业	62	11481	2803	1286	619	666
信息传输、软件和信息技术服务业	**I**	**77913**	**40090**	**12033**	**2883**	**204**
电信、广播电视和卫星传输服务	63	63901	33033	6729	2293	129

东营市	烟台市	潍坊市	济宁市	泰安市	威海市	日照市	临沂市	德州市	聊城市	滨州市	菏泽市	代码
	721	2390	564	397	11		5	136	1045		12	33
27	9872	19174	711	634	1642		152		3358	4208		34
141	995	79	5149	3470			683	1234	207		585	35
	8941	5024	659	2091	381		800		2070	255		36
	413			297	1268	121	224			2		37
44	1757	404	1306	729	185	66				156	120	38
	1889	587	182	85	6655		434				207	39
	3958		95	8								40
	15											41
	66	51										42
	68			307	449				210	4		43
2116	**10258**	**4964**	**10322**	**5186**	**9076**	**1425**	**6438**	**5811**	**4680**	**3772**	**2671**	**D**
653	8046	3114	7139	2931	6928	321	3902	2949	3198	2386	1618	44
364	605	750	244	513	17		128	542	81	80		45
1099	1607	1100	2939	1742	2131	1104	2408	2320	1401	1306	1053	46
13553	**8890**	**9087**	**13143**	**13069**	**2090**	**8148**	**8535**	**5057**	**4684**	**8158**	**14204**	**E**
224	1615	712	5305	4736	676	1244	1949	173		3124	7453	47
13329	6849	7955	6647	8201	840	5289	6152	4598	4559	4600	6213	48
	215	14	1186	92	574	1561	420	147	120	306	388	49
	211	406	5	40		54	14	139	5	128	150	50
5104	**7980**	**8014**	**6741**	**8106**	**2387**	**3723**	**3426**	**5975**	**2862**	**3107**	**6408**	**F**
1640	5538	6019	4516	3210	1265	2057	867	2554	2242	1121	3661	51
3464	2442	1995	2225	4896	1122	1666	2559	3421	620	1986	2747	52
2710	**29319**	**8578**	**8156**	**4847**	**8452**	**11942**	**7800**	**3643**	**3904**	**2590**	**7079**	**G**
												53
1381	8231	4042	4597	3055	4462	1727	4153	1579	1490	890	5910	54
71	14263	177	108		570	6622			12	177	216	55
18	1409				598	243	445				54	56
96	479	57								170	159	57
15	585	27	495	9	290	310	9	15		27	40	58
265	1742	1023	683	186	1068	2477	447	388	475	430	700	59
864	2610	3252	2273	1597	1464	563	2746	1661	1927	896		60
622	**4226**	**1773**	**2814**	**2138**	**2651**	**537**	**1299**	**1091**	**714**	**112**	**355**	**H**
622	3597	730	1941	1612	1890	118	146	805	437		327	61
	629	1043	873	526	761	419	1153	286	277	112	28	62
2725	**3121**	**2497**	**2235**	**1262**	**1921**	**1749**	**1434**	**1684**	**1440**	**820**	**1815**	**I**
2667	3048	2115	2147	1261	1795	1703	1381	1626	1428	801	1745	63

2-33 续表 2

分组	代码	从业人员期末人数(人)	济南市	青岛市	淄博市	枣庄市
互联网和相关服务	64	858	159	358	73	
软件和信息技术服务业	65	13154	6898	4946	517	75
金融业	**J**	**2240**	**792**	**359**	**41**	**19**
货币金融服务	66	716	387	114	7	6
资本市场服务	67	613	124	58	8	
保险业	68	21	21			
其他金融业	69	890	260	187	26	13
房地产业	**K**	**51418**	**15342**	**10054**	**1197**	**2952**
房地产业	70	51418	15342	10054	1197	2952
租赁和商务服务业	**L**	**119674**	**26023**	**11435**	**9424**	**2067**
租赁业	71	2034	806	497	37	41
商务服务业	72	117640	25217	10938	9387	2026
科学研究和技术服务业	**M**	**59017**	**23555**	**13450**	**1761**	**1833**
研究和试验发展	73	1618	878	340	11	200
专业技术服务业	74	51897	18804	12597	1733	1611
科技推广和应用服务业	75	5502	3873	513	17	22
水利、环境和公共设施管理业	**N**	**53279**	**4615**	**5948**	**2056**	**2809**
水利管理业	76	3503	1533	275	76	8
生态保护和环境治理业	77	1347	262	467	50	39
公共设施管理业	78	47712	2731	5163	1928	2683
土地管理业	79	717	89	43	2	79
居民服务、修理和其他服务业	**O**	**3689**	**396**	**1273**	**125**	**354**
居民服务业	80	1502	119	406	37	320
机动车、电子产品和日用产品修理业	81	1241	70	808		
其他服务业	82	946	207	59	88	34
教育	**P**	**4814**	**1094**	**60**	**35**	**29**
教育	83	4814	1094	60	35	29
卫生和社会工作	**Q**	**7242**	**1219**	**992**	**1090**	**180**
卫生	84	6676	809	992	1082	180
社会工作	85	566	410		8	
文化、体育和娱乐业	**R**	**16682**	**4311**	**3134**	**678**	**548**
新闻和出版业	86	6537	2475	1313	582	
广播、电视、电影和录音制作业	87	4759	1183	250	90	512
文化艺术业	88	3577	241	1111	6	35
体育	89	739	287	339		
娱乐业	90	1070	125	121		1

东营市	烟台市	潍坊市	济宁市	泰安市	威海市	日照市	临沂市	德州市	聊城市	滨州市	菏泽市	代码
	12	100			62	29	53		12			64
58	61	282	88	1	64	17		58		19	70	65
60	**43**	**75**	**31**	**132**	**82**	**78**	**117**	**290**	**71**	**18**	**32**	**J**
8	8		1	12	18	12	87		27	4	25	66
17	8	4		71	41	51	22	209				67
												68
35	27	71	30	49	23	15	8	81	44	14	7	69
674	**1941**	**2725**	**1977**	**3465**	**2461**	**1405**	**1926**	**1505**	**1668**	**1409**	**717**	**K**
674	1941	2725	1977	3465	2461	1405	1926	1505	1668	1409	717	70
30270	**6672**	**7174**	**3713**	**2806**	**3598**	**5445**	**2962**	**1228**	**1477**	**1876**	**3504**	**L**
47	13	59	126		7	335		31	11	3	21	71
30223	6659	7115	3587	2806	3591	5110	2962	1197	1466	1873	3483	72
1959	**1934**	**1410**	**2169**	**1035**	**1218**	**1331**	**2980**	**1286**	**906**	**1612**	**578**	**M**
	39	3	42	25	51				29			73
1939	1791	1295	2064	950	821	1109	2934	1250	868	1596	535	74
20	104	112	63	60	346	222	46	36	9	16	43	75
368	**2576**	**13300**	**2750**	**808**	**724**	**3012**	**10416**	**2304**	**833**	**358**	**402**	**N**
166	36	438	48	38		59	238	208	59	70	251	76
	174		134			95	3	46	42	35		77
189	2360	12845	2556	770	724	2450	10172	2033	717	250	141	78
13	6	17	12			408	3	17	15	3	10	79
46	**182**	**53**	**56**	**116**	**48**	**44**	**567**	**214**	**156**	**32**	**27**	**O**
	28	2	48	12	5		519	6				80
46	145	18		20	43	16	20	14		32	9	81
	9	33	8	84		28	28	194	156		18	82
85	**248**	**136**	**286**	**38**	**1758**	**5**	**459**	**99**	**126**	**128**	**228**	**P**
85	248	136	286	38	1758	5	459	99	126	128	228	83
83	**744**	**1718**	**96**	**1052**		**2**		**16**	**50**			**Q**
83	738	1576	96	1052		2		16	50			84
	6	142										85
174	**1045**	**1454**	**1103**	**352**	**586**	**706**	**786**	**537**	**465**	**763**	**40**	**R**
146	689	146	195	7		304	238	442				86
23	210	939	273	100	72	249	145	57	44	612		87
	143	216	577	132	444	32	367	24	65	144	40	88
1		23	3		66		20					89
4	3	130	55	113	4	121	16	14	356	7		90

2-34 按行业(大类)、地区分组的

分 组	代码	法人单位数(个)	济南市	青岛市	淄博市	枣庄市
总 计	**00**	**1507858**	**203437**	**327993**	**83209**	**28834**
农、林、牧、渔业	**A**	**4222**	**254**	**145**	**92**	**48**
农业	01	5			1	
林业	02					
畜牧业	03	4				
渔业	04	3				
农、林、牧、渔专业及辅助性活动	05	4210	254	145	91	48
采矿业	**B**	**2218**	**152**	**158**	**121**	**35**
煤炭开采和洗选业	06	179	15	3	7	16
石油和天然气开采业	07	24	2	1	4	
黑色金属矿采选业	08	282	57	26	40	5
有色金属矿采选业	09	169		4	1	
非金属矿采选业	10	1155	63	92	60	14
开采专业及辅助性活动	11	345	5	22	7	
其他采矿业	12	64	10	10	2	
制造业	**C**	**306409**	**19501**	**60068**	**18754**	**5728**
农副食品加工业	13	16710	799	1972	294	389
食品制造业	14	7915	471	1177	247	267
酒、饮料和精制茶制造业	15	3552	207	525	169	87
烟草制品业	16	8	1			
纺织业	17	13316	439	1996	411	209
纺织服装、服饰业	18	16702	382	4764	420	492
皮革、毛皮、羽毛及其制品和制鞋业	19	3452	54	1173	52	38
木材加工和木、竹、藤、棕、草制品业	20	24326	251	1113	298	341
家具制造业	21	6815	273	1535	241	104
造纸和纸制品业	22	6067	322	1462	439	130
印刷和记录媒介复制业	23	7464	674	2177	525	114
文教、工美、体育和娱乐用品制造业	24	11985	434	3530	548	205
石油、煤炭及其他燃料加工业	25	1051	76	83	105	17
化学原料和化学制品制造业	26	13025	692	1810	1525	224
医药制造业	27	2232	224	295	109	28
化学纤维制造业	28	476	50	81	52	4
橡胶和塑料制品业	29	16927	767	3904	1123	262
非金属矿物制品业	30	25286	1313	2964	2972	610
黑色金属冶炼和压延加工业	31	1799	178	198	100	12
有色金属冶炼和压延加工业	32	1682	115	228	177	10

小微企业法人单位数

东营市	烟台市	潍坊市	济宁市	泰安市	威海市	日照市	临沂市	德州市	聊城市	滨州市	菏泽市	代码
32467	**154098**	**143517**	**105010**	**49136**	**52941**	**41888**	**89907**	**50318**	**47870**	**46721**	**50511**	**00**
90	**348**	**630**	**492**	**532**	**163**	**204**	**311**	**398**	**170**	**207**	**138**	**A**
			1	1			1		1			01
												02
1					2		1					03
	1				2							04
89	347	630	491	531	159	204	309	398	169	207	138	05
276	**389**	**177**	**159**	**152**	**84**	**194**	**260**	**9**		**38**	**14**	**B**
	4	1	88	33			2	1			9	06
8		1	1	1	2	1		1		2		07
	37	13	7	11	2	15	67			2		08
	131	2		2	18	7	2			2		09
13	197	157	57	97	52	142	181	2		25	3	10
254	5	3	3	4	3	24	4	2		7	2	11
1	15		3	4	7	5	4	3				12
4122	**29154**	**35880**	**18225**	**9649**	**11493**	**7421**	**31154**	**14041**	**14935**	**11799**	**14485**	**C**
138	2151	2354	1052	462	1386	728	1807	821	822	748	787	13
117	631	1063	484	260	298	260	870	674	505	231	360	14
38	583	426	218	180	120	204	291	161	92	102	149	15
		3					2			2		16
116	829	2954	948	340	372	252	631	659	831	1508	821	17
57	2892	1405	1265	516	959	366	695	493	332	262	1402	18
8	251	641	108	57	182	52	304	49	130	134	219	19
64	471	815	1579	252	143	265	12950	503	1363	345	3573	20
54	350	700	334	114	130	120	542	704	342	568	704	21
51	573	730	408	153	167	113	597	248	221	219	234	22
108	614	704	434	210	298	153	485	259	252	155	302	23
37	722	820	675	174	1001	205	1137	639	157	439	1262	24
190	40	66	101	54	8	23	58	61	26	85	58	25
552	1285	1988	749	486	356	180	847	656	416	698	561	26
35	177	264	226	95	114	36	172	152	50	66	189	27
7	18	63	17	32	39	6	28	27	9	26	17	28
328	1598	2283	584	411	562	894	1962	587	543	710	409	29
380	3400	2456	2211	1047	749	1456	2140	929	751	818	1090	30
24	125	130	105	58	30	18	111	62	489	139	20	31
31	178	168	68	93	64	22	157	68	132	143	28	32

2-34 续表 1

分 组	代码	法人单位数（个）	济南市	青岛市	淄博市	枣庄市
金属制品业	33	24447	1997	6556	1316	288
通用设备制造业	34	41152	3924	8819	4040	963
专用设备制造业	35	24201	2820	5496	1517	416
汽车制造业	36	7434	578	1096	245	31
铁路、船舶、航空航天和其他运输设备制造业	37	2410	113	1012	32	22
电气机械和器材制造业	38	10031	785	2043	944	192
计算机、通信和其他电子设备制造业	39	5109	387	1479	215	78
仪器仪表制造业	40	3063	477	693	177	46
其他制造业	41	2898	158	715	195	41
废弃资源综合利用业	42	870	76	119	43	20
金属制品、机械和设备修理业	43	4004	464	1053	223	88
电力、热力、燃气及水生产和供应业	**D**	**5836**	**455**	**517**	**315**	**154**
电力、热力生产和供应业	44	3737	272	262	209	94
燃气生产和供应业	45	594	56	49	22	14
水的生产和供应业	46	1505	127	206	84	46
建筑业	**E**	**122180**	**13085**	**26825**	**5725**	**2083**
房屋建筑业	47	25790	3026	5423	879	556
土木工程建筑业	48	26304	2615	5427	1662	416
建筑安装业	49	21884	2264	4496	1194	412
建筑装饰、装修和其他建筑业	50	48202	5180	11479	1990	699
批发和零售业	**F**	**564743**	**83863**	**119649**	**33060**	**11999**
批发业	51	347172	55841	89404	20986	6572
零售业	52	217571	28022	30245	12074	5427
交通运输、仓储和邮政业	**G**	**51871**	**4052**	**13631**	**2503**	**1027**
铁路运输业	53					
道路运输业	54	32634	3005	5821	1728	718
水上运输业	55	1200	25	263	3	25
航空运输业	56	171	27	57	7	
管道运输业	57	43	8	6	4	
多式联运和运输代理业	58	10153	362	5921	439	57
装卸搬运和仓储业	59	6535	513	1409	280	181
邮政业	60	1135	112	154	42	46
住宿和餐饮业	**H**	**27776**	**3746**	**5832**	**1355**	**561**
住宿业	61	6245	698	1433	236	158
餐饮业	62	21531	3048	4399	1119	403
信息传输、软件和信息技术服务业	**I**	**57900**	**13589**	**14810**	**3051**	**869**
电信、广播电视和卫星传输服务	63	1086	283	233	59	28

东营市	烟台市	潍坊市	济宁市	泰安市	威海市	日照市	临沂市	德州市	聊城市	滨州市	菏泽市	代码
351	2079	2964	1081	626	797	374	1574	988	801	2152	503	33
306	3566	4709	1954	1767	961	486	1309	2649	4528	648	523	34
568	2236	4289	1467	952	629	264	888	951	609	676	423	35
106	1357	1251	687	178	206	393	207	439	432	74	154	36
15	237	128	199	28	261	35	82	91	65	22	68	37
179	886	974	516	519	448	208	499	605	637	395	201	38
40	738	506	188	164	556	89	147	248	69	124	81	39
42	398	319	85	149	145	34	156	97	133	29	83	40
34	157	384	170	99	104	58	326	108	65	129	155	41
15	93	84	55	44	16	20	91	37	44	56	57	42
131	519	239	257	129	392	107	89	76	89	96	52	43
240	**582**	**779**	**469**	**279**	**249**	**171**	**338**	**328**	**201**	**381**	**377**	**D**
135	457	509	322	179	171	82	209	232	111	220	272	44
39	44	50	46	37	18	39	18	41	27	65	29	45
66	81	220	101	63	60	50	111	55	63	96	76	46
3923	**14288**	**15094**	**6941**	**4582**	**5003**	**5452**	**3783**	**4278**	**3141**	**3760**	**4217**	**E**
781	1897	3374	1654	1126	975	1244	1070	1255	661	684	1185	47
1229	2290	3692	1461	937	846	1056	705	975	814	1176	1003	48
594	3288	2840	1058	930	1022	744	541	566	651	799	485	49
1319	6813	5188	2768	1589	2160	2408	1467	1482	1015	1101	1544	50
11887	**58190**	**48079**	**45741**	**18058**	**17832**	**14769**	**33305**	**16744**	**17349**	**17109**	**17109**	**F**
6434	32523	28399	26761	9003	8810	8331	19051	8838	10715	8835	6669	51
5453	25667	19680	18980	9055	9022	6438	14254	7906	6634	8274	10440	52
1085	**4729**	**4216**	**4899**	**1455**	**1448**	**2157**	**3287**	**1831**	**1832**	**1683**	**2036**	**G**
												53
765	2317	3164	3508	1164	680	1297	2707	1403	1493	1302	1562	54
46	216	72	247	16	97	131	2	7	7	27	16	55
4	26	10	4	2	5	6	7	6	1	7	2	56
4	3	6		2		3	1		1	3	2	57
116	1156	362	305	68	374	501	166	91	52	120	63	58
126	889	521	733	158	240	186	302	268	230	177	322	59
24	122	81	102	45	52	33	102	56	48	47	69	60
361	**3809**	**2014**	**2413**	**940**	**1103**	**830**	**1838**	**646**	**596**	**708**	**1024**	**H**
98	755	395	519	284	321	246	423	151	148	154	226	61
263	3054	1619	1894	656	782	584	1415	495	448	554	798	62
1444	**5498**	**4635**	**3192**	**1353**	**1524**	**1268**	**1584**	**1234**	**1207**	**1168**	**1474**	**I**
21	90	76	35	33	19	33	29	28	23	61	35	63

2-34 续表 2

分 组	代码	法人单位数(个)	济南市	青岛市	淄博市	枣庄市
互联网和相关服务	64	9025	1219	1990	757	220
软件和信息技术服务业	65	47789	12087	12587	2235	621
金融业	**J**	**5346**	**1107**	**1040**	**289**	**93**
货币金融服务	66	1515	264	294	65	16
资本市场服务	67	1733	397	545	93	14
保险业	68	1390	266	132	88	50
其他金融业	69	708	180	69	43	13
房地产业	**K**	**44411**	**6149**	**8698**	**2458**	**914**
房地产业	70	44411	6149	8698	2458	914
租赁和商务服务业	**L**	**156707**	**27971**	**41166**	**7209**	**2591**
租赁业	71	16752	2566	3256	886	275
商务服务业	72	139955	25405	37910	6323	2316
科学研究和技术服务业	**M**	**84141**	**18782**	**20342**	**4010**	**1011**
研究和试验发展	73	11876	1942	4578	512	33
专业技术服务业	74	37770	8747	8623	2135	590
科技推广和应用服务业	75	34495	8093	7141	1363	388
水利、环境和公共设施管理业	**N**	**8760**	**946**	**1874**	**531**	**218**
水利管理业	76	382	50	55	18	8
生态保护和环境治理业	77	1042	164	177	87	24
公共设施管理业	78	7060	688	1595	408	176
土地管理业	79	276	44	47	18	10
居民服务、修理和其他服务业	**O**	**32218**	**4257**	**6891**	**1576**	**838**
居民服务业	80	12993	1826	3023	665	278
机动车、电子产品和日用产品修理业	81	13598	1678	2662	642	277
其他服务业	82	5627	753	1206	269	283
教育	**P**					
教育	83					
卫生和社会工作	**Q**	**1257**	**171**	**152**	**64**	**28**
卫生	84	140	18	9	10	2
社会工作	85	1117	153	143	54	26
文化、体育和娱乐业	**R**	**31863**	**5357**	**6195**	**2096**	**637**
新闻和出版业	86	186	78	30	5	2
广播、电视、电影和录音制作业	87	3296	585	778	325	43
文化艺术业	88	7784	1246	1705	381	147
体育	89	2363	384	545	148	41
娱乐业	90	18234	3064	3137	1237	404

东营市	烟台市	潍坊市	济宁市	泰安市	威海市	日照市	临沂市	德州市	聊城市	滨州市	菏泽市	代码
304	870	668	631	216	284	176	409	246	393	249	393	64
1119	4538	3891	2526	1104	1221	1059	1146	960	791	858	1046	65
180	**419**	**432**	**208**	**176**	**246**	**201**	**372**	**170**	**155**	**146**	**112**	**J**
64	105	109	75	54	78	57	126	52	50	57	49	66
37	147	138	25	30	75	66	80	37	22	18	9	67
55	103	103	86	64	57	46	117	56	67	56	44	68
24	64	82	22	28	36	32	49	25	16	15	10	69
912	**4933**	**3936**	**3242**	**1832**	**2843**	**962**	**1860**	**1378**	**1201**	**1602**	**1491**	**K**
912	4933	3936	3242	1832	2843	962	1860	1378	1201	1602	1491	70
3581	**15686**	**14671**	**9253**	**4554**	**5093**	**4180**	**5253**	**4610**	**3419**	**3515**	**3955**	**L**
426	1459	1213	1325	580	390	730	667	942	665	673	699	71
3155	14227	13458	7928	3974	4703	3450	4586	3668	2754	2842	3256	72
2511	**8279**	**7187**	**4350**	**2864**	**2903**	**1904**	**2363**	**2338**	**1595**	**2155**	**1547**	**M**
124	1639	874	548	378	390	140	149	247	87	112	123	73
1343	3023	2716	1764	1153	1318	1041	1095	1203	907	1453	659	74
1044	3617	3597	2038	1333	1195	723	1119	888	601	590	765	75
241	**712**	**698**	**640**	**407**	**418**	**434**	**515**	**379**	**211**	**293**	**243**	**N**
8	32	38	21	25	11	18	12	26	15	24	21	76
38	102	94	64	41	35	33	51	32	33	41	26	77
183	557	544	533	326	367	370	445	311	154	216	187	78
12	21	22	22	15	5	13	7	10	9	12	9	79
875	**3592**	**2438**	**2693**	**993**	**1045**	**977**	**1783**	**948**	**970**	**1146**	**1196**	**O**
224	1629	875	935	395	485	363	676	368	348	371	532	80
485	1454	1173	1320	409	401	383	808	387	432	621	466	81
166	509	390	438	189	159	231	299	193	190	154	198	82
												P
												83
17	**167**	**119**	**67**	**41**	**142**	**21**	**50**	**42**	**52**	**25**	**99**	**Q**
	12	3	4	6	1		15	5	2	1	52	84
17	155	116	63	35	141	21	35	37	50	24	47	85
722	**3323**	**2532**	**2026**	**1269**	**1352**	**743**	**1851**	**944**	**836**	**986**	**994**	**R**
6	12	8	10	6	5	4	4	4	4	7	1	86
40	536	231	125	71	120	78	107	93	48	51	65	87
138	780	693	559	320	338	174	263	234	196	285	325	88
51	303	227	143	83	88	49	75	57	50	80	39	89
487	1692	1373	1189	789	801	438	1402	556	538	563	564	90

2-35 按行业(大类)、地区分组的

分组	代码	从业人员期末人数(人)	济南市	青岛市	淄博市	枣庄市
总　计	**00**	**13149370**	**1390575**	**2209802**	**549491**	**367912**
农、林、牧、渔业	**A**	**19733**	**1163**	**536**	**293**	**329**
农业	01					
林业	02					
畜牧业	03					
渔业	04					
农、林、牧、渔专业及辅助性活动	05	19733	1163	536	293	329
采矿业	**B**	**55092**	**2838**	**1356**	**3195**	**1537**
煤炭开采和洗选业	06	10207	196	6	231	835
石油和天然气开采业	07	1408	308	20	510	
黑色金属矿采选业	08	9512	1553	105	1291	401
有色金属矿采选业	09	7348		229	10	
非金属矿采选业	10	20537	726	794	1012	301
开采专业及辅助性活动	11	5474	30	151	96	
其他采矿业	12	606	25	51	45	
制造业	**C**	**5407175**	**310223**	**773741**	**234567**	**158119**
农副食品加工业	13	384968	12477	37252	5039	10571
食品制造业	14	155692	8830	18170	2704	5808
酒、饮料和精制茶制造业	15	55052	2037	4746	1373	2939
烟草制品业	16	727	137			
纺织业	17	329524	8898	26440	7995	6487
纺织服装、服饰业	18	307004	6801	54304	4648	17565
皮革、毛皮、羽毛及其制品和制鞋业	19	66562	1180	16498	798	1037
木材加工和木、竹、藤、棕、草制品业	20	424444	2500	9700	2101	7067
家具制造业	21	104092	2769	20371	2014	1553
造纸和纸制品业	22	95005	4834	14544	5209	6059
印刷和记录媒介复制业	23	103583	10053	22423	5019	2283
文教、工美、体育和娱乐用品制造业	24	234585	6361	53392	5937	8733
石油、煤炭及其他燃料加工业	25	23135	1470	1208	1619	534
化学原料和化学制品制造业	26	299366	13082	25768	33192	8781
医药制造业	27	78606	7044	5193	4264	1216
化学纤维制造业	28	10035	1497	1356	908	101
橡胶和塑料制品业	29	263537	10970	52234	13826	8852
非金属矿物制品业	30	474482	27045	38306	47463	21220
黑色金属冶炼和压延加工业	31	37406	3214	3654	1549	142
有色金属冶炼和压延加工业	32	47168	1911	3544	4489	736

小微企业法人单位从业人员数

东营市	烟台市	潍坊市	济宁市	泰安市	威海市	日照市	临沂市	德州市	聊城市	滨州市	菏泽市	代码
264031	**1313787**	**1096154**	**1061288**	**445911**	**601041**	**310705**	**1086253**	**682300**	**438961**	**380525**	**950634**	**00**
197	**1266**	**3123**	**2494**	**1908**	**860**	**814**	**1811**	**2286**	**978**	**758**	**917**	**A**
												01
												02
												03
												04
197	1266	3123	2494	1908	860	814	1811	2286	978	758	917	05
5812	**8702**	**3234**	**5726**	**6562**	**2060**	**3380**	**7966**	**127**		**1857**	**740**	**B**
	35	54	3674	4443			35				698	06
156		200	22		7	2		98		85		07
	229	272	725	199	45	416	4276					08
	5317	91		5	700	637	42			317		09
1318	2970	2545	1230	1757	1178	2141	3483	7		1055	20	10
4338	30	72	58	32	51	177	10	7		400	22	11
	121		17	126	79	7	120	15				12
84461	**498637**	**525559**	**386109**	**162884**	**274666**	**116861**	**638156**	**357690**	**230550**	**177356**	**477596**	**C**
1692	48455	44128	24539	10340	43699	14665	49183	27782	17772	10985	26389	13
1494	10506	16760	11351	3735	9856	3403	22593	14400	7900	4132	14050	14
957	8200	3769	4813	1709	2924	2398	4512	5464	2682	1599	4930	15
		192					387			11		16
3540	11903	66231	25083	7449	10909	3639	16551	24744	21547	29017	59091	17
391	38622	24621	39932	14416	20217	9098	17938	14733	7763	5243	30712	18
156	3879	10338	2530	1167	4159	1042	8941	1584	1496	3980	7777	19
1153	5202	7970	24875	2590	1846	3215	231497	10986	16480	3307	93955	20
672	3532	8003	4516	1165	1787	1662	10115	17536	2762	5448	20187	21
1042	9112	9414	7578	2528	3405	1659	11351	5294	2719	2610	7647	22
698	8249	9707	6665	3338	5129	2897	7597	5019	3680	1937	8889	23
270	11000	10745	16043	2755	18445	3569	27791	19123	1322	5723	43376	24
6700	614	1193	1854	976	124	147	1887	1480	423	1406	1500	25
17023	25420	41808	17447	11297	9853	2731	20001	21925	9764	15631	25643	26
1310	5058	8199	7546	2959	6224	814	5706	7068	1880	2187	11938	27
15	372	1217	383	275	803	176	703	826	192	116	1095	28
6136	26285	28776	11070	7071	10956	10873	32468	14279	10330	8220	11191	29
6507	53067	31319	47259	15306	15426	21874	51246	26792	16378	14586	40688	30
974	2119	2202	2414	1362	740	468	3625	1740	9652	2949	602	31
1154	4476	5871	2143	836	1486	879	7523	2504	4172	4188	1256	32

2-35 续表 1

分 组	代码	从业人员期末人数（人）	济南市	青岛市	淄博市	枣庄市
金属制品业	33	354738	32838	74400	14758	6680
通用设备制造业	34	530341	51150	94484	27838	15196
专用设备制造业	35	352146	38643	62358	17583	9611
汽车制造业	36	194275	15607	27340	3903	975
铁路、船舶、航空航天和其他运输设备制造业	37	57034	3575	23087	179	856
电气机械和器材制造业	38	192750	14589	32927	12084	6248
计算机、通信和其他电子设备制造业	39	103864	7934	24331	3558	2415
仪器仪表制造业	40	53988	8627	11031	1752	2050
其他制造业	41	29602	1113	6321	1044	1366
废弃资源综合利用业	42	12235	553	820	718	316
金属制品、机械和设备修理业	43	31229	2484	7539	1003	722
电力、热力、燃气及水生产和供应业	**D**	**135289**	**8775**	**12564**	**9000**	**3685**
电力、热力生产和供应业	44	80243	4024	6986	5353	2253
燃气生产和供应业	45	18552	2022	1873	1389	347
水的生产和供应业	46	36494	2729	3705	2258	1085
建筑业	**E**	**1580238**	**174799**	**202733**	**70671**	**50937**
房屋建筑业	47	661466	59038	61309	30302	29698
土木工程建筑业	48	326003	32762	44043	16750	6441
建筑安装业	49	221185	28921	31134	8845	6303
建筑装饰、装修和其他建筑业	50	371584	54078	66247	14774	8495
批发和零售业	**F**	**2440817**	**350992**	**488557**	**83891**	**72924**
批发业	51	1559718	243306	364756	53269	43053
零售业	52	881099	107686	123801	30622	29871
交通运输、仓储和邮政业	**G**	**583731**	**41805**	**117555**	**25576**	**14493**
铁路运输业	53					
道路运输业	54	399062	31481	53738	20900	10138
水上运输业	55	22926	763	3606	11	1042
航空运输业	56	2207	141	562	41	
管道运输业	57	2235	693	407	57	
多式联运和运输代理业	58	75707	2583	43811	1650	458
装卸搬运和仓储业	59	65141	4642	13584	2189	2183
邮政业	60	16453	1502	1847	728	672
住宿和餐饮业	**H**	**252730**	**35304**	**39959**	**11114**	**7129**
住宿业	61	81301	8765	13012	3192	2490
餐饮业	62	171429	26539	26947	7922	4639
信息传输、软件和信息技术服务业	**I**	**277637**	**65822**	**68923**	**9299**	**5262**
电信、广播电视和卫星传输服务	63	7200	1854	1119	340	177

东营市	烟台市	潍坊市	济宁市	泰安市	威海市	日照市	临沂市	德州市	聊城市	滨州市	菏泽市	代码
5411	33254	38994	18309	9583	13265	4849	26576	21729	11612	30274	12206	33
4170	54660	52309	36967	23774	18532	6215	29293	44401	49304	7495	14553	34
11085	40684	43864	26264	14439	17335	3503	18100	22373	10199	5376	10729	35
4760	42698	23704	15493	5566	7038	9656	5561	14189	7732	2034	8019	36
197	4271	1273	4894	698	9083	1338	1340	2581	1039	375	2248	37
3927	18141	14464	14038	10843	13688	3255	12063	16634	7394	3867	8588	38
428	15063	10525	4848	1743	15846	1161	3846	6324	1401	2060	2381	39
872	6738	3506	1559	3065	3591	213	3994	2825	1635	324	2206	40
519	1673	2387	2621	686	1360	395	3956	1844	500	1165	2652	41
108	1472	952	993	235	321	519	1319	937	251	531	2190	42
1100	3912	1118	2082	978	6619	548	493	574	569	580	908	43
5258	**11400**	**13371**	**10558**	**6653**	**7084**	**3926**	**10459**	**8632**	**6035**	**7857**	**10032**	**D**
2724	8358	7156	6296	4253	5315	2514	5473	5494	3003	4583	6458	44
1506	993	1425	1947	1096	125	569	999	1191	1095	1132	843	45
1028	2049	4790	2315	1304	1644	843	3987	1947	1937	2142	2731	46
40404	**177136**	**142992**	**125735**	**99016**	**71789**	**58403**	**78872**	**61480**	**42321**	**42931**	**140019**	**E**
12585	54573	60762	61665	63522	29944	29218	46045	29453	19206	18840	55306	47
13667	31401	33098	24766	14239	12316	9217	11631	13134	10853	10925	40760	48
4630	34243	19265	17605	11885	10909	5933	7332	6242	6384	6466	15088	49
9522	56919	29867	21699	9370	18620	14035	13864	12651	5878	6700	28865	50
40858	**289111**	**160485**	**252185**	**66222**	**84172**	**47580**	**155782**	**111841**	**58735**	**61055**	**116427**	**F**
22464	186765	100594	155741	34977	44345	27403	87922	69350	35977	32559	57237	51
18394	102346	59891	96444	31245	39827	20177	67860	42491	22758	28496	59190	52
17383	**48282**	**40435**	**65934**	**13263**	**18861**	**19765**	**39552**	**29020**	**29283**	**23127**	**39397**	**G**
												53
13957	26282	30512	48001	10767	9308	10805	33392	23546	26002	19516	30717	54
1031	3383	1323	6271	94	2965	1070	6	223	172	470	496	55
176	466	153	169		7	261	52	13	1	111	54	56
117	39	294				186	86		12	170	174	57
610	8739	1885	3034	228	3902	4340	1208	805	629	808	1017	58
1073	8088	4604	6993	1555	2055	2516	2991	3659	1756	1476	5777	59
419	1285	1664	1466	619	624	587	1817	774	711	576	1162	60
4533	**29157**	**18529**	**25813**	**10771**	**12307**	**6603**	**17330**	**7492**	**7610**	**6839**	**12240**	**H**
1302	9629	6042	8233	4856	4678	2602	5605	2255	2695	2257	3688	61
3231	19528	12487	17580	5915	7629	4001	11725	5237	4915	4582	8552	62
4945	**24721**	**16039**	**18265**	**5107**	**9115**	**3939**	**9321**	**7747**	**3818**	**4089**	**21225**	**I**
88	490	638	329	246	112	227	322	420	176	310	352	63

2-35 续表 2

分 组	代码	从业人员期末人数(人)	济南市	青岛市	淄博市	枣庄市
互联网和相关服务	64	41190	6158	8503	2482	1118
软件和信息技术服务业	65	229247	57810	59301	6477	3967
金融业	**J**	**20797**	**6752**	**2896**	**675**	**217**
货币金融服务	66	8973	2816	1311	262	46
资本市场服务	67	5105	1817	874	129	64
保险业	68	734	165		8	10
其他金融业	69	5985	1954	711	276	97
房地产业	**K**	**491601**	**64309**	**77765**	**22997**	**13963**
房地产业	70	491601	64309	77765	22997	13963
租赁和商务服务业	**L**	**999854**	**174743**	**243430**	**43451**	**19161**
租赁业	71	89532	13515	16222	3254	1717
商务服务业	72	910322	161228	227208	40197	17444
科学研究和技术服务业	**M**	**483566**	**102440**	**104333**	**19136**	**7727**
研究和试验发展	73	54696	9656	19198	1496	318
专业技术服务业	74	272721	60568	53695	13873	5025
科技推广和应用服务业	75	156149	32216	31440	3767	2384
水利、环境和公共设施管理业	**N**	**76696**	**7544**	**14006**	**3860**	**2710**
水利管理业	76	3785	621	548	120	164
生态保护和环境治理业	77	9181	1009	1347	637	313
公共设施管理业	78	61496	5539	11782	2932	2101
土地管理业	79	2234	375	329	171	132
居民服务、修理和其他服务业	**O**	**168005**	**21263**	**33759**	**5686**	**5347**
居民服务业	80	65919	8685	14634	2203	1740
机动车、电子产品和日用产品修理业	81	66848	8008	12442	2274	1504
其他服务业	82	35238	4570	6683	1209	2103
教育	**P**					
教育	83					
卫生和社会工作	**Q**	**15456**	**1770**	**1649**	**775**	**426**
卫生	84	8334	1245	610	655	151
社会工作	85	7122	525	1039	120	275
文化、体育和娱乐业	**R**	**140953**	**20033**	**26040**	**5305**	**3946**
新闻和出版业	86	2841	1055	451	56	22
广播、电视、电影和录音制作业	87	19232	3354	4159	953	586
文化艺术业	88	34315	4149	6753	809	973
体育	89	12702	1604	3097	462	334
娱乐业	90	71863	9871	11580	3025	2031

东营市	烟台市	潍坊市	济宁市	泰安市	威海市	日照市	临沂市	德州市	聊城市	滨州市	菏泽市	代码
822	3762	2302	2975	579	1761	537	2258	1470	1173	1001	4289	64
4035	20469	13099	14961	4282	7242	3175	6741	5857	2469	2778	16584	65
457	**1376**	**1390**	**634**	**716**	**1483**	**422**	**1795**	**715**	**469**	**322**	**478**	**J**
288	558	463	328	291	688	236	731	228	196	203	328	66
42	293	323	53	180	371	110	494	198	61	39	57	67
3	101	29	127	21	7	7	92	50	101	13		68
124	424	575	126	224	417	69	478	239	111	67	93	69
14067	**50418**	**41852**	**39685**	**18146**	**33870**	**9893**	**26716**	**20571**	**15362**	**15052**	**26935**	**K**
14067	50418	41852	39685	18146	33870	9893	26716	20571	15362	15052	26935	70
20417	**86925**	**71889**	**62436**	**26406**	**44688**	**19251**	**51061**	**39772**	**23970**	**17200**	**55054**	**L**
1608	6543	4743	8792	2307	2451	2926	4458	7033	3342	2586	8035	71
18809	80382	67146	53644	24099	42237	16325	46603	32739	20628	14614	47019	72
16304	**46160**	**32142**	**30935**	**16326**	**20822**	**9824**	**19362**	**17570**	**9359**	**11070**	**20056**	**M**
616	7979	2737	3680	1504	2243	422	957	1722	346	290	1532	73
11125	20694	18388	15152	9988	11596	6716	11395	10034	6786	8699	8987	74
4563	17487	11017	12103	4834	6983	2686	7010	5814	2227	2081	9537	75
2117	**5686**	**5434**	**6479**	**2700**	**4880**	**3245**	**6090**	**4062**	**1773**	**2020**	**4090**	**N**
218	133	373	196	143	80	137	164	348	89	162	289	76
442	900	637	499	326	284	318	686	447	435	398	503	77
1421	4519	4237	5570	2132	4472	2576	5190	3184	1208	1422	3211	78
36	134	187	214	99	44	214	50	83	41	38	87	79
4079	**19031**	**9515**	**15727**	**4438**	**6073**	**3691**	**10597**	**6807**	**4616**	**5203**	**12173**	**O**
879	7909	3217	5530	1568	2957	1456	3696	2696	1667	1866	5216	80
2128	8043	4580	7297	1887	2402	1365	4182	2465	1677	2394	4200	81
1072	3079	1718	2900	983	714	870	2719	1646	1272	943	2757	82
												P
												83
60	**1561**	**798**	**728**	**425**	**1196**	**45**	**1170**	**652**	**441**	**208**	**3552**	**Q**
	903	266	211	258	46		821	346	50	40	2732	84
60	658	532	517	167	1150	45	349	306	391	168	820	85
2679	**14218**	**9367**	**11845**	**4368**	**7115**	**3063**	**10213**	**5836**	**3641**	**3581**	**9703**	**R**
155	331	175	115	39	48	10	131	17	182	39	15	86
274	2718	1352	1164	497	721	342	1046	568	318	325	855	87
473	2956	2381	3822	1035	2129	559	1236	1485	783	1133	3639	88
274	1729	990	1070	261	638	260	571	402	197	396	417	89
1503	6484	4469	5674	2536	3579	1892	7229	3364	2161	1688	4777	90

第3篇

文化及相关产业篇

A.概况

3-A-01　文化及相关产业单位及从业人员情况

分　组	法人单位		产业活动单位	
	法　人 单位数 (个)	从业人员 期末人数 (人)	法　人 单位数 (个)	从业人员 期末人数 (人)
总　　计	**158751**	**1419870**	**3933**	**42773**
按单位性质分组				
经营性	148907	1329849	704	10792
公益性	9844	90021	3229	31981
按产业类型分组				
文化制造业	19683	572959	123	2378
文化批发和零售业	29886	166441	581	8414
文化服务业	109182	680470	3229	31981
按领域分组				
文化核心领域	101034	832764	2915	30353
文化相关领域	57717	587106	1018	12420

3-A-02 分地区文化及相关产业单位及从业人员情况

分　组	法人单位		产业活动单位	
	法人单位数（个）	从业人员期末人数（人）	法人单位数（个）	从业人员期末人数（人）
全　省	**158751**	**1419870**	**3933**	**42773**
济南市	26703	185180	656	12606
青岛市	35011	275788	783	6148
淄博市	9377	72620	307	1736
枣庄市	3323	37964	97	1000
东营市	3159	21991	110	1254
烟台市	13544	128281	362	2801
潍坊市	11996	120608	205	1742
济宁市	11297	106482	208	2323
泰安市	4985	34781	168	3621
威海市	5715	58095	175	785
日照市	3687	33240	87	1638
临沂市	8241	104156	174	1893
德州市	5295	63177	264	2148
聊城市	4008	35453	211	2291
滨州市	4940	34419	78	391
菏泽市	7470	107635	48	396

3-A-03　分地区文化及相关产业法人单位分布情况

分　组	法人单位数（个）	文化服务业	规模以上	文化制造业	规模以上	文化批发和零售业	规模以上
全　省	**158751**	**109182**	**1562**	**19683**	**2046**	**29886**	**809**
济南市	26703	20870	209	1195	108	4638	89
青岛市	35011	21915	264	5644	291	7452	111
淄博市	9377	6633	81	1342	131	1402	59
枣庄市	3323	2451	21	346	64	526	36
东营市	3159	2600	25	147	10	412	13
烟台市	13544	9882	96	1409	86	2253	43
潍坊市	11996	8424	91	1647	157	1925	52
济宁市	11297	7815	249	1135	121	2347	115
泰安市	4985	3736	64	435	39	814	29
威海市	5715	4113	98	705	101	897	19
日照市	3687	2809	40	336	42	542	13
临沂市	8241	5047	96	1751	329	1443	68
德州市	5295	3569	54	899	151	827	69
聊城市	4008	2919	29	459	51	630	26
滨州市	4940	3061	39	672	70	1207	27
菏泽市	7470	3338	106	1561	295	2571	40

3-A-04 按类别分文化及相关产业单位基本情况

分 组	法人单位数（个）	从业人员期末人数（人）	文化资产总计（万元）
总 计	**158751**	**1419870**	**159358492.5**
文化核心领域	**101034**	**832764**	**92319463.1**
新闻信息服务	5416	65718	3348715.2
新闻服务	80	1658	84342.6
报纸信息服务	107	11274	1028758.0
广播电视信息服务	271	16428	1314860.2
互联网信息服务	4958	36358	920754.5
内容创作生产	27131	334991	17921963.1
出版服务	169	5508	1960808.0
广播影视节目制作	2566	13276	653601.3
创作表演服务	9615	50686	2109635.1
数字内容服务	4718	38382	3143500.0
内容保存服务	1243	12268	2152230.2
工艺美术品制造	8562	198432	7416537.7
艺术陶瓷制造	258	16439	485650.8
创意设计服务	44167	247176	14781139.3
广告服务	28347	132719	4202051.1
设计服务	15820	114457	10579088.2
文化传播渠道	10782	80076	7128350.2
出版物发行	1960	24561	2228412.0
广播电视节目传输	232	7165	1948699.4
广播影视发行放映	664	9354	469466.5
艺术表演	67	2688	366713.2
互联网文化娱乐平台	41	209	2765.4
艺术品拍卖及代理	136	516	42911.2
工艺美术品销售	7682	35583	2069382.6
文化投资运营	1011	7912	34678976.5
投资与资产管理	668	4245	27717181.9
运营管理	343	3667	6961794.6
文化娱乐休闲服务	12527	96891	14460318.7
娱乐服务	7938	35836	2390200.4
景区游览服务	2013	43825	9985229.5
休闲观光游览服务	2576	17230	2084888.7
文化相关领域	**57717**	**587106**	**67039029.4**
文化辅助生产和中介服务	35707	327754	39258070.8
文化服务用品制造	959	83552	24565854.1
印刷复制服务	8950	124204	5946953.8
版权服务	846	3977	82287.2
会议展览服务	3826	21063	4313633.0
文化经纪代理服务	10313	40266	3372310.2
文化设备(用品)出租服务	258	1245	141559.1
文化科研培训服务	10555	53447	835473.4
文化装备生产	2180	32583	1956305.1
印刷设备制造	229	4886	237993.5
广播电视电影设备制造及销售	351	6453	431587.7
摄录设备制造及销售	210	3318	335609.7
演艺设备制造及销售	296	3835	390454.3
游乐游艺设备制造	197	7043	353685.2
乐器制造及销售	897	7048	206974.7
文化消费终端生产	19830	226769	25824653.5
文具制造及销售	11569	49133	3795834.4
笔墨制造	120	4014	167667.1
玩具制造	875	24579	607083.5
节庆用品制造	10	71	3817.1
信息服务终端制造及销售	7256	148972	21250251.5

3-A-05　分地区文化及相关产业企业基本情况

分　组	法人单位数（个）	从业人员期末人数（人）	资产总计（万元）	营业收入（万元）
全　省	**148907**	**1329849**	**151827306.8**	**91025526.4**
济南市	25378	167110	22951874.7	9710975.1
青岛市	33814	264654	32287044.9	28801959.6
淄博市	8577	66003	7564447.7	4115512.7
枣庄市	3041	34949	1931146.9	1116027.5
东营市	2685	18394	2746928.7	1533275.4
烟台市	12735	122472	11731153.3	8625712.9
潍坊市	11089	113501	30350802.5	10495415.4
济宁市	10387	99878	11629751.1	8469783.5
泰安市	4362	30142	2455976.2	1165036.2
威海市	5195	53848	3132691.2	2245871.0
日照市	3421	31840	5286322.7	2370420.4
临沂市	7850	99764	5084305.2	3963122.4
德州市	4931	59090	4446466.6	2232338.6
聊城市	3711	32505	5128341.0	1236066.2
滨州市	4616	32272	2303593.5	1230077.2
菏泽市	7115	103427	2796460.8	3713932.3

3-A-06 分地区文化及相关产业事业(社团)单位基本情况

分　组	法人单位数(个)	从业人员期末人数(人)	事业团体资产总计(万元)	本年收入合计(万元)	本年支出(费用)合计(万元)
全　省	**9844**	**90021**	**7531185.7**	**1908866.8**	**1854411.1**
济南市	1325	18070	2930496.7	750269.8	683927.2
青岛市	1197	11134	542964.9	261138.8	262969.7
淄博市	800	6617	187195.5	67053.9	72995.6
枣庄市	282	3015	105433.2	38627.6	37456.2
东营市	474	3597	84915.3	48053.5	50831.9
烟台市	809	5809	424735.1	107484.7	101790.2
潍坊市	907	7107	1390719.4	97551.5	106213.0
济宁市	910	6604	525953.2	122299.0	118696.7
泰安市	623	4639	283178.5	80851.6	71234.6
威海市	520	4247	200956.2	58103.1	57248.0
日照市	266	1400	54881.8	14785.9	16322.1
临沂市	391	4392	190441.4	71354.1	74105.7
德州市	364	4087	128200.4	50551.5	64565.2
聊城市	297	2948	63840.3	39692.9	50241.4
滨州市	324	2147	65822.3	35904.9	35999.3
菏泽市	355	4208	351451.8	65144.0	49814.4

B.文化制造业

3-B-01　分地区文化制造业法人单位主要指标

分　组	法人单位数（个）	规模以上	规模以下	从业人员期末人数（人）	规模以上	规模以下
全　省	**19683**	**2046**	**17637**	**572959**	**389714**	**183245**
济南市	1195	108	1087	21883	13141	8742
青岛市	5644	291	5353	109415	60908	48507
淄博市	1342	131	1211	28163	21026	7137
枣庄市	346	64	282	15335	9269	6066
东营市	147	10	137	4908	4166	742
烟台市	1409	86	1323	60910	47020	13890
潍坊市	1647	157	1490	72061	58836	13225
济宁市	1135	121	1014	37072	25062	12010
泰安市	435	39	396	11134	7512	3622
威海市	705	101	604	23362	16101	7261
日照市	336	42	294	10891	8420	2471
临沂市	1751	329	1422	59867	42054	17813
德州市	899	151	748	30279	19884	10395
聊城市	459	51	408	17933	14867	3066
滨州市	672	70	602	14791	10195	4596
菏泽市	1561	295	1266	54955	31253	23702

3-B-02 按注册类型和控股情况分规模

分组	法人单位数（个）	从业人员期末人数（人）	#女性（人）	资产总计（万元）	营业收入（万元）
总计	**2046**	**389714**	**186387**	**49164746.2**	**41587108.0**
按注册类型分组					
内资企业	1812	309698	151663	38067594.4	31491132.5
国有企业	7	1570	494	55106.5	50209.3
集体企业	10	689	195	33674.8	15215.7
股份合作企业	2	390	227	4634.8	36319.3
联营企业					
有限责任公司	296	88163	35951	14057875.1	11807515.3
股份有限公司	53	53243	21734	11620309.8	4127610.9
私营企业	1444	165643	93062	12295993.4	15454262.0
其他企业					
港、澳、台商投资企业	72	17293	7623	2259744.8	2653961.6
外商投资企业	162	62723	27101	8837407.0	7442013.9
按控股情况分组					
国有控股	27	33803	11706	5990318.2	7445092.5
集体控股	35	12723	5541	2458651.0	1337786.5
私人控股	1717	248220	129350	21781332.9	21124030.0
港澳台商控股	54	15334	6452	2186418.1	2503134.4
外商控股	127	56462	23350	8324996.1	6978496.6
其他	86	23172	9988	8423029.9	2198568.0

以上文化制造业企业主要财务指标

营业成本（万元）	税金及附加（万元）	营业利润（万元）	投资收益（万元）	应付职工薪酬（万元）	应交增值税（万元）
36192151.1	**261918.9**	**1710452.3**	**50497.7**	**2878538.2**	**902936.9**
27181355.4	207505.5	1293656.2	57801.9	2130277.0	726887.4
42009.8	557.7	1016.9	177.6	6872.2	2431.2
13644.0	158.5	583.0		2025.7	365.1
31064.3	269.1	1797.5		2155.5	514.8
9943534.0	85136.2	478596.7	86178.6	803227.3	444621.3
3401332.7	31438.7	157878.9	-34001.7	467559.0	13638.4
13749770.6	89945.3	653783.2	5447.4	848437.3	265316.6
2321002.4	17279.3	137154.6	-792.6	157224.5	75041.0
6689793.3	37134.1	279641.5	-6511.6	591036.7	101008.5
6147606.1	50776.4	330387.0	62917.4	496729.0	363105.0
1146534.4	11347.3	65018.7	19364.1	68752.1	31607.9
18605253.5	131607.4	869083.1	9651.4	1453724.5	350109.2
2193454.3	16672.3	142124.5	13383.0	145482.1	70060.8
6287310.2	34096.1	259513.8	-6511.6	558835.7	93592.1
1811992.6	17419.4	44325.2	-48306.6	155014.8	

3-B-03 按注册类型和控股情况分规模

分 组	法人单位数（个）	从业人员期末人数（人）	#女性（人）	资产总计（万元）	营业收入（万元）
总 计	**17637**	**183245**	**93273**	**5767896.3**	**5954218.5**
按注册类型分组					
内资企业	17278	175685	88444	5497912.0	5744386.1
国有企业	52	819	381	62861.9	19070.3
集体企业	119	1614	771	46220.4	33866.0
股份合作企业	18	171	44	13173.0	4990.3
联营企业	5	117	49	2851.5	1248.5
有限责任公司	817	9180	4551	443043.0	340571.9
股份有限公司	128	1161	526	36108.9	39732.8
私营企业	16117	162320	81904	4890800.8	5300053.5
其他企业	22	303	218	2852.5	4852.9
港、澳、台商投资企业	54	1358	755	92841.0	62112.7
外商投资企业	305	6202	4074	177143.3	147719.6
按控股情况分组					
国有控股	57	997	456	87200.2	21409.9
集体控股	141	1929	858	77252.3	39668.7
私人控股	16842	171845	86473	5317595.7	5676489.3
港澳台商控股	43	591	379	44693.0	19934.8
外商控股	272	5521	3698	148695.8	126681.4
其他	282	2362	1409	92459.3	70034.4

以下文化制造业企业主要财务指标

营业成本（万元）	税金及附加（万元）	营业利润（万元）	投资收益（万元）	应付职工薪酬（万元）	应交增值税（万元）
4784404.6	**54267.9**	**504123.0**	**5658.5**	**804974.2**	**150172.0**
4613738.7	52284.7	493582.5	5017.0	762051.2	143743.4
14927.5	130.6	767.3	-91.1	4095.2	506.6
26010.1	367.8	3377.0	108.6	6983.9	1212.8
3826.0	35.1	352.1		755.5	144.7
828.7	29.0	-12.8	7.2	357.5	30.8
288691.8	2531.2	16274.6	956.7	41547.9	8289.0
27607.2	240.1	4652.8	40.9	5140.3	947.1
4247663.0	48946.8	467606.2	3994.7	702356.0	132593.6
4184.4	4.1	565.3		815.0	18.7
51652.2	457.0	4028.3	345.1	8475.3	2433.4
119013.6	1526.1	6512.3	296.5	34447.7	3995.2
16290.6	216.5	607.0	-91.1	5162.0	667.1
30927.5	476.6	3455.0	115.8	8327.7	1402.0
4561301.6	51650.8	488768.6	4727.1	748183.4	142502.8
15495.6	221.6	2463.0	345.1	2930.6	666.6
102354.9	1316.7	5652.07	296.5	31115.9	3443.4
58034.4	385.8	3177.4	265.1	9254.6	1490.1

3-B-04 分地区规模以上

分组	法人单位数(个)	从业人员期末人数(人)	#女性(人)	资产总计(万元)	营业收入(万元)
全省	**2046**	**389714**	**186387**	**49164746.2**	**41587108.0**
济南市	108	13141	5410	1076380.9	1080860.0
青岛市	291	60908	26287	7743600.5	9974944.0
淄博市	131	21026	9235	2537559.9	2730569.4
枣庄市	64	9269	5543	352704.5	513775.5
东营市	10	4166	1323	2047506.1	1041661.8
烟台市	86	47020	15936	6178463.6	5644719.7
潍坊市	157	58836	24701	12132256.4	5613616.7
济宁市	121	25062	18467	4402410.5	5623365.1
泰安市	39	7512	4490	606379.4	563203.9
威海市	101	16101	8451	846633.9	1058766.7
日照市	42	8420	3657	2366388.1	1603470.5
临沂市	329	42054	21309	1767136.1	2044750.6
德州市	151	19884	9728	1842001.4	1006212.7
聊城市	51	14867	6032	3198070.5	893088.5
滨州市	70	10195	5798	894046.2	531234.1
菏泽市	295	31253	20020	1173208.2	1662868.8

文化制造业企业主要财务指标

营业成本(万元)	税金及附加(万元)	营业利润(万元)	投资收益(万元)	应付职工薪酬(万元)	应交增值税(万元)
36192151.1	**261918.9**	**1710452.3**	**50497.7**	**2878538.2**	**902936.9**
911314.9	8036.7	70383.3	14397.7	77187.4	25723.2
8397354.4	60519.6	429301.9	61825.0	668653.0	376741.5
2425663.0	10214.8	69314.3	1551.0	127839.1	28413.2
473363.4	4416.1	10491.9		37756.6	8070.6
898243.1	8739.9	52568.6	19003.5	27379.5	21640.7
5330910.9	17168.2	115169.6	-5071.7	528395.6	25124.1
4756066.2	38357.0	207606.2	-49292.4	505241.0	64198.1
4900911.5	21175.6	359161.9	2106.0	150132.9	93479.5
501474.5	3932.3	16951.6	213.6	37615.5	12661.4
929748.6	8493.3	23232.6	-11881.8	97627.4	23811.7
1226162.0	16386.7	157618.1	399.7	44630.5	76523.9
1794890.5	25094.0	66069.6	57.0	199554.0	42968.0
859133.7	13463.7	43882.4	2055.1	123096.0	32113.4
797667.7	11628.5	9865.6	15000.0	74538.8	22052.2
486620.6	2817.1	-10542.4	7.9	40253.4	6864.1
1502626.1	11475.4	89377.1	127.1	138637.5	42551.3

3-B-05 分地区规模以下

分 组	法人单位数（个）	从业人员期末人数（人）	#女性（人）	资产总计（万元）	营业收入（万元）
全 省	**17637**	**183245**	**93273**	**5767896.3**	**5954218.5**
济南市	1087	8742	3973	403809.3	338027.5
青岛市	5353	48507	22735	1349470.7	1642738.1
淄博市	1211	7137	3532	224095.1	208354.9
枣庄市	282	6066	4367	89762.5	83481.4
东营市	137	742	353	34530.0	21490.0
烟台市	1323	13890	6182	504850.1	541425.6
潍坊市	1490	13225	6566	472825.6	484208.7
济宁市	1014	12010	5844	354866.2	410104.6
泰安市	396	3622	2042	156277.9	98095.7
威海市	604	7261	3079	282127.5	248166.6
日照市	294	2471	1391	171485.2	86308.4
临沂市	1422	17813	9637	405508.0	522898.9
德州市	748	10395	5170	376677.8	376139.5
聊城市	408	3066	1696	201400.9	67392.1
滨州市	602	4596	2569	248371.1	133836.6
菏泽市	1266	23702	14137	491838.5	691550.0

文化制造业企业主要财务指标

营业成本（万元）	税金及附加（万元）	营业利润（万元）	投资收益（万元）	应付职工薪酬（万元）	应交增值税（万元）
4784404.6	**54267.9**	**504123.0**	**5658.5**	**804974.2**	**150172.0**
282023.6	1745.4	16909.1	-31.6	43418.2	5732.4
1380488.0	19311.5	120455.4	607.2	253203.5	45636.9
188853.2	1248.7	1614.4	592.8	25213.9	4198.0
60517.1	598.4	8408.5	683.4	15949.7	1738.9
19149.2	226.5	134.7	27.6	3348.0	257.5
412496.8	3844.7	74322.7	121.1	78764.0	14129.6
404122.7	2834.5	25094.7	193.2	59944.7	10181.4
314259.8	3049.5	41836.0	262.5	43920.6	9392.9
80346.8	2459.5	6565.5	364.6	13151.2	1312.9
187773.6	3394.3	25814.5	249.3	37124.0	8846.2
77697.3	461.8	1169.8	100.7	8297.2	1338.8
418230.1	3269.7	54877.9	1164.2	67473.0	11253.4
276946.5	3068.7	44754.6	474.9	44465.5	9397.8
64134.8	299.5	188.9	136.9	8030.6	1212.0
111619.9	663.1	11840.9	548.0	15293.7	2711.9
505745.2	7792.0	70135.6	163.9	87376.4	22831.4

C.文化批零业

3-C-01 按地区分文化批零业单位主要指标

分组	法人单位数(个)	规模以上	规模以下	从业人员期末人数(人)	规模以上	规模以下
全省	**29886**	**809**	**29077**	**166441**	**48417**	**118024**
济南市	4638	89	4549	31000	13565	17435
青岛市	7452	111	7341	37180	7252	29928
淄博市	1402	59	1343	6205	2925	3280
枣庄市	526	36	490	3478	706	2772
东营市	412	13	399	2843	1672	1171
烟台市	2253	43	2210	11598	1735	9863
潍坊市	1925	52	1873	6886	1928	4958
济宁市	2347	115	2232	15561	5074	10487
泰安市	814	29	785	2899	678	2221
威海市	897	19	878	4784	641	4143
日照市	542	13	529	6852	5436	1416
临沂市	1443	68	1375	7907	2153	5754
德州市	827	69	758	6048	1831	4217
聊城市	630	26	604	2501	904	1597
滨州市	1207	27	1180	5082	1157	3925
菏泽市	2571	40	2531	15617	760	14857

3-C-02　按注册类型和控股情况分限额以上文化批零业企业主要财务指标

分　组	法　人单位数（个）	从业人员期末人数（人）	#女性（人）	资产总计（万元）	营业收入（万元）	营业成本（万元）
总　计	**809**	**48417**	**29318**	**11095361.3**	**17060975.0**	**15856670.6**
按注册类型分组						
内资企业	801	48230	29199	11035466.4	16916800.2	15717972.5
国有企业	5	145	55	31697.7	22322.7	17575.9
集体企业	2	144	140	6262.7	7891.0	5560.1
股份合作企业	2	116	69	5419.0	11393.7	10143.4
联营企业						
有限责任公司	151	23966	14862	9019057.9	12322534.6	11619595.6
股份有限公司	17	1615	901	333516.1	408638.7	371683.4
私营企业	624	22244	13172	1639513.0	4144019.5	3693414.1
其他企业						
港、澳、台商投资企业	4	62	36	37309.2	65883.5	64865.5
外商投资企业	4	125	83	22585.7	78291.3	73832.6
按控股情况分组						
国有控股	23	8479	4147	1659068.1	1981098.4	1673742.9
集体控股	9	2858	1794	2712698.5	4987387.2	4862235.6
私人控股	724	29456	18046	2368880.2	5269380.6	4703621.4
港澳台商控股	3	44	23	36679.0	65805.3	64828.2
外商控股	3	80	58	20545.8	72582.2	68978.8
其　他	47	7500	5250	4297489.7	4684721.3	4483263.7

3-C-02　续表

分　组	税金及附加（万元）	营业利润（万元）	投资收益（万元）	应付职工薪酬（万元）	应交增值税（万元）
总　计	**43507.8**	**319584.4**	**28714.7**	**345597.9**	**157940.6**
按注册类型分组					
内资企业	43220.9	318860.0	28714.7	344281.8	157104.8
国有企业	45.3	1401.8	55.2	841.2	4.7
集体企业	194.1	280.1	0.7	719.9	49.8
股份合作企业	236.9	316.1		376.5	132.8
联营企业					
有限责任公司	29477.6	182969.5	26004.6	218125.8	117897.4
股份有限公司	2083.0	9780.6	11255.3	13207.2	
私营企业	11184.0	124111.9	1871.2	112963.1	25812.9
其他企业					
港、澳、台商投资企业	107.9	371.8		388.1	610.4
外商投资企业	179.0	352.6		928.0	225.4
按控股情况分组					
国有控股	6370.7	121253.6	887.0	109591.7	15244.4
集体控股	4513.1	25081.8	1038.4	32910.7	15020.9
私人控股	15320.0	144943.5	3063.1	147508.2	38229.8
港澳台商控股	107.0	350.8		299.8	601.8
外商控股	121.7	336.9		728.3	225.4
其　他	17075.3	27617.8	23726.2	54559.2	88618.3

3-C-03 分地区限额以上文化

分 组	法人单位数（个）	从业人员期末人数（人）	#女性（人）	资产总计（万元）	营业收入（万元）
全 省	**809**	**48417**	**29318**	**11095361.3**	**17060975.0**
济南市	89	13565	7205	1810552.1	2626906.1
青岛市	111	7252	4044	5870806.2	9061298.2
淄博市	59	2925	1819	190388.9	342887.5
枣庄市	36	706	337	30152.2	77069.4
东营市	13	1672	1202	73030.9	115979.3
烟台市	43	1735	1104	172763.5	411970.8
潍坊市	52	1928	1022	1891496.2	2487306.9
济宁市	115	5074	3097	303557.8	595777.9
泰安市	29	678	434	23520.3	111481.5
威海市	19	641	410	47542.1	89445.7
日照市	13	5436	4586	211306.6	215984.2
临沂市	68	2153	1188	201242.0	506521.4
德州市	69	1831	1181	58544.8	73607.4
聊城市	26	904	488	50836.7	82161.2
滨州市	27	1157	780	144124.0	157653.0
菏泽市	40	760	421	15497.0	104924.5

批零业企业主要财务指标

营业成本（万元）	税金及附加（万元）	营业利润（万元）	投资收益（万元）	应付职工薪酬（万元）	应交增值税（万元）
15856670.6	**43507.8**	**319584.4**	**28714.7**	**345597.9**	**157940.6**
2243763.9	10512.6	135903.3	1797.1	138783.3	16516.0
8711444.3	17362.4	72387.7	24838.7	83293.0	109898.8
302767.8	792.0	4975.0	556.3	15686.5	2512.5
71500.6	190.4	1376.5	2.0	2565.1	1482.8
90944.9	991.4	11.9		5964.1	907.9
368364.0	1078.8	9874.4	104.0	9033.6	3239.1
2426340.4	3739.4	11388.9	0.6	18652.4	4765.4
540371.8	2071.7	14468.2	388.1	20523.9	4844.9
88148.5	528.7	11619.0		2536.7	642.2
71409.2	1050.9	6537.5		3382.3	2695.6
176490.0	1516.8	-883.3	34.4	15273.6	2810.8
395911.0	1704.3	40698.0	3.4	10070.2	3700.1
58124.8	895.6	3693.9	1.7	7643.9	917.1
75116.8	231.3	596.2	5.6	3459.7	595.0
144081.7	417.2	1488.6	980.8	6400.4	998.6
91890.9	424.3	5448.6	2.0	2329.2	1413.8

3-C-04 按注册类型和控股情况分限额

分　组	法人单位数(个)	从业人员期末人数(人)	#女性(人)	资产总计(万元)	营业收入(万元)
总　计	**29077**	**118024**	**54486**	**6166048.8**	**8290484.5**
按注册类型分组					
内资企业	29002	117691	54352	6125125.9	8280093.0
国有企业	60	546	240	27320.5	28118.5
集体企业	8	72	42	1816.5	2010.5
股份合作企业	4	27	10	478.4	437.0
联营企业	1413	6809	3210	386252.8	357418.6
有限责任公司	196	1080	540	88155.2	43267.6
股份有限公司	196	1080	540	43267.6	33396.4
私营企业	27256	108706	50112	5563525.4	7833215.6
其他企业	28	182	100	3061.9	2876.4
港、澳、台商投资企业	12	117	47	35633.2	2430.5
外商投资企业	63	216	87	5289.7	7961.0
按控股情况分组					
国有控股	59	434	181	97780.6	27476.4
集体控股	76	635	286	39869.5	30786.1
私人控股	28499	115213	53244	5932642.2	8156933.2
港澳台商控股	21	132	53	36010.3	3111.3
外商控股	52	178	69	3967.8	6028.4
其　他	370	1432	653	55778.5	66149.2

以下文化批零业企业主要财务指标

营业成本（万元）	税金及附加（万元）	营业利润（万元）	投资收益（万元）	应付职工薪酬（万元）	应交增值税（万元）
7070303.3	**45258.7**	**425214.9**	**11860.4**	**568863.6**	**108186.4**
7061384.9	45130.7	424904.3	11860.4	566730.4	107838.4
25044.7	77.1	423.3	24.6	6768.0	191.4
1417.7	37.3	196.4	9.9	1658.8	227.3
316.3	0.9	23.8		434.2	54.4
285340.8	3854.3	16657.0		63.9	8.4
33396.4	619.7	4999.2	334.4	33722.5	6056.8
619.7	4999.2	84.0	84.0	6216.7	740.0
6705454.0	40407.0	398987.1	11407.5	517206.9	100528.0
1971.5	19.3	545.4		659.4	32.2
2259.6	67.0	110.3		820.6	167.3
6658.8	61.0	200.4		1312.6	180.7
20811.5	137.7	6352.2	72.7	7777.8	333.6
27154.2	127.1	750.9	9.9	2171.2	286.3
6961526.1	43079.3	415311.9	11740.8	549102.6	106208.2
2904.6	67.4	98.8		884.0	170.4
5123.8	55.4	3.0		1059.2	160.2
52783.1	1791.8	2698.2	37.1	7868.8	1027.7

3-C-05 分地区限额以下

分组	法人单位数(个)	从业人员期末人数(人)	#女性(人)	资产总计(万元)	营业收入(万元)
全省	**29077**	**118024**	**54486**	**6166048.8**	**8290484.5**
济南市	4549	17435	7699	885569.1	1030851.8
青岛市	7341	29928	12222	2936062.0	3517725.4
淄博市	1343	3280	1501	186424.4	168147.2
枣庄市	490	2772	1300	87869.1	118552.0
东营市	399	1171	557	73473.2	78606.6
烟台市	2210	9863	3554	277386.3	483803.9
潍坊市	1873	4958	2280	206060.4	1031638.6
济宁市	2232	10487	4707	304695.8	483338.7
泰安市	785	2221	1099	64898.8	58429.5
威海市	878	4143	1827	133826.8	174658.5
日照市	529	1416	649	92066.8	43965.4
临沂市	1375	5754	2887	169694.1	224667.5
德州市	758	4217	1951	214438.7	164365.8
聊城市	604	1597	805	44671.8	43620.7
滨州市	1180	3925	1790	180478.6	159696.5
菏泽市	2531	14857	9658	308433.0	508416.8

文化批零业企业主要财务指标

营业成本（万元）	税金及附加（万元）	营业利润（万元）	投资收益（万元）	应付职工薪酬（万元）	应交增值税（万元）
7070303.3	**45258.7**	**425214.9**	**11860.4**	**568863.6**	**108186.4**
872795.7	2324.6	33542.7	714.2	91426.1	9715.4
3163399.4	26127.9	82378.2	1140.0	185730.2	41996.2
153863.1	347.1	2376.8	8615.9	10247.2	1625.8
94193.7	502.1	9032.2	346.7	9760.8	2165.7
72806.0	178.5	448.6	9.1	3742.2	759.5
331264.6	2535.3	79256.5	214.7	63299.4	9194.9
994268.4	1405.1	10011.7	130.2	17932.1	2665.6
368064.0	2171.0	40321.9	129.6	38765.8	8748.6
47396.0	402.4	4249.1	194.0	11731.0	832.8
123910.9	1786.4	23229.1	47.0	21537.1	6522.7
34431.7	278.2	3585.2	69.6	4428.8	511.7
169396.1	2228.8	30489.3	552.3	24119.1	5453.8
119387.4	1251.5	19166.7	151.9	17340.9	4046.2
40089.7	136.4	876.0	88.9	3281.5	384.1
125254.3	446.1	15872.1	-550.3	12967.4	2870.1
359782.4	3137.3	70378.9	6.7	52554.2	10693.4

D.文化服务业

3-D-01 分地区文化服务业法人单位主要指标

分 组	法人单位数(个)	规模以上	规模以下	事业单位	社会团体	从业人员期末人数(人)	规模以上	规模以下	事业单位	社会团体
全 省	**109182**	**1562**	**97776**	**2540**	**7304**	**680470**	**143560**	**446889**	**55290**	**34731**
济南市	20870	209	19336	281	1044	132297	22829	91398	12101	5969
青岛市	21915	264	20454	227	970	129193	31389	86670	6792	4342
淄博市	6633	81	5752	147	653	38252	15846	15789	2867	3750
枣庄市	2451	21	2148	91	191	19151	3144	12992	1958	1057
东营市	2600	25	2101	96	378	14240	2632	8011	1468	2129
烟台市	9882	96	8977	208	601	55773	12100	37864	3649	2160
潍坊市	8424	91	7426	191	716	41661	6788	27766	3662	3445
济宁市	7815	249	6656	281	629	53849	13112	34133	3822	2782
泰安市	3736	64	3049	133	490	20748	5844	10265	3183	1456
威海市	4113	98	3495	120	400	29949	5267	20435	2450	1797
日照市	2809	40	2503	75	191	15497	4849	9248	797	603
临沂市	5047	96	4560	122	269	36382	7380	24610	3256	1136
德州市	3569	54	3151	180	184	26850	3891	18872	2870	1217
聊城市	2919	29	2593	104	193	15019	1854	10217	1953	995
滨州市	3061	39	2698	115	209	14546	2967	9432	1382	765
菏泽市	3338	106	2877	169	186	37063	3668	29187	3080	1128

3-D-02　按注册类型和控股情况分规模以上文化服务业企业主要财务指标

分　组	法人单位数(个)	从业人员期末人数(人)	#女性(人)	资产总计(万元)	营业收入(万元)	营业成本(万元)
总　计	**1562**	**143560**	**64089**	**31426748.8**	**7145330.5**	**4816263.9**
按注册类型分组						
内资企业	1539	141683	63074	31255093.4	7066357.2	4765625.4
国有企业	48	8192	3510	667401.1	278884.4	190911.2
集体企业	5	210	116	12703.1	3240.0	1907.8
股份合作企业	3	234	66	14169.9	9722.6	6376.1
联营企业						
有限责任公司	494	69980	30954	23146266.9	3262028.6	2179409.9
股份有限公司	87	18148	7767	3409367.8	1443675.5	955902.2
私营企业	892	43777	19979	3917800.9	2022974.9	1422574.5
其他企业	10	1142	682	87383.7	45831.2	8543.7
港、澳、台商投资企业	9	776	536	78642.6	20517.8	13641.4
外商投资企业	14	1101	479	93012.8	58455.5	36997.1
按控股情况分组						
国有控股	266	43820	17889	21827013.7	2845944.1	1898352.0
集体控股	26	5334	1586	992258.3	424934.6	325151.2
私人控股	1128	63997	29060	5678333.6	2878374.9	2013821.9
港澳台商控股	9	745	585	109864.5	27365.8	11848.7
外商控股	8	689	290	63989.7	40813.6	28340.9
其　他	125	28975	14679	2755289.0	927897.5	538749.2

3-D-02　续表

分　组	税金及附加(万元)	营业利润(万元)	投资收益(万元)	应付职工薪酬(万元)	应交增值税(万元)
总　计	**77909.7**	**708452.7**	**188591.7**	**1441345.7**	**182330.5**
按注册类型分组					
内资企业	77342.5	708155	188591.7	1418856.1	179098.6
国有企业	3187.1	-5195.5	1911.1	94591.3	9894.0
集体企业	134.9	279.7		971.7	81.4
股份合作企业	93.5	855.6		1673.9	282.2
联营企业					
有限责任公司	40205.2	309326.3	111135.8	781910.4	81737.1
股份有限公司	10261.1	208329.2	57324.5	239452.7	35207.6
私营企业	23347.7	192179.7	18220.3	292915.3	51724.4
其他企业	113.0	2380.0		7340.8	171.9
港、澳、台商投资企业	129.5	350.6		6708.8	689.8
外商投资企业	437.7	-52.9		15780.8	2542.1
按控股情况分组					
国有控股	27792.7	353038.4	129300.2	576331.8	66646.1
集体控股	3743.6	15350.2	6814.9	62526.5	11906.5
私人控股	31682.4	238139.1	22944.2	476650.8	73949.9
港澳台商控股	226.5	7499.0	35.2	5855.2	771.5
外商控股	354.3	-618.6		9036.5	2319.0
其　他	14110.2	95044.6	29497.2	310944.9	26737.5

3-D-03 分地区规模以上文化

分 组	法人单位数（个）	从业人员期末人数（人）	#女性（人）	资产总计（万元）	营业收入（万元）
全 省	**1562**	**143560**	**64089**	**31426748.8**	**7145330.5**
济南市	209	22829	9439	6342130.8	2089246.8
青岛市	264	31389	12623	4756038.1	2155221.1
淄博市	81	15846	8682	481257.8	375465.9
枣庄市	21	3144	1561	204172.4	53856.3
东营市	25	2632	1459	242104.8	159015.2
烟台市	96	12100	5832	2128980.0	366080.1
潍坊市	91	6788	2966	8069798.9	257155.3
济宁市	249	13112	6054	3551651.1	563225.2
泰安市	64	5844	2715	1008613.4	204017.7
威海市	98	5267	1887	930116.4	167720.0
日照市	40	4849	2056	717410.2	258806.2
临沂市	96	7380	3394	1206347.9	175451.2
德州市	54	3891	1671	602073.7	135735.3
聊城市	29	1854	635	688985.3	31408.8
滨州市	39	2967	1532	322163.7	58707.4
菏泽市	106	3668	1583	174904.3	94218.0

服务业企业主要财务指标

营业成本（万元）	税金及附加（万元）	营业利润（万元）	投资收益（万元）	应付职工薪酬（万元）	应交增值税（万元）
4816263.9	**77909.7**	**708452.7**	**188591.7**	**1441345.7**	**182330.5**
1527375.9	19960.1	290270.0	145746.7	358019.2	47808.2
1403621.0	20261.9	226510.5	26163.9	434137.7	65715.1
296131.4	2780.4	13509.6	1076.2	149524.4	13777.9
17598.8	755.4	-3219.7		13234.3	1571.8
110630.8	1205.4	17466.1	15.7	26847.0	1785.6
205948.3	8478.8	39762.0	7597.7	96825.9	10240.6
162613.5	2740.3	3056.0	659.2	48090.4	6388.8
399695.3	9333.5	72829.4	550.6	62927.0	12335.4
106778.4	1410.0	-13832.3	4598.8	56122.5	4957.5
102907.2	2851.7	16073.6	68.9	34873.4	4850.6
176687.7	1746.5	22180.2	658.5	51620.2	4115.1
93965.8	1939.4	6201.6	286.6	38161.7	2971.9
83062.7	2283.2	12668.0	0.5	21227.8	1784.5
18953.0	908.8	-8603.1	77.9	11218.8	507.7
47011.7	578.8	-2568.3	1090.5	24128.1	1169.3
63282.4	675.5	16149.1		14387.3	2350.5

3-D-04　按注册类型和控股情况

分　组	法人单位数（个）	从业人员期末人数（人）	#女性（人）	资产总计（万元）	营业收入（万元）
总　计	**97776**	**446889**	**176407**	**48206505.4**	**10987409.9**
按注册类型分组					
内资企业	97662	444685	175386	47915343.4	10919706.1
国有企业	339	6316	2521	1414295.7	264845.0
集体企业	117	1454	721	70319.6	18500.1
股份合作企业	25	148	79	7203.7	2506.4
联营企业	19	121	37	4329.9	2047.5
有限责任公司	6742	40115	16052	29888494.0	1266463.3
股份有限公司	619	6285	2372	1159280.9	182603.7
私营企业	88212	383005	149894	15172059.9	9079761.9
其他企业	1589	7241	3710	199359.7	102978.2
港、澳、台商投资企业	27	1460	671	140796.3	51441.6
外商投资企业	87	744	350	150365.7	16262.2
按控股情况分组					
国有控股	586	11883	4793	13103313.8	479377.2
集体控股	194	3492	1442	325001.6	99387.8
私人控股	93099	409423	159463	28596923.7	9938077.9
港澳台商控股	49	1541	708	157687.8	52121.7
外商控股	60	552	275	45997.0	11117.9
其　他	3788	19998	9726	5977581.4	407327.4

分规模以下文化服务业企业主要财务指标

营业成本（万元）	税金及附加（万元）	营业利润（万元）	投资收益（万元）	应付职工薪酬（万元）	应交增值税（万元）
7617237.4	**145772.8**	**1061641.9**	**58181.0**	**2142915.7**	**293965.7**
7557999.2	145111.2	1059624.7	57832.0	2126810.4	290929.5
197245.9	5471.7	19286.0	20011.6	50004.2	3966.1
13300.3	419.6	1842.2	925.0	5969.6	472.9
1880.8	47.1	100.5		616.1	92.4
1662.4	20.8	10.5	5.0	402.1	70.4
870817.9	42385.4	70556.0	3551.8	218071.6	39599.1
117359.0	1863.1	-6124.8	3862.5	44876.2	3857.6
6283352.6	94042.3	958273.3	29265.7	1780661.8	240806.7
72380.4	861.2	15681.0	210.4	26208.8	2064.5
45144.7	305.8	4063.8	287.0	10921.7	2549.1
14093.5	355.9	-2046.6	61.9	5183.6	487.0
311282.4	30507.0	105349.4	31906.1	77410.6	13018.2
53618.3	2098.0	9997.4	3625.5	28258.3	2195.7
6911739.5	105937.1	918958.4	20663.5	1920332.9	267254.0
45558.2	306.4	3994.9	288.7	11185.3	2555.0
7106.7	200.3	247.8	1.2	4013.2	351.9
287932.5	6723.9	23094.0	1695.9	101715.4	8590.8

3-D-05　分地区规模以下

分　组	法人单位数（个）	从业人员期末人数（人）	#女性（人）	资产总计（万元）	营业收入（万元）
全　省	**97776**	**446889**	**176407**	**48206505.4**	**10987409.9**
济南市	19336	91398	34800	12433432.7	2545083.0
青岛市	20454	86670	32632	9631067.4	2450032.8
淄博市	5752	15789	6463	3944721.7	290087.8
枣庄市	2148	12992	5476	1166486.2	269292.9
东营市	2101	8011	3100	276283.7	116522.5
烟台市	8977	37864	13959	2468709.8	1177712.8
潍坊市	7426	27766	10903	7578364.9	621489.2
济宁市	6656	34133	14265	2712569.7	793972.0
泰安市	3049	10265	4735	596286.4	129808.0
威海市	3495	20435	7251	892444.4	507113.5
日照市	2503	9248	3869	1727665.7	161885.7
临沂市	4560	24610	10163	1334377.1	488832.8
德州市	3151	18872	7952	1352730.1	476278.0
聊城市	2593	10217	4175	944375.8	118394.9
滨州市	2698	9432	4014	514409.9	188949.6
菏泽市	2877	29187	12650	632579.8	651954.2

文化服务业企业主要财务指标

营业成本（万元）	税金及附加（万元）	营业利润（万元）	投资收益（万元）	应付职工薪酬（万元）	应交增值税（万元）
7617237.4	**145772.8**	**1061641.9**	**58181.0**	**2142915.7**	**293965.7**
1803295.2	18264.2	9663.4	16870.7	500057.1	48788.1
1779542.6	56109.2	284797.0	24881.4	510742.4	93223.2
196509.2	20309.4	6884.7	888.7	54007.6	4928.0
186198.0	1924.5	29531.3	1121.1	43365.1	6902.7
81606.7	773.4	-52.6	155.6	29161.8	2806.6
797859.2	7330.2	207950.1	1106.7	235105.6	28551.6
432766.8	9330.8	54308.9	-566.8	107824.8	12186.0
492603.3	6114.5	124940.8	683.7	126223.1	17194.7
100297.5	1103.3	-4875.4	4956.6	32918.9	2985.4
316173.4	6517.5	90224.0	270.5	107011.7	19652.0
111376.9	2821.2	5491.1	665.5	34413.6	4013.2
344414.8	4045.3	58714.3	1342.9	93346.7	8734.6
324224.0	4773.5	55172.6	3944.4	84111.4	17281.8
97185.4	1138.6	-504.1	1231.1	25829.2	2718.4
136701.7	1222.7	24574.3	621.8	32062.5	4877.0
416483.0	3994.5	114821.4	7.2	126734.4	19122.5

3-D-06 分地区文化服务业行政事业单位主要财务指标

分组	法人单位数(个)	从业人员期末人数(人)	#女性(人)	事业单位资产总计(万元)	事业单位本年收入合计(万元)	本年支出合计(万元)
全省	**2540**	**55290**	**23817**	**7101121.5**	**1707863.8**	**1617212.6**
济南市	281	12101	5489	2842300.0	679640.9	614008.9
青岛市	227	6792	2846	461353.8	223900.1	216613.3
淄博市	147	2867	1240	165673.2	58115.6	56140.1
枣庄市	91	1958	847	76938.5	32975.6	31813.9
东营市	96	1468	652	78810.1	42587.4	42979.9
烟台市	208	3649	1615	405392.4	92420.3	88018.8
潍坊市	191	3662	1440	1372533.3	83403.9	89480.5
济宁市	281	3822	1537	503552.6	112127.4	108439.0
泰安市	133	3183	1226	257337.8	74651.0	62110.3
威海市	120	2450	1101	137280.0	50162.4	44575.1
日照市	75	797	372	38674.2	13042.9	13827.6
临沂市	122	3256	1483	180325.2	65584.2	67956.0
德州市	180	2870	1245	123580.0	48050.1	55274.3
聊城市	104	1953	825	61455.4	37989.8	47951.7
滨州市	115	1382	582	54505.1	33606.3	32935.5
菏泽市	169	3080	1317	341410.1	59606.0	45087.7

3-D-07　分地区文化服务业社团单位主要财务指标

分　组	法人单位数（个）	从业人员期末人数（人）	#女性（人）	非营利单位资产总计（万元）	非营利单位本年收入合计（万元）	本年费用合计（万元）
全　省	**7304**	**34731**	**17895**	**430064.2**	**201003.0**	**237198.6**
济南市	1044	5969	3172	88196.7	70628.9	69918.3
青岛市	970	4342	2291	81611.1	37238.8	46356.4
淄博市	653	3750	2095	21522.3	8938.4	16855.6
枣庄市	191	1057	548	28494.7	5652.0	5642.3
东营市	378	2129	1380	6105.1	5466.1	7852.0
烟台市	601	2160	1068	19342.7	15064.5	13771.4
潍坊市	716	3445	1970	18186.1	14147.5	16732.5
济宁市	629	2782	1207	22400.6	10171.6	10257.7
泰安市	490	1456	605	25840.6	6200.7	9124.4
威海市	400	1797	992	63676.2	7940.7	12672.9
日照市	191	603	298	16207.6	1743.0	2494.5
临沂市	269	1136	486	10116.2	5769.9	6149.7
德州市	184	1217	463	4620.4	2501.4	9290.8
聊城市	193	995	463	2384.9	1703.1	2289.6
滨州市	209	765	314	11317.2	2298.6	3063.8
菏泽市	186	1128	543	10041.7	5538.0	4726.6

E.文化产业个体经营户

3-E-01 按类别分文化产业个体经营户抽样调查情况

分　组	个体经营户数（个）	从业人员期末人数（人）	#女性（人）	全年雇员支出（万元）	全年缴纳税费（万元）	全年缴纳房租（万元）	全年总支出（万元）	全年营业收入（万元）
总　计	**19539**	**71339**	**42117**	**174880**	**6576**	**52675**	**556400**	**864522**
一、按产业类型分组								
文化服务业	6890	28090	14581	70470	2737	22381	180041	301069
文化制造业	1968	18113	14000	39823	1252	2889	88637	122357
文化批发零售业	10681	25136	13536	64586	2587	27406	287721	441096
二、按地区分组								
济南市	2360	7407	4015	25818	836	11594	106102	154281
青岛市	2355	9042	4602	20037	1189	5619	71056	104068
淄博市	1775	4028	2257	6493	102	3704	17524	25372
枣庄市	1805	7173	4669	17583	547	4204	53592	83632
东营市	350	974	577	1770	122	1454	5986	9514
烟台市	1094	3733	1923	10668	349	2772	37711	57293
潍坊市	1635	4860	2798	12799	440	4009	42226	75801
济宁市	1820	7781	4822	17274	536	4049	46131	73031
泰安市	739	2553	1753	4739	185	1085	11878	19017
威海市	440	1405	880	4479	427	1696	11344	21398
日照市	389	1512	852	2699	94	762	6553	10455
临沂市	1526	7759	4762	19209	576	4210	51766	75558
德州市	1384	5540	3393	14005	513	2941	35545	68293
聊城市	428	1422	961	2175	113	1260	7804	12892
滨州市	429	1620	1066	3266	113	1061	7828	12418
菏泽市	1010	4530	2787	11866	432	2255	43354	61502

说明：根据四经普612表《个体经营户抽样调查表》中标识为文化产业单位进行汇总。

附　录

主要指标解释及分类规定

主要指标解释

法人单位　是指有权拥有资产、承担负债，并独立从事社会经济活动（或与其他单位进行交易）的组织。法人单位应同时具备以下条件：

1．依法成立，有自己的名称、组织机构和场所，能够独立承担民事责任；

2．独立拥有（或受权使用）资产，有权与其他单位签订合同；

3．会计上独立核算，能够编制资产负债表等会计报表。

在统计实践中，法人单位包括：企业法人、事业单位法人、机关法人、社会团体法人、民办非企业单位、基金会、居委会、村委会、其他法人。

企业法人　是指依据《中华人民共和国公司登记管理条例》《中华人民共和国企业法人登记管理条例》等国家法律和法规，经各级市场监管机关登记注册，领取《企业法人营业执照》的企业。包括：

1．公司制企业法人；

2．非公司制企业法人。

不具有法人资格、但依法成立的个人独资企业、合伙企业在统计上视同法人。

事业单位法人　是指经国务院或地方县级以上机构编制管理部门批准、经国家或地方县级以上事业单位登记管理部门登记或备案，领取《事业单位法人证书》，取得法人资格的事业单位。包括：

1．各级党委、政府直属事业单位；

2．中共中央、国务院直属事业单位举办的事业单位；

3．各级人大、政协机关，监察委员会、人民法院、人民检察院和各民主党派机关举办的事业单位；

4．各级党委部门和政府部门举办的事业单位；

5．使用财政性经费的群众团体举办的事业单位；

6．国有企业及其他组织利用国有资产举办的事业单位；

7．依照法律或有关规定，应当由各级登记管理机关登记的其他事业单位。

机关法人　是指各级政党机关和国家机关。包括：

1．县级以上各级中国共产党委员会及其所属各工作部门；

2．县级以上各级人民代表大会机关；

3．县级以上各级人民政府及其所属各工作部门，以及地区行政行署；

4．县级以上各级政治协商会议机关；

5．县级以上各级监察委员会、人民法院、检察院机关；

6．县级以上各民主党派和工商联机关；

7．乡、镇中国共产党委员会和人民政府。

社会团体法人　是指依据《社会团体登记管理条例》，经国家或县级以上民政部门登记注册或备案，领取《社会团体法人登记证书》的各类社会团体，以及由机构编制管理部门管理其编制的群众团体。

民办非企业单位　指企业单位、事业单位、社会团体和其他社会力量以及公民个人利用非国有资产举办的，从事非营利性社会服务的社会组织。民办非企业法人指经各级民政部门核准登记，领取《民办非企业单位登记证书》的民办非企业单位。

基金会　指民政部、省级、地级或市级民政部门核准登记的，颁发《基金会法人登记证书》的基金会。

居委会　由不设区的市、市辖区的人民政府决定设立的社区（居委会）。

村委会　由乡、民族乡、镇的人民政府提出，经村民会议讨论同意后，报县级人民政府批准，设立的村民委员会。

其他法人　是指除上述类型以外的法人。具体是指依据《中华人民共和国农民专业合作社法》及其他法律、法规成立，具备法人条件的单位。

单产业法人　是指仅包含一个产业活动单位的法人单位，称为单产业法人单位，该法人单位同时也是一个产业活动单位。

多产业法人　是指由两个及以上产业活动单位组成的法人单位，称为多产业法人单位，这些产业活动单位接受法人单位的管理和控制。

从业人员期末人数　指报告期最后一日在本单位工作，并取得工资或其他形式劳动报酬的人员数。该指标为时点指标，不包括最后一日当天及以前已经与单位解除劳动合同关系的人员，是在岗职工、劳务派遣人员及其他从业人员之和。从业人员不包括：

1．离开本单位仍保留劳动关系，并定期领取生活费的人员；

2．在本单位实习的各类在校学生；

3．本单位因劳务外包而使用的人员，如：建筑业整建制使用的人员。

营业收入　指企业经营主要业务和其他业务所确认的收入总额。营业收入包括“主营业务收入”和“其他业务收入”。根据会计“利润表”中“营业收入”项目的本年累计数填报。

资产总计　指企业过去的交易或者事项形成的、由企业拥有或者控制的、预期会给企业带来经济利益的资源。资产一般按流动性（资产的变现或耗用时间长短）分为流动资产和非流动资产。其中流动资产可分为货币资金、交易性金融资产、应收票据、应收账款、预付款项、其他应收款、存货等；非流动资产可分为长期股权投资、固定资产、无形资产及其他非流动资产等。

分类规定

登记注册类型 指企业或企业产业活动单位的登记注册类型，市场监管部门对企业（单位）登记注册的类型分为以下几种：

1．国有企业：指企业全部资产归国家所有，并按《中华人民共和国企业法人登记管理条例》规定登记注册的非公司制的经济组织。不包括有限责任公司中的国有独资公司。

2．集体企业：指企业资产归集体所有，并按《中华人民共和国企业法人登记管理条例》规定登记注册的经济组织。

3．股份合作企业：指以合作制为基础，由企业职工共同出资入股，吸收一定比例的社会资产投资组建，实行自主经营，自负盈亏，共同劳动，民主管理，按劳分配与按股分红相结合的一种集体经济组织。

4．联营企业：指两个及两个以上相同或不同所有制性质的企业法人或事业单位法人，按自愿、平等、互利的原则，共同投资组成的经济组织。联营企业包括国有联营企业、集体联营企业、国有与集体联营企业和其他联营企业。

国有联营企业 指所有联营单位均为国有。

集体联营企业 指所有联营单位均为集体。

国有与集体联营企业 指联营单位既有国有也有集体。

其他联营企业 指上述三种联营企业之外的其他联营形式的企业。

5．有限责任公司：指根据《中华人民共和国公司登记管理条例》规定登记注册，由两个以上，五十个以下的股东共同出资，每个股东以其所认缴的出资额对公司承担有限责任，公司以其全部资产对其债务承担责任的经济组织。有限责任公司包括国有独资公司以及其他有限责任公司。

国有独资公司 指国家授权的投资机构或者国家授权的部门单独投资设立的有限责任公司。

其他有限责任公司 指国有独资公司以外的其他有限责任公司。

6．股份有限公司：指根据《中华人民共和国公司登记管理条例》规定登记注册，其全部注册资本由等额股份构成并通过发行股票筹集资本，股东以其认购的股份对公司承担有限责任，公司以其全部资产对其债务承担责任的经济组织。

7．私营企业：指由自然人投资设立或由自然人控股，以雇佣劳动为基础的营利性经济组织。包括按照《公司法》《合伙企业法》《私营企业暂行条例》以及《个人独资企业法》规定登记注册的私营独资企业、私营合伙企业、私营有限责任公司、私营股份有限公司和个人独资企业。

私营独资企业 指按《私营企业暂行条例》的规定，由一名自然人投资经营，以雇佣劳动为基础，投资者对企业债务承担无限责任的企业。

私营合伙企业 指按《合伙企业法》或《私营企业暂行条例》的规定，由两个以上自然人按照协议共同投资、共同经营、共负盈亏，以雇佣劳动为基础，对债务承担无限责任的企业。

私营有限责任公司 指按《公司法》《私营企业暂行条例》的规定，由两个以上自然人投资或由单个自然人控股的有限责任公司。

私营股份有限公司 指按《公司法》的规定，由五个以上自然人投资，或由单个自然人控股的股份有限公司。

8．其他企业：指上述第 1 条至第 7 条之外的其他内资经济组织。

9．合资经营企业（港或澳、台资）：指港澳台地区投资者与内地的企业依照《中华人民共和国中外合资经营企业法》及有关法律的规定，按合同规定的比例投资设立，分享利润和分担风险的企业。

10．合作经营企业（港或澳、台资）：指港澳台地区投资者与内地企业依照《中华人民共和国中外合作经营企业法》及有关法律的规定，依照合作合同的约定进行投资或提供条件设立，分配利润、分担风险和亏损的企业。

11．港、澳、台商独资经营企业：指依照《中华人民共和国外资企业法》及有关法律的规定，在内地由港澳台地区投资者全额投资设立的企业。

12．港、澳、台商投资股份有限公司：指根据国家有关规定，经商务部（原外经贸部）批准设立，并且其中港、澳、台商的股本占公司注册资本的比例达 25%以上的股份有限公司。凡其中港、澳、台商的股本占公司注册资本的比例小于 25%的，属于内资中的股份有限公司。

13．其他港、澳、台商投资企业：指在中国境内参照《外国企业或个人在中国境内设立合伙企业管理办法》和《外商投资合伙企业登记管理规定》，依法设立的港、澳、台商投资合伙企业。

14．中外合资经营企业：指外国企业或外国人与中国内地企业依照《中华人民共和国中外合资经营企业法》及有关法律的规定，按合同规定的比例投资设立，分享利润和分担风险的企业。

15．中外合作经营企业：指外国企业或外国人与中国内地企业依照《中华人民共和国中外合作经营企业法》及有关法律的规定，依照合作合同的约定进行投资或提供条件设立，分配利润、分担风险和亏损的企业。

16．外资企业：指依照《中华人民共和国外资企业法》及有关法律的规定，在中国内地由外国投资者全额投资设立的企业。

17．外商投资股份有限公司：指根据国家有关规定，经商务部（原外经贸部）批准设立，并且其中外资的股本占公司注册资本的比例达25%以上的股份有限公司。凡其中外资股本占公司注册资本的比例小于25%的，属于内资中的股份有限公司。

18．其他外商投资企业：指在中国境内依照《外国企业或个人在中国境内设立合伙企业管理办法》和《外商投资合伙企业登记管理规定》，依法设立的外商投资合伙企业。

企业控股情况　根据企业实收资本中某种经济成分的出资人的实际投资情况，或出资人对企业资产的实际控制、支配程度进行分类。具体分为国有控股、集体控股、私人控股、港澳台商控股、外商控股和其他六类。

国有控股　包括：（1）在企业的全部实收资本中，国有经济成分的出资人拥有的实收资本（股本）所占企业全部实收资本（股本）的比例大于50%的国有绝对控股。（2）在企业的全部实收资本中，国有经济成分的出资人拥有的实收资本（股本）所占比例虽未大于50%，但相对大于其他任何一方经济成分的出资人所占比例的国有相对控股；或者虽不大于其他经济成分，但根据协议规定拥有企业实际控制权的国有协议控股。（3）投资双方各占50%，且未明确由谁绝对控股的企业，若其中一方为国有经济成分的，一律按国有控股处理。

集体控股　包括：（1）在企业的全部实收资本中，集体经济成分的出资人拥有的实收资本（股本）所占企业全部实收资本（股本）的比例大于50%的集体绝对控股。（2）在企业的全部实收资本中，集体经济成分的出资人拥有的实收资本（股本）所占比例虽未大于50%，但相对大于其他任何一方经济成分的出资人所占比例的集体相对控股；或者虽不大于其他经济成分，但根据协议规定拥有企业实际控制权的集体协议控股。

私人控股　包括：（1）在企业的全部实收资本中，私人经济成分的出资人拥有的实收资本（股本）所占企业全部实收资本（股本）的比例大于50%的私人绝对控股。（2）在企业的全部实收资本中，私人经济成分的出资人拥有的实收资本（股本）所占比例虽未大于50%，但相对大于其他任何一方经济成分的出资人所占比例的私人相对控股；或者虽不大于其他经济成分，但根据协议规定拥有企业实际控制权的私人协议控股。

港澳台商控股　包括：（1）在企业的全部实收资本中，港澳台商经济成分的出资人拥有的实收资本（股本）所占企业全部实收资本（股本）的比例大于50%的港澳台商绝对控股。（2）在企业的全部实收资本中，港澳台商经济成分的出资人拥有的实收资本（股本）所占比例虽未大于50%，但相对大于其他任何一方经济成分的出资人所占比例的港澳台商相对控股；或者虽不大于其他经济成分，但根据协议规定拥有企业实际控制权的港澳台商协议控股。

外商控股　包括：（1）在企业的全部实收资本中，外商经济成分的出资人拥有的实收资本（股本）所占企业全部实收资本（股本）的比例大于50%的外商绝对控股。（2）在企业的全部实收资本中，外商经济成分的出资人拥有的实收资本（股本）所占比例虽未大于50%，但相对大于其他任何一方经济成分的出资人所占比例的外商相对控股；或者虽不大于其他经济成分，但根据协议规定拥有企业实际控制权的外商协议控股。

其他控股情况　除上述五类以外的企业控股情况。

统计上大中小微型企业划分办法

一、根据工业和信息化部、国家统计局、国家发展改革委、财政部《关于印发中小企业划型标准规定的通知》（工信部联企业〔2011〕300号），以《国民经济行业分类》（GB/T4754-2017）为基础，结合统计工作的实际情况，制定本办法。

二、本办法适用对象为在中华人民共和国境内依法设立的各种组织形式的法人企业或单位。个体工商户参照本办法进行划分。

三、本办法适用范围包括：农、林、牧、渔业，采矿业，制造业，电力、热力、燃气及水生产和供应业，建筑业，批发和零售业，交通运输、仓储和邮政业，住宿和餐饮业，信息传输、软件和信息技术服务业，房地产业，租赁和商务服务业，科学研究和技术服务业，水利、环境和公共设施管理业，居民服务、修理和其他服务业，文化、体育和娱乐业等15个行业门类以及社会工作行业大类。

四、本办法按照行业门类、大类、中类和组合类别，依据从业人员、营业收入、资产总额等指标或替代指标，将我国的企业划分为大型、中型、小型、微型等四种类型。具体划分标准见附表。

五、企业划分由政府综合统计部门根据统计年报每年确定一次，定报统计原则上不进行调整。

六、本办法自印发之日起执行，国家统计局2011年印发的《统计上大中小微型企业划分办法》（国统字〔2011〕75号）同时废止。

附表：

统计上大中小微型企业划分标准

行业名称	指标名称	计量单位	大型	中型	小型	微型
农、林、牧、渔业	营业收入(Y)	万元	Y≥20000	500≤Y＜20000	50≤Y＜500	Y＜50
工业*	从业人员(X)	人	X≥1000	300≤X＜1000	20≤X＜300	X＜20
	营业收入(Y)	万元	Y≥40000	2000≤Y＜40000	300≤Y＜2000	Y＜300
建筑业	营业收入(Y)	万元	Y≥80000	6000≤Y＜80000	300≤Y＜6000	Y＜300
	资产总额(Z)	万元	Z≥80000	5000≤Z＜80000	300≤Z＜5000	Z＜300
批发业	从业人员(X)	人	X≥200	20≤X＜200	5≤X＜20	X＜5
	营业收入(Y)	万元	Y≥40000	5000≤Y＜40000	1000≤Y＜5000	Y＜1000
零售业	从业人员(X)	人	X≥300	50≤X＜300	10≤X＜50	X＜10
	营业收入(Y)	万元	Y≥20000	500≤Y＜20000	100≤Y＜500	Y＜100
交通运输业*	从业人员(X)	人	X≥1000	300≤X＜1000	20≤X＜300	X＜20
	营业收入(Y)	万元	Y≥30000	3000≤Y＜30000	200≤Y＜3000	Y＜200
仓储业	从业人员(X)	人	X≥200	100≤X＜200	20≤X＜100	X＜20
	营业收入(Y)	万元	Y≥30000	1000≤Y＜30000	100≤Y＜1000	Y＜100
邮政业	从业人员(X)	人	X≥1000	300≤X＜1000	20≤X＜300	X＜20
	营业收入(Y)	万元	Y≥30000	2000≤Y＜30000	100≤Y＜2000	Y＜100
住宿业	从业人员(X)	人	X≥300	100≤X＜300	10≤X＜100	X＜10
	营业收入(Y)	万元	Y≥10000	2000≤Y＜10000	100≤Y＜2000	Y＜100
餐饮业	从业人员(X)	人	X≥300	100≤X＜300	10≤X＜100	X＜10
	营业收入(Y)	万元	Y≥10000	2000≤Y＜10000	100≤Y＜2000	Y＜100
信息传输业*	从业人员(X)	人	X≥2000	100≤X＜2000	10≤X＜100	X＜10
	营业收入(Y)	万元	Y≥100000	1000≤Y＜100000	100≤Y＜1000	Y＜100
软件和信息技术服务业	从业人员(X)	人	X≥300	100≤X＜300	10≤X＜100	X＜10
	营业收入(Y)	万元	Y≥10000	1000≤Y＜10000	50≤Y＜1000	Y＜50
房地产开发经营	营业收入(Y)	万元	Y≥200000	1000≤Y＜200000	100≤Y＜1000	Y＜100
	资产总额(Z)	万元	Z≥10000	5000≤Z＜10000	2000≤Z＜5000	Z＜2000
物业管理	从业人员(X)	人	X≥1000	300≤X＜1000	100≤X＜300	X＜100
	营业收入(Y)	万元	Y≥5000	1000≤Y＜5000	500≤Y＜1000	Y＜500
租赁和商务服务业	从业人员(X)	人	X≥300	100≤X＜300	10≤X＜100	X＜10
	资产总额(Z)	万元	Z≥120000	8000≤Z＜120000	100≤Z＜8000	Z＜100
其他未列明行业*	从业人员(X)	人	X≥300	100≤X＜300	10≤X＜100	X＜10

说明：

1．大型、中型和小型企业须同时满足所列指标的下限，否则下划一档；微型企业只须满足所列指标中的一项即可。

2．附表中各行业的范围以《国民经济行业分类》（GB/T4754-2017）为准。带*的项为行业组合类别，其中，工业包括采矿业，制造业，电力、热力、燃气及水生产和供应业；交通运输业包括道路运输业，水上运输业，航空运输业，管道运输业，多式联运和运输代理业、装卸搬运，不包括铁路运输业；仓储业包括通用仓储，低温仓储，危险品仓储，谷物、棉花等农产品仓储，中药材仓储和其他仓储业；信息传输业包括电信、广播电视和卫星传输服务，互联网和相关服务；其他未列明行业包括科学研究和技术服务业，水利、环境和公共设施管理业，居民服务、修理和其他服务业，社会工作，文化、体育和娱乐业，以及房地产中介服务，其他房地产业等，不包括自有房地产经营活动。

3．企业划分指标以现行统计制度为准。(1) 从业人员，是指期末从业人员数，没有期末从业人员数的，采用全年平均人员数代替。(2) 营业收入，工业、建筑业、限额以上批发和零售业、限额以上住宿和餐饮业以及其他设置主营业务收入指标的行业，采用主营业务收入；限额以下批发与零售业企业采用商品销售额代替；限额以下住宿与餐饮业企业采用营业额代替；农、林、牧、渔业企业采用营业总收入代替；其他未设置主营业务收入的行业，采用营业收入指标。(3) 资产总额，采用资产总计代替。

文化及相关产业分类(2018)

一、目的和作用

（一）为深化文化体制改革和持续推进社会主义文化强国建设提供统计保障，建立科学可行的文化及相关产业统计制度，制定本分类。

（二）本分类为反映我国文化及相关产业生产活动提供标准分类依据，为文化及相关产业统计提供统一的定义和范围，为发展文化产业、推进社会主义文化繁荣兴盛提供统计服务。

二、定义和范围

（一）定义

本分类规定的文化及相关产业是指为社会公众提供文化产品和文化相关产品的生产活动的集合。

（二）范围

根据以上定义，我国文化及相关产业的范围包括：

1.以文化为核心内容，为直接满足人们的精神需要而进行的创作、制造、传播、展示等文化产品（包括货物和服务）的生产活动。具体包括新闻信息服务、内容创作生产、创意设计服务、文化传播渠道、文化投资运营和文化娱乐休闲服务等活动。

2.为实现文化产品的生产活动所需的文化辅助生产和中介服务、文化装备生产和文化消费终端生产（包括制造和销售）等活动。

三、分类原则

（一）以《国民经济行业分类》为基础

本分类以《国民经济行业分类》（GB/T 4754-2017）为基础，根据文化生产活动的特点，将行业分类中相关的类别重新组合，是《国民经济行业分类》的派生分类。

（二）兼顾文化管理需要和可操作性

根据我国文化体制改革和发展的实际，本分类在考虑文化生产活动特点的同时，兼顾文化主管部门管理的需要；同时立足于现行统计制度和方法，充分考虑分类的可操作性。

（三）与国际分类标准相衔接

本分类借鉴了联合国教科文组织的《文化统计框架—2009》的分类方法，在定义和覆盖范围上与其衔接。

四、分类方法

本分类采用线分类法和分层次编码方法，将文化及相关产业划分为三层，分别用阿拉伯数字编码表示。第一层为大类，用01-09数字表示，共有9个大类；第二层为中类，用3位数字表示，共有43个中类；第三层为小类，用4位数字表示，共有146个小类。

五、有关说明

(一)本分类建立了与《国民经济行业分类》（GB/T 4754-2017）的对应关系。在本分类中，如国民经济某行业小类仅部分活动属于文化及相关产业，则在行业代码后加“*”做标识，并对属于文化生产活动的内容进行说明；如国民经济某行业小类全部纳入文化及相关产业，则小类类别名称与行业类别名称完全一致。

（二）本分类全部小类对应或包含在《国民经济行业分类》（GB/T 4754-2017）相应的行业小类中，具体范围和说明可参见《2017 国民经济行业分类注释》。

（三）本分类 01-06 大类为文化核心领域，07-09 大类为文化相关领域。

六、文化及相关产业分类表

表 1　文化及相关产业的类别名称和行业代码

类　别　名　称	国民经济行业代码
第一部分　文化核心领域	
一、新闻信息服务	
（一）新闻服务	
新闻业	8610
（二）报纸信息服务	
报纸出版	8622
（三）广播电视信息服务	
广播	8710
电视	8720
广播电视集成播控	8740
（四）互联网信息服务	
互联网搜索服务	6421
互联网其他信息服务	6429
二、内容创作生产	
（一）出版服务	
图书出版	8621
期刊出版	8623
音像制品出版	8624
电子出版物出版	8625
数字出版	8626
其他出版业	8629
（二）广播影视节目制作	
影视节目制作	8730
录音制作	8770
（三）创作表演服务	
文艺创作与表演	8810
群众文体活动	8870
其他文化艺术业	8890
（四）数字内容服务	
动漫、游戏数字内容服务	6572
互联网游戏服务	6422
多媒体、游戏动漫和数字出版软件开发	6513*
增值电信文化服务	6319*
其他文化数字内容服务	6579*
（五）内容保存服务	
图书馆	8831
档案馆	8832
文物及非物质文化遗产保护	8840
博物馆	8850
烈士陵园、纪念馆	8860
（六）工艺美术品制造	
雕塑工艺品制造	2431
金属工艺品制造	2432
漆器工艺品制造	2433
花画工艺品制造	2434

续表 1

类　别　名　称	国民经济行业代码
天然植物纤维编织工艺品制造	2435
抽纱刺绣工艺品制造	2436
地毯、挂毯制造	2437
珠宝首饰及有关物品制造	2438
其他工艺美术及礼仪用品制造	2439
（七）艺术陶瓷制造	
陈设艺术陶瓷制造	3075
园艺陶瓷制造	3076
三、创意设计服务	
（一）广告服务	
互联网广告服务	7251
其他广告服务	7259
（二）设计服务	
建筑设计服务	7484*
工业设计服务	7491
专业设计服务	7492
四、文化传播渠道	
（一）出版物发行	
图书批发	5143
报刊批发	5144
音像制品、电子和数字出版物批发	5145
图书、报刊零售	5243
音像制品、电子和数字出版物零售	5244
图书出租	7124
音像制品出租	7125
（二）广播电视节目传输	
有线广播电视传输服务	6321
无线广播电视传输服务	6322
广播电视卫星传输服务	6331
（三）广播影视发行放映	
电影和广播电视节目发行	8750
电影放映	8760
（四）艺术表演	
艺术表演场馆	8820
（五）互联网文化娱乐平台	
互联网文化娱乐平台	6432*
（六）艺术品拍卖及代理	
艺术品、收藏品拍卖	5183
艺术品代理	5184
（七）工艺美术品销售	
首饰、工艺品及收藏品批发	5146
珠宝首饰零售	5245
工艺美术品及收藏品零售	5246
五、文化投资运营	
（一）投资与资产管理	
文化投资与资产管理	7212*

续表 2

类　别　名　称	国民经济行业代码
（二）运营管理	
文化企业总部管理	7211*
文化产业园区管理	7221*
六、文化娱乐休闲服务	
（一）娱乐服务	
歌舞厅娱乐活动	9011
电子游艺厅娱乐活动	9012
网吧活动	9013
其他室内娱乐活动	9019
游乐园	9020
其他娱乐业	9090
（二）景区游览服务	
城市公园管理	7850
名胜风景区管理	7861
森林公园管理	7862
其他游览景区管理	7869
自然遗迹保护管理	7712
动物园、水族馆管理服务	7715
植物园管理服务	7716
（三）休闲观光游览服务	
休闲观光活动	9030
观光游览航空服务	5622
第二部分　文化相关领域	
七、文化辅助生产和中介服务	
（一）文化辅助用品制造	
文化用机制纸及纸板制造	2221*
手工纸制造	2222
油墨及类似产品制造	2642
工艺美术颜料制造	2644
文化用信息化学品制造	2664
（二）印刷复制服务	
书、报刊印刷	2311
本册印制	2312
包装装潢及其他印刷	2319
装订及印刷相关服务	2320
记录媒介复制	2330
摄影扩印服务	8060
（三）版权服务	
版权和文化软件服务	7520*
（四）会议展览服务	
会议、展览及相关服务	7281-7284 7289
（五）文化经纪代理服务	
文化活动服务	9051
文化娱乐经纪人	9053
其他文化艺术经纪代理	9059
婚庆典礼服务	8070*
文化贸易代理服务	5181*

续表 3

类　别　名　称	国民经济行业代码
票务代理服务	7298
（六）文化设备（用品）出租服务	
休闲娱乐用品设备出租	7121
文化用品设备出租	7123
（七）文化科研培训服务	
社会人文科学研究	7350
学术理论社会（文化 ）团体	9521*
文化艺术培训	8393
文化艺术辅导	8399*
八、文化装备生产	
（一）印刷设备制造	
印刷专用设备制造	3542
复印和胶印设备制造	3474
（二）广播电视电影设备制造及销售	
广播电视节目制作及发射设备制造	3931
广播电视接收设备制造	3932
广播电视专用配件制造	3933
专业音响设备制造	3934
应用电视设备及其他广播电视设备制造	3939
广播影视设备批发	5178
电影机械制造	3471
（三）摄录设备制造及销售	
影视录放设备制造	3953
娱乐用智能无人飞行器制造	3963*
幻灯及投影设备制造	3472
照相机及器材制造	3473
照相器材零售	5248
（四）演艺设备制造及销售	
舞台及场地用灯制造	3873
舞台照明设备批发	5175*
（五）游乐游艺设备制造	
露天游乐场所游乐设备制造	2461
游艺用品及室内游艺器材制造	2462
其他娱乐用品制造	2469
（六）乐器制造及销售	
中乐器制造	2421
西乐器制造	2422
电子乐器制造	2423
其他乐器及零件制造	2429
乐器批发	5147
乐器零售	5247
九、文化消费终端生产	
（一）文具制造及销售	
文具制造	2411
文具用品批发	5141

续表 4

类　别　名　称	国民经济行业代码
文具用品零售	5241
（二）笔墨制造	
笔的制造	2412
墨水、墨汁制造	2414
（三）玩具制造	
玩具制造	2451-2456
	2459
（四）节庆用品制造	
焰火、鞭炮产品制造	2672
（五）信息服务终端制造及销售	
电视机制造	3951
音响设备制造	3952
可穿戴智能文化设备制造	3961*
其他智能文化消费设备制造	3969*
家用视听设备批发	5137
家用视听设备零售	5271
其他文化用品批发	5149
其他文化用品零售	5249

表2 带“*”行业分类文化生产活动内容的说明

序号	国民经济行业分类及代码	文化及相关产业类别名称及小类代码	文化生产活动的内容
1	应用软件开发（6513*）	多媒体、游戏动漫和数字出版软件开发（0243）	包括应用软件开发中的多媒体软件、游戏动漫软件、数字出版软件开发活动。
2	其他电信服务（6319*）	增值电信文化服务（0244）	仅指固定网增值电信、移动网增值电信、其他增值电信中的文化服务，包括手机报、个性化铃音等业务服务。
3	其他数字内容服务（6579*）	其他文化数字内容服务（0245）	仅指文化宣传领域数字内容服务。
4	工程设计活动（7484*）	建筑设计服务（0321）	仅包括房屋建筑工程，体育、休闲娱乐工程，室内装饰和风景园林工程专项设计服务。
5	互联网生活服务平台（6432*）	互联网文化娱乐平台（0450）	仅包括互联网演出购票平台、娱乐应用服务平台、音视频服务平台、读书平台、艺术品鉴定拍卖平台和文化艺术平台。
6	投资与资产管理（7212*）	文化投资与资产管理（0510）	指政府主管部门转变职能后，成立的国有文化资产管理机构和文化行业管理机构的活动；文化投资活动，不包括资本市场的投资。
7	企业总部管理（7211*）	文化企业总部管理（0521）	指不具体从事对外经营业务，只负责文化企业的重大决策、资产管理，协调管理下属各机构和内部日常工作的文化企业总部的活动，其对外经营业务由下属的独立核算单位或单独核算单位承担，还包括派出机构的活动（如办事处等）。
8	园区管理服务（7221*）	文化产业园区管理（0522）	仅指非政府部门的文化产业园区管理服务。
9	机制纸及纸板制造（2221*）	文化用机制纸及纸板制造（0711）	包括未涂布印刷书写用纸制造、涂布类印刷用纸制造、感应纸及纸板制造。
10	知识产权服务（7520*）	版权和文化软件服务（0730）	版权服务包括版权代理服务，版权鉴定服务，版权咨询服务，著作权登记服务，著作权使用报酬收转服务，版权交易、版权贸易服务和其他版权服务。文化软件服务指与文化有关的软件服务，包括软件代理、软件著作权登记、软件鉴定等服务。
11	婚姻服务（8070*）	婚庆典礼服务（0754）	指婚庆礼仪服务。包括婚礼策划、组织服务，婚礼租车服务，婚礼用品出租服务，婚礼摄像服务和其他婚姻服务。
12	贸易代理（5181*）	文化贸易代理服务（0755）	包括文化用品、图书、音像、文化用家用电器和广播电视器材等国际国内贸易代理服务。
13	专业性团体（9521*）	学术理论社会（文化）团体（0772）	学术理论社会团体包括党的理论研究、史学研究、思想工作研究、社会人文科学研究等团体的服务。文化团体包括新闻、图书、报刊、音像、版权、广播、电视、电影、演员、作家、文学艺术、美术家、摄影家、文物、博物馆、图书馆、文化馆、游乐园、公园、文艺理论研究、民族文化等团体的服务。
14	其他未列明教育（8399*）	文化艺术辅导（0774）	包括美术、舞蹈、音乐、书法和武术等辅导服务。
15	智能无人飞行器制造（3963*）	娱乐用智能无人飞行器制造（0832）	指按照国家有关安全规定标准，经允许生产并主要用于娱乐的智能无人飞行器的制造。
16	电气设备批发（5175*）	舞台照明设备批发（0842）	包括各类舞台照明设备的批发。
17	可穿戴智能设备制造（3961*）	可穿戴智能文化设备制造（0953）	指由用户穿戴和控制，并且自然、持续地运行和交互的个人移动计算文化设备产品的制造。
18	其他智能消费设备制造（3969*）	其他智能文化消费设备制造（0954）	仅指虚拟现实设备制造活动。